제 5 판 머리말

　　이 책의 4판이 발행된 지 벌써 7년이 지났다. 세월이 참으로 빨리 흘러간다는 것을 느끼게 되고 감회가 새롭다.

　　그동안 민법 중 친족법 부분이 수차 개정되었을 뿐만 아니라, 이에 관한 헌법재판소의 새로운 결정들, 대법원과 하급심 법원의 새로운 판례들이 많이 나왔다. 친권의 일부 제한·정지, 친권자의 동의를 갈음하는 재판제도 신설(2015. 10. 16. 시행 법률 제12777호), 후견인의 결격사유 일부 조정(2016. 12. 20. 시행 법률 제14409호), 조부모의 면접교섭 제도 도입(2016. 12. 2. 개정, 2017. 6. 3. 시행, 법률 제14278호), 친생자추정 규정인 민법 제844조 ②항 중 "혼인관계종료의 날로부터 300일 내에 출생한 자" 부분에 대한 헌법재판소의 헌법불합치 결정과 이에 따른 민법 개정(2017. 10. 31. 개정, 2018. 2. 1. 시행, 법률 제14965호)이 이루어졌다.

　　법률 공부에서는 현행법과 최근 판례의 내용이 가장 중요하므로, 이를 반영하기 위하여 이 책의 개정판 발행이 시급함을 절감하지 않을 수 없었다. 이번 개정에는 27년 전 서울지방법원 남부지원에서 같이 근무하였던 양경승 수원지방법원 부장판사가 공저자로 함께 작업에 참여함으로써, 이 책의 모습이 대폭 일신되고 내용이 풍부하여졌다. 특히 양 부장판사는 친족법 중 친생자 부분과 상속법의 거의 전편의 개정 작업을 책임지고 맡아주었다.

　　저자들은 우리나라 친족상속법을 가장 알기 쉽고 풍부하게 설명한다는 일념으로 집필에 열중하여 왔다. 모쪼록 이 책이 친족상속법을 공부하는 학생들, 연구원들, 법률실무가들에게 문제해결의 열쇠를 제공하는 참고서가 될 수 있다면 저자들로서는 더 이상 바랄 것이 없겠다.

　　끝으로 출판사(박영사)의 조성호 이사님의 권유와 격려, 편집부 장유나 과장님의 세심한 배려에 감사의 뜻을 표하고 싶다.

2020. 3.

저자 박 동 섭, 양 경 승

제4판 머리말

민법이 최근 3차례 개정되었다. 제1차 민법개정으로 성년연령을 20세에서 19세로 낮추고, 종래의 금치산, 한정치산제도를 폐지하고 새로운 성년후견제도의 도입에 따른 규정들이 신설되어, 친족회가 폐지되고 후견감독인제도가 도입(2011. 3. 7. 법률 제10429호)되었다.

제2차 개정은 부부의 이혼시 미성년 자녀를 위한 친권자로 지정된 부(父)나 모(母)가 사망(자살 등 포함)한 경우 생존하는 나머지 1명의 부나 모가 자동적으로 친권자가 되는 규정 등의 불합리를 시정하는 데 따른 규정의 개정(소위 최진실 법; 2011. 5. 19. 법률 제10645호)이다.

제3차 개정으로 미성년 양자의 입양에 대한 가정법원의 허가제도, 미성년 양자의 협의파양 폐지, 재판상 파양원인 정비, 친양자의 연령확대 등 입양제도의 대폭적인 개정(2012. 2. 10. 법률 제11298호, 제11300호) 등이 이루어졌다.

개정민법 규정들은 모두 그 시행시기를 2013. 7. 1.로 정하였으나, 2012. 2. 10. 공포와 동시에 시행되는 규정도 있다. 즉, 민법 제818조의 중혼취소권자, 제828조의 부부간의 계약취소권 폐지, 제843조의 재산분할청구권 보존을 위한 사해행위취소청구권, 제925조(자→자녀)의 규정이 그것들이다.

이번의 개정판에서는 독자들의 편의를 위하여 어려운 부분을 더욱 분명하게 해설하고, 새로 도입된 제도의 설명과 더불어 최신의 판례들을 올려 놓았다.

이 책이 새로운 가족법을 이해하는 데 도움이 되고, 개인의 정당한 권리를 찾고 보호하는 데 유익한 자료로 활용된다면 더 이상 바랄 것이 없겠다. 이번 개정판의 제작에서 원고를 읽고 교정하는 과정에 박영사의 조성호 부장님과 엄주양 대리님의 많은 도움을 받은 것에 감사하고, 서울지방변호사회 도서관 강민경 양의 자료탐색과 도움을 매우 고맙게 생각한다.

2013. 7.

서초동 우거에서, 저자

3정판 머리말

이 책이 세상에 나온 지, 벌써 6년 6개월이라는 긴 세월이 흘러갔다. 그 동안에 개정판, 개정중판까지 발행되었으나, 아직도 저자로서는 어딘지 미흡하다는 생각을 항상 하고 있었다. 게다가 최근(2009. 5. 8.)에 국회에서 민법과 가사소송법의 개정안(양육비 직접지급명령 제도 등)을 통과시키었고, 법원에서는 새로운 판례를 계속 내놓고 있다(이 책에서는 2009. 5.까지 선고된 판례를 인용).

그래서 이번에는 그 동안에 법률적으로 의심스러웠던 점, 분명하지 않았던 점 등을 명백히 밝히면서, 정말 새로운 책을 만들어 보자는 각오로 개정작업에 임하였다.

호주제도의 폐지에 따라 호주승계와 호주승계회복청구, 분가, 일가창립 등의 제도가 삭제되어 손질을 가하였고, 가(家)제도의 폐지에 따른 성과 본 문제의 변화 등을 다루었다.

그리고 형식적인 면에서 종전에 각주에 판례를 인용하면서, 몇 년도 법원 공보 제 몇 호 몇 면까지 그 근거를 밝혔으나, 이번에는 이를 모두 생략하였다. 오늘날 이른바 사이버 시대에, 대법원 홈페이지(www.scourt.go.kr), 국가법령정보센터(www.law.go.kr) 등에 들어가서 판례번호만 넣어서 검색하여 보면, 바로 판례의 내용을 알 수 있으므로, 과감히 이를 생략한 것이다.

이번의 개정작업에는 박영사의 조성호 부장님, 성균관대학교를 졸업한 강상희 양의 헌신적인 노력이 큰 도움이 되었기에 깊은 감사를 표하는 바이다.

아무쪼록 이 책이 가사문제로 남몰래 고민하는 사람들, 시험공부에 열중하는 수험생들, 나아가 법률실무가들에게 작은 도움이라도 줄 수 있기를 희망하고 기대한다.

2009. 8.

지은이 박 동 섭

개정판 머리말

　　이 책이 나온 지 벌써 3년이란 세월이 흘러갔다. 그 동안 헌법재판소와 대법
원, 각급법원에서 새로운 판례를 많이 내놓았고, 특히 2005. 3. 31. 공포된 개정민
법은 그 동안 논란되어 오던 호주제도의 존폐문제, 자녀의 성과 본 문제, 동성동본
금혼문제, 친권, 친양자제도의 도입문제, 특별한정승인문제 등 굵직굵직한 난제들
을 일거에 처리하여 새로운 입법이라고 불릴 정도의 일대 개혁을 단행하였다. 그
래서 종전의 판으로써는 도저히 수용할 수 없는 상황이 되어 이번에 새로이 개정
판을 내놓게 되었다.

　　이 책을 새로 만드는 일을 하면서 저자는 아래와 같은 의도하에서 집필하였음
을 밝혀 둔다. 우리나라에 근대적 법률이 도입된 것은 불행하게도 식민지 시대인
1900년대 초의 일이었다. 최초의 법률 제 1 호 재판소구성법이 대한제국 개국 504
년(1895년) 3월 25일에 나왔으나, 곧 나라가 일본에 합병되어 모든 법률이 일본의
법률로 대체되고 말았다. 그 후에 나온 조선민사령(조선총독부 제령 제 7 호, 1912년)
이 일본민법을 1912년 4월 1일부터 이 땅에 시행한다고 공포하였다. 다만 친족과
상속에 관하여는 조선인의 관습에 의함(동령 제11조 단서)이라고 예외를 설정하였
다. 그러나 세월이 흐르면서 점차 민사령을 개정하여 일본민법을 본격적으로 시행
하여 왔다. 36년간의 식민지 지배가 끝나 1945년 우리나라가 해방되고 나서도 일본
민법[소위 의용(依用)민법]을 1959. 12. 31.까지 그대로 시행하고 있었다. 그러니까 일
본민법은 거의 반세기(47년간)에 걸쳐 이 땅을 지배하고 있었고, 법학도 그러한 범
주를 벗어나지 못하고 있었다. 저자는 온고지신(溫故知新) 나아가 지피지기(知彼知
己) 백전백승이라는 말을 생각하면서, 우리 현행 가족법의 모법이라고 말할 수 있는
일본가족법에 관한 최신 주석서들, 선진국이면서 판례법국가인 미국과 캐나다의 가
족법 책들을 읽어보고, 우리 가족법의 현주소는 어디이며, 다른 나라에서는 무엇이
문제되고 있는지 등을 조사하여 보았다. 프랑스민법을 도입한 일본민법과 이를 참
작하여 제정된 우리나라 신민법(1960. 1. 1.부터 시행), 그리고 그 후 수차 개정된 현
행 민법은 일본법과 어떠한 차이가 있는지를 알아보려고 노력하였다. 가족법의 뿌
리를 찾는 일을 하지 않고는 현행가족법의 모습을 제대로 그려볼 수 없기 때문이

다.

초판 서문에서 일본용어인 친등(親等)을 거론하여 문제삼았는데 이번의 민법 개정으로 호주승계에 관한 민법 제985조 1항은 2008. 1. 1.을 기하여 호주제폐지와 함께 이 땅에서 영원히 사라지게 되었지만, 상속순위에 관한 민법 제1000조 2항에 규정된 '동친등(同親等)'은 아직도 사라질 기미를 보이지 않고 있으니 답답하다. 연말에 또 민법이 개정되어 2005. 12. 29. 법률 제7765호로 민법 일부개정법률이 공포되었고, 그 내용 중에 제명 '民法'을 '민법'으로 한다고 개정하면서, '親等'을 고치지 못한 것이 몹시 안타깝다.

저자는 법률실무가로서 소송과정에서 만나는 여러 가지 가족법상 문제점들에 대한 해답이 무엇인지 궁금하여 이를 알아보려고 열심히 탐구하는 자세로 이 개정판을 집필하였다. 그리고 독자들이 알기 쉽도록 군데군데 도표를 만들어 요약하여 두었다.

이 책이 나오기까지 도와주신 박영사 안종만 회장님, 편집부의 조성호 차장님, 수시로 전화 연락을 하면서 애쓰신 노현 부장님, 법무법인 새한양 법률사무소의 여상우 사무장, 색인작업을 도맡아 처리한 김세희 양의 노고에 대하여 매우 감사하게 생각한다.

어떻든 이 책이 가족법문제를 해결하는 데 조금이라도 도움이 된다면 저자로서는 더 이상 바랄 것이 없겠다.

2006. 2.
우면산을 바라보면서
지은이 박 동 섭

머 리 말

가정은 그야말로 공동사회의 최소단위이고 기본단위이다. 가정을 기초로 하여 인간의 모든 활동이 시작된다. 그러한 의미에서 가정의 중요성은 아무리 강조하여도 모자란다. 그 가정의 구성원이 곧 가족이다. 이러한 가족을 둘러싼 모든 법률관계를 규정하는 것이 가족법이다. 사실 가정은 애정과 신뢰를 바탕으로 한 자연발생적인 집단이므로 거기에 국가나 법률이 관여할 필요는 없고, 대개 관습과 윤리, 도덕 등의 힘으로 유지·발전되어 왔다. 그러나 오늘날 사회가 점점 복잡하여지고 대가족제도가 핵가족제도로 변화되어 가면서 여러 가지 가족문제가 발생하고, 그것이 사회문제로까지 나타나고 있는 실정이다. 이에 가족법의 중요성이 점차 증대되고 있다.

저자가 대학에서 가족법강의를 시작한 지 3년이 지나 그 동안 강의교재의 필요성을 절실히 느끼고 있던 중 틈틈이 모아 온 자료로 이 책을 내놓게 되었다.

이 책의 특징을 몇 가지 요약하면 다음과 같다.

첫째, '살아 있는 법'을 알 수 있도록 가급적 판례와 사례(예시)를 들어 가족법을 해설하였다. 특별히 참고판례들을 인용하였는데, 이는 판결문을 원문 그대로 인용한 것이 아니고 저자가 가필·정정한 것임을 밝혀 둔다. 그리고 학설은 온건한 통설을 기초로 하였고, 가끔 통설이나 다수설에 대한 반론도 제기하여 놓았다. 학자들의 학설을 소개하는 과정에 혹시나 잘못 이해하고 거론한 것은 없는지 걱정된다.

둘째, 문장구조를 구어체로 쉽게 표현하려고 노력하였다. 우리 나라가 독립된지 반 세기의 세월이 흘러갔건만, 우리의 법률문화 속에는 아직도 일본의 잔재가 많이 남아 있다. 일본민법이 이 땅에 시행되고 그 문장 그 논리로 36년간 지배를 받아 왔으니 그 표현방법이 쉽사리 사라지지 않고 있는 것이다. 이 점을 평소 심각하게 인식하고 있던 차에 우리말로 표현하려고 나름대로 노력하여 보았다. 우리말의 촌수에 해당하는 친등(親等)이라는 말은 순수한 일본어이고 우리말이 아니다. 이 '친등'이 아직도 대한민국의 민법전에서 사라지지 않고 그대로 버티고 있으니 (민법 제985조 1항·제1000조 2항) 참으로 안타까운 일이다. 국회에서 속히 이 말을 '촌수'로 개정하기를 기대한다. 설명 중에 한글로만 표시하여서는 그 의미가 혼동될 우려가 있는 용어 옆에는 한자를 괄호로 병기하였다.

셋째, 설명의 편의를 위하여 도표를 더러 활용하였다. 이는 법률을 시각적으로 이해하기 쉽게 하기 위한 것이다.

끝으로, 친족상속법을 실체법의 시각에서뿐만 아니라 절차법의 시각에서도 이해할 수 있도록 해설하였다.

이 책이 나오기까지 여러 사람의 도움을 받았다. 대법원 판례조사위원 이재열 군은 판례조사와 도표를 만드는 일을 맡아 주었고, 연세대학교 대학원 법학과에서 석사과정을 밟고 있는 방동희 군은 참고자료를 구하여 주어서 너무 고마웠고, 박영사의 안종만 회장님, 조성호 기획과장님, 편집부의 이일성 편집위원님을 비롯한 여러분들의 철저한 교정과 편집에도 감사를 드립니다. 그리고 우리 변호사사무실의 여상우 사무장, 최예원 양에게도 고마움을 표시한다.

마침 금년이 나의 회갑이라 그 기념으로 이 책을 사랑하는 아내와 딸 은경·현경·보경에게 주고 싶다.

2002. 10.

신사동 우거에서

지은이 박 동 섭

차   례

제1편 가족법 총론

제1장 총 론

제 2 편   친족법

제1장 친 족

제 3 장 혼 인

제 5 장 후 견

제3편 상속법

제1장 서 론

제 2 장 상속법 총론

제3장 상 속 인

제5장 유 언

부 록

가족법
총 론

제1장

총 론

제1절 가족법의 개념

1. 의 미

친족상속법은 문자 그대로 친족과 상속에 관한 법률이다. 즉, 친족들 상호간
의 권리·의무에 관한 법률이 친족법이고, 사람이 사망한 경우 그 망인의 재산을
망인의 혈족이 무상으로 승계하는 권리·의무에 관한 법률이 상속법이다. 요즘은
친족상속법을 가족법[1]이라고도 많이 부르고 있다. 형식적 의미의 가족법은 민법
제4편 친족과 제5편 상속에 관한 규정이고, 실질적 의미의 가족법은 가족 간의
법률관계에 관한 법률규정의 전부이다. 따라서 미성년자·피한정후견인·피성년후
견인 등에 관한 규정(제4~14조의3), 실종선고에 관한 규정(제27~29조), 공유지분
권자의 사망에 관한 규정(제267조), 생명침해로 인한 위자료청구에 관한 규정(제
752조) 등도 실질적 의미의 가족법에 속한다. 상속법은 가족법이 아니고, 재산법의
일부로 보아야 한다고 주장하시는 견해도 있다.[2]

---

1 민법 제779조는 가족의 범위를 정하면서 "가족"이라는 용어를 사용하고 있다.
2 곽윤직, 개정판 상속법[민법강의 Ⅵ](박영사, 2004), 29면; 외국의 입법례를 보거나, 1990년의 민
  법개정으로 호주승계규정이 상속법편에서 친족법편으로 편입된 점 등을 그 근거로 내세운다
  (2008. 1. 1.부터 호주제도 그 자체가 폐지되었다).

2. 가족법의 특징

(1) 의사(意思)능력

재산법은 합리적·타산적 성질을 가지고 있는데 비하여, 가족법은 비합리적·비타산적인 성질을 가지고 있다. 재산법상 의사표시에는 행위능력이 필요하나, 가족법상 의사표시에는 원칙적으로 의사능력만으로 충분한 것도 그 까닭이다.[1]

(2) 강행법규

재산법 특히 채권법은 임의(任意)법규인데, 가족법은 대체로 강행(强行)법규이다. 재산법에는 계약자유의 원칙이 적용되나, 가족법에는 그 원칙이 배제된다. 재산적 성질이 짙은 부부재산계약(제829조)이나 상속의 승인·포기(제1019조)에는 사적자치(私的自治)가 인정된다.

(3) 관 습 법

재산법은 시장경제(市場經濟)사정의 변화에 따라 편리하고 신속하게 발전하고 세계적으로 통일되어 가는 경향이 있으나, 가족법은 전통·관습에 따라 서서히 변천되어 간다. 따라서 가족법은 보수적(保守的)·관습법(慣習法)적인 성질을 띠고 있다. 따라서 새로운 가족법상 제도가 도입되더라도 관습의 지지를 받지 못하면 활용되지 못한다.[2] 가족법의 이러한 성질도 국제교류가 빈번해 지면서 점차 줄어드는 경향이 생기고 있다.

3. 가족법의 목적과 지도이념

우리나라 헌법은 "모든 국민은 인간으로서의 존엄과 가치를 가지며, 행복을 추구할 권리를 가진다. 국가는 개인이 가지는 불가침의 기본적 인권을 확인하고 이를 보장할 의무를 진다"(제10조)고 규정하고, 나아가 "모든 국민은 법 앞에 평등하다. 누구든지 성별·종교 또는 사회적 신분에 의하여 정치적·경제적·사회적·문화적 생활의 모든 영역에 있어서 차별을 받지 아니한다."(제11조 ①항)고 선언하고,

---

[1] 제한능력자의 상속의 승인·포기(제1020조)기간의 계산은 재산법적인 색채가 강하므로, 친권자나 후견인이 상속개시사실을 안 날부터 기산한다는 등과 같은 예외가 있다.

[2] 김용한, 신판 신친족상속법론(박영사, 2002), 15면; 박병호, 가족법논집(도서출판 진원, 1996), 252~253면[입부혼인이 도입되었지만 12년(1977~1988) 동안 전국적으로 356건에 불과하였고 2008. 1. 1. 폐지되었음은 이를 단적으로 증명하고 있다].

나아가 "혼인과 가족생활은 개인의 존엄과 양성(兩性)의 평등을 기초로 성립되고 유지되어야 하며, 국가는 이를 보장한다. 국가는 모성의 보호를 위하여 노력하여야 한다"(제36조 ①항, ②항)고 정하고 있다. 이와 같은 헌법의 이념은 가족법에서 특히 강조되어야 하고, 가족법의 기본이념이 되어야 한다. 가족법의 해석이나 입법론의 기본원칙은 헌법상의 '법 앞에 평등'의 이념, '인간의 존엄과 가치의 보장'에 있다고 할 것이다. 따라서 이 책의 해설에서도 부부(남녀)간의 평등, 친자간의 평등, 인간의 존엄과 가치, 행복추구권의 보장을 최고의 기준으로 삼기로 한다.

4. 신분권(친족·상속법상의 권리)

(1) 개   념

신분권이란 부모와 자녀, 배우자 등 일정한 친족 상호간에 인정되는 권리이다. 친족이라는 신분 그 자체나 신분적 지위에서 발생하는 권리이다. 부모와 자녀 사이나 배우자 사이에는 법 이전의 자연 상태에서 서로 사랑하고 보호하는 관계가 생기고, 그러한 관계에 대응하여 권리가 생기는바, 그것이 바로 신분권 또는 가족권이다. 구체적으로는 동거·부양·협조 등의 의무가 있고, 이에 대응하여 각각 동거·부양·협조청구권이 생기고 상속권 등도 생긴다. 그러한 의미에서 가족법은 인간의 자연 상태를 유지·보존하기 위한 법이라고도 말할 수 있다.

(2) 신분권의 특색

(가) **일신전속적 권리·의무**   신분권은 일신전속적(一身專屬的)인 권리인 동시에 의무인 성질이 강하다(제913조; 자녀를 보호·교양할 권리·의무). 따라서 권리의 대리행사나 의무의 대리이행은 할 수 없다. 신분권은 포기·양도할 수 없고, 포기하더라도 무효이다. 신분권의 의무적 성격과 관련하여 신분권의 행사에는 권리남용금지의 원칙이 적용된다.

(나) **배타적(排他的) 권리**   신분권은 일정한 신분을 가진 사람만의 권리이고 배타적인 권리이므로, 그것이 침해된 경우는 방해배제청구나 손해배상청구가 인정된다.

(다) 신분권에는 청구권적 성질(재산분할청구권·부양청구권 등)(제839조의 2·제974조)뿐만 아니라, 지배권적 성질(친권 등)도 있다. 신분권은 그 성질상 강제집행으로 실현시킬 수는 없는 것(예컨대, 부부간의 동거청구권)도 있다.

5. 신분행위(가족법상의 법률행위)와 행위능력

신분행위는 신분관계를 발생·변경·소멸시키는 행위이다. 이는 재산법상의 법률행위(예컨대 매매·교환 등)와는 여러 가지 점에서 차이가 있다. 신분행위는 아래와 같이 3가지로 분류될 수 있다.

(1) 형성권적(形成權的) 신분행위

신분의 창설·변경·소멸 즉, 신분변동을 초래하는 법률행위가 형성권적 신분행위이다. 예컨대, 혼인·인지·입양·협의이혼·협의파양 등이 그것이다. 이러한 신분행위로 인하여 부부관계·부자(父子)관계·양친자(養親子)관계 등이 형성·소멸된다. 이러한 형성권적 신분행위를 하려면 의사능력(意思能力)이 있어야 하고,[1] 이들은 모두 요식행위이므로 공적(公的)장부(예: 가족관계등록부)에 신고하여야 효력이 생긴다.

(2) 지배권적(支配權的) 신분행위

부모·후견인 등이 친권자라는 신분에 근거하여 미성년자 등을 보호하고 그 재산을 관리하는 행위가 지배권적 신분행위이다. 친권의 행사인 거소지정(제914조), 징계행위(제915조) 등이 그것이다. 이러한 행위를 하려면 재산법상 행위능력이 필요하다.[2]

(3) 청구권적(請求權的) 신분행위

직계혈족 사이의 부양청구(제974조, 제978조) 등이 여기에 해당된다.

(4) 부수적(附隨的) 신분행위

신분관계에 부수되어 행하여지는 행위로서, 예컨대 부부재산계약(제829조), 이혼이나 인지 등의 경우 미성년자녀의 양육권자나 친권자 지정행위(제837조·제909조 ④항), 상속의 한정승인이나 포기(제1028조·제1041조) 등이 여기에 해당된다.[3]

---

1 이러한 행위에 친족의 동의(예컨대 제808조)나 가정법원의 허가(예컨대 제871조, 제872조)가 요구되기도 하지만 그것은 능력의 보충을 의미하지는 않는다[甲斐道太郎 외 2, 新民法槪說(3)[改訂版 親族·相續][有斐閣], 2002), 10면].

2 친권의 상실(제924조), 후견인의 결격이나 변경(제937조·제940조)제도가 있는 것은 그러한 취지에서 나온 것이다.

3 甲斐 외 2, 앞의 책, 11면(부수적 신분행위는 신분을 위한 행위로서 '주된 행위'에 종속되는 '종된 행위'이므로 일반적으로 주된 행위에 요구되는 행위능력에 따른다. 다만, 부수적 신분행위 중 재

제 2 절 신분행위의 특성(가족법과 민법총칙)

1. 신분행위의 요식성(要式性)

(1) 합의와 신고

신분관계의 변동을 초래하는 신분행위 즉, 형성적 신분행위는 관계 당사자뿐만 아니라 제 3 자에게도 중대한 영향을 미친다. 그래서 신분행위는 당사자 간의 합의(신분적 의사와 신분적 생활사실 포함)뿐만 아니라, 관계 관청에 반드시 신고(신분적 표시)하여야 효력이 발생한다. 이처럼 신분행위에는 합의와 신고의 2가지 요건이 요구된다. 이를 신분행위의 요식성(要式性)이라고 부른다. 신고만 되어 있고 그에 대응하는 의사(意思)의 합치가 없으면, 그것은 무효이다. 유언도 민법에서 정한 방식에 따라 하여야 하고, 그렇게 하지 아니한 것은 무효가 된다(제1060조).

(2) 「가족관계의 등록 등에 관한 법률」[1]과 민법상의 기간

혼인·협의이혼·입양·협의파양·인지는 가족등록법의 규정에 따라, 상속의 한정승인이나 상속포기는 민법의 규정에 따라 법정기간 내에 행정관청(시·구·읍·면사무소) 또는 가정법원에 신고하지 아니하면 법적 효력이 생기지 아니한다(불성립 또는 무효). 예컨대 혼인신고를 하지 않고 남녀가 부부처럼 아무리 오래 살고 있더라도 그들은 사실혼부부일 뿐, 법률상 부부가 될 수 없다.

(3) 요식성(要式性)의 완화

신분행위의 요식성은 당사자로 하여금 신중(愼重)하게 결정하여 행동하게 하고, 그 신분행위를 일반 제 3 자에게 널리 알리기 위한 공시(公示)에 그 목적이 있다. 이러한 목적에 어긋나지 아니하는 범위 내에서는 요식성을 완화하여 해석할 수 있다. 사실상 부부로서 오래 동거하고 있는 부부는 대외적으로도 사실혼 부부로 인정되어 일정한 범위 내에서는 법률상 부부와 비슷한 정도의 보호를 받는다. 그러한 사실혼관계를 부당하게 간섭하여 파탄시킨 사람은 불법행위로 인한 손해배상책임을 지게 된다.[2]

산법적 행위에는 재산법상의 행위능력이 요구된다는 학설도 있다).
1 이 책에서는 '가족등록법'이라고 약칭[( ) 안에 표시할 때는 가등법으로 표기].
2 대판 1983. 9. 27, 83므26(시모도 위자료를 지급할 책임이 있다).

(4) 요식행위가 아닌 신분행위

미성년자 등의 신분행위에는 부모 등 법정대리인의 동의(同意)가 필요한 경우가 많다. 이러한 동의행위는 원칙적으로 형식이 필요하지 아니한 불요식(不要式)행위이다.

2. 민법 총칙과 가족법

(1) 가족법에도 적용되는 민법 총칙 규정

신분행위는 재산상 법률행위와 여러 가지 점에 차이가 있으므로, 민법 총칙의 규정은 신분행위에는 적용되지 아니하는 것이 원칙이다. 그러나 민법 총칙의 규정 중에서 재산법과 신분법에 공통적으로 적용되는 통칙(通則) 규정이 있다. 예컨대 민법 총칙 중 법원(法源)(제1조), 신의성실의 원칙과 권리남용금지의 원칙(제2조), 주소(제18~21조), 부재와 실종(제22~30조), 물건(제98~102조), 반사회질서(제103조), 무효행위의 전환(제138조), 기간(제155조·제156조·제158~161조)에 관한 규정은 가족법에도 원칙적으로 적용된다.[1]

(가) **법원(法源)에 관한 규정**　가족법은 대개 강행법규의 성질을 띠고 있으므로, 관습법이나 조리가 적용될 여지는 적다. 그러나 가족법상 분쟁에 관하여 성문법규정이나 관습법도 없는 경우 가정법원의 판사는 조리에 따라 이를 처리하여야 한다. 따라서 민법 제1조는 재산법과 신분법에 모두 적용된다.

(나) **신의성실(信義誠實)의 원칙**　신의성실의 원칙(제2조 ①항)은 원래 채권법에서 발달된 원칙이지만, 가족법상의 권리행사나 의무이행에도 당연히 적용되어야 한다.

(다) **권리남용금지(權利濫用禁止)의 원칙**　재산권뿐만 아니라, 신분권(친권·후견권 등)의 남용도 권리행사로 인정될 수 없고 이는 금지되어야 하므로, 권리남용 금지의 원칙 규정(제2조 ②항)은 가족법에도 그대로 적용된다(다음의 참고판례).

---

1 곽윤직, 29면은 상속법을 재산법의 일부로 보므로, 재산법의 기본원칙을 정한 민법 총칙은 상속편에 특별규정이 있는 경우(법정상속, 포괄적 유증 등) 외에는, 당연히 상속에 그대로 적용된다고 한다.

:: 참고판례

① 외국에 이민 가서 살고 있는 딸이, '국내에 있는 자기 소유의 집'에 거주하고 있는 친정아버지와 남동생을 상대로 주택의 명도와 퇴거를 청구한 사례에서 그 딸도 부양의무자라는 점 등 기타 여러 가지 사정을 종합하여 이는 인륜에 반하는 행위로서 권리남용에 해당한다(청구기각)(대판 1998. 6. 12, 96다52670).[1]

② 친권자인 아버지가 미성년자인 아들의 부동산을 성년자인 다른 아들에게 증여한 행위는 친권의 남용이다(대판 1981. 10. 13, 81다649).

③ 중혼무효주장과 권리남용(적극) : 중혼상태에서 제 2 의 부인과 동거하는 남자가 제 1 의 부인이 사망하자, 그 재산을 탐내어 자신과 제 1 부인 사이의 혼인이 유효하다고 하고, 제 1 부인과 제 3 의 남자와 사이의 혼인은 무효라고 주장하는 것은 권리남용이다(대판 1983. 4. 12, 82므64; 동지 1987. 4. 28, 86므130)[중혼취소청구가 권리남용이 되지 아니하는 사례와 판례는 뒤의 중혼부분 설명 참조].

(라) **권리능력에 관한 규정(제3조)**　성년기에 관한 규정(제 4 조), 주소·부재와 실종·물건에 관한 규정은 가족법에 그대로 적용되나, 법인(法人)에 관한 규정(제31~97조)은 적용될 여지가 없다. 예컨대 상속개시의 장소에 관한 규정(제998조)에서 말하는 주소는 총칙상의 주소(제18~21조)를 의미한다. 부재자의 재산관리에 관한 규정은 미성년자의 재산관리인(제918조), 상속재산관리인(제994조 ②항·제1023조 ②항·제1047조 ②항) 등에 준용된다. 실종선고는 상속개시의 원인이 되므로, 실종에 관한 규정은 가족법에도 적용된다.

(마) **공서양속(公序良俗)에 관한 규정**　선량한 풍속 기타 사회질서에 위반한 사항을 내용으로 하는 법률행위는 무효로 한다는 규정(제103조)은 가족법에도 적용된다(다수설).[2] 혼인의 합의 없는 혼인은 무효이지만, 그 외의 법정요건 위배의 혼인, 예컨대 중혼(제810조),[3] 8촌 이내의 혈족이 아닌 친족 간의 근친혼(제809조·제816조)

---

1 이 판례에 대한 평석; 김지수, "출가여자의 친정부모형제에 대한 효제(孝悌)윤리," 인권과 정의(대한변호사협회) 제264호, 97면 이하 참조.

2 김주수·김상용(이하 김·김이라고 약칭), 친족상속법(제15판), 19면; 박병호, 9면; 김형배, 38면; 정광현, 신친족상속법요론(1962), 475면. 소수설 : 김용한, 20면 : 공서양속 규정은 가족법에 그대로 적용되지 아니한다고 주장한다.; 대판 1969. 8. 19, 69므18('어떠한 일이 있어도 이혼하지 않겠다.'는 각서를 써 준 경우 그와 같은 의사표시는 신분행위의 의사결정을 구속하는 것으로서 공서양속에 위배되어 무효이다).

3 我妻 외 2, 民法(3) 親族法·相續法(勁草書房, 2004), 17면(중혼을 하려고 하는 계약은 무효이지만, 이미 중혼관계가 형성된 때는 이를 무효로 하면 그 사이에 태어난 자녀의 지위, 기타에 부당한 영

등은 무효가 아니고 취소할 수 있을 뿐이다. 이는 가족법상 특례들이다. 불공정한 법률행위는 무효라는 규정(제104조)은 신분행위에는 적용되지 아니한다고 해석된다.[1]

(바) **무효행위의 전환(轉換)과 추인(追認)에 관한 규정**(제137~139조)

1) **무효행위의 전환에 관한 규정** 이 규정이 신분행위에도 적용된다는 긍정설(다수설)[2]과 이에 반대하는 부정설(소수설)[3]이 있다. 허위의 친생자출생신고에 입양의 효력을 인정[4]하고, 무효혼인중의 출생자를 그 가족등록부에 출생 신고하는 행위에 인지(認知)의 효력을 인정하는 것[5]은 무효행위 전환의 보기들이다.

2) **무효행위의 추인에 관한 규정** 재산법상 무효행위는 추인할 수 없고(제139조), 무효임을 알고 추인하면 그 때부터 새로운 법률행위를 한 것으로 본다. 신분행위는 그 요식성(要式性) 때문에 무효신분행위의 추인은 불가능하다고 해석되어 왔다.[6] 그러나 사실상의 신분관계의 안정을 위하여 추인을 인정하는 것이 옳다는 것이 학설의 대세다.[7] 판례는 무효인 혼인(보기 : 사실혼의 당사자 혹은 협의이혼 당사자가 상대방 모르게 혼인신고)이라도 양쪽 당사자가 그 혼인에 만족하고 그대로 부부생활을 계속한 경우에는 그 혼인을 무효로 할 것이 아니라고 한다.[8] 이처럼 추인의 소급효를 인정하는 점에서 재산법상 무효행위 추인과 다르므로, 추인에 관한 총칙규정은 가족법에 그대로 적용될 수 없다.[9]

(사) **기간(期間)에 관한 규정** 이는 가족법에도 적용된다. 민법총칙상의 기간계산의 기산일(起算日)은 원칙적으로 다음날부터이지만(제157조), 가족법상으로는 당

향을 미치게 되므로, 이를 취소할 수 있는 것으로 하고, 게다가 그 취소의 효과를 소급하지 아니하는 것으로 한 것이라고 해설하고 있다).

1 박병호, 10면; 김형배, 38면; 대판 1969. 1. 21, 68다1889, 총람 민 제104조, 35(부재자의 재산관리인이 매매를 한 경우, 매도인의 경솔무경험은 재산관리인의 입장에서, 궁박 상태 여부는 부재자의 입장에서 판단되어야 한다).

2 김·김, 20면; 김용한, 23면; 김형배 38면; 박병호, 186면.

3 곽윤직, 민법개설, 1994, 555면: 법이론 상 인정할 수 없지만, 실체적 관계에서 입양을 인정하는 것이 타당하다고 한다.

4 대판 1977. 7. 26, 77다492(전원합의체판결의 다수의견).

5 대판 1971. 11. 15, 71다1983; 일 대판 대정 15. 10. 11, 집 5-703, 최판 1978. 2. 24, 집 32-1, 110면.

6 대판 2004. 11. 11, 2004므1484(실질적인 신분(입양)관계가 형성되어 있어야 추인이 가능하고, 추인의 의사표시만으로 입양의 효력이 생기는 것은 아니다).2000.6.9.99므1633,1640(나중에 실질적인 신분관계가 형성된 경우라도, 입양의 효력은 소급적으로 출생신고 당시부터 생긴다).

7 김·김, 21면; 김용한, 23면.

8 대판 1965. 12. 28, 65므61; 1995. 11. 21, 95므731.

9 대판 1991. 12. 27, 91므30; 1993. 9. 14, 93므430 : 무효인 혼인·입양 등을 추인하면 추인 시점부터가 아니고, 소급하여 혼인·입양 당초부터 유효한 혼인·입양이 된다. 그러나 실체관계가 형성되지 아니한 혼인 등은 추인의 의사표시만으로 유효한 것으로 인정될 수는 없다.

일부터 계산한다. 혼인성립의 날로부터 200일 후 또는 혼인관계 종료의 날로부터 300일 내에 출생한 아이는 혼인 중 임신한 것으로 추정된다(제844조 ②·③항).

(2) 가족법에 적용되지 아니하는 민법총칙 규정

㈎ 권리능력의 존속기간에 관한 규정(제3조)   출생전의 태아에게는 권리능력이 인정되지 아니한다. 이 규정도 재산법·가족법에 모두 적용되지만, 가족법에는 상속·유증의 경우(제1000조 ③항·제1064조), 임의인지(任意認知)(제858조), 불법행위로 인한 손해배상청구(제762조)에서 태아에게 권리능력을 인정하는 예외를 두었다.

㈏ 미성년자·피성년후견인·피한정후견인 등 행위능력에 관한 규정   재산법상의 행위능력에 관한 규정은 가족법에는 원칙적으로 적용되지 아니한다. 가족법에는 행위능력에 관하여 특별규정을 두고 있다. 가족법상 행위능력은 의사(意思)능력을 의미하는 것이 원칙이다. 즉, ① 성년자라도 남의 집에 양자로 들어갈 경우 친생부모의 동의를 받아야 하고(제871조), ② 피한정후견인은 원칙적으로 가족법상 행위능력자이고, ③ 미성년자·피한정후견인은 혼자서 재산상 법률행위를 할 수 없지만, 가족법상으로는 부모나 후견인의 동의를 얻으면 의사능력이 있는 이상, 완전한 법률행위를 할 수 있다[약혼·혼인·이혼·입양(양자로 들어가거나 양자를 맞이하는 것)·파양 등]. 다만, 피성년후견인이 유언하는 데는 후견인의 동의가 필요 없고(제1063조: 의사의 '심신회복상태'에 관한 부기와 서명날인 필요), ④ 일반적으로 17세 이상의 사람이면 유언능력을 가진다(제1061조). 그러므로 행위능력에 관한 규정들(제5조·제10조·제13조)은 유언에는 적용되지 아니한다(제1062조).

재산법적 신분행위, 예컨대 부부재산계약(제829조), 재산상속의 승인과 포기(제1025조 이하, 제1041조)의 경우는 재산법상의 일반적인 행위능력을 갖추어야 한다. 그리고 지배적 신분행위의 경우는 행위능력이 요구된다. 그러므로 제한능력자는 친권대행자나 후견인이 될 수 없다(제910조·제937조·제948조).

㈐ 법률행위의 일반원칙에 관한 규정   가족법에는 적용되지 아니한다.

1) 비진의(非眞意)의사표시(무효)·통정허위표시(무효)·착오(취소)에 관한 규정(제107~109조)들은 가족법에 적용될 수 없다. 이러한 의사흠결·착오 등으로 인한 신분행위는 상대방의 선의·악의에 관계없이 언제나 무효(無效)이고[1] 선의의 제3자에게도 대항할 수 있다. 착오의 경우에도 행위자의 중대한 과실여부는 문제되지

---

1 일 최판 1948. 12. 23(민법총칙편의 무효에 관한 규정은 가족법에 적용될 수 없다).

아니한다. 당사자의 진정한 내심의 의사(意思)가 없는 신분관계창설은 신분행위의 본질상 허용될 수 없기 때문이다.

　2) 가장(假裝)혼인·가장(假裝)입양의 신고, 착오의 인지는 민법총칙의 규정에 따라 무효가 되는 것이 아니고, 민법 제815조 1호·제883조·제862조에 따라 무효가 된다. 다만, 가장 협의이혼신고는 무효가 아니고 유효하다는 것이 근래의 판례이다.[1]

　3) 재산관계와 밀접한 관계가 있는 신분행위, 예컨대 상속재산분할협의(제1013조)·상속포기(제1041조) 등에는 민법 제108조(통정허위표시)가 적용된다.

　4) 민법총칙편의 취소와 친족·상속편의 취소 비교표

구　분	총칙편(재산행위)의 취소	친족편(신분행위)의 취소
취소의 사유	사기·강박·착오 (제109조, 제110조)	사기·강박·착오 외에도 법정 취소사유(부모의 동의 없는 혼인 등)가 있다.
취소의 방법	의사표시 (재판상, 재판외의 청구)	소(訴)의 제기(재판상 청구)
취소의 기간(제척기간)	3년~10년(제146조) (장기간)	3개월~6개월·1년(제823조·제839조·제861조·제904조, 제1024조 ②항·제1075조 ②항: 상속·유증의 승인·포기의 취소)(단기간)
취소의 효과	소 급 효	○ (제141조)	×: 혼인·입양의 취소(제824조·제897조) ○: 협의이혼·협의 파양의 취소
	선의의 제3자에 대항 가부	× (제110조 ③항)	○
대세적(對世的) 효력		×	○

* 이혼·파양의 취소는 협의이혼과 협의파양의 취소를 의미한다. 재판상이혼과 파양은 취소할 수 없기 때문이다. 김·김. 21면.

(라) 사기·강박[이른바 하자(瑕疵)있는 의사표시]에 관한 규정(제110조)

　1) 가족법에는 이들 총칙규정이 적용되지 아니한다. 사기·강박으로 한 신분행위는 가족법의 특별규정에 따라 이를 취소할 수 있다.

　2) 취소권행사의 제척기간도 3년 또는 10년이 아니고 3개월~6개월·1년이다 (혼인·협의이혼·친생자승인·인지·입양·협의파양 등의 취소에 관한 민법 제816조 3호·제823조·제838조·제839조·제854조·제861조·제884조 3호·제897조·제904조·제908조의 4·제1024조 ②항 등).

---

[1] 대판 1993. 6. 11, 93므171; 1997. 1. 24, 95도448 등; 일본의 학설 중, 신분행위는 신고하여야 효력이 생기고, 신고의사 내지 표시의사가 있으면 족하고, 더 이상 실질적인 신분관계의 변동을 바라는 의사(효과의사)까지 필요한 것은 아니므로, 진의 아닌 의사표시나 통정허위표시의 신분행위도 유효하다는 학설이 근래 유력해지고 있다고 한다(甲斐 외 2, 12면).

3) 재산문제와 밀접한 관계가 있는 상속·유증의 승인·포기, 상속재산분할협의(제1013조)의 취소에는 민법총칙의 규정이 준용된다(제1024조 ②항·제1075조 ②항, 라류 가사비송사건 28호).

(마) 대리에 관한 규정(제114~136조)

1) 원래 신분행위 또는 일신전속적인 신분권의 행사는 남이 대신할 수 없으므로 신분행위의 대리는 허용되지 아니한다. 따라서 대리규정은 원칙적으로 신분행위에 적용되지 아니한다. 예컨대 제한능력자라도 친권자 등의 동의를 얻으면 스스로 신분행위를 할 수 있다.

2) 가족법은 필요하면 대리에 관한 특별규정을 두고 있다.[1] 예컨대 생모나 검사가 친생부인의 소의 피고가 되도록 한 것(제847조) 등이 그것이다.

3) 예외적으로 대리규정의 유추적용은 인정된다. 예컨대 부부의 일상 가사대리의 경우 제126조의 표현대리 규정이 유추 적용될 수도 있고,[2] 대락입양이나 대락파양도 대리에 속하는 것으로 해석된다. 대리 신분행위의 사기·강박의 경우 사기·강박사실은 대리인을 기준으로 결정되어야 한다.

(바) 조건·기한의 규정(제147~154조)　　신분행위에는 적용되지 아니한다. 예컨대 졸업하면 결혼하여 3년간만 동거하자고 약속한 경우, 실제로 졸업하지 못하였다고 하여 혼인할 수 없는 것은 아니고, 일단 혼인하면 3년간만 유효한 것도 아니다. 다만, 약혼이나 유언의 경우는 사회질서에 어긋나지 아니하는 범위 안에서 조건이나 기한을 붙일 수 있다(제1073조 ②항·제1089조 ②항).

(사) 소멸시효에 관한 규정(제162~184조)　　가족법에는 적용되지 아니한다. 부부간의 권리와 상속재산에 관한 권리의 소멸에 관하여 민법총칙편의 시효규정(제180조 ②항·제181조)이 적용된다. 이는 신분관계를 기초로 한 재산권의 소멸시효규정이지, 가족법상 신분권 그 자체의 시효규정은 아니기 때문이다. 신분권의 소멸에 관한 기간들은 대개 제척기간이므로, 기간의 중단이나 정지는 있을 수 없다.

---

[1] 순수한 친족법상 대리규정 : 대락입양(제869조)·대락파양(제899조)·친권대행(제910조, 제948조). 재산상 대리규정 : 법정대리인의 재산관리권(제916조), 법정대리인의 법률행위대리권(제911조·제920조·제949조).

[2] 대판 1987. 11. 10, 87다카1325(남편이 해외취업 중 공장경영위임을 받은 처에게 금원차용을 위한 담보설정에 대하여 표현대리를 인정한 사례).

제 3 절   가족법의 법원(法源)

법원(法源, Sources of Law)은 법의 존재형식 또는 법의 인식근거나 인식자료라고 말할 수 있다.

(1) 형식적 의미의 가족법

민법 제 4 편 친족과 제 5 편 상속의 규정이 가족법에 속한다.

(2) 실질적 의미의 가족법

친족과 상속에 관한 법은 위의 형식적 의미의 가족법 이외에도, 현행법 속에 매우 많이 산재하여 있다. 예컨대 「가족관계의 등록 등에 관한 법률」, 「가족관계의 등록 등에 관한 규칙」(이하 '규칙'이라고 약칭)·대법원 가족관계등록예규(이하 '예규'라고 약칭[1])·「후견등기에 관한 법률과 동 규칙」, 주민등록법과 동 시행령·혼인신고특례법·「혼인에 관한 특례법」[2]·「양육비이행확보 및 지원에 관한 법률」, 가사소송법·가사소송규칙·비송사건절차법·민사조정법[3]·국적법과 동시행령·국제사법·입양특례법·아동복지법·「부재선고에 관한 특별조치법」·「남북주민사이의 가족관계와 상속 등에 관한 특례법」, 「재외국민의 가족관계등록창설, 가족관계등록부정정 및 가족관계등록부정리에 관한 특례법」(약칭 : 재외국민가족관계법, 2015. 7. 1. 시행 법률 제13124호 2015. 2. 3. 개정)[4], 「보호시설에 있는 미성년자의 후견직무에 관한 법률」(약칭 : 시설미성년후견법)·동 시행령 등이 있다.

---

1 예규의 검색방법 : 대법원전자민원센터 사이트에 들어가, 절차안내 중 가족관계등록을 클릭, 위에서 4번째 가족관계등록예규 및 선례 부분을 클릭하면 예규들이 나타난다.
2 「혼인에 관한 특례법」(1977. 12. 31. 법률 제3052호, 1978. 12. 31.까지; 1987. 11. 28. 법률 제3971호, 1988. 12. 31.까지; 1995. 12. 6. 법률 제5013호, 1996. 12. 31.까지)[민법 제809조(동성혼 등의 금지)위반 혼인을 구제하기 위한 1년간의 한시법으로 3차례에 걸쳐 제정, 시행].
3 가사소송법·가사소송규칙·비송사건절차법·민사조정법 등은 권리의무를 실현하는 절차법이므로, 실질적인 친족상속법이라고 할 수 없다는 견해도 있다(송덕수, 제 4 판 친족상속법, 5면; 박병호, 가족법, 1999, 5면은 이 법률들은 신분절차법이라고 한다).
4 법원행정처에 법원공무원으로 구성된 '재외국민 가족관계등록사무소'를 설치, 재외공관을 통한 재외국민 신고사건을 통합 처리하게 하고, 방문자나 우편을 이용하는 재외국민의 신고사건도 처리할 수 있게 함. 전산정보처리조직을 이용하여 위 등록사무소로 송부할 수 있도록 함으로써 재외국민 신고사건 처리의 신속성·효율성·정확성을 높이려고 시도하고 있다.

(3) 「헤이그 국제아동탈취협약 이행에 관한 법률(약칭: 헤이그아동탈취법)」

[시행 2013. 3. 1. 법률 제11529호, 2012. 12. 11. 제정]과 동시행규칙

우리나라가 2012년 헤이그 국제아동탈취협약에 가입·비준하여 제정 공포한 법률과 규칙으로서 현재 가정법원에서 이를 적용하고 있다.[1] 그 외에도 여성차별철폐협약(CEDAW), 아동권리협약(CRC) 등은 우리나라 가족법의 해석에 참고가 되고 가족법 개정에 영향을 미치는 길잡이가 되고 있다.[2]

제 4 절 가사소송법

I. 가사소송절차의 내용과 특징

1. 가사사건의 종류

가사소송법은 종래의 가사심판법과 인사소송법을 통합하여 하나의 법률로 만든 것이다. 이 법은 가사사건을 그 성질에 따라 가사소송사건과 가사비송사건으로 나누고, 앞의 것은 다시 3가지(혼인무효나 인지무효 등 6개항의 가류사건, 혼인취소, 재판상 이혼 등 14개항의 나류사건, 이혼을 원인으로 한 손해배상청구 등 4개항의 다류사건)로 분류하고, 뒤의 것은 다시 2가지(성년후견 개시의 심판 등 68개항의 라류사건, 재산분할청구 등 10개항의 마류사건)로 세분하고 있다. 그리고 나류·다류 가사소송사건과 마류 가사비송사건을 조정의 대상으로 규정하고 있다(가소 제 2 조·제50조). 그러나 나류사건 중 혼인의 취소 등 각종 취소청구의 소는 이른바 형성(形成)의 소로서 당사자의 임의처분이 허용되지 아니하므로 조정의 대상이 될 수 없고 조정으로 처리될 수 없다.

---

1 서울가법 2016. 2. 2. 자 2015느단31183 아동반환청구(헤이그협약) 심판(아이들의 실질적인 양육자인 청구인(아내)이 거주하는 일본에 다시 데려다 주기로 약정하고, 남편이 아이들을 한국으로 데려온 후 연락두절, [헤이그 국제아동탈취의 민사적 측면에 관한 협약]에 따른 청구인의 양육권을 침해한 것으로 보고 사건본인을 청구인에게 반환하라고 심판).
2 편집대표 윤진수, 주해친족법 제 1 권(박영사, 2015), 35면.

(1) 가사소송사건

(가) **가류사건**   ① 혼인의 무효, ② 이혼의 무효, ③ 인지(認知)의 무효, ④ 친생자관계존부확인, ⑤ 입양의 무효, ⑥ 파양의 무효.

(나) **나류사건**   ① 사실상혼인관계존부확인, ② 혼인의 취소, ③ 이혼의 취소, ④ 재판상 이혼, ⑤ 아버지의 결정, ⑥ 친생부인, ⑦ 인지(認知)의 취소, ⑧ 인지에 대한 이의, ⑨ 인지청구, ⑩ 입양의 취소, ⑪ 파양의 취소, ⑫ 재판상 파양, ⑬ 친양자 입양의 취소, ⑭ 친양자의 파양.

(다) **다류사건**   ① 약혼해제 또는 사실혼관계부당파기로 인한 손해배상청구(제3자에 대한 청구를 포함한다) 및 원상회복의 청구, ② 혼인의 무효·취소, 이혼의 무효·취소 또는 이혼을 원인으로 하는 손해배상청구(제3자에 대한 청구를 포함한다) 및 원상회복의 청구, ③ 입양의 무효·취소, 파양의 무효·취소 또는 파양을 원인으로 하는 손해배상청구(제3자에 대한 청구를 포함한다) 및 원상회복의 청구, ④ 민법 제839조의3에 따른 재산분할청구권보전을 위한 사해행위취소 및 원상회복청구 등 4가지이다.

(2) 가사비송사건

(가) **라류사건**   성년후견, 한정후견의 개시와 종료선고, 실종선고와 그 취소, 부재자재산의 관리에 관한 처분, 성(姓)과 본(本)의 창설허가, 부부재산약정의 변경허가 등 48개이었으나 5개항이 삭제되고 25개항이 추가되어 68개 항목이다.[1]

(나) **마류사건**   부부의 동거·부양·협조 또는 생활비용의 부담에 관한 처분 등 10개 항목이다.

(3) 가사소송규칙에 따른 가사사건

가정법원은 가사소송법 제2조 ①항에서 규정한 사건 이외에 다음의 사건 즉, 다른 법률이나 대법원규칙에서 가정법원의 권한에 속하게 한 사항도 심리하고 재판한다(가소 제2조 ②항·③항, 가소규 제2조 ①항). 그러한 사건들로는 ① 미성년후견인의 순위확인, ② 민법 제1014조의 규정에 의한 피인지자 등의 상속분에 상당한 가액지급청구, ③ 양친자관계존부확인, ④ 「민법」 제924조 ③항에 따른 친권의

---

1 민법의 개정에 따라 가사소송법상의 라류사건은 계속 폐지되거나(친족회 관련사건), 추가·변경되고 있다[7)의2 친생부인의 허가, 7)의3 인지의 허가 등].

일시 정지기간의 연장청구가 있다. 그 중 ①, ③은 가류 가사소송사건의 절차에 따라, ②는 다류 가사소송사건의 절차에 따라, ④는 마류 가사비송사건의 절차에 따라, 심리·재판한다(가소규 제2조 ②항).

2. 가사소송절차의 특징

가사소송절차에 관하여는 가사소송법과 동 규칙에 특별한 규정이 있는 경우를 제외하고는 민사소송법과 동 규칙의 규정이 준용된다(가소 제12조, 가소규 제14조). 따라서 가사소송절차는 일반 민사소송절차에 대한 특별절차이므로 특례가 인정되고 있다.

(1) 가정법원의 전속관할

가사사건에 대한 재판은 가정법원의 전속관할로 되어 있다. 2014. 03. 18. 현재 가정법원이 설치되어 있는 곳은 서울·인천·수원·대전·대구·부산·울산·광주이고, 다른 지역에서는 일반 지방법원 가사부에서 가사사건을 관할하고 있다.

(2) 조정전치주의

가사소송법은 나류·다류·마류사건[이른바 대심적(對審的) 분쟁사건들]에 관하여 조정전치주의를 채택하고 있다(가소 제50조). 조정위원회와 수소(受訴)법원에서 조정사건을 담당하여 진행하고, 조정을 갈음하는 결정(속칭 강제조정)(민조 제33조)을 하거나 화해권고결정(민소 제225조 ①항)도 할 수 있도록 하여, 조정제도의 활성화를 시도하고 있다.

(3) 직권탐지주의[혈액검사 등의 수검(受檢)명령 등]

가류·나류사건의 소송절차에서 법원은 당사자의 주장에 구애받지 않고 직권으로 필요한 증거조사와 사실조사를 하여 진실 여부를 판단하여야 한다(가소 제17조). 가정법원은 사람들 사이의 혈족관계의 존부(存否)를 확정할 필요가 있는 경우 여러 가지 증거조사를 하였으나 심증을 얻지 못한 때는 당사자나 관계인의 건강과 인격의 존엄을 해치지 아니하는 범위 내에서 그들에게 혈액채취에 의한 혈액검사 등 유전인자의 검사나 그 밖에 적당하다고 인정되는 방법의 검사를 받으라고 명령할 수 있다(가소 제29조 ①항).[1] 만일, 정당한 이유 없이 이러한 명령에 불응하는

---

[1] 대판 1967. 9. 5, 67므19 참조.

경우는 1,000만 원 이하의 과태료처분이나 30일의 범위 내의 감치처분을 받을 수 있음을 미리 고지하여야 한다(가소 제29조 ②항·제67조).

(4) 본인출석주의와 불출석에 대한 제재

당사자 본인이나 법정대리인은 변론기일의 소환장을 받으면 반드시 본인이 출석하여야 하고, 대리인을 출석하게 하려면 재판장의 허가를 받아야 한다(가소 제7조). 소환을 받은 사람이 정당한 이유 없이 출석하지 아니하면 가정법원·조정위원회 또는 조정담당판사는 결정으로 그 사람에게 50만 원 이하의 과태료를 부과할 수 있고, 구인(拘引; 강제로 데리고 감)할 수도 있다(가소 제66조).

(5) 공개(公開)재판주의와 보도(報道)금지

가사재판의 심리와 판결도 원칙적으로 공개[1]되지만(법원조직법 제57조 ①항 단서: 일정한 경우 심리는 비공개로 할 수 있다), 가정법원에서 처리하였거나 처리 중에 있는 사건에 관하여 성명·연령·직업·용모 등에 의하여 당사자 본인임을 알 수 있는 정도의 사실이나 사진을 신문·잡지·기타 출판물에 게재하거나 방송할 수 없다(가소 제10조·제72조: 위반자는 2년 이하의 금고 또는 100만 원 이하의 벌금형). 특히 가사사건의 기록(판결문, 기타 증명서 등)은 아무나 열람·복사, 교부신청을 할 수 없고 당사자 또는 이해관계가 있음을 소명한 제3자가 재판장의 허가를 받아야 신청할 수 있다(가소 제10조의2; 전문개정 2013. 4. 5. 법률 제11725호; 동년 7. 1. 시행). 이는 개인의 사생활을 보호하기 위한 것이다.

(6) 사정판결(事情判決)

가정사건의 항소법원은 가령 항소가 이유 있는 경우에도, 1심 판결의 취소나 변경이 사회정의와 형평의 이념에 맞지 아니하거나 가정의 평화와 미풍양속을 유지하기에 적합하지 아니하다고 인정하는 경우에는 항소를 기각할 수 있다(가소 제19조 ③항, 행소 제28조; 공공복리에 적합하지 아니한 경우 청구를 기각).

---

1 개정 법원조직법(2016. 12. 27. 법률 제14470호)은 재판의 심리와 판결은 공개한다고 규정(동법 제57조 ①항 본문)하여 가사재판에까지도 공개(公開)주의를 채택하고 있다. 다만, 심리는 국가의 안전보장·안녕질서 또는 선량한 풍속을 해칠 우려가 있는 때에는 결정으로 이를 공개하지 아니할 수 있다(동법 제57조 ①항 단서). 일본의 가사심판규칙(제6조)은 비공개주의를 취하고 있다(甲斐 외 2, 17; 我妻 외 2, 26면). 어느 쪽이 타당한지는 숙고하여 볼 문제점이다.

(7) 확정판결의 대세적(對世的) 효력

가류·나류 가사소송사건의 청구를 인용한 확정판결은 제 3 자에게도 효력이 있다(가소 제21조). 이를 판결의 대세효라고 부른다.

(8) 소송절차의 승계

가류·나류 가사소송사건의 원고가 사망하거나 소송능력 상실 기타 사유로 소송절차를 수행할 수 없는 경우에는 다른 제소권자가 소송절차를 승계할 수 있다(가소 제16조).

(9) 가사채무의 이행명령과 이행강제제도(과태료·감치)

판결·심판·조정(조정조서·조정결정)에 따라 금전의 지급 등 재산상 의무 또는 유아의 인도의무를 이행하여야 할 사람이 정당한 이유 없이 그 의무를 이행하지 아니할 때는 권리자의 신청에 따라 가정법원은 '일정한 기간 내에 그 의무를 이행할 것'을 명령할 수 있다(가소 제64조). 이러한 명령을 정당한 이유 없이 위반한 경우 법원은 위반자에게 1,000만 원 이하의 과태료를 부과하고 그래도 의무를 이행하지 아니하면 위반자를 감치[최장(最長) 30일까지]에 처할 수 있다(가소 제67조 ①항·제68조). 유전자검사 등을 받으라는 수검명령을 위반한 사람에게도 위와 같은 제재가 부과될 수 있음은 이미 보았다.

3. 가사비송절차

(1) 당사자의 임의처분 가부(可否)

가사비송사건은 당사자 사이의 분쟁사건이 아닌 신분관계에 관한 사건(예컨대 성년후견 개시선고 등)으로서 당사자가 임의로 처분할 수 없는 사건이다. 법원이 신분권 등 사권(私權)의 발생·변경·소멸에 관여하여 그 후견적 임무를 수행하는 절차이다.[1]

이러한 사건에는 가사소송법에 특별한 규정이 없으면, 비송사건절차법 제 1 편의 규정(동법 제15조를 제외)을 준용한다(가소 제34조). 그러나 선정당사자에 관한 민사소송법의 규정은 가사비송절차에 적용될 수 없다는 것이 판례이다.[2]

---

1 비송사건의 성질에 관하여는 박동섭, 3정판 주석가사소송법(박영사, 2004), 466면 참조.
2 대결 1990. 12. 7, 90마674, 90마카11; 그러나 하급심판례 중에는 마류 가사비송사건(상속재산분할 등)에 선정당사자 규정을 적용한 예가 있다(전주지법군산지원 2001. 4. 12, 98느10 심판). 하급심

(2) 가사비송절차의 특징

가사비송사건의 재판은 결정으로 하는 것이 아니고 심판으로 한다. 심판에 대하여는 일정한 경우에 한하여 즉시항고가 인정될 뿐이다(가소 제43조). 그리고 일정한 심판은 집행권원이 되어 집행력이 있고, 이로써 강제집행을 할 수도 있다(가소 제41조). 증거조사에 본인출석이 요구되고 보도가 금지됨은 가사소송절차에서와 같다.

Ⅱ. 가사조정절차

가사조정절차에는 민사조정법(2016. 2. 3. 개정 법률 제13952호)의 규정을 준용하는 것이 원칙이나(가소 제49조), 여러 가지 예외가 있다.

1. 조정전치주의

나류·다류 가사소송사건과 마류 가사비송사건에 관하여 가정법원에 제소하거나 심판청구를 하려는 사람은 먼저 조정신청을 하여야 한다(가소 제50조 ①항). 이러한 사건에 관하여 조정신청을 하지 아니하고 제소하거나 심판청구를 한 때 가정법원은 그 사건을 조정에 회부하여야 한다(가소 제50조 ②항). 조정에 회부하지 아니할 수 있는 예외적인 경우도 있다. 혼인무효·이혼무효 등 각종 무효확인 청구사건과 친생자관계존부확인사건[1]은 이른바 가류 가사소송사건이므로 조정의 대상이 될 수 없다.

2. 조정기관

가사조정사건은 조정담당판사·조정위원회(조정장 1인과 2인 이상의 조정위원으로 구성), 및 수소(受訴)법원(사건을 접수한 법원), 수명법관 또는 수탁판사가 처리한다(가소 제52조 ①항, 민조 제 7 조·제 8 조). 1심 법원뿐만 아니라, 2심 법원도 사건을 조정으로 처리할 수 있다(민조 제 6 조).

3. 조정의 성립

조정은 당사자 사이에 합의된 사항을 조서에 기재함으로써 성립되며(가소 제

판례를 지지한다.
1 대판 1999. 10. 8. 98므1698(이러한 사건은 성질상 당사자가 임의로 처분할 수 없는 사항을 대상으로 하는 것이라 이에 관하여 조정이나 재판상 화해가 성립되더라도 효력이 발생할 수 없다).

59조 ①항), 이는 재판상의 화해와 동일한 효력이 있다(동조 ②항). 그래서 조정조서에 대하여 무효라고 다투려면 재심사유가 있어야 한다.

Ⅲ. 재판과 이행확보절차

1. 소송으로의 이행(移行 : 옮겨 감)

사건에 관하여 조정을 하지 않기로 결정하거나, 조정불성립, 혹은 '조정을 갈음하는 결정'에 대하여 이의신청이 제기된 때에는 조정신청을 한 때에 소(심판청구)가 제기된 것으로 본다(가소 제60조·민조 제36조 ①항). 이는 제척기간 경과의 불이익을 방지하기 위한 것이다. 이 경우 당사자는 인지의 차액[소장에 첨부할 인지액 − 조정신청서에 붙인 인지액(1/10) = 보통 소장인지액의 9/10(민조규 제3조 ①항)]를 추가로 붙여야 한다(민조 제36조 ②항).

2. 이행확보·이행강제

가사채무도 민사집행법에 따라 강제집행을 할 수 있음은 물론이다. 그러나 가사채무는 그 성질상 강제집행하기 어려운 경우가 많다. 이와 같은 어려움을 보충하기 위하여 가사소송법은 재산명시·재산조회(제48조의 2·3), 사전처분(가소 제62조), 가압류와 가처분(제63조), 양육비의 직접지급명령·담보제공명령(제63조의 2·3), 이행명령(제64조), 금전임치(제65조), 과태료(1,000만 원 이하 : 2009. 5. 8. 개정동년 11. 9. 시행)와 감치(제67조) 등의 여러 가지 제도를 두고 있다.

제 5 절 가족법(친족·상속법)의 개정 경과와 그 내용

식민지 치하(1910~1945)에서는 일본민법이 우리나라에서 시행되었다. 우리나라가 1948년 독립하면서 새로운 민법의 제정 작업에 들어가 1960. 1. 1.부터 이른바 신민법(제정민법; 1958. 2. 22. 공포 법률 제471호)이 시행되기에 이르렀고, 그 후 여러 차례 개정이 이루어졌다.

Ⅰ. 1990. 1. 13. 개정민법(법률 제4199호, 1991. 1. 1. 시행)

1. 친족의 범위 조정

(1) 친족을 8촌 이내의 부계·모계혈족으로 하고, 인척은 4촌 이내로 제한(제777조).

(2) 자매의 직계비속, 직계존속의 자매의 직계비속을 혈족에 포함시켰다(제768조).

(3) 인척 중 '혈족의 배우자의 혈족'(사돈)을 삭제(제769조).

(4) 배우자의 사망 후, 생존배우자가 재혼하면 인척관계가 소멸(제775조 ②항).

2. 적모·서자관계와 계모·자 관계를 인척관계로 변경

법정친자 또는 법정혈족관계였던 적모·서자관계와 계모·자(전처의 자녀)관계를 인척관계로 변경(제773조·제774조 삭제).[1]

3. 호주제도의 개선

(1) 호주의 한정치산선고청구권과 입적동의권을 삭제(제9조·제784조 ①항)하고, 호주의 직계비속장남자의 거가(去家: 가를 떠남)금지(제790조), 호주의 부양의무(제797조), 호주의 가족에 대한 거소지정권(제798조), 호주의 사고와 그 직무대행제도(제799조)를 삭제하였으며, 귀속불명재산을 가족의 공유로 추정하도록 개정(제796조 ②항)(종래에는 호주의 소유로 추정)함으로써 호주의 권리·의무에 관한 규정을 대폭 개정하였다.

(2) 호주의 변경과 여호주규정(제792조)을 삭제함으로써 여호주는 그 가의 계통을 승계할 남자가 그 가에 입적하더라도 호주의 지위에는 변동이 없고, 호주승계가 개시되지 않도록 하였다(제980조 ①항). 예컨대, 양자를 입양하더라도, 여호주의 지위에는 변동이 없다.

(3) 혼인의 취소나 이혼시 또는 부(夫)가 사망한 때에 '처와 부(夫) 사이의 혈족'이 아닌 직계비속은 친가에 복적하거나 일가를 창립할 수 있도록 하였다(제787조). 또는 부(父)가 외국인인 때에는 자녀가 모의 성과 본을 따를 수 있고 모가에

---

1 동법 부칙 제2조 중 "전처의 출생자와 계모 사이의 친족관계"에 관한 부분이 헌법 제36조 ①항, 제13조 ②항, 제11조 ①항에 위반되지 아니한다(헌재결 2011. 2. 24, 2009헌바89·248, 법률신문 2011. 2. 28.자); 전처의 자녀와 계모, 적모와 서자 사이를 법률에서 모자관계로 규정한 것은 당사자의 의사를 무시한 가부장적 제도의 산물이므로 이를 폐지한 것은 정당하다.

입적하는 규정을 신설하였다(제781조 ②항 단서).

(4) 호주상속을 호주승계로 변경(제980조).

(5) 호주승계비용(제983조), 호주승계시의 태아의 지위(제988조), 대습승계(제990조), 분묘의 승계(제996조) 규정을 삭제하고, 호주승계권은 포기할 수 있도록 하였다(제991조).

4. 약혼해제사유의 일부 개정

약혼해제사유 중 '폐병'을 삭제하고, 새로이 '불치의 정신병'을 삽입(제804조 3호), '2년 이상의 생사불명'을 '1년 이상의 생사불명'으로 개정(제804조 6호).

5. 혼인의 효력에 관련된 규정의 개정

부부의 동거 장소는 부부의 협의로 정하고, 협의가 안 되면 가정법원이 정하도록 하고(제826조 ②항), 부부공동생활비용을 부부가 함께 분담하도록 하였다(제833조).

6. 이혼에 관련된 규정의 개정

(1) 면접교섭권제도 도입

이혼 시 자녀의 양육에 관한 사항을 부모가 협의로 정한다(제837조 ①항). 이혼 후 자녀의 양육자로 지정되지 아니한 부나 모는 면접교섭권을 가지며, 가정법원은 자녀의 복지를 위하여 필요한 때는 당사자의 청구에 따라 이를 제한하거나 배제할 수 있다(제837조의 2).

(2) 부모의 이혼시 미성년자녀에 대한 친권행사자 지정

혼인외의 출생자가 인지된 경우와 부모가 이혼하는 경우, 미성년자녀에 대한 친권행사자를 부모의 협의로 정하고, 협의를 할 수 없는 경우는 당사자의 청구에 따라 가정법원에서 정하도록 하였다(제909조 ④항)[구민법에서는 부모의 의견 불일치 시 부(父)가 친권행사].

(3) 이혼시의 재산분할제도 도입

부부가 이혼할 경우 배우자의 일방은 상대방에 대하여 부부공동재산의 분할을 청구할 수 있도록 하였다(제839조의 2). 부부의 협의로 재산을 분할할 수 있고,

협의를 할 수 없는 경우는 가정법원에서 분할하도록 하였다.

7. 양자제도의 개정

(1) 가(家)를 위한 양자제도의 폐지

가계계승을 위한 사후양자·서양자·유언양자 제도를 모두 폐지하고, 호주의 직계비속장남자의 타가(他家) 입양금지규정(제800조, 제867조, 제876조, 제875조)을 삭제하였다.

(2) 입양제도의 개선

미성년자의 입양에 후견인이 동의하거나, 후견인이 피후견인을 양자로 삼는 경우에는 가정법원의 허가를 받아야 하고(제871조 단서·제872조), 부부평등의 이념을 실현하기 위하여 부부공동입양제도를 채택하여 부부는 공동으로 양친(養親)이 되어야 하고, 부부의 일방이 타인의 양자가 되려면 다른 일방의 동의를 얻도록 하였다(제874조).

8. 후견인의 순위 개정(호주 삭제)

부모가 유언으로 미성년자의 후견인을 지정하지 아니한 경우 또는 금치산이나 한정치산 선고의 경우 미성년자 또는 금치산자(기혼자의 경우는 그 배우자가 후견인) 등의 직계혈족, 3촌 이내의 방계혈족의 순위로 후견인이 된다(제932~934조). 호주는 후견인이 될 수 없다.

9. 상속제도의 개정

(1) 상속인의 범위를 8촌에서 4촌 이내의 방계혈족으로 축소(제1000조 ①항).

(2) 배우자 중 한사람이 사망한 경우, 아내의 상속순위만을 규정하던 것을 남편도 그 직계비속이나 직계존속과 공동 상속한다(제1003조 ①항).

(3) 기여분제도 신설

상속재산의 형성·유지·증가에 특별히 기여한 상속인이 있을 경우 그 상속인의 기여분을 공제한 나머지 재산으로 각 상속인들의 상속분을 계산하고 기여자(상속인)에게는 그 기여분을 추가로 더 지급하는 제도를 도입하였다(제1008조의 2).

(4) 직계비속(특히 출가한 딸과 아들)들의 상속분을 균등하게 하고(출가하지 아

니한 딸은 이미 1979. 1. 1. 이후 아들과 균등 상속), 배우자 중 남편의 상속분도 직계
비속 또는 직계존속의 상속분에 5할을 가산하도록 하였다(제1009조 ①, ②항; 처의
경우는 이미 1979. 1. 1. 이후 50% 가산상속).

(5) 특별연고자 재산분여청구제도 신설

상속인이 없는 재산을 청산할 경우, 가정법원은 피상속인(망인)과 같이 살고
있었거나 피상속인을 요양·간호한 사람, 기타 피상속인과 특별한 연고가 있는 사
람에게 상속재산의 전부나 일부를 분여할 수 있도록 하였다(제1057조의 2).

Ⅱ. 2002. 1. 14. 개정민법(법률 제6591호)

1. 상속의 한정승인신고 기간의 개정

헌법재판소의 결정[1]과 이에 따른 개정민법에 의하면, 상속인은 '상속채무가
상속재산을 초과하는' 사실을 중대한 과실 없이 상속개시일로부터 3개월의 기간
내에 알지 못하고 단순승인(제1026조 1호 및 2호의 규정에 의하여 단순승인한 것으로
보는 경우를 포함)을 한 경우에는 그 사실을 안 날로부터 3개월 내에 한정승인을 할
수 있다고 개정하였다(제1019조 ③항 신설). 개정민법부칙 ③항(한정승인에 관한 경과
조치)에 의하면, 개정조항을 소급적용하여 1998. 5. 27. '이후'에 상속개시 사실을
안 상속인은 2002. 4. 13.까지 한정승인신고를 할 수 있도록 규정하고 있다. 그러나
1998. 5. 27. '이전'에 상속개시 사실을 알았던 상속인도, 중대한 과실 없이 상속채
무초과사실을 1998. 5. 27. 이후 비로소 안 경우는 한정승인신고를 할 수 있다고 해
석하여야 할 것이다.[2]

2. 상속회복청구권 행사기간의 개정

상속권 침해의 경우 상속권자가 제기할 수 있는(제999조 ①항) 상속회복청구권
은 그 침해를 안 날부터 3년, 상속개시일부터 10년이 경과되면 소멸한다고 되어
있었다. 헌법재판소의 결정[3]과 이에 따른 개정민법은 그 불합리를 시정하기 위하

---

1 헌재결 1998. 8. 27, 96헌가22, 97헌가2·3·9, 96헌바81, 98헌바24·25(병합), 헌공 29호, 법률신문
  1998. 9. 7, 판례월보(1998. 10), 64면.
2 헌재결 2004. 1. 29, 2002헌가22, 법률신문 2004. 2. 2. 제3239호, 3면.
3 헌재결 2001. 7. 19, 99헌바9·26·84, 2000헌바11, 2000헌가23(병합) : 민법 제999조 ②항 중 '상속

여 이를 '침해를 안 날로부터 3년, 침해행위가 있은 날'부터 10년을 경과하면 소멸된다(제999조 ②항)고 개정하였다.

Ⅲ. 2005. 3. 31. 개정민법(법률 제7427호)

1. 호주제도의 폐지

헌법재판소의 결정에[1] 따라 국회는 이전의 호주제도(민법 제4편 친족 제2장 호주와 가족)를 전면적으로 폐지하고, 제2장의 제목을 가족의 범위와 자(子)의 성(姓)과 본(本)으로 고치고 제8장 호주승계 규정을 모두 삭제하였다.

2. 가족의 범위

호주중심의 가족구성에서 호주가 없어짐에 따라 가족의 범위(제779조)는 아래와 같이 조정되었다.[2]

① 배우자, 직계혈족 및 형제자매, ② 직계혈족의 배우자, 배우자의 직계혈족 및 배우자의 형제자매(이들은 생계를 같이 하는 경우에 한하여 가족이 된다)만을 가족으로 하고, 가족등록부의 기재와는 상관이 없도록 하였다. 이는 부부중심의 가족개념을 도입한 것이다.

3. 자녀의 성과 본

원칙적으로 자녀의 성(姓)은 아버지의 성과 본을 따르고, 예외적으로 부모가 혼인신고를 할 당시 어머니의 성과 본을 따르기로 협의한 경우[3]는 어머니의 성과 본을 따른다(제781조 ①항). 혼인외의 출생자가 인지된 경우 부모의 협의 또는 법원의 허가를 받아 종전의 성과 본을 계속 사용할 수 있다(동조 ⑤항). 자녀의 복리를 위하여 자녀의 성과 본을 변경할 필요가 있을 때에는 법원의 허가를 받아 이를 변경할 수 있다(동조 ⑥항).

이는 자녀의 성을 변경할 수 있는 제도로서, 자녀의 입양, 혼인외 출생자의 인

이 개시된 날로부터 10년' 부분은 헌법에 위반된다고 결정.

[1] 헌재결 2005. 2. 3, 2004헌가5 헌법불합치결정.

[2] 김·김, 5~6면; 가족의 범위에 관한 규정이 신설된 것은, 개정민법 제4편 제2장 '호주와 가족'을 삭제하면 이는 곧 '가족의 해체'를 가져올 것이라는 국무위원들의 오해에서 비롯된 것이라고 한다.

[3] 협의서 양식은 예규 제101호[대법원예규집(가족관계등록편), 법원행정처, 2007], 165면.

지, 재혼 부부의 자녀와 전처나 전남편의 자녀의 성 문제를 동시에 해결할 수 있게 한 것이다. 전통적인 부계(父系)중심 가족법에 대한 일종의 혁명적 개정이다.

4. 입부혼인제도 폐지

부모가 혼인신고를 하면서 앞으로 출산할 자녀의 성과 본을 어머니의 성에 따를 수 있도록 하였기 때문에(제781조), 입부혼인(제826조 ③·④항)을 폐지한 것.

5. 근친혼의 금지와 대혼기간의 폐지

(1) 근친혼 금지(제809조)

헌법재판소의 결정[1]에 따라 동성동본금혼을 근친혼의 금지로 고치고, 그 범위를 ① 8촌 이내의 혈족(친양자의 입양전의 생가혈족을 포함)(①항), ② 6촌 이내의 혈족의 배우자, 배우자의 6촌 이내의 혈족, 배우자의 4촌 이내의 혈족의 배우자인 인척이거나 이러한 인척이었던 자(②항), ③ 6촌 이내의 양부모계(養父母系)의 혈족이었던 자와 4촌 이내의 양부모계의 인척이었던 자(③항)들 사이에서는 혼인하지 못한다고 정하였다. 이에 따라 혼인무효의 규정도 정비하여 8촌 이내의 혈족사이의 혼인, 직계인척간, 양부모계의 직계혈족간의 혼인은 무효로 규정하였다(제815조 2~4호).

(2) 재혼금지기간(제811조)의 폐지

여자는 혼인관계 종료 후 6개월이 지나지 아니하면 다시 혼인할 수 없다는 규정(소위 대혼기간)을 없앴다. 양성평등의 이념을 실현하고 여자의 재혼의 자유를 보장하기 위한 것이다. 종래 이 규정의 실효성이 없었고 현대의 유전자검사기술의 발달에 따라 이러한 규정을 둘 필요성이 사라진 때문이기도 하다.

6. 친생부인의 소(제847조)에 관한 규정을 정비

헌법재판소의 결정[2]에 따라 친생부인의 소를 남편뿐만 아니라, 아내도[3] 제기할 수 있게 하고, 제소기간은 "자녀의 출생을 안 날로부터 1년 내"를 "사유가 있음

---

1 헌재결 1997. 7. 16, 95헌가6~13(병합, 전원재판부) : 민법 제809조 ①항의 동성동본 금혼규정은 헌법에 불합치한다.
2 헌재결 1997. 3. 27, 95헌가14, 96헌가7(전원재판부).
3 아내가 부정행위로 아이를 출산한 후, 스스로 그 아이가 남편의 아이가 아니라고 소송을 거는 것이 과연 윤리적으로나 도덕적으로 용납될 수 있는 처사인지는 문제다.

을 안 날로부터 2년 내"로 개정하였다.

7. 친양자(親養子)제도의 신설

개정민법은 제908조의 2부터 제908조의 8까지 7개 조문을 신설하여 종전의 양자와는 다른 친양자제도를 새로 도입하였다. 이러한 입양이 가정법원에서 허가되면 양자의 생가부모와의 친자관계는 단절되고, 양친과 양자 사이에 친생자관계가 발생한다.

8. 기간의 연장 또는 단축

(1) 인지(認知)청구의 소나 인지에 대한 이의의 소(제864조)(1년 → 2년).

(2) 친생자관계존부확인의 소(제865조)(1년 → 2년).

(3) 상속인수색 공고기간(제1057조)(2년 → 1년).

9. 기타 용어의 정리

(1) 미성년자가 친권에 "복종한다."는 것을 친권에 "따른다."(제910조 · 제921조 ②항)로 변경하고,

(2) "친권행사자"를 "친권자"(제909조 ④항)로 변경.

10. 특별한정승인제도의 도입에 따른 규정의 정비

피상속인의 채무초과사실을 중대한 과실 없이 알지 못한 상속인은 그 사실을 안 때로부터 3개월 안에 한정승인신고[1]를 할 수 있다(제1019조 ③항). 이 제도가 도입(2002. 1. 14.)됨에 따라 한정승인 신고서에 첨부할 재산목록에 상속인이 "이미 처분한 상속재산의 목록과 가액"을 기재하여 제출하도록 하고, 한정승인 후의 배당변제에서도 이미 처분한 재산과 상속개시당시의 상속재산으로 변제하도록 하였다(제1030조 ②항).

---

1 이 제도의 명칭에 관하여 '추가한정승인'[이상원, "상속포기와 한정승인에 있어서 신고기간(고려기간)의 기산점," 가정법원사건의 체분세(하), 재판지료 제102집(2003), 98면], '단순승인 후의 한정승인'[곽윤직, 개정판 상속법(박영사, 2004), 185면] 등의 용어를 사용하는 분도 있으나, '특별한정승인'이라는 표현이 적절하다고 생각된다[윤진수, "특별한정승인의 규정이 소급 적용되어야 하는 범위," 서울대학교 법학(제45권 3호, 2004. 9), 480~81면; 오창수, "채무상속과 특별한정승인," 변호사(서울지방변호사회, 2005), 227면].

Ⅳ. 2007. 12. 21. 개정민법(법률 제8720호)

1. 약혼, 혼인 연령 통일

약혼·혼인의 적령 : '남자 18세, 여자 16세'로 되어 있던 약혼과 혼인적령을 남녀 구분 없이 만 18세로 통일(제801조·제807조).

2. 재산분할청구권 보전을 위한 사해행위취소제도신설(제839조의3)

부부의 일방이 다른 일방의 재산분할청구권 행사를 해함을 알면서도 재산권을 목적으로 하는 법률행위를 한 때에는 다른 일방은 제406조 ①항을 준용하여 그 취소 및 원상회복을 가정법원에 청구할 수 있다. 위 ①항의 소는 제406조 ②항의 기간(안 날로부터 1년, 행위 시부터 5년) 내에 제기하여야 한다. 이혼의 경우뿐만 아니라 혼인중에도 이런 소를 제기할 수 있다는 점을 주목하여야 할 것이다.

3. 이혼숙려기간 신설

성급한 이혼을 방지하기 위하여 이혼숙려기간제도를 신설하였다. 즉, 협의이혼을 하려면 이혼당사자는 가정법원의 안내를 받아야 하고 전문상담인의 상담권고를 받을 수 있고(제836조의2, ①항 신설), 그러한 안내를 받은 날로부터 부부에게 미성년자녀가 있으면 3개월, 자녀가 없으면 1개월이 지나야 이혼의사확인을 받을 수 있다(제836조의2 ②항, ③항). 이에 대한 예외조항도 두고 있다.

4. 양육자와 친권자 지정·변경 제도 정비

㈎ 협의이혼 시 자녀의 양육에 관한 사항, 친권자 지정의 합의를 반드시 하도록 하는 규정 신설(제836조의2 ④항 신설, 제909조).

㈏ 자녀에게도 부모 면접교섭권을 인정(제837조의2, ①항).

Ⅴ. 2009. 5. 8. 개정민법(법률 제9650호, 2009. 8. 9. 시행)

양육비의 직접지급명령 제도(가소 제63조의2)의 도입에 따라, 민법도 당사자가 협의한 대로 양육비부담조서를 가정법원에서 작성하도록 하였다. 그 조서는 강제

집행의 권원이 된다(제836조의 2 ⑤항, 가소 제41조).[1]

VI. 2011. 3. 7. 개정(법률 제10429호), 2011. 5. 19. 개정(법률 제10645호), 2012. 2. 10. 개정민법(법률 제11300호, 2013. 7. 1. 시행)

1. 성년후견제도 도입(개정법률 제10429호)

현재 정신적 제약이 있는 사람은 물론 미래에 정신 능력이 약해질 상황에 대비하여 후견제도를 이용하려는 사람이 재산행위뿐만 아니라 치료, 요양 등 복리에 관한 폭넓은 도움을 받을 수 있는 성년후견제도를 도입하였다. 성년후견·한정후견 개시 선고의 청구권자에 후견감독인과 지방자치단체의 장을 추가하여 후견을 내실화하며, 성년후견 등을 요구하는 노인, 장애인 등에 대한 보호를 강화하였다. 후견감독인제도의 도입에 따라 친족회제도가 폐지되었다. 거래의 안전을 보호하기 위하여 성년후견 등에 관하여 등기로 공시하도록 하였다.[2]

성년연령을 낮추는 세계적 추세와 「공직선거법」 등의 법령과 사회·경제적 현실을 반영하여 성년 연령을 만 20세에서 만 19세로 낮추었다.

2. 이른바 최진실 법(법률 제10645호; 생존부모의 친권 자동부활론 폐지)

이혼 등에 따라 단독 친권자가 된 부모 중의 어느 한쪽이 사망하거나 친권을 상실하는 등 친권을 행사할 수 없는 경우 생존하고 있는 부나 모의 친권이 자동부활하는 것은 아니고, 가정법원의 심리를 거쳐 친권자로 지정받거나 후견이 개시되도록 하고, 입양의 취소나 파양의 경우 또는 양부모가 사망한 경우에도 같은 방법으로 친생(생가)부모 또는 그 일방을 친권자로 지정하거나 후견이 개시되도록 하였다(민 제909조의 2). 부적격인 아버지나 어머니가 당연히 친권자가 되어 미성년자의 복리에 나쁜 영향을 미치는 것을 방지하려고 한 것이다.

3. 양자법 개정(개정법률 제11300호; 미성년자 입양의 허가제)

현재 미성년자의 입양과 파양은 시·읍·면장에 대한 신고만으로 가능하기 때

---

1 「양육비이행확보 및 지원에 관한 법률」(2019. 6. 25.시행 법률 제16085호, 2018.12.24.개정)
2 「후견등기에 관한 법률(약칭: 후견등기법)」[시행 2019. 1. 1, 법률 제14976호, 2017. 10. 31, 일부개정]

문에 아동학대의 습벽이 있는 사람 등도 손쉽게 입양을 할 수 있고 그 결과 미성
년자의 복리에 어긋나는 사례가 자주 발생하고 있다. 이를 방지하기 위하여 미성
년자를 입양할 때는 가정법원의 허가를 받도록 하고(제867조, 제898조), 미성년자에
대한 파양은 재판으로만 할 수 있도록 하며, 부모의 소재를 알 수 없는 경우에는
부모의 동의 없이도 입양이 가능하게 하는 등(제908조의 2, ②항) 입양제도를 개선
하였다. 그리고 친양자 입양 연령을 현행 15세 미만에서 미성년자로 상향조정(제
908조의 2, ①항 2호)하였고, 중혼의 취소청구권자에 직계비속을 추가하기 위하여
종전의 "직계존속"을 "직계혈족"으로 변경하였다.[1] 그리고 부부간의 계약취소권제
도(민 제828조)를 폐지하였다.

Ⅶ. 2014년 이후의 개정

1. 친권자의 동의를 갈음하는 재판제도신설(민 제992조의 2 신설), 친권의 일시
정지, 일부제한 제도를 도입(제924조, 제924조의 2 신설); 2014년(법률 제12777호).

2. 부모뿐만 아니라, 할아버지·할머니 등에게도 손자·손녀 면접교섭권을 부
여(제837조의 2, ②항), 가정법원에서 면접교섭권을 변경할 수 있도록 하였다(동조,
③항): 2016년(법률 제14278호).

3. 후견인의 결격사유 규정을 개정(제937조, 8호, 9호): 2016년(법률 제14409호).

4. 친생추정 규정(제844조)을 아래와 같이 개정하고[2] 친생부인의 허가청구와
인지의 허가청구 제도를 신설(제854조의 2, 제855조의 2): 2017년(법률 제14965호),

① 처가 혼인중에 포태한 자는 부의 자로 추정한다. 여기서 '처'를 "아내"로,
'포태'를 "임신"으로, '부'를 "남편"으로, '자'를 "자녀"로, 각 개정

② 이 조항을 ②, ③항 두 개로 나누고 '포태'를 "임신"으로 개정하였다.

---

[1] 이는 민법 제818조에 관한 헌재결정[헌재결 2010. 7. 29, 2009헌가8(전원재판부)의 헌법불합치 결
정]에 따른 개정이다.
[2] 민법 제844조 ②항 중 "혼인관계종료의 날로부터 300일 내에 출생한 자"에 관한 부분은 헌법에
합치되지 아니한다는 헌재 2015. 4. 30, 2013헌마623결정에 따른 개정입법.

친족법

제**1**장

친 족

제1절 친족의 종류와 범위

Ⅰ. 친족의 의미

친족은 자기를 기준으로 삼아 '일정한 혈연관계가 있거나 혼인·양자관계에 있는 사람들'을 말한다. 예컨대 나의 부모·형제·자매·배우자·양부모 등은 나의 친족이다.

Ⅱ. 친족의 종류(친족 = 배우자·혈족·인척)(제767조)

친족의 종류를 다음의 표처럼 분류할 수 있다.

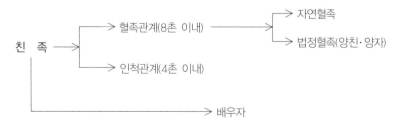

1. 혈족(血族) : 혈연관계가 있는 친족

(1) 자연혈족(自然血族)

⑺ 의   미   자연적인 혈연(血緣)으로 연결되는 친족, 예컨대 부모와 자녀, 형제자매 등이 자연혈족이다. 자기의 직계존속과 직계비속을 직계혈족(제768조 전단)이라 하고 자기의 형제자매[1]와 형제자매의 직계비속, 직계존속의 형제자매 및 그 형제자매의 직계비속을 방계혈족이라고 한다(제768조 후단). 혈족에는 부계(父系)혈족과 모계혈족이 있다. 친가의 혈족들(조부모, 아버지, 백·숙부, 고모 등)이 부계혈족이고, 외가의 혈족들(외조부모·외숙부·이모 등)이 모계혈족이다.

⑻ 발생과 소멸   자연혈족관계는 사람의 출생(出生)[2]과 사망(死亡)이라는 자연적 사실로 발생·소멸한다(제3조). 출생 이외에 예외적으로 인지(認知)로도 발생한다.

1) 출 생

a) 혼인외의 출생자 : 혼인외의 출생자와 생모와 사이에는 출생으로 바로 혈족관계(모자관계)가 발생하지만,[3] 생부와 사이에는 인지(認知)로써 비로소 혈족관계(父子관계)가 발생한다(인지의 효과는 자녀의 출생시로 소급). 한편 혼인외의 출생자는 부모의 혼인으로 '혼인중 출생자'의 신분을 취득한다(이것이 준정)(제855조 ②항). 인지의 무효·취소 또는 '인지에 대한 이의'로 인하여 혼인외 출생자와 그 부계혈족관계는 소멸한다(제861조·제862조). 요컨대, 생부·생모와 혼인외의 출생자간은 자연혈족 사이이다.

b) 태아도 일정한 경우 이미 출생한 것으로 간주되어 권리능력이 인정되고(상속권에 관하여 제1000조 ③항, 손해배상청구권에 관하여 제762조), 인지(認知)의 대상이

---

1 이 형제자매에는 이복형제자매도 포함된다(대판 1997. 11. 28, 96다5421,38933; 2007. 11. 29, 2007도7062).

2 대판 1964. 12. 15, 64다1109[모자(母子)·모녀간의 혈족관계는 출산이라는 사실로 인하여 발생하는 것이고, 출생신고 여부는 혈족관계에 아무런 영향이 없다]. 동 1967. 10. 4, 67다1791(혼인외의 출생자와 생모 간에는 그 생모의 인지나 출생신고를 기다리지 아니하고 자의 출생으로 당연히 법률상의 친족관계가 생긴다). 동지 대판 2018. 6. 19, 2018다1049(정다영 교수의 평석, 2018년 가족법 주요판례 10선, 130면 참조); 서울지판 2003. 7. 25, 2001가합64849.
부산지판 2014. 5. 1, 2013가합20420 보험금지급청구권지위확인; 공2014하540(자연혈족관계는 출생에 의하여 자연적으로 발생하며, 사람의 신분관계는 비단 가족관계등록부에 의해서만 결정되는 것은 아니므로, --- 을은 --- 출생만으로 피상속인인 갑의 형제자매로서 민법 제1000조 ①항 3호에서 정한 법정상속인에 해당한다).

3 대판 1967. 10. 4, 67다1791; 1986. 11. 11, 86도1982; 1992. 7. 10, 92누3199; 2018. 6. 19, 2018다1049.

되기도 한다(제858조). 그 한도 내에서 태아도 일정한 혈족관계에 있는 자의 지위를 가지고 있다.[1]

2) 사　망

a) 자 연 사: 자연혈족관계는 혈족(사람)의 사망[2]으로 소멸한다. 그러나 그것이 생존자들 사이의 혈족관계에는 영향을 미치지 못한다. 예컨대 부모가 사망하더라도, 조부모와 손자 사이 또는 형제자매 사이의 혈족관계는 소멸하지 아니한다.

b) 사망에는 실종선고와 인정(認定)사망이 포함된다. 오랜 기간 생사불명인 사람에 대하여, 이해관계인이 신청하면 가정법원은 그 사람의 실종을 선고한다(제27조). 또 수재나 화재와 같은 재난이 발생하여 어떤 사람이 사망하였을 가능성이 매우 높은 경우[그 사체(死體)를 찾을 수 없는 경우], 이를 조사한 관공서의 통보에 따라 가족등록부에 그 사람의 사망 사실을 기재한다. 이것이 인정사망이다(가등법 제16조·제87조).

(2) 법정혈족(法定血族): 양자관계(養子關係)의 성립으로 생기는 친족관계

㈎ 의　미　　혈연관계가 전혀 없는 사람들, 즉 남남 사이에서도 입양이라는 신분계약으로 부모·자식관계를 창설할 수 있다. 이것이 양친자관계이고, 이는 법률에서 인정한 법정혈족관계이다.

㈏ **양친자관계의 발생**　　양친자관계(친양자관계 포함)는 입양으로 발생하고(제878조·제908조의 2), 입양의 무효·취소, 파양(제776조·제908조의 4·5) 또는 사망으로 소멸한다.

1) 입양신고가 이루어지면 그 신고한 날부터 '양부모와 그 혈족·인척'과 '양자와 그 직계비속' 사이에는 혼인중 출생자와 같은 친족관계가 발생한다(제772조 ①항·제908조의 3). 위 양자의 직계비속에는 입양신고 전[3]·후의 출생자가 모두 포함된다. 양친의 부모와 양자 사이에는 조부모·손자의 관계가 되고, 양친의 자녀와 양자는 서로 형제자매가 된다.

2) **입양 후 양친 등의 재혼**　　입양 후 양부모 중 일방이 사망하여 생존자가 재

---

[1] 我妻 외 2, 民法3, 親族法·相續法(勁草書房, 2004), 38면.
[2] 사망 이외의 원인으로 자연혈족관계가 단절되는 일은 없다. 봉건(江戸:에도)시대의 일본에서 인정되던 久離(규리;きゅうり) 또는 勘當(간도:かんどう)(일종의 의절)이나, 서구에서 시행되던 민사상의 사망선고 같은 제도는 오늘날 일반적으로 인정되지 않는다(我妻 외 2, 앞의 책, 41면).
[3] 일본의 판례는 우리나라의 경우와 달라서, 입양 전(前)에 출생한 양자의 자녀와 양친(그 혈족 포함) 사이에는 법정혈족관계가 발생하지 아니한다고 한다(일 대판 1932. 5. 11, 집 11, 1062).

혼한 경우, 양친의 재혼배우자와 양자 사이에는 양친자관계가 발생하지 아니한다. 새로 입양계약을 하지 아니하는 이상 인척관계가 생길 뿐이다(제777조·제769조). 입양 후 양자나 그 직계비속이 혼인한 경우 그 새로운 배우자는 양친과 그 혈족들의 법정친족(인척)이 된다(제772조 ②항).

3) **생가부모와의 관계** 한편 어떤 사람이 남의 양자로 들어가더라도, 그 양자와 친생(생가)부모 측과의 친족관계는 소멸하지 아니한다(제882의2, ②항).[1] 다만, 친양자의 경우는 생가부모 등과의 친족관계가 단절된다(제908조의 3, ②항). '양친 및 그 혈족'과 '양자의 생가부모 등 혈족' 사이에는 아무런 혈족관계가 발생하지 아니한다는 점을 주의하여야 한다.[2] 양자만이 생가를 떠나 양친의 친족단체의 일원(一員)으로 들어가게 된다는 의미이다.

⒟ **양친자관계의 소멸**

1) **사 망** 양친 또는 양자의 사망으로 양친자관계(법정혈족관계)도 소멸하지만, 사망자를 제외한 나머지 생존자들 사이의 친족관계에는 변함이 없다. 예컨대 양자가 사망하여도 양조부모와 손자 사이는 여전히 혈족관계가 유지된다. 이는 자연혈족의 경우와 같다.

2) **입양의 무효·취소, 파양**

a) 양친자 사이의 친족관계는 입양의 무효[3]·취소 또는 파양[4]으로 인하여 종료된다(제776조). 양친 및 그 혈족과 양자 사이의 모든 법정혈족관계는 파양 등으로 일거에 종료·소멸된다. 이 점이 자연혈족과 다른 점이다.

b) **양부모가 이혼한 경우** : 부부공동입양제를 채택하고 있는 현행 민법 하에서는 양부모가 이혼하여 양부와 양모가 헤어졌다 하더라도, 양부자(養父子)관계나 양모자(養母子)관계는 소멸되지 아니하고 그대로 유지된다.[5] 이는 자연혈족인 부모가 이혼하더라도 그 부모와 자녀간의 혈족관계(부자관계나 모자관계)에 변동이 없는 것과 마찬가지이다.

---

1 김·김, 378면; 송덕수, 제 4 판 친족상속법, 277면(양자가 파양하지 않고 다시 다른 사람의 양자가 된 경우 원래의 양친족관계는 소멸하지 않는다).

2 我妻 외 2, 38~39면 참조.

3 그러나 친양자의 경우는 입양무효가 있을 수 없고(제908조의 2, ①항), 입양무효 이외에 파양 등은 소급효가 없다.

4 파양과 사망은 모두 양친자(법정혈족)관계의 소멸사유이고, 소멸의 효과가 소급되지 않고 장래에 향하여 발생하지만, 파양의 경우는 양자와 양부모 및 그 혈족사이의 관계뿐만 아니라, 입양 후 출생한 양자의 자녀와 양부모 사이의 친족관계까지 소멸시키는 점에서 사망의 경우와 다르다(甲斐 외 2, 26면).

5 대판 2001. 5. 24, 2000므1493(전원합의체).

c) 자연혈족관계는 어떠한 경우이든 인위적으로 이를 단절할 수 없으나, 법정혈족관계는 파양으로 단절할 수 있다는 점을 주의하여야 한다. 그러한 의미에서 입양은 혼인과 매우 유사하다.

㈐ **적모서자(嫡母庶子)관계와 계모·자(繼母·子)관계는 인척관계로 변경** 종래 적모·서자(嫡母庶子)(가족등록부상 모와 인지된 혼인외 출생자)관계와 계모·자(繼母·子)(계모와 전처자식)관계도 법정혈족관계(母子關係)로 규정되어 있었다(구민 제773조·제774조). 그러나 1990년의 민법개정으로 1991년부터는 인척관계로 변경되었다(법정혈족 → 인척관계; 혈족의 배우자). 그러므로 미성년자에 대한 적모·계모의 친권이나 모자(母子) 사이의 상속권이 없어졌다.[1] 계모는 법률상의 모가 아니다.[2] 우리나라의 전통적인 법에 따르면 적모·서자관계나 계모·자 관계는 인척관계에 불과하였고, 친권행사나 상속 등에 관하여 불합리한 점이 많아 이들 사이의 혈족관계를 폐지하게 되었다.[3]

2. 인척(姻戚)

(1) 혼인으로 말미암아 생기는 친족관계

㈎ 혼인으로 인하여 남편이나 아내는 서로 배우자(친족관계)가 될 뿐만 아니라, 상대방의 4촌 이내의 혈족과 사이도 친족이 된다. 이런 관계를 인척관계라고 부른다. 남편 측이냐 아내 측이냐 또는 친가(부계혈족)냐 외가(모계혈족)냐의 구별은 없다.

㈏ 처제와 형부 사이는 인척이 되지만 처제와 형부의 형제자매 사이 이른바 사돈(査頓) 사이는 인척간이 아니다. 겹사돈이 가능하였던 관습을 고려하여 '혈족의 배우자의 혈족'(예컨대 형제의 처의 부모·형제자매·조카, 자매의 남편의 부모·형제자매·조카, 고모부의 부모·형제자매, 조카의 처의 부모·형제자매·조카, 질녀의 남편의 부모·형제자매·조카 등)을 인척에서 제외시켰기 때문이다(1990년 개정민법).

㈐ 혼인관계가 선행하고 그 후에 혈족이 출생하여도 인척관계는 생길 수 있다. 예컨대 형의 혼인 후에 태어난 동생은, 출생과 동시에 형의 처, 즉 형수와 2촌의 인척관계에 놓이게 되는 것이다.

---

1 헌재 2009. 11. 26, 2007헌마1424 전원재판부 결정[계모가 사망한 경우 전처자식을 그 상속인으로 규정하지 아니한 것(개정조항)이 헌법에 위반되지 아니한다].
2 대판 1997. 2. 28, 96다53857.
3 김형배, 62면.

(2) 인척의 종류

혈족의 배우자, 배우자의 혈족, 배우자의 혈족의 배우자가 인척이다.

(가) **4촌 이내의 혈족의 배우자**   며느리·사위, 계부(繼父)·계모, 적모(1촌), 형제의 처(형수·제수)·자매의 남편(자형·매부), 손자며느리·손자사위(2촌), 백·숙부, 외숙의 처(백·숙모, 외숙모), 고모·이모의 남편(고모부·이모부)·조카(또는 생질)의 처·질녀(또는 생질녀)의 남편(이상은 3촌), 대고모부(조부의 자매의 남편), 이종(이종4촌)·내종(고종4촌)·외종(외4촌)형제자매의 아내와 남편, 외대고모부(외조부의 자매의 남편)(이상은 4촌) 등이다.

(나) **배우자의 4촌 이내의 혈족**

1) 예컨대 남편 측에서 볼 때 아내의 4촌 이내의 혈족[장인, 장모(1촌), 처의 조부모·형제자매(2촌), 처3촌(처의 백·숙부, 외숙, 이모 등), 처조카, 처질녀(3촌), 처의 종형제자매(4촌) 등], 아내 측에서 볼 때 남편의 4촌 이내의 혈족[시부모, 남편의 전처 소생자와 혼인외의 자(1촌), 시조부모와 남편의 형제자매(시누이·시아주버니·시동생)(2촌), 시백부·시숙부, 시고모, 시이모(3촌), 남편의 종형제자매(4촌)] 등이 친족에 속하는 인척이다.

2) 그러므로 시종숙(시당숙 : 시부의 4촌 형제 즉 남편의 5촌 숙부)이나 시종질(시당질)(남편의 4촌 형제자매의 자녀 : 5촌 숙·질)은 친족의 범위에 속하지 않는다. 마찬가지로 처의 4촌 형제자매의 자녀와 남편간은 친족(인척)이 아니다.

3) 구민법에서 규정하고 있는 남편의 8촌 이내의 부계혈족은 모두 인척이 되는 것은 아니고, 그 중 4촌 이내의 혈족만 인척(친족)이 된다.

(다) **배우자의 4촌 이내의 혈족의 배우자**   배우자의 아버지의 처인 적모·계모, 배우자의 어머니의 남편인 계부(繼父)(1촌), 배우자의 형제자매의 처나 남편[처남의 댁, 처제의 남편＝동서(同壻), 시동생의 처＝동서, 시누이 남편](2촌), 배우자의 백·숙부·고모·외숙·이모의 처나 남편(3촌), 배우자의 4촌 형제자매의 처나 남편(4촌) 등이 인척이다.

(3) 인척관계의 발생(혼인)과 소멸

(가) **혼인, 혼인의 무효·취소, 이혼**   인척관계는 혼인으로 발생하고 혼인의 무효·취소 또는 이혼으로 종료·소멸된다(제775조 ①항). 부부가 이혼하려고 하는 경우, 그들의 내심의 의사(意思) 중에는 혼인으로 형성된 법률관계를 종료·소멸시키

려는 의사도 포함되어 있다. 그러므로 인척관계도 이혼으로 당연히 종료된다고 법에서 규정한 것이다(제775조 ①항).

(내) **사 망**　　인척관계는 배우자 일방의 사망만으로는 당연히 소멸되지 아니하고, 남아 있는 생존배우자가 재혼하면 종료·소멸된다(제775조 ②항).[1] 생존배우자가 재혼하면[2] 인척관계가 소멸되므로 대습상속인의 자격도 잃게 된다(제1003조 ②항). 생존배우자가 남편이든 아내이든, 가족등록부의 정리(가족등록부 창설)만으로는 처가나 시가 사이의 인척관계는 소멸되지 아니한다(특히 주의).

(대) 법정혈족관계(양친자관계)가 파양으로 인하여 소멸하는 경우는 그 입양으로 성립되어있던 인척관계(양자와 양친의 혈족 간)도 동시에 소멸된다.

(래) 사실혼이나 중혼적 사실혼으로는 인척관계가 발생하거나 소멸하지 아니한다.

(4) 인척관계종료 후의 법적효과

인척관계가 종료된다는 말은 이혼당사자(또는 재혼한 생존배우자)와 시댁(媤宅)·처가(妻家) 가족과 사이의 친족(인척)관계가 종료·소멸된다는 말[3]이다. 그러나 이혼당사자가 아닌 그들 사이에서 태어난 아이들과 사이(부자관계·모자관계), 아이들과 친가·외가의 생존 친족들 사이의 친족관계는 아무런 영향을 받지 아니한다. 예컨대 부모가 이혼하거나 사망하여도, 조부모와 손자 사이의 관계는 여전히 유지되는 것과 같다. 그 때문에 부모가 먼저 사망한 후 조부모가 나중에 사망한 경우, 그 유산(遺産)을 손자 등이 대습(代襲)상속할 수 있다. 이혼한 배우자는 전 배우자의 지위를 상속할 수 없다.

3. 배 우 자

혼인한 남녀는 서로를 배우자라고 부른다. 사실혼의 부부나 첩은 배우자가 될수 없다. 사실혼의 부부는 특별법이나 학설·판례에 따라 배우자에 준하는 보호를

---

1 구민법 제775조 ②항에 의하면 남편이 사망한 경우 처가 '친가복적'을 하거나 '재혼'하면 인척관계는 소멸되고, 처가 사망한 경우 남편이 재혼하더라도 인척관계는 소멸되지 아니하였다. 이는 남녀평등의 원칙에 어긋난다고 비판받아 오다가 위와 같이 개정되었다(김형배, 62면).

2 재혼하지 않고 혼자 살고 있는 동안은 인척관계가 존속되므로 친족간의 부양의무나 상속권은 그대로 남아 있다.

3 배우자가 사망한 후에 그 배우자의 직계존속을 살해하려고 한 경우는 존속살인미수죄를 적용할 수 없다[대판 1960. 10. 31, 4293형상494; 일 최판 1957. 2. 10(형법 제15조)]; 존속살인죄(형법 제250조 ②항)는 보통살인죄보다 무거운 형벌(사형·무기·7년 이상의 징역형)을 받게 된다. 이 조항은 가부장적 가족사상의 잔재이고, 헌법상 '법 앞에 평등'의 원칙(헌법 제11조 ①항)에 어긋난다고 주장하는 학설이 있다[위헌논의; 일 최판 1973. 4. 4. 집 27, 265; 존속살인죄의 규정(일본형법 제200조(사형, 무기징역))는 평성 7(1955)년 법 제91호로 삭제)은 위헌이라고 판결].

받는 경우가 있다. 배우자관계는 혼인의 성립(제812조)으로 발생하고, 당사자 일방의 사망·혼인무효·혼인취소·이혼으로 소멸한다(혼인무효는 소급효가 있다. 그 나머지는 장래에 향하여 소멸). 배우자는 친족이지만[1] 혈족은 아니므로 그들 사이에 혈연관계가 없다. 부부가 이혼하면 각자 가족등록부의 정정신청을 하고, 등록부가 없거나 본인이 원하는 경우에는 새로 등록부를 창설한다(가등법 제101조·제107조).

부부 일방의 사망은 배우자관계의 소멸사유이지만, 인척관계의 소멸사유가 아님은 앞에서 보았다. 생존배우자는 혼인이 종료·해소되면 언제든지 재혼할 수 있다.[2] 생존배우자가 재혼하면 인척관계는 종료되지만(제775조 ②항), 재혼하지 않고 혼자 살고 있는 동안에는 인척관계가 존속된다. 그러므로 친족간의 부양의무나 대습상속권은 그대로 남아 있다. 인척도 4촌 이내이면 친족이기 때문이다. 남편 사망 후 처의 가족등록부의 등록기준지 변경, 또는 새로운 등록부 창설만으로는 인척관계는 소멸되지 아니한다. 부부가 이혼하더라도 그들의 성(姓)이 달라지지는 아니한다.

Ⅲ. 친족의 범위

친족관계로 인한 법률상 효력은 민법이나 다른 법률에 특별한 규정이 없는 이상, ① 8촌 이내의 혈족(부계혈족·모계혈족 포함), ② 4촌 이내의 인척, ③ 배우자에 미친다(제777조).[3] 민법 제777조는 친족의 범위에 관한 규정이다.[4]

---

1 현행법이 배우자를 친족으로 규정하고 있지만, 별로 의미가 없다. 왜냐하면 배우자 사이에서 발생하는 모든 권리·의무(법률상 효과)는 배우자라는 지위에서 발생하는 것이지 친족의 지위에서 발생하는 것은 아니기 때문이다(김·김, 573~74면).
2 여자는 혼인 종료 후 6개월이 지난 후라야 재혼할 수 있다는 규정(제811조)은 2005. 3. 31. 민법개정으로 삭제되었다.
3 구민법상 친족의 범위는 유복친[有服親; 경국대전의 예전(禮典)에 나오는 본종, 외친, 처친, 부족 등 상복(喪服)을 입는 친족]을 답습한 것이라고 한다(김형배, 63면). 혈족이라도 부계의 경우는 8촌 이내, 모계의 경우는 4촌 이내로, 남편의 혈족 중 8촌 이내의 부계, 4촌 이내의 모계혈족(인척), 처의 부모, 배우자를 친족으로 규정하고 있었다.
4 친족의 범위에 관한 입법례로는 우리나라 민법(제777조)과 일본민법(제725조)이 총괄적 한정주의를 채용하고 있고, 다른 나라는 대개 개별적 한정주의를 채택하고 있다. 뒤의 것은 상속·부양·근친혼금지 등 개별적인 법률관계에서 어느 범위의 친족이 상속인이고, 부양의무는 몇 촌의 친족간에 있다는 등으로 규정하는 주의이다. 개별적 한정주의가 더욱 합리적이라고 한다(김용한, 47면); 전통적 관습을 고려하여 혈족을 부계혈족과 모계혈족으로 나누고, 모계혈족은 모계의 부계(父系) 혈족만을 의미하며, 인척도 처족인척은 처의 부계혈족만을 의미하는 것으로 해석하여야 할 것이라는 학설(김·김, 577면)이 있으나, 민법의 명문규정을 무시할 수는 없을 것이다. 예컨대 장모의 여동생인 처이모를 인척에서 제외할 까닭이 없을 것이다(편집대표 윤진수, 주해친족법 제1권 64면).

1. 혈 족

혈족 중에서 8촌까지만 친족의 범위 안에 들어간다. 8촌 이내의 혈족 중에는 부계, 모계 혈족[1]이 모두 포함된다. 8촌의 형제자매는 3종형제자매라고 하고, 6촌간은 서로 재종간이라고 부르고, 4촌간은 서로 종형제자매라고 한다. 5촌숙(아버지의 4촌형제)은 당숙(또는 종숙)이고 아버지의 4촌 자매는 종고모(또는 당고모)이다. 4촌의 자녀는 당질 또는 종질(從姪)이 된다.

2. 인 척

시부모, 사위·며느리(인척1촌)·시형(시아주버니)·시동생·시누이들(남편의 형제자매)(인척2촌)이 인척인데, 남편의 혈족 중 4촌까지만 인척으로서 친족의 범위에 들어간다. 처의 혈족도 마찬가지이다(구민법에서는 남편의 8촌 이내의 부계혈족과 4촌 이내의 모계혈족을 인척으로 규정).[2]

3. 배 우 자

배우자를 친족으로 규정하는 입법례[3]는 우리민법(제777조 3호)과 일본민법(제725조 2호)뿐이다. 배우자는 혈족관계와 인척관계의 기본이 되지만, 그 사이에 혈연관계는 없다.

---

1 대결 1982. 1. 19.자 81스25-29(부계혈족, 모계혈족 모두 포함된다); 할머니의 동생이 친족이냐? 아버지의 부계혈족과 어머니의 부계혈족만을 친족으로 보고, 부·모의 모계혈족은 관습상 친족이 아니므로 할머니의 동생은 친족이 아니라는 학설이 있다(김상용 외 3, 447면). 그러나 현행법의 명문의 규정('존속의 형제자매'—제768조)을 무시할 수 없으므로 학설에 찬동할 수 없다.
2 형수의 동생이나 여동생의 시동생, 시누이는 친족인가? 4촌 이내의 인척이라야 친족이고, '혈족의 배우자의 혈족'은 1990년의 민법개정으로 인하여 인척에서 제외되었다. 형수의 동생은 '혈족의 배우자의 혈족'으로서 사돈이고, 이들은 친족이 아니다.
3 배우자를 친족으로 규정하는 입법례는 구미(歐美)에는 보이지 아니한다(甲斐 외 2, 21면).

제2절 친계와 촌수

Ⅰ. 친 계

1. 개 념

혈연의 계통을 친계(親系)라고 한다.

2. 친계의 분류

(1) 직계친과 방계친

혈연(血緣)이 수직으로 내려가서 연결되는 친족을 직계친[예컨대 부모와 자녀, 조부모(또는 외조부모)와 손자·손녀 등], 공동선조에서 혈통이 내려와 갈라지는 친족을 방계친[1](예컨대 형제자매, 백·숙부, 종형제자매, 조카나 질녀 등)이라고 한다.

(2) 존속친과 비속친

부모, 조부모 등 부모 이상의 항렬(行列)에 속하는 친족을 존속친이라 하고, 자녀, 손자·손녀 등 나보다 낮은 항렬에 속하는 친족을 비속친이라고 한다. 동일한 항렬에 속하는 친족(예컨대, 형제자매, 종형제자매 등)들 사이는 서로 존속도 비속도 아니다. 존속에는 직계존속(예컨대, 부모 등)이 있고 방계존속(예컨대, 백·숙부 등)이 있고, 비속에도 직계비속(예컨대, 자녀, 손자·손녀 등)과 방계비속(예컨대, 조카·질녀, 생질·생질녀 등)이 있다. 존속·비속의 구별은 항렬에 따른 것이라, 나이와는 상관이 없다. 따라서 나보다 나이 어린 숙부, 나이 많은 조카도 있을 수 있다.

(3) 부계친과 모계친

아버지와 그 혈족을 부계친(父系親: 예컨대, 조부모, 백·숙부, 고모, 당숙 등), 어머니와 그 혈족을 모계친(母系親: 예컨대, 외조부모, 외숙부, 이모 등)이라고 한다.

---

1 1990년의 민법 개정 이전에는 '형제자매 및 형제의 직계비속(조카, 질녀 등), 직계존속의 형제자매 및 그 형제의 직계비속(4촌형제 등)'만을 방계혈족으로 규정하고 있었다(제768조). 자매의 직계비속인 생질이나 생질녀, 또는 고모나 이모의 직계비속인 고종이나 이종 4촌 등은 제외되어 있었다. 여계혈족을 부당하게 차별하는 것이라는 비판에 따라 자매의 직계비속을 모두 방계혈족으로 포함시켰다(1990. 1. 13. 개정민법 법률 제4199호; 1991년 시행).

(4) 남계친과 여계친

혈통이 남자만으로 연결되면 남계친, 여자만으로 연결되면 여계친이 된다. 부계와 모계의 구분과는 다르다. 예컨대, 아버지의 자매나 그(고모)의 자녀(고종 4촌＝내종형제자매)는 부계이지만 남계친족은 아니다. 왜냐하면 성(姓)이 다르기 때문이다. 남계친들은 모두 성이 같다(개정 전 민법 제809조 ②항은 촌수의 제한 없이 '남계혈족의 배우자'와 혼인을 금지하고 있었다. 인척간의 금혼의 범위는 제3장 혼인 편에서 설명). 2005년 민법 제809조 ②항이 개정되어 남계친·여계친을 구별할 실익이 사라졌다.

II. 촌 수

1. 의 미

촌수는 친족관계의 친밀도(親密度)를 측정하는 단위이다.[1] 실제로 촌수는 혈족 간에서만 계산할 수 있는 것이므로, 인척간에는 촌수가 있을 수 없으나, 민법은 인척간의 촌수의 계산법을 정하고 있다.

2. 촌수의 계산방법

(1) 계급(階級)촌수제(열거주의)

고대 중국의 제도인데, 사람의 지위의 존비(尊卑), 정의(情誼)의 후박, 남계냐 여계냐 등을 기준으로 하여 여러 친족에 대하여 일일이 그 촌수를 정하는 방법이다.

(2) 세수(世數)촌수제

혈통의 원근(遠近)에 따라 세대수를 기준으로 촌수를 계산한다(로마법식). 우리나라 민법은 옛날부터 로마법식을 사용하여 왔다. 이 방식에 따르면 직계친족은 그 사이의 세대수를 계산하면 바로 촌수를 알 수 있다(제770조 ①항). 즉 자기와 아버지·어머니는 1촌, 할아버지·할머니와는 2촌이 된다. 방계혈족간의 촌수는 자기로부터 공동의 선조[민법에서는 동원(同源)의 직계존속이라고 표현]에 거슬러 올라가서 다시 그 혈족에게 내려가는 세대수를 통산하여 계산한다(제770조 ②항). 예컨대

---

1 우리나라 속담에 "한 다리가 천 리"라는 말이 있지만, 이 촌수는 상속·부양 등에서 법률상 중요한 의미를 가지고 있다. 민법 제1000조 ②항에서는 '촌수' 대신 '친등(親等)'이라는 용어도 사용하고 있으나, 이는 한국말이 아니고 일본말이다. 예컨대, 一親等은 1촌이다.

자기와 형의 촌수를 계산하려면 자기에서 아버지·어머니로 올라가니 1촌, 아버지·어머니에서 다시 형으로 내려오니 1촌, 이를 합하여 결국 형과 나 사이의 촌수는 2촌이 된다. 세수 촌수제에는 교회법식도 있으나 이는 생략한다.

Ⅲ. 민법상의 촌수

1. 혈 족

(1) 직계혈족간의 촌수(제770조 ①항)

자기로부터 직계존속이나 직계비속에 이르는 세대수(이를 '세수'라고 약칭한다)를 계산하여 정한다. 예컨대 자기를 기준으로 아버지·어머니는 1촌, 할아버지·할머니는 2촌, 증조부·모는 3촌, 고조부·모는 4촌이고, 자녀·손자녀·증손자녀·고(현)손자녀(高(玄)孫子女)도 수직으로 내려가면서 1촌·2촌·3촌·4촌으로 계산할 수 있다.

(2) 방계혈족간의 촌수(제770조 ②항)

동원(同源)의 직계존속으로부터 내려온 자기까지의 세대수와 같은 직계존속으로부터 내려온 그 직계비속까지의 세대수를 합하여 촌수를 정한다. 예컨대 "홍길동" 할아버지에서 나까지는 2촌, 그 "홍길동" 할아버지로부터 홍현수까지는 1촌이라고 할 경우, 나와 홍현수와 사이의 촌수는 3촌(=2촌+1촌)이 된다. 백·숙부, 고모, 외숙부, 이모는 모두 3촌이다. 외숙부의 손자와 나 사이는 5촌의 모계혈족(친족)이 된다. 혼인중 출생자와 혼인외의 출생자는 아버지는 같고, 어머니만 다를 뿐이므로 서로 2촌의 방계혈족간이다.

(3) 양자의 촌수(제772조·제908조의 3)

양자와 양부모·그 혈족·인척 사이의 친계와 촌수는 입양당시부터 혼인중의 출생자와 동일한 것으로 본다(제777조 ①항·제908조의 3 ①항). 예컨대 양부의 종형제자매는 양자와 5촌간이 된다(양부와 양자간 1촌+양부와 종형제등 4촌). 양자의 배우자·직계비속과 그 배우자는 양자의 친계를 기준으로 삼아 촌수를 정한다(제777조 ②항). 혼인한 부부가 양자로 들어가더라도 남편이나 아내 중 어느 한쪽만 양부모의 양자가 되는 것이지, 그 부부 모두 양자가 되는 것은 아님을 주의하여야 한다.

2. 인척(제771조)

인척은 배우자의 혈족에 대하여는 배우자의 그 혈족에 대한 촌수에 따르고, 혈족의 배우자에 대하여는 그 혈족에 대한 촌수에 따른다. 예컨대 나와 처남 사이의 촌수는 처의 그 남동생에 대한 촌수 즉 2촌이니, 인척 2촌이 되고, 나와 '숙부의 배우자'인 숙모 사이의 촌수는 숙부에 대한 나의 촌수 즉 3촌이니, 인척 3촌이 된다.

> 홍길동의 증손자와 홍길동의 동생인 홍실동의 손자의 배우자(손부) 사이는 7촌 인척이 되는바(증손자에서 홍길동의 부모까지가 4촌, 거기서 다시 홍실동의 손자까지는 3촌이 되어 통산하면 7촌이 되고, 그 배우자는 남편의 촌수에 따르므로 7촌 인척이 된다), 이는 친족의 범위를 넘는다.[1] 장인의 숙부는 사위와 사이에 4촌의 인척간이 되어 친족관계가 된다(장인과 사위 사이 1촌+숙부 3촌).

3. 배 우 자

배우자 사이는 서로가 혈족이 아니므로 촌수를 계산할 수 없다. 즉, 무촌(無寸) ('0'촌)이다.

:: 참고판례

① 안0식과 안준식이 서로 6촌 관계에 있다는 사실의 확인을 청구한 사건 : 친족관계 그 자체로서 당연히 구체적 권리관계가 존재하는 것은 아니므로, 친족관계의 존재 자체는 확인의 이익이 없다(대판 1971. 3. 9, 70므39).

② 민법 제932조에서 미성년자의 법정후견인으로 규정된 직계혈족에는 부계혈족뿐만 아니라, 모계혈족도 포함된다. 따라서 외조모(2촌)는 백부(3촌)보다 선순위 후견인이 된다(대결 1982. 1. 19, 81스25~29). 그러나 개정민법은 후견인의 법정순위를 폐지하였다.

③ 제 3 순위 상속인인 형제자매에는 부계·모계의 형제자매가 모두 포함되는 것으로 해석한다. 따라서 이성동복형제자매도 제 3 순위 상속인이다(1990년 개정민법에 따른 것)(대판 1997. 11. 28, 96다5421).

④ 친족상도례에 관한 판례

㉠ 친족에 해당한다고 한 예   고종4촌 형수(절도의 피해자)와 나 사이는 4촌

---

1 사시 19회 유사; 김형배, 69면.

이내의 인척이므로 친족에 해당된다. 배우자의 외4촌 혈족, 또는 4촌 혈족의 배우자는 친족이다(대판 1980. 3. 25, 79도2874; 1991. 7. 12, 91도1077; 절도죄의 피고인이 피해자의 외4촌 동생이라면, 형법 제344조, 제328조 ②항에 의하여 피해자의 고소가 있어야 처벌할 수 있다).

ⓒ 친족에 해당하지 아니한다고 한 예 피고인의 딸과 피해자의 아들이 혼인관계에 있는 경우, 피고인과 피해자 사이는 사돈지간일 뿐, 서로 친족이 아니다(대판 2011. 4. 28, 2011도2170, 공보 2011상 1115).

⑤ 구민법 소정의 친족의 범위 : 친족에 해당하지 아니한다고 한 예

㉠ 외조모의 친동생은 친족인가? 친족이 아니라는 판례가 있다(대판 1980. 4. 22, 80도485; 절도의 피해자가 피고인의 외조모의 친동생이라면 이는 민법 소정의 친족이 아니어서 형법 제344조가 적용될 수 없다). 그러나 개정민법 하에서는 직계존속의 형제자매이므로 8촌 이내의 혈족에 포함된다고 해석하여야 할 것이다(일부 학설은 위 판례가 모계혈족은 모계의 부계혈족만을 의미한다고 보아 친족의 범위에 포함되지 아니한 것이라고 해설하고 있다. 김·김 제15판, 577면).

ⓒ 제 3 순위 상속인인 형제자매에는 부계방계혈족(이복형제)만을 의미한다. 모계(母系)의 형제자매(異姓同腹兄弟姉妹)는 여기에 해당되지 아니한다(민법개정 전의 것)(대판 1975. 1. 14, 74다1503).

ⓒ 아버지의 4촌 누나(종고모)의 손자? 피고인이 피해자의 아버지의 4촌 누나의 손자인 경우, 피고인은 피해자와 구민법(1990. 1. 13. 법률 제4199호로 개정이전) 제777조 1호 소정의 8촌 이내의 부계혈족인 친족관계에 있다고 할 수 없다. 그러므로 고소가 없어도 죄를 논할 수 있다(대판 1991. 8. 27, 90도2857).

ⓔ 이종 형제자매? '이종형제자매는 직계존속인 어머니의 자매(姉妹)의 직계비속이므로 혈족에 해당되지 아니하며 친족이 아니라'고 판결하고 있다[대판 1980. 9. 9, 80도1335; 개정 전 구민법 제768조에 보면 자기의 직계존속의 형제자매 및 그 형제(兄弟)의 직계비속만을 방계혈족으로 규정하고 제777조(친족의 범위) 2호에는 4촌 이내의 모계혈족을 친족이라고 정하고 있었음]. 그러나 개정민법은 방계혈족에 포함시켰다.

⑦ 혼인외 출생자가 생모(호적상 모자관계로 등재되어 있지 아니함)를 살해한 것은 존속살해죄에 해당된다. 혼인외의 출생자와 생모 간에는 그 생모의 인지나 출생신고를 기다리지 않고 자(子)의 출생으로 당연히 법률상의 친족관계가 생기기

때문이다(대판 1967. 10. 4, 67다1791; 1980. 9. 9, 80도1731).

⑧ 동성동본금혼규정 : 민법 제809조 ①항의 '동성동본인 혈족 사이에서는 혼인하지 못한다.'는 규정은 사회적 타당성 내지 합리성을 상실하고 있음과 아울러 '인간으로서의 존엄과 가치 및 행복추구권'을 규정한 헌법이념과 '개인의 존엄과 양성의 평등'에 기초한 혼인과 가족생활의 성립·유지라는 헌법규정에 정면으로 배치된다(헌재결 1997. 7. 16, 95헌가 6~13).

제 3 절 친족관계의 효과

동일한 친족이라고 하더라도 그 원근친소(遠近親疎)에 따라 법률상 효과도 각각 다르다. 그 중 남편과 아내, 부모와 미성년자녀는 특별한 관계라서 별도로 규정되어 있고, 그 외에는 무릇 친족이면 일반적으로 인정되는 효과와 일정한 범위의 친족, 예컨대 4촌 이내의 친족, 또는 직계혈족에 한정하여 인정되는 효과가 있다. 그래서 특정의 효과가 어느 범위의 친족에게 인정되는가 하는 관점에서 다시 그 효과를 내용적으로 분류하여 보면 아래와 같다.

I. 민법상 효과

1. 직접적·적극적인 효과(권리·의무)가 인정되는 경우

(가) **부양의무**(제974조)　　직계혈족과 그 배우자, 동거친족(제777조)[1]은 서로 부양할 의무가 있다(배우자 상호간의 부양의무는 제826조에 별도로 규정). 이 부양의무는 친족관계의 효과로서 가장 중요한 것 중의 하나이다. 그 내용과 범위는 후에 자세히 설명한다.

(나) **상속권과 유류분권**(제1000조·제1001조·제1003조·제1112조)　　직계혈족·배우자·형제자매·4촌 이내의 방계혈족은 서로 상속인이 될 관계에 있다(다만, 3, 4촌의 방계혈족들에게는 유류분권이 없음). 예컨대 직계혈족 중 1인이 사망하면 나머지 직계혈족이 망인의 재산을 상속한다. 이 상속권과 유류분권도 친족관계의 직접적인

---

1 서울가결 2007. 6. 29.자, 2007브28[생계를 같이 하지 아니하는 계모(인척 1촌)와 전처 자식 간에는 부양의무가 없다]. 법률신문 2007. 9. 13.자, 12면.

효과로서 매우 중요한 것이다. 상속편에서 설명한다.

2. 간접적으로 상대방의 신분법상 문제에 관여하는 권능이 인정되는 경우

이 권능은 친족들이 서로에게 관심을 기울여야 한다는 정도의 취지에서 나온 것이고, 동시에 공익적(公益的) 견지에서 검사나 이해관계인에게도 동일한 권능이 인정되는 것도 많다. 따라서 그 범위가 넓은 반면, 친족관계의 효과로서의 의미는 약한 편이다.[1]

㈎ 친권자의 친권·대리권·재산관리권의 상실·일시정지, 일시정지 기간연장, 일시제한 및 실권회복청구(제924~926조), 친권자 지정청구(제909조의2, 제927조의2), 친권자의 동의를 갈음하는 재판청구(제922조의2)   친족 일반(제777조 소정의 친족, 이하 같다).

㈏ 성년후견·한정후견·특정후견의 개시와 그 종료청구(제 9 조·제11조·제12조·제14조의2)   배우자·4촌 이내의 친족.

㈐ 후견인·후견인대행자·후견감독인의 선임·변경청구(제909조의2, 제927조의2, 제932조, 제936조·제940조, 제959조), 피후견인의 재산상황에 대한 조사청구(제954조), 임의후견감독인의 해임청구(제959조의17)와 후견인이 될 수 있는 자격(제932~934조)   친족 일반.

성년후견인의 권한범위 변경청구(제938조 ④항): 피성년후견인, 그 배우자, 4촌 이내의 친족.

㈑ 혼인·중혼·입양의 취소청구권(제817조·제818조·제885조·제908조의4)   배우자, 직계존속, 4촌 이내의 방계혈족(혼인취소권자: 2005년 개정)·양부모, 친생부모, 직계혈족(입양취소).

㈒ 상속인이 없는 재산에 대한 상속재산관리인 선임청구(제1053조)   친족 일반.

3. 소극적인 제약이나 금지가 인정되는 경우

㈎ 근친혼의 금지(제809조)   8촌 이내의 혈족(친양자의 입양전의 혈족을 포함: 헌재결 1997. 7. 16, 95헌가6~13 헌법불합치결정, 2005년 민법개정), 6촌 이내의 혈족의 배우자, 배우자의 6촌 이내의 혈족, 배우자의 4촌 이내의 혈족의 배우자인 인척이거나 이러한 인척이었던 자, 6촌 이내의 양부모계(養父母系)의 혈족이었던 자와 4촌 이내의 양부모계의 인척이었던 자 사이의 혼인(동조 ①~③항): 이 금지에 위반

---

1 我妻 외 2, 46면.

된 혼인은 무효 또는 취소사유(제815조 2·3·4호, 제816조 1호).

(나) **존속양자의 금지(제877조)**   직계 또는 방계의 존속을 양자로 삼을 수 없다.

(다) **후견인·유언증인의 결격(제937조 8·9호, 제1072조 ①항 3호, 공증인법 제33조 ③항)**
피후견인을 상대로 소송을 하였거나 하고 있는 사람의 배우자와 직계혈족(피후견인의 직계비속은 제외), 유언으로 이익을 받을 사람의 배우자와 직계혈족, 공증인의 친족, 동거인.

위의 (가)·(나)는 공익적 견지에서, (다)는 정책적 견지에서 나온 것이고 특수한 고려에 따른 것이다. 이는 위에서 본 친족의 다른 친족에 대한 문제에 관여하는 권능보다는 그 범위가 좁고, 일반적 의미의 좁은 효과이다.

4. 일정한 범위의 친족에게만 개별적으로 인정되는 권리

(가) **증여계약의 해제사유(제556조 ①항 1호)**   증여자의 '배우자·직계혈족'에 대한 범죄행위 시, 증여자는 증여계약을 해제할 수 있다.

(나) **생명침해에 대한 손해배상(위자료)청구(제752조)**   피해자의 배우자, 직계존·비속.

(다) **인지청구·인지에 대한 이의의 소 제기(제863조·제862조)**   혼인외의 자녀와 그 직계비속, 그 법정대리인·이해관계인.

(라) **혼인·입양의 동의(제808조·제869조·제870조·제871조·제908조의2 ①항 4호)**   부모·후견인 기타 법정대리인·직계존속.

Ⅱ. 형사법상의 효과

1. 형벌이 감면되는 경우

(1) 국가보안법상 범죄(동법 제10조 단서, 불고지죄)

소위 간첩을 신고하지 아니한 사람(불고지죄인)과 간첩 사이에 친족관계에 있으면 형을 감경 또는 면제한다. 이는 친족 간의 인정과 의리를 고려한 것이다. 공산주의 국가에서 친족 간의 사상비판과 신고를 장려하는 것과 상이하다.

(2) 형법상 범죄

① 범인은닉죄(제151조 ②항)·증거인멸죄(제155조 ④항) : 친족·동거가족이 친족인 범인을 은닉하거나 도피하게 한 경우 처벌하지 아니한다(범죄 불성립).

② 친족상도례(제328조·제344조·제346조·제354조·제361조·제365조)(권리행사방해·절도·사기·공갈·횡령·배임·장물죄 등의 피해자와 본범 사이에 직계혈족, 배우자, 동거친족, 가족 또는 그 배우자관계가 있고 그들 사이의 위와 같은 범죄이면 형을 면제하고, 그 이외의 친족 간의 범죄이면 고소가 있어야 공소를 제기할 수 있다. 즉, 친고죄로 규정)의 경우이다.[1·2]

2. 형벌이 가중되는 경우

자기 또는 배우자의 직계존속에 대한 살인(형법 제250조 ②항)·상해(형법 제257조 ②항)·중상해(형법 제258조 ③항)·상해치사(형법 제259조 ②항)·폭행(형법 제260조 ②항)·유기(형법 제271조 ②·④항)·학대(형법 제273조 ②항)·체포감금(형법 제276조 ②항)·중체포감금(형법 제277조 ②항)·협박(형법 제283조 ②항)의 죄는 모두 형이 가중된다.

Ⅲ. 소송법상의 효과

소송사건의 담당 법관·사무관·증인·감정인 등이 사건당사자(원고·피고·피고인·피의자 포함)와 친족관계(가족 포함)에 있거나 있었던 경우는 그 사건을 담당할 수 없도록 제외시키고 있다. 이처럼 친족관계는 제척(除斥)사유의 하나가 된다. 이는 사건의 공정한 심리와 판단을 보장하기 위한 것이다. 이러한 친족관계를 이유로 삼아 법관 등이 스스로 회피(回避)할 수 있고, 당사자는 이를 이유로 기피(忌避)신청을 할 수도 있다.

㈎ 법관·법원서기관·법원사무관·서기·통역인의 제척·기피·회피의 원인[민소 제41~50조, 형소 제17~25조, 가소 제4조·제12조, 비송 제5조, 소년심판규칙(2002. 6. 29. 대법원규칙 1777호) 제26조]   친족·가족.

---

1 대판 1997. 1. 24, 96도1731[절도범행 후 인지판결이 확정된 경우에도 그 인지의 효력이 출생 시로 소급되므로, 친족상도례의 규정(형 제328조 ①항)이 적용되어 피고인은 아버지의 물건을 절취한 것으로 드러나 형의 면제를 받았다]; 대판 2008도3438(조카가 돈 200만 원을 ○○○에게 전달하여 달라고 허풍선에게 맡겼다. 3촌인 이몽룡은 "내가 대신 전달하여 주겠다."면서 이를 받아서 소비한 사건: 이몽룡은 물건의 소유자인 조카뿐만 아니라, 위탁자인 허풍선과도 친족관계가 있어야 형법 제328조 ②항이 적용된다. 원심판결 파기환송), 법률신문, 3675호, 5면.
2 행위당시 친족관계가 있으면 족하고, 그 후 친족관계가 소멸되더라도 친족상도례는 적용(이재상, 형법각론 제5판, 290면); 오빠의 민화를 절취한 경우 친족상도례 적용(대판 1985. 3 26, 84도365).

㈏ 증언거부권과 선서거부권 및 감정·통역·번역거부권(민소 제314조·제324조, 형소 제148조·제177조·제183조) 친족·가족·후견인.

㈐ 감정인자격 결격(민소 제334조 ②항: 증언 및 선서 거부권자는 감정인자격이 없다)

㈑ 고소권(형소 제225조) 피해자의 법정대리인·배우자·직계친족·형제자매.

㈒ 보조인(輔助人)신고(형소 제29조·소년법 제17조: 補助人), 변호인선임권(형소 제30조 ②항), 구속통지의 수령권(형소 제87조·제93조), 구속취소와 보석허가의 청구(형소 제93조·제94조), 상소권(형소 제341조), 상소권회복청구권(형소 제345조), 재심청구권(형소 제424조)(유죄선고를 받은 사람이 사망하거나 심신장애가 있는 경우) 법정대리인·배우자·직계친족·형제자매 등.

㈓ 소년법상 각종 권리 ─ 사건심리기일 출석 및 의견진술권(동법 제13조·제20조·제25조), 각종 결정 통지의 수령권(동법 제8조·제29조), 항고권(동법 제43조: 보호처분결정에 대한 불복신청) 소년의 부모·후견인 등 보호자.

Ⅳ. 특별법상의 효과

가사소송법·비송사건절차법·「가족관계의 등록 등에 관한 법률」·주민등록법·입양특례법·혼인신고특례법·부재선고 등에 관한 특별조치법·「보호시설에 있는 미성년자의 후견직무에 관한 법률」·「재외국민의 가족관계등록창설, 가족관계등록부정정 및 가족관계등록부정리에 관한 특례법」·공무원연금법·군인연금법·국민연금법·병역법·「국가유공자 등 예우 및 지원에 관한 법률」·「독립유공자예우에 관한 법률」·교육법·소년법·아동복지법·소액사건심판법·근로기준법·선원법·국민기초생활보장법·주택임대차보호법·공증인법·형사보상법·국제사법·「채무자회생 및 파산에 관한 법률」·신탁법·상속세및증여세법 등과 그 시행령에는 친족관계의 특별한 효과를 규정한 조항들이 많이 있다. 이를 성질에 따라 대강 분류하면 아래와 같다.

㈎ 심리·의결 사항에 대한 제척[가소 제4조, 「공익사업을 위한 토지 등의 취득 및 보상에 관한 법률」 제57조 ①항 2호, 행정심판법, 제10조 ①항 1호·2호 등] 배우자, 친족.

㈏ 친족에게 특히 인정되는 권리[선원법 제90~92조, 동법시행령, 제29~31조(유족보상·장제비 등의 수령)] 배우자(사실혼관계의 배우자 포함)·자녀·부모·손·조부모·형제자매.

「형의 집행 및 수용자의 처우에 관한 법률」 제74조, 제127조, 제128조 ①항,

제128조 ④항(수용자 시신의 병원, 기타 연구기관에 인도승낙 ― 상속인). 「군에서의 형의 집행 및 수용자처우에 관한 법률」에도 동일한 규정이 있다.

⒟ 세무공무원의 수색·검사절차에 참여인의 자격이 인정되는 것[국세징수법, 제28조 ①항, 관세법, 제302조 ①항 2호 등]　　가족, 동거인 또는 동거친척(성년자).

⒠ 공무집행의 제척(공증인법 제21조 1호, 집행관법 제13조 1호, 2호, 부동산등기법 제13조, 가족등록법 제5조 등)　　친족이거나 이었던 사람에 관한 공증, 가족관계등록 등 업무를 수행할 수 없다(친족에 관한 가족등록업무를 수행하였더라도 그 기재 내용에 잘못이 없으면, 굳이 그 기재를 정정할 필요는 없다; 예규 제1호).

⒡ 참여인의 자격 결격(공증인법 제33조 ③항 6호)　　공증인의 친족, 동거인.

⒢ 친족이므로 거증책임이 전환되는 경우(「채무자회생 및 파산에 관한 법률」 제101조 ①항) 채무자의 친족 등 특수관계인은 '채무자의 부동산매각, 담보제공 등 행위(사해행위)가 채권자 등을 해친다.'는 사실을 알고 있었던 것으로 추정된다.

⒣ 사회보험의 유족·수급자가 될 요건[국민건강보험법 제5조, 산업재해보상보험법 제5조, 「독립유공자예우에 관한 법률」 제5조, 「국가유공자 등 예우 및 지원에 관한 법률」 제5조 등]　　사실상의 배우자를 포함하는 등 민법상 친족의 범위보다는 넓다.

⒤ 세법상의 각종 공제(소득세법 제50조·제51조)　　생계를 같이하는 배우자 또는 부양가족이 있을 경우 일정한 액수의 세금공제를 받는다.

⒥ 세법상 압류금지 물건(국세징수법 제31조 1호~14호)　　체납자와 동거가족의 생활필수품인 의복·침구·가구·주방기구, 3개월간의 식료·연료, 제사·예배에 필요한 물건, 학업에 필요한 서적·기구 등.

제**2**장

가족의 범위와 자(子)의 성(姓)과 본(本)

제1절 서 론

1. 호주제의 폐지

민법이 2005년 개정되어 호주제도[1]가 2008. 1. 1.부터 폐지되었다. 그래서 민법 제4편 친족 제2장의 제목도 이전의 '호주와 가족'에서 '가족의 범위와 자(子)의 성과 본'으로 변경되었다.

2. 경제제도의 변화(농업경제 → 공업경제)

우리나라는 조선시대에 중국의 종법(宗法)제도를 도입하여 대가족제도를 유지하고 있었다. 옛날 농업경제를 경제제도의 기초로 하고, 봉건적인 유교사상을 사회제도의 근본으로 삼던 시대에는 호주제도가 적합하였다. 호주는 일가의 구성원들(가족)의 생계를 책임지고 있었고 그에 따라 호주의 권한도 막강하였다. 조선시대 500여 년간 가장제도·호주제도는 우리 사회를 지배하여 왔고 최근까지도 마찬가지였다. 우리나라는 1960년대 이후 '가난에서 벗어나자'는 기치를 내걸고 모든 국민이 일치단결하여 피땀 흘리며 노력한 결과 경제의 중심이 농업경제에서 공업경제로 바뀌고,[2] 수출경제에 주력하여 드디어 우리나라가 세계 10위권 내외의 경제

---

1 헌재 2005. 2. 3, 2001헌가9등에 따라 호주제도가 헌법에 불합치된다는 결정에 따른 것.
2 1963년 농업, 임업, 수산업 등 1차 산업종사자 비율이 취업인구의 63%, 50년이 흐른 뒤인 2010년

대국이 되었다.

3. 가족제도의 변화(대가족 → 핵가족)

이에 따라 가족제도가 대가족에서 소가족, 핵가족으로 변화하면서[1] 호주의 권한도 대폭 줄어들었다. 1990년 민법개정으로 호주상속이라는 용어가 호주승계로 바뀌고, 가족에 대한 호주의 지배권과 통제권은 거의 삭제되었다. 헌법재판소의 결정(호주제 위헌[2])에 따라 드디어 2005. 3. 31. 공포된 개정민법(법률 제7427호, 2008. 1. 1.부터 시행)은 호주제도를 폐지하였다.

제 2 절 가 족

I. 가족의 의미와 그 범위

1. 개정민법상 가족

가족은 한 집안의 구성원으로서, 대개 주민등록부에 이름이 올라있는 사람들이다. 개정민법에서 규정한 가족의 범위를 보면 ① 배우자, 직계혈족 및 형제자매, ② 직계혈족의 배우자, 배우자의 직계혈족 및 배우자의 형제자매를 말하고(제779조 ①항), 특히 2호 소정의 친족은 인척인바 이들은 생계를 같이 하는 경우에 한하여 가족이 된다(제779조 ②항). 예를 들면, 나의 처나 남편, 나의 부모, 나의 자녀, 손자·손녀들, 나의 형제자매는 동거여부와 상관없이 나의 가족이고, 인척인 나의 며느리나 사위, 시부모나 장인·장모, 시동생·시누이, 처남이나 처제 등도 모두 가족인데, 이러한 인척은 생계를 같이 하는 경우에만 가족으로 인정된다. 이는 핵가족을 기준으로 한 것이라고 말할 수 있다.

[참 고] ˙구민법상 가족˙

(1) 가족의 개념과 그 범위   호주제가 유지되던 구민법에서는 호주를 중심으

에는 6.6%로 감소, 광·공·제조업 등 2차 산업종사자 비율은 8.7% → 17%로, 사무직 등 3차 산업 종사자는 28.3% → 76.4%로 증가하였다(김·김, 8면).

1 1가구당 사람의 숫자가 1960년에는 5.6명이던 것이 2010년에는 그것이 2.69명으로 감소(김·김, 8면).

2 헌재결 2005. 2. 3, 2004헌가5(헌법불합치결정).

로 하여 호주의 배우자, 호주의 혈족과 그 배우자, 기타 그 가(家)에 입적(入籍)(호적에 이름을 올리는 것)된 사람들이 모두 가족이었다(구민 제779조). 호주가 변경되면 원칙적으로 전호주의 가족은 신호주의 가족이 되었고(제780조), 호주와 친족관계가 없는 사람도, 가족이 될 수 있었다. 예컨대, 성춘향이 홍길동과 혼인하여 그의 전남편의 아이 이○○(가봉자; 제784조)을 홍길동(호주)의 동의를 얻어 그 호적에 입적시키면 호주 홍길동과 가봉자간에 친족관계(인척 1촌 : 배우자의 혈족)가 발생한다. 개정민법에 의하면 이○○은 배우자의 직계혈족이므로 홍길동과 동거한다면 가족이 된다.[1] 가족인 남자나 미혼녀의 혼인외 출생자의 입적에는 누구(호주·처 등)의 동의도 필요하지 않았다.[2]

이처럼 가족은 호적에 이름이 등재되어 있느냐 여부로 정하여지는 개념이고, 현실적인 공동생활여부, 부양의무의 존재여부와는 상관이 없었다.

(2) 가족의 핵심인 호주의 권리   구민법에 의하면 분묘에 속한 1정보 이내의 금양임야, 600평 이내의 묘토인 농지, 족보와 제구를 호주상속인이 승계하였다. 그러나 개정민법에 따르면 호주가 아니라, 제사를 주재하는 사람이 이를 승계한다(제1008조의3). 제사주재자는 호주승계인이라는 견해도 있으나,[3] 실질적으로 제사를 주재하는 사람이라는 견해가 있다.[4] 구민법에 의하면 호주상속인이 동시에 재산상속을 하는 경우에는 다른 상속인의 상속분의 50%를 더 받도록 되어 있었다. 그러나 개정민법은 이를 폐지하여 균등하게 하였다.

(3) 호주의 순위   혼인중 출생남자 → 혼인외의 출생남자 → 가족인 직계비속여자 → 처 → 가족인 직계존속여자 → 며느리 등 가족인 직계비속의 처(구민 제984조); 철저하게 남자 중심으로 가계의 영속을 도모하고 있었다.

2. 가족의 효과

가족의 범위 내에 속하는 가족이라고 하여 그가 특별한 권리를 얻거나 의무를 지는 것은 없다. 왜냐하면 가족 사이의 부양의무나 상속권 등은 별도의 규정에서 정하고 있기 때문이다(제826조·제974조 이하, 제1000조 등).[5]

---

1 홍길동의 아버지가 호주인 경우, 호주와 이○○ 사이에는 인척관계가 발생할 수 없다. 민법이 "혈족(홍길동)의 배우자(성춘향)의 혈족"을 인척에서 제외하였기 때문이다. 호주제도가 없어지더라도, 친족관계의 존부는 동일하다.
2 김형배, 85면.
3 박병호, 287면; 이경희, 289면.
4 양수산, 553면.
5 그런데도 개정민법이 이러한 '가족의 범위에 관한 규정'을 둔 이유는 호주제도의 폐지가 '가족의 해체'를 가져오지 아니할까 하는 우려를 없애기 위한 것이라고 한다[김·김, 6면; 金相瑢, '개정민법(친족·상속법)해설', 법조(2005. 8), 109면 이하; 송덕수, 283면 참조].

Ⅱ. 가족신분의 취득

1. 출 생

자녀가 출생하면 그 자녀는 가족의 신분을 취득한다.

(1) 혼인중 출생자의 성과 본

부모의 혼인중의 출생자는 부(父 : 아버지)의 성과 본을 따른다. 다만 부모가 혼인신고를 할 당시 모(母 : 어머니)의 성과 본을 따르기로 협의한 경우와 부를 알 수 없는 경우는 모의 성과 본을 따른다(제781조 ①항, ③항). 부가 외국인인 경우는 모의 성과 본을 따를 수 있다(동조 ②항).[1] 부모를 모두 알 수 없는 기아(棄兒)·고아(孤兒) 등은 가족등록부가 없으므로 법원의 허가를 받아 성과 본을 창설할 수 있다.[2] 다만, 성과 본을 창설한 후 부 또는 모를 알게 된 때에는 부 또는 모의 성과 본을 따를 수 있다(동조 ④항). 가정법원의 성·본 창설허가(라류 가사비송사건 4호)에 따라 새로운 가족관계등록부를 만들 수 있다(가족관계등록창설).

(2) 혼인외 출생자의 성과 본

(개) 혼인외의 출생자는 부(父)의 인지(認知)를 받으면 원칙적으로 아버지의 성과 본을 따르게 된다(제781조 ⑤항, 예규 제101호 제 8 조). 인지를 받을 수 없는 때는 모의 성과 본을 따른다.[3] 혼인외의 출생자는 생부의 인지로 인하여 출생과 성장과정에 성이 변경되어 혼란을 겪는 일이 더러 있다.

(내) 성(姓)과 본(本)의 계속 사용   개정민법은 성 변경에 따른 혼란을 방지하기 위하여 "혼인외의 출생자가 인지된 경우 자는 부모의 협의에 따라 종전의 성과 본을 계속 사용할 수 있다. 다만, 부모가 협의할 수 없거나 협의가 이루어지지 아니한 경우에는 자는 법원의 허가를 받아 종전의 성과 본을 계속 사용할 수 있다"(제781조 ⑤항)고 정하였다. 따라서 혼인외의 출생자는 생모의 성이나 생부의 성을 따라 어느 하나를 일정하게 계속 사용할 수 있게 되었다.

---

1 가족관계등록예규(2007. 12. 10) 제108호(한국인과 외국인 사이에서 출생한 자녀의 출생신고 처리 방법)에 자세하게 규정되어 있다; 구민법의 입부혼인(入夫婚姻)에서도 그 출생자녀는 모의 성과 본을 따라 모의 호적에 출생신고를 하였다(구민 제781조 ②항, 제826조 ④항).
2 가족관계등록예규 제212호, 제214호 참조(이하 예규라고 약칭).
3 예규 제106호(외국인인 아버지의 인지를 받을 수 없는 때도 마찬가지다) 참조.

2. 성(姓)과 본(本)의 변경

자녀의 복리를 위하여 자녀의 성과 본을 변경할 필요가 있을 때에는 부, 모 또는 자녀는 법원에 성과 본의 변경청구를 하여 그 허가를 받아 이를 변경할 수 있다.[1] 다만, 자녀가 미성년자이고 그 법정대리인이 청구할 수 없는 경우에는 민법 제777조 소정의 친족 또는 검사가 청구할 수 있다(제781조 ⑥항). 성(姓)의 변경 제도는 우리나라 전통가족제도에 대한 하나의 중대한 변혁이다.[2] 다만, 급격한 변동을 방지하기 위하여 2008. 1. 1.부터 이를 시행하기로 한 것이다.

이 규정의 취지를 보면, 미성년자뿐만 아니라, 성년자도 자기의 성과 본을 변경할 수 있고, 혼인외의 출생자에 대한 인지(認知)의 경우뿐만 아니라, 입양(보통입양·친양자입양[3] 포함)이나 부모의 이혼·재혼시에도 필요하다면 법원의 허가를 받아 자녀의 성을 변경할 수 있게 되었다(단, 친양자입양의 경우는 입양성립 그 자체를 법원에서 심판하고 양자는 혼인중 출생자로 보므로 그 성과 본은 양부의 것을 따르게 된다).

Ⅲ. 가족신분의 상실

사람이 사망(인정사망 포함)하거나 실종선고를 받으면 가족의 신분을 잃는다. 한국인이 국적을 잃으면 가족의 신분도 잃게 되고(국적법 제15조), 외국인이 한국국적을 얻으면 가족의 신분을 얻게 된다(국적법 제4조).

Ⅳ. 가족의 신분상 효과

가족의 신분상 효과는 친족관계의 효과와 거의 비슷하므로 특별히 다시 설명할 것은 없다. 다만, 종래 논의되던 부분을 간략히 기재한다.

---

1 서울가심 2008. 4. 2, 2008느단1015(한국인이 필리핀 아버지 성으로의 변경신청을 허가) 동아일보 2008. 4. 22; 예규 제131호(친양자입양의 경우 외국식 이름으로 개명 가능).

2 일본민법 제791조, 제751조, 제816조, 호적법 제107조 등을 참고한 것으로 보인다[일본에는 부부동성(夫婦同姓)·친자동성(親子同姓)·양친자동성(養親子同姓)의 원칙이 있고, 이혼·파양으로 혼인·친자관계가 종료·단절되면 성도 원래의 성으로 변경되는 경우가 많다].

3 金相瑢, '개정민법(친족·상속법)해설', 법조(2005. 9.), 136면; 예규 제137호 제4조에 의하면 친양자는 입양허가심판이 선고, 확정되면 입양신고를 한다. 가족등록공무원은 양자의 가족관계등록부를 재작성하게 되고 양자의 성과 본을 양친[양부 또는 양모(양부모의 혼인시 협의가 있을 경우)]의 성과 본을 따라 기록한다.: 윤진수, 개정판 친족상속법, 217면.

1. 가족의 재산취득 및 소유권리

가족은 자기의 명의로 재산을 취득하여 소유할 수 있고 그러한 재산은 그 특유재산이 된다(구민 제796조 ①항 : 2005. 3. 31. 삭제). 가족은 이를 스스로 사용·수익·처분할 수 있다. 이 조항은 특별히 규정하지 않더라도 가족이 아닌 개인의 권리로서 당연히 인정되므로 폐지되었다.

2. 가족신분의 상실과 그 효과

가족신분의 득실에 따라 특별한 신분의 득실(취득·상실)은 생기지 않는다. 사망으로 가족의 신분을 잃으면 재산상속만이 개시된다(제997조). 국적상실로 인하여 가족의 신분을 잃으면, 그는 대한민국의 국민만이 누릴 수 있는 권리를 국적상실일로부터 3년 내에 대한민국 국민에게 양도하지 아니하면, 그 권리는 당연히 상실된다(국적법 제18조). 그리고 민법 기타 법률에 규정된 가족으로서의 권리의무는 모두 소멸된다.

3. 가족의 재산은 공유(共有)가 아니고, 부부의 재산은 공유로 추정

오늘날 가족은 생산 단위집단(生産單位集團)으로서의 기능을 상실하고 소비(消費)집단이 되고 말았다. 그래서 가족이 자기의 이름으로 취득한 재산은 그 개인의 소유재산(특유재산)이 될 뿐, 가족의 공동소유가 될 수 없다. 그리고 소속이 불분명한 재산은 가족의 공유로 추정된다고 규정하고 있었다(구민 제796조 ②항). 그러나 이른바 핵가족시대에는 부부의 공유로 추정된다는 규정(제830조 ②항)만으로 충분하므로, 가족공유규정은 삭제되었다.

제 3 절   가족관계의 등록 등에 관한 법률

1. 가족법상 신고

사람이 세상에 태어난 경우 1개월 안에 그 부모가 할 일은 가족관계등록부에 그 아이의 출생신고를 하는 것이다(가등 제44조 ①항). 신고를 하면 그것이 가족관

계등록부에 등록(기재)된다.[1]

　호주제도가 2008. 1. 1.부터 폐지되면서 종래 시행되어 오던 호적제도도 폐지되었다. 이 호적제도는 신라시대부터 중국(당나라)의 제도를 도입하여 정비한 것이라고 한다.[2] 종래의 호적법에 대치될 새로운 법으로 「가족관계의 등록 등에 관한 법률」(2017.10. 31. 법률 제14963호, 동일자 일부개정 법률; 약칭 가족관계등록법)이 공포되었다. 이 법은 호주와 관련된 조항을 삭제하고[3] 용어를 바꾼 것 이외에는 종전의 호적법과 크게 다른 점은 없다.[4]

　새 법에 따르면 여러 가지 신고를 하여야 하는데 이 신고는 보고적 신고와 창설적 신고로 나눌 수 있다. 앞의 신고는 법적 효과의 발생과는 관계없이 출생·사망 등 단순한 사실의 발생보고에 불과한 것이고, 뒤의 것은 혼인·입양 등 신고를 하여야 비로소 법률적인 효과가 발생하는 것이다. 당사자가 이러한 보고적 신고를

1 가족관계등록부라는 용어가 쓰이고는 있으나 종래의 호적부와 달리 종이로 된 장부가 존재하지 않고, 전산시스템에 정보를 저장하는 형식을 취하고 있다. 이에 따라 가족관계등록부는 등본이나 초본 등이 없고, 그 기재사항을 반영한 각종 증명서가 발급될 뿐이다.

2 정광현, 한국친족상속법강의, 34면 이하. 호적부는 일제강점기인 1923년 조선호적령과 그에 이은 해방 후의 호적법에 의하여, 가(家) 또는 호(戶)라는 개념을 전제로 하여 그 가의 대표자인 호주(戶主)를 중심으로 한 일정한 혈족과 인척의 출생·사망·혼인·입양 등 인적사항을 그 가를 표상하는 호적(戶籍)에 시간적·역사적으로 기재·공시하는 장부이다. 일정한 사람이 호적에 기재·공시되려면 일정한 지위나 호주의 동의 등 여러 가지 제약이 따랐다. 이는 과거의 남존여비, 적서차별 등 가부장적 가족법 질서를 반영하고 있었다. 반면에 2008. 1. 1.부터 시행된 가족관계등록부는 우선 가(家) 또는 호주라는 개념을 폐지하고, 국민 개개인을 기재·공시의 독립된 주체로 인정하므로 그 기재·공시에 타인의 동의나 승낙은 필요 없고, 여러 사람이 설사 그들 사이에 혈족관계나 인척관계에 있다고 하더라도 하나의 단위로서 결합하여 단체적으로 기재·공시되지 않는다. 따라서 이들 간의 관계는 가족관계증명서 등 각종 증명서에 의하여 증명될 뿐이다.

3 종래의 호적부 기재사항은 2008. 1. 1. 현재 유효한 것만 가족관계등록부에 이기되었다. 이에 따라 종래의 호적부(2002년 종래의 종이 호적부 대신 전산 호적부가 조제되어 호적부 역시 그 이후에는 전산으로 조제, 기록되었다)는 모두 제적되었다. 따라서 2008. 1. 1. 현재 사망이나 국적 상실, 국적 미취득 등의 사유로 호적을 갖지 못한 자는 가족관계등록부가 작성될 수 없었다. 제적된 호적부는 무효가 되는 것은 아니고, 그 기재 내용은 그대로 효력을 유지하고, 때로는 정정의 대상이 될 수도 있다.

4 이전의 호적법에 따른 호적은 호주를 기준으로 하여 가(家)별로 편제되었으나, 가족관계등록부는 가족관계에 관한 전산정보자료가 개인별로 작성된다. 이전의 호적등본이 호주중심으로 부계혈통을 위주로 만들어져 양성평등의 원칙에 어긋나는 것이라면, 가족관계등록부는 양성평등의 이념을 반영하고, 문서의 편제와 작성이 전산화되어 매우 합리적·능률적인 편리한 제도라고 평가된다. 종전의 호적원부 같은 것은 없고(따라서 등본·초본도 없다), 그 대신 개인의 가족관계 자료가 전산화되어 저장되어 있다. 각 개인은 필요한 증명서발급을 요구할 수 있다. 그러면 시·읍·면사무소에서는 해당 개인의 전산자료를 불러내어 화면에 나타난 것을 인쇄하여 발급하여 준다. 증명서의 종류는 ① 가족관계증명서, ② 기본증명서, ③ 혼인관계증명서, ④ 입양관계증명서, ⑤ 친양자입양관계증명서가 있다. 개인의 이혼, 재혼 같은 것은 위 ①, ②에는 나타나지 않고 ③에만 나타난다. 개인의 사생활 보호에 문제가 있다(김·김, 49~50면 이하).

늦게 하면 5만 원~10만 원 이하의 과태료처분을 받을 수 있다(가등법 제121조, 제122조). 그러나 창설적 신고에서는 대개 신고 기간이 없으므로 신고의 해태가 있을 수 없고, 따라서 과태료처분도 없다.

(1) 보고적(報告的) 신고

어떠한 사실이 발생하면 법적 효과는 이미 발생하였고, 그 신고는 단지 사실의 보고에 불과한 신고가 보고적 신고이다. 출생·사망신고[1](인지된 태아의 사산신고 포함)를 비롯하여, 실종 및 부재선고와 그 취소신고, 개명[2]·연령정정 등 가족관계등록정정신고, 가족관계등록창설신고, 재판에 의한 혼인의 무효·취소, 이혼, 이혼의 무효·취소, 입양의 무효·취소, 파양·파양의 무효·취소, 친양자의 입양·파양·입양취소 신고(가등법 제67~70조), 인지(유언인지 포함)·친권자의 지정·변경, 친권(재산관리권)의 상실·사퇴·회복, 후견의 개시·종료, 후견인 변경, 재산관리권행사, 귀화, 국적의 상실·회복 등의 신고가 모두 보고적 신고들이다. 요컨대, 법원의 판결·심판 등 재판에 따라 신고하는 경우는 모두 보고적 신고들이다. 예컨대 이혼판결은 형성판결로서 그것이 확정되면 이혼의 효과는 바로 발생하고, 그 판결에 따른 추후의 이혼신고는 이혼효과와는 관련이 없는 보고적 신고라는 의미이다.[3]

(2) 창설적(創設的) 신고

어떤 신분행위는 관청에 신고하여야 비로소 신분관계가 창설된다. 신고하지 아니하면 법률상효과가 발생하지 아니하는 신고가 창설적 신고이다. 혼인·협의이혼·등록기준지변경·인지(임의인지)·입양·성년양자의 협의파양(제898~903조)·한정승인·상속포기의 신고 등이 창설적 신고이다.

---

1 사망신고기재의 추정력과 실종선고: 대결 1997. 11. 27, 97스4; 1995. 7. 5, 94스26(호적부의 기재 사항은 진실에 부합하는 것으로 추정되고, 특히 사망기재는 쉽게 번복되어서는 안 된다. 이러한 추정을 깨트리려면 사망신고 첨부서류들이 위조된 문서이거나 신고인이 공정증서원본부실기재죄로 처단되었거나, 사망한 것으로 기재된 본인이 현재 생존하여 있다는 사실이 증명되고 있을 때, 기타 이에 준하는 사유가 있을 때 등에 한하여 추정력을 뒤집을 수 있다); 1997. 11. 27, 97스4(호적상 사망으로 기재된 자는 "생사가 불분명한 자"라고 볼 수 없으므로, 그에 대하여 실종선고를 할 수 없다).

2 사람이 자신의 이름이 마음에 들지 아니한다고 구청에 가서 "내 이름을 이렇게 정정하여 신고하니 받아주시오"하고 요구하면, 구청에서는 "법원의 개명허가를 받아 오시오"하면서 거절한다. 개명 등의 경우 법원의 심판이 필요하다.

3 대판 1983. 8. 23, 83도1430, 판례월보 제159호, 50면.

(3) 2가지 성질을 동시에 가지는 신고

혼인외의 출생자에 대한 생부의 친생자출생신고(가등법 제57조)는 출생신고라는 점에서 보고적 신고이고, 인지(認知)의 효력이 생기는 점에서 창설적 신고이다.

(4) 신고의 성질에 관하여 견해의 대립이 있는 것

사실혼관계존재확인판결을 받아서 신고하는 혼인신고(가등법 제72조)의 성질에 관하여 판례는 이를 창설적 신고라고 하고,[1] 학설은 보고적 신고라고[2] 해석하고 있다. 신고혼주의(申告婚主義)의 원칙을 관철한다면 판례를 지지할 수밖에 없다고 생각된다.[3]

2. 신고능력과 신고 장소 등

각종 신분관계신고를 하여야 할 신고의무자는 법에 자세히 규정되어 있다.

(1) 신고의무자가 제한능력자(미성년자·피성년후견인)인 경우

이때는 대개 친권자와 후견인이 신고의무자가 되지만(가등법 제26조 본문), 보고적 신고는 제한능력자 스스로 신고하여도 무방하다(동조 단서; 2013. 6. 7. 가족관계등록예규 제380호). 제한능력자라도 창설적 신고 당시 의사능력만은 반드시 갖추고 있어야 하므로, 피성년후견인은 진단서(신고의 성질과 효과를 이해할 능력이 있음을 증명)를 첨부하여야 한다(동법 제27조 ②항). 창설적 신고이든 보고적 신고이든 '법정대리인의 동의 없이 할 수 있는' 모든 행위에 대하여는 제한능력자 본인이 신고하여야 한다[동법 제27조 ①항; 가족관계등록예규 제380호]. 신고인이 출석할 수 없는 경우는 대리인이 신고할 수 있으나, 인지·태아인지, 입양·파양, 혼인·이혼 신고들은 대리로 신고할 수 없다(동법 제31조).

(2) 의사능력 없는 경우

의사능력이 없는 사람은 신고능력도 없다. 등록기준지변경·가족관계등록창설신고는 법정대리인이 대신 신고한다(예규 제69호, 2008. 1. 1. 시행).

---

1 대판 1973. 1. 16, 72므25; 대결 1991.8.13. 91스6(호적공무원의 형식적 심사권에는 혼인신고 당사자의 생존여부를 조사할 권한이 당연히 포함되어 있다).
2 김·김, 109면; 김용한, 169면; 박병호, 78면; 송덕수, 34면; 이근식·한봉희, 92면 등.
3 양수산, "사실혼관계존재확인심판제도에 관한 고찰," 가족법학논총[박병호교수환갑기념(I)], 박영사, 1991, 204면.

(3) 신고의무자가 사망한 경우[1]

판결(조정·화해 포함)의 경우는 원고가 판결확정일로부터 1개월 안에 신고하여야 하고(가등법 제107조), 원고(소 제기자)가 사망[2]하면, 그의 배우자나 4촌 이내의 친족이 신고할 수 있다(예규 제85호). 원고가 신고하지 아니하면 피고가 신고할 수 있는 경우로는 인지(認知)·입양취소·파양·혼인취소·이혼·실종선고 취소가 있다(동법 제58조·제65조·제66조·제73조·제78조·제92조 ③항).

(4) 신고로 인하여 효력이 발생하는 사건(혼인, 입양 등)

이런 사건의 본인이 시·읍·면에 신고 당시 출석하지 아니하는 경우는 그 불출석 당사자 본인의 신분증명서(대법원규칙이 정하는 것)를 제시하거나 본인의 인감증명서를 첨부하여야 한다(동법 제23조 ②항). 그러한 것을 첨부하지 아니한 신고는 수리하여서는 아니 된다. 혼인적령(18세)에 이르면 미성년자라도 혼인신고를 할 수 있다.[3]

(5) 신고 장소와 신고의 수리(受理:접수)

신고는 원칙적으로 사건본인의 등록기준지 또는 신고인의 주소지나 현재지의 시·구·읍·면장에게 할 수 있다(가등법 제3조, 제20조). 재외국민에 관한 등록사무의 처리와 지원을 위하여 법원행정처는 '재외국민가족관계등록사무소'를 설치하여 운영하고 있다(2015. 2. 3. 신설 가등법 제4조의 2).

출생신고는 그 자의 출생지에서, 사망신고는 사망지·매장지 또는 화장지에서도 할 수 있다(동법 제45조, 제86조). 각종 신고는 서면이나 말로 할 수 있고(동법 제23조 ①항), 타인에게 신고와 제출을 위탁하거나 우송(등기우편)할 수 있다. 신고인

---

1 사망신고 같은 것은 별로 문제가 없지만, 실제로는 망인이 중요재산을 타인에게 유증한 경우 등에는 동거친족(신구법이 동일) 등 신고의무자가 이를 하지 않고 미루기도 한다. 종전의 호적법 제88조 ②항에 따르면 수증자나 수유자 같은 이해관계인은 사망신고를 할 수 없었다. 새로운 가족등록법 제85조 ②항은 '호주'를 삭제하고 '친족·동거자 등' 이외에, '사망 장소의 동장 또는 통·이장'도 사망신고를 할 수 있게 하여 불편을 없애려고 시도하고 있다. 여기서 '동거자'는 반드시 사망자의 가족이 아니라도 세대를 같이 하면서 사실상 동거하는 사람도 포함된다(예규 제187호). 그런데 출생신고를 할 수 있는 '동거친족'은 자의 출생 당시에 출생자와 동거하는 친족을 말한다. 여기의 "동거"란 일상생활관계에서 가족적인 상태에 이르렀음을 말하며, 단순히 일시적으로 동일 가옥 내에서 거주하는 데에 불과한 사람은 동거자라 할 수 없다(예규 제96호).

2 원고가 1심판결을 받은 후 2017. 1. 20. 사망. 항소기간은 같은 달 28. 원고의 모가 그 1심판결로 구청에 이혼신고, 구청에서 이혼신고를 수리하지 아니한 것은 적법하다. 1심이혼판결이 확정되지 않았기 때문이다(서울가결 2018. 5. 자 2017브58). 법률신문 2018. 5. 10.자 4면.

3 가족관계등록예규 제140호.

이 생존 중 우송한 신고서가 신고인 사망 후 도달한 때에는 사망 시에 수리한 것으로 본다(동법 제41조). 신고서에는 신고인이 서명 또는 기명·날인하여야 하고(동법 제25조), 타인이 대신 서명한 경우에도 일단 수리되면 유효하다고 보아야 할 때도 있다(도장이 없는 경우 무인으로도 작성할 수 있고, 무인으로 할 때는 담당공무원이 본인의 무인임을 확인하는 표시를 한다).

신고서가 시·읍·면사무소의 창구에 제출되면 관계공무원은 접수한 신고서에 연월일을 기재하고 신고서의 적법여부를 심사하여 수리 또는 불수리 결정을 한다. 수리 여부의 결정전에는 신고를 철회할 수 있으나, 일단 수리되면 신고의 효력이 발생하므로[1] 그 후에는 철회를 할 수 없다.

가족관계등록 공무원은 그 신고가 민법과 가족등록법에서 정한 요건을 구비하고 있는지, 첨부서류의 유무, 기재사항만을 심사하고(형식적 심사; 요건불비이면 수리거부), 그 신고내용의 진위여부(혼인중 자 여부, 친생추정여부, 실제 부모여부 등)나 신고인의 진의여부는 심사(실질적 심사)할 권한도 의무도 없다.

3. 출생신고(성과 본, 그리고 이름)

(1) 성불변의 원칙

자녀의 출생신고를 하려면 원칙적으로 그 아버지의 성과 본을 따라서 신고한다(제781조 ①항). 우리나라 사람들이 현재 사용하고 있는 성(姓)은 이처럼 원칙적으로 부계(父系)혈통을 표시하는 것이고 본(本)은 시조의 발상지(예컨대 김해김씨·전주이씨 등)를 나타내고 있다. 그리고 옛날부터 사람의 성과 본은 바꿀 수 없는 것, 즉 성 불변(姓 不變)의 원칙을 하나의 전통으로 지켜 왔다.

성이 다른 남녀가 혼인하여 부부가 되더라도 종래의 성을 바꾸지 않고 각자의 고유한 성을 그대로 사용하여 왔다. 이 점은 세계의 여러 나라 중 우리나라만 가지고 있는 특이한 전통이다.[2] 성을 바꾼다는 것은 가문(家門)에 대한 치욕이요, 본인

---

1 대판 1991. 12. 10, 91므344, 판례월보 200호, 109면.
2 대개의 나라들은 남녀가 혼인하면 그 부부의 성을 하나로 하는 사례가 많다[일본에서는 부부가 혼인할 당시 남편의 성이나 아내의 성을 선택하여(제750조), 그중 하나를 혼인신고서에 기재하여야 한다(호적법 제74조 1호: 성이 동일하더라도 선택)고 한다]. 甲斐, 45면[최근에는 여성의 사회적 활동 기타의 이유로 선택적 부부 별성(別姓)을 인정하여야 한다는 학설이 강하게 대두되고 있다]. 미국의 경우는 과거에는 여자가 혼인하면 대개 남편의 성(이른바 Surname)을 사용하였다. 그러나 사회가 변하면서 이제는 여자가 남편의 성(last name), 자기의 본래 성, 또는 2가지 모두를 사용할 수 있다. 요컨대 어떠한 여자가 특정의 성을 계속 정직하게 사용하면 그것이 그 여자의 진정한

자신에 대한 모욕이었다. 일본 식민지시대에 일본 당국이 조선인에 대한 창씨개명[1]을 강요한 것은 그만큼 우리 민족의 자존심과 전통을 짓밟는 소행이었다.

아이의 출생신고를 할 때 아이의 성과 본을 어떻게 할 것인지는 앞에서 이미 보았다. 개정민법이 성 변경(姓 變更)제도를 도입한 것은 세상의 변화와 역사의 변천을 보는 것 같다.

(2) 혼인중 출생자의 출생신고

혼인중 출생자의 출생신고는 아이 출생 후 1개월 안에, 부(남편)나 모가 할 수 있고(가등 제46조 ①항), 그 부모는 법률혼관계에 있는 부부로 신고하여야 한다. 혼인 성립일부터 200일 내 출생자도 마찬가지다.[2] 친생추정이 미치는 자녀(민 제844조)는 가족등록부 상의 남편 이름 아닌 다른 남자의 자식으로 신고할 수는 없다.[3] (예규 제91호; 유부녀가 혼인중 제 3 의 남자와 사이에 출산한 자녀는 생부가 확정되기 전에는 출생신고를 할 수 없다).[4] 출생신고서의 기재사항은 가족관계등록법(동법 제44조 ②항)에 자세히 규정되어 있다. 생부에 대해서는 이를 기재하지 않고 출생신고를 할 수 있는 예외가 있으나,[5] 생모에 대해서는 기아로서 성과 본을 창설하는 경우 이외에는 이러한 예외가 인정되지 않는다.[6]

성이 된다[ABA, GUIDE TO Family Law(1996, Times Books), 22면 참조].

1 1939. 12. 26. 부령 제22호(개정 조선호적령; 1940. 2. 16.부터 시행); 창씨개명(創氏改名)이 한국인의 본래이름으로 고쳐지지 아니한 것이 발견되면 직권으로 정정할 수 있도록 하였다(예규 제21호).

2 동지: 김상용, "친생추정에 관한 2017년 개정민법 규정의 문제점", 중앙대학교 법학논문집 제42집 1호(2018), 165면 이하. 그러나 가족관계등록 공무원도 관련 자료를 보아 이를 알 수 있으므로 생모가 생부를 공란으로 하여 혼인외 자로 출생신고를 하는 것도 허용하여야 할 것이다.

3 따라서 혼인중의 자녀라도 그 자녀가 남편과 친생자관계가 없다는 확정판결을 받은 경우에는 남편이 아닌 다른 남자를 아버지로 신고할 수 있게 된다(1983. 11. 19.자 호적선례 제1-58호).

4 이에 따른 부정적 측면에 대하여는 현소혜, "친생자추정과 가족관계등록절차의 개선방향", 법학논고 제49집, 경북대학교출판부(2015) 참조.

5 민법 제844조 ①항의 친생추정이 중복되어 민법 제846조에 의한 부를 정하는 소에 의하여 그 생부를 결정하여야 할 경우, 다른 남자와 혼인중에 있지 않은 여자가 낳은 혼인외의 자를 그 생모가 출생신고할 경우이다.

6 1989. 5. 8.자 호적선례 2-78호는 생부가 혼인외의 자를 출생신고할 때 생모를 알 수 없는 것으로 하여도 신고를 거부할 수 없고, 나중에 모자관계가 증명되면 추완신고를 할 수 있으며, 그 증명이 불가능할 때는 친생자관계존부확인 판결을 받아야 한다고 하였으나, 2011. 6. 30.자 가등선례 201106-2호는 "모는 출생사실의 유무뿐만 아니라 부자관계를 형성하는 인지라는 신분행위의 적부 판단에도 필요불가결하므로 생부가 혼인외의 자를 출생신고할 때 생모를 불상으로 기재하여 신고한 경우 이는 수리할 수 없다"고 하였다.

[자녀의 친생추정과 출생신고 방법 등]

자녀의 출생일	자녀 구분	출생신고 의무자	친생추정	친자부인 (결정)방법	출생신고방법	근 거
혼인 후 200일 이후, 혼인 종료 후 300일 내	① 혼인중 자	부·모	○	친생부인	서면이나 말	가등 제23조, 제46조 ①항; 민 제844조 ②항
	② 혼인외 자	생모	×	친자관계 부존재 확인	〃	가등 4 제6조 ②항
재혼성립일부터 200일 후, 전혼종료일부터 300일 내	① 혼인중 자	생모	친생추정 경합	아버지를 정하는 소 (민 제845조)	"부 미장"(父 未定) 특종신고서류편철 장에 편철 부확정 후 보완신고	가등 제48조 ①항; 예규 제90호
혼인성립일부터 200일 이내, 혼인종료일부터 300일 지난 후	② 혼인외 자(가 등법 상 혼인중 자로 취급)	생모	×	친생자관계 부존재확인	서면이나 말	가등 제23조; 민 제844조의 유추
혼인중(동거 결여, 사실상 이혼 등)	① 혼인중 자	생모	×	〃	서면이나 말	가등 제23조; 대판 1983. 7. 12, 82므59(전합)

(3) 혼인외의 출생자의 성과 본(출생신고를 어떻게?)

혼인외의 출생자의 출생신고를 할 때 생부가 인지하면 생부의 성과 본을 따른다. 생부의 인지를 받지 못한 자녀라도 아버지의 성과 본을 알 수 있는 경우, 예컨대 "김해김씨"인 경우는 생모가 그 가족등록부에 출생신고를 하면서 아이의 본을 김해로 성명을 "김○○"으로 할 수 있다. 다만, 아버지의 성명을 기록할 수는 없고, 공란으로 두는 수밖에 없다(규칙 제56조; 예규 제102호). 개정민법이 인지(認知)에도 불구하고 부모의 협의나 법원의 심판으로 자녀(인지대상자)의 종전의 성을 그대로 사용할 수 있게 한 것(제781조 ⑤항)도 자녀의 복리를 도모하기 위한 것이다.

아버지가 혼인외의 자녀의 출생신고를 하려면 "모 미상으로" 신고할 수 없고,[1] 생모의 혼인관계증명서를 첨부하여야 한다. 다만, 시·구·읍·면·동·재외공관의 장 등이 전산정보처리조직으로 그 내용을 확인할 수 있는 경우에는 그렇게 할 필요가 없다(예규 제89호).

---

[1] 대결 1997. 2. 14, 96므738; 헌재결 2001. 5. 31, 98헌마9(모 불상으로 출생신고를 하면 담당 공무원이 접수·수리하지 아니한다).

　　부(父) 미정(未定)의 출생신고를 모가 제출한 경우(가등 제48조)는 부(父)의 추정이 경합된 경우[1]이므로, 아버지가 확정될 때까지 이를 보류하여 두었다가(특종신고서류 편철장에 편철), 아버지를 결정하는 판결(나류 5호) 또는 인지판결(나류 9호)의 확정 후, 추후보완신고를 하면 부나 모의 성과 본을 따라 가족관계등록부를 작성하여야 한다(예규 제90호, 제412호의 제10조).

[혼인외 출생자의 출생신고방법]

경　우	신고자	신고방법	근거법령
① 생부가 인지한 경우	생　부	① 생모의 혼인관계증명서를 제출 ② 생모가 가족관계등록부에 등록되어 있는지가 불분명하거나 미등록인 경우에는 '모에게 배우자가 없음'을 증명하는 공증서면 또는 2명 이상의 인우보증서를 제출	예규 89호, 98호, 101호
② 생부가 인지하지 아니한 경우	생　모	생부를 알 수 있는 경우는 생부의 성과 본을 따라 신고[단 생부의 인지 이전에는 '부(父)'란에 그 생부의 성명기재 불가]	〃 102호
③ 혼인중의 간통으로 출산한 경우	생　모	그 아이에 관한 친자관계재판을 거치지 않고는 생부의 아이로 신고할 수 없다.	〃 91호
④ 생부 미정인 채, 출생신고	생　모	아버지의 결정, 인지 재판 등이 확정된 후 가족등록부작성	〃 90호
⑤ 부가 외국인인 경우	생　모	인지 이전이면 모의 성과 본을 따라 가족등록부작성(부의 성명기재 불가), 부의 인지가 있으면 부의 국적취득 후, 가족등록부 폐쇄	〃 108호

* 위 표에서 예규는 「대법원가족관계등록예규」인바 이는 2007. 12. 10. 새로 제정되었다[2008. 1. 1. 호주제도(호적법과 호적예규)의 폐지와 동시에 새로 제정된 「가족관계의 등록 등에 관한 법률」과 동 규칙의 시행에 따라 종전의 예규를 종합 검토하여 완전히 새롭게 보완·정리한 것].

(3) 작명(作名)

　　아이의 출생신고를 하려면 성과 본은 위에서 본 바와 같이 따르면 되고, 다음으로 이름을 지어서 신고하여야 한다. 이름을 한글로 지을 때는 별 문제가 없다. 그러나 한자로 지을 때는 교육과학기술부에서 정한 한문교육용 기초한자와 가족등록규칙·예규에서 정한 범위내의 한자를 사용하여야 한다[가등법 제44조 ③항, 동 규칙 제37조 ①항 2호(별표 1); 속자, 약자 등은 (별표2)].

---

1 재혼한 여자가 후혼(後婚) 성립일부터 200일 후, 전혼(前婚) 종료일부터 300일 이내에 자녀를 출산한 경우를 의미한다. 이때는 생부를 알 수 없으므로, 모가 출생신고를 하여야 한다(가등 제48조).

(4) 출생신고의 필수 첨부서류

출생신고의 첨부서류는 의사(醫師)·조산사의 출생증명서 등(가등 제44조 ④항; 가등규칙 38조[1])이다. 개정 가족관계등록법(법률 제14169호)의 시행에 따라 종래의 인우보증서 제도는 폐지(예규 제501호)되고, 그 대신 가정법원 판사의 출생확인제도(가등 제44조의 2; 예규 제482호)가 도입되었다.[2]

(5) 가족관계등록부 등재의 효과

가족관계등록부에 등록되었다고 하여 등재된 내용대로 무조건 법률관계가 발생하는 것도 아니다. 즉 다른 증거로 뒤집을 수 있다. 그러나 그때까지는 그 등록사항에 대하여 유력한 사실상의 추정이 인정된다.[3] 아무튼 신생아에 대하여 출생신고가 있어 그것이 가족관계등록부에 기록되면 이로써 친생자관계와 대한민국 국민(국적)임이 증명된다.

4. 가족관계등록부의 정정

(1) 가정법원의 확정판결이나 심판에 의한 정정

친족법상 또는 상속법상 중대한 영향을 미칠 수 있는 사항은 가사소송법 제2조 제①항에 가사소송사건으로 규정되어 있고, 이러한 사건에 관한 확정판결(= 가사판결만을 의미)로만 정정할 수 있다. 확정판결로 등록부를 정정할 때 원고는 판결확정일로부터 1개월 안에 판결등본과 그 확정증명서를 첨부하여 등록부 정정신청을 하여야 한다(가등법 제107조). 등록부의 정정은 판결[4]이나 심판의 주문에 나타난 사항만 할 수 있다(예규 제222호, 제224호).

㈎ 성(姓)의 변경(불가→ 가능)   우리나라에서는 종래 성 불변의 원칙이 시행되어 오고 있어서 사람들은 자기의 성(姓)을 절대로 변경[5]하거나 포기[6]할 수 없었

---

1 출생증명서 기재사항 중 모의 성명을 기재하는 경우 난자제공자를 기재할 것이 아니라, 임신·출산자를 기재하여야 할 것이다. 모의 출산사실 증명서를 첨부한 경우, 부의 성명 등 기재사항 일부가 누락되어도 출생신고를 수리하여야 한다(예규 제520호 참조).
2 양영순, '출생을 둘러싼 법적 쟁점', 대한변협신문(706호), 2018.9.17.자 9면 참조.
3 대판 1979. 2. 27, 78다2152; 대판 2008. 9. 29, 2006마883 등.
4 민사판결이나 형사판결도 가족관계등록법 제104조 제105조의 정정 허가신청에 대한 소명자료로 사용할 수는 있다. 대결 2009. 10. 8, 2009스64 참조.
5 대결 1981. 5. 16, 80스35[박(朴)을 '밝'으로 고쳐달라는 호적정정신청은 법원에서 불허](예규 제258호).
6 대결 1984. 9. 27, 84스1.

고, 본(本)을 변경할 수도 없었다.[1]

그러나 개정민법은 성 변경제도를 도입하였다. 이것은 호주제도의 폐지에 따른 일대 혁명이라고 말하지 않을 수 없다. 성의 변경은 친족법 또는 상속법상 중대한 영향을 미치는 호적기재 사항의 정정이므로 호적법 제123조(가등법 제107조)에 의거하여 확정판결을 받아서 정정할 것이지, 법원의 허가만으로 정정할 수는 없다.[2]

이성(異姓)양자의 성(姓)은 변경할 수 있는가? 개정민법은 성(姓)의 변경제도(제781조 ⑥항)를 도입하였으므로, 이혼·재혼의 경우뿐만 아니라, 입양의 경우에도 양자의 성을 양친(兩親 또는 養親)의 성으로 바꿀 수 있게 되었다. 특히 친양자가 입양되면 가족관계등록부를 새로 만들고 위의 성본 변경신청을 하여 양부모의 성과 본을 따를 수 있게 되었다.[3]

또 「입양특례법」에 따라 입양되는 양자는 양친이 원하면 양친의 성과 본을 따를 수 있고(동 특례법 제14조), 외국인이 한국국적을 취득한 경우 법원의 허가를 받아 한국 사람의 성과 본을 임의로 선택할 수 있다(국적법 제4조, 가등법 제96조).

(나) **판결로 정정할 것인지, 허가만으로 정정할 것인지 구분의 기준** 친자·혼인·입양 등 신분관계의 발생·변경·소멸에 중대한 영향을 미치는 사항은 법원의 판결 없이는 정정할 수 없다(동법 제107조; 예규 제233호). 가사소송법 제2조에 규정되어 있는 가사소송사건은 중요한 사항이라 확정판결(가사판결)을 받아서만 정정할 수 있고,[4] 거기에 규정되어 있지 아니한 사항의 기재는 법원의 허가를 받아 정정신청을 할 수 있다.[5] 판결로만 정정할 수 있는 사항을 허가로 정정하면 무효이고

---

1 대결 1984. 3. 31, 84스8, 9[자신의 이름 "용택"을 본(本)으로 변경하여 달라는 신청은 부적법 각하].

2 대결 1992. 8. 17, 92스13; 2020.1.9.자 2019마6016(모의 사망에 따라 상속부동산이전등기신청을 하면서, 자기 이름을 "금난새"로 기록하였더니, 등기소에서 가족등록부 상 이름 "김난새"와 다르다고 신청을 각하. 성을 변경하여 달라고 신청, 1, 2심에서는 기각. 대법원은 신청인의 주민등록표, 여권, 운전면허증에는 금난새로 기록된 점, 금난새라는 이름을 계속 사용하여 온 점을 종합하여 성을 "금"으로 하라는 취지로 취소환송).

3 친양자로 입양되었다고 하여 그 양자가 당연히 양부나 양모의 성과 본을 따라 그 성과 본이 변경되는 것은 아니고, 민법 제781조 ⑥항의 성본 변경 허가신청을 하여 그 허가결정을 받아야 변경할 수 있다(윤진수, 208면).
  실제의 상담사례나 실무를 보면 이혼·재혼, 입양의 경우뿐만 아니고, 오히려 정상적인 혼인중 부부 사이의 출생자녀의 성을 어머니의 성으로 변경하려는 경우가 더 많다고 한다. 입법자의 의도와는 다른 방향으로 가고 있는 듯하다.

4 대결 2012. 4. 13, 2011스160; 민사판결이나 형사판결 등은 이에 해당하지 않는다. 그러나, 민·형사판결도 가족관계등록법 제104, 제105조의 정정 허가신청에 대한 소명 자료로 사용할 수는 있다. 대결 2009. 10. 8, 2009스64 참조.

5 대결 1993. 5. 22, 93스14~16(전원합의체); 1995. 4. 13, 95스5; 예규 제233호.

정정의 효과가 발생하지 않는다(예규 제234호)[1].

(다) **확정된 판결·심판문으로 등록부 정정신청을 하는 경우** 예컨대, 친생자관계부존재확인 판결을 받았다면, 그 판결로 바로 등록부기재의 삭제나 말소신청을 할 수 있고(가등법 제107조, 예규 제300호), 그 판결확정 후 1개월이 지났더라도 정정신청을 할 수 있다(과태료 5만 원; 가등법 제122조). 그러한 판결을 첨부하여 다시 법원에 호적정정허가신청을 하면, 그것은 이익이 없어서 부적법하다.[2]

(라) **이중등록의 말소 절차** 이중호적(2번째 호적기재)에 무효혼인이 기재되어 있는 경우, 무효혼인 기재를 포함한 호적 전부를 말소하고 그 기재를 1번째 호적에 그대로 옮긴다면, 이는 신분관계에 중대한 영향을 미칠 사항의 변동을 가져오므로 간이정정방법(허가)으로 정리할 수 없고 혼인무효 확정판결 등을 받아야 정정할 수 있다.[3]

(2) 가정법원의 허가에 의한 정정

가족관계등록부의 기록이 법률상 허용될 수 없어서 무효이거나(예규 제223호) 그 기록에 착오나 누락이 있는 때는 시·구·읍·면장의 직권에 의한 정정과 이해관계인의 신청에 의한 정정으로 바로잡을 수 있다.

이해관계인은 사건본인의 등록기준지 관할 가정법원에 등록부 정정허가신청을 할 수 있다(가등법 제104조; 예규 제232호). 그리고 혼인신고의 기록도 그 신고가 무효임이 명백한 때는 신고인이나 사건본인이 역시 법원에 정정허가(확정판결이 아님)신청을 할 수 있다(동법 제105조).[4]

(가) **개명허가** 일단 공부(公簿)에 등재된 사람의 이름은 함부로 변경할 수 없고, 반드시 주소지(재외국민의 경우 등록기준지)관할 가정법원의 허가심판(가등법 제

---

1 대판 1976. 10. 26, 76다2189.

2 대결 1991. 11. 26, 90스11[친생자관계부존재확인심판의 이유 중에서 친생부모가 밝혀졌다 하여도 호적정정의 방법으로 친생부의 가에 입적하거나 말소될 호적기재를 진정한 친생부의 호적으로 이기(移記)할 수는 없다]. 다시 인지청구를 하라는 취지인 듯하다; 생부의 임의인지 또는 취적허가의 방법으로 생부의 호적에 입적하거나 생부의 성과 본을 따른 신호적을 편제하여 그의 가족을 이기할 수 있다(대결 1992. 8. 17, 92스13).

3 대결 1998. 2. 7, 96마623(위법한 이중호적을 말소하여 본래의 호적 하나로 만들기 위한 정정의 경우에도 그것 때문에 신분관계에 중대한 영향을 미치는 사항이 정정되는 경우에는 역시 확정판결로만 정정할 수 있다. 예규 제246호: 2중 등록부의 처리지침을 규정).

4 대결 2009. 10. 8,자 2009스64[중국국적의 조선족 여자가 한국에 입국할 목적으로 혼인신고를 하였으나 그 신고행위가 범죄행위로 인정되어 유죄의 형사판결(부산지법 2005노3685; 벌금300만 원)이 선고 확정된 경우다].

99조; 예규 제211호)을 받아야만 고칠 수 있다.[1] 사람의 이름이란 그 사람의 동일성(同一性)을 표시하는 것이라 중요하므로 법원의 허가를 받도록 한 것이다.

(나) **출생연월일정정**　　출생연월일정정신청 사건은 의사(醫師)의 출생증명서, 인우보증서(인감증명서 또는 주민등록 등·초본 첨부; 예규 제226호) 등 상당한 소명을 하여야 허가된다. 예규 제229호, 제230호(전과조회, 출입국사실조회, 신용정보조회 활용)에 자세한 사무처리지침이 규정되어 있다. 이러한 출생연월일의 정정도 상속관계에 중대한 영향을 미치는 경우이면 확정판결로만 정정할 수 있다.[2]

　　이러한 사건은 당사자의 등록기준지 관할 법원에서만 관할하도록 규정되어 있으나(가등법 제104조), 이는 당사자에게 불편을 주는 규정이므로 속히 주소지 가정법원에서도 관할할 수 있도록 개정되어야 할 것이다.

(다) **성별(性別)정정(성전환자의 경우)**　　가족관계등록부에 아이의 출생신고를 할 당시에는 남자 또는 여자로 신고하였으나, 나중에 성전환수술을 받아 여자 또는 남자로 성(性)이 전환되는 사례가 더러 있다. 일정한 요건하에서 가족등록부의 성별정정을 허용하고 있다(예규 제256호, 제293호, 제346호로 개정, 최종적으로 제435호가 시행되고 있다).[3] 다만, 성전환자가 혼인중이거나 미성년자가 딸려있는 경우는 성별정정신청을 할 수 없다[4].

(라) **실재하지 아니하는 자의 출생신고,**[5] **사망사실이나 사망일시에 관한 착오기재**[6] 이러한 것은 법원의 허가를 받아 정정할 수 있다(가등법 제104조).

---

1 미국의 사정도 이와 같다. 이해관계인이 이의를 신청할 수 있도록 개명허가신청절차에 공식적인 통지를 받을 수 있도록 하거나, 개명허가신청을 일반 공중에게 널리 알리기 위하여 지방신문에 개명허가신청을 게재하도록 하는 주가 많다[Daniel Johnson, The Consumer's Understanding and Using the Law(Betterway Books, Cincinati, Ohio), 47].

2 대결 2012. 4. 13, 2011스160.

3 대결 2006. 6. 22, 2004스42(전원합의체)[결정으로 성(性)전환자의 성별(性別) 정정(여성 → 남성)을 허가]; 부산지법가정지결 2002. 7. 3, 2001호파997, 998; 전주지법정읍지결 2003. 2. 27, 2002호파 288, 289 등. 예규는 성전환수술을 받았음(이를 '성전환증'으로 약칭)을 이유로 성별정정 허가를 받을 수 있다고 규정하고 있다. 그러나 서울서부지결 2013,11,19.자2013호파1406(여자 → 남자로), 청주지법영동지결 2017. 2. 14, 2015호기302(남자 → 여자)는 외부성기의 형성 없이도 허가결정(윤진수, 19면).

4 대결 2011. 9. 2,자 2009스117(전합) 다수의견; 윤진수, 19면(미성년자가 있다는 이유로 성별정정을 허가할 수 없다고 볼 필요는 없다고 비판).

5 대결 1955. 4. 13, 95스5[이런 것의 정리에 관하여 가사소송법 기타 법률이나 대법원규칙에도 그 쟁송방법이 정하여진 바가 없다. 호적법 제120조(가등법 제104조)에 따라 처리]; 서울가판 1993. 7. 27, 93드9624(부모 란에 허무인이 기재되어 있는 경우 정정허가 신청을 할 수 있다).

6 대결 1993. 5. 22, 93스14, 15, 16(전원합의체); 동 2012. 4. 13, 2011스160: 예규 제233호.

(3) 시·읍·면장의 직권에 의한 등록부 정정

가족등록부의 기록이 무효이거나 기록에 착오 또는 누락이 있는 경우 시장 등은 감독법원의 허가를 받아 이를 정정할 수 있고, 경미한 사항[대법원규칙(가족관계의 등록 등에 관한 규칙) 제60조 ②항으로 정한 것]은 직권으로 정정하고 감독법원에 보고하면 된다(가등법 제18조).

(4) 「재외국민가족관계법」(2015. 2. 3. 법률 제13124호, 시행 2015. 7. 1.)

위 특례법 제3조 ②항에도 가족등록부의 정정신청을 재외공관장에게 하거나 국내의 등록기준지의 시장 등에게 할 수 있게 되어 있다.

(5) 가족관계등록사무의 관리청과 불복신청

가족관계등록 업무는 시·구·읍·면의 장이 처리한다. 그 업무처리와 관련하여 위법하거나 부당한 수리거부 등이 있는 경우, 이해관계자는 시·구 등을 거치지 않고 바로 가정법원에 불복신청을 할 수 있다(가등법 제109~113조).

(6) 가족관계등록부상 주민등록번호의 기록과 정정·변경절차

[개정 2017. 5. 25. 가족관계등록예규 제508호, 2017. 5. 30 시행.]

개정주민등록법(법률 제14191호, 2017. 5. 30.시행) 제7조의2~4, 동법시행령 제12조의6에 따라, 시장·군수·구청장으로부터 주민등록번호 부여, 번호 정정, 변경의 통보를 받으면 가족관계등록공무원은 이를 기록하거나 정정·변경의 기재를 할 수 있다(예규 제508호 제1~3조). 예규의 검색방법: 예규 제508호는 가족관계등록예규 검색방법에서 선택(호적)과 검색 사이의 빈칸에 '주민등록'이라고 타자한 후 검색을 누르면 6번으로 나타남.

제**3**장

혼 인

제1절 혼인제도

I. 혼인제도의 의미

혼인은 영속적인 공동생활을 위한 1남 1녀의 결합체이다. 이는 그 시대, 그 사회의 법률·도덕·관습 등에 따른 정당한 결합이라야 한다. 그러한 의미에서 혼인은 하나의 사회제도라고 말할 수 있다.[1] 혼인은 사회의 기본단위인 부부관계를 형성하는 기초이므로 사회적·국가적 문제이고 국민의 윤리나 풍속에 중대한 영향을 미친다. 따라서 민법은 혼인의 요건을 법률로 정하고, 그러한 요건을 구비한 혼인만을 법률상 정당한 혼인으로 보호하고 있다.

II. 혼인제도의 변천

혼인제도는 나라에 따라 시대에 따라 그 모습이 다양하다. 역사적으로 혼인은 일부다처(一夫多妻)제도에서 일부일처(一夫一妻)제도로 발전되어 왔다.[2] 오늘날은 일부일처(一夫一妻)제도가 세계적으로 통용되는 보편적인 혼인형태가 되었다.[3] 종

---

1 임정평, 125면.
2 우리나라를 포함한 동양사회에서는 일부다처제도가 20세기까지도 유지되고 있었다(我妻 외 2, 14면); Lewis Henry Morgan은 가족형태의 발달과정을 난혼(亂婚) → 혈연가족 → 대우(對偶)가족 → 가부장제(家父長制)가족 → 일부일처(一夫一妻)가족의 형태로 설명하고 있다; 김형배, 53면.
3 그래서 현행법상 혼인은 ① 당사자의 숫자로 볼 때 1명의 남성과 1명의 여성으로 이루어지고, ②

래 우리나라의 혼인제도는 가(家)에 의하여 지배되어 왔으나, 앞으로는 부부평등의
이념[1]에 기초한 혼인제도의 정착이 요망된다.

Ⅲ. 혼인법의 내용

1. 혼인의 성립

민법은 혼인의 성립에 관한 실질적·형식적 요건을 규정하고(제807~814조),
이러한 요건을 구비하지 못한 혼인은 무효 또는 취소할 수 있는 것으로 하였다
(제815~825조). 그리고 요건흠결혼인도 극히 한정된 범위에서 무효로 하고, 원칙
적으로 취소할 수 있는 것으로 규정하고, 게다가 취소는 민법총칙의 경우와는 달
리 소급효가 없다고 하고 있다. 또 혼인신고라는 형식적 요건을 갖추지 못한 혼
인 — 이른바 사실혼 — 에 대하여 판례와 학설은 혼인에 준하는 효과를 인정하고
있다.

2. 혼인의 효과

혼인의 효과로는 동거·부양·협조의 의무(제826조)와 같은 순수한 신분적인
효과와 혼인에 따르는 부부상호 간의 상속 등 재산관계에 미치는 재산적 효과가
있다(제829조 내지 제833조, 제1003조 이하). 부부는 부부재산계약으로 그 재산관계
의 내용을 정할 수 있지만, 그 요건이 엄격하여 실제로는 별로 이용되지 않고 있
다. 혼인의 효과는 대부분 객관적인 규범으로 정하여진다.

3. 혼인의 종료(해소)

혼인은 남녀의 일생동안의 공동생활을 목적으로 하는 결합이지만, 사실상 중
간에 파탄되는 일도 있다. 이러한 경우 법률상으로도 이를 승인할 것인가 여부는
관습·종교 등의 영향에 따라, 각국의 입법례도 나누어져 있다. 우리나라 민법은
부부의 합의만으로 쉽게 혼인을 종료·해소시킬 수 있는 협의이혼제도를 채택하고

성립과정에서 볼 때 남녀의 자유의사로 체결된 신분계약이며, ③ 성립된 혼인에서 부부상호 간의
위치나 관계로 볼 때, 부부의 독립인격과 평등을 기초로 한 공동체라고 정의할 수 있다(甲斐, 앞
의 책, 30~31면).

1 헌법 제36조 ①항은 "혼인과 가족생활은 개인의 존엄과 양성의 평등을 기초로 성립되고 유지되어
야 하며, 국가는 이를 보장한다."고 선언하고 있다.

있고(제834조 이하), 부부 일방의 동의가 없더라도 법정사유가 있으면 소송을 걸어서 해소시킬 수 있는 강제(재판)이혼제도도 인정하고 있다(제840조 이하). 이혼의 전단계로서, 별거제도(서구의 제도)는 채택하지 않고 있다. 사실상의 이혼에는 어떠한 효과를 인정할 것인가 하는 것은 매우 어려운 문제이다. 가정법원에서 조정으로 처리할 수 있는 방안을 마련하여야 할 것이다.

제 2 절 약 혼

Ⅰ. 약혼의 의미

1. 개념과 성질

약혼은 1남 1녀가 장차 혼인하기로 약속하는 신분계약이다. 이는 혼인예약 또는 혼약이라고도 부른다. 그 계약의 성질은 무상(無償)·쌍무(雙務)·낙성(諾成)·불요식(不要式)의 신분계약이다.

2. 유사개념과 구별

(1) 혼 인

혼인은 남녀가 혼인신고를 한 후 실제로 동거까지 하는 공동생활이고, 약혼은 혼인의 약속에 지나지 아니하여, 동거를 수반하지 아니하는 점에서 서로 구분된다.

(2) 사실혼(事實婚)

사실혼은 남녀가 실질적으로 동거생활을 하여 부부처럼 보이지만 혼인신고를 하지 아니한 점에서 혼인과 다르고, 혼인약속인 약혼과도 다르다. 구법시대의 판례는 사실혼을 '혼인예약' 또는 '내연(內緣)관계'라고도 표현하고 있었으나, 이는 약혼과 다르다.

(3) 정혼(定婚)

남녀 양가(兩家)의 부모(주혼자, 主婚者)들이 정한 약혼, 즉 "나의 아들과 당신의 딸을 혼인시키자"고 약속하는 것을 정혼(定婚)이라고 하는데 이는 오늘날은 무효이다.

(4) 부첩(父妾)관계

법률상 배우자 있는 남자(소위 유부남)가 배우자 아닌 다른 여자(소위 첩)와 성적(性的)관계를 계속하는 것[1]으로서, 이는 사회질서에 어긋나는 범죄행위(간통죄)이다.[2]

3. 입 법 례

로마법과 이를 이어받은 독일·스위스·중국 등의 혼인법에는 약혼에 관한 명문규정을 두고 있으나, 영국·미국·프랑스·소련·일본 등의 경우는 법률에 명문규정을 두지 않고 있다(판례상 인정). 우리나라 민법은 로마법을 본 받아 성문법주의를 채택하여 왔다.

Ⅱ. 약혼의 성립요건

1. 실질적 성립요건

(1) 당사자들 사이의 약혼의사의 합치

약혼은 당사자(1남 1녀) 사이에 혼인하려는 합의(合意)만으로 성립된다. 약혼은 이른바 낙성(諾成)·불요식(不要式)의 형성적 신분계약이다. 대리는 허용되지 아니하므로, 부모들이 정한 약혼(이른바, 정혼)은 당사자 본인의 승낙이 없는 이상, 무효이다.

(2) 약혼연령과 부모의 동의

만 18세가 된 사람은 약혼할 수 있고(제801조), 그 미만이면 약혼할 수 없다(제817조 전단유추). 이러한 연령미달자의 약혼은 취소할 수 있다[3]고 해석된다. 18세 이상의 미성년자나 피성년후견인은 부모·부 또는 모(부모 일방의 동의불능시)·

---

1 부첩(父妾)관계라는 말은 1905년 공포·시행된 형법대전(刑法大全)에서 처음 사용되었고 첩에 대한 남편의 관계를 표시하는 말이다[한국민족문화대백과사전 가장(家長)].
2 법률상 처가 있는 남자가 다른 여자와 혼례식을 거행하고, 장래 혼인신고기로 하여 '혼인예약'을 맺는다는 것은 아국(我國)의 일부일처제도에 비추어 공서양속에 위반되는 무효의 계약이다(대판 1955. 10. 13, 4288민상246).
3 유언능력 없는 자의 유언처럼 연령미달자의 약혼은 무효라고 해석하는 견해가 있다(송덕수, 22면).

미성년후견인 또는 성년후견인(부모쌍방의 동의불능시)의 동의를 받아야 한다(제801
조·제802조·제808조 ①~③항). 미성년자(18세 미만자)나 피성년후견인이 부모 등의
동의 없이 약혼하면 당사자나 법정대리인이 이를 취소할 수 있을 뿐이다(통설)(제
816조 1호 유추).

피한정후견인이나 성년자(만 19세)는 누구든지 부모 등 친권자의 동의 없이
자유로이 약혼할 수 있다(제800조). 이처럼 약혼에는 일반적인 행위능력이 필요하
지 않다.

(3) 2중 약혼 등이 아닐 것

배우자 있는 사람은 약혼할 수 없고 약혼 중인 사람은 다시 약혼할 수 없다.
이처럼 유부남·유부녀와의 약혼이나 2중 약혼은 선량한 풍속 기타 사회질서에 반
하므로 무효이다(다수 학설과 참고판례).[1] 다만, 당사자의 일방이나 쌍방이 그 혼인
을 해소한 후 장차 제3의 사람과 혼인하기로 약속하는 것은 구체적 사정에 따라
사회질서에 위반되지 아니하는 이상, 유효하다고 할 것이다.[2]

:: 참고판례

내연의 처와 4남매의 자녀를 둔 남자이어서 정식으로 혼인하기 어려운 사정임을
알고 있었다면, 그 남자의 꾀임(꾐의 오기; 필자 주)에 빠져 동거생활 중 그 사이
에 아들을 분만하였다 하여도 진실한 혼인예약이 성립될 수 없다(대판 1965. 7.
6, 65므12). 구법시대의 판례로서 중혼적 사실혼파탄에 따른 손해배상청구사건
이다. 순수한 약혼에 관한 것은 1976. 12. 28, 76므41(약혼파기에 따른 예물반환
청구)등이 있다.

(4) 근친자 사이의 약혼

금혼(禁婚)범위 내의 근친자(8촌 이내의 직계·방계혈족, 직계인척)들 사이의 약
혼은 "불능을 목적으로 하는" 계약이므로 무효이다(제809조). 이 경우 선의의 당사
자는 손해배상을 청구할 수 있을 것이다.

---

1 김·김, 76면; 박병호, 63면; 대판 1955. 10. 13, 4288민상246; 반대설: 2중 약혼은 약혼해제사유가
되므로 선의의 당사자 편에서는 항상 유효하다고 해석하는 학설(김용한, 100면; 이경희, 115면)도
있다; 서울가판 2007. 4. 20, 2006드단41474[유부남·유부녀 사이의 혼인약속(약혼)은 선량한 풍속
에 어긋나므로 그 약속불이행을 이유로 위자료청구를 할 수 없다]. 동아일보 2007. 8. 30, A13면.
2 김·김, 76면; 김형배, 88면; 신영호 80면; 한/백 76면 등.

(5) 여자의 재혼금지기간(구민 제811조) 경과 전의 약혼도 유효하다

개정민법이 재혼금지기간에 관한 규정을 삭제하였기 때문이다.

(6) 조건부 약혼이나 기한부 약혼

약혼에는 조건이나 기한을 붙일 수 있다. 그러나 공서양속(公序良俗)(제103조)에 어긋나는 것은 무효이다. 예컨대 사실상 오래 별거하고 있는 부부의 일방이 "앞으로 아내(또는 남편)와 이혼하면 당신과 결혼하자"는 약속은 유효할 수 있어도, 지금부터 아내나 남편을 내쫓고 혼인하자든지 아내나 남편의 사망이나 이혼을 조건으로 하는 약혼은 무효이다.[1] 선의의 상대방은 손해배상을 청구할 수 있을 것이다.

서구나 일본에서는 시험동거 후 혼인하는 관행도 있다고 하나, 우리나라에서는 아직, "동거하여 보고 좋으면 혼인하자든지, 또는 아이가 임신되면 혼인하자"(정지조건부 약혼), "앞으로 5년간만 혼인하자"(종기부 약혼)는 등의 약혼은 선량한 풍속에 위반되므로 무효라고 해석할 것이다. 그러나 "앞으로 1년 후 0월 0일 혼인하자"는 약속, 이른바 시기부(始期附) 약혼은 유효하다.

2. 형식적 성립요건

약혼은 낙성·불요식의 계약(단순한 약속)이므로 약혼에는 아무런 형식도 필요하지 않다. 예물의 교환이나 관습상의 약혼식[2]을 올리지 아니한 약혼, 구두(口頭)합의 또는 묵시적 합의[3]로도 약혼은 유효하게 성립될 수 있다.

:: 참고판례

약혼과 사실혼의 중간단계? 일반적으로 약혼은 특별한 형식을 거칠 필요 없이 장차 혼인을 체결하려는 당사자 사이의 합의가 있으면 성립하는 데 비하여, 사실혼은 주관적으로는 혼인의 의사가 있고, 또 객관적으로는 사회통념상 가족질서의

---

1 대판 1955. 7. 14, 55다156; 1965. 7. 6, 65므12.
2 일 대판 1931. 2. 20; 최판 1963. 12. 20; 甲斐道太郎 외 2, 新民法槪說(3)(2002, 有斐閣), 34면 : 예물교환[일본에서는 예물을 결납(結納;ゆいのう) 또는 납폐(納幣)라고 함] 또는 관습상의 의식거행을 하지 않더라도 유효한 약혼을 할 수 있다.
3 서울가판 1995. 7. 13, 94드37503(2년간에 걸친 교제와 성적교섭 등으로 혼인성립에 관한 신뢰를 주었다면 약혼은 성립); 서울가판 2014. 3. 6, 2013드단5636(묵시적 약혼이 성립된 후, 제3의 여성과 교제, 성관계. 약혼파기를 선언한 남자는 약혼녀에게 2천만 원, 그 부모에게 각각 250만 원씩의 위자료를 지급하라고 명함) 서울가정법원 홈페이지에 들어가, 우리법원주요판결을 찾아 검색창 앞의 빈칸에 약혼이라고 타자한 다음 검색을 누르면 나타나는 번호 2번의 판례.

면에서 부부공동생활을 인정할 만한 실체가 있는 경우에 성립한다.

일반적으로 결혼식 또는 혼례식이라 함은, 특별한 사정이 없는 한 혼인할 것을 전제로 한 남녀의 결합이 '결혼으로서 사회적으로 공인되기 위하여' 거치는 관습적인 의식이라고 할 것이므로, 당사자가 결혼식을 올린 후 신혼여행까지 다녀온 경우라면 이는 단순히 장래에 결혼할 것을 약속한 정도인 약혼의 단계는 이미 지났다고 할 수 있으나, 이어 부부공동생활을 하기에 까지 이르지 못하였다면 사실혼으로서도 아직 완성되지 않았다고 할 것이나, 이와 같이 사실혼으로 완성되지 못한 경우라고 하더라도 통상의 경우라면 부부공동생활로 이어지는 것이 보통이고, 또 그 단계에서의 남녀 간의 결합의 정도는 약혼단계와는 확연히 구별되는 것으로서 사실혼에 이른 남녀 간의 결합과 크게 다를 바가 없다고 할 것이므로, 이러한 단계에서 일방 당사자에게 책임 있는 사유로 파탄에 이른 경우라면 다른 당사자는 사실혼의 부당 파기에서와 마찬가지로 책임 있는 일방 당사자에 대하여 그로 인한 정신적인 손해의 배상을 청구할 수 있다(대판 1998. 12. 8, 98므961).

Ⅲ. 약혼의 효과

1. 당사자의 의무

약혼 당사자는 서로 성실하게 교제하고 정조를 지킬 의무, 나아가 곧 혼인할 의무를 지게 된다. 정조의무를 위반하면 손해배상의무가 생긴다. 약혼 당사자 사이에 성(性)관계 요구에 응할 의무가 있느냐? 약혼 중에는 동거의무가 없기 때문에 그러한 요구에 응할 의무는 없다고 해석된다. 약혼 중의 성관계로 정조를 상실하였다는 이유로 상대방에 대하여 위자료청구를 할 수 있는가? 뒤의 약혼해제의 효과 부분에서 설명하기로 한다.

2. 혼인의 강제이행청구가 가능한가?(소극)

약혼 후 상대방이 혼인에 응하지 아니하더라도 혼인의 강제이행을 청구할 수는 없다(제803조). 혼인은 그 본질상 당사자의 진정한 자유의사[1]에 따라 이루어져

---

1 참고판례: 헌재 2009. 11. 26, 2008헌바191결정; 혼인빙자간음죄는 위헌이다. ---이 죄로 인한 처벌이 두려워 혼인한다면 결국 형법이 '파탄될 것이 자명한 혼인'을 강요하는 것과 다름이 없으므로, 이를 법률로 강제하는 것은 부당하다.

야 하기 때문이다(이는 매매예약 등 재산상의 예약과는 다른 점). 이유 없이 혼인의무를 위반하면 위자료 등 손해배상의무가 따를 뿐이다.[1]

3. 약혼상의 권리(제3자에 대한 효과)

제3자가 약혼상의 권리나 약혼관계를 침해하면 불법행위가 성립되어 손해배상책임을 져야 한다.[2]

4. 약혼자나 약혼 중 출생자의 지위

약혼만으로는 약혼 당사자 사이에 아무런 친족관계가 발생하지 아니한다.[3]

약혼 중의 출생자는 혼인외의 출생자가 되고, 나중에 약혼 당사자가 혼인하면 그 자녀는 준정(準正)이 되어 혼인신고시부터 혼인중 출생자가 된다(제855조 ②항).

Ⅳ. 약혼의 해제

1. 약혼의 해제사유

약혼은 강제이행을 청구할 수 없을 뿐만 아니라, 정당한 사유가 있으면 언제든지 해제할 수 있다. 우리 민법은 독일·스위스·중국 등의 입법례에 따라 해제사유를 정하고 있다(제804조). 즉, 당사자의 일방에게 "약혼 후" 아래와 같은 사정이 발생한 경우, 상대방은 위자료 등 손해배상을 하지 않고 약혼을 해제할 수 있다. 이와 같은 정당한 사유 없이 약혼을 해제하면 손해배상책임을 지게 된다.[4]

(1) 약혼 후 자격정지 이상의 형을 선고받은 경우(제804조 1호)

형의 확정까지는 필요하지 않다.[5] 상소를 하여 나중에 무죄가 선고·확정되었

---

1 가족등록법 제72조가 사실혼관계존재 확인판결을 근거로 일방적 혼인신고를 할 수 있게 허용한 것은 혼인의 강제이행금지 조항(민 제803조)에 어긋나므로 문제다(윤진수, 주해친족법 제1권, 100면).

2 대판 1961. 10. 19, 4293민상531(제3자가 약혼녀를 간음하고 아이를 낳게 하고, 혼인을 할 수 없게 한 것은 불법행위).

3 독일민법 제2276조 ②항·제2290조 ③항, 스위스민법 제477조는 약혼자 사이에 가족법적 지위를 인정하고 있다.

4 서울가판 2013. 10. 1, 2012드단60469(결혼날짜까지 합의로 정한 다음 신랑 측에서 신부의 어머니가 무속인이라는 등 이유로, 약혼파기선언. 신랑은 약혼녀에게 위자료 2천만 원을 배상하라).

5 김·김, 78면; 정광현, 신친족상속법요론, 1962, 508면; 이와 달리 형의 확정으로 보는 견해도 있다: 양수산, 183면; 이희봉, "신신분법중의 해석상의 문제," 고시계(1960. 1), 51면; 무죄추정의 원칙을

다 하더라도 약혼을 해제할 수 있다.[1]

(2) 약혼 후 성년후견·한정후견 개시의 심판을 받은 경우(동조 2호)

후견개시 심판이 확정되어야 하는가? 이를 긍정하는 설[2]이 있으나 부정설이 타당할 것이다.[3]

약혼 후 파산선고를 받은 경우는 어떠한가? 이는 기타 중대한 사유(동조 8호)로 보아야 할 것이다.[4]

(3) 성병·불치의 정신병·그 밖의 불치의 병질(病疾)이 있는 경우(동조 3호)

이러한 질병의 발생시점은 약혼 전이든 후이든 불문한다. 1990년 개정 전 민법은 "폐병"도 열거하고 있었으나, 민법은 이를 삭제하였다. 저시력증(제1급 시각장애인)은 불치의 질병에 해당한다고 볼 수 없다.[5]

(4) 약혼 후 다른 사람과 약혼이나 혼인을 한 경우(동조 4호)

'혼인' 속에는 사실혼도 포함된다.[6] 2중 약혼은 선량한 풍속 등에 반하여 무효라고 보아야 할 것이다.[7]

(5) 약혼 후 다른 사람과 간음한 경우(동조 5호)

약혼 후의 행위라야 하므로 약혼 전의 간음사실은 제외된다. 여기의 간음은 이혼사유인 부정(不貞)한 행위보다는 좁은 개념이다. 성적 교섭행위만을 의미하며 동성애자 사이의 성행위도 포함된다.[8]

(6) 약혼 후 1년 이상 그 생사가 불명한 경우(동조 6호)

이혼원인은 배우자의 3년 이상 생사불명인데 비하여 약혼은 부동적(浮動的)인

근거로 확정을 요구하는 견해도 있다(윤진수, 33면; 박정기·김연, 83면). 그러나 형사법상 원칙을 친족법에 원용할 수 있을지 의문이다.

1 송덕수, 24~25면.
2 윤진수, 33면.
3 약혼은 장차 혼인하기로 약속한 단계이므로, 약혼자가 성년후견개시 등 심판을 받았다면, 그러한 사람을 혼인 대상자(배우자)로 삼기로 하고 그냥 참고 기다리라고 하기는 곤란할 것이다.
4 제35회 사법시험 1차 시험문제에서는 파산선고를 약혼해제사유가 아니라고 처리하였는데, 이는 민법의 명문규정에 따른 것으로 볼 수 있다.
5 서울가판 2005. 9. 1, 2004드합7422(항소, 법률신문 제3403호 11).
6 김·김 79면; 윤진수 33~34면: 여기의 혼인을 법률의 규정그대로 법률상의 혼인만을 의미한다고 하는 설도 있다(송덕수, 25면).
7 송덕수, 23면.
8 윤진수 대표, 주해친족법 제 1 권, 103면, 주8) 참조.

것이라 그 기간을 2년(1990년 말까지)에서 1년으로(1991년부터) 단축하였다.[1]

(7) 정당한 이유 없이 혼인을 거절하거나 그 시기를 늦추는 경우(동조 7호)

'혼인'에는 사실혼도 포함된다. '정당한 이유'에는[2] 학업을 마친 후 혼인하기로 약속하고 외국에 머물던 중 자기의 의지와 상관없이 귀국할 수 없는 사정이 생긴 경우, 갑자기 경제사정이 나빠져 즉시 혼인하기 어려운 경우, 건강의 악화로 당분간 치료를 받아야 하는 경우 등이 있을 수 있다.

(8) 그 밖에 중대한 사유가 있을 경우(동조 8호)

약혼과정에서 당사자 본인의 연령이나 직업·경력·재산 등을 속인 경우, 사기·강박·착오, 가족을 부양할 능력이 없을 정도로 재산상태가 악화된 경우(파산선고 등), 불성실, 애정상실,[3] 간음 외의 부정행위, 자기 또는 부모에 대한 중대한 모욕, 심한 불구자가 된 경우, 약혼 전에 자격정지 이상의 형을 선고받은 경우 등 요컨대, 앞으로 혼인하더라도 행복한 혼인생활을 기대하기 곤란한 경우 등을 들 수 있을 것이다. 그러나 임신 불능, 처녀가 아니라는 점 또는 빈곤한 가정환경은 약혼해제사유가 될 수 없다.[4]

:: 참고판례

① "명문 J고교를 나왔다. 서울특별시 소속 일반직 7급 공무원이다"라고 거짓말하여 맞선을 본 후 10일 만에 약혼하였으나(실제로는 J고교 병설 방송통신고교를 나와 세종문화회관 소속 기능직 8급 공무원이었다), 여자 측에서 파혼(약혼해제)통고를 한 사건에서 법원은 "남자는 여자에게 위자료로 300만 원을 지급하라"고 판결하였다. 약혼 당시는 당사자의 학력·경력·직업 등이 그 평가의 중요

---

1 1년의 기산점은 약혼자에게 알려져 있는 본인 최후의 생존일자라고 해석(김·김, 79면). 약혼 기간은 그야말로 인생의 황금기라서 약혼자끼리 자주 연락하고 만나고 싶어 하는 기간이므로, 생사불명기간을 1년으로 한 것은 너무 길고 차라리 3개월 정도로 하는 것이 바람직하다.
2 서울가판 2013. 10. 1, 2012드단60469(정당한 이유 없는 혼인거부, 위자료 2천만 원 지급책임) 이 판결전문을 보려면 서울가정법원 홈페이지, 우리법원주요판결 사이트에 들어가 약혼이라고 타자한 다음 검색을 눌러 나오는 번호 1번 판례를 읽을 수 있다.
3 대판 1966. 1. 31, 65므65[6개월 동안의 동거생활 중 1회의 성관계도 갖지 아니하였거나 성생활을 제대로 하지 못한 경우는 약혼(판례는 이를 약혼이라고 판시하고 있으나 사실혼으로 해석된다)의 해제사유가 되고 위자료를 지급할 책임이 있다고 판결]; 이 책 제 2 편 제 3 장 제 8 절 사실혼 부분 참조.
4 대판 1960. 8. 18, 4292민상995; 서울가심 1965. 0. 0.선고 사건번호 미상(법률신문 제662호, 6 참조; 처녀성을 부정할 증거가 없고, 여러 차례 성관계 후 새삼스레 비처녀성을 주장할 수는 없다. 나중에 알고 보니 약혼녀가 판잣집 같은 허름한 집에서 산다).

한 자료가 되는데, 이러한 것을 속인 것이 약혼 후에 밝혀진 경우 상대방에 대한 믿음이 깨어져 그 약혼을 유지하여 혼인을 하는 것이 사회생활 관계상 합리적이라고 할 수 없고, 이러한 약혼의 해제는 적법하다(대판 1995. 12. 8, 94므1676, 1683). ② 당사자의 학력·직업·재산상태·가족관계 등 주변상황을 확인하지 않고 우선 약혼의 합의에 이른 후, 그와 같은 상황을 확인한 다음에는 "당사자가 약혼상대자로 정당하지 않다"고 하면서 약혼을 파기한 경우, 이는 법률상 정당한 이유 없는 약혼파기에 해당하므로 손해배상책임을 져야 한다(대구고판 1978. 6. 16, 77르49, 50 : 약혼비용이나 혼인비용을 당사자의 아버지가 지출한 경우 그 비용 상당의 손해배상청구권자는 당사자이다).

2. 약혼해제의 방법

약혼의 해제는 상대방에 대한 의사표시로 한다. 말이나 전화로 통고하든, 우편(보통우편·내용증명우편 등)으로 통고하든 상관없다. 의사표시를 할 수 없는 경우(예컨대 생사불명 등)에는 해제의 원인이 있음을 안 때 해제된 것으로 본다(제805조).[1] 따라서 모든 약혼해제에 반드시 해제의 의사표시가 필요한 것은 아니다. 약혼의 방식이 자유로운 것과 마찬가지로 약혼의 해제도 자유롭고, 예물반환 등 특별한 형식이 요구되지 않는다. 미성년자나 피성년후견인은 부모 등 법정대리인의 동의를 받아 약혼을 해제할 수 있을 것이다.

3. 약혼해제의 효과

(1) 손해배상청구

(가) 당사자가 약혼을 해제하면 그 약혼은 당초부터 없었던 것과 같이 된다(소급효). 약혼의 법정해제사유가 있을 때 당사자는 위자료 등 손해배상을 할 필요 없이 일방적으로 약혼을 해제할 수 있다. 정당한 이유 없는 약혼해제의 경우, 선의의 당사자는 '유책상대방'에 대하여 손해배상청구를 할 수 있다(제806조 ①항)[2]. 이 배상책임이 불법행위책임이냐 채무불이행책임이냐? 견해가 대립되고 있으나[3], 두 가

---

[1] 이 조항을 특별히 규정한 의미가 별로 없다는 논평이 있다(윤진수, 전게 주해 105면).

[2] 혼인의 자유에 대한 간접적인 침해라는 이유로 이를 인정하지 않는 나라(미국·영국)도 있다(윤진수, 주해 106면, 주1) 참조.

[3] 김성숙, "약혼법과 이혼법 정비를 위한 검토", 가족법연구 15~1(2001), 28면 이하.

지나 그 중 어느 하나를 청구원인으로 주장할 수 있을 것이다.[1]

　손해배상의 범위에는 재산상 손해와 정신상 손해(위자료)가 포함된다(제806조 ②항).[2] 이러한 위자료청구권은 일반적으로 양도·승계될 수 없으나, 당사자 사이에 이미 그 배상에 관한 계약이 성립되거나 소를 제기한 후에는 타인에게 양도·승계될 수 있다(제806조 ③항). 이러한 약혼해제로 인한 손해배상청구 사건은 다류(1호) 가사소송사건으로서 조정의 대상이 되고, 가정법원의 관할사건이다(가소 제 2조 ①항 1·제50조·제13조·제14조·제22조).

　⑷ 혼전 성교로 인한 정조(情操) 상실　'약혼 중의 성관계로 정조를 상실하였다'는 이유로 위자료청구를 할 수 있는가? 오래전 또는 1960년대의 판례[3]는 약혼당사자 사이의 성행위는 각자의 자유의사에 따라 각자의 위험부담 하에 행하여진 행동의 결과라고 할 수 있으므로, 이를 이유로 위자료청구를 할 수 없다는 것이고 일부 학설도 근래 이에 동조하고 있다.[4] 1980년대 이후의 판례와 일부 학설은[5] 이를 긍정하고 있다. 개개의 구체적인 사안에 따라 결론이 달라질 수 있을 것이다.

　⑸ 당사자 쌍방의 과실로 약혼이 파기된 경우　가정법원은 일반 과실상계의 규정(제396조·제763조)을 준용하여 여러 가지 사정을 참작하여 손해배상액수를 정할 수 있을 것이다.

　⑹ 제 3 자의 책임　약혼관계를 부당하게 침해한 제 3 자도 불법행위로 인한 손해배상책임을 져야 한다.[6]

(2) 예물의 반환청구권

　약혼예물은 "혼인의 성립"을 예정하고 증여한 선물, 즉 혼인이 성립되지 아니하면 증여하지 아니할 선물이다. 통설과 판례[7]는 이를 "혼인의 불성립을 해제조건

---

1 제 3 자가 약혼을 파기시켰다면, 그는 불법행위책임을 진다(대판 1961. 10. 19, 4293민상531).
2 대판 1995. 12. 8, 94므1676, 1683; 1984. 9. 25, 84므77(결혼식비용도 배상하여야 한다).
3 조고판 1935. 2. 16, 민록 제22권, 31(약혼은 혼인할 합의에 그치는 것으로 동거의무까지 허락한 것은 아니며---약혼중의 남녀관계는 선량한 풍속에 반하는 행위로서 법의 보호대상이 될 수 없는 것); 서울가심 1965.0.0.선고 사건번호 미상(심판장 심판관 이존웅, 심판관 전형연, 심판관 송운호), 법률신문 1965.2.7.자 제662호, 6면 참조.
4 김·김, 82면; 김형배, 91면; 이영규, 가족법(대명출판사, 2002), 61면(약혼의 부당파기로 인한 위자료에 정조 상실의 대가는 포함시킬 수 없다. 처녀성 상실이라는 손해는 인정할 수 없으니 그로 인한 손해는 발생할 수 없다는 견해 참조(윤진수, 주해 109면, 독민 제1300조가 1997년 폐지됨).
5 대판 1980. 4. 22, 79므79; 박동섭, 3정판 주석가사소송법, 447~448면 참조; 김종권, 실무가사소송법 166면, 김주수 주석친족상속법, 1980. 법문사, 113면 참조.
6 대판 1961. 10. 19, 4293민상531.
7 대판 1976. 12. 28, 76므41, 42; 미국의 판례도 동일하다. 즉 예물은 혼인의 성립을 조건으로 한 증

으로 하는 증여"라는 어려운 용어로 표현하고 있다.

(개) **혼인이 성립된 경우**   일단 혼인이나 사실혼이 성립되어 상당기간 지속된 이상, 예물은 그 목적을 달성하였으므로, 그 후 혼인이 파탄되어 이혼하고 그 파탄 책임이 예물수령자(예컨대 며느리)에게 있더라도 그 예물은 수령자의 소유로 확정된다. 따라서 예물반환문제(해제조건의 성취나 부당이득반환문제)는 생기지 아니한다.[1] 그러나 사실혼 관계성립 후 극히 짧은 기간 내에(예 : 1개월 만에) 그것이 파탄된 경우는 신의·형평의 원칙상 이를 '혼인불성립'에 준하여 처리(반환)하여야 할 것이다(다수설·판례).[2]

(내) **혼인이 성립되지 아니한 경우(약혼해제 등에 의한 혼인불성립의 경우)**

1) **약혼의 합의해제의 경우**   합의해제의 경우에는 예물의 반환문제도 합의로 결정된다. 이 점에 관하여 아무런 합의도 하지 않고[3] 합의를 할 수 없는 경우에는 부당이득반환청구로 처리된다. 약혼 당사자 쌍방의 귀책사유 없이 '혼인이 불성립'된 경우(약혼당사자 일방의 사망 등)도 마찬가지로 반환하여야 한다.

2) **당사자 일방의 과실로 약혼이 파기된 경우**   '선의·무과실의 당사자'만이 예물반환청구권을 행사할 수 있는 반면, 과실 있는 당사자는 반환청구를 할 수 없고 오히려 자신이 받은 예물을 반환하여야 한다(다수설과 판례[4]). 소수설은 유책당사자는 손해배상책임을 지므로, 이와 별도로 예물반환청구권도 상실하게 하는 것은 부당하다고 한다.[5]

여이므로, 그 수령자가 일방적으로 또는 당사자 쌍방의 합의로 약혼이나 사실혼을 파기한 경우, 그는 증여자에게 예물을 반환하여야 한다(Krause, 249~251면: In Re Marriage of Heinzman, 1979, Colorado 최고법원, 198, Colo, 36, 596면. 2d 61면).

1 대판 1976. 12. 28, 76므41, 42; 1994. 12. 27, 94므895; 1996. 5. 14, 96다5506; 서울가판 2013. 2. 6, 2012드합1672(사실혼이 10개월 지속); 일 대판 1928. 11. 24. 신문 제2938호, 9면(사실혼이 성립되었으나 혼인신고는 이루어지지 아니한 경우); 일 최판 1964. 9. 4, 집 18-7, 1394면(혼례식 후 8개월간 동거 후 이혼한 경우).

2 대판 1996. 5. 14, 96다5506; 2003. 11. 14, 2000므1257, 1264(사실혼 개시 당시 집을 사라고 보탠 돈); 2005. 5. 27, 2004다50303[딸의 결혼을 위하여 전세자금 1억 1,000만 원을 사위에게 증여하였으나, 혼인신고를 하지도 않고 동거 6개월 만에 사실혼이 파탄된 경우 해제조건(법률상 혼인의 불성립)은 확정되었다고 보아야 하고, 사위는 위 돈을 장인에게 반환하여야 한다]. 법률신문 제3368호 (2005. 6. 9.), 3; 서울가판 2010. 12. 16, 2010드합###(본소), ###(반소) : 혼인성립 후 약 5개월 만에 파탄된 경우 예단비 8억 원을 반환하라고 판결; 일 대판 1935. 10. 15, 신문 제3904호, 16면(혼례식 후 2개월 만에 헤어진 경우).

3 약혼을 합의로 해제하여 종결한 경우 그 합의과정에서 손해배상문제에 관하여 일체 언급이 없었다면, 손해배상청구권은 포기한 것으로 볼 수 있을 것이다(김·김, 81면).

4 대판 1976. 12. 28, 76므41, 42.

5 박병호, 66면; 곽윤직, 민법개설(1994), 508면; 오종근, "약혼예물의 반환에 관한 일고찰," 판례월

3) 쌍방 당사자의 과실로 약혼이 파기된 경우　쌍방무과실의 경우에 준하면서, 쌍방이 모두 반환청구권을 행사할 수 있지만, 과실상계의 원리(민 제396조)를 적용하여 부당이득이나 손해배상의 범위를 정하여야 할 것이다.[1]

:: 참고판례

약혼예물의 수수는 약혼의 성립을 증명하고 혼인이 성립한 경우 당사자 내지 양가의 정리를 두텁게 할 목적으로 수수되는 것으로 혼인의 불성립을 해제조건으로 하는 증여와 유사한 성질을 가지므로, '예물의 수령자 측이 혼인 당초부터 성실히 혼인을 계속할 의사가 없고 그로 인하여 혼인의 파국을 초래하였다'고 인정되는 등 특별한 사정이 있는 경우에는 신의칙 내지 형평의 원칙에 비추어 혼인 불성립의 경우에 준하여 예물반환의무를 인정함이 상당하다. 그러나 그러한 특별한 사정이 없는 이상, 일단 부부관계가 성립하고 그 혼인이 상당기간 지속된 경우, 후일 혼인이 해소되어도 그 반환을 구할 수는 없으므로, 비록 혼인파탄의 원인이 며느리에게 있더라도 약혼예물의 소유권은 며느리에게 있다(대판 1994. 12. 27, 94므895; 1996. 5. 14, 96다5506).

제 3 절 혼   인

I. 혼인의 의미

혼인은 1남 1녀의 육체적·정신적 결합체[2]로서 평생 동고동락하는 협동체이다. 여러 나라의 법률·관습·종교 등의 각종 사회규범에 따라, 또는 시대와 장소·국가와 민족에 따라 혼인의 형태는 각양각색이다.

II. 혼인의 성립(법률혼주의)

혼인은 민법에서 정한 일정한 요건을 갖추어야 성립된다. 이것이 이른바 법률

보 제232호, 27면.
1 김·김, 81면.
2 헌재결 1997. 7. 16, 95헌가6; 동 2011. 11. 24, 2009헌바146(혼인은 남녀 간의 결합).

혼주의 또는 신고혼주의(申告婚主義)이다. 혼인이 성립되려면 민법 제807~810조의 요건을 갖춘 당사자들 사이에 혼인의사(婚姻意思)의 합치(실질적 요건[1])와 혼인신고(婚姻申告)(형식적 요건)가 있어야 한다(제812조). 혼인의 성립요건은 혼인이 유효하게 성립하는 데 필요한 요건이므로 성립요건을 갖추지 못한 혼인은 무효(無效)이거나 취소(取消)할 수 있는 혼인이 되고 만다. 그래서 '혼인의 성립요건'은 '혼인의 무효·취소'의 문제와 거의 동일하여 '동전의 양면(兩面)'과 같은 성질을 가지고 있다.[2]

1. 실질적 요건

(1) 혼인의 합의

(가) **혼인의사의 의미**   당사자 사이에 혼인의사의 합치, 이른바 혼인의 합의가 있어야 한다(제815조 1호).

1) 합의의 의미에 관하여 혼인의 신고의사(申告意思)의 합치(형식적 의사설)뿐만 아니라, 사회 관습적 의미의 부부관계를 창설하려는 의사, 즉 효과의사(效果意思)의 합치가 있어야 한다(실질적 의사설)는 것이 통설·판례이다.[3]

2) 혼인의 합의는 '남녀'가 부부로서 정신적·육체적 결합을 이루어 '동거'하려는 의사의 합치이므로 동성 간의 혼인(同性婚; same-sex marriages[4])이나, 동거(同居=육체관계)하지 아니할 것을 조건으로 하는 혼인, 영혼(靈魂)결혼 등은 무효라고 할 것이다. 그러나 임종을 앞둔 사람[5], 사형수 등과의 혼인을 일률적으로 무효라고 단정할 수는 없을 것이다. 사형수도 장래 사면으로 석방될 수도 있기 때문이다.[6]

성전환자의 혼인이 문제된다. 이전의 성(性)이 다른 성으로 바뀌어 법적으로

---

1 이 실질적 성립요건은 혼인의 효력발생요건이라고 보는 견해가 있다(윤진수, 주해친족법, 113면).

2 Simon R. Fodden, Family Law(1999, Irwin Law, Ontario, Canada), 9면.

3 대판 1983. 9. 27, 83므22; 민법상 혼인의 효과의 발생을 지향하는 의사를 요한다는 법적 의사설도 있다. 혼인무효 부분을 설명할 때 좀 더 자세히 본다.

4 대결 2011. 9. 2,자 2009스117, 전원합의체(동성 간의 혼인은 허용되지 않는다); 인천지판 2004. 7. 23, 2003드합292, 공보 2004. 9. 10, 1273(동성부부가 재산분할청구를 한 사안에서 혼인관계를 부인하고 청구를 기각); 서울서부지결 2016. 5. 25.자 2014호파1842(항고2016. 12. 5,자 2016브6 기각결정 확정; 동성 간의 혼인신고불수리처분은 적법; 결정 전문은 윤진수 24면 이하 참조); 김민중, "동성혼(同性婚) ─ 스칸디나비아국가의 입법례," 법조 제553호(2002. 10), 254면 참조; 최근 영국에서는 시민동반자법(Civil Partnership Act)이 공포되어 2005. 12. 5.부터 시행. 동성부부는 이성부부와 같은 권리를 행사할 수 있게 된다(동아일보, 2005. 12. 5.자, A16면).

5 윤진수 대표, 주해친족법 제 1 권, 158면.

6 김형배, 102면; 김상용 외 3, 362면; 사망자들 사이 또는 생존자와 사망자 사이의 혼인은 인정될 수 없고 그러한 사람들 사이의 혼인신고도 허용될 수 없다(대판 1995. 11. 14, 95므694).

바뀐 성으로 인정되는 때는 혼인할 수 있으나[1], 혼인중에 있거나 미성년자녀를 둔 성전환자는 혼인을 할 수 없다.[2]

　3) **가장(假裝)혼인**　　부부로서 결합할 의사 없이 어떤 방편(方便)을 위한 혼인 신고, 이른바 가장혼인, 예컨대 남녀사이의 출생자를 혼인중 자녀로 만들기 위하 여, 또는 초등학교 교사직에서 면직 당하지 않도록 하기 위하여, 혼인신고를 한 경 우는 모두 무효이다.[3]

　:: **참고판례**

　① 동거하지는 않고 '별거하면서 왕래하려는 의사'도 혼인의 합의이다. 근 30년간 첩으로 살면서 2남 2녀를 출산한 여자가, 본처가 사망하자 남편에게 혼인신고를 요구하였다. 남편은 이를 응낙하고 혼인신고를 하도록 인장을 딸에게 교부하였 다. 그 인장을 사용하여 여자가 혼인신고를 한 사안에서, 당사자 사이에 이후 동 거하기로 하는 합의가 따로 없이 혼인신고 후에도 계속 별거하면서 왕래하려는 의사만 있었더라도, 혼인의 실질적 합의가 없었다고는 할 수 없다(대판 1990. 12. 26, 90므293).

　② 어떤 남자가 처와 이혼하고 제 2 의 여자와 혼인신고를 하면서 "아들 2명(혼인 외자)의 출생신고가 끝나면 다시 이혼하자"고 하면서 이혼신고서를 작성하였다. 그러나 그 후 이혼신고는 접수되지 아니한 사건에서 "사회통념상 부부관계의 본 질에 반하는 부분은 무효이므로 혼인의 합의가 있었다."고 판결(대판 1975. 11. 25, 75므26, 법률신문 제1154호; 동지 광주고판 1975.6.12, 75르5; 이혼할 것을 조건으로 한 혼인신고=유효).

　③ **사실혼관계 당사자 사이의 혼인의사의 존재 추정** : 혼인의 합의란 법률혼주의 를 채택하고 있는 우리나라 법제 하에서는 법률상 유효한 혼인을 성립하게 하는 합의를 말하는 것이므로 비록 사실혼관계에 있는 당사자 일방이 혼인신고를 한 경우에도 상대방에게 혼인의사가 결여되었다고 인정되면, 그 혼인은 무효라 할 것이다. 그러나 상대방의 혼인의사가 불분명한 경우에는 혼인의 관행과 신의성실 의 원칙에 따라 사실혼관계를 형성시킨 상대방의 행위에 기초하여 그 혼인의사를

1　대결 2006. 6. 22, 2004스42(전합).
2　대결 2011. 9. 2, 2009스117(전합; 다수의견); 이경희 70면, 윤진수 19면은 판례의 태도에 반대.
3　대판 1975. 5. 27, 74므23(혼인외의 자로 알려지는 것을 염려하여); 동지 일 최판 1969. 10. 31(혼 인중 출생자 또는 적출자 지위부여 목적); 대판 1980. 1. 29, 79므62·63(교사직 유지목적), 판례월 보 제125호; 대판 2010.6.10, 2010므574(한국에 입국하여 취업할 목적으로 혼인신고＝무효).

추정할 수 있으므로 이와 반대되는 사정, 즉 혼인의사를 명백히 철회하였다거나
당사자 사이에 사실혼관계를 해소하기로 합의하였다는 등의 사정이 인정되지 아
니하는 경우에는 그 혼인을 무효라고 할 수 없다(대판 2000. 4. 11, 99므1329).

⑤ 동성혼인(Same-Sex Marriage) : 2019. 9. 현재 세계의 29개 국가가 동성혼
인을 법적으로 승인하고 있다[네덜란드(2001), 벨기에(2003), 스페인·캐나다(2005), 남아
프리카(2006), 노르웨이·스웨덴(2009), 아이슬란드·포르투갈·아르헨티나(2010), 덴마크(2012),
프랑스·브라질·우루과이·뉴질랜드(2013), 영국(2014), 룩셈부르크·미국·아일랜드(2015), 그린란
드·콜롬비아(2016), 핀란드·페로제도·몰타·독일·호주(2017), 오스트리아·대만[1](2019)등][2].

그리고 미국은 2015. 6. 25,선고 Obergefell v. Hodges[3] 판결 당시까지 37개
주와 콜롬비아 특별지구, 괌 지역에서 이를 인정. 미국의 2015년도 여론조사 결
과 동성혼 지지자가 과반수(57%)였다고 한다.[4]

동성혼은, 당사자들의 행복추구권을 실현하기 위하여 이를 허용하는 것이 바람직
하다는 견해[5]도 있으나, 인류의 생존과 영속을 위하여 이를 공인하여서는 안 될
것이다.

(나) **혼인의사의 존재시기(혼인의사의 철회)**   혼인의사는 혼인신고서 작성 당시
와 신고서 제출·수리(접수) 당시에 모두 존재하여야 한다.

1) 그러므로 혼인신고서 제출 전에 당사자 일방이 혼인의사를 철회(철회서를
작성·신고하거나 '혼인신고를 하여 달라'고 부탁한 제 3 자에게 철회의사표시)하거나 가
족관계등록공무원에게 철회의사를 명백히 표시한 경우는 그 후 착오로 수리되더라
도 혼인(혼인의 합의)은 성립되지 아니한다.[6] 혼인성립에 필요한 의사가 이미 표시
되어 객관화되었다면, 제출·수리(受理) 당시 의사능력을 상실하여도 혼인은 유효
하게 성립된다고 주장하는 학설과 판례가 있다.[7]

---

1 대만 사법원(헌재)은 2017. 5. 24. 동성혼을 인정하지 아니하는 민법조항(결혼계약은 남성과 여성
사이에서만 가능하다)은 위헌이라고 판결. 2018년 국민투표 결과 동성혼 반대가 다수. 그래서 의
회는 2019년 특별법을 제정하여 동성혼을 인정하였다고 한다.
2 손명지, "동성혼에 대한 재고"-현행법상 해석론을 중심으로-가족법연구(한국가족법학회, 2019)
제33권 3호(통권 66호), 2면, 주1) 참조.
3 U.S. No.14-556,2015 WL. 2473451(U.S. 2015), Sanford N. Katz, "Family Law in America", 2nd
Edition(2015), xx.(동성혼을 금지한 각 주의 법률은 위헌이라고 선언).
4 The Pew Research Center Survey, June 8, 2015 at www. pewresearch. org.
5 윤진수, 제 2 판 친족법상속법강의, 20면.
6 대판 1983. 12. 27, 83므28(상대방 당사자가 이미 작성된 혼인신고서를 제출하여 수리되어도 혼인
의사의 합치는 없는 것이 되어 그 혼인은 무효이다).
7 김상용 외 3, 363면; 대판 2012. 11. 29, 2012므2451(혼인신고 당시 사실혼 부부 중 어느 일방이

2) 조정조서나 승소판결로 혼인신고를 하는 경우, 상대방은 혼인의사를 철회할 수 없다고 해석할 것이다.

㈐ **의사능력과 자유의사**　　혼인의사의 성립에는 의사능력이 필요하다. 따라서 심신상실자가 정신이 돌아오지 아니한 사이에 혼인신고를 하였다면 그 신고에 후견인의 동의를 얻었다 하더라도 무효이다. 남편이 뇌졸중으로 혼수상태에 빠져 있는 사이에, 또는 남편이 사망하기 1일이나 2개월 전에, 아내가 혼인신고를 하였다면 그 혼인은 무효라는 판례가 있다.[1] 혼인의사는 자유롭게 결정되어야 하므로 사기나 강박으로 혼인한 경우는 혼인취소문제가 생긴다.

㈑ **일방 당사자 또는 제 3 자가 혼인신고를 한 경우**　　일방 당사자 또는 제 3 자가 임의로 혼인신고를 한 경우는 원칙적으로 무효이다.[2] 사실혼의 당사자가 신고를 게을리 하고 있는 때에 일방 당사자가 혼인신고를 한 경우 혼인은 성립되었다고 보아야 할 경우가 더러 있을 것이다.[3]

:: **참고판례**

관례에 따라 결혼식을 하고 부부로서 상당기간 동거하며 그 사이에 자녀까지 출산하여 혼인의 실체는 갖추었으나, 혼인신고만이 되어 있지 않은 관계에서 당사자 일방의 부재 중 혼인신고가 이루어졌다고 하여도 특별한 사정이 없는 이상 그 신고에 의하여 이루어진 혼인을 당연무효라고 할 수는 없다(대판 1980. 4. 22, 79므77).

㈒ **조건부·기한부 혼인의사와 혼인신고를 배제하는 합의**　　혼인의 의사는 남녀가 평생(乎生) 동거할 의사이므로, 선량한 풍속이나 사회질서에 반하는 조건부·기한부의 혼인 등은 무효이다. 그리고 혼인의 의사는 혼인신고라는 형식으로 표시되

의사무능력 상태에 있었더라도, 그 이전에 그에게 혼인의사가 없었다거나 그 의사를 철회한 사정이 인정되지 아니하므로 혼인은 유효); 동지 일 최판 1969. 4. 3; 1970. 4. 21, 判時 제596호, 43면 (혼인신고서 작성 당시 혼인의사를 가지고 있었고, 그 의사에 따라 신고서를 작성한 후, 사실상 부부공동생활을 계속하고 있었다면, 신고서의 제출·수리 전에 의식을 상실하였더라도 그 혼인은 유효하게 성립).

1 대판 1996. 6. 28, 94므1089; 서울가판 1997. 5. 23, 96드98106; 동지 1993. 10. 6, 91드41242, 하판집 1993, 제 3 권, 611면.
2 일 대판 1920. 9. 18, 민록 26, 1375면(본인은 신고할 의사가 없는데도, 제 3 자가 임의로 신고하면 혼인은 무효). 이러한 무효 혼인도 당사자가 묵시적으로 추인하면 처음부터 유효한 혼인이 될 수 있다(일 최판 1972. 7. 25, 집 26-6, 1263면).
3 대판 1980. 4. 22, 79므77(당사자 사이에 혼인신고를 하지 아니한다는 명백한 합의가 있는 경우는 무효이다).

므로, '혼인신고를 하지 말자'는 합의가 있었다면 혼인의사가 성립될 수 없다.

:: 참고판례

혼인의 합의는 법률상 유효한 혼인을 성립하게 하는 합의를 말하는 것이므로 비록 양성 간에 정신적·육체적 관계를 맺는 의사가 있다고 하더라도, 호적법에 따른 혼인신고를 하기 전에는 법률상 유효한 혼인의 효력이 없고, 혼인의 합의도 없다 (대판 1983. 9. 27, 83므22). 조건부·기한부 혼인은 무효이다(일 동경고판 1902. 3. 12, 신문 제85호, 7).

(2) 혼인적령(제807조)

(가) 만 18세가 된 사람은 누구나 혼인할 수 있다.[1]

(나) 이 연령은 실제의 나이가 아니라, 가족등록부상의 연령을 기준으로 하며 (예규 제141호[2]), 출생일을 1일로 산입하여 계산한다(제158조). 예컨대 2001. 1. 1.생의 사람은 2018. 12. 31. 24:00에 이르면 만 18세가 되니, 그는 2019. 1. 1. 00:00 이후에 혼인할 수 있다.

(다) 이 규정은 조혼(早婚)의 폐습(弊習)을 방지하기 위한 것 또는 육체적[3]·정신적·경제적 자립능력을 갖추기 위한 것이라고 하지만 오늘날은 이렇게 일찍 혼인하는 사례가 드물다.

(라) 혼인적령 미달자의 혼인은 무효가 아니고, 당사자나 그 법정대리인이 이를 취소할 수 있을 뿐이다(제817조).

---

1 독일(독일혼인법 제 1 조 ①항)과 일본(일민 제731조)은 남자 만 18세, 여자 만 16세(2007. 12. 21, 법률 제8720호 개정 이전의 한국민법), 캐나다에서는 남자 14세, 여자 12세이면 혼인할 수 있고, 미국의 경우는 대개 18세면 혼인할 수 있고 17세 미만의 사람도 부모·후견인·판사의 동의를 얻거나 특별한 사정을 소명하면 혼인할 수 있다(Fodden, 20면; Krause, 70면, 73면; Guide to Family Law, ABA, Times Books, 1996, 21면).
  남자와 여자의 혼인연령에 차별을 두고 있던 구민법은 헌법상 평등의 원칙(헌법 제11조)과 여성차별철폐에 관한 유엔협약(CEDAW)에 반한다고 비판받아왔다[윤진수, "여성차별철폐협약과 한국가족법", 민법논고, Ⅳ(박영사, 2009), 174~175면].
2 가족등록부상 18세가 안 된 사람은, 사실상 18세에 도달하였더라도 혼인신고를 할 수 없다[가족관계등록예규 제141호; 박동섭, 가사소송실무[하](법률문화원, 2015), 709~710면].
3 미국의 대다수 주에서는 혼인증명서 발급요건으로 성병확인을 위한 혈액검사(Blood Tests)를 요구하고 있다(Daniel Johnson, The Consumer's Understanding and Using the Law, 28면). 그러나 에이즈(AIDS)검사 목적의 혈액검사는 아니라고 한다(ABA, Family Law, 20면).

(3) 부모 등의 동의를 받을 것(제808조)

⑺ 미성년자

1) 미성년자가 혼인하려면 부모의 동의를 받아야 한다(제808조 ①항, 예규 제142호). 구민법은 혼인당사자의 나이를 묻지 않고 성년자라도 부모의 동의를 받도록 하던 것(유교사상)을 1977년에 미성년자만 부모의 동의를 받도록 개정하였다.[1]

2) 동의를 하여야 할 사람

a) 친권상실자 : 부모의 동의는 미성년자녀에 대한 부모의 친권의 기능(미성년자 보호 작용)이 혼인에 나타난 것으로 보아야 하므로 '친권상실선고를 받아 친권을 박탈당한 부모는 동의권이 없다'는 것이 다수설이다.[2] 그러나 친권상실자도 동의권을 가진다고 해석함이 옳을 것이다(제925조의3). 왜냐하면 법의 명문상 동의권자는 어디까지나 부모이지, 친권자 등 법정대리인은 아니기 때문이다.[3]

b) 이혼한 부모 : 이혼한 부·모도 자녀의 혼인에 대한 동의권을 가진다(구 호적예규 제249호·제467호). 자녀에 대한 친권이나 양육권을 가지지 않고 자녀에 무관심한 부나 모, 특히 이혼 후 자녀와 관계 단절된 부나 모에게 동의권을 줄 필요는 없다는 학설이 있다.[4]

c) 양(養)부모 : 양자는 생가부모와 양부모 중 양부모의 동의만 받으면 혼인할 수 있다(예규 제143호). 양자제도의 취지상 당연하다.

d) 조부모, 계부·계모·적모·생부(生父) : 혼인당사자의 부모가 아닌 조부모는 손자·손녀의 혼인에 대하여, 계부·계모·적모는 전부(前夫)·전처·후처의 자녀의 혼인에 대하여, 각각 동의권이 없다(1991. 1. 1. 이후 법정혈족관계 소멸).

미성년의 자녀를 인지하지 아니한 아버지(生父)는 그러한 자녀의 혼인에 동의할 권한이 없다. 그러한 아버지와 자녀 간에는 친자관계가 없기 때문이다.

⑷ 피한정후견인의 혼인   피한정후견인은 성년자인 이상, 누구의 동의도 받을 필요 없이 혼인할 수 있다.

---

1 1977년 개정 전의 민법에서는 남자 27세, 여자 23세 미만의 경우 부모의 동의를 받아야 혼인할 수 있었다.

2 김·김, 92면; 김용한, 106면; 김형배, 101면; 박병호, 75면; 곽윤직, 511면; 송덕수, 35면; 양수산, 193면; 이경희, 52면; 이영규, 67면 등.

3 김상용 외 3, 360; 김주수, "가족법개정안," 민사법개정의견서(1982), 128면에서는 "부모의 동의"를 "법정대리인의 동의"로 개정함이 타당하다는 견해를 피력하고 있다.; 윤진수, 50면.

4 김·김, 92면.

(다) **부모의 일방이나 쌍방이 없는 경우 등**(후견인의 동의)   미성년자(피한정후견인인 미성년자 포함)나 피성년후견인이 혼인할 때는 부모 쌍방의 동의를 받아야 한다. 부모일방 또는 쌍방이 사망·실종선고·심신상실·행방불명, 의견불일치 등으로 '동의할 수 없는' 경우는 '남아 있는' 부모 일방(예규 제142호) 또는 후견인의 동의[1]를 받아 혼인할 수 있다(제808조 ①~③항). 혼인외의 출생자가 생부에게서 인지 받지 못한 경우는 생모의 동의만으로 혼인할 수 있다. 친족이 없는 고아라도 미성년자이면 후견인(민법 제936조에 따라 선임)의 동의를 받아야 혼인할 수 있다(예규 제145호).

(라) **동의의 방식**   혼인 동의의 방식은 혼인신고서에 동의서를 덧붙이든지, 혼인신고서 자체에 "동의한다."고 기재하면 된다(가등법 제32조). 특별한 형식이 따로 없다.

(마) **동의의 철회나 거절**   부모가 자녀의 혼례식 거행에는 동의하고 나중에 혼인신고를 할 때는 동의를 거절할 수 있는가? 부모가 일단 동의한 후에는 그 동의를 취소하거나 철회할 수 없다고 해석된다.[2] 부모나 후견인이 정당한 이유 없이 혼인동의를 거절하는 경우는 권리남용이 될 수 있을 것이다.[3]

(바) **동의 없는 혼인**   부모의 동의는 혼인신고의 수리(접수)요건이지 혼인의 성립요건은 아니다. 동의가 없더라도 일단 수리되면 혼인은 성립된다.[4] 그러나 부모 쌍방의 동의가 반드시 필요하다는 학설도 있다.[5] '부모의 동의 없는' 혼인신고가 잘못하여 수리된 경우, 당사자나 법정대리인은 그 혼인의 취소를 청구할 수 있을 뿐이고(제816조 1호, 817조; 나류 가사소송사건이라 조정의 대상), 그것이 당연무효가 되는 것은 아니다.[6] 혼인당사자가 19세(성년)가 된 후, 또는 성년후견 종료심판 후 3개월이 지나거나 혼인중에 임신한 경우는 취소청구를 할 수 없다(제819조).

---

1 성년피후견인이 반드시 본인스스로 혼인의 의사결정을 하여야 하므로, 후견인이 "대리"하여 혼인의 의사표시를 할 수는 없고, 성년피후견인의 의사표시에 "동의"를 할 뿐이다(일민 제738조는 후견인의 동의조차 필요하지 않다고 규정하고 있다; 甲斐, 33면; 大村敦志, 130면 참조).
2 대판 1957. 6. 29, 4290민상233; 判例家族法, 30면.
3 동의에 갈음하는 재판을 청구할 수 있느냐? 현행법상 명문의 규정이 없으므로 부정할 수밖에 없을 것이다(김·김, 94~95면; 권리남용이라 법원에 조정신청을 할 수 있다고 주장). 부모가 이유 없이 혼인동의를 거부할 경우의 구제책이 마련되어야 할 것이다(윤진수, 50면).
4 대판 1966. 5. 31, 66므1.
5 김형배, 101면.
6 대판 1966. 5. 31, 66므1.

[제한능력자 혼인의 동의권자]

구 분	(1) 부·모(이혼한 부모 포함)	(2) 양부모 (養父母) (이혼한 양친 포함)	(3) 후견인	(4) 적모·계부 ·계모, 생가부모, 조부모	(5) 친권상실자	(6) 생 부
미성년자	○	○	○	×	×(다수설)	○(인지 후)
피성년후견인	○	○	○	×	×	○(인지 후)
피한정후견인	×	×	×	×	×	×
양자(미성년자)	×	○	○	×	×	×

* 동의의 순서: 부모→부 또는 모→후견인. 여기서 ○는 동의를 받아야 한다는 뜻이고, ×는 동의 받을 필요가 없다는 뜻
* 후견인은 미성년후견인과 성년후견인을 의미한다.

(4) 근친자(近親者) 사이의 혼인이 아닐 것

㈎ **8촌 이내의 혈족 간**   8촌 이내의 혈족(친양자의 입양 전의 생가혈족 포함) 사이에서는 혼인하지 못한다(민 제809조 ①항). 근친혼은 주로 생물학적·우생학적 (優生學的) 이유[1]와 윤리적 이유에서 금지된다. 조부모·부모·자녀, 손자·손녀 같은 직계혈족끼리, 또는 형제자매, 백·숙부, 고모·이모, 그 밖의 8촌 이내의 방계혈족끼리는 혼인할 수 없다. 이 혈족 속에는 부계혈족(이른바 동성동본의 혈족)·모계혈족[2](외조부모, 외숙부, 이모, 외4촌 형제자매, 외당숙, 외6촌 형제자매 등), 직계혈족·방계혈족, 자연혈족·법정혈족(양친·양자)뿐만 아니라 사실상 혈족(인지 전의 자녀와 생부 등)도 모두 포함된다.[3] 이들 사이에서 혼인[4]하면 그 혼인은 무효가 된다 (개정민법 제815조 2호). 혼인중 출생자녀와 혼인외 출생자녀 사이의 혼인도 금지된

---

1 학자들 중에는 현행 근친혼금지제도가 유전학상의 문제 발생을 방지하기 위한 정도의 의미가 있는지는 명백하지 않고, 오히려 사회적·문화적·윤리적 이유에서 금지된다고 보아야 할 것이라는 견해가 있다(大村敦志, 앞의 책, 131면). 혈족사이의 혼인금지는 우생학적, 사회윤리적 이유에서, 그 이외의 친족 사이의 혼인금지는 사회윤리적 이유에서 나온 것이라는 설(송덕수, 36면)이 있다.
2 모계혈족에는 관습상 모의 부계혈족만을 의미한다는 설(김·김, 96면; 송덕수, 36면)이 있으나 의문이다.
3 김·김, 97면; 일본의 경우는 직계혈족(자연·법정 포함), 3촌 이내의 방계혈족, 직계인척사이의 혼인만(일민 제734조, 제728조, 제736조) 금지되고(甲斐, 39면), 캐나다에서는 자연직계혈족, 입양직계혈족, 전혈(全血)형제자매 또는, 반혈(半血)형제자매(부모 중 어느 한쪽만 공통인 형제자매), 입양형제자매 사이의 혼인이 금지(무효)되고(Fodden, 22면), 미국에서는 위의 경우 외에 숙부와 질녀, 숙모와 조카(전혈, 반혈 포함), 4촌(종)형제자매(30개주) 사이의 혼인이 금지된다(1987년 통일혼인 및 이혼법[Uniform Marriage and Divorce Act (UMDA), 제207조 (a)항, Krause, 65면].
4 이들 사이의 혼인신고서는 수리되기 어려울 것이다(가등법 제71조 1호·4호). 그러나 가족관계등록공무원에게 혼인신고서의 실질적 심사권이 없어서 사실상 혈족(특히 인지 전의 출생자)의 혼인신고를 막기는 곤란할 것이다(김·김, 97면).

다고 해석할 것이다(독일혼인법 제 4 조 ①항, 스위스민법 제100조 ①항 참조).

[참 고] '동성동본(同姓同本)인 혈족'

개정 전 민법은 동성동본인 혈족(부계혈족)들은 서로 혼인할 수 없다고 규정하고 있었다(제809조 ①항). 이 동성불혼제도는 중국에서 들어온 것인데, 우리나라 민법처럼 촌수의 제한 없이 이렇게 광범위로 혼인을 금지하는 입법례는 세계에 그 유례가 없는 것이었다. 1997년의 헌법재판소의 헌법불합치결정(아래의 참고 판례 참조)과 그에 따른 대법원호적예규의 제정·시행에 따라 민법개정(2005년) 전에도 8촌이 넘는 9촌 이상의 동성동본인 혈족간의 혼인은 유효한 혼인으로 허용되어 왔다(이전의 호적예규 제535호).

:: 참고판례

헌법재판소는 1997. 7. 16, 95헌가 6~13 병합(전원재판부)결정에서 민법 제809조 ①항 금혼규정은 사회적 타당성 내지 합리성을 상실하고 있음과 아울러 인간으로서의 존엄과 가치 및 행복추구권을 규정한 헌법규정과 개인의 존엄과 양성의 평등에 기초한 혼인과 가족생활의 성립·유지라는 헌법규정에 배치된다고 하면서 헌법불합치결정(다수의견)을 내리었다(그 결정에서는 1998년 말까지 국회가 이 조항을 개정하라고 명하였으나, 국회는 그 때로부터 무려 7년여 후인 2005. 3. 31. 법률 제7427호로 민법조항을 개정하였다).

(나) **인척간의 혼인**   6촌 이내의 혈족의 배우자, 배우자의 6촌 이내의 혈족, 배우자의 4촌 이내의 혈족의 배우자인 인척이거나 이러한 인척이었던 사람 사이에는 혼인하지 못한다(제809조 ②항). 현재 그러한 인척관계에 있는 사람과 혼인하면 이는 중혼이 되어 역시 금지된다(제810조). 이 규정에 위반하여 혼인하면 그러한 혼인은 취소할 수 있는 혼인이 된다(제816조 1호). 이러한 인척간의 혼인금지는 오로지 윤리적·도의적 이유에 따른 것이다.

1) 여기서 6촌 이내의 혈족은 부계혈족·모계혈족 중 6촌까지의 혈족을 의미한다. 이러한 6촌 이내의 혈족의 배우자였던 사람은 6촌 이내의 인척인바, 이러한 인척과 혼인할 수 없다는 의미이다. 4촌 이내의 인척만 친족이므로 4촌 이내의 남계혈족의 배우자와 혼인할 수 없다고 해석하여야 한다는 학설[1]이 있으나, 명문의 규정에 배치되므로 의문이다. 현재의 배우자는 물론, 전남편 또는 전처의 형제자매

---

1 김·김, 98면(민법 제777조에 정한 인척(= 친족)의 범위에 맞추어 4촌 이내만 금혼).

등 6촌 이내의 혈족이었던 사람(예컨대 시숙·시동생, 처형·처제, 처의 외4촌 등)과도 혼인할 수 없다(예규 제150호·제151호; 위반하면 혼인취소 사유).

2) 개정 전 민법은 여자가 재혼할 경우 남편의 8촌 이내의 혈족과 혼인할 수 없도록 되어 있었다(위반하면 무효, 구법 제815조 2호, 3호). 그러나 개정민법은 양성평등의 이념을 실현하기 위하여 아내든 남편이든 재혼할 경우는 전배우자의 6촌 이내의 혈족, 4촌 이내의 혈족의 배우자이었던 사람과 혼인할 수 없도록 규정하였다.

㈐ 양친자관계에서 생긴 친족 간   6촌 이내의 양부모계(養父母系)의 혈족이었던 자와 4촌 이내의 양부모계의 인척이었던 자 사이에서는 혼인하지 못한다(제809조 ③항). 양친자관계가 존속 중(제772조)이면 8촌 이내의 혈족까지 혼인이 금지되지만(제809조 ①항), 파양 등으로 그 관계가 종료된 경우(제776조)는 6촌까지만 혼인할 수 없도록 제한하였다(제809조 ③항). 양부모는 법정혈족이므로 자연혈족과 거의 마찬가지로 취급하여 혈족관계의 종료 후에도 6촌 이내의 양부모계의 혈족이나 4촌 이내의 인척이었던 사람과는 혼인할 수 없다고 규정한 것이다. 예컨대 양친자관계가 파양으로 종료된 후에 양자와 양녀는 전 양부모와 혼인할 수 없음은 물론, 6촌 이내의 양부모계의 오빠(또는 누이)나 아저씨(또는 아주머니) 등과 혼인할 수 없다.

㈑ 형부와 처제 사이의 혼인   처제 측에서 볼 때, 형부는 언니[2촌의 방계(부계)혈족]의 배우자이고, 형부 측에서 볼 때, 처제는 배우자의 2촌 방계혈족(2촌의 인척)이므로, 민법 제809조 ②항에 의하여 혼인할 수 없다(예규 제150호). 만일 혼인하면 취소할 수 있는 혼인이 된다(제816조 1호).[1] 사망한 전남편의 형제와 형수(제수) 사이의 혼인도 마찬가지로 금지되고 만일 혼인하면 취소할 수 있다(예규 제151호).

(5) 중혼(重婚)이 아닐 것(제810조)

㈎ 개 념   배우자 있는 사람은 다시 혼인할 수 없다(제810조). 이는 일부일처(一夫一妻)제도를 확립하고 유지하기 위한 것이다. 사실혼이나 첩 관계를 맺는 것은 여기서 말하는 중혼이 아니고, 이혼원인이 될 뿐이다. 중혼이란 혼인신고가

---

1 일본에서는 남편과 망처(亡妻)의 자매 사이의 혼인(sororate marriage) 또는 처와 망부(亡夫)의 형제 사이의 혼인(levirate marriage)이 오래 전부터 관행으로 인정되고 있다. 이는 가족제도의 혈통계속원리와 남편의 재산(가산; 家産)을 유지·보존하기 위한 것이라고 한다[中川善之助, 新訂親族法, 1965(靑林書院), 168면; 新版注釋民法(21), 親族(1)(有斐閣, 1989)], 222~223면(上野雅和, 집필부분); 서울가판 2013. 3. 26, 2012드합7526, 2011느합319(형부와 처제간의 사실혼 파탄 시 재산분할을 인정).

이중으로 접수되어 법률상 혼인이 2개 이상 성립된 경우를 말하기 때문이다.

(나) **중혼이 발생하는 경우**　　배우자 모르게 이혼신고(현행제도 하에서는 거의 불가능하고 이러한 이혼신고는 무효)를 하고 다시 제 3 자와 혼인신고를 한 경우에 중혼이 발생한다. 또 협의이혼이나 재판상 이혼 후 타인과 혼인하였는데 나중에 그 협의이혼의 무효·취소판결,[1] 또는 재판상이혼의 취소판결[2]이 확정된 경우, 성명을 변조하여 2중으로 가족등록부를 만들어 혼인한 경우[3] 실종선고(또는 부재선고) 후 재혼하였는데 후에 실종선고(또는 부재선고)가 취소된(제29조 ①항 단서; 부재선고 특조법 제 5 조 ①항 단서) 경우, 재일교포가 일본과 한국에서 각각 혼인신고를 한 경우[4] 등이 있다.

(다) **실종선고가 취소된 경우**　　배우자의 일방에 관하여 실종선고를 받아, 재혼하였는데 나중에 실종선고가 취소된 경우는 어떻게 할 것인가? 후혼(後婚; 재혼)의 양당사자가 모두 선의인 경우는 전혼이 부활되지 아니하나, 후혼 당사자의 일방이나 쌍방이 악의인 경우는 전혼이 부활하여 중혼관계가 생긴다고 해석된다(통설)(제29조 ①항 단서). 「부재선고에 관한 특별조치법」(2009. 12. 29. 공포·시행 법률 제9837호)에 따른 부재선고가 취소된 경우도 위의 실종선고 취소의 경우와 같이 해석할 것이다.

(라) **남북이산가족의 경우**　　남북 이산가족의 경우 중혼이 많이 발생하였다.[5] 「남북 주민 사이의 가족관계와 상속 등에 관한 특례법」(약칭 남북가족특례법; 2016. 1. 19. 개정·시행 법률 제13763호) 제 6 조에는 북한에 배우자 있는 사람이 남한으로 탈출하여 남한에서 다시 혼인한 경우 그 혼인은 중혼이 된다. 이러한 중혼은 민법 규정(제816조 1호, 제818조)에 관계없이 그 취소청구를 할 수 없다. 그리고 북한 배우자에 대하여 실종선고를 받은 후, 남한에서 다시 혼인한 경우 그 실종선고가 취소되더라도 전혼(前婚)은 부활하지 않는다(특례법 제 7 조 ①항 본문). 다만 당사자가 악의인 경우에는 전혼이 부활하여 나중의 혼인이 중혼이 되지만, 이에 대하여도 취소청구를 할 수 없다(특례법 제 6 조 ②항, 제 7 조 ②항).

(마) **중혼의 효력**　　1960. 1. 1. 이전에는 구관습법에 따라 중혼은 당연무효였으

---

1 대판 1964. 4. 21, 63다770; 1970. 7. 21, 70므18; 1984. 3. 27, 84므9; 예규 제156호(2008. 1. 1.이후 시행).
2 대판 1985. 9. 10, 85므35; 1991. 5. 28, 89므211; 1994. 10. 11, 94므932.
3 대판 1986. 6. 24, 86므9; 1993. 8. 24, 92므907(재외국민인 것처럼 가장, 새 호적 편제).
4 대판 1991. 12. 10, 91므535.
5 헌재결 2010. 7. 29, 2009헌가8.

나, 신민법 시행 후에는 취소혼인이 되어, 당사자 등이 중혼(＝後婚, 나중 혼인)의 취소를 청구할 수 있을 뿐이다[1](제816조 ①항). 중혼 당사자의 선의·악의를 불문하고 취소할 수 있다. 취소되지 않고 있는 동안에는 중혼은 모두 유효한 혼인으로 취급된다. 그러므로 중혼자(예 : 갑남)가 사망하면 전후의 양 배우자(예 : a녀, b녀)가 모두 상속권이 있고(그 상속분은 1.5의 1/2라는 것이 판례[2]), 거꾸로 양(兩) 배우자 사망 시 중혼자도 상속권이 있다. 중혼 중의 출생자도 혼인중 출생자이며, 특히 여자가 중혼한 경우는 그 출생자는 2중의 친생자추정(전·후 2남편의 친생자)을 받으므로 제845조를 유추 적용하여 '아버지를 정'하여야 할 것이다.[3] 중혼부부도 아직 중혼취소의 확정판결이 없는 이상, 법률상 부부이므로 재판상 이혼청구를 할 수도 있고 협의이혼도 할 수 있다.[4]

[참　　고] ❛ 재혼금지기간(위반한 혼인은 취소될 수 있었다. 구민 제821조) ❜

개정 전의 민법에 따르면 여자는 혼인관계 종료일로부터 6개월[이른바, 대혼(待婚)기간]이 지나야 재혼할 수 있었다(구민 제811조). 출생자의 부성(父性)추정의 충돌을 방지하기 위한 것이었다. 그러므로 여자가 혼인종료 후 바로 해산(解産)한 경우(제811조 단서), 이혼한 사람들끼리 재혼하는 경우(호적예규 제184호), 전혼의 종료원인이 실종선고 ﹣﹣﹣생사불명인 경우(동예규 제467호), 전남편의 생식불능사실과 여자가 임신하지 아니한 사실이 증명된 경우(동예규 제385호)는 6개월 이내라도 재혼할 수 있었다. 이 규정은 남녀평등의 이념에 반하고 의학의 발달로 부성충돌문제도 해결할 수 있어서 개정민법(2005)은 이 제도를 폐지하였다.

2. 형식적 요건(혼인신고)

(1) 혼인신고의 의미와 법적 성질

(개) 신고혼주의　　법률상 정당한 혼인은, 가족관계등록법에 따라 신고함으로써 성립되고 그 효력이 생긴다(제812조 ①항). 이것이 이른바 법률혼주의 또는 신고혼주의(申告婚主義)이다. 혼인신고는 출생신고나 사망신고와 같은 사실의 보고(보고적 신고)와는 성질이 다르다. 혼인신고로 새로운 부부라는 법률관계(친족관계)를 창

---

1 예규 제157호[신민법 시행 후 전혼의 배우자가 협의이혼을 하였다면, 중혼(후혼)은 취소사유가 없어져서 취소할 수 없게 된다].
2 대판 1996. 12. 23, 95다48308.
3 박병호, 73면; 김형배, 100면.
4 대판 1991. 12. 10, 91므344; 예규 제169호.

설하게 되므로 혼인신고를 창설적 신고라고 부른다. 남녀가 혼인의사의 합치에 따라 혼례식을 올리고 아무리 오래 살아도 혼인신고를 하지 아니하면 그들은 법률상 부부가 될 수 없다. 여기에서 사실과 법률 사이에 괴리(乖離)가 생긴다. 이에 비하여 관습상의 혼례식을 거행하면 혼인이 성립된다는 것이 거식혼주의(擧式婚主義), 혼인의사로 공동생활을 시작하면 바로 법률상 혼인이 성립된다는 것이 사실혼주의(事實婚主義)이다.

(나) **혼인신고는 혼인의 성립요건**   이처럼 혼인신고는 혼인의 유효요건이 아니고 혼인의 성립요건(成立要件)이다. 이것이 성립요건설이며 통설과 판례[1]이다. 혼인신고를 하지 않고 동거하고 있는 사이에 남편이 다른 여자와 혼인신고를 하여버리면 그 나중의 여자가 법률상의 처가 되고 만다. 이에 대하여 소수설(효력발생요건설)[2]은 관습상 혼인은 혼례식을 올림으로써 성립하고, 혼인신고는 혼인의 효력발생요건에 지나지 아니하는 보고적 신고라고 한다.

(다) **수리 후 등록부의 기재누락**   혼인신고는 담당공무원이 이를 접수하여 수리(受理)하면 혼인이 성립되고, 무슨 이유로 등록부에 기재되지 아니하여도 혼인은 성립되어 유효하게 됨을 특히 주의하여야 한다. 허위의 2중호적에 신고된 경우도 혼인은 유효하게 성립된다(아래의 참고판례 참조).

:: 참고판례

호적공무원이 혼인신고를 수리하면 혼인은 유효하게 성립되고(효력이 발생하는 것이고), 호적부에의 기재는 그 효력(유효)요건이 아니다. 혼인신고의 기재가 무효인 2중 호적에 되었다(또는 위법한 것으로 밝혀져 말소된다)하여도 일단 성립된 혼인의 효력에는 영향이 없다(대결 1981. 10. 15, 81스21; 1988. 5. 31, 88스6; 대판 1991. 12. 10, 91므344).

(2) 혼인신고의 절차

(가) **혼인신고의 주체(主體)**   혼인신고는 혼인당사자 본인이 신고하여야 하고, 제3자의 대리신고(서면신고·구술신고)는 허용되지 아니한다(가등법 제31조). 제3

---

1 대판 1973. 1. 16, 72므25: 사실혼관계존재확인판결의 확정만으로는 법률상 혼인관계가 형성되지 않고, 혼인신고가 있어야 비로소 법률상 혼인이 성립된다.; 민법 제812조 ①항에는 신고함으로써 그 효력이 생긴다고 규정하고 있을 뿐임에도 성립요건으로 해석); 일본의 통설도 성립요건설(甲斐 외 2, 37면).
2 정광현, "혼인신고의 강제이행문제," 법정, 1963. 6, 55면; 천종숙, 81면.

자가 당사자 명의로 혼인신고를 하면 그 혼인은 언제나 무효이다.[1] 사실상 혼인
연령에 이른 자라도 가족관계등록부상 적령에 이르지 못한 자는 혼인신고를 하지
못한다(예규 제141호). 따라서 혼인신고 당시 동의권자의 동의를 받은 경우, 가족등
록부상 혼인연령에 달한 미성년자(만 18세~19세 미만)는 혼자서 혼인신고를 할 수
있다(예규 제140호).

(나) **혼인신고의 장소**　　혼인신고는 당사자의 등록기준지·주소지·현재지의 시
·읍·면사무소에서 할 수 있다(제812조 ②항·가등법 제20조). 그러나 주민등록지 또
는 주거지 동장(또는 동장 경유)에게 신고할 수는 없다(가등법 제21조; 예규 제138호).

(다) **혼인신고의 방법(서면 또는 말)**　　혼인신고는 당사자 쌍방이 서명·날인[2]하
고 성년자인 증인 2명이 잇따라 서명[3]한 서면으로 하여야 하나(제812조 ②항), 말
로 신고할 수도 있다(가등법 제23조). 말로 신고하려면 신고자는 시·구·읍·면사무
소에 출석하여 혼인신고서 기재내용을 진술하여야 한다[4](동법 제31조 ①항). 혼인
신고서에 기재할 사항은 법에 정하여져 있다(동법 제71조 : 특히 앞으로 출생할 자녀
의 성·본을 모의 성·본으로 따르기로 협의한 경우의 협의 따위). 당사자나 동의권자·
증인의 서명·날인이 누락된 혼인신고라도 일단 수리(受理)되고, 당사자 사이에 혼
인의사가 합치되고 동의가 있는 이상, 그 혼인은 유효하게 성립된다(예규 제144호
·제149호).[5]

(라) **혼인신고서의 제출방법**　　혼인신고는 대리로 할 수 없으나, 부부 중 1인이
질병 등으로 출석할 수 없는 경우는 대리 신고를 할 수 있고, 불출석 당사자의 신
분증명서와 인감증명서를 제출하여야 한다[6](동법 제31조 ③항, 제23조 ②항). 당사자
와 증인 2명이 이미 완성한 혼인신고서는 이를 우편으로 발송할 수도 있고 그 제
출을 남에게 위임하여 할 수도 있다. 이 경우 위임받은 사람은 대리인이 아니고 사
자(使者; 심부름꾼)[7]일 뿐이다. 신고인이 생존 중 우송한 신고서는 그 사망 후라도

---

1 대판 1956. 8. 4, 4289민상235(혼인당사자 쌍방의 진정한 자유의사에 따라 신고서가 제출되었다고
  인정할 자료가 없는 경우이다).
2 대판 1957. 6. 29, 4290민상233(당사자 일방의 서명날인이 결여되었거나 권한 없이 작성된 혼인신
  고서가 수리된 경우 혼인신고의사 및 동의권자의 동의가 있었다는 것이 인정되면 혼인은 유효);
  예규 제149호.
3 이를 법조문에서는 연서(連署; 1개의 문서에 잇따라 서명)라고 표현하고 있다.
4 대판 1978. 2. 28, 78므1[호적법령에 위반한 구술신고로 이루어진 혼인(13세의 아들에게 도장과
  서류를 주면서 신고부탁)도 혼인의 합의가 있는 이상 유효하다].
5 대판 1957. 6. 29, 4290민상233.
6 인지·태아인지·입양·파양·혼인·이혼의 신고는 대리로 할 수 없다(가등법 제31조 ③항).

시·읍·면장이 이를 수리하여야 하고 수리되면 신고인의 사망시점에 신고한 것으로 본다(동법 제41조). 그 신고에 따른 배우자에게는 상속권이 생긴다. 혼인신고를 하였으나, 무슨 이유로 등록부에 기록(등재＝전산입력)되지 아니한 경우에도 혼인은 성립된다.[1]

(마) **혼인신고특례법(2009. 1. 30. 법률 제9365호)상의 혼인신고** 　배우자 일방, 예컨대 남편이 전투에 참가하거나 전투수행을 위한 공무에 종사하다가 사망한 경우 가정법원의 확인(가소 제 2 조 ②~③항 라류 가사비송사건)을 받아서 아내는 단독으로 혼인신고를 할 수 있다. 이렇게 혼인신고를 하면 남편 사망 시에 혼인신고가 된 것으로 간주된다(동 특례법 제 1 조·제 4 조). 이는 전시(戰時)에 나라를 지키려고 목숨을 바친 사람의 공적을 기리고 그 유가족을 보호하기 위한 것으로, 혼인당사자 한쪽의 사망 후에도 혼인신고를 할 수 있는 유일한 예외이자, 특례다.[2]

(바) **영사혼(領事婚)**

1) 재외국민이 민법과 가족등록법에 따라 혼인하려면, 그 지역을 관할하는 대한민국재외공관의 장(대사, 공사 등)에게 혼인신고를 할 수 있다(제814조 ①항·가등법 제34조). 이를 영사혼이라고 한다. 이 경우의 혼인신고 역시 창설적 신고이다.

2) **'혼인거행지법에 의한 혼인'** 　재외국민이 그 나라의 방식에 따라 혼인('거행지법에 의한 혼인')을 할 수도 있다(국제사법 제36조 ②항·가등법 제35조 ①항).[3] 이 경우 당사자는 그 나라의 방식에 따라 작성된 혼인증서의 등본을 3개월 안에 해당 재외공관의 장에게 제출하여야 하고, 재외국민이 있는 지역이 재외공관의 관할에 속하지 아니하는 경우에는 3개월 이내에 국내등록기준지의 시·읍·면의 장 또는 재외국민 가족관계등록사무소 가족관계등록관에게 혼인증서의 등본을 발송하여야 한다(가등법 제35조 ①항, ②항). 이 경우의 신고는 보고적 신고이다.

3) **재외공관장의 임무** 　재외공관장은 위의 2가지 방식에 따른 혼인신고서류

---

7 대판 1963. 11. 7, 63다647(혼인의사의 합치에 따라 완성된 혼인신고서의 '제출'을 시아버지가 한 경우는 혼인이 유효, 제 3 자가 임의로 혼인신고서를 작성, 신고한 경우는 무효).

1 대결 1981. 10. 15, 81스21; 대판 1991. 12. 10, 91므344.

2 혼인신고특례법에 따른 가정법원의 확인심판례를 보면 "청구인은 망 강○우와 1947. 3. 6. 혼인하였으나 혼인신고가 되지 아니한 채, 위 강○우는 군복무중 6·25 사변 당시인 1951. 12. 3. 경기도 동두천지구에서 전사하였음을 확인한다."고 주문(서울가심 1995. 8. 18, 95느4872)에 기재한다[가사판결·심판집(서울가정법원, 1997), 338면 참조]; 그 이외의 사망자 사이의 혼인신고는 수리될 수 없고, 수리되었다 하더라도 무효이다(1993. 4. 27. 호적선례 3-248, 3-49).

3 대판 1991. 12. 10, 91므535; 1994. 6. 28, 94므413; 한국인이 외국인과 혼인하는 경우에도 그 방법은 같다; 한국에 거주하는 외국인들이 혼인하는 경우는 가족관계등록예규 제167호 참조.

나 혼인증서등본을 접수하면 1개월 이내에 외교부장관을 경유하여 본인의 재외국민 가족관계등록사무소의 가족관계등록관에게 송부하여야 한다(제814조 ②항·가등법 제36조). 어느 경우이든 신고서의 발송시가 아니라 그 이전의 혼인절차 종료시점 또는 혼인신고서 접수·수리시점에 혼인의 효력이 발생한다.

(사) **조정조서나 판결에 의한 혼인신고**   사실혼 부부 중 한사람은 그 사실상 혼인관계존재확인의 조정신청을 할 수 있고(가소 제50조·제 2 조 ①항), 조정이 성립되지 아니하면 소를 제기할 수 있다(가소 제 2 조 ①항 나류 가사소송사건 1호). 조정이 성립되거나 승소판결이 확정되면, 당사자는 1개월 이내에 그 조정조서나 판결등본(확정증명서 첨부)으로 혼인신고를 할 수 있다(가등법 제72조). 판례는 이러한 판결에 따른 혼인신고를 창설적 신고라고 하는데(아래의 참고판례 참조[1] 다수학설은 보고적 신고라고 주장하고 있다[2]), 신고혼주의의 원칙상 판례를 지지할 수밖에 없다.

:: 참고판례

> 청구인이 피청구인을 상대로 한 사실혼관계존재확인청구 소송이 승소로 확정되었다고 하여도 그에 기하여 혼인신고를 하지 아니한 이상, 피청구인이 제 3 자와 혼인신고한 것이 민법 제810조 소정의 중혼이 될 수 없고, 따라서 제816조 소정의 혼인취소사유도 되지 않는다.(대판 1973. 1. 16, 72ㅁ25).

(3) 혼인신고의 수리(受理; 접수)

(가) **가족관계등록 공무원의 형식적 심사권**   가족등록사무처리 공무원은 혼인의 실질적 요건, 형식적 요건 기타 법령위반여부를 조사하여 흠이 없으면 혼인신고를 수리하여야 한다(제813조). 다만 이러한 공무원은 형식적 심사권만 가지고 있을 뿐[3]이고, 실질적 심사권은 없다. 이 형식적 심사의 대상에는, 혼인당사자의 생존여부를 조사하는 것도 당연히 포함된다. 혼인은 살아있는 사람들 사이에서만 이루어질 수 있기 때문이다.[4]

(나) **혼인신고수리 불가 신고서**   당사자가 혼인하기로 하여 혼례식까지 올렸더라도 상대방과 진정으로 혼인할 뜻이 없는 경우는 '혼인신고수리 불가신고서'를 신

---

1 대판 1973. 1. 16, 72ㅁ25; 판례가족법, 324면; 김형배, 106면.
2 김주수, 123, 238면; 김용한, 169면; 송덕수, 34면; 이근식·한봉희, 친족상속법, 92면.
3 혼인당사자의 성(姓)이 그 부모의 성과 달라도 정정신청 등이 없는 이상 혼인신고서를 그대로 접수하여 수리할 수밖에 없다(예규 제146호).
4 대결 1991. 8. 13, 91스6; 대판 1995. 11. 14, 95ㅁ694.

고인의 등록기준지, 주소지 또는 현재지의 시(구)·읍·면에 출석하여 제출하여야
한다. 또 혼인신고 수리불가 신고제도가 있다. 즉, 신고인은 6개월 이내의 범위(접
수일부터 기산)에서 특정인과의 혼인신고를 수리하지 말라고 요구할 수 있으며, 그
기간을 명확히 하여야 한다(가족관계등록예규 제139호).

(다) **수리(受理)로써 혼인신고는 완료**   혼인신고는 담당공무원이 수리함으로써
완료된다. 즉 수리된 신고는 등록부에 기재되지 아니하여도 혼인은 성립된다.[1] 그
러나 등록부에 기재되지 아니하면, 혼인신고 사실을 증명할 수 없으므로, 신고인은
담당공무원으로부터 혼인신고접수증명서를 받아두는 것이 좋을 것이다. 혼인신고
(＝혼인성립)는 상속·친자 등 문제의 결정에 중요한 요건이기 때문이다.

(4) 혼인신고의 효력

혼인신고는 그것이 법령에 위반된 것이라도 일단 수리되면 혼인의 효력이 발
생하고, 일정한 위법이 있을 경우는 혼인무효나 혼인취소의 문제가 생길 뿐이다.

(5) 사실혼의 일방 당사자가 혼인신고를 한 경우

(가) 혼인신고를 하지 않고 살고 있는 부부를 사실혼관계(옛날에는 이를 내연관계라
고 불렀다)라고 한다. 사실혼 당사자 일방의 일방적 혼인신고는 원칙적으로 무효이다.

(나) 사실혼관계에 있는 당사자들이 사실혼관계를 종료시키기로 합의하였거나
일방이 혼인의사를 철회하지 아니한 이상, 일방에 의한 혼인신고도 반드시 무효가
되는 것은 아니다.[2]

(다) **추인(追認)**   일방 당사자가 모르는 사이에 혼인신고가 이루어진 경우에도
그 후 양당사자가 그 혼인에 만족하고 그대로 부부생활을 계속하고 있다면 그 혼
인은 처음부터 유효하게 된다.[3] 추인이 있으면 추인한 그날부터가 아니라, 혼인당
초부터 유효한 혼인이 된다.[4]

(라) **사 망**   혼인신고를 하지 않고 있는 동안에 사실혼의 남편이 교통사고
등으로 사망하여도 아내는 그 손해배상청구권이나 남편의 재산을 상속받지 못 한
다.[5] 남편의 부모나 형제가 상속하고 만다.

---

1 대판 1991. 12. 10, 91므344(이 점에서 부동산등기와 다르다).
2 대판 1980. 4. 22, 79므77.
3 대판 1965. 12. 28, 65므61.
4 대판 1991. 12. 27, 91므30; 일 최판 1972. 7. 25, 집 26-6, 1263면.
5 자신이 입은 정신적 고통에 대한 위자료를 청구할 수는 있다(대판 1962. 4. 26, 62다72).

:: 참고판례

혼인의 합의란 법률혼주의를 채택하고 있는 우리나라 법제 하에서는 법률상 유효
한 혼인을 성립하게 하는 합의를 말하는 것이므로, 비록 사실혼관계에 있는 당사
자 일방이 혼인신고를 한 경우에도, 상대방에게 혼인의사가 결여되었다고 인정되
는 한, 그 혼인은 무효라고 할 것이다. 그러나 상대방의 혼인의사가 불분명한 경
우에는 혼인의 관행과 신의성실의 원칙에 따라 '사실혼관계를 형성시킨' 상대방의
행위에 기초하여 그 혼인의사를 추정할 수 있다. 그러므로 이와 반대되는 사정,
즉 혼인의사를 명백히 철회하였다거나, 당사자 사이에 사실혼관계를 해소하기로
합의하였다는 등의 사정이 인정되지 아니하는 경우에는 그 혼인을 무효라고 할
수 없다(대판 2000. 4. 1, 99므1329; 2012. 11. 29, 2012므2451).

(6) 사망자와 사이의 혼인신고는 가능한가?(소극)

혼인신고특례법(2009. 1. 30. 법률 제9365호)이 인정하는 특수한 경우를 제외하
고는 사망자들 사이의 혼인신고나 생존자와 사망자 사이의 혼인신고는 인정될 수
없다. 신고하였다면 그것은 무효혼인이 된다.

:: 참고판례

사망자들 사이 또는 생존자와 사망자 사이에는 혼인이 인정될 수 없고, 혼인신고
특례법과 같이 예외적으로 혼인신고의 효력의 소급을 인정하는 특별한 규정이 없
는 한, 그러한 혼인신고가 받아들여질 수도 없다. 사실혼 배우자의 일방이 사망
한 경우 생존하는 당사자가 혼인신고를 하기 위한 목적으로서는 사망자와의 과
거의 사실혼관계존재확인을 구할 소의 이익이 있다고는 할 수 없고, 이러한 과거
의 사실혼관계가 생존하는 당사자와 사망자와 제 3 자 사이의 현재적 또는 잠재
적 분쟁의 전제가 되어 있어 그 존부확인청구가 이들 수많은 분쟁을 일거에 해결
하는 유효적절한 수단일 수 있는 경우는 확인의 이익이 인정될 수 있지만, 그렇지
않는 경우에는 확인의 이익이 부정되어야 한다(대판 1995. 11. 14, 95므694).

제 4 절 혼인의 무효와 취소

I. 혼인의 무효(無效)

1. 개   념

혼인의 무효는 남녀가 혼인신고를 하여 법률상 부부로 되어 있으나 실제로 그들 사이에 혼인의 합의가 없다든지, 근친혼이라서 혼인의 효력이 발생할 수 없는 경우를 말한다. 그러므로 혼인신고를 하지 않고 남녀가 동거하는 경우는 혼인의 불성립(不成立) 또는 사실혼이므로 혼인무효와 구별된다. 공부(公簿)상 신고되어 있는 혼인중 어떤 것을 무효혼인으로 하고, 어떤 것을 취소혼인으로 할 것인가는 한 나라의 입법정책의 문제[1]이지, 그 자체의 본질적·자연적인 성질의 차이에 따른 것은 아니다.

2. 혼인무효의 법률적 성질

(1) 확인(確認)소송설

혼인에 무효사유가 있다면, 그 혼인은 절대적으로 당연히 무효이다. 따라서 기간의 제한도 없이 언제든지 무효를 주장할 수 있고, 그 주장방법에도 제한이 없다. 반드시 소를 제기하여야 하는 것도 아니고, 상속회복소송 등에서 선결문제·전제문제로 혼인이 무효라는 주장을 할 수도 있고, 별개 독립의 혼인무효소송을 걸 수도 있는 데 그 소송의 성질은 확인소송이라는 설이다(다수설[2]과 판례[3]).

(2) 형성(形成)소송설

일단 혼인신고가 이루어진 이상, 그 혼인에 무효사유가 있더라도 당연무효는 아니고, 법원의 무효판결이 선고되어야 비로소 혼인이 소급적으로 무효가 된다(독

---

1 민법상 혼인무효의 사유(제815조)·혼인취소의 사유(제816조)는 제한적·열거적인 것이라고 해석된다. 따라서 그 이외의 사유로는 혼인의 무효·취소를 주장할 수 없다(甲斐 외 2, 34면); 미국에서도 무효혼인과 취소할 수 있는 혼인의 구별(void, voidable, partially valid marriage)을 하고 있다(Krause, 45면).
2 김용한, 124면; 김·김, 114면; 박병호, 82면; 배/최, 89면; 윤진수, 48면; 지원림, 1862면; 한/백, 105면.
3 대판 2013. 9. 13, 2013두9564.

일혼인법 제32조 참조). 혼인의 무효는 판결로 창설되는 것이므로 이 소는 형성의 소라고 주장한다.[1] 주로 민사소송법학자들의 견해로서 이는 선언무효설이라고도 한다.

(3) 절 충 설

혼인의 신고의사(申告意思)마저 없을 때는 혼인은 당연무효이고(이 때는 확인의 소), 신고의사는 있지만 혼인의 실체의사(實體意思) 또는 효과의사(效果意思)가 없을 때는 판결의 선고로 비로소 혼인이 무효가 된다(이 때는 형성의 소)는 설이다.

3. 혼인무효의 소의 당사자 등

(1) 청구권자(원고)

⑦ 당사자·법정대리인·당사자의 4촌 이내의 친족만이 언제든지 혼인무효의 소를 제기할 수 있다(가소 제23조). 미성년자의 친권자, 피성년후견인의 후견인 등이 바로 법정대리인들이다.

⑭ **미성년자·피한정후견인** 미성년자는 혼인하면 성년자로 의제·간주(제826조의2)되므로 단독으로 이 소를 제기할 수 있다는 것이 다수학설이다. 그러나 혼인 당사자가 전혀 모르는 사이에 혼인신고가 된 경우(제815조 1호)는 성년의제의 효과가 발생하지 아니하므로 친권자가 대리하여야 제소할 수 있다고 본다. 피한정후견인은 신분행위능력자이므로 그 법정대리인의 대리 없이 단독으로 혼인무효소송을 제기할 수 있다.[2]

⑭ **제3자** 당사자의 4촌 이내의 혈족과 인척, 배우자만이 혼인무효의 소를 제기할 수 있다. 따라서 당사자와의 촌수가 5촌 이상이거나, 법률상 이해관계가 없는 제3자는 혼인무효의 소를 제기할 수 없다.

(2) 상대방(피고)

배우자가 소를 제기하려면 상대방을 피고로 삼고(남편→아내, 아내→남편), 제3자(친족)가 소를 제기하려면 부부를 피고로 삼고, 부부 중 한쪽이 사망한 때는 생존자를 피고로 삼아야 한다. 어느 경우이든 상대방이 될 사람이 모두 사망한 때는 검사를 피고로 삼는다(가소 제24조 ①~③항).

---

[1] 이경희, 75면; 이시윤, 신민사소송법(2013), 195면; 송덕수, 43면.
[2] 재산상행위 중 후견인의 동의를 받아야 하는 행위의 범위는 가정법원에서 정한다(민 제13조).

(3) 관할법원

상대방의 주소지를 관할하는 가정법원에만 소를 제기하여야 한다(가소 제22조; 전속관할). 국내거주 외국인의 주소가 불분명한 경우 그 관할법원이 무조건 서울가정 법원이 되는 것은 아니고, 부부 공통의 마지막 주소지를 관할하는 가정법원이다.[1]

(4) 조정전치주의(소극)

혼인무효·이혼무효·인지무효 등 청구사건은 가사소송법상 가류사건(가소 제 2 조 ①항)이고 당사자가 임의로 처분할 수 없는 사건이므로 조정이나 화해의 대상 이 될 수 없다. 그러므로 혼인무효에는 조정전치주의가 적용될 수 없다(가소 제50 조·제59조). 다만, 혼인무효로 인한 손해배상청구사건은 가사소송법상 다류사건(가 소 제 2 조 ①항)이라 조정의 대상이 될 수 있다.

(5) 제소기간

혼인무효의 소에는 제소(제척)기간이 없으므로, 확인의 이익이 있는 이상 언제 든지 혼인무효의 소를 제기할 수 있다. 당사자 일방이 사망한 후라도 혼인무효 확 인을 청구할 이익이 있을 수 있다.[2]

(6) 혼인무효판결의 주문(主文)형식

"원고와 피고(또는 피고와 소외 망 홍길동 19...생, 본적...)사이에 200 . ○. ○. 서울 ○○구청장에게 신고하여 한 혼인은 무효임을 확인한다."고 표시한다.[3]

4. 혼인무효의 원인(혼인무효의 소의 청구원인)

(1) 당사자 사이에 혼인 의사(意思)의 합치(혼인의 합의)가 없는 때

2008. 1. 1. 이전에는 당사자가 전혀 모르고 있는데, 누구인가가 가족관계등록 부에 혼인신고를 하여 버리는 일도 있었다.[4] 이처럼 당사자 본인이 알지 못하는 사

---

1 서울가판 2017. 3. 17, 2016르654[가사소송법 제13조가 아니라 제22조 2호(부부가 마지막으로 같 은 주소지를 가졌던 가정법원의 관할구역 내에 부부 중 어느 한쪽의 보통 재판적이 있을 때에는 그 가정법원의 전속관할)가 적용될 사안이라고 보아 제1심 판결을 파기하고 전속관할 가정법원으 로 이송].

2 대판 1978. 7. 11, 78므7.

3 가족법연구, 사법연수원(2005), 44면.

4 가족등록법 제23조 ②항(2008. 1. 1.부터는 혼인당사자 일방이 혼인신고를 하려면 불출석 상대방 본인의 신분증명서를 제시하거나 인감증명서를 첨부하여야 하므로 혼인무효 사유도 그만큼 줄어

이에 이루어진 혼인신고는 그 당사자에게 "혼인할 뜻"이 전혀 없으므로 무효이다.

(가) **합의의 의미**   혼인의 합의의 의미에 관하여 아래와 같은 학설이 대립하고 있다.

1) 형식적 의사설   단순히 관청에 혼인신고를 하여 공부(公簿)상 부부의 형태를 갖추려는 의사, 즉 혼인신고의 의사[표시의사(表示意思)]의 합치를 말한다는 학설이다(소수설).[1] 따라서 가장(假裝)혼인도 유효하다고 한다.

2) 실질적 의사설   신고(표시)의사와 실체(효과)의사의 합치를 말한다는 설이다(통설). 즉, 사회 관습적 의미의 부부관계, 또는 사회통념상 부부라고 인정되는 정신적·육체적 결합관계를 생기게 할 의사의 합치와 혼인신고서를 제출하려는 의사(신고의사)의 합치를 모두 포함한다는 설이다.[2] 따라서 가장혼인은 무효이다.[3]

3) 법적 의사설   민법상 정형에 맞는 혼인을 하려는 의사의 합치를 의미한다는 설이다.[4]

판례와 통설은 2)설을 취하고 있다.[5] 즉, 혼인의 합의는 사회관념상 부부, 법률상 유효한 혼인관계·부부관계(남녀의 정신적·육체적 결합)의 설정을 바라는 효과의사(신고의사 포함)의 합치를 말한다고 해석된다. 그러한 의미에서 "동거하지 않겠다"는 의사를 분명히 표시하고 혼인신고만 한 혼인, "동성(同性)간의 혼인[6]", "조건부·기한부 혼인"은 모두 무효라고 해석하여야 할 것이다.

(나) **사실혼 부부 사이의 혼인**   사실혼 부부의 일방이 신고한 혼인을 유효하다고 본 사례가 많다. 예를 들면 6년간의 사실혼관계에서 아이가 출생하였으므로 "그 아이의 출생신고를 위하여 일단 혼인신고를 하자. 출생신고를 마치면 이혼하기로 하자"고 하여 혼인신고를 한 경우, 그 신고는 무효가 아니고 유효한 혼인신고라고 할 것이다.[7]

들 것이다).

1 정광현, 한국가족법연구, 서울대학교출판부, 1967, 753면.

2 김·김, 85면; 박병호, 67면 등; 동지 일 최판 1969. 10. 31, 집 23-10, 1894면.

3 대판 2010. 6. 10, 2010므574; 동 1996. 11. 22, 96도2049.

4 조미경, "혼인의사와 신고," 가족법연구 10호, 75면; 佐藤義彦, '身分行爲管見', 太田武男還曆記念 「現代家族法의 課題와 展望」, 218면(일본의 소수설).

5 대판 1975. 5. 27, 74므23(가족법판례, 45면); 1980. 1. 29, 79므62, 63; 1983. 9. 27, 83므22(인장위조, 행사); 1996. 11. 12, 96도2049[이 판례에 대한 평석: 김시현, "혼인의 무효," 판례연구 11집(서울지방변호사회), 193면 이하] 등.

6 김·김, 85면; 인천지판 2004.7.23.2003드합292(항소).

7 대판 1975. 11. 25, 75므26, 가판집 10, 106면; 2000. 4. 11, 99므1329(철회나 혼인관계종료합의가 없는 경우).

　:: 참고판례

　　① 김출가(승려, 가명)가 혼례식을 올리고, 동거하면서 딸 1명 김○○을 출산, "결혼사실이 알려지면 유학에 지장이 된다. 앞으로 8년 후 혼인신고를 하자"고 약속, 그런데 8년이 지나도 돌아오지 아니하자, 부인은 김○○의 취학을 위하여 시어머니와 상의하여 남편의 도장으로 혼인신고를 한 후 남편에게도 알렸다. 그 후 7년간 이의를 제기하지 아니하였다. 이러한 혼인은 무효가 아니고 유효하다(대판 1984. 10. 10, 84므71; 1990. 12. 26, 90므293 : 30년간 부첩관계, 4남매출산, 본처사망).

　　② 관례에 따라 결혼식을 올리고 부부로서 상당기간 동거하며 그 사이에 자녀까지 출산하여 혼인의 실체는 갖추었으나, 혼인신고만 되어 있지 않은 관계에서 당사자 일방의 부재(또는 의사무능력) 중 혼인신고가 이루어졌다. 그렇다 하여도 특별한 사정(혼인의사의 철회 등)이 없는 이상, 그 신고로 이루어진 혼인을 당연히 무효라고 말할 수는 없다(대판 1980. 4. 22, 79므77; 동2012. 11. 29, 2012므2451).

(다) 무효혼인의 구체적인 사례

　1) 가장(假裝)혼인신고　　혼인외 출생자의 신분을 감추려고, 또는 학교 교사직에서 면직 당하지 않도록, 혹은 해외이주의 목적 등으로 혼인신고(예컨대, "해외유학을 가려면 비자가 나와야 되니, 우선 혼인신고부터 하자"고 하여 혼인신고를 하였는데 먼저 신랑만 유학가고 신부는 가지 못하고 만 경우)한 경우, 한국 취업을 목적으로 혼인신고를 한 경우 그러한 혼인은 모두 무효[1]이다. 정신적·육체적 결합의 의사가 없고, 어떤 방편을 위한 혼인이기 때문이다.

　2) 가(假)호적[2] 또는 2중 호적 취적 당시 혼인한 것처럼 신고한 경우　　북한에서 살던 사람이 남한으로 내려와서 가호적(또는 2중호적)을 만들면서 옛날 원적지에서 실제로 누구와 혼인한 사실이 없는데도, 이미 어떤 사람과 혼인한 것처럼 가호적

---

1 대판 1975. 5. 27, 74므23; 1980. 1. 29, 79므62, 63(교사면직); 1985. 9. 10, 85도1481(해외이주); 1996. 11. 22, 96도2049(조선족의 국내취업); 대결 2009. 10. 8, 2009스64(조선족여성의 한국입국목적); 2010. 6. 10, 2010므574(필리핀여성의 취업); 서울가판 2013. 2. 1, 2012르1765(남자의 공인회계사 연수과정을 위하여 거짓 혼인신고) 반대 판례 서울가판 2006. 9. 15, 2006르600[27세의 대학원 졸업생(남자)이, 결혼반대를 심하게 하는 부모에 대한 시위의 수단으로 혼인신고, 혼인은 무효라고 주장한 사례 : 혼인무효라고 단정할 수 없다]; 동 2012. 3. 30, 2011르3405(아파트청약목적으로 혼인신고, 결혼식 전에 파혼, 혼인무효가 아니다).

2 미군정법령 제179호 '호적의 임시조치에 관한 규정'(1948. 4. 1.)에 의하여 북위 38도선 이북지역에 본적을 둔 사람들을 위한 임시조치로 만든 호적이 가호적이다. 1962년 호적법 개정으로 1963. 1. 1.부터 호적으로 인정됨(김·김, 115면, 주 57); 예규 제152호.

에 등재하여도 그 신고는 혼인의 효력이 없다(확립된 판례[1]).

3) 심신상실자 등의 혼인신고   심신상실자나 뇌졸중 등으로 의식을 상실한 사람 이름으로 혼인신고서를 제출한 경우,[2] 남편 사망 1일 전에 신고한 혼인[3] 등은 모두 무효이다.

4) 당사자 일방의 사망 후에 제출한 혼인신고(무효)   다만, 가족관계등록법 제41조에 따르면 '생존 중 우송'한 혼인신고는 사망 후라도 이를 수리하여야 하고, 수리되면 사망 시에 신고한 것으로 본다고 규정되어 있다. 이러한 혼인신고는 유효하다.

5) 인적 착오에 따른 혼인   혼인당사자 본인에 관한 인적(人的) 착오(甲을 乙로 착오)를 일으켜 혼인신고는 하였으나, 혼인의사가 없고 동거사실도 없는 경우,[4] 그 혼인은 무효이다.

6) 혼인당사자의 일방이 임의로 혼인 신고한 경우   혼인당사자 쌍방 사이에 혼인의 합의가 없으므로, 그 혼인은 무효이다.[5]

㈃ 혼인의사의 철회   혼인당사자의 일방이나 쌍방이 상대방이나 수탁자(혼인신고서 제출을 부탁받은 제 3 자)에게 혼인의사를 철회하거나, 담당공무원에게 혼인의사의 철회통보 또는 혼인신고수리 불가신고서를 제출하였는데도(예규 제139호), 그 이후에 혼인신고가 된 경우 그 혼인은 무효이다.[6] 사실혼부부의 일방이 혼인신고를 한 경우 다른 일방이 혼인철회의 의사를 표시하였거나 당사자 간에 사실혼관계를 해소[7]하기로, 또는 '혼인신고를 하지 않기로 하는 명백한 합의사실'이 없는 이상, 신고서 접수 당시 '남편이 혼수상태에 빠져 의식을 상실하였다'하더라도, 그 혼인은 유효하다.[8]

---

1 대판 1992. 1. 21, 91므238, 판례월보 제261호, 161면 등; 예규 제152호.
2 대판 1983. 9. 27, 83므22; 1996. 6. 28, 94므1089(혼인합의는 신고당시에도 존재하여야 함).
3 서울가판 1997. 5. 23, 96드98106.
4 서울가심 1971. 10. 29, 71드1233.
5 대판 1978. 10. 31, 78므37; 1983. 9. 27, 83므22; 수원지판 1997. 11. 18, 97드17771; 서울가판 2013. 6. 19, 2012드합8680(결혼식을 올리고 동거시작, 아내의 의부증이 심하여 남편이 가출, 1개월 후 아내가 임의로 혼인신고, 이 혼인은 쌍방의 합의가 없어서 무효) 참고: 서울가정법원의 판례 검색 방법: 서울가정법원 홈페이지에 들어가 우리법원 주요판결 란에서 검색 바로 앞의 빈 칸에 검색어 예컨대, 혼인무효, 이혼, 파양 등을 타자한 다음 검색을 누르면 관련판례를 찾아볼 수 있음. 다른 가정법원의 경우도 동일하다.
6 대판 1983. 12. 27, 83므28.
7 대판 1989. 1. 24, 88므795(사실혼관계 종료·해소 후의 일방적 혼인신고는 무효); 서울가판 2013. 6. 9, 2012드합8680(관계를 정리하기로 합의한 후의 일방적 혼인신고는 무효).
8 대판 1972. 3. 28, 72므2; 2000. 4. 11, 99므1329; 2012. 11. 29, 2012므2451; 서울가판 2006. 4. 26, 2004드합8654, 2005드합1827.

(2) 근친자 사이의 혼인

㈎ 당사자 사이에 8촌 이내의 혈족(친양자의 입양 전의 혈족을 포함)관계가 있는 때 (제815조 2호)   여기서 말하는 혈족에는 부계혈족·모계혈족, 자연혈족·법정혈족 (양친자), 존속혈족·비속혈족이 모두 포함된다. 다만 법정혈족의 경우는 양친자관 계가 존속 중일 경우를 말한다. 따라서 예컨대 양자와 양가의 8촌 자매와 사이의 혼인은 무효이다.

㈏ 당사자 사이에 직계인척관계가 있거나 있었던 때(제815조 3호)   예컨대, 장모 와 사위 사이, 시아버지와 며느리 사이와 같은 관계를 의미한다. 직계혈족(존속·비 속 포함)의 배우자(=인척)이거나, 배우자이었던 사람과의 혼인은 무효라고 규정한 것이다.[1] 따라서 계모와 전처의 아들 사이, 적모와 혼인외 출생자 사이, 남편·계 부(繼父)와 의붓딸(전남편의 딸, 가봉녀) 사이, 조부와 손자며느리 사이의 혼인 등 요 컨대 나의 아들·딸, 손자·손녀, 나의 부나 모, 조부나 조모의 배우자이거나 이었 던 사람들과의 혼인은 제815조 3호에 따라 모두 무효라고 할 것이다.

㈐ 당사자 사이에 양부모계의 직계혈족관계가 있었던 때(제815조 4호)   양자의 법정혈족들 중 8촌 이내의 혈족과는 혼인할 수 없지만(제815조 2호; 무효), 양친자 관계가 종료·해소된 후에는 그 금혼의 범위가 6촌 이내로 축소되고(제809조 ③항), 그 중 직계혈족과의 혼인은 무효가 된다는 의미이다. 예컨대, 양아버지였던 사람이 양녀와 혼인하면 무효이고, 양모(養母)가 양자였던 남자와 혼인하면 무효가 된다. 결국 법정혈족이었던 사람과의 혼인중 2~6촌 방계혈족간의 혼인은 취소할 수 있 는 혼인이 된다(제816조 1호).

㈑ 개정 전 민법에 따른 무효 근친혼의 보기   형부와 망처(亡妻)·전처(前妻)의 자매 사이의 혼인(예규 제150호), 또는 망부(亡夫)·전부(前夫)의 형제(시아주버니·시 동생)와 형수·제수 사이의 혼인(예규 제151호[2])은 무효라고 하고 있었다. 그러나 개정민법에 따르면 이러한 혼인이 무효혼인(제815조 2호~4호)에 해당되지 않고, 취 소할 수 있는 혼인(제816조 1호)이 될 것이다. 형부가 외국국적을 취득하였거나, 시 동생이 일본인이라고 할지라도 마찬가지다.

---

1 배우자의 직계혈족에는 직계존속과 직계비속이 있고, 비속인 인척에는 자기의 비속뿐만 아니라 자 기와 관련이 없는 비속(가봉자, 가봉녀, 전남편의 자녀, 전처의 자녀 등)도 있을 수 있다.
2 일본인 남자와 이혼한 한국인 여자가 전남편의 동생(일본인)과 재혼한 경우, 일본민법에 따르면 유효한 혼인일지라도, 한국 민법 제816조 1호와 국제사법 제36조 ①항에 의하면 취소혼인이 될 뿐이다(예규 제151호).

[혼인무효의 소의 당사자 등]

원 고	피 고	무효원인	제소기간	전속관할법원	근 거

남편, 아내
 	
법정(또는
특별)대리인, 4촌
이내의 친족
	아내, 남편
	
	부부쌍방,
	부부일방,
	검사
		혼인합의 없음
		근친혼
			x	1. 부부쌍방의 공통
				   주소지
				2. 부부일방의 마지막
				   주소지[1]
				3. 피고의 주소지
					가소 제22∼
					24조

5. 혼인무효의 효과

(1) 당사자 사이의 효과

㈎ 소급효와 가족관계등록부 정정

1) 혼인무효 판결이 선고되어 확정되면 그 혼인은 처음부터 없었던 것, 따라서 혼인당사자는 처음부터 부부가 아니었던 남남이 된다. 혼인무효 판결은 이처럼 소급효가 있고, 제 3 자(선의)에 대하여도 효력이 미친다(가소 제21조). 이를 판결의 대세적(對世的) 효력이라고 부른다. 판결확정 전에 혹시 배우자 일방이 사망하여 생존배우자가 재산을 상속하여 처분하였다면, 혼인무효판결의 확정으로 인하여 그 상속과 그 후의 재산처분(권리변동)은 모두 무효가 된다. 혼인에 따른 성년의제의 효과도 소멸한다.

2) 원고는 판결확정일로부터 1개월 안에 판결등본과 확정증명서를 발급받아 이를 첨부하여 가족등록부 정정신청을 하여야 한다(가등법 제107조). 원고가 사망하면 그의 배우자나 4촌 이내의 친족이 정정신청을 할 수 있다(예규 제85호).

㈏ 손해배상(적극)
혼인무효의 경우 당사자는 '과실 있는' 상대방에 대하여 손해(재산상·정신상 손해)배상을 청구할 수 있다(제825조·제806조 ①, ②항). 당사자는 정신상 손해배상(위자료)청구권을 양도하거나 승계하지 못하지만, 당사자 사이에 그 배상에 관한 계약이 성립되었거나 소를 제기한 경우는 그것을 양도할 수 있다(제825조·제806조 ③항). 이 손해배상청구사건은 이른바 다류 가사소송사건(2호)이므로, 조정전치주의의 적용을 받는다(가소 제50조). 그러나 소송 실무에서는 혼인무효사건이 가류사건이므로 그에 따르는 손해배상만을 따로 떼어서 다류사건으로

---

1 국내거주 외국인의 주소가 불명이라고 하여 그를 상대로 하는 혼인무효 등 소송의 전속관할법원이 무조건 서울가정법원이 되는 것은 아니고 원, 피고의 마지막 공통주소지이자 원고의 현주소지 관할 가정법원인 대전가정법원으로 사건을 이송하였다(전게 서울가판 2017. 3. 17, 2016르654).

제소하거나 심리하는 경우는 드문 것 같다.

(다) **재산분할청구** 중혼적 사실혼 종료·해소의 경우 재산분할청구를 인정하지 아니하는 판례[1]의 취지를 유추하여 무효 혼인의 경우에도 재산분할청구나 일상가사의 연대책임은 인정할 수 없다는 학설이 있다.[2] 그러나 법률혼이 파탄상태에 있고 이혼절차만 진행하지 아니하는 경우의 사실혼의 경우는 재산분할을 인정하여야 한다는 유력한 학설이 있고[3], 무효혼인의 경우 하급심판례는 혼인의 무효를 선고하면서 위자료와 재산분할을 인정하고 있다.[4]

(라) **처의 가족관계등록문제** 호주제도가 있을 당시에는 처가 친가로 복적(復籍)하거나, 친가부흥 또는 일가창립을 할 수도 있었다(구민 제787조 ①항). 지금은 처의 혼인관계기록에 나타날 뿐, 친가 복적 등의 문제는 생길 여지가 없어졌다.

(2) 자녀에 대한 효과

혼인이 무효가 되면 그러한 혼인중의 출생자는 혼인외의 출생자로 변화된다(제855조 ①항 후단). 그 출생자가 미성년자인 경우 그를 위한 친권자나 양육자를 지정하여야 하는바 이는 이혼의 경우와 동일하다. 가정법원은 혼인무효판결을 선고하는 경우 미성년자의 친권자, 양육자 지정에 관하여 그 부부(부모)에게 미리 협의하도록 권고하여야 한다(가소 제25조). 협의가 이루어진 경우는 그 협의대로 법원이 친권자지정판결이나 심판을 할 것이고, 협의를 할 수 없다면 법원에서 직권으로 친권자를 지정하여야 한다(제909조 ⑤항). 무효혼인중의 출생자에 대하여 생부가 출생신고를 하면 인지(認知)의 효력이 생긴다.[5]

6. 혼인무효의 소(訴)와 소의 이익, 권리남용

(1) 소(訴)의 이익

혼인무효 확인의 소를 제기할 법률상 이익은, 상속·부양·재혼금지·가족등록부정정·친생자추정·연금관계법에 의한 연금수령자격 판정 등을 하는 데 있다. 요컨대, 혼인관계가 현재의 신분상·재산상의 법률상태에 직접적인 영향을 미치는 경우에는 그 무효확인을 청구할 정당한 법률상 이익이 있다.

---

1 대결 1995. 7. 3, 94스30.
2 김상용 외 3, 363면.
3 윤진수 대표, 주해친족법 제 1 권 549면; 지원림(2007), 471면.
4 서울가판 2013. 6. 19, 2012드합8680(위자료 1,000만 원, 재산분할 2억 3천만 원을 인정).
5 대판 1971. 11. 15, 71다1983; 가등법 제57조(혼인외의 자에 대한 출생신고도 인지효력 발생).

⑺ **협의이혼 후의 혼인무효 주장**　　협의이혼을 한 후에도 당초 혼인의 무효확인의 소를 제기할 수 있는가? 대법원은 처음에는 소의 이익을 긍정하여 혼인무효의 소를 제기할 수 있다[1]고 하다가, 그 후에는 소의 이익을 부정하여, '단순히 여자가 혼인하였다가 이혼한 것처럼 호적상 기재되어 있어 불명예스럽다'는 것만으로는 확인의 이익을 인정할 수 없다고 판결하고 있다.[2] 생각건대, 소의 이익을 긍정하는 것이 옳을 것이다.

⑻ **가족관계등록부의 재작성**　　가사판결(혼인무효판결)과 그 확정증명서, 그리고 만일 혼인무효가 당사자 일방이나 제 3 자의 범죄행위(예컨대, 혼인신고행위가 사문서위조, 공정증서원본부실기재죄 등)로 인하여 이루어진 경우에는 검사의 기소유예처분 결정 또는 형사판결을 동시에 첨부하여 신청하여야 새로운 가족관계등록부(혼인무효 등의 기재가 없는 깨끗한 것)를 만들 수 있다(예규 제41호; 가족관계등록부의 재작성에 관한 사무처리지침).

(2) 권리남용

아들이 생모의 사망신고를 허위로 한 후 혼인무효청구를 한 경우 이는 권리남용이 되고,[3] 혼인관계가 형식상 존속함을 이용하여 오로지 상속권을 회복할 목적으로 혼인무효확인 청구를 하는 것도 권리남용에 해당된다.[4]

:: **참고판례**

부모(甲男乙女)가 동거 중 아들(丙)을 출산하고 모(乙)가 가출하고, 부(甲)는 타인(丁)과 결혼하여 살다가 사망하였다. 아들은 생모(乙)의 사망신고를 허위로 하고, 甲과 丁의 혼인신고 후, 甲의 사망신고를 하였다. 아들은 우선 생모(乙)의 이름으로, 甲과 丁 사이의 혼인무효확인의 소(사망자 사이의 혼인이라는 이유로)를 제기하였으나, 패소확정판결을 받았다. 아들은 다시 자신(丙)의 이름으로 甲과 丁간의 혼인이 무효라고 주장하면서 그 확인소송을 걸었으나, 그 소송은 권리남용이라고 배척되었다(대판 1987. 4. 28, 86므130).

---

1 대판 1978. 7. 11, 78므7; 1995. 3. 28, 94므1447(사실혼 관련); 1995. 11. 14, 95므694; 수원지판 1996. 5. 31, 96르32; 서울가판 1996. 12. 3, 96드37910[확정 : 출생자가 전남편과 현남편의 친생자로 중복 추정되는 경우 전남편의 친생성을 부정하기 위하여, 협의이혼신고로 처리된 전혼(前婚)의 무효 확인 청구를 할 이익이 있다]; 박동섭, 3정판 주석가사소송법, 149면.
2 대판 1984. 2. 28, 82므67.
3 대판 1983. 4. 12, 82므64; 1987. 4. 28, 86므130.
4 대판 1987. 4. 28, 86므130.

7. 무효혼인의 추인

당사자 사이에 혼인의 합의가 없는 무효인 혼인이라도, 부부공동체로서의 생활관계가 있고 후일 당사자 간에 혼인의 합의를 하게 되면 굳이 그 혼인을 무효로 할 필요는 없다. 이것이 추인(追認)이다. 무효인 혼인신고라도 당사자가 신고사실을 알면서 이를 다투지 않고 계속 동거한 경우는 묵시적 추인으로 인정되어 '혼인 당초부터' 소급하여 그 혼인은 유효하게 된다. 추인에 소급효가 있다는 점을 특히 주의하여야 한다.[1]

:: 참고판례

① 추인을 부정한 예 : 일방적인 혼인신고 후 혼인의 실체(신분관계의 실질적인 형성) 없이 몇 차례 육체관계로 아들을 출산한 경우[대판 1993. 4. 19, 93므430; 1991. 12. 27, 91므30; 동지 1986. 3. 11, 85므89(사실혼에 관한 것)], 또는 甲남이 이미 乙녀와 헤어지고 나서, 丙녀와 혼인하여 동거하면서, 乙녀와 사이에 어떤 문제가 있어 乙녀를 달래고 무마하는 과정에서 乙녀와 몇 차례 육체관계를 가졌다 하더라도 이로써 곧 무효인 혼인을 추인한 것으로 보기 어렵다(대판 1983. 9. 27, 83므22; 동지 1978. 10. 31, 78므37 : 무효인 혼인신고사실을 알고도 그 혼인에 만족하고 부부생활을 계속한 사실이 인정되지 아니하는 경우).

② 추인을 긍정한 예 : 민법 제139조는 재산법에 관한 총칙규정이고 신분법에 관하여는 그대로 적용될 수 없으므로, 한쪽 당사자가 모르는 사이에 혼인신고가 이루어져 무효인 경우에도, 그 후 양쪽 당사자가 그 혼인에 만족하고 그대로 부부생활을 계속한 경우에는 그 혼인을 무효로 할 것이 아니다(대판 1965. 12. 28, 65므61).

II. 혼인의 취소

1. 서 론

(1) 개 념

당사자 사이에 혼인신고가 되어 있으나 그 혼인에 위법사유(혼인무효의 경우보다는 경미한 위법)가 있어서 혼인의 효력을 소멸시키는 것이 혼인의 취소이다.

---

1 대판 1965. 12. 28, 65므61; 동지 일 최판 1972. 7. 25.

(2) 유사개념과 구별 및 그 특질(취소의 방법)

혼인취소의 소는 형성(形成)의 소라는 점이 특이하다. 부부가 "우리 혼인 취소 합시다. 좋습니다."하여 혼인이 취소되는 것은 아니다. 취소권자의 의사표시나 부부간의 합의만으로 혼인을 취소할 수 없고(일반 재산상 법률행위의 취소와 다른 점), 반드시 가정법원에 혼인취소소송을 제기하여 승소판결을 받아야만 혼인을 취소할 수 있다. 이 점에서 혼인무효의 소가 확인소송이라서 반드시 소송으로 주장하지 않고 다른 소의 전제문제나 선결문제로 무효를 주장할 수도 있는 것[예컨대 상속재산분할심판청구 사건에서 망인(피상속인)과 생존배우자(상속인)와 사이의 혼인은 무효라고 주장]과 다르다. 혼인취소에는 소급효가 없는 점도 혼인무효와 다르다.

2. 각종 혼인취소의 사유와 그 청구권자 등

(1) 부적령혼(不適齡婚)

⑺ 개   념   만 18세(혼인적령) 미만의 사람(예컨대 부부의 일방 또는 쌍방이 17세인 경우)이 혼인신고를 한 경우, 당사자는 그 혼인을 취소할 수 있다.

⑻ 당 사 자   혼인취소의 청구권자(원고)는 당사자, 그 법정대리인이고, 상대방(피고)은 부부중의 일방이나 검사(부부모두 사망)다(제817조 전단·제807조·제816조 1호, 가소 제24조). 법정대리인 등 제 3 자가 원고로서 제소할 경우의 피고는 혼인무효의 소의 경우와 완전히 동일하다(가소 제24조; 부부쌍방·일방·검사).

⑼ 청구권의 소멸   혼인당사자가 혼인적령에 달한 후 3개월이 지나거나, 혼인적령미달 중이라도 혼인중에 아이를 임신한 경우는 취소청구권이 소멸된다(제819조 유추적용).[1]

(2) 동의 없는 혼인

⑺ 개   념   미성년자(19세 미만자)·피성년후견인이 부모나 후견인의 동의없이 혼인한 경우, 그러한 혼인은 무효혼인이 아니고 취소할 수 있을 뿐이라는 것[2]을 주의하여야 한다.

⑻ 당 사 자   당사자나 그 법정대리인이 원고가 된다(제817조 전단·제807조·

---

1 김·김, 121면.
2 대판 1966. 5. 31, 66므1; 서울가판 2011. 7. 22, 2011드단0000 참고[일민 제744조 ①항은 부모의 동의누락(제737조 ①항)을 혼인취소사유로도 삼지 않고 있다; 미국에서는 부모의 동의누락을 취소혼인(voidable marriage)으로 인정. Harry D. Krause 외 3, 45면 이하].

제816조 1호). 법정대리인도 취소권자임을 주의하여야 한다.[1] 피고(상대방)는 위 (1)부적령(18세 미만자)혼의 경우와 동일하다.

(다) **청구권의 소멸** 미성년자가 만 19세가 된 후 또는 성년후견 종료 심판 후 3개월이 지나거나, 혼인중에 임신이 되면 취소청구권이 소멸된다(제819조).

(3) 근친혼(近親婚)

(가) **개 념** 혼인당사자 사이에 8촌 이내의 혈족관계(제815조 2호), 직계인척 관계가 있거나 있었던 때(동조 3호), 양부모계의 직계혈족관계가 있었던 때(동조 4호) 그 혼인은 무효이다. 그리고 그 외의 인척, 즉 6촌 이내의 혈족의 배우자, 배우자의 6촌 이내의 혈족, 배우자의 4촌 이내의 혈족의 배우자이거나 이었던 자(제809조 ③항)와 사이의 혼인은 취소할 수 있다(제816조 1호·제817조 후단).

(나) **범 위** 동성동본인 혈족들 사이의 혼인은 그것이 8촌 이내의 것이면 무효이고, 9촌 이상의 것이면 유효하다.[2] 따라서 동성동본간의 혼인에는 취소혼인이 없어졌다.

(다) **당 사 자** 취소청구권자는 당사자·직계존속·4촌 이내의 방계혈족(제817조 후단)이고, 상대방은 배우자의 일방이나 검사이다. 존속 등 제 3 자가 제기하는 경우의 피고는 위 (1) 부적령혼의 경우와 동일하다.

(라) **청구권의 소멸** 근친혼 부부사이의 혼인중 아이를 임신한 경우에는 취소 청구권이 소멸된다(2005. 3. 31. 개정민법 제820조; 개정 전에는 아이를 출산한 경우).[3] 근친혼 취소의 소에 제소기간의 제한이 없는 것은 법률상 하나의 문제점이다.

(4) 중혼(重婚)

(가) **개 념** 배우자 있는 사람이 중복하여 혼인(혼인신고를 마친 혼인)한 경우, 당사자는 이러한 혼인을 취소할[4] 수 있다(제818조·제810조). 중혼당사자의 선의·악의는 불문하고 나중의 혼인(後婚)이 취소의 대상이다. 이는 일부일처제를 유지하기 위한 것이다.

---

1 법정대리인 중 친권자는 취소청구권을 행사할 수 없다. 혼인으로 미성년자가 행위능력자가 되기 때문이라고 해설하는 견해가 있다(김·김, 122면). 그러나 성년자 간주여부를 불문하고 친권자도 혼인취소청구를 할 수 있다고 해석함이 타당할 것이다(서울가판 2011. 7. 22, 2011드단0000; 양가의 어머니들이 아들과 딸(=혼인 당사자)을 상대로 혼인취소청구. 참조). 송덕수, 45~6면 참조.
2 헌재결 1997. 7. 16, 95헌가6~13 이후, 구호적예규 제535호, 1997. 7. 30; 가등법 제71조 4호.
3 대판 1992. 9. 22, 92므37[동성동본 혈족인 남녀가 혼인신고를 하고 아이를 출산한 경우, 혼인취소청구권이 소멸되므로 소는 각하: 개정(2005) 전 민법 제820조는 혼인중 자(子)를 '출생'한 때에는 그 취소를 청구하지 못한다고 규정하고 있었기 때문이다].
4 미국에서는 중혼을 무효혼인으로 분류하고 있다(Harry D. Krause 외 3, 45면 참조).

(나) **당 사 자**　　취소청구권자는 중혼당사자·배우자(전·후혼)·직계혈족[1]·4촌 이내의 방계혈족·검사이고(제818조·제810조·제816조 1호), 상대방은 부부가 서로를 피고로 삼고, 제3자가 원고인 경우의 피고는 위 (3)의 경우와 동일하다.

가사소송에서 검사를 원고로 규정한 것은 이 경우가 유일하다. 그 이유는 공익(公益)의 견지에서 1부1처제[2]를 유지하기 위한 것이다.

(다) **청구권의 소멸(제소기간)**　　중혼이 존속하는 동안은 언제든지(제척기간이 없음) 중혼의 취소를 청구할 수 있고, 중혼당사자의 일방이 사망(중혼관계 해소)한 후라도 전혼의 배우자 등은 취소청구를 할 수 있다.[3]

(라) **중혼취소청구와 권리남용**

1) **권리남용을 부정한 예**　　중혼자가 사망하였다고 하여 '중혼으로 형성된 신분관계'가 소멸하는 것은 아니므로, 중혼자의 사망 후 전혼(前婚)의 배우자가, 생존한 후혼(後婚)의 일방당사자를 상대로 중혼취소청구를 한 것이 권리남용이나 신의칙에 위반된다고 할 수 없고,[4] 중혼취소 청구권자(예컨대 본처)가 실제로는 "사망자(전남편)와 이혼상태에 있었다."든지, "혼인생활을 계속할 의사가 없다"거나, "이혼판결을 믿고 혼인(중혼)한 선의의 제3자나 그 자녀들의 이익이 크게 침해된다."는 등의 사유만으로는 이 사건 중혼취소청구가 오로지 상대방을 괴롭히기 위한 소송이고 권리남용이라고 말할 수 없다.[5]

2) **권리남용을 긍정한 예**　　중혼남편의 이복동생이 중혼성립 후 10여년 후 중혼취소청구를 한 사례에서, 중혼당사자는 이미 사망한 후이고, 아무런 이해관계 없는 원고의 취소청구는 권리남용이 된다.[6]

(마) **중혼의 해소방법**　　중혼에 대하여 취소청구뿐만 아니라, 협의이혼, 재판상 이혼청구도 할 수 있다[7](아래의 참고판례, 예규 제169호). 중혼이 이혼으로 정리된

---

1 2012년 민법개정 전에는 '직계존속'이던 것을 헌재 2010. 7. 29, 2009헌가8의 헌법불합치결정(민법 제818조가 중혼취소권자에 직계비속을 제외한 것은 평등의 원칙에 위반된다)에 따라 '직계비속'을 포함시켜서 '직계혈족'이라고 개정한 것이다.; 송덕수 47면.
2 영국보통법, 미국성문법은 일부다처를 결코 허용하지 않았다(Harry D. Krause 외 3, 46~47면).
3 대판 1986. 6. 24, 86므9; 1991. 12. 10, 91므535; 1993. 8. 24, 92므907(중혼성립 후 10여년이 지난 경우); 서울가판 1994. 9. 30, 94드34634[중혼신고 후 약 20년이 지난 후, 망부(亡夫)의 누이동생이 중혼취소청구] : 취소청구권은 존속.
4 대판 1991. 12. 10, 91므535.
5 대판 1991. 5. 28, 89므211; 1986. 6. 24, 86므9; 1965. 7. 27, 65므32.
6 대판 1993. 8. 24, 92므907, 판례월보 제280호, 135면.
7 대판 1991. 12. 10, 91므344.

후에도 그 혼인(중혼)의 취소를 청구할 수 있는가? 일단 중혼상태가 종료·해소되었으므로 소의 이익이 없어 이를 부정함이 타당할 것이다.[1] 혼인이 이혼으로 처리된 후에도 마찬가지일 것이다.

:: 참고판례

① 혼인이 일단 성립되면 그것이 위법한 중혼이라 하더라도 당연히 무효가 되는 것은 아니고, 법원의 판결에 의하여 취소될 때에 비로소 그 효력이 소멸될 뿐이므로 아직 그 혼인취소의 확정판결이 없는 한 법률상의 부부라 할 것이므로 재판상 이혼의 청구도 할 수 있다(대판 1991. 12. 10, 91므344).

② 전혼의 이혼신고가 편취된 판결(남편이 미국의 어느 법원에서 받은 허위판결)을 근거로 한 것이라 무효가 됨에 따라 후혼이 중혼이 되고, 중혼(=후혼)은 국제사법(제36조 ①항)에 따라 무효가 된다고 선고한 판례가 있다. 주문 : 피고들 사이에 2011. 8. 31. 미국 ***주 *** 혼인등록관에게 혼인등록을 하고 혼인증서를 발급받아 2013. 4. 22. 그 증서등본을 서울 **구청장에게 제출하여 한 혼인은 무효임을 확인한다(서울가판 2014. 6. 27, 2013드단91378).

(5) 악질(惡疾) 기타 중대한 사유가 있는 혼인

⑺ 개 념　혼인당사자의 일방에 부부생활을 계속할 수 없는 악질(고치기 힘든 병) 기타 중대한 사유가 있음을 혼인당시 알지 못하고 혼인한 경우, 선의의 당사자는 그 사유가 있음을 안 날로부터 6개월 이내에 그 취소를 청구할 수 있다(제816조 2호·제822조). '부부생활을 계속할 수 없는 중대한 사유'의 의미는 약혼해제사유, 이혼사유(제804조·제840조 6호) 등을 참작하여 구체적으로 결정할 수밖에 없다. 이 사유는 혼인 당시 알지 못한 사유인 점에서 재판상 이혼사유와 다르다.

⑻ 당 사 자　취소청구권자는 선의의 당사자뿐이고, 상대방은 부부의 일방이나 검사이다(가소 제24조).

⑼ 청구권의 소멸　그러한 사유가 있음을 안 날로부터 6개월(제척기간 : 책임 없는 사유로 기간이 경과하여도 제소권리는 소멸)이 지나면 취소청구권은 소멸된다. 임신가능여부는 여기의 악질에 해당하지 않으며, 민법 제840조 6호의 이혼사유와

---

[1] 가사소송재판실무편람(법원행정처, 2008), 215면(이혼이나 혼인취소나 그 효과는 장래에 향하여 혼인의 효력이 소멸한다는 점에서 동일하므로); 일 최판 1982. 9. 28.

는 문장표현이 다르므로 이 사유는 엄격하게 제한하여 해석할 것이다.[1]

:: 참고판례

B형 간염의 만성보균상태를 이유로 삼아 혼인취소를 청구한 사안에서 악질이 아
니라고 청구가 기각된 사례가 있다[서울가판 1996. 10. 4, 95드36873, 항소심에
서 취소청구를 혼인무효청구로 변경(청구의 교환적 변경)하여 혼인무효판결이 선
고됨, 서울고판 1997. 1. 13, 96르3395, 가사판결·심판집(서울가법), 143면].

(6) 사기·강박에 의한 혼인

⑺ 개 념   사기나 강박으로 인하여 혼인의 의사표시를 한 사람은 사기를
안 날 또는 강박을 면한 날로부터 3개월 이내에 혼인의 취소[2]를 청구할 수 있다
(제816조 3호·제823조). 사기 등으로 인하여 혼인의사를 결정·표시하고 나아가 혼
인신고까지 한 경우에 이를 취소할 수 있다는 말이다. 사기로 인하여 사람의 동일
성에 착오를 일으켰다면 그러한 혼인은 무효가 된다. 이러한 사기혼인 등의 취소
제도는 개인의 이익을 보호하기 위한 것, 이른바 사익적(私益的) 취소이다. 이에 비
하여 앞의 (1)~(5)의 취소(제816조 1호·2호)는 공익적(公益的) 취소라고 한다.

⑻ 사기나 강박의 정도   결혼중매인이 신랑감과 신붓감을 소개하면서 그 성
질·연령·건강·학력·경력·사회적·경제적 지위·수입·재산상태·가정환경 등을 다
소 과장하여[3] 좋게 이야기하는 수가 더러 있다. 이러한 것은 상식적으로 보아 어
느 정도 타당한 범위 내의 것이면 사기가 되지 아니한다. 만일, 사기에 의한 착오
가 없었더라면 누구라도 혼인을 하지 않았을 정도로 위법성이 강하여야 혼인취소
를 청구할 수 있다.[4] 사기나 강박이 아닌 경우라도 심신장애로 의사결정능력에 문

---

1 대판 2015. 2. 26, 2014므4734(염색체이상, 불임 등은 여기의 악질에 해당되지 않는다).
2 미국에서도 이러한 사기나 협박에 의한 혼인을 취소할 수 있는 혼인으로 인정하고 있다(Harry D.
  Krause 외 3, 45면).
3 대판 1995. 12. 8, 94므1676, 1683(약혼해제 사유).
4 서울가판 2006. 8. 31, 2005드합2103[학력(실제로 ○○전수학교 졸업 → 고려대학교 교육학과 졸
  업), 혼인경력(실제 2차례 혼인 → 노처녀), 출산경력(실제 아이 3명 → 노처녀) 등에 대하여 상대방
  을 기망하여 혼인한 사례: 혼인취소를 인정]; 2012. 10. 18, 2012드합2569; 2015. 5. 21, 2014드단
  327296(학력·직업, 거주지 속임); 2014. 7. 9, 2013드단83889[사실혼 전력, 직업(남자 유흥접객원
  을 공급하는 속칭 보도사무실 운영) 속임] 주위적 청구인 혼인취소는 기각되고, 예비적 청구와 반
  소청구에 따라 이혼판결이 선고된 예(서울가판 2013. 6. 20, 2012드합3883,2013드합2634)도 있다.
  대판 2016. 2. 18, 2015므654,661(출산경력 불고지: 베트남여성이 13세 당시 성폭력범죄의 피해로
  임신출산, 그러나 그 후 8년 동안 자녀와의 관계가 단절된 사안, 원심은 사기혼인 인정. 대법원은
  파기환송; 환송심; 성폭행의 결과 아이를 임신한 것이 아니라고 인정하여, 출산사실 고지의무가

제가 있으면 역시 혼인취소를 인정할 수 있을 것이다.[1]

(다) **제 3 자의 사기나 강박행위**   사기나 강박행위를 한 사람은 반드시 혼인당사자일 필요는 없고 제 3 자도 이러한 행위를 할 수 있다. 제 3 자의 사기나 강박사실을 혼인 상대방이 알든 모르든(선의·악의, 과실·무과실 불문), 속은 사람은 취소할 수 있다(제110조 ②항과는 다름을 주의)[2].

(라) **취소청구권자와 제척기간**   취소청구권자는 사기 등을 당한 당사자(일방 또는 쌍방)뿐(제 3 자는 원고가 될 수 없음[3])이고, 피고는 부부의 일방 또는 검사(피고 사망시)이다(가소 제24조 ③항). 취소청구권은 사기를 안 날이나 강박을 면한 날로부터 3개월이 지나면 소멸된다(제823조). 강박은 면하기 쉽겠지만, 사기당한 사실은 모를 수 있다. 그래서 이론상 혼인신고 후 10년이 지나서 비로소 사기사실을 알았더라도 그 때부터 3개월 안에 혼인취소의 소를 제기할 수 있다(이는 입법론상 문제점).[4]

3. 혼인취소의 절차와 방법

(1) 조정전치주의(소극)

가사소송법은 혼인취소사건을 이른바 나류 가사소송사건(2호)으로 규정하고(가소 제 2 조 ①항), 나아가 조정전치(調停前置)의 대상사건으로 정하고 있다(가소 제50조). 그러나 혼인취소사건은 당사자가 임의로 처분할 수 없는 사건(가소 제59조 ②항 단서)이므로 조정으로 처리될 수 없고[5] 조정전치주의가 적용될 수 없다. 따라서 부부간의 혼인취소의 합의 또는 조정은 무효라고 할 것이다.[6] 다만 혼인관계를 유지하기로 합

있다고 판시. 혼인을 취소하고 위자료 300만 원 인정. 재상고심 2017. 5. 16, 2017므238(본소), 245(반소): 심리불속행기각) 이에 대한 논평 최준규, '출산경력의 불고지가 혼인취소사유에 해당하는지 여부' 가족법연구 제31권 2호(한국가족법학회, 2017), 307~62면.

1 박병호, 84면; 서울가판 2005. 3. 10, 2004르910(확정)[사기나 강박 이외에 의사결정능력 및 판단력에 심각한 장애(외상 후 스트레스장애)상태에 빠져 이른바 '양가감정'에서 이루어진 혼인의 의사표시에 대하여 민법 제816조 3호의 규정을 유추 적용하여 혼인취소를 인정하고 있다].

2 김·김, 121면; 송덕수, 50면; 이경희, 79면; 지원림, 1864면.

3 민법 총칙 제140조 소정의 대리인, 승계인의 취소는 인정될 수 없다(我妻 외 2, 71면).

4 인천지판 2005. 11. 8, 2005드단11930[남편이 5년 동안 가짜 의대생 행세를 하여 온 것은 혼인취소사유(법률신문 제3412호, 6면)]. 다른 사람과의 성관계로 아이를 임신한 사실이 드러난 경우(서울가판 2007. 7. 19, 2006드단102171; 수원지판 2007. 6. 13, 2006드단23470, 2007드단4168); 한국에 입국할 목적 기타 다른 목적으로 혼인한 경우(서울고판 2007. 8. 21, 2006르1343; 서울가판 2007. 9. 19, 2007드단34862; 부산지법가정지판 2007. 6. 22, 2006드단19524); 피고가 혼인 후 한국에 입국하여 주민등록증을 수령하자 가출한 경우(창원지법통영지판 2007. 7. 24, 2007드단187) 등.

5 예규 제170호(혼인취소와 같은 것은 판결에 의하지 않고는 가족등록신고를 할 수 없다).

6 개정증보 법원실무제요 ― 가사 ― (1994), 270면, 440면; 대판 1968. 2. 27, 67므34(친생부인의 조

의하여 소를 취하하게 한다든지, 혼인취소의 소를 취하하는 대신, 위자료를 지급받고 혼인은 협의이혼으로 처리하는 등의 우회적인 조정은 가능하다[1]고 할 것이다.

(2) 소송의 상대방(피고)

원고(취소청구권자)는 배우자 또는 검사를 피고로 삼아(가소 제24조 ③항), 피고의 주소지 관할 가정법원에 혼인취소의 소를 제기하여 판결을 받아야 한다. 당사자 이외의 제 3 자가 이러한 소(중대한 사유, 사기·강박을 이유로 한 혼인취소 제외)를 제기하는 경우는 부부 쌍방, 생존자 일방, 검사를 피고로 삼아야 한다(가소 제24조).

(3) 혼인취소 판결의 주문형식

"원고와 피고[또는 피고와 소외 망 홍길동(1997. . . 생, 본적. . .)] 사이에 20 . . . 서울 ○○구청장에게 신고하여 한 혼인은 이를 취소한다."고[2] 표시한다.

4. 혼인취소의 효과

혼인취소의 판결은 이른바 형성판결로서 제 3 자에 대하여도 효력이 생긴다(가소 제21조).

(1) 불 소 급

㈎ 혼인의 취소

1) 혼인취소판결이 선고되어 확정되면 그 혼인은 장래에 향하여 종료·해소된다(제824조). 다시 말하면 혼인취소에는 소급효(遡及效[3])가 없다(제109조·제110조의 경우와 다름). 따라서 혼인취소의 판결확정시점 이후부터 그 부부는 남남이 되고 혼인관계가 종료된다. 혼인으로 인한 성년의제의 효과는 유지된다.

2) 혼인취소판결확정 전에 이미 상속을 받았다면 그 상속은 그대로 유효하므로 부당이득이 되지도 아니한다.[4]

3) 입 법 론   혼인취소의 효과는 혼인성립의 부정이 아니고 혼인계속의 부정

정조서는 무효); 국내의 다수학설(김주수, 133면; 배경숙·최금숙, 91면; 김용한, 123면; 이경희, 60면; 양수산, 236면 등)은 혼인취소에 조정전치주의가 적용된다고 해설하고 있으나, 이는 실무와는 동떨어진 설명이다.

1 전게 실무제요 -가사-[II](2010), 18면.
2 가족법연구(사법연수원, 2005), 47면.
3 미국의 혼인취소 판결의 효과는 소급효가 있다(Krause, 45면 이하 참조).
4 대판 1996. 12. 23, 95다48308.

이므로 이혼의 경우와 너무 비슷하다. 그래서 앞으로 혼인취소와 이혼을 통일하는 것이 바람직하다는 견해도 있다.[1]

(나) **자녀의 신분**   취소혼인중에 태어난 아이는 '혼인중 출생자'의 신분을 계속 유지하게 되고, 미성년자가 혼인하여 얻은 '성년자신분'(성년의제효과)은 혼인취소 후에도 계속 유지된다.

(다) **가족관계등록부 정정**   혼인취소판결이 확정되면 원고나 피고는 판결확정일로부터 1개월 이내에 판결등본과 확정증명서를 갖추어 가족관계등록부 정정신고를 하여야 한다(가등법 제73조, 제18조, 제38조, 제58조 ①~③항).

(라) **인척관계 종료**   계모·자 관계, 적모·서자관계, 기타 시가나 처가 혈족간의 인척관계는 혼인취소로 인하여 모두 종료된다(예컨대 적모나 계모의 혼인이 취소되면 그 적모 등과 전처자녀, 혼인외 출생자 기타 남편의 친족과 사이의 인척관계가 소멸된다).[2]

(2) 손해배상

혼인무효의 경우와 같이 혼인취소의 경우에도 선의의 당사자는 '과실 있는' 상대방 또는 사기·강박에 가담한 제 3 자에 대하여 손해배상을 청구할 수 있다(제806조·제825조·가소 제 2 조 ①항, 다류사건 2호 : 조정의 대상). 사기나 강박에 의한 혼인에 관하여 혼인취소나 이혼청구를 할 수도 있고, 협의이혼으로 정리한 경우라도 별도의 손해배상청구를 할 수 있지만,[3] 그렇다고 하여 혼인취소나 이혼판결을 받지 않고, 단지 혼인취소사유가 있다는 사실만으로 손해배상을 청구할 수는 없다.[4]

(3) 재산분할청구

민법에 규정이 없으나, 혼인취소의 경우에도 재산분할청구를 인정함이 타당하다. 가사소송법에서는 이를 보충하여 규정하고 있다(가소 제 2 조, 마류사건 4호, 가소규 제96~98조).[5]

---

1 박병호, 86면; 이영규, 83면.
2 혼인취소 후 재혼하려고 하는 경우, 전 배우자의 6촌 이내의 혈족 등과 혼인하면 혼인취소사유가 된다(민법 제816조 1호). 종전의 배우자와 다시 혼인하는 것은 혼인장애사유가 될 것 같지는 않다. 하나의 연구과제이다(甲斐 외 2, 43면 이하 참조).
3 대판 1977. 1. 25, 76므2223(제 3 자의 사기로 인한 혼인이지만 혼인취소가 아닌 이혼으로 종결); 1969. 8. 19, 69므17.
4 서울가판 2006. 8. 31, 2005드합2103(혼인이 취소되어도 과거의 혼인생활이 유효한 이상, 이미 지출된 결혼식비용, 생활비 등은 유효한 혼인생활유지에 필요한 비용이므로, 재산상 손해라고 볼 수 없다).
5 취소 혼인으로 얻은 재산은 취소원인에 관하여 선의인가 악의인가에 따라 부당이득으로 반환하여야 한다(제741조·제748조). 이 부당이득과 재산분할청구가 중복되는 경우는 재산분할로 처리하여야 할 것이다(甲斐 외 2, 44면).

(4) 친권자 등의 지정

혼인취소의 경우 미성년자녀를 위한 친권자는 부부의 협의를 참작하여 법원이 직권으로 정하고(제909조 ⑤항), 양육자는 부부의 협의로 이를 정하고, 만일 협의가 안 되면 법원에 청구하여, 또는 법원의 직권으로 그 지정심판을 받을 수 있다(제824조의 2·제837조·제837조의 2; 2005. 3. 31. 개정; 가소 제25조).

[혼인취소의 소의 당사자 등]

구 분	원 고	피 고	제소(제척)기간	관할법원	청구권소멸	근거조항
연령(18세) 미달	당사자·법정대리인	부부의 일방·검사(피고 사망 시)	혼인적령 미달 (19세 이르기 직전) 중	피고의 주소지 (혼인무효의 경우와 동일) 법원	적령도달 후 3개월 경과·혼인중 임신	제807조·제816조 1호·제817조·제819조·가소 제24조
동의흠결 혼인	"	"	19세된 후·성년후견 종료심판 후 3개월 이내	"	제소기간(3개월) 경과·임신	"
근친혼 (제815조의 무효혼인 제외)	당사자·직계존속·4촌 이내의 혈족	부부쌍방·일방·검사	없 음	"	임 신	제809조·제816조·제817조·가소 제24조
중 혼	당사자	부부일방·검사	없 음	"	×	제810조·제816조 1호·제818조·가소 제24조
	전후배우자·직계혈족·4촌 이내의 방계혈족·검사	중혼부부 쌍방·일방·검사				
악질 등이 있는 혼인	선의로 혼인의사표시를 한 당사자	부부일방·검사	안 날부터 6개월	"	안 날부터 6개월 경과	제816조 2호·제822조·가소 제24조
사기·강박 혼인	사기 등을 당하여 혼인한 사람	"	사기를 안 날·강박을 면할 날부터 3개월 이내	"	3개월 또는 혼인신고일부터 10년[1] 경과	제816조 3호·제823조·제146조·가소 제24조

* 당사자 아닌 제3자가 소를 제기할 경우, 부부쌍방을 피고로 삼고(부부 중 어느 일방의 주소지법원), 부부 중 일방이 사망한 경우는 생존자를 피고로(생존자의 주소지 관할법원), 부부가 모두 사망한 경우는 검사를 피고로(부부 일방의 최후주소지 관할법원) 삼는다(가소 제22조·제24조). 배우자간의 혼인무효·취소의 소에서도 상대방이 사망하면 검사를 피고로 삼는다. 법정대리인도 독자적으로 그 명의로 제소할 수 있다(가소 제23조, 제24조).

1 민법 제162조 ①항에 따르면 채권의 소멸시효기간을 10년으로 정하고 있다. 혼인신고를 한 날부터 10년간 동거하면서 스스로 배우자에게 사기를 당하여 혼인한 것인지를 몰랐다면 더 이상 혼인취소를 청구할 수 없다고 해석하여야 할 것이다. 입법론으로는 제소기간 규정을 신설함이 바람직하다.

제 5 절 혼인의 효과

Ⅰ. 혼인의 일반적·신분적 효과

1. 친족관계의 발생

(1) 배우자신분의 취득

남녀가 혼인하여 부부가 되면 부부는 서로 배우자라는 신분을 취득하여 친족이 된다(제777조 3호). 부부 사이의 촌수는 0촌, 무촌(無寸)이어서 문자 그대로 부부는 한 몸이 된다. 혼인으로 인하여 부부라는 하나의 생활공동체(최소단위의 사회)가 형성된다. 그리고 시가나 처가의 가족 중 배우자의 4촌 이내의 부계·모계혈족 및 그 배우자와 사이에 인척관계가 발생한다(제777조 2호). 전처자식과 계모(계모·자관계), 전남편자식(加捧子; 가봉자)과 남편, 적모와 서자(적모·서자관계) 사이에는 인척관계가 생긴다(1990년 말까지 적모·서자, 계모·자 관계는 법정혈족관계이었고 이는 양친·양자와 비슷한 관계였으나 1991년부터 그 관계가 폐지[1]되었다).

(2) 상 속 권

배우자(부부) 중 한사람이 먼저 사망하면 나머지 한사람은 당연히 재산상속권(대습상속권, 유류분권 포함)을 취득한다(제1003조). 이처럼 혼인이 성립되면 배우자는 서로 사이에 추정상속인의 지위를 취득하게 된다.

(3) 후 견 인

부부 중 어느 한편이 한정후견·성년후견의 개시심판을 받으면 가정법원에서는 직권으로 성년후견인을 선임한다. 배우자도 후견인이 될 수 있지만(구민 제933조, 제934조; 2013. 6. 30.까지 금치산자의 배우자가 법정후견인이 됨) 적절한 사람을 법원에서 선임한다.

2. 가족관계등록부의 기재

남녀가 혼인하면, 부부 각자의 가족관계등록부에 혼인신고가 되어 혼인사실이

---

1 헌재결 2009. 11. 26, 2007헌마1424(전원재판부), 2018. 5. 31, 2015헌바78; 2020. 2. 27, 2018헌가11.

기록(전산입력)된다(가등 제9조 ②항 3호. 제71조). 가족관계증명서나 혼인관계증명서를 발급받으면 거기에 배우자의 성명 등 인적사항, 혼인신고일이 표시된다.

[참   고]
구민법(호주제도)하에서는 일반적으로 혼인을 하면 여자는 친가의 호적을 떠나 남편의 호적(家)으로 들어갔다. 여성의 부가입적(夫家入籍)과 자녀의 부가(父家)입적 원칙(구민 제826조 ③항, 제781조 ①항 본문 후단)은 남존여비(男尊女卑)사상의 잔재라는 비판을 받아왔고, 2005년도의 헌법재판소 결정과 민법개정으로 2008년부터 폐지되었다.[1]

3. 성(姓) 불변

여자가 혼인하면 그 남편의 성을 따르는 나라가 많다.[2] 그러나 우리나라는 옛날부터 성 불변(姓 不變)의 원칙이 있어서 부부는 혼인하여도 각자 본래의 성을 그대로 사용하여 왔다. 부부 사이에 자녀가 태어나면 그 자녀는 아버지의 성을 따라 가족등록부에 기록되고, 혼인당시 부부가 협의하면 어머니의 성을 따를 수 있다(이 책 제1편 제5절에서 설명).

4. 동거·부양·협조의 의무

(1) 동거의무

㈎ 개   념   부부의 동거의무는 혼인의 본질적 의무로서 부부가 동일한 거소(居所)에서 같이 사는 의무이다. 이는 '단지 남녀 두 사람이 부부로서 한 집에서 공동생활을 시작하는 것', 즉 장소적인 것만을 의미하는 것은 아니다. 그러므로 한 지붕 밑에서 살더라도 부부가 각방거처(各房居處)를 한다면 이는 동거가 아니고, 장소적으로 좀 떨어져 살더라도 동거가 될 수 있다. 부부는 정신적·육체적·경제적 협동체(공동체)이기 때문이며 이 공동체는 혼인성립 시점부터 그 종료시점까지 평생토록 존속되어야 한다. 이 공동체를 유지하는 생활, 즉 부부의 공동생활로서의 동거를 의미한다.

---

1 김형배, 116면; 헌재결 2005. 2. 3, 2001헌가9~15, 2004헌가5(호주제는 헌법에 불합치된다).
2 ① 일본인들 부부는 혼인하면 남편이나 아내의 성(姓)중 하나를 선택하여 이를 부부의 성으로 정하여 혼인신고서에 기재한다(일민 제750조), 甲斐 외 2, 45면.
  ② 미국의 경우 여자가 혼인하면서 대개 남편의 성을 따라서 이를 사용하는 것은 관습일 뿐이고 반드시 법률이 요구하는 것은 아니라고 한다(Krause, FAMILY LAW, 134면 이하 참조).

(나) **별거(別居)**　　부부간에 동거의무가 있다고 하더라도 정당한 이유로 일시적으로 별거하는 것은 서로 인용하여야 한다(제826조 ①항 단서). 정당한 이유로는 해외유학·해외근무 등 직업상 필요, 질병치료를 위한 입원, 자녀 교육상의 필요 등이다. 전처의 장남과의 불화는 별거의 정당한 이유가 될 수 없다.[1]

별거합의는 유효한가? 일시적인 별거합의는 유효하지만, 무기한의 별거합의는 무효라고 해석할 것이다. 이는 혼인의 본질에 어긋나기 때문이다.

(다) **동거의무가 없는 경우**　　부부 중 한사람이 징역형을 복역하고 있다든지, 폭행 기타 '참을 수 없는' 학대를 당한 경우, 부부관계가 파탄되어 있거나 이혼소송이 진행 중인 경우, 남편이 첩과 동거하는 경우 등에는 동거의무가 없다.

(라) **동거의 장소**　　부부의 동거 장소를 남편의 주소나 거소지로 규정한 적도 있었으나(구민 제826조 ②항, 1990. 1. 13. 개정), 지금은 부부의 협의로 이를 정하고, 협의가 안 되면 부부의 청구에 따라 가정법원에서 이를 정한다(제826조 ②항; 마류 1호 가사비송사건).

(마) **동거의무 불이행의 경우**　　정당한 이유 없이 남편이나 아내가 동거를 거부하는 경우, 위자료청구를[2] 하거나 가정법원에 동거심판청구(마류 1호 사건)를 할 수 있다. 그러나 동거를 명령하는 심판[3]이 선고·확정되어도 이를 강제(간접강제 포함)로 집행할 수는 없다고 할 것이다. 사람의 인격을 존중하여야 하고, 실효성이 없기 때문이다. 그리고 이유 없는 동거거부는 이혼사유(악의의 유기; 제840조 2호·6호)[4]가 될 수 있고, 동거를 거부한 사람은 상대방에 대하여 부양료 청구를 할 수 없다.[5]

(2) 부양·협조의무

(가) **개　념**　　부부는 동고동락하면서 평생 서로 부양하고 협조하여야 한다. 부부 공동생활은 남편과 아내의 분업(分業), 즉 역할분담으로 성립될 수 있다. 맞벌

---

1 대판 1991. 12. 10, 91므245(과거 전처소생 장남과 사이가 좋지 않았다는 사정만으로는 동거거부 사유가 될 수 없다).
2 대판 2009. 7. 23, 2009다32454(위자료 1천만 원을 인정한 것이 동거의무자체의 강제라고 볼 수 없다).
3 대판 1979. 3. 13, 78므12, 대법원특별사건판결집(미발간), 1979, 35면; 박동섭, 3정판 주석가사소 송법(박영사, 2004), 560면; 서울가심 2009. 4. 20, 2008느단***(가출한 남편에게 동거명령과 자녀 양육비 지급을 명하고 있다. 심판 주문; 상대방은 서울***에서 신청인과 동거하라).
4 1999. 2. 12, 97므612(예측할 수 없는 처의 가출과 동거거부는 악의의 유기에 해당).
5 대판 1976. 6. 22, 75므17, 18; 1991. 12. 10, 91므245.

이부부가 늘어나면서 부부의 역할분담은 변화되고 있고, 그것은 필연적인 현상이
다.[1] 부양과 협조의 내용은 부부마다 가정마다 서로 차이가 있으므로 일정한 모양
으로 협조하여야 한다고 한정할 수는 없다.

(나) **부양의무의 정도**   부부는 상대방의 생활을 자기의 생활과 동등한 정도로
할 수 있도록 무조건 부양하여야 한다. 이는 제 1 차적 부양의무(생활유지 부양의무)
이고(예컨대, 빵 1조각도 반쪽씩 나누어 먹는 정도), 제 2 차적인 부양의무인 친족 간의
부양의무(생활부조 부양의무＝자기의 생활에 여유가 있어서 부양하는 것이므로, 자기생
활을 희생시키지 아니하는 한도 내의 부양)와는 구별된다.[2]

(다) **부양·협조의무의 불이행**   동거·협조의무를 위반하면서, 부양청구를 할
수는 없다. 별거하는 사람이 자녀를 양육하는 경우 그 양육비를 청구할 수 있고,
정당한 별거의 경우는 부양료청구(라류 1호)를 할 수 있다. 이혼소송 제기 후의 부
양료청구가 권리남용이 되는 것은 아니다. 과거에 이미 지출된 "미성년 자녀부양
료"는 이혼하였다고 소멸되는 것이 아니고 구상청구를 할 수 있다.[3] 부부간의 과
거 부양료부분은 부양청구를 한 시점 이후의 지체분에 대하여 청구할 권리가 있
다.[4] 부양의무와 협조의무를 현저히 위반한 경우는 악의의 유기 등 이혼사유가 될
수 있을 것이다(제840조 3호·6호; 아래 참고판례).

(라) **부양의무의 면제의 특약 등**   부양·협조의무의 면제나 부양청구권 포기의
특약은 무효이다. 부부간의 부양·협조의무는 혼인의 본질적 의무이기 때문이다.

(마) **강제집행**   배우자의 일방이 부양의무를 불이행하면, 다른 일방은 부양청
구를 할 수 있고, 부양료지급심판은 재산에 관한 것이므로 의무이행명령, 과태료의
제재, 감치 등으로 그 이행을 강제할 수 있고 강제집행도 할 수 있다(가소 제62~64
조·제67조·제68조; 감치를 할 수도 있다). 그러나 부부간의 협조의무 거부의 경우,
그 강제이행은 불가능하다고 해석된다.

---

1 그동안 아내의 가사노동은 제대로 평가받지 못하였다. 그러나 남편명의의 재산이라도 아내의 협력
  없이는 그 취득이 불가능하므로, 그것은 부부의 실질적인 공유(共有)라고 보아야 한다.
2 대판 2012. 12. 27, 2011다96932; 동지 대결 2013. 8. 30, 2013스96.
3 대결 1994. 5. 13, 92스21(전원합의체); 가소 제 2 조 ①항, 마류사건 1호.
4 대판 1991. 11. 26, 91므375, 382; 대결 2008. 6. 12, 2005스50; 대판 2017. 8. 25, 2014스26(특별한
  사정이 없는 한, 과거의 것은 청구불가), 대판 2012. 12. 27, 2011다96932(특별사정 인정, 예외를
  인정하고 있다).

:: 참고판례

　　동거·부양·협조의무에 관한 것 : 혼인은 남녀의 애정을 바탕으로 하여 일생의 공
　　동생활을 목적으로 하는 도덕적·풍속적으로 정당시되는 결합으로서 부부 사이에
　　는 동거하며 서로 부양하고 협조하여야 할 의무가 있는 것이므로(민법 제826조
　　제 ①항), …중략… 부부간의 동거·부양·협조의무는 애정과 신뢰를 바탕으로 일
　　생에 걸쳐 공동생활을 목적으로 하는 혼인의 본질이 요청하는 바로서, 부부 사이
　　에 출생한 자식이 없거나 재혼한 부부간이라 하여 달라질 수 없는 것이고, 재판
　　상 이혼사유에 관한 평가 및 판단의 지도원리로 작용한다고 할 것이며, 배우자가
　　정당한 이유 없이 서로 동거·부양·협조하여야 할 부부로서의 의무를 포기하고
　　다른 일방을 버린 경우에는 재판상 이혼사유인 악의의 유기에 해당한다(대판
　　1999. 2. 12, 97므612).

(3) 정조(貞操)의무

　　민법에 부부간의 정조의무에 관한 명문(明文)의 규정은 없다. 그러나 중혼금지
규정(제810조)이나 부정행위를 이혼원인으로 정한 규정(제840조 1호)에 비추어 보거
나, 혼인제도 즉, 1부1처(一夫一妻)제도의 본질상 부부간에 서로 정조의무가 있음은
명백하다. 정조의무를 위반하면 이는 이혼원인이 되고, 위반자는 손해배상책임을
져야 한다(제843조·제806조). 부정행위의 상대방(제3자)도 "배우자 있음을 알고 정
을 통한 때"는 공동불법행위자로서 손해배상책임을 지게 된다(제760조).[1]

　　* 구법시대에는 처의 간통은 범죄이고 이혼사유이지만, 남편의 간통은 죄가 아
　　니고 이혼사유도 아니었다. 궁여지책으로 남편의 간통을 "처에 대한 중대한 모
　　욕"으로 보아 이혼원인이 된다고 하는 것이 당시의 학설이었다.[2] 현행법은 이른
　　바 간통쌍벌죄(남편 아내 불문)를 규정하고 있었으나, 형법 제241조에 대한
　　2015. 2. 26, 헌재2009헌바17등 위헌결정과 2016. 1. 6. 법률 제13719호로 이 간
　　통죄 규정이 삭제되었다. 부정행위가 이혼사유임에는 남녀 간에 차이가 없다.

---

1 판례는 배우자의 자녀나 모친도 부정행위의 상대방에 대하여 위자료청구를 할 수 있다고 하다가
　(대판 2004. 4. 16, 2003므2671), 최근에는 이를 부정하고 있다(대판 2005. 5. 13, 2004다1899, 법
　률신문 제3363호, 10; 일 최판 1979. 3. 30.은 처의 위자료청구만 인정, 자녀 등의 청구를 기각).
2 일본의 판례는 '남편에게도 정조의무가 있다'고 판결하고 있다(일 대판 1926. 7. 20).

5. 성년의제(成年擬制)

(1) 의 미

혼인적령(18세)에 이른 미성년자가 혼인을 하면, 그들은 성년자로 간주된다. 그들은 성년자와 동일한 행위능력을 가지게 된다(1977년 도입,[1] 1979. 1. 1.부터 시행)(제826조의 2). 이는 혼인(부부공동생활)의 자주독립성 또는 부부의 자치능력, 부부의 실질적 평등을 보장하기 위한 것이다[2](남녀평등의 이념과는 상관이 없다). 혼인 후에도 부부가 부모의 동의를 얻어야 매매 등 법률행위를 할 수 있고, 그 자녀에 대한 친권을 행사할 수 있다면, 혼인생활의 독립성이 훼손되기 때문이다.

(2) 적용범위

(가) 성년의제는 법률혼에서만 인정되고 사실혼에는 인정되지 아니 한다(다수설[3]). 사실혼 관계에 있는 미성년자도 성년으로 간주되어야 한다는 소수설이 있다.[4]

(나) 성년의제는 사법상(私法上)의 행위능력(자격)을 가지게 할 뿐이지, 공법상(公法上)의 행위능력(예컨대 선거권이나 피선거권 등의 자격)을 취득하게 하는 것은 아니다. 사회법 분야에도 적용되지 아니한다. 그러므로 공직선거법·청소년기본법(청소년 : 9세부터 24세까지)·소년법·근로기준법·조세법 등에서는 미성년자가 혼인하더라도 여전히 미성년자로 취급된다. 예컨대 미성년자가 혼인하였더라도 만 18세가 될 때까지는 선거권·투표권이 없으며(공직선거법 제15조, 제156조 ②항), 상속세를 납부할 때 미성년자 공제(상속세 및 증여세법 제20조 ①항 2호 : 19세에 달하기까지의 연수 × 1,000만 원)를 받을 수 있다.

(3) 성년의제의 효과

(가) 혼인을 한 미성년자는 성년자와 같은 행위능력자가 된다. 종래의 그의 친권자나 후견인의 권리는 모두 소멸된다. 따라서 그는 법정대리인의 동의를 얻을 필요 없이, 누구의 간섭도 받지 않고 독립하여 여러 가지 일(매매 등 재산법상 거래나 입양 등 신분법상 거래)을 결정할 수 있게 된다. 이로써 혼인의 자주독립이 보장된다(이 규정은 미성년자인 부부가 부모님의 의견을 무시하라는 의미는 결코 아니다. 언

---

1 스위스민법 제14조 ②항, 프랑스민법 제476조, 일본민법 제753조도 마찬가지로 규정.
2 구민법 제903조는 부부의 일방이 미성년자인 경우 그 배우자가 후견인이 된다고 규정.
3 곽윤직, 135면; 김상용, 157면; 이영준, 한국민법론[총칙편](제 4 판 박영사, 2004), 754면 등.
4 고상룡, 민법총칙[제 3 판](법문사, 2005), 122면; 이은영, 민법총칙[제 4 판](박영사, 2005), 162면.

제든지 부모님의 의견을 여쭈어보고, 상의할 수 있다).

(나) 따라서 혼인한 미성년자는 자기의 자녀에 대한 친권자가 되고, 후견인이나 유언집행자가 될 수 있고, 소송능력자(민소 제51조·제55조 단서)가 된다. 그는 타인의 유언에 참여하는 증인도 될 수 있다(제1072조). 양자를 맞아들이는 능력(입양능력)은 없다고 해석하는 견해가 있다.[1] 그러나 입양능력을 인정함이 옳을 것이다.[2] 다만, 친양자를 맞이하는 양부모는 3년 이상 부부생활을 한 사람(따라서 양부모는 적어도 만 21세 이상)일 것이 요구되지만, 그 이상의 특별한 제한은 없기 때문이다.

(4) 혼인이 종료·해소된 경우

혼인으로 인하여 일단 성년으로 간주된 미성년자들은 19세에 이르기 전에 그들의 혼인이 이혼·혼인취소·사망 등으로 종료·해소되더라도, 다시 미성년자로 되돌아가지 아니한다(통설).[3] 성년의제의 효과는 이혼 등으로 소급하여 소멸되지 아니한다. 미성년자 사이의 혼인이 무효혼인인 경우는 이러한 성년의제의 효과도 생기지 아니한다. 이혼·혼인취소 등의 경우에도 성년의제의 효과가 소멸된다는 소수설이 있다.[4]

6. 부부간의 계약취소권(법률 제11300호로 2012. 2. 10. 폐지)

부부사이의 계약은 부부 중 한사람이 언제든지 이를 취소할 수 있다(제828조)는 규정이 있었다. 이는 부부 사이의 약속은 애정이나 강요에 의한 비진의(非眞意) 의사표시인 경우가 많기 때문에 이러한 약속을 법률문제로 삼지 말고, 부부의 자율에 맡겨 해결하게 하여 가정의 평화를 유지하자는 것이 제도의 취지였다. 그러나 실제로 잘 이용되지 아니하고 법이론 상 문제점도 있어서 폐지되었다.

Ⅱ. 혼인의 재산적 효과

1. 부부간의 재산제도

(1) 부부생활은 사회공동생활의 가장 기본적인 최소 단위의 공동생활이다. 공

---

1 고상룡, 121면; 김·김, 136면; 박성규, 60면; 소성규, 200면; 이경희, 63면; 이영규, 88면.
2 김용한, 178면; 박병호, 91면; 양수산, 친족상속법(1998), 247면; 이은영, 163면.
3 곽윤직, 90면; 김주수, 144면; 백태승, 민법총칙, 2000, 151면; 이영준, 754면 등; 일본의 통설(甲斐 외 2, 47면).
4 이영규, 88면 : 혼인공동생활의 연장선상에 있는 부분, 예컨대 자녀에 대한 친권행사, 혼인중 매입한 주택에 대한 부금납입 등에 대하여서만 예외적으로 성년으로 취급하여야 한다고 한다.

동생활에는 경제적인 문제가 따르므로, 부부간의 재산관계도 미리 정하여 두는 것이 좋다. 그러한 규정이 없다면, 부부간에 분쟁이 생겨 원만한 가정생활은 기대할수 없고, 이혼 등으로 혼인이 종료되는 경우에는 부부 이외의 사람들에게도 피해를 끼칠 수 있다. 이런 문제의 대비책으로도 부부재산계약이 필요하다. 그러나 실제로 부부재산계약제도가 활용되고 있는지는 미지수이다.

(2) 계약재산제·법정재산제

부부간의 재산관계를 법률로 규정하는 제도가 부부재산제인바, 이는 계약재산제와 법정재산제로 나눌 수 있다. 앞의 것은 혼인당사자가 그 재산관계를 자유로이 계약으로 정하는 제도(이 계약을 부부재산계약이라고 한다)이고, 뒤의 것은 법률로 부부간의 재산관계를 정하는 것이다. 부부재산계약이 부존재·불완전·무효인경우 법정재산제에 따른다.

우리 민법은 원칙적으로 계약재산제로 부부의 재산문제를 정하게 하고, 이러한 약정이 없는 경우는 법정재산제에 따르도록 규정하고 있다(제829조 ①항).

2. 부부재산계약(제829조)

(1) 부부재산계약의 의미와 체결

부부재산계약이란, 장차 혼인하려는 당사자가 혼인 후의 재산상 법률관계를미리 약정하는 계약이다. 혼인당사자는 자유로이 협의하여 재산계약을 체결할 수있다. 이러한 계약의 법률상 효력을 제3자에게 주장하려면 등기를 하여야 한다.이 등기는 일반적으로 사용되는 부동산등기·회사등기와는 다르고, '부부재산계약등기'라는 특별한 등기부[1]에 기록하는 것이다.

일반적으로 사람들은 계약을 체결하였다면 이를 이행할 의무가 있고, 부부간의 재산계약도 마찬가지이다. 부부 사이의 계약이라고 하여 언제나 마음대로 취소할 수 있는 것(부부간의 계약취소제도 폐지; 2012)이 아니다.

㈎ **당사자와 능력**   장차 혼인하려는 남녀가 재산계약을 할 수 있다. 이러한약정을 하려면 재산상 행위능력(行爲能力)이 있어야 한다는 설[2]도 있으나, 다수설[3]

---

1 대법원에서는 이러한 부부재산약정 등기제도를 마련하고 있다(대법원 2001. 5. 30. 등기예규 제1022호, 2001. 8. 11. 개정등기예규 제1033호 : 부부재산약정등기 사무처리 지침).
2 이은영, 민법 II, 2002, 581면, 1025면; 이승우, "부부재산계약," 가족법연구 3호, 78면, 윤진수, 75면.
3 김상용 외 3, 371면; 김·김, 137면(미성년자라도 부모의 동의를 얻어 혼인하는 경우 재산계약능력을 인정).

은 의사능력(意思能力)만으로 족하다고 한다.

(나) **성질과 시기**　부부재산계약은 혼인계약(主契約; 주 계약)에 따르는 부수적인 계약(從契約; 종 계약)이다. 대개의 경우 종 계약은 주 계약의 성립 후에 이루어지지만, 부부재산계약은 혼인성립 즉, 혼인신고 이전에만 체결할 수 있고(제829조 ①항), 혼인이 성립되어야 비로소 효력이 발생한다. 혼인중 이를 변경하려면 가정법원의 허가를 받아야 한다(제829조 ②항 단서, 가소 제 2 조 ①항, 라류사건 5호). 혼인신고 이후에는 부부재산계약을 할 수 없다.

(다) **방　식**　낙성(諾成)계약이므로 문서로 하든 말로 하든 유효하다.[1] 공증이나 증인도 필요하지 않고 특별한 계약형식이 없다.

(라) **내　용**　부부재산계약의 내용은 부부가 자유로이 정할 수 있다(계약자유의 원칙). 재산관리자의 선임·변경, 등기명의자 등을 정할 수 있다. 다만, 혼인의 본질적 요소(양성평등·사회질서 등), 가족법의 기본원칙에 위반하는 것을 계약내용으로 삼을 수 없다. 예컨대 부부간의 부양의무 면제, "처의 재산은 남편의 재산으로 한다," "처는 남편의 동의를 얻어야 재산상 법률행위를 할 수 있다"는 등의 내용은 정할 수 없고 그러한 계약은 무효이다. 혼인성립 이전이나 혼인종료 이후의 재산관계를 정할 수는 없다. 부부재산계약 중 조건부·기한부 약정은 무효이다.

(마) **등　기**　부부는 부부재산계약을 혼인신고 시점까지 등기하여야 그러한 계약의 존재와 내용을 부부의 승계인(예컨대, 상속인·포괄적 수유자 등) 등 제 3 자에게 대항할 수 있다. 계약변경도 등기하여야 대항할 수 있음은 동일하다(제829조 ④항, ⑤항).[2] 이 등기는 계약의 성립요건이 아니고 대항요건이다. 그러므로 부부재산계약이 성립되면 부부간에는 효력이 발생하고, 제 3 자에게 대항하려면 등기를 하여야 한다. 예컨대 남편이 아내에게 부동산을 증여하기로 약정한 경우, 그 약정을 등기하여 두어야 부동산 양수인 등 제 3 자에게 대항할 수 있다.

(2) 계약의 변경

(가) 일단 체결한 부부재산계약은 혼인중 이를 변경할 수 없는 것이 원칙이고(제829조 ②항 본문), 아래 (나)의 경우와 같은 정당한 사유가 있는 때는 법원의 허가를 받아 변경할 수 있다(동조 ②항 단서).

---

[1] 재판이나 공증방식: 독민 제1434조, 프민 제1395조, 스민 제181조. 서면주의: 대만민법 제1007조. 학설로는 서면주의를 주장하는 분: 김·김, 139면. 요식주의를 채용하여야 한다는 분: 양수산, 244면이 있다.
[2] 부부재산약정등기규칙(제정, 대규 1992.02.11. 제1197호, 개정 2011.09.28. 제2355호 2011.10.13.시행) 참조.

(나) **관리자의 선임·변경, 공유물의 분할**　　재산계약에서 재산의 관리자를 부부
의 일방으로 지정한 경우 그의 부적당한 관리로 재산을 위태롭게 한 때는 자기가
관리하겠다고 법원에 청구할 수 있고 그 재산이 공유인 경우는 공유물의 분할을
청구할 수 있다(제829조 ③항).

(다) 이러한 재산변경계약도 그 등기를 하지 아니하면 부부의 승계인이나 제 3
자에게 대항할 수 없다(동조 ⑤항).

(3) 계약 효력의 발생과 소멸

부부재산계약은 혼인성립시점부터 비로소 효력이 발생하고, 이혼·혼인의 취
소 등으로 인한 혼인종료시점에 효력이 상실된다. 사망으로 혼인이 종료되면 이는
상속의 문제가 된다. 그러므로 혼인성립 전이나, 혼인종료 후[1]의 재산관계를 부부
재산계약으로 정할 수는 없다.

(4) 계약의 종료

(가) **혼인중의 재산계약의 종료**　　사기·강박 등에 의한 부부재산계약은 취소될
수 있다(제816조 3호 유추). 취소의 효과는 제 3 자의 권리를 해치지 아니하는 범위
내에서 소급한다. 그리고 부부재산계약의 결과가 사해행위가 되는 경우 부부의 채
권자는 채권자취소권을 행사할 수 있을 것이다(제406조).[2] 재산계약이 취소되면
법정재산제로 전환된다.

(나) **혼인관계 소멸로 인한 재산계약의 종료**　　이혼·혼인취소·배우자사망으로
인하여 혼인이 종료·소멸되면 재산계약도 종료된다. 재산계약이 효력을 잃더라도
소급효는 없다(제824조).

(5) 입 법 론

부부재산계약은 혼인 전부터 미리 이혼에 대비하는 듯한 느낌을 주고 있어서
이에 대한 거부감이 강하고, 한편 혼인생활에 관한 전통적인 사고방식 때문에 그
이용률이 저조한 실정[3]이다. 앞으로 이 제도는 개선되어야 할 것이다.[4]

---

1 이혼할 경우의 재산분할에 관한 내용(분할방법, 분할비율)을 이 부부재산계약으로 정할 수 있는
　가? 긍정설(윤진수 대표, 주해친족법 제 1 권 256면; 이강원 38면; 전혜정, 256면)이 있으나 부정설
　이 타당할 것이다(김·김, 139면).
2 김·김, 140면.
3 이승우(1989), 76면, 88~89면; 전혜정(2006), 256면; 송덕수 55면(전국적으로 2013년 26건, 2014
　년 28건이었다. 재혼 부부에게 필요한 제도라고 평가).
4 미국의 통일혼인전계약법(Uniform Premarital Agreement Act, 1987)은 혼인당사자의 재산에 관

3. 법정재산제(法定財産制)

(1) 의미와 종류

부부재산계약이 없는 경우, 그 부부의 재산관계는 모두 민법 제830~833조의 규정에 따라 처리된다(제829조 ①항). 민법도 이 범위 내에서 법정재산제를 채택하고 있는 셈이다.

법정재산제에는 ① 부부의 재산을 공유로 하는 공유제(共有制)[프랑스, 미국 애리조나, 아이다호 등 9개 주(州; 프랑스 식민지)], ② 부부가 각자 재산을 취득·보유할 수 있지만, 재산의 관리는 남편이 하는 관리공통제(管理共通制; 독일·한국 구민법), ③ 부부가 각자 별도로 재산을 소유·관리하는 별산제[別産制; 영국·일본·한국·미국의 통일혼인재산법(1987)[1]]가 있다.

(2) 부부별산제

㈎ **특유(特有)재산**　민법은 부부평등의 이념을 반영하여 부부별산제를 채택하고 있다. 부부의 일방이 혼인 전부터 가지고 있던 고유재산과 혼인중 자기의 명의로 취득한 재산(예컨대 상속이나 증여 받은 재산, 각자의 장신구·의복 등)은 특유재산으로 하고(제830조 ①항), 부부는 이 특유재산을 각자 소유·관리·사용·수익한다(제831조).[2]

㈏ **공유(共有)재산**　부부의 누구에게 속한 것인지 분명하지 아니한 재산 즉, 귀속불명재산은 부부의 공유로 추정된다(제830조 ②항). 이 경우 지분도 균등한 것(1/2)으로 추정된다. 여기서 추정은 반대증거로 번복될 수 있으므로, 법률상 '간주(看做)'와 다르다는 점을 주의해야 한다. 공유재산에는 부부가 협력하여 구입한 가정용품 기타 재산도 포함된다. 혼수품이라고 하여 그것이 당연히 부부의 공유로 추정되는 것은 아니다.[3] 부부공유 추정규정은 사실혼 부부에도 적용된다.[4] 채권자가 부부

한 권리의무뿐만 아니라, 별거·혼인 종료·사망 또는 사건발생 시의 재산처분문제, 부부간의 부양의무 등을 약정할 수 있다. 이러한 약정은 문서로 작성하여야 하고, 부부가 서명하여야 한다. …약정은 공공정책에 위반되는 내용이어서는 안 된다는 등을 규정(Krause, 195면 이하).

1 미국의 Uniform Marital Property Act, 1987은 배우자의 재산을 혼인재산과 개인재산으로 분류하고 있다(Krause, 104면 이하).

2 구민법 제14조는 처의 무능력제도를 채택하여 남편이 처의 재산을 관리, 개정민법은 이를 폐지.

3 헌재결 2002. 7. 18, 2002헌마202(부부싸움 후 혼수품을 신부가 친정으로 가지고 간 것은 불법영득의 의사가 없으므로 절도죄가 성립될 수 없다).

4 대판 1994. 12. 22, 93다52068, 52075.

공유의 유체동산을 압류한 경우 배우자는 우선매수권을 행사할 수 있다(민집 제206조, 제221조 ①항).

::: 참고판례

① 부부의 일방이 혼인중에 자기명의로 취득한 재산은 명의자의 특유재산으로 추정되고, 다만 실질적으로 다른 일방이나 쌍방이 그 재산의 대가를 부담하여 취득한 것이 증명된 때는 특유재산의 추정은 번복되어 다른 일방의 소유이거나 쌍방의 공유로 보아야 할 것이다. 그러나 재산을 취득함에 있어 '상대방의 협력이 있었다.'거나 '혼인생활에 내조의 공이 있었다.'는 것만으로는 위 추정을 번복할 수 없고, 그 부동산을 부부 각자가 대금의 일부씩을 분담하여 매수하였거나 부부가 연대채무를 부담하여 매수하였다는 등의 실질적 사유가 주장·입증된 경우에 한하여 위 추정을 번복하고 그 부동산을 부부의 공유로 인정할 수 있다(대판 1992. 12. 11, 92다21982; 1986. 9. 9, 85다카1337, 1338; 1986. 11. 25, 85누677; 처의 가옥매도대금으로 주택을 매수, 남편 명의로 등기, 이는 명의신탁).

② 부동산매입자금의 원천이 남편의 수입에 있다고 하더라도, 처가 남편과 18년간 결혼생활을 하면서 여러 차례 부동산을 매입하였다가 이익을 남기고 처분하는 등의 방법으로 재산을 증식하여 그 부동산을 매입한 것이라면, 위 부동산의 취득은 부부 쌍방의 자금과 노력으로 이루어진 것으로서 부부의 공유재산이라고 볼 여지가 있다(대판 1990. 10. 23, 90다카5624; 1995. 10. 12, 95다25695).

③ 특유재산 추정의 번복 : 부부 중 일방인 남편의 명의로 된 농지나 예금은 남편의 특유재산으로 추정된다. 그 재산의 취득에 아내가 대가나 채무를 부담하였다거나, 적극적인 재산증식의 노력이 있었다는 등 실질적인 사유에 관한 아무런 입증이 없는 이상, 아내가 가정주부로서 남편의 약국경영을 도왔다는 것만으로는 그 추정을 번복하기에('부부의 공유로 보기에' : 저자 주) 부족하다(대판 1998. 6. 12, 97누7707).

(3) 공동생활비용의 부담

㈎ **부담의 결정**(협의→심판→공동부담)   부부는 공동생활에 필요한 비용의 분담을 협의로 정할 수 있고, 협의를 할 수 없으면 가정법원에 심판청구를 할 수 있다(가소 제 2 조 ①항 마류 1호 비송사건). 특별한 협의나 심판이 없으면 부부가 이를 공동으로 부담한다(제833조)(1990년 개정 전에는 남편이 부담). 부부간의 혼인생활비

용을 당연히 남편이 부담하던 것은 1990년까지였고, 그 후에는 당연히 그렇지는 않다는 점을 주의하여야 한다.

⑷ **공동생활비용의 내용**   '공동생활에 필요한 비용'이란 의식주(衣食住)의 비용, 교제비·출산비·의료비·장례비 등과 자녀의 교육비·양육비 등을 의미한다. 요컨대 부부가 그 재산·수입·사회적 지위 등에 상응하는 보통의 혼인(공동)생활을 하는 데 필요한 일체의 비용을 의미한다.

⒟ **공동부담의 의미**   '공동으로 부담한다.'는 말은 산술적으로 균등하게 부담(1/2씩 부담)한다는 말은 아니다. 각자의 경제적 능력에 따라 분담한다는 의미이므로, 부부의 일방 예컨대 아내에게 아무런 자산이나 수입이 없을 경우는 남편이 모든 비용을 부담하여야 한다.

(4) 일상가사의 연대책임과 일상가사대리권

⑺ 의   미

1) 일상가사는 부부의 혼인(공동)생활에 필요한 보통의 사무이다. 일용품의 구입 등 가정생활상 상시(常時) 행하여지는 행위[1]로서, 아내와 남편으로서의 동거생활을 유지하기 위하여 각각 필요한 범위 내의 법률행위[2]를 말한다. 보통의 경우 아내는 남편의 승낙 아래 가사(家事)를 담당하고 있다. 아내나 남편이 남에게서 돈을 빌린 경우, 나중에 "내가 빌린 것이 아니라서 모른다."고 하면서 서로 책임을 회피한다면 제3자는 예상치 못한 손해를 입을 우려가 있다. 부부일방의 금전차용이 일상가사에 관한 것이면, 부부쌍방은 연대하여 변제책임을 지게 된다(제832조).

2) **일상가사(日常家事)대리**   구민법은 '아내는 행위무능력자이고, 아내의 재산은 남편이 관리한다.'고 규정하고 있어서, 아내는 단독으로 물건구입계약을 할 수 없었다. 이는 부부평등의 이념에 어긋나므로, 민법은 일상가사에 관하여 부부는 서로 대리권이 있고 부부의 일방이 일상가사에 관하여 제3자와 법률행위(예컨대 매매 등)를 한 때는 다른 일방은 이로 인한 채무에 대하여 연대책임을 진다고 규정하였다(제827조 ①항·제832조 본문).

3) **일상가사대리행위의 방법과 가사대리권의 성질**   일상가사대리의 경우 현명주의(顯名主義; 남편 △△△의 대리인 아내 ○○○라고 표시)는 엄격히 요구되지 아니한

---

1 대판 1957. 2. 23, 4289민상523, 총람, 2기판 민법⑥ ─ 친족·상속 ─ (청림출판, 1994), 80면.
2 대판 1966. 7. 19, 66다863.

다. 그 법률행위가 일상가사에 속한 것이라고 표시할 필요도 없고, 남편이나 아내는 자기의 이름만으로 법률행위를 할 수 있고(제832조), 어느 편을 대리하여 할 수도 있다(제827조 ①항). 이 대리권의 성질은 일상가사에 관한 일종의 법정대리권이다.[1]

　　4) 사실혼 부부·별거 중인 부부간의 일상가사대리(긍정)　　법률혼 부부뿐만 아니라, 사실혼 부부도 서로 간에 일상가사에 관하여 상호대리권(표현대리권)과 연대책임이 있다고 보아야 한다.[2] 그러나 이혼을 전제로 부부가 별거 중(남편은 외국에 체류 중)인데, 아내가 그러한 남편의 부동산을 처분한 행위는 일상가사에 속한 것이라고 할 수 없다(무권대리행위).[3] 남편이 첩에게 일상가사대리권을 수여할 수는 있으나, 그것에 기초하여 남편소유 부동산을 담보로 제공하는 권한(대리권)까지 수여하는 일은 있을 수 없다(아래 참고판례 참조).

　:: 참고판례

　　본처가 있는 남자가 본처소생 자녀의 결혼자금을 마련하려고 자기 소유부동산을 담보로 제공하는 권한을 내연의 처에게 위임한다는 것은 이례에 속한다. 따라서 내연의 처의 일상가사대리권을 기초로 한 표현대리는 성립될 여지가 없다(대판 1984. 6. 26, 81다524; 내연의 처가 설정한 저당권이 말소된 사건).[4]

　　(나) 일상가사란 무엇인가?(일상가사의 범위)　　일상가사의 범위와 내용은 그 부부의 직업·재산·수입·생활정도·지역의 관습·사회적 지위 등 모든 생활상태를 종합적으로 고려하여 사회통념에 따라 가족단위별로 개별적·구체적으로 결정된다.[5]

　　1) 일상가사의 범위 내의 것　　식료품·일용품·연료·의복류·가구 등 생활필수품의 구입, 가옥의 임차, 집세·방세 등의 지급과 수령, 수도·전기·전화요금·세금 등 공과금의 납부, 의료비(조산비용·약값)·오락비(TV시청료 등)·교제비·자녀의 양육비와 교육비(학용품대·등록금 등) 지급, 자녀의 혼수품의 구입, 공동생활에 필요

1　일종의 대표권이라고 보는 견해도 있다(김·김, 155면); 스위스민법 제163조는 처는 일상가사에 관하여 남편과 함께 혼인공동체를 대표하는 권한을 가진다고 규정하고 있다; 일본의 통설과 판례도 부부의 연대책임의 근거를 이 법정 대리권에 있다고 한다(최고판 1969. 12. 18).
2　대판 1980. 12. 23, 80다2077[사실혼 부부간에도 월권행위에 의한 표현대리(제126조)를 인정한다].
3　대판 1993. 9. 28, 93다16369.
4　이 판례의 취지로 보아 부첩관계에도 일상가사대리 규정은 적용된다고 해석하는 학설[김형배, 민법학강의(2001, 신조사), 1344면]이 있으나, 의문이다.
5　대판 1997. 11. 28, 97다31229; 1999. 3. 9, 98다46877; 2000. 4. 25, 2000다8267.

한 금전차용[남편명의로 분양받은 아파트(현재 그 속에 가족들이 거주)의 분양대금을 납입하려고 돈을 빌린 행위][1] 등, 요컨대 '일상가사'란 가정생활상 상시 행하여지는 행위[2]로서, 아내와 남편으로서의 동거생활 또는 부부공동체를 유지하기 위하여 필요한 범위 내의 법률행위[3]를 말한다.

2) **일상가사의 범위 밖의 것**   일상의 가사채무로 보기는 곤란한 거액의 돈을 빌리는 행위,[4] 순수한 직업상의 사무,[5] 입원, 어음배서행위, 남편 소유의 부동산의 매각[6]·담보제공(예컨대 저당권설정)행위·가등기·환매특약부 매매 등 처분행위, 채권의 일부를 포기하는 화해계약, 신원보증·연대보증, 가옥의 임대 등은 일상가사가 아니다. 따라서 부부가 서로 대리할 수 없다.

3) **비상(非常)가사대리권의 문제**   부부의 일방이 장기부재(예컨대 여행·입원·복역·군복무 등)인 경우는 '특별한 사정이 없는 이상', 부재자는 '일상가사는 물론, 비상가사사무의 처리'를 배우자에게 위탁하는 것이 보통이므로 비상가사대리권을 인정하는 것이 좋다는 견해도 있다.[7] 그러나 학설과 판례는 이를 부정하고 있다.[8] 판례를 지지한다.

(다) **표현대리의 성립여부**   부부의 일방이 '일상가사의 범위를 넘는' 법률행위를 한 경우 표현대리(表見代理)를 인정할 것인가?

1) **학   설**   일상가사대리권을 기본대리권으로 하여 민법 제126조(권한유월)의 표현대리 규정을 유추·적용하여 표현대리를 인정하고 부부에게 책임을 지우는 것이 타당할 것이다(다수설).[9] 소수설은 일상가사대리제도는 대리권의 범위가 일상가사에 한정되므로, 월권행위에 대한 표현대리를 인정하여서는 안 된다고 하고,

---

1 대판 1999. 3. 9, 98다46877(6천만 원 차용); 1999. 4. 27, 98다59750.
2 대판 1957. 2. 23, 4289민상523.
3 대판 1966. 7. 19, 66다863.
4 대판 1985. 3. 26, 84다카1621, 신판례체계 827-4면[(자가용 승용차의 구입); 대판 1997. 11. 28, 97다31229(교회건축헌금·가게인수대금·장남의 교회, 주택 임차보증금 보조 등 명목으로 K부인으로부터 5,000만 원, S부인으로부터 7,750만 원 등을 빌린 행위)]; 2004. 4. 9, 2003다49174(아파트 재건축 청산금부담 목적); 2004. 10. 15, 2004다24816(영업에 사용할 목적).
5 대판 2000. 4. 25, 2000다8267(곗돈채무는 일상가사채무가 아니라 처의 사업상의 채무).
6 대판 1957. 2. 23, 4289민상523; 1966. 7. 19, 66다863.
7 김·김, 153면; 박병호, 100면 등.
8 윤진수, 주해친족법 제 1 권 242면; 대판 1953.2.21.4289민상122(부재자재산관리로 처리); 1956. 6. 21, 4289민상161.
9 대판 1968. 8. 30, 68다1051; 1970. 10. 30, 70다1812(이 판례도 부적절하다는 평가가 있다.; 주해친족법 제 1 권 242면 참조).

월권행위가 부동산처분이나 보증인 경우 그것이 일상가사의 범위를 넘는 행위임은 누구나 알 수 있으므로 상대방의 신뢰는 보호받을 여지가 없다고 한다.[1] 표현대리를 인정하는 범위에 관하여 학설은 약간의 표현상의 차이는 있으나, 대개 거래의 상대방인 제 3 자가 "일상가사의 범위 내의 행위"라고 믿을만한 정당한 이유가 있거나,[2] 문제의 행위에 대리권의 수여가 있거나,[3] 수권이 있었다고 믿을 만한 정당한 이유가 있는 경우,[4] 제126조의 적용(표현대리)을 인정하고 있다.

　　일상가사에 관련한 표현대리문제는 '거래의 안전(제 3 자 보호)'과 '원래 권리자의 권리' 중 어느 것을 우선 보호할 것인가를 비교·평가하여 가장 공정한 결과를 가져오도록 해석·운용하여야 할 것이다.

　　2) 판　례　　판례는 개개의 구체적인 사안에 따라 표현대리를 인정하기도 하고 부정하기도 한다.

　　a) 표현대리의 성립을 인정한 예: 여러 해 별거(또는 동거)하면서 남편이 아내에게 인장(또는 인감도장)·인감증명서·권리증·위임장 등을 보관시켰다면, 이는 대리권의 수여로 보아야 한다면서 표현대리를 인정(남편책임 인정)한 사례도[5] 있고, 남편이 정신병으로 장기간(약 10개월간) 병원에 입원하고 있는 동안 아내가 남편 소유의 가옥과 대지를 적정가격으로 매각하여 입원비·생활비·자녀교육비 등에 충당하고 나머지 돈으로 새로운 주택 매입에 충당한 경우 매수인이 이러한 사유를 알았건 몰랐건 간에 객관적으로 '그 아내에게 남편의 대리권이 있다'고 믿을 만한 정당한 사유가 된다고 한 예도[6] 있다.

　　b) 표현대리의 성립을 부정한 예: 이와 반대로 남편이 부동산의 근저당설정이나 가등기 또는 매매의 대리권을 아내에게 수여한다는 것은 사회통념상 이례(異例)에 속한다면서 표현대리를 부정(남편책임 부정)한 사례도 있다.[7]

---

1 김증한 저, 김학동 증보, 민법총칙[제 9 판](박영사, 2001), 451면; 김주수, 민법총칙(1996), 446면.
2 곽윤직, 신정판 민법총칙[민법강의I](박영사, 1994), 490면; 김상용, 639면; 이영준, 한국민법론[총칙편](박영사, 2004), 555면.
3 김주수, 165면; 서울고판 1972. 9. 21, 72나286.
4 고상룡, 582면; 이영준, 555~556면.
5 대판 1967. 8. 29, 67다1125; 1968. 8. 30, 68다1051; 1981. 6. 23, 80다609; 1991. 6. 11, 91다3994 등.
6 대판 1970. 10. 30, 70다1812; 1995. 12. 22, 94다45098 등; 일 최판 1969. 12. 19(거래의 상대방인 제 3 자가 일상가사의 범위 내라고 믿을 만한 정당한 사유가 있을 때는 표현대리의 취지를 유추·적용하여 제 3 자를 보호하여야 한다).
7 대판 1968. 11. 26, 68다1727·1728; 1969. 6. 24, 69다633; 1970. 3. 10, 69다2218; 1971. 1. 29, 70다2738, 판례가족법, 126면; 1971. 10. 11, 71다1763; 1975. 3. 11, 74다92; 1981. 8. 25, 80다3204; 1990. 12. 26, 88다카24516; 1997. 4. 8, 96다54942 등.

아래에서는 표현대리를 긍정하는 판례(①-⑤)와 부정하는 판례(①-④)를 예시하여 놓았다.

:: 참고판례

[표현대리를 인정한 사례]

① 남편이 자기의 인장과 부동산권리증을 처에게 보관시키고 처자(妻子)를 남기고 다년간 별거하고 있었다면, 위와 같은 처에 대한 인장과 권리증의 보관행위는 '다른 특별한 사정이 없는 한', 어떠한 대리권을 수여한 것이라고 봄이 타당하다 할 것이며, 그 처가 피고로부터 금전을 차용하고 보관중인 인장과 권리증을 이용하여 남편의 대리인이라고 칭하고 피고에게 담보의미의 소유권이전등기를 한 것이라면, … 처의 행위는 적어도 표현대리행위에 해당한다고 해석함이 타당하다(대판 1968. 8. 30, 68다1051 : 중혼적 사실혼의 남편에게도 중혼처의 근저당설정대리권이 있다는 판례 : 대판 1980. 12. 23, 80다2077).

② 일상가사에 관하여 남편 甲을 대리할 권한이 있는 처 乙이 남편 몰래 남편의 대리인인 양 행세하여 돈을 빌리고, 그 담보로 남편소유의 부동산에 가등기를 경료하여 준 경우에, 그 상대방 丙이 처 乙의 인척으로부터 '甲의 집안이 경제적으로 여유 있을 뿐만 아니라 완고하고 보수적인 가풍이며, 乙 역시 검소하고 알뜰하여 남편과 사이도 원만하다'는 소문이 나있는 데다가 "甲의 집안에 일시적으로 돈 쓸 일이 생겨서 갑이 을을 통하여 돈을 빌리고자 한다"는 말을 듣고 있던 중, 을이 갑의 인감도장, 인감증명서, 주민등록등본 등을 가지고 와서 '남편으로부터 가등기경료에 관한 대리권을 수여받았다'고 말할 뿐 아니라, 그 인감증명서의 뒤쪽이 백지로 되어 있어 현행 인감증명 발급절차에 비추어 이를 갑이 직접 발급 받은 것이라고 믿었다면, 丙으로서는 을이 그 가등기경료에 관하여 남편을 대리할 권한이 있다고 믿음에 정당한 사유가 있다고 할 것이다(대판 1981. 6. 23, 80다609; 동지 1995. 12. 22, 94다45098; 1987. 11. 10, 87다카1325).

③ 처가 남편경영 가스(gas)상회에서 경리업무를 보면서, 약 2년간에 걸쳐 남편명의의 당좌개설 은행에서 남편의 수표용지를 수령하고, 별도의 가스 대리점에서 사용하는 남편도장과 은행에 신고된 인장을 사용하여 모두 100여장의 수표와 어음(남편명의)을 발행하였으며 남편도 이를 알았으나 방치하였다. 그리고 남편이 피사취계(사기 당하였다는 신고)를 내기 전까지는 대부분의 수표와 어음이 정상적으로 지급되어 왔다. 이처럼 처가 수표할인을 받기 위하여 은행에 신고된 남편

의 인감도장을 사용하여 수표를 발행하였다면, 발행자명의자(남편)는 위 수표를 교부 받은 사람들로 하여금 '처가 남편을 대리하여 남편 명의의 수표를 발행할 권한이 있다'고 믿게 할 만한 외관(外觀)을 조성하였다고 할 것이고, 상대방은 '처에게 남편 명의의 수표를 대리로 발행할 권한이 있다'고 믿을 만한 충분한 사정이 있었다고 할 것이다(대판 1991. 6. 11, 91다3994; 남편책임 인정).

[표현대리를 부정한 사례]

① 민법 제827조 ①항의 규정상 부부는 일상의 가사에 관한 한, 서로 대리권을 가진다고 할지라도, 일반 사회통념상 남편이 아내에게 자기소유의 부동산을 타인에게 근저당권의 설정 또는 소유권이전 등기절차를 이행케 하거나 등기원인이 되는 매매 등 법률행위를 함에 필요한 대리권을 수여하는 것은 이례에 속하는 것이니 만큼, 아내가 특별한 수권 없이 남편소유의 부동산에 관하여 위와 같은 행위를 하였을 경우에 그것이 민법 제126조 소정의 표현대리가 되려면 '그 아내에게 가사 대리권이 있었다.'는 것뿐만 아니라 '남편이 그 아내에게 그 행위에 관한 대리의 권한을 주었다'고 상대방이 믿었음을 정당화할 만한 객관적인 사정이 있었어야 하는 것이다(대판 1968. 11. 26, 68다1727·1728 등).

② 처가 남편을 대신하여 돈을 빌리면서 차용금을 수령하고 근저당권설정서류를 교부하였으며 그 후 이자를 대신 지급하여 왔다고 하더라도, 차용시부터 약 4년 후 잔존채무금을 확정하고 분할변제의 약정을 체결함에 있어서도 대리권을 수여받았다고 믿은 데에 정당한 사유가 있다고 보기는 어려우므로, 위와 같은 새로운 내용의 약정을 체결하는 데 관하여는 표현대리가 성립되지 아니한다(대판 1990. 12. 26, 88다카24516).

③ 처가 남편 몰래 남편의 인장과 남편명의의 아파트분양계약서를 갖고 나와 원고로부터 돈 350만 원을 빌리면서, 원고에게 남편명의의 현금보관증을 작성교부하고 위 아파트분양계약서를 담보로 제공하였고, 그 후 원고로부터 채무의 변제독촉을 받자 남편의 인장을 이용하여 원고와 사이에 남편 명의로 그 아파트매매계약을 체결하고 남편 명의의 위임장을 원고에게 대필시켜 작성하고 유효기간이 지난 남편의 인감증명서 등과 함께 원고에게 교부하였다면, 그 금전차용 및 매매계약은 부부인 남편과 그 처와의 일상가사에 관한 법률행위였다고 할 수 없음은 물론이고, '남편 몰래 임의로 갖고 나온 피고(남편)의 인장과 권리문서 및 유효기간이 지난 인감증명서를 처가 소지하고 있었던 사실'만으로는 남편이 그 처에게

그 금전차용행위나 매매계약체결행위에 대한 대리권을 부여하였으리라고 원고가 믿음에 정당한 객관적 사정이 있었다고는 인정되지 아니한다(대판 1981. 8. 25, 80다3204).

④ 처가 제 3 자를 남편으로 가장시켜 관련 서류를 위조하여 남편 소유의 부동산을 담보로 금원을 대출받은 경우, 남편은 민법 제126조 소정의 표현대리책임을 질 수 없다(대판 2002. 6. 28, 2001다49814).

㈑ **일상가사채무의 연대책임**   부부의 일방(남편이나 아내)이 일상가사에 관하여 제 3 자와 법률행위를 한 때는 다른 일방(아내나 남편)은 이로 인한 채무에 대하여 연대책임을 진다(제832조 본문). 여기서 연대책임은 연대채무와 같은 의미이다. 그러나 부부공동생활의 일체성에서 보아, 이 연대채무는 보통의 연대채무와는 다르고 더욱 밀접한 것이다. 즉, 보통의 연대채무는 각 채무자의 부담부분에 한하여 상계·면제·시효소멸의 효과가 생기지만, 부부의 연대책임은 부부가 완전히 동일한 채무를 병존적(竝存的)으로 부담하는 것이라서, 부담부분이라는 것이 없다(제418조 ②항·제419조·제421조는 적용되지 아니한다). 따라서 채권자나 채무자(부부) 상호간의 상계·면제·시효소멸 등 항변의 효과는 연대채무전액에 관하여 전면적으로 발생한다(예컨대 아내가 가게에서 쌀 40kg을 5만 원에 외상으로 구입하였는데, 마침 그 남편이 가게주인에 대하여 5만 원의 대여금채권이 있었다면, 남편은 그 5만 원으로 상계할 수 있고, 그 소멸의 효과는 5만 원 전액에 미친다. 보통의 연대채무처럼 남편의 부담부분인 2만 5천 원 부분만 소멸하는 것이 아니다).

혼인이 종료된 경우에도 부부의 연대책임은 소멸하지 아니한다. 다만, 그 성질이 보통의 연대채무로 변경되어 존속하게 된다.[1]

㈒ **연대책임 면제**   부부의 일방이 미리 제 3 자에 대하여 "나는 책임을 지지 아니한다."고 명시한 경우에 한하여 연대책임을 면할 수 있다(제832조 단서). 제 3 자와 법률행위를 하기 전에 개별적·구체적으로 채무의 종류·액수를 명시하여(예컨대 거래금액을 한정하거나 거래의 종류를 식료품의 구입만으로 한정하여야 함), 책임 없음을 알려야 한다. 이러한 명시를 일반적인 불특정의 다수인을 상대로 할 수는 없다. 일상가사대리권에 가한 제한은 선의의 제 3 자에게는 대항하지 못한다(제827조 ②항).

---

1 김형배, 123면; 박성렬, 친족상속법, 73면; 이영규, 98면.

(ㅂ) **연대책임 면제약정 가부**　부부재산계약 등으로 부부의 일상가사대리권과 가사채무의 연대책임을 면제하는 약정을 할 수 있는가? 원만한 부부공동생활을 유지하기 위한 것이 이 제도의 취지이므로 그러한 약정을 할 수 없다고 해석할 것이다.[1] 따라서 그러한 약정을 하더라도 무효이다.

제 6 절　혼인의 종료·해소(사망·실종·이혼)

1. 개　념

혼인의 해소(解消)는 '완전하고 유효하게 성립되어 존속하고 있던' 혼인이 장래에 향하여 종료되는 것이다. 혼인의 무효나 취소는 혼인의 성립과정에 법률상 장애(瑕疵; 하자)가 있는 것이라 서로 다르다. 혼인취소의 경우에도 혼인종료(해소)의 효과가 장래에 향하여 발생하는 점에서 이혼 등과 동일하나, 소멸원인 발생시점이 혼인의 성립과정에 생긴 것이냐, 혼인의 존속 중에 생긴 것이냐 하는 점에 차이가 있다.

2. 혼인의 종료사유(사망과 이혼)

혼인은 부부 일방의 사망(실종선고·인정사망 포함)과 이혼으로 종료된다. 혼인이 종료되면 장차 남편과 아내가 서로 남남이 될 뿐이고, 종전에 이루어졌던 많은 법률관계나 그 부부 사이에서 태어난 자녀들과의 자연혈족관계(부자관계·모자관계)는 그대로 유지된다.

부부 중 1명이 사망하면 부부공동생활은 더 이상 지속될 수 없으므로 사망은 혼인종료사유의 하나이다.

3. 사망과 혼인종료

(1) 의　미

(가) 부부의 일방이 사망하면 배우자라는 신분관계가 소멸되므로 부부간의 동거·부양·협조의무, 정조의무 등은 소멸된다. 생존배우자는 자유로이 재혼할 수 있

---

1 김·김, 157면.

다. 다만 전배우자의 6촌 이내의 혈족 또는 4촌 이내의 혈족의 배우자이거나 이었던 사람과는 재혼할 수 없다(제809조 ②항). 부부재산제의 구속이나 부부재산계약도 효력을 잃는다.

(나) 그러나 사망에 따른 혼인종료의 효과에는 소급효가 없으므로, 이미 발생한 '성년의제'의 효과나 '일상가사로 인한 연대책임'은 그대로 존속된다.

(2) 상   속

부부 중 어느 한쪽이 사망하면서 재산을 남긴 경우, 생존배우자는 망인의 직계 존속·비속이 있으면 이들과 공동상속하고, 이들이 없으면 단독으로 상속한다. 공동상속의 경우 배우자는 다른 상속인보다 50%를 더 받는다.

(3) 친족관계(인척관계)

부부의 일방이 사망하더라도, 이미 혼인으로 발생되었던 인척관계, 즉 시가(媤家) 또는 처가 혈족과의 친족관계는 그대로 유지·존속된다. 다만, 남아 있는 생존배우자가 재혼[1]하면 그것마저 소멸된다(제775조 ②항). 생존배우자가 재혼하지 않고 있으면 인척(친족)관계는 존속되므로 친족 간의 부양의무와 대습상속권도 존속된다. 이혼의 경우는 인척관계마저 종료되므로 상속권, 부양의무 등이 모두 소멸된다.

4. 실종선고(또는 인정사망)·부재선고와 혼인관계

(1) 실종선고는 실종자의 사망간주제도이므로 부부의 일방이 실종선고를 받으면 실종기간 만료시점에 혼인도 종료·해소된다. 실종선고가 나중에 취소되더라도, '실종선고 후 취소 전에' 선의로 한 행위의 효력에 영향을 미치지 아니한다(제29조 ①항 단서). 따라서 실종선고와 그 취소선고 사이에 재혼이 이루어진 경우 재혼 당사자 쌍방이 선의(善意)인 경우(실종자의 생존사실을 모르고 있었던 경우) 재혼은 유효하고(취소할 수 없다), 재혼 당사자의 일방이나 쌍방이 악의인 경우(실종자의 생존사실을 알고 있었던 경우)는 전혼(前婚)이 부활하는 바람에 후혼(後婚)이 중혼이 되어 취소될 수 있고(제810조·제816조 1호·제818조 전단), 전혼에는 이혼원인(제840조 1호)이 생긴다(다수설).

(2) 실종선고와 그 취소선고 사이에 선의의 사실혼관계가 형성된 경우, 실종선고가 취소되면 전혼(前婚)은 부활한다. 사실혼은 아직 혼인신고를 하지 아니한

---

1 일본에서는 생존배우자가 인척관계소멸신고를 하여 그 관계를 종료시킬 수 있다(일민 제728조 ②항).

경우이기 때문이다. 당사자는 사실혼을 파기할 수 있다(이는 불법행위가 되지 아니하고 채무불이행도 되지 아니한다). 사실혼 당사자의 일방만 악의인 경우 선의자는 그 악의자에게 사실혼의 부당파기나 사기혼인에 대한 손해배상청구를 할 수 있다.

　(3) 인정사망 후 사망자의 생존이 판명된 경우 재혼 문제는 위의 실종선고의 경우와 같이 취급하면 될 것이다(가등법 제87조, 예규 제200호).

　(4) 부재선고에 관한 특별조치법(2009. 12. 29. 법률 제9837호, 2009. 12. 29. 일부개정, 약칭; 부재선고법) 이 법에 따른 부재선고나 그 효과는 실종선고와 같으므로(동 특조법 제4조, 제5조), 위에서 설명한 것을 참고하면 된다.

[혼인종료의 사유들과 그 효과]

구　분		혼인무효	혼인취소	이　혼	사　망 (실종·부재 선고, 인정사망)
사유발생시점	혼인 성립 과정	○	○		
	혼인 존속 중			○	○
부부관계소멸		○	○	○	○
친자관계소멸		×	×	×	×
기타 친족관계소멸		○	○	○	×, ○(생존배우자 재혼시)
재혼하려고 할 때 전배우자의 6촌 이내의 혈족, 4촌 이내의 혈족의 배우자와 혼인가능여부		○	×	×	×
소 급 효		○	×	×	×
상　　속		×	×	×	○

* 혼인취소의 판결이 상속개시 후 이루어진 경우(예: 남편 사망 후 검사 상대로 중혼취소의 소를 제기)는 이미 상속한 재산의 취득에는 영향을 미칠 수 없다(대판 1996. 12. 23. 95다48308). 이는 혼인무효의 경우와 다른 점이다.

제 7 절　이혼(離婚)

Ⅰ. 이혼제도 일반

(1) 이혼의 형태

　"하나님이 짝지어 주신 것을 사람이 나누지 못 할지니라고" 성경[1]에서 말하

---

1 마태복음 19장 6절.

고 있지만, 세상의 많은 부부들은 이혼으로 헤어지고 있다. 성경에 따라 법률상 이혼을 인정하지 않는 나라(필리핀, 캐나다의 몇몇 주 등1))도 있다.

이혼은 사망 이외의 원인으로 즉, 혼인당사자의 의사(意思)로 혼인을 종료시키는 제도이다. 이러한 이혼의 형태는 시대에 따라 나라에 따라 각양각색이다. 서구사회나 우리나라 사회나 옛날에는 이혼이 금지되거나 억제되었다. 그 편법으로 별거나 혼인무효 제도가 시행되어 사실상의 이혼이 이루어지고 있었다.

경제체제나 사회체제가 농업경제에서 공업경제로, 단체주의사회에서 개인주의사회로 점차 변화되면서, 그리고 여성의 지위가 향상되면서 이혼의 자유는 허용되기 시작하였고2 이혼사유에서도 유책주의에서 파탄주의 경향으로 나아가고 있다. 조선시대의 이혼은 유교의 전통에 따라 가부장적인 가장(家長) 중심으로 운영되고 있었다.3

(2) 우리나라의 이혼법

민법은 협의상 이혼과 재판상 이혼을 모두 인정하고 있다. 그리고 가사소송법에서는 조정이혼도 인정하고 있다. 우리나라는 남자에 의한 처의 강제적 · 일방적 축출이혼을 방지하기 위하여 1977년 민법과 호적법을 개정하여 협의이혼의사확인제도를 도입하여 1979년부터 시행하여 오고 있다[새로운 가족등록법(제75조)과 동예규 제168호도 이를 이어받고 있다].

Ⅱ. 협의상 이혼

1. 협의이혼의 시기 · 방법

부부는 아무런 원인이나 이유도 없이 언제든지 협의로 이혼할 수 있다(제834

---

1 필리핀은 그 대신 혼인무효제도를 인정하고 있고, 캐나다의 Newfoundland와 Quebec주는 1968년 캐나다 연방의회가 이혼 법(Divorce Act 을 제정할 때까지는 이혼이 불가능하였다(Simon R. Fodden, Family Law, 1999, 163면).
2 미국의 경우는 1970년대 이혼율이 급증하면서 이 시기를 "이혼혁명"기라고 부르고 있다(Sanford N. Katz, 전게서, 96면).
3 이혼사유로 7휴(出) 3불거(不去)가 시행됨 : 7휴이란 7가지 이혼사유(이를 7거지 악이라고 함)를 지칭하는데 주로 처에 대한 것이었다. 불사구고(시부모를 섬기지 아니함), 무자(아들을 낳지 못함), 음질(陰姝 : 간음), 투(妒 : 질투), 악질(惡疾), 다언(多言), 도(盜 : 도벽)이고 3불거는 여공갱3년상(부모의 3년 상을 치른 것), 선빈천후부귀(속칭 조강지처), 유소취무소귀(이혼 후 돌아갈 곳이 없음)의 경우는 이혼을 금하는 것을 말한다. 이러한 제도는 융희 2년(1908) 형법대전의 개정으로 폐지되었다고 한다(김용한, 137면).

조). 남편과 아내가 서로 이혼하기로 합의하면, 가정법원(등록기준지나 주소지 관할
가정법원, 서울의 경우는 서울가정법원[1]과 서울 동·서·남·북부지방법원) 판사 앞에 가
서 협의이혼의사확인을 받아 이혼할 수 있다.

협의이혼이란 이처럼 부부가 이혼하기로 합의하여 법원의 확인을 받아, 이혼
신고를 함으로써 이루어지는 이혼이다. 실제로 이혼은 대개 이러한 협의이혼으로
처리되고 있다(전국 이혼사건의 약 80%를 점하고 있다[2,3]).

2. 성립요건

(1) 실질적 요건

이러한 협의이혼(속칭 합의이혼)을 하려면 당사자[4]간에 의사능력이 있어야 하
고, 이혼의사의 합치가 있어야 한다. 이혼의 합의는 무조건·무기한 부부관계를 종
료(해소)시키고 남남으로 헤어지자는 데 대한 합의라야 한다.

(가) 이혼의사(합의)의 성질·의미

1) 학 설

a) 실질적 의사설(다수설) : 이혼의사는 사회통념상 이혼을 하려는 의사, 즉 혼인
의 실체(공동생활체)를 종료·해소할 의사이고, 단지 이혼신고의 의사만으로는 부족
하다는 견해이다.

b) 형식적 의사설(소수설) : 실제로 혼인관계를 해소할 의사의 유무와 관계없이
형식적으로 이혼신고를 하려는 의사가 이혼의사이다. 따라서 이혼신고를 하는 점

---

1 국내에 거주하지 아니하는 사람의 경우는 서울가정법원의 관할(가등법 제75조 ①항 단서).
2 전국법원 이혼사건 중 협의이혼과 재판이혼의 비율; 한국통계청 자료.

연 도	협의이혼	재판이혼	합 계	비고(%)
2018	85,618	22,995	108,613	78.82 : 21.17
2017	83,038	22,973	106,011	78.32 : 21.67
2016	84,008	23,295	107,303	78.29 : 21.70
2015	84,645	24,491	109,136	77.55 : 22.44
2014	89,745	25,750	115,495	77.70 : 22.29
평 균	85,410	23,900	109,311	78.13 : 21.86

* 자료 찾는 방법: 통계청 사이트(http://kosis.kr)에 들어가서 통계표 다음의 빈칸에 '협의이혼, 재판이혼'이라고 타자한 다음
  검색을 누르면, 11건의 통계표가 떠오른다. 그 중 3번째의 것(인구동향조사 시도/이혼종류별이혼)을 누르면 통계표가 나타난
  다. 과거의 것을 소급하여 보려면, 일괄설정 줄의 맨 오른쪽에 시점[1/26]을 눌러 그 아래의 시작시점, 마지막시점을 누르면
  볼 수 있다(안내전화: 2012-9114, 042-481-2284).
3 윤진수, 83면; 조경애, '재판상 이혼원인에서 파탄주의 도입에 관한 제언' 한국가족법학회 「가족법
  의 최신동향」(2018), 24면.
4 중혼부부도 협의이혼을 할 수 있고 이혼당사자가 될 수 있다(예규 제169호).

에 합의가 있으면 그 이혼은 유효하다는 견해[1]이다. 이 설에 의하면 가장(假裝)이혼도 유효하게 된다.

위 학설의 대립은 가장이혼의 효력과 관련하여 문제가 생긴다.

2) 판 례

a) 실질적 의사설을 채택한 예 : 남편의 서자를 적자(嫡子)로 만들기 위하여 처가 이혼의사가 없음에도 불구하고 형식상 이혼신고를 한 경우,[2] 혼인파탄 사실도 없이 부부가 종전과 다름없이 동거생활을 계속하면서 통모하여 형식상 협의이혼신고를 한 경우는 신분행위의 의사주의적(意思主義的) 성격에 비추어 그러한 이혼은 모두 무효이다.[3]

b) 형식적 의사설을 채택한 예 : 해외이민·강제집행회피·임금청구 등 어떤 목적을 위한 방편으로 일시적으로 이혼신고를 한 경우는 실제로 부부관계까지 해소할 의사는 없는, 이른바 가장이혼의 경우이다. 이러한 경우에도 이혼당사자 간에 일시나마 법률상 부부관계를 해소할 의사(이혼의사)가 있었다(따라서 이혼은 유효하다)고 인정함이 상당하다. 이는 이혼신고의 의미의 법률상 및 사실상의 중대성에 비추어 그러하다는 것이다.[4] 이것이 현재 판례의 대세라고 할 것이다.

(나) **이혼의사의 존재시기와 조건부이혼 등**   이혼의사는 이혼신고서 작성 당시는 물론이고, 그 신고서의 제출·수리(受理) 당시에도 존재하여야 한다. 그리고 이혼은 부부관계를 영구적으로 종료시키는 것이므로, 이혼에 조건·기한을 붙일 수 없다.

(다) **부모의 동의**   피성년후견인은 이혼당시 의사능력은 있어야 하고, 부모나 후견인의 동의를 받아 협의이혼할 수 있고(제835조, 제808조 ②항), 미성년자(혼인하면 성년자가 됨)나 피한정후견인은 누구의 동의도 받지 않고 혼자 협의이혼을 할 수 있다. 따라서 법정대리인은 제한능력자(피성년후견인)를 "대리"하여 제한능력자를 협의 이혼시킬 수 없고 그들의 이혼에 "동의"를 할 수 있을 뿐이다.

(라) **친권자 지정**   협의이혼을 하려는 부부는 미성년 자녀를 위한 친권자를

---

1 박병호, 110면; 정광현, 한국가족법연구, 53면; 일 최판 1982. 3. 26, 判時 제1041호, 66면.
2 대판 1961. 4. 27, 4293민상536.
3 대판 1967. 2. 7, 66다2542.
4 대판 1975. 8. 19, 75도1712; 1976. 9. 14, 76도107; 1981. 7. 28, 80므77; 1993. 6. 11, 93므171. 1997.
  1. 24, 95도448, 2017. 9. 12, 2016두58901(가장이혼도 유효하고, 만일 그것이 무효라고 하려면 누구나 납득할만한 특별한 사정이 인정되어야 한다).

협의로 정하여 이혼신고서에 기재하여야 하고, 협의를 할 수 없는 경우는 가정법원에 그 지정을 청구하여야 한다(제909조 ④항, 가등법 제74조 3호, 동규칙 제78조 ①항)(재판상 이혼의 경우는, 가정법원에서 직권으로 친권자를 지정: 제909조 ⑤항).

(2) 형식적 요건

(가) 혼인신고의 경우와는 달리 이혼신고의 경우는 이른바 처의 축출이혼(逐出離婚)을 방지하기 위하여 민법은 "이혼의사확인제도"를 도입하였다(1977. 12. 31. 개정 법률 제3051호, 1979. 1. 1.부터 시행). 이혼의사의 합치(合致)와 가정법원 판사의 확인(確認)을 받아야 이혼신고를 할 수 있고 이혼신고를 하여야 이혼의 효력이 발생한다(창설적 신고: 제836조 ①항, 가등 제75조 ①항).

(나) **이혼의사확인신청의 방법**(2007년의 민법개정으로 절차가 보강됨)

1) 협의이혼을 하고자 하는 부부는 등록기준지 또는 주소지 관할 가정법원에 함께 '출석'하여 협의이혼의사확인신청서를 제출하여야 한다. 다만, 부부 중 일방이 재외국민이거나 교도소수용자로서 출석하기 어려운 경우는 다른 일방이 혼자 출석하여 제출할 수 있다[가족관계의 등록 등에 관한 규칙(이하 '규칙'이라고 약칭) 제73~80조; 예규 제168호, 2007. 12. 10].

2) **제출서류** ① 판사의 확인을 받으려면 당사자는 협의이혼의사확인신청서 1통, 가족관계증명서와 혼인관계증명서 각 1통, 주민등록등본 1통(주민등록지가 서로 다르면 각각 1통), 이혼신고서 3통(필요한 사항을 기입하고 부부 쌍방이 각자 서명 또는 무인)을[1] 제출하여야 한다(제836조 ②항; 성년자인 증인 2명의 연서를 규정). 부부는 각자의 신분증과 도장을 가지고 법원에 출석하여야 한다.

② 재외국민 또는 수감자에 대한 신청의 경우는 관할 재외공관 또는 교도소(구치소)의 명칭과 소재지를 기재하고, 위의 첨부서류 외에 재외국민등록부등본 1통, 수용증명서 1통을 첨부하여야 하며, 송달료 2회분 상당액(이혼의사확인촉탁서, 이혼의사확인서 등본 송달용)을 예납하여야 한다. 법원에서는 관할 재외공관의 장이나 교도소(구치소)장에게 관련 당사자의 이혼의사확인을 촉탁한다.

③ 양육하여야 할 미성년자녀가 딸려 있는 경우 당사자는 그 자녀의 양육(양육자결정, 양육비부담) 면접교섭(행사여부 및 그 방법)과 친권자결정에 관한 협의서

---

1 대판 1962. 11. 15, 62다610[증인의 연서(連署)가 위조되었더라도, 일단 이혼신고서가 수리된 이상 이혼은 유효하다]. 예규 제276호.

또는 협의불능 시 가정법원에서 정한 심판정본, 확정증명서를 제출하여야 한다(제 836조의 2 ④항, 제837조, 제837조의 2, 가등규 제74조 ①항). 가정법원은 이혼당사자가 협의한 양육비부담 내용을 확인하는 양육비 부담조서를 작성하여야 한다(제836조의 2, ⑤항 신설). 이 경우 그 조서에는 강제집행력이 부여된다(가소 제41조). 위 당사자의 협의내용이 자녀의 복리에 반하는 경우 판사는 그 보정을 명할 수 있다(예규 제276호 제13조). 부부가 이혼하더라도 미성년자녀들이 건전하게 성장할 수 있도록 하려는 배려에서 이런 규정을 새로 두게 된 것이다.[1]

(다) 이혼상담과 이혼숙려기간(2008. 6. 22.부터 시행)   가정법원은 협의이혼을 하려는 당사자를 안내하여야 하고,[2] 필요한 경우에는 전문상담인의 상담을 받을 것을 권고할 수 있다(제836조의 2, ①항).[3] 이혼의사 확인신청을 한 당사자는 ①항의 안내를 받은 날부터 다음 각 호의 기간(이른바 이혼숙려기간)이 지난 후에 이혼의사의 확인을 받을 수 있다(동조 ②항).

1) 양육하여야 할 자(子)[임신 중인 자를 포함]가 있는 경우에는 3개월

2) 1호에 해당하지 아니하는 경우에는 1개월

가정법원은 폭력으로 인하여 당사자 일방에게 참을 수 없는 고통이 예상되는 등 이혼을 하여야 할 급박한 사정이 있는 경우에는 위 기간을 단축 또는 면제할 수 있다(동조 ③항).

이러한 숙려기간제도를 도입한 것은, 홧김에 하는 성급한 이혼을 가급적 방지하여 이혼 후의 정신적·경제적 손실을 방지하려는 취지이고, 미성년자녀 양육안내를 의무적으로 받게 한 것은, 자녀의 건전한 성장·발달을 도모하기 위한 것이다.

(라) 당사자본인의 출석, 판사의 확인 및 이혼신고   이혼의사 확인을 받을 때는 반드시 당사자 '본인이 출석'하여야 한다. 출석하지 아니하면 이혼의사가 없는 것으로 본다. 가정법원의 판사는 출석한 부부의 진정한 이혼의사를 확인(사기나 강박

---

1 가사소송법은 양육비직접지급명령제도를 새로 도입하였다(가소 제63조의 2 신설). 양육비지급 채무자가 회사 등에 취업하고 있는 경우 가정법원은 당사자의 청구에 따라 그 회사의 대표 등에게 채무자의 급여 중 양육비를 공제하여 채권자에게 직접 이를 지급하도록 명령할 수 있다. 양육비를 지급하라는 명령을 받은 자가 이를 이행하지 아니하면 1,000만 원 이하의 과태료 또는 30일 이내의 감치를 당할 수도 있다(가소 제67조, 제68조).

2 재외국민이나 수감자는 서면으로 협의이혼의 안내를 받을 수 있다(가등규칙 제73조 ②항).

3 미성년자녀가 딸린 부부가 이혼할 경우 부부는 '자녀양육안내'를 반드시 들어야 하고, 전문가와 상담하였다는 확인서를 제출하지 아니하면 숙려기간이 진행되지 아니하도록 하는 재판예규 제1400호[가사재판·가사조정 및 협의이혼의사 확인절차에서의 자녀양육안내 실시에 관한 지침(재특 2012-2), 2012. 09.19.제정, 2012. 11. 1. 시행]를 참고하여야 한다.

에 의한 이혼을 방지)한 다음 확인서(이혼신고서가 첨부된 것)를 만들어 당사자에게 교부 또는 송달한다. 부부 중 어느 한 사람이 위 확인서의 교부·송달(배달)일로부터 3개월 이내에 담당공무원에게 이혼신고를 하여야 한다(가등법 제75조 ①항, ②항). 이혼신고는 반드시 본인이 하지 않고 남에게 맡겨서 하거나 우송하더라도 상관이 없다. 이러한 이혼신고를 하여야 비로소 이혼의 효력이 발생하므로(제836조 ①항), 이는 창설적 신고이다. 이혼합의가 있더라도 이혼신고가 수리되지 않는 한, 이혼의사의 확인만으로 혼인은 해소(종료)되지 않고,[1] 이혼확인 받은 것이 재판상 이혼사유가 되는 것도 아니다.[2]

혼인신고와는 달리 협의이혼신고는 판사의 확인절차가 필수적으로 따르므로, 법원이 실질적인 심사권을 가진다고 말할 수 있다. 판사의 확인이 없더라도 이혼신고서 제출 당시 의사의합치만 있으면 이혼은 유효하다는 견해[3]도 있으나, 현행법상 그 근거가 없다.

㈐ **확인의 범위와 확인의 성질**   가정법원 판사는 협의이혼 당사자에게 이혼을 하려는 진정한 의사(뜻)가 있는지 여부만을 심사하여야 하고, 그들의 의사결정 능력 유무, 협의에 이른 과정 여하를 심리할 필요는 없다. 법원의 이혼확인에 소송법상 특별한 효력이 부여되는 것도 아니므로, 이혼협의의 효력유무는 민법상의 원칙에 따라 결정되어야 한다.[4]

㈑ **재외국민이나 외국인의 경우**   재외국민은 그 지역을 관할하는 해외공관장(대사·공사·영사)에게서 직접 이혼의사확인을 받아 서울가정법원으로 송부한다. 그러면 가정법원에서는 그 신청서류를 보고 당사자의 이혼의사를 확인할 수 있다(규칙 제75조). 외국인들이 한국법원에서 협의이혼을 하려면, 그들의 본국법에 협의이혼제도가 있는 경우(일본, 중국 등)에는 가능하나, 그런 제도가 없는 경우(미국 등)에는 협의이혼을 할 수 없고,[5] 조정이혼을 할 수 있을 뿐이다.[6]

---

1 대판 1983. 7. 12, 83므11.
2 대판 1988. 4. 25, 87므28.
3 양수산, 277면.
4 대판 1987. 1. 20, 86므86(정신박약자인 배우자와 협의이혼한 경우, 그 이혼이 정신박약상태를 이용한 것이라고 인정하고 이는 사기에 의한 이혼이므로 취소되어야 한다고 판결).
5 호적예규 제297호; 호적선례집 제3권, 318항; 1993. 4. 27, 법정 제826호(한국여자와 싱가포르남자가 혼인한 경우).
6 서울가조 1998. 6. 15, 98너14487(98드40989); 동 1999. 12. 20, 99너32963(99드단94487); 졸저, 3정판 주석가사소송법(박영사, 2004), 792면; 일 神戸家調 1962. 7. 4. 가재월보 14-11, 164면 등.

(3) 이혼의사(離婚意思)의 철회(撤回)

이혼의사확인 절차 후에도 당사자가 마음이 변하여 이혼할 의사가 없어진 경우에는 이혼철회서를 기준등록지, 주소지 또는 현재지의 시·구·읍·면사무소에 제출하여야 한다(규칙 제80조). 철회신고서가 이혼신고서(판사의 확인서 동봉)보다 늦게 제출되면, 이혼은 성립되고 만다. 철회신고서와 이혼신고서가 동시에 제출된 경우, 또는 확인서가 없는 이혼신고서가 제출된 경우 담당공무원은 이혼신고를 수리할 수 없고(예규 제168호), 수리하여도 무효이다.[1]

(4) 3개월의 경과

관계공무원이 형식적인 심사를 하여 이혼신고를 접수하면 이혼은 성립된다. 법원의 확인절차를 마쳤으나, 3개월이 지나도록 이혼신고를 하지 아니하면 그 확인서는 효력을 상실하고(가등법 제75조 ③항) 이혼의 효력이 발생할 수 없다.[2] 따라서 당사자가 기어코 이혼을 원하면 다시 가정법원판사의 확인을 받아야 한다. 그래서 이 3개월의 기간은 제척(除斥)기간(책임 없는 사유로 기간 경과하여도 불복할 수 없고 유효)이라고 해석된다.

이혼협의가 이루어지지 아니할 때 부부는 가정법원에 이혼조정신청을 할 수 있다. 거기서 가사재판관이나 조정위원이 부부간의 주장을 조정하게 된다. 조정이 성립되면 조정조서를 작성(이혼조정조서 작성 시에 이혼은 확정됨)하여 이를 당사자에게 건네주면 당사자는 이로써 이혼신고를 할 수 있다.

:: 참고판례

① 협의상 이혼은 가정법원의 확인을 받아 호적법의 정한 바에 따라 신고함으로써 효력이 생기는 것임은 민법 제836조가 규정하고 있는 바와 같으니, 위와 같은 협의이혼확인이 있었다는 사실만으로는 이혼의 효력이 생긴다거나 그것만으로 곧 재판상 이혼사유가 된다고는 할 수 없다(대판 1975. 4. 8, 74므28, 법률신문 제1108호, 1975. 5. 19.자; 1983. 7. 12, 83므11; 1988. 4. 25, 87므28).

② 섭외사법 제18조 본문(개정된 국제사법 제39조 본문)에 의하면 재일교포인 부부가 일본에서 이혼한다 하더라도 우리나라 법이 그 준거법이 될 터인데, 우리 민법상 일단 혼인이 유효하게 성립하였다면, … 협의이혼하거나 재판상으로만 유효

---

1 대판 1994. 2. 8, 93도2869; 김·김, 175면; 이경희, 85면 등.
2 대판 1983. 7. 12, 83므11.

하게 이혼할 수 있는 것이고, 호적에 그 혼인사실이 기재되지 않았다 하여 "이혼의 합의"만으로 이혼할 수는 없다(대판 1991. 12. 10, 91므535).

3. 협의이혼의 효과

민법은 협의이혼의 효과를 정하고(제837조 이하 제839조의 2까지) 이를 재판상 이혼에 준용하고 있다(제843조). 재판상 이혼의 효과부분에서 함께 설명하기로 한다. 요컨대 협의이혼이 성립되면 혼인관계가 장래에 향하여 소멸되므로 부부간의 배우자관계(친족관계)는 종료·소멸되어 부부는 남남이 된다(동거·부양·협조의무, 상속권 등 소멸). 위자료청구(3년 이내)나 재산분할청구(2년 이내)를 할 수 있고, 미성년자녀의 친권자나 양육자 지정문제 등이 생긴다(협의이혼 또는 조정이혼이든, 재판상이혼이든 이혼의 효과는 동일하다).

4. 협의이혼의 무효

(1) 개념과 성질

㈎ 재판상 이혼은 재판절차를 거쳐 이혼판결이 선고된 것이라서 그것을 무효로 만들 수 없다. 그래서 이혼무효는 항상 협의이혼의 무효만을 의미한다. 그러므로 이혼신고는 되어 있으나 부부 사이에 이혼의사의 합치(합의)가 없으므로 그 이혼이 무효라고 주장하는 소가 바로 이혼무효의 소(訴)이다.

㈏ 통설에 따르면 이혼무효는 당연무효이고 이혼무효의 소는 확인의 소이다. 그러므로 무효의 주장방법도 소(訴)로만 할 필요는 없고 상속회복청구 등 다른 소송에서 선결문제나 전제문제로 무효주장을 할 수 있음은 혼인무효의 경우와 같다.

㈐ 이혼무효에 관하여 민법에는 아무런 규정이 없고, 가사소송법 제 2 조 ①항에서 이혼무효의 소를 가류 2호 가사소송사건으로 규정하고 있다.

(2) 당사자와 제소기간

㈎ 이 소의 원고는 당사자·법정대리인·4촌 이내의 친족이고(가소 제23조), 피고는 배우자의 일방 또는 검사(피고 사망)이다(가소 제23조·제24조). 피성년후견인의 경우는 그의 후견인이 이 소를 제기할 수 있다고 해석할 것이다. 배우자가 성년후견인이 되어 있다면, 피성년후견인을 위한 특별대리인 선임신청을 먼저 하여 선임된 특별대리인이 제소하여야 할 것이다.

(나) 이혼무효의 소는 언제든지 제기할 수 있으므로 제소기간이 없다.

[협의상 이혼과 재판상 이혼의 차이]

순 서	구 분	협의이혼	재판이혼	근 거
1	이혼사유 유무·필요	×	○	제834조, 제840조, 가등법 제75조
2	법원의 관여	이혼의사의 존부확인	이혼사유의 존부 확인	제836조, 제840조
3	관할 법원	등록기준지 또는 주소지	주소지(원칙)	가등법 제75조 ①항, 가소 제22조
4	사건의 성질	가족관계등록 비송사건	가사소송사건 (나류 4호)	가등법 제75조, 가소 제 2 조 ①항
5	이혼신고의 성질	창설적 신고	보고적 신고	가등법 제75조 ②, ③항
6	불복 방법	이혼무효, 이혼취소	상소, 재심	
7	제소기간	×	6개월, 2년 (이혼사유별로 제소기간 규정)	제841조, 제842조
8	본인출석 필요	○	×	예규 제168호(2회 불출석으로 취하간주는 동일)
9	이혼철회 가부	○	×	예규 제168호
10	재산분할 청구기간	이혼신고일부터 2년	판결확정일로부터 2년	제839조의2, ③항
11	이혼신고 기간	확인서 교부· 송달일부터 3개월(제척기간)	판결확정일부터 1개월(훈시기간)	가등법 제75조 ②항, 제107조
12	신고기간 경과	확인서효력 상실(이혼효력 상실)	과태료 5만 원 (이혼효력 유지)	가등법 제75조 ③항, 제121조, 제122조
13	확인서나 판결문 분실의 경우	3개월(제척기간) 내이면 등본교부신청 가능	판결정본의 재교부나 등본교부 신청 가능	예규 제168호, 가등법 제107조, 민사집행법 제35조

* 단순이혼판결 정본을 분실한 경우는 당사자가 사건번호를 알면 가정법원에 판결등본교부 및 확정증명 신청을 하여 그 등본과 증명서로 가족등록부를 정리할 수 있다(가등법 제107조). 그러나 그 판결에서 위자료나 재산분할을 명하고 있는 경우는 그 판결 정본을 분실하면 집행문을 받을 수 없으므로, 판사에게 다시 판결정본과 집행문을 신청하여 받을 수 있다(민집 제35조).

* 이혼의사확인서를 분실하여 3개월 이내에 찾지 못하거나 재교부신청을 하지 못하면 다시 확인신청을 하여야 한다.

(3) 무효인 협의이혼의 실례(實例)

㈎ **가장(假裝)이혼 등(소극)**　　사실상 부부공동생활을 종료시킬 의사 없이(동거를 계속하면서), 단지 어떤 목적을 달성하기 위하여, 예컨대 강제집행면탈(이혼에 따르는 재산분할 등으로)·해외이민·여권발급·노임청구, 혼인외 출생자의 신분을 감추려고 하는 등의 목적으로 가장 또는 통모하여 협의이혼신고를 하는 예가 더러 있다. 옛날의 판례는 가장이혼을 무효[1]라고 하다가, 근래에는 이러한 가장이혼을 모두 유효하다고 인정한 판례가 많다.[2] 이혼신고라는 것이 사람의 신분상·법률상·사실상 중요한 의미를 가지는 것이기 때문이다. 가장이혼의 무효를 인정받으려면 누구나 납득할 만한 특별한 사정을 주장하고 증명하여야 한다.

㈏ **무효이혼의 사례들**　　① 당사자가 모르는 사이에 부부의 일방이나 제 3 자가 이혼신고를 한 경우(지금의 제도하에서는 실제로 불가능),[3] ② 외국의 이혼판결로 이혼하였지만 그 이혼소송절차상 송달 등이 부적법한 경우,[4] ③ 이혼철회서보다 나중에 또는 이혼철회서와 동시에 이혼신고가 수리된 경우,[5] ④ 심신미약자가 이혼신고를 할 당시에 의사능력을 상실한 경우 등은 원칙적으로 이혼이 무효이다. 그러나 이혼신고서에 기록된 증인 2명의 서명날인(連署; 연서)이 위조된 경우라도 일단 신고서가 수리된 이상 이혼의 효력은 생기고, 이혼무효가 되지 아니한다.[6]

1　대판 1967. 2. 7, 66다2542 등.
2　대판 1975. 8. 19, 75도1712(강제집행면탈); 1976. 9. 14, 76도107(해외이주); 1981. 7. 28, 80므77 (외국이민을 떠났다가 3년 후 귀국하여 다시 혼인신고를 하여 주겠다는 말을 믿고 이혼); 1993. 6. 11, 93므171(노임청구); 1997. 1. 24, 95도448[협의상 이혼의 의사표시가 기망에 의하여 이루어진 것일지라도 그것이 취소되기까지는 유효하므로, 협의상 이혼의사의 합치에 따라 이혼신고를 하여 호적에 기재되었다면, 이는 공정증서원본불실기재죄에 해당하지 않는다(대판 1993. 9. 10, 93도698, 1996. 6. 11, 96도233 참조)]; 서울가판 2004. 4. 22, 2003드합6149, 법률신문 제 3277호, 14면(영주권취득의 목적); 일 최판 1963. 11. 28(호주의 지위를 남편에게 넘기는 방편) 등을 위한 협의이혼은 모두 유효하다. 이에 비하여 조선족 여자의 취업목적 혼인신고는 무효이다(대판 1996. 11. 22, 96도2049).
3　대판 1956. 8. 4, 4289민상235.
4　서울가판 1993. 12. 9, 92드688848(확정)('미합중국 네바다주 크라크카운티 제 8 사법재판소가 1992. 3. 31. 선고한 원고와 피고 사이의 이혼판결에 의한 이혼은 무효임을 확인한다'고 주문에 표시하고 있다); 대판 1994. 5. 10, 93므1051·1068.
5　대판 1994. 2. 8, 93도2869.
6　대판 1962. 11. 15, 62다610.

:: 참고판례

[협의이혼의사 확인제도 도입 전의 판례들]

① 서자(庶子)를 적자(嫡子)로 만들기 위하여 형식상 이혼신고를 한 경우, 실제로 이혼의 합의가 없으면 이혼의 효력은 생기지 아니한다(대판 1961. 4. 27, 4293민상536, 판총 941 판가 143).

② 혼인파탄도 없이 실제로 동거하면서 형식상으로 통모하여 이혼신고를 한 경우는 신분행위의 의사(意思)주의적 성격에 비추어, 이혼은 무효이다(대판 1967. 2. 7, 66다2542).

③ 호적공무원은 협의이혼신고서의 진정 여부를 확인한 연후에 이를 수리하도록 되어 있는바, 청구인과 피청구인의 쌍방이 아닌 피청구인 혼자만이 출석하여 이혼신고서를 제출하였다 하더라도 본 건과 같이 호적공무원이 그 신고서를 진정한 것으로 알고 수리한 이상, 그 효력이 발생하였다(대판 1969. 12. 9, 68므9).

(4) 이혼무효의 효과

(가) 협의이혼의 무효를 선고한 확정판결은 제 3 자에게도 효력이 있다(가소 제21조 ①항). 원고는 판결확정일로부터 1개월 이내에 판결등본과 그 확정증명서를 첨부하여 가족관계등록부 정정신청을 하여야 한다(가등법 제107조).

(나) 이혼무효청구를 기각한 판결이 선고된 경우는, 다른 제소권자는 사실심의 변론종결 전에 참가할 수 없었던 데 대하여 정당한 사유가 있으면 다시 소를 제기할 수 있고, 그러한 사유가 없으면 다시 소를 제기할 수 없다(가소 제21조 ②항).

(다) 이러한 판결에 따라 그 이혼은 당초부터 무효이었던 것으로 확정되므로, 이혼무효판결에는 **소급효가 있다.** 따라서 혼인은 중단 없이 계속된 것이 된다.

(라) 협의이혼 후 재혼하였는데 나중에 그 협의이혼이 무효로 확정된 경우 나중의 혼인(재혼)은 중혼이 되고, 취소될 수 있다. 중혼은 무효혼인이 아니므로, 취소되지 않고 있는 사이에 중혼자(예컨대 홍길동)가 사망한 경우 전후의 두 배우자(예컨대 a, b여자)는 망인의 재산을 공동으로 상속한다.

5. 협의이혼의 취소

(1) 개념, 특징

(가) 협의이혼의 성립과정에 사기나 강박(형법상 용어는 "협박")을 당하여 이혼하

였다는 이유로 이혼취소를 청구하는 소가 이혼취소의 소이다(제838조). 당사자가 임의로 이혼을 취소할 수 없고, 반드시 가정법원에 소를 제기하여(나류사건 3호) 판결을 받아야 이혼을 취소할 수 있다. 따라서 이는 전형적인 형성(形成)의 소이다.

(나) **조정전치**　　가사소송법 제50조에는 조정전치를 규정하고 있고, 학설 중에도 이혼을 취소하려면 조정신청을 하여야 한다고 해설하는 분이 계시지만(다수설),[1] 이는 이혼취소나 혼인취소의 소가 형성(形成)의 소(訴)이므로 당사자의 임의처분이 허용되지 아니한다는 점[2]을 간과한 주장이라 타당하지 않다. 이혼취소사건은 조정으로 처리될 수 없다.

(2) 당사자·청구원인·제소기간·청구권의 소멸

(가) 원고는 사기나 강박을 당하여 이혼의 의사표시를 한 사람이고, 소송 중에 원고가 사망하면 소송은 종료된다. 피고는 부부의 일방이고 피고가 사망한 경우는 검사를 피고로 삼는다(가소 제24조 ①, ③항). 소송 중 피고가 사망하면 검사가 이를 수계한다고 해석할 것이다.

(나) 이혼취소의 사유는 사기나 강박을 당하여 이혼하였다는 주장이다. 피성년후견인이 부모나 그 후견인의 동의 없이 협의 이혼한 경우는 이를 취소할 수 있는가? 적극설[3]과, 소극설(취소할 수 없고 이혼은 유효하다)[4]이 대립하고 있다. 뒤의 학설을 지지하고 싶다. 혼인 또는 이혼의 무효나 취소에 관한 규정은 제한적·열거적인 규정이라고 해석되기 때문이다(제839조가 제823조를 준용하면서, 제816조는 준용하지 아니함).

(다) **제척기간**　　이혼취소의 소는 사기를 안 날, 또는 강박을 면할 날로부터 3개월 이내에 제기하여야 한다. 3개월이 지나거나, 추인한 때는 취소청구권이 소멸된다(제839조·제823조). 따라서 위 3개월의 기간은 제척기간이라고 할 것이다(기간 경과 후 추완 제소는 불가능). 사기를 안 날이 10년이 지난 후이더라도 그 때부터 3개월 이내에 제소할 수 있다고 해석할 수 있으므로, 입법론상 문제점이다.[5]

---

1 김·김 177~78면; 김용한 140면; 김형배, 138면 등.
2 대판 1968. 2. 27, 67므34; 1999. 10. 8, 98므1698; 이재성, "가사심판법의 조정화해와 신분행위," 법조, 13-4, 12면.
3 배경숙·최금숙, 135면.
4 김·김, 178면(민법에 이 경우의 협의이혼취소규정이 없기 때문).
5 실제로 협의이혼절차가 복잡하고 판사 앞에서 당사자의 이혼의사확인절차가 이루어지므로, 협의 이혼의 취소는 그렇게 흔하지도 않고 쉽지도 아니할 것이다.

(3) 법원의 이혼의사확인절차와 이혼취소의 가능여부

법원의 협의이혼의사 확인절차를 거쳤더라도, 사기·강박을 원인으로 이혼취소청구를 할 수 있다.[1] 다만 입증이 곤란한 경우가 있을 것이다. 이미 접수된 이혼신고서에 기재된 증인의 서명날인이 위조된 경우라도 그 이혼은 유효하다.[2] 제 3 자에 의한 사기나 강박으로 이혼한 경우, 상대방 배우자가 선의이더라도 이혼취소를 청구할 수 있다(제110조 ②항). 이 경우는 민법 총칙의 규정이 적용되지 않기 때문이다.

(4) 판   례

협의이혼의사 확인제도의 도입 이전(1978년 말까지)에는 합의이혼취소의 사례를 더러 볼 수 있었다. 예컨대 남편이 거액의 빚을 지고 채권자로부터 채무변제의 독촉을 받고 이를 피하기 위하여 "일시적으로 가장이혼하였다가, 사태 수습 후 나중에 다시 혼인신고를 하면 된다"고 아내를 꾀어, 이혼한 경우,[3] 위 확인제도 도입 후(1979년 이후)에도, 아내가 2명의 딸을 출산한 후 정신이상 증세를 보이다가 그 후, 어느 정도 회복되었는데 남편이 그러한 아내(심신박약상태)를 기망하여 법원에 데리고 가서 협의이혼한 경우[4] 처는 위 각 이혼을 취소할 수 있다고 하였다.

그러나 가장(假裝)협의이혼의 경우, 협의이혼은 유효하고 함부로 취소할 수 없음은 이미 협의이혼 무효 부분에서 살펴본 바와 같다.

(5) 이혼취소의 효과

㈎ 소 급 효   협의이혼취소의 효과는 혼인취소의 경우와 달리 소급효가 있다[5](통설)[제839조가 제824조(혼인취소의 효력)규정을 준용하지 아니함]. 취소판결이 선고되어 확정되면, 그 협의이혼은 당초부터 없었던 것, 즉 혼인은 계속된 것으로 인정되고 이혼신고 시로 소급하여 효력을 잃는다. 이 점을 특히 주의하여야 한다. 사기 등으로 인한 이혼취소의 효과는 선의의 제 3 자에게도 대항할 수 있다(제110조

---

1 대판 1987. 1. 20, 86므86, 공보 1987, 368면.
2 대판 1962. 11. 25, 62다610.
3 대판 1971. 9. 28, 71므34; 1977. 4. 12, 76므37, 판례가족법 174면; 서울가판 2008. 3. 21, 2007드단 67114(생활보조금을 받자고 남편을 기망하여 이혼 후 가출).
4 대판 1987. 1. 20, 86므86.
5 김·김 178면; 김형배, 139면; 이근식·한봉희, 122면; 권일, 100면; 배경숙·최금숙, 136면; 我妻 외 2면, 民法3 ― 親族法·相續法 ―(勁草書房, 2004), 97; 甲斐 외 2, 56면.

③항; 재산상 행위와 상이).

(나) **가족관계등록부 정정**   원고는 판결확정일부터 1개월 안에 판결등본과 확정증명서를 붙여 가족관계등록부의 정정신청을 하여야 한다(가등 제107조).

(다) **손해배상청구**   이혼취소의 경우 사기이혼으로 인하여 손해를 입은 사람은 책임자를 상대로 손해배상을 청구할 수 있다(제750조).

(라) **이혼취소와 중혼**   협의이혼신고 후에 재혼한 경우는 이혼취소판결과 그 소급효로 인하여 원래의 혼인이 부활하므로 중혼이 성립될 수 있다. 나중의 혼인은 중혼취소청구의 대상이 될 것이다(제810조·제818조).

6. 사실상의 이혼

(1) 사실상 이혼은, 법률상 부부가 이혼의 합의(의사능력을 가지고 이혼의사의 합치)만 하고 이혼신고는 하지 않은 채, 별거하고 있어서 부부공동생활의 실체가 없어진 상태이다. 사실상이혼 상태에서 부부 중 일방이 사망한 경우 생존 배우자는 상속권이 있다.[1]

(2) 부부가 사실상 이혼하면 동거·협조의무와 정조의 의무, 일상가사대리권과 가사채무의 연대책임은 소멸되어 없어진다.

(3) 이러한 이혼 중에 부부의 일방이 제3자와 혼인하면 이는 중혼이 되고, 양자를 입양하면 부부공동입양으로 인정될 수는 없을 것이다.[2]

(4) 친생자추정 규정(제844조)은 적용되지 아니하므로, 사실상의 이혼 후 300일 이후에 출생한 자녀는 사실상이혼 후에 임신된 것으로 추정된다.[3] 그러므로 이러한 자녀의 친생성을 부인("너는 내 자식이 아니다"라고 주장)하려면 '친생부인의 소'가 아니라, '친자관계부존재확인의 소'를 제기할 수 있다. 그러한 자녀는 혼인중의 출생자이지만, 친생자로 추정받을 수 없기 때문이다.

---

[1] 대판 1969. 7. 8, 69다427.
[2] 일 최판 1973. 4. 12, 집 27-3, 500면(사실상 이혼 중인 처의 이름을 모용하여 입양신고 — 남편과 그 양자 간에서만 입양은 유효).
[3] 대판 1983. 7. 12, 82므59.

[이혼무효와 이혼취소의 차이]

구 분		협의이혼무효	협의이혼취소	비 고
소의 성질		확인의 소	형성의 소	
당 사 자	원 고	당사자, 법정대리인, 4촌 이내의 친족	사기나 강박을 당한 배우자	가소 제23조
	피 고	배우자, 검사	배우자, 검사	가소 제24조
청구원인		이혼합의 결여	사기나 강박으로 협의이혼	제838조
제소기간		×	사기를 안 날 또는 강박을 면한 날부터 3개월	제823조, 제839조
청구권 소멸		×	3개월 경과 또는 추인	제823조
판결 소급효		○	○	
조정전치		×	○(법률규정·다수설 ○, 저자의 견해 ×)	가소 제50조

Ⅲ. 재판상 이혼

1. 의 미

(1) 개 념

(가) 이혼은 배우자 쌍방이 혼인을 종료·해소시키는 제도이다. 성경에서는 "하나님이 짝지어 주신 것을 사람이 나누지 못할지니라."[1]고 하여 이혼을 금하고 있지만 실제로 세상의 많은 부부들은 이혼으로 헤어지고 있다.

(나) 재판상 이혼은 부부의 일방이 법원에 이혼소장을 제출하여 '상대방에게 이혼사유가 있다'고 주장하고 증명하여 법원의 판결에 따라 이혼하는 것을 말한다. 부부가 이혼에 합의하는 경우는 이혼사유의 유무에 상관없이 협의이혼을 할 수 있으므로, 이혼사유가 있는데도 부부의 일방이 이혼에 불응하는 경우에만 재판상 이혼을 하게 된다.

(2) 조정이혼과 구별

조정전치주의(調停前置主義)에 따라 이혼청구를 하려면 먼저 이혼조정신청을 하여야 한다(가소 제 2 조 ①항·제50조; 나류 가사소송사건 4호). 이 조정단계에서 부부 사이에 이혼합의가 성립되면 그것으로 바로 이혼이 성립된다. 더 이상 이혼사유의 유무를 따질 필요가 없어지고 만다. 조정이 성립되지 아니할 경우 비로소 재

---

1 마태복음 제19장 제 6 절.

판상 이혼으로 나아가 소송절차로 처리된다(가소 제49조, 민조 제36조).

2. 유책주의와 파탄주의(유책배우자의 이혼청구 문제)

(1) 개 념

부부 사이의 혼인관계가 파탄되어 회복될 가망이 없고, 혼인을 계속하기 어려운 중대한 사유(제840조 6호)가 있을 경우, 그 원인이 오로지 또는 주로 원고에게 있을 때 그러한 원고의 이혼청구가 인용될 수 있는가? 이것이 유책주의냐 파탄주의냐 하는 문제이다. 민법에는 명문의 규정이 없다. 민법 제840조 6호가 추상적 이혼원인을 규정한 의미에 관하여 우리 민법이 파탄주의를 선언한 것, 또는 파탄주의 입법유형이라고 해석하는 학설[1]이 있다. 그러나 이 학설이 과연 타당한 것인지는 의문이다.[2]

(2) 학 설

㈎ **유책주의(有責主義)(다수설·판례)**   혼인파탄을 자초(自招)하여 파탄에 책임 있는 사람은 스스로 그 파탄을 이유로 이혼청구를 할 수 없다는 견해가 유책주의이다. "스스로 이혼원인을 만들어 고의로 혼인을 파탄시킨" 사람이 도리어 이혼소송을 제기하는 것은 신의성실의 원칙상 허용될 수 없다고 한다. 선의·무과실 배우자의 경제적 보호(이혼에 따르는 손해배상보다는 혼인계속과 부양을 받는 것이 더욱 유리), 축출이혼(逐出離婚)의 방지(약자인 여성의 보호) 등의 견지에서, 유책배우자의 이혼청구는 허용될 수 없다는 견해이다(다수설). 이 설의 장점은 이혼원인을 구체적·제한적으로 규정하여, 법적 안정성을 도모하고 이혼의 일반 예방적 효과를 거둘 수 있다는 점이다. 단점은 당사자의 과실이 없는 혼인파탄(예컨대 행방불명 등)의 경우에는 이혼할 수 없고, 파탄되어 이미 혼인의 목적을 상실한 혼인을 그대로 지속하게 하는 것은 인권보호라는 현대법의 요청에 부합되지 아니한다는 것이다.

㈏ **파탄주의(破綻主義)[3](소수설)**   일단 혼인이 파탄된 이상, 파탄사실을 사실

---

1 소성규, 여성법학(제일법규, 1996), 227면; 엄영진, 가족법(대왕사, 1994), 208면.
2 이강원, "이혼제도의 개선방안," 서울가정법원방문 세미나자료집(2004, 가정을 사랑하는 모임), 20면(민법 제840조 6호는 유책이혼원인과 무책이혼원인을 모두 포함하고 있는 것으로 봄이 상당하다). '혼인을 계속할 수 없는 중대한 사유'라는 이혼사유를 규정하였다고 하여 우리 민법이 파탄주의를 택하였다고 해석하는 것은 논리상 의문이다. 그러한 중대한 사유를 만들어낸 유책당사자의 이혼청구는 허용될 수 없을 것(유책주의)이기 때문이다.
3 파탄주의(No-Fault Divorce Law)에 관한 외국의 입법례는 이강원, 앞의 논문, 9면 이하; 김종권, "가정파탄의 법정원인과 그 실태 ― 구관습제도와 관련하여 ―," 재판자료 제12집, 614면; 이화숙,

로 인정하여 당사자의 책임유무를 불문하고 이혼청구를 허용하자는 설이다. 이혼
법은 유책주의 → 소극적 파탄주의 → 적극적 파탄주의로 진화되어 왔다고 하면서,
혼인은 자유의사를 기초로 한 관계이므로 이미 파탄된 혼인관계의 계속을 "법이
강요하는 것"은 오히려 반도덕적·반인륜적이라고 주장한다(유책주의는 파탄된 혼인
을 법이 유지시키고 사실혼을 증가시켜 결국 여성의 행복을 박탈하게 된다. 또 이혼을 허
용한 후 무책자에게 손해배상이나 부양에 만전을 기하면 된다). 이 설은 추상적 이혼원
인을 인정함으로써 개별적·구체적인 타당성을 실현할 수 있으나, 축출이혼을 허용
하여 비윤리적 결과를 초래할 우려가 있다. 그러나 경제성장과 부부평등이 점차
실현되면서 이혼의 자유를 제한하기보다는 이혼의 자유를 허용하는 추세에 있어서
파탄주의가 점차 유력하여지고 있다.[1]

(3) 판　　례

㈎ **유책배우자의 이혼청구**　　우리나라의 판례는 유책배우자의 이혼청구를 배
척하여 왔고, 이는 확립된 기본 판례이다. 혼인생활의 파탄에 주된 책임이 있는 배
우자[간통, 불륜관계 혹은 축첩한 사람은 실형을 살고 나왔더라도]는 그 파탄을 이유로
스스로 이혼 청구를 할 수 없다.[2] 그러나 제한적·예외적으로 파탄주의 경향의 판

"소위 '황혼이혼'과 재판상 이혼원인, 그리고 별산제의 한계," 연세법학연구 7집 제 1 권(통권 9호,
2000. 6), 3면; 이화숙, "미국의 파탄주의 이혼법에 남아 있는 유책적 요소에 대한 찬반론," 경원대
학교 법학논총(1998), 41~42면; 한봉희, "이혼법개정의 제문제," 법무자료 제55집, 279면; 문영화,
"독일의 혼인제도," 판례실무연구 Ⅴ, 254면; 오상진, "이혼원인에 있어서 유책주의와 파탄주의,"
재판자료 제101집, 125면 이하; 정원태, "객관적 파탄주의와 유책배우자의 이혼청구," 판례실무연
구 Ⅴ, 323면 김대원, "협의이혼제도에 관한 소고," 실무연구 Ⅵ, 12면; 김상용, "이혼숙려기간과
이혼전 상담제도의 도입가능성," 이혼숙려기간 및 이혼전 상담제도화를 위한 심포지엄(한국가정
법률상담소, 2004), 14면; 조경애, '재판상 이혼원인에서 파탄주의의 도입에 관한 연구'(박사학위
논문, 이화여자대학교, 2018) 등.

1 파탄주의를 채택하고 있는 나라는 독일, 스위스, 미국의 캘리포니아주(州) 등이고, 유책주의와 파
탄주의의 혼합형을 택하고 있는 나라는 프랑스, 영국, 미국의 뉴욕주, 일리노이주, 루이지애나주,
일본 등이다(이강원, 전게논문, 12~16면). 독일의 경우는 유책배우자의 이혼청구여부를 불문하고
이혼판결이 상대방에게 심히 가혹한 결과를 가져올 경우는 이혼청구를 기각한다는 조항, 이른바
가혹조항을 두고 있다.; 캐나다도 파탄주의를 채택. 즉, 이혼소장 제출 전에 최소한 1년의 별거를
이혼사유로 정하고 있다(Fodden, 앞의 책, 164면).
미국의 경우 1963~65년 사이 15~54세 사이의 여성 1,000명당 17명꼴로 이혼하던 것이 1978~80
년 사이는 1,000명당 40명이 이혼. 이러한 이혼율의 급증형태를 "이혼혁명"이라고 별명 붙이는 것
은 놀라운 일이 아니다(Sanford N. Katz, 앞의 책 96면); 파탄주의 이혼법의 도입, 여성의 노동시
장 진입 증가, 인공피임기구 발달, 유산의 합법화 등이 그 이유라고 지적하고 있다.

2 대판 1965. 9. 21, 65므37; 1969. 12. 9, 69므31; 1989. 10. 24, 89므426; 1993. 11. 26, 91므177(처가
이혼청구를 취하); 1995. 11. 21, 95므731; 1997. 5. 16, 97므155; 2004. 9. 24, 2004므1033(원고가
집을 나가 28년간 별거하면서 다른 남자와 중혼적 사실혼관계에 빠져 자식을 낳은 경우; 법률신문

례도 점차 나타나고 있다.

⒜ 유책배우자의 이혼청구라도 이를 인용한 사례(소위 제한적 긍정설)   유책배우자의 이혼청구를 원칙적으로 배척하면서 특수한 사정이 있는 경우는 예외적으로 이혼을 허용하여야 한다는 견해(현재의 다수설과 판례)이다.[1]

유책배우자의 이혼청구에 대하여 상대방 배우자(무책배우자)도 이혼의 반소를 제기하거나,[2] 오기나 보복적 감정에서 표면적으로는 이혼에 불응하고 있기는 하나, 내심으로는(실제로는) 혼인을 계속할 뜻이 없어서 혼인의 계속과는 도저히 양립할 수 없는 행위를 하는 등 이혼의사(離婚意思)가 객관적으로 명백한 경우에는 유책배우자의 이혼 청구도 인용하고 있다.[3] 다만 반소를 제기한 사실만으로 바로, '혼인을 계속할 의사가 없다.'고하거나 '오기나 보복적 감정에서 이혼청구에 응하지 아니하는 것'이라고 단정할 수 없다.[4]

1) 인과관계가 없는 경우   이미 혼인이 파탄되어 있는 경우(원고의 행위와 혼인파탄 사이에 인과관계가 없는 경우), 즉 남편이 다른 여자와 동거하여 아이를 출산하였지만, 이는 본처와 사이의 이혼 합의가 이루어진 후의 일이므로 남편을 유책행위자라고 할 수 없다면서 이혼청구를 인용한 사례이다.[5]

2) 부부 쌍방의 책임 정도가 동등한 경우   혼인파탄에 대한 부부쌍방의 책임이 거의 같은 정도[6]이거나, 원고의 책임이 피고의 책임보다는 더 무겁다고 인정되지 아니하는 경우 이혼을 허용한다.[7]

제3349호, 8면) 등; 1993. 3. 9, 92므990[극심한 생활고로 처가 다른 남자와 일시 동거하고 그 사이에 아이를 출산한 일이 있더라도 그 책임이 남편(장기간에 걸쳐 별거 다른 여자와 동거)에게 있는 경우] 등; 일본의 판례(최판 1952. 2. 19, 집 6-2, 110면 : 이러한 이혼을 허용한다면 처는 '엎친 데 덮치기로' 곤욕 당한다)도 거의 동일한 태도 즉, 소극적 파탄주의를 견지하고 있다.

1 박병호, 120면 이하; 양수산, 278면 이하; 일 최판 1987. 9. 2. 집 41-6, 1423면[유책배우자의 이혼청구가 항상 허용되는 것은 아니고, 신의칙에 따른 제약이 있다. ① 상당한 장기간의 별거(이 사건은 36년), ② 미성숙자녀의 부존재, ③ 이혼으로 인한 가혹상황의 부존재 등을 고려하여 허부를 결정하여야 한다]; 大村敦志, 149면; 甲斐, 61면; 미국의 통일 혼인·이혼법(Uniform Marriage and Divorce Act, 1987) 제302조는 혼인이 회복될 수 없을 정도로 파탄되었다고 인정하려면, (i) 당사자가 180일 이상 별거하여 왔을 것, (ii) 혼인생활에 대한 부부 일방이나 쌍방의 태도가 정반대라서 심각한 의견 불일치를 나타내고 있을 것을 규정하고 있다(Harry D. Krause, 564면).

2 대판 1987. 12. 8, 87므44·45.

3 대판 1987. 4. 14, 86므28; 1988. 2. 9, 87므60; 1993. 11. 26, 91므177; 1997. 5. 16, 97므155, 판례월보 제324호, 119면; 2004. 2. 27, 2003므1890.

4 대판 1998. 6. 23, 98므15, 22.

5 대판 1979. 2. 24, 69므13.

6 대판 1986. 3. 25, 85므85; 1988. 3. 22, 87므33; 일 최판 소화30. 11. 24, 집 9-2, 1837면.

7 대판 1990. 4. 10, 88므1071; 1991. 7. 9, 90므1067; 1994. 5. 27, 94므130.

3) 남편의 반소인용   남편의 반소청구를 인용한 사례도 있다.[1]

4) 최근의 대법원판례(2015. 9. 15, 2013므568 전원합의체 판결[2]; 다수의견은 원고청구 기각)

사실관계 : 1976. 혼인신고, 성년인 자녀 3명. 2000. 1.경 남편은 가출, 제 3 의 여자와 동거(딸 1명 출산). 아내는 무직으로 혼자서 아이 양육, 생활비 월 100만 원으로 생계유지. 2012. 1.경부터 생활비 중단, 현재 나이 63세, 위암 수술을 받았고, 갑상선약을 복용하고 있다. 혼인 계속의 의사를 명시하고 있다.

다수의견(7:6) : 상대방 배우자(이하 아내라고 약칭)도 ① 혼인을 계속할 의사(意思)가 없어 일방의 의사에 따른 이혼 내지 축출이혼의 염려가 없는 경우는 물론, 나아가 이혼을 청구하는 배우자(이하 남편이라고 약칭)의 유책성을 상쇄할 정도로 ② 아내와 자녀에 대한 보호와 배려가 이루어진 경우, ③ 세월의 경과에 따라 혼인 파탄 당시 현저하였던 남편의 유책성과 아내가 받은 정신적 고통이 점차 약화되어 쌍방의 책임의 경중을 엄밀히 따지는 것이 더 이상 무의미할 정도가 된 경우 등과 같이 --(중략)--남편의 유책성이 이혼청구를 배척해야 할 정도로 남아 있지 아니한 특별한 사정이 있는 경우에는 예외적으로 남편의 이혼청구를 허용할 수 있다 (필자가 번호를 붙이고 남편이나 아내로 약칭).

유책배우자의 이혼청구를 예외적으로 허용할 수 있는지 판단할 때에는, 유책 배우자 책임의 태양·정도, 상대방 배우자의 혼인계속의사 및 유책배우자에 대한 감정, 당사자의 연령, 혼인생활의 기간과 혼인 후의 구체적인 생활관계, 별거기간, 부부간의 별거 후에 형성된 생활관계, 혼인생활의 파탄 후 여러 사정의 변경 여부, 이혼이 인정될 경우의 상대방 배우자의 정신적·사회적·경제적 상태와 생활보장의 정도, 미성년 자녀의 양육·교육·복지의 상황, 그 밖의 혼인관계의 여러 사정을 두루 고려하여야 한다. 이 사건에서는 남편의 청구를 기각.

소수의견(6명의 대법관) : ① 이혼에 대한 일반인의 인식, 사회·경제적 환경변화 등에 비추어 유책배우자의 이혼청구를 제한할 필요성이 줄어들었다.

② 회복 불가능한 객관적인 파탄 혼인관계 해소의 허부가 일방 배우자의 주관적인 혼인계속의사 유무에 따라 좌우되어야 한다는 것은 불합리하다. ③ 유책배우

---

1 대구고판 1991. 3. 27, 90르720, 737, 하집 1991-1, 628면: 부정행위를 한 남편이 처의 간통고소에 따라 유죄판결을 선고받아 확정된 경우, 그 남편의 반소청구에 따라 이혼판결이 선고된 사례이다; 졸저, 3정판 주석가사소송법(박영사, 2004), 213면.

2 이 판결에 대한 평석은 조경애, '재판상 이혼원인에서 파탄주의 도입에 관한 제언', 한국가족법학회, 「가족법의 최신동향」(2018. 9. 14.), 9면 이하.

자의 이혼청구 인용으로 상대방이 가혹한 상태에 처하게 된다면 이는 정의·공평의 관념에 현저히 반하므로, 그러한 사정이 없는 경우에 한하여 이혼을 허용하는 것이 헌법 정신에 부합한다. ④ 유책배우자의 이혼청구를 허용할 경우에도 위자료의 액수, 재산분할의 비율액수를 정할 때, 유책자의 귀책사유와 상대방 배우자를 위한 보호 및 배려 사이에 균형과 조화를 도모하여야 한다(다수설이나 소수설의 논리 구성은 거의 같거나 비슷하게 보인다).

:: **참고판례**

[유책배우자의 이혼청구]

배척한 사례(①~④)

① 혼인의 파탄에 책임 있는 유책배우자는 그 파탄을 원인으로 이혼을 청구할 수 없는바, 이는 혼인의 파탄을 자초한 자에게 재판상 이혼청구권을 인정하는 것은 혼인제도가 요구하고 있는 도덕성에 근본적으로 배치되고, 배우자 일방의 의사에 의한 이혼 내지는 축출이혼을 시인하는 부당한 결과가 되므로 혼인의 파탄에도 불구하고 이혼을 희망하지 않고 있는 상대배우자의 의사에 반하여 이혼을 할 수 없도록 하려는 것일 뿐, 상대배우자에게도 그 혼인을 계속할 의사가 없음이 객관적으로 명백한 경우에까지 파탄된 혼인의 계속을 강제하려는 취지는 아니다(대판 1987. 4. 14, 86므28).

② 청구인(남편)의 외박으로 싸움 끝에 이혼하기로 합의하고 협의이혼의사확인을 받았으나 이혼신고는 하지 않고 3개월간 함께 지내다가 그 후 남편이 스스로 가출하여 다른 여자와 동거하면서 다달이 생활비조로 월급의 일부를 처에게 송금하였고, 처는 동거하던 아파트를 처분하여 집 마련비용과 딸 교육비로 돈을 사용하였다. 처는 남편의 가출 후에도 종전의 그들의 주거지에서 살고 있는 사실을 고려하면 이 혼인의 파탄책임자는 남편이니 그의 이혼청구는 허용될 수 없다(대판 1983. 7. 12, 83므11).

③ 일방 배우자의 책임 있는 사유(악의의 유기)로 인하여 혼인생활이 파탄에 빠지게 된 이후에 그 갈등을 해소하려는 과정에서 상대방이 재판상 이혼사유에 해당할 수도 있는 잘못(직계존속에 대한 폭행)을 저질렀다고 그 잘못이 상대방의 유책사유로 인한 혼인의 파탄과는 관계없이 저질렀다거나 그 정도가 상대방의 유책사유에 비하여 현저하게 책임이 무거운 것이라는 등의 특별한 사정이 없는 한, 혼인을 파탄시킨 유책배우자가 이를 사유로 삼아 이혼을 청구할 수는 없는 것이

고, 그러한 갈등이 쌓여서 혼인관계가 돌이킬 수 없을 정도에 이르렀다 하여도 상대방이 사실은 혼인을 계속할 의사 없이 오로지 배우자를 괴롭힐 의사로 표면적으로만 이혼에 응하지 아니하고 있다는 등의 특별한 사정이 있는 경우가 아니라면 혼인을 파탄에 이르게 한 사유에 관하여 당초 책임 있는 배우자는 --- 이혼을 청구할 수 없다(대판 1990. 9. 25, 89므112).

④ 간통죄 고소사건의 제 1 심판결 선고 전까지 아내 측의 간통죄고소가 취소되지 않아 유죄판결이 선고된 경우, --- 아내의 의사에 관계없이 간통하여 혼인생활을 파탄에 빠지게 한 것은 남편이고 유책배우자인 남편의 이혼청구가 곧 인용될 수는 없다(대판 1993. 11. 26, 91므177).

인용한 사례(⑤~⑦)

⑤ 아내의 허영·냉대·혼인생활 거부 등의 귀책사유로 인하여 파경에 이른 뒤 유책배우자(남편)가 다른 여자와 부정한 관계를 맺는 등 쌍방의 책임으로 파경이 심화되어 부부관계를 정상으로 되돌릴 수 없을 만큼 중대한 상태가 야기되었을 뿐만 아니라 아내가 내심으로는 유책배우자와의 혼인을 계속할 의사가 없으면서도 표면상으로만 이혼에 불응하고 있다면, 비록 유책배우자에게 다른 여자와 부정한 관계를 맺은 잘못이 있다 하더라도 이미 파탄된 혼인의 해소를 바라는 유책배우자의 이혼청구는 인용함이 상당하다(대판 1987. 9. 22, 86므87).

⑥ 반소청구를 인용 : 혼인의 파탄원인이 남편과 시부모의 냉대, 남편이 생활비도 제대로 주지 아니하면서 부부싸움 끝에 아내를 구타하는 등의 부당한 대우에서 비롯되어, 아내는 가출, 남편의 직장에 찾아가 소란을 피운 것 등도 그 원인으로 경합. 이 부부가 본심·반심청구로 각각 이혼심판을 청구하고 있다면 두 사람 모두 혼인을 계속할 의사가 없음이 명백하다고 할 것이므로 비록 아내에게도 가출 등의 잘못이 있다 하더라도 이미 파탄된 혼인의 해소를 바라는 아내의 이혼청구(반심)는 이를 인용함이 마땅하다(대판 1987. 12. 8, 87므44).

⑦ 부부의 혼인관계가 돌이킬 수 없을 정도로 파탄된 경우, 그 파탄의 원인이 이혼청구인에게 전적으로 또는 주된 귀책사유로 조성되었거나 청구인의 책임이 피청구인의 책임보다 더 무겁다고 인정되지 않는 한 청구인의 이혼청구는 인용되어야 한다(대판 1991. 7. 9, 90므1067).

3. 재판상 이혼원인

민법 제840조는 개별적·구체적인 절대적 이혼원인(1~5호)과 일반적·추상적인 상대적 이혼원인(6호)을 규정하고 있다. 이 절대적 이혼원인과 상대적 이혼원인의 관계를 어떻게 이해할 것인가에 관하여 견해가 대립하고 있다.

(1) 이혼원인 상호간의 관계

(가) 신소송물론(新訴訟物論)   "나에게 사실을 말하라. 나는 너에게 권리를 말하리라"하는 법언(法諺)으로 대표되는 신소송물론에 따르면 원고는 이혼원인이나 이혼사유를 일일이 거론할 필요 없이 이혼청구를 하면 된다. 원고가 이혼청구에서 민법 제840조 1~6호 해당사실을 이유로 내세우더라도, 그것은 이혼이라는 1개의 소송물을 구성할 뿐이다. 원고의 주장 사실이 어느 이혼원인에 해당하는가는 법원의 자유재량에 따른 판단에 맡겨져 있다. 예컨대 원고가 주장한 이혼원인이 부정행위이더라도, 법원은 그 사실에 구애받지 않고 이혼원인이 될 모든 사실을 심리하고 판단할 수 있다.

(나) 독립예시설(獨立例示說)·단순예시설(單純例示說)   민법 제840조 1~5호는 6호의 전형적 예시이므로, 1~5호 사유가 있으면 혼인은 파탄된 것이므로 다시 6호에 비추어 볼 필요는 없고, 1~5호에 직접 해당되지 아니하는 사유도 6호 소정의 상대적 이혼원인에 해당될 수 있다는 설[1]이 전자이고, 1~5호 해당사유가 있어도 혼인의 현실적 파탄여부(이혼의 허용여부)는 다시 6호에 비추어 보아야 한다는 견해가,[2] 후자의 설이다.

(다) 절대독립설(絕對獨立說)·구소송물론(舊訴訟物論)   당사자가 주장하는 이혼원인 하나하나마다 1개의 이혼청구권이 발생하고, 소송은 원인마다 별개가 된다. 그러므로 법원은 당사자의 주장에 구속되어 반드시 주장하는 이혼원인만을 심리하여 그 존부(存否)에 따라 이혼을 명하든지 기각하든지 하여야 한다. 당사자는 "A"라는 이혼사유(예컨대 부정행위)를 주장하였는데, 법원에서 "B"라는 이혼사유(예컨대 심히 부당한 대우)를 인정하여 이혼을 명할 수는 없다. 즉 제840조 1~5호의 각 이혼

---

1 김·김, 183면(원고가 민법 제840조 6호를 근거로 이혼을 청구한 경우, 법원은 동조 1호 내지 5호에 해당하는 사유가 있다는 이유로 이혼을 명할 수 있고, 1호 사유를 입증하지 못한 경우 법원에서 6호를 인정하여 이혼을 명할 수 있다).

2 이근식, "이혼원인에 있어서의 유책주의와 파탄주의," 사회과학논총(연세대), 제 1 권, 71면; 이경희, 91면.

원인은 완전히 독립된 이혼원인(구체적·개별적인 이혼원인)이고, 6호도 추상적·포
괄적·보충적 이혼원인이지만 이것도 하나의 독립된 이혼원인이다. 그러므로 이혼
원인 상호간의 전환성(轉換性)을 부정하는 견해이다. 1~6호의 이혼원인들은 병렬
적·독립적으로 열거된 것들이다.

(라) 판 례   현재의 판례는 절대독립설에 따르고 있다. 당사자가 여러 개의
이혼사유를 주장하는 경우, 법원은 그 중 어느 하나를 받아들여 청구를 인용할 수
있다. 민법 제840조 각호의 이혼사유는 각각 별개의 독립된 이혼사유를 구성한
다.[1] 법원은 원고가 주장하는 이혼사유만을 심판하여야 하고, 그가 주장하지 아니
한 이혼사유에 관하여는 심판할 필요가 없고 그 사유로 이혼을 명하여서는 아니
된다.[2] 그러므로 예컨대 부정행위(제840조 1호)를 이유로 이혼청구를 하였다가 기
각당한 후 기타 중대한 사유(동조 6호)를 새로 주장하면서 이혼청구를 할 수 있고,
이는 기판력에 저촉되지 아니한다.

(2) 부정행위(不貞行爲; 제840조 1호)

(가) 개 념   부정행위는 '배우자로서의 정조의무에 위반되는 일체의 정숙하
지 못한 행위'를 의미하고 간통보다는 넓은 개념(광의설)(다수설·판례)이다.[3] 부정
행위는 간통, 즉 배우자 있는 사람이 자유의사로 제3자와 성관계를 맺는 행위만
을 의미한다는 설도 있다(협의설).[4] 부정행위인지 여부는 개개의 구체적인 사안에
따라 그 정도와 상황을 참작하여 평가하여야 할 것이다.[5]

(나) 성립요건   부정행위가 성립되려면 2가지 요소 즉, 객관적(외형적)으로는
혼인의 순결성을 더럽히는 행위가 있어야 하고, 주관적(내심적)으로는 그것이 자유
로운 의사에 따라 행하여져야 한다. 그러므로 객관적으로 부정행위 사실이 있더라도,
그것이 자유로운 의사에 따라 행하여진 것이라고 볼 수 없는 것, 예컨대 심신상실
상태에서 강간 등을 당한 경우는 부정행위가 아니고, 자유의사에 따른 이상, 강간

1 대판 2000. 9. 5, 99므1886; 1994. 5. 10, 93므1051, 1068이 독립예시설 채택.
2 대판 1963. 1. 31, 62다812; 2000. 9. 5, 99므1886(78세의 처가 92세의 남편을 상대로 이혼청구);
   2002. 3. 29, 2002므74 등.
3 대판 1963. 3. 14, 63다54; 1993. 4. 9, 92므938; 대구고판 2005. 1. 14, 2003르201(간통혐의에 대하여
   '혐의없음' 처분이나 무죄판결이 선고되어도 부정행위는 성립); 我妻 외 2, 민법(3), 99면.
4 일 최판 1973. 11. 15; 일본의 통설[我妻, 170면; 大村, 147면(간통이 아닌 기타의 부정행위는 5호
   의 중대한 사유로 처리); 伊藤 眞, 37면]; 미국 뉴욕주의 경우는 최근(1967. 8. 말)까지도 간통만이
   유일한 이혼사유였다(Martin J. Ross 외, 201면; Sanford N. Katz, 전게 92면).
5 대판 1963. 3. 14, 63다54; 1987. 5. 26, 87므5·6.

이나 강제추행을 한 것도 부정행위가 된다.[1] 그러나 자기의 과실(예컨대, 과음 등)로 무의식 상태를 자초하여 저지른 부정행위는 이혼사유가 된다.[2] 이 부정행위는 혼인중의 행위라야 하고, 혼인 전(약혼 중)의 행위[3]는 여기에 해당되지 아니한다.

⒟ 판례에 나타난 부정행위

1) 부정행위의 사례   다방을 경영하는 아내가 남편 없는 사이 심야에 거실에 이불을 깔고 누운 채, 다른 남자를 불러들여 돈을 빌려달라고 부탁하면서 속삭이는 행위,[4] 첩을 본가로 데리고 들어와서 10년간 한 집에서 동거하는 축첩행위,[5] 다른 여자와 7년간 동거하면서 그 사이에 1남 2녀의 소생까지 출산한 경우,[6] 이성과 같은 방에서 하룻밤을 지낸 경우, 아내가 아이를 출산하였는데, '그 아이와 남편 사이가 부자(父子)관계가 될 수 없다'는 사실이 증명된 경우, 처가 다른 사람에게서 성병을 감염당한 경우, 매춘부의 집을 드나드는 행위, '중풍에 걸려서 성교능력이 없는' 68세의 여자와 동거하는 경우(육체관계가 없는 동거행위), 제 3 의 남자와 교제를 하여 전화하고 외출하는 행위,[7] 동성애[8] 등은 모두 부정행위에 해당된다.

2) 부정행위에 해당되지 아니하는 사례

a) "남편의 본가와 한 가족처럼 친하게 지내는" 남자를 '남편이 없는 사이에' 하룻밤 재워주고, 비에 젖은 그의 옷을 다려 주었는데 그 사이에 그 남자는 내의와 잠옷 파자마만 입고 방에 앉아있었던 경우.[9]

b) 처가 카바레에 춤을 추러 갔다가 알게 된 남자와 충남 대천에서 서울까지 기차를 타고 올라와서 집에까지 동행한 사실, 또는 그것이 남편의 사업자금을 구하기 위한 것이고 그 남자와 단둘이서 다닌 것이 아니라 친구 등 다른 사람과 함께 참여한 것인 경우[10] 등은 부정행위가 아니다.

---

1 대판 1976. 12. 14, 76므10; 영국의 경우도 같다[PJPace, Family Law, 제 4 판,(M + E, 1992), 60면]; 일 최판 1973. 11. 15, 判例百選(제 5 판), 13면.
2 양수산, 284면.
3 부산고판 1991. 1. 18, 90르132·149; 대판 1991. 9. 13, 91므85·92; 2000. 11. 24, 2000므1042.
4 대판 1953. 3. 4, 63다54.
5 대판 1971. 2. 23, 71므1.
6 대판 1967. 8. 29, 67므24.
7 대판 2002. 12. 6, 2002므678, 법률신문 제3130호, 2002. 12. 12.자, 3면; 서울가판 2012. 4. 12, 2011드합4995, 8881(아내 아닌 특정의 이성과 과다하게 전화통화를 하는 행위).
8 대판 1992. 11. 10, 92므68; 제주지법 2003. 8. 27, 사건번호 미상(동성애로 가정파탄시킨 경우도 이혼사유; 이혼과 위자료 3,000만 원 인정). 법률신문 제3200호, 2003. 9. 4.자, 7면.
9 대판 1968. 3. 19, 68므2.
10 대판 1990. 7. 24, 89므1115; 1986. 6. 10, 86므8.

⒭ 부정행위를 이유로 한 이혼청구권의 소멸 등

1) 제척(除斥)기간   남편 또는 아내의 부정행위를 안 날로부터 6개월,[1] 그 행위 시점부터 2년이 지나면 이를 이유로 이혼청구를 할 수 없고, 이혼청구권이 소멸된다(제841조 후단). 2년의 기간은 부정행위의 날로부터 기산(起算)하고, 원고가 부정행위의 발생을 알았느냐의 여부는 무관하다. 축첩행위는 그것이 계속되고 있는 동안에는 이혼청구권이 소멸되지 아니하고, 축첩행위가 종료된 날로부터 그 기간이 기산된다.[2]

제척기간에 관한 민법 제841조는 부정행위를 이유로 한 이혼청구권의 소멸에 관한 규정이므로, 부권침해(夫權侵害＝제 3 자와 아내의 부정행위)를 이유로 한 제 3 자에 대한 손해배상(위자료)청구에는 적용될 수 없다.[3]

2) 동의와 용서

a) 부정행위에 대하여 남편 또는 아내가 사전에 동의하였거나 사후에 용서한 경우는 이를 이유로 이혼청구를 할 수 없다(제841조 전단). 동의는 사전의 승낙이고, 용서란 '부정행위에 대하여 문책하지 아니한다'는 사후의 감정표시이다.[4] 남편의 동의는 '아내를 매춘부로 내보낸 경우'외에는 상상하기 어렵다.[5]

b) 동의와 용서의 방법 : 이러한 동의·용서의 방법은 명시적·묵시적으로 할 수 있지만, 진실한 의사가 표현되어야 한다. 예견(豫見) 정도로는 동의로 볼 수 없다.

c) 입증책임 : 동의나 용서의 사실, 제척기간 경과사실은 피고 측에서 항변하고 입증할 문제이다. 피고가 항변하면 법원에서는 직권으로 조사할 수 있다(가소 제17조).

---

1 대판 2003. 1. 10, 2000다26425; 2000. 8. 18, 99므1855[부정행위를 알고서 남편의 재산을 가압류·가처분하였더라도, 6개월 안에 이혼청구(본소청구)를 하지 아니하면 청구권은 소멸된다. 제척기간에는 소멸시효와 같은 중단이나 정지가 없기 때문, 재산분할청구의 경우도 동일].

2 조고판 1931. 4. 17; 대판 1998. 4. 10, 96므1434; 김·김 187면; 양수산, 286면.

3 대판 1985. 6. 25, 83므18(민법 제766조에 따라 3년 또는 10년의 시효로 소멸).

4 대판 1992. 10. 27, 92므204(부정행위를 용서받는 대가로 남편이 아내에게 손해를 배상함과 아울러 가정에 충실하겠다는 서약의 취지에서 ·처에게 부동산을 양도하되, 부부관계가 유지되는 동안에는 처가 임의로 처분할 수 없다는 제한을 붙인 약정은 공서양속에 위반되는 것이라고 볼 수 없다).

5 대판 1967. 10. 6, 67므1134; 1998. 4. 10, 96므1434(과거지사는 모르되, 본처가 남편의 장래의 부첩관계에 대하여 동의한다는 것은 그 자체가 선량한 풍속에 반하는 행위이므로 당연무효의 행위이다. 그러나 기왕의 부첩관계를 진정 용서한 때는 그것이 손해배상청구권의 포기라고 해석되는 한, 그대로의 법적 효력이 인정된다); 동 2000. 7. 7, 2000도868(이혼소송 중 반소제기, 남편과 동침한 사실만으로 남편의 간통을 용서한 것으로 볼 수 없다).
대판 2003. 12. 18, 2003도6102; 2008. 7. 10, 2008도3599[이혼의사의 명백한 합치가 있다면(예 : 이혼소송 중 가사조사관 앞에서 부부가 각자 이혼의사를 명백히 진술하였다), 이는 사전동의＝종용(형법 제241조 ②항)에 해당], 법률신문 제3674호, 2008. 8. 18.자.

d) 부부생활의 계속 또는 협의이혼사실과 용서 : 부정행위 사실을 알면서 부부생활을 지속한 경우 또는 모르고 협의이혼을 한 경우는 부정행위를 용서한 것으로 볼 수 없고,[1] "용서할 테니 시인하라."고 하여 자백한 경우 용서(유서)에 해당되지 않는다.[2] '용서'(이혼청구의 소제기 전에)하면 이혼청구권은 소멸된다.

e) 이혼과 간통죄의 고소 : 간통죄의 고소는 1심 형사판결 선고 전에 취소할 수 있다(형소 제232조), 이혼청구의 소가 각하·기각 또는 취하된 경우(형소 제229조), 간통죄의 고소는 부적법하게 된다(피고인은 공소기각 판결로 석방; 형소 제327조 2호·5호).[3]

(3) 구민법상의 부정행위

구민법 시대(1959. 12. 31. 이전)에는 처의 간통은 이혼사유였고[상간자(相姦者)가 유부남이든 총각이든 불문], 남편의 경우는 간음죄(유부녀간음의 경우에만 범죄)로 형에 처하여진 때 비로소 이혼사유가 되었다. 그러나 신민법은 이를 개정하여 남녀차별을 없앴다.[4]

:: 참고판례

① 부부가 가정불화로 인하여 일시 별거하다가, 감정의 융화로 다시 동서(同棲)를 계속하였을지라도 이로써 남편이 그 후에 탐지한 처의 간통을 유서(宥恕)하였다고 인정할 경험상의 법칙은 없는 것이다(대판 1955. 7. 28, 4288민상214).

② '부정행위를 저지른 배우자'를 간통죄로 고소할 수 있음은 혼인의 순결성을 보장하기 위하여 법률이 인정한 권리이고, '부정행위를 저지른 배우자'가 그 잘못을 뉘우친다고 하여 반드시 '고소를 취소하여 용서하여 주고 혼인을 계속하여야 할

---

1 대판 1955. 7. 28, 4288민상214, 총람 103, 판가 187; 1986. 6. 24, 86도482(1984. 12. 5. 협의이혼의 사확인을 받은 후, 1985. 1. 9. 간통죄의 고소를 하였고, 1985. 2. 2. 협의이혼신고를 한 사안에서, 이혼의사의 확인에 '사후용서'의 의사가 당연히 내포되어 있다고 할 수는 없고, 고소는 적법); 대판 2007. 1. 25, 2006도7939(협의이혼 신고 후, 재판상 이혼소송을 취하한 것도 간통죄 고소의 취하로 볼 수 없다).
2 대판 1991. 11. 26, 91도2049 참조.
3 대판 1975. 6. 24, 75도1449(전원합의체); 1981. 10. 13, 81도1975[간통사건에 대한 형사 1심판결이 선고된 후, 비로소 이혼청구사건이 취하(취하간주)된 경우(이혼 불성립)에도, 간통고소는 소급하여 효력을 상실. 간통공동피고인 중 1명에 대한 형 확정 경우도 동일]. 요컨대 혼인이 해소되거나 이혼이 이루어져야 간통 고소는 적법(형소 제229조 참조).
4 구형법 제183조는 처의 간통만을 처벌하고 있었으나, 신형법(1953. 9. 18. 법률 제293호) 제241조는 1953. 10. 3.부터 소위 쌍벌죄(남편이냐 처냐 불문)를 채택하여 시행하고 있다. 부부평등 내지 남녀평등을 실현하기 위한 것이다. 조선시대에 처는 역모 이외의 죄로 남편을 고발할 수 없고, 만약 고발하면 사형감이었다[박현숙, '그리움은 강물처럼'(늘봄), 2005, 109면]. 간통죄는 폐지(2016. 1. 6.; 헌재결 2015. 2. 26, 2009헌바17,2011헌가31등)되었지만 그것이 이혼사유에는 해당된다.

의무가 발생하는 것'도 아니므로 상대배우자가 '부정행위를 저지른 배우자'를 끝내 용서하지 아니하였다 하더라도 그 혼인의 파탄에 관하여 상대배우자에게도 그 책임이 있다고는 볼 수 없다(대판 1987. 4. 14, 86므28).

(4) 악의의 유기(遺棄)(제840조 2호)

(가) 개 념 '악의(惡意)'란 단순히 '어떠한 사실을 알고 있다.'는 것만으로는 부족하고 적극적·사회적으로 비난받을 만한 윤리적 요소를 포함한 개념이다. 유기는, 배우자가 정당한 이유 없이 부부간의 동거·부양·협조의 의무(제826조 ①항)를 거부·포기하고 다른 일방 배우자를 버리는 것 또는 배우자를 버리고 '부부공동생활을 계속할' 의사를 폐지하는 경우를[1] 말한다. 따라서 합의에 따른 별거나 일시적인 별거,[2] 유책배우자에 대한 동거 거부[3]는 악의의 유기가 아니다. 그러나 생활비를 지급하고 있더라도 유기는 성립될 수 있다.[4] 따라서 유기의 구체적인 사례를 일일이 열거할 수는 없다.

(나) 가출(家出) '악의의 유기'의 예로는 주로 가출(家出)이 거론되고 있다. "가출신고 후 6개월이 지나면 자동이혼(自動離婚)된다"는 말이 흔히 세상에 떠돌고 있으나, 이는 다른 나라의 제도를 추측한 근거 없는 낭설이다.

(다) 판례상의 유기

1) 악의의 유기에 해당되는 사례

a) 남편(초등학교 교사)의 근무처인 학교의 교장을 찾아가 "남편이 축첩하였다."고 항의하고, 일간지에 보도하겠다고 위협하여 오다가, "생후 1년 5개월밖에 안 된" 아이를 포함한 전 가족을 내버려 두고 가출한 경우.[5]

b) 반복되는 가출 : 처가 춤바람이 나서 각지로 돌아다니다가 3차례에 걸쳐서 10일~1개월 정도 가출하였는데 남편이 이를 용서하여 주었는데도 그 후 아내는 또

---

1 대판 1959. 5. 28, 4291민상190; 1981. 12. 8, 81므48; 1986. 5. 27, 86므26; 1986. 6. 24, 85므6; 유기를 쉬운 말로 해설하면 상대방을 내쫓거나 내버려두고 나가 버리든가 또는 상대방으로 하여금 나가게 한 다음 돌아오지 못하게 함으로써 계속 동거에 응하지 아니하는 것을 말한다(가사소송재판실무편람, 221면).

2 대판 1959. 4. 16, 4291민상571, 대민원 제31집, 597면; 我妻 외 2, 99면(질병으로 부득이 일시별거하거나 경제적 이유로 집을 나간 것).

3 일 최판 1964. 9. 17, 집 18-7, 1461면(처의 행위로 혼인이 파탄되어 남편이 동거를 거부하고 부양의무를 이행하지 아니한 경우).

4 我妻 외 2, 99~100면.

5 대판 1969. 9. 23, 69므19.

다시 가재도구 일체를 챙겨 무단가출 행방불명이 되고, 그 해 5. 13. 남편을 상대로 이혼청구를 한 경우는[1] '악의의 유기'뿐만 아니라, '혼인을 계속할 수 없는 중대한 사유'도 된다.

c) 아내가 혼인신고 후 약 20일간 동거 후, 농사일이 힘들고 남편의 건강이 나쁘다는 이유로 가출한 경우.[2]

d) 남편이 아내를 버리고 가출하여 비구승이 된 경우[3] 등은 모두 "악의의 유기"에 해당된다.

2) '악의의 유기'에 해당되지 아니하는 사례

a) 아내가 남편의 의사(意思)에 반하여 '친정에 자주 가고 갈 때마다' 소지품을 가지고 간 사실만으로는 '배우자 유기'라 할 수 없다.[4]

b) 아내가 아들을 출산한 후 1개월 만에 시집에서 쫓겨나서 정신이상이 생기고, 그 후 5~6회 시집에 들어간 일이 있고, 친정에서 질병의 치료를 받고 있는 경우.[5]

c) 단순한 별거, 당사자 쌍방 모두의 책임으로 별거하는 경우.[6]

d) 남편의 폭언·행패를 견디지 못하고 가출, 친정으로 돌아간 경우.[7]

e) 남편의 사업실패로 인한 가정불화로 아내가 집을 나가 8년간 자식들의 집을 전전한 경우.[8]

f) 남편의 폭행과 일본 오사카(大阪)가정재판소의 조언 및 상대방의 동의에 따른 별거.[9]

g) 남편이 식당을 경영하면서 모든 문제를 형수와 의논하고 형수와 외출, 여관 출입을 하는 등 때문에 처가 가출한 경우.[10]

h) 남편의 일시 가출 : 가정불화가 심하여 처와 자식들의 냉대가 극심하여지자, 가장으로서 이를 피하여 자제케 하고 그 뜻을 꺾기 위하여 일시 집을 나와 별거하고, 가정불화가 심히 악화된 이래 생활비를 지급하지 아니한 것뿐이고, 달리 부부생활

---

1 대판 1984. 7. 10, 84므27, 28.
2 대판 1986. 10. 28, 86므83, 84.
3 대판 1990. 11. 9, 90므583.
4 대판 1959. 5. 28, 4291민상190; 1961. 11. 16, 4294민상122.
5 대판 1980. 7. 8, 80므23.
6 대판 1959. 4. 16, 4291민상571; 1981. 12. 8, 81므48.
7 대판 1990. 3. 23, 89므1085.
8 대판 1986. 8. 19, 86므75.
9 대판 1986. 5. 27, 85므87.
10 대판 1986. 5. 27, 86므26.

을 폐지하기 위하여 출가한 것이 아닌 경우[1] 등은 모두 유기에 해당되지 아니한다.

(라) **제소(제척)기간**　　악의의 유기를 이유로 하는 이혼청구권은 형성권으로서 10년의 제척기간에 걸리지만, 그 유기상태(예컨대 부첩관계)가 이혼청구 시점까지 계속되고 있는 경우에는 기간의 제한을 받지 아니하므로 이혼청구권은 소멸하지 아니한다.[2]

(5) 심히 부당한 대우(제840조 3호·4호)

(가) **개 념**　　심히 부당한 대우는, 배우자나 그 직계존속으로부터 '혼인관계의 지속을 강요하는 것이 참으로 가혹하다'고 여겨질 정도의 폭행이나 학대(신체적·정신적 학대) 또는 명예에 대한 모욕을 받은 경우를 의미한다.[3] 배우자 자신은 물론이고, 자기의 직계존속이 배우자로부터 부당한 대우를 받은 경우도 포함된다(제840조 4호).[4] 배우자의 직계존속으로부터 '심히 부당한 대우'를 받았는가를 판정하려면, 배우자가 존속을 모시고 같이 살았는가도 고려하여야 할 것이다. 그러나 같이 살지 않더라도 '부당한 대우'는 발생할 수 있다. 시부모나 장인·장모의 부당한 대우로 인하여 혼인 생활을 계속할 수 없는 경우는 제840조 6호의 이혼사유가 된다.[5]

(나) **판정기준**　　심히 부당한 대우인지 아닌지는 사회통념과 당사자의 신분·지위 등을 고려하여 개별적·구체적으로 사건마다 판정하는 길밖에 없다. 일련의 행위가 모두 합하여 이혼사유인 심히 부당한 대우가 되는 경우 그 개개의 사실은 간접사실이므로 당사자의 주장이 없어도 법원이 이를 인정할 수 있다.[6]

1) 심히 부당한 대우에 해당하는 사례

a) 사위(남편)가 장모를 폭행죄로 허위고소하거나,[7] 장모의 뺨을 때리고 발로 찬 행위[8](이는 제840조 4호; 자기의 직계존속이 부당한 대우를 받은 때에 해당).

---

1 대판 1986. 6. 24, 85므6.

2 대판 1998. 4. 10, 96므1434; 1996. 11. 8, 96므1243; 홍중표, "이혼청구권의 제척기간"[가정법원사건의 제문제](상), 재판자료 제101집(2003), 57면 이하 참조.

3 대판 1971. 7. 6, 71므17; 1981. 10. 13, 80므9; 1986. 6. 24, 85므6.

4 배우자의 직계존속의 부당한 대우, 혹은 같은 직계존속에 대한 부당한 대우를 이혼사유로 규정한 것은, 가부장적 가족제도의 유물이므로 현대의 가족관계에는 맞지 않는다고 비판하는 견해가 있다(김·김, 189면; 배경숙·최금숙, 166면; 신영호, 134면). 생각건대, 부모에 대한 효도를 장려하는 의미가 있다고 할 것이다.

5 송덕수, 83면.

6 대판 1990. 8. 28, 90므422.

7 대판 1958. 10. 16, 4290민상828.

8 대판 1947. 5. 6, 4280민상37.

b) 한밤중에 사소한 언쟁 끝에, 남편이 아내의 목을 밟고 때린 행위(아내는 가출하여 산에서 밤을 새우고, 다음 날 남편에게 업혀 귀가).[1]

c) 아내에게 "너 이년 나가라"고 욕설하고, 머리카락 잡고 대문 밖으로 끌어내어 주먹으로 내지르고 발로 차서 내쫓는 행위.[2]

d) 남편의 와병 중 아내가 간호하지 않고 아무 말 없이 외출·외박하고 남편에게 정신적 고통을 주는 욕설을 하는 것,[3] 즉 아내는 남편의 탈선행위 때문이라고 변명하고 있으나 그 탈선행위를 분명히 밝히지 않고는 아내의 외박을 정당화시킬 수 없다는 것이 판례의 요지다.

e) 정숙한 아내의 결백을 알면서도 남편이 간통죄로 고소하고 이어서 이혼청구를 하고,[4] 나아가 제3자에게 거짓 증언을 부탁한 경우,[5] 학력을 속였다고 트집 잡고 유산된 아이가 다른 남자의 아이라고 괴롭힌 경우.[6]

f) 처가 조금 저능자인 것을 알고, 남편이 시아버지와 합세하여 강제 축출한 사례로, 시아버지는 평소 술만 마시면 며느리에게 "친정으로 가라"는 폭언을 일삼고, 남편은 밧줄로 아내의 전신을 묶어놓고 "너 ○○○과 간통했지? 자백하라"고 강요하자, 처는 하도 억울하여 농약을 마시고 자살하려고 기도하였고, 남편은 끝내 처를 그 친정으로 끌고 가다시피 하여 축출한 경우(제840조 3호에 해당),[7] 오늘날 같으면 '가정폭력방지 및 피해자 보호 등에 관한 법률', '가정폭력범죄의 처벌 등에 관한 법률(1997. 12. 13. 제정)' 위반으로 처리될 사건들이다.

g) 혼인 전 애인을 못 잊어, 7년간 아무런 이유 없이 아내를 학대하고 아내에게 욕설과 폭행을 일삼아오다가, 나중에는 아내에게 10여 일간 입원치료를 받아야 할 정도의 상처를 입힌 경우.[8]

h) 남편이 신혼 초부터 아내에게 "아이를 낳을 수 없다"고 트집 잡아 학대하고 이혼을 요구하고 "이혼에 응하지 아니하면 자살하겠다."고 협박하고 실제로 2회에 걸쳐 농약을 마시는 소동을 일으켜, 아내가 이를 견디지 못하고 친정으로 가

---

1 대판 1958. 10. 16, 4290민상828.
2 대판 1961. 3. 23, 4293민상101.
3 대판 1962. 1. 18, 60다694.
4 대판 1966. 1. 13, 65므56·57.
5 대판 1990. 2. 13, 88므504, 511.
6 대판 1990. 3. 27, 89므808.
7 대판 1969. 3. 25, 68므29.
8 대판 1983. 10. 25, 82므28.

게 한 경우.[1]

i) 남편을 정신병자로 몰아 강제로 정신병원에 보내기 위하여 납치를 기도하고 학교에서 수업 중인 학생들 앞에서 남편에게 수갑을 채우는 행위,[2] 대학교수인 남편의 직장에 비방하는 투서를 하고, 학생들 앞에서 정신감정을 하자며 남편을 끌고 가려고 한 행위.[3]

j) 남편이 아내에게 '시집올 때 지참금을 가지고 오지 아니하였다.'는 이유로 불만을 품고 계속 아내를 구타하여 상처를 입히고, 나아가 장인(丈人)에게까지 행패를 부린 행위(이는 배우자와 그 직계존속에 대한 심히 부당한 대우)[4] 등 일일이 열거하기 어려울 정도로 많다.

2) '심히 부당한 대우'에 해당하지 아니하는 사례

a) 존속이 '참을 수 없는' 학대를 하였고, 이에 피해자가 관청에 구조를 호소하는 의미에서 고소한 경우.[5]

b) 며느리가 오랫동안 남편의 행방을 몰라 시집에 찾아갔더니, 시모가 욕설하면서 며느리의 머리채를 끌어당기자, 돌발적으로 시모의 손등을 물고 가슴을 밀어서 상처를 입힌 경우.[6]

c) 폭행·모욕, 재산의 점거·처분이 혼인관계의 지속과는 아무런 관계가 없는 경우,[7] 가정불화의 와중에서 서로 격한 감정으로 가벼운 폭행과 상처를 입힌 것, 다소 모욕적인 언사가 오간 것, '처가 취득한 부동산'을 남편이 자기의 이름으로 등기한 것.[8]

d) '남편이 무정자증이고 생식불능'이라는 검사결과가 나오자 이에 충격을 받은 아내가 신경질적이 되어 이혼을 선언하고 친정으로 돌아가 버리자, 남편이 처가로 찾아가 아내를 설득하며 귀가를 종용하였으나, 불응하므로 아내를 잘 포용하

---

1 대판 1990. 11. 27, 90므484·491.
2 대판 1985. 11. 26, 85므51.
3 대판 1986. 3. 25, 85므72.
4 대판 1986. 5. 27, 86므14; 울산지판 2013. 3. 7, 2012드단4596, 5698; 서울가판 2011. 10. 19, 2010드합0000, 2010드합0000(휴대전화에 메모·문자메시지 등으로 시시콜콜 심한 잔소리를 자주 많이 한 경우는 심히 부당한 대우가 된다).
5 대판 1959. 5. 7, 4291민상350, 카드 5669 대민원 제32집, 80면 : 이를 존속에 대한 학대 또는 중대한 모욕(구민법 제813조 8호의 표현)이라고 할 수 없다.
6 대판 1962. 10. 4, 62나445.
7 대판 1971. 7. 6, 71므17.
8 대판 1981. 10. 13, 80므9; 1986. 6. 24, 85므6; 1986. 9. 9, 86므68.

지 못하고 일시적인 격한 감정으로 아내를 구타하여 10일간의 치료를 받아야 할
상해를 입힌 경우, 간통죄로 구속되었다가 풀려난 처가 다시 가출하므로 남편이
처를 구타하여 1주일간의 치료를 받아야 할 상처를 입히고 자식들 앞에서 모욕적
인 말을 한 경우.[1]

　　e) 처가 남편에게 욕설하고 남편의 직장에 찾아가 행패하고 전화로 비방하였지
만, 그 원인이 남편에게 있을 때[2] 등의 경우는 부당한 대우에 해당하지 아니한다.

　　f) 이른바 황혼이혼 : 75세의 처가 83세의 남편을 상대로 '심히 부당한 대우'와 '혼인
을 계속할 수 없는 중대한 사유'가 있다고 이혼청구를 하였으나 배척된 사례[3]도 있다.

　　㈐ 제소(提訴)기간(제척기간)　　　'심히 부당한 대우'를 이혼사유로 내세우는 경우
는 제소(제척)기간에 제한이 없다. 따라서 당사자는 형성권행사의 제척기간인 10년
안에는 언제든지 이혼 청구의 소를 제기할 수 있다. 민법 제842조의 6개월, 또는
2년의 제척기간의 규정은 민법 제840조 6호의 사유에 기한 이혼청구에만 적용될
뿐, 동조 3호 즉 부당한 대우로 인한 이혼청구에는 유추 적용될 수 없다.[4] 악의의
유기의 경우도 마찬가지라고 생각되고[5] 이는 하나의 문제점이다.[6]

(6) 3년 이상의 생사불명(제840조 5호)

　　㈎ 개 념　　　배우자 일방의 생존도 사망도 증명할 수 없는 상태가 현재(이혼
청구 당시)까지 3년간 계속된 경우이다. 만 3년도 포함되고 그 이상이면 된다.[7] 생
사불명의 원인·이유, 과실 유무, 책임소재는 묻지 않는다.

　　㈏ 기산점(起算點)　　　최후의 소식이 있었던 시점, 가출의 경우는 가출시, 전쟁
·재난 등 위난의 경우는 그 위난이 사라진 때부터 계산한다.

　　㈐ 재판절차　　　공시송달(① 법원 게시판에 게시, ② 관보·공보·신문 게재, ③ 전

---

1 대판 1982. 11. 23, 82므36; 1986. 9. 9, 86므56.
2 대판 1989. 10. 13, 89므785.
3 대판 1999. 11. 26, 99므180; 2000. 9. 5, 99므1886(78세의 처가 92세의 남편을 상대로 이혼청구를
　한 사례에서 '부당한 대우'가 아니라, 민법 제840조 6호 소정의 '중대한 사유'가 있다는 이유로 처
　의 청구를 인용함).
4 대판 1993. 6. 11, 92므1054, 1061.
5 명순구, "이혼청구권이 형성권인가?," 저스티스 제34권, 3호(한국법학원), 272면.
6 송덕수, 83면(이 경우 실효의 원칙이 적용되어야 하고, 10년이 되기 전이라도 제소권이 소멸될 수
　있다).
7 미국의 경우는 5년 이상 생사불명, 종신 징역형을 선고받은 것을 이혼사유로 규정하고 있는 주
　(州)가 많다(Martin J. Ross & Jeffrey Steven Ross, Handbook of Everyday Law, fourth edition,
　Fawcett Crest, NEW YORK, 189면).

자통신 매체이용[1])로 소송이 진행된다.

(라) **실 무**　배우자가 가출하여 3개월 동안만이라도 행방불명 상태가 계속되면, '악의의 유기'(제840조 2호)로 이혼 청구를 하는 사례가 많고 '3년 이상 생사불명'을 내세워 이혼청구를 하는 사례는 거의 없다.[2]

(마) **실종선고와 구별**　실종선고로 인한 혼인종료는 '생사불명을 이유로 한 이혼'과 전혀 관계가 없다. 실종선고 취소의 경우는, 종전 혼인이 부활하여 중혼이 생기는 경우가 있지만, 생사불명을 이유로 이혼판결이 선고·확정된 경우는 생사불명자가 생환하더라도 종전 혼인이 당연히 부활하지는 않는다.[3] 혼인종료사유임은 동일하나, 실종선고의 경우는 사망과 상속(相續)이 개시되고, 생사불명에 따른 이혼의 경우는 재산분할(財産分割)이 문제 된다.

(7) 기타 혼인을 계속하기 어려운 중대한 사유(제840조 6호)

(가) **개 념**　'혼인을 계속하기 어려운 중대한 사유'는 혼인의 본질인 부부간의 애정과 신뢰에 기초한 원만한 부부공동생활 관계가 회복될 수 없을 정도로 파탄되어, 그러한 혼인생활의 계속을 강제하는 것'이 일방 배우자에게 참을 수 없는 고통이 되는 경우를[4] 의미한다. 이는 이른바, 추상적·상대적 이혼원인(파탄주의 이혼사유)으로서 민법 제840조 1~5호의 구체적·절대적 이혼사유와 비슷하거나 그것에 버금갈 정도의 것[5]이라야 한다.[6] 이러한 혼인계속 불능상태가 반드시 배우자 일방의 유책행위(有責行爲)에 기인할 필요는 없다.[7] 혼인계속의 불능은 혼인계속의 의욕을 상실하였다는 주관적 불능만으로는 부족하고, 객관적으로 보통의 경우 누구나 혼인계속 의욕을 상실하였을 것이라고 판단될 단계에 이르러야 한다.

(나) **판단자료**　혼인파탄의 정도, 혼인계속의사의 유무, 혼인생활의 기간, 당사자의 책임유무, 자녀의 유무, 당사자의 연령, 이혼 후의 생활보장 기타 혼인

---

1 각급 법원 홈페이지의 법원(전자)게시판에 공시송달을 공시하고 있다(공고방법예규 제2조, 전산양식 A1450; 법원실무제요 민사소송[Ⅱ](개정판), 256~7면.
2 그러나 이혼사유로서 생사불명기간이 1년 이상, 3년 이상인지 객관식시험문제로 출제되고 있다.
3 김·김, 192면; 박병호, 118면; 김형배, 140면; 이경희, 93면; 이영규, 112면; 我妻 외 2, 100면.
4 대판 1987. 8. 18, 87므33·34; 1991. 7. 9, 90므1067; 2005. 12. 23, 2005므1689.
5 대판 1987. 7. 21, 87므24; 2002. 3. 29, 2002므74.
6 민법 제840조 1~5호의 사유와 6호의 사유 사이의 관계가 문제된다. 앞의 것들이 6호의 예시는 아니고, 1~6호의 각 사유는 사유마다 독립적인 이혼청구원인을 구성하고 있다고 보는 것이 판례임은 이미 설명하였다(대판 2000. 9. 5, 99므1886).
7 대판 1970. 2. 24, 69므13.

관계의 여러 가지 사정을 종합 고려하여 '중대한 사유'가 있는지를 판단하여야 한다.[1]

⑷ '중대한 사유'가 된다고 한 경우

1) 육체적인 것   부당한 피임·성병의 감염·이유 없는 성교거부[2]·성교불능[3] 등.

2) 윤리적·정신적인 것   애정상실, 불치의 정신병,[4] 성격 불일치,[5] 장기간의 별거,[6] 혼전 부정으로 인한 부부갈등, 상습 가출, 신앙의 차이(이는 이혼 사유 아님; 가정생활이냐 종교생활이냐 택일을 강요),[7] 과도한 신앙생활(다음의 참고판례 ② 참조), 알코올[8]이나 마약중독,[9] 실종선고청구, 배우자가 각기 별거하고 타인과 내연관계를 맺어 자녀를 출산한 경우,[10] 어린아이에 대한 정신적, 육체적 모욕 또는 가해, 심한 의처증이나 의부증(疑夫症)[11] 등.

---

1 대판 1987. 7. 21, 87므24; 1988. 3. 22, 87므33; 1991. 7. 9, 90므1067; 2000. 9. 5, 99므1886.

2 서울가심 1965. 3. 30, 65드12; 미국의 경우 '이유 없는 성교 거부'는 악의의 유기를 구성한다고 한다(Harry D. Krause, 558면).

3 대판 1966. 1. 31, 65므65(6개월간의 신혼생활 동안 1회의 성교 관계도 없음); 1994. 5. 13, 93므1020(13년간 전혀 성생활이 없음); 2010. 7. 15, 2010므1140(7년간 성교불능); 일 최판 1962. 2. 6. 집 16-2, 206면[남편이 결혼 당초부터 성(性)불능, 불화]; 甲斐 외 2, 60면.

4 대판 1991. 1. 15, 90므446; 1991. 12. 24, 91므627; 1997. 3. 28, 96므608,615; 다만 대판 1966. 4. 26, 66므4; 1971. 10. 12, 71므32; 1995. 5. 26, 95므90; 2004. 9. 13, 2004므740; 서울가판 2003. 7. 23, 2002드합8582(증상이 가볍거나 회복이 가능한 경우는 부정적); 미국의 경우 불치의 정신병은 혼인 해소사유이지만, 그러한 병자의 생존기간 동안 부양의무를 질 것을 조건으로 이혼결정(Martin J. Ross 외 1, 전게서, 197면); 일민 제770조 ①항 4호[회복가망이 없는 강도(强度)의 정신병을 이혼 사유의 하나로 규정]; 일 최판 1958. 7. 25, 집 12-12, 1823면(정신병자를 위하여 요양·생활 등을 위한 구체적 방도를 강구하고 어느 정도 장래의 대책을 세운 경우에만 이혼을 허용 : 이 사건에서는 이혼청구기각); 일 최판 1970. 11. 24.은 이혼을 허용; 졸저, 3정판 주석가사소송법, 232면.

5 구체적인 행동이 따라야 함 : 대판 1964. 4. 28, 63다740; 1986. 3. 25, 85므72; 다만 대판 1967. 2. 7, 66므34는 성격불일치를 중대한 사유라고 할 수 없다고 부정한다.

6 대판 1991. 1. 11, 90므552; 일 최판 1990. 11. 8 (才)1039호, 家月 43권 3호, 72면(8~9년 전후의 별거를 장기간의 별거로 인정).

7 대판 1970. 2. 24, 69므13; 1981. 7. 14, 81므26(양자택일을 강요한 사람에게 혼인파탄의 주된 책임이 있다면서 그의 청구를 기각); 1990. 8. 10, 90므408('여호와의 증인'을 믿고 제사의식에 참여하지 아니한 정도의 신앙생활은 이혼 사유가 될 수 없다).

8 서울가판 2007. 8. 22, 2007드단15700(알코올 중독으로 장기간 입원과 퇴원을 반복하고, 그로 인하여 정신 및 행동장애를 보이고, 향후 완치가 불가능한 상태로 배우자의 애정과 정성으로도 간호할 수 없는 상태인 경우).

9 서울지판 1960. 11. 22, 4293민2025; 1962. 8. 14, 62가2063(아편·마약 중독으로 별거 또는 마약수용소에 수용).

10 대판 1986. 3. 25, 85므85; 서울가판 2011. 6. 15, 2010드합○○○(비공개)(16년 이상 가출·별거하는 남편이 각기 다른 여성과 2회의 혼인신고).

11 대판 1979. 9. 25, 79므37(처와 시동생과의 부정행위 의심); 1980. 10. 27, 80므47·48(의처증으로 부당한 대우).

:: 참고판례

① 처가 계주로서 조직한 계가 깨어져 빚을 지게 됨으로써 처가 집을 나가 남편의 귀가 종용에 응하지 아니하고 다른 남자와 동거하고 있고, 남편은 처가 가출한 지 1년쯤 될 무렵부터 다른 여자와 내연관계를 맺어 오늘에 이르고 있어서 20여년간 부부로서의 실체 없이 지내온 경우, 이 혼인은 돌이킬 수 없을 정도로 파탄되었다고 할 것이고, 그 책임이 반드시 어느 쪽이 더 크다고 할 수 없는 만큼 민법 제840조 6호 소정의 혼인을 계속할 수 없는 중대한 사유가 된다고 할 것이다(대판 1991. 1. 11, 90므552).

② 신앙의 자유는 부부라고 하더라도 이를 서로 침해할 수 없는 것이지만, 부부 사이에는 서로 협력하여 원만한 부부생활을 유지하여야 할 의무가 있으므로 그 신앙의 자유에는 일정한 한계가 있다. 처가 신앙생활에만 전념하면서 가사와 육아를 소홀히 한 탓에 혼인이 파탄에 이르게 되었다면 파탄의 주된 책임은 처에게 있으므로, 남편의 이혼청구는 적법하다(대판 1996. 11. 15, 96므851; 1989. 9. 12, 89므51). 전주지판 2007. 11. 13, 2006드단6181(자녀의 교육과 양육을 등한시하고 남편과의 잠자리도 거부); 신앙심의 외부적 실천행위가 혼인생활을 계속할 수 없을 정도로 과도한 경우에만 문제가 된다(대판 1990. 8. 10, 90므408).

③ 치유불능의 정신병은 이혼사유 : 정신병에 걸려있더라도 그것이 치유 가능하면 이혼사유가 될 수 없으나, 치료할 수가 없고 이로 인하여 가족구성원 전체가 감당하기 어려운 고통을 받고 있는 경우 이혼사유가 된다(대판 1991. 1. 15, 90므446).

3) 경제적인 것   남편의 방탕, 처가 계에 관여하여 형사(유죄)판결을 받았고, 채권자들이 집으로 몰려와서 "돈 내라"고 아우성을 치는 경우,[1] 2회나 "도박하지 않겠다."고 각서를 쓰고도 상습으로 도박하는 경우,[2] 낭비, 불성실, 지나친 사치 등으로 가정경제를 위협한 경우는 "중대한 사유"에 해당된다.

4) 기   타   선의의 중혼·배우자의 범죄행위(남편이 강간 등으로 징역 4년형을 선고받아 복역 중),[3] 시부모의 지나친 간섭, 메모, 문자메시지 등으로 보낸 심한 잔소리,[4] 정신질환을 숨기고 결혼한 경우[5] 식물인간 상태[6] 등을 들 수 있다.

---

1 대판 1966. 1. 31, 65므50.
2 대판 1991. 11. 26, 91므559.
3 대판 1974. 10. 22, 74므1 등; 甲斐, 60면(남편이 협박·주거침입 등으로 유죄판결을 받은 경우); 미국의 경우는 범죄로 기소된 것을 이혼사유로 삼고 있다(1867~1965년 사이의 통계표, Harry D. Krause 외 3, 앞의 책, 558면).
4 서울가판 2011. 10. 19, 2010드합○○○○(비공개).
5 서울가판 2010. 11. 2, 2009드합○○○○(비공개).
6 서울가판 2010. 3. 17, 2009드단93582(아내가 7년 이상 식물인간 상태, 그 부모도 이혼동의).

㈜ 중대한 사유가 될 수 없다고 한 경우

1) 임신 불능·별거 합의·투서 등.[1]

2) 사소한 불화, 행동이 따르지 아니한 단순한 감정의 대립.[2]

3) 협의이혼하기로 합의하여 위자료를 주고받거나 재산분배를 한 경우, 또는 이혼합의 후 이혼신고서나 각서를 작성하고 별거하고 있는 경우.[3]

4) 무정자증(無精子症)에 따른 생식불능, 성(性)기능이 다소 원활하지 못한 경우.[4]

5) 유기된 처의 재혼과 처의 흡연.[5]

6) 한국전쟁 당시 부역(赴役; 적을 도와줌)하여 처벌받은 사실.[6]

7) 단순한 신앙의 차이.[7]

8) 폐결핵에 걸린 처가 2회에 걸쳐 자살을 기도하고, 칼을 들고 남편에게 죽인다고 말한 경우.[8]

9) 약혼 중의 부정행위나 혼전 임신[9]등은 모두 "혼인을 계속하기 어려운 중대한 사유"에 해당하지 아니한다.

:: 참고판례

① 처가 임신불능이고 별거생활하기로 남편과 합의하였으며 처가 별거생활의 자금 및 3개월간의 생활비를 수령하였다는 사실, 처가 가명으로 남편에게 경고서신을 발송하고 관계요로에 투서 등을 함으로써 남편이 축첩공무원으로서 권고사직을 당한 사실, 처가 남편의 바바리코트 등을 잡아당겨 찢어지게 한 사실만으로는 처에게 재판상 이혼사유가 있다고 할 수 없다(대판 1965. 9. 21, 65므37).

② 전처소생의 자녀 3남매까지 있는데도 미혼인 것 같이 가장하여 결혼한 남편에 대하여 처가 항상 불만을 가지게 되어 종종 부부싸움을 하였고 양인의 성격차이도 있어 크게 부부싸움을 한 후 이혼하기로 합의하고 남편은 전처소생을 데리고

1 대판 1960. 8. 18, 4292민상995; 1965. 9. 21, 65므37; 1991. 2. 26, 89므365·372; 서울가판 2010. 6. 22, 2009드단000(불임수술을 받았다거나 출산불능상태에 있다는 것).
2 대판 1965. 9. 25, 65므16; 1978. 12. 26, 78므27.
3 대판 1962. 11. 1, 62다531; 1975. 4. 8, 74므28; 1981. 10. 13, 80므9; 1990. 9. 25, 89므112; 1996. 4. 26, 96므226 등.
4 대판 1982. 11. 23, 82므36; 1993. 9. 14, 93므621·656; 2009. 12. 24, 2009므2413.
5 대판 1974. 6. 11, 73므29; 1984. 6. 26, 83므46.
6 대판 1987. 7. 21, 87므16.
7 대판 1981. 7. 14, 81므26.
8 대판 1970. 1. 13, 69므32·33.
9 대판 1991. 9. 13, 91므85·92.

동거하던 집에서 나왔으며, 처는 이혼합의 당시 받아가기로 한 그 집 전세보증금 18만 원을 받은 사실이 있다 하여도 그 부부 사이에 출생한 자녀가 있다면 위와 같은 사실만으로는 '혼인을 계속하기 어려운 중대한 사유'가 있는 경우에 해당하지 아니한다(대판 1967. 2. 7, 66므34).

③ 이혼청구의 원인인 불화의 근원이 신청인과 피신청인 그들 자체에 있다기보다 피신청인이 시부모와 시동생 등 대가족과 함께 생활함으로써 이에 수반해서 생긴 것이고, 그 사이에 자녀 3인을 둔 이들이 각 상대방의 입장을 좀더 끈기 있는 노력으로 이해하고 상호 좀 더 인내와 애정으로써 서로를 대하려고 하면 두 사람의 불화는 해소되어 건전한 부부생활을 되찾게 될 가망이 있다고 보이는 경우에는, 제840조 2호, 3호, 6호 소정의 이혼사유를 내세우는 신청인의 이혼청구는 이유 없다(대판 1978. 12. 26, 78므27).

④ 처가 약혼기간 중 다른 남자와 정교하여 임신하고는 마치 남편(청구인)의 자식을 임신한 양 청구인과 동거생활을 하고 혼인한 후 출산한 딸을 청구인의 친생자로 출생신고를 한 경우라고 하더라도, 청구인과 피청구인 부부의 혼인생활의 경과와 그 혼인이 남편의 아내에 대한 폭행 기타 부당한 대우로 인하여 파탄에 이르게 된 점, 특히 재일교포인 청구인은 일본에 '혼인신고를 하지 아니한' 사실상의 처자식이 있음에도 불구하고 35세 연하의 피청구인과 혼인을 하고 주로 일본에 거주하면서 우리나라로 왕래하는 생활을 하는 등 비정상적인 혼인생활을 하여 온 점 등에 비추어볼 때, 위와 같은 혼전임신과 출산사실이 '혼인을 계속할 수 없는 중대한 사유'가 된다고 하기 어렵다(대판 1991. 9. 13, 91므85·92).

⑤ 한국전쟁(6·25동란)으로 인하여 부부가 서로 별거하다가, 처는 남편이 1951. 12.경 '8년 후 다시 만나기로' 약속하고 도미유학을 떠난 후 남편을 기다리면서 대학을 졸업하고 교사로 근무하다가 1964. 1. 6. 남편을 좇아 도미유학을 하고 있으며, 남편은 처와 헤어진 후 몇 차례 교신을 하다가 중단된 후 서로 애정이 식어진 상태에 있다면, 위와 같은 사실만으로는 아직 민법 제840조 6호에서 말하는 '기타 혼인을 계속할 수 없는 중대한 사유가 있을 때'에는 해당하지 아니 한다(대판 1966. 4. 26, 66므4).

　⑷ 제척기간　　'혼인생활을 계속하기 어려운 중대한 사유'의 경우는 그 사유로 인하여 이혼청구 당시까지 혼인파탄상태가 계속되고 있는 경우가 많고, 그러한 사유의 최초 발생시기가 언제였는가는 문제되지 아니한다. 그러한 사유가 계속되

고 있는 동안은 언제든지(기산점이 언제인지, 기간 2년이 지났는지 따지는 것은 별로 의미가 없다) 이혼의 소를 제기할 수 있다.[1] 그러므로 부부의 일방은 그 사유의 존재를 안 날로부터 6개월, 사유존재시부터 2년 이내에 이혼의 소를 제기하여야 하고 그 기간을 경과하면 이혼청구를 하지 못한다(제842조)는 제척기간의 규정은 이 경우에는 적용되지 아니한다.

4. 재판상 이혼의 절차

(1) 조정이혼

(가) **조정전치주의(調停前置主義)**   가사소송법은 이른바 조정전치주의를 채택하고 있다. 즉, 재판상 이혼을 하려고 하는 사람은 우선 가정법원에 조정신청을 하여야 한다(가소 제 2 조 ①항, 나류 4호＝재판상 이혼, 제50조 ①항). 만약 조정신청을 하지 아니하고 이혼의 소를 제기한 때는 가정법원은 그 사건을 조정에 회부하여야 한다. 다만 공시송달로 당사자 일방이나 쌍방을 소환하여야 할 경우(예컨대 배우자의 생사불명을 이혼원인으로 하는 경우)나 그 사건이 조정에 회부되더라도, 조정이 성립될 가망이 없다고 인정될 경우는 조정에 회부하지 아니할 수 있다(가소 제50조 ②항).

(나) **조정의 성립과 신고**   조정절차에서 당사자 사이에 이혼의 합의가 되면 그 내용을 법원사무관이 조서에 기재함으로써(이혼신고 이전에) 조정은 성립되고(가소 제59조 ①항), 그 조정은 재판상 화해와 동일한 효력이 생겨(동조 ②항), 혼인은 종료된다. 조정신청자는 조정성립의 날로부터 1개월 안에 이혼신고를 하여야 한다(가등법 제78조·제58조). 그러나 이 신고는 이미 성립된 이혼을 관청에 보고하는 보고적 신고이다. 이 점에서 조정이혼은 협의상 이혼과 다르고, 재판상 이혼에 가깝다.

조정이혼은 당사자의 합의와 조서 기재로 성립되므로, 이는 협의이혼(당사자의 합의＋이혼신고)과 통합하는 것이 바람직하다는 견해가 있다.[2] 그러나 조정이혼은 협의이혼을 할 수 없는 경우에 가능한 절차이므로 2가지를 모두 인정하는 현행

---

1 대판 1987. 12. 22, 86므90; 1996. 11. 8, 96므1243; 1998. 4. 10, 96므1434(부첩관계가 이혼청구 당시까지 계속되고 있는 경우 형성권의 제척기간 10년의 규정은 적용될 여지가 없다); 2001. 2. 23, 2000므1561; 윤진수, 109면 참고; 대판 1992. 7. 28, 91다44766, 44773(매매예약완결권은 형성권인바, 그 행사기간에 관한 약정이 없으면 예약성립일부터 10년이 지나면 소멸된다. 이혼청구권이 형성권이라고 하여 당연히 10년의 시효에 걸린다고 할 수는 없다).
2 박병호, 125면; 이경희, 99면.

제도가 당사자의 편의를 위하여 더욱 합리적이다.

(다) **조정을 갈음하는 결정·화해권고결정**　　조정절차에서 부부 사이의 의견대
립으로 조정이 성립되지 아니할 경우, 조정위원회나 조정담당판사는 '조정을 갈음
하는 결정'(속칭 강제조정결정)을 할 수 있고(가소 제49조·제50조, 민조 제30조·제32
조), 개정 민사소송법에 따른 화해권고결정도 할 수 있다(가소 제12조, 민소 제225
조 ①항). 강제조정결정이든 화해권고결정이든 송달 후 2주일(불변기간) 내에 당사
자의 이의신청이 없으면 재판상 화해, 즉 확정판결과 동일한 효력이 생긴다(가소
제59조 ②항, 민소 제231조). 이의신청인은 상대방의 동의를 얻어 그 심급의 판결
선고 직전까지 이의신청 그 자체를 취하(그 성질은 철회)할 수 있고(민조 제34조
③항, 가소 제49조, 민소 제228조 ①항), 취하서 접수 시점에 조정결정 등은 판결로
확정된다.

(2) 재판상 이혼

(가) **소 제기의 간주**　　조정사건에 대하여 '조정을 하지 아니하기로 하는' 결정
이 내려지거나, '조정이 성립되지 아니한 것'(조정불성립)으로 종결된 경우 또는 화
해권고결정 등에 대하여 이의신청이 제기되어 그 결정이 효력을 상실한 경우에는
당초 조정신청을 한 때에 소가 제기된 것으로 본다(가소 제49조·민조 제36조). 이는
기간준수와 시효중단을 위한 조치이다.

(나) **당사자가 제한능력자인 경우**　　미성년자는 혼인에 따른 성년의제로 인하
여, 피한정후견인은 완전한 신분행위 능력을 가지므로, 이들은 각자 단독으로 이혼
의 소를 제기할 수 있다. 피성년후견인의 경우는 법정대리인, 즉 성년후견인이 후
견감독인의 동의를 받아 대리로 이혼의 소를 제기할 수 있다(제950조 ①항 5호). 그
러나 대개 피성년후견인의 성년후견인(법정대리인)으로 그 배우자가 선임될 수 있
기 때문에 피성년후견인의 배우자가 본인을 대리하여 배우자 자신을 상대로 이혼
의 소를 제기하는 것은 쌍방대리가 되어 부당하다. 이 경우는 피성년후견인을 위
한 특별대리인(민소 제62조의 2)을 선임하여 그 특별대리인이 피성년후견인의 이혼
의 소를 제기할 수 있다고 해석하여야 할 것이다.[1]

　　북한이탈주민은 그 배우자의 남한 거주 여부가 불명확한 경우라도 그를 상대

---

[1] 대판 2010. 4. 8, 2009므3652; 2010. 4. 29, 2009므639; 김용욱·김인, 가사소송법, 102면; 박동섭, 3
정판 주석가사소송법(박영사, 2004), 202면; 김·김, 206~07면(성년후견개시심판을 받지 아니한
의사무능력자가 이혼소송을 제기하는 경우에도 그를 위한 특별대리인 선임이 필요할 것이다).

로 이혼의 소를 제기할 수 있고 공시송달로 절차는 진행된다.[1]

⒟ 이혼소송 중 당사자의 사망

1) 이혼소송 중에 당사자 일방이 사망한 경우   당사자의 일방이 사실심(1, 2심 법원) 판결 선고 전에 사망하였는데 법원이 이를 간과하고 종국판결을 선고한 경우 그 판결은 당연무효이다. 상소심으로서는 반드시 원심판결을 파기, 자판하고 소송종료선언을 하여야 한다.[2] 상속인이 항소나 상고를 하더라도 이는 부적법하므로 각하된다.[3] 그러나 당사자 일방이 사실심의 종국판결 선고 후에 사망한 경우, 그 판결 자체는 당연무효가 아니다. 상소심은 원심판결을 파기할 수 없고, 소송종료선언만을 하여야 한다. 1심(이혼)판결 선고 후에 항소기간 내(판결확정 전)에 당사자가 사망하여도 그 판결은 효력이 발생할 수 없다(생존배우자는 망인의 지위를 상속하고 만다).[4]

이혼청구권은 부부의 일신전속권이라서 이혼소송 중에 당사자의 일방이 사망하면 그 소송은 당연히 종료되므로, 상속인이나 검사가 그 소송절차를 수계할 수 없고, 이때 병합되어 있던 재산분할청구도 함께 종료된다.[5] 재산분할청구만이 상속인에게 수계될 수는 없다.

2) 재심소송   이혼판결에 대한 재심소송 중에 부부의 일방이 사망하면, 검사가 사망자의 지위를 수계하고, 법원은 당초의 이혼판결의 당부(當否)를 심리하여, 재심사유가 인정되면 재심 대상 판결을 취소하고, 이혼소송 자체의 소송종료선언을 하여야 한다.[6]

⒠ 이혼판결의 효력

1) 판결에 대한 불복   이혼판결은 선고로 그 효력이 생긴다(가소 제12조·민소 제205조). 판결에 대하여 불복하려면 당사자는 판결정본 송달일[초일불산입의 원칙(민 제157조)상 송달 일 다음날]로부터 14일 이내에, 혹은 그 송달 전에 항소를 할

---

1 「북한이탈주민의 보호 및 정착지원에 관한 법률」 제19조의 2(공시송달은 실시일부터 2개월이 지나야 효력이 생긴다).
2 대판 1982. 10. 12, 81므53.
3 대판 1982. 10. 12. 81므20.
  대법원은 가사사건이 아닌 민사사건에서는 판례를 변경. 즉 당사자의 사망으로 소송절차가 중단되었는데도 이를 간과하고 변론 종결 후 판결을 선고한 경우 그 판결이 당연무효라 할 수 없다. 상속인들이 수계신청을 하여 상고한 경우 그 상고는 적법한 것이니 각하할 것이 아니라고 판시; 대판(전원합의체)1995. 5. 23, 94다28444(이 판결로 대판 1982. 12. 28, 81사2; 1992. 6. 12, 92다13994 판결 등 폐기), 2003. 11. 14, 2003다34038; 2015. 10. 15, 2015다31513(따름판례).
4 서울가결 2018. 5.자 2017브58(법률신문 2018. 5. 10자 4면).
5 대판 1993. 5. 27, 92므143(단, 위자료는 승계): 1994. 10. 28, 94므246·253; 1999. 3. 12, 98므1858.
6 대판 1992. 5. 26, 90므1135.

수 있다(가소 제12조). 항소법원의 소송절차에는 제1심의 소송절차 규정이 준용된다(가소 제19조 ②항). 항소법원은 이른바 사정판결(事情判決)을 할 수 있다. 즉 항소가 이유 있더라도, 제1심 판결을 취소하거나 변경하는 것이 사회정의와 형평의이념에 배치되거나 가정의 평화와 미풍양속의 유지에 적합하지 아니하다고 인정되는 경우에는 항소를 기각할 수 있다(가소 제19조 ③항). 이러한 사정판결을 하는 경우는 실제로 드물 것이다.

항소법원의 판결에 대하여 불복이 있으면 당사자는 다시 판결정본의 송달일다음날로부터 14일 이내에 대법원에 상고할 수 있다(가소 제20조).

2) 판결의 대세효(對世效), 재소금지(再訴禁止)   이혼청구를 받아들인 원고승소판결이 확정되면 그 판결은 제3자에 대하여도 효력이 생긴다(가소 제21조 ①항).원고(또는 피고)는 판결확정일로부터 1개월 이내에 판결의 등본과 그 확정증명서를첨부하여 이혼신고(신고서에는 판결확정일자 기재)를 하여야 한다(가등법 제78조·제58조). 이는 보고적 신고이다. 신고여부와 상관없이 판결확정으로 이혼의 효과는발생한다. 가정법원은 판결확정 후 지체없이 가족관계등록사무 담당자에게 등록부의 기재를 촉탁하여야 한다(가소 제9조). 한편 이혼청구를 기각한 판결(원고패소판결)이 확정되면, 원고는 정당한 사유가 없는 이상, 다시 소를 제기할 수 없다(가소제21조 ②항).

Ⅳ. 이혼의 효과

1. 일반적 효과

(1) 친족관계의 소멸

이혼으로 인하여 부부 사이의 배우자관계는 종료·소멸된다. 즉 부부는 남남이 된다. 혼인 또는 혼인의 존속을 전제로 한 부부 사이의 동거·부양·협조 의무,정조의무, 부부재산계약 등과 부부 사이의 상속권 등 모든 권리와 의무는 그때부터 장래에 향하여 소멸된다. 이전으로 그 효력이 소급되지 아니한다.

(2) 인척관계의 소멸

혼인으로 인하여 상대방 배우자의 혈족과 사이에 발생한 인척관계도 이혼으로 소멸된다(제775조 ①항). 부모가 이혼하였더라도, 그 부모와 그 혼인중 출생자녀와 사이의 혈족관계(부자관계·모자관계)는 그대로 유지되고 아무런 변함이 없다.

(3) 재혼의 가능(혼인장애)

이혼한 부부가 서로 다시 재혼하는 것은 상관없으나, 6촌 이내의 혈족의 배우자, 배우자의 6촌 이내의 혈족, 배우자의 4촌 이내의 인척(혈족의 배우자)이거나 인척이었던 사람과 혼인하지 못한다(개정민법 제809조 ②항). 여자가 이혼 후 6개월이 지나기 전이라도 언제든지 위의 인척을 제외한 사람이면 누구와도 재혼할 수 있다(개정민법은 재혼금지기간 조항을 삭제).

(4) 이혼 사실은 당사자의 신고에 따라 가족관계등록부에 기록(전산입력)된다. 그러나 가족관계증명서에는 현재 배우자가 없는 것으로 표시될 뿐, 이혼 사실은 나타나지 아니한다. 당사자의 혼인관계 증명서에는 이혼과 전 배우자의 이름이 기재된다.[1]

2. 자녀에 대한 효과

이혼에 따르는 자녀의 보호와 양육은 사회적인 문제로 등장하고 있다. '아무 죄 없는' 아이들이 부모의 이혼으로 말미암아 하루아침에 고아 아닌 고아로 전락하고 만다.

(1) 양육자와 친권자의 지정과 변경

부부가 혼인중인 경우에는 그들 사이에 태어난 아이(미성년자녀)에 대한 친권 행사나 양육을 부부가 공동으로 할 수 있다. 그러나 이혼하면 공동친권 행사 등이 불가능하게 되므로 이혼 시에는 친권자 지정 등이 필요하게 된다. 친권자 등 지정 청구 사건은 가사비송사건이므로, 일단 심판이 내려지더라도 그 심판에는 기판력이 없으므로, 나중에 상황변동에 따라 그때그때 변경될 수 있다.

㈎ 친권자·양육자 지정이 필요한 경우

1) 이혼, 혼인의 무효·취소와 인지(認知)(직권)   협의이혼, 임의인지의 경우는, 부부의 협의로 미성년자녀의 친권자와 양육자를 정하고, 그 협의를 할 수 없거나(예컨대, 의견대립, 생사불명, 불치의 정신병 등) 협의가 이루어지지 아니하는 경우는 가정법원에서 직권으로, 또는 당사자의 청구에 따라 심판으로 이를 지정한다(개정민법 제909조 ④항, 제837조 ④항).

---

1 김·김, 199면.

재판상 이혼, 혼인무효, 혼인취소, 인지청구(강제인지)의 경우에는 가정법원이 직권으로 친권자를 지정하고, 부·모·자녀 및 검사의 청구에 따라 또는 직권으로 양육권자를 정한다(제909조 ⑤항, 제837조 ⑤항). 그러나 위와 같이 법원에서 직권으로 정하는 경우에도 법원에서는 부부의 협의를 권고할 수 있다(가소 제25조, 제28조, 민 제837조 ①~③항, 제909조 ④항). 양육자나 친권자의 지정에 관한 부모의 협의가 자녀의 복리에 반하는 경우 법원은 그 보정을 명하거나 직권으로 이를 변경할 수 있다(제837조 ③항, 제909조 ④항; 예규 제177호).

2) 협의이혼의 특례   개정민법 시행 이전(2008. 6. 22. 이전)에는 친권자, 양육자 등을 지정하지 아니하더라도 협의이혼을 할 수 있었다. 그러나 개정민법은 무책임한 부모들을 단속하고 자녀의 복리를 도모하기 위하여, "양육하여야 할 자녀가 있는 경우 당사자는 제837조에 따른 자(子)의 양육과 제909조 ④항에 따른 자(子)의 친권자결정에 관한 협의서 또는 제837조 및 제909조 ④항에 따른 가정법원의 심판 정본을 제출하여야 한다(제836조의2 ④항, 신설 2007. 12. 21)고 규정하고 있다.

요컨대 부부가 협의이혼을 하려면 우선 아이의 친권자와 양육자를 누구로 할 것인지 등에 관하여 협의하여 그 협의서[1]를 첨부하여야 하고, 그러한 협의를 할 수 없으면 먼저 가정법원에 신청하여 그에 관한 심판을 받아[2] 그 정본을 이혼의사 확인신청서에 첨부하여 제출하여야 한다.

3) 혼인중의 양육자 지정청구   이혼의 경우뿐만 아니고 혼인관계의 유지 중에도 부부가 별거 등을 이유로 친권자·양육자의 지정청구를 할 수 있는바,[3] 이는 여기에서 말하는 자녀의 양육에 관한 처분이 아니고, 부부간의 부양·협조에 관한 사건(제826조, 가소 제 2 조, 마류사건 1호)이라고 해석된다.[4]

4) 양(養)부모   양친(養親)은 양자의 친권자가 된다(제909조 ①항 후단). 따라서 양친이 이혼할 경우는 친부모의 이혼과 마찬가지로 미성년양자의 친권자 등을 지정하여야 한다.

---

1 당사자 간에 자녀양육의 합의가 성립되면, 가정법원은 양육비부담조서를 작성하여야 한다. 이 조서는 강제집행의 권원이 된다(민 제836조의2 ⑤항, 2009. 5. 8. 신설, 가소 제41조).
2 협의이혼의사 확인절차에서 법원이 양육자지정 등 양육에 관한 사항을 직권으로 결정할 수 있는가? 민법 제837조 ④항이 있지만, 이는 재판상 이혼의 경우에 관한 규정이므로 협의이혼절차에서는 직권으로 결정할 수 없다. 당사자가 보정명령에 불응할 경우 확인을 하지 아니하여(불확인 처리), 보정을 촉구하는 데 그친다고 할 것이다(김·김, 172면; 예규 제481호, 제12조, 제13조).
3 가사비송재판실무편람(법원행정처, 2008), 123면.
4 가족법연구(사법연수원, 2005), 104면.

5) 인지와 친권자 등 지정   사실혼관계·일시적 정교관계·혼인무효의 경우 자녀가 출생한 때는 그 자녀의 생부가 자녀를 인지한 후라야 생부모가 공동친권자가 되고, 그 인지 전이면 생모만이 친권자가 된다. 생부의 인지 전에는 자녀나 그 생모는 친권자지정 등을 청구할 수 없다.[1] 그래서 생모 등은 자녀를 대리하여 인지청구의 소(강제인지)를 제기할 수 있고 그 경우(원고승소판결)에는 법원에서 직권으로 친권자지정심판을 하여야 한다(제909조 ⑤항). 사실혼 해소시에도 친권자와 양육자지정이 필요하다.

(나) 친권자 등의 지정·변경의 방법과 그 기준

1) 양육자나 친권자는 부모(당사자)의 협의로 정하고(제837조 ①항, ②항, 제909조 ④항), 그러한 협의를 할 수 없으면 당사자는 우선 조정신청을 하여야 하고(가소제 2 조 ①항, 마류 가사비송사건 3호·5호, 제50조), 이혼소송을 제기하면서 소장에 이를 기재하여 소송절차에서 한꺼번에 심리 받기도 한다. 가정법원에서는 자녀의 건전한 성장과 발달을 위하여 당사자의 청구나 직권으로 양육자지정 등 양육에 관한 사항과 친권자 지정을 할 수 있고 필요하면 언제든지 이를 변경할 수 있다(제837조 ②항, 제909조 ④~⑥항).[2] 자녀의 복리를 위하여 필요하다고 인정되는 경우에는 자(子)의 4촌 이내의 친족의 청구에 의하여 가정법원은 이미 정하여진 친권자를 변경할 수 있다(개정민법 제909조 ⑥항). 당사자의 협의만으로 이미 지정된 친권자를 변경할 수는 없다(예규 제177호 제12조). 개정민법은 부모 이혼 시의 미성년자녀들에 대한 국가의 관여권을 강화하고 있다.

2) 친권자와 양육자지정의 기준(자녀의 복리[3])   친권자나 양육자를 지정·변경하는 기준은 '자녀의 복리를 우선적으로 고려하여야 한다'는 점이다[제909조 ⑥항·제912조·제837조 ③항 전단, 가소 제58조 ②항(민법은 "자의 복지", 가소법은 "자녀의 복지"라는 용어 사용)]. 가정법원에서는 자녀의 연령·부모의 재산상황·기타 여러 가지 사정을 참작하여 양육자지정 등 '양육에 필요한 사항'을 정한다(제837조 ③항).

3) 친권자나 양육자로 지정될 사람   대개 부모 중 한 사람을 친권자로 지정하

---

1 대판 1979. 5. 8, 79므3; 가족법연구(사법연수원, 2005), 106면.

2 1990년 개정 전 민법(제837조 ①항)에는 '당사자 간에 그 자(子)의 양육에 관한 사항을 협정하지 아니한 때는 그 양육의 책임은 부(父)에게 있다'고 하여 모는 친권자·양육자가 될 수 없다는 취지로 규정하고 있었다.

3 아이들의 최선의 이익(best interests of the child)이라는 개념은 미국이나 일본에서도 동일하다(ABA, Family Law, 128면); 자녀의 복리라는 관점에서 수감 중인 모친에게 친권 및 양육권을 인정한 사례[서울가결 2011. 7. 27, 2011브○○(비공개)]도 있다.

지만(부모 쌍방을 공동친권자·공동양육자로 지정할 수도 있음), 친권자와 양육자를 각
각 다른 사람으로 정할 수도 있고[1], 이 경우 친권의 효력은 양육권을 제외한 부분
에만[2] 미친다. 이러한 협의를 하지 아니한 경우는 공동친권·공동양육을 하게 된
다고 해석할 것이다.[3]

4) 제 3 자의 양육과 양육자지정시기

a) 항상 부모를 자녀의 양육자로 지정하여야 하는 것은 아니고, 부모 아닌 제
3 자(예컨대, 탁아소나 사회복지시설 등)를 지정하여도 상관없고, 자녀가 여러 사람
일 경우 그 양육자를 각각 다르게 정할 수도 있다.

b) 양육자의 결정시기는 이혼(협의이혼, 재판상이혼)시에 하여야 한다. 그리고
혼인중이라도 부부가 별거하는 등 특별한 경우는 양육자지정과 유아인도청구를 할
수 있을 것이다.[4]

5) 유책배우자의 양육

양육자지정의 경우 반드시 이혼재판시의 유책배우자
여부는 상관이 없다. 실제로 아이를 양육하는 사람은 상대방(생부나 생모)에게 양
육비를 청구할 수 있다. 이혼한 생모인 양육자에게도 양육비 일부를 분담시킬 수
있고 그것이 경험칙에 위배된다고 할 수도 없다.[5] 양육에는 교육도 포함되고 양육
권에는 자녀에 대한 징계권·거소지정권·인도청구권, 면접교섭권도 포함된다.

(대) **양육자지정의 실무**   실제 이혼사건의 소송과정을 보면 당사자들은 "모든
것은 양보하여도 아이만은 결코 양보할 수 없다"고 다투는 사례가 상당히 많다. 이
혼하는 부부 중 아이의 엄마가 "아이를 양육하겠다"는 의사를 적극적으로 표명하
고 있는 경우, 가정법원에서는 판단하기 어려울 경우 어머니를 양육권자로 지정[6]

---

1 대판 2012. 4. 13, 2011므4719(이혼 후 자녀의 친권과 양육권이 항상 같은 사람에게 돌아가야 하
  는 것은 아니다).
2 원래 친권은 미성년의 자녀를 보호·양육할 권리·의무 등 신분에 관한 사항과 자녀의 법률행위대리를
  비롯한 재산에 관한 사항을 포함하고 있다. 그래서 양육권은 친권의 구성요소의 하나이다. 친권자와
  양육권자가 분리된 경우 친권자는 가정법원의 양육에 관한 처분에 배치되지 아니하는 범위 내에서만
  친권을 행사할 수 있다(민 제837조 ③항)(가사비송재판실무편람, 법원행정처, 2008, 122면 이하).
3 김·김, 223면; 양수산, 302면: 미국이나 유럽의 경우는 공동감호, joint custody가 보통이라고 한다.
  부부의 갈등이 심하여 이혼한 경우 이러한 부부를 공동양육권자로 지정하는 것에는 신중하여야 한
  다(대판 2013. 12. 26, 2013므3383,3390 등); 윤진수, 139면.
4 민법 제837조, 제826조를 유추적용하여 이를 인정함이 타당하다(서울가심 1991. 10. 7, 90드59208).
5 대판 1992. 1. 21, 91므689, 판례월보 제261호, 193면(친권자·양육자지정 조정이 성립된 후, 그 조
  정조항의 변경절차 없이 조정에 위반하여 임의로 양육한 자는 양육비청구 불가); 동지 대결 2006.
  4. 17, 2005스18·19.
6 '어머니 우선의 획일적 구별'보다는 부모의 인격, 자녀의 양육에 관련된 기존의 역할분담 등 구체적
  사정을 고려하여야 한다는 견해가 지배적이다. 맞벌이 부부의 경우에도 사실상 어머니에게 우선권

하고 있는 것 같다. 친권이나 양육권은 권리라기보다는 아이의 장래의 건전한 성장과 발달을 위한 부모의 의무라는 점이 특히 강조되어야 할 것이다. 법원은 직권으로 개입하여 적당한 양육자를 지정하여야 한다(민 제837조 ⑤항).[1]

㈜ 양육자 등의 변경

1) 양육의무자가 양육의무를 이행하지 아니할 경우, 이를 강제 이행시키는 방법은 없다. 그래서 일단 양육자가 지정된 후에도 사정변경이 생기거나 기타 자녀의 복지를 위하여 필요한 경우(예컨대 양육방법이 부적당하거나, 양육을 하지 아니하는 경우 기타 자녀의 이익을 해치는 때)는 당사자의 협의로 언제든지 이를 변경할 수 있고, 그 협의를 할 수 없으면 당사자나 검사가 가정법원에 청구한다. 법원에서는 조정이나 심판(직권)으로 이를 변경하거나 적당한 처분을 할 수 있다(제837조 ②항~⑤항·제909조 ⑥항·가소 제 2 조 ①항, 마류사건 3호, 5호·제50조).

2) **단독친권자의 사망 등**   개정 전 민법에 의하면 지정된 단독친권자(부 또는 모)가 사망하거나 친권상실 선고를 받은 경우는, 생존하고 있는 나머지 1명(모나 부)의 친권이 당연히 부활되었다.[2] 이 점에 관하여 미성년자의 이익을 보호하기 위하여 후견이 개시되어야 한다는 견해도 있었다.[3]

개정민법 제909조 ③항·⑥항에 따르면 가정법원이 새로운 친권자를 지정하거나 변경하는 심판을 하여야 할 것이다(뒤에 제 4 장 제 4 절 친권 부분 해설 참조).

3) **기판력 문제**   친권자·양육자의 지정·변경심판사건은 비송사건이므로 기판력이 없다. 따라서 부모의 협의나 법원의 조정·심판·재판상 화해[4]·판결로 정하여졌더라도, 미성년자녀의 성장 과정이나 기타 사정변경에 따라 필요한 경우 언제든지 협의나 심판 등으로 이를 변경할 수 있다.[5] 당사자의 협정이나 재판으로 정하여진 양육방법을 고수한다면 아이의 원만한 보호와 양육이 매우 어려워지는

이 주어지는 경우가 많다고 한다(가사비송재판실무편람, 2008, 124면); 미국에서는 생모가 정신장애, 알코올중독 등이 아닌 이상, 생모에게 양육권을 부여하고 있다고 한다(ABA, 전게서, 128면).

1 아동권리협약 제12조를 참조하여 아동의 의견을 청취할 기회가 제공되어야 할 것이다. 우리나라 가사소송규칙 제100조는 13세 이상인 자녀의 의견을 들어야 한다고 규정하고 있다.

2 대판 1994. 4. 29, 94다1302; 서울민지판 1994. 5. 10, 93가합81276; 예규 제177호 제10조; 가족법연구(2005, 사법연수원), 109면.

3 김주수, 친족상속법(제 5 판), 307면 이하; 김상용, "이혼모에 대한 친권상실사유(판례평석),” 월보 제313호, 13면; 최진섭, 이혼과 자녀, 삼지원, 1994, 201면; 구연창, “친권제도의 재조명,” 가족법연구 4호, 1990, 161면.

4 부모의 협의 그 자체가 재판상 화해로 이루어진 경우에도 마찬가지다(대판 1991. 6. 25, 90므699; 대결 1992. 12. 30, 92스17·18; 1998. 7. 10, 98스17·18).

5 대결 1992. 12. 30, 92스17·18.

급박한 사유가 있다면, 선고 전 처분(가소 제62조의 사전처분)의 방법으로 임시처분을 구하여 구제받을 수도 있을 것이다.[1]

4) **미성년자 사망의 경우**   미성년자녀(사건본인)가 1심 판결(또는 심판) 선고 후 사망한 경우는 양육자지정 청구 또는 사건본인 사망 이후의 양육비지급청구 부분은 모두 청구의 대상이 소멸됨으로써 소송은 종료된다.[2]

:: **참고판례**

당사자가 협의이혼하면서 자녀들의 양육비조로 임차보증금 반환채권 중 일부를 양육자에게 귀속시키기로 합의하였다. 그 후 당사자가 다시 양육비부담에 관한 심판청구를 하였다면, 이는 종전의 합의의 변경청구로 보아야 하고, 법원은 민법 제837조 ②항 소정의 여러 가지 사정을 참작하여 그 합의가 부당하게 결정되었다고 인정되면 언제든지 이를 변경할 수 있다(대판 1991. 6. 25, 90므699; 대결 1998. 7. 10, 98스17·18).

㈕ **친권과 양육권의 분리**   친권은 당연히 자녀의 양육권을 포함하는 개념이므로, 친권에서 양육권을 분리하여 양육권자를 따로 지정하지 아니한 이상, 친권자로 지정된 사람이 자녀를 양육하게 된다. 따라서, 양육자로 지정되지 못한 어버이라도 그 미성년자를 면접교섭할 수 있고 기타 부모로서의 권리·의무(자녀의 혼인·입양 등에 대한 동의권 등 친권)를 여전히 보유한다(제837조 ⑥항). 예컨대 아버지는 친권자, 어머니는 양육권자로 각각 지정된 경우, 어머니의 양육권은 사실상 자녀양육에 그치고, 양육권 이외의 친권은 아버지가 행사한다. 아버지는 자녀의 법정대리인으로서, 자녀의 법률행위 동의권·대리권, 자녀의 재산관리권 등을 가지고 있지만, 양육에 관한 사항은 임의로 변경할 수 없다.[3] 부모가 이혼하더라도 부·모와 자녀들 사이의 부양의무·상속권 등에는 변함이 없다(제837조 ⑥항).

(2) 친권자지정 등 심판청구

㈎ **법원의 협의권고와 권고누락**   이혼신고서에는 친권자가 정하여진 때 그 내용을 기재하도록 되어 있고[가등법, 제74조 3호; 예규 제168호; 규칙 제73조 ④항(협

---

1 대판 1991. 1. 21, 91므689; 1991. 6. 25, 90므699(조정성립 후 반드시 특별한 사정변경이 있어야 조정을 변경할 수 있는 것은 아니다).
2 대판 1995. 4. 25, 94므536(이 경우 소송종료 선언을 하여야 한다).
3 대판 1985. 2. 26, 84므86.

의이혼의 경우는 친권자와 양육에 관한 협의서나 심판정본을 이혼의사확인신청서에 첨부하여야 한다); 제836조의 2 ④항; 예규 제168조], 재판상 이혼, 혼인의 무효·취소, 인지청구의 경우 법원에서는 부부에게 미리 미성년자녀의 친권자·양육자지정, 양육, 면접교섭권의 협의를 하라고 권고하여야 한다(가소 제25조, 제28조). 이러한 권고를 누락한 경우는 어떻게 되는가? 재판장이 당사자에게 그러한 권고를 하였더라도 친권자지정 협의에 변동이 없었을 것이라고 인정된다면, 그러한 권고누락이 있더라도 그러한 위법은 판결결과에 영향을 미치지 아니한다.[1]

(내) **당 사 자**   자녀에 대한 양육, 면접교섭권의 행사·제한·배제, 친권자의 지정·변경 심판청구는 부모 중의 일방이 다른 일방을 상대로 청구하여야 한다(가소규 제99조 ①항). 제 3 자가 자녀를 사실상 양육하고 있는 때는 그 제 3 자를 부 또는 모와 함께 공동상대방으로 삼아 자녀의 인도(引渡)를 청구할 수 있다(동조 ②항).

(대) **자녀가 13세 이상인 경우**   가정법원은 친권자지정심판을 하면서 13세 이상인 자녀의 의견을 들어야 한다(가소규 제100조; 2017. 2. 2. 개정). 다만, 자녀의 의견을 들을 수 없거나, 그 의견을 듣는 것이 오히려 자녀의 복리를 해칠 만한 특별한 사정이 있는 때는 듣지 아니할 수 있다(동조 단서).

(3) 양육비청구

(개) **의   미**   부·모 또는 제 3 자가 양육자로 지정된 경우 그 양육자는 상대방 또는 부모 쌍방에 대하여 양육비의 지급을 청구할 수 있다. 실무에서는 '소장(또는 심판청구서) 송달 다음 날부터 아이가 만 19세 될 때까지 매월 금 ○○○○원을 지급하라'고[2] 청구한다.

(내) **과거의 양육비**   이미 지나간 과거(過去)의 양육비를 "상환청구"할 수 있는가? 종전판례는 부정하고 있었으나,[3] 최근의 판례는 이를 인정하고 있다.[4] 아이의 양육이 일방적·이기적인 목적이나 동기에서 비롯된 것이거나 아이의 이익에 도움이 되지 않고, 그 양육비를 상대방에게 부담시키는 것이 오히려 형평에 어긋나는 경우는 양육비의 분담이나 상환을 청구할 수 없다.[5]

---

1 대판 1993. 12. 7, 93므775.
2 대판 1988. 5. 10, 88므92·108(양육자지정청구와 함께 장래의 이행을 청구하는 소로서 양육비지급청구를 동시에 할 수 있다).
3 대판 1985. 2. 26, 84므86(협정의 범위 내에서 가능).
4 대결 1994. 5. 13, 92스21(전원합의체).
5 대결 1994. 5. 13, 92스21(전원합의체).

(다) **위법양육에 대한 양육비청구**　　아이의 양육자와 양육기간 등 양육방법에 관하여 재판상 화해가 성립된 후, 양육자가 아이를 양육하던 중 그 화해 조항(양육기간)에 위반하여 아이를 상대방에게 인도하지 아니하고 스스로 양육한 경우는 그 양육은 위법한 양육이 되므로, 이에 대한 양육비청구를 할 수 없다.[1]

(라) **양육비청구권의 포기**　　양육권자가 과거 양육비 부분, 또는 장래의 양육비 부분을 포기할 수는 있다. 그러나 아이 자신의 장래양육비청구권은 소멸하지 아니한다고 해석된다.

:: **참고판례**

미성숙 자녀를 부양할 의무가 있는 부모가 이혼함에 있어 부모 중 일방을 자녀의 양육자로 지정하고 타방은 이에 대하여 양육비(청구인의 요구가 있을 때 그 수입의 1/2 범위 내에서)를 지급하기로 협정하였다면, 이는 민법 제837조·제976조·제977조의 규정에 의하여 유효하고, 이러한 경우 협정의 범위 내에서는 과거의 양육비라도 청구할 수 있다(대판 1985. 2. 26, 84므86).

[친권자·양육권자의 지정·변경 방법]

구 분		친권자(제909조)				양육권자(제837조)	
		지 정		변 경		지 정	변 경
경 우		① 협의이혼 ② 임의인지	① 재판이혼 ② 혼인취소 ③ 강제인지 ④ 혼인무효	① 협의이혼 ② 임의인지	① 재판이혼 ② 혼인취소 ③ 강제인지 ④ 혼인무효	모든 경우	모든 경우
방법	협의 (당사자)	○	×	×	×	○	○
	직권심판 (당사자의 청구)	○	○	○ (동조 ⑥항)	○ (동조 ⑤항, 가소 제25조, 제28조)	○	○ (④항)

* 가사소송법 제25조, 제28조에는 재판상이혼, 혼인취소, 인지청구, 혼인무효의 경우 법원은 당사자에게 친권자와 자녀의 양육에 관한 사항을 협의할 것을 권고하여야 한다고 규정.
* 당사간의 협의로 친권자·양육권자를 지정하는 것이 원칙이고, 그러한 협의를 할 수 없는 경우에는 법원에서 직권으로 심판한다.

---

1 대판 1992. 1. 21, 91므689[친권자·양육자지정의 조정이 성립된 후, 그 조정조항의 변경절차(예: 가소 제62조 등) 없이 조정에 위반하여 임의로 양육한 자는 양육비를 청구할 수 없다]; 동지 대결 2006. 4. 17, 2005스18·19.

(4) 양육비 이행관리원의 설치와 운영

「양육비 이행확보 및 지원에 관한 법률」(약칭, 양육비이행법, 2014. 3. 24.법률 제 12532호, 2015. 3. 25. 시행; 3차 개정 2019. 6. 25. 시행 법률 제16085호)에 따라, 여성 가족부 산하의 한국건강가정진흥원 내에 양육비이행관리원이 문을 열었다. 이 기관은 아시아 최초의 양육비 이행확보 지원기구이다. 동 관리원 개원(2015. 3.) 이후 2018. 12.까지 접수된 사건 수는 11,535건, 그중 실제로 양육비지급이 이행된 건수는 3,722건 이행된 금액은 약 404억 원, 이행률은 2018. 12.기준 32.3%라고 한다.[1] 결국 양육비 지급의무자 10명 중 7명 정도는 그 의무를 이행하지 않고 있는 것이 실정이다.

(5) 자녀의 신분관계나 거소 등

부모의 이혼은 자녀의 양육에 관한 사항 이외에는 신분에 어떠한 영향도 미치지 아니한다. 부모가 이혼하더라도, 부·모와 자식 간의 혈족관계(부자관계·모자관계)·부양의무·상속권 등은 그대로 존속하고 아무런 변함이 없다. 혼인중 처가 임신한 아이는 이혼 후에 출생하더라도 부모의 혼인중 출생자의 신분을 취득한다(제844조 ②항). 자녀의 성(姓)이나 가족관계등록은 그대로 유지되고 변하지 아니한다. 다만, 친권자(양육권자)의 주소지로 아이의 주민등록을 변경할 수는 있다(제914조).

3. 면접교섭권

(1) 개   념

부모가 이혼하는 경우 그들 사이의 미성년자를 위하여 친권자나 양육자를 지정하여야 한다. 친권자나 양육자로 지정되지 못한(현실적으로 자녀를 보호·양육하지 않고 있는) 어버이와 자녀는 서로 만나거나, 편지교환·전화·방문·접촉할 수 있는 권리가 있다(제837조의 2). 이를 면접교섭권 또는 방문권(visiting right, visitation right)이라고 한다. 이는 부모와 자식 사이, 즉 혈육(血肉)사이의 자연스런 권리이자 의무이다.

---

1 강동주, '대한민국 양육비이행관리원(Child Support Agency of Korea)의 현황과 개선방향' 新·アジア家族法三國會議-第9回 會議-「養育費の算定と履行確保」(2019. 11. 30.), 81면 이하.

(2) 현행법의 규정

민법은 1990년 영미 등 서구 여러 나라의 제도를 본받아 이 제도를 새로 도입하였다(제837조의 2). 2007년 개정민법은 자녀의 복리실현(건전한 성장)을 위하여 자녀를 면접교섭의 객체로 삼지 않고, 면접교섭의 주체로 격상시키기 위하여 "자를 직접 양육하지 아니하는 부모의 일방과 자(子)는 상호 면접 교섭할 수 있는 권리를 가진다."고 개정하였다(동조 ①항). 2016년의 개정민법은 조부모 등의 면접교섭권을 새로 인정하고(동조 ②항), 자녀의 복리를 위하여 필요한 때에 법원은 당사자의 청구 또는 직권에 의하여 면접교섭을 제한·배제·변경할 수 있게 하였다(동조 ③항). 이 제도 도입 전에도 면접교섭권을 인정하는 판결이 선고된 사례가 있다.[1]

(3) 존재이유와 그 법적 성질

(가) 면접교섭권은 부모·자식 사이의 접촉권으로 인간 자연의 정이므로, 그것이 제한되거나 박탈된다면 인간의 정서에 매우 가혹한 영향을 미친다. 다만, 미성년자녀의 건전한 성장과 발달을 위한 것이 면접교섭권이므로, 부모의 권리라는 점이 너무 강조되어서는 안 되고 부모의 의무임과 동시에 자녀의 권리로 인식되어야 한다. 자녀의 복리가 친자법의 이념이므로, 면접교섭이 오히려 자녀의 성장에 좋지 못한 영향을 미칠 경우는 제한될 수 있다.

(나) 양도·포기의 가부　면접교섭권은 부모와 자녀의 고유권·자연권·절대권이고, 일신전속적 권리이므로 이를 양도할 수 없다.[2] 또 영속적 성질이 있으므로 권리자도 이를 포기할 수 없다. 포기나, 포기의 합의는 민법 제103조 위반으로 무효이다.[3]

(다) 성질(면접교섭권과 양육권의 관계)　면접교섭권에 관한 규정(제837조의 2)은 자녀의 양육에 관한 규정(제837조)의 특별규정이다. 따라서 면접교섭권은 양육권의 일종이거나 양육권의 구체적인 실현이라고 볼 수 있다.[4] 면접교섭권과 양육권은 독자적으로 병존하는 별개의 권리라고 주장하는 견해도 있다.[5]

---

1 서울고판 1987. 2. 23, 86르313, 김·김, 225면; 법률신문 1990. 5. 24.자, 1937호.
2 부모가 이혼하였고 그 중 부(父)의 유학기간 중 아이의 조모가 월 1회 1시간 동안 아이를 면접교섭할 수 있다는 임의조정이 성립된 사례(서울가법 2002느단3331).
3 김용한, 149면; 박병호, 129면; 최달곤, "이혼후의 자녀보호," 가족법연구 10호, 194면; 오시영, 198-99, 이영규, 125면; 서울가결 2009. 4. 10, 2009브16(대리모계약에서 생모의 면접교섭권포기약정은 무효).
4 김·김, 228면(면접교섭권은 부모뿐만 아니라, 자녀의 권리이기도 하다); 김형배, 145면; 신영호, 145면.
5 박병호, 129면; 김용한, 150면; 송덕수, 98면(양육을 받고 있는 자녀가 부모를 만날 수 있는 권리는 양육권에 해당할 여지가 없고, 양육권이 없는 부모의 자녀면접교섭권을 굳이 양육권의 일종이

이혼당사자(부모) 사이에 자녀의 면접에 관한 사항을 합의하여 정할 수 있으나,[1] 합의가 안 되어 다툼이 생길 경우 해결방법·근거 규정이 없었으므로 민법이 이를 규정한 것이다.

(4) 적용범위(면접교섭대상 자녀와 그 주체는?)

㈎ 면접교섭권은 협의상 이혼·재판상 이혼에 적용·준용되고(제837조의 2·제843조), 혼인의 무효·취소, 인지로 친권자가 되는 경우(가소 제 2 조 ①항, 마류 3호), 사실상 혼인의 종료·해소의 경우에도 유추 적용되어야 할 것이다.

㈏ **혼인중 부부**　혼인관계가 파탄된 부부가 별거하고 있는 경우에도 면접교섭권의 행사를 인정할 필요가 있고 이를 인정한 판례가 있다.[2]

㈐ **조부모 등 제 3 자**　법률상 미성년자녀의 부나 모에게만 면접교섭권이 인정되고 있지만(제837조의 2), 자녀의 조부모(외조부모)등에게도 이를 인정할 것이냐? 긍정설[3]과 부정설[4]이 대립하고 있었으나 2016년 민법개정으로 이를 인정하였다.[5]

(5) 면접교섭권의 행사의 기준과 그 제한

㈎ **자녀의 복리**　민법 제912조는 "부모가 친권을 행사함에 있어서는 자의 복리를 우선적으로 고려하여야 한다."는 일반적, 선언적인 규정을 두었다. 따라서 친권의 일부인 면접교섭의 기준도 아이의 복리(미국의 경우 Best interests of the child)라고 할 것이므로, 이를 우선적으로 고려하여 정하여야 한다.

㈏ 아이가 부모를 만나기 싫어하는 경우, 기타 자녀의 복리를 위하여 필요한 경우 가정법원은 당사자의 청구에 따라 또는 직권으로 면접교섭권을 제한·배제·

라고 말할 수 없다).

1 2007년의 개정민법은 협의이혼시에 이혼당사자는 자녀의 면접교섭에 관한 사항에 대한 협의서나 법원의 심판문을 첨부하여야 이혼의사확인신청을 할 수 있도록 하였다(제836조의 2 ④항).
2 서울가심 1994. 3. 21, 94느1773; 서울가결 1994. 7. 20, 94브45; 일 최결 2000. 5. 1. 민집 54-5, 1607면; 大村敦志, 172면.
3 구연창, "친권제도의 재조명," 가족법연구 4호, 168면; 최달곤, 앞의 논문, 193면; 김·김, 213~4면(자녀의 정서적 안정과 인격의 원만한 성장을 위하여 필요한 경우에는 이러한 사람들과의 면접교섭의 가능성이 부여되어야 한다).
4 양수산, 306면.
5 프랑스민법 제371~4조(부모는 중대한 이유가 있는 경우를 제외하고, 자녀와 조부모의 인격적 교류를 방해할 수 없다. 당사자 간의 합의가 없는 경우 그 교류의 형태를 법원이 정한다)에 따라 조부모에게도 손자·손녀에 대한 면접교섭권이 인정된다고 한다(大村, 268~269면); 미국의 모든 주법(州法)은 조부모 등의 면접교섭권에 관하여 아이의 복리를 위하여 필요한 경우(부모의 이혼) 이를 인정하고 있다(SanFord N.Katz, 194면); 서울가결 2009. 4. 10, 2009브16(아이의 출산과 관련하여 대리모약정이 있는데도, 대리모에게 면접교섭권을 인정); 서울가심 2016. 2. 11, 2015느단5568(외조모의 면접교섭을 인정).

변경할 수도 있다(제837조의 2 ③항). 친권상실사유에 해당하는 경우 등이 그 예이다. 면접교섭권의 행사는 양육권이나 친권을 침해하여서는 아니 되고 양육권과 조화되는 범위 내에서 인정되어야 한다. 필요한 경우 양육권자나 친권자는 면접교섭의 제한·배제·변경을 협의할 수 있고 협의로 이를 정할 수 없을 때는 가정법원에 청구할 수 있다(가소 제 2 조 ①항, 마류 가사비송사건 3호). 결국 면접교섭권의 제한이나 배제·변경의 방법은 당사자(부모)의 협의, 가정법원의 심판, 가정법원의 직권심판 등이 있다. 개정민법이 자녀를 면접교섭의 주체로 인정하고 있으므로 이러한 면접교섭권의 행사방법이나 제한 등의 협의에 당사자로 참여시켜야 할 것이다.

(6) 면접교섭권의 행사방법(내용과 그 범위)

(개) 면접교섭권의 행사방법과 그 범위·내용은 부모의 협의(이 협의에는 구체적으로 면접교섭의 일시·횟수·장소·지속시간 등을 정하여야 할 것)로 정하고 협의가 불가능한 경우는 가정법원이 당사자의 청구에 따라(협의이혼의 경우), 또는 직권으로(재판상 이혼의 경우) 이를 정한다. 이러한 사건은 가사비송(家事非訟)사건이다(제837조, 가소 제 2 조 ①항, 마류사건 3호). 부모의 협의가 자녀의 복리에 반하는 것으로 판단되면 가정법원은 그 보정을 명할 수 있고, 필요하면 직권으로 이를 정할 수도 있다(제837조 ③항). 자녀가 13세 이상이면 법원은 심판에 앞서 그 자녀의 의견을 들어야 한다(가소규 제100조 본문). 그 의견을 듣지 않고 심판할 수 있는 예외도 있다(동조 단서).

(나) 면접교섭권의 구체적인 내용에 관하여 법률에 규정이 없다. 이 권리의 내용으로는 부모가 자녀를 만나고 대화할 수 있는 권리가 포함되고, 구체적으로는 방문·접촉·데려가기·전화·편지교환·동숙(同宿) 기타 다양하게 정할 수 있다. 주말이나 방학 동안 1주일간 또는 명절에 아이를 데려간다고 정하기도 한다.

(다) 면접교섭의 종기(終期), 즉 부모는 언제까지 자식을 만나야 한다는 식으로 그 종기(終期)는 정하지 아니한다. 이는 법이 관여할 문제가 아니기 때문이다.

(7) 면접교섭권의 침해에 대한 구제

가정법원의 판결(심판 등 포함)로 면접교섭허용의무를 명령받은 자가 그 의무를 이행하지 아니하는 경우 가사소송법상의 의무이행권고(가소 제64조), 1,000만원 이하의 과태료부과결정(가소 제67조)[1]을 할 수 있으나, 감치명령신청(가소 제68

---

1 가정법원은 판결·심판·조정조서·강제조정결정에 나타나 있는 … 재산상의 의무, 유아인도의무,

조)을 할 수는 없다.[1] 그리고 면접교섭권의 방해가 자녀의 복리를 현저하게 해치는 경우는 양육자의 변경(제837조 후단)이나 친권상실사유가 될 수 있을 것이다. 위의 제재규정은 면접교섭권리행사를 방해하는 경우 적용되고, 단지 부모나 자녀가 서로 만나기 싫어하는 경우에 적용할 수는 없다. 면접교섭권을 침해하면 불법행위가 되어 손해배상책임을 질 수 있다.[2]

(8) 이혼소송 기타 양육권에 관한 소송 중의 면접교섭

개정민법은 자녀의 복리를 위하여 면접교섭을 자녀와 부모 각자의 권리로 인정하고 있으므로(제837조의 2 ①항, 2007. 12. 31. 개정),[3] 이혼소송 등으로 인하여 장기간 부모와 자녀가 서로 만날 수 없는 경우는 가사소송법상 사전처분신청을 할 수 있을 것이다.[4]

4. 손해배상청구권(위자료 등)

(1) 개   념

㈎ 부부가 이혼하는 경우, 부부 중 일방은 유책배우자(축첩한 남편[5] 등)에 대하여 손해배상을 청구할 수 있다. 재판상 이혼뿐만 아니라 협의이혼·조정이혼·화해이혼의 경우, 혼인의 무효·취소의 경우에도 배상청구를 할 수 있고(제825조·제806조·가소 제 2 조 ①항, 다류사건 2호), 손해에는 재산상 손해와 정신상 손해(위자료)가 모두 포함된다(제843조·제806조)(이는 약혼해제의 경우와 같다).

㈏ **위자료액수의 산정방법**   위자료의 액수를 어떻게 계산할 것인가는 법률에

자와의 면접교섭허용의무를 이행하여야 할 사람이 정당한 이유 없이 그 의무를 이행하지 아니할 때는 당사자의 신청에 따라 일정한 기간 안에 그 의무이행을 할 것을 명령할 수 있다(가소 제64조 ①항). 이 명령에 위반한 때에는 위반자를 과태료에 처할 수 있다(가소 제67조 ①항).

1 김·김, 224면(감치를 하게 되면 자녀양육에 공백이 생기고 그것이 오히려 자녀의 복리에 반하기 때문이다); 가사소송법 제68조 ①항 2호는 유아인도청구의 경우 의무자가 불응할 때 감치명령을 할 수 있다고 정하고 있다(그러나 유아가 의사능력이 있고, 그 아이가 인도에 불응할 경우, 인도를 강제할 길은 없다.; 실무제요-가사-[Ⅱ], 546-48면; 윤진수, 주해 친족법, 363면.
2 이동진, "미국 불법행위법상 비재산적 손해의 배상과 그 한계", 민사법학 66, 300면.
3 이 경우 자녀는 특별대리인(제921조)을 선임하여 부 또는 모를 상대로 면접교섭청구를 할 수 있을 것이다. 김·김, 212면(자녀가 부나 모를 상대로 법원에 면접교섭청구를 하는 것은 오히려 자녀의 복리에 반하는 결과를 초래할 수 있으므로, 아동복지기관의 지원 활동을 통하여 이를 실현하는 것이 바람직하다).
4 서울가결 2003. 1. 2, 2002즈기548; 대결 1993. 8. 11, 93즈4(민법 제826조, 제837조의 2를 유추).
5 대판 1998. 4. 10, 96므1434(부첩관계에 있는 남편과 첩은 본처에 대하여 위자료 등 손해배상책임을 져야 한다).

정하여져 있지 않다. 가정법원 판사가 건전한 자유재량으로 여러 가지 사정을 참작하여 그 액수를 정한다. 혼인파탄에 대한 부부 쌍방의 책임이 비슷한 경우는 위자료청구가 기각된다.[1] 이혼위자료청구에도 과실상계의 규정(제736조, 제396조)이 준용된다.[2]

(다) **양도나 상속**　위자료청구권은 이른바 행사상 일신전속권이므로, 양도나 상속 등 승계를 할 수 없으나, 당사자 사이에 위자료의 배상에 관한 약정이 성립되거나 위자료청구의 소를 제기한 후에는 승계시킬 수 있다(제843조·제806조 ③항).[3] 이는 위자료청구권을 행사할 의사가 외부적·객관적으로 명백하게 된 경우이다.

(2) 제3자의 청구와 제3자에 대한 청구

(가) **제3자의 청구**　이혼 당사자인 부부 이외에 그 자녀나 부모 등 제3자도 부부의 간부(姦夫, 姦婦)를 상대로 위자료청구를 할 수 있다.[4]

(나) **제3자에 대한 청구**　부부는 그 혼인파탄에 관하여 책임 있는 제3자(예컨대, 첩 등)를 상대로 손해배상청구를 할 수 있다.

1) **강간 등**　부부의 일방은 자기의 배우자를 강간(강간미수 포함)하거나 간통한 자에 대하여 불법행위를 이유로 위자료청구를 할 수 있다.[5] 강간의 경우는 피해자(여성)가 유부녀임을 알고 있었느냐 여부는 상관없으나, 간통의 경우는 상대자에게 배우자 있음을 알아야 한다. 제3자의 강간이나 간통으로 인하여 그 피해자 부부의 혼인이 파탄되거나 이혼할 단계에까지 이르지 않았다 하더라도 이는 독자

---

1 대판 1994. 4. 26, 93므1273; 2003. 3. 25, 2002므1787·1794·1800.
2 대판 1968. 3. 5, 68므5(원고에게 중대한 과실이 있을 경우 피고의 위자료배상책임을 면제); 서울가판 2012. 7. 20, 2011르1133, 2011르1140(남편이 아내의 부정행위 사진을 자녀에게 보여 준 것은 잘못이라고 하며 위자료액수 감액).
3 대판 1993. 5. 27, 92므143.
4 서울가판 2003. 6. 5, 2002드합1840; 서울고판 2003. 10. 30, 2003르1038; 대판 2004. 4. 16, 2003므2671[처의 간부(姦夫)는 남편에게 1,500만 원, 자녀들에게 각 150만 원, 모친에게 금 200만 원의 위자료를 지급하라고 판결함]; 부산가판 2013. 3. 19, 2012드단34036[아내에게 남편은 위자료 및 재산분할금으로 6,500만 원, 피고(姦婦)는 위자료 500만 원을 지급하라], 법률신문 2013. 4. 8.자. 반대판례(대판 2005. 5. 13, 2004다1899 : 유부녀와 간통하여 그 혼인관계를 파탄시킨 남자는 그 유부녀의 남편에게 위자료를 지급할 의무가 있으나, 그 자녀들에 대한 불법행위책임을 당연히 부담하여야 한다고 말할 수는 없다), 법률신문 2005. 6. 20.자, 9면 참조.
5 대판 1965. 11. 9, 65다1582·1583(처에 대한 강간미수); 1967. 4. 25, 67다99(본처의 첩에 대한 배상청구 인정); 서울가판 2011. 6. 29, 2010드합○○○○(비공개)(위자료 1,300만 원 인정); 부산가판 2011. 9. 29, 2010드단00, 법률신문 제3976호, 8면[간통죄의 고소·이혼 후, 남편처벌을 면하게 하려고 남편과 다시 혼인신고하였다(간통죄는 공소기각)하더라도 간부에 대한 위자료청구를 할 수 있다 : 위자료 1,000만 원 인정].

적인 불법행위가 성립된다.[1]

　　2) 배우자의 부모(시부모나 장인·장모) 등　　시부모나 장인·장모는 이혼당사자
가 아니지만, 자녀들의 혼인생활에 지나치게 간섭하여 혼인을 파탄상태로 몰아갔
다든지, 배우자 중 일방과 합세하여 타방 배우자를 학대하였다든지, 배우자의 일방
이 시부모 등과 배우자의 불화를 방치하였다면, 이는 불법행위가 될 수 있다.[2] 그
래서 시부모나 친족들도 손해배상책임을 져야 한다.[3]

(3) 시효 기타(사해행위)

　　㈎ 3년·10년　　부부가 이혼하는 경우의 손해배상청구권은 이혼 시점을 기준
으로 3년, 불법행위시부터 10년이 지나면 시효로 소멸된다(제766조). 위자료청구는
위 시효기간 내에 하여야 한다.[4]

　　㈏ 이혼위자료로 재산을 양도한 경우　　이혼위자료로 유일한 재산을 양도한
경우는 채권자를 해치는 행위(이른바 사해행위)에 해당될 수 있고, 채권자는 그 취
소를 청구할 수 있을 것이다.[5]

　　:: 참고판례

　　① 민법 제843조, 제806조에 의하면 부부가 이혼하는 경우 당사자의 일방은 유
　　책배우자에 대하여 이로 인한 손해의 배상을 청구할 수 있고, 제 3 자(시어머니)도
　　혼인관계에 부당하게 간섭하여 이혼에 이르게 한 때는 유책배우자와 공동으로 불
　　법행위로 인한 손해배상책임을 부담하여야 한다(대판 2000. 11. 10, 2000므995).
　　② 위자료청구권의 소멸 : 협의이혼 약정시에 청구인이 피청구인에게 이혼위자료 조
　　로 소정의 금원을 지급하기로 약정한 후 그 약정대로 돈을 지급하였다면, 당사자 쌍
　　방의 의사(意思)는 어디까지나 협의이혼이건 재판상 이혼이건 간에 그 부부관계를
　　완전히 청산하는 것을 전제로 그 위자료 조로 돈을 지급한 취지라고 볼 것이므로 피
　　청구인의 위자료청구권은 소멸되었다고 할 것이다(대판 1983. 9. 27, 83므20, 21).

1 대판 1967. 4. 25, 67다99; 2004. 4. 16, 2003므2671.
2 대판 1970. 4. 28, 69므37, 판례총람 934-12, 판례가족법, 307면.
3 대판 2000. 11. 10, 2000므995.
4 서울고판 2004. 10. 20, 2004나22256, 법률신문 제3313호, 11면(20년 동안 남편과 사실혼관계를
　맺어온 첩을 상대로 위자료청구를 한 사안에서 아내는 남편과 그 첩의 사실혼관계를 용인하여 위
　자료청구권을 포기하였다고 볼 수 없다고 판결).
5 대판 1990. 11. 23, 90다카24762.

5. 재산분할청구권

(1) 서 론

㈎ 개 념   이혼하는 부부의 일방은 상대방 배우자에 대하여 '혼인중 취득한' 공동재산의 분할을 청구할 수 있다. 이것이 재산분할청구권인데, 이는 부부라는 신분관계를 기초로 하여 법률의 규정에 따라 발생하는 일종의 법정채권(法定債權)이다. 이는 부부별산제 원칙을 반영하고 있는 것이다.

㈏ 존재이유   부부가 이혼하면 부부공동생활체는 해체된다. 따라서 공동경제(공동재산)의 청산이 필요하고, 그 필요에 따라 마련된 청산방법이 바로 재산분할이다. 재산분할은 ① '혼인중 형성된' 재산은 부부의 협력으로 이루어진 실질적인 공유재산이므로(재산상의 명의자는 누구이든지 불문) 이혼시 이를 청산하거나 분할(공유물분할)하여야 한다. 이는 이혼시 처의 가사노동이나 협력을 정당하게 평가함으로써 남녀평등의 이념(헌법 제36조)을 가족법에서 실현하려고 하는 것이다. ② 이혼 후 경제적 능력이 없는 일방 배우자(특히, 처)의 생계유지나 부양을 계속하게 함으로써 실질적인 이혼의 자유를 보장하려고 하는 것이다(이혼 후의 자녀양육 문제와는 직접적인 관련은 없다).

㈐ 위자료청구권과의 구별

1) 위 자 료   이혼위자료는 부부 일방의 유책행위로 이혼하게 된 사람의 정신적 고통을 위로하는 것이 그 목적이다. 따라서 재산분할과 위자료 2가지는 별개의 제도이다. 이들 2제도의 관계에 관하여 위자료가 재산분할에 포함된다는 포괄설, 포함되지 않는다는 한정설(통설·판례)이 있다.[1] 이혼위자료와 재산분할청구 사건은 어느 것이나 가정법원의 관할사건으로 처리된다(가소 제 2 조 ①항, 다류 가사소송사건 2호, 마류 가사비송사건 4호). 당사자는 이를 구분하지 말고 한꺼번에 청구하고 판단을 받는 것이 편리할 것이다. 법원의 재판장도 소송 중 석명권을 행사하여 이 2가지의 관계를 분명히 하여 두어야 할 것이다. 아래의 참고 판례는 포괄설에 가까운 것이라고 평가되고 있다.[2]

---

1 학설의 자세한 것은 김영갑, "재산분할청구권," 「인권과 정의」, 179호(1991. 7.), 52면 이하; 사법논집 22집, 209면 이하.
2 이영규, 135~36면.

:: **참고판례**

이혼에 있어서 재산분할은 부부가 혼인중에 가지고 있었던 실질상의 공동재산을
청산하여 분배함과 동시에 이혼 후에 상대방의 생활유지에 이바지하는 데 있고
··· 분할자의 유책행위에 의하여 이혼함으로 인하여 입게 되는 정신적 손해(위자
료)를 배상하기 위한 급부로서의 성질까지 포함하여 분할할 수도 있다(대판 2001.
5. 8, 2000다58804).

2) 유책배우자의 재산분할청구   혼인파탄에 책임 있는 당사자(유책배우자)도
재산분할청구를 할 수 있다.[1] 그가 위자료지급의 의무가 있더라도 마찬가지이다
(뒤에서 위자료청구권과 비교하면서 좀 더 자세히 살펴보기로 한다).

㈑ 현행법의 규정과 그 적용범위·성질

1) 적용범위   민법은 제839조의 2에서 이 재산분할제도를 신설·도입하였다
(1990년 도입; 1991년 시행). 재산분할은 어떠한 경우 할 수 있는가?

a) 이혼과 혼인취소 : 협의이혼과 재판상 이혼(제843조), 혼인취소(가소 제 2 조 ①
항, 마류사건 4호)에도 적용 또는 준용되고 있다.

b) 사 실 혼 : 사실혼이 종료된 경우에도 재산분할청구를 할 수 있다고 해석된
다(통설·판례).[2] 다만, 중혼적(重婚的) 사실혼의 경우는 재산분할청구를 할 수 없다
(확립된 판례).[3]

c) 혼인 존속 중 재산분할 : 혼인이 존속 중이더라도, 사실상 파탄되어 있는 경우
에도 재산분할청구를 할 수 있는가? 현행법상 불가능하지만, 앞으로 입법론으로는
연구하여야 할 과제이다. 다만, 재산분할청구권을 보전하기 위한 사해행위취소 및
원상회복청구는 혼인중에도 할 수 있게 되었다(제839조의 3; 2007. 12. 21. 개정, 법률
제8720호; 다류 가사소송사건 4호).

d) 1990. 12. 31.까지 이혼한 부부 : 이 제도는 1991. 1. 1. 이후 시행되고 있으므

---

1 대결 1993. 5. 11, 93스6.
2 대판 1995. 3. 10, 94므1379·1386; 1995. 3. 28, 94므1584; 서울가판 2013. 3. 26, 2012드합7526,
 2011느합319(형부·처제 간의 사실혼).
3 대결 1995. 7. 3, 94스30; 광주지판 1999. 7. 23, 98드12093(중혼적 사실혼 배우자의 일방에게 특별
 한 사정이 있다고 인정하고 위자료청구를 인정); 미국의 경우는 중혼적 사실혼의 경우라도 사실
 상 부부 사이의 묵시적인 계약이론(implied contract)에 따라 재산분할을 인정한 판례가 있다
 [Marvin v. Marvin, Supreme Court of California, In Bank, 1976, 18 Cal. 3d 660, 577, p. 2d
 106, 134 Cal. Rptr. 815; Charles F. Abernathy, 'Law in the United States'(International Law
 Institute, 1996), 710~14면].

로, 그 이전에 이혼한 부부에게는 재산분할청구권이 인정되지 아니한다.

2) 성 질 재산분할심판청구사건은 이른바 가사비송사건(가소 제 2 조 ①항, 마류사건 4호)이고, 소송사건이 아니다. 그러므로 이혼소송과 병합하여 제기되더라도, 그 성질은 변하지 아니하고 여전히 비송사건이다. 이혼 후 2년 이내이면 이 재산분할만 별도로 청구할 수 있다. 마류사건이라서 조정의 대상이므로 조정전치주의가 적용된다(가소 제50조). 민사소송법(제145조)에 따라 화해권고결정의 대상이 될 수도 있다. .

재산분할제도의 성질에 관하여 아래와 같은 학설이 대립하고 있다.

a) 청 산 설 : 혼인중 부부의 협력으로 이루어진 재산은 실질적인 부부공유재산이다(명의와 무관). 그러므로 재산분할은 이혼 시점에 이르러 부부공동재산에 대한 부부각자의 실질적·잠재적 지분의 청산이라고 한다.

b) 부 양 설 : 이혼 후 생활이 곤궁하게 될 배우자(대개의 경우, 처)를 부양하는 것이 재산분할제도라고 한다.

c) 청산 및 부양설 : 청산적 요소와 부양적 요소를 포함하는 것이 재산분할제도라고 한다(통설[1]).

d) 청산 및 부양·손해배상(위자료)설 : 재산분할은 청산 및 부양적 성질과 이혼시의 손해배상(위자료)을 포함하고 있다는 설이다.[2]

(2) 재산분할청구의 방법, 대상과 기준

(개) **재산분할의 방법**   당사자 간의 협의, 법원의 심판

a) 재산분할 여부·분할의 액수와 방법은, 이혼하는 부부가 협의로 정하고 협의를 할 수 없거나 협의가 안 되면 가정법원에 조정신청이나 분할심판청구를 하여 법원에서 정한다. 법원에서는 당사자 쌍방의 협력으로 이룩한 재산의 액수, 이혼 후의 당사자의 자립가능성, 기타 사정(예컨대 혼인기간·수입·생활상황·협력의 정도·이혼에 대한 유책성 등)을 종합, 참작하여 분할의 액수와 방법을 정한다(제839조의 2 ②항).

b) 분할협의의 성립과 해제 : 부부 사이에 분명한 분할협의가 성립되어 있다면, 그 이행을 청구하는 민사소송을 제기할 수 있을 뿐이다. 이때는 가정법원의 심판

---

1 김·김, 243면(아내가 직업을 포기하고 오랜 기간 육아와 가사를 전담하고 있다가 이혼하는 경우 새로운 직장을 구하기 어려워 경제적으로 자립하기 어렵다); Sanford N.Katz, 97면.

2 대판 2005. 1. 28, 2004다58963(위자료를 배상하기 위한 급여의 성질까지 포함하여 분할할 수 있다).

대상이 아니고, 가사비송사건도 아니다.[1] 협의를 공정증서로 정하였는데도, 그 이행을 하지 아니할 때는 그 협의를 해제하여 재산분할청구를 할 수도 있다.

c) 조건부 협의 : 재산분할협의는 조건부로 할 수도 있다. 예컨대, '협의이혼을 하는 조건으로 일정한 액수의 돈을 지급하기'로 정하였는데, 실제로 협의이혼을 할 수 없고, 재판상 이혼(화해 또는 조정이혼 포함)을 한 경우는 조건의 불성취로 인하여 그 협의약정은 무효가 되고 만다. 그래서 재산분할협의를 근거로 약정금 청구를 하면 기각된다. 이때는 다시 재산분할청구를 할 수 있다.[2]

d) 증여계약과 재산분할계약 : 이혼신고 전에 혼인관계가 이미 파탄되어 있는 상태에서 부부간의 증여계약이 성립된 경우 이는 이혼에 따른 재산분할협의라고 인정될 여지도 있다.[3] 이런 계약은 민법 제828조(2012년 삭제)의 부부계약취소권의 행사로 취소할 수 없다.[4]

:: 참고판례

> 재산분할에 관한 협의는 혼인중 당사자 쌍방의 협력으로 이룩한 재산의 분할에 관하여 이미 이혼을 마친 당사자 또는 아직 이혼하지 않은 당사자 사이에 행하여지는 협의를 가리킨다. 그중 아직 이혼하지 아니한 당사자가 장차 협의상 이혼할 것을 약정하면서 이를 전제로 하여 위 재산분할에 관한 협의를 하는 경우는, … 장차 당사자 사이에 협의상 이혼이 이루어질 것을 조건으로 하여 조건부 의사표시가 행하여진 것이라 할 것이므로, 약정대로 협의상 이혼이 이루어진 경우에 한하여 그 협의의 효력이 발생하는 것이지, … 혼인관계가 존속하게 되거나 … 재판상 이혼(화해 또는 조정에 의한 이혼을 포함)이 이루어진 경우에는 위 협의는 조건의 불성취로 인하여 효력이 발생하지 않는다(대판 2000. 10. 24, 99다33458; 2003. 8. 19. 2001다14061).

---

1 대판 1993. 12. 28, 93므409; 2011. 10. 10, 2011다36619(이혼당시, 아파트를 제외한 기타 재산권을 남편소유로 하기로 재산분할을 약정하였다면, 아내는 자신 소유의 부동산을 남편에게 넘겨주어야 한다), 법률신문 2011. 11. 21.자, 4면.
2 대판 1995. 10. 12, 95다23156; 대판 2000. 10. 24, 99다33458.
3 서울가판 2006. 10. 19, 2005드합7603, 9388(아내가 아파트의 소유권 1/2지분을 남편에게 넘기고, 남편은 아내에게 2억 원을 지급하였더니, 아내는 그 아파트에서 퇴거하였다. 이때 혼인은 파탄되었고, 재산분할 협의가 성립되어 있었다고 인정함이 타당, 아내의 재산분할청구는 부적법하므로 각하됨).
4 대판 1979. 10. 30, 79다1334.

⑷ 재산분할청구의 대상

1) 특유재산 　　우리 민법이 부부별산제를 채택하고 있는 결과, 부부의 재산은 특유재산이거나 공유재산의 형태로 존재한다(제830조). 그중 부부 각자의 특유재산 (예컨대, 상속·증여[1]·유증 등으로 인한 고유재산)은 원칙적으로 재산분할의 대상이 될 수 없다. 다만, 가사노동에만 전념한 처라도, 남편의 특유(고유)재산의 유지(감소방지)·증식에 적극적으로 기여한 바가 있을 경우는 분할청구를 할 수 있다.[2] 혼인파탄 후 또는 이혼을 하기 위하여 별거하고 있는 기간 중에 배우자 일방이 독자적으로 취득 또는 상속한 특유재산은 분할의 대상이 될 수 없지만,[3] 심판 후 새로 발견된 재산(이전의 재판에서 분할대상 여부가 심리된 바 없는 재산)에 대하여는 추가로 분할청구를 할 수 있다.[4] 이러한 재산에 대한 청구나 청구취지확장신청도 이혼 후 2년 이내에 하여야 한다.[5]

:: 참고판례

① 아내가 가사를 전담하는 외에 '가업으로 24시간 개점하는' 잡화상 점포에서 경리업무를 전담하면서 잡화상 경영에 참가하여 가사비용의 조달에 협력하였거나, 또는 특유재산에 관한 융자금채무의 일부를 변제하였다면, 특유재산의 감소 방지에 일정한 기여를 하였다고 할 수 있으므로 특유재산이 재산분할의 대상이 된다(대판 1994. 5. 13, 93므1020; 1996. 2. 9, 94므635).

② 아내의 가사노동은 부부공동재산형성에 대한 기여라고 본 판례 : 대결 1993.

1　서울가판 2001. 7. 25, 2000드합6063(증여받은 재산도 재산분할 대상이 된다).

2　대결 1993. 5. 11, 93스6; 대판 1993. 5. 25, 92므501; 1997. 12. 26, 96므1076, 1083; 1998. 2. 13, 97므1486.

3　서울가판 2007. 4. 19, 2006드합142(본소)·2007드합2121(반소)(특별히 기여한 바가 없다).

4　대판 2003. 2. 28, 2000므582; 대전지심 2004. 11. 24, 2004느단539(아내가 혼인중 로또복권에 당첨되어 132억여 원을 탄 후 9개월 여 만에 협의이혼한 사건에서 당사자 간의 협의에 따라 10억 원을 남편에게 지급하였다. 남편의 더 이상의 재산분할청구 기각); 서울가심 2010. 9. 17, 2009느합133(본심판), 2010느합21(반심판)(이전 소송에서 재산분할조정을 하면서 향후 일체의 청구를 하지 않기로 하였더라도, 예측하기 어려운 재산이 새로 발견된 경우 추가분할청구를 할 수 있다); 서울가판 2007. 7. 11, 2006드합9944(미국법원의 판결에서 미국 내 재산에 대한 분할을 명한 경우, 당사자는 이후의 소송에서 한국 내 재산에 대하여 재차 분할을 청구할 수 있다). 미국에서는, 의사인 남편이 이혼소송 중 로또복권 당첨금 240만 불을 타게 된 사례에서, 그것은 의료영업으로부터 얻은 장래수입(그것만이 그의 고유재산이라는 중간결정)이 아니고, 이혼의 확정판결이 선고되기 전의 혼인재산이므로, 재산(형평)분할의 대상이 된다.[로드아일랜드 주 최고법원, 1992, 609A. 2d 945; GIHA v. GIHA; Harry D. Krause 외3, 가족법(제5판, THOMSON－west－, 2003), 753면 이하].

5　대결 2018. 6. 22,자 2018스18(재판확정 후 추가로 발견된 재산도 마찬가지다); 이 결정에 대한 평석; 엄경천, '재산분할청구권의 행사기간'「가족법의 최근 동향과 과제」(2019), 55면 이하.

5. 11, 93스6; 대판 1993. 6. 11, 92므1054; 1994. 10. 25, 94므734; 1994. 12. 13, 94므598; 1996. 2. 9, 94므635·642; 1998. 4. 10, 96므1434(육아와 가사, 피아노 교습 등을 하여 아파트 매수와 관련된 채무의 일부를 변제) 등.

2) **부부의 공동재산**　재산분할의 대상이 되는 재산은 '부부쌍방의 공동노력(협력)으로 형성된 재산'이다. 그 재산(예컨대, 주택·예금[1]·주식 등)이 부부일방의 명의로 되어 있어도, 그것은 실질적 공유재산이고, 이를 이혼 후에도 그대로 명의자에게 귀속시킨다면 불공평하게 된다. 이러한 공유재산에 관한 자기의 몫을 분할하여 달라고 청구할 수 있는 것이 바로 재산분할청구다. 부부쌍방의 협력이란, 부부의 맞벌이는 물론이고, 육아와 가사노동도 협력에 포함된다.

:: **참고판례**

① **남편이 가사에 불충실한 경우** : 민법 제839조의 2에 규정된 재산분할제도는 혼인중에 취득한 실질적인 공동재산을 청산·분배하는 것을 주된 목적으로 하는 것이므로, 부부가 재판상 이혼을 할 때 쌍방의 협력으로 이룩한 재산이 있는 한, 법원으로서는 당사자의 청구에 의하여 그 재산의 형성에 기여한 정도 등 당사자 쌍방의 일체의 사정을 참작하여 분할의 액수와 방법을 정하여야 하는바, 이 경우 남편이 가사에 불충실한 행위를 하였다고 하더라도, 그러한 사정은 재산분할의 액수와 방법을 정함에 있어서 참작할 사유가 될 수 있을지언정 그와 같은 사정만으로 '남편(피고)이 위와 같은 재산의 형성에 기여하지 않았다'고 단정할 수 없다(대판 1995. 10. 12, 95므175).

② **처나 시아버지의 자금으로 취득한 재산** : 비록 처가 주로 마련한 자금과 노력으로 취득한 재산(또는 시아버지의 아파트 매각 대금과 부부의 저축자금으로 매수한 아파트)이라 할지라도 남편이 가사비용의 조달 등으로 직·간접으로 재산의 유지·증가에 기여하였다면 그와 같이 쌍방의 협력으로 이룩된 재산은 재산분할의 대상이 된다(대판 1995. 10. 12, 95므175; 1997. 12. 26, 96므1076; 서울가판 2005. 12. 8, 2004드단76926).

③ **상속재산** : 상속재산을 기초로 형성된 재산이라 하더라도 그 취득·유지에 처의 가사노동이 기여한 것으로 인정되는 경우 재산분할의 대상이 된다(대판 1993. 6.

---

1 서울가판 2007. 7. 5, 2005드합11220, 2006드합11197(아내가 남편 가출 후, 남편의 허락 없이 남편의 통장에서 임의로 인출한 돈은 아내가 계속 보유하고 있는 것으로 인정, 재산분할대상이 된다. 부부가 동거하던 중 인출된 돈은 부부공동재산형성, 공동생활비로 소비된 것으로 본다).

11, 92므1054·1061; 1998. 4. 10, 96므1434).

④ **13년 동안 법률혼과 사실혼이 교차된 경우**: 부부 사이에 13년 남짓 동안 법률혼과 사실혼이 3회에 걸쳐 계속 이어지다가 파탄되었고, 그 각 협의이혼에 따른 별거 기간이 6개월과 2개월 남짓에 불과한 경우, 마지막 사실혼의 해소에 따른 재산분할을 할 때는 '그에 앞서 이루어진 이혼에 따른 재산분할문제를 정산하였다거나 이를 포기하였다'고 볼 만한 특별한 사정이 없는 한, 그 각 혼인중에 부부쌍방의 협력으로 이룩한 재산은 모두 청산의 대상이 될 수 있다(대판 2000. 8. 18, 99므1855).

⑤ **직권탐지주의**: 재산분할에 관한 처분은 가사비송(家事非訟)사건이고 그 절차에 관하여 비송사건절차법 제 1 편의 규정이 준용되어, 민사소송의 경우와 달리 당사자의 변론에만 의존하는 것이 아니고 법원이 자기의 권능과 책임으로 재판의 기초가 되는 자료를 수집하는 이른바 직권탐지주의에 의하고 있으므로, 법원으로서는 당사자의 주장에 구애받지 아니하고 재산분할의 대상이 무엇인지 직권으로 사실조사를 하여 포함시킬 수 있다(대판 1997. 12. 26, 96므1076).

3) **연금·퇴직금 등**　이혼 당시 이미 수령한 연금·퇴직금·상여금 등은 청산의 대상이 될 수 있다.[1] 혼인 초부터 이혼할 때까지 제공한 근로의 대가에 해당하는 퇴직금 부분이 분할대상이 된다.[2] 그러나 장차 수령할 수 있는 퇴직금 등은 청산적 분할대상에 포함시킬 수는 없고, '기타 사정'으로 참작하면 된다.[3] 그러나, 장래 수령할 연금이나 퇴직금도, 장기간의 근로를 기초로 장차 받을 것으로 예정된 후불적 임금이므로, 재산분할의 대상으로 삼아야 한다는 새로운 판례가 나왔다.[4]

이혼한 후라도 혼인 기간이 5년 이상인 배우자가 60세에 이른 경우는 연금(국민연금, 공무원연금 등) 중 일부의 분할지급을 5년 안에 청구할 수 있다.[5]

---

1 대판 1995. 3. 28, 94므1584; 1995. 5. 23, 94므1713; 대결 2002. 8. 28, 2002스36; 이혼소송 중 수령한 명예퇴직금도 분할대상이다(대판 2011. 7. 14, 2009므2628, 2635).
2 대결 2000. 5. 2, 2000스13.
3 대판 1997. 3. 14, 96므1533; 1988. 6. 12, 98므213; 대결 2002. 8. 28, 2002스36.
4 매월 수령할 퇴직연금 액 중 일정한 비율의 금액을 배우자에게 정기적으로 지급하라고 명령할 수도 있다[대판 2014. 7. 16, 2012므2888(전합); 2014. 7. 16, 2013므2250(전합)], 이경희, 109면; 하급심판례[광주지법가정지판 2005. 3. 22, 2004드합733·764(확정)][남편이 공무원퇴직연금을 일시금으로 받지 않고 연금형태(매월 180여만 원씩)로 받기로 선택한 경우라도, 이를 일시금으로 계산하면 1억 3,400여만 원이 되는데 이를 포함한 전 재산의 40%를 처에게 분할하여 주고, 위자료 5,000만 원을 별도로 지급하라고 판결], 법률신문 2005. 4. 14. 8면; 동지 서울가판 2011. 8. 25, 2010드합10979, 법률신문 2011. 9. 15.자(장래 수령할 월 연금액 40%를 매월 말일 지급하라); 인천가판 2017. 8. 25, 2016드합10305(예상되는 퇴직연금일시금과 퇴직수당을 분할 대상으로 삼음).
5 국민연금법 제64조(노령연금액의 1/2), 공무원연금법 제46조의 3, 사립학교교직원연금법 제42조; 헌

4) 전문직이나 학위, 면허 등   변호사·의사·교수·회계사 등 자격도 청산적 재산분할의 평가대상이 될 수 있고, 평가의 방법은 '기타 사정'으로 참작하면 된다.[1] 혼인중 이러한 자격을 취득한 경우는 그 자격으로 장차 수입을 올릴 수 있기 때문이다.[2]

5) 채   무   부부의 일방이 제 3 자에 대하여 부담한 채무는 그것이 공동재산의 형성에 수반되는 것(예컨대 주택융자금·혼인생활비 등으로 빌린 금전채무)이면 분할의 대상이 된다.[3] 부동산 임대에 따른 임차보증금반환채무도 '혼인중 재산의 형성에 수반된 채무'로서 청산대상이 된다.[4]

이혼소장이 날아오자, 비로소 남편이 저당권을 설정하여 부담한 채무 또는 유흥과 도박 등 채무는 분할하거나 공제할 수 없다.[5] 적극재산에서 소극재산(채무)을 공제하고 나니 재산이 없는 경우('0'상태)는 재산분할청구가 기각된다.[6]

남편이 채무만 부담하고 있고 처는 재산만 가지고 있을 경우, 그 남편의 채무를 처에게 인수시키는 형식의 분할이 가능한가? 채무인수는 채권자의 승낙이 없이는 불가능하므로(제454조 ①항), 가정법원의 판사가 재산분할심판을 하면서 이러한 채무인수를 명령할 수는 없다.[7]

최근의 대법원판례에 따르면 부부의 적극재산과 소극재산을 정산한 결과 채

재결 2016. 12. 29, 선고 2015헌바182; 유족연금수급권, 공무원퇴직연금을 배우자 중 한편이 사전에 포기한 것은 무효(서울중앙지법 2009가합20609 판결; 서울고판 2013. 4. 25, 2012르3326, 3333).

1 대판 1998. 6. 12, 98므213(박사학위를 가진 경제학교수의 재산취득능력); 서울가판 1991. 6. 13, 91드1220(혼인중 처의 내조로 남편이 전문의자격을 취득한 것).

2 미국에서는 일반 개업 외과의사 평균수입(통계수입)을 기초로 아내에게 18만 8,800불(이는 면허가치의 40%정도)을 10년간 분할하여 지급하라고 한 사례도 있다: 뉴욕항소법원 1985. 11. 26 선고 489 N.E. 2d 712, O'Brien v. O'Brien사건; Frank A. Schubert, 'Introduction to Law and the Legal System', 453면 이하; 서울가판 2007. 5. 31, 2006드단18658(개인택시면허를 평가하여 그 시가를 6,000만 원으로 인정하고 그 20% 정도를 아내에게 분할하라고 판결); 서울가판 2007. 7. 5, 2005드합11220, 2006드합11197(부부가 18년간 수산시장 가게를 임차하여 공동운영하여 왔다면, 그 가게의 권리금 또는 영업상 이익은 재산분할 대상이 된다).

3 대판 1993. 5. 25, 92므501; 1994. 11. 11, 94므963; 1997. 12. 26, 96므1076; 1998. 2. 13, 97므1486; 2006. 9. 14, 2005다74900(그 채무로 인하여 취득한 특정 적극재산이 남아 있지 않더라도 청산의 대상이 된다).

4 대판 1999. 6. 11, 96므1397; 2010. 4. 15, 2009므4297.

5 서울가판 2002. 9. 11, 2000드합11300·11317; 서울가판 2007. 1. 17, 2005드합11046.

6 대판 1997. 9. 26, 97므933; 2002. 9. 4, 2001므718; 서울가판 2005. 2. 17, 2003드합12991; 2005. 5. 18, 2004드합12790·12806(확정)[전체적으로 마이너스 재산(-9,977만 124원)이더라도 예컨대 아내는 적극재산(임차보증금 3,634만 원)을 소유하고 거기서 아내의 채무(2,200만 원)를 공제할 때 잉여재산(1,434만 원)이 있다면 남편에게 1,434만 원을 지급하라고 함].

7 대판 1999. 11. 26, 99므1596; 김·김, 252면.

무초과가 된 경우 그 채무도 부부에게 분담시키는 분할을 할 수 있게 되었다.[1]

:: **참고판례**

① 법원에서 재산분할심판을 하면서, 모든 사정을 개별적·구체적으로 일일이 특정하여 설시하여야 하는 것은 아니므로, 재산분할대상 적극재산에서 공제하여야 할 부채를 인정함에 있어 액수를 특정하지 아니하고 '몇 천만 원 정도'라고 한 것은 잘못이나, 액수가 과다하여 위법하다고 보이지는 아니한다(대판 1993. 5. 25, 92므501; 1998. 2. 13, 97므1486).

② 하급심에서 '부동산의 1/2를 처에게 넘겨주라'고 분할을 명한 것을 잘못이라고 한 예 : 재산분할대상인 건물의 형성에 관한 처의 기여행위가 가사를 전담하는 뒷바라지에 불과하고 별다른 경제적 활동은 없었다면, 재산분할로 처에게 그 건물의 2분의 1 지분소유권이전등기를 명한 것은 과다한 것으로서 형평의 원칙에 현저하게 반한다(대판 1994. 12. 2, 94므1072).

③ 남편이 아내에게 이혼하면서 '이미 임대한' 가옥의 소유권을 재산분할로 넘겨 준 경우, 그 가옥이 주거용 건물인 경우 임대인의 지위가 남편에서 아내로 당연히 승계된다. 그러나 임차보증금반환채무가 당연히 아내(새로운 소유자)에게 면책적으로 인수되는 것은 아니다(대판 1997. 8. 22, 96므912; 1999. 11. 26, 99므1596 ·1602). 남편도 그 반환채무를 중첩적으로 지고 있다(대판 2010. 5. 13, 2009다 10522 참고).

6) **제3자에게 명의신탁한 재산, 합유재산**　　제3자명의의 재산도 그것이 부부일방이 명의신탁을 하였거나 또는 실질적으로 지배하고 있는 것으로서 부부쌍방의 협력으로 형성된 것이면 재산분할의 대상으로 삼아야 한다.[2] 다만, 분할대상으로 삼더라도, 법원에서는 이를 참작하여 적정한 분할액수를 정하여 지급하라고 할 수 있을 뿐이다. 제3자는 소송당사자가 아니기 때문이다. 그리고 합유재산이라고 하여 분할대상재산에서 제외시킬 수 없다.[3]

7) **제3자의 불법행위로 발생한 채권**　　예컨대 근로복지공단에 대한 휴업급여,

1　대판 2013. 6. 20, 2010므4071, 4088(전합) 이전의 대법원판결(97므933, 2001므718)은 변경.

2　대판 1993. 6. 11, 92므1054; 1998. 4. 10, 96므1434; 2009. 11. 12, 2009므2840, 2857.

3　대판 2009. 11. 12, 2009므2840,2857(합유물의 지분을 임의로 처분하지 못하므로(민 제272조 본문, 제273조 ①항), 그 지분의 분할을 명할 수는 없고, 그 가액을 분할대상으로 삼거나 참작할 수 있을 뿐이다).

간병급여 등 보험급여수급채권과 그 제 3 자에 대한 손해배상채권은 재산분할대상이 될 수 없다.[1]

(3) 분할 비율과 기준시점 등 재산분할심리의 실무

㈎ 비율·기준시점   재산분할의 비율은 부부각자의 재산형성과정의 기여도[2]에 따라 분할하여야 한다(여러 가지 학설이 있음). 그리고 재산분할대상재산과 그 액수산정의 기준시점은 원칙적으로 사실심의 변론종결시라고 할 것이다.[3] 재산분할의 부양적 요소는 변론종결시를 기준으로 삼아야 하고, 청산적 요소는 부부의 별거시(부부협력의 종료시), 협의이혼의 경우는 이혼신고시[4]를 기준으로 하여 판정하여야 할 것이다.[5]

㈏ 재산평가는 반드시 감정(鑑定)으로 하여야 하는가?(소극)   분할액 산정의 기초재산 가액을 인정·평가하려면 반드시 시가감정을 하여야 하는 것은 아니고, 객관성과 합리성이 있는 자료로 평가하면 된다.[6]

㈐ 처분권주의(민소 제203조)와 직권탐지주의   법원에서는 당사자의 청구범위를 넘어서 재산분할을 명할 수 있는가? 예컨대 원고가 3,000만 원을 청구하는데 가정법원판사가 5,000만 원을 재산분할로 지급하라고 할 수 있는가? 현행법상 이는 불가능하다(가소규 제93조 ②항).[7] 그러나 법원에서는 당사자의 주장이나 철회에 구애받지 않고, 재산분할의 대상을 직권으로 조사하여 이를 포함시키거나 제외시킬 수는 있다.[8] 재산분할사건이 가사비송사건이고 직권탐지주의가 적용되기 때문이다(비송사건절차법 제11조, 가소 제 2 조 ①항, 마류사건 4호·가소 제34조).

㈑ 본소청구와 반소청구, 가집행선고 등   본소청구가 기각되고 반소청구가 인

---

1 서울가판 2005. 11. 17, 2002드단100962(이러한 채권은 피해자인 남편 또는 아내의 고유권리일 뿐, 부부의 공동권리라고 할 수 없다).

2 대판 2006. 9. 14, 2005다74900(여기의 기여도는 개별재산에 대한 기여도가 아니라, 전체 재산에 대한 기여도 기타 모든 사정을 고려하여 정하여 지는 것이다). 퇴직연금에 대하여는 동거기간 등을 고려 분할비율을 별도로 정할 수 있다(대판 2014. 7. 16, 2012므2888, 전합)], 김·김, 257면; 상속, 증여재산 등 고유재산에 대한 분할비율도 별도로 정하는 것이 합리적이라고 주장.

3 대결 2000. 5. 2, 2000스13.

4 대판 2006. 9. 14, 2005다74900; 서울가판 2006. 6. 30, 2006브2(협의이혼 시점 이후의 가액상승은 고려하여서는 안 된다).

5 이경희, 111면; 이영규, 133면; 사정에 따라서는 별거일을 기준으로 할 필요가 있을 것이다.

6 대판 1994. 10. 25, 94므734; 1995. 10. 12, 95므175; 1999. 6. 11, 96므1397.

7 대결 2010. 2. 25, 2009스113 참조.

8 대판 1995. 3. 28, 94므1584; 1999. 11. 26, 99므1596·1602; 일 최판 1966. 7. 15(분할청구를 할 때 그 청구의 액수나 방법을 특정할 필요는 없다).

용되는 경우에도 법원에서는 어차피 이혼을 명하게 되므로, 원고 또는 피고의 재산분할청구를 심리하여 재산분할의 액수와 방법을 정하여야 한다.[1] 법원에서 이혼판결과 재산분할을 동시에 명하는 판결을 선고하는 경우, 그 선고시에 이혼판결은 확정되지 아니한 상태이므로 그 시점에서 재산분할청구부분만 가집행을 선고할 수는 없다.[2] 재산분할로 금전지급의무를 이행하는 경우는 판결·심판의 확정일 다음날부터 연 5%의 비율에 의한 지연손해금지급책임을 지게 된다.[3]

(4) 이혼 후의 부양 기타 분할재산의 지급방법

⑺ 혼인의 사후효과(事後效果)　부부는 혼인중 서로 부양의무를 지고 있다. 이혼으로 인하여 혼인이 종료되었다고 하여 부부의 일방이 곤궁하여져서는 곤란하다. 혼인의 사후효과로서 부양[4]이 인정되어야 한다. 그래서 부부 일방의 특유재산을 분할의 대상으로 삼기도 하는 것이다.

⑻ 일시불·분할불 등　당사자 간의 협의나 법원의 심판으로 실제 재산분할을 하는 경우 일시불(一時拂)이나 분할불(分割拂), 금전분할이나 현물분할[5] 등을 선택할 수 있다(민 제269조 ②항·가소규 제98조). 목적물을 경매로 분할하거나, 일정한 재산을 어느 일방의 소유로 하고 상대방에게는 금전으로 평가하여 정산(精算)하는 방법, 단독소유의 재산을 부부공유로 하는 등 여러 가지 방법으로 분할할 수 있다.[6]

실무상으로는 일시불로 청구하고 일시불로 지급하라고 심판하는 사례가 압도적으로 많다. 앞으로 재산분할액이 거액이 되면 분할불이나 정기불[7]이 증가할 것이다. 당사자들의 마음속으로는 다시 만나기 싫은 사람에게 재산도 여러 번에 나누어주기는 싫을 것이다. 일시불이 시행되는 이유도 여기에 있다.

(5) 포기·채권자대위·채권자취소

⑺ 사전(事前)포기 여부　부부는 재산분할청구권을 미리 포기할 수 없다.[8] 다

---

1 대판 2001. 6. 15, 2001므626·633.
2 대판 1998. 11. 13, 98므1193.
3 대판 2001. 9. 25, 2001므725.
4 이혼한 모가 성년의 자녀와 동거하는 경우 그러한 자녀에 대한 부양의무는 재산분할의 고려대상으로 삼을 수 없다(대판 2003. 8. 19, 2003므941).
5 서울가심 1993. 4. 15, 92느3175(현물분할과 금전지급 중 어느 것을 선택할지 그 기준을 제시).
6 대판 1997. 7. 22, 96므318.
7 정기급으로 심판을 받은 후, 의무자의 경제사정이 변경된 경우 재산분할심판(또는 협의)의 변경을 청구할 수 있다(제978조 유추).
8 대판 2000. 2. 11, 99므2049·2056; 2003. 3. 25, 2002므1787·1974·1800; 서울가심 1996. 3. 22, 95

만, 혼인이 파탄된 후 협의이혼을 하는 조건으로 돈을 얼마 지급하고 나머지는 이를 포기하기로 하는 합의를 할 수는 있다.[1]

(나) **채권자대위권의 가부(소극)**   이혼으로 인한 재산분할청구권은 권리자가 이를 행사하여야 그 분할의 범위와 내용이 당사자의 협의나 법원의 심판으로 어느 정도 구체적으로 발생·형성된다. 그 이전에는 분할의 범위와 내용이 불확정·불명확하므로 이를 보전하기 위하여 채권자대위권을 행사할 수 없다(제404조)(통설).[2]

(다) **채권자취소(적극)**   ① 재산분할의 액수가 상당하다면 이는 사해행위가 될 수 없다. 상당 정도를 초과하는 재산분할부분은 사해행위가 될 수 있고, 그 부분에 한하여 채권자는 채권자취소 청구를 할 수 있다(다음 참고판례 참조).[3] ② 그러나 부부의 일방이 재산분할청구권을 행사하지 못하도록 미리 제3자에게 재산을 처분하는 행위는 상대방 배우자에 대한 사해행위가 되므로 상대방은 혼인중에라도 가정법원에 그 취소나 원상회복을 청구할 수 있다(제839조의3; 2007. 12. 21.부터 시행).[4]

(라) **재산분할의 예비적 청구(적극)**   이혼청구의 상대방, 즉 피고도 재산분할청구를 할 수 있다(반소나 예비적 청구). 만일 이혼청구가 인용된다면 재산분할을 청구한다는 식의 예비적 청구도 할 수 있고 이러한 청구권을 보전하기 위하여 부동산 처분금지 가처분신청도 할 수 있다.[5]

:: **참고판례**

① 사해행위로 취소되는 범위는 재산분할의 상당한 정도를 초과하는 부분에 한정되어야 하고, 상당한 정도를 벗어나는 과대한 재산분할이라고 볼 사정이 있다는 점에 관한 입증책임은 채권자에게 있다(대판 2000. 9. 29, 2000다25569).

느2350, '가사판결심판집'(서울가정법원, 1997), 207면.
1 서울가판 1996. 3. 22, 96느2350, 법률신문 1996. 4. 25; 이 점과 관련하여 원만한 혼인생활 도중에 부부가 장래의 이혼시의 재산분할약정을 할 수 있는가? 이는 부부재산약정(제829조)에는 해당되지 않고, 부부간의 계약(제828조)에 해당될 것 같다. 그렇다면 부부가 언제나 이를 취소할 수 있어서 실효성이 없고, 재산분할은 이혼 당시의 재산을 그 대상으로 하여 분할하는 제도이므로, 그 이전에 약정하는 것은 부부 일방의 재산포기를 수반하는 것이라서 이것 역시 무효라고 본다.
2 대판 1999. 4. 9, 98다58016; 서울가심 1993. 11. 11, 93느2877.
3 대판 2000. 7. 28, 2000다14101; 2000. 9. 29, 2000다25569; 2001. 5. 8, 2000다58804(판례월보 제372호, 24면).
4 제839조의3(재산분할청구권 보전을 위한 사해행위취소권)[본조신설 2007. 12. 21]. 이 사건은 가사소송법상 다류사건 4호이다(가소 제2조 ①항).
5 이러한 예비적 청구권을 실현·보전하기 위한 반소제기(서울가법 2003드단94767)와 부동산 처분금지 가처분도 허용(서울가결 2003. 12. 18, 2003즈단2699).

② 이혼에 따르는 재산분여행위를 사해행위라고 보려면, 위 재산분여행위가 상당 정도를 넘는 과대한 것인지, 그리고 채무자의 잔유재산과 원고의 채권액을 비교하여 그 채권자취소권의 범위를 확정하여야 할 것이다(대판 1984. 7. 24, 84다카68).

(6) 재산분할급여의 이행확보

정기급의 재산분할을 명령받은 사람이 이를 이행하지 아니할 경우 민사집행법상의 강제집행, 가사소송법상의 의무이행명령(가소 제64조), 1,000만 원 이하의 과태료의 제재(동 제67조), 30일 범위 내의 감치명령(동 제68조)을 신청할 수 있다.

(7) 재산분할청구권의 소멸(제척기간)·상속 등

㈎ 기 간 재산분할청구권은 이혼청구와 동시에 할 경우는 상관이 없으나 이를 별도로 행사할 경우에는 이혼한 날로부터 2년 이내에 행사하여야 하고 2년이 지나면 청구권이 소멸된다(제839조의 2 ③항).

이 기간은 소멸시효기간·불변기간이 아니라 제척기간이라고 해석되므로,[1] 기간의 중단·정지가 없고 기간경과 여부는 당사자의 주장에 관계없이 법원의 담당 판사가 당연히 조사·심리하여야 할 직권조사사항이다.[2] 이혼한 날이란 사실혼의 종료일, 협의이혼신고일, 이혼판결·혼인취소판결의 확정일이다. 이혼 등이 취소되면 재산분할청구권도 소급적으로 소멸된다.

㈏ 재산분할청구권의 상속성

1) 재산분할의무는 당연히 상속되지만, 재산분할청구권은 행사상 일신전속권이라고 해석되므로, 청구의 의사표시가 객관적으로 나타난 경우(심판청구나 소송의 제기 등)에 상속된다고 본다.[3] 그러나 부양적 요소에 해당하는 부분의 재산분할청구권은 상속되지 아니한다.

---

1 대결 2003. 8. 11, 2003스32[당사자가 책임질 수 없는 사유로 기간을 놓친 경우라도, 추완신청(청구)을 할 수 없는 것이 제척기간의 특색이다]. 심판확정 후 새로 발견된 재산에 대한 분할청구나 청구취지 확장청구도 위 제척기간 2년 내에 하여야 한다(전술 대결 2018스18 참조).
2 대판 1994. 9. 9, 94다17536.
3 대판 2009. 2. 9, 2008스105; 김·김, 263면 : 이혼이 이미 이루어진 후 재산분할청구를 하여 심판이 진행되고 있는 상태에서 상대방이 사망하면 분할의무가 상속된다. 그리고 대판 1999. 4. 9, 98다58016 판례의 입장에서는 재산분할심판 중에 당사자가 사망한 경우에도 당사자간의 협의 또는 법원의 심판이 내려지기 전에는 재산분할청구권의 구체적인 범위와 내용이 불명확·불확정하므로, 구체적인 권리가 발생한 것이 아니다. 따라서 상속은 불가능하다는 결론이 될 것이라고 해설하신다; 서울가심 2010. 7. 13, 2009느합289 : 이혼 후 2년 이내라면, 생존하고 있는 상대방 또는 그가 사망하였다면 그의 상속인들을 상대로 재산분할청구를 할 수 있다. 즉, 재산분할의무는 상속된다.

[재산분할청구권의 상속여부]

구 분	경 우	재산분할청구권의 상속여부		
		대판 1994. 10. 28, 94므246, 253; 2006. 3. 24, 2005두15595	대판 1994. 4. 9, 98다58016; 2001. 9. 25, 2001므725·732	서울가심 2010. 7. 13, 2009느합289
① 이혼소송과 병합하여 재산분할 청구	당사자 일방 사망	×	×	
② 이혼 후 2년 내에 재산분할청구 심판절차 진행 중	청구인 사망	○	×	
③ 이혼 후 2년 안에 재산분할을 청구하지 않고 있던 중	청구인 사망	○	×	
	상대방 사망			○ (상속인 상대로 행사 가능)
④ 사실혼의 존속 중	당사자 일방 사망	×	×	

* 대판 1994. 4. 9, 98다58016: 재산분할청구권은 협의 또는 심판으로 구체적으로 내용이 형성되기 전에는 그 범위 및 내용이 불명확·확정이어서 권리로서 성립된 것이 아니다(채권자대위권의 객체로 부적격). 따라서 이를 보전하기 위하여 채권자가 대위권을 행사할 권리보호의 자격이 없다.

* 법률혼이나 사실혼이 부부 일방의 '사망'으로 종료되면 상속법에 따라 처리될 뿐이고, '이혼'에 따르는 재산분할청구문제는 생기지 아니한다(재산분할청구권은 항상 이혼을 전제로 하고 있다).

2) 이혼소송 중의 배우자 일방의 사망   이혼과 재산분할청구가 병합된 경우, 재판상이혼청구권은 부부의 일신전속권이므로 이혼소송 계속 중에 배우자의 일방이 사망한 때는 그 상속인이 그 절차를 수계할 수 없음은 물론, 검사가 이를 수계할 수 있는 특별규정도 없으므로 이혼소송은 종료되고,[1] 이혼의 성립을 전제로, 이혼소송에 병합된 재산분할청구도 그 이익을 상실하여 종료된다.[2] 위자료청구 부분은 당연히 종료되지는 않고 상속될 수 있다.[3]

(8) 재산분할청구와 증여세 등

부부가 이혼할 때 분할 받은 재산은 부부의 일방이 부부공동재산의 형성에 기여한 자신의 기여도에 따라 분할 받는 재산이므로, 재산의 무상취득이라고 할 수

---

1 대판 1985. 9. 10, 85므27; 1993. 5. 27, 92므143.
2 대판 1994. 10. 28, 94므246·253.
3 대판 1993. 5. 27, 92므143.

없다. 그러므로 재산분할로 이전되는 재산에 증여세를 부과할 수 없다.[1] 따라서 재산분할로 이전되는 재산에는 증여세, 양도소득세는 면제되나,[2] 취득세와 등록면허세는 부과된다.[3] 이혼위자료로 재산을 이전하거나 재산분할로 지급할 현금 마련을 위하여 부동산을 양도하면 이는 유상양도가 되어 양도소득세가 부과된다.[4]

(9) 재산분할청구권의 보전(사해행위 취소권)

부부의 일방이 다른 일방의 재산분할청구권을 해함을 알면서도 재산권을 목적으로 하는 법률행위를 한 때는 다른 일방은 제406조 제 ①항을 준용하여 그 취소와 원상회복을 가정법원에 청구할 수 있다(가소 제 2 조 ①항, 다류사건 4호). 이 소는 그 사실을 안 날로부터 1년, 법률행위 시부터 5년 내에 제기하여야 한다(제839조의3). 부부의 일방 특히, 처는 이혼소송 또는 재산분할청구 전이라도 남편이 중요한 재산을 처분한 경우 이를 원상으로 회복하여 이혼시의 재산분할청구권을 미리 보전[5]할 수 있게 되었다.

(10) 재산분할과 위자료청구권과의 비교

(가) 재산분할청구와 위자료청구와의 관계   이에 관하여 학설이 대립하고 있다는 것은 이미 설명한 바 있지만, 통설에 따르면 이 2가지는 서로 별개 독립의 권리

---

1 헌재결 1997. 10. 30, 96헌바14, 대판 1997. 11. 28, 96누4725;판례월보 1997. 12, 63면: 재산분할로 부동산을 넘겨받는 경우 등록세, 교육세, 농어촌특별세는 납부하여야 한다. 2007년경의 구체적인 사례 1건을 보면, 아내가 남편으로부터 시가표준액 14억 9,600만 원의 아파트 1/2지분(7억 4,800만 원)을 재산분할로 이전받는 데 등록세는 과세표준액(7억 4,800만 원)의 1.5%, 즉 15/1000(=1,122만 원), 지방교육세는 0.3% 즉 등록세의 1/5(=224만 4천 원)이므로 합계 1,346만 4천 원을 납부하여야 하고, 거기에다 농어촌특별세 과표의 0.4%인 299만 2천 원을 더 납부하여야 한다(서울가정법원 2007드합9269).

2 대판 1998. 2. 13, 96누14401; 2003. 11. 14, 2002두6422.

3 대판 2003. 8. 19, 2003두4331; 개정 지방세법은 이혼에 따르는 재산분할로 재산을 취득하는 경우 취득세의 특례를 규정하고 있다(동법 제15조 ①항 6호). 다만 농어촌특별세는 감면된 세액(2%)의 20%(과표의 0.4%)를 납부하여야 한다.

4 대판 1997. 11. 28, 96누4725; 임승순, 조세법(박영사, 2005), 764면; 양도소득세 상당액을 분할대상재산에서 미리 공제할 수는 없다(대판 1994. 12. 2, 94므901,918).

5 종전의 실무상으로는 "이혼으로 인한 재산분할 청구권은 협의 또는 심판으로 그 구체적 내용이 형성되기까지는 그 범위 및 내용이 불명확·불확정하기 때문에 구체적으로 권리가 발생하였다고 할 수 없으므로 이를 보전하기 위하여 채권자대위권을 행사할 수 없다"는 판결(대판 1999. 4. 9, 98다58016)이 있었고 그 판결의 해석과 관련하여 미확정의 재산분할청구권을 보전하기 위하여 채권자취소권이 인정될 수 있는지 의문이었다. 개정민법은 이러한 의문을 없애고, 재산분할청구권을 미리 보전하기 위한 제도를 도입하였다. 즉 종전과 달리 "부부의 일방이 상대방의 재산분할청구권 행사를 해함을 알면서도 재산상 법률행위를 한 때"가 그 요건이므로 이혼청구를 먼저 할 필요가 없고 혼인중에도 사해행위를 취소할 수 있게 되었다.

이므로, 재산분할청구에 위자료가 당연히 포함되어 있는 것은 아니다. 그러므로 부부의 일방(선의의 당사자)은 유책배우자를 상대로 재산분할과는 별도로 손해배상(재산상 손해와 정신상 손해＝위자료)청구를 할 수 있다(통설).[1]

(나) 2제도의 비교표

구 분	재산분할	위 자 료	근거법령	
			재산분할	위 자 료
목 적	혼인재산의 청산·부양	이혼에 따르는 정신적 고통을 위로	제839조의2	제843조, 제806조
당 사 자	부부의 일방	부부(친족 등 제3자; 상반된 판례)	〃 ①항	제806조 ①항
참작·평가의 대상	부부쌍방의 협력으로 이룬 재산의 액수	피고의 재산정도 기타	〃 ②항	〃 ②항
행사기간 (그 성질)	이혼 후 2년 (제척기간)	3년(손해와 가해자를 안 날), 10년(불법행위시)(시효기간)	〃 ③항	제766조
유책배우자	○	×	〃 ①항, 제843조	제806조 ①항, 제843조
사건의 성질	가사비송사건 (마류 4호)	가사소송사건(다류 2호)	가소 제2조	가소 제2조
조정의 대상	○	○	가소 제50조	가소 제50조
인 지	「민사소송 등 인지법」 제2조에 따라 계산한 금액의 2분의 1(가소수규 대규 제2639호 2016. 2. 19. 개정)	1천만 원 미만: 소가×5/1,000, 1천만~1억 미만: 4.5/1,000+5천 원, 1억~10억 미만: 4/1,000+5만 5천 원, 10억 이상: 3.5/1,000+55만 5천 원(민사소송 등 인지법)	가소수규 제2조·제3조	민소인지 제2조
가집행선고	×	○	가소 제42조	가소 제12조, 민소 제213조
관 할	○(상대방의 주소지법원)	○(상대방의 주소지법원)	가소 제46조	가소 제13조

* 부부의 일방 이외에 그 직계 존·비속에게 이혼위자료를 인정한 판례(대판 2004. 4. 16, 2003므2671), 부정한 판례(대판 1981. 7. 28, 80다1295; 2005. 5. 13, 2004다1899)가 있다.

(다) **유책배우자**　　부정행위를 하여 혼인을 파탄시키어 이혼에 책임이 있는 유책배우자는 위자료청구를 할 수 없으나, 재산분할청구를 할 수는 있다.[2] 다만, 가

---

1 일 최판 1956. 2. 21(재산분할청구권과 위자료청구권은 서로 그 본질을 달리한다. 그러나 위자료 지급의무의 발생원인인 사정도 당연히 '기타 사정'의 하나로 참작되어야 한다); 동 1971. 7. 23(재산분할 후에도 그 중에 위자료의 요소가 포함되어 있지 않거나, 그 액수나 방법이 정신적 고통을 위로함에 부족한 경우에는 별도로 위자료청구를 할 수 있다).
2 대결 1993. 5. 1, 93스6.

정생활이나 재산형성에 대한 기여도가 낮으면 그에 따라 분할액수가 감액될 수 있을 것이다.

⑷ **위자료 등과 재산분할채권의 상계(相計)**   위자료청구권(이를 자동채권)으로 → 재산분할채무와 상계할 수는 있지만, 거꾸로 재산분할청구채권으로 → 위자료채무를 상계할 수는 없다(제496조).[1] 장래의 양육비채권도 재산분할청구채권과 서로 상계할 수 있다.[2]

:: **참고판례**

① **유책배우자의 재산분할청구** : 혼인중 부부가 협력하여 이룩한 재산이 있는 경우에는 '혼인관계파탄에 대하여 책임이 있는' 배우자라도 재산의 분할을 청구할 수 있다. 민법 제839조의 2에 규정된 재산분할제도는 부부가 혼인중에 취득한 실질적인 공동재산을 청산·분배하는 것을 주된 목적으로 하는 것이므로 부부가 협의이혼을 할 때 쌍방의 협력으로 이룩한 재산이 있는 한, 처가 가사노동을 분담하는 등으로 내조를 함으로써 부(夫)의 재산의 유지 또는 증가에 기여하였다면 그와 같은 쌍방의 협력으로 이룩된 재산은 재산분할의 대상이 되는 것이며, 비록 처가 상대방과 이혼할 때까지 가사에 충실하지 아니한 채, 돈을 가지고 가출하여 낭비하면서 부정한 행위를 하였다고 하더라도, 이와 같은 사정은 재산분할의 액수와 방법을 정함에 있어서 참작할 사유는 될 수 있을지언정 그와 같은 사정만으로 '처(청구인)가 위와 같은 재산의 형성에 기여하지 않았다'고 단정할 수는 없을 것이다(대결 1993. 5. 11, 93스6).

② **위자료의 지급과 사해행위의 성립** : 채권자가 채무자를 상대로 손해배상채권을 보전하기 위하여 그 소유부동산에 대하여 가압류결정을 받기 하루 전에 채무자가 합의이혼을 하고 처에 대한 위자료, 자녀양육비조로 그의 유일한 재산(부동산)을 처에게 무상양도하면 이는 채권자에 대한 사해행위가 된다(대판 1990. 11. 23, 90다카24762).

---

1 대판 1995. 3. 10, 94므1379·1386[서울고판 1994. 8. 19, 94르651, 94르1531; 아내가 위자료 2천만원을 자동채권으로 상대방(남편)의 재산분할청구채권 8,500만 원과 상계하노라고 항변하니, 법원에서 이를 인정, 아내는 남편에게 6,500만 원만을 분할하여 주라고 판결]; 졸저, 3정판 주석가사소송법, 264면.
2 서울가심 2012. 6. 11, 2012브26(2011. 3.분부터 80개월의 양육비채권이 상계로 소멸), 법률신문 2012. 7. 16.자, 4면; 대판 2006. 7. 4, 2006므751(이행기가 도래한 과거양육비채권과 재산분할채권은 서로 상계할 수 있다).

제 8 절 사 실 혼

I. 서 론

1. 사실혼의 의미

(1) 개 념

남녀가 사실상 부부로서 실질적으로 동거하고 있지만, 혼인신고를 하지 아니하여 법률상 혼인으로 인정받지 못하는 부부관계를 사실혼(事實婚)이라고 한다.

(2) 유사개념과 구별

약혼은 남녀가 장래 부부가 되기로 약속한 것에 불과하고, 동거생활을 하지 아니하므로 사실혼과 다르다. 첩 관계는 "법률상 처가 있는" 남자(소위 유부남)가 제3의 여자에게 경제적 원조를 하면서 부부관계를 맺고 있는 경우이고 이는 본처에 대한 부정행위(간통)가 된다.

(3) 사실혼의 역사

우리나라는 1923. 6. 30.까지는 사실혼주의를 채택하고 있었다. 1923. 7. 1.부터 법률혼주의(法律婚主義＝신고혼주의)를 도입하여 시행함[1]에 따라 사실혼의 문제가 생기기 시작한 것이다. 사실혼주의의 전통에 젖어있던 혼인풍속이 하루아침에 바뀔 수는 없고, 신고혼주의로 전환하는 데는 상당한 세월이 걸리기 때문이라고 생각된다. 오늘날도 부부가 무슨 이유로 혼인신고를 하지 않고 동거하는 경우가 흔히 있어서 사실혼이 없어진 것은 아니다.

2. 용어문제와 그 법률적 성질

(1) 구민법시대에는 사실혼을 "혼인예약"(장래 적법한 혼인을 할 것을 목적으로 하는 계약) 또는 "내연(內緣)관계"라고 부르고 있었다.[2] "미혼 남녀가 한국재래의

---

1 일제 식민지시대인 1922. 12. 7. 제령 제13호, '조선민사령 중 개정의 건'으로 법률혼주의가 채택되었다(김·김, 74면).
2 대판 1962. 11. 15, 62므631; 1965. 7. 6, 65므12; 1967. 1. 31, 66다2216; 일 대판 1915. 1. 26; 미국의 경우는 근래 성인남녀들의 약 1/4이 혼인외의 성관계를 맺으면서 동거하고 있다고 한다(Brashier, Inheritance Law, 41~42면).

혼례식을 거행하고 시집에서 시부모를 모시고 동거생활을 하고 있다면, 이는 장차 법률상 혼인을 하겠다는 예약을 한 것이고, 이를 부당하게 파기한 자는 손해배상 책임이 있다."[1]

(2) 근래의 다수학설과 판례는 사실혼을 준혼(準婚)관계, 즉 혼인에 준하는 관계[2]로 파악·이해하고 있다. 즉 사실혼의 부당파기를 당한 사람은 채무불이행 또는 불법행위를 원인으로 하여 파기자에게 손해배상을 청구할 수 있다고 한다.[3]

(3) 사실혼에 관하여 민법에는 규정이 없고 가사소송법(제2조 ①항 나류 1호)과 가족관계등록법(제72조), 기타 사회보장법률(각종 연금법)에 명문 규정이 있다.

Ⅱ. 사실혼의 성립요건

1. 주관적 요건(혼인의사의 합치)

(1) 당사자간에 사실상 혼인의사[4]의 합치, 즉 사회적·실질적으로 부부가 되려는 합의가 있어야 한다. 예컨대 혼례식을 거행하고 상당한 기간 계속 동거하는 등은 이러한 혼인의사 인정의 중요한 증거가 될 것이다. 그러나 그와 같은 방식이 사실혼의 성립요건은 아니다. 혼인의사에 혼인신고의사도 필요한가? 학설의 대립이 있으나 판례는 소극설을 취하고 있다.[5]

단순한 사통관계는 혼인의사가 없으므로, 사실혼이 성립될 수 없다.

(2) 사실혼 당사자가 일방적으로 혼인신고를 한 경우(혼인의사의 추정과 철회 가부)

혼인의 합의란 법률상 유효한 혼인을 성립하게 하는 합의이므로, 비록 사실혼 관계의 당사자 일방이 혼인신고를 한 경우에도 상대방에게 혼인의사가 결여되었다고 인정되면 그 혼인은 무효이다. 그러나 상대방에게 혼인의사가 불분명한 경우에

---

1 조고판 1936. 2. 26, 판례가족법, 12면; 대판 1960. 8. 18, 4292민상995.
2 대판 1997. 11. 11, 97다34273(사실혼 배우자의 공동점유 유체동산도 압류가능; 민사집행법 제190조, 제189조 ①항); 대결 1996. 6. 7, 96마27(여기의 점유는 순수한 사실상 지배 상태인 '소지'를 의미).
3 대판 1963. 11. 7, 63다587, 판례가족법, 305; 1965. 5. 31, 65므14, 판례가족법, 354; 1970. 4. 28, 69므37; 일 최판 1958. 4. 11. 등.
4 여기서 혼인의사는 법률혼의 성립요건에서 설명한 혼인의사와 동일하다. 즉 '남녀가 영속적으로 결합하여 경제적 생활공동체를 형성하고 혼인이라는 사회적 제도에 따른 효과, 즉 권리와 의무를 취득하겠다는 의사'를 말한다(가사소송재판실무편람, 법원행정처, 2008, 200면).
5 대판 2000. 4. 11, 99므1329(혼인신고 의사가 없는 경우에도 사실혼은 성립; 사실혼 부부 중 일방이 혼인신고를 한 경우, 상대방에게 혼인의사가 결여되어 있으면 그 혼인은 무효).

는 혼인의 관행과 신의성실의 원칙에 따라 사실혼관계를 형성시킨 상대방의 행위에 기초하여 그 혼인의사의 존재를 추정할 수 있다. 그러므로 이와 반대되는 사정, 즉 '혼인의사를 명백히 철회하였다'거나 '당사자 사이에 사실혼관계를 해소하기로 합의하였다'는 등의 사정이 인정되면 혼인은 무효이지만, 그렇지 아니하는 경우에는 그 혼인을 무효라고 할 수 없다.[1] 이 경우는 사실혼이 아니라 법률혼으로 승격된다.

2. 객관적 요건(혼인생활의 실체)

당사자 간에 객관적으로 사회관념상 가족질서적인 면에서 부부공동생활이라고 인정할 만한 혼인생활의 실체가 있어야 한다.[2] 그리고 공동생활에 공연성(公然性)이 있어야 한다. 사람들의 눈을 피하여 은밀하게 농막 등에서 낮에만 만나 가끔 정교관계를 맺는 경우는 사실혼이 아니다.[3]

:: 참고판례

① 당사자가 결혼식을 올린 후 신혼여행까지 다녀왔으나 이어 부부공동생활을 하기에까지 이르지 못하였다고 하더라도, 통상의 경우라면 부부공동생활로 이어지는 것이 보통이고, 또 그 단계에서의 남녀 간의 결합의 정도는 약혼의 단계와는 확연히 구별되는 것으로서 사실혼에 이른 남녀 간의 결합과 크게 다를 바가 없다. …중략… 파탄에 이른 경우라면 사실혼의 부당파기에서와 마찬가지로 책임 있는 일방 당사자에 대하여 그로 인한 정신적 손해의 배상을 청구할 수 있다(대판 1998. 12. 8, 98므961).
② 간헐적 정교관계만으로는 사실혼 성립 불가 : 청구인과 피청구인 사이에 있었던 간헐적 정교관계만으로는, 그들 사이에 자식이 태어났다고 하여도 서로 혼인의사의 합치가 있었거나 혼인생활의 실체가 존재한다고 보이지 아니하여 사실상 혼인관계가 성립되었다고 볼 수 없고 또 혼인예약이 있었다고도 볼 수 없다(대판 1986. 3. 11, 85므89).

---

1 대판 2000. 4. 11, 99므1329; 서울가판 2006. 4. 26, 2004드합8654, 2005드합1827(협의이혼 후 약 4 개월 후 부부가 동거를 시작, 2년 후 상대방의 동의 없이 당사자 일방이 혼자서 혼인신고를 할 경 우 그 혼인을 무효라고 할 수 없다).
2 대판 1979. 5. 8, 79므3; 1987. 2. 10, 86므70; 1995. 3. 10, 94므1379·1386; 1995. 3. 28, 94므1584; 1998. 12. 8, 98므961 등.
3 대판 1984. 8. 21, 84므45.

③ 3년간 동거생활을 유지하여 왔더라도 혼인생활의 실체를 인정할 수 없다고 한 사례도 있다(서울가판 2006. 6. 14, 2005드합589).

3. 사회적 정당성

(1) 민법 제103조 위반 혼인

선량한 풍속 기타 사회질서에 어긋나는 사실혼은 보호받을 수 없다. 왜냐하면 사실혼은 사회적으로 정당한 혼인인데 혼인신고만 누락·결여된 혼인이기 때문이다. 그러므로 중혼적(重婚的) 사실혼, 즉 이미 법률상 혼인을 하여 배우자가 있는 사람(또는 정당한 사실혼의 배우자)이 제 2 의 여(남)자와 사실혼에 빠진 경우,[1] 일정 기간 또는 일정목적만을 위한 계약상부부로 행세하기 위한 혼인,[2] 무효혼인에 해당하는 근친간의 사실혼(제815조 2호·3호; 8촌 이내의 혈족, 직계인척, 양부모계의 직계혈족간의 혼인), 동성(同性)간의 사실혼[3] 등은 무효이므로 법률혼에 준하는 보호를 받을 수 없다.[4] 배우자 있는 사람인줄 모르고 사실혼에 돌입한 선의의 당사자는 보호받을 수 있는가? 학설은 긍정하나, 판례(아래의 참고판례 ①)는 부정하고 있다. 법률혼의 장애사유는 사실혼에도 모두 적용되어야 한다는 설이 있다.[5]

:: 참고판례

① 법률상 혼인을 한 부부 중 한 사람이 집을 나가 장기간 돌아오지 아니하는 상태에서, 남아 있는 사람이 제 3 자와 혼인의 의사로 실질적으로 혼인생활을 하고 있다고 하더라도, 특별한 사정이 없는 한, 이를 사실혼으로 인정하여 법률혼에 준하

---

1 대판 1995. 9. 26, 94므1638; 1996. 9. 20, 96므530; 2001. 4. 13, 2000다52943[특별한 사정(법률혼 관계가 사실상 이혼상태라는 등)이 없는 한, 중혼적 사실혼의 배우자는 중혼적 사실혼의 해소를 이유로 손해배상이나 재산분할을 청구할 수 없다]; 중혼적 사실혼의 실태는 천태만상이라 이를 1부1처제의 논리로 무조건 백안시하거나 묵살할 수 없는 경우가 있다. 그래서 중혼적 사실혼은 원칙적으로 보호를 받을 수 없으나, 법률혼이 사실상 이혼상태에 있거나 중혼적 사실혼의 배우자나 제 3 자가 선의인 경우는 보호받아야 한다는 것이 학설이다.
2 대판 1984. 8. 21, 84므45.
3 인천지판 2004. 7. 23, 2003드합292(동성간의 사실혼 파기에 따른 재산분할청구를 기각), 법률신문 제3287호, 6면.
4 서울가판 2013. 3. 26, 2012드합7526,2011느합319(형부와 처제 사이의 사실혼이 파기된 경우 처제는 형부에게 재산분할로 1억 5,700만 원을 지급하라고 판결); 박동섭, 「이혼과 위자료, 재산분할 양육비(법률정보센터, 2016), 547면; 형부와 처제 사이의 혼인은 취소혼인에 해당한다(대판 2010. 11. 25, 2010두14091); 윤진수 주해친족법 123면, 현소혜(2012), 근친혼적 사실혼관계의 보호, 민판 34, 582면.
5 송덕수, 123면; 지원림, 1912면.

는 보호를 허여할 수는 없다(대판 1995. 9. 26, 94므1638; 1996. 9. 20, 96므530).

② 이혼경력이 있는 독신여자가 미혼의 총각을 유혹하여 정교관계를 가진 후 주위의 이목을 피하여 간헐적으로 정교관계를 맺어왔을 뿐이고, 이러한 관계를 양가의 부모에게 알린다거나, 결혼승낙도 받지 아니하고 더구나 결혼식을 올린 바 없다면, 비록 그들 사이에 자식이 태어났다 하더라도 서로 혼인의사의 합의가 있었다고 보이지 아니할 뿐더러 혼인생활의 실체가 존재한다고 인정되지 아니하여 사실상의 혼인관계가 성립되었다고 볼 수 없다(대판 1984. 8. 21, 84므45).

③ 중혼적 사실혼 배우자에 대한 유족연금 등 인정여부(소극) : 법률상배우자 사이에 이혼의사가 합치되어 법률혼은 형식적으로만 존재하고 사실상 혼인관계가 해소되어 법률상 이혼이 있었던 것과 마찬가지로 볼 수 있는 등의 특별한 사정이 없는 한, 법률상 배우자가 유족으로서 연금수급권을 가지고 사실상 배우자는 공무원연금법에 의한 유족으로 보호받을 수는 없다(대판 1993. 7. 27, 93누1479).

④ 중혼적 사실혼으로 형성된 인척도 「성폭력범죄의 처벌 및 피해자보호 등에 관한 법률」 제 7 조 ⑤항 소정의 '사실상의 관계에 의한 친족'에 해당한다(중혼도 취소되기 전까지는 유효한 혼인이므로 : 대판 2002. 2. 22, 2001도5075). 사실혼 등 사실상의 관계에 의한 친족도 동 법률에 따라 보호를 받는다.

(2) 혼인적령미달자 등의 혼인

혼인적령미달자의 사실혼[1]·부모 등의 동의를 받지 못한 미성년자·피성년후견인의 사실혼,[2] 근친혼 중 취소혼인(제809조; 앞에서 본 형부와 처제간의 사실혼) 등은 보호를 받을 수 있다. 그리고 근친혼 등에 대하여 알지 못하였던 선의의 당사자와 제 3 자는 법률상 보호받아야 한다는 것이 통설이다.

Ⅲ. 사실혼의 효과

1. 신분적 효과

(1) 부부 사이의 권리·의무

사실혼부부 사이에도 동거·부양·협조의무(제826조)[3]와 정조의무[4]가 있고, 이

---

1 대구고판 1966. 7. 13, 66도72·73.
2 이경희, 141면.

에 대응하여 서로 배우자로서의 권리가 있다. 혼인신고를 하지는 않았지만 사실상 혼인생활을 하고 있다는 점에서 사실혼은 법률혼과 같고, 위 의무들은 혼인공동체의 유지·존속을 위한 것들이기 때문이다. 정당한 이유 없이 이러한 의무를 위반하여 사실혼이 파기되면, 위반자는 이로 인한 손해배상책임을 면할 수 없다.[1]

(2) 혼인신고를 전제로 한 효과

㈎ 사실혼으로 인한 가족등록부 기재변동·친족(배우자)관계·성년의제(成年擬制)는 생기지 아니한다.

㈏ 사실혼부부는 서로 사이에 상속권도 없다(다수설).[2]

㈐ 사실혼부부의 일방이 다른 사람과 혼인하더라도 중혼이 되지 아니하고, 중혼한 사람은 손해배상책임을 져야 할 뿐이다.

2. 재산적 효과

사실혼부부간에도 일상가사대리권과 일상가사채무의 연대책임(제827조·제832조),[3] 특유재산의 각자 관리, 귀속불명재산의 부부 공유추정(제830조·제831조)은 그대로 적용된다.[4] 혼인생활비용은 특별한 약정이 없으면 부부 공동으로 부담하여야 할 것이다(제833조).

사실혼부부도 부부재산계약을 할 수 있으나(제829조), 이를 등기할 수 없어서 제3자에게 대항할 수 없다(부부간에는 유효)[5]. 따라서 부부재산계약은 사실혼부부에게는 인정되지 아니한다고 해석된다.[6]

---

3 대판 1998. 8. 21, 297므544,551.
4 대판 1965. 5. 31, 65므14; 1967. 1. 24, 66므39.
1 대판 1998. 8. 21, 97므544·551.
2 대판 1991. 4. 26, 90누6897; 1999. 5. 11, 99두1540; 소수설인 정광현, 154면; 김용한, 203면; 배·최, 232면; 이경희, 151면은 상속권을 인정하여야 한다고 주장함.
3 대판 1980. 12. 23, 80다2077; 가사소송재판실무편람, 2008, 203면(공동생활을 위한 주거의 임차는 부부 중 일방이 하더라도, 이는 일상가사이므로 부부쌍방이 임차권을 취득한다).
4 대판 1994. 12. 22, 93다52068·52075(사실혼 부부의 일방이 혼인중 자기명의로 취득한 재산은 그의 특유재산으로 추정된다. 그러나 실질적으로 다른 일방 또는 쌍방이 대가를 부담하여 그 재산을 취득한 사실이 증명된다면 특유재산추정은 번복되어 그 다른 일방의 소유이거나 부부쌍방의 공유라고 보아야 할 것이다); 대판 1995. 2. 3, 94다42778(혼인중 부부의 경우도 앞의 판결과 동일한 취지).
5 김·김, 263면; 이경희, 151면.
6 다수(부정)설; 김용한, 167면; 배·최, 221면; 송덕수, 124면.

3. 사실혼부부 사이의 자녀의 법적 지위

(1) 혼인외의 자녀

사실혼부부 사이의 출생자는 친생자로 추정 받지 못하고, 혼인외의 자녀가 된다. 출생신고는 모의 성과 본을 따라 모의 가족등록부에 올리고, 생부의 성과 본을 알면 생부의 것으로 올려(다만, 인지 전이면 부모 란에 부(父)의 성명을 기재할 수는 없고) 출생신고를 한다.[1] 부모의 협의 또는 가정법원의 허가를 받으면 자녀는 아버지의 성과 본을 따르지 않고 종전의 것(인지 전의 것)을 그대로 계속 사용할 수도 있다(개정민법 제781조 ⑤항). 혼인외의 자녀는 생부의 인지(認知) 전에는 생모의 친권에 따른다(제909조 ①항).

사실혼부부 사이에 인공수정으로 태어난 아이가 생부를 상대로 인지청구를 한 사례도 있다.[2]

(2) 친자관계의 발생

모자간의 법적 친자관계는 출산사실 그 자체에서 바로 발생하고, 부자간의 친자관계는 생부의 인지(認知)로 비로소 발생한다(제855조). 사실혼부부가 혼인신고를 하면 준정(準正)이 생겨 그 자녀는 그때부터 혼인중 출생자로 간주되어(제855조 ②항) 혼인중 출생자의 신분을 취득한다. 자녀와 그 생모 및 생모의 혈족사이의 부양·상속관계는 출생과 동시에(제974조 이하), 생부와 사이에는 인지 후(제855조)에 발생한다(단, 인지의 소급효로 인하여 출생시부터 상속인이었던 것으로 됨). 인지재판(소위 강제인지)의 경우 법원에서 직권으로 친권자를 지정한다(제909조 ⑤항).

(3) 친생자추정의 문제

사실혼부부가 자녀를 출산한 후 혼인신고를 하였다. 자녀의 출산일은 사실혼 성립 일부터 계산하면 200일 이후이고, 혼인신고 일부터는 200일 이전이다.

위와 같은 자녀는 친생자로 추정 받을 것인가? 다수학설[3]은 긍정[부자(父子)관계를 부인하려면 친생부인의 소로 하여야 한다]하고, 판례는 이를 부정한다(부자관계를

---

1 대법원 가족관계등록예규 제102호.
2 서울가판 2011. 6. 22, 2009드합○○○○(비공개).
3 김·김, 297면(사실혼 성립 일부터 200일 후에 출생한 자도 친생자로 추정 받는다); 대판 1963. 6. 13, 63다228(민법 시행 전의 구 관습에 따르면, 내연관계에서 자녀를 출산. 그 출산일이 혼인신고 일부터 200일 이내(사실혼성립일부터 200일 후)인 경우, 그 출생자는 친생자로 추정).

부인하려면 친생자관계 부존재 확인청구로도 가능).[1] 사실혼은 그 성립시점이 불분명한 경우가 많고 신고혼주의의 원칙상 판례를 지지한다.

(4) 위자료청구

사실혼의 배우자나 인지되지 아니한 자녀도 그 남편이나 생부가 타인의 불법행위로 인하여 사망한 경우 민법 제752조(생명침해로 인한 위자료)의 규정에 따라 위자료청구를 할 수 있다.[2]

4. 제 3 자에 대한 효과

사실혼은 제 3 자로부터도 보호받아야 한다. 그러므로 제 3 자가 사실혼의 배우자나 출생자를 살해하거나[3] 상해를 가한 경우,[4] 정교관계(간통)를 맺거나,[5] 사실혼관계를 부당하게 간섭하여 파탄시킨 경우[6] 등에는 불법행위로 인한 손해배상책임을 진다. 이러한 제 3 자의 책임은 불법행위책임일 뿐이고, 채무불이행책임은 아니므로, 청구권의 시효소멸기간도 달라진다.[7]

:: 참고판례

① 생명침해로 인한 위자료청구를 할 수 있는 친족(제752조)에는 호적상 친족은 물론, 사실상의 친족, 인지(認知)되지 아니한 자녀도 포함된다(대판 1962. 4. 26, 62다72; 1966. 6. 28, 66다493; 1975. 12. 23, 75다413).

② 사실혼관계에 있는 여자와 수차 통정한 사람은 이로 인하여 그 사실혼의 남편에게 입힌 정신상 고통을 위자할 의무가 있다(대판 1959. 2. 19, 57다749).

③ 남편이 아내를 학대·폭행·강제축출하고, 시모도 며느리에게 '헤어질 것을 종용'하는 등 이에 가담하여 사실혼관계를 파탄시키었다면, 위 남편과 시모 두 사람은 아내에게 사실혼파탄으로 인한 정신적 고통에 대한 위자료를 지급할 의무

---

1 대판 1983. 7. 12, 82므59(전원합의체). 위 63다228 판결 후 20년이 지난 후의 판례.
2 대판 1966. 6. 28, 66다493; 1967. 1. 31, 66다2216; 1967. 9. 5, 67다1307(누나); 1967. 12. 18, 67다2047(시어머니); 1975. 12. 23, 75다413(인지 안 된 혼인외의 자); 1978. 1. 17, 77다1942(며느리) 등도 위자료청구를 할 수 있다. 민법 제752조는 위자료청구권자를 제한하는 규정은 아니다.
3 대판 1962. 4. 26, 62다72[인지·입적되지 아니한 자녀(피해자)의 사실상의 직계존속도 위자료청구 가능].
4 대판 1969. 7. 22, 69다684(민사사건).
5 대판 1959. 2. 19, 57다749; 1961. 10. 19, 4293민상531; 1963. 11. 7, 63다587; 1965. 5. 31, 65므14; 1970. 4. 28, 69므37 등.
6 대판 1983. 9. 27, 83므26; 일 최판 1963. 2. 1.
7 대판 1970. 4. 28, 69므37.

가 있다(대판 1983. 9. 27, 83므26).

5. 각종 사회보장법과 사실혼배우자의 보호

민법과 달리 아래와 같은 특별법에서는 사실혼의 배우자를 법률상의 배우자와 동등하게 보호하는 규정을 두고 있다. 이는 사회보장 즉, 유족의 생활보장을 위한 것이다. 여기서 문제는 중혼배우자인바, 아래 참고판례의 취지를 검토하면 선의의 중혼자(생존자)는 보호를 받아야 할 것이다.[1]

(1) 근로기준법과 동시행령(제48조)·공무원연금법[2](제 3 조 ①항 3호)·군인연금법과 동시행령(제 3 조 ①항)·국민연금법(제32조), 사립학교교직원연금법(제 2 조 ①항 2호, 가)·선원법과 동시행령(제29조 1호)·산업재해보상보험법과 동시행령(제61조)·국가유공자등 예우 및 지원에 관한 법률(제 5 조 ①항 1호, ②항 : 단, 국가유공자의 배우자 또는 사실혼관계에 있는 사람이 국가유공자와 혼인 또는 사실혼 후 그 국가유공자 아닌 다른 사람과 사실혼관계에 있거나 있었던 경우는 제외된다)·독립유공자예우에 관한 법률(제 5 조 ①항 1호 : 단, 독립유공자와 혼인한 배우자 및 사실상의 배우자가 다른 사람과 사실혼관계에 있거나 있었던 때는 제외), 고용보험법 제57조 등에는 각종 연금의 수령권자로 사실혼의 배우자를 포함시키고 있다.[3] 사실혼배우자는 그 일방 배우자의 사망으로 인한 각종 연금이나 보험금을 수령할 권리가 있다.[4]

(2) 주택임대차보호법에 따르면 사실혼의 배우자 일방(임차인)이 상속권자 없이 사망한 경우, 남아 있는 사실혼배우자는 임차권(또는 채권적 전세권)을 승계한다(동법 제 9 조 ①항·제12조). 망인의 2촌 이내의 친족(상속권자)이 그 주택에서 가정공동생활을 하고 있었던 경우는 상속권자가 임차권을 상속하고, 별거하고 있었던 경우에는 그 상속권자와 사실혼배우자가 공동상속한다(동법 제 9 조 ②항). 생존배우자는 임대인에게 임차권승계 거부의 의사표시를 할 수 있다(동조 ③항).

---

1 김·김, 254면 주 317 : 생존배우자가 선의인 경우를 보호하자.
2 사실혼의 처제가 형부(남편)의 사망으로 유족연금을 받았다(대판 2010. 11. 25, 2010두14091).
3 서울행정법원 2007. 10. 24, 2007구합18246(법률혼은 형식적으로만 존재하고 실질적으로는 이혼한 것과 마찬가지로 볼 수 있는 등의 특별한 사정이 있는 경우에는 사실혼의 배우자가 유족연금을 받을 수 있다). 법률신문 2007. 11. 19.자(제3603호), 11면.
4 사실혼배우자가 연금 등의 수령권자로 되어 있는 경우, 그 수급권의 귀속주체에 관하여 다툼이 있는 때는, 그 연금 등의 지급을 구하는 이행의 소에서 그 전제문제로 사실혼관계의 존부를 확정하면 충분하므로, 사실혼관계의 부존재확인을 구할 확인의 이익은 없다(실무편람, 207면).

:: 참고판례

중혼과 연금수급권자 : 망 김유공(가명)의 본처(박순진; 가명)가 사망할 때(생존
중)까지 乙女는 망인과 중혼상태였고, 박순진이 사망한 후는 乙女는 망인의 제
1순위 연금수급권자였고, 그 후 중혼이 취소되었다. 이 경우 乙女는 법률상 처
의 신분은 소멸되었으나, 사실상 처로서 계속하여 연금수급권자의 지위를 보유한
다(대판 1991. 2. 12, 90다10827).

Ⅳ. 사실혼의 종료 · 해소

사실혼은 혼인신고, 당사자 일방의 사망, 당사자 간의 합의, 당사자의 일방적
파기 · 해소 등으로 종료된다. 사실혼의 당사자 일방이 혼인신고를 하여도 그것이
무효가 아닌 이상 사실혼은 종료되고 그것은 법률혼으로 승격(昇格)된다.

1. 일방 당사자의 사망

사실혼부부 중 한 사람이 상속인 없이 사망한 경우, 남아 있는 사람(생존자)은
망인의 임차권을 승계하지만(주택임대차보호법 제 9 조 · 제12조), 망인의 일반재산이
나 그에 대한 재산분할청구권도 상속(相續)할 수 없다.[1] 다만, 상속인이 없는 경우
사실혼배우자는 특별연고자로서 상속재산 분여(分與)청구를 할 수 있다(제1057조의
2). 생존 배우자가 그 때까지 유지하여 온 공동생활체를 그대로 유지할 수 있는
범위 내에서 법률관계의 존속을 인정하여야 할 것이다.[2]

2. 합   의

사실혼부부는 그 합의로 사실혼을 종료시킬 수 있다. 이 경우 재산은 공유재
산청산을 하거나 재산분할청구(제839조의 2)를 할 수도 있다. 종료의 합의를 하였는
데도 다른 일방이 공동생활을 계속하려고 할 때, 상대방은 사실상혼인관계부존재
확인청구를 할 수 있을 것이다(학설은 긍정, 판례와 실무는 부정). 사실혼의 부당파기

---

1 대판 2006. 3. 24, 2005두15595(법률혼 배우자 일방이 사망한 경우 남은 배우자는 상속에 관한 법률에
따라 재산을 상속 … 사실혼배우자는 생존 중에는 재산분할청구권을 행사할 수 있으나, 일방의 사망으로
인하여 사실혼이 종료된 경우는 이러한 청구를 할 수 없다). 사실혼부부의 실질적인 공유재산이 있다면,
생존 배우자는 망인의 상속인을 상대로 그 재산에 대한 공유지분확인소송을 제기할 수 있을 것이다.
2 일 최판 1964. 10. 13; 동 1967. 4. 28[상속인이 있어도 사실혼배우자의 거주권(居住權)은 보호받는다].

자(소위 유책자)가 사실혼관계부존재확인청구를 할 수 있는가? 하급심판결 중에는
'이러한 유책자의 청구는 권리남용이므로 이유 없다'고 판시한 예[1]가 있으나, 학설
은 이에 반대하고 있다.[2] 학설을 지지한다.

3. 당사자의 일방적 해소

(1) 정당한 사유가 있을 때

사실혼의 종료나 해소 그 자체는 당사자의 자유이다. 재판상 이혼원인에 버금
가는 사유가 있을 경우 당사자는 일방적 의사표시나 행동으로 사실혼을 해소할 수
있고, 이로 인하여 아무런 책임도 지지 아니한다.

(2) 정당한 사유가 없을 때

정당한 이유가 없더라도 사실혼은 자유로이 파기할 수 있지만, 이른바 유책자
는 상대방에게 손해배상책임을 질뿐이다.[3] 선의의 당사자는 유책자에 대하여 채
무불이행과 동시에 불법행위로 인한 손해배상을 청구할 수 있다.[4] 사실혼의 부당
파기에 관여한 제 3 자도 불법행위로 인한 손해배상책임을 면할 수 없고, 그 책임
이 채무불이행으로 인한 책임이 아님은 앞에서 이미 살펴본 바이다.

(3) 정당한 이유

사실혼해소의 정당한 이유는 이혼원인이나 혼인취소원인과 거의 같은 것이라
고 할 수 있다.

㈎ **남편과 시모의 공동책임**　　남편이 사실혼 중에 제 3 의 여자와 연애를 하고,
시모는 며느리에게서 혼인패물을 빼앗고, 그 옷가지를 친정으로 보내는 등의 행위
를 하여 사실혼을 파탄시켰다면, 시모도 남편과 연대하여 40만 원의 위자료를 지
급할 책임이 있다고 한 사례가 있고, 혼인의 순결성에 반하는 행위도 해소사유라

---

1 대구지판 1972. 10. 27, 72드179, 판례가족법, 334면.
2 김·김, 282면, 주 371 참조; 사실혼은 정당한 이유가 있건 없건 당사자의 일방적 의사표시나 행동
　으로 자유로이 해소할 수 있고, 사실혼의 부당파기자는 손해배상책임을 질뿐이기 때문이다.
3 대판 1977. 3. 22, 75므28; 1994. 11. 4, 94므1133; 2003. 11. 14, 2000므1257·1264(사실혼관계가
　불과 1개월 만에 파탄된 경우 가재도구 등은 소유권에 기하여 반환을 구하거나 원상회복으로 반
　환을 구할 수 있으므로, 그 구입비상당의 손해배상을 청구할 수 없다. 위의 경우 상대방에게서 돈
　을 받아 주택을 구입하였다면, 형평의 원칙상 그 돈은 전액 반환하여야 한다).
4 대판 1970. 4. 28, 69므37; 서울가판 2006. 6. 14, 2005드합589[사실혼관계 파탄에 책임 있는 당사
　자(상대방에게 돈을 요구하며 재산문제에 개입)는 위자료청구를 할 수 없다].

고 하였다.[1]

(나) **성(性)기능 불완전**   남자가 자신의 성기능이 불완전한 사실을 은폐하고 혼례식을 올린 후 6개월 동안 1회도 성관계를 갖지 아니한 경우, 임신이 가능하다 하더라도(여자는 정상적인 성생활을 원하고 있으므로), 이는 사실혼의 정당한 해소사유이고 손해배상사유이다.[2]

(다) **혼전관계 미청산**   사실혼의 남편이 시골에 내려가 없는 사이에, 혼전의 정부(情夫)가 나타나 사실혼 중인 처를 찾아갔고 이로 인하여 사실혼은 파탄되었다. 이러한 처가 남편을 상대로 손해배상청구를 하였으나 기각된 사례가 있다.[3] 기타 학대·폭행·축출행위,[4] 타인과의 혼인[5]은 정당한 사실혼해소 사유이다.

그러나 ① 임신 불능,[6] ② 단순한 불화·가출,[7] ③ 단순한 혼인 전 남녀관계 그 자체,[8] ④ 불친절, 가풍 불일치 등은 사실혼의 정당한 해소사유가 될 수 없다.

:: **참고판례**

① 사실상 혼인관계는 사실상의 관계를 기초로 하여 존재하는 것이므로 당사자 일방의 의사(意思)에 의하여 해소될 수 있고, 당사자 일방의 파기로 인하여 공동생활의 사실이 없어지면 사실상의 혼인관계는 해소되는 것이며, 다만 정당한 사유 없이 해소된 때에는 유책자가 상대방에 대하여 손해배상의 책임을 지는 데 지나지 않는 것이라고 할 것이니, 청구인에게 유책사유가 없다(잘못이 없다; 저자 주)고 가정하더라도 이로써 사실상 혼인관계가 해소될 수 없는 것은 아니다(대판 1977. 3. 22, 75므28).

② 사실혼 부부 이외의 제 3 자가 사실혼파기에 가담한 경우 그 제 3 자에게는 불법행위로 인한 손해배상책임만이 있을 뿐(채무불이행으로 인한 책임은 없음)이므로, '채무불이행으로 인한 손해배상책임을 물을 수 있다'는 전제하에 그 제 3 자의 불법행위로 인한 손해배상채무의 소멸시효완성의 항변을 배척하였음은 위법이다(대판 1970. 4. 28, 69므37).

③ 혼인식 후 사실상 부부로서 생활하던 중 처가 일시의 흥분된 감정으로 '나는

---

1 대판 1965. 5. 31, 65므14; 1967. 1. 24, 66므39.
2 대판 1966. 1. 31, 65므65.
3 서울가심 1964. 11. 29, 64드320.
4 대판 1983. 9. 27, 83므26; 1984. 9. 25, 84므77.
5 서울고판 1973. 10. 2, 73르23.
6 대판 1960. 8. 18, 59다995.
7 대판 1966. 7. 26, 66므10.
8 서울가심 1964. 11. 29, 64드320.

못 살겠으니, 파혼을 하고 친정으로 가겠다'는 취지의 말을 한 후 옷 보따리를 싸 가지고 친정으로 돌아간 경우, 달리 특별한 사정이 없는 한, 남편과의 혼인예약해제의 의사를 표시한 것이라 볼 수 없다(대판 1966. 7. 26, 66므10).

반대 판례 : 사실혼부부가 서로 다툰 후 그 중 일방이 집을 나가 일방적으로 '사실혼관계가 파기되었음'을 통보한 경우 이는 악의의 유기에 의한 사실혼관계 부당파기이다(대판 1998. 8. 21, 97므544·551).

④ **중혼적 사실혼** : 법률상 처 乙이 자식들을 두고 가출하여 행방불명이 된 채 계속 귀가하지 아니한 상태에서, 乙의 남편 甲이 조만간 乙과의 혼인관계를 정리할 의도로 丙과 동거생활을 시작하였으나, 그 甲·丙간의 동거생활이 파탄에 이르게 될 때까지도 甲과 乙 사이의 혼인이 해소되지 아니하였다면, 甲과 丙 사이에는 법률상 보호받을 수 있는 적법한 사실혼관계가 성립되었다고 볼 수 없다. 따라서 병의 갑에 대한 사실혼관계 해소에 따른 손해배상청구나 재산분할청구는 허용될 수 없다(대판 1996. 9. 20, 96므530).

⑤ 형부와 처제 사이의 사실혼이 14년간 계속된 경우, 처제는 형부에게 재산분할로 1억 5,700만 원을 지급하라(서울가판 2013. 3. 26, 2012드합7526,2011느합319(병합)[1]; 대판 2010. 11. 25, 2010두14091; 무효인 근친자(형부·처제) 간의 사실혼(2005년의 민법 개정으로 취소할 수 있는 혼인이 됨)도 법률혼에 준하는 보호(형부 사망 후 공무원연금법상 유족연금)를 받아야 한다).

4. 손해배상과 재산분할

(1) 사실혼의 부당파기자에 대하여 선의자(善意者)는 재산상 손해와 정신상 손해(위자료[2])의 배상을 모두 청구할 수 있다. 재산상 손해에는 사실혼관계의 성립·유지와 인과관계가 있는 모든 손해가 포함된다.[3] 이 손해배상청구는 손해를 안

---

1 이 판결을 검색하는 방법; 서울가정법원 홈페이지, 우리법원 주요판결 바로 옆의 네모 안에 든 + 표시를 누르고, 검색 앞의 긴 네모 안에 "사실혼"이라고 타자한 후, 검색을 눌러 나타나는 6번째 판결. 판결 요지 부분을 마우스로 누르면 판결 전문을 읽어볼 수 있다.

2 대판 1998. 8. 21, 97므544·551(사실혼의 부당파기로 상대방이 정신적 고통을 받았을 것임은 경험칙상 명백 … 위자료의 액수산정은 반드시 이를 증거로 입증할 성질의 것은 아니므로, 법원은 파탄의 원인과 책임, 당사자의 연령, 직업, 가족상황과 재산상태 등 여러 가지 사정을 종합 참작하여 직권으로 결정할 수 있다); 서울가판 2011. 4. 20, 2009드합0000, 2010드합0000[남편이 대학후배인 여성과 하루에 여러 차례 통화하는 등 부적절한 관계유지(부정행위 계속), 아내에게 위자료 3,500만 원을 지급하라고 판결].

3 혼례식 비용청구를 ① 긍정한 사례; 대판 1984. 9. 25, 84므77; 1989. 2. 14, 88므146; 손해배상청구

날로부터 3년, 불법행위(손해발생)시부터 10년 이내에 청구할 수 있다(제766조).[1] 이는 청구권의 소멸시효기간이다.

(2) 사실혼부부는 그 사실혼이 어떠한 사유로 종료되었건(일방적 해소여부 불문) 종료시로부터 2년 이내에 재산분할청구를 할 수 있다(제839조의 2 ③항).[2] 다만, 중혼적 사실혼, 동성(同性)간의 사실혼의 경우는 원칙적으로 재산분할청구를 청구할 수 없다.[3] 그러나 선의의 당사자는 위자료를 청구할 수 있을 것[4]이다. 위 2년의 기간은 제척기간이라고 해석된다.[5] 사실혼 부부 사이의 금전거래가 있었더라도 재산분할 이외에 부당이득반환청구를 할 수는 없다. 이는 가사소송의 대상이

의 근거는, 계약책임이든, 불법행위책임이든 상관없다(일 최판 1958. 4. 11); 재산상 손해의 액수산정에서는 과실상계가 인정된다(대판 2003. 11. 14, 2000므1257·1264; 원고의 과실을 50%로 인정); ② 부정한 사례 : 서울가판 1997. 4. 16, 97르141; 서울가판 2011. 4. 20, 2009드합0000, 2010드합0000(반소)(혼인예식비용 등은 결혼식과 신혼여행 그 자체를 위하여 소요된 비용으로 일단 정상적으로 결혼식이 치러지고 신혼여행을 다녀온 이상, 그 원래의 목적을 위하여 사용된 것으로서 그 이후 이혼하게 되었다 하더라도 그 배상을 구할 수는 없다).

1 사실혼의 남편이 부정행위를 저질러 사실혼을 파탄시켰고, 처가 남편을 상대로 사실상혼인관계존재확인소송을 걸었으나, 패소한 경우 위자료청구권의 소멸시효기산점은 남편의 부정행위 시점이 아니라, 패소판결선고시라고 보아야 한다(대판 2002. 6. 28, 2000다22249), 법률신문 제3720호(2009. 2. 9.자), 14면.

2 대판 1993. 8. 27, 93므447·454; 1993. 11. 23, 93므560; 1995. 3. 10, 94므1379·1386; 1995. 3. 28, 94므1584; 서울가판 2006. 4. 26, 2004드합8654, 2005드합1827(제 3 자에게 명의신탁된 재산도 부부쌍방의 협력으로 형성된 것으로서 부부의 일방이 실질적으로 지배하고 있는 것이면 분할의 대상이 된다). 일 최결 2000. 3. 10, 집 54-3, 1040면; 我妻 외 2, 民法(3) 친족법·상속법(勁草書房, 2004), 121면; 日 廣島高決 1963. 6. 1(재산분할규정을 유추적용); 사실혼 배우자가 사망한 경우 남아있는 배우자는 그 망인의 상속인을 상대로 실질적 부부공유재산에 대한 공유지분권 확인소송이나 청산소송을 걸 수 있다(甲斐 외 2, 70면).

3 ① 부정한 판례 : 대판 1995. 9. 26, 94므1638, 공보 제1003호, 3531(법률혼부부의 일방이 집을 나가 장기간 귀가하지 않고 있는 경우); 1996. 9. 20, 96므530, 판례월보 제317호, 137면; 인천지판 2004. 7. 23, 2003드합292(동성혼) 등.
② 긍정한 판례 : 대결 1995. 7. 3, 94스30(법률혼관계가 사실상 이혼상태라는 등 특별한 사정이 있으면 재산분할청구를 할 수 있음); 일민 제748조(법률상 중혼도 당연무효는 아니고, 선의의 당사자는 보호를 받아야 한다). 따라서 실질적인 중혼이 아닌 중혼적 사실혼은 보호를 받아야 한다(甲斐 외 2, 71면). 손해배상을 긍정한 판례(대판 1980. 6. 24, 80다458 : 부첩관계를 종료·해소하기로 하면서 남자가 '첩이 그간 자기를 위하여 바친 노력과 비용 등 희생을 배상 내지 위자하고 또 장래의 생활대책을 마련해 주는 의미'에서 금전 지급을 약정하는 것은 공서양속에 반한다고 할 수 없다). 이 판결은 약 40년 전의 것이라서 오늘날도 그대로 유지될 수 있을지는 의문이다.
부첩관계의 종료를 해제조건으로 하여 처에게 재산을 증여하기로 하는 계약은 무효이다(대판 1966. 6. 21, 66다530). 첩관계 계속의 대가로 본처에게 재산을 주는 것이기 때문이다.

4 광주지판 1999. 7. 23, 98드12093(스스로 공서양속에 반하는 중혼적 사실혼관계를 맺고, 그로 인하여 혜택을 받은 사람이 '중혼적 사실혼' … 운운 … 하면서 보호를 받을 수 없다고 주장하는 것은 신의성실의 원칙에 반하여 허용될 수 없다고 하면서 선의자에게 위자료를 배상하라고 판결함).

5 대판 1994. 9. 9, 94다19536(그러므로 당사자가 책임질 수 없는 사유로 제척기간을 놓친 경우에도 추후 보완청구를 할 수 없다).

아니므로 가사사건에 병합할 수 없다.[1]

5. 자녀의 양육문제 등

사실혼이 종료된 경우 민법 제837조(이혼과 자의 양육책임), 제909조(친권자)를 유추하여 사실혼 중의 출생자에 대한 친권자(생부의 인지 후에 친권자문제가 생김)와 양육자를 지정하여야 하고, 그 지정방법은 사실혼 부부의 협의 또는 가정법원의 심판으로 하여야 할 것이다. 그러나 판례는 양육자지정을 부정하고 있다.[2] 아이의 양육자지정 문제는 이혼의 경우와 별로 차이가 없으므로, 아이의 복리를 위하여 위 판례는 변경되어야 할 것이다.[3] 생부의 인지 후에는 생부모가 공동친권자가 되고, 생부의 인지 전에는 생모가 친권자가 된다.

V. 사실상 혼인관계존부확인의 소

1. 존재이유

(1) 사실혼 부부의 일방(예: 남편)이 혼인신고에 협력하지 아니할 때, 상대방(예: 처)이 소송을 걸어서 일방적으로 혼인신고를 할 수 있도록 하기 위하여 사실상 혼인관계존부확인의 소가 인정된다.[4] 현행법이 신고혼주의(법률혼주의)를 채택하고 있는 데서 오는 결함을 보충하고, 사실혼 중의 출생자를 혼인중의 출생자로 만들기 위하여 이 제도는 필요하다. 그러나 소송을 걸어서 혼인신고를 강제할 정도라면 사실혼이 이미 파탄직전에 가 있는 경우도 있을 것이므로, 이 점에서 당사자의 혼인(법률적 결합)을 법률이 강제할 수 없는 한계가 있다.

(2) 성 질

사실상 혼인관계존재확인의 소가 법률혼을 형성하는 형성의 소인가, 아니면

---

1 대판 2006. 1. 13, 2004므1378; 부산가판 2018. 9. 20, 2017드단208641(법률신문 2018. 10. 25. 10면).
2 대판 1979. 5. 8, 79므3 : 조문의 명문상[제837조·제843조(이혼), 가소 제 2 조, 마류사건 3호(혼인취소·인지), 가소 제25조(혼인무효)]의 판결을 하는 경우에만 양육자 지정청구가 가능하고, 사실혼이나 일시적 정교관계로 인하여 출생한 자녀에 대하여는 이를 확대해석할 수 없다.
3 김·김, 259면; 이경희, 126면; 이영애, "이혼과 자녀양육," 가정법원사건의 제문제(재판자료 제18집), 412면. 최근의 하급심판례(서울가판 2011. 6. 22, 2009드합0000)는 사실혼 중의 출생자를 위한 친권자 및 양육자 지정을 인정하고 있다(서울가정법원 홈페이지, 알림마당, 우리법원 주요판결 참조).
4 사실혼에 관한 규정은 민법에는 없고, 가사소송법(제 2 조 ①항, 나류사건 1호), 가족관계등록법(제72조)에 규정되어 있다.

단순히 사실혼관계라는 법률관계의 존재를 확인하는 확인의 소인가? 판례는 확인의 소라는 견해를 택하여 확정판결이 선고되더라도 이로써 혼인관계가 바로 형성되는 것은 아니고 가족등록법에 따른 신고를 하여야 비로소 혼인이 성립된다고 보고 있다.[1]

2. 혼인의사의 존재시기와 가처분 등

(1) 사실혼의 성립 당시

혼인의사는 사실혼성립시(부부생활개시 당시)에 존재하면 된다(통설·판례).[2] 소송 중 변론종결 당시에 혼인의사가 없다고 하여 이러한 청구를 기각한다면 제도의 실효성은 사라지고 말 것이기 때문이다. 그러나 사실혼관계존재확인청구의 소에서 승소판결을 받으려면, 적어도 사실심(제 2 심) 변론종결 당시까지 사실혼관계가 유지되고 있어야 할 것이다.[3]

(2) 가 처 분

사실혼관계 존재확인 청구소송 중에 '혼인신고이행확보'가처분신청을 할 수 있는가? 긍정설과 실무의 사례도 있으나,[4] 그러한 가처분을 허용한다면 이는 혼인의 자유를 지나치게 제한하고, 이를 공부(公簿)에 공시하는 길이 없어 집행이 불가능할 뿐만 아니라, 그 가처분에 위반한 제 3 자와의 혼인이 무효도 아니므로(대판 1973. 1. 26, 72므25) 그 실효성은 의문이다.

3. 당 사 자

(1) 사실상 혼인관계존부확인의 소는 확인의 소이므로 당사자 이외에 제 3 자도 확인의 이익[5]만 있다면 이 소를 제기할 수 있고 제 3 자에 대한 소송도 가능하

---

1 대판 1973. 1. 16, 72므25; 대결 1991. 8. 13, 91스6 등; 사실혼관계부존재확인의 소는 그 재판으로 기존의 법률관계에 변동을 초래하지 못하고, 단지 현재 당사자 사이에 사실혼이라는 법률관계가 존재하지 아니한다는 확인을 구하는 확인소송이다(이설이 없음).
2 서울고판 1971. 11. 30, 71르33(재판에 의한 혼인신고제도의 실효성확보를 위하여).
3 당사자의 일방적인 파기로 부부공동생활사실이 없게 되면, 손해배상책임만이 남게 되므로, 확인의 이익이 부정되기 때문이다(대판 1977. 3. 22, 75므28).
4 김형배, 165면;「대판 1964. 5. 25, 64므95」은 서울가정법원 1964. 5. 25, 고지 64즈98 결정의 오기임. 서울가결 1983. 3. 21, 83즈216도 동지; 실효성은 의심스럽다(김·김, 249면 주 301 참조).
5 확인의 이익이 인정된 경우는 거의 없다(이 승소판결로 제 3 자가 혼인신고를 할 수 없으므로)(실무편람, 206면).

다. 사실혼부부 쌍방과 제 3 자가 당사자가 된 때 부부쌍방은 필수적 공동소송인이
된다.

(2) 사실혼부부의 일방이 사망한 경우는 민법 제863조·제864조(인지청구), 제
865조(친생자관계존부확인청구)의 규정을 유추·적용하여 생존 당사자는 그 사망사
실을 안 날로부터 2년(제척기간) 안에 검사를 상대로 사실혼관계존재확인 청구를
할 수 있다(이 경우 혼인신고는 불가능).[1] 사실혼부부 쌍방이 모두 사망한 경우에는
확인의 이익이 없어 이러한 청구를 할 수 없다.[2]

4. 조정신청 등

(1) 당사자는 사실상혼인관계존재확인소송의 제기(상대방의 보통재판적 소재지
가정법원 단독판사 관할) 전에 조정신청을 하여야 하고, 조정이 성립되면 당사자는
그 조정조서로 혼인신고를 하고, 조정이 성립되지 아니하면 소송으로 이행(移行)되
어 승소판결을 받아 그 판결 확정일로부터 1개월 이내에 혼인신고를 하여야 한다
(가소 제50조 ①항·제 2 조 ①항, 나류사건 1호, 가등법 제72조). 이 신고는 창설적 신
고[3]이다(판례). 그러나 학설은 이를 보고적 신고라고 주장하고 있다.

(2) 소송 중 상대방이 제 3 자와 혼인신고를 하여버린 경우

사실혼관계존재확인소송에서 승소의 확정판결을 받았더라도 그 판결로 혼인
신고를 하지 아니한 이상, 피고가 타인과 먼저 혼인신고를 하면 그것은 중혼(제810
조)이 될 수 없고, 제816조 소정의 혼인취소사유가 되지도 아니한다.[4]

5. 승소판결의 효과(사망자와의 혼인신고?)

(1) 청구인용의 확정판결은 제 3 자에게도 효력이 있고, 청구기각의 판결은 사
실심의 변론종결 전에 정당한 이유 없이 참가할 수 없었던 제소권자에 대하여도

---

1 대판 1983. 3. 8, 81므76; 1995. 3. 28, 94므1447(개정 전 민법의 규정에 따라 1년 안에 제소할 수
  있다고 판결); 서울가판 1996. 10. 11, 95드63745, 가사판결·심판집, 서울가정법원, 51면(삼풍백화
  점 붕괴사고에서 사실혼의 처가 사망한 사건에서 실제로 판결한 사례도 있다).
2 대판 1988. 8. 13, 87므104(현행법상 부부쌍방이 모두 사망한 경우 제 3 자가 그 혼인신고를 할 수
  있는 방법이 없으므로 위 사망한 당사자의 혼인신고를 하기 위하여 그들 사이에 과거의 혼인사실
  의 존재확인을 구함은 확인의 이익이 없어 부적법하다).
3 대판 1973. 1. 16, 72므25.
4 대판 1973. 1. 26, 72므25(부동산 2중매매의 경우 이전등기를 먼저 넘겨받은 사람의 소유권 취득
  과 유사).

효력이 있다(가소 제21조). 사실상 혼인관계존재확인판결이 확정되면 원고는 상대방의 협력 없이 혼자서 혼인신고를 할 수 있다(가등법 제72조).

(2) 소송의 상대방이 사망한 경우는 승소판결이 선고되어도 그 판결로 혼인신고를 할 수는 없다.[1] 그 판결로 원고는 산재보험금 등을 수령할 권한과 지위(또는 자격)를 획득할 수 있을 뿐이다.

(3) 혼인신고특례법(2009. 1. 30. 법률 제9365호 개정)에 따르면 전시·사변 등으로 배우자의 일방(예: 남편)이 사망한 경우, 생존자(예: 처)는 가정법원(사망자의 최후주소 관할)의 확인심판을 받아서 혼인신고를 할 수 있다(동 특례법 제2조·제3조). 현행법상 생존자가 사망자와 혼인신고를 할 수 있는 유일한 예외이다. 이러한 특례법에 따른 혼인신고 후 처가 다른 남자와 동거하였더라도, 그 혼인신고는 유효하다.[2]

:: **참고판례**

① 과거의 사실혼(법률)관계 확인의 소 : 일반적으로 과거의 법률관계는 확인의 소의 대상이 될 수 없으나, 혼인·입양과 같은 신분관계나 회사의 설립·주주총회의 결의무효나 취소와 같은 사단적(社團的) 관계, 행정처분과 같은 행정관계와 같이 그것을 전제로 하여 수많은 법률관계가 발생하고 그에 관하여 일일이 개별적으로 확인을 구하는 번잡한 절차를 반복하는 것보다 과거의 법률관계 그 자체의 확인을 구하는 편이 관련 분쟁을 일거에 해결하는 유효적절한 수단일 수 있는 경우에는 예외적으로 확인의 이익이 인정된다(대판 1995. 3. 28, 94므1447; 1995. 11. 14, 95므694 등). 생존 당사자는 그 사망사실을 안 날부터 1년 안에(2005년의 민법 개정으로 2년 안에로 개정) 검사를 상대로 사실혼관계존부확인청구를 할 수 있다.

② 우리 법제상 사망자들 사이 또는 생존자와 사망자 사이의 혼인은 인정될 수 없으므로, 사망자와의 사실혼관계존재확인의 심판이 있다 하더라도, 이미 당사자의 일방이 사망한 경우에는 '혼인신고특례법이 정하는 예외적인 경우와 같이 그 혼인신고의 효력을 소급하는 특별한 규정이 없는 한' 이미 그 당사자 간에는 법

---

1 대판 1988. 4. 12, 87므104; 대결 1991. 8. 13, 91스6(호적공무원의 형식적 심사권에는 혼인당사자의 생존여부 조사권도 당연히 포함된다).

2 대판 1986. 11. 11, 86므97 : 국가유공자 등 예우 및 지원에 관한 법률(5호 ①항 1호 단서), 독립유공자예우에 관한 법률(제5조 ①항 1호 단서)에 의하면, 국가(또는 독립)유공자와 혼인 또는 사실혼을 한 후, 유공자 이외의 제3자와 사실혼 중에 있거나 있었던 자는 보호대상에서 제외된다(2008. 3. 28. 개정).

률상의 혼인이 불가능하므로 이러한 사망자와의 과거의 사실혼관계 존재확인을 구할 소의 이익이 없다(대판 1988. 4. 12, 87므104; 대결 1991. 8. 13, 91스6; 대판 1995. 11. 14, 95므694).

6. 사실상 혼인관계존재확인청구 제도의 실효성

사실혼관계 존부확인 판결을 받지 않더라도, 각종 사회보장법에 사실혼 당사자를 보호하는 규정들이 있고, 존재확인판결이 확정되어 혼인신고를 하더라도, 혼인관계가 이미 파탄되어 원만한 법률혼 관계를 기대할 수 없는 경우도 있을 뿐만 아니라, 사실혼부부의 당사자 일방이 신고한 혼인신고를 유효한 혼인신고로 인정하는 사례도 많다. 굳이 실익을 찾는다면, 확인판결로 혼인신고를 하면 그들 사이의 출생자는 준정(準正)으로 혼인중 출생자가 되고, 일방 당사자 사망의 경우 나머지 생존배우자가 상속권을 가진다는 것이 실익이다.[1]

제 9 절 국제혼인과 국제이혼

I. 준 거 법

오늘날 국제 교류가 빈번하여지면서 외국인과 내국인 사이, 또는 외국인들 사이의 혼인이나 이혼, 입양 등이 국내에서 이루어지는 일이 흔하여 졌다. 이 경우 어느 나라의 법률을 적용할 것인가? 이러한 개인들 사이의 국제법률관계에 어느 나라의 법률을 적용할 것인가를 규정하는 법률이 바로 국제사법(2016.1. 19. 법률 제13759호)[2]이다.

동법의 관련규정을 보면 아래와 같다. 혼인의 성립요건은 각 당사자에 관하여 그 본국법에 따르고(동법 제36조 ①항), 혼인의 방식은 혼인거행지법 또는 당사자 일방의 본국법에 따른다. 다만, 대한민국에서 혼인을 거행하는 경우에 당사자 일방이 대한민국 국민이면 대한민국법에 의한다(동조 ②항). 이혼에 관하여는 혼인의 일반적 효력에 관한 규정(동법 제37조)을 준용한다. 따라서 아래에 나열한 순위의

---

1 박병호, 143면, 송덕수 130면.
2 상세한 것은 졸저, 3정판 주석가사소송법, 745면 이하 참조.

법에 따라 이혼문제를 처리한다(동법 제39조, 제37조).

　　1. 부부의 동일한 본국법

　　2. 부부의 동일한 상거소지(常居所地)법

　　3. 부부와 가장 밀접한 관련이 있는 곳의 법

　　다만, 부부 중 일방이 대한민국에 상거소가 있는 대한민국 국민인 경우에는 이혼은 대한민국 법에 의한다(동법 제39조 단서).

　　본국법(예: 한국법)이 혼인의 거행지법(擧行地法)주의를 택하고 있으면 그 거행지법[1]이 적용된다. 예컨대 한국 사람이 일본에서 일본국법에 정한 방식에 따라 혼인절차를 마친 경우 그 혼인은 유효하게 성립된다. 따라서 이들이 한국에서 별도로 한국법에 따라 혼인신고를 하지 않더라도 혼인의 성립에는 영향이 없다. 한국에서 혼인신고를 하면 그것은 이른바 창설적 신고가 아니고, 보고적 신고에 불과하다.[2] 미국의 국제사법(판례법)에 의하면 혼인의 성립은 거행지법[3]에 따르고, 이혼은 부부일방 또는 쌍방의 주소지의 법률에 따르게 되어 있다. 따라서 상당기간 한국에서 살고 있는 미국인 남자와 한국인 여자 사이의 혼인이나 이혼에 관하여는 한국 민법이 적용된다.

　　한편 외국인(남편)의 본국법에서 협의이혼제도를 인정하지 않고 있다면 우리나라의 법원에서 협의이혼의사 확인절차를 거치더라도 그것으로 이혼할 수 없다.[4]

Ⅱ. 관 할 권

　　국제이혼사건의 관할권은 원칙적으로 상대방(피고)의 주소지를 관할하는 나라의 법원에 있다. 외국법원이 이혼사건재판의 관할권을 가지려면 그 이혼소송의 피고가 행방불명 기타 이에 준하는 사정이 있거나 피고가 적극적으로 응소하여 그 이익이 부당하게 침해될 우려가 없다고 보이는 경우이어야 한다(민소 제217조 1호).

---

1 혼인거행지법인 우리나라법에 따라 외국인 사이의 혼인이 유효하게 성립하려면 각 당사자의 혼인성립요건 구비에 관한 증명(본국 관청 또는 주한공관의 증명)을 첨부하여 거주지 또는 현재지의 가족관계등록공무원에게 신고하여야 한다. 한국에 머물고 있는 중국 남자와 프랑스 여자가 중국풍습에 따른 혼례식을 마치고 주한 중화인민공화국 대사관에 그 혼인신고를 한 것만으로는 거행지법인 한국법에 의한 혼인이 유효하게 성립한 것으로 볼 수는 없다(예규 제173호).

2 대판 1983. 12. 13, 83도41; 1991. 12. 10, 91므535; 1994. 6. 28, 94므413 등; 혼인의 성립시기는 일본 당국에 혼인신고를 한 날이다(예규 제165호).

3 Martin J. Ross & Jeffrey Steven Ross, Handbook of Everyday Law, 4th Ed, 188면.

4 호적선례집 제3 권 318항; 졸저, 전게서, 751면.

그 이외에는 피고의 주소가 그 나라에 있을 것을 요건으로 한다. 거꾸로 우리나라 법원이 재판권을 행사하려면 이혼소송의 피고가 한국에 주소를 가지고 있어야 한다. 그러나 ① 원고가 유기된 때, ② 피고가 행방불명인 때, ③ 기타 이에 준하는 사정이 있는 때, ④ 피고가 적극적으로 응소하고 있는 때 등 예외적인 경우에는 우리나라 법원(원고의 주소지 법원)에 관할권이 있다.[1]

Ⅲ. 신고절차

1. 혼인신고

한국인과 외국인이 혼인하는 경우 혼인신고와 이에 관련된 가족관계등록사무는 아래와 같이 처리한다(예규 제161호).

(1) 한국에서 혼인하는 경우

㈎ 외국인의 혼인성립요건 구비증명서

1) 외국인의 혼인성립요건 구비증명서는 「대법원 가족관계등록예규」 제33호에 따른다. 다만, 미국인이 군인인 경우의 혼인능력 증명은 미국법에 따라 공증인 직무를 행할 수 있도록 지명된 미군장교(법무관)가 발행한 '당사자 서약에 대한 증명서'를 첨부할 수 있다.

2) 중국인은 미혼임을 증명하는 서면 및 친족관계증명 서면을 제출하거나, 혼인성립요건 구비증명서로서 중국의 권한 있는 기관이 발급한 증명서에 중국외교부 또는 각 성, 자치구 및 직할시 외사판공실의 인증(확인)을 받아야 한다(주중 한국영사의 확인은 불필요).

3) 중국인이 중국의 혼인법에서 정한 혼인적령에 이르지 아니한 경우에도 「민법」 제807조에서 규정한 연령에 이른 때에는 혼인적령에 미달하였다는 것을 이유로 삼아 혼인신고의 수리를 거부할 수 없고, 혼인당사자(중국인)가 만 18세 이상인 경우에는 그 부모 등의 혼인동의서의 첨부를 요구할 수 없다.

㈏ 혼인신고의 절차 및 기록방법

1) 한국인이 남자인 경우   외국인인 처의 위 1. 가.의 증명서면을 첨부하여 가

1 대판 1975. 7. 22, 74므22; 대결 1994. 2. 21, 92스26; 최공웅, 국제소송, 676면; 예규 제175호(2007. 12. 10); 대판 1988. 4. 12, 85므71.

족등록법 제71조에 따라 혼인신고를 한다. 이 혼인신고로 인하여 처가 바로 한국의 국적을 취득하지는 못하므로, 신고를 접수한 시장 등은 남편의 가족관계등록부 일반등록사항 란에 혼인사유만을 기록하였다가 나중에 귀화신고가 있을 때에 처의 가족관계등록부를 작성한다.

2) 한국인이 여자인 경우   외국인인 남편의 위 1. "가"의 증명서면을 첨부하여 가족등록법 제71조에 따른 혼인신고를 하면 처의 가족관계등록부 일반등록사항란에 혼인사유를 기록하고, 후에 처가 외국 국적을 취득하여 한국국적을 상실하면 국적상실신고에 의하여 처의 등록부를 폐쇄한다.

3) 국제적 혼인신고를 수리한 때에 외국인의 본국에는 혼인신고서를 송부하지 아니한다.

(2) 외국에서 혼인하는 경우

㈎ 혼인신고의 절차

1) 한국인이 남자인 경우   혼인거행지 국가의 정당한 권한 있는 기관[1]에서 발행한 혼인성립증서(＝외국방식에 따라 혼인이 성립되었음을 증명) 등본과 그 번역문을 그 지역을 관할하는 한국 재외공관의 장에게 제출하거나, 혼인을 거행한 외국지역이 한국 재외공관의 관할에 속하지 아니한 때에는 한국남편의 등록기준지의 시(구)장 등에게 발송하여야 한다. 이를 접수한 시(구)장 등은 처가 혼인신고로 바로 한국국적을 취득하는 것이 아니므로 남편의 가족관계등록부(일반등록사항란)에 혼인사유만을 기록하여 둔다. 나중에 귀화신고가 있을 때에 처의 가족관계등록부를 작성한다.

2) 한국인이 여자인 경우   위와 같은 증명서를 접수한 처의 등록기준지 시(구)장 등은 처의 가족관계등록부(일반등록사항란)에 혼인사유를 기록하고, 후에 처가 외국국적을 취득하여 한국국적을 상실하면 국적상실 신고에 의거하여 처의 가족관계등록부를 폐쇄한다.[2]

---

1 중국인의 경우는 중국방식에 따라 혼인이 성립되었음을 증명하는 서면에 중국외교부 또는 각 성, 자치구 및 직할시 외사판공실의 인증(확인)을 받은 서면(주중 한국 공관의 영사 확인은 불필요).
2 가족관계등록부 정리상 유의사항은, ① 재외국민과 외국인 사이의 혼인증서등본상의 한국인 당사자 성명과 가족관계등록부상 성명이 일치하지 않더라도 동일인임이 확인되면 이를 수리한다. ② 혼인의 실질적 요건에 흠결이 있어도 그 흠결이 혼인 무효사유에 해당하지 않는 경우에는 이를 수리한다. ③ 혼인증서등본에 사소한 흠결이 있어도 이를 수리하고, 외국인 당사자의 성명과 신고서에 기재된 성명이 서로 다를 때는 혼인증서등본에 따라 가족관계등록부에 기록을 한다.

(내) **외교관계가 없는 외국 국민과의 혼인**   우리나라와 외교관계가 없는 외국 국민과의 혼인도, 외교관계가 있는 국민과 혼인한 경우에 준하여 처리한다.

(대) 베트남 사람들과 한국 사람들 사이의 혼인이 늘어남에 따라 이들 간의 혼인사무처리에 관한 대법원 가족관계등록예규(제162호 : 한국인과 베트남인 사이의 혼인에 관한 사무처리지침; 2007. 12. 10)가 제정되어 시행되고 있다.

2. 이혼신고

외국법원의 이혼판결은 「민사소송법」 제217조에 규정된 조건을 구비하면 우리나라에서도 그 효력이 있다.[1]

(1) 외국판결에 의한 이혼신고는 우리나라 법원의 판결에 의한 이혼신고와 마찬가지로 가족등록법 제78조, 제58조에 따른 절차에 따르되 그 신고에는 그 판결의 정본(또는 등본)과 그 확정증명서, 패소한 피고가 소장 또는 이에 준하는 서면 및 기일통지서나 명령을 적법한 방식에 따라 방어에 필요한 시간 여유를 두고 송달(공시송달이나 이와 비슷한 송달이 아닌 보통 송달)받았거나, 송달받지 아니하였더라도 소송에 응한 서면(판결의 정본 또는 등본에 의하여 이 점이 명백하지 아니한 경우에 한한다) 및 위 각 서류의 번역문을 첨부하여야 한다. 다만, 외국(예 : 오스트레일리아)법원 판결의 정본 또는 등본과 그 확정증명서를 갈음하여 이혼증명서를 발급한 경우에는 그 증명서를 첨부할 수 있다.

(2) 이혼신고가 제출된 경우 가족관계등록공무원은 이혼신고에 첨부된 외국판결이 「민사소송법」 제217조가 정하는 각 조건을 구비하고 있는지의 여부를 심사하여 그 수리여부를 결정하여야 한다. 조건의 구비여부가 명백하지 아니한 경우(① 외국판결의 확정여부가 불분명한 경우, ② 송달의 적법여부가 불분명한 경우, ③ 외국법원의 판결절차가 진행될 당시 피고가 해당 외국에 거주하지 않은 경우, ④ 그 밖에 외국판결의 효력이 의심스러운 경우)는 반드시 관계서류 전부를 첨부하여 감독법원에 질의하고 그 회답을 받아 처리하여야 한다(예규 제173호).

---

1 대판 2013. 2. 15, 2012므66(민사소송법 제217조 4호 소정의 외국판결 승인요건은 반드시 당사국과의 사이에 조약이 체결되어 있어야 할 필요는 없다. 2009. 11. 오리건 주 Benton County Circuit Court의 판결은 유효하므로, 다시 한국법원에 제기한 남편의 이혼청구의 소를 배척한 것은 정당하다), 법률신문 2013. 2. 25.자, 5면; 서울가판 2010. 1. 25, 2010드합000(이혼 등), 2010드합000(유아인도); 수원지판 2012. 5. 14, 2010드합662; 외국재판 확정 후 다시 국내법원에 제소한 것은 기판력에 저촉되고 소권남용이라 각하된다.

외국판결상의 피고(대한민국 국민)가 그 판결에 의한 이혼신고에 동의하거나 스스로 이혼신고를 한 경우나 외국판결에 대하여 민사집행법 제26조, 제27조에 따른 집행판결을 받은 경우는 감독법원에 질의할 필요가 없다(예규 제174호).

제**4**장

부모와 자녀

제1절 서 론

가부장적 대가족제도(가족구성원 전체가 가장의 절대적 지배하에 복종)가 개인주의적 핵가족제도(부부와 미성년자녀로 구성)로 변천되면서 친자법은 '가(家)'를 위한 친자법'에서 '부모를 위한 친자법'으로, 다시 '자녀를 위한 친자법'으로 진화·발전되어 왔다. 농업생산을 기반으로 하는 경제적 생산단위인 가(家)가 사라지고, 소비단위로서의 가(家)가 등장하면서, 미성숙 자녀의 보호와 양육, 즉 자녀의 복리가 중시되는 친자법이 등장하게 된 것이다.

제2절 친 생 자

Ⅰ. 친자관계(親子關係)

1. 민법이 규정하고 있는 친자관계의 내용

1) 친자관계는 부모(親)와 자녀(子)의 관계를 말한다. 근대 시민국가는 과거와 달리 친자관계를 도덕이나 관습에 맡기지 않고 법령으로 규제하고 있는바, 이는 자녀의 인격함양과 복지를 위한 것이라고 할 수 있다.

2) 친자관계는 부부관계를 토대로 하여 생겨난 혈족관계로서 부부관계와 함께 가족관계 구성의 핵심을 이룬다. 따라서 친자관계는 인륜의 기초이며, 사회와 인간 관계의 가장 기본적인 관계이다.

3) 민법은 ① 친자관계의 존부를 명확히 하기 위하여 부성(父性)추정의 문제 (모자관계는 출생으로 확정, 부자관계는 불명확), 혼인관계가 없는 부모 사이의 출생 자의 친자확정[인지(認知)]의 문제, ② 혈연관계가 없는 사람들 사이에 친자관계를 창설하는 양친자 문제 ③ 자녀의 보호·교육을 누가 맡아서 할 것인가(친권), ④ 부 모와 자녀 사이의 부양·상속 등에 관하여 규정하고 있다.

2. 친자관계의 종류

⑺ 친생자(親生子)와 양친자(養親子)

1) 친자관계는 자연혈족(自然血族)관계인 친생자관계(親生子關係)와 법정혈족 (法定血族)관계인 양친자관계(養親子關係)로 나눌 수 있다. 친생자는 부모, 즉 친(親) 이 직접 낳은 자녀라는 뜻이다. 이때의 부모가 곧 생부(生父)와 생모(生母)다.[1] 보 통 우리가 친자관계라고 말할 때는 친생자관계를 가리킨다.

2) 양친자관계는 입양계약이라는 법률행위로 발생한다. 그러나 친생자관계는 당사자들의 선택에 따른 의사표시와 무관하게 자연적으로 발생한다. 따라서 친자 관계의 중심은 친생자관계이며, 양친자관계는 여러 면에서 친생자관계와는 다른 논점을 가지고 있으므로 따로 설명하기로 한다.

⑷ 혼인중의 자와 혼인외의 자

1) 친생자는 다시 혼인중 출생자, 즉 적출자(嫡出子)와 혼인외 출생자인 혼외 자(婚外子), 즉 비적출자(非嫡出子)로 나눌 수 있다. 민법(제855조 등)이나 '가족관계 의 등록 등에 관한 법률' 등의 법령에서는 혼인중의 자와 혼인외의 자의 용어를 사 용하면서도 이에 대한 정의(定義)규정을 두고 있지 않다.

2) 혼인중의 자와 혼인외의 자는 결과적으로 그 자녀가 혼인관계에 있는 부모 로부터 출생하였는지 여부를 가리키는 것이나, 그 기준시점이 자녀를 임신한 때인 지 아니면 출산한 때인지가 분명치 않다.

---

1 민법은 제855조 ①항 등에서 생부와 생모라는 용어를 사용하면서도 그 정의규정을 두고 있지는 않은바, 여러 가지 사정을 고려할 때 이와 같은 의미로 이해된다. 다만, 그렇더라도 '친(親)'이 직 접 낳은 자녀'라는 뜻이 다시 문제 되는바, 이는 뒤에서 부모를 결정하는 기준에서 논하는 바와 같이 혈통(유전자)을 물려준 사람을 의미한다.

앞서 생부와 생모의 개념에서 본 바와 같이, 부모와 자녀의 관계는 그들 사이
에 혈연관계가 있는지 여부가 핵심이며, 이는 결국 출산이라는 외형에 의해서가
아니라 임신이라는 실질에 의하여 결정하여야만 한다. 민법 제844조 ①항이 처가
혼인기간 중에 임신한 자녀는 남편의 자녀로 추정하는 것도 이에 따른 것이라고
할 수 있다. 따라서 혼인중의 자, 즉 혼인관계에 있는 부모로부터 출생한 자는 그
자의 임신이 생모의 혼인기간 중에 이루어진 자를 말한다.

그리하여 자녀를 임신한 당시는 물론 출산할 당시에도 생모가 남자와 혼인관
계에 있지 않았다면 그 자녀는 절대로 남편의 자녀가 될 수는 없으므로, 그 자녀는
애초부터 혼인외의 자가 되어 아버지에 대한 친생추정을 받을 수 없게 된다.

3) 혼인중 출생자는 다시 '본래의 혼인중 출생자'와 '준정에 의한 혼인중 출생
자'로 나눌 수 있다. 전자는 생모가 자를 임신·출산할 당시 생모가 어떤 남자와 법
률혼관계에 있는 경우의 자녀를 말하고, 후자는 생모가 자를 임신·출산할 당시에
는 생모가 법률혼관계에 있지 않았는데 그 자녀의 출생 후 생부와 법률혼관계를
맺은 경우의 자녀를 말한다. 후자의 경우 법률혼관계가 성립한 때부터 그 자는 혼
인중의 자가 된다(제855조 ②항). 이것이 이른바 준정이다.[1]

4) 위와 같이 혼인중의 자는 생모가 자를 임신하거나 출산할 당시 생모가 어
떤 남자와 법률혼관계에 있는 것을 말하는바, 그렇다고 하여 그 자녀가 생모와 법
률혼관계에 있는 남자의 친생자, 즉 그 남편의 혈통(유전자)을 물려받은 자라고 단
정할 수는 없다. 생모가 남편 아닌 다른 남자의 자를 임신할 수도 있기 때문이다.

그런데 아이가 어떤 남자의 혈통을 물려받았는지 여부는 외부에서 인식하기
어려우므로 민법 제844조는 일정한 요건하에 혼인중의 자를 그 남편의 친생자로
추정하고 있다. 따라서 혼인중의 자라도 그 남편의 친생자로 추정할 수 있는 요건
을 갖추지 못한 경우에는 그 남편의 친생자로 추정받지 못한다. 그러므로 혼인중
의 자는 '친생자(친생) 추정을 받는 자녀'와 '친생자(친생) 추정이 미치지 않는 자
녀', '친생자 추정을 받지 못하는 자녀'로 나눌 수 있는바,[2] 이에 대해서는 뒤에서
자세히 설명한다.

1 민법 제855조 ②항은 '그 부모가 혼인한 때'라고 하고 있는바, 이러한 취지에 의하면 생모가 생부,
  즉 자식에게 혈통을 물려준 아버지와 혼인한 때만 준정이 성립하고, 혈통을 물려주지 않은 남자와
  혼인한 때는 준정이 성립하지 않는다고 보아야 할 것이다.
2 그러나 이를 엄격히 따지지 않고 혼인중의 자를 친생추정을 받는 자녀를 의미하는 것으로 사용하
  는 경우가 많다.

5) 혼인중의 자와 혼인외의 자의 구별실익

구민법은 호주상속제도를 두고 호주상속의 순위에서 혼인중의 자를 혼인외의 자보다 우선시키고 재산상속분(호주상속분)도 50%를 가산케 하였다. 그러나 2005. 3. 31. 민법 개정으로 호주제도가 폐지되어 현재는 의미가 없어졌다. 현재는 단지 출생신고에서만 약간 절차적 차이가 있을 뿐이다(이는 가족등록법을 설명하면서 이미 언급한 바 있다).

(다) 자연적 친자와 인공적 친자

부모의 성적(性的) 교섭을 통한 자연적 임신·출산으로 태어난 자녀 이외에 유전공학의 발달에 따른 인공수정, 체외수정, 대리모 등 다양한 방법으로 태어난 자녀가 있다. 전자를 자연적 친자, 후자를 인공적 친자라고 부를 수 있다.

3. 친자법의 과제

1) 오늘날 친자법의 과제는 '자녀를 위한 친자법'의 이념을 구체적으로 실현하도록 법령을 정비하고, 전혀 규정이 없는 인공수정자(냉동 정자 문제 포함)와 대리모 출생자 등에 관하여 새로운 법령을 제정하는 것이 과제로 떠오르고 있다.

2) 첫째, 인지(認知)절차에서 객관주의를 도입하여 혈연주의를 확대할 필요가 있다. 혈연관계가 있으면 부자관계를 인정하되, 그것이 자녀의 이익에 어긋나는 경우에는 한계를 설정할 필요가 있다.

3) 둘째, 혼인외의 출생자에 대한 차별[1] 을 없애고, 미성년자녀를 위한 부모의 역할(친권)에 대한 국가의 관여를 확대할 필요가 있다.

4) 현재 우리 법상 인공수정자와 대리모 출생자 등에 관한 내용을 규율하는 법규가 전혀 없으므로, 조속히 관련 법제를 정비하여야 한다.

---

1 영국·미국의 혼외자에 대한 사회제도·법률제도의 역사적인 차별대우는 자녀에게 너무 가혹한 것이었다. '아비 없는 자식'(filius nulius-the child of no one)이라는 낙인을 찍어버리고 생부모의 죄를 무고한 아이에게 뒤집어씌워, 아이의 상속권을 인정하지 않았고, 부자(父子)관계의 인정을 매우 어렵게 하였다. 1977년 미국 연방최고법원은 Trimble v. Gordon 사건에서 일리노이주법원의 판결을 취소하고, 유일한 혼외자인 Deta Mona의 상속인 자격을 인정하였다(Brashier, 127~28면).

Ⅱ. 친생자(親生子)

1. 부와 모의 결정

(1) 친생자관계

1) 앞서 본 바와 같이 친생자는 양친자에 대응하는 개념으로서, 부나 모의 혈통(유전자)을 이어받은 자녀를 말한다. 즉 부모(親)로부터 출생(出生)한 자식을 의미하며, 그 아버지를 생부(生父), 그 어머니를 생모(生母)라고 한다. 따라서 친생자관계는 자식이 부나 모의 혈통을 이어받아 출생한 때에 자동적으로 발생함이 원칙이며, 여기서 친생자는 부모의 혼인중 출생자는 물론 혼인외 출생자를 포함한다. 혼인외 출생자라도 부나 모의 혈통(유전자)을 이어받은 이상 그들 사이의 친생자관계를 부정할 수 없기 때문이다. 반면에 양친자관계는 입양이라는 법률행위로 후발적으로 발생하며, 그 아버지를 양부(養父), 그 어머니를 양모(養母)라고 한다.

이와 달리, 부나 모의 혈통을 이어받은 자녀가 아니면서 단지 호적부나 가족관계등록부상 특정한 부나 모의 자녀로 등록되어 있는 자를 호적상 자녀 또는 가족관계등록부상 자녀라고 한다. 이러한 경우의 부모 자식관계는 특별한 사유가 있는 때에 한하여 양친자관계를 인정받을 수 있다.

2) 부모와 자식의 관계, 즉 친자관계는 아버지와 자식의 관계인 부자관계(父子關係)와 어머니와 자식의 관계인 모자관계(母子關係)로 나눌 수 있다. 이러한 부자관계와 모자관계의 성립을 인정하려면 누가 자녀의 아버지이고 누가 자녀의 어머니인지를 먼저 결정하여야 한다.

(2) 친생자관계의 인정기준

1) 위와 같이 친생자는 부나 모의 혈통을 이어받은 자녀를 말한다고 하였지만, 우리 민법은 친생자관계를 어떠한 기준에 의하여 인정할 것인지 직접적인 규정을 두지 않고 있다. 다만, 민법 제844조 ①항은 "아내가 혼인중에 임신한 자녀는 남편의 자녀로 추정한다."고 하고, 제845조는 "재혼한 여자가 해산한 경우에 제844조의 규정에 의하여 그 자의 부(父)를 정할 수 없는 때에는 법원이 당사자의 청구에 의하여 이를 정한다.", 제855조 ①항은 "혼인외의 출생자는 그 생부나 생모가 이를 인지할 수 있다."고 규정하고 있다.

한편, 민법 제767조는 "배우자, 혈족 및 인척을 친족으로 한다."고 하고, 제768조는 "자기의 직계존속과 직계비속을 직계혈족이라 하고 자기의 형제자매와 ---(중략)---그 형제자매의 직계비속을 방계혈족이라 한다."고 하여 혈족이 피를 나눈 사이임을 암시하면서 자녀와 같은 직계비속은 직계혈족으로서 결국 부모 등 존속으로부터 피를 물려받은 자임을 규정하고 있다.

이들 민법 규정을 종합하면, 우리 민법은 자식에게 피를 물려주어 그를 출생하게 한 사람을 부모로 전제하고 있고, 적어도 모(생모)에 관하여는 자식을 임신하여 출산한 여자를 가리키고 있는 것으로 해석할 수 있다. 이는 가사소송법 규정을 보더라도 분명하다. 즉 가사소송법 제29조 ①항은 "가정법원은 당사자 또는 관계인 사이의 혈족관계의 유무를 확정할 필요가 있는 경우에 ---(중략)--- 혈액형의 검사 등 유전인자의 검사나 그 밖에 적당하다고 인정되는 방법에 의한 검사를 받을 것을 명할 수 있다."고 규정하는바, 이에 의하면 친생자관계는 혈통(혈액), 즉 유전인자를 주고받은 부모 자식의 관계를 말한다고 할 수 있다.

2) 친생자관계의 인정기준으로는 위와 같은 ① 혈통(유전자)주의 ② 분만주의(임신과 출산), ③ 의사주의[자녀 출생에 관여한 사람들의 의사(意思)][1] ④ 자녀복지주의가 제시되고 있다. 그 중 ②는 모의 인정기준으로만 작용한다. ③과 ④는 최근 인공수정자와 대리모 출생자 등이 나타나면서 주장되는 기준이다.

이와 관련하여 인간의 탄생과 발생 기전에 대한 인류의 관념은 과학의 발전과 이를 토대로 변화되어 왔다.[2]

---

[1] 의사설은 1993년 미국 Johnson v. Calvert, 5 CL Oct. 22, 1990 사건에서 대리모와 의뢰모 중 누가 모인가를 결정하면서 대리모와 의뢰모 중 누구의 의사가 아이의 출생에 관하여 지배적 원인으로 작용하였는지를 기준으로 삼으면서 대두한 것이다. 이 판결에서는 의뢰모의 의사가 중요한 것으로 보아 의뢰모를 법률상 모로 결정하였다.

[2] 옛날 사람들은 남자의 정액이 여자의 체내에 주입되어 아이가 태어나는 것을 보고, 아버지의 정액 속에 사람이 될 요소를 이루는 무엇인가(생명의 씨앗)가 들어있어 그것이 여자의 체내에 자리 잡고 영양을 받아 자란 다음 10개월 후 출생한다고 믿었다. 이에 따라 아이를 출생케 한 장본인은 아버지이고, 어머니는 단지 그 생명의 씨가 자라는 밭을 제공하고 이를 열 달 동안 기르는 역할만 한다고 여겼는데, 이는 동양이나 서양 모두 같았다. 즉 동양의 유교나 불교에서는 흔히 '아버지는 날 낳으시고 어머니는 날 기르셨다'거나 부생모육지은(父生母育之恩)이라는 말로 이를 표현하였고, 서양에서도 아이는 아버지로 인해 태어난다고 생각하는 아리스토텔레스적 사고가 오랫동안 연면히 이어져 왔다.
그러다가 17세기 유럽에서 여자의 난자가 발견되어 오히려 생명의 씨앗은 이 난자 안에 들어있고, 아버지의 정액은 단지 이 난자에 생명의 기운을 불어넣는 보조적 역할만을 한다는 생각이 일시적으로 우위를 점하였다. 1677년 남자의 정액에서 정충(精蟲)이 발견되면서 다시 아버지의 우위성이 인식되다가, 18~19세기에 걸쳐 생물학이 발달하면서 결국 인간은 정자와 난자의 결합으로 출생하며 어머니와 아버지가 모두 출생에 영향을 미친다는 사실이 받아들여지게 되었다. 한편, 1901

3) 친생자관계의 인정기준 가운데 위 ③과 ④의 기준은 우선 그 기준이 애매하여 결국은 법원이 소송에서 결정하여야 하므로 이는 기준이라고 할 수 없다. 특정한 사람 사이에 친생자관계가 성립하는지 여부는 그 자녀의 출생과 동시에 자동적으로 결정되어야 하기 때문이다. 한편, ②는 모의 인정기준으로서는 유효하나 부의 인정기준으로는 쓸모가 없다. 그런데 전통적으로 여자가 아이를 임신하여 출산한 경우, 그 아이는 그 여자의 혈통(유전자)을 이어받은 자식임이 당연하므로 아무런 문제가 없었으나, 인공수정자와 대리모 출생자 등과 같이 임신·출산과 혈통(유전자)이 분리되는 현상이 발생할 수 있으므로 임신·출산은 더 이상 모를 결정하는 본질적·궁극적 기준이 될 수는 없게 되었다.

4) 따라서 친생자관계의 인정기준으로는 혈통(유전자)주의를 채택할 수밖에 없다. 그것이 우리 사회의 오랜 전통이자 관습법이었고, 인간의 본능과 우리 사회의 법 관념에도 부합하며, 민법 등 관련 법령이 기초하고 있는 것이라고 할 수 있다.[1] 이와 같이 아이(자식)에게 피(유전자)를 물려준 아버지를 생부(生父)라고 하고, 그러한 어머니를 생모(生母)라고 한다."(제855조). 생부와 생모에 대응하는 개념으로는 양부와 양모, 계부와 계모 등을 생각할 수 있다.

그런데 인공수정자와 대리모 출생자가 대두하기 전에는 여자의 임신·출산은 그 여자의 혈통이 아이에게 전수되었다는 움직일 수 없는 증거였고, 그 법률상 남편은 특별한 사정이 없는 한 그 아이에게 혈통을 전수한 아버지일 가능성이 높았다. 혈통주의를 취하면서 인공수정자와 대리모 출생자를 알지 못하던 시대에 제정된 우리 민법은 이를 토대로 친생자관계를 규율하고 있다.

5) 그런데 인공수정자와 대리모 출생자 등의 경우에도 예외 없이 혈통(유전자)주의로만 친생자관계를 결정하게 되면 많은 문제가 생긴다. 따라서 특별법이나 민법 개정을 통하여 예외를 인정하여야 할 것이고, 그러한 입법이 완료되기 전에는 법원이 조리에 따라 이를 수정할 필요가 있다.

년 오스트리아의 병리학자 란트슈타이너(Karl Landsteiner)가 인간에게서 ABO식 혈액형을 발견하였고, 이후 세포학과 유전학의 발달로 세포핵의 구조와 DNA가 밝혀지고 혈액형과 DNA가 자식에게 유전된다는 사실이 밝혀졌다.

[1] 대판 1986. 7. 22, 86므63도 혈액형에 의해 친생자관계를 결정, 대판 2019. 10. 23, 2016므2510도 "친생자관계는 출생에 의하여 발생하는 부모와 자녀의 관계로서 부모가 자연적인 성적 교섭으로 임신한 자녀를 출산한 경우를 전제로 하므로, 부모와 출생한 자녀 사이에는 생물학적 혈연관계가 존재하는 것이 원칙이다"라고 하고 있다. 한편, 헌법재판소도 1997. 3. 27, 95헌가14, 96헌가7 결정에서 친자관계 결정의 기준으로 혈연관계를 제시하고 있다.

(3) 모의 결정

1) 어떤 아이와 특정인 사이에 부나 모의 관계, 즉 친생자관계에 있는지 여부는 본질적·궁극적으로 그들 사이에 피(유전자)를 주고 받았는지 여부에 따라 결정되어야 한다.

2) 그런데 여자가 아이를 임신·출산한 경우 특별한 예외적 사정이 없는 한 그 아이는 그 여자의 피(유전자)를 물려받았다고 볼 수 있다. 따라서 이러한 여자는 그 아이의 모(생모)로 사실상 추정하여도 무방하다.[1] 앞서 본 바와 같이 우리 민법은 이러한 전제에서 아이를 임신하여 출산한 여자를 생모라고 규정(추정)하고 있는 바(제844조 ①항·제855조 ①항). 이는 법률상 추정이 아니라 사실상의 추정이고 이는 증거로 뒤집을 수 있는 추정이라고 할 수 있다.

따라서 이러한 사실상의 추정을 뒤집을 유력한 증거가 제출된 경우 그 추정은 더 이상 유지될 수 없다. 그런데 이와 달리 서울가정법원 2018. 5. 9,자 2018브15 결정(아래의 참고판례)은, 대리모가 의뢰인 부부의 수정란을 받아 아이를 임신·출산한 경우에도 종래의 분만설에 따라 임신·출산한 대리모를 생모로 보아야 한다고 판시하고 있는바, 이는 법리상으로나 사회통념상으로나 수긍하기 어렵다.

:: 참고판례

우리 민법상 모자관계(母子關係)는 친생자로 추정하거나 그 친생자관계를 부인하는 명시적인 규정이 없고, 다만 혼인외의 출생자에 대하여 생모가 인지할 수 있으나, 그 인지는 기아(棄兒) 등 모자관계가 불분명한 특수한 경우에 한하여 허용되고, 그 인지청구의 법적 성질도 생부에 의한 인지청구(형성소송)와는 달리 '확인소송'에 해당하며, 일반적인 혼인외의 출생자와 생모 사이에는 생모의 인지가 없어도 '출산'으로 당연히 법률상 친족관계가 생긴다고 해석하는 것이 일관된 판례(대법원 1967.10.4, 선고67다1791 판결 등 참조)이다. 즉 우리 민법상 부모를 결정하는 기준은 '모의 출산'이라는 자연적 사실이라고 할 것이다. 이에 대하여 인공수정 등 과학기술의 발전에 맞추어, 법률상 부모를 '출산'이라는 자연적 사실이 아니라 유전적인 공통성 또는 수정체의 제공자와 출산모의 의사를 기준으로 결정하여야 한다는 의견이 있을 수 있다. 그러나 '출산'이라는 자연적 사실은 다른 기

---

[1] 대판 1967. 10. 4, 67다1719; 대판 2019. 10. 23, 2016므2510; 헌법재판소 1997. 3. 27, 95헌가14, 96헌가7 결정 등.

준에 비해 그 판단이 분명하고 쉬운 점, 모자관계는 단순히 법률관계에 그치는
것이 아니라, 수정, 약 40주의 임신기간, 출산의 고통과 수유 등 오랜 시간을 거
쳐 형성된 정서적인 부분이 포함되어 있고, 그러한 정서적인 유대관계 역시 '모성'
으로서 법률상 보호받는 것이 타당한 점, 그런데 유전적 공통성 또는 관계인들의
의사를 기준으로 부모를 결정할 경우 이러한 모성이 보호받지 못하게 되고, 이는
결과적으로 출생자의 복리에도 반할 수 있는 점, 또한, 유전적인 공통성 또는 수
정체의 제공자를 부모로 볼 경우 여성이 출산에만 봉사하게 되거나 형성된 모성
을 억제하여야 하는 결과를 초래할 수 있고, 그러한 결과는 우리 사회의 가치와
정서에도 맞지 않는 점, 정자나 난자를 제공한 사람은 민법상 '입양', 특히 친양
자입양을 통하여 출생자의 친생부모와 같은 지위를 가질 수 있는 점 등에 비추어
보면, 우리 민법상 부모를 결정하는 기준은 그대로 유지되어야 한다.[1] 대리모를
통한 자녀 출산을 내용으로 하는 계약은 민법 제103조에 의하여 무효이다(서울
가판 2018. 5. 9.자 2018브15).

3) 위와 같이 여자가 아이를 임신·출산한 경우 그 여자는 그 아이의 생모로
사실상 추정되며, 그로써 두 사람 사이에는 인지와 같은 절차를 거칠 필요 없이 당
연히 자동적으로 친생자관계, 즉 생모자관계가 성립하게 된다.[2] 이는 1986년 세계
최초로 대리모가 등장하기 전까지는 임신·출산한 여자의 혈통(유전자)을 물려받지
않은 아이가 출생한다는 것은 있을 수 없다는 불변의 진리에 터 잡은 것이다.

그러나 출산 후 여자가 아이를 버리거나 다른 집에 개구멍받이로 주거나 다른
사람에게 입양시킨 경우와 같이 어떤 여자가 특정한 아이를 임신·출산한 사실이
불분명한 경우에는 임신·출산 사실로 친생자관계(생모자관계)의 성립을 추정할 수
없게 된다. 이때는 그 여자가 아이를 자신의 친생자로 인지하거나 법원에 친생자관
계확인청구를 하여 친생자관계(생모자관계)를 성립시킬 수 있다(제855조·제865조).[3]

---

1 이 결정에 대하여 재항고가 제기되었으나 중간에 취하, 대법원의 판단을 받지 못하였다. 갑남, 을
  녀가 체외에서 그들의 정자와 난자로 수정을 한 다음 그 수정란을 대리모(병)에게 착상시켜 아이
  가 출생, 그 출생증명서에는 병이 모로 기재되었다. 갑·을 부부가 자신들을 부모로 기재하여 출생
  신고를 하자 가족관계등록공무원이 모의 기재가 출생증명서의 기재와 다르다며 수리거부. 이 거
  부 취소청구 사건이다. 이 판결검색방법: 서울가정법원 사이트 우리법원 주요판결 란에 들어가
  검색 앞 빈칸에 '모의 결정'이라고 타자한 후 검색을 누르면 나타난다.
2 일본에서는 종래 생모의 인지가 필요하다고 하였으나 1962. 4. 27. 자 최고재판소 판결로 인지불요
  설로 변경하였다. 우리나라 대법원도 이에 영향을 받아 같은 견해를 취하고 있다.
3 자(子) 쪽에서도 인지청구나 친생자관계확인청구를 할 수 있다.

하지만 이 경우에도 그 여자가 아이를 자신의 친생자로 인지함으로써 비로소 친생자관계(생모자관계)가 성립하는 것은 아니고, 이는 처음(임신·출산 당시)부터 성립한 친생자관계(생모자관계)를 확인하는 효력밖에 없다.[1]

(4) 부(父)의 결정

1) 모(생모)의 경우에는 외부에서 생모자관계를 인식할 수 있는 임신이라는 사실관계가 있으므로 모를 결정하기가 비교적 쉽다. 그러나 부(생부)의 경우에는 어떤 아이에게 특정한 남자의 혈통이 전수되었는지를 외부에서 쉽게 인식할 수 없다. 모와 같이 임신·출산과 같은 객관적 기준이 될 만한 단서가 없으므로 부를 결정하기가 매우 어렵다. 이에 따라 우리 민법은 모와 달리, 부(생부)에 관하여는 기준이 될 만한 어떠한 직접적 단서도 제공(규정)하지 않고 있다.

2) 다만, 민법 제844조는 아이를 임신·출산한 여자가 그 당시 어떤 남자와 혼인관계(법률혼)에 있는 경우에는 그 아이를 그 남자, 즉 그 남편의 친생자로 추정하도록 하고 있다. 여자가 어떤 남자와 혼인관계(법률혼)에 있는데, 그 기간 중에 아이를 임신·출산하였다면 그 여자가 외도를 할 리는 거의 없으므로 그 아이를 남편의 친생자로 추정함이 경험칙에 부합하기 때문이다. 이에 비추어보면, 부자관계는 모자관계와 달리 부자간의 관계를 직접 암시하는 기준에 따라서가 아니라, 그 남자가 생모와 혼인관계에 있는지 여부라는 간접적 기준에 따라 추정된다.

이와 같이 아이가 생모의 남편의 자식이라는 추정은 매우 불명확한 것임에도 불구하고 민법은 이 추정을 뒤집는 방법으로 뒤에서 보는 바와 같은 친생부인의 소라는 형성소송만을 허용하고, 또한 그 소송의 원고적격자를 남편과 생모에게만 부여하고 있다. 이로써 아이가 남편의 자식이라는 추정은 모의 추정과 달리 법률상 추정의 효력을 가지며, 생모와 그 남편 외에는 누구도 그 추정을 깨트릴 수 없다. 이는 다분히 가부장적 남성중심주의의 소산[2]이라고 할 수 있다. 즉 가장인 남편의 체면과 위신을 중시하여 그가 문제 삼지 않는 한 아무도 그 추정을 뒤집고 아이가 남편의 자식이 아니라는 주장을 하지 못하게 함으로써 가장으로 하여금 가정을 지키고 그의 명예와 위신을 세우도록 돕는다. 이에 따라 뒤에서 보는 바와 같이, 출생한 아이를 특정한 남자의 친생자로 출생신고하는 데에는 일정한 제한이 따른다.

---

1 대판 1967. 10. 4, 67다1791 참조.
2 헌재 2015. 4. 30, 2013헌마623 결정(민법 제844조 ②항 중 "혼인관계 종료의 날부터 300일 내에 출생한 자"에 관한 부분은 헌법에 합치되지 아니한다).

3) 여자가 아이를 임신·출산할 당시 어떤 남자와도 혼인관계(법률혼)에 있지 않은 경우에는 위와 같은 추정을 할 수 없다. 결국 그 생부는 앞서 본 기준인 혈통(유전자)에 의해 결정될 수밖에 없는데, 그 생부는 스스로 아이가 자신의 친생자라고 인정하는 의사표시(認知)를 할 수 있다(제855조 ①항). 그리고 부(생부)의 인지는 모(생모)의 인지와 달리 창설적 효력을 갖는다. 즉 그로써 비로소 부(생부)와 자 사이에 자의 출생 시로 소급하여 친생자관계가 성립하게 된다(제859조 ①항·제860조).

4) 생부는 법원에 친생자관계확인청구를 하여 친생자관계를 성립시킬 수도 있으나, 이는 뒤에서 보는 바와 같이 상당히 제한적으로만 허용된다.[1]

2. 부(父)의 친생자추정

민법은 자녀의 생부를 추정하는 규정을 두고 있다. 반면에 생모에 대해서는 아무런 추정규정이 없다. 이는 앞서 본 바와 같이 모의 경우에는 외관상 알 수 있는 임신·출산으로 사실상 아이를 낳은 여자를 생모로 추정할 수 있기 때문이다.

(1) 혼인중의 자

1) 혼인중의 자는 앞서 설명한 바와 같이 생모가 그 자를 임신하거나 출산할 당시 어떤 남자와 법률혼관계에 있는 것을 말한다. 실제로 그 자가 생모와 법률혼관계에 있는 남자(남편)의 생물학적·유전학적 친자인지 여부는 묻지 않는다.

혼인중에 출산하였다면 혼인 성립 전에 임신하였더라도 그 자는 혼인중의 자인바, 혼인 성립일로부터 200일 후에 출생한 자는 혼인중에 임신한 것으로 추정되어 남편의 친생자로 추정된다. 혼인 종료일로부터 300일 이내에 출생한 자는 이미 혼인이 종료한 후에 출산하였으므로 본래는 혼인중의 자가 아니나, 그러한 자는 혼인중에 남편과의 사이에 임신하였을 가능성이 매우 높으므로 민법은 그 자녀 역시 전 남편의 친생자로 추정하므로 역시 혼인중의 자에 포함하는 것이 통설이다.

2) 혼인중의 자라고 하여 모두 생모의 남편의 친생자로 추정되지는 않는다. 위와 같이 혼인중의 자는 그 자를 임신하거나 출산할 당시 생모가 어떤 남자와 법률혼관계에 있는 것을 말하므로, 그 법률혼상의 남편이 반드시 아이의 생부라고 단정할 수는 없고 단지 추정될 뿐이다. 그런데 이에 관해서도 일정한 사유에 따라

---

1 자녀 쪽에서도 인지나 친생자관계확인청구를 할 수 있다.

법률상의 추정력이 없는 경우가 있는바, 이에 따라 혼인중의 자는 그 생부와 관련하여, ① '친생자의 추정을 받는 자', ② '친생자의 추정이 미치지 않는 자', ③ '친생자의 추정을 받지 않는 자'로 구별된다. ②와 ③은 일정한 사유로 인해 생모가 남편의 자를 임신하였다고 보기 어려워 친생추정이 부정되는 경우인바, 이에 해당하면 혼인중의 자라는 것은 실질상 의미가 없게 된다.

　(가) 친생자의 추정을 받는 자

　　1) 생모인 아내가 혼인중에, 즉 혼인기간 중에 있을 때 임신한 자녀는 그 남편의 자로 추정된다(제844조 ①항). 즉 그 자는 '친생자의 추정을 받는 자'에 해당한다. 이 경우는 그 자녀가 언제 출생하였는지를 불문한다.

　　2) 그러나 생모의 임신이 언제 이루어졌는지를 알기는 쉽지 않으므로, 혼인이 성립한 날부터 200일 후에 출생하였거나 혼인관계가 종료된 날부터 300일 이내에 출생한 자녀는 혼인중에 임신한 자로 추정되어 그 남편의 자로 추정된다(제844조 ②, ③항). 이는, 통상 사람은 임신 후 빠르면 200일 내, 늦으면 300일 내에 출생하기 때문에 그 기간 내에 출생한 자는 생모와 법률혼관계에 있는 남편의 자식일 가능성이 높은 사정을 고려하여, 그 임신 시기를 혼인중의 시기로 추정하는 것이다. 이와 같은 방법으로 임신 시기를 추정할 수 없는 때는 그 임신 시기가 남편과의 혼인기간 중임을 증명하여야 친생추정을 받을 수 있다.

　　3) 민법 제844조에 의한 친생추정은 법률상 추정이므로, 설사 처가 외간 남자와 간통하여 아이를 출산한 경우나 남편에게 생식능력이 없는 경우에도 추정력이 발생한다. 이는 결국 아이가 태어난 경우 그 아이는 출산한 여자의 자식일 수밖에 없으며, 남녀의 성적 교섭은 오직 혼인관계에서, 즉 혼인한 남녀 사이에서만 허용되어야 한다는 생물학적 지식과 윤리의식의 소산이라고 할 수 있다.

　　아무튼 민법 제844조에 의한 친생추정은 뒤에서 보는 바와 같이 민법 제846조 등에 의한 친생부인의 소와 결합하여 확정판결 등에 의해서만 이를 뒤집을 수 있는바, 이에 대해서는 뒤에서 자세히 설명한다.

　　4) 민법 제844조 ②, ③항에 의한 친생추정에 따르면, 생모가 법률혼관계인 남편과 이혼하고 다시 다른 남자와 법률혼을 한 경우 재혼이 성립한 날부터 200일 후이면서 전혼이 종료된 날부터 300일 이내(예컨대 재혼이 성립하고 전혼이 종료한 날부터 각 250일 내인 경우)에 자녀를 출산한 때에는 그 자녀는 전남편의 친생자로 추정받는 동시에 재혼한 남편의 친생자로도 추정받아 친생추정이 중복하게 된다.

이 경우에는 법원이 재판에서 아버지를 결정하게 된다(제845조). 이 부분은 뒤에서 자세히 설명한다.

(나) 친생자의 추정이 미치지 않는 자

1) 혼인중의 자는 남편의 자로 추정됨이 원칙이지만, 혼인중의 자라도, 남편이 장기간에 걸쳐 해외에 나가 있거나 사실상 이혼하여 부부가 별거하는 등 동서(同棲=동거)의 결여로 처(생모)가 남편의 자를 임신할 수 없었다는 사실이 외관상 명백한 경우에는 민법 제844조에 불구하고 친생추정이 미치지 아니하는바,[1] 이러한 자를 '친생자의 추정이 미치지 않는 자'라고 한다. 이는 민법에는 규정된 바 없고, 판례에 의해 인정되는 것이다.

2) 이 경우에는 민법 제846조 등에 의한 친생부인의 소에 의하지 않고 생부 등은 친자관계부존재확인의 소를 제기하여 그 판결로 남편과 자의 친생자관계를 부정할 수 있다. 그러나 가족관계등록법상으로는 여전히 혼인중의 자이다.

(다) 친생자의 추정을 받지 않는 자

1) 생모와 남편 사이에 혼인(법률혼) 성립의 날로부터 200일이 경과하기 전에 출생한 자는 생모와 남편의 혼인관계 중에 임신한 것으로 추정되지 않고(제844조 ②항의 반대해석), 이에 따라 그 자녀는 혼인중의 자이지만 남편의 친생자로 추정받지 못한다. 따라서 그 임신이 남편과의 혼인기간 중에 이루어진 것이라는 증명이 없는 한 친생자의 추정을 받지 못하는바(제844조 ①항의 유추해석), 이러한 자를 '친생자의 추정을 받지 않는 자'라고 한다.

2) 혼인관계 종료일로부터 300일이 경과한 후에 출생한 자는 위와 같이 혼인중의 자가 아니라 처음부터 혼인외의 자가 되므로 당연히 친생추정을 받지 못한다.

(2) 혼인외의 자

1) 혼인외 출생자의 경우에는 부(父)가 추정되지 않는다. 처가 혼인기간 중에 임신·출산한 것이 아니므로 외관에 의하여 이를 단정할 수 없기 때문이다. 따라서 이 경우에는 생부라고 주장하는 자가 스스로 인지(인지를 갈음한 출생신고 포함)를 하거나, 자가 그 생부 또는 검사를 상대로 인지청구의 소를 제기하여 확정판결을 받아 생부를 확정할 수 있으며, 이해관계인은 누구라도 친생자관계존부확인청구의 소를 제기하여 자와 어떤 남자(생부로 사실상 추정되는 남자) 사이의 부자관계의 존

---

[1] 대판 1983. 7. 12, 82므59(전합).

부를 확인받을 수 있다.

2) 앞서 본 바와 같이 혼인외의 자는 법률상 혼인관계가 없는 남녀, 즉 생모가 자를 임신하거나 출산할 당시 생부와 법률혼관계가 없었던 자녀(사실혼 관계, 부첩 관계, 무효인 혼인관계 등에서 출생한 자)를 말한다. 그러나 더 엄밀히 말하자면, 자녀를 임신하거나 출산할 당시 그 생모가 어떤 남자와도 법률혼관계에 있지 않은 경우를 의미한다. 자녀의 임신·출산 당시 생모가 어떤 남자와 법률혼관계에 있는 경우 그 자녀는 그 남편의 혼인중의 자가 되기 때문이다.

3) 다만, 혼인중의 자라도 남편에 대하여 친생추정이 미치지 않거나 그 추정을 받지 못하는 경우에는 친생부인의 방법이 아닌 친생자관계존부확인의 소나 인지 등에 의하여 친생자관계를 확정할 수 있으므로, 그 실질에 있어서는 혼인외의 자와 같다고 할 수 있다. 그러므로 친생부인판결 등에 의하여 가족관계등록부상 부(父)의 친생자가 아님이 확정된 자도 그때부터는 소급하여 혼인외의 자가 된다.

Ⅲ. 친생자의 추정

1) 우리 민법은 부모와 자식의 관계, 즉 친생자관계를 혈연(유전자)을 기준으로 결정하고, 생모와 자식의 관계(모자관계)는 모의 임신·출산이라는 외형적·자연적 사실에 의하여 인정하고, 거기에 의문이 있는 때는 인지나 친생자관계존부확인 판결의 방법으로 확정하도록 하고 있다.

2) 반면, 생부와 자식의 관계(부자관계)는 모의 임신·출산과 같은 외관에 의하여 이를 인정하기 곤란한 사정을 고려하여 그 자의 임신·출산 당시 생모가 어떤 남자와 법률혼관계에 있는지 여부에 따라 일정한 경우 그 생모의 법률상 남편을 생부로 추정하고, 이를 부정하는 방법으로 친생부인의 소와 같은 특수한 방법을 마련하고 있다.

1. 민법상 친생자 추정과 그 요건

1) 민법 제844조는 법률혼관계에 있는 처가 임신하거나 자녀를 출산한 경우 그 자녀의 생부에 관하여 다음과 같은 추정을 한다. ① 아내가 혼인중에 임신한 자녀는 남편의 자녀로 추정한다. ② 혼인이 성립한 날부터 200일 후에 출생한 자녀는 혼인중에 임신한 것으로 추정한다. ③ 혼인관계가 종료된 날부터 300일 이내에

출생한 자녀는 혼인중에 임신한 것으로 추정한다.

2) 민법 제844조에 의한 친생추정은 호적이나 가족관계등록부 기재를 기준으로 하는 것이 아니라, 실제의 생모, 실제의 출생일을 기준으로 한다. 따라서 처가 아닌 다른 여자가 출산하였는데 호적이나 가족관계등록부에 처가 출산한 것으로 기재된 경우, 그 자녀는 처의 남편의 친생자로 추정되지 않는다. 반면에 그 실제의 모(생모)의 남편과의 관계에서는 호적이나 가족관계등록부에 그 자녀가 그 남편의 친생자로 기재되어 있지 않더라도 민법 제844조에 의한 친생추정이 발생한다. 다만, 혼인의 성립이나 해소(이혼의 경우)는 혼인신고나 협의이혼신고가 창설적 신고이므로 가족관계등록부 기재를 기준으로 하여야 한다. 재판상 이혼의 경우에는 그 판결 확정일이 기준일이 된다.

(1) 법률상의 처 또는 처였던 여자가 임신하였거나 출산하였을 것

1) 이와 같이 민법 제844조에 의해 생모의 남편과 자 사이에 친생추정이 발생하기 위해서는 그 생모가 어떤 남자(남편)와 혼인관계에 있고, 그 혼인기간 중에 아이를 임신하였거나 출산하였어야 한다.

2) 따라서 생모가 아이를 출산할 당시까지 반드시 혼인관계가 유지될 필요는 없으나, 적어도 그 아이를 출산하기 이전에 어떤 남자와 법률상 혼인관계에 있었어야 한다. 그러므로 법률상 혼인을 한 바 없는 여자가 아이를 임신하였거나 출산한 경우에는 그 아이의 생부에 대하여 친생추정이 문제될 여지가 전혀 없다.[1]

(2) 여자(처)가 임신할 당시 법률상 혼인관계에 있었을 것

1) 민법 제844조 ①항의 친생추정을 받으려면 위와 같이 출산한 여자(처)가 임신할 당시 어떤 남자(남편)와 법률상 혼인관계에 있어야 한다. 그런데 처가 남편과의 혼인기간 중에 임신한 사실은 추정되지 않으므로, 이는 증거에 의하여 증명되어야 한다.

2) 혼인관계의 존부(存否)는 가족관계등록부상 혼인신고의 유무로 확정된다. 우리 민법은 혼인의 효력에 관하여 신고주의를 취하고 있기 때문이다(제812조 ①항). 일단 혼인신고가 되어 있는 이상, 그 혼인에 취소의 사유가 있어 혼인이 취소

---

1 일 최판 1970. 7. 15, 집 24-7, 861면[실제로 甲남과 丙녀 사이의 자녀인데 호적상 부부인 甲남과 乙녀의 자녀로 허위로 등재되어 있을 때, 호적부상 처(乙女)가 출산한 자녀가 아니라고 주장하는 경우는 친생부인의 소가 아닌 친자관계부존재확인의 소로 다투어야 한다].

될 '혼인중의 처'가 임신한 자녀도 친생자로 추정된다.[1] 그러나 혼인이 무효인 경우에는 처음부터 부부 사이에 법률상 혼인관계가 성립하지 않으므로 민법 제844조에 의한 친생추정이 발생하지 않는다.[2]

(3) 출산이 혼인 성립일 또는 혼인 종료일부터 일정 기간 내일 것

1) 민법 제844조 ①항의 친생추정이 발생하려면, 처(생모)가 남편과의 혼인 기간 중에 그 자녀를 임신한 사실이 증명되어야 한다.

2) 그러나 처가 언제 임신하였는지는 외관상으로 확정하기 쉽지 않으므로, 그 임신 당시 처(생모)가 어떤 남자와 법률상 혼인관계에 있었는지 여부도 증명하기 쉽지 않다. 이에 따라 민법은 혼인이 성립한 날부터 200일 후에 출생한 자녀와 혼인관계가 종료된 날부터 300일 이내에 출생한 자녀는 그 남편과의 혼인기간 중에 임신한 것으로 추정한다(제844조 ②, ③항). 이는 생리학적으로 사람의 임신기간이 통상 200일 내지 300일임을 고려한 것이다.

이에 따라 여자(처)가 위 기간 내에 아이를 출산한 경우 남편과의 혼인기간 중에 자를 임신한 사실을 증명할 필요 없이 그 자는 남편의 자로 추정된다. 그리고 이와 같은 친생추정에 따라, 혼인(후혼)이 성립한 날부터 200일 후이면서 혼인관계 (전혼)가 종료된 날부터 300일 이내에 출생한 자녀의 경우 친생추정이 중복되는 경우가 발생할 수 있음은 앞서 본 바와 같다.

3) 혼인 성립의 날로부터 200일이 되기 전에 출생한 자녀는 혼인중의 자이기는 하지만 남편의 자녀로 추정(친생추정) 받지 못한다. 그러므로 친생부인의 소가 아닌 친생자관계부존재확인의 소로 그 친생성을 다툴 수 있다. 그러나 혼인 성립의 날로부터 200일이 되기 전에 출생한 자라도, 생모가 남편과의 혼인기간 중에 그 자를 임신한 사실이 증명되는 때에는 민법 제844조 ①항에 의하여 남편의 자로 추정된다. 이는 혼인관계가 종료된 날부터 300일 이후에 출생한 자의 경우에도 동일하다.

4) 혼인 성립일부터 200일 또는 혼인 종료일부터 300일의 기간은 날(日)로써 계산하고, 초일불산입의 예외로서 그 성립이나 종료 당일(혼인신고일·이혼신고일·

---

1 서울가판 2009. 3. 20, 2008르2020, 3283[확정 : 외국에서 출생하여 한국의 가족관계등록부에 친생자로 등재되어 있지 아니한 자(子)에 대하여도 친생추정의 효력이 미친다]; 미국에서는 아이출산 후 곧 혼인취소나 혼인무효가 선언될지라도 추정은 유지된다(Krause, 287면).

2 부산가판 2017. 6. 9, 2017드단203547(생모가 취업목적으로 일본 남자와 혼인신고(가장혼인)를 한 후 동거한 적이 없으면서, 피고를 그들 사이의 자로 출생신고한 사례; 친생부인판결).

이혼판결확정일 등)부터 계산하여야 하며,[1] 200일 또는 300일째 되는 날도 포함된다고 해석할 것이다. 임신이라는 사실행위는 혼인 성립일 또는 혼인 종료일 당일에도 가능하며, 그렇게 계산하는 것이 자에게 유리하기 때문이다.

5) 위 200일 후 또는 300일 전의 '출생'은 호적부나 가족관계등록부에 기재된 출생일을 기준으로 하는 것이 아니라 실제로 출생한 날을 기준으로 한다.[2]

:: **참고판례**

> 원고(안원종)와 소외인 권순희는 호적상 1927. 11. 29. 혼인하고 1929. 1. 15. 그들 사이에서 피고(안교영)를 출산한 것으로 되어 있으나, 실지로 원고와 위 권순희가 결혼하여 동거생활을 하기 시작한 것은 1923년 봄이었고, 또 그들 사이의 자식으로서 피고가 출생한 것은 1927년 음력 12. 15.이었음이 분명한데, 다만 그들 사이의 혼인신고를 늦게 한 탓으로 호적상의 기재에만 의한다면 마치 피고가 원고와 권순희가 혼인한 날인 1927. 11. 29.부터 200일 이내에 출생한 것처럼 되어 있는 사실이 확실하다. 그렇다면 원·피고 사이의 본건 친자관계의 존부에 관하여는 민법부칙 제 2 조에 의하여 현행 민법에 따라서 정할 것이 아니라 구법인 조선민사령에 좇아서 기준으로 삼아야 할 것인바, 우리나라의 옛 관습에 의하면 비록 아직 혼인신고는 하지 아니하였다 할지라도 부부가 이른바 내연관계에 들어가서 동거생활을 하던 중 처가 포태한 경우에는 비록 그 포태된 자의 출생일자가 그 부모의 혼인신고일 뒤에 있고 그 사이의 기간이 200일이 못 된다 해도, 이러한 자는 특히 부모의 인지절차를 밟지 아니하고 출생과 동시에 당연히 그 부모의 적출자(친생자)로서의 신분을 취득한다고 보아야 한다(대판 1963. 6. 13, 63다228).

6) 혼인 성립의 날은 혼인신고일을 의미한다. 사실혼 성립일도 여기에 포함될 것인가? 국내의 다수학설은 이를 긍정하고 있고,[3] 또 일부 학설은 사실혼관계존재확인 청구사건의 조정성립일, 판결확정일도 혼인성립의 날로 보아야 한다고 주장

---

1 '가족관계의 등록 등에 관한 법률' 제37조는 신고기간은 신고사건 발생일부터 기산하고, 재판의 확정일부터 기간을 기산하여야 할 경우에 재판이 송달 또는 교부 전에 확정된 때에는 그 송달 또는 교부된 날부터 기산한다고 규정하고 있다.
2 대결 2012. 4. 13, 2011스160.
3 김·김, 297면; 김상용 외 3, 358면; 고정명, "인공수정과 친자법", 「인공수정의 법리」(법무부, 1987), 200면; 김용한, 176면; 박병호, 158면; 이경희, 177면 등. 일본에서는 통설이라고 한다[我妻, 民法(7), 67면; 我妻 외 2, 民法(3), 2004, 119면; 大村, 84면; 甲斐, 80면 등].

하고 있다.[1] 법률혼주의(신고주의)가 도입되기 전의 구 민법시대(1959. 12. 31.까지)에 출생한 자녀에 대하여는 이를 긍정하는 판례(우리나라의 옛날 관습에 의하면 … 하고 판시)도 있다.[2] 당시에는 혼인의 효력이 혼인신고가 아닌 혼례식의 거행 등에 의해 발생하였기 때문이다.

그러나 법률혼주의(신고주의)가 도입된 이후에는 이를 인정할 수 없다.[3] 신고혼주의·법률혼주의의 원칙상 사실혼을 포함시킬 경우 친생자추정의 기준이 모호하게 되어 친생자의 법률관계를 불안정하게 하기 때문이다. 서울가정법원의 실무례도 이와 같은 입장으로서, 이 경우 친생자관계존부확인의 소를 허용한다.[4]

7) 혼인관계 종료의 날은, 부부 일방의 사망일·협의이혼신고일·이혼판결(또는 혼인취소판결)확정일·조정이혼의 성립일(조서 기재일)과 같이 법률상으로 혼인 해소의 효력이 발생한 날을 의미한다.

2. 친생자추정의 제한과 그 기준

1) 민법 제844조에 의한 친생추정에 의하면, 법률상의 처 또는 처였던 여자가 일정기간 내에 임신·출산을 한 경우 설사 그 처가 남편 아닌 다른 남자와 간통하여 아이를 임신·출산한 경우에도 그 아이는 남편의 자로 추정되고, 이를 뒤집으려면 엄격한 친생부인의 소를 제기하여야 한다.[5]

2) 이를 엄격히 적용하여 어떠한 예외도 인정하지 않을 경우 민법 제847조 ①항 소정의 2년의 제척기간 내에 친생부인의 소를 제기하지 못한 남편은 남의 자식을 자신의 자식으로 보호·교육·양육하고 재산을 물려주어야 하는 불이익을 입게 된다. 이러한 점을 고려하여 민법 제844조에 의한 친생추정의 예외를 인정할 수 있는지, 인정한다면 그 기준은 무엇인지를 둘러싸고 논란이 벌어지고 있다.

(1) 학　설

(가) 예외 부정설(무제한설)　남편에 의한 포태(임신) 가능성의 유무와 상관없이, 민법 제844조의 요건을 충족하는 경우 그 기간 내에 출생한 자는 모두 남편의

---

1 김형배, 170면; 이영규, 151면; 서울가판 2000드단102315(사실혼이 선행하였더라도 혼인 신고일부터 200일 되기 전에 출생한 자는 친생추정을 받지 못한다).
2 대판 1963. 6. 13, 63다228, 집 11(2) 민 17면; 동지 일 대심판(연합부) 1940. 1. 23, 집 19, 54면.
3 송덕수, 124면; 윤진수 160면; 서울고판 1998. 6. 23,98르406(섭외인지청구사건에서 친생추정부인).
4 이제정(2003), 447~48면; 서울가판 2003. 4. 1, 2002드단49371 등.
5 대판 2019. 10. 23, 2016므2510 전합.

친생자로 추정되어야 하고, 이를 부정하려면 반드시 친생부인의 소로써 다투어야 한다는 설이다. 부자간의 혈연의 진실을 명백히 하는 것도 중요하지만, 민법상 친생자추정과 친생부인제도는 가정의 평화를 보호하는 데도 그 법익이 있으므로, 가정의 평화를 위협하고 부부 내부의 개인적 사정에 개입하면서까지 혈연의 진실을 파헤칠 필요는 없다고 보는 것이다.

(나) 예외 인정설(제한설)

1) 외관설(外觀說)   부부가 혼인중이라고 하더라도, 그 처가 남편의 자녀를 포태할 수 없는 외관상 객관적인 명백한 사유, 예컨대 남편의 실종선고[1]·해외거주·교도소복역·군대 출정(出征)[2]·혼인파탄으로 인한 별거[3] 등이 있는 경우는 친생추정이 미치지 아니한다는 견해이다.[4]

이는 결국, 민법 제844조의 친생추정은 강력한 법률상의 추정이지만, 남편에 의한 임신 가능성이 없음이 외관상 명백한 경우에는 그 적용이 제한되어야 한다고 보는 것이다. 이 견해에 의하면, 남편에 의한 임신 가능성이 없음이 외관상 명백하여야 하므로, 부부가 동거중이라면 남편의 생식(生殖)불능,[5] 남편과 자녀 사이의 혈액형의 상이(相異) 등의 경우에도 친생추정은 미친다고 보게 된다.

2) 혈연설(血緣說·實質說)   동거의 결여와 같은 외관상 명백한 사유가 없더라도, 개별적·구체적인 사안의 심사 결과 객관적으로 혈연(부자)관계가 존재하지 아니함이 명백한 경우에는 친생추정은 부인된다는 견해이다.[6] 이에 따르면, 앞서의

---

1 我妻 외 2, 131~32면(남편의 실종선고로 혼인이 종료된 경우는 그 종료 후 300일 이내에 출생하였더라도 남편의 자녀로 추정 받을 수 없다).

2 일 최판 1998. 8. 31, 家月 51-4, 75면[남편의 출정(出征) 중에 포태된 것으로 추정되는 자녀에 관하여 '성적관계를 가질 기회가 없었음'은 명백하다고 판시].

3 일 최판 1969. 5. 29, 집 23-6, 1064면(사실상 여러 해 남편과 별거하고 있던 처가 이혼신고를 한 후 300일 안에 출산한 자녀는 친생추정의 대상이 될 수 없고, 이러한 자는 진실한 생부를 상대로 인지청구를 할 수 있다).; 서울가판 2018.10.30, 선고 2018르31287, 31218(처가 남편의 자녀를 임신할 수 없음이 외관상 명백한 사유가 없더라도, 사실상의 혼인파탄, 혈액형 상이 등의 경우 친생추정이 미치지 아니하므로, 친생자관계부존재 확인의 소도 제기할 수 있다).

4 정광현, 신친족상속법요론, 200면; 김용한, 169면; 박병호, 159면; 이근식·한봉희, 신친족상속법, 136면 등; 我妻 榮, 親族法(有斐閣, 1961), 221면 영국·미국의 Common law의 전통(남편의 생식불능 또는 별거나 9개월 이상 국외거주 등의 증거만으로 친생추정 반박 가능: Krause, Family Law, 286면, 291면).

5 서울고판 1991. 7. 23, 91르483[상고; 부부가 동거를 하고 있는 이상 그 부(夫)가 생식불능이더라도 친생추정은 유지된다]; 박정기·김연, 213면.

6 조미경, "친생부인의 소에 관한 비교법적 고찰", 가족법연구 11호, 한국가족법학회(1997), 166~67면; 서울가판 1994. 7. 15, 93드89828(확정; 12년간의 동거생활·부부관계에서 자녀가 임신되지 아니하여, 남편의 생산능력 없음이 명백하고, 혈액형도 배치되는 경우); 서울가판 2015. 7. 21, 2014드단310144; 中川善之助, 新訂親族法(靑林書院, 1965), 364~365면.

외관성이 명백한 경우에 더하여 남편의 생식불능, 혈액형의 상이(相異) 같은 경우
에도 친생추정은 부인되게 된다. 따라서 이 설에 따르면, 위와 같은 경우 부자(父
子)관계를 부인·단절하기 위해서는 친생부인의 소가 아닌 친생자관계부존재확인
의 소를 제기할 수 있다.

이 견해에서는, 민법 제844조의 친생추정 규정에 의해 처가 혼인중에 임신·
출산한 자녀를 남편의 친생자로 추정하는 것은 그 자식이 남편의 혈통을 이어받은
자식인지를 직접적으로 증명할 증거가 없음을 전제로 하여 혼인중의 임신·출산이
라는 간접사실을 토대로 하는 것이므로, 혈핵형검사나 유전자검사 등과 같이 그
자식이 남편의 혈통을 이어받은 자식인지 여부를 직접적으로 증명할 증거가 제시
된 경우에는 민법 제844조의 친생추정은 적용할 여지가 없다고도 주장한다.[1]

3) 절충설(가정파탄설)　　가정의 평화와 혈연진실주의의 조화를 도모하여야
한다는 견지에서, 부부관계가 계속·유지되고 있는 경우에는 친생추정이 미치고,
그렇지 않는 경우에는 친생추정이 미치지 않는다는 설이다. 이 설은 원칙적으로
외관설을 따르면서 남편의 생식불능, 부자간의 혈액형의 배치 등으로 부자관계가
없다는 사실이 명백히 증명되고, 게다가 가정이 이미 파탄상태에 빠진 경우는 혈
연주의를 우선 적용하여 친생추정을 배척함이 옳다고 보며,[2] 이러한 경우 법률상
의 친생추정을 인정하는 것이 오히려 자녀의 복리에 어긋날 수 있는 경우도 있기
때문이라고 한다.[3]

이 견해에 따르면, 부자관계를 부정하기 위해서는 그때그때의 상황에 따라 친
생부인의 소를 제기하거나 친생자관계부존재확인의 소를 제기할 수 있다.

(2) 판례(제한설 중 외관설)

1) 종래 우리 판례는 예외 부정설(무제한설)을 취하였는데,[4] 1983. 7. 12. 선고
82므59 전원합의체 판결로써 종전의 견해를 바꾸어 "민법 제844조는 부부가 동거

1　김문수, "대리모가 출산한 자의 친생관계", 법학연구 제28권 4호, 연세대학교 법학연구원(2018. 12.).
2　김·김, 300면; 김주수, "친생부인의 소와 친생자관계부존재확인의 소에 관한 일고찰," 법률연구
　　제 3 집(1983), 268면; 양수산, 349면; 이경희, 141면; 일본의 松倉耕作, "嫡出性의 推定과 否
　　認," 法時 제45권 14호(1973).
3　서울가판 1995. 5. 30, 94드61780[확정; 가정이 이미 파탄되고 부자(父子)간의 유전자형 배치의 경
　　우에도 친생자추정은 부인된다]; 2005. 6. 16, 2005르47[부부가 사실상 이혼으로 별거 중 처가 출
　　산; 서울고판 1987. 3. 23, 86르283(확정)].
4　대판 1968. 2. 27, 67므34; 1992. 7. 24, 91므566: 2012. 10. 11, 2012므1892: 오직 친생부인의 소로
　　써만 친생자관계를 부인할 수 있고, 친자관계부존재 확인의 소를 제기하면 각하된다.

하여 처가 부(夫, 이하 같다)의 자를 포태할 수 있는 상태에서 자를 포태한 경우에 적용되는 것이고, 부부의 한쪽이 장기간에 걸쳐 해외에 나가 있거나 사실상의 이혼으로 부부가 별거하고 있는 경우 등 동서의 결여로 처가 부의 자를 포태할 수 없는 것이 외관상 명백한 사정이 있는 경우에는 그 추정이 미치지 않는다고 할 것이다. 왜냐하면, 위 제844조는 제846조 이하의 친생부인의 소에 관한 규정과 더불어 부부가 정상적인 혼인생활을 영위하고 있는 경우를 전제로 가정의 평화를 위하여 마련한 것[1]이라 할 것이어서, 그 전제사실을 갖추지 아니한 위와 같은 경우에까지 이를 적용하여 요건이 엄격한 친생부인의 소에 의하게 함은 도리어 제도의 취지에 반하여 진실한 혈연관계에 어긋나는 부자관계의 성립을 촉진시키는 등 부당한 결과를 가져올 수 있기 때문이다"라고 하여 제한설 중 외관설을 취하고 있다.[2,3] 이러한 자는 혼인중의 자라도 '친생자의 추정을 받지 않는 자'에 해당하게 된다.

2) 그러나 우리 판례는 처가 남편의 자를 포태할 수 없는 것이 외관상 명백한 사정이 있는 경우가 아닌 다른 경우에는 예외를 인정하지 않고 있다. 즉 부부가 동거하고 있는 등으로 외관상 처가 남편의 자를 포태할 수 있는 이상, 그 남편이 생식불능이거나 부부가 별거하고 있더라도 친생자의 추정은 유지된다.[4] 대법원은 2019. 10. 23. 선고 2016므2510 전원합의체 판결에서도 이를 분명히 하였다.

3) 참고로, 1998년 개정 이전의 독일 민법은 남편과 아내가 자의 포태기간(임신기간＝출생일 181일 전부터 출생일 302일 후까지) 중 동거한 때는 남편의 자로 추정하되, 남편이 아내를 임신시키는 것이 명백히 불가능한 때는 그렇지 않다고 규정하였는데(동법 제1591조ㆍ제1592조), 1998년의 개정 법률에서는 이와 같은 예외규정을 삭제하고, 자가 부부의 이혼소송 중에 출생하였고 이혼판결 확정 후 1년 내에 다른 남자가 자를 인지한 때는 친생추정이 미치지 않는다고 하고 있다(동법 제1599조). 또한 2009년 개정된 프랑스 민법이나 스위스 민법 등에도 역시 이와 유사한

---

1 친생자추정 이유는 혈연진실주의와 가정평화유지를 위한 것[대판 1983. 7. 12, 82므59(전원합의체)].
2 이 판결로 종전의 1968. 2. 27, 67므34, 1975. 7. 22, 75다65 판결 등이 폐기되었다. 동지; 1988. 5. 10, 88므85 : 일본 최고재판소 2014. 7. 17, 평성25년(受)233호 판결.
3 미국의 통일친자법(Uniform Parentage Act, 2000; 2002년 개정)은 '아이의 출생 후 그 생모와 혼인하고, 자발적으로 아이 아버지임을 주장(인지)하는 남자'는 아이의 아버지로 추정한다. 2002년의 동 개정법은 '아이의 출생 후부터 최초 2년간 같은 집에서 아이와 동거하면서 공개적으로 그 아이를 자신의 아이라고 주장하는 남자'를 아이의 아버지라고 추정하고 있다(Brashier, 134면).
4 서울고판 1991. 7. 23, 91르483; 대판 1968. 2. 27, 67므34; 1975. 7. 22, 75다65; 1988. 4. 25, 87므73; 1988. 5. 10, 88므85; 1990. 12. 11, 90므637 등.

규정을 두고 있고, 일본의 경우에도 법무성 지침으로 약간의 예외가 인정된다.

:: 참고판례

(1) 부부가 단순히 별거하고 있다는 등의 사정만으로는 친생자추정을 받지 아니할 사유가 될 수는 없고, 청구인이 처와 혼인한 후 다른 여자와 부첩관계를 맺고 평소 처와 별거하고 있었으나, '처가 시부모를 모시고 본가에서 거주하는 관계로' 남편인 청구인이 1년에 한 번 정도로 찾아와 만났다면 이 부부 사이는 '처가 남편의 자식을 포태할 수 없음이 객관적으로 명백할 정도로 동서의 결여가 있다.' 고는 할 수 없으므로, 그 처가 혼인중에 포태하였음이 명백한 이상 피청구인은 청구인의 친생자로 추정 받는다(대판 1990. 12. 11, 90므637).

(2) 혈연관계의 유무를 기준으로 친생추정 규정이 미치는 범위를 정하는 것은 민법 규정의 문언에 배치될 뿐만 아니라, 친생추정 규정을 사실상 사문화하는 것으로 친생추정 규정을 친자관계의 설정과 관련된 기본 규정으로 삼고 있는 민법의 취지와 체계에 반한다. 친생추정 규정은 혈연관계의 존부를 기준으로 그 적용 여부를 달리하고 있지 않다. 자녀가 남편과 혈연관계가 없다는 점이 사후적으로 밝혀진 경우 친생추정이 미치지 않는다고 보는 것은 민법 규정의 문언에 합치되지 않는다(대판 2019. 10. 23, 2016므2510 전합).

(3) 사 견

1) 민법 제844조의 친생추정 규정에는 남성중심주의 내지는 가부장적 호주나 가장(家長) 중심주의의 사고가 들어있음을 부인하기 어렵다. 아내가 출산한 자와 남편 사이에 혈액형(유전자)이 달라 생물학적으로 그 자가 남편의 자식이 아님에도, 남편만이 이를 부인할 수 있도록 하고 다른 사람은 이를 주장하지 못하게 한 것은 남편의 체면과 자존심을 고려한 측면이 강하기 때문이다. 그러나 이 규정이 항상 남편에게 유리한 것만은 아니다. 제척기간의 제한을 받아 남편 역시 친생을 부인할 수 없게 되는 경우가 생기기 때문이다.

2) 그러나 민법 제844조와 이에 부수하여 친생부인의 소가 존재하는 이상 해석론에 의하여 이를 전면적으로 부정, 배제할 수는 없다. 따라서 입법자의 결단으로 민법 제844조와 관련규정을 변경할 필요가 있다. 어차피 민법이 혈통주의를 취한 이상 그 방향으로 제도를 통일, 정비하여야 할 필요가 있기 때문이다.[1] 하지만

---

1 민법 제847조 ①항이 남성중심중의를 완화하기 위해 원고적격을 남편 외에 처(생모)에게도 확대

그 이전에는 최소한의 예외를 인정하는 것은 몰라도, 법규정을 유명무실하게 할 정도의 전면적 예외를 인정하는 것은 허용할 수 없다고 할 것이다.

3) 이러한 견지에서 현재의 대법원 판례와 같이 제한설 중 외관설이 타당하다고 생각된다. 무제한설은 지나치게 엄격하여 추정의 전제가 없는 경우까지 친생추정을 고집함으로써 남편의 권리를 너무 제약하므로 부당하다.

반면, 남편의 생식불능, 혈액형(유전자)의 상이가 증명된 경우나 부부관계가 파탄상태에 빠진 경우에까지 친생추정의 예외를 인정하려는 혈연설이나 가정파탄설 역시 부당하다. 민법 제844조가 일정한 사유를 토대로 출생한 자를 남편의 자로 법률상 추정하고, 이를 부정하기 위해서는 민법 제846조 이하의 친생부인의 소에 의하도록 하면서 그 원고적격과 제소기간을 제한한 것은, 가정의 평화와 자의 복지 등을 고려하여 실제로 그 자와 남편 사이에 혈액형(유전자)이 동일한지 여부를 따지지 않고 아내가 출산한 자를 남편의 자로 인정하려는 것이라고 볼 수도 있기 때문이다. 그런데 만약 혈액형검사나 유전자검사 등을 통해 그 자와 남편 사이에 혈액형(유전자)이 다르다는 사실을 들어 친생추정을 부정한다면 이는 '법률상' '추정'과 정면으로 배치되어 민법 제844조는 있으나 마나 한 규정이 되고 말기 때문이다.[1]

3. 친생자추정의 효과

(1) 추정의 의미

1) 민법 제844조에 의한 친생추정은 법률상 추정이다. 그러므로 이 추정을 뒤집기 위해서는 단순한 반증의 제시만으로는 불가능하고, 민법 제846조, 제847조에 의한 친생부인의 소, 민법 제854조의 2에 의한 친생부인의 허가청구, 민법 제855조의 2에 의한 인지의 허가청구로만 가능하다.

2) 따라서 위와 같은 방법 외에 친생자관계부존재확인의 소나 인지청구 등 다른 방법의 소송으로도 친생추정을 부정할 수 없고, 상속관계 소송 등에서 반증(反證)으로써도 부인할 수 없으며, 법원은 이를 선결문제(先決問題)로 삼아 그 추정을 부정할 수도 없다.

하는 것으로 개정된 것도 그 일환으로 이해된다.
1 대판 2019. 10. 23, 2016므2510도 같은 이유로 혼인중에 다른 남자와의 성적 교섭을 통해 출생한 자녀에 대해서도 친생추정을 인정하였다.

(2) 제 3 자의 인지와 출생신고

1) 친생추정을 받는 남편(가족관계등록부상의 아버지) 이외의 제 3 자는 설사 그가 자의 생물학적 아버지(생부)라 하더라도 그 아이를 자기의 자식(친생자)으로 인지(認知)할 수 없다.[1] 다만, 친생부인판결 확정에 의하여 남편의 친생이 부정된 후에는 인지할 수 있다. 혼인중의 자라도 '친생자의 추정이 미치지 않는 자'와 '친생자의 추정을 받지 않는 자'의 경우에는 민법 제844조가 적용되지 않으므로 남편(가족관계등록부상의 아버지) 아닌 생부가 인지할 수 있음은 물론이다.[2]

2) 친생추정이 미치는 경우에는 자도 생모의 남편(가족관계등록부상의 아버지)이 아닌 제 3 자를 상대로 인지청구의 소를 제기할 수 없다.[3]

3) 앞서 본 바와 같이 친생추정이 미치는 경우에는 처(생모)나 생부는 남편(가족관계등록부상의 아버지) 아닌 제 3 자를 부(父)로 기재하여 아이의 출생신고를 할 수 없으며, 생부가 '가족관계의 등록 등에 관한 법률' 제57조 ①항에 의하여 인지에 갈음하여 아이의 출생신고를 할 의사가 있더라도 역시 출생신고를 할 수 없다.

[혼인중 출생자와 혼인외 출생자의 차이]

구 분	혼인중 출생자	혼인외 출생자
생부, 생모	혼인신고를 마친 부부	사실혼·무효혼의 부부, 부첩관계상 남녀 등
가족관계등록부	부모의 성명이 모두 기록됨	생부의 성명이 공란 상태(후에 보완 가능)
친생자관계 발생시점과 그 존부	출생과 동시 ○	생모와는 출생 시 ○, 생부와는 인지 후 ○
상속권의 존부	○	생모 ○, 인지 후 생부 ○
상속권 균분	○	○
부양의무	부모 쌍방	생모 ○, 생부는 인지 후 ○
친권자·양육자	부모 공동	1차: 생모, 2차: 인지 후 부모 공동
출생신고(의무자)	부 또는 모 (가등 제44조, 제46조)	모 (생부가 친생자로 출생신고하면 인지의 효력 발생)

---

1 제 3 자가 인지신고를 한 후에 출생자가 민법 제844조에 의하여 다른 남자의 친생자 추정을 받고 있음이 밝혀진 경우에는 원래의 출생신고 의무자가 1개월 이내에 출생신고를 하고 동시에 가족관계등록부의 정정을 신청하여야 한다(가등 제57조 ④항).
2 대판 2000. 1. 28, 99므1817.
3 대판 1988. 5. 10, 88므85; 2000. 1. 28, 99므1817.

성과 본	원칙: 부의 성과 본 예외: 모의 성과 본(협의 시)	모의 성과 본, 생부의 성과 본을 알면 그대로 신고하여 생부의 성과 본을 따를 수 있음 (인지 후에도 유지가능)
준 정	×	○ (생부와 생모의 혼인＝제855조 ②항)
친자관계 부인방법	친생부인	친생자관계부존재 확인 등
친생자 추정	○ (단, 혼인기간 중에 임신하였거나 혼인 성립일부터 200일 후, 혼인 종료일부터 300일 내에 출생한 자)	×

[친생추정 여부와 친생부정의 방법]

	친생추정의 여부	친생부정의 방법	
		친생부인	친생자관계존부확인
혼인중의 자	친생추정을 받는 자	○	×
	친생추정이 미치지 않는 자 (예컨대 남편의 장기 해외여행 중 출생자)		○
	친생추정을 받지 못하는 자 (예컨대 혼인성립 후 199일째, 혼인종료 후 301일 이후 출생자 등)		○
	혼인외의 출생자(친생추정이 미치지 않음)		○
	사실혼 중의 출생자(친생추정이 미치지 않음)		○

4. 인공수정자, 대리모출생자 등과 친생자관계

1) 종래 사람의 임신과 출생은 모두 남녀 간의 성적 교섭(性的 交涉＝성교)에 의하여 이루어졌다. 이에 따라 아이는 그 남녀의 혈통과 유전자를 물려받을 수밖에 없었고, 이에 대해서는 실제로 그 아이가 부부의 혈통과 유전자를 물려받았는지 여부만이 문제 되었다.

2) 그러나 사회가 변하고 생물학과 유전학, 의학기술이 발달하면서 남녀 간의 성교에 의하지 않고서도 아이를 임신·출산하는 것이 가능하게 되었다. 정자와 난자를 모체의 밖에서 수정시키는 것은 물론 부부 중 일방이나 쌍방의 정자와 난자를 결합시키거나 수정란을 모체가 아닌 다른 여자의 체내에 이식하여 출산하는 것도 가능하게 되었으며, 정자와 난자의 핵을 치환하는 것도 가능하게 되었다. 이러

한 방법으로 불임 부부는 물론 심지어 동성 부부도 자녀를 얻는 것이 일반화되고
있다.

3) 이에 따라 이러한 방법으로 출생한 아이에 대해서도 종래의 친생추정 규정
이나 친생부인의 방법을 적용할 수 있는지, 혈통이나 유전자만으로 부모와 자식의
관계를 결정할 수 있는지 여부 등 다양한 문제가 발생하게 되었는데, 이러한 문제
는 민법 등 종래의 관련 법령으로는 해결하기 어렵다.

4) 따라서 이러한 문제를 해결하기 위해서는 근본적으로 입법적 조치가 필요
하나,[1] 우리나라에는 아직 이에 관한 법령이 전혀 없는 실정이므로 조리에 의하여
해결하는 수밖에 없다.

(1) 인공수정자(人工受精子)

(가) 인공수정자의 개념

1) 남녀 간의 성교에 의하지 않고 인공적 기구(器具)를 사용하여 남성의 정액
을 여성의 자궁에 주입, 임신되게 함으로써 태어나게 한 아이가 인공수정자이다.

2) 이는 남편이나 아내의 신체적 장애나 질병 등으로 성적 교섭이나 수정이
불가능한 때에 이용되며, 출산 후 그 아이를 부부의 혼인중의 자로 출생신고하는
것이 보통이다. 여기서 말하는 인공수정자는 타인의 자궁이 아닌 처의 자궁에 수
정란을 주입한 후 태아를 자라게 하는 점, 즉 처의 자궁을 이용한다는 점에서 뒤에
서 보는 대리모출생자와 구별된다.

3) 인공수정자에는 보통 두 가지가 있는데, ① 남편의 정액을 사용하여 시술
한 경우(A.I.H.= Artificial Insemination by Husband), ② 남편이 아닌 제 3 자의 정액
을 사용하여 시술한 경우(A.I.D.=Artificial Insemination by Donor)가 있다. 그러나
현실에서는 이러한 두 경우 외에도 다양한 임신, 출산 방법이 있고, 이를 둘러싸고
친족법과 상속법상 다양한 문제가 제기되고 있다.

4) 우리나라에는 아직 인공수정이나 대리모 출생에 관하여 전반적으로 규율하
는 법이 없다. 다만, '생명윤리 및 안전에 관한 법률'(2019. 10. 24. 시행 법률 제16372
호, 약칭; 생명윤리법)은 체외수정을 위하여 난자 또는 정자를 채취·보존하거나 이

---

1 제17대 국회에서 '체외수정 등에 관한 법률안'(2006)과 '의료보조생식에 관한 법률안'(2006), '생식
세포 등에 관한 법률안'(2007)'이 발의되는 등 이후 계속 법안이 제출되고 있으나 아직 입법화되
지는 못하고 있다. 일본에서는 2000년, '사람에 관한 클론기술 등의 규제에 관한 법률'이 공포·시행
되고 있다(我妻 외 2, 143면).

를 수정시켜 배아를 생성하는 것을 허용하되, 난자나 정자를 채취할 때에는 배아 생성의 목적이나 보존기간 등에 관하여 난자 기증자, 정자 기증자, 체외수정 시술 대상자 및 해당 기증자·시술대상자의 배우자가 있는 경우 그 배우자의 서면동의 를 받도록 하고, 누구든지 임신 외의 목적으로 배아를 생성하여서는 아니 되며, 특정의 성을 선택할 목적으로 난자와 정자를 선별하여 수정시키는 행위, 사망한 사람의 난자 또는 정자로 수정하는 행위 등을 금지할 뿐이다(동법 제23조, 제24조).[1]

(나) 인공수정자에 대해서도 민법 제844조의 친생추정이 미치는가?

1) 현행 민법에는 인공수정 자녀의 친자관계 성립에 관하여 명시적인 규정이 없다. 1958. 2. 22. 민법 제정 당시에는 아내가 인공수정으로 자녀를 임신할 수 있는 가능성을 상정하지 못하였기 때문에 이에 관한 규정을 둘 수 없었던 것이다.

그러나 친생자와 관련된 민법 규정, 특히 친생추정 규정의 문언과 체계, 민법이 혼인중 임신·출생한 자녀의 법적 지위에 관하여 친생추정 규정을 두고 있는 기본적인 입법 취지와 연혁, 헌법이 보장하고 있는 혼인과 가족제도, 민법 제844조의 친생추정 규정은 아내가 혼인중에 임신한 자녀를 남편의 자녀로 추정한다고 정하고 있을 뿐, 임신의 구체적 경위에 따라 친생추정의 적용을 제한하거나 자연적 방법이 아닌 인공수정으로 임신한 자녀에 대해서 친생추정의 적용을 배제하지 않고 있으며, 이와 같은 친생추정 규정 형식은 2017. 10. 31. 법률 제14965호로 민법이 개정될 때에도 그대로 유지되어 온 사정 등에 비추어보면, 아내가 혼인중 인공수정으로 출산한 자녀도 남편의 자녀로 추정된다고 보는 것이 타당하다.

2) A.I.H의 경우 그 인공출생자는 처가 혼인중에 출산한 이상 혼인중의 자임이 분명하므로, 그 출생이 제844조 ②, ③항의 기간 내에 있는 경우 그 남편의 동의 여부나 인식 여부와 관계없이 당연히 이에 대해서도 친생추정이 미친다고 할 것이다(반대설이 없다).

3) 문제는 A.I.D.의 경우에도 친생추정이 미치는지 여부이다.[2] 이 경우에도 처가 임신과 출산을 하게 되므로, 그 자를 처가 혼인중에 출산하였고 그 출산이 민법 제844조 ②, ③항의 기간 내인 이상, 비록 그 정자 제공자가 남편이 아니라고 하더라도 혼인중의 자임을 부정할 수는 없다. 그리고 민법 제844조의 친생추정은 그

---

1 대한의사협회는 1993년 5월 '인공수태에 관한 윤리선언 및 시술지침'을 공표, 시행하고 있다.
2 A.I.D.의 경우 간음에 해당하는지 여부가 문제되었으나 오늘날 이를 간음으로 보는 견해는 없다. 설사 그것이 간음에 해당한다고 할지라도 그것과 친생자 문제는 서로 별개이다.

자가 실제로 유전학상 남편의 자인지 불문하고 가정의 평화와 자녀의 복지를 고려
한 규정이므로, 이 경우에도 당연히 친생추정이 미친다고 할 것이다.

A.I.D.의 경우로서 남편의 동의를 얻어서 그것이 이루어진 경우에는 친생추정
이 미친다고 하는 데에는 현재 반대설이 전혀 없다. 하급심 판결도 이를 인정한 바
있다.[1] 대법원 2019. 10. 23, 선고 2016므2510 판결(아래 참고판례)도 같은 취지이다.

:: 참고판례

정자를 제공한 제 3 자가 익명인 경우에는 정자제공자를 특정하기 어렵다. 정자제
공자는 자신의 정자로 태어날 아이에 대해서 아버지로서 책임져야 한다는 것을
예상할 수 없어 아버지 역할을 기대하기 어려울 뿐만 아니라, 익명으로 정자를
제공한 것 외에 자녀의 임신과 출생에 대해서 아버지로서의 신분을 귀속시킬 만
한 별다른 역할을 하지 않는다. 따라서 혈연관계가 있다는 점만으로 정자제공자
를 곧바로 법률상 아버지로 취급하거나 그에게 법률상 아버지로서의 책임을 묻는
것은 타당하지 않다. 이처럼 인공수정 자녀에 대해서 친생추정 규정에 따라 부자
관계를 정하지 않으면 사실상 부자관계를 정할 수 없게 되거나 민법이 예상하지
않은 부자관계를 성립하도록 하는 등 부당한 결과를 가져온다 … 인공수정의 경
우 자연적인 성적 교섭이라는 요소가 없는 대신 인공수정 또는 수정란의 이식이
라는 보조행위가 존재한다. 아내가 제 3 자의 정자를 통한 인공수정 방법으로 자
녀를 임신하는 데에 남편이 동의하는 경우 부부는 인공수정 자녀가 남편과 혈연
관계가 없더라도 자녀에 대해서 공동으로 책임진다고 예상하였을 것이고 그 동의
에 따라 출생한 자녀와 친자관계를 형성하게 된다고 보아야 한다. 남편은 아내
가 인공수정으로 인한 임신과 출산을 하는 과정에 동의함으로써 참여하게 되고
그 과정에서 출생한 자녀는 부부 사이의 자연적인 성적 교섭으로 임신·출산한 자
녀와 마찬가지로 부부 사이에 혼인중 출생한 자녀라고 볼 수 있다. 이러한 친자
관계를 바탕으로 인공수정 자녀는 부부 사이의 자녀로서 그들과 실질적인 친자관
계의 모습을 형성하고 유지한다. 사회적으로도 이와 같이 형성된 친자관계는 자
연적인 성적 교섭으로 출생한 자녀의 경우와 마찬가지로 부부의 친자로 받아들여
지고 있다. 그런데도 친생추정 규정의 적용을 배제하거나 인공수정 자녀에 대해

---

1 대구지법가정지판 2007. 8. 23, 2006드단22397(무정자증인 남편의 동의하에 다른 남자의 정자를
처에게 인공수정하게 하여 출산한 아이도 친생자로 추정되며, 그 뒤 부부가 이혼하였다고 하여 부
가 그 인공수정자에 대한 친생성을 부인하며 친생부인의 소를 제기하는 것은 신의칙에 반한다. 이
판결은 항소 없이 확정되었다).

서 부부와 법적 친자관계가 성립되지 않는다고 한다면, 이는 법적 안정과 평화를 깨뜨려 인공수정 자녀를 법적 보호가 없는 공백상태로 만드는 것으로서 우리 사회에서 받아들이기 어렵다 … 친생추정 규정에 따라 인공수정 자녀를 남편의 자녀로 추정하는 이유는 '동의'를 함으로써 임신·출산 과정에 참여한 부부 사이에 출생한 자녀에 대해서 친생추정 규정을 적용하는 것이 헌법과 민법을 비롯한 전체 가족법 체계에 비추어 정당하다고 볼 수 있기 때문이다. 인공수정 자녀에 대해서 친생추정 규정을 적용하는 것은 혼인관계에 있는 부부의 가정생활과 신분관계를 보장해 주면서 자유로운 의사에 따라 가족관계를 형성하고 사회적으로 인정되는 가족관계의 실체를 법적으로 보장해 주기 위한 것이다. 인공수정 자녀를 임신하여 출산하는 과정에 비추어 볼 때, 인공수정 자녀가 남편과 아내의 성적 교섭으로 임신한 것이 아니고 이에 따라 자녀가 남편과 혈연관계가 없다는 점은 모두 인공수정 자녀에 대해서 친생추정 규정을 적용할 때에 이미 고려한 사항들로서, 인공수정 자녀가 출생할 당시 남편이 알고 있던 사실과 다르지 않다. 이러한 전제사실을 바탕으로 친생추정 규정을 통하여 인공수정 자녀를 남편의 자녀로 추정하는 것은 남편이 가정생활과 신분관계에서 누려야 할 인격권, 행복추구권, 개인의 존엄과 양성의 평등에 기초한 혼인과 가족생활에 관한 기본권을 보장하고 이를 실현하여 주기 위한 것이다. 이와 반대로 남편에게 친생부인의 소를 제기할 수 있도록 하는 것이 남편의 기본권이라고 말할 수 없다(대판 2019. 10. 23, 2016므2510 전합).

4) 일부에서는, 비록 남편이 동의하였더라도 그 동의는 출생자를 인지(認知)한 것에 해당하지 않으므로 그 자는 남편(父)의 친생자로 추정할 수 없다거나[1] 혈연설에 입각하여 친생추정을 부정한다.[2] 그러나 A.I.D. 출생자도 민법 제844조의 요건을 갖춘 이상 친생추정을 부정할 이유가 없으므로 친생부인의 소가 아닌 친생자관계부존재확인청구를 할 수 없고,[3] 더욱이 남편이 그러한 사정을 알면서도 자신의 친생자로 출생신고를 한 경우 이는 민법 제852조에 의한 친생자의 승인에 해당한다고 볼 수 있다. A.I.D. 출생에 동의까지 한 후 아이의 출생 후 태도를 바꾸어

---

1 太田武男, 47면.
2 대판 2019. 10. 23, 2016므2510의 소수의견(민유숙 대법관) 참조.
3 서울가심 1983. 7. 15, 82드5110, 83드1266; 이와 반대로 친자관계부존재확인의 소를 인용한 예도 있다(서울가판 2002. 11. 19, 2002드단53028: A.I.D.로 태어난 아이가 호적상 아버지를 상대로, 생식불능을 이유로 친자관계부존재확인청구를 하였다).

친생부인의 소를 제기함은 신의칙에도 반하므로 이 역시 허용될 수 없다고 할 것이다.

5) 그리고 비록 남편의 동의가 없는 경우에도 그것만으로는 민법 제844조의 친생추정을 곧바로 부정할 수 없고, 이 경우에도 가정의 평화와 자녀의 복지가 중요하므로 당연히 친생추정이 미친다고 할 것이다. 이와 다른 하급심 판결이 있으나,[1] 대법원 판결의 취지에 비추어보더라도 이는 부당하다.[2]

6) '생명윤리 및 안전에 관한 법률'은 사망한 자의 정자 또는 난자로 수정시키는 행위를 금지하고 있으나, 그와 관계없이 민법 제844조의 친생추정은 사후(死後)수정, 즉 냉동정자를 보관하던 중 남편이 사망한 후에 그 정자를 이용하여 수정하여 출생한 자라도 '혼인관계 종료의 날로부터 300일 내'에 출생한 때에는 이를 인정하여야 할 것이다. 이에 대해서는 다양한 논의가 있으나,[3] 하급심 판례도 이를 인정하였다.[4,5] 냉동정자를 보관하던 중 남편과 이혼한 후에 그 정자를 이용하여 수정하여 출생한 자라도 '혼인관계 종료의 날로부터 300일 내'에 출생한 때에는 마찬가지로 보아야 할 것이다.

(2) 체외수정자(體外受精子) 또는 시험관아기

1) 처에게 불임원인(不姙原因)이 있어서 그 치료방법으로 처의 난자를 체외로 빼내어 시험관(試驗管)속에서 수정시켜 수정란의 분할을 기다린 다음 이를 다시 처

---

1 서울가판 1999. 12. 2, 98드58706. 일본의 하급심 판례 중에도 같은 취지의 판결이 있다(판례타임즈 제51권 23호, 2000. 9. 참조).

2 대판 2019. 10. 23, 2016므2510에서도 "인공수정 자녀를 임신하여 출산하는 과정에 비추어 볼 때, 인공수정 자녀에 대해서 자연적인 성적 교섭 과정이 없다는 것과 이에 따라 생물학적 혈연관계가 없다는 것을 요건으로 친생부인의 소를 제기할 수 있다고 한다면 친생자관계는 생물학적인 혈연으로 결정된다는 것을 전제로 하는 것으로서, 인공수정을 통한 친자관계의 형성을 부정하는 결과가 된다. 이는 민법이 친생추정 규정과 친생부인의 소 규정을 두어 혈연 이외의 다른 요소도 고려하여 친생자관계를 정하고자 한 취지나 목적에 합치되지 않는다"고 하여 생물학적 혈연관계가 친생자관계를 결정하는 유일한 조건은 아니라고 본다.

3 김상헌, "인공생식에 있어서 부자관계설정에 관한 소고", 민사법연구(2016) 참조.

4 서울가판 2015. 7. 3, 2015드단21748(남편 사망 전에 정자를 채취해 냉동해 두었다가 남편 사망 후 시험관시술을 통해 그 사후 약 1년이 지나 자를 출산하였는데, 생모가 검사를 상대로 제기한 인지청구를 인용하였다. 상소 없이 확정). 이 사안에서는 출산이 남편 사후 300일이 지나서야 이루어졌으므로 이론상 친생추정이 미치지 않는다고도 할 수 있다.

5 일본 최고재판소 2006. 9. 4, 평성 16년受) 1748호 판결은 친권에 관하여는 일본 민법상 사후수정자와 부 사이에 친생자관계를 예정한 바 없어 이를 인정할 수 없을 뿐 아니라, 부가 사후수정자의 친권자가 될 여지가 없고, 부양에 관하여는 사후수정자가 부로부터 감호, 양육, 부양을 받을 수 없으며, 상속에 관하여는 사후수정자는 부의 상속인은 물론 대습상속도 불가하므로, 부 사후에 검사를 상대로 한 인지청구는 허용될 수 없다고 하여 이를 부정하였다.

의 자궁에 착상시켜 출생하게 한 아이를 체외수정자 또는 시험관아기라고 한다.

2) 이런 아이는 수정 장소가 처의 체외라는 것일 뿐 그 부부의 아이임에 틀림이 없다. 따라서 위의 A.I.H.에 의한 인공수정자와 마찬가지로 해당 부부의 친생자로 추정하는 데에 아무런 문제가 없다.

(3) 대리모출생자(代理母出生子)

㈎ 대리모의 의미와 대리모계약의 허부

1) 대리모(surrogate mother)는 타인을 위하여 자신의 자궁을 빌려주는 여자를 가리킨다. 타인과 대리모가 되기로 하는 내용의 계약을 대리모계약이라고 한다. 주로 처에게 불임원인(不姙原因)이 있어서 그 치료방법으로 정자와 난자를 체외, 즉 시험관(試驗管) 속에서 수정시켜 수정란의 분할을 기다린 다음 이를 처 이외의 제 3 의 여성(이 여성이 이른바 대리모이다)의 체내에 착상시켜 출산하게 한 아이가 대리모출생자다. 대리모출생자의 경우에도 그 아이를 부부의 혼인중의 자로 출생신고하는 것이 보통이다.[1]

2) 세계 최초의 대리모출생자는 1986년 미국에서 탄생했다. 우리나라에서도 1990년에 대리모출산이 이루어진 것으로 알려지고 있다. 대리모는 그 자궁에 착상하는 수정란의 주인이 누구냐에 따라 ① 의뢰인 부부 쌍방의 정자와 난자인 경우, ② 부부 중 일방의 정자나 난자인 경우(대리모가 난자를 제공하는 경우도 이에 포함된다), ③ 정자와 난자 모두를 제 3 자가 제공한 경우로 나눌 수 있다.[2] 대리모는 자궁만을 빌려줄 뿐 남자와 성적 교섭을 갖지 않는다는 점에서 뒤에서 보는 씨받이와 다르다.

3) 대리모 출산을 의뢰한 사람과 대리모가 되기로 한 사람 사이의 대리모 출산에 관한 약정인 대리모계약이 사회질서나 공서양속에 반하는 것은 아닌지?

대리모계약의 유·무효는 그들 당사자 사이에 약정의 이행청구가 가능한지 여부만이 문제될 뿐이며, 그 유·무효의 문제는 그 출생자와 대리모 출산을 의뢰한 부부 또는 그 출생자와 대리모 등과의 친생자 문제와는 전혀 별개이다.

---

1 대리모출생자의 출생신고 시에는 의사나 조산사가 작성한 출생증명서가 아닌 '분만에 직접 관여한 자가 모의 출산사실을 증명할 수 있는 자료'를 첨부하여 신고하는 방법이 이용될 것이다. 그 출생증명서에 대리모를 모로 기재하면 부부의 출생신고가 거부될 것이기 때문이다.

2 대리모란 용어 가운데 혈연대리모란 말도 사용되고 있는데, 이는 자신이 임신·출산한 친생자를 다른 사람의 자녀로 삼도록 타인에게 넘겨주는 엄마를 가리킨다. 그러나 이는 엄밀히 말하자면 사실상 입양이지 대리모가 아니므로 논의에서 제외한다.

대리모계약의 법적 성질[1]과 그 허용 여부에 대해서는 다양한 견해가 제시되고 있다.

부정설에서는 부부의 정자와 난자로 만든 수정체를 다른 여성의 자궁에 착상시킨 후 출산케 하는 이른바 '자궁(출산)대리모'도 우리 법령의 해석상 허용되지 아니하고, 대리모를 통한 출산을 내용으로 하는 계약은 금전적인 거래를 통하여 이루어지는 것이 일반적이므로 이를 통하여 상업화할 우려가 있으며, 여성의 생식기능과 출생한 자를 상업화된 계약의 급부대상으로 만들어 인간의 존엄과 가치, 선량한 풍속 기타 사회질서에 위반할 뿐만 아니라, 대리모계약에서 가장 중요한 내용인 출생자에 대한 친권양도는 강행법규인 민법 제927조에 위반되므로 그 계약 전부가 민법 제103조에 의하여 무효라고 주장한다.[2]

반면에 긍정설에서는 ① 인간의 원초적 본능인 종족보존, 혈통계승을 원하나 임신이 불가능한 여성을 위해 대리모에 의한 출산이라는 치료방법이 있음에도 이를 금지하고 무효로 한다면 개인의 행복추구권 및 사생활에 관한 기본권을 침해하는 것이 되고, ② 대리모계약에 항상 금전적 대가가 수반되는 것은 아니며, 금전적 대가가 수반되는 경우라도 대리모를 착취하는 것이 아니라 대리임신과 대리출산이라는 서비스에 대한 반대급부여서 그 대가 지급이 인륜에 반하거나 비난가능성이 없고, ③ 대리모계약이 있더라도 대리모에게 자식의 인도를 강제하는 것은 사실상 불가능하므로, 대리모를 단순히 도구화한다는 주장은 타당성이 없으며, ④ 사회적·윤리적 관점에서 타인을 위하여 임신한다는 것을 비윤리적·부도덕한 것으로만 평가할 수 없고, 오히려 타인을 위하여 희생한다는 높은 차원의 이타적 행위로 이해할 수 있다는 등의 주장을 한다.

4) 사견으로는, 대리모가 단지 난자나 자궁을 빌려주는 것에 불과하고 의뢰인 남자나 그 밖의 다른 남자와 성적 교섭을 갖는 것이 아니라면, 거기에 약간의 보수나 대가가 개재되어 있더라도 사회질서에 반하지 않는다고 생각한다. 법령상 이를 직접 금지하는 규정도 없을 뿐 아니라, 난임으로 고통을 받는 사람이 자녀를 갖기

---

1 도급계약과 유사한 계약으로 보는 견해, 위임계약에 유사하다는 견해, 대리모가 의뢰인 부부를 위하여 아이를 임신하여 출산하는 것을 일종의 노동력의 제공이라고 보아 고용계약에 유사하다는 견해, 혼합계약에 해당한다는 견해, 가족법상의 특수한 계약에 해당한다는 견해가 대립하는바, 최후의 견해가 타당하다.
2 서울가판 2018. 5. 9, 2018브15(법률신문 2018. 5. 21.자 4면 참조). 윤진수, 190면, 국내 학설상으로는 부정(무효)설이 다수설인 듯하다.

위해 단순히 타인의 자궁을 빌려 자녀를 출산케 하는 것이 인륜이나 도덕에 반한 다고 할 수는 없기 때문이다. 따라서 대리모가 출산 후 합의를 번복하여 출생자의 인도를 거부하는 행위는 대리모계약에도 반하고 신의칙에도 반하여 허용할 수 없 다고 생각한다.[1] 다만, 그 대가가 사회통념상 용인할 만한 정도를 초과한 경우에 는 그 초과 부분은 무효라고 볼 수 있을 것이다.[2]

(나) 대리모출생자에 대해서도 민법 제844조의 친생추정이 미치는지 여부

1) 대리모가 아이를 출산한 경우 의뢰인 부부에 대해서는 법률혼상의 처가 아 닌 여자가 아이를 출산한 것이므로 대리모 출산을 의뢰한 처와 그 자 사이에 친생 자관계가 사실상 추정될 수는 없고, 유전자검사 등을 통해 혈연관계를 증명함으로 써 처와 그 자 사이의 친생자관계를 확인 받을 수 있다.

2) 또한, 대리모가 아이를 출산한 경우 법률혼상의 처가 아닌 여자가 아이를 출산한 것이므로 대리모 출산을 의뢰한 부부의 남편과 그 자 사이에 민법 제844조 가 적용될 수 없고, 따라서 당연히 남편과 그 자 사이에는 친생추정이 미치지 않는 다고 보아야 한다.

3) 이 경우 그 출생한 자를 대리모 출산을 의뢰한 부부의 친생자로 출생신고 할 수 있는가? 또 그 효력은 어떠한가? 대리모 출산을 의뢰한 부부가 마음만 먹는 다면 현재의 가족관계등록법상 그 자를 부부의 친생자로 출생신고할 방법이 전혀 없는 것은 아니다. 의사나 조산사가 발급한 출생증명서를 근거로 출생신고를 하는 때에는 그 출생증명서에 모의 성명과 출생연월일을 기재하여야 하므로 사실상 그 것이 불가능하나, 다른 방법으로는 가능하기 때문이다.[3]

만약 이와 같이 하여 허위의 출생신고를 한 경우 인지의 효력이 있는가? 의뢰 인 부부의 남편이 정자를 제공하였다면 긍정하여야 할 것이다. 그러나 남편이 정 자를 제공하지 않았다면 자신의 혼인외 자도 아니므로 인지의 효력을 인정할 수 없을 것이다. 처가 난자를 제공하였고 처가 자신의 친생자로 출생신고를 하였다면, 역시 그 출생신고에 의하여 자를 묵시적으로 인지하였다고 보아야 할 것이다.[4] 그

---

1 관행적으로도 유아인도청구의 소가 허용되고 있다. 더욱이 대리모는 혈연상으로나 유전학적으로 자의 생모가 아니므로 인도를 거부할 뚜렷한 법적 근거도 찾기 어렵다.
2 대한의사협회의 내부지침인 의사윤리지침 제56조 ②항은 "금전적 거래 목적의 대리모관계는 인정 하지 않는다. 의사는 금전적 거래 관계에 있는 대리모에게 인공수정이나 수정란 착상 등의 시술을 시행하여서는 아니 된다."고 규정하고 있다.
3 이러한 출생신고가 이루어지고 아무도 이의를 제기하지 않는다면 문제는 발생하지 않는다.
4 생모에 대해서는 가등 제57조 ①항과 같은 인지 간주규정(출생신고를 인지로 본다)이 없다.

러나 처가 난자를 제공하지 않았다면 자신의 혼인외 자도 아니므로 인지의 효력을
인정할 수 없을 것이다. 그런데 이와 같이 인지의 효력이 없는 경우 과거에는 실질
적인 입양이 성립할 수도 있었으나, 현행 민법하에서는 미성년자를 입양하는 경우
법원의 허가를 받아야만 유효하므로(제867조 ①항, 제883조 2호). 법원의 허가 없이
이루어진 출생신고만으로 입양의 효력이 발생할 수도 없다.[1]

(다) 대리모 부부와 자의 관계

1) 대리모가 임신·출산 시 어떠한 남자와도 법률상 혼인관계에 있지 않으면
그 아이는 현행 민법상 혼인외의 자가 되고, 원칙적으로는 그 대리모가 자신을 모
로 하고, 부를 공란으로 하여 출생신고를 하여야 한다.[2] 그리고 정자를 제공한 남
자는 그 자를 인지할 수 있다. 이는 대리모가 난자를 제공하지 않은 경우에도 마찬
가지다. 대리모가 난자를 제공하지 않은 경우, 대리모는 친생자관계부존재확인의
소에 의하여 자신과 자의 친생자관계를 부정할 수 있음은 물론이다. 그 아이는 대
리모의 몸을 빌려 출생하였을 뿐 그와 피를 나눈 사이가 아니기 때문이다.[3]

2) 대리모의 임신·출산 시 그녀에게 남편이 있어 그와 법률상 혼인관계에 있
는 경우에는 오히려 그 아이는 그들 부부의 혼인중의 자가 되고, 그 출생시기에 따
라 대리모의 남편과 자 사이에 민법 제844조의 친생추정이 미치게 된다.[4] 따라서
그 아이는 이들의 친생자로 출생신고를 하여야 한다. 만약 이들 부부의 정자나 난자
가 전혀 아이에게 전해지지 않은 경우라면, 이러한 결과는 그들이나 대리모 출산
을 의뢰한 부부의 의사와 희망에는 전혀 부합하지 않는 것이지만, 현행 민법상으
로는 어쩔 수가 없다. 이는 대리모가 난자를 제공한 경우에도 다르지 않을 것이다.

그러나 만약 그 출생자를 대리모 부부의 친생자가 아닌 대리모 출산을 의뢰한
부부의 친생자로 출생신고가 되어 가족관계등록부에 그렇게 등록이 되었다면, 대
리모는 그 아이에 대하여 친생자관계존재확인청구를 할 수는 없다. 자신과 혈연관
계가 없기 때문이다. 다만, 대리모가 난자를 제공하였다면 친생자관계존재확인청

---

1 배아입양(embryo adoption)은 실제로 입양할 아이가 없으므로 입양은 아니라고 보고 있다
  (Sanford N, Katz, 전게서 201~2면).
2 동지: 김상헌, "인공생식에 있어서 부자관계설정에 관한 소고", 민사법연구 24집(2016).
3 동지:太田武男, 48면;山本正憲, "二重資格의 相續人," 中川善之助 追悼 現代家族法大系4, 161면 이하.
4 대리모의 남편에게 민법 제844조의 친생자 추정규정을 적용하게 되면 그가 친생부인의 소를 제기
  하여야 하는데 요건이 엄격한 친생부인의 소를 인정할 실익이 있는지 의문이라거나, 대리모계약
  은 엄격한 요건을 충족하면 유효하다는 입장에서는 대리모계약을 인정하면서 대리모 부부에게 민
  법 제844조의 친생자 추정을 적용하는 것은 논리적으로 맞지 않는다는 등의 이유로 이를 부정하
  는 견해도 있다.

구를 할 수 있을 것이다.

3) 사견으로는, 이러한 경우에 대하여 대리모 출산을 의뢰한 부부와 대리모 또는 그 부부 간에 대리모 출산에 관한 합의가 있으면 그 출생자를 친양자와 같이 곧바로 대리모 출산을 의뢰한 부부의 친생자로 간주하고 그들의 친생자로 출생신고를 하도록 하는 방향으로 입법이 이루어지는 것이 바람직하다고 생각된다. 그것이 대리모를 통해서라도 아이를 가지고 싶어 하는 대리모 출산 의뢰 부부의 뜻에도 맞고, 또 출생자에 대하여 친권자나 양육자가 될 의사는 없이 아이를 출산한 대리모의 뜻에도 맞으며, 출생자의 복지에도 부합하기 때문이다. 그렇게 되면 대리모가 난자를 제공한 경우라도 출생자에 대하여 대리모가 친생자관계를 주장하는 것은 허용될 수 없다고 할 것이다.

일본 판례는, "현행 민법의 해석으로서는 출생한 자를 포태, 출산한 여성을 그 자의 모로 해석할 수밖에 없고, 그 자를 포태, 출산하지 않은 여성은 그 여성이 난자를 제공한 경우라도 그 여자와 자 사이에 모자관계를 인정할 수 없다"고 본다.[1] 이는 모의 결정기준을 분만에서 구하는 분만주의를 취한 것으로 이해된다.

(4) 씨받이 출생자의 경우

1) 남편이 불임인 처의 동의를 얻어서 다른 여자와 성적 교섭을 갖고 아이를 임신·출산케 한 경우 그 아이는 이들 부부의 친생자인가? 요즘에는 거의 볼 수 없으나 과거에는 많이 있었던 사례이다. 학자들은 대부분 이 경우를 따로 논하지 않고 위의 대리모 관념에 포함시키는 것 같다. 그러나 이 경우는 대리모와 달리 사실상 대리모인 씨받이 여자와 아이의 부 사이에 직접 성적 교섭이 있었다는 점을 주목하면 이를 대리모와 같이 보기는 어렵다고 생각된다.

또한 씨받이의 경우, 남편과 그 여자가 첩관계를 맺고 동거를 하지는 않으며 처의 사전 승낙이 있었다는 점에서 첩관계와도 구별하여야 한다.

2) 과거에는 어떠했는지 모르나 오늘날 씨받이 계약은 그 유효성을 인정할 수 없다. 씨받이 본인에게도 그렇고, 처에게도 이는 인륜상 도저히 용인할 수 없는 행위이기 때문이다.[2] 이는 헌법상의 인간의 존엄과 양성평등의 원칙에 반하여 허용

---

1 최고재판소 2006. 3. 23, 평성18년(許) 제47호. 이 판결에서는 의뢰인 부부의 난자와 정자를 사용하여 대리출산에 의해 출생한 자의 출생신고에 대해 당해 의뢰인 부부와 자 사이의 친자관계를 인정한 미국 네바다주 법원의 판결을 일본 민사소송법상의 공공질서에 반한다는 이유로 효력이 없다고 판시하였다.

2 대판 1960. 9. 29, 4293민상320(첩계약); 서울고판 2006. 12. 22, 2006나39371; 대구지판 1991. 9.

될 수 없다. 이 점에서 이는 대리모계약과 본질적으로 다르다고 할 수 있다.

3) 씨받이 여자가 아이를 출산한 경우 아이의 아버지와 그 처인 의뢰인 부부는 아이를 자신들의 친생자로 출생신고할 가능성이 가장 크다. 이 경우 적어도 그 생부에 대해서는 인지의 효력이 발생하며(가등 제57조 ①항), 민법 제844조의 친생추정이 생길 여지가 없으므로 생모인 씨받이 여자는 자 등을 상대로 친생자관계존부확인의 소를 제기할 수 있다.

씨받이 여자의 임신·출산 시 어떠한 남자와도 법률상 혼인관계에 있지 않으면 그 아이는 대리모 출생자와 같이 혼인외의 자가 되고, 원칙적으로는 그 씨받이 여자가 모를 자신으로 하고 부를 공란으로 하여 출생신고를 하여야 한다. 이 경우 생부는 자를 인지할 수 있고, 자는 생부를 상대로 인지청구의 소를 제기할 수도 있다.[1] 씨받이 여자에게 남편이 있는 경우는 거의 없을 것이므로 이 경우가 보통의 경우일 것이다.

씨받이 여자의 임신·출산 시 그녀에게 법률상 남편이 있는 경우에는 오히려 그 아이는 그들 부부의 혼인중의 자가 되고, 그 출생시기에 따라 씨받이 여자의 남편과 자 사이에 민법 제844조의 친생추정이 미치게 된다. 따라서 이 경우 씨받이 여자의 남편은 친생부인의 소에 의하여 친생을 부인하는 수밖에 없고, 정교관계를 가진 생부는 그 이전에는 그 자가 자신의 친생자임을 주장하거나 인지를 할 수 없다.

4) 피를 나누지 않은 처와 아이의 관계에서는 적모와 서자의 관계처럼 친생자관계가 발생할 수 없다. 설사 그 처가 아이를 자신의 친생자로 출생신고를 하였더라도 자신의 아이가 아니므로 인지의 효력이 발생할 수도 없고, 법원의 허가를 받지 않은 이상 현행 민법상으로는 입양의 효력도 발생할 수 없다.

다만, 그 처가 아이를 자신의 친생자로 출생신고를 하였거나 남편이 씨받이 여자와 교접하는 것 또는 남편이 아이를 부부의 친생자로 출생신고하는 데 동의한 경우에, 다시 이를 번복하여 그 아이를 상대로 친생자관계부존재확인의 소를 제기한 경우 이는 신의칙에 반하여 허용될 수 없는가? 타인의 정자를 이용하여 처로 하

17, 91가합8269(확정) 등도 공서양속에 반하여 무효라고 본다.

[1] 서울중앙지판 2009. 7. 7, 2007가단264255은, 씨받이 여자가 자신이 낳은 아이를 의뢰인 부부가 만나지 못하게 한 데 대하여, 씨받이 여자와 부부 사이에 대리모 약정이 있었다 하더라도, 생모로부터 그 자녀의 양육권을 배제하는 약정은 민법 제103조의 선량한 풍속 기타 사회질서에 위반한 사항을 내용으로 하는 법률행위로서 그 자체로 효력이 없고, 생모로 하여금 자녀를 만나지 못하게 한 데에 따른 정신적 손해를 배상할 의무가 있다고 판시하였다.

여금 인공수정을 받도록 한 경우와 달리, 이 경우는 씨받이 여자인 생모와 출생자 사이에 친생자관계를 인정하여야 하는 만큼 처는 친생자관계부존재확인의 소를 제기할 수 있다고 봄이 타당할 것이다.

(5) 정자나 난자를 제공한 자와 출생자의 관계

1) 인공수정이나 대리모 등의 경우에 성적 교섭 없이 단순히 정자나 난자만을 제공한 사람에게도 그 출생자와의 사이에 친생자관계를 인정하여야 하는가? 이 문제는 그 출생자가 혼인중의 자가 되든 혼인외의 자가 되든 상관없이 발생한다.

2) 혈연주의에 따라 피와 유전자를 기준으로 부모자식관계를 결정하는 원칙을 고집한다면 이 경우에도 이를 모두 긍정하여야 한다.

3) 그러나 부나 모가 될 의사는 전혀 없이 정자은행 등을 통하여 정자나 난자만을 제공한 사람에게 그 출생자와의 사이에 친생자관계를 인정한다면 그 본인으로서는 뜻하지 않은 사태를 초래하게 될 것이며, 출생자의 정서와 복지에도 좋은 결과를 가져오지는 않을 것이다. 또 정자나 난자를 제공받은 사람의 입장에서도 그러하며, 대리모로서 성적 교섭 없이 난자를 제공한 사람의 경우에도 크게 다르지 않다.

4) 이런 점에서, 이 경우 현행 민법의 해석상으로도 그 정자나 난자 제공자와 그 출생자 사이에 친생자관계를 인정하지 않는 것이 타당하다고 생각된다. 그것이 가능한 이론적 근거는, 이 경우 친생자관계 결정의 기준을 피와 유전자가 아닌 관계자들의 의사와 출생자의 복지를 기준으로 수정하는 것이다. 성적 교섭을 통하여 정자나 난자를 제공한 자와 그렇지 아니한 자는 구별함이 우리의 법의식에도 맞고, 민법이 추구하는 친생자관계의 취지와 이를 토대로 한 친권, 자녀에 대한 보호·교양, 상속 등의 법리에도 부합한다고 할 것이다. 사회관념이나 당사자들의 의사에 비추어 전혀 부모가 될 의사나 기대가 없는 사람에게 억지로 이를 강요한다는 것은 도저히 용인할 수 없다. 대법원 2019. 10. 23, 2016므2510 판결에도 이러한 뜻이 드러나 있다.

5) 따라서 이들은 그 출생자를 상대로 인지를 하거나 스스로 출생신고를 하거나 친생자관계존재확인의 소를 제기할 수 없다고 할 것이고, 자도 이들을 상대로 인지청구나 친생자관계존재확인의 소를 제기할 수 없다고 보아야 할 것이다. 미국의 입법권고안인 통일친자법(Uniform Parentage Act)도 정자제공자는 아버지가 아

니라고 규정하고 있다.

:: 참고판례

정자를 제공한 제 3 자가 익명인 경우에는 정자제공자를 특정하기 어렵다. 정자제
공자는 자신의 정자로 태어날 아이에 대해서 아버지로서 책임져야 한다는 것을
예상할 수 없어 아버지 역할을 기대하기 어려울 뿐만 아니라, 익명으로 정자를
제공한 것 외에 자녀의 임신과 출생에 대해서 아버지로서의 신분을 귀속시킬 만
한 별다른 역할을 하지 않는다. 따라서 혈연관계가 있다는 점만으로 정자제공자
를 곧바로 법률상 아버지로 취급하거나 그에게 법률상 아버지로서의 책임을 묻는
것은 타당하지 않다. 이처럼 인공수정 자녀에 대해서 친생추정 규정에 따라 부자
관계를 정하지 않으면 사실상 부자관계를 정할 수 없게 되거나 민법이 예상하지
않은 부자관계를 성립하도록 하는 등 부당한 결과를 가져온다(대판 2019. 10.
23, 2016므2510 전합).

Ⅳ. 아버지를 정하는 소

1. 개념과 성질

1) 재혼한 여자가 아이를 출산한 경우에 민법 제844조 ②, ③항의 규정에 의하
면 친생추정이 중복되는 경우가 발생한다. 즉 아이의 출산일이 후혼(後婚)의 성립
일로부터 200일 후이고, 전혼(前婚) 종료일로부터 300일 이내인 경우(예컨대 2008.
1. 5. 협의이혼하고 같은 달 1. 25. 재혼신고, 동년 8. 25. 아이를 출산한 경우)에는 친생
자 추정이 중복된다[前夫(전남편)의 자녀인 동시에 後夫(후남편)의 자녀로 추정된다].

2) 이 경우 그 아이의 아버지를 정할 수 없게 되는바, 이때에는 법원이 당사자
의 청구에 따라 이를 정한다(제845조). 이 소송이 바로 아버지(父)를 정하는 소(訴)
이다.

3) 이 소는 가사소송법상 나류 가사소송사건(5호 사건)으로서(가소 제 2 조 ①항),
가정법원의 전속관할에 속하며, 이 소의 성질은 형식적 형성소송(形式的 形成訴訟)
이라는 것이 통설이다.[1]

---

[1] 홍중표, "가사소송실무," 가사쟁송(대한변협, 2004), 159면; 가족법연구(2005, 사법연수원), 64면;
이러한 소는 비송적 성질을 가진 형성의 소라고 해석된다.

2. 존재이유

(1) 친생추정이 중복되는 경우

구민법에 의하면 여자는 혼인관계 종료일로부터 6개월이 지난 후라야 재혼할 수 있었다(제811조; 개정 민법은 이를 삭제). 그러나 이제는 그러한 기간(소위 待婚期間; 대혼기간)이 없어져 여자는 이혼 후 언제든지 재혼할 수 있게 되었고, 이에 따라 출산한 자녀의 친생추정의 경합이 생길 여지가 많아졌다. 이를 처리하기 위하여 이 소가 도입된 것이다.

(2) 중혼(제810조)의 경우

여자가 중혼을 하여 아이를 낳은 경우에도 친생추정 경합의 문제가 생기므로 이때도 민법 제845조와 가사소송법 제27조를 유추하여 아버지를 정하는 소를 제기할 수 있다고 볼 것이다(통설).

(3) 사실혼 중복의 경우

사실혼 중에 출생한 자녀의 친생성은 사실상 추정에 그치므로 그러한 자녀는 아버지를 정하는 소를 제기하거나 그 소의 대상이 될 수 없다.[1]

3. 당사자와 입증 등

(1) 당 사 자

1) 자녀가 원고로서 제소할 경우는 어머니, 어머니의 전후 배우자 3명을 피고로 삼고, 생모와 전·후 배우자 3명 중 1명이 원고로서 소를 제기하는 경우는 나머지 2명을 공동피고로 삼는다(가소 제27조 ①~③항). 어느 경우에도 자녀는 피고가 될 수 없다. 상대방이 될 사람이 사망한 경우에는 생존자를 피고로 삼고, 생존자가 없는 경우에는 검사를 피고로 삼는다(동조 ④항).

2) 자녀가 미성년자로서 소를 제기할 경우에는 친권을 행사할 수 있는 자가 없게 되므로 민사소송법 제62조에 따라 특별대리인을 선임하여야 할 것이다(가소 제12조 본문, 서울가정법원의 실무 관행).

3) 소송 중에 원고인 어머니가 사망한 경우, 사건본인인 자녀는 그 소송절차

---

1 高橋明子 외 2, 민법 7 친족상속, 113면.

를 승계할 수 있다[1]고 해석된다(가소 제16조).

4) 피고들이 모두 생존자들이면 이들은 고유필수적 공동소송관계에 있다고 할 것이다.[2]

(2) 제소기간(없음)

이 소에는 제소기간에 관한 제한규정이 없다. 아이의 아버지를 확정할 필요나 이익이 있으면 언제든지 제소할 수 있기 때문이다.

(3) 조정전치주의 등

1) 이 소는 가사소송법상 나류 가사소송사건(5호)으로서 조정의 대상으로 규정되어 있으나(가소 제50조), 이 소는 형성소송이므로 당사자가 소송목적인 법률관계를 임의로 처분할 수 없고, 따라서 조정이나 화해는 불가능하며,[3] 청구의 인낙이나 자백도 불가능하다(가소 제12조 단서).

2) 이 소송에는 직권주의가 적용된다(가소 제17조). 두 사람의 아버지 중에서 어느 사람이 진정한 생부인가를 판단하기 위하여 법원은 당사자나 관계인에게 혈액형검사, 유전자검사를 받으라고 명령할 수 있다(가소 제29조 ①항). 이러한 명령에 불응하면 과태료나 감치처분을 당할 수도 있다(가소 제67조).

3) 이 소송에서 원·피고 측의 이해관계인은 보조참가인으로 소송에 참가하여 다툴 수 있다(가소 제12조 본문, 민소 제71조).

4) 이 소송에서 법원은 청구기각 판결을 선고할 수는 없다. 형식적 형성소송이라, 반드시 어느 한 사람을 아버지로 판정하여야 하기 때문이다.

(4) 판결의 효력

1) 판결 주문은 '피고 갑을 원고(또는 사건본인)의 부(또는 아버지)로 정한다'고 기재하여야 하고, 부모들이 이 소를 제기한 경우에는 아이를 '사건본인 ○○○'로 특정하여 표시하여야 한다(가소규 제20조).

2) 이 판결은 대세적 효력이 있으므로 제 3 자에게도 그 효력이 미친다(가소 제21조). 이 판결에 의해 아버지로 결정된 사람은 판결 확정 후에는 이에 반하여 친생부인의 소를 제기할 수 없다.

---

1 개정증보 법원실무제요 가사 —[I]—, 463면.
2 가족법연구(2005), 사법연수원, 64면; 개정증보 법원실무제요 가사 —[II]—, 561면.
3 대판 1968. 2. 27, 67므34; 개정증보 법원실무제요 가사 —[II]—, 51면.

3) 이 경우 아이의 출생신고는 앞서 본 바와 같이 '부 미정'으로 하여야 하므로, 이 판결이 확정되면 확정일로부터 1개월 이내에 가족관계등록부 정정신청의 방법으로 확정된 아버지를 가족관계등록부에 기재하여 달라고 신청하여야 한다(가등 제107조, 가등예규 제412호 제10조 참조).

V. 친생부인(親生否認)의 소

1. 서 론

(1) 개 념

1) 민법 제844조에 의하여 남편의 친생자로 추정을 받는 혼인중 출생자를 상대로 남편 또는 아내가 "너는 실제로는 내 자식이 아니다"라고 부인하는 소가 친생부인의 소이다. 다시 말하면, 남편의 친생자로 법률상 추정되는 자녀의 친생성을 부정하여 부자(父子)관계를 단절하는 소(訴)가 바로 친생부인의 소다(제846조).

2) 이에 비하여, 혼인외의 출생자나, 혼인중의 자라도 민법 제844조에 의하여 남편의 친생자로 추정을 받지 못하는 자 또는 친생추정이 미치지는 않는 자에 관하여 친생자관계를 부정하는 소송은 뒤에서 보는 친생자관계부존재확인의 소이고, 자녀가 부모를 상대로 "나는 당신의 자식임을 인정하라"는 소송은 인지(認知)청구의 소로서, 서로 구별된다.

3) 생모의 경우에는 법률상 추정규정이 없으므로 친생부인의 소의 대상이 아니며, 모자관계의 부정은 친생자관계부존재확인의 소에 의한다.

(2) 친생부인제도의 존재이유

1) 부자관계는 출생·인지(認知)·입양 등으로 성립된다. 그러나 혼인중의 출생자로서 일정한 경우에 해당하는 자녀는 당연히 남편의 자녀로 추정되고(제844조), 이 추정은 법률상의 추정으로서 매우 강력한 것이어서 앞서 말한 바와 같이 원칙적으로 어느 누구도 이를 부정할 수 없다.[1]

2) 그런데 혼인중 출생자로서 남편의 친생자로 법률상 추정을 받는 자녀가 사실은 남편의 자녀가 아닐 경우, 이를 그대로 묵인한다면 그 남편은 물론 자녀에게도 원치 않는 법률관계를 강요하는 것이 되어 부당하므로 이를 바로잡는 방법이

---

1 대판 2000. 8. 22, 2000므292 등(이 추정은 반증을 허용하지 아니하는 강한 추정이다).

필요한바, 그 필요에 따라 마련된 것이 바로 친생부인의 소이다.

3) 앞서 본 바와 같이 부를 결정하는 기준은 원칙적으로 혈통(유전자)이므로 친생부인의 소는 이른바 혈연진실주의를 실현하기 위한 것이라고 할 수 있고, 친생부인의 소에서 친생성의 인정기준이 되는 것도 남편과 자식 사이 혈통(유전자)의 동일성이다.

4) 친생추정을 번복하여 부자(父子)관계를 부정(단절)할 수 있는 유일한 방법은 친생부인의 소이며, 이는 뒤에서 보는 바와 같이 그 주체나 제소기간이 제한되는 등 요건이 엄격하다(제846조, 제847조).

5) 친생추정 내지 친생을 부인하는 것은 가정의 평화를 깨뜨릴 위험이 있으므로 민법은 상당한 제한을 가하고 있다. 즉, 원고는 원칙적으로 부부 일방에 한정되고, 반드시 소송으로 하여야 하며, 자녀에게 부인사유가 있음을 안 날로부터 2년 안에 제소하여야 한다.

(3) 성 질

㈎ 형성(形成)의 소(訴)　친생부인의 소는 일단 성립된 부자(父子)관계를 당초(자녀의 출생 시)에 소급적으로 소멸시키는 형성의 소이다(형성소송설).[1] 그러므로 당사자들(父子)끼리 "자, 우리 부자관계가 없는 것으로 합시다. 좋습니다"라고 합의한다고 하여 부자관계가 없어지는 것은 아니다. 반드시 친생부인의 소를 제기하여 그 승소판결을 받아야만 부자관계를 단절할 수 있다. 그것이 형성의 소인 친생부인의 소의 본질이다.

㈏ 조정사건인가?

1) 가사소송법에는 친생부인사건을 조정전치주의의 적용대상으로 규정하고 있으나(가소 제2조 ①항, 나류 가사소송사건 6호, 제50조), 이는 조정으로 처리할 수 없는 사건이다. 이는 자녀의 복지에 관련될 뿐 아니라 진실한 부자관계의 정립은 사회질서에도 영향을 미치므로 당사자가 임의로 처분할 수 없는 법률관계이기 때문이다. 그러므로 조정조서에 "서로 부자(父子)관계가 없다."고 기재하였더라도 친생부인의 효력이 생기지 않는다(가소 제59조 ②항 단서).[2] 화해 역시 불가능하다고 할 것이다.

---

1 김용욱·김인, 가사소송법(1995), 130면; 졸저, 3정판 가사소송법(박영사, 2004), 330면; 확인소송설이 있음.
2 대판 1968. 2. 27, 67므34.

2) 그러나 화해나 조정절차에서 부가 친생을 승인하는 것은 가능하며, 이 경우 친생부인권이 소멸하므로 그가 소를 취하하지 않으면 소의 이익이 없다는 이유로 법원은 소를 각하하여야 할 것이다.

2. 당 사 자

(1) 원고 : 남편 또는 아내(생모)

1) 개정 전 구민법에 따르면 남편만이 친생부인의 소를 제기할 수 있었는데(구민 제846조), 이는 혈연진실주의(血緣眞實主義)와 양성평등(兩性平等)의 원칙에 어긋난다는 비판을 받아 왔다. 남편이 부인하지 아니하는 이상, 실제로 남의 아이라도 그 아이는 항상 남편의 아이로 추정받고 어느 누구도 이를 부정할 수 없었기 때문이다. 그래서 2005. 3. 31. 개정민법은 처(생모)에게도 친생부인의 소의 원고적격을 인정하였다.

2) 민법은 "친생부인의 소는 부 또는 처가 다른 일방 또는 자를 상대로 하여…"라고 규정하고 있는데, 여기서 말하는 '처'나 '다른 일방인 처'는 소 제기 당시 남편의 가족관계등록부상 처가 아니라, 그 아이의 생모만을 말한다. 그 생모만이 그 자녀가 남편의 친생자인지 여부를 잘 알고 있고, 친생을 부인하여 그 자녀를 혼인외의 자로 출생신고를 할 이익이 있기 때문이다. 판례도 이와 같이 새긴다.[1]

(가) **원고(남편 또는 아내)가 피성년후견인인 경우**　　이 경우는 그 성년후견인이 성년후견감독인의 동의를 받아 친생부인의 소를 제기할 수 있다. 성년후견감독인이 없거나 동의할 수 없을 때에는 가정법원에 그 동의에 갈음하는 허가를 청구할 수 있다(제848조 ①항). 성년후견인이 소를 제기하지 아니하였는데 피성년후견인이 성년후견 종료의 심판을 받은 경우에는 그 심판이 있은 날부터 2년 내에 피성년후견인 스스로 부인의 소를 제기할 수 있다(제848조 ②항).

(나) **유언의 경우**　　남편이나 아내는 유언으로도 친생부인(否認)의 의사표시를 할 수 있고, 이 경우에는 유언집행자가 친생부인의 소를 제기하여야 한다(제850조).

(다) **부정행위를 한 처**　　부정(不貞)행위로 아이를 출산한 처(생모)도 그 아이의 친생부인의 소를 제기할 수 있다. 이는 옳지 않다는 비판도 있으나, 출산의 비밀을 가장 잘 아는 사람은 생모라는 점, 혈연진실주의가 처의 부정행위에 대한 비난가능성보다 중요하다는 등의 이유로 개정 민법은 이를 인정하였다(제846조).

---

1 대판 2014. 12. 11, 2013므4591.

㈜ **남편이나 아내가 사망한 경우**　남편이 아이의 출생 전에 사망하거나, 부인 사유를 안 날로부터 2년 내에 남편이나 아내가 사망한 경우에는 이들의 직계 존·비속만이 그 사망사실을 안 날로부터 2년 내에 친생부인의 소를 제기할 수 있다 (제851조). 예컨대, 홍길동이 그 아들의 친생성을 의심할 만한 사정을 안 것이 2017. 1. 1.인데, 2018. 12. 31. 사망한 경우, 홍길동의 딸은 사망사실을 2019. 1. 2. 알았다면 그 딸은 2021. 1. 2. 24:00까지 제소할 수 있다.

(2) 피고 : 혼인중 출생한 자녀 또는 부부의 일방

㈎ **원　칙**

1) 원고는 자녀 또는 부부 일방(남편 또는 아내)을 피고로 삼아서 친생부인의 소를 제기하여야 한다(제847조 ①항). 여기서 피고가 되는 자녀는 당연히 친생추정을 받는 자녀에 한정한다.

2) 미성년의 친생자가 소송의 피고가 된 경우 그가 소송 수행을 할 수 없으므로 친권자가 법정대리인으로서 소송을 수행하여야 할 것이다. 다만, 원고는 그 친권자인 부 또는 모 중 1인이므로 다른 일방만이 법정대리인으로서 소송을 수행하여야 한다(제909조 ①, ③항).

3) 미성년의 친생자에게 그 친권자인 부나 모가 없는 경우에는 유언으로 지정된 후견인(제931조 ①항) 또는 법원에서 선임된 후견인(제932조)이 그를 대리하여야 할 것이다(개정 전 구민법은 피고를 자 또는 친권자인 모로 규정하고, 친권자인 모가 없을 경우 법원에서 특별대리인을 선임하도록 규정하고 있었다; 제847조 ②항).[1]

㈏ **피고가 사망한 경우**

1) 피고가 될 사람이 모두 사망한 경우에는 그 모두의 사망을 안 날로부터 2년 내에 검사를 상대로 하여 친생부인의 소를 제기할 수 있다(제847조 ②항). 따라서 피고가 될 자 중 일부라도 생존한 때는 그를 상대로 제기하여야 한다.

2) 피고가 될 사람 중 자가 사망한 경우에는 그에게 직계비속이 있는 때에만 이 소를 제기할 수 있고, 그 경우 피고는 생모, 생모가 없으면 검사가 된다(제849조).

---

1 이는 그 특별대리인을 모 대신 피고로 삼아 소를 제기하라는 것이 아니라 민사소송법 제62조의 취지와 같이 피고인 자를 대리하라는 취지로 해석된다. 인지청구 등의 소의 경우에 법원은 직권으로 친권자를 정하도록 하고 있다(제909조 ⑤항).

(다) 태   아

아직 출생하기 전의 태아에 대하여는 인지(認知)는 가능하나(임의인지; 제858
조, 가등 제56조), 태아를 상대로 친생부인의 소를 제기할 수는 없다고 해석된다.[1]

3. 제소기간(제척기간)

(1) 원   칙

1) 원고는 친생부인 사유가 있음을 안 날부터 2년 내에 부인의 소를 제기하여
야 한다(제847조 ①항). 2005. 3. 31. 개정 전 민법은 자녀의 출생을 안 날부터 1년으로
하고 있었고, 대법원은 친생자가 아님을 안 날이 아니라 자녀의 출생을 안 날부터 기산한
다고 판시하였었다.[2]

2) 2년의 기간은 자녀의 출생일부터가 아니라, 그 자녀가 친생자가 아님을 안 날
부터 2년임을 특히 주의하여야 한다. 어느 때에 이를 알았다고 할 수 있는가? 민법에
규정이 없으므로 이는 사회통념과 경험칙에 의하여 인정할 수밖에 없을 것이다.

3) 위 2년의 기간은 제척기간이다. 불변기간이 아니므로, 당사자가 책임질 수
없는 사유로 기간을 지키지 못한 경우라도 추후보완 청구나 추후의 제소를 할 수
없다. 제소기간을 이와 같이 단기간(2년)으로 정한 이유는 친자관계의 문제를 오래
동안 불안정한 상태에 두는 것은 가족관계의 안정이나 자의 복지, 가정의 평화에
좋지 않고, 증거보존상의 문제도 있기 때문이다.[3]

(2) 예   외

1) 원고가 피성년후견인인 경우는 성년후견 종료의 심판이 있은 날로부터 2년
안에 제소하여야 하고, 피고가 될 자가 모두 사망한 경우에는 모두의 사망을 안 날
로부터 2년 내에 검사를 상대로 제소하여야 하며, 남편이 자의 출생 전에 사망하
였거나 남편 또는 처가 친생부인의 사유를 안 날로부터 2년 내에 사망한 경우에는
남편 또는 처의 직계존속·비속이 그 사망을 안 날로부터 2년 내에 검사를 상대로
제소하여야 함은 앞서 말한 바와 같다(제847조, 제848조, 제851조).

2) 그러나 이와 같은 민법 규정은 문제가 있다. 본래 이 소는 친생부인의 사유

---

1 我妻 외 2, 民法(3) 親族法·相續法(勁草書房, 2004), 130면.
2 대판 1988. 4. 25, 87므73.
3 스위스 가족법은 자녀의 출생 후 5년이 지나면 부인권이 소멸된다고 규정하였는데 개정민법은 그
  러한 규정을 두지 않았다. 따라서 자녀 출생 후 20년이나 30년이 지나도 그때 비로소 부인(否認)
  사유를 알았다면 친생부인청구를 할 수 있다.

를 안 날로부터 2년 내에 제기하여야 하는데, 피고가 될 자가 생존해 있는 때에는 이에 따라야 하지만 그들이 모두 사망한 경우에는 그 사망일이 친생부인의 사유를 안 날로부터 2년 후라고 하더라도 그 사망을 안 날로부터 2년 내에 제기할 수 있다고 하면 균형이 맞지 않기 때문이다.

따라서 원고가 피성년후견인인 경우에 성년후견 종료의 심판이 있은 날로부터 2년 안에 제소할 수 있도록 한 것은 타당하나, 기타의 경우는 그 문언대로 해석해서는 안 되고, 유언이나 사망이 친생부인의 사유를 안 날로부터 2년이 지난 후라면 제소할 수 없다고 보아야 할 것이다.[1]

(3) 경과조치

1) 개정민법 시행일(2005. 3. 31.)부터 30일 내에 위 2년의 기간이 만료되는 경우에는 개정법 시행일부터 30일 안에 친생부인의 소를 제기할 수 있다(부칙 제 3 조 ①항). 개정법 시행 당시 종전의 1년의 기간이 경과되지 아니한 때는 개정법에 따른 2년의 규정이 적용된다(부칙 제 6 조). 그리고 위 2년의 기간을 계산할 경우 1997. 3. 27.(헌재의 헌법불합치결정일)부터 개정민법 시행 전일(2005. 3. 30.)까지의 8년 2개월여의 기간은 이를 산입하지 아니한다(동조 ②항).

2) 이미 법원에 계속 중이던 친생부인사건은 다시 재개하여 심리를 속행하면 될 것이다.

:: 참고판례

개정 전 민법은 자녀의 출생을 안 날로부터 1년을 제소기간으로 정하고 있었던 바, 그 안 날의 의미에 관하여 판례는 문자 그대로 자녀의 출생을 안 날이라고 해석하고, 그 자녀가 자기의 아들·딸이 아님을 안 여부와는 관계가 없다고 판결하여 왔다.[2] 생각건대, 자녀가 출생한 후 조금 자라나야 부모, 특히 아버지는 그 자식이 친자식인지 아닌지 알 수 있을 터인데, 무조건 출생을 안 날로부터 1년 이내에 친생부인의 소를 제기하라고 하는 위 규정과 판례는 명백히 불합리하고 부당하였다. 그래서 이 조항에 관하여 헌법재판소의 헌법불합치결정[3]이 내려졌고, 위 결정문에서는 위 조항이 행복추구권을 규정한 헌법 제10조, 개인의 존엄과 양

---

1 민법이 제849조, 제850조의 경우에는 제847조 ②항과 같은 예외를 두지 않은 것을 고려해 보더라도 그러하다.

2 대판 1983. 7. 12, 82므59; 1988. 4. 25, 87므73 각 전원합의체; 1979. 5. 22, 79므4.

3 헌재결 1997. 3. 27, 95헌가14, 96헌가7.

성의 평등에 기초한 혼인과 가족생활의 기본권을 규정한 헌법 제36조의 규정에
위반될 소지가 있다고 선언하였다. 2005. 3. 31. 개정 민법은 위 헌재결정의 취지
를 따라 위와 같이 동 조항을 개정하게 된 것이다.

4. 친생부인권의 소멸

(1) 제척기간의 경과

친생부인권은 제척기간 2년(친생자 아님을 안 날부터 2년)이 지나면 소멸한다.

(2) 친생의 승인

1) 아이의 출생 후 남편이 자기의 친생자임을 승인한 경우에는 친생부인권이
소멸되어 다시 부인의 소를 제기할 수 없다(제852조).

2) 친생부인의 소송 도중에도 남편은 친생자승인을 할 수 있다고 할 것이다.
이 경우 남편이 원고인 경우 그는 그 소를 취하하여야 할 것이고, 이를 취하하지
않는다면 소의 이익이 없으므로 법원은 소를 각하할 것이다.

친생부인의 소의 판결이 확정된 후에도 남편은 친생자승인을 할 수 있는가?
2005. 3. 30. 개정 전 민법 제853조는 "夫는 부인소송의 종결 후에도 친생자임을 승
인할 수 있다"고 규정하여 이를 허용하였다. 그러나 친생부인의 소는 형성소송으
로서 대세적 효력이 있고, 이에 따라 그 판결이 확정된 후에 남편이 이에 반하여
친생자승인을 한다면 친생부인의 소가 형성소송으로서 대세적 효력이 있다는 법리
에 반하는 결과가 되며, 자녀에게 반드시 유리한 결과를 가져오는 것도 아니다. 그
럼에도 불구하고 남편의 일방적 의사에 의하여 부자관계를 좌우하도록 하는 것은
부당하다는 비판을 면할 수 없다. 이러한 이유에서 2005년의 민법 개정 시 위 규
정은 삭제되었다. 따라서 이는 부정함이 타당하다.

3) 승인의 방법에 대해서는 민법에 규정이 없으나, 이는 관념의 표시에 해당
하므로 그 자녀가 자신의 친생자임을 인정하는 명시적·묵시적 관념의 표시에 해
당하는 행위가 있으면 이에 해당한다고 볼 것이다. 그리고 그 상대방은 자 본인은
물론 그 생모(처)도 포함된다고 볼 것이다.

4) 처가 출산한 자녀를 남편이 스스로 자신의 친생자로 출생신고하거나 처가
출생신고를 하는 데에 동의한 경우, 원칙적으로 묵시적인 승인에 해당한다고 보아

야 할 것이다. 그러나 남편이 아이의 이름을 지어 준 것만으로는 묵시적인 승인을
한 것으로 단정하기 어렵다고 할 것이다.

그런데 친생자로 추정 받는 자녀에 대하여 친생부인의 소를 제기하고자 하는
때에도 위와 같이 먼저 출생신고를 하여야 한다(가등 제47조). 그러므로 출생신고
를 하였더라도, 상당한 기간 내에 친생부인의 소를 제기하였거나 친생부인의 의사
를 표시한 경우, 출생신고 전에 이미 친생부인의 의사를 표시한 경우에는 승인을
한 것으로 볼 수 없을 것이다.

5) 타인의 사기나 강박으로 승인한 경우에는 이를 취소할 수 있다(제854조).
이 경우 민법 총칙이 적용된다고 할 것이므로, 취소의 기간(제척기간)은 사기를 안
날이나 강박을 면한 날부터 3년, 승인을 한 날부터 10년 이내이다(제146조). 그러
나 생부가 승인을 취소하였더라도 아이는 여전히 생부를 상대로 인지청구를 할 수
있다.

(3) 친생부인권의 행사가 신의칙에 반하는 경우

친생부인권의 행사가 신의칙에 반하는 경우에는 그 행사가 부인될 수 있는바,
그 경우 사실상 그 권리가 소멸한다.[1]

5. 친생부인소송의 절차

(1) 소송목적

1) 친생부인의 소에서 소송목적, 즉 심판대상은 남편과 자녀 사이에 친생추정
력이 없다는 것인가, 아니면 양자(兩者) 사이에 실제로는 친생자관계가 없다는 것
인가?

2) 법령에는 이에 관한 규정이 없다. 형식상으로만 본다면 친생부인의 소는
친생추정력이 미치는 자녀에 대하여 이를 부정하는 것을 목적으로 하므로 전자인
것처럼 보이나, 그렇게 되면 다시 친생자관계존부확인의 소를 제기하여야만 하므
로 이는 소송경제에 반한다. 따라서 후자, 즉 이 소의 심판대상은 남편과 자녀 사
이에 실제로는 친생자관계가 없다는 것이 되어야 하고, 여기에 기판력이 미친다고
보아야 한다.

---

[1] 서울가심 1983. 7. 15, 82드5110, 83드1266, 판례월보 제159호, 51면; 동 1983. 7. 15, 82드5134, 판
례월보 제160호, 31면; 서울고판 1986. 6. 9, 86르53 참조.

3) 그러므로 심리결과 혼인 성립 후 200일 내 출생자라는 것이 밝혀져 남편과 자녀 사이에 친생추정이 발생하지 않는 경우에도, 그들 사이에 실제로 친생자관계가 있다면 청구를 기각하여야 할 것이다.

(2) 심   리

1) 친생부인의 소는 나류 6호 가사소송사건으로서 가정법원의 전속관할에 속한다(가소 제 2 조 ①항 1호 나목). 친생부인의 소에서는 친생추정을 받는 남편과 자녀 사이에 실제로는 친생자관계가 없는지 그 사실을 심리하여야 한다. 심리의 방법이나 증거방법에는 제한이 없다.

2) 수소(受訴)법원은 모든 사실조사와 필요한 증거조사를 직권으로 하여야 한다(가소 제17조).[1] 따라서 남편의 생식(生殖)능력·혈액형·임신기간 중의 부부 동거 여부 등을 조사할 수 있고, 필요한 경우 부자관계를 확정하는 방법으로 혈액형검사나 유전자검사를 할 수도 있다. 당사자가 이에 응하지 아니하면 가정법원은 수검(受檢)명령을 발하고(가소 제29조), 이에 불응하고 계속 지연하면 1천만 원 이하의 과태료, 나아가 감치재판(30일까지)도 할 수 있다(가소 제67조).

3) 친생부인의 소에서도 원·피고 측의 이해관계인은 보조참가인으로 소송에 참가하여 다툴 수 있다(가소 제12조 본문, 민소 제71조).

4) 친생부인의 소송 도중에 원고가 사망한 경우에는 원고의 직계 존·비속이 그 사망사실을 안 날부터 6개월 안에 소송승계신청을 할 수 있다. 그러한 신청을 하지 아니하면 소가 취하된 것으로 간주된다(가소 제16조).

5) 친생부인의 소에 관하여 위와 같이 직권주의가 적용되기는 하나 입증책임은 원고가 진다. 따라서 법원이 모든 증거조사를 거쳤어도 친생추정을 부인할 만한 심증을 얻지 못한 경우에는 그 청구를 기각하여야 한다.

6) 친생부인과 같은 가사소송사건에서는 자백이나 청구의 인낙은 할 수 없고(가소 제12조 단서), 조정이나 화해 역시 불가능하다.

6. 판결과 그 효력

(1) 판결의 형식

1) 친생부인의 판결은 "사건본인이 원고(또는 피고)의 친생자임을 부인한다."

---

1 대판 2002. 6. 14, 2001므1537.

와 같은 형식으로 선고함이 실무관행이다.

2) 친생부인의 소에서 원고의 청구가 인정되지 않을 경우 법원은 그 청구를 기각할 수 있을 뿐 "사건본인이 피고의 친생자임을 확인한다."와 같은 판결은 선고할 수 없다고 할 것이다. 이는 소송목적이 아니어서 처분권주의에 반하며, 어차피 청구를 기각하면 법률상 추정력이 유지되어 대내외적으로 그 자녀는 남편의 친생자로 여전히 추정되기 때문이다.

(2) 기판력의 범위

1) 친생부인판결은 형성판결이므로 청구를 인용하는 확정판결은 제 3 자에게도 효력이 미친다(가소 제21조 ①항). 친생부인의 소의 청구원인(소송목적)은 남편과 자녀 사이의 친생관계의 존부이다. 따라서 그 인용판결의 확정 후에는 남편과 자녀 사이에 친생관계가 존재하지 않는 것으로 확정되므로 제 3 자도 친생추정에 반하는 주장이나 행위를 할 수 있게 된다.[1]

2) 친생부인의 소에서 원고의 청구를 기각하는 판결이 확정된 경우, 다른 제소권자는 사실심 변론종결 전에 그 소송에 참가하지 못한 데 대하여 정당한 사유가 없으면 다시 소를 제기할 수 없다(가소 제21조 ②항).[2]

이 제소금지의 효력에 대해서는 기판력설과 특별한 효력이라는 설이 대립하는바, 후자가 논리상 타당하다.[3] 따라서 이 경우 다른 제소권자에 대해서는 제한적으로 사실상 대세효가 인정되나, 제소권자가 아닌 자에 대한 관계에서는 기판력은 물론 이러한 제소금지의 효력도 미치지 않는다. 물론 이에 불구하고 소송당사자 사이에서는 당연히 기판력이 발생한다.

3) 친생부인판결에서 청구를 인용한 경우 그 기판력은 위와 같이 남편과 자 사이에 친생자관계가 존재하지 않는 사실의 확정이고, 누구나 이에 반하는 주장을 하지 못하므로 자녀는 이에 반하여 그 남편을 상대로 인지를 청구할 수 없다. 남편

---

1 대판 1975. 7. 22, 75다65 등.

2 일본은 2003년 인사소송법을 개정하여 청구를 기각한 경우에도 기판력을 인정하고 있는바, 입법론상 고려할 만하다.

3 그 구체적 효력에 대해서는, ① 다른 소송에서 선결문제로 주장하는 것까지 금지된다는 견해, ② 소송의 형태로 그 신분관계의 존부를 다투는 것만이 금지되고, 다른 소송에서 선결문제로 주장하는 것은 금지되지 않는다는 견해, ③ 확인소송의 대상은 다른 소송에서 선결문제로 주장하는 것이 금지되지 않는 반면 형성소송의 대상은 다른 소송에서 선결문제로 주장하는 것까지 금지된다는 견해가 대립한다. 이에 대한 논의는 김선혜, "가사재판의 기판력", 가족법연구 제23권 3호(2009)를 참조.

에 대한 인지청구는 남편과 자 사이에 혼인외일망정 친생자관계가 존재한다는 사실을 전제로 하기 때문이다.

　이와 달리, 대판 1999. 10. 8, 선고 98므1698 판결을 근거로 친생부인판결이 확정되더라도 인지청구의 소에는 영향을 미치지 아니한다는 견해가 있으나, 위 판결은 인지무효심판이 확정되더라도 인지청구의 소에 영향을 미치지 않는다는 것에 불과할 뿐이고, 위 견해는 기판력의 본질에 반한다.

(3) 부자(父子, 친생자)관계의 소급적 소멸

　1) 친생을 부인하는 판결이 확정되면, 법률상 추정력에 의하여 인정되었던 남편과 그 자녀 사이의 부자(父子)관계(친생자관계)는 자녀의 출생 당시로 소급하여 소멸한다. 이에 따라 상호 간에 상속이나 부양이 발생하지 않게 된다.

　2) 친생부인판결이 확정되면 그 자녀는 생모의 혼인외의 출생자가 된다. 이에 따라 남편과 그 자녀 사이의 관계는 인척관계(배우자의 혈족)로 변화된다.

　3) 친생부인의 소에서 원고의 청구를 기각하는 판결이 선고되어 확정되면 법률상 추정력이 유지되어 대내외적으로 그 자녀는 여전히 남편의 친생자로 추정된다.

(4) 가족관계등록부의 정정

　1) 친생부인판결이 확정되면 원고는 그 판결확정일부터 1개월 안에 판결 등본과 확정증명서를 첨부하여 가족관계등록부 정정신청을 하여야 한다(가등 제107조). 이에 따라 그 자는 '남편의 친생자' → '생모의 혼인외의 출생자'로 가족관계등록부 기재가 정정된다(가등예규 제239호). 그 정정의 방법은 뒤의 친생자관계존부확인의 소의 예에 따라야 할 것이다.

　2) 친생부인판결이 확정되면 법원사무관 등은 등록기준지 가족관계등록 공무원에게 그 사실을 통지하여야 한다(가소규칙 제7조 ①항 1호).

7. 친생부인의 소와 다른 소의 관계

(1) 친생부인의 소와 친생자관계부존재확인의 소

　1) 친생부인의 소는 위와 같이 형성의 소로서 당사자적격과 제소기간의 제한이 뒤따른다. 반면 친생자관계부존재확인의 소는 확인의 소이고, 당사자적격과 제소기간의 제한이 없거나 완화된다. 이와 관련하여, 양소가 배타적 관계에 있는지

아니면 당사자가 임의로 선택할 수 있는 선택적 관계에 있는지가 문제된다.

2) 아이 출생 후 2~30년이 지난 후 친생자 아님을 안 경우는 어떻게 할 것인가? 개정민법에 따르면 이런 경우에도 친생부인의 소를 제기할 수 있을 것이다. 그러나 종전에는 아이의 출생을 안 날부터 1년이라는 제척기간이 너무 짧아 금방 지나가기 때문에 친생부인의 소를 제기할 수 없는 경우가 많았는데, 이 경우 친생자관계부존재확인의 소를 제기할 수 있는가가 문제되었다.

그러나 앞서 본 판례에 따라, 아이의 임신기간 동안에 남편의 해외근무 등 사유로 아내가 아이를 포태(임신)할 수 없는 객관적인 명백한 사유가 있는 경우에만 친생추정이 부정되어 친생자관계부존재확인의 소를 제기할 수 있다.[1] 이와 같은 예외적인 사유가 없는 경우에는 아무도 그 자녀의 친생성을 부인할 수 없고, 친생부인의 소의 방법이 아닌 친자관계부존재확인의 소의 방법으로 그 친생자관계의 부존재확인을 소구(訴求)하는 것은 부적법하다.[2] 그것이 친생추정에 관한 민법 제844조와 친생부인의 소에 관한 민법 제846조, 제847조의 입법취지라고 할 수 있다.

3) 즉 양소(兩訴)는 배타적 관계에 있고, 당사자가 임의로 선택할 수 있는 선택적 관계에 있는 것이 아니다. 그러므로 친생부인의 소로 청구하여야 할 것을 친생자관계부존재확인의 소로 제기하는 것은 허용될 수 없고, 그러한 소는 부적법하여 각하를 면할 수 없다. 그러나 이에 위반한 친생자관계부존재확인의 소의 판결도 당연무효의 판결은 아니고, 그것이 확정된 이상 기판력이 발생하여 이후에는 더 이상 친생자관계가 존재한다는 주장을 할 수 없게 된다고 할 것이다.[3]

4) 그러면 반대로 친생자관계부존재확인의 소로 제기할 수 있는 것을 친생부인의 소로 제기한 경우는 어떠한가? 친생자관계부존재확인의 소는 친생추정을 받지 않는 부자관계에 대하여 그 부존재확인을 구하는 소인바, 친생추정을 받지 않는 자에 관하여 친생부인의 소로써 그 부존재 판결을 구한 경우, 이 역시 소의 요건을 갖추지 못한 경우에 해당하므로 부적법하다고 할 것이다. 다만, 이를 간과하여 청구를 인용하는 판결이 선고된 경우에도 그 판결이 무효라고 할 수는 없고, 기판력이 발생한다고 보아야 할 것이다.

5) 친생부인의 소나 친생자관계부존재확인의 소 모두 가사소송사건이고 직권

1 대판 1983. 7. 12, 82므59; 1988. 5. 10, 88므85; 일 최판 1969. 5. 29, 집 23-6, 1064면.
2 대판 1984. 9. 25, 84므84; 1992. 7. 24, 91므566; 1997. 2. 25, 96므1663; 2000. 8. 22, 2000므292.
3 대판 1992. 7. 24, 91므566.

주의가 적용되므로, 각각의 소에서 원고는 그 소를 다른 소로 변경할 수 있다고 할 것이다.[1] 양자를 주위적·예비적으로 구하는 것도 가능하다(가소 제14조 참조). 다만, 그로 인해 원고 적격이나 피고 적격이 없게 되는 경우에는 예외로 한다. 그러나 원고가 소를 변경하지도 않았고, 예비적으로 구하지 않았음에도 법원이 직권으로 이를 변경하여 인용하는 것은 처분권주의에 반하므로 허용되지 않는다고 할 것이다.

:: 참고판례

민법 제847조 ①항은 친생부인의 소의 제척기간과 그 기산점에 관하여 '그 출생을 안 날로부터 1년 내'라고 규정하고 있으나, 일반적으로 친자관계의 존부는 특별한 사정이나 어떤 계기가 없으면 이를 의심하지 아니하는 것이 통례임에 비추어 볼 때, 친생부인의 소의 제척기간의 기산점을 단지 그 '출생을 안 날로부터 1년 내'라고 규정하고 있는 것은 부(夫)에게 매우 불리한 규정일 뿐만 아니라, '1년'이라는 제척기간 그 자체도 그 동안에 변화된 사회현실여건과 혈통을 중시하는 전통관습 등 여러 사정을 고려하면 현저히 짧은 것이어서, 결과적으로 위 법률조항은 입법재량의 범위를 넘어서 친자관계를 부인하고자 하는 부(夫)로부터 이를 부인할 수 있는 기회를 극단적으로 제한함으로써 자유로운 의사에 따라 친자관계를 부인하고자 하는 부(夫)의 가정생활과 신분관계에서 누려야 할 인격권, 행복추구권 및 개인의 존엄과 양성(兩性)의 평등에 기초한 혼인과 가족생활에 관한 기본권을 침해하는 것이다(헌재결 1997. 3. 27, 95헌가14, 96헌가7).

(2) 친생부인의 소와 인지청구의 소

1) 인지청구의 소는 혼인외의 자나, 혼인중의 자라도 친생추정을 받지 못하는 자가 그 생부를 상대로 제기하는 것이 보통이다. 물론 경우에 따라서는 생모에 대해서도 이를 제기할 수 있다.

2) 아이가 자녀를 임신·출산한 생모의 남편의 친생자로 법률상 추정되는 경우 친생부인판결이 확정되지 않는 한 그 생부는 아이를 인지할 수 없고, 자도 그 생부를 상대로 인지청구의 소를 제기할 수 없다. 친생추정과 충돌하는 이상 인지청구의 소를 허용할 수 없기 때문이다. 이 점에서 친생부인의 소와 인지청구의 소 역시 배타적 관계에 있다.

---

1 서울가심 2019. 11. 8, 2018드단12059 등 참조.

3) 이미 남편의 친생자로 법률상 추정되는 자에 관하여 그 남편을 피고로 삼아 인지청구의 소를 제기한 경우 그 소는 요건을 흠결하여 부적법할 뿐 아니라 소의 이익도 없다. 이는 그 자가 남편의 친생자로 출생신고가 되어 있든 아니든 마찬가지다. 후자의 경우 그 추정력에 의하여 언제라도 남편의 친생자로 출생신고를 할 수 있음은 물론이다.

VI. 친생부인의 허가 청구와 인지의 허가 청구

1. 친생부인의 허가 청구

(1) 개념과 의미

1) 민법 제844조 ③항에 의하면, 혼인관계가 종료된 날부터 300일 이내에 출생한 자녀는 혼인중에 임신한 것으로 추정되고, 이에 따라 그 자녀는 혼인관계가 종료한 전 남편의 친생자로 추정된다. 따라서 이 경우 그 생부가 생모의 남편이 아닌 경우라도 그 친생성을 부정하려면 민법 제846조와 847조에 의하여 생모와 전 남편만이 원고가 되어 친생부인의 소를 제기하여야만 하고, 그 판결 확정 전에는 생부는 그 자녀를 인지하거나 자신의 자로 출생신고를 할 수 없다.

2) 그런데 민법 제844조 ③항에 대하여 위 규정이 위헌이라며 헌법재판소에 헌법소원심판이 제기되었던바, 헌법재판소는 위 규정이 제정될 당시와 현재의 사회 상황이 달라져 혼인관계가 파탄에 이른 뒤 법률상 이혼의 효력이 발생하기까지 시간 간격이 크게 늘어나게 되면서 여성이 남편이 아닌 남자의 자를 포태하여 혼인 종료일로부터 300일 이내에 생부의 자를 출산할 가능성이 증가하게 되었고, 혼인 종료 후 300일 이내에 출생한 자가 부(夫)의 친생자임이 명백한 경우에도 예외 없이 친생추정을 인정하여 요건이 엄격한 친생부인의 소에 의해서만 이를 부정하게 하는 것은 생모의 인격권 등을 침해한다는 이유로 헌법불합치결정을 선고하였다.[1]

3) 이에 따라 국회는 2017. 10. 31. 법률 제14965호로 민법 일부를 개정하여 친생부인의 허가 청구(제854조의 2)와 인지의 허가 청구(제855조의 2) 규정을 신설하였다. 이 규정들은 민법 제844조 ③항의 규정에 의한 친생추정의 번복을 예외적으로 친생부인의 소가 아닌 다른 방법(좀 쉬운 방법)으로 허용하는 규정이다.

---

1 헌재 2015. 4. 30, 2013헌마623.

:: 참고판례

심판대상 조항(민법 제844조 ③항)이 제정될 1958. 2. 22. 당시에는 이혼율이 낮았고 이혼 후 재혼도 흔치 않았을 뿐만 아니라, 여성은 혼인관계 종료 후 6개월 동안 재혼할 수 없어서(구 민법 제811조), 여성이 이혼 후 300일 이내에 전남편이 아닌 다른 남자의 자를 출산하는 일은 드물었고, 여성이 전혼 종료일로부터 6개월 이후 생부와 재혼하여 포태한 자가 전혼 종료일로부터 300일 이내에 출생하는 것은 법률적으로 불가능하였으므로, 혼인 종료 후 300일 이내에 출생한 자를 법률상 예외 없이 부의 친생자로 추정하는 데 나름대로 합리적 근거가 있었고, 친자관계의 과학적 확인이 어려웠던 상황, 그러한 상황에서 친생추정에 어긋나는 예외적 경우라면 엄격한 친생부인의 소를 통하여만 해결하도록 하는 것이 자의 법적 지위 안정에 기여함은 물론 소송경제 등에도 부합하였다. 그러나 오늘날 사회적·법률적 상황은 이러한 친생추정의 기준이 만들어진 당시와는 크게 달라졌다. ① 이혼 및 재혼에 대한 사회적 인식이 변화하여 이혼율 및 재혼건수가 증가하였고, ② 여성의 재혼을 일정기간 금지하던 구민법 제811조가 2005. 3. 31. 삭제되었으며, ③ 협의상 이혼의 경우 민법 제정 시에는 호적법에 따른 신고로 효력이 발생하였으나, 1977. 12. 31.에는 가정법원의 확인을 받아 신고하도록 변경되었고(민법 제836조), 2007. 12. 21.에는 신중하지 못한 이혼을 방지하기 위하여 이혼숙려기간 제도가 도입되었다(민법 제836조의 2). 이에 따라 과거에는 당사자의 이혼의사 합치와 호적법에 의한 신고만으로 이혼할 수 있었으나, 현재는 가정법원에서 이혼에 관한 안내를 받고 그 안내를 받은 날부터 일정 기간이 지난 다음 법원으로부터 이혼의사 확인을 받아야만 협의상 이혼이 가능하게 되었다. 그 결과, 혼인관계가 파탄에 이른 뒤 법률상 이혼의 효력이 발생하기까지 시간 간격이 크게 늘어나게 되면서 여성이 남편이 아닌 남자의 자를 포태하여 혼인 종료일로부터 300일 이내에 생부의 자를 출산할 가능성이 증가하게 되었다. 그리고 무엇보다도 과거에는 존재하지 아니하던 유전자검사 기술의 발달로 부자관계도 과학적으로 정확하게 확인할 수 있게 되었다. 그러므로 혼인 종료 후 300일 이내에 출생한 자가 전남편의 친생자가 아님이 명백한 경우에도 예외 없이 친생추정을 인정하여 요건이 엄격한 친생부인의 소에 의해서만 이를 부정하게 하는 것은 생모의 인격권 등을 침해하여 헌법에 위반된다(헌재 2015. 4. 30, 2013헌마623).

(2) 요 건

1) 어머니(생모) 또는 어머니의 전 남편은 민법 제844조 ③항의 경우에 가정법원에 친생부인의 허가를 청구할 수 있다(제854조의 2 ①항 본문).

2) 다만, 혼인중의 자녀로 출생신고가 된 경우에는 그러하지 아니하다(동 조항 단서). 이 경우에는 이미 생모 또는 생모의 전 남편이 그 자녀를 자신들의 친생자로 출생신고한 이상 본래 예정된 그들과의 친생부인 소송을 통하여 자녀가 누구의 친생자인지를 가리는 것이 타당하기 때문이다.

3) 친생부인의 소를 제기하는 때와 마찬가지로, 생모 또는 그 전 남편이 이러한 친생부인의 허가를 청구하고자 하는 때에도 가족관계등록법에 따른 1개월 내의 출생신고의무가 면제되는 것은 아니므로, 그 기간 내에 출생신고를 하지 않은 때에는 그 법상의 의무위반(과태료 제재)이 된다. 그런데 위 친생부인의 허가 청구 사건이 가사비송사건[라류 7)의2호]이기는 하지만 1개월 내에 확정되기는 매우 어렵다고 할 것이다.

4) 이 사건에서는 상대방이 없다. 다만, 재판장은 상당하다고 인정하는 경우에는 심판청구에 관하여 이해관계가 있는 자를 절차에 참가하게 할 수 있다(가소 제37조). 따라서 전 남편이나 생모, 생부는 이에 따라 절차에 참가할 수 있을 것이다.

5) 제소기간은 제한이 없다. 따라서 이미 친생부인 소의 제기권자인 생모와 전 남편은 제척기간이 지난 뒤에도 이를 청구할 수 있다. 이 법 규정의 진정한 의미(유용성과 존재이유)는 여기에 있다. 다만, 그 자녀가 이미 생모와 전 남편의 친생자로 출생신고가 되어 있다면 생모 등은 이 허가청구를 할 수 없음은 상술하였다.

(3) 심 리

1) 위 사건은 라류 가사비송사건이다(가소 제 2 조 ①항 2호 가목 7)의2). 자녀의 주소지를 관할하는 가정법원의 전속관할에 속한다(가소 제44조 ①항 3의2).

2) 이러한 가사비송사건은 사건관계인을 심문하지 아니하고 할 수 있음이 원칙이나(가소 제45조), 가정법원은 생모의 전 남편과 그 성년후견인(성년후견인이 있는 경우)에게 의견을 진술할 기회를 줄 수 있고, 위 진술을 들을 때에는 심문하는 방법 외에도 가사조사관을 통한 조사나 서면조회 등의 방법으로 진술을 들을 수 있다(가소 제45조의 8).

3) 가정법원은 직권으로 사실을 조사하고 필요한 증거조사를 하여야 하며, 증

거조사를 다른 가정법원에 촉탁할 수 있고, 증거조사는 가사소송의 예에 따른다(가소규 제23조). 가정법원은 혈액채취에 의한 혈액형 검사, 유전인자의 검사 등 과학적 방법에 따른 검사결과 또는 장기간의 별거 등 그 밖의 사정을 고려하여 허가 여부를 정한다(제854조의 2 ②항). 조정전치주의는 적용되지 않는다. 비송사건이므로 청구의 인낙이나 자백은 생각도 할 수 없다.

4) 이해관계인의 참가신청은 참가의 취지와 이유를 기재한 서면으로 하여야 하고, 참가신청인은 참가의 이유를 소명하여야 한다(가소규 제21조). 재판장은 위 참가 신청이 있는 때에는 그 허부의 결정을 하여야 하며, 참가허부의 결정과 가사소송법 제37조 ②항의 규정에 의한 참가명령에 대하여는 불복하지 못한다(가소규 제22조).

(4) 심판과 그 효력

1) 친생부인 허가 청구에 대한 재판은 심판으로 한다(가소 제39조 ①항). 심판서에는 이유를 적지 아니할 수 있고, 이에 대해서는 민사소송법 중 결정에 관한 규정이 준용된다(가소 제39조 ③, ④항).

심판서의 주문은 "청구인의 사건본인(사건본인의 모○○○, 모의 주민등록번호)에 대한 친생부인을 허가한다." 또는 "청구인의 사건본인과 청구 외 ○○○(전 남편, 주민등록번호, 주소)의 친생부인을 허가한다."와 같이 할 수 있다. 기각하는 경우에는 "청구인의 이 사건 심판청구를 기각한다."고 하면 무방할 것이다.

2) 친생부인을 허가하는 심판에 대하여는 민법 제854조의 2 ①항에 규정된 자, 즉 생모 또는 전 남편이 즉시항고를 할 수 있다(가소규 제61조의 2). 청구를 기각한 심판에 대하여는 청구인만이 즉시항고를 할 수 있다(가소규 제27조).

3) 친생부인을 허가하는 심판은 확정되어야 효력이 생기고(가소 제40조 단서), 그 경우에는 민법 제844조 ①항, ③항의 친생추정이 미치지 아니한다(제854조의 2 ③항).[1] 즉 그 자녀는 실질상 아내의 혼인외의 자가 된다.

이에 따라 생모는 친생부인의 허가 심판서 등본과 확정증명서를 첨부하여 출생신고를 할 수 있다. 이 경우 아버지는 확정되지 않은 상태가 되므로 생부는 생모

---

[1] 이 심판에 불구하고 그 자녀는 여전히 혼인중의 자의 지위를 유지하나, 단지 출생신고에서만 혼인외의 자와 같이 취급될 뿐이다. 그런데 이러한 취지라면 법문을 "①항 및 ②항에 따른 허가를 받은 경우에는 제844조 ①항 및 ③항의 추정이 미치지 아니한다"고 할 것이 아니라 "①항 및 ②항에 따라 허가를 받은 경우 '가족관계의 등록 등에 관한 법률' 제57조 ①항에 따른 신고를 하는 경우에는 혼인외의 자로 본다"고 하는 것이 나았을 것이다. 혼인중의 자는 친생추정을 받지 않더라도 남편의 자녀로 출생신고를 하여야 하기 때문이다.

의 출생신고 후 인지신고를 할 수 있다. 또한, 생부도 친생부인의 허가 심판서 등본과 확정증명서를 첨부하여 '가족관계의 등록 등에 관한 법률' 제57조 ①항에 따른 출생신고(친생자출생의 신고에 의한 인지)를 할 수 있다. 전 남편은 사건의 청구인이라고 하더라도, 자녀가 실질상 혼인외의 자가 되어 출생신고 적격자 자격을 상실하므로(혼인외의 자의 출생신고 적격자는 생모이다) 허가 심판이 확정된 후에는 자신의 친생자로 출생신고를 할 수 없다고 해석하여야 할 것이다.

4) 이 심판은 확정되어도 기판력이 없으므로 그 자녀가 생부의 자녀로 확정되는 효력은 없다. 단지 민법 제844조 ③항에 따른 친생추정만이 부정될 뿐이다. 그러므로 전 남편 등 이해관계인은 친생자관계존부확인 소송으로 이를 다툴 수 있다고 보아야 할 것이다.

2. 인지의 허가 청구

(1) 개념과 의미

2017. 10. 31. 민법 개정 당시 생모와 전남편을 위하여 좀 더 간편한 방법의 친생부인의 허가 청구(제854조의2) 제도가 도입됨과 동시에 생부를 위하여 인지의 허가 청구(제855조의2)제도가 도입되었는바, 이 규정의 도입 취지는 친생부인의 허가 청구와 같다.

(2) 요 건

1) 자녀의 생부는 민법 제844조 ③항의 경우에 가정법원에 인지의 허가를 청구할 수 있다(제855조의2 ①항 본문).

2) 다만, 혼인중의 자녀로 출생신고가 된 경우에는 그러하지 아니하다(동 조항 단서). 이 경우에는 이미 생모 또는 생모의 전 남편이 그 자녀를 자신들의 친생자로 출생신고한 이상 본래 예정된 친생부인 소송을 통하여 자녀가 누구의 친생자인지를 가리는 것이 타당하기 때문이다.

3) 친생부인의 소를 제기하는 때와 마찬가지로 생부가 인지 허가를 청구하고자 하는 때에도 가족관계등록법에 의한 1개월 내의 출생신고의무가 면제되는 것은 아니므로, 생모와 전 남편은 1개월 내에 출생신고를 하지 않은 때에는 그 법상의 의무위반이 된다. 그런데 위 인지 허가 청구 사건이 가사비송사건이지만 1개월 내에 확정되기는 매우 어렵다고 할 것이다.

4) 이 사건에서도 상대방이 없다. 다만, 이해관계 있는 자는 재판장의 허가를 얻어 절차에 참가할 수 있고, 재판장은 상당하다고 인정하는 경우에는 심판청구에 관하여 이해관계가 있는 사람을 절차에 참가하게 할 수 있다(가소 제37조). 따라서 전 남편이나 생모는 이에 따라 절차에 참가할 수 있을 것이다.

5) 제소기간은 제한이 없다. 이 법 규정의 의의는, 민법 제844조 ③항에 의하여 친생추정이 미침으로써 친생부인의 소에 의한 판결이 확정되기 전에는 인지나 자신을 부로 하여 출생신고를 할 수 없는 생부에게 간단한 절차를 통해 자신을 부(父)로 하여 출생신고를 할 수 있게 한 데에 있다고 할 수 있다. 다만, 그 자녀에 대해서 이미 생모와 전 남편의 친생자로 출생신고가 되어 있는 때는 인지 허가를 청구할 수 없음은 앞서 본 바와 같다.

(3) 심　　리

1) 위 사건은 라류 가사비송사건이고(가소 제 2 조 ①항 2호 가목 7)의 2), 자녀의 주소지를 관할하는 가정법원의 전속관할에 속한다(가소 제44조 ①항 3의 2).

2) 심리 방법은 앞서 본 친생부인의 허가 청구의 그것과 동일하다.

(4) 심판과 그 효력

1) 인지 허가 청구에 대한 재판 역시 심판으로 한다(가소 제39조 ①항). 심판서에는 이유를 적지 아니할 수 있고, 이에 대해서는 민사소송법 중 결정에 관한 규정이 준용된다(가소 제39조 ③, ④항).

심판서의 주문은 "청구인이 사건본인(사건본인의 모○○○, 모의 주민등록번호)을 청구인의 친생자로 인지함을 허가한다."와 같이 할 수 있다. 기각하는 경우에는 "청구인의 이 사건 심판청구를 기각한다."고 하면 무방하다.

2) 인지 허가 청구를 인용하는 심판에 대하여는 민법 제854조의 2 ①항에 규정한 자, 즉 생모 또는 전 남편이 즉시항고를 할 수 있다(가소규 제61조의 2). 청구를 기각한 심판에 대하여는 청구인인 생부만이 즉시항고를 할 수 있다(가소규 제27조).

3) 이 심판은 확정되어야 효력이 있고(가소 제40조 단서), 인지 허가 청구를 인용하는 심판이 확정된 경우에는 민법 제844조 ①항 및 ③항의 친생추정이 미치지 아니하며, 이에 따라 생부는 '가족관계의 등록 등에 관한 법률' 제57조 ①항에 따라 자신을 아버지로 하여 출생신고를 할 수 있다(제854조의 2 ③항). 이에 따른 출생신고는 인지의 효력이 있다.

4) 이 심판이 확정된 경우의 기판력 역시 친생부인의 허가 청구의 그것과 동일하다.

Ⅶ. 인지(認知)

1. 서 론

(1) 개 념

1) 인지는 생부나 생모가 혼인외의 출생자를 자기의 자녀라고 인정하는 단독행위이다. 생모와 혼인외의 출생자는 앞서 본 바와 같이 출산에 의하여 외관상 분명한 경우가 많으므로 굳이 인지를 하여야 할 경우가 많지 않고, 기아나 여러 가지 사정으로 인해 양자 간의 친생자관계가 분명하지 않은 경우에 비로소 한다.

2) 이에 따라 혼인외 출생자와 생부 사이의 법률상 친자관계는 오로지 인지만으로 형성되는 반면, 생모가 혼인외 출생자를 인지하여도 이는 확인적 효력만이 있다는 것이 통설이다. 인지에 의하여 확인 또는 형성되는 친생자관계는 어디까지나 자연혈족관계이지 법정혈족관계(양자)가 아님은 물론이다.

3) 앞서 본 바와 같이 오늘날에는 혼인외 자녀와 혼인중 자녀 사이에는 아무런 실질적 차별이 없다. 다만, 가족관계등록상 약간의 차이가 있을 뿐이다.

(2) 혼인외 출생자의 법적 지위

(개) 모자(母子)관계의 경우

1) 모자관계의 성립에는 앞서 본 바와 같이 어떠한 경우에도 생모의 인지가 필요 없다는 것이 통설과 판례이다. 즉 모자관계는 혼인중 출생자이든 혼인외의 출생자이든 모의 임신·출산으로 당연히 발생하고 생모의 인지나 출생신고는 필요하지 않다.[1] 이에 따라 생모의 혈족이나 인척과 그 자녀 사이에도 친족관계가 발생함은 물론이다.

2) 다만, 기아(棄兒)와 같이 모자관계가 불분명한 특수한 경우에만 생모의 인지나 생모에 대한 인지청구가 필요하지만, 그 경우의 인지도 모자관계의 확인이라고 보아야 한다.[2]

---

1 대판 1980. 9. 9, 80도1731; 1986. 11. 11, 86도1982(호적의 입적 여부와 상관이 없다).
2 대판 1966. 4. 26, 66다214, 총람 민 제855조 6번 판례; 일 최판 1962. 4. 27, 집 16-7, 1247면; 김

(내) 부자관계의 경우

1) 혼인중의 자로서 민법 제844조에 의하여 생모의 남편의 자로 추정 받는 자는 당연히 남편과 그 자녀 사이에 법률상 친생자관계자 존재(추정)하는 것으로 되고, 그 실질이 다른 경우에는 친생부인의 소에 의하여 확정된다.

2) 반면에 혼인외의 출생자와 그 생부 사이의 법률상 부자관계(친생자관계)는 오로지 부(父)의 인지(認知)로만 발생한다.[1] 생부의 인지를 받지 못한 혼인외 출생자는 법적으로 아버지가 없는 상태가 된다. 그러한 아이는 모의 성과 본을 따르고 (개정민법 제781조 ③항), 모와 그 혈족 사이에서만 친족·부양·상속관계가 생긴다. 부모를 알 수 없는 아이는 법원의 허가를 받아 성과 본을 창설하고 가족관계등록 창설신고를 한다(개정민법 제781조 ④항, 가등법 제101조, 동예규 제212호).

3) 혼인중의 자라도 민법 제844조에 의하여 생모의 남편의 자로 추정 받지 못하는 자는 남편과 그 자녀 사이에 법률상 친생자관계가 존재하는 것으로 추정되지 않으므로 그 실질에 있어서는 혼인외의 출생자와 같이 취급된다. 따라서 그러한 자와 그 생부 사이의 법률상 부자관계(친생자관계)는 부(父)의 인지(認知)나 인지판결에 의해서 발생한다.

:: 참고판례

혼인외 출생자에 대한 모자(母子) 사이의 친생자관계는 모에 의한 자의 출산이라는 사실 자체에 의하여 친생자관계라는 법률효과가 부여되지만, 혼인외의 출생자와 부자(父子) 사이의 친생자관계는 인지절차를 통해서만 형성될 수밖에 없다. 따라서 생모와 그의 혼인외의 자 사이에 원천적으로 존재하는 친생자관계를 확인 받고자 하는 소송과 혼인외의 자와 그 부(父) 사이에 친생자관계를 새로이 형성하고자 하는 소송은 그 성질이 명백히 다르므로, 양자 사이에 차별을 두는 것은 합리적인 이유가 있고, 이는 헌법상 평등의 원칙(헌법 제11조)을 침해하는 것이 아니다(헌재 2001. 5. 31, 98헌바9).

주수, "모의 인지," 법조 제17권 5호, 55면 이하 참조.

[1] 대판 1984. 9. 25, 84므73(혼인외의 출생자는 생부와 자기 사이의 친자관계존재확인의 소를 제기할 수 없다).

(3) 인지에 관한 입법원칙

㈎ 객관주의(客觀主義) 또는 혈연주의(血緣主義)

1) 자연적 혈연관계가 존재하면 당연히 그 법률관계인 친생자관계도 성립한다는 견해이다. 고로 자녀는 부모의 의사와 무관하게 언제라도 당연히 인지를 요구할 수 있으며, 인지절차에 하자가 있더라도 실제로 혈연관계가 있으면 인지 자체의 하자는 치유된다고 본다.

2) 부모의 인지는 자연적 혈연관계 또는 생물학상의 친생자관계가 존재한다는 사실에 대한 확인으로서 관념의 통지나 관념의 표시에 불과하다. 이는 모자관계이든 부자관계이든 마찬가지다.

㈏ 주관주의(主觀主義) 또는 의사주의(意思主義)

1) 자연적 혈연관계 또는 생물학상의 친생자관계의 존부와 관계없이 인지는 오로지 인지자인 부모의 의사(意思)에 따라서만 할 수 있고, 인지로써 부자간·모자간의 법률적 친자관계가 발생한다고 보는 견해이다.

2) 따라서 인지는 부모, 특히 부(父)가 자녀를 자기의 자녀라고 승인함으로써 법적 친자관계를 성립시킬 것을 목적으로 하는 부(父)의 일방적 의사표시(단독행위)라고 본다. 부모가 자발적으로 이러한 의사표시를 하는 것이 임의인지이고, 그 의사표시를 하지 아니할 때, 그 의사에 반하더라도 소송으로 법원에서 친자(父子)관계를 확정시키는 것이 강제인지라고 본다.

㈐ 우리 민법

1) 우리 민법은 임의인지는 물론 강제인지(인지청구의 소, 제863조)와 사후(死後)인지(부모 사망 후의 인지, 제864조)를 모두 인정하고 있다.

2) 우리 민법과 가사소송법은 또한 인지무효의 소와 인지취소청구의 소를 인정하고 있는바, 이는 혼인외 자와 부모 사이에 자연적 혈연관계 또는 생물학상의 친생자관계가 부존재하거나 인지의 의사표시가 타인의 사기나 강박에 의한 것을 원인으로 한다. 따라서 인지무효의 소와 강제인지, 사후인지는 객관주의에 가깝고, 인지취소청구의 소는 주관주의에 가깝다고 할 수 있다. 그러므로 우리 민법은 절충주의 입법이라고 평가되고 있다.

(4) 인지의 법적 성질

1) 인지의 법적 성질은 인지에 관하여 주관주의나 객관주의 어느 쪽을 취하느

냐와 밀접하게 연관되어 있다. 주관주의에 따르면 의사표시로서 법률행위에 해당하는 반면, 객관주의에 따르면 사실의 확인으로서 관념의 통지에 해당하게 된다.

2) 우리 민법상 임의인지에 관하여는 법률행위설이 통설이다. 강제인지의 경우에는 형성의 소라고 본다. 다만, 생모의 인지는 임의인지나 강제인지 모두 확인적인 것에 불과하여 관념통지나 관념표시에 해당한다는 것이 통설이다.

(5) 인지의 종류

인지에는 임의인지와 강제인지, 생전인지와 사후(死後)인지(유언인지와 인지청구 포함), 출생 후 인지와 태아인지가 있다.

2. 임의인지

(1) 개 념

생부(生父) 또는 생모(生母)가 스스로 자신의 의사에 따라 인지의 의사표시(생모의 경우에는 관념의 통지)를 하는 것이 임의인지이다.

(2) 인지권자

1) 생부 또는 생모는 혼인외의 출생자를 인지할 수 있다(제855조 ①항). 생모의 경우에도 인지가 필요한지에 대해서 종래 많은 논의가 있었으나, 현재는 불요설이 통설이자 확고한 판례로 굳어져 있다. 그러나 그렇다고 하여 생모의 인지가 부정되는 것은 아니며, 또 기아나 생모 불명의 경우와 같이 모의 인지가 필요한 경우도 있다.[1]

2) 인지는 의사표시이므로 의사능력이 있어야 한다. 즉 혼인외의 자녀가 자기의 혈육인지, 혈연관계가 있는지를 판단하고 인지의 의미를 이해할 수 있는 능력, 즉 인지능력이 있어야 할 것이다.[2]

3) 미성년자와 피한정후견인은 의사능력이 있는 이상 법정대리인 등의 동의를 받을 필요 없이 단독으로 혼인외의 자를 인지할 수 있다. 그러나 인지자가 피성년후견인인 경우에는 후견인의 동의를 받아야 인지할 수 있다(제856조). 피성년후견

---

1 그러나 인지에는 출생신고와 달리 소명이 필요 없다는 것을 악용하는 사례를 방지하기 위함인지 또는 가족관계등록부상 모를 정정하기 위해서는 친생자관계존재확인 판결을 제출할 것을 요구하는 가족관계등록예규 제300호(2009. 7. 17.) 때문인지 가족관계등록관청에서는 모의 인지신고를 수리하지 않는 경우가 많다고 한다.
2 박병호, 165면.

인은 의사능력에 흠이 있기 때문이다.

(3) 피인지자

㈎ 혼인외의 출생자

1) 인지의 대상자는 혼인외의 출생자이다. 혼인외의 출생자인 이상 미성년자이든 성년자이든 불문한다. 인지에 피인지자의 승낙이나 동의는 필요하지 않다는 것이 다수설이다. 일부에서는 혼인외의 자가 성년자인 경우는 그 자녀의 동의를 받는 것이 타당하다고 주장하나,[1] 수긍하기 어렵다.

2) 혼인외의 자는 앞서 본 바와 같이 생모가 자녀를 임신하거나 출산할 당시 유효한 법률상의 혼인관계에 있지 않은 경우를 말하며, 사실혼, 무효혼(제855조 ①항 후단), 사통(私通)이나 부첩(夫妾)관계 등에서 출생한 자녀가 이에 해당한다.

3) 혼인중 출생자로서 민법 제844조에 의하여 생모의 남편의 친생자로 추정되는 자는 특별한 사정이 없는 한 따로 인지절차가 필요하지 않을 뿐 아니라,[2] 그러한 자녀에 대해서는 친생부인의 소나 친생자관계부존재확인의 소에 의한 확정판결로 남편의 친생자 아닌 자로 확정되기 전에는 다른 남자가 출생신고를 할 수 없음은 물론 인지를 하거나 남편 아닌 남자를 상대로 인지청구를 할 수 없다.[3]

혼인중 출생자라도 민법 제844조에 의하여 생모의 남편의 친생자로 추정되지 않는 자는 사실상 혼인외의 자와 다름이 없으므로 이론상으로는 임의인지나 강제인지의 대상이 되며, 이는 호적이나 가족관계등록부상 타인들 사이의 친생자로 허위등재되어 있다 하더라도 친생자로 추정을 받을 수 없는 경우라면 마찬가지다.[4] 그러나 위와 같은 혼인중 출생자도 이론상으로는 인지의 대상이 되나, 생모와 남편의 동거 결여가 외관상 명백하여 친생추정이 미치지 않는 자에 대해서 인지신고를 하는 것은 사실상 불가능하다. 이 경우 친생자관계부존재확인의 확정판결이 있

---

1 김용한, 221면; 김·김, 313면(판단능력이 있으면 그 의사를 묻는다); 양수산, 347면; 일민 제782조.
2 대판 1987. 10. 13, 86므129[우리의 옛 관습에 의하면 처가 혼인중 포태한 자는 부(夫)의 자로 추정되므로 따로 부(夫)에 의한 인지절차가 필요 없다].
3 대판 1968. 2. 27, 67므34; 1978. 10. 10, 78므29; 1987. 10. 13, 86므129; 예규 제121호(2008. 1. 1. 시행); 호적선례(1991. 2. 25. 2-84호).
4 이 경우 자는 실부모를 상대로 인지청구의 소를 제기할 수 있으며, 그 인지를 구하기 전에 먼저 호적상 부모로 기재되어 있는 사람을 상대로 친자관계부존재 확인의 소를 제기할 필요가 없으나(대판 1981. 12. 22, 80므103), 호적이나 가족관계등록부상 타인들 사이의 친생자로 허위등재되어 있다면 친생자관계부존재확인판결이 없는 한 임의인지신고를 수리하기는 사실상 어렵다고 할 것이다.

기 전까지는 법원이 아닌 가족관계등록 공무원이 임의로 그 추정력을 부정하여 인지신고를 수리할 수는 없기 때문이다.

4) 혼인중의 자이지만 친생부인의 소나 친생자관계부존재확인의 소에 의한 확정판결로 남편의 친생자 아닌 자로 확정된 자녀는 소급하여 혼인외 출생자가 되므로, 그 이후에는 인지의 대상자가 된다. 친생부인 허가의 심판 또는 인지허가 심판을 받은 경우에도 이와 같이 볼 수 있다.

5) 그러나 취소혼(중혼 등) 중의 출생자는 그 혼인이 취소되어도 취소의 효과가 소급하지 않으므로(제824조), 혼인중 출생자의 지위를 잃지 아니하고 혼인외 출생자가 되지 아니한다.

(나) 태   아

1) 부나 모는 태아를 인지할 수도 있다(제858조, 가등법 제56조). 다만, 임신 중인 모는 사실상 태아를 인지할 이익이 없을 것이다. 생부가 태아를 인지할 경우 생모(인신부)의 승낙을 얻을 필요는 없다.[1]

2) 태아에 대한 인지는 아이가 출생하기 전에 생부가 빈사상태에 있다든지 기타 일정한 사정이 있는 경우에 그 실익이 있다. 유언으로도 태아를 인지할 수 있는바, 유언으로 인지된 태아가 출생하면 유언집행자는 인지신고를 하여야 한다(가등법 제59조·제55조, 동규칙 제69조 ③항).

3) 태아에 대하여 인지신고가 있으면 바로 가족관계등록부에 기재할 수 없으므로 '특종신고서류 등 접수장'에 기록하였다가, 출생 후 출생신고를 기다려 그때에 이를 기재한다(가등규칙 제69조 ③항). 태아에 대한 인지의 효력은 태아가 살아서 출생한 시기에 발생한다. 그러나 불법행위로 인한 손해배상청구권(제762조,), 상속순위(제1000조 ③항), 유증(제1064조)에 관하여는 혼인외 자라도 태아인 때로 소급하여 그 권리를 취득한다.

4) 인지된 태아가 사산된 경우에는 그 사실을 안 날부터 1개월 이내에 이를 신고하여야 한다(가등법 제60조, 예규 제125호). 이 경우 인지의 효력이 없음은 물론이다.

(다) 타인이 인지한 자(子)

이론상으로는 타인이 인지한 자라도 인지할 수 있다. 그러나 실제로는 이러한 경우 그 인지를 무효로 하거나 취소하지 않은 이상 타인이 다시 인지할 수는 없다.

---

1 일민 제783조 ①항(생모의 승낙을 받아야 인지 가능)의 규정과 다르다.

형식적 심사권만이 있는 가족관계등록 공무원이 그에 관한 법률관계를 심사하여 인지신고를 수리할 수는 없기 때문이다.

㈃ 사망한 자녀

사망한 자녀에게 직계비속이 있는 경우에만 사망한 자를 인지할 수 있다(제 857조, 가등법 제55조 ①항 2호). 이는 인지제도를 남용하여 인지자가 부당하게 상속의 이익을 꾀하는 것을 막기 위한 것이다. 사망한 자녀에게 직계비속이 있는 경우 그 직계비속이 인지자보다 우선하여 상속인이 되므로 이를 남용할 수 없다.

(4) 인지의 방식

㈎ 인지신고

1) 생전인지는 요식행위(要式行爲)로서 가족관계등록법의 규정(동법 제55조 이하)에 따라 인지신고를 하여야 하고, 신고로써 그 효력이 생긴다(제859조 ①항). 인지신고는 본인의 의사가 절대적으로 존중되어야 하므로 대리인에 의한 신고는 할 수 없다(가등 제31조 ③항 단서).

2) 인지신고를 할 때는 출생신고의 경우와 달리 피인지자가 자신의 친생자라는 소명자료를 붙일 필요는 없다.

3) 생부의 인지신고는 창설적 신고이고, 생모의 인지신고는 보고적 신고이다. 일단 신고하여 신고가 수리되면 가족등록부에 그 사항이 기재되지 않았더라도 인지의 효력이 생긴다. 생전인지에는 신고기간의 제한이 없다.

4) 생부가 혼인외의 자를 인지신고하려면 그 전에 이미 그 출생신고가 되어 있어야 한다. 이때 그 출생신고는 생부에게는 그 권한이 없고 생모만이 신고권한이 있음은 앞서 설명한 바와 같으므로, 생부가 출생신고를 하면서 동시에 인지신고를 할 수는 없다.

이미 혼인외의 자의 출생신고가 되어 있으나, 호적이나 가족관계등록부상 타인의 혼인중의 자나 인지된 자녀로 기재되어 있을 때에는 그들 사이에 친생자관계가 존재하지 않는다는 판결이 없는 한, 그 기재를 무시한 채 임의인지를 하는 것은 사실상 불가능하다. 이를 허용하는 경우 가족관계등록부 정정의 결과를 초래하는데, 인지신고는 인지청구의 확정판결과 같은 대세적 효력이 없을 뿐만 아니라, 형식적 심사권만이 있는 가족관계등록 공무원이 그에 관한 법률관계를 심사하여 인지신고를 수리할 수는 없기 때문이다(가등 제107조 참조). 따라서 인지신고는 호적이나 가족관계등록부상 혼인외의 자로서 생부의 기재가 없는 때에만 가능하다.

5) 이와 같이 인지는 인지자인 생부나 생모가 특정한 자녀가 자신의 친생자임을 인정하고, 이를 가족관계등록법에 따라 가족관계등록 공무원에게 신고함으로써 하므로, 자녀에게 직접 인지의 의사표시나 관념을 표시할 필요는 없으며, 설사 자녀에게 인지의 의사표시나 관념을 표시하여도 인지의 효력이 생기지 않는다. 그러므로 인지신고는 생부의 인지신고이든 생모의 인지신고이든 공법인 가족관계등록법상의 법률행위(공법행위: 公法行爲)에 해당한다.[1]

6) 혼인중 출생자로서 생모와 남편의 동거 결여가 외관상 명백하여 친생추정이 미치지 않는 자에 대해서 생부가 인지신고를 하는 것은 이론상으로는 가능하나 사실상으로는 불가능하다. 위와 같이 친생자관계부존재확인의 확정판결이 선고되기 전까지는 가족관계등록 공무원이 임의로 그 추정력을 부정하여 인지신고를 수리(접수)할 가능성이 거의 없기 때문이다.

(나) 출생신고

1) 생부가 혼인외의 출생자에 대하여 인지신고를 하지 않고 친생자로 출생신고를 하면 인지의 효력이 생긴다(가등법 제57조 ①항).[2] 이는 본처와의 혼인중 출생자로 허위신고를 하든, 혼인외의 출생자로 신고하든 동일하다. 그러나 생부에게는 출생신고를 할 권한이 없고,[3] 또 처음부터 인지신고를 할 것이므로[4] 출생신고로 인지효력을 생기게 할 경우는 거의 발생하기 어렵다.

혼인중 출생자로서 생모와 남편의 동거 결여가 외관상 명백하여 친생추정이 미치지 않는 자에 대해서 생부가 인지의 의사로써 자신의 자로 출생신고를 할 수 있는가? 이론상으로는 몰라도 사실상으로는 불가능하다. 위와 같이 친생자관계부존재확인의 확정판결이 있기 전까지는 가족등록공무원이 임의로 그 추정력을 부정하여 출생신고를 수리(접수)할 가능성이 거의 없기 때문이다.[5]

---

1 따라서 인지신고가 자녀에 대한 관계에서 의사표시나 관념통지 또는 관념표시냐는 실제로는 논의의 실익이 별로 없다.
2 대판 1971. 11. 15, 71다1983; 1976. 10. 26, 76다2189.
3 혼인외 자라도 생부에게는 출생신고를 할 권한이 없다(가족관계등록법 제46조 ②항). 따라서 그 생부는 생모가 출생신고를 한 후에 인지신고를 하여야 한다.
4 아직 출생신고가 되어있지 않은 혼인외 자에 대해서는 출생신고와 동시에 인지신고를 할 수 있다고 할 것이다.
5 이 경우 같은 이유로 생모 역시 혼인외의 출생자로 출생신고를 하기는 어렵다. 반면에 혼인 성립 전 200일 내에 출생하여 친생추정을 받지 못하는 자의 경우에는 가족관계등록 공무원이 관련 자료를 보아 이를 알 수 있으므로 신고권한이 있는 생모가 혼인외의 출생자로 출생신고를 할 수도

2) 이중호적에 의한 출생신고의 경우에도 인지의 효력이 있다고 볼 것이다.[1]

3) 위와 같이 생부가 혼인외의 출생자에 대하여 허위로 혼인중의 친생자로 출생신고를 하면 인지의 효력이 생기지만, 그렇다고 그 자녀가 혼인중 출생자가 되는 것은 아니며, 가족관계등록부 기재 내용과 관계없이 그는 여전히 혼인외의 출생자이다.

4) 생모가 생부의 의사에 기(基)하지 않고 일방적으로 혼인외 출생자의 출생신고를 하면서 남편을 아이의 생부로 표시하여 그것이 가족관계등록부에 기재되었다고 하더라도 이는 무효여서 인지의 효력이 생기지 아니하므로, 생부와 아이 사이에는 부자(父子)관계가 발생하지 않는다.[2]

5) 부모의 혼인이 무효가 되면 그들 사이의 자녀는 혼인외의 출생자가 된다(제855조 ①항 후문). 그러나 그 혼인이 무효혼인이라 하더라도, 아이의 생부가 자녀를 이미 친생자로 출생신고하였으면 인지의 효력은 유지된다.[3]

(다) 유언인지(遺言認知)

1) 부모는 유언으로도 자녀를 인지할 수 있다(제859조 ②항 본문). 이 경우 유언집행자는 그 취임일로부터 1개월 이내에 인지신고(유언서 등본 또는 녹음유언을 기재한 서면을 첨부)를 하여야 한다(제859조 ②항 후단, 가등법 제59조).[4]

2) 이 경우 유언집행자의 신고는 보고적 신고로서의 효력이 있지만, 인지의 효력은 유언의 효력이 생긴 때(인지자의 사망 시)에 발생한다(제1073조 ①항).

(5) 임의인지의 효력

1) 임의인지가 있으면 그에 따라 친생자관계의 형성(부와 자의 관계) 또는 확인(모와 자의 관계)의 효력이 발생한다.

2) 가족관계등록법상 인지신고의 효력은 그 수리 시에 발생하나, 친생자관계 발생의 효력은 아이의 출생 시로 소급하여 발생한다(제860조).[5] 그러나 제3자가

있을 것이다.

1 호적예규 676항.

2 대판 1972. 1. 31, 71다2446; 1984. 9. 25, 84므73; 1985. 10. 22, 84다카1165.

3 대판 1971. 11. 15, 71다1983; 1971. 12. 21, 71다1999; 1993. 7. 27, 91므306; 예규 제122호.

4 구민법 시행 당시에는 유언의 방식에 관한 특별한 규정이 없어서 생부는 생전행위 또는 유언(자유방식)으로 혼인외의 자(子)를 인지할 수 있었다(대판 1966. 11. 29, 66다1251, 총람 민 제855조, 11; 1991. 3. 27, 91다728).

5 대판 1968. 11. 26, 68다1675; 1997. 1. 24, 96도1731(친족상도례; 형법 제328조, 제344조 등의 적용을 받아서 절도죄의 형을 면제받는다).

이미 취득한 권리를 해하지 못한다(제860조 단서).

3) 임의인지의 효력은 재판상 인지(강제인지)의 경우와 같다. 구체적인 설명은 뒤의 재판상 인지 부분을 참조하기 바란다.

3. 인지 무효의 소

(1) 개념과 법적 성질

⑺ 개   념

1) 일정한 사유로 인하여 임의인지가 무효인 경우 가정법원에 그 확인을 구하는 소가 바로 인지무효의 소이다. 이는 민법에는 규정이 없고, 가사소송법에만 규정되어 있다.

2) 가사소송법은 이를 가류 3호 가사소송사건으로 규정하고 있다(동법 제2조 ①항).

3) 인지무효의 소는 인지자의 법률행위인 인지가 무효임을 확인하는 소이므로, 인지청구에 따른 인지, 즉 강제인지(인지판결)에 대하여는 상소나 재심의 소를 제기하여 인지의 효력을 다툴 수 있을 뿐, 인지무효의 소를 제기할 수 없다.[1]

⑷ 법적 성질

1) 임의인지에 무효원인이 있으면 그 인지는 당연무효라는 설(확인소송설)과 이에 대하여 인지의 무효를 선언하는 판결이 확정되어야 비로소 무효가 된다는 설(형성소송설)이 대립한다.

2) 이에 관하여 통설과 판례는 확인소송설을 취하고 있다.[2] 법률에 특별히 형성의 소라는 규정이 없으므로, 무효의 본래 성질상 인지무효의 소 역시 확인의 소로 봄이 타당하다. 그러므로 반드시 인지무효의 소를 제기하지 않고, 상속회복청구 등 다른 소송에서 선결문제로서 인지의 무효를 주장할 수도 있다.

:: 참고판례

① 친생자 아닌 자(子)에 대한 인지신고는 당연무효이며, 이런 인지는 무효를 확정하기 위한 판결 기타의 절차에 의하지 아니하고도, 또 누구라도 그 무효를 주장할 수 있다(대판 1992. 10. 23, 92다29399).

② 미성년자인 원고의 생모가 원고를 대리하여 피고(남자)를 상대로 인지청구의

---

1 대판 1981. 6. 23, 80므109; 부산고판 2007. 5. 11, 2006르508(확정).
2 대판 1976. 4. 13, 75다948; 1992. 10. 23, 92다29399.

소를 제기하여 승소판결을 받았다. 피인지자인 원고는 피고의 친생자가 아님에도 승소판결이 선고되었다며 재심의 소를 제기한 데 대하여 원고는 형식적으로는 재심대상판결인 인지청구의 소에서 전부 승소한 당사자이지만 … 재판상 인지청구의 경우 그 판결의 효력은 제 3 자에게 미칠 뿐만 아니라 이해관계인에게도 미치며, 이해관계인에게도 원고적격이 인정되는데, 이 사건 원고는 실제로 소송에 관여하지 못한 채 판결이 확정되었으므로 형식상 전부 승소한 원고가 재심으로 위 판결의 취소를 구할 이익이 없다고 할 수 없고, 잘못된 신분관계를 바로잡는 의미에서 재심을 청구할 이익이 있다(이에 따라 재심대상판결을 취소하고 원고의 인지청구를 기각하였다. 부산고판 2007. 5. 11, 2006르508).

(2) 청구원인(인지의 무효원인)

민법과 가사소송법에 아무런 규정이 없어 학설과 판례로 인정되고 있다.

(개) 인지자의 의사(意思)가 결여된 경우

1) 인지자 자신의 의사에 따르지 않고 다른 사람이 임의로(인지자의 명의를 모용하여) 인지신고를 한 경우, 그 인지는 무효이다. 따라서 조부(호주)가 생부 대신 혼인외 손자의 출생신고를 한 경우 그 인지는 무효이다.[1]

2) 생부가 사망한 후 생모가 생부와의 혼인신고와 함께 생부의 친생자로 출생신고를 한 경우, 이는 생부의 인지로 볼 수 없고, 혼인신고와 출생신고에 의한 인지 모두 무효이다.[2]

3) 인지 당시 인지자에게 의사(인지)능력이 없었던 경우 그 인지는 무효이다. 그러나 인지의 의사표시 후 인지신고를 수리할 당시에야 비로소 의식을 상실한 경우에는 인지가 유효하다.[3]

4) 피성년후견인이 후견인 등 법정대리인의 동의 없이 인지한 경우, 그 의사가 결여된 것으로 보아 인지는 무효라고 할 것이다. 이에 대해서는 반대설이 있다.

5) 유언인지에서 유언이 무효이면 인지도 무효이다. 그러나 유언방식에 관하여 특별한 규정이 없었던 구민법 시행 당시에는 방식의 문제로 유언이 무효가 되

---

1 대판 1976. 4. 13, 75다948; 일 최판 1977. 2. 14(객관적으로 부자관계가 존재하더라도, 인지는 무효).
2 대판 1967. 2. 21, 66다2048; 1972. 1. 31, 71다2446; 1984. 9. 25, 84므73(생모가 남편의 인장을 위조하여 출생신고); 1985. 10. 22, 84다카1165(그러한 출생신고는 사망한 아버지의 인지로 볼 수 없다).
3 일 최판 1979. 3. 30(인지신고의 수리 전에 인지의사를 철회하였다든지 하는 등 특별한 사정이 없으면 인지는 유효).

지는 않는다. 따라서 남편이 생전에 처에게 혼인외 출생자를 친자로 인정하고 자기의 친생자로 출생신고를 해달라고 부탁한 후 사망하였는데, 처가 남편의 유언집행자로서 인지신고 대신 혼인외 자를 남편과 자기 사이의 친생자로 출생신고한 경우에도 남편에 대한 관계에서 인지로서 유효하다는 것이 판례이다.[1]

   :: 참고판례

   혼인외 출생자는 인지가 없으면 생부와 법률상의 친자관계가 생길 수 없는 것이고, 구민법 시대에는, 인지는 인지자의 생전행위 또는 유언에 의하여서만 할 수 있는 것이며, 또 유언의 방식에 관하여 특별한 규정이 없었으므로, 남편이 유언으로 친자로 인정하여 "내 친생자로 출생신고를 하여 달라"고 처에게 부탁하고 그 부탁에 따라 출생신고가 이루어진 후 남편이 사망하거나 실종선고가 있었던 경우 그 출생신고는 인지로서 유효하다(대판 1966. 11. 29, 66다1251; 1986. 3. 11, 85므101; 1987. 2. 10, 86므49).

(나) 인지가 실체관계에 반한 때

1) 인지자와 피인지자 사이에 실제로는 친생자관계(자연적 혈연관계, 생물학상 친자관계)가 없을 때는 이 소를 제기할 수 있다.[2]

2) 법률상 타인(다른 남자)의 친생자로 추정되는 사람에 대해서는 친생부인의 소 등에 의하여 그 친생을 부인하지 않은 상태에서는 인지할 수 없으므로 이에 반한 인지는 무효이며, 이 소로써 다툴 수 있다.[3]

(다) 인지절차가 위법한 경우

1) 한국 법에 따르지 않고 일본국 관서에 친생자로 출생신고한 경우 인지의 효력도 없다.[4]

2) 인지는 신고를 요하는 요식행위이므로, 인지신고나 출생신고(가등법 제57조 ①항에 의해 인지효력이 인정됨)가 없이 단지 구술이나 서신으로 자신의 자녀임을

---

1 대판 1986. 3. 11, 85므101.
2 대판 1976. 4. 13, 75다948; 1992. 10. 23, 92다29399; 1968. 1. 31, 67다1940; 성(姓)이 다른 사람에 대한 인지는 입양의 효력도 없다; 생부 또는 생모가 스스로 진정한 생부모 아닌 사실을 알고 인지하였건, 오신하고 인지하였건 모두 무효이다(광주지법순천지판 2007. 7. 19, 2007드단120; 부산지법가정지판 2007. 7. 11, 2007드단11053; 서울가판 2007. 5. 16, 2006드단12216; 창원지판 2007. 4. 6, 2006드단12248, 전주지법군사지판 2007. 6. 22, 2007드단1155 등).
3 대판 1987. 10. 13, 86므129.
4 대판 1981. 12. 22, 80다3093.

승인하는 고백 등은 인지의 효력이 없다.

3) 인지신고가 있더라도 실제로 부나 모와 자 사이에 진실한 친생자관계가 없으면 이는 무효이므로, 이론상으로는 타인에 의해 인지된 자를 다시 인지할 수도 있다. 만약 중복된 인지신고(생부 또는 생모가 중복되는 경우. 중복된 출생신고 포함)가 이루어진 경우 진실한 친생자관계가 없는 인지는 무효이다.[1]

(3) 다른 소송과의 관계

㈎ 친생자관계부존재확인의 소와의 관계

1) 생부(生父)가 혼인외의 자녀를 친생자로 출생신고하면 인지의 효력이 있는바(가등법 제57조), 이에 따른 인지의 효력을 부인하는 소는 인지무효의 소에 의하여야 하는가, 아니면 친생자관계부존재확인의 소를 제기하여야 하는가?

2) 대법원은 "인지에 대한 이의의 소 또는 인지무효의 소는 민법 제855조 ① 항, 호적법 제60조의 규정에 의하여 생부 또는 생모가 인지신고를 함으로써 혼인외의 자를 인지한 경우에 그 효력을 다투기 위한 소송이며, 위 각 법조에 의한 인지신고에 의함이 없이 일반 출생신고에 의하여 호적부상 등재된 친자관계를 다투기 위하여는 위의 각 소송과는 별도로 민법 제865조가 규정하고 있는 친생자관계부존재확인의 소에 의하여야 할 것인바, 부가 혼인외의 자에 대하여 친생자 출생신고를 한 때에는 그 신고는 인지의 효력이 있는 것으로 규정되어 있으나, 그 신고가 인지신고가 아니라 출생신고인 이상 그와 같은 신고로 인한 친자관계의 외관을 배제하고자 하는 때에는 인지에 관련된 소송이 아니라 친생자관계부존재확인의 소를 제기하여야 한다"고 한다.[2]

㈏ 인지에 대한 이의의 소와의 관계

1) 인지무효의 소와 인지에 대한 이의의 소는 뒤에서 보는 바와 같이 그 성질과 원인이 같다.

2) 그러나 인지자 자신은 인지에 대한 이의의 소를 제기할 수 없고 인지무효의 소만 제기할 수 있다.

3) 반면에 진실한 친생자관계가 존재하지 않는 경우, 자녀나 기타 이해관계인은 인지무효의 소 또는 인지에 대한 이의의 소를 선택적으로 제기할 수 있다.

---

1 생부 아닌 자가 스스로 생부라고 칭하고 인지신고 = 무효(대판 1992. 10. 23, 92다29399); 그러나 입양의 효력이 생기는 경우가 생길 수 있다.
2 대판 1984. 9. 25, 84므73: 1993. 7. 27, 91므306.

(4) 당 사 자

㈎ 원   고

1) 인지의 당사자(인지자, 피인지자), 그 법정대리인, 그 4촌 이내의 친족은 원고가 될 수 있다(가소 제28조 전단, 제23조). 위와 같은 신분관계가 있다는 사실만으로 당연히 확인의 이익이 있다고 본다.[1] 그 이외의 사람도 확인의 이익을 소명하면 제소할 수 있다고 보아야 할 것이다. 확인의 소인 이상 법률상 이해관계가 있는 누구라도 제기할 수 있기 때문이다.

2) 인지자, 피인지자의 법정대리인은 인지자, 피인지자를 대리하여 제소할 수도 있고, 스스로 당사자가 되어 소를 제기할 수도 있다는 것이 통설이자, 실무 관행이다.[2]

3) 인지자가 사망한 경우 그 유언집행자도 이 소를 제기할 수 있다.

㈏ 피   고

1) 인지자와 피인지자는 서로를 피고로 삼아 제소할 수 있다.

2) 제3자가 제소하는 경우에는 인지자와 피인지자인 부자 또는 모자 모두를 피고로 삼아야 한다(필수적 공동소송).

3) 상대방이 될 자가 모두 사망한 경우에는 검사를 피고로 삼는다(가소 제24조·제28조).[3] 가사소송법에는 상대방이 될 사람이 사망한 경우 검사가 피고가 된다고 규정되어 있으나, 상대방이 될 자가 모두 사망한 경우에만 검사를 피고로 삼아야 할 것이다.

(5) 제소기간과 관할법원

1) 인지무효의 소는 원고가 언제든지 제소할 수 있고, 제소기간의 제한은 없다.

2) 이 소는 사건본인인 자녀가 생존한 경우에는 그의 보통재판적 소재지, 자녀가 사망한 경우에는 그 최후주소지 가정법원의 전속관할에 속하며, 단독판사의 사물관할에 속한다(가소 제26조, 민사 및 가사소송의 사물관할규칙 제3조).

(6) 심리와 판결

㈎ 심   리

1) 이 사건은 소송이므로 변론을 열어야 한다.

---

1 대판 1991. 5. 28, 90므347; 1981. 10. 13, 80므60(전원합의체) 등.
2 서울가판 2015. 7. 3, 2015드단21748 등.
3 일 최판 1989. 4. 6(인지자 사망의 경우 검사를 상대로 인지무효의 소를 제기할 수 있다).

2) 가류 소송사건이므로 조정전치주의는 적용되지 않는다(가사소송법상 가류사건 3호).

3) 직권주의가 적용되며, 청구의 인낙이나 자백은 허용되지 않는다(가소 제17조, 제12조 단서). 친생자관계의 존부를 확정하기 위하여 법원은 혈액형 등의 수검명령을 할 수도 있다(가소 제29조).

4) 소송승계도 가능하다(가소 제16조).

(나) **권리남용의 항변 등**

1) 인지가 진실에 어긋남을 알면서 장기간 방치하였다가, 인지자의 사후 그 재산을 자녀(피인지자)에게 상속시키지 아니할 목적으로 인지무효의 소를 제기하였더라도 그것만으로는 권리의 남용이라고 볼 수 없다.[1]

2) 그러나 인지자가 자신의 의사에 기하지 않고 인지신고가 이루어진 후 그 인지의 효력을 인정하는 태도를 보여 상대방에게 그에 대한 신뢰를 준 경우, 이에 반하여 소를 제기하는 것은 신의칙에 반하거나 권리남용에 해당할 수 있다.

3) 인지신고나 출생신고가 인지자의 의사에 기하지 않고 이루어졌으나 그 자녀와 인지자 사이에 진실한 친생자관계가 존재하는 경우, 이 소의 피고는 실체관계에 부합한다는 항변을 할 수 있는가? 진실한 친생자관계의 존부와 관계없이 인지신고나 출생신고가 인지자의 의사에 기하지 않고 이루어진 경우, 그 인지는 무효이고 인지무효의 소가 가능하므로 무조건 이를 인정할 수는 없다. 임의인지는 진실한 친생자관계의 존부와 관계없이 인지자의 자유의사에 달려 있기 때문이다.

다만, 그 피고가 인지청구의 소를 제기할 수 있는 지위에 있는 때는 이 소에서 패소한 후 다시 인지자를 상대로 인지청구의 소를 제기하도록 하면 소송경제에 반하므로 이를 허용하여도 무방하다고 생각된다.

(다) **판   결**

1) 판결의 주문은 "원고가 1995 . 4 . 17 . ○○면장에게 신고하여 한 피고에 대한 인지는 무효임을 확인한다" 또는 "피고가 2010 . 5 . 1 . ○○구청장에게 신고하여 한 원고에 대한 인지는 무효임을 확인한다"와 같이 기재한다.

2) 청구를 인용한 판결의 효력은 제 3 자에게도 미친다(가소 제21조 ①항). 반면에 청구를 배척한 판결이 확정된 경우, 다른 제소권자가 그 소송에 참여할 수 없었던 때에 한하여 그에게만 제소 금지의 효력이 미친다(동조 ②항).

---

1 일 최판 1978. 4. 14.

3) 인지무효판결은 소급효가 있으므로 그 판결이 확정되면 당초의 인지가 없었던 것, 즉 친자관계가 소급적으로 소멸하는 효과가 생긴다. 따라서 부양이나 상속 등 친생자관계를 전제로 한 모든 법률관계가 소급하여 존재하지 않게 된다.

4) 판결이 확정되면 가정법원의 사무관 등은 지체 없이 당사자의 등록기준지 가족관계등록 공무원에게 통지하여야 한다(가소규 제 7 조 ①항). 원고는 판결확정일로부터 1개월 안에 그 판결 내용에 따른 가족관계등록부 정정신청을 하여야 한다(가등법 제107조).

5) 인지자와 피인지자 사이에 진실한 친생자관계가 존재하지 않음을 이유로 한 인지무효판결이 선고되어 확정된 경우에는 그 법률관계가 확정되므로 누구라도 이에 반하는 주장을 할 수 없다. 그러나 그 인지가 인지자의 의사가 결여되어 무효라는 이유로 인지무효판결이 선고되어 확정된 경우, 그 판결의 기판력은 그러한 이유로 인지가 무효라는 것에만 미치므로 친생자관계의 존부에는 영향이 없다. 따라서 그 경우 인지무효의 소송에서 패소한 자녀는 다시 생부를 상대로 인지청구를 할 수 있다.[1]

4. 인지취소

(1) 개념과 성질

㈎ 개   념

1) 인지자가 사기·강박 또는 중대한 착오로 자녀를 인지한 경우라도 그는 임의로 이를 취소할 수는 없고, 이를 이유로 가정법원에 인지취소의 소를 제기할 수 있을 뿐이다(제861조).

2) 강제인지(재판상 인지)의 경우에는 인지판결에 대한 상소나 재심을 청구할 수 있을 뿐 취소청구를 할 수 없으므로, 임의인지에서만 인지취소를 할 수 있다.

㈏ 성   질

1) 인지취소의 소는 친자관계의 소멸을 가져오는 형성(形成)의 소이다. 인지취소는 소송 외에서는 할 수 없고, 반드시 소로써만 하여야 한다.

2) 이 소송은 나류 가사소송사건이다(가소 제 2 조 ①항, 나류사건 7호).

---

1 대판 1999. 10. 8, 98므1698.

(2) 청구원인과 당사자, 소의 요건

(가) 청구원인

1) 사기나 강박, 중대한 착오로 인지가 이루어 경우에 이 소를 제기할 수 있다(제861조). 인지자와 피인지자 사이에 진실한 친생자관계가 있는지 여부는 관계가 없다.[1]

2) 사기·강박·착오 등과 인지 사이에 인과관계가 있어야 한다. 피성년후견인의 후견인에게 사기 등으로 동의하게 한 것도 취소원인이 될 수 있다. 피인지자에게 재산이 많다고 하여 인지하였는데 알고 보니 그렇지 아니한 경우는 착오와 인지 사이에 직접 관련(인과관계)이 없기 때문에 취소청구를 할 수 없다.

3) 인지자와 피인지자 사이에 진실한 친생자관계가 존재하는 경우, 피고는 실체관계에 부합한다는 항변을 할 수 있는가? 진실한 친생자관계의 존부와 관계없이 사기 등을 이유로 한 취소청구를 인정하는 것이 이 제도이므로 무조건 이를 인정할 수는 없고, 그 피고가 인지청구의 소를 제기할 수 있는 지위에 있는 때만 가능하다고 생각된다. 이 소에서 패소한 후 다시 인지자를 상대로 인지청구의 소를 제기하도록 하면 소송경제에 반하기 때문이다.

(나) 원   고

1) 사기 등을 당하여 인지한 사람만이 원고가 된다. 따라서 제 3 자는 이런 소를 제기할 수 없고, 원고가 사망하면 소송절차는 종료되므로 가사소송법 제16조에 불구하고 소송승계의 여지가 없다.

2) 피성년후견인이 후견인의 동의를 얻지 않고 사기나 강박을 당하거나 중대한 착오로 인지를 한 경우, 후견인도 당사자가 되어 이 소를 제기할 수 있다. 물론 이 경우 인지무효의 소를 제기할 수도 있다.

(다) 피   고   인지된 자녀, 즉 피인지자를 피고로 삼아야 한다. 자녀가 사망한 경우에는 검사를 상대방으로 한다(가소 제28조, 제24조). 사기나 강박행위자가 누구이든 불문하고 피고는 항상 피인지자인 자녀이다.

(라) 청구권의 소멸과 제소기간

1) 이 소는 사기나 착오를 안 날 또는 강박을 면한 날부터, 혹은 '피성년후견인의 동의 없는' 인지신고가 수리된 것을 발견한 날부터 6개월 안에 제기하여야 한다(제861조). 이 기간은 제척기간이다.

---

1 일 대판 1922. 3. 27; 村重慶一·梶村太市, 人事訴訟의 實務(新版), 400면.

2) 인지취소청구권은 추인을 하거나 취소권행사기간의 경과로 소멸한다.

(3) 심리와 판결

1) 이 소는 피인지자인 자녀의 보통재판적 소재지 가정법원의 전속관할에 속하며, 단독판사의 사물관할에 속한다. 자녀가 사망한 경우에는 그 최후주소지 가정법원의 전속관할에 속한다(가소 제26조).

2) 이 소는 나류 가사소송사건이어서 조정전치의 적용 대상으로 가사소송법에 규정되어 있으나(가소 제50조), 인지의 취소 여부는 당사자가 임의로 처분할 수 없는 사항이라서 조정의 대상이 될 수 없고, 따라서 조정전치주의가 적용될 수 없다(가소 제59조 ②항 단서).

3) 심리의 대상은 인지자가 사기나 강박, 중대한 착오로 인지를 하였는지 여부이다. 이에 대해서는 직권주의가 적용되고, 자백이나 청구의 인낙, 조정, 화해는 불가능하다.

4) 판결 주문은 "원고가 피고에 대하여 1990. 3. 26. 인천 남동구청장에게 신고하여 한 인지를 취소한다."와 같이 기재한다.

5) 청구를 인용한 판결의 효력은 제3자에게도 미친다(가소 제21조 ①항). 반면에 청구를 배척한 판결이 확정된 경우, 다른 제소권자가 그 소송에 참여할 수 없었던 때에 한하여 그에게만 제소 금지의 효력이 미친다(동조 ②항).

6) 인지 취소판결은 소급효가 있으므로 그 판결이 확정되면 당초의 인지가 없었던 것, 즉 친자관계가 소급적으로 소멸하는 효과가 생긴다. 따라서 부양이나 상속 등 친생자관계를 전제로 한 모든 법률관계가 소급하여 존재하지 않게 된다.

그러나 생모와 자의 관계는 인지에 불구하고 발생하므로 이에 영향이 없다고 할 것이다. 그리고 이 판결이 확정되더라도 자는 생부나 생모를 상대로 인지청구의 소를 제기할 수 있음은 물론이다. 이런 이유로 이 소는 실제로 보기 힘들다.

7) 기타 이 판결의 효력은 인지무효의 소의 그것과 같다.

(4) 제도의 존폐론

1) 인지로 생긴 법률상의 친생자관계를 소급적으로 소멸시키려면 인지무효의 소로써 충분하다며 인지취소의 소를 별도로 인정할 필요가 없다는 학설이 있다.[1]

2) 인지취소를 인정하더라도, 진실로 친생자관계가 있으면 결국 자녀의 인지

---

1 김주수, 주석친족상속법, 322~33면.

청구를 막을 수 없으므로 일견 경청할 만하나, 인지는 인지자의 자유의사에 달려
있고, 인지취소가 있다고 하여 반드시 자녀로부터 인지청구의 소가 제기될 것이라
고 볼 수도 없으므로 제도를 존치시킬 이유가 있다고 생각된다.

5. 인지에 대한 이의

(1) 개념과 청구원인

(가) 개 념

1) 인지자의 임의인지에 대하여 피인자인 자녀 기타 이해관계인이 소로써 그
효력을 다투는 것이 '인지에 대한 이의의 소'이다(제862조).

2) 이 소 역시 임의인지에 대하여만 제기할 수 있고, 재판상 인지(강제인지)에
대하여는 상소나 재심의 소로만 다툴 수 있다.[1]

(나) 청구원인

1) 인지자와 피인지자 사이에 진실한 친생자관계가 존재하지 않는 것이다. 따
라서 이는 인지무효의 소의 청구원인과 중복된다.

2) 인지가 인지자인 부모의 의사에 반하여 이루어진 것이어서 무효라고 주장
하는 경우에는 인지무효의 소에 의하여야 하고, '인지에 대한 이의의 소'에 의할
것은 아니다.[2]

2) 인지자는 피인지자의 의사에 관계없이 인지를 할 수 있으므로 피인지자는 그
인지가 자신의 의사에 반하여 이루어졌다는 사유를 청구원인으로 주장할 수 없다.

(다) 소의 성질

1) 이 소는 나류 가사소송사건이다(가소 제 2 조 ①항, 나류사건 8호).

2) 그 청구권자가 다른 점 이외에는 인지무효의 소와 요건이 대부분 동일하므
로 그 성질은 확인의 소라고 해석된다. 이것이 통설이다. 이런 이유로 제척기간 규
정에 대하여 비판적인 학설이 있다.[3]

(2) 당사자와 제소기간 등

(가) 원 고

1) 자녀 기타 이해관계인이 원고적격자다(제862조). 인지자는 인지무효의 소를

1 대판 1981. 6. 23, 80므109.
2 대판 1969. 1. 21, 68므41.
3 최한수, "혼인외의 자의 지위", 사법연구자료 제19집(1992).

제기할 수 있을 뿐 이 소를 제기할 원고적격은 없다.[1]

2) 법률상 이해관계인은 자녀의 생부나 생모, 인지자의 배우자나 형제자매, 따로 자녀를 인지하려고 하는 제3자, 자녀의 직계비속 등 허위의 인지로 인하여 불이익을 받을 수 있는 모든 사람이다. 자녀와 이해관계인은 요건이 허락하는 한 인지무효의 소를 제기할 수도 있고, 인지에 대한 이의의 소를 제기할 수도 있다.

(나) 피   고

1) 자녀가 제기하는 경우에는 인지자인 부나 모를 피고로 하고, 제3자(이해관계인)가 제기하는 경우에는 부자 또는 모자 쌍방을 피고로 삼는다(가소 제28조·제24조). 부자 또는 모자 쌍방이 피고가 되는 경우 그들은 필수적 공동소송인이 된다.

2) 상대방이 될 사람 중 일방이 사망한 때는 생존자만을 피고로 하고, 쌍방이 모두 사망한 경우에는 그 사망사실을 안 날로부터 2년 안에 검사를 피고로 삼아 제소하여야 한다(제864조, 가소 제28조·제24조).

(다) **제소기간(제척기간)**

1) 원고는 인지신고가 있는 사실을 안 날부터 1년 내에 이 소를 제기하여야 한다(제862조).

2) 인지자인 부 또는 모가 사망한 때에는 그 사망을 안 날로부터 2년 내에 검사를 상대로 하여 제기하여야 한다(제862조·제864조). 그런데 대법원 판결의 취지에 의하면, 그 청구인이 미성년자 등으로서 아직 행위능력이 없는 자인 때는 그가 사망사실을 안 때로부터 2년이 아니라 행위능력을 얻은 날부터 2년을 계산함이 타당할 것이다.[2]

3) 인지무효의 소의 경우에는 제척기간의 제한이 없는데 이 소에만 제척기간을 정한 것은 입법론상 타당하지 않다는 비판이 있음은 앞에서 보았다.

(라) **관할법원**

이 소는 상대방의 주소지 등 보통재판적 소재지, 상대방이 모두 사망한 때는 그 중 1인의 최후주소지 가정법원의 전속관할에 속한다(가소 제26조 ②항).

---

1 대판 1969. 1. 21, 68므41.

2 대판 1977. 5. 24, 77므7 참조. 이 경우 부 또는 모가 사망하기 전에 이미 인지신고가 있는 사실을 안 날부터 1년이 경과하였다면 제척기간이 경과하였다고 보아야 한다. 그리고 법정대리인이 인지신고가 있는 사실이나 부 또는 모의 사망사실을 알았다고 하더라도 법정대리인과 미성년자 등의 소권이 각각 별개이므로 미성년자의 제척기간 경과에 영향이 없다고 할 것이다.

(3) 심리와 판결

1) 이 소는 나류 8호 가사소송사건이어서 조정전치의 적용 대상으로 규정되어 있으나(가소 제50조), 친생자관계의 존부는 당사자가 임의로 처분할 수 없는 사항이라서 조정의 대상이 될 수 없고, 따라서 조정전치주의가 적용될 수 없다(가소 제59조 ②항 단서).

2) 심리의 대상은 인지의 무효 여부, 즉 인지자와 피인지자 사이에 진실한 친생자관계가 존재하는지 여부이다. 진실한 친생자관계가 존재하지 않는다면 그 인지는 무효가 된다.

3) 이에 대해서는 직권주의가 적용되고, 자백이나 청구의 인낙, 조정, 화해는 불가능하다(가소 제12조 단서). 친생자관계의 존부를 확정하기 위하여 법원은 혈액형 등의 수검명령을 할 수도 있다(가소 제29조). 소송절차의 승계도 가능하다(가소 제16조).

4) 판결 주문은 "피고가 2010 . 5 . 1 . ○○구청장에게 신고하여 한 원고에 대한 인지는 무효임을 확인한다"와 같이 기재한다.

5) 청구를 인용한 판결의 효력은 제 3 자에게도 미친다(가소 제21조 ①항). 반면에 청구를 배척한 판결이 확정된 경우, 다른 제소권자는 사실심의 변론종결 전에 참가하지 못한 데 대하여 정당한 사유가 있지 아니하면 다시 소를 제기할 수 없다(동조 ②항).

6) 이 소의 청구를 인용하는 판결은 소급효가 있으므로 그 판결이 확정되면 당초의 인지가 없었던 것과 같은 상태, 즉 인지에 의하여 발생하였던 친자관계가 소급적으로 소멸하는 효과가 생긴다. 따라서 부양이나 상속 등 친생자관계를 전제로 한 모든 법률관계가 소급하여 없어지게 된다.

7) 기타 이 판결의 효력은 인지무효의 소의 그것과 같다. 다만, 이 소송에서는 친생자관계의 존부만이 심판대상이 되므로 청구를 인용하는 판결이 선고된 경우 인지자와 피인지자 사이에 친생자관계가 존재하지 않는 것으로 확정되고, 따라서 그 기판력에 반하는 인지청구 등은 할 수 없다고 할 것이다.

(4) 인지무효의 소와의 관계

1) 민법과 가사소송법이 인지무효나 인지취소의 소를 규정하고 나아가 또 '인지에 대한 이의의 소'를 인정한 것은 입법론상 문제가 있다는 비판이 많다. 인지무효나 인지취소로 인지에 대한 문제를 거의 다 해결할 수 있기 때문이다.

2) 인지무효의 소를 피인지자(자녀)도 제기할 수 있으므로 그에게 이 소를 별

도로 인정할 실익은 없고, 피인지자는 양쪽의 소를 선택적으로 제기할 수도 있다.

3) 인지무효는 가사소송법상 가류사건, 이의의 소는 나류사건이라는 점, 인지무효의 청구권자는 당사자, 법정대리인, 또는 4촌 이내의 친족이고, 이의의 소의 청구권자는 자녀 기타 이해관계인이라는 점, 인지무효는 조정의 대상이 될 수 없지만, 이의의 소는 조정대상으로 규정되어 있는 점 등 절차상 차이가 있다.

그러나 청구원인이 인지무효원인과 동일하고, 조정이나 화해가 불가능한 점도 양자가 동일하다. 양쪽의 소를 선택적으로 제기할 수 있기 때문에 제척기간의 제한도 사실상 의미가 없게 된다.

4) 따라서 인지무효의 소 이외에 별도로 이의의 소를 존치시킬 실익이나 의미는 없다고 볼 수 있다. 이것이 통설이다.[1] 그러나 두 가지를 모두 인정하는 것이 좋다는 견해도 있다.[2]

[인지청구·인지무효 등 소의 당사자와 제소기간 등]

구 분	인지무효	인지취소	인지에 대한 이의	인지청구
원 고	당사자(생부·자녀)· 그 법정대리인· 4촌 이내의 친족	사기 등을 당한 인지자· 성년후견인	자녀·이해관계인	혼인외의 자녀· 그 직계비속
피 고	부자간→서로, 검사, 제3자→부자(父子; 필수적 공동)·생존자· 검사(피고 사망)	피인지자·검사 (피고 사망 시)	인지자(생부)·부자(父子; 필수적 공동)·생존자· 검사(피고 사망 시)	생부·생모, 검사 (피고 사망 시)
가사소송사건	가류사건 3호	나류사건 7호	나류사건 8호	나류사건 9호
제소(제척)기간	×	6개월 (사기 등을 안 날)	1년(인지신고를 안 날) 또는 2년(사망을 안 날)	×, 단, 부나 모 사망 시 사망을 안 날부터 2년
조정대상	×	○(규정), ×(성질상)	○(규정), ×(성질상)	○
판결의 소급효	○	○	○	○
관할법원 (가소 제26조)	자녀의 주소지· 최후주소지 관할 가정법원 단독판사	왼편과 동일	상대방의 주소지, 최후주소지 관할 가정법원	왼편과 동일
근거법령	가소 제2조 ①항· 제24조·제28조	제861조	제862조	제863조

---

1 김·김, 320면(인지무효의 소와 인지에 대한 이의의 소는 하나로 일원화하는 것이 좋을 것이다); 이경희, 180면.
2 최진섭, "인지무효의 소와 인지에 대한 이의의 소: 민법개정안의 문제점", 신문 2652(1997); 이경희(2002), 53면; 김성숙(2002), 186~87면.

6. 인지청구의 소[강제인지(强制認知)]

(1) 서 론

(개) 개 념

1) 혼인외의 자녀가 생부나 생모를 상대로 가정법원에 인지를 청구하는 소가 인지청구의 소이다. 따라서 이미 인지가 되어 있는 때는 소의 이익이 없다. 대개의 경우 부나 모, 특히 생부가 임의인지를 하지 아니할 때에 제기한다.

2) 혼인외의 자의 경우 그 생모와의 친생자관계는 출산이라는 외관에 의하여 분명하지만, 그 생부와의 친생자관계는 이를 단정할 외관이 존재하지 않으므로 그들 사이의 친생자관계(부자관계)는 ① 부(父)의 임의인지나 출생신고, ② 강제인지의 방법으로만 형성된다. ①은 부의 의사에 달려있으므로 그 부의 의사에 의하지 않고 부자관계를 형성하기 위해서는 인지청구의 소만이 유일한 방법이다. 여기에 인지청구의 소의 존재의의가 있다.

3) 인지청구의 소는 부모의 의사(意思)와는 관계가 없이 진실한 혈연관계를 전제로 한 것이다. 친생자관계는 인륜에 관계되는 것이어서 부모의 의사보다 중하기 때문에 인지청구의 소를 허용하여야 하며,[1] 이는 헌법에 위반되지 않는다.[2]

4) 모의 인지가 필요한 경우는 기아의 경우 또는 분만 후 모자간의 공동생활이 중단되어 혈연적 모자관계가 객관적으로 명백하지 아니한 경우이다.

(내) 소(訴)의 성질

1) 인지청구의 소는 생부에 대한 관계에서는 이로써 부자(父子) 사이에 친생자관계가 창설되므로 형성(形成)의 소(訴)이다.[3]

2) 한편, 생모에 대한 인지청구의 소는 확인의 소라는 것이 통설[4]·판례[5]다.

---

1 프랑스 법에서는 당초 인지의 소(강제인지)가 인정되지 않았다. 「아버지의 수색은 허용되지 않는다」는 유명한 규정이 설정되어 있었기 때문이라고 한다(大村, 183면).

2 인지제도 자체의 합헌성도 문제되지만, 일본에서는 합헌이라는 판결이 내려졌다(최판 1979. 6. 21, 家月 31-11, 84면); 大村, 184면.

3 김주수, 주석 336면; 大村, 185~86면 옛날에는 인지청구의 소는 이행(급부)의 소, 또는 의사표시를 청구하는 소라고 해석되고 있었다. 그러나 사후인지(死後認知)가 인정된 후는 이를 형성의 소라고 해석하는 것이 통설이다(신판주석 민법(23), 389면(利谷信義); 일 최판 1979. 4. 30).

4 김·김, 321면; 김형배, 177면; 양수산, 351면; 임정평, 227면 등; 따라서 생모에 대하여는 인지청구뿐만 아니라, 친생자관계존재확인의 소도 제기할 수 있을 것이다(가사소송재판실무편람, 273면 주 528 참조).

5 대판 1967. 10. 4, 67다1791; 대판 1966. 4. 26, 66다214.

(2) 요 건

㈎ 혼인외의 자

1) 인지청구의 소에서 심리의 대상이 되는 사람, 즉 사건본인은 혼인외의 출생자이다.

2) 친생추정을 받고 있는 자녀는 자신의 진정한 생부가 따로 있더라도 그를 상대로 인지청구를 할 수 없다.[1]

3) 친생추정의 효력이 없는 자녀에 대해서는 인지청구의 소가 가능하다. 따라서 ① 생부모가 가족관계등록부상 부모와 서로 다른 사실이 외관상 객관적으로 명백하여 친생추정이 미치지 않는 경우,[2] ② 친생자관계부존재확인판결, 인지무효나 인지이의의 판결에 의하여 친생자관계가 부정된 경우에는 진실한 부나 모를 상대로 인지청구를 할 수 있다.[3] 친생부인 허가 청구나 인지 허가 청구의 심판이 있는 경우에도 이와 같이 보아야 할 것이다.

4) 타인의 보통양자가 된 경우나 허위의 친생자출생신고로 입양된 경우, 그 양자가 된 자녀는 다른 절차를 거침이 없이 곧바로 생부모를 상대로 인지청구를 할 수 있는가?

입양은 자와 양친 사이에 양친자관계가 성립하는 효력만이 있을 뿐이므로, 생부나 생모와 그 양자 사이에 혼인외 친생자관계가 있다는 인지와 모순되지 않는다. 따라서 입양에 불구하고 곧바로 인지청구를 하는 것은 무방하다.[4] 그러나 타인의 친양자가 된 사람은 생부를 상대로 인지청구를 할 수 없다고 해석할 것이다.[5]

---

1 서울가판 2005. 6. 16, 2005르47는 유부녀가 호적상 남편과 사실상 이혼하여 제3의 유부남과 2001. 6.경부터 내연관계를 유지하여 오다가, 2003. 3. 5.경 딸을 출산한 사례(유부남은 2003. 2. 14. 협의이혼)에서 생모는 그 딸의 법정대리인으로서 생부를 상대로 인지청구를 할 수 있다고 판시하였으나, 이는 친생부인이 미치지 않는 경우에 관하여 대법원이 취하고 있는 외관설에 부합하는지 의문이다.

2 대판 2000. 1. 28, 99므1817.

3 대판 1988. 5. 10, 88므85(부부가 사실상 이혼하여 별거하던 중에 자를 포태하여 외관상 객관적으로 친생추정이 미치지 않아 친생자관계부존재확인판결을 받은 경우. 이 경우에 인지청구인이 친생자관계부존재확인판결 전에 피청구인을 상대로 인지청구의 소를 제기하였다가, 친생추정이 미치므로 인지청구의 소가 부적법하다는 이유로 소 각하판결을 받았더라도 그 기판력은 후소인 인지청구의 소에 미치지 않는다. 처음의 인지청구가 각하되었으니 재차 인지청구가능).

4 대판 2000. 1. 28, 99므1817(아들이 없는 노부부가 노후를 염려하여 소외인이 출산한 원고를 입양한 후 마치 원고가 그들 사이의 혼인중 출생자인 것처럼 허위의 출생신고를 한 경우); 2005. 9. 9, 2005므1153; 일 최판 1974. 10. 11(허위출생신고로 남의 호적에 친생자로 올라간 경우).

5 실무편람, 272면.

친양자관계의 성립으로 인하여 생부자관계는 종료되기 때문이다.

실제로 가족관계등록부상의 부모와 전혀 친생자관계가 없음에도 사실과 다르게 기재된 경우, 그 처(모)의 자녀가 아닌 이상 처음부터 친생추정이 발생하지 않으므로 그들을 상대로 친생자관계부존재확인판결을 받지 않은 상태에서도 인지청구를 할 수 있다.[1]

5) 타인에 의하여 사실과 달리 인지가 된 경우나 출생신고가 된 경우에도 그 자녀는 생부를 상대로 곧바로 인지청구를 할 수 있다고 할 것이다. 그 인지가 객관적으로 무효인 이상 인지무효의 소나 인지이의의 소에 의하지 않고도 그 효력을 부인할 수 있기 때문이다.[2] 이 점에서 임의인지와 다르다.

6) 부나 모를 상대로 한 친생자관계부존재확인판결, 인지무효, 친생부인판결 등을 받은 자녀도 생부모를 상대로 다시 인지청구를 할 수 있는가?

친생자관계부존재확인 판결의 기판력은 대세효가 있어 모든 사람을 구속하므로,[3] 인지청구인과 피고 사이에 친생자관계가 없다는 내용의 확인 판결이 확정되면 인지청구인인 자(子)는 설사 그가 친생자관계부존재확인 소송의 당사자가 아니었더라도 피고를 상대로 다시 인지청구를 할 수 없다고 할 것이다. 대법원은 이에 반대되는 판단을 하였으나 이해하기 어렵다.[4]

그러나 생부의 인지 없이 생모가 임의로 생부의 친생자로 출생 신고하였다는 것을 이유로 한 인지무효확인의 확정 심판은 그 출생신고에 의한 임의인지가 무효임을 확인한다는 것이 심판대상임이 명백하고, 따라서 그 기판력 역시 생부의 출생신고에 의한 임의인지가 무효라는 점에 한하여 발생할 뿐이며, 생부와 자(子) 사이에 친생자관계가 존재하는지의 여부에 대해서까지 효력이 미치지는 않으므로 재판상 인지를 구하는 청구에는 미치지 아니한다.[5]

한편, 친생부인판결에서 청구를 인용한 경우 남편과 자 사이에 친생자관계가 존재하지 않는 사실이 확정되고 누구나 이에 반하는 주장을 하지 못하므로, 자는

1 이 경우 호적이나 가족관계등록부 기재만으로 친생추정이 되지는 않기 때문이라고 할 것이다. 그 인지를 구하기 전에 먼저 호적(가족관계등록부)상 부모로 기재되어 있는 사람을 상대로 친자관계 부존재 확인의 소를 제기할 필요가 없다(대판 1981. 12. 22, 80므103 참조).
2 물론 이 경우 타인의 임의인지에 대하여 인지무효의 소나 인지이의의 소를 제기할 수도 있다. 이러한 소를 제기하지 않고 곧바로 생부를 상대로 인지청구의 소를 제기하면 그 소송에서 선결문제로서 임의인지의 유무효를 심리하게 될 것이다.
3 대판 1992. 7. 24, 91므566 등.
4 대판 1982. 12. 14, 82므46.
5 대판 1999. 10. 8, 98므1698.

이에 반하여 그 남편을 상대로 인지를 청구할 수 없다. 남편에 대한 인지청구는 남편과 자 사이에 혼인외일망정 친생자관계가 존재한다는 사실을 전제로 하기 때문이다. 이와 달리, 대법원 1999. 10. 8. 선고 98므1698 판결을 근거로 친생부인판결이 확정되더라도 인지청구의 소에는 영향을 미치지 아니한다는 견해가 있으나, 이는 기판력의 본질에 반할 뿐 아니라, 위 판결은 인지무효심판이 확정되더라도 인지청구의 소에 영향을 미치지 않는다는 것에 불과하다.

(나) **인지청구권의 포기 가부**

1) 인지청구권은 일신전속적(一身專屬的)인 권리이므로 이를 포기할 수 없고, 포기하여도 그것은 무효이다. 친자(혈연)관계는 천륜(天倫)이고, 천륜을 부정하는 포기를 인정하는 것은 인륜에 반하며 자녀에게 너무 가혹하기 때문이다. 따라서 재판상화해로 법정에서 인지청구권을 포기하여도 그 포기는 무효라는 것이 통설[1]과 판례[2]다.

2) 생모가 인지청구권을 포기하였더라도 이는 자녀에게 효력이 없다.[3] 인지청구권의 포기가 허용되지 아니하므로 거기에 실효의 법리가 적용될 여지가 없고,[4] 인지청구권의 포기나 '친자관계가 없다'는 확인 조정성립 후 인지청구를 하고 그 확정판결에 따라 상속분 상당의 가액을 청구하더라도 신의칙[또는 금반언(禁反言)의 원칙] 위반이나 권리남용에 해당하지 않는다.[5]

3) 포기의 대가를 지급한 경우에도 그 포기는 무효이다. 지급자는 그 반환을 청구할 수 없을 것이다(부양료지급의 의미). 다만, 그 인지의 대상인 아이가 지급자의 친생자가 아닌 사실이 밝혀진 경우, 착오에 의한 부당이득의 반환청구를 할 수도 있다고 할 것이다.[6]

:: **참고판례**

법정대리인인 생모가 자녀의 의사에 매우 반하여 생모의 재산상 이익을 목적으로 생부에 대하여 인지청구를 한 경우, 친권남용이라고 하여 배척된 사례가 있다(일본 青森地弘前支判, 1963. 6. 27, 판례시보 제350호, 31).

1 김·김, 322면; 김용한, 223면; 박병호, 171면; 양수산, 352면; 소성규, 264면; 윤진수 대표, 주해친족법 648~9면; 이영규, 166면 등.
2 대판 1982. 3. 9, 81므10; 1999. 10. 8, 98므1698; 2001. 11. 27, 2001므1353 등.
3 대판 1982. 3. 9, 81다10; 1987. 1. 20, 85므70.
4 대판 2001. 11. 27, 2001므1353.
5 대판 1999. 10. 8, 98므1698; 2007. 7. 26, 2006므2757, 2764.
6 김상용 외 3, 410면.

(3) 당 사 자

⑺ 원   고

1) 혼인외의 출생자와 그 직계비속[1] 또는 그 법정대리인이 제소할 수 있다(제863조). 대개는 생모가 아이의 법정대리인으로서 생부를 상대로 인지청구를 한다.[2]

2) 법정대리인은 제소권자인 혼인외의 출생자나 그 직계비속을 대리하여 소를 제기할 수도 있고, 스스로 당사자가 되어 제기할 수도 있다.[3] 이에 대하여, 법정대리인은 혼인외의 출생자나 그 직계비속이 의사능력이 없는 경우에 한하여 제기할 수 있다는 견해가 있으나,[4] 민법이 법정대리인에게 독립한 제소권을 인정한 것은 그에게 이해관계가 있는 때문이므로 타당치 않다고 본다.

3) 의사능력이 있는 미성년자는 단독으로 인지청구를 할 수 있는가? 가사소송법은 인사소송법 제29조 ①항을 폐지하고[5] 민사소송법(제51조, 제55조)을 준용하고 있으므로, 제한능력자는 단독으로 제소할 수 없고, 그 생모 등 법정대리인이 제기하여야 할 것이다. 법정대리인이 없는 때는 특별대리인이 대리하여 제소하고 소송수행을 할 수 있다(가소 제12조, 민소 제62조).[6]

4) 태아는 인지청구능력이 없으므로, 그 생모도 당사자가 되어 인지청구를 할 수 없다고 보아야 한다.[7]

⑷ 피   고

1) 인지를 할 생부나 생모를 피고로 삼아야 한다(제863조).

2) 생부가 사망한 경우 검사를 상대로 제소하여야 하고, 생모를 상대로 제소할 수는 없다.[8]

---

1 직계비속은 혼인외 자의 사망 후에 비로소 인지청구를 할 수 있느냐(긍정설 : 김주수, 273면; 김·김, 322면; 이영규, 165면; 일본의 통설), 이런 제한을 둘 필요가 없을 것이다(박병호, 168면).

2 서울가판 2007. 11. 16, 2007드단60588 등; 생모가 무능력자(제한능력자)이면 그의 친권자나 후견인이 법정대리인으로서 제소할 수 있다(민 제910조, 제948조).

3 서울가판 2007. 11. 15, 2007드단1565 등.

4 최한수, "혼인외의 자의 지위", 사법연구자료 제19집(1992).

5 구 인사소송법 제29조, 제35조는, 무능력자는 법정대리인의 동의를 얻어 친생자관계 소송의 소송행위를 할 수 있고, 법정대리인이 소의 상대방인 경우 무능력자는 친족회의 동의를 얻어 소송행위를 할 수 있다고 규정하고 있었다.

6 일 최판 1968. 8. 27, 집 22-8, 1733면(미성년자에게 의사능력이 있는 경우에도 그 법정대리인은 자를 대리하여 인지청구의 소를 제기할 수 있다).

7 고상룡, 86면; 곽윤직, 116면; 김·김, 322면; 김상용, 142면; 김준호, 85면; 이영준, 783면. 이와 반대로 태아의 인지청구를 긍정하는 학설[이은영, 민법총칙(제4판), 134면]이 있다.

8 대판 1965. 7. 6, 65므27, 28.

제 4 장 부모와 자녀 331

3) 생모를 상대로 한 인지청구도 가능한가? 생모와 자녀 사이의 친자관계는 분만이라는 자연적 사실로 정하여지므로 특별히 이를 인정할 필요가 없으나, 기아 (棄兒)가 성장하여 생모를 찾은 경우(자기를 낳은 자를 알 수 없었던 경우)와 같이 그 이익이 있는 때에는 생모를 상대로 인지청구를 할 수도 있다.[1]

4) 피고 측이 성년후견개시선고 등을 받지는 않았지만 의사능력이 없는 경우 에는 민사소송법 제62조의 규정에 따른 특별대리인의 선임을 신청할 수 있다.[2]

(4) 제소기간

1) 친생부모가 자녀를 인지하는 데도 기간의 제한이 없듯이 인지청구의 소도 부모의 생존 시에는 언제든지 제기할 수 있다.[3]

2) 부나 모가 사망한 때는 그 사망사실을 안 날로부터 2년 내에 검사를 상대 로 인지청구를 할 수 있다(제864조). 이 조항이 헌법 제10조·제11조에 위반되는가 에 관하여 헌법재판소에서는 위헌이 아니라고 결정하였다.[4] 생부의 사망 후 아이 가 태어난 경우는 2년 내에 그 생모가 법정대리인으로서 인지청구의 소를 제기할 수 있다고 해석하여야 할 것이다.

3) 구민법은 그 기간을 1년으로 정하고 있었는데, 대법원은 '사망사실을 안 날'에 대하여 그 청구인의 연령이나 능력 여하에 불구하고 사망사실을 안 날부터 기산한다는 것이 아니라, 그 사망사실을 알고 인지청구와 같은 신분행위를 할 수 있는 의사능력이 있는 자가 사망사실을 안 날부터 기산하여야 한다고 판시하였 다.[5] 이는 사망사실을 알았더라도 사실상 인지청구의 소를 제기할 수 있는 능력이 없다면 제척기간을 진행케 함이 부당하다는 고려에 따른 것이라고 할 수 있는바, 사망에 따른 제척기간을 규정한 다른 경우에도 이와 같이 새겨야 할 것이다.

---

1 실무편람, 273면.

2 대결 1984. 5. 30, 84스12.

3 대판 2007. 7. 26, 2006므2757, 2764; 2001. 11. 27, 2001므1353; 1999. 10. 8, 98므1698; 1987. 1. 20, 85므70; 부산지법가정지판 2004. 4. 16, 2003드단3467(아들의 출생 후 35년여가 지난 후의 인지청 구도 허용); 일최판 1971. 3. 19(인지청구권 포기는 무효).

4 헌재결 2001. 5. 31, 98헌바9; 일 최판 1955. 7. 20; 인지제도 자체에 대한 합헌성도 문제되었던바, 일본에서는 합헌이라고 판단(최판 1979. 6. 21, 家月 31−11, 84면); 大村, 184면.

5 대판 1977. 5. 24, 77므7. 대법원이 이 판결에서 신분행위를 할 수 있는 의사능력이 있는 자가 사 망사실을 안 날부터 기산하여야 한다고 판시한 것은, 그 당시 인사소송법 제29조, 제35조가 의사 능력이 있으면 행위능력이 없더라도 인지청구의 소 등을 제기할 수 있다고 규정한 때문으로 보인 다. 그러나 인사소송법이 폐지되어 현행 가사소송법상 행위능력이 없는 자는 단독으로 소송을 할 수 없으므로 의사능력이 아니라 행위능력을 기준으로 하여야 할 것이다.

그리고 이 경우 법정대리인이 부 또는 모의 사망사실을 알았다고 하더라도 법정대리인과 미성년자 등은 소권이 각각 별개로 있으므로 미성년자의 제척기간 경과에 영향이 없다고 보아야 할 것이다. 또한, 여기서 '사망사실을 알았다'는 말은 부나 모가 사망한 사실 그 자체를 안 것만으로는 부족하고, 그 사망자가 자신의 친생부모인 사실까지 아는 것을 말한다고 보아야 한다. 그 사실을 모른다면 인지청구를 하는 것이 사실상 불가능하기 때문이다.[1]

4) 오랜 세월이 흐른 후 또는 부모의 사망 후 인지청구를 한다고 하여 그것이 신의성실의 원칙에 반한다고 말할 수 없다. 정당한 신분관계를 확정하기 위한 인지청구를 신의칙에 반하는 것이라 하여 막을 수는 없기 때문이다.[2]

5) '독립유공자 예우에 관한 법률'에는 제소기간에 대한 특칙이 있다. 즉 독립유공자 중 호적 없이 사망한 사람에 대하여는 다른 법령에도 불구하고 대법원규칙으로 정하는 바에 따라 가족관계등록 창설을 할 수 있고, 가족관계등록 창설이 된 독립유공자의 자와 그 직계비속 또는 그 법정대리인은 독립유공자의 가족관계등록 창설이 된 것을 안 날부터 2년 내에 검사를 상대로 인지청구의 소를 제기할 수 있다(동법 제 4 조의 2).[3]

6) 남북주민 사이의 인지청구에는 제소기간 기산점의 특례가 있다.[4]

:: 참고판례

민법 제864조가 '사망한 사실을 안 날로부터 1년 내'라고 규정한 것이 혼인외 출생자의 인지청구 자체가 현저히 곤란하게 하거나 사실상 불가능하게 하는 것은 아니다. 부 또는 모가 사망한 경우 인지청구의 제소기간을 너무 장기간으로 설정하는 것은 법률관계를 불안정하게 하여 다른 상속인들의 이익이나 공익을 위하여 바람직하지 않으므로 인지청구의 제소기간을 부 또는 모의 사망을 알게 된 때로부터 1년으로 제한하여 법률관계를 조속히 안정시키는 것은 혼인외의 출생자의 정당한 이익과 공동상속인 등 이해관계인의 이익을 조화시킨 것이다. 따라서 이

---

1 서울가판 2003. 10. 29, 2003드단5309(사망한 사람이 자신의 친부모라는 사실을 알게 된 시점부터 제척기간을 계산하여야 한다고 보았다).

2 대판 2001. 11. 27, 2001므1353.

3 이에 따라 서울가판 2009. 8. 12, 2009드단37483은 "망 신○○이 망 신채호(1880. 11. 7.생)와 망 박○○ 사이의 친생자임을 인지한다는 판결을 선고하였다.

4 「남북주민 사이의 가족관계와 상속 등에 관한 특례법」(약칭; 남북가족특례법, 2016. 1. 19. 시행 법률 제13763호), 제 9 조 : 분단의 종료, 자유로운 왕래, 기타 제소 장애사유가 없어진 날부터 2년 내에 인지청구를 할 수 있다.

사건 법률조항이 …… 규정한 것은 과잉금지의 원칙에 위배되지 아니하므로 인지
청구를 하고자 하는 국민의 '인간으로서의 존엄과 가치 그리고 행복을 추구하는
기본권'을 침해하는 것은 아니다(헌재 2001. 5. 31, 98헌바9; 2016. 12. 29, 2007
헌바54; 민법개정 이전의 판례).

(5) 심리와 판결

㈎ 관 할

1) 인지청구의 소는 피고인 생부나 생모의 생존 당시 또는 사망 당시의 주소·
거소 또는 최후주소지 가정법원의 전속관할에 속하고(가소 제26조 ②항), 그러한 주
소 등이 없거나 처음부터 이를 알 수 없는 때는 대법원 소재지 가정법원(서울가정
법원)의 전속관할에 속하고,[1] 사물관할은 단독판사의 관할에 속한다.

2) 인지청구사건은 나류 가사소송사건으로서 조정의 대상으로 규정되어 있으
나(가소 제50조), 이 역시 당사자가 임의로 처분할 수 없는 사항이므로 원칙적으로
조정이 허용되지 않는다. 다만, 인지청구를 인용하는 내용의 조정은 가능하다고 할
것이다. 임의인지가 허용되기 때문이다.[2] 그러나 인지를 하지 않는다거나 인지청
구권을 포기한다는 내용의 조정은 무효이다(가소 제59조 ②항 단서).

㈏ 심 리

1) 심리대상은 자녀와 피고 사이의 친생자관계의 존재 여부이다. 이에 대해서
는 직권주의가 적용된다(가소 제17조). 법원은 친생자관계의 존부를 확정하기 위하
여 혈액형 등의 수검명령을 할 수 있다(가소 제29조).

원고는 부자관계나 모자관계를 입증할 책임이 있다. 혈액형이나 유전자가 일
치된다는 사실을 증명하면, 달리 피고의 반증이 없는 이상 친생성은 사실상 추정
된다고 볼 수 있다.[3]

2) 인지청구를 인용하는 내용의 조정이나 화해는 가능하지만,[4] 청구인낙이나
자백은 허용되지 않는다(가소 제12조 단서). 그러나 앞서 본 바와 같이 그 반대의

---

1 대판 1989. 2. 14, 87므32.
2 따라서 조정조서에 인지를 하는 것으로 기재되고 그 조서에 따라서 인지신고가 이루어진 경우 이
  는 임의인지로서의 효력이 발생한다. 그러나 이 경우에도 이 조서에는 확정판결과 같은 기판력이
  없으므로, 합의에 하자가 있을 때는 준재심의 소가 아니라 인지무효의 소나 인지이의의 소로써 다
  툴 수 있다(실무편람, 274면, 주 530).
3 대판 1986. 7. 22, 86므63.
4 그러나 조정이나 화해에는 확정판결과 같은 효력이 없어 기판력이 없다(가소 제59조 ②항 단서).

조정이나 화해는 불가능하다. 진실한 친생자관계가 있음에도 이를 부정하는 것은 당사자가 임의로 처분할 수 없기 때문이다.

3) 이해관계인은 원고나 피고(검사 등)의 보조참가인으로 소송에 참가하여 다툴 수 있다(가소 제12조, 민소 제71조). 그러나 참가의 기회가 부여되지 아니한 채 판결이 확정된 경우, 검사 등의 소송행위에 하자가 있더라도 이해관계인은 그것만으로는 재심을 청구할 수 없다.[1]

4) 인지소송 중에 원고가 사망한 경우 그 소송은 당연히 종료되고 소송승계(가소 제16조)를 할 수 없다.[2] 인지청구권의 일신전속성 때문이다. 그러나 다른 원고적격자가 새로운 인지청구를 할 수는 있다.

5) 법원에서는 미성년자에 대한 인지청구가 인용될 경우를 대비하여 생부모에게 미성년자의 친권자지정 협의를 권고하고(가소 제28조, 제25조), 직권으로 친권자를 지정한다(제909조 ⑤항).

(대) 판   결

1) 판결의 주문은 "원고는 피고의 친생자임을 인지한다", "사건본인은 망 이영삼(730612-1……, 등록기준지: 서울 성동구 금호로…)의 친생자임을 인지한다"와 같이 한다. 이 판결은 법원이 피고 대신 인지(認知)의 의사표시를 하는 것 같은 형식을 취하지만, 실제로는 친생자관계를 형성하거나(생부의 경우) 확인하는(생모의 경우) 것이다. 청구를 기각할 때는 단순히 "원고의 청구를 기각한다"고만 하면 족하다.

2) 인지청구를 인용한 판결을 받은 원고는 판결확정일로부터 1개월 이내에 단독으로 가족관계등록 공무원에게 그 신고(신고서에는 판결확정일자를 기록)를 하여야 한다(가등 제58조). 피고도 이를 할 수 있고, 이 신고는 보고적 신고이다.[3]

인지 전에는 가족관계증명서의 부모란에 모만 기재되어 있었지만, 이로써 부(父)가 기재되게 된다. 그러나 인지와 부모의 혼인은 별개이므로 이로써 부모의 혼인관계가 성립하게 되는 것은 아니다. 인지 사실은 혼인외 자의 기본증명서 중 상세증명서에만 기재되어 발급된다.

---

1 일 최판 1989. 11. 10, 집 43-10, 1085면.

2 일 최판 1982. 12. 17, 家月 35-12, 61면; 名古屋高判 1984. 2. 28; 大村, 185면 주 19.

3 조정절차에서 인지를 하는 것으로 조정이 성립된 경우에도 이에 준하여 조정신청자는 그 조서를 첨부하여 1개월 이내에 인지신고를 하여야 할 것이다. 다만, 이 경우 확정판결과 같은 효력이 없으므로 인지의 효력은 그 신고가 있은 때에 발생하며, 이는 창설적 신고로서의 성질을 갖는다고 할 것이다.

3) 인지청구를 인용하는 판결이 확정되면 생부와 혼인외의 출생자 사이에는 법률상 친자(父子)관계(자연혈족관계)가 자녀의 출생 시로 소급하여 발생한다(제860조 본문).[1] 생모의 경우에는 이와 관계없이 그 출생 시부터 당연히 친생자관계가 성립함은 물론이다. 임의인지는 가족관계등록부에 신고를 한 때 인지의 효력이 발생하나, 재판에 의한 인지는 이 판결이 확정된 때에 신고와 관계없이 곧바로 인지의 효력이 발생한다.

4) 사망신고는 창설적 신고가 아니라 보고적 신고에 불과하므로, 사망신고가 있었다 하여 실지로 생존하고 있는 혼인외 자에 대하여 사망의 효력이 발생하는 것이 아니고, 따라서 이미 출생신고가 되어 인지의 효력이 발생한 사람에 대하여 무효인 허위의 사망신고를 하였다 하여 그 신고로써 친생자관계가 부존재로 확정되거나 인지의 효력이 무효로 돌아가는 것은 아니다.[2]

5) 인지청구를 인용한 판결에는 대세적 효력이 있다(가소 제21조 ①항). 그러나 제3자가 이미 취득한 권리를 해하지 못한다(제860조 단서).[3] 청구기각 판결에 대하여는 다른 제소권자는 그 소송에 참가할 수 없었다는 정당한 이유가 없는 이상 다시 소를 제기할 수 없다(가소 제21조 ②항).

6) 가족관계등록부상의 부에 대한 친생자관계부존재확인 판결을 받지 않은 상태에서도 생부를 상대로 인지청구의 소를 제기할 수 있고, 그에 따라 이를 인용하는 확정판결을 받은 경우 가족관계등록부상의 부를 말소하고, 생부를 기재할 수 있다(가등 제107조 참조). 그 판결 내용과 가족관계등록부 기재가 정면으로 충돌하여 모순되기 때문이다. 따라서 이때는 가족관계등록부상의 부에 대한 친생자관계부존재확인 판결은 물론 가족관계등록법 제104조나 제105조에 의한 정정허가를 받을 필요도 없다.[4]

(6) 인지의 효력

㈎ 자의 성(姓)과 본

1) 2008. 1. 1.부터는 혼인외의 자(子)가 인지된 경우 자는 생부의 성과 본을 사용하는 것이 원칙이지만, 생부모의 협의나 가정법원의 허가를 받아 종전의 성과

---

1 대판 1968. 11. 26, 68다1675.
2 대판 1979. 12. 11, 79므68, 69.
3 대판 1993. 3. 12, 92다48512.
4 호적선례 5-64(2002. 9. 16. 법정 3202-315)는 이 경우 가정법원의 정정허가를 받아 정정할 수 있다고 하였으나, 가족관계등록법 제107조의 취지상 불필요하다고 할 것이다.

본을 계속 사용할 수 있다(제781조 ⑤항). 부모는 인지신고 시 그 협의의 취지를 신고하여야 한다(가등예규 제414호).

2) 생부가 생모와의 협의 없이 일방적으로 인지신고를 한 경우라도, 혼인외 자는 가정법원에 종전의 성과 본을 계속 사용할 수 있도록 허가청구를 할 수 있다.

(나) 친권자와 부양

1) 혼인외 자가 미성년자인 경우, 인지 전에는 생모의 단독친권에 따르고 인지 후에는 생부모의 공동친권에 따라야 한다(제909조 ①항). 임의인지의 경우에는 친권자·양육자·면접교섭에 관한 사항을 부모의 협의로 정하고, 협의를 할 수 없으면 가정법원에 청구하여 그 지정심판 등을 받을 수 있다(제864조의 2·제837조·제837조의 2·제909조 ④항, 가소 제 2 조 ①항, 마류사건 5호). 강제인지의 경우에는 가정법원에서 직권으로 친권자를 지정한다(제909조 ⑤항).

2) 인지의 효력은 임의인지든 재판상인지든, 생부에 대해서든 생모에 대해서든 자녀의 출생 시로 소급하여 발생하므로, 인지된 자녀와 그 부모 사이의 부양과 상속의 권리의무는 출생 시부터 생기게 된다.

3) 자녀는 출생 시부터 부모로부터 양육받을 권리가 있으므로, 생모가 자녀 출산 후 생부의 인지 시까지 단독으로 자녀의 양육비를 부담하였다면 생부에게 이를 부당이득의 반환으로 청구할 수 있다. 대법원은 당초에는 이를 부정하였으나,[1] 종전 판례를 변경하여 이를 긍정하고 있다.[2] 학설은 긍정설이 통설이다.[3]

(다) 재산상속

1) 부모의 사망 이후(상속개시 후)에 인지판결을 받은 자녀는 상속재산의 분할을 청구할 수 있다. 그러나 인지의 소급효는 제 3 자(예컨대, 공동상속인으로부터 부동산을 매수한 사람)의 권리를 해하지 못하는바(제860조 단서), 이 경우 다른 공동상

---

1 대판 1967. 1. 31, 66므40; 1967. 2. 21, 65므5; 1981. 5. 26, 80다2515 등.
2 대결 1994. 5. 13, 92스21(전원합의체).
3 이와 관련하여 양육비채권의 소멸시효기간이 문제된다. 양육비채권에 대하여 하급심은 민법 제163조 1호의 단기소멸시효(3년)는 적용되지 아니하고 제162조의 일반채권의 시효(10년)에 걸린다고 보고 있다(수원지법성남지판 2007. 10. 23, 2007느단265). 그리고 소멸시효의 기산점에 관하여 인지 이전이라도 양육비채권의 소멸시효는 진행한다고 판시한 것(서울가심 2001. 4. 9, 2000느단5801)도 있고, 인지된 때부터 진행한다고 본 것(광주지법목포지심 2005. 7. 1, 2005느단469)도 있다. 또 양육비채권은 당사자 간의 협의나 가정법원의 심판에 의하여 비로소 그 구체적인 액수(내용과 범위) 만큼의 지급청구권이 발생한다는 판례(대판 2006. 7. 4, 2006므751 등)를 근거로 협의나 심판 확정 이전에는 소멸시효가 진행되지 않는다는 견해도 있다(서울가판 2008. 5. 16, 2008르543; 상고기각으로 확정).

속인들이 이미 상속재산을 분할하거나 처분한 이후이면 현물분할청구는 할 수 없고, 자신의 상속분에 상당한 가액의 지급을 청구할 수 있을 뿐이다(제1014조).

뒤늦은 인지로 인하여, 이미 이루어진 상속재산의 처분이나 상속재산 분할을 무효로 만들고 상속재산을 다시 분할한다면 제3자에게 손해를 끼치고 번잡하게 되므로, 민법은 상속분에 상당하는 돈을 받을 수 있도록 하여 이해관계의 조정을 시도하고 있는 것이다.[1]

2) 그러나 인지청구의 소에서 승소한 원고보다 후순위 상속인(망인의 직계존속이나 형제자매)은 그 원고(피인지자)의 출현으로 인하여 자신이 취득한 상속재산을 소급하여 상실하게 된다. 이들 후순위 상속인들은 민법 제860조 단서에서 말하는 제3자에 해당되지 아니하기 때문이다.[2]

3) 혼인외 자의 사망 후 그 혼인외 자(사망자)에 대하여 인지(민법 제857조)가 있으면 사망자의 직계비속과 배우자가 혼인외 자 대신 대습상속을 하게 된다.

⑷ 채권의 준점유자에 대한 변제

1) 인지판결 확정 전의 정당한 상속인으로부터 상속채권에 관하여 제소당하여 패소판결을 받은 채무자가 그러한 상속인(표현상속인)에게 채무를 변제하였다면, 이는 채권의 준점유자(準占有者)에 대한 변제로서 적법·유효하다.[3] 따라서 인지를 받은 혼인외 자는 그에게는 이행청구를 할 수 없다. 채무자가 표현상속인을 정당한 권리자로 믿은 데 과실(過失)이 없기 때문이다.

2) 이는 임의인지의 경우에도 동일하다.

⑸ 친족상도례의 적용

1) 인지의 소급효는 친족상도례 규정의 적용에도 미친다.

2) 따라서 피고인(혼인외 자)의 범행 후 인지판결이 선고되어 확정되었다면, 그 피고인과 피해자 사이의 친족관계는 피고인의 출생 시로 소급하여 발생하고, 이에 따라 친족상도례의 규정이 적용되어야 한다.[4]

1 대판 2018. 6. 19, 2018다1049(생모 사망 후, 혼인외 자가 나타난 경우 그는 공동상속인이 이미 상속재산을 처분하였더라도 그 처분의 효력을 부인할 수 있다고 판결. 이 판례에 대하여 논란이 많다. 정다영, 판례평석「2018년 가족법 주요판례 10선」130면 이하).
2 대판 1993. 3. 12, 92다48512.
3 대판 1995. 1. 24, 93다32200.
4 대판 1997. 1. 24, 96도1731(피고인은 아버지의 물건을 절취한 결과가 되어 형을 면제받았다).

Ⅷ. 준정(準正)

1. 의　의

(1) 개　념

1) 혼인외의 출생자라도 그 부모(생부와 생모)가 혼인하여 법률상 부부가 되면 그때부터는 혼인중 출생자의 지위를 얻게 된다. 이를 준정 또는 후혼인지(後婚認知)라고 한다.

2) 준정이 성립하려면 그 혼인외 자가 '혼인을 한 해당 부부'의 친생자여야 하는바, 생모의 경우에는 특별한 행위가 없이도 그 자와 생모 사이에 친생자관계가 당연히 성립하므로 부부의 혼인신고만으로 준정의 효력이 발생하지만, 생부의 경우에는 혼인신고 전 또는 혼인신고 후에 부(父)의 인지나 그에 갈음한 출생신고 또는 인지판결이 있어야만 한다.

(2) 존재이유

1) 준정은 혼인외 출생자를 보호하기 위하여, 혼인외 출생자를 혼인중 출생자로 그 지위를 변경하려는 목적에서 인정되는 것이다.

2) 부수적으로는, 법률상 혼인, 즉 정상적인 혼인을 장려하기 위하여 이 제도가 인정되고 있다.

3) 종래 혼인외 출생자와 혼인중 출생자는 재산상속분이나 호주승계순위에서 차별이 있었으나, 재산상속분의 차별은 우리 민법 제정 시 이미 없어졌고, 호주승계순위에 관하여도 호주제도 자체가 2008. 1. 1. 이후 폐지되었으므로, 이제는 혼인외 출생자와 혼인중 출생자 사이에 어떠한 차별도 존재하지 않는다. 따라서 이제는 준정제도의 존재의미는 전혀 없다. 고로 민법에서 이 규정을 삭제하여야 할 것이다.

(3) 강제인지와의 구별

1) 준정은 위와 같이 인지(認知)와 혼인으로 이루어지므로, 혼인외의 자녀가 생부모를 상대로 일방적으로 인지청구를 하여 그 승소판결이 있더라도, 생부모가 혼인신고를 하지 않는 이상 그것만으로 당연히 준정의 효력이 발생하지는 않는다.

2) 또한, 준정은 혼인신고의 시점부터(소급효 없음), 인지는 자녀의 출생시점부

터(소급효 있음) 효력이 생긴다.

2. 준정의 종류

1) 준정은 위와 같이 인지(認知)와 혼인으로 이루어지는바, 어느 쪽이 먼저 성립하든 상관없이 양쪽 모두가 갖추어지는 때에 준정의 효력이 발생한다.

2) 우리 민법에는 혼인중의 준정과 혼인종료 후의 준정, 사망한 자녀의 준정에 대하여는 명문의 규정이 없으나 학설상 인정된다.

(1) 혼인으로 인한 준정[인지(認知)가 혼인에 선행(先行)하는 경우]

혼인 전에 출생하여 이미 부·모의 인지를 받은 자녀(이 경우 친자관계는 확정되어 있다)는 그 부모의 혼인으로 당연히 혼인중 자녀의 지위를 취득한다(제855조 ②항). 이것이 이른바 혼인준정이다.

(2) 혼인중의 준정 또는 인지준정[혼인이 인지에 선행(先行)하는 경우]

1) 혼인중인 부모가 혼인외의 자녀(혼인신고 전 출생자)를 인지하거나 인지에 갈음하여 출생신고를 하면 그 인지의 효력 발생 시부터 준정이 생긴다. 즉 이 경우 인지와 준정의 효력이 동시에 발생한다.

2) 기아(棄兒)와 같은 자녀를 부모가 동시에 인지한 경우는 물론, 혼인외의 자녀를 가진 생모와 혼인한 생부(生父)가 그 자녀를 인지한 경우에도 마찬가지다.

(3) 혼인 종료 후의 준정

혼인외의 출생자가 부모의 혼인중에 인지를 받지 못하고 있다가, 그 혼인 종료 후에 비로소 인지를 받은 경우에도 준정의 효과가 생긴다. 혼인으로 인한 준정이나 혼인중의 준정의 경우에 부모가 이혼하더라도 준정의 효력이 유지되는 것과의 균형상 이 경우에도 준정을 인정함이 공평하기 때문이다.

(4) 사망한 자녀의 준정

혼인외 출생자가 사망한 경우라도 그에게 직계비속이 있는 경우에는 혼인외 출생자를 인지할 수 있으므로(제857조), 이 경우에도 준정이 성립할 수 있다.[1,2]

---

1 김·김, 332면; 김용한, 183면; 이영규, 169면; 일민 제789조 ③항.
2 김형배, 191면; 부모가 혼인중에 임의인지를 하지 않고 사망한 후, 자녀가 부(父)를 상대로 인지판결(강제인지)을 받은 경우에는 준정이 생긴다는 것은 의심할 여지가 없다(我妻 외 2, 142면).

3. 준정의 효력과 그 발생시점

1) 혼인외의 출생자는 준정으로 인하여 부모의 혼인 성립 시, 즉 혼인신고 시부터 혼인중 출생자의 지위를 취득한다(제855조 ②항). 혼인 종료 후의 준정의 경우 생부의 인지신고 시에 준정의 효과가 생긴다는 견해가 있으나,[1] 의문이다.

2) 혼인외의 출생자의 생부모가 끝내 혼인하지 아니하여도 생부로부터 인지를 받으면 부자관계가 생기므로, 그 자녀는 특별한 불이익을 받을 우려는 없다.

3) 인지의 경우에는 자녀의 출생 시로 소급하여 인지의 효력이 발생하지만(소급효), 준정의 경우에는 자의 출생 시로 그 효력이 소급하지 아니한다.

IX. 친생자관계존부확인의 소(訴)

1. 개념과 법적 성질

(1) 개념과 존재이유

⑺ 개   념

1) 친생자관계존부확인의 소(친자관계존부확인의 소)는 어떤 사람들 사이에 법률상의 친생자관계가 있는지(존재) 없는지(부존재)를 확인하여 달라고 청구하는 소이다(제865조).

2) 이 소는 '친생자관계존재확인의 소'와 그 '부존재확인의 소'로 나누어진다. 실무상으로는 주로 호적이나 가족관계등록부상 기재와 달리 그 등록부상의 부모와 자식 사이에 친생자관계가 없는 경우에 이를 정정할 목적으로 제기되므로, 전자(존재확인)보다는 후자(부존재확인)가 압도적으로 많다. 친생자관계의 창설이나 확인은 인지나 인지청구로 해결될 수 있기 때문이다.

⑴ 존재이유

1) 친생자관계는 부양이나 상속 등 가족법상 중대한 이해관계가 생기는 기초이므로, 그 존부가 문제 되는 경우 국가권력(사법권)에 의하여 공적으로 확정되어야 한다. 이를 위하여 민법은 제845~863조에서 부를 정하는 소, 친생부인의 소, 인지청구의 소 등 여러 가지 쟁송수단을 규정하고 있다.

---

1 我妻 외 2, 142면.

2) 그런데 위 각각의 쟁송수단은 그 사유와 제소권자가 정해져 있어, 이에 해당하지 않는 경우 그것만으로는 문제를 해결할 수 없다. 그리하여 민법은 이러한 쟁송수단 이외의 사유가 있는 때는 친생자관계존부확인의 소에 의하여 해결하도록 하였다.

3) 이 소는 종래 판례에서 인정하여 오던 것인데, 우리 민법은 이를 명문으로 규정하였다. 친생자관계는 단순한 사실관계가 아니라 법률관계이므로 그에 관하여 분쟁이나 확인의 필요가 있는 때는 그 소를 허용하는 법률규정이 없더라도 확인의 소의 일반 법리에 따라 이 소를 제기할 수 있다는 것이 종래의 통설이었다.

4) 양친자관계존부확인의 소도 친생자관계존부확인의 소에 준하여 제기할 수 있다.[1]

(2) 법적 성질

1) 친생자관계는 원칙적으로 혈통(유전자)을 기준으로 자동적으로 발생하고 거기에 법률행위 등이 필요한 것은 아니다. 따라서 이에 관하여 분쟁이 있거나 의문이 있는 경우, 생부에 대한 인지청구나 친생부인, '부를 정하는 소'(가소에서는 '아버지의 결정')의 경우 외에는 법원은 이미 존재하는 친생자관계의 존재 또는 부존재를 확인할 뿐 새로이 형성·창설할 수는 없다. 그러므로 이 소는 현재의 법률관계(친생자관계)의 존부를 확정하는 확인(確認)의 소(訴)이다.

2) 이런 점에서 장래를 향하여 새로운 친생자관계의 발생이나 기존의 친생자관계의 소멸을 목적으로 하는 형성(形成)의 소(訴)인 부(父)를 정하는 소(제845조), 부에 대한 인지청구(제863조), 친생부인(제846조, 제848조, 제850조, 제851조)의 소와 다르다.

3) 친생자관계존부확인의 소는 뒤에서 보는 바와 같이 가사소송사건으로서 가정법원의 전속관할에 속한다. 그러나 이 소는 과거나 현재의 법률상태의 확인을 목적으로 하므로, 반드시 소송에 의하지 아니하고도 누구든지, 언제든지, 어떤 방법으로나 그 법률관계의 존부를 주장할 수 있다. 따라서 호적이나 가족관계등록부에 진실과 다른 기재가 있는 경우, 이 소 등 그 기재의 정정이나 확정판결에 의하지 아니하더라도 그 기재에 반대되는 증거로써 그 추정을 번복할 수 있다.[2] 상속

---

1 대판 1993. 7. 16, 92므372.
2 대판 1978. 4. 11, 78다71.

재산의 분쟁 기타 소송에서 그것이 선결문제가 된 경우, 그 소송에서도 친자관계의 존부를 심리하여 판단할 수 있음은 물론이다. 다만, 그 판결로부터는 친생자관계존부확인의 기판력이 발생하지는 않는다.

4) 또한, 가족관계등록부를 정정하고자 하는 경우 확정판결이 아닌 소명자료만으로는 이를 정정하는 것이 쉽지 않다. 가족관계등록 공무원에게는 실질적 심사권이 없기 때문이다. 그러므로 이런 목적 달성을 위해서는 이 소가 필요하게 된다.

(3) 친생자관계존부확인의 소의 보충성

⑺ 원   칙

1) 친생자관계존부확인의 소는 민법 제845조 내지 제863조의 규정에 의한 친생자관계 쟁송방법의 보충적 수단이다. 즉 위 각 규정에 의하여 소를 제기할 수 있는 자는 '다른 사유를 원인으로 하여'서만 친생자관계존부의 확인의 소를 제기할수 있다(제865조).

2) 따라서 위 각 규정의 사유에 해당하는 경우에는 그 각각의 쟁송방법에 의하여야 하고 친생자관계존부확인의 소를 제기할 수 없다. 그 각각의 쟁송방법에 의한 제척기간이 경과하여 그 소를 제기할 수 없는 사정이 있는 경우에도 마찬가지다. 이를 어긴 경우 소송요건 흠결로서 소가 부적법하게 된다.

3) 그러므로 이 사건을 심리하는 수소법원은 당사자에게 이를 석명하도록 하여 필요한 경우 다른 청구로 청구변경을 하라고 적극 권유하고, 이에 불응하는 경우에는 소를 각하하여야 할 것이다.

⑴ 부에 대하여 친생추정을 받지 않는 경우

1) 부(父)에 대한 관계에서 친생추정이 미치는 경우 그 친생자관계의 부존재를 주장하려면 친생부인의 소를 제기하여야 하지만, 부부가 법률상 혼인중이더라도, 남편이 해외출장, 교도소 수감, 질병치료를 위한 병원입원, 실종선고, 사실상 이혼에 따른 별거 기타 사정으로 아내가 그 남편의 아이를 임신할 수 없는 것이 외관상 명백한 경우, 친생추정이 미치지 않으므로 남편은 친생부인의 소가 아닌 친생자관계부존재확인의 소를 제기할 수 있다(통설·판례).[1] 이를 외관설 또는 제한설이라고 함은 이미 친생부인의 소를 설명할 때 살펴본 바이다.

2) 혼인중의 자라도, 혼인 성립 후 200일 내에 출생한 자녀의 경우 친생추정

---

1 대판 1983. 7. 12, 82므59(전원합의체); 1988. 5. 10, 88므85.

을 받지 못하므로 남편과 생모(처)는 친생부인의 소가 아닌 친생자관계부존재확인의 소를 제기할 수 있다.

3) 실제로는 처가 출산하지 않은 경우(처와 생모가 다른 경우)와 같이 처음부터 친생추정이 발생하지 않는 경우에는 당연히 친생자관계부존재확인의 소를 제기할 수 있다. 이 경우 호적부나 가족관계등록부에 진실과 다른 기재가 있더라도 이는 사실상 추정력을 갖는 것에 불과하므로 반증을 들어 추정을 깨트릴 수 있음은 물론이다. 따라서 아무런 근거 없이 甲 부부 사이의 혼인중 출생자가 등록부상 乙 부부 사이의 친생자로 기록된 경우, 甲 부부에 대하여 친생자관계존재확인의 소를 제기할 수 있다.[1]

(대) 부자관계의 존부를 친생자관계존부확인의 소로써 다투는 경우

1) 인지청구의 소로 하여야 할 것을 친생자관계존재확인의 소로 한다든지, 친생부인의 소로 다투어야 할 것을 친생자관계부존재확인의 소로 대용(代用)하는 것은 허용되지 않는다(통설).[2] 친생추정을 받는 자가 부와 생모의 사망으로 그들에 의한 친생부인의 소 제기가 불가능하게 된 경우에도, 그 자는 친생자관계존부확인의 소로써 이를 다툴 수 없다.

2) 혼인외 출생자가 생부의 사망 후 인지를 받으려면 검사를 상대로 인지청구의 소를 제기하여야 하는데, 그렇게 하지 않고 생모가 혼인외 출생자를 피고로 삼아 사망한 생부와 그 혼인외 출생자 사이의 친자관계존재확인을 청구하는 것은 부적법하여 허용될 수 없다.[3] 생모에 대하여 인지청구의 소를 제기하지 않고 친생자관계존재확인을 청구하는 것도 마찬가지다.

3) 타인이 이미 인지신고를 한 경우, 이를 부정하고 다른 사람을 부모로 정정하고자 하는 때에는 그 인지에 대하여 인지무효의 소나 인지이의의 소를 제기하여야 하고, 곧바로 친생자관계존부확인의 소를 제기하는 것은 원칙적으로 허용될 수 없다.

---

1 서울지판 1996. 9. 18, 94가합101443.
2 그러나 실무에서는 이를 간과하고 인지청구의 소가 아닌 친생자관계존재확인의 소를 받아주는 경우가 종종 보인다(부산지법가정지판 2005. 1. 18, 2004드단29275은 검사를 상대로 한 친생자관계존재확인청구를 인용하였다). 이 경우 그러한 친생자관계존재확인의 판결이 당연무효가 되는 것은 아니고, 그에 따른 효력이 발생한다(서울고판 2006. 9. 7, 2005나89423은 위 부산지법가정지판을 기초로 혼인외 출생자의 상속회복청구를 인용하였다).
3 대판 1997. 2. 14, 96므738; 2010. 7. 29, 2010므1591.

㈑ 제소방법을 그르친 경우 그 판결의 효력

1) 위와 같이 친생자관계존부확인의 소는 민법 제845조 내지 제863조의 규정에 의한 친생자관계 쟁송방법의 보충적 수단으로서, 이에 위반한 소는 부적법하다. 그런데 이에 위반하여 친생부인의 소 등으로써 다툴 것을 친생자관계존부확인청구로 하는 것은 부적법하나, 이를 간과한 채 판결이 선고되어 친생자관계존부확인판결이 확정된 경우 그 효력은 어떻게 되는가?

2) 이 경우 판결이 확정된 이상 당연무효는 아니고, 그 기판력은 제3자에게도 미친다. 그러므로 누구도 소송상으로나 소송 외에서 더 이상 이에 반대되는 주장을 할 수 없다는 것이 판례다.[1]

㈐ 가족관계등록부 기재와 다른 효력이 있는 경우의 쟁송 방법

1) 당사자가 실제로는 인지나 입양의 의사로써 가족관계등록부에 인지신고나 입양신고를 하는 대신 혼인중의 자로 출생신고를 한 경우 각각 그에 따라 인지나 입양의 효력이 있는바, 이 경우 인지나 입양의 효력을 다투고자 하는 경우, 인지무효 또는 인지이의나 파양 등의 청구가 아니라 그 외관에 의하여 이 소를 제기하여야 한다는 것이 판례다.[2]

2) 그러나 '사기 또는 강박으로 인하여 입양의 의사표시를 한 때'의 입양취소는 그 성질상 그 입양의 의사를 표시한 자에 한하여 원고적격이 있고, 사기를 안 날 또는 강박을 면한 날로부터 3월을 경과한 때에는 그 취소를 청구하지 못하며, 입양취소의 효력은 기왕에 소급하지 않는바, 입양취소의 소는 그 원인과 효력 등에 있어 친생자관계존부확인의 소와는 구별되므로, 입양의 취소를 구하는 의미에서 친생자관계부존재확인을 구할 수는 없다.[3]

2. 소송당사자와 제소기간

(1) 원   고

1) 민법 제845조 내지 제863조의 소를 제기할 수 있는 자, 즉 자녀, 자녀의 직계비속·법정대리인, 생모와 남편, 이들의 직계 존·비속과 후견인·유언집행자, 기타 이해관계인은 원고가 될 수 있다(제865조).

1 대판 1992. 7. 24, 91므556.
2 대판 1993. 7. 27, 91므306; 1995. 1. 24, 93므1242; 2001. 8. 21, 99므2230. 대판 1984. 9. 25, 84므73도 친생자관계부존재확인의 소를 적법한 것으로 보았다.
3 대판 2010. 3. 11, 2009므4099.

2) 원고적격자가 이렇게 많이 인정되는 이유는, 민법 제865조에서 '민법 제845조 내지 제863조의 소를 제기할 수 있는 자'라고 한 것을 그 각각의 소의 원고로 좁혀 보지 않고, 이들 소 중 어느 것이라도 원고가 될 수 있는 자 모두에게 원고적격을 인정한 것으로 해석한 때문이다. 이와 관련하여 문제가 되는 것은 뒤에서 보는 바와 같이 '이해관계인'이다.

3) 부모라도 부자관계나 모자관계가 있거나 없다고 주장하는 부나 모의 일방만이, 또 그 일방만에 대하여 친생자관계존부확인청구를 할 수 있고, 실제로 친자관계가 존재하거나 부존재하는 부나 모에 관하여는 소송을 할 필요가 없다.[1] 다시 말하면, 부자관계와 모자관계는 서로 별개로서 독립하여 소송의 목적이 된다.

미성년의 자녀가 부모 모두를 상대로 청구할 경우에는 민사소송법 제62조나 민법 제921조에 의한 특별대리인을 선임하면 되고, 부 또는 모를 상대로 청구할 경우에는 모 또는 부가 친권자로서 그 법정대리인이 된다.[2]

4) 민법 제777조에 규정된 친족은 '그와 같은 신분을 가지고 있다'는 사실만으로써 당연히 원고로서 친족들 간의 친생자관계존부확인의 소를 제기할 이해관계인에 해당하는가? 이는 이 소의 이익(확인의 이익)에 관한 문제이므로 뒤에서 설명한다. 결론적으로는 긍정하여야 한다.

5) 생부가 가족관계등록부상의 부모와 자녀를 피고로 삼아 그들 사이에 친생추정이 미치지 않는다며 친생자관계부존재확인의 소를 제기한 경우, 생부가 인지를 하기 전까지는 이해관계인에 해당하지 않는다는 이유로 이를 부정하는 견해가 있고 실무상으로도 소를 각하하는 경우가 있다.

그러나 가족관계등록부상 이미 그 자녀의 출생신고가 되어 부모가 기재된 이상 생부는 임의로 인지신고를 할 방법이 사실상 없고, 생부와 자녀 사이에는 인지 전에는 친생자관계가 성립하지 않으므로, 엄격하게 보면 인지 전에는 민법 제777조의 친족이라고 할 수는 없으나 이는 이 소를 통해 드러날 것이며, 생부라고 주장하며 가족관계등록부의 정정을 할 필요 역시 정당한 이해관계로 볼 수 있으므로 이를 허용함이 타당하다.[3]

---

1 구법시대에는 부자관계와 모자관계 2가지를 동시에 확정할 필요가 있다는 것이 판례(일 대판 1929. 9. 29, 집 8, 763면)였으나, 지금은 일시에 합일(合一)확정할 필요는 없다는 것이 통설이자 판례이다(일 최판 1981. 6. 16, 집 35-4, 791면).
2 가사소송재판실무편람(법원행정처, 2008), 196면.
3 동지: 일본 동경지재 1959. 5. 12. 판결.

(2) 피 고

1) 부모와 자녀 사이에서는 서로가 상대방이 된다. 즉 자녀가 원고인 때는 그 부 또는 모가 피고이고(물론 부모 쌍방을 피고로 삼을 수도 있다.[1] 이때는 피고는 필수적 공동소송인이 아니라 통상공동소송인이 된다), 부 또는 모가 원고로서 제소할 때는 자녀가 피고가 된다. 친족 등 제 3 자가 원고인 때는 그 부 또는 모와 자녀가 공동피고가 된다 (가소 제24조·제28조).[2] 이 경우 그 부 또는 모와 자녀는 필수적 공동소송인이 된다.[3]

2) 필수적 공동피고가 될 친(부 또는 모)·자 중 일방이 사망한 때는 생존자만을 피고로 삼고, 친(부 또는 모)·자 모두 사망한 경우에는 검사를 상대방으로 삼는다(가소 제24조·제28조).[4]

3) 자녀가 원고로서 부모 쌍방을 피고로 삼아 그들과의 사이에 친생자관계가 없다고 주장하며 이 소를 제기하고자 하는데 부모 중 일방이 사망하였을 때에는, 그 사망한 사람에 대해서는 검사를 피고로 삼아야 한다.

(3) 제소기간

1) 소(訴)의 이익이 존재하는 이상, 당사자가 생존하는 경우에는 언제라도 이 소를 제기할 수 있고, 제소기간에 제한이 없다.

2) 당사자(친자) 중 일방이 사망한 경우에는 그 사망사실을 안 날로부터 2년 안에 검사를 상대로 소를 제기하여야 한다(제865조 ②항). 제 3 자가 이 소를 제기하는 경우 피고가 될 당사자 쌍방 모두가 사망한 때는 그 쌍방 모두가 사망한 사실을 안 날부터 기산하여 2년이다.[5] 이 경우 제소기간의 기산점은 실제의 사망 시가 아니라, 원고가 그 사망사실을 안 날부터이다.

3. 관할법원과 소송목적, 확인의 이익

(1) 관 할

1) 이 소의 관할은 상대방(피고)의 보통재판적이 있는 곳의 가정법원 전속관할

---

1 부모 중 일방에 대해서만 확인을 구할 이익이 있는 때는 그 일방만을 피고로 하여야 한다(대판 1971. 7. 27, 71므13).
2 대판 1970. 3. 10, 70므1.
3 대판 1983. 9. 15, 83즈2, 총람 민 제865조, 26.
4 대판 1971. 7. 27, 71므13; 1977. 4. 12, 77므6; 일 최판 1981. 10. 1.
5 대판 2004. 2. 12, 2003므2503.

에 속한다. 상대방이 여러 명일 때는 그 중 1명의 주소지, 상대방이 모두 사망한
경우에는 그 중 1명의 마지막 주소지를 관할하는 가정법원의 관할에 속한다(가소
제26조 ②항).

2) 이 소는 가정법원 단독판사의 사물관할에 속한다(민사 및 가사소송의 사물
관할에 관한 규칙 제 3 조).

(2) 소송목적

1) 이 소의 소송목적, 즉 심판대상은 특정한 사람들 사이의 친생자관계의 존부
(存否)이다.

2) 친생자관계의 존재 여부는 앞서 본 바와 같이 원칙적으로 혈통(유전자)으로
써 결정된다. 다만, 양친자관계는 법률행위인 입양에 의하여 발생하고, 입양의 취
소와 파양으로 소멸한다.

(3) 확인의 이익

㈎ 원   칙

1) 친생자관계존부확인의 소도 확인의 소의 일종이므로 확인의 이익이 있어야
한다. 따라서 원칙적으로는 원고가 자기의 신분상 지위에 관하여 해당 친자관계의
존부를 확정함으로써 얻게 될 법률상 이익(특정권리의 취득, 또는 특정의무의 면제)이
현존하여야 한다.[1]

2) 민법 제777조에 규정된 친족은 '그와 같은 신분을 가지고 있다'는 사실만으
로써 당연히 원고로서 친족간의 친생자관계존부확인의 소를 제기할 이해관계가 있
는가?

대법원은 당초에는, 친족이라고 하여 당연히 당사자적격을 가지는 것은 아니
고, 이 소를 통해 특정한 권리를 얻거나 의무를 면하는 직접적인 이해관계가 있어
야만 확인의 이익과 당사자적격이 인정된다고 하였다.[2] 그러나 대법원은 그 뒤 전
원합의체 판결로 견해를 바꾸어 민법 제777조 소정의 친족은 당연히 당사자적격을

---

1 대판 1960. 9. 29, 4293민상314; 1976. 7. 27, 76므3; 1993. 7. 16, 92므372.
2 대판 1960. 9. 29, 4293민상314; 1966. 7. 26, 66므11; 1976. 7. 27, 76므3[성씨(姓氏)관계를 바로잡
  기 위한 것은 즉시 그 확인을 구할 이익이라고 할 수 없다]. 새 가사소송법(특히 제23조, 제24조,
  제28조)의 시행(1991. 1. 1.)이후에는 대법원 전원합의체판결이 그대로 적용될 수 없고, 4촌 이내
  의 친족이 아닌 친족들은 이해관계를 주장하고 증명하여야 제소할 수 있다고 해석할 것이다(졸고,
  "친생자관계존부확인의 소의 당사자적격," 법률신문 3514호, 14~5면).

가지고 있고, 확인의 이익도 있다고 판시하였다.[1]

이에 비추어보면, 친생자관계존부확인의 소에서 확인의 이익은 진정한 친생자관계존부를 확인할 필요성이 있으면 족하며, 반드시 그 소를 통해 원고에게 어떤 법익이 있을 것을 요하지 않고, 또 상대방이 이를 다투는지 여부도 확인의 이익에 영향이 없다고 할 수 있다.

3) 재산을 둘러싼 분쟁에서 관계인 사이에 친생자관계가 문제 되는 경우, 그 재산관계 소송에서 선결문제로서 그 문제되는 친생자관계의 존부를 판단하면 충분하므로[2] 그 소송 중에 이 소를 제기하는 것은 원칙적으로 소의 이익이 없다.

4) 부가 처가 아닌 타녀와의 혼인외 출생자를 처와의 혼인중 출생자로 허위출생신고를 한 경우라도, 자신과의 관계에서는 인지의 효력이 있고 이에 따른 친생자관계자 존재하므로 단지 가족관계등록부상 기재인 혼인중 출생자를 혼인외 출생자로 정정할 목적으로 이 소를 제기하는 것은 소의 이익이 없다.

5) 가족관계등록부 기재 사항이 잘못되어 정정이 필요한 경우라도, 가족관계등록 공무원이 직권으로 정정할 수 있거나 이해관계인이 가족관계등록법 제104조, 제105조에 의해 가정법원에 정정허가신청을 하여 정정이 가능한 경우에는 이 소를 제기할 이익이 없다고 볼 수 있다. 가족관계등록부에 모의 이름과 본적이 잘못되어 그 정정이 필요한 경우, 대법원은 이는 친족상속법상 중대한 영향을 미치므로 가정법원의 정정허가를 받아서는 정정할 수 없다고 하는바,[3] 이런 경우 이 소를 제기할 이익이 있다.

6) 생부나 생모가 인지를 하지 않고 자를 상대로 친자관계존재확인을 청구하는 것도 소의 이익이 없어 부적법하다고 할 것이다. 실무상 이런 경우 소를 취하하도록 권유한다.

7) 친생자관계부존재확인소송이 그 확인의 이익이 없는 경우에도 법원이 그 잘못을 간과하고 일단 청구를 받아들여 친생자관계가 존재하거나 존재하지 않는다

---

1 대판 1981. 10. 13, 80므60(전합).
2 그 소송에서 그들 사이의 친생자관계 존부에 관하여 중간확인의 소를 제기할 수도 있다는 견해가 있으나, 이는 가사소송법상 가정법원의 전속관할에 속하고, 선결문제로서 해결할 수 있음에도 굳이 중간확인의 소를 제기할 이익이 있다고 보기 어려우므로 이를 인정하기는 쉽지 않을 것이다. 그럼에도 불구하고 그 소송에서 중간확인의 소를 허용하여 그 판결이 확정된 경우 기판력이 발생하지 않는다는 견해도 있으나, 중간확인의 소의 판결도 기판력이 있고, 전속관할을 위반한 판결이라도 당연무효가 되는 것은 아니므로 수긍하기 어렵다.
3 대결 1988. 12. 5, 88스7, 8, 9.

는 판결을 하고 그 판결이 확정되면, 이 판결을 당연무효라고 할 수는 없고 위 확정판결의 기판력은 제 3 자에게도 미치므로, 위 판결의 확정으로 누구도 소송상으로나 소송 외에서 이에 반대되는 사실을 주장할 수 없다는 것이 판례이다.[1]

(나) 실질상 파양을 구하는 경우

당사자 사이에 양친자관계를 창설하려는 명백한 의사가 있고 나아가 입양의 실질적 요건이 구비된 경우에 입양신고를 하지 않고 친생자출생신고를 한 경우 입양의 효력이 생기므로, 이 경우 양친자관계를 단절하려면 파양사유를 주장, 증명하여야 하고, 단순히 그들 사이에 친생자관계가 부존재함을 주장하여 가족관계등록을 말소하려는 것은 소의 이익이 없다.[2]

(다) 생부나 생모에 대한 친생자관계존재확인 청구

1) 생부와 친생자관계가 있다고 주장하는 경우 생부 등을 상대로 인지청구의 소를 제기하여야 하므로 생부에 대한 친생자관계존재확인 청구의 소는 보충성의 요건을 갖추지 못해 부적법하다.

2) 종래에는 가족관계등록부상 모와의 친생자관계부존재확인 판결의 이유 중에 생모와의 친생자관계존재 사실이 기재되어 있는 경우에는 당연히 이에 따라 모를 정정하여주었으나, 가족관계등록법 시행 이후에는 이를 허용하지 않고 있다.[3] 따라서 가족관계등록부상 모를 말소하고, 그 대신 생모를 가족관계등록부에 기재하려면 생모와의 친생자관계존재확인 판결 등이 필요하게 되었다.

3) 가족관계등록부상 모의 기재가 없어 생모를 기재하고자 하는 경우, 생모는 인지신고를 하거나 생모가 출산 당시 유부녀가 아니었다는 사실을 소명하여 추후 보완신고의 방법으로 출생신고를 다시 하거나, 생모와의 친생자관계존재확인 판결을 제출하면 된다. 생모에 대하여 인지청구의 소를 제기하여 받은 승소판결을 제출할 수도 있다.

---

1 대판 1992. 7. 24, 91므566 참조.
2 대판 1988. 2. 23, 85므86: 1989. 10. 27, 선고 89므440 판결(이 사건에서는 소를 각하하지 않고 청구를 기각하였다); 1990. 7. 27, 89므1108; 1991. 12. 13, 91므153; 1993. 2. 23, 92다51969; 1994. 5. 24, 93므119; 2001. 8. 21, 99므2230; 2001. 5. 24, 2000므1493(전합).
3 2009. 7. 17. 가족관계등록예규 제300호 참조. 종전에는 가족관계등록부상 모와의 친생자관계부존재확인 청구와 함께 생모에 대한 친생자관계존재확인 청구를 한 경우 후자는 취하하도록 유도하고, 이에 불응하는 경우 그 청구의 소는 각하하는 것이 실무 관행이었다(김선혜, "친생자관계존부확인의 소송실무상 몇 가지 문제점", 재판자료 제62집, 1993 참조). 가족관계등록예규 제300호의 제정 전후 사정에 대한 자세한 논의는 김도균, "친생자관계존재확인의 소, 그 소의 이익에 대하여", 서울가정법원 50주년 기념논문집(2014).

4) 그런데 이와 같이 생모와의 친생자관계존재확인 판결을 구할 소의 이익은 있다고 할 것이지만, 보충성의 원칙에 반하여 그것이 허용될 수 있을지 의문이다.

일설에는, 친생자관계존재확인 외의 방법이 가능한 경우에도 생모에 대한 친생자관계존재확인 판결을 받으면 곧바로 가족관계등록부를 정정하는 이익이 있으므로 가족관계등록부상 모(이전의 호적상 모)와의 친생자관계부존재확인 청구와 생모에 대한 친생자관계존재확인 청구를 동시에 하는 때에도 그 소의 이익이 있고, 이를 허용하여야 한다고 주장한다.[1]

그러나 생모에 대하여 친생자관계존재확인 청구 이전에 생모에 대하여 인지청구의 소가 가능하므로 곧바로 생모에 대한 친생자관계존재확인 청구를 하는 것은 보충성의 원칙에 반한다.[2] 다만, 법원이 이를 무시하거나 간과하고 이 소를 허용하여 판결한 때는 당연무효가 아니므로 그에 따른 효력이 발생하기는 하나, 이는 예외적인 것이어서 이를 가지고 원칙적으로 그 소의 이익을 인정하는 근거로 삼을 수는 없다고 할 것이다.

㈜ 가족관계등록부상 허무인(虛無人; 가공인물)이 기재된 경우

1) 가족관계등록부상 가공인물이 부나 모 또는 자녀로 기재된 경우 그 정정을 위해 이 소를 제기할 수 있는가?

2) 친생자관계존부확인의 소는 상대방이 실존한 경우를 전제로 한 것이어서 이 소를 제기할 수는 없고, 가족관계등록법상의 다른 정정절차에 의하여야 한다는 견해가 있을 수 있으나,[3] 이는 친족상속관계에 중대한 영향을 미치므로 가족관계등록법 제107조에 비추어 확정판결에 의해서만 정정할 수 있다고 생각된다. 따라서 이 경우 이 소를 제기할 이익이 있다.

3) 다만, 단순히 가족관계등록부상 성명 등이 잘못 기재되었을 뿐 그 실체를 확인할 수 있는 때에는 그를 상대방으로 삼으면 되나, 진정으로 그가 허무인인 때는 상대방이 될 사람이 없다는 문제가 있다. 그러므로 이 경우에는 검사를 상대방으로 삼아야 할 것이다.

---

1 이창우, "판결과 가족관계등록부의 정정", 서울가정법원 50주년 기념논문집(2014); 김도균, "친생자관계존재확인의 소, 그 소의 이익에 대하여", 서울가정법원 50주년 기념논문집(2014).
2 모가 이미 사망하였고, 그 사망을 안 날로부터 검사를 상대로 한 제소기간도 지난 경우 문제이나, 그런 경우라면 친생자관계존재확인의 소의 제소기간도 지나게 되므로 어느 쪽으로도 해결되지 않는다. 이를 해결하려면 확인적 청구의 소의 경우 제소기간을 제거하는 수밖에는 없다.
3 1989. 11. 27. 법정 제1838호 법원행정처장 질의회답은 정정허가를 허용할 것이라고 하였다.

(마) 친족법이나 상속법상 영향이 없는 경우

생존 중인 사람에 대하여 허위의 사망신고로 호적부나 가족관계등록부에 사망의 기재가 되었다 하더라도, 이는 진실에 부합되지 않는 것으로서 호적법 제120조나 가족관계등록법 제104조, 제105조 소정의 착오 기재에 해당하므로, 법원의 허가를 얻어 호적정정 또는 가족관계등록부 정정의 방법으로 바로잡으면 되므로 사망신고의 유·무효는 확인의 소의 대상이 될 수 없다.[1]

4. 확인의 이익과 심판

(1) 심 리

1) 이 소는 가류 가사소송사건이다(가소 제 2 조 ①항 가목 4호). 따라서 조정전치주의가 적용되지 않는다(가소 제50조 ①항).

2) 소송목적, 즉 심판대상은 문제되는 부 또는 모와 자녀 사이에 친생자관계가 존재 또는 부존재하는지 여부이다. 친생자관계가 존재하는 이상 혼인중의 자녀 혼인외의 자녀는 따질 필요가 없다. 그러나 친생추정이 미치는 혼인중의 자의 경우에는 이 소송의 대상이 될 수 없으므로 처음부터 문제가 되지 않는다. 또한, 문제되는 부 또는 모 이외의 사람과 자 사이에 친생자관계가 존재 또는 부존재하는지 여부는 심판대상이 아니다.

3) 이 소에 대해서는 직권주의가 적용된다. 청구인낙이나 자백은 허용되지 아니한다(가소 제12조 단서, 제17조). 가정법원은 친생자관계의 존부를 확정하기 위하여 혈액형 등의 수검명령을 할 수 있다(가소 제29조).

4) 이해관계인의 보조참가(민소 제71조, 가소 제12조), 관련 사건의 병합(가소 제14조), 당사자의 추가·경정(가소 제15조), 소송승계(가소 제16조)가 가능하다. 검사도 소송절차를 승계할 수 있다고 볼 것이다.[2]

(2) 항 변

1) 이 소에 대하여 피고는 권리남용금지와 신의성실의 원칙(민소 제 1 조 ②항, 가소 제12조)에 어긋난다는 항변을 할 수 있는가? 신분관계 확정을 위한 가사소송의 경우 신의칙(信義則)의 적용요건이 재산법의 경우와 같다고 보기는 어렵다. 따

---

1 대판 1979. 12. 11, 79므68, 69.
2 일본 인사소송법은 이를 명백히 규정하고 있다.

라서 아버지가 물려준 가업의 운영을 둘러싸고 분쟁이 생겨 장남을 상대로 다른 자식 측에서 친자관계부존재확인의 소를 제기한 것이 소권남용이나 신의칙에 반하는 것이라고 쉽게 단정할 수 없다.[1]

2) 원고의 친생자관계부존재확인 청구에 대하여, 피고는 출생신고에 의하여 인지의 효력이나 입양의 효력이 발생하였으므로 소의 이익이 없다는 항변을 할 수 있음은 물론이다.

(3) 판 결

판결의 주문에는 "원고와 피고 사이에는 친생자관계가 존재하지 아니함을 확인한다" 또는 "망 ○○○와 원고 사이에는 친생자관계가 존재함을 확인한다"와 같이 표시하여야 한다. "원고는 피고들 사이에서 출생한 자가 아님을 확인한다"는 식으로 사실관계를 확인하는 방식의 주문으로 표시하여서는 안 된다.[2]

5. 친생자관계존부확인판결의 효과

1) 친생자관계존부확인의 소에서 원고 승소판결이 확정되면, 그에 따라 부 또는 모와 자녀 사이에서 친생자관계의 존재 또는 부존재가 확인되는 효과가 생긴다.

2) 원고 승소판결의 효과는 제3자에게도 미친다(가소 제21조 ①항). 반면에 원고 패소판결의 효과는 제3자에게 미치지 않고, 다른 제소권자는 그 소송에 참가할 수 없었던 정당한 사유가 없는 경우, 제소를 하지 못하는 불이익을 받는바(가소 제21조 ②항), 그 효력의 성질은 앞서 친생부인의 소에서 말한 바와 같다.

3) 친생자관계의 부존재가 확인되면 친생자관계는 자녀의 출생 시로 소급하여 당초부터 부존재한 것이 되므로 상속, 부양 등 모든 권리와 의무가 소멸한다. 즉 처음부터 그러한 법률효과가 발생하지 않는다. 판결 확정 전에 그 자녀가 그 부나 모로부터 재산을 상속하였다면, 이는 부당이득이 되므로 반환하여야 한다.

4) 판결이 확정된 결과 가족관계등록부의 정정사유(말소 등)가 생긴 경우, 승소 판결을 받은 원고는 그 확정일로부터 1개월 이내에 등록부정정신청을 하여야 한다(가등법 제107조, 예규 제240호, 제300호).

---

1 대판 2004. 6. 24, 2004므405, 법률신문 제3349호, 9면.
2 대판 1971. 7. 27, 71므13.

[친자관계 존부확인 판결에 따른 가족관계등록부 정정절차(가족등록예규 제300호)]

출생신고자· 출생신고여부	친생자관계 부존재(不存在) 확인 판결	친생자관계 존재(存在)확인 판결(생부, 생모와 자녀 사이)	비 고
부(父)가 출생신고를 한 경우	① 출생신고는 무효 ② 사건본인의 기록 중 부(父) 및 그 자녀에 관한 사항을 말소. 가족등록부 폐쇄. ③ 가족등록부를 새로 조제하려면 출생신고를 먼저 하고, 폐쇄등록부 중 유효한 부분을 옮겨 적는다.	⑤ 인지청구 등을 하여야 할 것을 이러한 친자관계존재확인청구를 하고 승소확정판결을 받은 경우: 가족등록부상의 부(父)를 말소, 생부를 부(父)로 기재할 수 있다.	가등법 제107조
출생신고가 없는 경우	④ 성·본을 만들어 가족등록창설허가를 받아 등록부를 새로 조제, 폐쇄등록부 중 유효 부분을 옮겨 적는다.	⑥ 출생신고의무자가 출생신고 후, 가족관계등록부를 새로 작성. 이 판결로 등록부 정정(가등법 제107조)을 바로 구할 수는 없다.	가등법 제101조; 대결 2018. 11. 6, 2018스32
모(母)가 출생신고	①, ③은 동일 ② 모(母)와 그 자녀 부분 말소, 등록부 폐쇄	이 판결로 가족등록부상의 모(母)를 말소	가등법 제107조
출생신고가 없음	④와 동일	⑥과 동일	

* 부(父) 또는 모(母)와의 친생자관계 부존재 확인판결의 이유 중에 모(母) 또는 부(父)에 관하여도 친생자관계가 부존재한다는 사실이 기재되어 있는 경우, 이를 소명자료로 삼아 가정법원의 정정허가를 받아 모(母) 또는 부(父) 기재를 말소할 수 있는가?
  1) 긍정하는 견해로는 수원지방법원 2003. 7. 23. 2003호파601은 이를 허가하고 있다.
  2) 반대설은 이유란의 기재가 아니라, 기판력이 미치는 판결의 주문에 모(또는 부)에 관한 부분이 나타나야 하고, 가족관계등록법 제107조의 취지를 고려하면 모자(또는 부자) 사이의 친생자관계부존재확인 판결이 필요하다고 주장한다(이창우: "판결과 가족관계등록부의 정정", 서울가정법원 50주년 기념논문집(2014)).
* 가족등록부를 폐쇄하는 이유: 종전 가족등록부 기록 중 모에 관한 사항을 말소한 사실을 현존 등록부에 남기지 않으려는 고려에 따른 것이다.
* 생모가 이미 사망한 경우 검사를 상대로 소를 제기하여야 하고, 이 경우 제척기간의 제한(민 제865조 ②항)으로 결국 등록부에 모를 기재할 수 없는 일이 생길 수 있다. 이에 대한 대안으로 가족등록부상 모와의 친자관계부존재 확인판결에 기재된 생모에 관한 사실 기록을 소명자료로 하여 가정법원의 정정허가를 받아 정정하는 것을 허용하여야 한다는 견해(김갑동, "법원의 가족관계등록부정정 결정"에 관한 제언, 법무사 제533호, 2011)가 있다. 경청할 만하다.
* 가족관계등록부를 폐쇄하고 새로 조제하는 경우와 등록부의 정정
  대법원 2018. 11. 6.자 2018스32 결정에서는 해당 자녀에게 진정한 출생의무자가 있으면 출생신고를 다시 하게 하여 가족등록부를 새롭게 작성하여야 한다.
  출생신고의무자와 자녀 사이에 친자관계 존재확인판결이 확정되었더라도 그것만으로는 가족등록법 제107조에 따른 등록부 정정의 대상은 아니라고 판시하고 있다.

[친생부인과 인지청구 등의 비교]

구 분	친생부인	인지청구	친생자관계부존재
원 고	생모 또는 남편의 일방, 그 후견인(피성년후견인인 경우), 직계존 비속·유언집행자(사망의 경우)	혼인외 출생자· 그 직계비속·법정대리인	자녀와 부모·민법 제777조 소정의 친족
피 고	친생자로 추정 받는 혼인중 출생자녀·그 부모· 검사(부모사망 시)	생부·생모·검사 (부모 사망의 경우)	부모·자녀·검사
소의 성질	형성의 소	형성의 소(생부) 확인의 소(생모)	확인의 소
소의 목적	친자관계의 소멸(단절)	친자관계의 창설	친자관계의 부존재확인
태아 (원·피고)	×	×	×
제소기간 (제척기간)	부인(否認)사유(친생자 아님)를 안 날부터 2년	부모생존 시는 언제든지, 부모사망 시는 그 사실을 안 날부터 2년	피고 사망 사실을 안 날부터 2년
원고 사망	사망사실 안 날부터 2년 내에 원고의 직계 존·비속이 제소	원고의 직계비속이 제소	다른 원고적격자가 제소
소송 중 원고 사망시 소송승계	○(가소 제16조)	×(소송은 당연 종료)	○
피고 사망	직계비속이 있으면→생모를, 생모 없으면→검사를 피고로	검사를 피고로	검사를 피고로
청구권포기	무 효	무 효	무 효

제 3 절　양자(養子)

I. 서　론

1. 개　념

　　양자제도는, '부모가 없는 사람'에게 부모를, '자식이 없는 사람'에게 자식을 맺어주는 인위적인 법률제도이다. 자연적 혈연관계, 생물학상 친자관계가 없는 사람들 사이에 법률상 친자관계를 창설하는 것이 양자제도이다.

2. 친생자관계와 다른 점(유사개념과 구별)

친생자관계는 부모와 자식 사이의 자연적인 혈연관계로 맺어지지만, 양친자관계는 입양이라는 신분계약으로 맺어진다는 점에서 근본적인 차이가 있다. 즉, 자연적인 혈연관계가 없는 사람들 사이에 친자관계(부자관계·부녀관계·모자관계·모녀관계)를 법이 만들어 주는 것이 양자제도이다. 그래서 양친자관계를 법정혈족관계라고 부르고 있다. 친생자관계와 양친자관계를 비교하면 아래와 같다.

[친생자관계와 양친자관계의 비교]

구 분	친자(親子)관계	양친자(養親子)관계
근거 민법 조항	제844조, 제3조, 제781조 ①항	제869~882조, 제908조의2·제3조, 제776조, 제781조 ⑥항
발생사유	출생(사실)	입양(계약)·심판(재판)
소멸사유	사 망	사망·입양무효·입양취소·파양
생전의 관계단절 방법	×	○(파양 등)
자녀가 따르는 성과 본	아버지의 성과 본(원칙)	양친의 성과 본

3. 존재이유

인간은 혈연관계가 전혀 없는 남남끼리도 혼인이라는 방법으로 부부관계를 형성하여 가장 가까운 친족(배우자)이 될 수 있다. 이와 마찬가지로 부모나 자식이 없는 사람들도 부모를 모시고, 자식을 키우면서 살고 싶어 한다. 이러한 인간의 기본적 욕구를 충족시키기 위한 것이 바로 양자제도이다. 그러한 의미에서 입양은 친자관계를 형성하는 하나의 신분계약으로서 혼인과 유사한 점(성립요건·무효·취소·종료·효과 등)이 많다.

4. 특색[부자(父子)간, 모자(母子)간의 양친자만 인정]

(1) 우리 민법은 부모와 자식 사이, 즉 양친·양자를 친자로 연결시키는 입양만 인정하고 숙질간, 형제자매간 같은 것을 맺어주는 제도는 인정하지 않고 있다. 실제로 수양아버지, 수양어머니 또는 의형제라는 말이 사용되고 있으나, 법률상 부모자식관계(친자관계)나 형제관계가 형성되는 것은 아니다.

(2) 할아버지가 손자를 맞이하는 양손(養孫)입양이 가능한가? 판례가 인정하지 않고 있다.[1] 그리고 손자를 아들로 입양하는 것도 역시 무효라고 보아야 할 것이다.

5. 양자제도의 역사적 의미(사회적 역할 변천)와 현대의 양자법

(1) 양자제도의 역사는 매우 오래되었다. 양자제도는 "가(家)를 위한 양자"[가장(家長)의 지위와 가산(家産)의 승계 등 가계(家系)계승]에서 "양친(養親)을 위한 양자"(양친에게 자식을 맺어주어 노동력을 보강하고 기타 노후부양과 의지 목적)로, 다시 "양자(養子)를 위한 양자"(양자에게 부모를 주어 따뜻한 가정에서 건전하게 성장하도록 하는 등 양자의 복리와 보호 우선)로 진화·발전하여 왔다고 한다. 어떤 학자는 이를 제사승계 양자 → 호주상속 양자 → 재산상속 양자 → 보호교양 양자 시대라고 표현하기도 한다.[2]

(2) 현대의 양자법은, 입양의 성립과정에서 볼 때, '양친자관계의 창설을 양친과 양자 사이의 사적(私的)인 신분계약'으로 보는 계약형(契約型) 양자법에서 → 허가형(許可型) 양자법(양자의 복지를 위하여 법원 등 국가기관의 허가를 받아야 입양 성립)으로 변천되어 가고 있고, 입양의 효과 면에서 볼 때, 불완전양자(생가와의 관계 존속)에서 → 완전양자(입양 후에는 생가부모와의 친족관계는 단절되고 파양도 불가능)로 발전되어 가고 있다.

미성년자 특히 고아, 기아 등의 입양에는 완전양자제도가 더욱 이상적(理想的)인 것이라고 평가되고 있다.[3] 개정민법이 친양자제도를 도입한 것은 완전양자제도에 한 걸음 다가간 것이라고 말할 수 있다.[4]

---

1 대판 1988. 3. 22, 87므105.
2 김형배, 197면.
3 1966~1976년 사이에 서구의 여러 나라들(영국·프랑스·독일·이태리·스위스 등)은 생가부모와의 관계를 단절하고 입양아를 친생자로 취급하는 완전양자제도를 채택. 미국의 양자법은 순전히 입법으로 탄생. 19세기 중반 매사추세츠(1851)와 텍사스주(州)의 양자법이 최초의 성문법이었고, 1929년까지에 이를 모델로 각주에서 양자법을 만들었다. 그 내용은 완전 양자, 허가형 양자제도이다[Harry D. Krause 외 3, Family Law(Thomson, West, 제 5 판, 2003), 316면; Brashier, 149면].
4 보건복지부 통계에 따르면 입양아동의 약 90%는 독신모가 낳은 자녀들이라고 한다. 예컨대 2012년 입양아동 1,880명 중 1,744명이 독신모 출산자녀들이다(김·김, 412면, 주214 참조).

6. 우리나라 양자제도의 발전과정

(1) 관습상 양자제도와 구민법상 양자제도의 특색

우리나라(조선 시대)는 중국의 영향을 받아서 "조상의 제사와 가계의 계승을 위한 양자," 이른바, '가(家)를 위한 양자'만을 인정하고 있었다. 따라서 양친은 기혼남자라야 하고 남편만이 양친이 될 수 있었다. 직계비속 남자, 즉 아들이 없어야 입양을 할 수 있으므로(이른바 無子要件), 딸을 양자로 맞이할 수 없었다. 여자는 가계 계승권이 없었기 때문이다. 양자는 1명에 한정되고 양부와 동성동본의 혈족으로서 자(子)와 동일한 항렬에 있는 근친의 남자라야 했다[구민 제877조 ②항: 이성불양(異姓不養)의 원칙].[1]

가계의 계승을 최고의 덕목으로 숭상하였기 때문에, 호주의 직계비속장남은 본가를 승계하고(본가승계 입양은 가능), 다른 집에 양자로 들어갈 수 없으며(구민 제875조), 호주로 들어온 양자는 파양도 할 수 없었다. 사후(死後)양자[2](구민 제867조 등), 유언(遺言)양자(구민 제880조)까지 인정하여 가계(家系)의 영구존속을 시도하고 있었다.

(2) 1990년 개정민법(1990. 1. 13. 법률 제4199호, 1991. 1. 1. 시행)

개정민법은 계약형 양자법과 불완전양자제도를 택하고 있었으나, 양친과 양자를 위한 양자제도도 대폭 수용하고 있었다.

(가) **양친의 조건**   양친이 되려면 성년자이면 되고, 성별·기혼·미혼을 불문한다. 따라서 미혼의 여호주도 양자를 맞아들일 수 있다. 부부가 양친인 경우는 남편뿐만 아니라 아내도 공동으로 입양당사자가 되어야 한다(부부공동입양제 도입). 양자에게 양부모를 구존(俱存)하게 하여 양자의 건전한 성장과 발달을 도모하기 위한 것이다. 무자(無子)요건을 삭제하여, "아들이 있는" 사람도 다시 양자를 맞아들일 수 있고, 양자를 1명만 삼아야 한다는 제한도 없어졌다.[3]

(나) **양자의 요건**

1) 남자(아들)뿐만 아니고 여자(딸)도 양자가 될 수 있다.

---

1 불교를 숭상하던 고려 시대에는 가계계승 양자제도가 없었으므로, 이성(異姓)양자도 인정되고 있었다고 한다(김·김, 345면).

2 대판 2004. 6. 11, 2004다10206(구관습법상 호주의 장남이 결혼하여 대를 이을 아들 없이 사망한 경우, 장남의 사후양자를 선정할 권리자의 순위는 호주-호주의 처-모-조모-장남의 처의 순서이다), 법률신문 제3349호, 8면(민유숙, 2004년 분야별 중요판례분석-민법 가사편).

3 친양자입양과 입양특례법상의 입양에서는 양친의 조건이 별도로 규정되어 있다(민 제908조의2① 1호; 입양특례법 제10조).

2) 양자는 양친과 동성동본일 필요는 없고, 이성(異姓)양자도 호주승계(호주상속을 호주승계로 변경)를 할 수 있다.

3) 사후양자·유언양자·서(婿)양자(사위가 동시에 양자임) 등 '가를 위한 양자' 제도를 모두 폐지하였다.

4) 호주의 직계비속장남도 호주승계권을 포기하고 타가에 양자로 들어갈 수 있다(장남의 타가입양 금지규정[1] 삭제). 이는 종래의 가(家)제도·대가족제도에 일대 혁신을 초래하는 것이다.

5) 후견인이 미성년자(피후견인)의 입양에 동의하거나, 그를 양자로 삼을 때는 가정법원의 허가를 받아야 한다(제871조 단서·제872조).

6) '배우자 있는 사람'이 남의 양자로 들어갈 때는 다른 일방 배우자의 동의를 얻도록(제874조) 하였다. 구법 시대에는 남편이 양친 또는 양자가 될 때 처는 자기의 의사와 관계없이 양모(養母)가 되었다. 개정민법은 부부 평등의 이념을 실현하기 위하여 처를 입양당사자의 지위로 승격시킨 것이다.

(3) 2005년 개정민법(2005. 3. 31. 법률 제7427호 : 양자규정은 2008. 1. 1. 시행)

개정민법은 2008년부터 호주제도를 폐지함과 동시에 친양자제도(제908조의 2 내지 제908조의 8)를 창설하여 완전양자제도[2]를 도입하였다.

(4) 2012년 개정민법(2012. 2. 10. 법률 제11300호 : 2013. 7. 1 시행)

㈎ **입양허가제 도입**   미성년자를 입양하려는 사람은 가정법원의 허가를 받아야 하고(제867조) 입양신고(창설적 신고)를 하여야 입양이 성립된다. 친양자 입양의 경우는 이전과 같이 가정법원의 허가로 입양이 성립된다(제908조의 2 이하). 이 경우 입양신고는 보고적 신고다. 성년양자의 경우는 종전과 같이 입양의 합의와 입양신고로 입양이 성립된다.

㈏ **법정대리인의 동의나 승낙 없는 입양제도**   양자의 복리를 위하여 필요한

---

1 구민법 제875조의 규정, 즉 장남은 본가의 계통을 승계하는 경우 이외에는 양자금지 … 운운 … 부분을 삭제한 것이다.

2 미국의 경우 입양은 전통적으로 법원의 관여하에 이루어지고, 법원의 입양허가결정이 내려지면, 양자와 그 생가가족(biological family) 사이의 법률상 권리·의무는 종료되고, 양부모 가족(adoptive family)과 사이에 그러한 권리·의무가 생긴다[Harry D. Krause 외 3, Family Law(Thomson, West, 제5 판, 2003, 316면 참조]. 캐나다의 입양도 거의 동일(법원의 입양허가결정은 종국적·취소 불능이고, 입양되는 양자의 신분을 완전히 변화시켜서 새로운 가정을 그에게 부여한다. 입양 관련 공식정보는 비밀로 분류되고, 입양신청서류들은 봉인되어 법원의 허가 없이는 일체 공개될 수 없다; Simon R. FODDEN, Family Law, 1999, 95면)하다.

경우 친권자 등 법정대리인의 승낙이 없어도 가정법원은 입양을 허가할 수 있도록 개정하였다(제869조 ③항). 그 대신 법정대리인의 입양 동의나 승낙의 철회권을 보장하고 있다(제869조 ⑤항, 제870조 ③항; 법원의 입양허가 전이면 철회 가능).

(다) **파양제도 개선**　　미성년 양자나 피성년후견인인 양자가 파양하려면 협의파양은 할 수 없고(제898조 단서) 재판상 파양만 할 수 있다. 재판상 파양 사유에서 '양가의 명예를 오독하거나 재산을 경도한 중대한 과실이 있는 때'와 같은 양가(養家) 본위의 사유는 삭제하고, 양자와 양친을 위한 사유로 개정, 추가하였다.

(라) **양자의 연령을 하향조정**　　요즘 아이들의 조속한 성장과 발달 상황을 고려하고, 본인 의사나 자율성 존중, 아동의 삶에 대한 중대한 영향 등을 종합·고려하여 13세의 아이도 입양의 의사표시를 할 수 있도록 하고(법정대리인 동의는 필요), 13세 미만의 아이는 법정대리인이 대신 승낙(소위 대락)하여 입양될 수 있게 하였다(개정민법 제869조 ①항, ②항). 종래 친양자는 15세 미만이어야 하였으나, 이를 미성년자로 변경·확장하여 19세 미만의 아이는 누구나 친양자가 될 수 있도록 개정하였다(제908조의 2 ①항, ②항).

일반적으로 개정 양자법은 양자의 복리를 더욱 충실하게 보장하고 실현할 수 있는 제도를 대폭 수용하고 있다고 평가된다.[1]

Ⅱ. 입양의 성립요건

1. 실질적 요건

입양은 양친(養親)과 양자 사이의 신분계약이고, 이는 남녀 사이의 부부가 되기 위한 혼인계약과 비슷한 점이 매우 많다. 협의파양은 협의이혼과 대응하는 제도이다. 따라서 양친과 양자가 될 사람, 또는 그 부모 등 대락권자(代諾權者)간의 입양계약으로 양친자관계는 성립된다.

(1) **당사자 사이에 입양의 합의(合意)가 있을 것**(합의가 없으면 입양은 무효 : 제883조 1호)

(가) 개　　념　　사회통념상 진실한 친자관계, 즉 실질적인 부모·자식 관계를 창설하려는 의사(입양의사)의 합치가 있어야 한다(실질적 의사설). 그러므로 단순히

---

[1] 김상용, '개정 養子法의 개요', 법률신문 연구논단, 2012. 4. 2.자 13면.

입양 신고의사(申告意思)만 있는 경우, 어떤 방편을 위한 입양[가장(假裝)입양], 예컨대 고소사건의 처벌을 면하기 위한 입양신고는 무효이다.[1] 친양자 입양의 경우는 양자 측에서 친생부모와의 관계가 단절된다는 점도 인식하고 있어야 할 것이다.

(나) 사망자와 생존자 사이의 입양합의[2]는 무효이다. 왜냐하면 사후(死後)양자 제도는 이미 폐지되었기 때문이다.

(다) 입양의사는 독립하여 자유롭게 결정되어야 하고 사기나 강박으로 인한 입양은 취소될 수 있다(제884조 3호).

1) 양자는 의사능력이 있어야 하고, 13세 이상의 사람은 입양의사결정의 의사능력이 있는 것으로 보아야 할 것이다(제869조 ①항). 13세 이상의 미성년자와 피한정후견인은 독립하여 입양승낙 능력이 있다고 본다.

2) 피성년후견인은 의사능력이 회복되어 있을 때 부모와 성년후견인의 동의를 받아 양친이나 양자가 될 수 있다(제873조 ①항, ③항). 게다가 가정법원의 허가를 받아야 한다(동조 ②항).

(라) 조건부·기한부 입양이나 입양의사 표시는 무효이다.

(마) **입양의사의 존재시기**   입양의사는 입양신고서의 작성 당시부터 가족관계 등록 공무원에게 제출하여 그것이 접수될 당시까지 존속되고 있어야 한다. 입양신 고서 제출 전에 입양의사를 철회(제869조 ⑤항, 제870조 ③항)하면, 신고서가 접수되 더라도 입양은 무효가 된다.

(바) **문종이나 종중의 결의에 의한 입양(무효)**   종손(宗孫)인 남편이 사망한 후, 종회에서 남편의 양자를 선정하는 결의를 하고 입양신고를 한 경우, 양친인 남편 (사망자)과 양자 사이에는 입양의 합의가 없어서 입양은 무효이다.[3]

(2) 양친의 요건

(가) **일반 양친(養親)은 성년자일 것(제866조)**   성년이 된 사람은 입양(入養)을 할 수 있다. 이를 어기면 입양취소사유가 된다(제884조 1호). 요컨대 성년자라야 양

---

1 대판 1995. 9. 29, 94므1553, 1560; 2004. 4. 9, 2003므2411(다른 사람의 호적으로 전적할 때까지 잠정적으로 입양하는 것처럼 가장한 경우).

2 대판 2004. 9. 13, 2003므1739, 법률신문 제3302호, 3면[종손(宗孫)인 남편 사망 후, 종회에서 양 자선정결의 후 입양신고를 한 경우, 남편과 양자 사이의 입양은 남편 사망 후 이루어진 것이므로 당사자 간에 입양의 합의가 없고, 종부(宗婦) 겸 양모와 양자 사이의 입양신고 역시 종손의 대를 이을 목적으로 호적상 형식적으로만 입양한 것으로서 당사자 간에 실제로 양친자로서의 신분적 생활관계를 형성한다는 의사의 합치가 없어서 무효이다].

3 대판 2004. 9. 13, 2003므1739.

자를 맞이할 수 있고 양친이 될 수 있다. 성년자는 기혼·미혼, 남·여, 유자(有子) ·무자(無子)를 묻지 않는다.

미성년자도 혼인하면 성년자로 간주되는바(제826조의 2), 간주되는 성년자가 입양을 할 수 있는가? 긍정설[1]과 부정설[2]이 대립하고 있으나, 양친이나 양자를 위하여 이를 인정하는 긍정설이 타당할 것이다.

(나) **친양자의 양친** ① 친양자의 양친은 성년자들이어야 하고 게다가 3년 이상 혼인생활을 계속한 부부로서 양자를 공동으로 입양하여야 한다(제908조의 2 ① 항 1호). 다만, 부부의 일방이 그 배우자의 친생자(혼인외의 자 포함)를 친양자로 입양하는 경우는 1년 이상 혼인중이면 되고, 그 일방이 단독으로 입양할 수 있다(동 조 동항 단서; 이 경우 양자는 부부의 혼인중 출생자로 간주됨; 제908조의 3 ①항). 이 경우 부부가 공동친권자가 된다고 해석할 것이다(제909조 ①항).[3] 친양자제도의 취지 (=양자의 복리실현)를 살리려면 부부가 공동으로 양친이 되어 양자를 따뜻한 가정으로 맞아들이는 것이 이상적이지만, 예외도 인정하여야 할 것이다.

② 독신자가 친양자입양을 할 수 있는가? 현행법이 부부를 친양자의 양친으로 제한하고 독신자의 입양을 금지하고 있는 조항은 헌법에 위반되지 아니한다.[4] 일반입양은 할 수 있을 것이다.

(다) **배우자 있는 사람이 양친이 되는 경우**

1) 배우자가 있는 사람은 배우자와 공동으로, 즉 부부공동으로 양자를 입양하여야 한다(제874조 ①항 : 부부공동입양[5]). 이는 양자의 건전한 성장과 발달을 도모하기 위한 것이다. 남편이 일방적으로 어떤 아이를 양자로 삼고 싶어서 출생신고 (또는 부부공동명의의 입양신고)를 한 경우 남편과 아이 사이에는 입양의 일반요건을 구비하고 있어도, 부부공동입양의 요건을 갖추지는 못하였으므로, 그 처는 입양의 취소를 청구할 수 있다. 그러나 입양취소청구를 하지 않고 있는 이상, 그들 사이의 입양은 유효하게 존속한다.[6]

---

1 김용한, 131면; 박병호, 91면; 송덕수, 172면; 윤진수, 196면; 이은영, 민법총칙[제 4 판], 163면; 일본의 실무상 취급례(我妻 외 2, 150면).
2 김·김, 131, 328면; 김형배, 213면; 이경희, 83, 214면; 지원림, 1868면 등.
3 김상용, '개정민법(친족·상속법)해설', 법조(2005. 9월호), 130면.
4 헌재결 2013. 9. 26, 2011헌가42.
5 부부공동입양의 상세한 것은 졸고, '부부공동입양', 재판자료 제101집, 가정법원사건의 제문제[상] (법원도서관, 2003), 583면 이하 참조.
6 대판 1998. 5. 26, 97므25; 이 경우 처와 양자 사이에는 입양의 합의가 없으므로 입양은 무효.

2) **법률상 부부**   부부공동 입양은 법률상 부부만 할 수 있는 것이므로, 사실
혼부부나 부첩(父妾)관계·내연관계의 부부, 동성혼(同性婚; same-sex marriage)부
부[1]는 양친이 될 수 없다(아래 참고 판례 참조).

3) **양부모의 이혼**   일단 부부공동입양이 성립된 후 양친 중 일방이 사망하거
나 이혼하는 것은 양친자관계에 영향을 미칠 수 없다.[2] 이는 친생부모의 사망·이
혼의 경우와 같다.

㈐ **입양특례법상의 양친의 자격**(동 특례법 제10조 1~5호); 양친이 될 사람은 아동
을 부양할 재산이 충분할 것, 종교의 자유를 보장할 것, 아동학대 등 경력이 없고,
입양에 관한 소정의 교육을 받을 것 등을 규정하고 있다.

:: **참고판례**

성춘향이라는 여자가 자신과 부첩(父妾)관계(또는 내연관계)에 있는 남자 홍길동
의 호적에 자신을 생모로 하여 '친생자 아닌' 어떤 아이(고아)를 홍길동의 혼인외
의 출생자로 출생신고한 경우 자신과 그 아이 사이에는 양친자관계가 발생할 수
없다[대판 1984. 11. 27, 84다458; 1995. 1. 24, 93므1242; 졸저, 3정판 주석가사
소송법, 385면]. 법률상 부부 아닌 남녀는 공동으로 양부모가 될 수 없기 때문이다.

㈐ **부부 중 일방의 단독입양**(단독양친)?   부부 중 일방에게 심신상실, 행방불
명 기타 일정한 사유가 있을 경우는 부부 중 일방만이 양친이 되어 단독입양도 할
수 있고 단독양자가 될 수도 있다고 해석할 것이다(적극설[3]). 이에 대하여 소극설
도 있고,[4] 부부 일방에 문제가 있을 경우 양부모가 될 수는 없고, 양자로 들어갈
수는 있다는 절충설도 있다.

(3) **양자의 요건**

원칙적으로 성별·연령·지위·직업 등을 불문하고 누구나 양자가 될 수 있다.
다만, 친양자의 경우는 미성년자라야[5] 한다(제908조의 2 ①항 2호). 19세 미만인지

---

1 동성혼부부의 입양허가신청을 미국법원에서 허가한 사례가 있다[1993. 9. 10, 매사추세츠 주최고법
 원의 태미 입양사건(Adoption of Tammy, 619 N.E. 2d 315)]; Frank A. Schubert, "Introduction
 to Law and the Legal System," 7th ed, Boston New York(2000), 420면.
2 대판 2001. 5. 24, 2000므1493.
3 대판 1998. 5. 26, 97므25; 김·김, 395면; 졸저, 3정판 주석가사소송법(2004), 384~385면; 친양자
 입양도 가능한가? 자녀의 복리를 고려하여 법원에서 허용결정을 하여야 할 때도 있을 것이다(입양
 특례법 제10조, 동법시행규칙 제 4 조 참조).
4 박병호, 가족법, 181면; 동, '개정양자제도의 관견', 가족법논집, 1996, 262면.

여부의 판단시점은 입양허가심판청구일을 기준으로 삼아야 할 것이다.[1] 양자가 될 수 있는 사람의 범위를 넓힌 것이라 타당한 개정이라고 생각된다. 입양특례법(제 2 조 1호)상의 양자(＝친양자)는 요보호아동으로서 18세 미만자라야 한다(아동복지법 제 3 조 4호). 18세의 남녀가 혼인한 경우 그들은 성년자로 간주되므로 친양자가 될 수 없다.

(가) 양자(친양자 포함)는 양친의 존속 또는 연장자가 아닐 것(제877조)   존속이나 연장자를 입양할 수 없고, 이 요건을 위반한 입양은 무효이다(제883조 2호).

1) 비속(卑屬)일 것   존속에는 직계존속이든 방계존속이든 불문한다. 이러한 존속이 아닌 이상, 양친(養親)의 손자항렬[2]이든 자녀(子女)항렬이든 형제항렬이든 상관이 없이 양자로 삼을 수 있다. 그러나 친손자를 아들로 입양하는 것과 같은 것은 친족의 질서를 무시하는 결과가 되어 무효라고 보아야 할 것이다(제103조).[3]

2) 연하자(年下者)일 것   양자는 양친보다 연장자가 아닌 이상 동갑(同甲)이라도 상관없다(다수설). 양친과 양자는 같은 날 태어났더라도 상관없고, 몇 살 차이가 나야 한다는 등의 제한은 없다. 외국의 입법례(영국, 구소련 등)에는 미성년자만을 양자로 삼을 수 있도록 하는 나라도 있다.

3) 부부공동입양의 경우   부부 모두에 대하여 양자는 위 요건이 충족되어야 한다. 양자는 양부 및 양모보다 나이가 어려야 하고, 동시에 비속[4]이라야 한다. 예컨대 홍길동 부부의 나이가 남편은 35세, 부인은 30세라면, 그들의 양자 나이는 적어도 30세 미만이라야 한다.

4) 입양특례법상의 양자는 보호자가 없거나 보호자에게서 이탈된 자, 기타 보장시설에 보호 의뢰, 수용된 18세 미만의 아동이다(동 특례법 제 9 조 1호~4호 참조).

---

5 개정 전 구민법은 15세 미만, 일본민법은 원칙적으로 6세 미만, 예외적으로 8세 미만의 자녀를 특별양자로 삼도록 규정하고 있다(제817조의 5). 외국의 입법례에 비추어 15세는 너무 낮다는 비판도 있었다(김상용, 전게논문, 131면).
1 신영호, 204면; 실무제요-가사-[Ⅱ], 298면.
2 대판 1991. 5. 28, 90므347 : 재종(再從)손자(4촌 형제, 즉 종형제의 손자)를 사후양자로 선정한 것은 소목지서(昭穆之序; 양자는 양친과 같은 항렬에 있는 남계혈족 남자의 아들이라야 한다는 원칙)에 어긋나 종래의 관습에 어긋나더라도, 그것이 '공서양속에 위배되어 무효'라고 말할 수 없다(지금은 사후양자제도가 폐지됨).
3 조부모가 손녀를, 또는 외조부모가 외손녀를 각각 친양자로 입양하고자 허가신청을 하였으나, 가족질서의 혼란이 초래되어 결국 양자의 복리에 적합하지 않다고 기각한 사례가 있다(부산가심 2017. 4. 24.자 2017느단1124; 울산지결 2010. 9. 16.자 2010브21); 대판 2010. 12. 24, 2010스151(동지 : 외조부모가 손자녀를 친양자로 입양하려고 청구—기각).
4 조카나 질녀가 숙부나 이모를 양자로 삼을 수 없다(甲斐 외 2, 91면).

(나) **동성동본여부**   양자(養子)는 양부(養父)와 동성동본일 필요는 없다.[1]

(다) **양손입양(養孫入養)(손자를 맞아들이는 입양)이나 친생자의 입양**   판례는 이를 모두 무효로[2] 보고 있다. 자기의 친생자는 이미 친생자관계가 있기 때문이다.[3]

(라) **혼인외의 출생자 또는 전혼(前婚)부부의 출생자**   부부 일방의 혼인외의 출생자, 또는 전혼부부의 혼인중 출생자를 양자로 입양할 수 있는가? 입양은 양자로 하여금 혼인중 출생자와 같은 신분을 취득하게 하는 창설적 신분행위이므로 이들을 입양할 수 있다. 이 경우도 부부공동으로 하여야 하는가? 이를 긍정하는 학설이 많으나,[4] 생부모와 출생자 사이에 혼인중 출생자관계가 있는 경우는 양자로 삼을 수 없고, 그러한 관계가 없는 부나 모 사이에서만 양자로 삼으면 될 것이다(실무관행[5]). 예컨대 전처의 자녀와 계모 사이나, 전남편의 자녀(가봉자)와 계부(繼父) 사이에 단독입양이 가능하다. 앞으로 이혼과 재혼의 증가로 인하여 이러한 입양은 늘어날 것이다.[6]

(마) **사위나 며느리를 양자로 삼을 수 있는가?**   부부의 일방이 상대방 배우자의 부모(장인장모, 시부모)의 양자로 들어갈 수 있는가? 이른바 서양자(婿養子)제도는 1991년부터 폐지되었고, 이를 인정하면(예컨대 사위를 양자로 맞이하면), 형제자매간(양자가 된 사위와 친자인 딸 사이)의 혼인, 즉 무효혼인을 인정하는 결과가 되므로 부정설이 타당할 것이다.[7]

---

1 옛날에는 동성동본이라야 대(代)를 이을 수 있었고, 이성(異姓)양자도 호주승계를 할 수 있도록 개정한 때도 있었다[구민법 제877조 ②항은 동성이본(同姓異本)의 양자는 호주상속을 할 수 없다고 규정]. 민법이 호주 제도를 폐지하였지만, 사실상 양자를 맞이하여 가계를 계승하는 것을 막을 수는 없을 것이다.

2 대판 1988. 3. 22, 87므105.

3 부산지법동부지판 1990. 6. 29, 89드8501; 자기의 혼인외의 자녀도 인지로 친자관계가 발생하므로, 양자로 삼을 수 없다(졸저, 3정판 주석가사소송법, 385면).

4 김·김, 362-3면은 혼인외의 출생자를 입양하는 경우 부부가 공동으로 할 수 있다(혼인외의 자녀가 입양으로 혼인중 자녀의 신분을 취득; 예규 제130호 제 1 조). 혼인외의 자는 생모 및 생모와 혼인한 외국인 배우자가 함께 입양할 수 있다(동예규 제130호 제 7 조).

5 가족관계등록예규 제130호; 친양자입양에 관한 지침 제 6 조; 재혼부부가 아내의 전혼중의 자녀를 입양하고자 할 때는 민법 제874조 ①항의 규정에도 불구하고 친생자관계가 없는 배우자(남편)가 단독으로 입양할 수 있다]. 혼인외의 자녀의 입양은 생모가 대락(代諾)하고, 생모가 미성년자이면 생모의 법정대리인이 대락하여야 할 것이고(我妻, 親族法, 270면), 생모의 전남편의 자녀를 입양하려면 전남편의 입양승낙을 받아야 할 것이다(호적선례집, 제 3 권 225항); 졸저, 3정판 주석가사소송법, 381~82면.

6 캐나다 Ontario주의 경우 계친(繼親; step-parent)의 입양이 전체입양의 64%를 차지하고 있다고 한다[Simon R. Fodden, Family Law(1999), 91면].

7 긍정설, 김·김, 363면; 배우자의 동의를 받으면 그 부모의 양자가 될 수 있다.

(ㅂ) **배우자 있는 사람**　　배우자가 있는 사람이 남의 양자가 될 때는 그 부부 모두 양자가 되는 것이 아니고, 그중 한 쪽만이 양자가 된다.[1] 배우자가 있는 사람은 그 배우자의 동의를 받아야만 양자가 될 수 있다(제874조 ②항)는 점을 주의하여야 한다.

(ㅅ) **친양자를 다시 다른 양친의 친양자로 재입양할 수 있는가?**　　독일민법(제1742조)은 이를 금지하고 있으나, 양자의 복리를 위하여 허용할 수도 있을 것이다.[2]

(4) 법정대리인의 동의와 승낙(承諾)(양자에게 판단능력이 없는 경우; 일반양자·친양자 공통)

양자가 될 아이가 너무 어려서 판단능력이 없는 경우 법정대리인이 입양 그 자체를 대신 승낙한다. 일반양자이든 친양자이든 동일한 입양요건이다.

(가) **법정대리인**　　13세 이상의 미성년자 본인은 스스로 입양을 승낙하여야 하고, 이 경우 그 법정대리인이 입양에 동의한다(제869조 ①항, 제908조의 2 ①항 4호; 입양특례법 제12조 ④항). 13세 미만의 자녀가 일반양자로 입양되거나(제869조 ②항), 친양자(親養子)로 입양되는(제908조의 2 ①항 5호) 경우는 어느 경우이든 법정대리인이 양자에 갈음하여 입양을 승낙한다. 이를 대락(代諾)입양이라고 한다. 법정대리인은 친권자로서의 부모, 부 또는 모이고, 부모가 모두 사망·친권상실·행방불명된 경우 등에는 미성년후견인이 법정대리인으로서 동의하거나 승낙한다.

미성년자의 입양에는 또 가정법원의 허가가 필요하다(제867조 ①항). 이 규정에 위반한 일반입양(즉, 미성년자·피성년후견인의 입양에 대한 가정법원의 허가 누락, 13세 미만 양자의 입양에 대한 법정대리인의 승낙 누락 입양)은 무효가 된다(제883조 2호). 이 조항은 13세 미만의 어린 양자를 보호하기 위한 특별규정이다. 입양될 아이는 13세 미만이면 되고 그의 의사능력 유무는 불문한다.

(나) **피성년후견인의 입양**　　피성년후견인이 입양을 하거나 양자가 되려면 성년후견인의 동의와 부모의 동의를 받아야 하는바, 이 경우 가정법원의 허가를 받아야 한다(제873조 ②항, 제867조). 이러한 허가청구 사건을 심리할 때 가정법원은 피성년후견인의 부모 또는 성년후견인이 정당한 이유 없이 동의(제871조 ①항, 제873조 ①항)를 거부하는 경우에는 그 동의가 없어도 입양을 허가할 수 있다. 이 경

---

1 정범석, '현대 양자제도에 관한 일고찰', 법조 1999. 5월호, 11면; 동의자는 양자가 될 수 없다.
2 윤진수, 주해 친족법 제 1 권, 894면.

우 가정법원은 그 부모나 후견인을 심문하여야 한다(제873조 ③항).

특별양자(친양자) 입양에 후견인이 동의·승낙할 경우(제908조의2 ①항 4호, 5호) 동의 등을 위한 가정법원의 허가를 따로 받을 필요는 없을 것이다. 왜냐하면 친양자입양 허가여부의 심판시, 어차피 가정법원에서 모든 사정을 심사하기 때문이다.

㈐ 대락권이 없는 사람이 대락하면, 일종의 무권대리로서[1] 무효이지만, 양자가 13세 이상 되어 그 입양이 무효임을 알고 추인하면 입양은 유효하게 된다.[2]

(5) 부모의 동의(同意)

연령 여하를 불문하고(미성년·성년 불문), 정신능력의 유무를 불문하고(피성년후견인 등) 사람이 다른 사람의 양자가 되려면 부모의 동의를 받아야 한다(제870조 ①항, 제871조 ①항, 제873조 ③항. 법정대리인으로서 이미 동의나 승낙을 한 경우는 제외). 부모가 이혼하는 경우 어느 한 사람은 미성년자의 친권자로서 법정대리인이 되고, 다른 한쪽은 양육권자가 되는 경우가 있다. 이때 법정대리인의 동의만으로 입양이 허가된다면 양육권자인 부나 모는 입양에 동의할 수 없는 경우가 생긴다. 그래서 법정대리인의 동의 이외에 부모의 동의요건을 별도로 규정한 것이다.

㈎ 부 모 부모는 공동으로 입양에 동의하여야 한다. 부모 중 친권상실자는 동의권이 없으나, 재산관리권이나 법률행위대리권이 없는 사람은 입양을 승낙하거나 동의할 수 있다고 본다.[3] 입양의 승낙이나 동의는 신분에 관한 것이기 때문이다. 부모 중 어느 일방이 친권상실·행방불명·의사표시 불능 등의 경우는 나머지 부 또는 모가 승낙·동의할 수 있다고 해석할 것이고,[4] 이는 친양자입양의 경우도 동일하다. 민법은 친양자입양요건을 규정하면서 위에서 본 법정대리인의 동의(제908조의2 ①항 4호) 이외에 또 친생(생가)부모의 동의[5]를 요구하고 있는바(동

---

1 대락은 대신 승낙한다는 말이고 그 성질은 일종의 대리 승낙으로 보아야 할 것이다.
2 대판 1989. 10. 27, 89므440; 1990. 3. 9, 89므389; 1997. 7. 11, 96므1151(양친이 사망할 때까지 양자가 아무런 이의를 하지 않았다면 적어도 무효입양을 묵시적으로 추인한 것으로 보아야 한다).
3 김주수, 297면; 이영규, 173면; 예규 제129호.
4 김상용, 전게논문, 133면(부모 중 일방이 입양동의를 거부하는 경우 동의에 갈음할 수 있는 심판을 청구할 수 있다고 해석할 것이고, 궁극적으로는 입법적 해결이 바람직하다; 개정민법 제871조 ②항은 이 제도를 도입; 서울중앙지판 2006. 12. 20, 2006가합57037(이혼한 모를 상대로 입양동의를 청구하였으나, 부모의 입양동의권은 일신전속권이므로 자녀는 이를 재판으로 청구할 수 없다고 소를 각하함 : 개정 전 민법에 따른 것).
5 입양특례법(제13조 ①항)의 경우 생모는 아이의 출산일부터 1주일 후에 입양동의를 할 수 있다.

조항 3호), 이는 생가부모와의 친자관계단절을 초래하는 입양이므로, 법정대리인이 아닌 부나 모(이혼 등)의 권리를 특별히 보장하기 위한 것이다. 자녀를 인지하지 아니한 생부는 법률상 부(父)가 아니므로 동의권이 없다.

㈏ **양육권자** 부모가 이혼하거나 혼인외의 자녀를 출산한 경우 부모 중 일방이 친권자로 지정된 때는 그 양육자는 법정대리인(＝친권자)이 아니지만, 부모로서 입양에 동의하여야 한다. 양육자가 부모의 지위를 완전히 상실하는 것은 아니고, 양육권자가 모르는 사이에 하루아침에 자녀를 양부모에게 넘겨주어야 한다면 이는 심히 부당하기 때문이다.[1]

㈐ **법정대리인(친권자＝부모와 후견인)의 동의·승낙이 없어도 가정법원에서 입양허가를 할 수 있는 경우(제869조 ③항, 제870조 ①항)[2]**

1) 법정대리인이 정당한 이유 없이 동의 또는 승낙을 거부하는 경우,

이러한 거부는 권리(친권)남용에 해당할 것이다. 동의나 승낙 거부의 경우 법원은 법정대리인을 심문하여야 한다(동조 ④항).

2) 법정대리인의 행방을 알 수 없는 등의 사유로 동의를 할 수 없는 경우(제871조 ①항 단서). 개정 전 민법은 생가의 다른 직계존속의 동의를 얻도록 하고 있었다(구민 제871조). 법정대리인의 소재 불명뿐만 아니라, 생사불명, 장기간의 의식불명, 불치의 정신병 등으로 의사표시를 할 수 없는 경우도 여기에 포함된다고 해석할 것이다. 앞으로, 아동보호시설이나 위탁가정에서 양육되는 아동들의 입양이 좀 더 용이하게 될 것으로 기대된다.[3]

㈑ **부모의 동의가 없어도 가정법원에서 미성년자의 입양을 허가하는 경우(제870조 ①항 단서)** 이 조항은 앞의 법정대리인에 관한 것과 거의 같다.

1) 법정대리인의 동의서를 첨부하여 13세 이상의 미성년자가 가정법원에 입양허가신청을 한 경우, 또는 그의 입양승낙서를 첨부하여 13세 미만의 미성년자를 위한 입양허가신청을 한 경우 이미 부모가 법정대리인 자격으로, 입양에 동의나 승낙을 한 경우이므로 재차 부모로서의 동의나 승낙을 또 받을 필요는 없기 때문이다.

2) 부모가 친권상실의 선고를 받은 경우

3) 부모의 소재를 알 수 없는 등의 사유로 동의를 받을 수 없는 경우 부모의 자녀

---

[1] 김주수, 298면.
[2] 독민 제1748조, 스민 제265조의 C, 오스트리아민법 제181조, 프민 제348조의 6 등을 참고한 것으로 보인다(김상용, 전게논문, 법률신문 2012. 4. 2.자, 13면).
[3] 김·김, 355면.

입양동의권은 자녀를 위한 부모의 친권의 일부분이라고 볼 수 있으므로, 입양동의권을 포함하고 있는 친권 그 자체를 상실한 경우는 입양에 동의를 할 수 없다. 그러므로 이 경우는 부모의 동의를 받을 필요가 없다. 부모의 소재불명 등은 앞에서 본 법정대리인의 행방불명 등의 경우를 유추하여 생각할 수 있다.

(마) 부모의 명시적인 동의 거부에도 불구하고 법원에서 입양허가를 할 수 있는 경우(제870조 ②항, 제908조의2 2호, 3호: 친양자의 경우)

1) 부모가 3년 이상 자녀에 대한 부양의무를 이행하지 아니한 경우(게다가 면접교섭을 하지 아니한 경우, 친양자의 경우)

2) 부모가 자녀를 학대 또는 유기하거나 그 밖에 자녀의 복리를 현저히 해친 경우

위의 규정처럼 부모가 자녀를 부양하지도 않고 유기하거나 심지어 학대하는 것은 친권의 남용에 해당하고, 이러한 행위를 하는 부모가 자녀의 입양에 명시적으로 반대하고 거부하더라도, 가정법원은 입양을 허가하는 심판을 할 수 있다. 이러한 입양허가 사건을 심리할 경우 가정법원은 해당 부모를 심문하여야 한다(제870조 ②항 후단, 가소규 제62조).

이는 입양을 좀 더 쉽게 하여 어린이의 건전한 성장과 발달을 도모하려고 하는 것이다. 아이를 양육할 능력과 자격이 없는 부모를 제외하고 아이를 제대로 양육할 수 있는 부모를 마련하여 주는 것이 입양제도의 목적이기 때문이다.

(바) 양친이 되려는 사람이 입양허가청구를 하고, 입양에 동의하더라도, 법원에서 양자의 복리에 적합하지 않으면 입양허가청구를 기각할 수 있다[1](제867조).

(6) 입양동의나 승낙의 철회

13세 이상의 미성년자의 입양에 대한 법정대리인의 동의(제869조 ①항)나 13세 미만자의 입양에 대한 법정대리인의 승낙(동조 ②항)은 가정법원의 허가가 나기 전(정확하게 표현하면 입양허가심판 확정 전)에는 철회할 수 있고(제869조 ⑤항), 미성년자의 입양에 대한 부모의 동의(제870조 ①항) 역시 가정법원의 입양허가 이전에는 철회할 수 있다(제870조 ③항).[2] 이는 이른바 입양숙려기간이라고 할 수 있는

---

1 서울가심 2016. 7. 20, 2016느단50087(양자가 오로지 탁구선수로서 활동하고, 한국 국적취득을 목적으로 한 입양신청은 양자의 복리에 적합하지 않다고 입양허가청구를 기각).

2 아이가 태어난 지 7일이 지나기 전에 그 부모는 아이의 입양에 동의할 수 없고, 입양동의 후 21일 이내에는 언제든지 입양을 철회할 수 있다고 규정하는 나라(캐나다)도 있다. 온타리오주, 「어린이와 가족보호법」(Child and Family Services Act,1996) 제 7 장 제137조(3)(8)호; Simon R. Fodden, 전게서, 92면; 미국의 개인입양법(The Private Adoption Act of 1979)에 의하면, 생모는 아이의 출

것으로서, 친생부모 특히 미혼모의 자기결정권을 존중하기 위한 것이다.[1]

(7) 성년자의 입양

성년자가 타인의 양자로 들어가려면 부모의 동의를 받아야 한다(제871조 ①항). 성년자의 신분행위에 부모가 동의하여야 하는 것은 입양이 유일한 경우이다. 다만, 부모의 사망, 소재 불명 경우 등의 사유로 동의를 받을 수 없는 경우는 동의 없이 입양계약을 할 수 있다(동조항 단서). 부모가 정당한 이유 없이 동의를 거부하는 경우 양부모가 될 사람이나 양자가 될 사람이 가정법원에 '부모의 동의를 갈음하는 심판'을 청구할 수 있다.[2] 이 경우 가정법원은 부모를 심문하여야 한다(제871조 ②항).

(8) 배우자의 동의

배우자 있는 사람은 배우자와 공동으로 입양(공동양친)하여야 하고, 그 배우자의 동의를 받아야만 양자가 될 수 있다(제874조). 파양시도 마찬가지다.

(9) 가정법원의 허가

아래와 같은 경우에는 가정법원의 허가를 받아야 한다.

㈎ 미성년자나 피성년후견인의 경우

1) 미성년자를 입양하려는 사람은 누구나 가정법원의 허가를 받아야 한다(제867조 ①항). 가정법원에서는 양자가 될 미성년자의 복리를 위하여 그 양육 상황, 입양의 동기, 양부모(養父母)의 양육능력, 그 밖의 사정을 고려하여 위와 같은 입양허가청구나 친양자 입양청구를 기각할 수 있다(동조 ②항, 제908조의 2 ③항).

2) **피성년후견인이 입양을 하거나 양자가 되는 경우(제873조)**   이 경우 성년후견인의 동의와 가정법원의 허가를 받아야 한다는 점을 특히 주의하여야 한다. 이는 양자의 이익을 보호하기 위한 것이다. 성년후견인의 동의서가 첨부되지 아니한 입양신

생일로부터 5일이 지나기 전에는 아이의 양여서류(surrendering document)에 서명할 수 없고, 생모가 서명할 때는 변호사가 참여하고 대리하여야 한다. 그리고 양여서류에 서명한 날부터 30일 이내에는 문서로 그 양여와 입양에 대한 동의를 철회할 수 있다. 만일 입양이 아이의 최선의 이익이 된다면, 그러한 동의의 철회는 입양의 성립을 저지할 수 없다(Harry D. Krause 외 3, Family Law, 5th ed., 324면 참조).; 입양특례법 제12조 ⑤항.

1 김상용, 전게논문, 13면.

2 독민 제1748조를 참고하여 규정한 것으로 보인다; 김상용, 전게논문, 133면; 개정민법 공포 이전의 서울중앙지판 2006. 12. 20, 2006가합57037(부모의 입양동의권은 일신 전속권이므로, 자녀는 이를 재판으로 청구할 수 없다고 소를 각하). 개정법은 이를 허용하고 있다.

고는 수리될 수 없으며, 만일 수리되었다면 입양취소사유가 된다(제884조 ①항 1호).

　(ᄂ) **친양자의 경우**(민법 제908조의2 이하 신설)　　개정민법은 '친양자를 입양하는 경우'에는 가정법원의 허가를 받도록 하고 있다(제908조의2 ①항). 일반양자 중 미성년자입양허가나 친양자의 입양허가의 차이가 거의 없어지고 말았다. 미성년자라야 친양자가 될 수 있기 때문이다. 다만 일반 성년자입양의 경우는 입양신고를 하여야 입양이 성립(효력발생)되고(제878조; 이 경우 입양신고는 창설적 신고), 미성년자나 친양자의 경우는 법원의 허가심판으로 입양은 성립되고 그 입양신고(허가심판확정일부터 1개월 내 신고; 가등 제67조 ①항)는 보고적 신고에 불과하다는 점에서 차이가 있다.[1]

　일반양자의 경우는 법정대리인의 동의나 승낙을 법원이 허가하는 정도의 것이지만, 특별양자(=친양자)의 경우는 입양 성립 그 자체를 법원이 판단한다. 이러한 판단 기준은 친양자의 복리를 위하여 그 양육 상황,[2] 입양의 동기, 양친(養親)의 양육능력 그 밖의 사정 등이고 이를 고려하여 친양자입양의 허부를 판단[3]하고 입양이 적당하지 아니하다고 인정되는 경우에는 그 청구를 기각할 수 있다(동조 ②항). 개정 전 민법에 따라 입양한 자를 친양자로 변경하려면 개정민법(제908조의2 ①항 1~4호)의 요건을 갖춘 경우 가정법원에 친양자입양을 청구할 수 있다(개정민법 부칙 제5조). 친양자 도입으로 인하여 가사소송법도 친양자 입양허가 사건을 라류 가사비송사건 12호로 규정하고 있다(가소 제2조 ①항).

　(ᄃ) 입양특례법상의 입양도 가정법원의 허가를 받아야 하고 허가를 받아 입양이 되면 양자는 민법상 친양자와 같은 지위를 취득한다(동 특례법 제11조, 제14조).

[입양의 승낙 또는 동의권자 등]

양자의 종류		승낙권자	동의권자	가정법원의 허가	근거법령	위반시의 효과
13세 미만자 (승낙)	일반양자	법정대리인 (부모·후견인)		○	제869조 ②항	무효(제883조 2호)
	친양자	위와 같다.		○	제908조의2 ①항 5호, ②항	취소 (제908조의4, ①항)

1　김상용, 전게논문, 13면.
2　일본민법은 생가부모의 승낙 없이도 입양성립을 가능하게 하고, 6개월 이상의 시험양육기간을 설정하고 있다(일민 제817조의6, 제817조의8 참조).
3　친양입양허가 사건을 심리하면서 법원은 친생부모, 부모가 없으면 최근친 직계존속의 의견을 들어야 한다(가소규 제62조의3).

13세~19세 미만 (동의)	일반양자		부모	○	제870조 ①항	취소 (제884조 ①항 1호)
	친 양 자		친생부모(친권 상실, 소재 불명: 동의 불요)	○	제908조의2 ①항 3호	취소 (제908조의4, ①항)
성년자(19세 이상)			부모(소재 불명 등: 동의 불요)	×	제871조 ①항	동의에 갈음하는 심판청구 (제871조 ②항)
피성년후견인			성년후견인	○	제873조 ①항	취소 (제884조 ①항 1호)
배 우 자			다른 배우자	×	제874조 ②항	〃

* 모든 미성년자의 입양에 가정법원의 허가를 받도록 하였으므로, 법정대리인 중 후견인은 물론이고 부모가 미성년자의 입양에 동의하거나 승낙하는 경우에까지 법원의 허가 없이는 입양이 불가능하게 되었다.

2. 형식적 요건

(1) 입양신고

일반양자의 입양은 「가족관계의 등록 등에 관한 법률」에서 정한 바에 따라 "입양신고"를 함으로써 그 효력이 생긴다(개정민법 제878조, 가등법 제61조, 제62조). 이는 혼인신고와 매우 비슷한 창설적 신고이다. 법률상 양친자가 되려면 반드시 신고를 하여야 하므로 이는 이른바, 요식(要式)행위이다.

그러나 친양자 입양신고는 친양자 입양허가심판의 확정일로부터 1개월 안에 재판서의 등본과 확정증명서를 첨부하여 신고하여야 한다(가등법 제67조). 입양재판의 확정으로 친양자 입양의 효력은 발생하므로 친양자 입양신고는 보고적 신고이다.

입양신고는 대외적으로 양친자관계, 즉 신분관계를 공시(公示)하는 기능을 가지고 있다.

(개) **입양신고의 방식**   혼인신고의 경우와 같이 입양신고도 당사자쌍방(양부모·양자)이 서명한 서면으로 한다(제878조 ②항, 가등법 제61조). 성년자인 증인 2명의 연서(連署)제도는 2013. 7. 1. 폐지되었다.

일반입양 중 대락입양의 경우는 대락권자가, 미성년자 입양의 경우는 부모가, 각각 입양신고를 하여야 하고(가등법 제62조 ①항), 게다가 미성년자 입양신고서에는 가정법원의 허가서를 첨부하여 신고하여야 한다(제867조).

친양자 입양신고는 재판서등본과 확정증명서를 첨부하여 양친이 신고한다. 이

신고서에는 재판확정일을 기재하여야 한다(가등법 제67조, 예규 제137호; 친양자의 가족관계등록부를 재작성하고 친양자의 성과 본은 양친의 성과 본을 따른다). 친양자 입양허가심판에 대하여 친생부모 또는 후견인 등(양부모 제외)은 즉시항고를 할 수 있고(가소규 제62조의5), 그 항고기간은 14일간(불변기간; 가소 제43조 ⑤항)이다.

(ᄂ) 입양신고는 서면으로 하여야 하고(가등법 제61조), 대리로 할 수 있으며 신고서를 우송할 수도 있다(동법 제31조 ③항, 제41조; 생존 중 우송하면 사망 후라도 유효). 재외국민 사이의 입양신고는 해외공관장(대사·공사·영사)에게 신고할 수 있고(제882조·제814조·가등법 제34조), 외국의 방식으로 입양한 경우는 그 증서등본을 공관장에게 제출하여야 한다(가등법 제35조 ①항).

(ᄃ) 가족관계등록 담당공무원은 입양신고가 민법 제866조, 제867조, 제869~871조(실질적 요건), 제873조, 제874조, 제877조, 그 밖의 법령에 위반되지 아니하면 이를 수리하여야 한다(제881조).

(ᄅ) 입양신고절차에 흠이 있더라도, 입양이 무효가 되지 아니한다.[1]

(2) 허위의 친생자출생신고와 입양의 효력

양친이 입양을 하면서도 입양신고를 하지 않고 그 대신 양친의 친생자인 것처럼 출생신고(또는 인지신고)를 하는 사례가 많다. 이는 '데리고 온 자식'이라는 사실이 남에게 알려지면 양자뿐만 아니라, 양친도 창피하다고 생각하는 사회적 편견 때문이다. 친양자제도는 이러한 관행을 양성화하기 위한 목적도 있을 것이다.

(ᄀ) **종래의 판례**   옛날 판례는 이러한 경우 입양이 요식행위(要式行爲)라는 이유로 입양의 효력을 인정하지 않았다.[2]

(ᄂ) **무효행위의 전환**

1) 지금은 당사자 사이에 양친자관계를 창설하려는 명백한 의사가 있고, 나아가 기타 입양의 실질적 성립요건이 모두 구비되어 있다면, 입양의 효력을 인정하고 있다(무효행위 전환의 이론).[3] 이와 같은 경우 친자관계를 해소하려면, 파양사유(특별한 사유)를 주장하여 파양청구를 하여야 하고, 친자관계부존재 확인청구를 할

---

1 대판 1983. 5. 3, 82므3896.
2 대판 1967. 7. 18, 67다1004.
3 대판 1947. 11. 25, 4280민상126; 1977. 7. 26, 77다492(전원합의체); 1989. 10. 27, 89므440(갑의 생부모·백부모·조부 등 5인이 갑을 장손으로 삼으려고 갑을 백부모 사이의 친생자로 출생신고); 1992. 10. 23, 92다29399(친생자 아닌 자에 대하여 인지신고를 한 경우 입양의 효력을 인정한 사례); 1993. 2. 23, 92다51969; 2004. 11. 11, 2004므1484 등.

수는 없다. 이런 청구를 한다면 이는 각하된다. 그러나 이를 간과하여 친자관계부
존재 확인판결이 선고되어 확정되었다면, 더 이상 양친자관계의 존재도 주장할 수
없게 된다.[1]

  2) 입양인정의 요건   친생자출생신고에 입양의 효력을 인정하려면, 입양의
실질적 요건이 구비되어야 한다. 그 속에는 자녀의 보호·양육 등 양친·양자로서
의 생활사실(生活事實)이 반드시 수반되어야 한다.[2]

  3) 입양당시 요건을 갖추지 못하였더라도, 양자가 15세(2013. 7. 1. 이후에는 13
세) 이상 되어 입양의 승낙능력이 생긴 후에 입양을 묵시적으로 추인하면, 그 입양
이 유효하게 되기도 한다.[3]

  친양자제도가 이와 같은 허위의 친생자신고를 공식적으로 인정하기 위한 목
적도 있음은 앞에서 언급한 바와 같다. 그러나 친양자제도가 도입되었다고 하여
이러한 친생자출생신고가 없어질 것 같지는 않다.

(3) 입양특례법(2019. 7.16. 법률 제16248호)에 의한 입양신고

  입양특례법에 따른 입양은 가정법원의 입양허가 심판확정으로 효력이 발생하
고, 양친 또는 양자는 「가족관계의 등록 등에 관한 법률」에 따라 신고하여야 한다
(동법 제15조). 이 특례법에 의한 양자는 민법상 친양자와 동일한 지위를 가진다(동
법 제14조).

(4) 사실상의 양자

  입양의사의 합치와 양친자로서의 생활관계가 형성되어 있으나, 입양신고를 하
지 아니한 경우, 사실상의 양자가 생길 수 있다. 이는 사실혼 부부가 생길 수 있는
것과 같다. 사실상의 양자는 양부모 사망시 재산상속권이 없으나, 특별연고자로서

---

1 대판 1993. 2. 23, 92다51969; 1997. 7. 11, 96므1511; 1998. 5. 26, 97므25.
2 대판 2000. 6. 9, 99므1633, 1640; 서울가판 2002. 11. 19, 2002드단53028[A.I.D.로 태어난 아이를
  호적상 친생자로 신고한 경우, 입양의 효과가 발생할 수도 없다. 부부공동입양의 취지에 반하여
  부부 일방(父)만의 입양은 불가능하기 때문이라고 한다]; 대판 2004. 11. 11, 2004므1484.
3 대판 1990. 3. 9, 89므389(추인 긍정); 2004. 11. 11, 2004므1484(추인 부정; 미혼모의 자식으로 출
  생하여 복지센터에 맡겨져 있다가 집 앞에 버려진 생후 2개월의 영아를 친생자로 출생신고를 한
  경우, 법정대리인의 대락이 있었다고 볼 수 없고, 법정대리인의 승낙이 있었다고 추정할 수도 없
  다. 따라서 위 출생신고는 입양의 효력이 없다. … 호적상 처의 반대 등으로 그 영아는 다시 고아
  원으로 보내졌다가 … 다른 사람의 집을 전전하며 양육되다가 고등학교 학생일 무렵 출가하여 승
  려의 길을 걷고 있다는 사안에서 양자가 묵시적 추인을 할 수 없다고 판결); 서울가판 2010. 3. 16,
  2009드단000(집 앞에 버려진 생후 2주일 정도의 영아를 친생자로 출생신고, 부모의 명시적 입양
  승낙은 없지만, 승낙사실을 추정하여 입양을 허가).

재산분여청구를 할 수는 있고(제1057조의 2), 만일 그 사망이 타인의 불법행위로 발생한 경우는 위자료청구를 할 수 있을 것이다.[1]

Ⅲ. 입양의 효과

1. 입양의 일반적 효과

(1) 법정친자관계의 발생

입양신고의 날로부터 양친(養親)과 양자(친양자 포함) 사이에는 친자관계(법정혈족관계)가 발생한다. 양자는 양친의 '혼인중 출생자'의 신분을 취득한다(제772조 ①항, 제908조의 3 ①항). 따라서 양친과 양자 사이에는 상속·부양의 권리의무가 생긴다. 양자가 미성년자이면, 친생(생가)부모의 친권을 벗어나서 양부모의 친권에 따르게 된다(제909조 ①항). 즉, 양부모가 양자의 친권자가 된다. 배우자의 친생자를 단독 입양한 경우에도 양친은 생모 또는 생부와 공동친권자가 된다.

양자와 '양부모·양부모의 혈족·인척'간에도 친족관계가 발생하고(예컨대 양친의 친생자녀와 양자 사이는 서로 형제자매가 된다), 양자의 배우자, 그 직계비속과 그 배우자는 양자의 친계를 기준으로 하여 그 촌수를 정한다(제772조 ②항).

(2) 가족관계등록문제

입양신고를 하면 양친이나 양자의 가족관계등록부에 등재되고, 개인별 가족관계등록부가 작성된다. 양자의 가족관계증명서 부모 란에는 친생부모, 양부모가 함께 기재되고, 입양관계증명서에도 양부모, 양자의 성명과 입양신고일자 등이 기재된다. 양부모의 가족관계증명서의 자녀 란에는 양자가 자녀로 기재된다. 옛날처럼 양자가 생가를 떠나 양가로 입적하는 일은 없다.

친양자의 경우는 가족관계증명서에 양친의 친생자로 기재되며, 입양관계증명서에도 양자라는 사실이 나타나지 않는다. 외부에 양자라는 것이 공시(公示)되지 아니한다. 입양사실은 친양자입양관계증명서에만 나타나지만, 그 증명서의 교부는 엄격하게 제한되고 있다(가등법 제14조 ②항). 친족이라도 함부로 그 발급이나 교부를 청구할 수 없고(예규 제12호 제 3 조), 제 3 자는 원칙적으로 본인 등의 위임 없이

---

1 대판 1969. 7. 22, 69다684(사실혼의 경우); 1975. 12. 23, 75다413(사실혼의 자녀); 김·김, 380면; 사실상 양자관계를 부당하게 파기한 경우 부당파기자는 손해배상책임을 져야 할 것이다.

는 증명서 발급을 받을 수 없도록 하여 개인의 신분정보(프라이버시) 보호에 만전을 기하고 있다.[1]

(3) 생가친족관계의 존속여부

㈎ 일반양자의 입양은, 양자의 이전의 친족관계에 아무런 영향을 미치지 아니한다. 즉, 생가부모와의 종전 친자관계에는 변함이 없으므로, 생가부모가 사망하면 양자도 망인의 재산을 상속한다(따라서 양자는 양부모·생부모 쌍방이 사망하면 양쪽 모두의 지위를 상속한다[2]).

㈏ 특별양자, 즉 친양자의 경우는 가정법원의 입양허가 심판이 선고되어 입양이 성립·확정되면 그때부터 양자와 그 생가부모 사이의 친족관계는 소멸되고 양자는 양친(養親)부부의 혼인신고 시점 이후 태어난 혼인중 출생자로 간주된다(제908조의3 ①항). 그리하여 생가부모 및 그 친족과의 관계는 입양으로 종료·소멸되고, 새로이 양부모와의 사이에 친생자관계가 발생한다(동조 ②항). 그래서 친양자입양을 '제 2 의 출생'이라고 부르기도 한다.[3]

일반양자의 경우처럼, 부모 사망시 양자의 2중 상속문제[4]는 생기지 않는다.

다만 부부의 일방이 배우자의 친생자를 단독으로 입양하는 경우에는 이전의 친족관계가 소멸되지 아니한다(동조 ②항 단서). 예컨대 남편이 처의 전남편의 자녀를 친양자로 입양하였다면, 그 친양자와 처(생모) 및 그 처(생모)의 친족 사이의 친족관계는 유지된다는 의미이다.

2. 이성(異姓)양자의 성(姓)과 본(本)

(1) 현행법상 양자의 성은 변경되지 아니하고, 이성양자(異姓養子)도 인정되고 있다. 이성양자는 자기의 본래의 성과 본을 사용하고 양부모의 성을 따르지 못한

---

1 법원행정처, 가족관계의 등록 등에 관한 법률 해설(2007), 15면; 「가족관계의 등록 등에 관한 법률」제14조 ②항은 친양자입양관계증명서는 ① 친양자가 성년이 되어 신청하는 경우, ② 혼인당사자가 근친혼 금지(제809조) 해당여부를 파악하고자 하는 경우, ③ 법원이나 수사기관이 사실조회 촉탁, 수사상 필요에 따라 문서로 신청하는 경우, ④ 대법원규칙으로 정하는 경우에 한정하여 교부청구를 할 수 있도록 제한하고 있다.
2 미국의 경우 미시시피, 오크라호마 등 몇몇 주(州)의 양자는 2명의 양부모, 2명의 생부모, 즉 4명의 상속인이 될 수 있다(Brashier, 150면).
3 김상용, 전게논문, 135면.
4 미국의 대다수 주에서도 입양 후 양자는 생가부모의 상속인이 될 수 없다[Uniform Probate Code, §2-114(b), 8 U.L.A.(Part I), 91(1998); Brashier, 150면].

다. 이 점에 관하여 가족감정을 고려하여 이성양자는 양부의 성을 따라야 한다는 긍정설[1]과 민법에 규정이 없으므로 양부의 성을 따를 수 없다는 부정설[2]이 대립하고 있었다. 양자의 건전한 성장과 발달을 위하여 특히 학교생활을 하는 등 어린 시절의 정서적인 발달을 위하여 민법은 성과 본의 변경제도를 도입하였고 이 방법에 따라 양자는 그가 원하면 양친의 성·본을 따를 수 있게 되었다(제781조 ⑥항, 가소 제 2 조 ①항, 6호 라류 가사비송사건).

입양특례법에 따라 입양된 양자는 친양자의 지위를 가지게 되므로(동법 제14조) 양친의 성과 본을 따르게 된다.[3]

(2) 친양자의 입양신고를 하면 시·구·읍·면사무소에서는 친양자의 종전의 가족관계등록부는 없애고, 새로운 가족 등록부를 만든다. 이 경우 친양자는 양부의 성과 본을 따르지만, 양(養)부모가 혼인신고 당시 '자녀는 모의 성과 본을 따르기로 협의'한 경우에는 양모(養母)의 성과 본을 따른다.[4]

Ⅳ. 입양의 무효·취소

입양의 무효와 취소는 혼인의 무효·취소와 매우 비슷한 구조로 되어 있다. 이는 입양이 혼인과 비슷한 신분계약이고 혈족관계가 없는 사람들 사이에서 이루어지기 때문이다.

1. 입양의 무효

(1) 개념과 법적 성질

(가) 개 념 입양무효는 가족등록부에 입양신고가 되어 있지만 실제로 입양당사자(일방 또는 쌍방) 사이에 입양의 합의가 없거나, 입양신고절차에 잘못이 있어서 입양의 효력이 발생할 수 없는 경우를 말한다.

(나) 성 질 입양무효의 법률적 성질은 확인소송이라는 설(당연히 절대적으로 무효라는 학설)과 형성소송이라는 설(입양무효의 판결이 선고되어 확정되기 전에는 아

1 김용한, 196면; 이근식·한봉희, 134~135면.
2 정광현, 친족상속법요론, 237면; 김·김, 379면 등.
3 김·김, 379면.
4 친양자 입양 재판에 따른 사무처리 지침[개정 2008. 11. 3. 가족관계등록예규 제291호] 제 4 조(친양자의 성과 본) 참조.

무도 그 입양의 효력을 다툴 수 없다는 학설)[1]이 대립하고 있다. 판례와 다수설은 확인소송설을 취하고 있다. 따라서 당사자와 이해관계인은 다른 소송에서도 선결문제로 입양의 무효를 주장할 수 있고, 또 별도로 입양무효 확인의 소를 제기할 수도 있다(가소 제 2 조 ①항, 가류사건 5호).

(2) 입양무효의 원인

(가) 당사자 사이에 입양의 합의가 없는 때(제883조 1호)

1) 사람이 다른 경우   예컨대 '갑'을 양자로 맞이하려고 하였는데 알고 보니 '을'이 양자로 신고 되어 있다는 등 사람의 동일성(同一性)에 착오를 일으킨 경우 입양이 무효이다.[2]

2) 당사자들이 모르는 사이에 제3자가 마음대로 입양신고나, 친생자출생신고(입양신고로는 무효)를 한 경우[3]   입양의 실질적 요건이 구비되고, 그 신고행위에 상응하는 신분관계가 실질적으로 형성되어 있다면 혹시 추인이 가능하지만, 그러한 신분적 생활관계가 형성되어 있지 않고 앞으로도 형성될 가망이 없는 경우는 추인의 의사표시만으로 무효행위의 효력을 인정할 수는 없다.[4]

3) 의사능력이 없는 경우[5]   피성년후견인이라도 의사능력이 돌아온 경우 성년후견인의 동의를 받아 입양을 할 수 있고 양자가 될 수 있다(제873조 ①항).

4) 어떠한 목적을 위한 가장(假裝)입양   병역의무를 면하거나 기생(妓生)을 만들 목적으로 하는 양자,[6] 가친양자[假親養子; 혼인하려는 당사자가 그 상대방의 가격(家格)=문벌(門閥)과 걸맞게 하려고 하는 입양], 학군제를 위반하여 자녀를 입학시키기 위한 소위 월경(越境)입학양자,[7] 고소사건의 처벌을 면하기 위한 입양,[8] 종친회의 결의에 의한 입양[9] 등은 모두 무효이다.

---

1 이경희, 185면 등.
2 我妻 외 2, 민법(3), 2004, 153면.
3 가족관계등록 공무원이 입양신고서를 접수하여 심사하므로 실제로는 일어날 수 없는 사례이다.
4 대판 1991. 12. 27, 91므30; 2000. 6. 9, 99므1633, 1640; 2004. 9. 13, 2003므1739; 2004. 11. 11, 2004므1484.
5 서울가판 2013. 5. 9, 2012드단33887(금치산자가 양자를 입양할 당시 의사능력이 없었다고 인정하고 입양무효판결을 선고 : 항소 중).
6 일 대판 1922. 9. 2. 집 1, 448면.
7 서울가심 2016. 10. 18, 2016느단2230(입양의사 없이, 학자금수령목적의 입양청구를 기각).
8 대판 1995. 9. 29, 94므1553.
9 대판 2004. 9. 13, 2003므1739, 법률신문 2004. 9. 30.자, 3면.

5) 대락(代諾)입양에서 대락권자의 승낙 없이 또는 대락권 없는 사람이 승낙한 경우(제 869조 ②항)   양자가 13세 이상이 되어 이를 추인하면 유효한 입양이 될 수 있다.[1]

6) 입양의사의 철회 후, 입양신고서가 수리된 경우(또는 입양신고서의 제출을 타인에게 위탁한 후 신고의 수리 전에 사망한 경우), 또는 조건부·기한부 입양 등.

(나) 가정법원의 허가 없이 미성년자나 피성년후견인을 입양하거나 피성년후견인이 양자가 되는 경우, 존속이나 연장자를 양자로 맞이한 경우(제883조 ②항), 민법상 근거가 없는 양손입양(養孫入養) 등은 모두 강행법규(신분법) 위반이므로 무효이다.[2]

(다) **입양신고를 하지 아니한 경우**   이 경우는 입양무효의 소의 이익이 없고, 다툼이 있으면 양친자관계존부확인의 소로 처리하여야 한다.[3] 가족등록부상 입양 신고나 출생신고가 되어 있지 아니한 경우에는 입양의 성립 그 자체가 이루어질 수 없다(일반 양자도 법원의 허가와 입양신고로 성립).

(라) **부부공동입양의 경우 부부의 일방에게 입양의사가 없는 경우 또는 의사무능력인 경우**   원칙적으로 입양전부가 무효가 된다. 예외적으로 부부의 일방과 양자 사이에 단독으로라도 양친자관계를 성립시킬 의사가 있고, 단독입양이 양친의 가정평화를 깨트리지 않고, 양자의 복리도 해치지 아니하는 등의 경우에는 단독입양 도 유효하다고 해석하는 학설이 있다. 그러나 현행법이 부부공동입양제를 채택하고 있으므로, 위와 같은 경우는 입양취소사유로 보아야 할 것이다(제884조 1호).

그리고 부부공동입양을 할 수 있는 부부는 혼인신고를 마친 정당한 부부라야 하고, 내연관계, 부첩관계의 남녀는 할 수 없음은 이미 본 바와 같다.

(마) **특별양자인 친양자의 입양신청, 입양특례법에 의한 입양신청에서 가정법원의 허가를 얻지 못한 경우**

(바) **사후양자 입양**(1964. 12. 31. 법률 제1668호로 개정되기 전의 구민법)의 무효(아래 참 고판례)   양부의 사망 후에 신고(申告)된 입양은 무효[4]이다.

:: 참고판례

① 사후양자선정의 경우 : 구민법 제867조 ①항에 의하면 호주가 사망한 경우 그 직계비속이 없는 때에 한하여 사후양자를 선정할 수 있다. 호주 아닌 가족이 사

---

1 대판 1990. 3. 9, 89므389.
2 대판 1988. 3. 22, 87므105.
3 대판 1993. 7. 16, 92므372.
4 대판 2004. 9. 13, 2003므1739.

망한 경우 망자를 위한 사후양자의 선정은 무효이다. 그러한 무효인 사후양자의 신고는 추인될 수도 없고, 무효행위 전환도 할 수 없다(대판 2002. 6. 28, 2000므1363).
② **구관습법상 사후양자선정권자의 순위** : 민법제정 전의 구관습법 당시에는 호주 아닌 기혼남자가 사망한 경우에도 사후양자를 선정할 수 있었고, 호주의 장남이 결혼하여 대를 이을 남자 없이 사망한 경우에는 호주 → 호주의 처 → 호주의 모 → 호주의 조모 → 망 장남의 처 순서로 선정할 수 있었다(대판 2004. 6. 11, 2004다10206).

(3) 입양무효의 절차와 효과

입양이 무효이면, 기간의 제한 없이 언제든지 방법여하를 불문하고 양친자 등은 그 무효를 주장할 수 있다.
⑺ 원 고   당사자, 그 법정대리인, 또는 4촌 이내의 친족이 제소할 수 있다. 민법 제777조 소정의 친족이면 누구나 확인의 이익을 증명할 필요 없이 입양무효의 소를 제기할 수 있다(가소 제31조·제23조).
⑻ 피 고   양친과 양자는 서로를 피고로 삼아서 제소할 수 있다. 상대방이 사망한 경우는 검사를 피고로 삼는다. 제3자가 제소할 경우는 양친과 양자 모두를 공동피고로 삼아야 하고(필수적 공동소송), 그 일방이 사망한 경우는 생존자를 피고로 삼고, 모두 사망한 경우는 검사를 상대로 제소한다(가소 제31조·제24조).
⑼ **당사자 적격의 존재시기**   입양무효소송의 당사자적격은 무효소송 제기당시 존재하면 되고, 당초의 입양신고 때에도 존재할 필요는 없다.[1]
(4) 승소판결이 확정되면 이 판결은 제3자에 대하여도 효력이 미치고(가소 제21조 ①항), 원고는 판결확정일로부터 1개월 안에 가족관계등록부 정정신청을 하여야 한다(가등법 제107조). 판결이 확정되면 입양으로 발생된 양친자관계와 그 밖의 친족관계는 당초부터 소멸된다. 친가(생가)의 가족등록부에 신고하여야 한다. 그동안 양친의 사망으로 상속을 받았다면 이는 무효가 되어 부당이득으로 반환하여야 한다.

(5) 손해배상

입양무효의 경우 당사자는 과실 있는 상대방에 대하여 재산상·정신상의 손해

---

[1] 대판 1985. 12. 10, 85므28.

배상을 청구할 수 있다(제897조·제806조, 가소 제 2 조 ①항, 다류 가사소송사건 3호).

(6) 무효입양의 추인(追認)

입양이 무효임을 알면서 당사자가 입양을 추인한 경우는 입양이 소급적으로 처음부터 유효하게 된다. 굳이 그 입양을 무효로 할 필요는 없다. 형식적으로는 무효인 입양신고라도, 실질적으로 양친자로서의 신분관계가 형성된 경우에만 추인을 할 수 있다. 추인에는 명시적 추인과 묵시적 추인이 있다(아래의 참고판례 참조).

:: 참고판례

① 추인을 부정한 예

㉠ 혼인·입양 등의 신분행위에 관하여 민법 제139조 본문을 적용하지 않고 추인에 의하여 소급적 효력을 인정하는 것은, 무효인 신분행위 후 그 내용에 맞는 신분관계가 실질적으로 형성되어 쌍방 당사자가 이의 없이 그 신분관계를 계속하여 왔다면, 그 신고가 부적법하다는 이유로 이미 형성되어 있는 신분관계의 효력을 부인하는 것은 당사자의 의사에 반하여 그 이익을 해칠 뿐만 아니라, 그 실질적 신분관계의 외형과 호적의 기재를 믿은 제 3 자의 이익도 침해할 우려가 있기 때문에 추인에 의하여 소급적으로 신분행위의 효력을 인정함으로써 신분관계의 형성이라는 신분관계의 본질적 요소를 보호하는 것이 타당하다는 데에 그 근거가 있다. 그러므로 당사자간에 무효인 신고행위에 상응하는 신분관계가 실질적으로 형성되어 있지도 아니하고, 앞으로도 그럴 가망이 없는 경우(게다가 양모가 입양 의사를 철회한 후 생부가 일방적으로 입양신고)에는 무효의 신분행위에 대한 추인의 의사표시만으로 그 무효행위의 효력을 인정할 수는 없다(대판 1991. 12. 27, 91므30; 2000. 6. 9, 99므1640; 2004. 11. 11, 2004므1484).

㉡ 당사자가 입양의 의사로 친생자 출생신고를 하고 거기에 입양의 실질적 요건이 구비되어 있다면 그 형식에 다소 잘못이 있더라도 입양의 효력이 발생하고, 이 경우 허위의 친생자출생신고는 법률상의 친자관계인 양친자관계를 공시하는 입양신고의 기능을 하게 된다. 여기서 입양의 실질적 요건이 구비되어 있다고 하려면, 입양의 합의가 있을 것, … 등 민법 제883조 각 호 소정의 입양무효 사유가 없어야 함은 물론, 감호·양육 등 양친자로서의 생활사실이 반드시 수반되어야 하는 것으로서, … 위와 같은 요건을 갖추지 못한 경우에는 입양신고로서의 효력이 생기지 아니한다(대판 2000. 6. 9, 99므1640; 2004. 11. 11, 2004므1484).

② 입양의 묵시적 추인을 인정한 예 : 태어난 지 약 3개월 된 '부모를 알 수 없는' 기아를 경찰서에서 발견하여 보호하고 있던 중, 갑이라는 사람에게 넘겨주었다. 갑은 위 기아를 입양할 의사로 경찰서장으로부터 인도 받아 자신의 친생자로 출생신고하고 양육하여 왔다. 이 아이가 15세가 된 후 "위 갑과 자신 사이에 친생자관계가 없는 등의 사유로 입양이 무효임"을 알면서도 위 갑이 사망할 때까지 아무런 이의도 하지 않았다면, 이는 적어도 묵시적으로라도 입양을 추인한 것으로 보는 것이 상당하다(대판 1990. 3. 9, 89므389; 1997. 7. 11, 96므1151).

[참 고] '종합병원 신생아실에서 출산아이가 바뀐 사례'

병원에서 실제로 아이가 바뀌었는데 남의 아이를 자기의 아이인 줄 알고 출생신고한 후 양육하다가 그 중 1명은 사망하고 5년 후 이 사실이 드러난 경우 살아있는 아이(A)와 생존하고 있는 양가(兩家)의 부모들 사이에 생길 수 있는 법률문제 : A와 양육한 부모 사이의 출생신고는 사실과 달라 무효이므로 그로 인하여 친자관계가 발생할 수 없다. 실제의 부모와 양육한 부모가 서로 A를 양육하겠노라고 다툴 경우, 실제의 부모에게 친권과 양육권이 있다. A의 성과 본은 실제의 아버지의 성과 본을 따라 변경되어야 한다. 양육한 부모가 사망하여도 A는 그들의 재산을 상속할 수 없다. A와 양육부모 사이에 양친자관계가 발생하려면 사실과 다른 친생자출생신고와 입양의사가 있어야 하는데 이 사례의 경우는 입양 의사(意思)가 없으므로, 양친자관계는 발생할 수 없다.[1]

(7) 소(訴)의 이익 또는 소권남용

(가) 협의파양 후에도 당초 입양이 무효이면 입양무효의 소를 제기할 수 있다. 그러나 친생자출생신고를 한 것이 입양으로 인정된 경우 친생자관계부존재확인의 소를 제기할 수는 없다(다음의 참고 판례 참조).[2]

(나) 무효의 입양신고 후, 양자가 양모 등을 봉양·봉제사하였더라도, 그에 대한 입양무효의 소제기를 소권남용이라고 볼 수 없다.[3]

---

1 김상용 외 3, 420~421면; 사시 제40회 객관식 문제.
2 대판 1990. 7. 27, 89므1108; 1994. 5. 24, 93므119; 서울가판 2019. 9. 19, 2017드단317054.
3 대판 2003. 4. 8, 2002므2292.

:: 참고판례

협의파양신고로 인하여 양친자관계가 해소된 이후에, 입양무효 확인을 구하는 반
소청구가 제기된 것이므로, 그 협의파양의 무효를 구하는 본소청구가 인용되어
양친자관계가 회복되지 아니하는 한, 이는 과거의 법률관계에 대한 확인을 구하
는 것이라 하겠지만, 그 입양은 모든 분쟁의 근원이 되는 것이어서 당초입양의 효
력 유무에 대한 판단결과는 당사자 간의 분쟁을 발본(拔本)적으로 해결하거나 예
방하여 주는 효과가 있다 할 것이므로 이를 즉시 확정할 법률상 이익이 있다[대
판 1995. 9. 29, 94므1553(본소), 1560(반소)].

2. 입양의 취소

(1) 개념과 절차

(가) **입양취소의 의미**   특정 당사자 사이의 입양에 법정취소원인이 있을 때,
장래에 향하여 그 입양의 효력을 소멸시킬 것을 목적으로 하는 형성의 소가 입양
취소이다. 보통은 입양의 성립요건에 흠이 있다는 이유로 그 입양의 취소를 주장
한다. 소급효가 없는 것은 혼인취소의 경우와 동일하다.

(나) **입양취소의 절차**   어떤 입양에 취소원인이 있더라도, 양친과 양자가 서로
"우리 입양 취소합시다. 좋습니다"하고 합의하여 입양을 취소시킬 수는 없고 반드
시 소송을 걸어서 판결로만 취소할 수 있다(제884조). 가사소송법에는 이를 조정대
상 사건으로 규정(가소 제 2 조 ①항, 나류사건 10호, 제50조)하고 있으나, 당사자의
임의처분이 허용될 수 없으므로 조정으로 해결할 수 없고 판결로만 처리할 수 있
는 형성의 소이다.

(2) 입양취소의 당사자

입양취소의 소의 원고는 민법의 각 조항에서 자세히 규정하고 있고, 피고 즉
상대방이 될 사람은 가사소송법에서 일률적으로 규정하고 있다. 양친은 양자를 상
대로, 양자는 양친을 상대로 청구하여야 하고, 상대방이 사망한 경우는 검사를 상
대로 한다. 제 3 자가 제기하는 경우는 양친자(養親子) 쌍방(필수적 공동소송)을 피고
로 삼고, 그 중 일방 사망시는 생존자를, 쌍방 모두 사망시는 검사를 상대로 한다
(가소 제31조·제24조).

(3) 일반입양 취소의 원인(청구원인)과 제소(제척)기간

⑺ 무효원인 이외의 입양요건을 흠결한 경우(제884조 ①항 1호)

1) 미성년자가 양친이 되어 양자를 입양한 때(제866조)(미성년자가 혼인하면 성년자로 간주됨)　　양부모, 양자와 그 법정대리인·직계혈족(제885조)이 원고가 되어 제소할 수 있고, 제소기간은 양친이 성년에 달하기 전이고, 양부모가 성년에 달하면 취소청구권이 소멸된다(제889조). 법의 명문에는 양부모라고 규정하고 있으나, 양부이든 양모든 성년에 달한 사람의 취소청구권이 소멸된다고 해석할 것이다. 미성년자가 혼인한 경우라면 성년자로 간주되므로, 여기서 양부모는 미성년자가 혼인하지 않고 단독으로 양부 또는 양모가 된 경우를 의미한다고 해석할 것이다.

2) 양자(13세 이상의 미성년자)가 친생부모나 후견인의 동의를 얻지 않고 입양된 경우, 법정대리인의 소재를 알 수 있는데도 그 동의나 승낙을 받지 아니하고 입양된 경우(제869조 ①항·동조 ③항 2호)　　양자나 동의권자가 제소할 수 있고(제886조), 사유를 안 날로부터 6개월, 사유가 있었던 날로부터 1년이 지나면 청구권이 소멸된다(제894조). 이 기간은 제척기간이라고 해석된다.

3) 미성년자 또는 성년자가 부모의 동의 없이 입양되었거나, 피성년후견인이 성년후견인의 동의 없이 입양하거나 양자가 된 경우, 부부가 단독으로 입양하거나 배우자의 동의 없이 양자가 된 경우(제870조 ①항, 제871조 ①항, 제873조 ①항, 제874조)　　양자나 동의권자, 피성년후견인이나 성년후견인, 배우자는 위와 같은 입양의 취소를 청구할 수 있다(제886조, 제887조, 제888조).

미성년양자가 성년에 달한 후 3개월이 지나거나, 성년양자 등이 사망한 경우, 성년후견개시 심판이 취소된 후 3개월이 지나거나, 동의권자나 배우자 등이 그 사유를 안 날부터 6개월, 그 사유가 있었던 날부터 1년이 지나면 취소청구권이 소멸된다(제891조, 제893조, 제894조).

4) 부부공동입양에서 양친(부부)의 일방과 양자 사이에 취소사유가 있을 때 입양 전체가 취소될 것인가?　　양자에게 행복한 가정을 만들어주는 것이 입양제도의 목적이므로 입양 전체가 취소되어야 할 것이다.

처가 있는 남자가 혼자서 임의로 부부쌍방 명의로 입양신고를 한 경우, 양모자(養母子) 사이는 입양의 합의가 없어서 무효이고, 양부자(養父子) 사이는 부부공동입양의 요건을 구비하지 못하여 취소할 수 있는 입양이다. 그러나 처가 취소하지 않고 있는 이상 유효한 입양이다.[1]

5) **양친(養親)의 이혼과 입양관계의 종료**   양(養)부모가 이혼하여, 양모가 양부와 헤어졌다고 하여 양모자관계가 당연히 종료·소멸되지는 않는다.[2]

(나) **악질 등 중대한 사유(제884조 ①항 2호)**   입양 당시 양부모와 양자 중 어느 한쪽에 악질(惡疾)이나 그 밖에 중대한 사유가 있음을 알지 못한 때는 입양을 취소할 수 있다. 입양 당시 이를 알았더라면 입양하지 않았으리라는 정도의 사유, 예컨대, 성병(性病), 정신병 등 불치의 질병과 상습절도, 상습강도의 습벽, 성불구, 알코올중독 기타 사유이다. 그러나 장애자임을 알고 입양한 경우, 또는 상대방에게 재산이 많이 있는 것으로 알고 입양신고를 하였으나 실제로 그렇지 않은 경우는 여기에 해당되지 아니한다. 중대한 사유는 반드시 '양가의 가계계승' 가능여부와 결부되어 있는 것은 아니다(더구나 호주제도는 2008년부터 폐지되었다).

이 경우 양친(養親)이나 양자 중 중대한 사유를 몰랐던 일방이 원고가 되고, 그 사유를 안 날로부터 6개월(제896조) 안에 제소하여야 한다. 이는 제척기간이므로 이 기간 경과 후에는 당사자의 책임 없는 사유로 이를 지키지 못한 경우에도 추후보완 제소를 할 수는 없다.

:: **참고판례**

하급심판례 중에는 나이 어린 양자가 몇 차례 물건을 훔치는 행위를 하였다고 하더라도 그것을 파양사유(중대한 사유)로 볼 수 없다는 사례가 있다(수원지판 2002. 10. 23, 2002드단16757; 미공간). 친양자에게 통제능력 상실이라는 진단이 내려져도 그를 상대로 친생자관계부존재확인청구를 할 수는 없다(서울가판 2019. 9. 19, 2017드단317054; 확정, 미공간).

(다) **사기나 강박으로 인한 입양(제884조 ①항 3호)**   입양 당시 사기나 강박으로 인하여 입양의 의사표시를 한 사람이 제소하고, 사기를 안 날이나 강박을 면할 날로부터 3개월이 지나면 취소권은 소멸된다(제897조·제823조).

---

1 대판 1998. 5. 26, 97므25.
2 대판 2001. 5. 24, 2000므1493; 서울가판 2015. 8. 13, 2014드단313051(이혼이 친양자(전혼의 출생자를 입양)의 파양사유가 될 수 없다).

(4) 특별양자, 즉 친양자의 입양취소(제908조의 4 ①항)

친양자의 입양은 가정법원의 허가심판을 거쳐서 입양이 이루어지므로, 그것을 취소하는 경우에도 가정법원에 청구하여야 한다.

㈎ 원 고   입양당시 동의를 할 수 없었던 친생의 부(父)나 모(母)이다.

㈏ 피 고   양친과 양자 쌍방(3인)을 피고로 삼아야 한다(필수적 공동소송). 3인 중 일부가 사망한 경우는 생존자를 피고로 삼고, 전부가 사망한 때는 검사를 피고로 삼는다(가소 제31조, 제24조 ③항).

㈐ 관 할   친양자 입양의 취소나 파양사건은 양부모 중 1명의 주소지 등 보통재판적 소재지, 양부모 모두 사망한 경우는 그 중 1명의 마지막 주소지 가정법원의 전속관할에 속하며(가소 제30조), 단독판사의 관할에 속한다[민사 및 가사소송의 사물관할에 관한 규칙(대규 제2163호) 제 3 조].

㈑ 취소원인   원고가 책임 없는 사유로 입양동의를 할 수 없었음을 이유로 삼아야 한다(제908조의 2 ①항 3호 단서).

㈒ 제소(제척)기간   사유를 안 날부터 6개월 이내에 제소하여야 하고, 그 기간이 지나면 취소청구권이 소멸된다. 사유를 안다는 것은 입양사실을 알면 족하고 그 입양으로 인하여 양자의 종전생가의 친족관계가 소멸한다는 것까지 알아야 하는 것은 아니다. 실제로는 상당한 세월이 흐른 후 이를 알았다면 그 때로부터 6개월 안에 취소의 소를 제기할 수 있으니 문제라고 할 것이다.

㈓ 일반 양자의 입양취소에 관한 규정은 친양자에게는 적용되지 아니한다(제908조의 4 ②항). 일반양자의 입양은 개인 간의 신분계약으로 성립되고, 친양자의 입양은 가정법원의 심판으로 성립되므로 근본적으로 다르기 때문이다. 사기나 강박을 이유로 하는 친양자 입양취소 같은 것은 있을 수 없다.

㈔ 취소청구의 기각   친양자 입양취소 사건을 심리하는 가정법원은 친양자의 복리를 위하여 그 양육상황, 친양자 입양의 동기, 양부모의 양육능력, 그 밖의 사정을 고려하여 친양자 입양의 취소가 적당하지 아니하다고 인정하면 그 입양취소 청구를 기각할 수 있다(제908조의 6, 제908조의 2 ③항).

[입양취소의 소의 원고와 피고 등]

입양취소사유	원 고	피 고 (가소 제24조, 제31조)	제소(제척)기간, 청구권소멸	근거법령
미성년자가 입양한 경우(제866조)	양부모, 양자와 그 법정대리인	양부모나 양자, 검사	양부 또는 양모가 성년에 달하기 전까지 (성년이 되면 청구권 소멸)	제884조①항 1호, 제885조, 제889조
	직계혈족	양친자쌍방, 일방, 검사		
동의를 받지 아니한 13세 이상 미성년자 입양(제869조 ①항, ③항 2호)	양자나 동의권자 (부모, 후견인)	양친과 양자 쌍방, 생존자(일방), 검사	안 날로부터 6개월, 입양시부터 1년	제884조 ①항 1호, 제886조, 제894조
부모의 동의 없는 성년자·미성년자 입양(제870조, 제871조 각 ①항)	양 자	양친, 검사	양자가 성년이 된 후 3개월, 양자가 사망하기 전	제884조 ①항 1호, 제886조, 제891조
	그 동의권자 (부모, 후견인)	양친자쌍방, 생존자(일방), 검사		
성년후견인의 동의 없이 피성년후견인이 입양하거나 입양된 경우	피성년후견인, 성년후견인	양자 또는 양친, 검사	성년후견개시 심판 취소 후 3개월, 입양사실을 안 날부터 6개월, 입양일부터 1년	제884조 ①항 1호, 제873조 ①항, 제887조, 제893조
부부공동입양에서 단독입양(제874조)	배 우 자	양자, 검사	사유를 안 날로부터 6개월, 사유가 있었던 날로부터 1년	제884조 ①항 1호, 제888조, 제894조
악질 등 중대한 사유	양부모 또는 양자	양자 또는 양친, 검사	그 사유를 안 날로부터 6개월	제884조 ①항 2호, 제896조
사기나 강박으로 한 입양	사기나 강박을 당한 사람	양친 또는 양자, 검사	사기를 안 날이나 강박을 면할 날로부터 3개월	제884조 ①항 3호, 제897조, 제823조
부모의 동의 없는 친양자 입양 (제908조의6, 제908조의2)	입양당시 동의를 할 수 없었던 친생 부·모	양친자쌍방, 생존자(일방), 검사	사유를 안 날부터 6개월	제908조의 4, 가소 제31조, 제24조

* 미성년자 입양, 피성년후견인의 입양에 가정법원의 허가를 요구하고 있는 개정민법(제867조, 제873조 ②항)이 시행되면, 입양취소청구는 거의 없을 것으로 보인다.

(5) 입양취소의 효과

(가) 입양의 취소판결이 확정되면 입양은 취소되어 그 때부터 효력이 소멸된다. 원고 또는 피고는 재판확정일로부터 1개월 안에 가족관계등록부의 정정신청을 하여야 한다(가등법 제65조·제63조, 제58조, 제70조; 신청서에는 재판확정일자를 기재하여

야 함). 이 신고는 보고적 신고이다.

  (ᄂ) 입양으로 생긴 친족관계(법정혈족관계)는 입양취소로 종료·소멸된다. 다만 그 효과는 장래에 향하여 발생할 뿐이고 과거로 소급하지 아니한다(제897조·제824 조·제908조의7 ①항, ②항). 친양자입양 취소의 경우는 입양 전의 친족관계가 부활 하여 양자(미성년)는 친생부모의 친권에 따르고 성을 회복하게 된다.

  (ᄃ) **손해배상** 입양의 무효와 취소의 경우 당사자는 과실 있는 상대방에 대 하여 손해(정신상 손해와 재산상 손해 포함)의 배상을 청구할 수 있다(제897조·제806 조). 이러한 손해배상청구권은 원칙적으로 양도하거나 승계할 수 없다(제897조·제 806조).

  (ᄅ) **상속 기타** 입양 당시 취소원인이 있음을 알고 있었던 당사자(양친과 양 자)는 그 입양으로 인하여 얻은 이익의 전부를 반환하여야 한다. 그러나 입양취소 판결이 확정되기 전에 양부가 사망하여 재산을 상속한 양자는 취소의 불소급의 원 칙상, 정당하게 상속한 것이 되고, 부당이득이 되지는 아니한다.

Ⅴ. 파양(罷養)

1. 서 론

(1) 개 념

  (ᄀ) 의 미 파양은 유효하게 성립된 양친자관계를 종료·해소시키는 절차 다. 파양에는 협의상 파양과 재판상 파양의 2가지가 있다. 이는 이혼에 협의상 이 혼과 재판상 이혼이 있는 것과 비슷하다.

  (ᄂ) **사망과 파양** 입양당사자 일방의 사망만으로는 양친자관계가 완전히 종 료·해소되지 아니한다. 양자와 양친 및 그 친족 사이에도 입양으로 친족관계가 발 생하기 때문이다. 부부의 일방이 사망하여도 인척관계가 소멸되지 아니하는 것과 같다.

(2) 유사개념과 구별; 의절(義絶)

  법정혈족관계인 양친자관계를 종료·해소시키는 사유로는 당사자 일방의 사망 이 있지만, 생존 중 임의로 해소시키는 방법으로는 파양밖에 없다. 그러나 자연혈 족관계인 친생자관계를 생존 중 임의로 종료시키는 길은 없다. 예컨대, 의절(義絶)

이라는 말이 있지만 법률상 인정되지 아니한다.

(3) 존재이유

처음에는 당사자들이 무슨 이유로[의지(依支)나 부양, 가계계승, 재산상속 등] "서로 좋다"고 친자관계를 맺었으나, 나중에 그 관계가 악화되어 서로가 원수(怨讐)처럼 된 경우 이러한 관계를 계속 유지하라고 강요하는 것은 불합리하므로 파양이 인정되고 있다. 그러나 이 파양을 너무 자유롭게 인정하면 입양아의 보호나 성장(복리)에 나쁜 영향을 미치므로, 법은 그 요건을 정하고 있다.

(4) 친양자의 파양(제908조의 5 신설)

일반양자의 경우와 달리 특별양자(친양자)에게는 협의상 파양(제898조)과 재판상 파양(제905조)의 규정이 적용되지 않는다(제908조의5 ②항). 따라서 친양자관계는 협의파양으로 종료·해소될 수 없고, 특별한 규정(제908조의5)에 따른 재판상 파양만 인정된다.

2. 협의상 파양

양부모와 양자는 서로 협의하여 파양할 수 있다(제898조). 이를 협의상 파양이라고 하고, 이는 일반양자에게만 인정된다. 그러나 양자가 미성년자이거나 피성년후견인인 경우에는 협의파양을 할 수 없다(개정민법 제898조 단서). 그러므로 협의파양은 항상 성년자이고 의사능력자인 양자와 양부모 사이에서만 이루어질 수 있다. 이는 양자를 특별히 보호하기 위한 것이다.

(1) 실질적 성립요건

⑺ 당사자 사이에 파양의 합의(파양의사의 합치)가 있을 것(제898조). 이 합의는 무조건·무기한의 것이라야 한다. 가장(假裝)파양은 무효이고, 파양의 의사표시과정에 사기나 강박이 개입된 경우는 파양취소의 문제가 생긴다. 파양의사의 합치는 파양신고서 작성시점부터 수리(受理)시점까지 존재하여야 한다. 그러므로 파양신고서의 수리 이전에 파양의사를 철회하면 파양의 효력은 생기지 아니한다.

양친이 피성년후견인인 경우 양(養)부모는 양자[1]와 협의파양을 할 수 있고 이때는 성년후견인의 동의를 받아야 한다(제902조). 협의당시 양부모에게 의사능력이

---

1 이 경우 마침 양자도 피성년후견인이라면 협의파양을 할 수 없다.

없으면 후견인의 동의를 받았더라도, 그러한 파양은 무효이다. 양부모와 양자에게 의사능력이 있고 후견인의 동의를 받은 이상, 협의파양은 유효하다.

(나) 부부공동입양의 경우

1) 양부모의 이혼   부부공동입양제하에서는 양부모가 이혼하여도, 양부자관계나 양모자관계는 소멸되지 아니한다.[1] 친생부모가 이혼하더라도 친자관계에 변동이 없는 것과 동일하다.

2) 부부공동입양의 파양도 양친(이혼여부 불문)이 공동으로 하여야 할 것이다(공동파양[2]). 부부(양친)의 한쪽이 사망하거나 의사표시를 할 수 없는 경우는 부부 일방이 단독으로 파양할 수 있다[3]고 해석된다.

3) 양자에게 배우자가 있는 경우는 그 배우자의 동의를 얻어서 협의파양할 수 있다. 양자의 배우자는 양자가 아니므로, 양자가 사망하거나 이혼하더라도 양친과 파양할 수 없고 파양할 필요도 없다.

(2) 형식적 요건

협의이혼의 경우는 "판사의 이혼의사확인절차"가 있지만, 협의파양의 경우는 그런 절차도 없다. 협의상 파양은 「가족관계의 등록 등에 관한 법률」에 따라 신고하여야 그 효력이 생긴다(제904조·제878조, 가등법 제64조). 그러한 의미에서 파양신고는 창설적 신고이다. 파양신고는 협의이혼신고와 같이 당사자 쌍방이 서명한 서면으로 하여야 한다(제878조 ②항 : 2013. 7. 1. 증인 2명의 연서 폐지·제903조).[4] 담당공무원은 협의파양신고서를 형식적으로 심사하여 법령위반(동의권자의 동의 누락 등)이 없으면 이를 수리하여야 한다(제903조).

(3) 파양의 효과

(가) 친족관계의 소멸   파양이 이루어지면 양자관계나 친양자관계는 종료·소멸하고 입양 전의 친족관계가 부활한다(제776조, 제908조의 7 ①항).

입양으로 인하여 발생한 법정친족관계(양자와 양부모·양부모의 혈족간의 관계)

---

1 대판 2001. 5. 24, 2000므1493(전원합의체).

2 박병호, 193면; 이영규, 183면.

3 대판 2001. 8. 21, 99므2230; 2009. 4. 23, 2008므3600(양부가 사망한 때, 양모는 단독으로 양자와 협의상 파양 또는 재판상 파양을 할 수 있으되, 이는 양부와 양자 사이의 양친자관계에는 영향을 미칠 수 없다. 그리고 양모는 이미 사망한 양부에 갈음하여 또는 양부를 위하여 파양을 할 수는 없다. 이는 재판상 파양에 갈음하는 친생자관계부존재확인청구에 관하여서도 마찬가지이다).

4 파양신고서의 양식은 가족관계등록예규에 별표 양식 6호로 규정되어 있다.

는 파양으로 인하여 장래에 향하여 소멸된다(제776조). 따라서 양부모와 양자 사이의 법정친자로서의 법률효과, 즉 부양관계·상속관계·친권관계 등은 파양으로 모두 종료·소멸된다. 그러나 친족관계가 소멸되더라도 양친이나 양자가 혼인하려고 할 경우, 혼인장애사유가 된다. 예컨대 양녀(養女)는 양부(養父)였던 남자와 혼인할 수 없다(제809조 ②항).

(나) **가족관계등록부 정리**　　일반양자이든 친양자이든 그 양자관계가 파양이 되면 시·구·읍·면사무소에 파양신고를 하여야 한다(가등법 제63조, 제64조, 제69조). 그러면 각 당사자의 가족관계등록부에 그 파양내용이 전산으로 입력·정리된다.

입양으로 인하여 성(姓)이 변경된 경우는 파양으로 성이 회복된다(제908조의7 ①항).[1] 친양자의 파양신고에 따라 가족관계등록 공무원은 친양자의 성과 본을 원래의 성과 본으로 정정하여 등록부에 기록하게 된다.[2]

(다) **친생부모의 친권 등 부활**　　양자가 미성년자인 경우는 파양으로 생가부모의 친권이 부활하고, 친양자의 경우는 생가의 친족관계가 부활한다.

(라) **상속 등**　　양부모 중 일방이 사망하여 양자가 상속을 받은 후에, 파양이 이루어진 경우는 파양의 효과가 소급하지 아니하므로, 상속은 유효하다.

(마) **손해배상청구**　　재판상 파양의 경우 당사자 일방은 '과실 있는' 상대방에 대하여 손해배상을 청구할 수 있다(제908조, 제806조, 가소 제 2 조 ①항, 다류 가사소송사건 3호).

(4) 협의상 파양의 무효와 취소

(가) 재판상 파양은 판결로 선고된 파양이므로 상소·재심으로 다툴 수 있을 뿐이고 그 무효·취소를 주장할 수 없다. 협의상 파양에서만 파양의 무효·취소를 주장할 수 있음은 협의상 이혼의 경우와 같다.

(나) **협의상 파양의 무효**　　이에 관하여 민법에 명문의 규정이 없다. 합의가 없는 파양, 의사무능력자의 파양, 가장 파양, 조건부 파양, 제 3 자가 당사자 모르게 신고한 파양, 파양신고 전에 파양의사를 철회한 경우 등은 무효이다. 파양 무효 사건은 조정의 대상이 될 수 없다.

(다) **협의상 파양의 취소**　　사기나 강박으로 인하여 협의파양을 한 사람은 가정

---

1 김형배, 218면.
2 친양자입양재판에 따른 사무처리지침(가족관계등록예규 제291호 2008. 11. 3. 개정), 제10조.

법원에 그 협의파양의 취소를 청구할 수 있다(제904조, 제823조, 제878조, 가소 제 2
조 ①항, 나류 가사소송사건 11호). 사기를 안 날이나 강박을 면한 날로부터 3개월 이
내(제척기간)에 취소권을 행사하여야 하고(제823조), 취소의 방법은 협의이혼취소의
경우와 같고(형성의 소이므로 당사자간의 의사표시만으로는 취소불가능하고, 반드시 소
를 제기하여야 함), 그 효과가 소급한다. 파양취소 사건도 가사소송법에서는 조정의
대상으로 규정하고 있으나, 당사자의 임의처분이 허용되지 아니하는 형성의 소이
므로 조정으로 처리될 수 없다.

(5) 특별양자(친양자)의 협의파양(소극)

앞에서 이미 본 바와 같이 친양자는 입양시부터 양친의 혼인중 출생자(친생자)
로 간주되므로(제908조의3 ①항), 협의상 파양이 허용되지 아니한다(제908조의5 ②항).
친양자는 이른바 계약형 양자가 아니고, 선고(허가)형 양자로서 그 효과는 제 2 의
출생이라, 직계혈족인 부모와 자식 사이와 마찬가지로 당사자의 임의의 관계단절
이 허용되지 아니하기 때문이다.

3. 재판상 파양

(1) 재판상 파양의 의미

입양당사자(양친과 양자)가 협의로 파양하는 경우는 협의이혼의 경우와 마찬가
지로 파양사유가 있든 없든 상관없이 파양할 수 있다. 양친자 중 일방이 파양합의
에 불응하거나 행방불명 등 사정으로 합의할 수 없는 경우는 그를 상대로 가정법
원에 소를 제기하여 법원의 판결을 받아서 양친자관계를 종료·해소시킬 수 있다.
요컨대, 양친과 양자가 상대방에게 파양원인(파양사유)이 있다는 이유로 소를 제기
하여, 법원의 판결을 받아서 양자관계를 종료시키는 것이 재판상 파양이다. 이러한
재판상 파양사건은 가사소송법상 나류 가사소송사건 12호이다(가소 제 2 조 ①항).

(2) 파양청구의 당사자

(가) 일반양자의 파양청구의 당사자(원·피고)는 양부모나 양자이다.

1) 양자가 13세 미만인 경우에는 입양승낙을 대신한 대락권자(제869조 ②항)가
양자를 갈음하여 파양을 청구할 수 있다(제906조 ①항). 파양을 청구할 수 있는 사
람이 없는 경우에는 민법 제777조에 따른 양자의 친족이나 이해관계인[1]이 가정법

---

1 아동보호전문기관이 이해관계인으로 파양청구를 할 수 있을 것이다(김상용, 전게논문, 13면).

원의 허가를 받아 파양을 청구할 수 있다(동조항 단서). 여기의 허가는 소송대리권에 관한 법원의 허가이고, 이 허가를 받기 위하여 별도의 절차를 밟아야 하는 것은 아니고, 소장을 제출한 후 변론기일에 재판장이 법정에서 허가할 수도 있을 것이다.

2) 양자가 13세 이상의 미성년자인 경우는 당초 입양에 동의를 한 부모의 동의를 받아 파양청구를 할 수 있다. 다만, 부모가 사망하거나 그 밖의 사유로 동의할 수 없는 경우에는 동의 없이 파양청구를 할 수 있다(제906조 ②항). 이 규정대로 한다면 14세의 양자는 독립하여 혼자서 파양청구의 소를 제기할 수 있다는 것인데, 이것이 과연 가능할까? 그러한 양자를 위한 특별대리인(민소 제62조)을 선임하여야 할 것인가? 이를 긍정하는 학설이 있으나,[1] 검사가 이러한 미성년자를 대리하여 파양의 소를 제기할 수 있을 것이다. 검사가 소를 제기하지 아니하면 결국 특별대리인을 선임하여야 할 것이다.

3) 양부모나 양자가 피성년후견인인 경우에는 성년후견인의 동의를 받아서 파양을 청구할 수 있다(제906조 ③항).

미성년자나 피성년후견인이 파양소송의 피고가 된 경우는 동의권자의 동의가 필요하지 않다고 해석할 것이다.

4) 검사는 미성년자나 피성년후견인인 양자를 위하여 파양을 청구할 수 있다(제906조 ④항).

5) **부부공동입양의 경우**   부부공동입양의 경우는 부부 중 일방에게 사망·심신상실·의사표시불능 등 사유가 없는 이상, 부부공동으로 원고 또는 피고가 되어야 하나,[2] 배우자 있는 사람이 양자가 된 경우는 양자만이 원고[3]나 피고가 될 수 있다.

6) **당사자가 사망한 경우**   양부모·양자가 사망한 경우 그 사망자의 친족 등이 원고가 되어 재판상 파양청구를 할 수는 없다.[4] 부부 중 일방이 사망하면 이혼청구를 할 수 없는 것과 동일하다. 파양소송계속 중에 원·피고가 사망하면 상속이 개시되고 소송은 종료된다.[5] 검사를 피고로 삼아 파양청구를 할 수 있다는 학설이

---

1 가사소송재판실무편람(법원행정처, 2008), 287면.
2 이와 반대되는 학설: 양친부부가 공동으로 하지 않더라도 부부의 일방만이 양자를 상대로 파양청구를 할 수 있다고 해석하는 설도 있다[我妻 외 2, 民法3 — 親族法·相續法 — (勁草書房, 2004), 163면].
3 입양시와 마찬가지로 배우자의 동의를 얻어야 파양청구를 할 수 있다고 해석할 것이다(김주수, 317면).
4 대판 1970. 5. 26, 68므31.
5 소송계속 중 양부모 중 1인이 사망하여도 생존자와 사이의 소송은 속행되고, 대락권자인 법정대리인(원고)이 사망한 경우는 생가의 다른 직계존속이 대락권자로서 소송절차를 승계할 수 있다(가소 제16조).

유력하게 주장되고 있다.[1]

7) 제3자의 원고적격   양부모와 양자, 입양·파양 당시의 대락권자 이외의 제3자, 예컨대 양조부모(養祖父母) 등에게는 파양청구의 당사자적격이 없다(아래 참고 판례).[2]

:: 참고판례

재판상 파양청구권자는 구민법(1990. 1. 13. 법률 제4199호로 개정 전) 제905조, 제906조에 의하여 준용되는 제899조에 의하여 양친과 양자에 한정되고 다만 양자가 15세 미만인 경우에 한하여 입양을 승낙한 자가 이에 갈음하여 파양을 청구할 수 있도록 되어 있을 뿐이며 구인사소송법(폐지) 제37조에 의하여 준용되는 같은 법 제26조, 제27조는 혼인의 무효 및 취소의 소의 당사자에 관한 규정으로서 입양의 무효·취소에 관한 소에는 준용할 수 없다(대판 1970. 5. 26, 68므31). 가사소송법은 혼인의 무효·취소의 소의 당사자에 관한 규정(동법 제23조, 제24조)을 입양의 무효·취소의 소에 준용하고 있다(동법 제31조).

(나) 특별양자(친양자)의 파양청구의 당사자(제908조의5 ①항)

1) 원 고   양친(養親), 친양자, 친양자의 생가의 부 또는 모, 검사가 원고가 된다.[3] 검사를 가사소송의 원고로 규정한 것은 중혼취소의 경우와 파양의 경우(제818조, 제906조 ④항, 제908조의5 ①항)뿐이다. 양자(미성년, 피성년후견인, 친양자)의 보호·양육을 위한 것이라고 본다.

2) 피 고   양친과 양자는 서로를 피고로 삼아야 하고, 생가의 부모 또는 검사가 파양청구를 할 경우는 양친과 친양자 쌍방을 모두 피고로 삼아야 할 것이다(필수적 공동소송)(가소 제24조 유추).

3) 소송계속 중 당사자의 사망   이 경우는 다른 제소권자가 소송절차를 승계할 수 있다(가소 제16조).

---

1 일민 제811조 ⑥항: 양친 또는 양자가 사망한 경우에도 생존당사자는 가정법원의 허가를 얻어 파양할 수 있다고 규정하고 있다. 이는 양자는 양친부모뿐만 아니라, 그 부모의 친족과 사이에도 친족관계가 생기므로 이를 종료, 소멸시킬 필요가 있기 때문이라고 한다[我妻 외 2, 民法 제7판 (2004), 73면].
2 대판 1970. 5. 26, 68므31; 1983. 9. 13, 83므16.
3 파양 당시 친양자가 미성년자이고 생가의 친생부모가 없을 경우는 입양당시 대락한 후견인 등 법정대리인도 파양청구를 할 수 있다고 해석할 것이다(김·김, 359면).

(3) 파양사유

재판상 파양사유는 재판상 이혼사유와 매우 비슷하다. 유책당사자의 파양청구가 가능한가 하는 문제도 동일하다. 유책자의 파양청구는 허용되지 않는다(판례는 유책주의를 채택). 우리나라 민법이 '양친자관계를 계속하기 어려운 중대한 사유'가 있으면 파양을 인정하는 목적(파탄)주의를 유책주의와 병용하여 절충적으로 채용하고 있다고 해설하는 학설[1]이 있으나 찬성할 수 없다. 개정민법은 양부모 중심, 양가(養家) 중심의 파양사유를 삭제하고 어디까지나 양자와 양부모의 인격을 서로 존중하고 원만한 친자관계를 유지하는 데 방해될 사유를 파양사유로 규정하고 있다.

⑺ 보통양자의 파양사유(제905조 1~4호)

1) 양부모가 양자를 학대 또는 유기하거나 그 밖에 양자의 복리를 현저히 해친 경우(제905조 1호)   종래의 파양사유인 "가족의 명예를 오독(汚瀆)하거나 재산을 경도(傾倒)한 중대한 과실이 있는 경우"(제905조 1호)를 없애고 양자의 복리를 해치는 사유를 파양사유로 규정한 것은 입양의 목적에 비추어 볼 때 매우 잘 한 개정이라고 생각된다. 전통적인 가(家)제도 내지 호주제도가 폐지되고 가산(家産)이라는 관념이 사라졌으므로, 종전의 위 1호 사유는 구시대적인 것이라고 비판받아 왔다. 개정민법에서는 파양사유로 학대 또는 유기를 예로 들고 있으나, 그 밖에도 양자의 건전한 성장과 발달을 저해하는 행위는 모두 포함된다고 해석할 수 있다.

2) 양부모가 양자로부터 심히 부당한 대우를 받은 경우(제905조 2호)   개정 전 민법에서는 양자의 생가부모가 심히 부당한 대우를 받은 경우도 파양사유로 규정하고 있었다. 이 사유는 '가(家)를 위한 양자'의 잔재이므로 입법론상 문제가 있다고 지적되어 왔다. 양자는 생가를 떠난 점에서 출가외인(出嫁外人)과 동일하므로, 생가부모는 관여하지 말아야 할 것이다. 그래서 개정민법은 양자의 복리 중심, 나아가 양부모 중심으로 규정하고 있다. 심히 부당한 대우에는 모욕적인 말이나 폭행[2]도 포함될 수 있다.

양부모와 양자의 별거(別居)는 파양사유인가? 혼인은 부부의 동거생활을 그 요소로 하고 있지만, 입양은 반드시 양친자의 동거를 요구하지 아니하므로 별거는 항상 파양사유가 될 수는 없다. 별거하면서 양부모에게 일체의 연락을 하지 아니

---

[1] 김형배, 208면; 이영규, 184면.
[2] 서울가판 2009. 12. 23, 2008드단85003(폭행을 이유로 한 파양소송에서 승소한 양친 중 양모가 그 원에 따라 양자의 후견인으로 지정되었다).

한다면 그것은 파양사유가 될 것이다.

　　3) 양부모나 양자의 생사가 3년 이상 분명하지 아니한 경우(제905조 3호)　　구법에서는 양부모의 생사불명을 규정하지 아니하였으나 개정법은 친자평등의 이념에 따라 양부모의 생사불명도 파양사유로 포함시킨 것이다. 생사불명기간이 1~2년 정도로는 파양사유가 될 수 없다.

　　4) 그 밖에 양친자관계를 계속하기 어려운 중대한 사유가 있는 경우(제905조 4호)　　이것이 이른바 상대적·추상적 파양원인이다. 양친과 양자의 불륜관계, 양녀에게 추업에 종사하라고 강요하는 경우, 형의 선고와 복역, 양자의 도망 등도 '중대한 사유'에 해당된다. 당사자 쌍방에게 책임 없는 사유로 친자관계가 파탄된 경우도 포함된다고 본다. 생후 1개월 정도의 영아가 입양되어 자라던 중 13세에 이르러 절도죄를 지어 가정법원에서 소년부송치결정을 받은 사실은 '중대한 사유'라고 말할 수 없다.[1]

　　5) **부부공동입양의 경우**　　부부 중 일방에만 파양원인이 있을 때 양부모 쌍방을 피고로 삼아 소송을 걸어서 입양 전체를 해소시킬 것인가? 학설이 대립하고 있다.

　　a) 공　동　설 : 입양 전체를 종료·해소시켜야 한다.

　　b) 개　별　설 : 파양원인이 있는 부부 일방만을 피고로 삼아서 입양을 종료시켜야 한다.

　　c) 절　충　설 : "양자에게 건전한 부모와 가정을 보장하여 주려는" 부부공동입양 제도의 정신에서 보아 입양 전체를 해소시키고, 그러한 정신에 위배되지 아니하는 범위 내에서 개별적으로 파양시켜도 된다.

　　d) 판　　례 : 판례는 원칙적으로 공동파양을 하여야 한다[2]고 하고, 예외적으로 "양친 부부의 일방만을 피고로 하는 재판상 파양청구를 부적법하다고 할 수 없다"[3]고 선언하여 개별설을 채택하고 있다.[4] 양자가 부부인 경우는 양자인 부부 일방에 대하여서만 파양할 수 있음은 당연하다.[5] 양자의 배우자는 양자가 아니기

---

1 수원지판 2002. 10. 23, 2002드단16757(H복지회로부터 영아를 인수하여 입양한 사례; 저자가 피고를 맡아서 소송수행한 사건).
2 대판 2001. 8. 21, 99므2230.
3 서울가판 1992. 4. 23, 91드63419.
4 김주수, 317면; 김·김, 334면; 일본의 경우는 원칙적으로 미성년 양자와 파양하는 경우, 입양 전체가 해소되고, 심신상실, 행방불명 등 특별한 사정이 있을 때(피고가 항변으로 주장하고 입증하여야 함)는 일부파양이 허용되고 파양사유가 없는 일방에 관하여는 파양이 인정되지 아니한다고 한다(1950. 8. 15 民甲 2201호 회답; 개정일민 제811조의 2).
5 高橋朋子 외 2, 민법 7(2004), 151면.

때문이다.

⑷ **특별양자(친양자)의 파양사유(제908조의 5)**[1]

1) 양친이 친양자를 학대 또는 유기(遺棄)하거나 그 밖에 친양자의 복리를 현저히 해하는 때(제905조의8 ①항 1호).[2]

2) 친양자의 양친에 대한 패륜(悖倫)행위로 인하여 친양자관계를 유지시킬 수 없게 된 때(동조항 2호).

앞에서 본 일반양자의 파양사유 중 제905조 1호, 2호와 내용이 동일하므로, 앞의 설명이 여기 친양자의 파양사유의 설명과 동일하다고 생각할 수 있다.

다만 가정법원은 친양자의 파양사건을 심리하면서, 특히 친양자의 패륜행위로 인한 친양자관계의 유지 여부를 판단할 때는 양자의 복리 기타 사정을 참작하여 파양청구를 기각할 수도 있다(제908조의6, 제908조의2 ③항). 파양사유 중 '친양자의 복리를 현저히 해하는 때'의 의미는 친양자를 양친의 보호 하에 맡겨두는 것이 그 양자의 복리를 현저히 해치는 때를 말하는 것이고, 사안에 따라 구체적으로 판단할 수밖에 없다. 그 사유가 양친의 어느 한쪽에 있든(다른 쪽이 이를 저지하지 못하면) 양쪽에 있든, 사유발생의 이유가 고의이든 과실이든 또는 무과실이든 불문하고 양자의 복리를 해치면 파양사유가 된다. 패륜행위는 양친에 대한 모욕·학대·유기, 폭행 등 반인륜적 행위를 말하고, 이로 인하여 양친자관계를 유지할 수 없게 된 경우를 의미한다.

:: 참고판례

부부공동파양, 단독파양 : 양친(養親)부부 일방의 사망·이혼의 경우는 나머지 부부 일방(양부 또는 양모)과 양자의 단독파양이 가능하고, 이 경우 사망자와 양자 간의 양친자관계에는 영향을 미칠 수 없다(대판 2001. 8. 21, 99므2230).

⑷ 재판상 파양의 절차(조정전치)

㈎ **관할법원과 조정**   파양의 소는 양부모 중 한 사람의 주소지 등 보통재판

---

1 친양자제도의 본질상 친양자의 파양은 있을 수 없으나(스위스, 프랑스, 일본 등), 개정민법은 우리나라 사회의 정서를 고려하여 파양을 인정하고 있다고 한다(김·김, 409면).

2 서울가판 2015. 8. 13, 2014드단313051〔배우자의 전혼(前婚)자녀를 친양자로 입양한 후, 배우자와 이혼하게 되었다는 사정은, 친양자 파양사유가 될 수 없다〕. 친양자가 양친을 살해하거나 살해하려고 시도한 행위는 파양사유가 될 것이다(김·김, 409면). 울산가판 2018. 2. 6, 2017드단22414(본소), 4577(반소) 반소에 기하여 양부의 학대를 이유로 친양자파양을 선고(미공간).

적 소재지 가정법원 단독판사의 전속관할에 속한다(가소 제30조).

재판상 파양은 당사자의 임의처분이 가능한 나류 가사소송사건 12호이므로 (가소 제 2 조 ①항·제50조), 조정전치주의의 적용대상이다. 파양조정이 성립(재판상 파양청구권 포기 또는 파양청구를 인정하는 조정 가능)되면 파양의 효력이 생긴다(가소 제59조 ②항). 조정이 성립되지 아니하면 당연히 소송절차로 이행(移行)된다. 이 경우는 조정신청 당시에 파양의 소가 제기된 것으로 본다(가소 제49조·민조 제36조 ① 항 2호). 친양자 파양은 조정의 대상이 될 수 없다. 친양자는 친생자와 같은 지위에 있기 때문이다.

⒩ 13세 이상 미성년자의 소송능력 양자가 13세 이상의 미성년자인 경우에는, 입양 당시 동의(제870조 ①항)를 한 부모의 동의를 받아 파양청구를 할 수 있고, 부모가 사망하였거나 그 밖의 사유로 동의를 할 수 없는 경우에는 동의 없이 파양을 청구할 수 있다(제906조 ②항). 이 규정의 해석상 이러한 미성년양자는 소송능력을 얻은 것인가? 내가 누구의 양자로 가겠다는 의사표시를 할 수 있는 능력이 있다고 하여, 바로 파양의 소송능력까지 부여한 것으로 볼 수는 없고, 정작 파양청구의 소를 제기하려면 검사에게 찾아가 부탁하거나(제906조 ④항), 아니면 특별대리인(민소 제62조)을 선임하여야 할 것이다.[1] 피성년후견인이 양부모나 양자가 된 경우의 소송능력도 마찬가지라고 할 것이다.

⒟ 소송방법의 선택(파양소송이 아니라, 친자관계부존재 확인소송으로도 가능한가?) 입양신고 대신 친생자출생신고(허위신고)를 한 경우, 당사자들에게 파양사유가 있으면 이를 어떻게 처리할 것인가? 친생자관계부존재 확인청구의 소에서 청구취지의 변경절차 없이, 파양에 갈음하는 친생자관계부존재 확인청구를 인용하고 있는 것이 실무의 대세인 것 같다.[2]

(5) 제소기간(제척기간 : 파양청구권의 소멸)

⒢ 일반양자 양부모와 양자의 3년 이상 생사불명(제905조 3호)을 이유로 하는 파양청구의 소는 생사불명기간이 지난 후 언제든지 제소할 수 있고, 그 이외의

---

1 가사소송재판실무편람(법원행정처, 2008), 287면.

2 서울가판 2007. 11. 7, 2007드단26199; 대전지법가정지판 2007. 10. 10, 2007드단6181 등(가족등록부상 출생신고가 된 자녀를 상대로 친자관계를 단절하려면, 우선 친자관계부존재확인의 소를 제기하고, 피고 측에서 입양의 효력이 생긴 것이라고 항변할 때, 원고는 다시 예비적으로 파양청구로 청구취지를 정정한다. 이러한 절차가 번거로움은 명약관화하다. 파양청구를 인용하든, 친자관계부존재확인청구를 인용하든 법률상 친자관계를 단절·종료시키는 결과는 동일하다).

경우는 사유를 안 날로부터 6개월, 사유가 발생한 날로부터 3년이 지나면 제소할
수 없다(제907조). 위 6개월이나 3년은 제척기간이라서 이 기간이 지나면 파양청구
권이 소멸된다. 피고의 항변을 기다릴 필요 없이 판사는 이를 직권으로 심리하여
기간이 지난 경우는 청구를 각하하여야 한다. 파양청구의 소를 제기하여 소송이
진행 중인 동안 계속하여 파양사유가 존재하는 경우(예컨대 제905조 4호)는 위의 제
척기간이 적용될 여지가 없다.[1]

(내) **특별양자**   친양자의 파양청구에는 제소(제척)기간에 관한 규정이 없다.
그러나 친양자에 관하여는 그 성질에 반하지 아니하는 범위 안에서 양자에 관한
규정이 준용되므로(제908조의8), 제907조를 준용하여 사유를 안 날부터 6개월, 사
유발생일로부터 3년 안에 제소하여야 하고, 이 기간이 지나면 청구권이 소멸된다
고 해석할 것이다.

(6) 파양판결의 효력

파양은 조정성립, 판결 선고·확정으로 효력이 생긴다(소급효가 없음). 재판상
파양판결은 제3자에 대하여도 효력이 있고(가소 제21조 ①항), 파양인용판결이 선
고·확정되면 양친자관계는 소멸하고 이에 따라 양친자간의 친권이나 부양의무 역
시 소멸한다. 원고는 판결확정일로부터 1개월 안에 파양신고를 하여야 한다(가등
제107조, 제63조, 제66조, 제58조; 신고서에 재판확정일자 기재). 이 신고는 보고적 신
고이다. 친양자관계의 소멸과 동시에 입양 전의 생가 친족관계가 다시 부활한다(제
908조의7 ①항). 기타 파양의 효력은 이미 협의상 파양부분에서 살펴보았다.

(7) 위자료 등 손해배상청구와 재산분할청구가 가능한가?

(개) 양친자 중 일방은, '양친자관계의 파탄에 책임 있는 당사자와 제3자'에 대
하여 위자료 등 손해배상청구를 할 수 있고, 이를 파양과 병합하여 청구할 수도 있
다(제908조·제806조·가소 제2조 ①항, 다류사건 3호). 이 경우의 손해배상청구의 성
질은 불법행위로 인한 손해배상이다.

(내) 파양청구를 하면서 재산분할청구는 할 수 없다(통설과 실무). 그러나 실질
적으로는 양친자의 공유인 재산에 대하여는 지분권확인청구나 공유물분할청구를
민사소송으로 할 수도 있을 것이다.

---

1 서울가판 2012. 2. 8, 2010드단63440(비공개).

[재판상 파양청구의 당사자, 파양판결의 효과 등]

구 분	일반양자	특별(친)양자	근거법령
원 고	양부모 또는 양자, 대락자, 친족(제777조),이해관계인	양부모, 친양자, 친생의 부 또는 모, 검사	제905조· 제908조의5 ①항
피 고	양자 또는 양부모	친양자, 양부모, 검사, 생존자(양부모와 친양자), 검사	가소 제31조, 제24조 ①항, ③항
소송 중 당사자사망	다른 제소권자가 소송절차 승계	다른 제소권자가 소송절차 승계	가소 제16조
파양사유	① 양자를 학대·유기 ② 양부모 부당한 대우 ③ 3년 이상 생사불명 ④ 중대한 사유	① 양자를 학대·유기 등 ② 양자의 패륜행위	제905조· 제908조의5 ①항
제소(제척)기간	생사불명 이외의 경우: 사유를 안 날부터 6개월~ 사유발생일로부터 3년	사유를 안 날부터 6개월~ 사유 발생일부터 3년	제907조·제908조의8
손해배상청구	○	○	제908조·제806조· 제908조의8
재산분할청구	×	×	
제3자에 대한 판결의 효력	○	○	가소 제21조 ①항
양자관계종료	○	○	제776조, 제908조의7 ①항
생가친족관계 부활	○	○	〃
파양판결의 소급효	×	×	제908조의7 ②항 유추

VI. 국제입양 등

1. 서 론

1950년 6월 25일 한국전쟁이 발발하여 약 3년간 계속되는 바람에 이 땅에는 많은 전쟁고아와 기아들이 길거리를 방황하게 되었다. 그동안 미국과 유럽 등지로 이들의 해외입양이 성행되어 왔다. 우리나라의 경제성장이 어느 정도 이루어진 후에도 여전히 미혼모의 출생자, 기아 등의 해외입양이 줄어들지 않고 있는 것이 실정이다. 우리나라 해외입양아의 숫자가 세계 2~3위를 차지하고 있다고 한다.[1]

---

1 배경숙·최금숙, 301면; 권정희, '입양아에 관한 비교법적 고찰'(이화여자대학교 법학박사학위 논

2. 입양특례법[1]에 의한 입양

입양특례법은 아동복지법 제 3 조 4호에 규정되어[2] 있는 18세 미만의 보호대상아동의 입양을 규정하는 특례법이고(동법 제 1, 2 조), 입양의 원칙은 아동의 이익을 최우선으로 고려하여야 한다는 것이다(동법 제 4 조). 그리고 이 특례법은 국내입양을 우선적으로 추진하고, 국내에서 양친을 찾을 수 없는 경우에 한하여 국외입양을 추진할 수 있도록 하고 있다(동법 제 7 조).

모든 입양은 가정법원의 허가를 받아야 하고, 친생부모의 입양의 동의는 아동의 출생일부터 1주일이 지난 후에라야 할 수 있을 뿐만 아니라, 입양 동의의 대가로 금전 등 반대급부를 주고받거나 주고받기로 약속할 수 없다(동법 제11조, 제13조 ①항, ②항). 이는 인신매매(人身賣買)를 방지하기 위한 것이다. 입양된 아동은 민법상 친양자와 같은 지위를 가진다(동법 제14조).

(1) 입양기관

사회복지법인이 입양기관을 운영하려면 보건복지부장관의 허가를 받아야 한다(동법 제20조).

(2) 국내에서 하는 국외입양

국내에 살고 있는 외국인이 국내의 아동을 입양하려고 하는 경우에는 가정법원에 입양허가신청을 하여야 한다(동법 제18조). 이러한 허가사건은 가사소송법상 라류 가사비송사건으로 처리된다(가소 제 2 조 ②항, ③항).

(3) 외국에서 하는 국외입양

외국에 살고 있는 외국인에게 국내 아이를 입양시키는 경우는 입양기관이 보건복지부장관 발행의 입양아 해외이주 허가서를 첨부하여 가정법원에 입양허가신청을 하여야 한다(동법 제19조 ①항).

문); 최근 국내입양이 증가하고 국외입양이 감소하고 있다는 보고가 나와 있다[동아일보, 2005. 2. 23.자, 12면 : 국내입양 : 2003년 1,564명, 2004년 1,641명(4.9% 증가), 장애아 7명; 해외입양 : 2003년 2,287명, 2004년 2,258명(1.3% 감소), 장애아 705명].

1 2019. 1. 15. 타법개정 법률 제16248호, 2019. 1. 16.부터 시행되고 있다.

2 아동복지법(2020. 4. 7. 일부개정 법률 제17206호, 2020. 4. 7. 시행) 제 3 조 4호 : "보호대상아동"이란 보호자가 없거나 보호자로부터 이탈된 아동 또는 보호자가 아동을 학대하는 경우 등 그 보호자가 아동을 양육하기에 적당하지 아니하거나 양육할 능력이 없는 경우의 아동을 말한다.

다음과 같은 경우는 해외이주허가가 거절될 수 있다(동조 ④항). 즉,

① 양자가 될 사람이 미아이거나 그 밖에 보건복지부령으로 정하는 사람인 경우.

② 입양기관의 장이 입양을 원하는 외국인의 국가나 그 국가의 공인받은 입양기관과 입양업무에 관한 협약을 체결하지 아니한 경우.

③ 입양을 원하는 외국인의 국가가 대한민국과 전쟁상태 또는 적대적인 상태에 있는 국가인 경우.

3. 국제입양

한국인과 외국인 사이의 입양과 파양은 입양 당시의 양친(養親)의 본국법에 의한다(국제사법 제43조). 이는 양친의 속인법(屬人法)주의를 채택한 것이다. 양친과 양자의 생활이 이루어지는 곳이 보통 양부모의 국가이기 때문이다. 따라서 입양의 허부, 입양의 성립요건이나 방식도 모두 양친의 본국법에 따라 정하여진다. 입양무효나 입양취소, 또는 파양 등의 소송은 원칙적으로 양부모와 양자의 본국법이 동일한 경우는 그 법에 의하고 그 외의 경우는 자녀의 상거소지법에 의한다(동법 제45조). 입양관계 소송사건의 관할권은 원칙적으로 피고의 주소지관할 국가의 법원에 있고(피고주소지주의), 예외적으로 피고가 그 나라에서 추방된 때, 행방불명 기타 이에 준하는 사유가 있을 때 또는 피고가 응소한 때는 원고의 상거소지 국가의 법원에도 관할권이 있다.[1]

제 4 절 친권(親權)

Ⅰ. 서론(친권자제도)

1. 개념과 그 역사적 의미

(1) 친자관계가 성립되면 그 효과로서 친(親)·자(子), 즉 부모·자녀 간에 서로 부양의 권리·의무가 발생하고, 친·자 중 어느 한쪽에 대한 생명침해의 경우 가해자에 대한 위자료청구권이 생기며(제752조), 서로 상속인이 되는(제1000조) 등 여러 가지가 있지만 그 중에서 가장 중요한 것이 친권이다. 친권은, 부모가 그 미성년자

---

1 졸저, 3정판 주석가사소송법, 755면 이하.

녀를 보호하고 교양[1]할 권리·의무이다(제913조).

　(2) 옛날 가부장적(家父長的) 대가족제도하에서는, 친권이 가장권이나 호주권에 흡수되어 있었고, 아버지의 권한은 막강하였다.[2] 그러나 대가족제도의 붕괴와 핵가족의 출현 등 가족제도의 변화에 따라 호주권은 약화되고, 친권은 호주권에서 독립되었다. 더구나 개정민법은 호주제도를 폐지, 시대의 변화에 부응하고 있다.

　(3) 친권이라는 말은 자녀에 대한 부모의 지배권으로서의 권리라는 인상을 주기 쉬우나, 민법의 규정 자체에 명기되어 있는 바와 같이 그것은 부모가 자기 자녀를 보호하고 교양(＝교육)할 권리임과 동시에 '의무'를 의미하는 복합적 성격의 권리이다. 이는 친권에서 가부장적 성격을 없애고 자녀를 위한, 자녀본위의 친권개념을 정의(定義)한 것이다. 즉, 부모가 그 자녀를 건전한 시민으로 성장·발달하도록 보호하고 가르치고 기르는 것은 친권자의 권리인 동시에 국가와 사회에 대한 의무라고 말할 수 있기 때문이다.[3]

　(4) 세계적으로도 아동보호운동이 시작된 것은 19세기 말 이후의 일이다. 1924년 제네바선언(최초의 국제적 선언)에서 "사람들은 어린이에게 최선의 것을 줄 의무를 부담한다."고 선언한 이래, 1948년 세계 인권선언, 1959년 아동의 인권선언, 1989년 유엔의 조약으로 아동의 권리를 승인하게 되었다. 어린이의 권리를 보호하기 위하여 친권은 현대 친자관계법의 핵심을 이루고 있다고 말할 수 있다.

2. 유사개념과 구별

　후견인은 친권자가 없을 때 미성년자를 위하여 친권자 대신 친권자 역할을 하는 사람이다. 후견인은 미성년자의 법정대리인인 점에서는 동일하나, 성년자들인 피성년후견인·피한정후견인을 위한 보호자역할도 한다는 점에서 친권자보다는 넓은 개념이다.

　세대주는 주민등록법상의 개념으로서 현실적으로 거주와 생계를 같이 하여 동일한 주민등록표에 등재되어 있는 사람들(1세대, 1가구)의 대표자이다. 대개의 경

---

1 교양(敎養)은 가르쳐 기른다는 의미의 타동사로 교육(敎育)과 같은 말이다.
2 고대 로마법은 아버지에게 그 자녀의 생살여탈권을 부여하고 있었다[Harry D. Krause 외 3인, 전게서, 427면; 我妻榮 著, 遠藤浩·良永和隆 補訂, 民法(第 7 版)(2004), 84면].
3 부모가 자신의 소신에 따라 자기자식을 보호하고 교육할 수 있고 타인의 간섭을 배척할 수 있다는 의미에서 권리의 측면을 가지고 있지만, 국가사회에 대한 의무를 수행하면서 일정한 기준을 벗어나면 친권남용이 되어 친권상실사유가 된다는 점에서 의무의 성격이 있다(甲斐, 108~9면).

우 친권자는 세대주[1]를 겸하고 있지만, 그것이 반드시 일치하지는 아니한다.

3. 존재이유

미성년자는 독립행위능력(신분행위·재산행위의 능력)이 부족하다. 그래서 친권자가 그 미성년자를 사랑하고 양육함과 동시에 그 이익을 보호하기 위하여 미성년자의 재산을 관리하여 손해를 방지하고, 일정한 법률행위에 동의하거나 대리함으로써 미성년자의 법률행위를 완전하고 유효하게 한다. 그러므로 친권자는 스스로 사임하거나 그 친권을 포기·양도할 수 없다. 그리고 부모를 상대로 친권상실이나 법률행위대리권·재산관리권의 상실을 청구할 수 있는 사람이 그런 청구권을 포기하는 계약은 공서양속에 위배되어 무효이다.[2]

개정민법(법률 제7428호, 2005. 3. 31. 개정) 제912조는 "친권을 행사함에 있어서는 자(子)의 복리를 우선적으로 고려하여야 한다."는 일반조항을 신설하여 친권이 자녀의 복리를 위한 것임을 선언하였고, 개정민법(법률 제10645호, 2013. 7. 1. 시행) 제912조는 친권행사뿐만 아니라, 친권자지정의 기준을 정하면서도 역시 자(子)의 복리를 우선적으로 고려하여야 한다고 재차 선언하고 있다.

4. 친권에 따르는 자녀

(1) 미성년자

부모의 친권에 따르는[3] 자녀는 미성년 자녀들이다. 미성년 자녀에는 친생자(자연혈족)와 양자(법정혈족)가 포함되고(제909조 ①항), 혼인중 출생자이냐 혼인외 출생자이냐, 아들이냐 딸이냐를 묻지 아니한다. 다만 인지(認知)되지 아니한 자녀는 제외된다.

(2) 성년자(소극)

(개) 간주성년자　　혼인한 미성년자는 성년자로 간주되므로(제826조의 2), 그 부모의 친권에 따르지 아니하고, 오히려 자기의 자녀에 대한 친권자가 된다. 미성년

---

[1] 세대주의 의무: 주민등록신고의무(주민등록법 제11조), 주민세납세의무(지방세법 제173조), 병역의무부과나 예비군소집의 통지서 전달의무(병역법 제 6 조 ②항, 예비군법 제 6 조의2 ②항)를 진다. 세대주가 변경되면 주민등록표를 다시 작성한다(주민등록법 제17조의 6). 가족 중 1명이 다른 세대에 속하여 있다든지, 거주지를 옮겨 단독세대를 구성하면 세대주가 되기도 한다.
[2] 대판 1977. 6. 7, 76므34.
[3] 개정민법은 "자녀를 위한 친자법"의 이념을 실현하기 위하여 가부장적인 인상을 주는 "복종"이라는 표현을 없애고, 이를 "따르다"로 바꾸었다(제910조, 제921조 ②항).

자의 혼인이 취소·이혼·사망으로 종료되어도[1] 간주된 성년자의 신분에는 변함이 없고 부모의 친권에 따르지 않는다. 미혼의 미성년자가 출산한 자녀에 대하여는 친권대행자(부모 등)가 친권을 행사한다.

(나) **성 년 자**   성년자는 비록 독립하여 생계를 이어갈 수 없더라도 부모의 친권에 따르지 아니한다.

Ⅱ. 친권자는 누구인가?(친권자의 지정)

1. 원칙 : 부모와 양부모(養父母)

(가) 부모는 미성년 자녀들의 친권자이고, 양부모(養父母)는 양자의 친권자가 된다(제909조 ①항). 옛날에는 아버지가 제 1 차적 친권자, 어머니는 제 2 차적 친권자이었으나(19세기까지 세계 각국의 입법례가 동일), 지금은 부모이든 양부모이든 부모가 모두 공동친권자[2]이다.

이는 가부장적 가족제도의 전통을 극복하고 부모평등, 양성(兩性)평등의 이념을 실현하기 위한 것이다. 따라서 부모가 혼인중인 경우는 부모 2인 모두가 미성년 자녀의 친권자가 된다. 법정대리인인 미성년후견인의 숫자가 1명인 것(제930조 ①항)과 다르다는 점을 주의하여야 한다.

[친권자 규정의 변천과정]

구 분	법률 제471호(신민법) 1960. 1. 1.~ 1978. 12. 31.까지	법률 제3051호(개정민법) 1979. 1. 1.~ 1990. 12. 31.까지	법률 제4199호 1991. 1. 1.~현재까지
제1순위 친권자	아 버 지	아버지·어머니 공동	〃
제2순위 친권자	어 머 니	×	
부모 공동친권	×	○	○(이혼, 혼인의 취소·무효 어머니도 친권자가 될 수 있다).
부모의견이 불일치할 경우 결정권자	아 버 지	아 버 지	가정법원 (당사자의 청구에 따라)
근거규정	제909조 ①항, ②항	제909조 ①항	제909조 ①항, ②항, ⑤항 가소 제25조

---

1 무효혼인에는 성년의제의 효과가 생기지 아니한다.
2 공동친권자 표현이 구체적으로 나타나는 것은 손해배상청구의 소장이다. 예컨대 미성년 자녀가 원고가 된 경우, 원고 홍길동은 미성년자이므로 그 법정대리인 친권자 부 홍○○, 모 이○○으로 표시되는 것이 그것이다.

(ㄴ) 양부모가 양자의 공동친권자가 되는 것은 양자제도의 본질상 당연하다. 양부모가 모두 사망하거나 입양이 취소 또는 파양된 경우는 생가부모의 친권이 자동으로 부활하느냐? 개정민법은 이 경우, 친생부모 일방이나 쌍방, 미성년자, 미성년자의 친족은 그 사실을 안 날부터 1개월, 파양이나 사망일부터 6개월 내에 가정법원에 친생(생가)부모 일방이나 쌍방을 친권자로 지정하여 달라고 청구할 수 있다. 다만, 친양자의 양부모가 사망한 경우에는 그러하지 아니하다(후견이 개시된다)(제909조의 2, ②항)고 규정하였다. 원래 친양자관계는 법원의 허가로 성립되면 친생부모(생가부모)와의 관계가 단절되기 때문이다.

2. 부모(양부모 포함) 중 어느 한쪽이 친권을 행사할 수 없는 경우

부모의 한쪽이 친권을 행사할 수 없을 때(사실상, 법률상의 친권행사불능의 경우)는 다른 한쪽이 이를 행사한다(제909조 ③항).

'친권을 행사할 수 없을 때'란 사망·질병(정신이상 등)·장기부재·행방불명·심신상실(의식불명 등)·구속수감(=사실상 불능) 또는 ① 친권의 상실선고·친권행사금지가처분결정, 친권의 일시정지심판, 친권의 일부제한심판, ② 성년후견개시선고, ③ 한정후견개시선고, ④ 대리권·재산관리권의 상실 또는 사퇴, ⑤ 실종선고 등(=법률상 불능[1])을 의미한다.

이혼재판 당시 지정된 단독친권자가 사망한 경우에도 나머지 생존자인 부 또는 모가 자동적으로 친권자가 되는가? 이 문제에 관하여 종래 학설의 대립이 심각하였다.

(개) 친권자동부활설은 생존자인 부(父) 또는 모의 친권이 자동으로 부활한다고 하였고 이것이 실무의 대세였다.[2] 지정된 단독친권자의 사망도 친권을 행사할 수 없을 때에 해당되기 때문이라고 주장하였다.

(ㄴ) 후견개시설은 이혼 등의 경우 지정된 단독친권자가 사망하면, 생존하고 있는 부나 모가 당연히 친권자가 되는 것은 아니고 후견이 개시되어야 한다고 설명하고 있었다.[3]

---

1 친권자가 한정후견개시 선고나 대리권 등 상실선고를 받은 경우는 자녀의 재산상 법률행위의 대리권이나 동의권, 재산관리권만 행사할 수 없다고 해석할 수도 있다(김·김, 419~20면). 자녀의 신분상 행위(혼인 등)의 동의권은 행사할 수 있다.
2 대판 1994. 4. 29, 94다1302; 신 판례체계 938-1; 예규 제177호, 제10조; 친권상실이나 재산관리권 사퇴제도로서 자녀의 복리를 보호할 수 있으므로, 친권 자동부활도 크게 우려할 필요는 없다(서울고판 1996. 7. 16, 95브8, 법률신문 1996. 8. 22.자, 제2528호).
3 김·김, 친족상속법(2011), 420면; 김상용, '개정민법(친족·상속법)해설', 법조 제587호, 135~36면; 김

㈐ **개정민법**(2011. 5. 19. 법률 제10645호, 2013. 7. 1. 시행)　　이 법이 속칭 최진실법이라는 법[1]으로서, 생존친의 친권이 자동으로 부활하는 것이 아니고(생존친이 당연히 친권자가 되는 것은 아니고), 생존하는 부나 모, 미성년자, 미성년자의 친족이 일정한 기간 안에 가정법원에, 생존자를 친권자로 지정하여 달라고 청구할 수 있다(제909조의2 ①항). 이 기간 안에 친권자지정청구가 없으면 가정법원은 미성년후견인을 선임할 수 있다(동조 ③항)고 정하였고, 이는 후견개시설을 지지하여 이를 채택한 것이다. 이 부분은 아래 5.에서 자세히 설명한다.

3. 부모의 이혼 등의 경우의 친권자지정

(1) 협의상 이혼과 임의인지의 경우(협의 또는 청구, 직권)

㈎ 부모가 협의상 이혼하는 경우 또는 혼인외의 자녀가 임의인지된 경우에는 부모의 협의로 친권자를[2] 정하여야 한다(단독이든, 공동이든 무관). 협의할 수 없거나 협의가 이루어지지 아니하는 경우에는 가정법원에서[3] 직권으로 또는 당사자의 청구에 따라 심판으로 이를 정하여야 한다(개정민법 제909조 ④항, 가소 제 2 조 ①항, 마류사건 5호).

친권자가 정하여지면, 이혼신고서에 그 내용과 취지를 기재하여야 한다(가등 제74조 3호). 협의나 지정이 없는 경우는 부모가 공동친권자가 된다고 해석할 것이다. 민법 개정으로 인하여 협의이혼을 하려는 부부는 친권자나 양육자 지정 등에 관한 부부의 협의서나 법원의 심판정본을 제출하지 않고는 이혼할 수 없게 되었다(제836조의2 ④항). 미성년자녀의 보호와 양육 문제를 확실히 정하지 않고는 함부로 이혼을 할 수 없도록 한 것이다.

· 김, 425면[종래 법원의 실무에 의하면, 이혼시 지정된 단독친권자가 사망하면 아무런 절차도 거치지 않고 생존친이 당연히 친권자가 되었지만, 개정법에 의하면 생존친이 반드시 친권자지정 심판청구를 하여야 한다. 이는 생존친이 자녀의 친권자로서 적합한가 여부를 검증할 수 있게 한 것이다].

1 이혼한 탤런트 최진실이 2008. 10. 2. 자살하자, 그 남편 조○○이 미성년자녀의 친권자로서 자녀의 상속재산을 관리하려고 하고, 아이들의 외조모가 조○○의 친권상실심판청구를 하여 문제가 제기되었고, 조○○에 대한 비난여론이 비등하게 되었다. 조○○은 대리권과 재산관리권을 사퇴하고 외조모가 미성년자녀의 법정후견인이 되어 문제는 해결되었다.

2 개정 전 민법(제909조 ④항)이 '친권행사자'라는 용어를 쓰고 있었으나, 개정민법은 "친권자"라는 용어로 바꾸었다(동조 ④항 등).

3 미국의 경우 이혼하는 부부의 95% 정도는 협의로 자녀의 친권자를 정하고, 5% 미만의 부부들만 가정법원의 결정에 따라 이를 정한다고 한다[The American Bar Association, Family Law(Times Books, Random House, 1996), 127면].

(나) **혼인외 출생자를 위한 친권자**   사실혼 중의 출생자 등 혼인외의 자녀의 친권자는 그 생모이고, 생부는 인지(認知) 전이면 친권자가 될 수 없다.[1] 생부의 인지(임의인지) 후의 친권자 지정은 위 협의이혼의 경우와 같다.

(다) 친권자 지정을 포함한 양육문제에 관한 부모의 협의가 자녀의 복리에 어긋나는 경우에는 가정법원에서 보정을 명하거나 직권으로[2] 친권자나 양육자를 정한다(제909조 ④항, 제837조 ③항).

(2) 재판상 이혼, 혼인의 무효·취소, 강제인지(強制認知)의 경우(직권)

가정법원은 혼인의 무효·취소, 재판상 이혼 또는 인지청구의 소의 경우에는 직권으로 친권자를 정한다(제909조 ⑤항, 가소 제25조, 제 2 조 ①항, 마류 5호사건). 이러한 재판상 이혼 등 가사소송 중에는 당사자에게 친권자 지정협의를 맡기지 않고 가정법원에서 직권으로 이를 지정하게 한 것은 미성년 자녀들에 대한 국가의 후견적 임무의 중요성을 강조하고 이를 실현하기 위한 것이다. 그래서 개정민법은 친권자 지정의 기준을 정하면서, 가정법원이 친권자를 지정할 때는 자녀의 복리를 우선적으로 고려하여야 한다. 이를 위하여 가정법원은 관련분야의 전문가나 사회복지기관으로부터 자문을 받을 수 있도록 규정하였다(제912조 ②항).

4. 친권자의 변경

(1) 개정민법은 부모의 협의에 의한 친권자변경제도를 폐지하고, 그 대신 가정법원의 심판(조정을 갈음하는 결정포함)에 의한 친권자변경제도를 도입하였다. 즉, 자녀의 복리를 위하여 필요하다고 인정되는 경우(예컨대 자녀의 성장, 기타 사정의 변경) 가정법원은 자녀의 4촌 이내의 친족의 청구에 의하여 '정하여진 친권자'를 다른 일방으로 변경할 수 있다(제909조 ⑥항, 2005. 3. 31. 신설, 가소 제 2 조 ①항, 마류사건 5호, 제50조). 여기서 '정하여진 친권자'란 협의이혼·임의인지 당시 당사자의 협의로 정하여진 친권자뿐만 아니라, 재판상 이혼 등의 경우 법원의 직권으로 지정된 친권자도 포함된다. '다른 일방'은 자녀의 부모 중 친권자로 지정되지 않았던 부(父)나 모를 의미한다. 부모는 친권자 변경에 관한 협의서를 제출할 수 있고 이를 제출한다면 법원은 이를 심사하여 심판에 참고할 수 있음은 물론이다.

---

1 대판 1982. 4. 13, 81므85.
2 임의인지의 경우 법원이 개입할 여지가 없으므로 '직권으로'라는 문구는 입법상의 오류라고 한다 (김·김, 370면, 주 16 참조).

(2) 친권자의 변경은 어디까지나 미성년 자녀의 보호양육에 그 목적이 있는 것이므로 변경의 횟수에 제한을 둘 수는 없다. 그러나 너무 자주 변경하는 것은 제도의 취지에 어긋날 것이다.

(3) 친권자변경청구를 하지 아니한다는 합의나 각서는 강행법규 위반으로 무효라고 해석할 것이다.[1]

[친권자의 지정·변경 방법 I : 민법 제909조]

경우와 방법		① 협의상 이혼 ② 임의인지		① 재판상 이혼 ② 혼인의 취소·무효 ③ 인지청구	
		친권자지정	친권자변경	친권자지정	친권자변경
부모의 협의		○	×	×	×
부모의 협의 불가능시	법원의 직권	○	○	○	○
	법원의 심판 (당사자의 청구에 따른)	○	○		○
근 거	민 법	제836조의2 ④항, 제909조 ④항	제909조 ⑥항	제909조 ⑤항	제909조 ⑥항
	가사소송법	가소 제2조, 제50조(마류 비송사건 5호)	왼편과 동일	왼편과 동일	가소 제25조, 왼편과 동일

5. 지정된 단독친권자의 사망, 입양취소·파양, 양부모 사망의 경우[생존자의 친권이 자동으로 부활하는가? 친(생)가부모의 친권이 자동 부활하는가?]

(1) 단독친권자 사망

위의 2~4.에서 설명한 방법(민법 제909조 ④항부터 ⑥항까지의 규정)에 따라 단독친권자로 정하여진 부모 중 어느 한쪽이 사망한 경우 어떻게 할 것인가? 생존하는 부 또는 모, 미성년자, 미성년자의 친족은 그 사실을 안 날부터 1개월, 사망한 날부터 6개월 내에 가정법원에 생존하는 부 또는 모를 친권자로 지정할 것을 청구할 수 있다(제909조의2 ①항). 청구권자에 미성년자 본인도 포함시키고 있는바, 이는 의사능력과 판단능력, 그리고 문서의 작성능력이 있는 미성년자를 의미한다고 해석할 것이다. 대개의 경우 생존자인 부나 모, 친족이 청구할 것으로 보인다. 종전처럼 생존하는 부나 모의 친권이 자동으로 부활하여 생존자가 당연히 친권자가

---

1 김·김, 432면.

되는 것이 아니라, 법원의 심판을 받아서 친권자가 될 수 있도록 한 것이다. 이혼한 전남편이나 전처가 나타나서 미성년 자녀의 재산을 마음대로 관리하거나 부당하게 처분하는 것을 봉쇄(封鎖)하기 위한 법이다.

(2) 입양취소·파양, 양부모 모두 사망(일반양자, 보통양자)

이때는 앞에서 본 바와 같이 친생부모의 한쪽 또는 양쪽, 미성년자, 미성년자의 친족이 그 사실을 안 날부터 1개월, 파양 등의 날부터 6개월 안에 친생부모의 한쪽 또는 양쪽을 친권자로 지정할 것을 청구할 수 있다. 다만 친양자의 양부모가 사망한 경우는 후견이 개시될 뿐이다(동조 ②항).

(3) 미성년후견인 선임(친권자 지정청구가 없을 경우)

위 1개월 또는 6개월 안에 친권자 지정청구가 없을 경우 가정법원은 직권으로[1] 또는 미성년자, 미성년자의 친족, 이해관계인, 검사, 지방자치단체의 장의 청구에 의하여 미성년후견인을 선임할 수 있다(동조 ③항). 이 경우 후견인선임사건을 심리하면서 법원은 생존하고 있는 부 또는 모, 양자의 친생부모의 일방 또는 쌍방을 소환하여 그에게 의견을 진술할 기회를 주어야 한다. 다만 그들의 소재나 행방을 알 수 없거나 그들이 정당한 사유 없이 법원의 소환에 불응하는 경우는 의견진술 기회를 주지 아니하여도 무방하다(동조항 단서).

(4) 친권자 지정청구나 후견인 선임청구의 기각

친권자의 지정이나 미성년후견인 선임의 근본기준은 미성년 자녀의 복리이다(제912조 ②항). 과연 이 사람이 친권자로서 또는 후견인으로서 어린 자녀나 피후견인의 복리를 위하여 봉사할 마음이 있는지 등을 심사하여야 한다. 가정법원은 생존하는 부 또는 모, 친생(생가)부모 중 일방이나 쌍방의 양육의사, 양육능력, 청구동기, 미성년자의 의사(意思), 그 밖의 사정을 종합적으로 고려하여 미성년자의 복리(best interests)를 위하여 적절하지 아니하다고 인정하면 청구를 기각할 수 있다(제909조의 2 ④항 전단). 이 경우 아무런 조치를 취하지 아니한다면 미성년자에게는 법정대리인이 없는 결과가 되므로, 가정법원은 직권으로 미성년후견인을 선임하거

---

[1] 가정법원은 직권으로 후견인 선임심판을 할 수 있다고 하지만, 사실 개인 단독친권자의 사망사실을 법원에서는 알 수 없다. 그러므로 법원의 직권 선임은 오히려 당사자의 청구에 따른 친권자지정 혹은 후견인선임 심판을 할 경우 당사자의 의견에 구애받지 않고 오로지 미성년자녀의 복리를 위하여 자유재량으로 심판할 수 있다는 의미로 해석하는 것이 옳을 것이다.

나, 생존하는 부 또는 모, 친생(생가)부모의 일방 또는 쌍방을 친권자로 지정하여야 한다(제909조의2 ④항 후단).

(5) 미성년후견인이 선임된 후의 사정변경

미성년후견인이 선임(제909조의2 ③항, ④항)된 경우라도 그 후에 양육 상황이나 양육능력의 변동, 미성년자의 의사, 그 밖의 사정을 고려하여 미성년자의 복리를 위하여 필요하면 생존하는 부나 모, 생가부모의 일방이나 쌍방, 미성년자의 청구에 의하여 후견을 종료하고 생존자(부, 모, 생가부모)를 친권자로 지정할 수 있다(동조 ⑥항).

[친권자의 지정·변경 방법 II : 민법 제909조의2]
지정된 단독친권자의 사망, 입양취소·파양, 양부모 모두 사망의 경우

구 분		단독친권자 사망		입양 취소·파양, 양부모 사망		근거법령
		예: 부(父) 사망	예: 모(母) 생존	양부모 사망	친생부모 생존	
친권자 지정 청구	청구권자	생존자, 미성년자, 그 친족		친생부모, 미성년자, 그 친족		제909조의2 ①항
	청구기간	사망·파양 등을 안 날부터 1개월, 사망·파양 일부터 6개월				동조 ①, ②항
	친권자는 누구로?	○		○		〃
후견인 선임 청구	청구권자	미성년자, 그 친족, 이해관계인, 검사, 지방자치단체의 장				동조 ③항
	청구기간	1개월 혹은 6개월의 기간 내에 친권자 지정청구가 없을 때				〃
	후견인은 누구로?	적절한 사람(가정법원은 직권으로도 선임)				〃
후견인 선임 후의 친권자 지정 청구	청구권자	생존자(부, 모, 친생부모), 미성년자				동조 ⑥항
	청구기간	양육 상황, 양육능력의 변동 등 미성년자의 복리에 필요할 때				〃
	친권자는 누구로?	○		○		〃
	법원의 심판	후견종료 심판과 동시에 친권자 지정				〃

6. 친권대행자

(1) 행위무능력자의 경우

친권의 내용은 미성년 자녀의 신분과 재산에 걸치는 광범위한 것이라, 친권자는 재산상 행위능력자라야 한다. 따라서 피성년후견인·피한정후견인·미혼의 미성

년자는 재산상 행위능력이 없으므로, 친권자가 될 수 없다. 그래서 민법은 친권대행제도를 마련하고 있다(제910조). 예컨대 미성년의 남녀가 혼인하지 않고 아이를 낳은 경우 그 아이의 조부모가 친권을 대행하게 한 것이다.

(2) 친권자가 지정되거나 미성년후견인이 선임될 때까지의 공백 기간

① 단독친권자가 사망한 경우, ② 입양이 취소되거나 파양된 경우, ③ 양부모가 모두 사망한 경우에는 가정법원이 직권으로 또는 미성년자, 그 친족, 이해관계인, 검사, 지방자치단체의 장의 청구에 의하여 민법(제909조의2 ①항부터 ④항까지)의 규정에 따라 친권자가 지정되거나 미성년후견인이 선임될 때까지 그 친권임무를 대행할 사람을 선임할 수 있다. 임무대행자에 대하여는 제25조 및 제954조를 준용한다(제909조의2 ⑤항). 친권자 지정이나 미성년후견인 선임에는 상당한 시간이 걸릴 수 있고, 급박한 사정의 발생으로 미성년 자녀가 그 생명·신체·재산에 대한 손해를 입을 수 있는 경우에 대비하기 위한 제도이다. 이러한 친권대행자는 부재자의 재산관리인처럼 미성년자의 재산의 보존행위 등(제118조)을 넘는 행위를 하려면 법원의 허가를 받아야 하고(제25조), 재산을 보존하기 위한 법원의 명령에 따라야 한다(제954조).

7. 계모 등

(1) 계모·자관계(계모와 전처자녀 관계)와 적모·서자관계[호적(가족등록부)상 모와 혼인외의 자녀관계]는 종래 법정혈족관계(양친자관계와 비슷한 관계)이었으나, 1990년의 민법 개정으로 인척관계(＝배우자의 혈족, 혈족의 배우자)로 변경되었다. 그러므로 1991. 1. 1. 이후부터 계모나 적모는 전처의 출생자나 혼인외의 출생자를 위한 친권자가 될 자격을 상실하였다. 그들 사이에는 혈연관계가 없으므로 서로 상속권이 없다.

(2) 생모가 이혼하거나 재혼하였더라도, 그 생모는 전혼 중의 출생자녀나 재혼 중의 출생자녀에 대한 친권자가 될 수 있고, 이혼 등으로 인하여 친권을 당연히 상실하는 것은 아니다.

(3) 친권자이지만, 양육권자 아닌 부(父)나 모의 면접교섭권

친권자이면서도 이혼으로 인하여 양육권을 가지지 아니한 부나 모는 미성년 자녀와의 면접교섭권을 가진다(제837조의2). 면접교섭권은 아이의 건전한 성장과 발달을 위한 친권의 일종이기 때문이다.

8. 가족등록부에 신고

협의이혼 등의 경우 부모의 협의로 친권자를 지정한 경우는 1개월 안에 그 사실을 가족관계등록관서(시·구·읍·면사무소)에 신고하여야 한다(가등법 제79조 ①항). 가정법원에서 친권자나 후견인을 지정하거나 선임하는 심판을 한 경우는 그 심판 확정일부터 1개월 안에 그 심판서등본과 확정증명서를 첨부하여 심판청구인이나 친권자로 지정된 사람이 신고하여야 한다(동조 ②항, 제58조). 미성년후견인의 경우도 마찬가지이다(가등법 제80조).

Ⅲ. 친권행사의 기준과 방법

1. 친권행사의 기준

개정민법 제912조는 친권행사의 일반적인 기준을 선언하고 있다. 즉, 친권을 행사함에 있어서는 자(子)의 복리를 우선적으로 고려하여야 한다고 규정한 것이다.[1] 이는 친권이 자녀의 복리를 실현하기 위한 친권자의 권리이자 의무임을 강조하기 위한 것이다.

2. 친권행사의 방법 : 친권공동행사(親權共同行使)의 원칙

(1) 부모(양부모 포함)는 미성년 자녀의 공동친권자이므로, 혼인중이면 공동으로 그 친권을 행사한다(제909조 ②항). 친권의 행사방법은 부모가 공동으로 자녀를 보호·교육하고 법률행위를 대리하거나 그 재산을 관리한다. 그러나 언제나 '행위 그 자체를 공동으로 하거나 부모 2명의 공동명의로 하여야 한다.'는 의미는 아니고, 일방(아버지)의 친권행사에 다른 일방(어머니)이 사전동의(事前同意)하거나 사후 승인(事後承認=추인)하면 유효하다.[2] 공동대리·공동동의를 하지 않고 일방적으로 대리하거나 동의한 경우는 무권(無權)대리가 되고, 그 일방의 동의만으로 한 미성

---

1 어린아이의 최상의 이익(The Best Interests Of The Child)은 친권자(양육자, 보호자)를 결정하는 중요한 요소이다[미국의 The Uniform Marriage and Divorce Act 제402조, 9A U.L.A. 561(1987)]; Harry D. Krause, 전게서, 660면; 미국변호사협회, 가족법, 127면.

2 김·김, 418면; 이경희, 195면.

년자의 행위는 취소할 수 있다(제 5 조 ②항). 미성년자가 부모를 상대로 부양료청구를 하는 경우는 법정대리인의 동의를 받을 필요가 없다.[1]

친권자인 법정대리인이 항상 미성년자 ○○○의 법정대리인 △△△이라고 표시하여 법률행위(=친권행사)를 하여야 하는가?(소극)

미성년자의 법정대리인인 아버지는 미성년자의 승낙을 받을 필요 없이 자신(△△△)의 이름으로 법률행위를 할 수 있음은 물론, 대리인 표시 없이 미성년자 본인(○○○)의 이름으로 법률행위를 한 경우에도 법정대리인이 그 행위를 한 이상, 미성년자 본인에 대하여 법률행위의 효력이 발생한다.[2] 그러나 미성년자가 법정대리인의 관여 없이 부동산 경매절차에서 경락인이 될 수는 없다.[3]

(2) 부모 중 어느 일방 예컨대 아버지 혼자서 부모공동명의로 자녀의 법률행위에 동의·대리한 경우는 그 다른 일방, 예컨대 어머니의 의사(意思)에 반대되는 경우에도 효력이 있다. 이는 거래의 안전을 보호하기 위한 것이다. 그러므로 행위의 상대방(제 3 자)이 악의(惡意)인 때에는 무효이다(제920조의 2).[4] 상대방이 선의·무과실이면 표현대리의 보호를 받을 수 있다. 상대방의 악의나 과실의 입증책임은 '행위의 무효를 주장하는 사람'이 부담하여야 한다.[5] 친권자 등 법정대리인의 동의를 얻지 아니한 미성년자의 법률행위는 취소될 수 있다(제 5 조 ②항). 법정대리의 경우는 표현대리규정으로 상대방을 보호할 필요는 없다는 견해도 있다.[6]

위 제920조의 2의 규정은 민법 제126조의 특칙으로서 거래의 안전을 보호하기 위한 규정이지만, 미성년자를 보호하는 데는 무력하므로 입법론상 문제가 있다.[7]

---

1 대판 1972. 7. 11, 72므5, 총람 민 제 5 조, 12; 1971. 3. 23, 70다3007; 1970. 2. 24, 69다1388(미성년자가 불법행위로 사망하여 손해배상청구를 할 경우, 손해액을 계산하면서 생활비를 공제하여서는 아니 된다. 왜냐하면 미성년자는 성년에 이르기까지 부모로부터 부양을 받을 권리가 있어 망인 자신의 재산으로 그 생활비를 지출할 것이 아니기 때문이다); 임금청구도 친권자 등 법정대리인의 동의 없이 근로기준법 제54조(지금은 제68조)에 따라 미성년자가 독자적으로 할 수 있다(대판 1981. 8. 25, 80다3149).
2 대판 1962. 9. 20, 62다333[아버지가 미성년자녀의 부동산에 근저당권설정등기를 한 사건: 1, 2심: 미성년자의 승낙이 없었다고 무효; 3심: 성년이 된 후 무효행위(이해상반행위를 특별대리인 선임 없이 행함)를 추인하였는지 여부를 심리하라고 환송].
3 대결 1969. 11. 19, 69마989.
4 소송행위에는 민법 제920조의 2가 적용되지 아니한다(일 최판 1982. 11. 26. 참조). 따라서 소송행위를 일방이 임의로 대리하면 무효가 될 것이다.
5 대판 2018. 4. 26, 2016다3201; 김·김, 443면; 박병호, 202면.
6 김상용 외 3, 424면.
7 이영규, 가족법, 192면.

(3) 부모의 의견이 불일치하는 경우 : 가정법원에서 결정

구민법(1990년 개정 이전) 당시는 부모의 의견이 일치하지 아니할 경우 아버지가 단독으로 친권을 행사할 수 있었다. 이것은 부모(부부)평등의 원칙에 어긋나므로, 1990년 민법개정(1991년 시행)으로 당사자의 청구에 따라 가정법원에서 결정하도록 하였다(제909조 ②항 단서, 라류사건 13호). 이 결정절차에는 친권자인 부모를 참가시켜야 한다(가소규 제64조).

(4) 부모의 일방이 친권을 행사할 수 없을 때는 다른 일방이 행사하고(제909조 ③항), 아이의 조부모 등이 친권자가 될 수 없다.

(5) 면접 · 교섭권 문제

친권자로 지정되지 아니한 부모도 아이의 양육권자로 지정될 수 있고, 아이의 양육권자로 지정되지 아니한 부나 모는 미성년자녀와 면접 · 교섭권을 행사할 수 있다(제837조의 2 ①항). 이러한 면접 · 교섭권도 자녀의 건전한 성장과 발달을 위하여 필요한 친권의 일종이므로, 일정한 제한이 가하여질 수 있다(동조 ②항).

Ⅳ. 친권자의 권리와 의무(친권의 내용)

1. 보호 · 교양의 권리와 의무(제913조)

(1) 친권자는 미성년 자녀를 보호하고 교양[1]할 권리 · 의무가 있다(제913조). 보호는 주로 신체에 대한 보호이고, 교양은 정신의 발달을 위한 교육이다. 이 의무는 미성년 자녀를 정신적 · 육체적으로 건전한 인간으로 자라나게 할 의무로서 친권의 본질적 내용이다. 친권자는 자녀들이 의무교육[초등(6년) · 중등(3년)교육]을 받게 할 책임과 의무가 있다(교육기본법 제 8 조 · 제13조, 초 · 중등교육법 제12조 · 제13조; 이에 따라 미성년자 등 모든 국민은 초 · 중등 교육을 받을 권리가 있다).[2]

---

1 교양은 가르치고 기른다는 의미를 가진 명사인데, 민법(제913조, 제915조)은 이를 동사로 사용하고 있다. 오히려 교육이라는 용어가 적절하다고 생각된다.
2 아동복지법(2019. 7. 16. 법률 제16248호) 제17조에서는 아동(18세 미만인 사람)에 대한 금지행위, 예컨대 구걸을 시키거나 곡예 · 음행을 시키는 행위 기타 학대행위 등을 금지하고 있다(위반행위에 최고 10년 이하의 징역, 또는 5,000만 원 이하의 벌금형; 동법 제71조).

(2) 보호비용 · 부양료

자녀의 보호·교양비용도 부모가 공동으로 분담하여야 하고, 이는 부부의 혼인공동생활에 필요한 비용(제833조)의 일종으로 보아야 할 것이다. 친권자로서 부모는 자녀를 부양할 의무를 지고 있는바, 이는 친족 간의 부양과는 그 성질이 다르다(제833조·제913조를 근거로 함).[1]

(3) 자녀의 불법행위

이러한 보호교양의 의무와 관련하여 미성년 자녀(책임무능력자)가 제 3 자에게 불법행위를 한 경우 친권자는 그 감독의무자로서 그 의무를 게을리한 경우 손해배상책임을 진다[2](제755조 ①항·제753조). '책임능력이 있는' 미성년자의 불법행위의 경우에도 친권자의 감독상의 부주의와 손해발생 사이에 인과관계가 있으면 친권자는 손해배상책임을 져야 한다.[3] 미성년자에게는 일반적으로 재산이 없으므로, 피해자를 두텁게 보호하기 위하여 친권자에게 이러한 책임을 지우고 있는 것이다.

(4) 인도(引渡)청구권 등과 보호교양의 권리 · 의무의 남용 · 해태

보호·교양의 의무를 구체적으로 실현하기 위하여 거소지정권·인도청구권·의무교육·징계권 등의 권리·의무가 친권자에게 부여되어 있다. 보호·교양의 권리·의무를 남용하거나 게을리하면 친권상실이나 친권자변경의 사유가 될 수 있다.

2. 거소지정권(제914조)

친권자는 자녀의 거소(居所)를 지정할 수 있고, 자녀는 지정한 장소에서 거주하여야 한다(제914조). 이는 자녀의 보호·교양을 위하여 필요한 한도 내에서 인정되는 권리이므로, 그 목적범위를 벗어나서 거소를 지정, 예컨대 자녀의 심신의 발달에 나쁜 영향을 미치는 장소를 거소로 지정하면 친권남용이나 친권자변경의 이유가 될 수 있다.[4] 자녀가 지정거소에 거주하지 않고, 자유의사로 제 3 자와 동거

---

1 김형배, 223~224면.
2 대판 1984. 7. 10, 84다카474.
3 대판 1994. 2. 8, 93다13605(전원합의체); 감독의무위반과 손해발생간의 인과관계는 피해자가 입증하여야 한다.
4 친권자 기타 보호자가 아동을 유기하거나 학대하는 경우에는 시장·구청장 등은 희망하는 사람에게 가정위탁을 하거나 적합한 복지시설에 아동을 입소시켜야 한다(아동복지법 2019. 7. 16. 법률 제16248호, 제 3 조 3호, 4호, 제15조, ①항 3호, 4호). 이러한 아동에 대하여 친권자가 인도청구를 하는 것은 친권남용이 될 것이다.

하면서 다른 곳에 살고 있는 경우, 친권자는 부양을 정지하거나 설득하는 등의 간접적 조치를 취할 수 있을 뿐 달리 직접적인 강제방법을 취할 수는 없다.[1] 인도청구의 허용여부는 자녀의 복리를 기준으로 결정하여야 할 것이다.[2]

3. 징계권(제915조)

(1) "매를 아끼면 자식을 망친다"는 서양속담이 있지만,[3] 자녀의 보호·교양을 위하여 친권자는 자녀에 대하여 스스로 필요한 징계를 할 수 있다(제915조).

(2) 징계의 정도와 방법은 건전한 사회통념에 따라 필요한 범위 내의 것이라야 하고, 이를 벗어난 징계는 친권의 남용이 되어, 친권상실사유(제924조)가 될 수 있다. 아무리 징계권의 행사라고 하더라도 그것이 심한 경우는 폭행·상해·감금·협박 등 범죄를 구성하기도 한다. 예컨대 4살짜리 아들이 대소변을 가리지 못한다고 그 아들을 닭장에 가두고 전신을 구타하는 것은 범죄가 되고, 적법한 징계권 행사에 해당한다고 볼 수 없다.[4]

(3) 감화기관 등에 위탁

친권자(후견인·친권대행자 포함)가 자녀(피후견인 등 포함)를 스스로 징계하거나 교육하지 못하고, 감화기관이나 교정기관에 위탁하여 교육하려고 할 때는 가정법원의 허가를 받아야 한다[제915조·제945조·제948조, 소년법 제 4 조 ①항·③항(보호자는 형벌법령에 저촉되는 행위를 할 우려가 있는 12세 이상의 소년을 발견한 경우 관할 가정법원 소년부에 통고할 수 있다), 제32조, 가소 제 2 조 ①항, 라류 가사비송사건 14호]. 미성년자후견인이 미성년자를 교정기관 등에 위탁하려면 미성년후견감독인의 동의를 받아야 한다(제945조 2호).

4. 자녀의 인도(引渡)청구권

(1) 자녀의 자유의사를 억압하여, 또는 의사능력 없는 자녀를 부당하게 억류(抑留)하고 있는 사람에 대하여 친권자는 자녀의 인도청구권을 행사할 수 있

---

1 甲斐, 114면.
2 대판 1979. 7. 10, 79므5(생모와 유아를 유기하면서 그 처와 미국으로 이민을 가려고 하다가 … 중략 … 생모가 부를 상대로 위자료 및 양육비 청구를 하자 이에 대항하기 위하여 부가 유아인도 청구를 하는 경우에는 친권남용); 대판 1970. 11. 30, 70므28.
3 잠언 13장 24절: '매를 아끼는 이는 자식을 미워하는 자, 자식을 사랑하는 이는 벌로 다스린다'.
4 대판 1969. 2. 4, 68도1793, 판례총람 민 제915조 1.

다.[1] 그러한 억류로 친권이나 보호·교양권의 행사가 방해받고 있기 때문이다. 독일민법(제1632조)처럼 명문의 규정이 없으나 판례는 이를 인정하여 왔고[2] 가사소송법이 이에 관한 규정을 두고 있다(가소 제 2 조 ①항, 제62조, 제68조 ①항 2호, 마류 가사비송사건 3호).

(2) 면접교섭권 행사자가 인도청구를 할 수 있는가?

부모가 이혼하여 부(父)는 친권자로, 모(母)는 양육자로 각각 지정된 경우 부는 모를 상대로 자녀의 인도청구를 할 수 있는가? 부는 면접교섭권을 행사할 수 있으므로 특별히 인도청구권을 행사할 필요가 있는지는 자녀의 복리, 기타 여러 가지 사정을 종합·고려하여 판단하여야 할 것이다.[3]

(3) 인도(引渡)판결의 집행

인도청구권을 행사하여 승소판결을 받았을 경우, 이를 직접강제(강제집행)할 수 없다. 법원에서 의무이행명령을 하거나 1,000만 원 이하의 과태료에 처하거나, 과태료의 제재를 받고도 의무를 이행하지 아니할 경우, 감치명령을 하여 의무자를 30일의 범위 내에서 감치[4]에 처하게 하는 방법(소위 간접강제)이 있다(가소 제64조·제67조·제68조 ①항 2호). 직접강제는 자녀의 인권이나 성장 발달에 커다란 영향을 미칠 수 있기 때문이다. 다만, 의사능력이 없는 유아의 인도는 동산(動産)의 인도(민집 제257조)에 준하여 집행관이 직접 집행할 수 있다(실무의 견해).[5] 집행관은 유아의 인도(引渡)집행 과정에서 인도(人道)에 어긋나지 않도록 세심한 주의를 하여야 한다.[6]

---

1 친권자가 자녀의 보호·교양권의 행사를 방해받지 아니할 것을 구하는 방해배제청구권이 바로 인도청구권이다(일 최판 1960. 3. 15; 동 1963. 9. 17).

2 조고판 1939. 7. 4; 사법협회잡지 제13권 8호, 72면.

3 대판 1970. 11. 30, 70므28; 1979. 7. 10, 79므5(인도청구가 친권남용이 되면 이는 기각된다); 1986. 3. 25, 86므17; 친권자 및 양육권자로 지정될 가망이 없는 사람이 현재의 양육권자를 상대로 유아 인도청구를 하면 이는 기각하여야 한다(대결 2006. 4. 17, 2005스18, 19).

4 감치처분이 내려진 것은 전국적으로 2005~2007년 사이에는 7~9건이었으나, 2008년에는 26건으로 급증하였다(동아일보 2009. 1. 5.자 A, 16면).

5 직접강제설, 대법원재판예규(재특 82-1) : "유아의 인도집행은 민사집행법 제257조의 규정에 따라 … 강제집행할 수 있다. 유아가 의사능력이 있는 경우 그 유아 자신이 인도를 거부하는 때에는 집행할 수 없다"고 규정하였고, 15세 이상의 자녀는 의사능력이 있는 것으로 추정되므로 인도청구의 대상이 될 수 없다. 따라서 인도청구의 대상은 '유아'임을 주의하여야 한다(가사비송재판실무편람, 131~32면); 서울중앙지결 2013. 2. 11, 2013타기273[친권자 및 양육자 변경심판에서 승소한 생모가 유아(6세)인도명령의 집행신청을 하더라도, 유아가 명백히 "아빠와 같이 살겠다."고 말하므로 집행을 하지 아니한 것은 적법하다), 법률신문 2013. 2. 18.자, 10면.

6 법원실무제요 — 민사집행(하) — , 514면.

5. 신분행위의 대리권과 동의권

(1) 신분행위는 원칙적으로 행위자 본인의 내심의 진의(眞意)가 중요하므로, 친권자라 하더라도 미성년자의 신분행위를 대리(代理)할 권한이 없다. 법률에서 특별히 친권자의 대리를 허용한 경우를 보면, 인지청구(제863조), 미성년자가 양친이 되거나 동의권자의 동의 없이 양자가 된 입양의 취소청구(제866조·제885조·제886조), 13세 미만자의 입양의 대락 및 파양청구(재판상 파양)(제869조·제899조·제906조), 미혼의 미성년자가 출산한 자녀(손)에 대한 친권대행(제910조; 대행의 성질은 대리와 비슷하다), 상속의 승인·포기(제1019조·제1020조) 등을 들 수 있다.

(2) 가사소송의 대리

친권자는 미성년자의 법정대리인으로서 혼인·이혼·인지·입양·파양의 각 무효의 소를 제기할 수 있다(가소 제23조·제28조·제31조).

(3) 신분행위에 대한 동의권

미성년 자녀의 약혼·혼인·입양·파양 등 신분상 행위에 대한 친권자의 동의는 대개 "부모"의 자격에서 하는 것이고, 친권자 등 법정대리인의 자격에서 하는 경우는 별로 없다.

(4) 친권자의 동의를 갈음하는 재판

(가) 의   미   2014년 개정민법(법률 제12777호; 2015. 10. 16.시행)은 친권자가 정당한 이유 없이 동의를 거부하는 경우 그 동의를 갈음하는 재판제도를 신설하였다(제922조의 2). 가정법원 심판 주문의 형식: 미성년자 000의 수술에 친권자@@@은 동의한다. 이 심판문이 동의를 대신하는 역할을 하는 것이다.

(나) 청구권자   자녀, 자녀의 친족, 검사 또는 지방자치단체의 장

(다) 요   건   친권자의 동의가 필요한 행위에 대하여 친권자가 정당한 이유 없이 동의하지 아니함으로써 자녀의 생명, 신체 또는 재산에 중대한 손해가 발생할 위험이 있는 경우일 것(예컨대, 종교적 신념으로 자녀의 수술치료나 수혈 반대[1]).

(라) 심판절차   이런 사건은 마류 6호 가사비송사건이므로, 조정에 회부된다

---

[1] 의료법 제24조의 2 : 환자의 생명·신체에 중대한 위해를 초래할 우려가 있는 수술의 경우 환자의 법정대리인의 동의를 받아야 한다.; 이전에는 생모가 수혈에 반대하는 경우 형벌 이외에는 대처방법이 없었다(대판 1980. 9. 24, 79도1387); 윤진수 247면.

(가소 제 2 조 ①항, 제50조).

(마) **보 충 성**　　이 동의갈음 재판으로 자녀의 복리가 보장될 수 있다면, 나아가 친권상실, 친권의 일시정지·일부제한, 대리권·재산관리권의 상실 선고는 할 수 없다(제925조의 2, ②항).

6. 자녀의 재산에 관한 권리·의무

(1) 영업허락권

친권자는 미성년 자녀에게 특정한 영업을 허락[사전(事前) 동의]할 수 있다(제 8 조 ①항). 영업은 "영리를 목적으로 하는 사업"이고, 영업의 종류나 허락에 특별한 제한은 없다. 친권자는 이 허락을 취소하거나 제한할 수 있지만 이로써 선의의 제 3 자에게 대항할 수 없다(제 8 조 ②항).

(2) 재산관리권

(가) **의　　미**

1) **자녀의 특유재산**　　미성년자가 상속·증여·근로 등으로 자기 명의로 취득한 재산은 그의 특유재산이다. 이러한 재산은 법정대리인인 친권자가 관리한다(제 916조). 관리에는 보존·이용·개량행위가 포함되고, 처분행위도 포함될 수 있다. 다만, 처분행위는 관리목적에 필요한 범위 내의 처분행위에 한정되어야 할 것이다 [예컨대 물건(시가하락이 예상되는 것)의 매각, 임대 등].

2) **주의의무**　　미성년 자녀의 재산을 관리하는 경우, 친권자는 '자기의 재산에 관한 행위와 동일한' 주의로써 하여야 한다(제922조). 이는 선량한 관리자의 주의의무(후견인의 의무)보다는 낮은 정도이다. 자녀에 대한 부모의 애정을 감안한 것이라거나,[1] 친권자에게 보수청구권이 없는 점을 근거로 들고 있다.[2]

3) 부적당한 재산관리는 법률행위대리권·재산관리권의 상실원인이 될 수 있고(제925조), 이로 인하여 자녀에게 손해를 입힌 경우는 불법행위로 인한 손해배상 책임을 져야 할 것이다.

(나) **재산수익권**　　친권자의 재산관리권에 수익권(受益權)이 포함되느냐?[3] 자녀의 재산으로부터 수취한 과실은 그 자녀의 양육비·재산관리비용과 상계한 것으

---

1 김·김, 440면.
2 이경희, 203면.
3 프랑스민법 제384조, 독일구민법 제1649조는 이를 명문으로 긍정.

로 본다(제923조 ②항 본문). 양육비 등에 상계하고도 남는 과실은 자녀에게 반환하여야 할 것이다(다수설). 남는 것은 친권자의 소득이 된다는 소수설[1]이 있다. 무상으로 재산을 수여한 제 3 자가 반대의 의사표시를 한 경우는 그러한 재산에서 수취한 과실을 상계할 수 없고 고스란히 자녀에게 반환하여야 한다(제923조 ②항 단서).

(다) 제 3 자의 무상양여재산에 대한 관리권·수익권의 배제

1) 제 3 자가 미성년의 자녀에게 무상으로 재산을 수여하고 그 친권자의 재산관리에 반대하는 의사표시(문서나 구술로, 친권자나 자녀에게 표시)를 분명히 한 경우에 친권자는 그 재산을 관리할 수 없다(제918조 ①항).

a) 관리의 범위 : 친권자가 자녀를 대리하여 재산을 관리·처분할 수 없음은 물론, 자녀의 처분행위 등에 동의를 할 수도 없다.

b) 관리인 지정 : 제 3 자는 자신이나 다른 사람을 관리인으로 지정할 수 있다. 제 3 자의 관리인 지정이 없거나 지정된 관리인의 권한이 소멸되거나 관리인 개임이 필요한 경우는 해당 자녀나 민법 제777조 소정의 친족이 청구하여 가정법원에서 관리인을 선임한다(제918조 ②항, ③항, 가소 제 2 조 ①항, 라류사건 15호). 이렇게 선임된 관리인의 직무권한·담보제공·보수청구권에 관하여는 부재자의 재산관리인에 관한 규정(제24~26조)이 준용되고(제918조 ④항), 그 권한 종료시의 사무처리의무와 대항요건에 관하여는 위임종료에 관한 규정(제691조·제692조·제919조)이 준용된다.

2) **친권자의 수익권 부정**   제 3 자가 자녀에게 재산을 증여하면서, 아무런 의사표시를 하지 아니한 경우는 친권자가 그 재산을 관리할 수 있다. 그러나 제 3 자는 친권자의 수익권을 부정할 수 있고, 이 경우 친권자는 그 재산으로부터 수취한 과실을 자녀의 양육비, 재산관리비용과 상계할 수 없다(제923조 ②항 단서). 양육비 등과 수익재산의 액수를 정확하게 계산하여 정산하여야 한다.

(라) 재산관리권 종료시의 관리의 계산   자녀가 성년이 되는 등 친권이 소멸된 경우, 친권자는 지체 없이 그 자녀의 재산관리에 관한 계산을 하여야 한다(제923조 ①항). 관리권 종료시의 처리의무와 관리권 종료의 대항요건은 위임사무 종료시의 처리의무(제691조)와 대항요건(제692조)의 규정이 준용된다(제919조).

---

1 정광현, 신친족상속법요론, 257면.

(3) 재산상 법률행위의 대리권·동의권과 취소권

친권자는 미성년 자녀의 법정대리인으로서(제911조) 자녀의 법률행위에 동의하지만, 그 중 재산상 법률행위는 대리하여 한다(제5~8조, 제920조 본문).

1) 재산에 관한 법률행위에는 매매, 변제 등은 물론, 상속의 승인·포기 등 자녀의 재산에 영향을 미치는 모든 재산상 법률행위가 포함된다.

2) 친권자인 부모는 재산상 행위만 대리할 수 있으므로, 신분행위(예컨대, 혼인 등)를 대리할 수는 없고 신분행위에는 동의를 하게 된다.

3) 친권자의 동의나 대리 없이 미성년자가 단독으로 법률행위를 한 경우 친권자는 이를 취소할 수 있다(제5조 ②항).

(4) 대리권의 제한

㈎ 친권자의 대리권이 인정되지 아니하는 경우   ① 친권자가 자녀에게 처분하라고 허락한 재산(제6조), ② 영업을 허락한 경우의 영업재산(제8조), ③ 제3자가 무상으로 자녀에게 재산을 수여하면서 친권자의 관리를 배제한 재산(제918조 ①항) 등에 대하여는 친권자의 대리권이 인정되지 아니한다.

㈏ '자녀의 행위를 목적으로 하는' 채무를 부담하는 경우 친권자는 자녀의 동의를 얻어서 대리할 수 있다(제920조 단서). 이 조항은 자녀의 자유를 지키기 위하여 친권자의 대리권에 제한을 가한 것이다. 여기서 자녀의 행위는 노무제공과 같은 것인바, 아래와 같은 특별규정이 있다.

1) 근로계약의 체결과 임금의 청구(친권자의 근로계약대리권 없으나 그 동의권과 계약해지권은 있음)   친권자나 후견인은 미성년자의 근로계약을 대리할 수 없고, 자녀 몫의 임금을 대리로 청구하거나 수령할 수 없다(근기 제67조·제68조). 부모가 어린 자녀를 취직시켜서 그 임금을 가로채는 것(이른바 중간착취)을 방지하기 위한 것이다(동법 제9조). 미성년자는 독자적으로 임금을 청구할 수 있다(근기 제68조).

2) 친권자의 동의권과 해지권

a) 18세 미만의 미성년자는 친권자나 후견인의 동의를 얻어야 근로계약을 체결할 수 있다(근기 제66조). 이는 미성년자를 보호하기 위한 것이다. 18세 이상의 자녀는 그러한 동의 없이도 근로계약을 체결할 수 있다.

b) 친권자나 후견인은 그 근로계약이 미성년 자녀에 불리하다고 인정될 경우 근로계약을 해지할 수 있다(근기 제67조 ②항).

⒟ **친권이 없는 부나 모¹가 대리행위를 한 경우**(표현대리의 성립여부)   친권자이
지만 한정후견개시 선고를 받았거나 기타 재산관리권이 없는 사람이 법률행위를
대리한 경우는 무권대리가 된다. 이 경우, 권한을 넘는 표현대리(민 제126조)가 성
립될 수 있는가?

a) 다수설은 거래의 상대방이 정당한 권한이 있는 것으로 믿을 만한 상당한
이유가 있을 때는 '권한을 넘는 표현대리'가 성립되고, 후견인 등 법정대리인이 친
족회의 동의(제950조; 2013. 7. 1. 이후에는 후견감독인의 동의)를 얻지 않고 대리행위
를 한 경우에도 제126조의 표현대리가 적용된다고 한다.² 소수설은 제한능력자의
법정대리인에 대하여서까지 민법 제126조의 표현대리를 인정한다면 이는 제한능
력자보호제도의 취지에 반한다. 그러므로 민법 제920조(친권자의 대리권), 제950조
(후견인의 대리권)의 경우에 제126조의 표현대리는 적용되지 아니한다고 한다.³

b) 판례는 긍정설을 채택하고 있다. 친권자 아닌 모가 미성년자의 인장과 그
소유부동산의 권리증을 소지하고 그 부동산을 담보로 제공한 경우 특별한 사정이
없는 한, 표현대리행위가 된다.⁴

⒠ **대리권행사의 주의의무**   친권자는 그 자녀의 법률행위의 대리권을 행사
할 경우 '자기의 재산에 관한 행위'와 동일한 주의를 하여야 한다(제922조).

(5) 대리권의 남용

친권자가 자신의 사리·사욕을 꾀할 목적으로 대리권을 남용한 경우에도 그
대리행위의 효력에는 영향이 없다(본인인 미성년 자녀에게 대리행위의 효력이 미친다)
면, 그 결과 자녀는 막대한 손해를 입을 수 있다. 이러한 자녀를 보호하기 위하여
민법 제107조 ①항 단서(상대방이 무권대리를 알았거나 알 수 있었을 경우는 무효)를
유추적용하여야 할 것이다(다수설). 기타 권리남용설·대리권부정설(무권대리설) 등
이 대립하고 있다. 판례는 무권대리설을 취하여 본인(미성년자)에 대하여 효력이
없다고 한다.⁵

1 친권상실선고를 받았거나(제924조) 재산관리권이 없는 부나 모.
2 곽윤직, 282면; 김주수, 341면; 김상용, 637면; 김증한, 299면; 백태승, 503면; 황적인, 235면 등.
3 고상용, 민법총칙, 591면; 김용한, 380면; 이은영, 642면; 김형배, 225면; 이영준, 554면 등.
4 대판 1968. 8. 30, 68다1051; 1997. 6. 27, 97다3828; 2000. 10. 27, 2000다36118.
5 대판 1964. 9. 8, 64다177, 총람 민 제920조, 5 : 19.5세의 미성년자의 소유 토지를 친권자가 그 미
  성년자의 의사에 반하여 처분하는 행위가 친권남용에 의한 것이라면, 그 처분의 법률상 효과가 자
  녀에게 미칠 수 없다.; 동지 1981. 10. 31, 81다649.

7. 친권대행제도

(1) 미혼의 미성년 자녀

친권자는 그 친권에 따르는 미성년 자녀에 갈음하여 그 자녀(혼인외 출생자=손자녀)에 대한 친권을 행사한다(제910조). 이러한 경우 친권자대행자는 손자녀의 친권자가 되는 것은 아니다. 그러므로 친권대행자나 미혼의 미성년자(부나 모)가 사망하면 손자 등을 위한 후견이 개시되어, 후견인이 대행한다(제948조 ①항). 미성년자라도 혼인하면 성년자로 간주되므로(제826조의 2), 친권대행제도가 적용될 여지가 없다.

(2) 대행의 형식

친권대행은 미성년자의 이름으로 하여야 할 것이다(예를 들면 친권자 홍길동은 미성년자이므로 그 대행자 부 ○○○, 모 △△△이라고 표시). 미성년자인 어버이가 친권자로서 대리행위를 하였다면 그것은 무권대리가 되고, 경우에 따라서는 표현대리가 될 것이다.

(3) 대행권의 상실, 사퇴

친권대행자가 그 권한을 남용하거나 현저한 비행을 저질러 손자녀의 재산을 위태롭게 한 경우는 대행권상실, 대리권이나 관리권의 상실선고 심판청구를 할 수 있을 것이다(제924조·제925조 준용). 미성년자(손자녀의 부모)에게 현저한 비행이 있다는 이유로, 친권대행자(예컨대 조부모)의 대행권상실선고를 할 수는 없을 것이다. 대행권의 사퇴도 허용된다고 본다(제927조 ①항).

V. 친권의 제한(이해상반행위)

1. 특별대리인의 선임

친권자(부 또는 모)와 미성년 자녀 사이 또는 미성년자들 사이에 이해가 상반되는 경우는 공정한 친권의 행사를 기대할 수 없다. 그래서 이러한 경우에는 친권자의 법정대리권은 제한되고, 친권자가 이해상반행위를 하려면 가정법원에 특별대리인의 선임을 청구하여야 하고(제921조·가소 제 2 조 ①항, 라류사건 11호), 선임된 특별대리인과 친권자 사이에 행위를 하도록 하였다. 공동친권자 중 어느 일방(예컨대 아버지)과 이해상반되는 행위를 할 경우에도 미성년자를 위한 특별대리인을 선임하여야 하고, 그 특별대리인은 친권자 중의 또 한 사람(어머니)과 공동으로 자녀를 대리하여야 할 것이다.[1] 후견인의 경우도 마찬가지 법리는 적용되어야 한다.[2]

2. 이해상반행위

(1) 의　　미

(가) 개　　념　　이해상반행위는 실질적으로 친권자에게는 이익이 되고 동시에 미성년 자녀에게는 불리한 행위(친권자와 자녀 사이의 이해충돌),[3] 미성년자들 상호간의 법률행위를 친권자가 쌍방대리하는 경우는 물론, 친권자가 미성년 자녀들 중 어느 일방에게는 이익이 되고 다른 일방에게는 불이익한 행위(자녀들 상호간의 이해충돌)를 하는 경우도[4] 해당된다(제921조 ①항, ②항). 그러므로 친권자(부모)에게는 불리하고 자녀에게는 이익이 되는 행위(예컨대 친권자의 재산을 자녀에게 증여하는 행위), 또는 성년의 자녀와 미성년 자녀 사이의 법률행위를 친권자가 미성년자대리로 하는 경우 등은 이해상반행위가 아니다.

(나) 행위의 종류　　이해상반행위는 상대방 없는 단독행위(예컨대 상속포기[5] 등)이든, 계약이든, 재산상 행위이든 신분상 행위이든 상관이 없고, 친·자간의 소송행위[6]도 이행상반행위에 해당된다.

(다) 행위의 형식　　친권자가 이러한 이해상반행위를 대리(미성년 자녀들을 쌍방

---

1 일 최판 1960. 2. 25, 집 14-2, 279면.
2 대판 1994. 9. 9, 94다6688[후견인과 피후견인 사이의 이해상반행위에서도 특별대리인을 선임하여 하여야 하고(라류사건 11호), 친족회의 동의만으로 할 수는 없다].
3 대판 1971. 7. 27, 71다1113(동지 : 일 대판 1921. 8. 10)(친권자가 자신의 채무를 위하여 자녀 소유의 부동산에 저당권을 설정하는 행위).
4 대판 1976. 3. 9, 75다2340(미성년자 명의로 돈을 빌리면서 다른 미성년자의 부동산을 담보로 제공하여 근저당권설정); 我妻 외 2, 民法3(2004), 189면(친권자가 미성년 장남의 재산을 차남에게 이전하는 경우).
5 일 최판 1978. 2. 24, 집 32-1, 98면(상속포기 같은 상대방 없는 단독행위도 이해상반행위에 해당된다); 상속포기로 인하여 미성년자의 상속분은 없어지고, 친권자의 상속분은 늘어날 수 있고, 모(母)가 친권자로서 장남의 상속만을 승인하고, 다른 자식들의 상속은 포기하는 경우에도 특별대리인을 선임하여야 할 것이다(我妻 외 2, 189면).
6 대판 1991. 4. 12, 90다17491; 조고판 1916. 4. 18, 집 3, 53면(어린아이가 친권자에 대하여 양자확인의 청구소송을 제기하는 경우에도 특별대리인이 대리하여야 하는 것은 당연하다). 이해상반행위가 소송(비송)행위인 경우는 민사소송법 제62조에 따른 특별대리인을 선임하고, 실체법상 행위인 경우는 민법 제921조의 특별대리인을 선임하여야 한다.

대리하는 경우 포함)하는 경우이든, 동의하는 경우이든 모두 여기의 이해상반행위에 포함된다.

(라) **판단 기준** 이해상반행위는 법률행위의 외형적·객관적 성질에 따라 판단하여야 한다는 설(외형설, 또는 형식적 판단설)과 실질적·구체적 성질에 따라 판단하여야 한다는 설(실질적 판단설)이 대립하고 있다.

통설과 판례는 앞의 설을 지지하면서 '행위 자체의 객관적 성질상 친권자와 자녀 사이 또는 여러명의 자녀들 사이에 이해의 대립이 생길 우려가 있는 행위이면 되고, 그 행위의 동기나 연유, 친권자의 의도, 행위의 결과 실제로 이해대립이 생겼는지 여부 등을 고려하여 판단할 것은 아니라고 한다.[1·2] 이는 거래의 안전을 보장하기 위한 것이다.

(2) 이해상반행위에 해당되는 경우

이행상반행위라고 인정된 구체적인 예를 들면 ① 친권자가 자기의 채무지급을 위하여 i) 자녀로 하여금 중첩척(병존적) 채무인수계약·경개계약을 하게 하거나, ii) 연대채무자·보증인·물상보증인으로 만드는 계약, iii) 자녀의 부동산을 담보로 제공하여 저당권을 설정하거나,[3] iv) 자녀의 재산으로 대물변제·변제하는 행위, v) 자녀와 공동명의로 어음을 발행하는 행위,[4] ② 자녀의 채권을 포기시키어 친권자의 채무를 면제시키는 행위, ④ 자녀의 재산을 양수하는 행위, ③ 합명회사의 사원인 친권자가 자녀를 새로운 사원(사원은 무한책임을 진다)으로 입사시키는 데 동의하는 행위, ④ 상속의 승인·포기, 상속재산분할 협의[5](친권자나 후견인이 미성년 자녀나 피후견인과 공동상속인으로서 자기에게 유리하게 협의하거나 여러 미성년

---

1 대판 1963. 9. 13, 63다68, 판례총람, 민법편6-1(A), 244면; 1993. 4. 13, 92다54524; 1994. 9. 9, 94 다6680; 1996. 11. 22, 96다10720; 2002. 1. 11, 2001다65960 등.
2 실질적 판단설(구체적 판단설)[김유미, '민법 제921조의 이해상반행위에 관한 몇 가지 문제', 가족법학논총(박병호교수 환갑기념 논문집), 1991, 517면 이하] 외에 '실질관계를 고려한 형식적판단설'[이균용, '제 3 의 채무를 담보하기 위한 물상보증행위와 이해상반행위 등', 민사판례연구 XVI(1994), 278 면 이하; 윤용섭, '친권과 후견', 민사판례연구 XVII(1996), 576면 이하]이 있다(김·김, 448~449면).
3 대판 1971. 7. 27, 71다1113.
4 대판 1971. 2. 23, 70다2916[외국에 체류 중인 아들 갑으로부터 '국내재산의 관리에 관한 포괄적 위임'을 받은 부(父)가 자신의 채무 지급을 위하여 자신이 발행하는 어음에 아들 갑을 공동발행인으로 기명날인한 경우].
5 대판 1964. 8. 31, 63다547; 1987. 3. 10, 85므80; 1993. 3. 9, 92다18481; 1993. 4. 13, 92다54524; 1994. 9. 9, 94다6680; 2001. 6. 29, 2001다28299(미성년자가 여러 명이면 각자의 특별대리인을 선임하여야 함) 등; 일 최판 1973. 4. 24, 家月 29-9, 80면(여러 공동상속인들의 친권자가 자녀들의 대리인으로서 한 유산분할협의는 무효이다).

자들을 혼자 대리하여 분할협의하면 무효[1]), ⑤ 양모가 미성년 양자를 상대로 소송하는 행위(아래 참고판례),[2] ⑥ 자녀의 재산을 친권자 또는 다른 자녀에게 양도하는 등 친자간의 매매·상계·소비대차 계약 등이 모두 이해상반행위이다.

:: 참고판례

① 공동상속재산분할 협의 : 친권자나 특별대리인 1인이 여러 명의 미성년자의 법정대리인 또는 대리인으로서 상속재산분할협의를 하였다면, 이러한 협의는 민법 제921조에 위반된 것으로서 피대리자 전원에 의한 추인이 없는 이상, 무효라고 할 것이다(대판 1993. 4. 13, 92다54524; 1994. 9. 9, 94다6680).

② 생가부모의 법정대리권 : 양모가 미성년 양자를 상대로 한 소유권이전등기청구 소송은 민법 제921조 ①항 소정의 이해상반행위에 해당하고, 구민법(1990. 1. 13. 법률 제4199호로 개정되기 전의 것) 제909조 ④항에 의하면 양자의 친생부모는 출계자에 대하여 친권자가 될 수 없으므로 법원에서는 특별대리인을 선임하여 그 특별대리인이나 그로부터 적법하게 소송대리권을 수여받은 소송대리인으로 하여금 소송을 수행하게 하여야 한다. 그런데도, '친권자가 될 수 없는' 친생(생가)부모를 법정대리인으로 보고, 그들로부터 소송대리권을 수여받은 소송대리인의 소송행위를 적법한 것으로 보고 그대로 판결하였음은, 위법이다(대판 1991. 4. 12, 90다17491).

(3) 이해상반행위가 아닌 것

이러한 행위는 친권자가 미성년자를 대리하여 할 수 있다. ① 친권자가 자녀에게 단순히 재산을 증여 또는 명의신탁하는 행위(친권자가 증여계약을 쌍방대리한 경우),[3] 또는 미성년자의 재산을 친권자의 처에게 증여[4]하는 행위, ② 친자공동으로 하는 경매신청, ③ 친권자가 자녀와 함께(자녀 대리) 합명회사를 설립하는 행위, ④ 미성년자를 대리하여 저당권을 설정하는 행위(설정계약과 등기), ⑤ 친권자인 모가 친정 오빠의 채무 담보를 위하여 친·자 공동소유부동산에 근저당을 설정하는 행위,[5]

---

1 공동상속인이 아닌 경우는 친족회의 동의를 받아 상속포기신고를 할 수 있다(실무편람, 68면).
2 대판 1991. 4. 12, 90다17491.
3 대판 1981. 10. 13, 81다649; 1998. 4. 10, 97다4005; 일 대판 1920. 1. 21, 민록 26집, 9면(친권자는 자기의 지위와 미성년자의 대리인 지위를 동시에 겸하여 증여계약 등을 체결할 수 있다).
4 가사비송재판실무편람, 69면.
5 대판 1991. 11. 26, 91다32466(이해상반행위도 아니고, 친권남용도 아니다).

⑥ 주식회사의 대표이사인 어머니(66%의 주식을 소유)가 그 회사의 채무보증을 위하여 어머니와 자녀의 공유재산을 담보로 제공하는 행위,[1] ⑦ 친권자가 미성년자를 대리하여 성년자인 자녀와 법률행위를 하는 경우,[2] ⑧ 친권자의 채무담보로 제공된 자녀의 재산이 강제집행될 때 친권자가 자녀를 대리하여 강제집행정지신청을 하는 행위, ⑨ 친권자가 먼저 상속포기를 하거나, 친권자와 미성년 자녀의 상속포기를 동시에 신고하는 것, 이혼하여 공동상속인이 아닌 친권자가 미성년자 전원의 상속포기신고를 하는 것 등이다.

:: 참고판례

> **미성년자와 성년자 간의 행위** : 이해상반행위의 당사자는 쌍방이 모두 친권에 복종하는 미성년자일 경우이어야 하고, 이때는 친권자가 미성년자 쌍방을 대리할 수 없는 것이므로, 그 어느 미성년자를 위하여 특별대리인을 선임하여야 한다는 것이지, 성년이 되어 친권자의 친권에 복종하지 아니하는 자와 친권에 복종하는 미성년자인 자 사이에 이해상반행위가 있다 하여도 친권자는 미성년자를 위한 법정대리인으로서 그 고유의 권리를 행사할 수 있으므로, 그러한 친권자의 법률행위는 같은 조항 소정의 이해상반행위에 해당한다고 할 수 없다[공동상속인인 친권자가 자신의 재산상속을 포기함과 동시에 공동상속인인 다른 미성년의 자녀를 대리하여 상속포기신고를 함으로써 결과적으로 성년인 다른 자녀가 단독상속하게 한 경우(대판 1989. 9. 12, 88다카28044)].

(4) 특별대리인의 선임

㈎ 특별대리인 선임청구

1) 이해상반행위인 경우 친권자는 자녀의 행위를 대리하거나, 동의하지 못하며, 자녀를 위한 특별대리인의 선임[3]을 가정법원[4]에 청구하여야 한다(제921조, 가소 제2

---

1 대판 1996. 11. 22, 96다10270, 이는 대판 2002. 1. 11, 2001다65960과 서로 상반된다.
2 대판 1976. 3. 9, 75다2340(미성년자 소유의 부동산을 성년자인 다른 자녀를 위하여 담보로 제공); 1989. 9. 12, 88다카28044; 1981. 10. 13, 81다649(미성년자 소유의 부동산을 친권자가 성년인 다른 자녀에게 증여하는 행위; 이는 이해상반행위는 아니지만, 친권남용이 될 수 있다).
3 대판 1996. 4. 9, 96다1139[특별대리인 선임은 어떤 특정법률행위에 관하여 개별적으로 선임되어야 하고(예컨대 피상속인 홍길동의 상속재산을 공동상속인 ○○○, @@@, ###과 협의분할함에 있어, 미성년자 홍○○을 위한 특별대리인으로 △△△(주소, 주민등록번호)을 선임한다는 재판을 바람), 미성년자의 모든 행위를 대리하여 처리할 수 있는 포괄적인 권한을 수여하는 심판을 할 수 없다]. 친권자나 후견인 또는 미성년자의 친족 등이 청구할 수 있고, 미성년자 본인은 청구할 수 없다.
4 가정법원은 이러한 특별대리인의 대리권에 제한을 가할 수 있고(가소규 제68조), 언제든지 특별대

조 ①항, 라류 가사비송사건 16호). 친권자 중 일방, 예컨대 부(父)만이 자녀와 이해상반되는 경우는 그 부(父)의 특별대리인이 모와 공동으로 자녀를 대리하여야 할 것이다.[1]

  2) 위반행위의 효력   친권자가 이해상반행위를 하면서 "특별대리인 선임 절차 없이" 스스로 '대리'한 경우는 일종의 무권대리 행위가 되어 무효가 된다(자녀에게 효과가 미치지 아니한다). 이 경우 미성년자 본인이 성년에 달한 후 추인할 수 있고(추인하면 유효[2]), 그렇게 하지 않으면 미성년자 본인에게 효력이 발생하지 아니한다. 친권자가 이해상반행위에 '동의'를 한 경우는 미성년자 본인이 그 행위를 취소할 수 있다.[3] 행위의 상대방은 표현대리(제126조)의 주장과 입증을 한다면, 그 행위의 유효를 주장할 수 있다.

  (나) **특별대리인의 자격**   특별대리인의 자격에 관하여 후견인결격사유 같은 명시적 제한은 없다. 대개 미성년자의 백·숙부나 외숙, 또는 이모 등이 선임된다. 그런데 이들은 친권자(대리인선임신청자)의 의사에 따라 좌우될 사람들이므로 미성년자의 이익 보호에는 문제가 있다.[4]

  (다) **특별대리인과 미성년자 사이의 이해상반행위**   선임된 특별대리인과 미성년자 사이에 또 이해상반관계가 있으면, 그 특별대리인은 미성년자를 위하여 대리권을 행사할 수 없다고 해석한다.[5] 이는 선임이 잘못된 경우이다.

  :: **참고판례**

  ① 적모(嫡母 : 호적상 모)는 구민법(1990. 12. 31.까지 시행되던 법률) 제909조 ②항에 의하여 자기의 친권에 복종하는 미성년의 혼외 자를 대리하여 법률행위를

리인을 개임할 수 있다(가소규 제68조의 2).

1 친생자관계존부확인의 소(예컨대 부가 자를 상대로 한 소)에서 이해관계가 상반되지 아니하는 타방 친권자(예 : 모)는 미성년 자녀의 단독대리인으로서 소송행위를 할 수 있을 것이다(편람, 69면).

2 대판 1987. 3. 10, 85므80; 2001. 6. 29, 2001다28299.

3 대판 1964. 8. 31, 63다547[본인의 추인이나, 상대방으로부터 표현대리라는 점에 대한 주장과 입증이 없는 이상, 상대방이 친권남용이라는 점을 알고 있었는지 여부를 불문하고, 본인(미성년자)에 대하여는 아무런 효과도 미치지 아니한다]; 일 최판 1971. 4. 20, 判時 제631호, 53면.

4 자녀의 이익을 보호하기 위하여 특별대리인이 자녀를 대리하여 법률행위를 할 때 가정법원의 허가를 받도록 하는 방안 등을 생각하여 볼 수 있다는 견해가 있다(김·김, 453면). 그러나 특별대리인 선임결정 당시 이미 가정법원에서는 특정법률행위에 관하여 대리인 선임을 허가한 것이고, 그 선임에는 특정법률행위의 대리허가까지 포함된 것으로 볼 수 있으므로, 다시 허가를 받을 필요는 없을 것이다. 더구나 미성년자의 재산이라는 것이 대개는 그 친권자인 부모가 마련하여 준 것이므로 부모의 뜻을 너무 제한하는 것이 과연 미성년자녀를 보호하는 방법인지는 고려하여 볼 문제이다; 특별히 공정성이 문제될 경우에는 변호사를 특별대리인으로 선임할 수도 있을 것이다.

5 일 최판 1982. 11. 18; 동 1982. 11. 26.

할 수 있었다. 그러나 적모와 미성년자 사이에 이해상반되는 행위를 하려면 친족회의 동의만 얻어 미성년자를 대리할 수는 없고, 미성년자를 위한 특별대리인을 선임하여야 한다(대판 1994. 9. 9, 94다6680). 현행민법하에서는 적모·서자 사이는 인척관계로 격하되었으므로 적모가 서자의 친권자로서 대리행위를 할 수는 없게 되었다.

② 미성년자 → 친권자 이전등기의 추정력(적극) : 미성년자 명의의 부동산에 관하여 증여를 원인으로 친권자에게 이전하는 등기가 경료된 이상, 증여가 이해상반행위라고 하더라도, 그 등기는 적법한 것으로 추정된다(대판 2002. 2. 5, 2001다72029). 그것이 특별대리인으로 대리하지 않았으므로 무효라는 것은, 주장하는 사람이 증명하여야 한다.

③ 특별대리인의 권한 : 민사소송법 제62조에 의하여 선임된 특별대리인은 해당 소송행위를 할 권한이 있고, 나아가 그 소송의 공격방어방법으로 필요한 때는 사법상 실체적 권리도 행사할 수 있다. 다만, 무권리자의 부동산처분행위에 대한 추인과 같은 것은 민법 제950조에 의한 특별수권이 있어야 한다(대판 1993. 7. 27, 93다8986).

VI. 친권의 소멸

1. 친권의 소멸원인

(1) 개   념

친권의 소멸은, 일정한 사유가 발생하여 친권자가 친권을 상실하게 되는 것을 의미한다. 친권의 소멸에는 자연적 사실(사망·성년 등)로 인한 소멸, 친권자의 뜻에 따른 소멸(파양, 대리권·관리권의 사퇴), 기타 친권자의 뜻에 따르지 아니한 소멸(친권상실선고 등) 등이 있다.

(2) 소멸원인

㈎ 절대적 소멸원인   미성년 자녀의 사망·실종, 미성년 자녀가 성년이 되거나 혼인한 때(제826조의 2)이다.

㈏ 상대적 소멸원인(다른 친권자의 친권에 따르게 되는 경우 등)

1) 친권자가 사망하거나 실종·성년후견·한정후견의 개시선고를 받거나, 심한

정신병에 걸리거나 행방불명이 되어 친권행사를 할 수 없게 된 경우.

2) 미성년 자녀가 다른 사람의 양자로 들어간 경우(제909조 ①항), 입양의 무효·취소, 파양의 경우(당사자 등의 청구에 따라 친생부모가 친권자가 되며, 친생부모가 없으면 후견이 개시된다).

3) 이혼·혼인무효·혼인취소·인지(認知)로 인하여 부모 중 어느 일방만이 친권자로 지정된 경우(제909조 ④항, ⑤항), 법원의 심판으로 친권자가 변경된 경우(제909조 ⑥항).

4) 친권자가 친권상실선고, 친권 일시정지·일부제한 심판을 받았거나(제924조, 제924조의 2), 법률행위대리권·재산관리권을 사퇴한 경우(제927조 ①항) 등이다.

5) 친권자가 이해상반행위를 하였다고 바로 그 친권이 소멸될 수는 없다.

6) 친권의 상대적 소멸의 경우는 나머지 한 사람의 친권자가 친권을 행사하거나[1] 후견이 개시(친권자 모두 사망)된다.

2. 친권의 상실선고

친권은 미성년 자녀의 건전한 성장과 발달, 즉 자녀의 복리보호를 위하여 인정되는 의무적 성격이 강한 권리이다. 그러므로 친권의 목적에 어긋나는 권한행사나 이로 인한 피해를 방지하기 위하여 친권을 강제적으로 박탈하는 제도가 필요하다. 이것이 친권상실제도이다.

민법뿐만 아니라 아동복지법 등에서도 아동의 친권자에게 친권남용, 현저한 비행 등이 있으면 지방자치단체의 장이나 검사가 친권행사의 제한이나 친권상실선고 청구를 하여야 한다고 규정하고 있다.[2]

아이의 아버지는 교통사고로 사망하고 젊은 어머니만 남아 있는 경우, 아이의 조부모나 백·숙부 등이 어머니의 친권상실 심판청구를 하는 사례가 더러 나타나고 있다.

---

1 과거에는 이혼 등으로 지정된 친권자(부 또는 모)가 사망한 경우 나머지 생존자(모 또는 부)의 친권이 부활한다(판례와 예규 제177호 제10조); 앞에서 본 바와 같이, 2013. 7. 1.부터는 친권이 자동 부활하지 않고, 당사자의 청구에 따라 가정법원의 심판에 따라 생존자가 친권자가 될 수 있게 되었다.

2 아동복지법(2019. 7. 16. 법률 제16248호) 제18조 ①항; 「아동학대범죄의 처벌 등에 관한 특례법」 제 9 조; 「가정폭력범죄의 처벌 등에 관한 특례법」 제40조 참조.

(1) 친권상실의 원인

친권남용·현저한 비행 기타 '친권을 행사하게 할 수 없는' 중대한 사유가 있을 때 미성년 자녀의 친족(제777조)이나 검사의 청구에 따라 가정법원은 그 친권상실을 선고할 수 있다(제924조·가소 제 2 조 ①항, 마류 가사비송사건 6호). 미성년 자녀 본인에게는 친권상실청구권이 없음을 주의하여야 한다.

(가) 친권남용

1) 친권의 남용이란, 자녀의 복리에 어긋나게 친권을 과도하게 행사하거나, 그 행사를 포기하는 것을 말한다. 자기의 이익을 위하여 자녀의 재산을 마음대로 처분하거나, 중대한 이해상반행위를 하면서 특별대리인 선임절차를 밟지 않고 하는 것, 부적당한 거소지정, 가혹한 징계[1]나 유기, 조부모 등과의 만남 금지 등이 모두 친권남용에 해당된다. 친권남용은 경우에 따라 형사 문제가 되기도 하고(폭행상해: 형 제257조·제260조, 유기 : 형 제271조, 체포감금 : 형 제276조 등), 친권상실의 사유가 되기도 한다.

2) 친권자의 행위가 과연 친권남용에 해당하느냐를 판단하는 기준은 자녀의 보호·교양 등 자녀의 복리이고, 이를 기준으로 구체적 사정에 따라 판단한다.

3) 친권남용으로 자녀에게 입힌 손해(정신적·물질적 손해)를 보상하여 주었다고 하더라도 친권남용의 우려가 있는 이상, 친권상실을 선고할 수 있을 것이다.

4) **친권남용의 효과**   친권남용 행위, 예컨대 친권남용으로 토지를 처분한 경우는 친권상실사유가 됨과 동시에 그것이 무효이므로 그 행위의 효과는 미성년 자녀에게 미치지 아니한다.[2]

:: 참고판례

① 친권남용 사례

㉠ 친권자가 그 미성년 자녀 甲(본처의 자녀)의 재산(또는 유일한 재산)을 다른 자녀 乙(첩의 자녀)이나 제 3 자에게 무단히 증여하는 행위도 친권남용이 된다(대판 1981. 10. 13, 81다649; 1997. 1. 24, 96다43928).

㉡ "미성년 자녀와 전혀 연락도 하지 아니하던" 이혼한 생모가 자녀의 법정대리인

---

1 서울가심 2012. 10. 12, 2012느합5(입양아를 폭행하여 사망하게 한 모); 2013. 2. 22, 2012느합356 (법령위반의 해외입양시도에 협조한 모).

2 대판 1964. 9. 8, 64다177, 총람 민 제920조, 5; 1981. 10. 31, 81다649.

으로서, '미성년자(피고)가 그 백부로부터 제기당한 부동산 소송'에서 백부(원고)의 주장을 모두 인정하는 답변서를 제출하고, 자녀의 계모를 상대로 상속재산에 대한 공유물분할청구 소송을 제기하였다가 취하하는 등의 행위는 친권남용에 해당한다(서울고결 1996. 7. 16, 95브8, 법률신문 제2582호).

② 친권남용이 아닌 사례 : 미성년자(아들)의 친권자인 모가 아들에게는 오로지 불이익만 주는데도 친정 오빠의 사업을 위하여 아들 소유 부동산을 제 3 자에게 담보로 제공하였고, 제 3 자도 그와 같은 사정을 잘 알고 있었다고 하더라도, 그와 같은 사정만으로 모의 담보제공(근저당설정)행위가 바로 친권남용에 해당한다고 볼 수 없다(대판 1991. 11. 26, 91다32466).

(나) **현저한 비행**　　방탕·상습도박·알코올중독·범죄·불륜 등 자녀의 건전한 성장에 나쁜 영향을 주고, 그 재산을 허비[1]할 위험이 있는 경우이다. 그러나 생모의 간통(姦通)(이로 인하여 남편 사망)을 바로 "현저한 비행"이라고 보고 섣불리 친권상실을 인정하여서는 안 된다는 것이 판례다.[2] 사실혼으로 인정되는 경우, 예컨대 남편이 행방불명되어 극심한 생활난으로 인하여 타남과 결혼한 경우 그 동기가 음란과 향락만을 위한 것이 아닌 경우는 현저한 비행이 아니다.[3] 현저한 비행여부의 판단기준도 어디까지나 자녀의 건전한 성장과 발달, 즉 자녀의 복리이다.[4]

(다) 기타 중대한 사유

1) 생모가 남편과 불화하여 가출하고, 남편이 교통사고로 사망하자, 그 보상금을 수령하여 거의 다 소비하여 버리고 자녀의 부양에 전혀 노력하지 아니하는 경우.[5]

2) 친권자인 아버지가 부정(不貞)행위를 저질러 이혼하고 아이를 전혀 돌보지 아니하고 있다가, 아이 소유의 가옥과 대지를 매각하려고 하는 경우[6]는 "친권을

---

1 대판 1968. 9. 17, 68므27; 1968. 12. 6, 68므39(자기의 이익을 위하여 자녀의 재산을 처분하려고 한 경우).

2 대결 1993. 3. 4, 93스3, 판례월보 제276호, 194면(생모가 자녀의 보호와 양육의무를 소홀히 하지 않았던 경우); 일 대판 1929. 2. 13, 법률신문 2954, 5[과부인 친권자가 생활고로 망부(亡夫)의 친구의 첩이 된 사건에서, 도덕상 비난받을 관계에 들어간 경우라도, 자녀의 양육을 위하여 그 길 외에 달리 방법이 있었는지 여부를 조사하지 않고는 바로 친권박탈선고를 하여서는 아니 된다]. 이 판례에 대하여, 남녀평등을 이념으로 하는 오늘날은 남편의 사통과의 비교, 생활비의 부담자 등 여러 가지 사정을 종합 고려하여 판단하여야 할 것이라고 비판하거나(我妻 외 2, 192면), 친권자의 성(性)관계와 자녀의 이익은 서로 직접적인 관계는 없다고 해설한다(大村, 113면).

3 대판 1963. 9. 12, 63다197; 1963. 9. 12, 63다218.

4 대결 1993. 3. 4, 93스3.

5 대판 1991. 12. 10, 91므641.

6 대판 1968. 9. 17, 68므27.

행사시킬 수 없는 중대한 사유"에 해당한다.

3) 생모가 자신과 자녀의 생존, 자녀의 감호·교육을 위하여 부득이 자녀의 부동산을 시가보다 헐값으로 매각하였더라도 그것이 궁박한 상태에서 한 일이라면 친권상실사유는 아니다(아래 참고판례 ① 참조).[1]

:: 참고판례

① 시부모의 학대가 심하고, 시부모와 시동생으로부터 폭행을 당한 끝에 쫓겨나게 된 며느리(친권자)가, 그 아들 소유의 대지와 가옥을 시동생이 강점(强占)하여 매매에 반대하고 명도에 불응하므로, 그 자신과 자녀의 생존을 위하여 부득이 그 부동산을 시가보다 헐한 값으로 팔아버리게 되었다면, 그 며느리는 궁박한 상태에 있었음을 넉넉히 짐작할 수 있으므로 그 매각행위는 자녀의 감호·교육의 필요에 의한 것이라고 할 것이다(대판 1963. 8. 31, 63다363).

② 생모의 친권상실을 인정한 예 : 생모가 호적상으로는 망인의 처로서 이 사건본인의 친권자이다. 그러나 사실상으로는 사건본인이 출생하기 전에 이미 망인과 별거하여 그 친권자의 지위를 상실한 것과 같고, 이러한 생모에게 사건본인의 부양·교육을 맡기는 것이 현재는 물론 장래에도 적당하지 않다고 생각되는 경우, 이는 민법 제924조 소정의 친권자로서 친권을 행사시킬 수 없는 중대한 사유가 있는 때에 해당한다(대판 1979. 9. 11, 79므34).

㈜ **친권상실원인의 존재 시기(時期)**   친권상실심판사건 심리 중에, 늦어도 사실심(제 2 심)의 변론종결 전에 그 원인이 있어야 하고, 변론종결 당시에 그것이 소멸하여 없다면, 친권상실심판을 선고할 수 없다. 과거에 비행이나 친권남용이 있었더라도, 현재는 개과천선하였고, 자녀의 복리를 해칠 위험이 없고, 달리 다른 사람에게 미성년 자녀를 맡겨서 키울 만한 상황이 아닌 경우(생모 아닌 다른 사람에게 친권을 행사하게 하거나 후견을 하게 하는 것이 자녀의 복리를 위하여 더 낫다고 인정되는 경우가 아닌 이상), 섣불리 친권상실선고를 하여서는 안 된다(아래의 참고판례 참조).[2]

:: 참고판례

과거의 비행과 친권상실 사유 : 자녀가 딸린 과부가 생활난 등으로 유부남과 불

---

[1] 대판 1963. 8. 31, 63다363.
[2] 대판 1957. 2. 21, 4289민상645; 1959. 4. 16, 58다659; 1959. 4. 16, 4291민상811; 대결 1993. 3. 4, 93스3.

의의 관계를 맺어 임신까지 하였다는 사실은 모(母)로서 불행적(不行蹟)(구민법 당시의 용어로서 비행을 의미)하다 아니할 수 없으나, 이는 이미 지나간 일이고 현재는 그러한 행적이 없으며 항상 그 자녀의 감호·교육에 힘쓰고 있는 이상, 이 과거의 사실을 들어 그 자녀에 대한 친권을 상실케 할 수 있는 현저한 비행이라 고 할 수 없다(대판 1959. 4. 16, 4291민상659; 동지 1959. 4. 16, 4291민상811; 1969. 2. 18, 68다2374).

수감자(교도소에 수용되어 있는 사람)를 친권자로 지정한 사례도 있다(서울가결 2011. 7. 27, 2011브○○).

(2) 친권상실선고의 청구권자 등

(가) 미성년 자녀[1], 그의 친족(제777조)·검사, 시·도지사·시장·군수·구청장은 가정법원에 친권상실심판 청구를 할 수 있다(제924조, 아동복지법 제18조[2]; 수사 검사에게 친권상실 청구의무를 부과). 시장 등은 아동의 복지를 위하여 필요한 때에는 법원에 친권행사의 제한이나 친권상실청구를 하여야 한다. 그런데 검사와 시장 등을 부모의 친권상실 청구권자로 규정한 이유는 미성년 자녀의 보호와 육성은 국가적으로도 중요한 문제이기 때문이다.

(나) **조정전치주의** 이러한 사건에는 조정전치주의가 적용되므로 먼저 조정신청을 하여야 한다고 규정되어 있다(가소 제 2 조 ①항, 마류사건 7호·가소 제50조). 그러나 친권·법률행위대리권·재산관리권의 상실(또는 회복), 친권의 일시정지, 일부제한 선고 등은 당사자가 임의로 처분할 수 없는 것이라 조정으로 처리될 수 없다.

(3) 친권상실청구권의 포기

친권이나 대리권·관리권의 상실청구권은 포기할 수 없고, 포기하는 계약은 공서양속에 위배되어 무효이다.[3]

---

1 김·김, 461면; 미성년자 스스로 부모를 상대로 친권 상실청구를 하는 경우를 상정하기 어렵다. 입법론적으로 문제가 있다고 평가하고 있다.
2 「아동·청소년의 성 보호에 관한 법률」 제23조; 성 범죄사건을 수사하는 검사가 청구, 아동보호전문기관 등은 검사에게 청구요청; 「가정폭력범죄의 처벌 등에 관한 특례법」 제40조 ①항 3호(친권행사의 제한); 「아동학대범죄의 처벌 등에 관한 특례법」 제 9 조(검사가 청구, 아동보호전문기관의 장은 검사에게 청구요청); 어느 경우이든 가해자(범행을 한 자)가 친권자인 경우이다.
3 대판 1977. 6. 7, 76므34.

(4) 친권상실의 효과

㈎ **대리권 등의 상실**　친권상실 심판이 확정되면, 해당 친권자는 미성년 자녀를 보호·교양하고 자녀의 재산을 관리할 권능, 자녀의 법률행위를 대리·동의할 권리(이것이 친권의 내용)를 모두 상실한다. 그러나 친자 간의 부양이나 상속의 권리·의무는 영향을 받지 아니한다.

㈏ **후견의 개시**　공동친권자인 부나 모 중 일방이 친권상실선고를 받은 경우는 나머지 한 사람이 친권자가 되고(제909조 ③항), 단독친권자가 이 선고를 받은 경우는 후견이 개시된다(제928조 후단).

㈐ **자녀의 혼인동의권 등의 소멸여부**　친권상실선고를 받은 부모는 자녀의 혼인 등에 대한 동의권(직계혈족으로서의 권리)도 상실하느냐?

1) **다수설(부정설)**　부모의 혼인동의권 등은 자녀보호의 목적을 가진 것이고 실질적으로 친권의 일부로 보아야 하기 때문에, 친권상실자는 미성년 자녀의 혼인·이혼·입양·파양의 동의권·대락권(제808조·제835조·제869~871조·제899조·제900조·제906조 등)도 없다는 견해가 다수설이다.[1]

2) **소수설(긍정설)**　부모와 자식 사이의 직계혈족으로서 발생하는 권리, 예컨대 혼인 등 동의권이나 부양의 권리의무, 상속권 등은 친권상실로 인하여 아무런 영향을 받지 아니한다(제925조의3)는 견해이다.[2]

3) **절 충 설**　친권상실선고로 인하여 친권자는 장래에 향하여 친권을 전면적으로 상실하게 되지만 부양·상속 등에 관하여는 영향을 받지 아니한다고 한다.[3]

생각건대, 민법의 규정체제('부모의 동의'라고 규정하고 있을 뿐, '친권자의 동의'라고 규정하지는 않았다)에 따른 문리해석을 한다면, 친권상실로 인하여 부모의 자격까지 상실하는 것은 아니므로 소수설이 타당하다고 할 것이다. 따라서 친권상실선고를 받은 부모라도 미성년자의 혼인동의권을 행사할 수 있다. 그리고 미성년자도 혼인하면 성년자로 간주되므로 미성년자의 이혼(협의이혼)에 대한 친권자의 동의권은 원래 없는 것이다. 다만, 13세 미만자 입양의 대락권, 미성년자 입양의 동의권(제869조 ③항 1호, 제870조 ①항 2호)과 친양자의 입양동의권(제908조의 2 ①항 3호)은 상실된다고 보아야 할 것이다. 개정민법이 '친권이 상실된' 생가부모에게 친양자

---

1 김·김, 464면; 김용한, 신친족상속법론 210면; 양수산, 467면; 지원림, 1971면.
2 박병호, 212면; 송덕수, 224면; 이경희, 261면; 윤진수, 253면.
3 김용한, 210면.

입양동의권을 부인하는 것을 명문으로 규정하고 있다(제908조의2 3호 단서). 친권은 어린아이의 양육을 위한 중요한 권한이기 때문이다.

3. 친권의 일시정지

(1) 제도의 취지

민법은 친권자의 동의를 갈음하는 재판규정(제922조의2)을 신설하여 미성년자를 보호할 수 있도록 하였다. 이 재판으로 자녀의 병원 입원이나 치료를 강제하는 조치를 취하였더라도, 부모가 법정대리인으로서 입원계약이나 의료계약을 해지하거나, 병원을 상대로 자녀의 인도청구를 하여 법원의 조치를 무력하게 할 수 있다. 그러한 경우 미성년자를 보호하기 위하여 친권의 일시 정지 또는 친권의 일부 제한 제도를 도입한 것이다.

(2) 친권 일시정지의 요건 : 친권상실 선고의 요건과 동일하다.

㈎ 친권의 남용

㈏ 자녀의 복리를 현저히 해치거나 해칠 우려가 있을 것

㈐ 청구권자 : 자녀, 자녀의 친족, 검사, 지방자치단체의 장

이러한 사건은 마류 7호 가사비송사건이라서, 조정의 대상이지만(가소 제50조), 조정의 성립만으로 친권일시 정지의 효력은 생기지 않는다(가소 제59조 ②항 단서).

(3) 이 제도의 보충성

친권자의 동의를 갈음하는 재판(제922조의2)이나 그 밖의 다른 조치로 자녀의 복리를 충분히 보호할 수 없는 경우에만 이 일시정지 제도를 이용할 수 있다(제925조의2, ②항).

(4) 효　과

친권의 일시정지 선고가 내려지면 친권자는 정지기간 동안 친권 전부를 행사하지 못한다.

친권의 일부에 대한 정지선고를 할 수 있는가? 긍정하여야 할 것이다.[1] 친권의 일시정지 선고가 내려져도, 부모의 자녀에 대한 그 밖의 권리와 의무는 변경되

---

1 윤진수, 238면; 송덕수, 225면.

지 않는다(제925조의 3).

(5) 「아동학대범죄의 처벌 등에 관한 특례법」상의 친권행사정지

위 특례법 제19조, 제36조, 제47조, 제51조에 따라 가정법원 판사는 친권행사를 일시 정지시킬 수 있다.

4. 친권의 일부 제한

(1) 제도의 취지

부모가 미성년자녀의 친권자로서 특별히 교육문제에서 편견을 가지고 학교교육에 반대하여 취학연령에 이른 자녀를 학교에 보내지 않는다든지, 자녀의 치료에는 동의하나 수혈만은 절대로 하지 못하게 반대하는 경우 등에는 해당 사항에 관하여서만 친권을 제한하는 것이 합리적이다.[1] 이러한 경우 친권의 일부 제한제도를 이용할 수 있다.

(2) 요 건

㈎ 거소의 지정이나 징계, 그 밖의 신상에 관한 결정 등 특정한 사항에 관하여 친권자가 친권을 행사하는 것이 곤란하거나 부적당한 사유가 있을 것

㈏ 위의 사유가 있어 자녀의 복리를 해치거나 해칠 우려가 있을 것

㈐ 청구권자 : 자녀, 자녀의 친족, 검사 또는 지방자치단체의 장

㈑ 심판절차 : 청구권자의 청구에 따라 가정법원은 구체적인 범위를 정하여 친권의 일부 제한을 선고할 수 있다(제924조의 2, 마류 7호 가사비송사건). 조정의 대상이지만(가소 제50조), 조정의 성립만으로 친권일부 제한의 효력은 생기지 않는다(가소 제59조 ②항 단서).

(3) 제도의 보충성

친권자의 동의를 갈음하는 재판(제922조의 2)이나 그 밖의 다른 조치로 자녀의 복리를 충분히 보호할 수 없는 경우에만 이 일부 제한 제도를 이용할 수 있다(제925조의 2, ②항).

(4) 효 과

친권의 일부 제한 선고가 내려지면 친권자는 그 범위 내에서 친권을 행사하지 못한다.

---

1 송덕수, 226면.

친권의 일부 제한 심판이 내려져도, 부모의 자녀에 대한 그 밖의 권리와 의무는 변경되지 않는다(제925조의 3). 자녀의 치료와 수술을 친권자의 의사에 반하여 실시한 경우라도 그 부모로서 치료비 지급의무를 진다는 의미다.

5. 대리권과 관리권의 상실

(1) 친족 등이 청구

(가) 법정대리인인 친권자가 미성년자녀의 재산을 관리하면서 부적당하게 관리하여 그 재산을 위태롭게 한 경우는 자녀의 친족, 검사, 지방자치단체의 장의 청구에 따라, 가정법원은 그 친권자의 법률행위 대리권과 재산관리권의 상실을 선고할수 있다(제925조). 미성년자녀 본인에게는 청구권이 없음을 주의하여야 한다.

(나) 법률에는 이러한 사건도 조정전치의 대상으로 규정되어 있으나(가소 제 2조 ①항, 마류 7호 가사비송사건), 대리권 등 상실은 친권의 일부 상실에 해당하고, 당사자들의 임의처분대상이 아니므로 조정으로 처리될 수 없다.

(2) 대리권·관리권 상실의 효과

(가) 대리권 등의 상실은 친권의 일부 상실이므로 친권 그 자체에는 영향이 없다. 따라서 공동친권자 중 일방이 대리권이나 관리권을 상실하면 다른 일방이 단독으로 이를 행사하고, 단독친권자가 대리권 등을 상실하면 대리권·관리권만을 행사하는 후견이 개시되거나 새로 친권자를 지정하여 그 후견인이나 새로운 친권자가 재산을 관리하고 법률행위를 대리한다(제927조의 2).

(나) 법률행위대리권 등을 상실한 친권자는 미성년자의 후견인을 지정하는 유언도 할 수 없다(제931조 ①항 단서).

(다) 대리권 등을 상실한 부모라도, 미성년 자녀의 신분상 행위에 대하여는 여전히 친권을 공동으로 행사한다.

(3) 판   례

친권자인 모가 채무정리와 생계유지를 위하여 미성년자녀의 토지를 매각하였다고 하여 그것을 바로 "부적당한 관리"라고 말할 수 없다. 이 사례에서 법원은 호주(戶主)인 미성년자녀도 생모를 부양할 의무가 있고, 생모의 양육하에 있으면서 그 의무를 다하였다고 인정되지 아니한다고 판시하였다.[1] 그리고 친권자의 행방

---

1 대판 1962. 9. 20, 62다287.

불명은 친권상실의 원인이 되는 "부적당한 관리"에는 해당하지 않는다.[1]

(4) 선고 전의 처분(사전처분)

친권이나 대리권 등의 상실심판청구가 있는 경우 사건의 해결을 위하여 필요하다고 인정하는 경우 가정법원, 조정위원회 또는 조정담당판사는 현상의 변경금지, 물건의 처분금지, 재산보존처분, 관계인의 감호와 양육을 위한 처분 등 적당한 처분을 할 수 있다(가소 제62조). 이러한 처분에는 친권자의 직무집행정지나 그 대행자 선임 등이 포함될 수 있다. 이러한 처분에는 집행력이 없고, 그 처분에 위반하면 과태료의 제재를 받는다(가소 제62조 ⑤항·제67조 ①항). 이러한 처분에 대하여 즉시항고를 할 수 있다(가소 제62조 ④항).

(5) 실권회복

친권(친권 일부제한 포함)·대리권·관리권 등의 상실(또는 제한)사유가 없어졌을 때 가정법원은 친권자 본인, 자녀, 자녀의 친족, 검사, 지방자치단체의 장의 청구에 따라 실권회복을 선고할 수 있다(제926조). 이 경우는 친권에 따르는 미성년자녀도 이 청구를 할 수 있는지 소송능력과 관련하여 의문이다. 실권회복청구 사건은 가사소송법상 마류사건(가소 제 2 조 ①항, 마류사건 7호)으로 조정의 대상으로 규정되어 있지만(가소 제 2 조 ①항·제50조), 당사자의 임의처분이 불가능하므로 조정으로 처리될 수 없다는 것은 이미 언급한 바 있다.

(6) 판결의 통지와 신고 등

친권·대리권·관리권의 상실·사퇴·회복의 재판이 선고되어 확정된 경우, 또는 친권자의 지정·변경 재판이 확정된 경우 가정법원은 자녀의 등록기준지나 주소지의 가족관계등록 공무원에게 등록기재를 촉탁하여야 하고(가소 제 9 조, 가소규 제 5 조 ①항 1호), 청구인이나 상대방은 그 재판확정일로부터 1개월 이내에 재판의 등본과 확정증명서를 첨부하여 시·구·읍·면사무소에 그 취지를 신고하여야 한다(가등법 제79조 ②항, 제58조).

6. 대리권·관리권의 사퇴·회복

친권자인 부모는 정당한 사유가 있을 때 가정법원의 허가를 얻어 친권의 일부

---

1 대판 1960. 7. 14, 4292민상430.

인 법률행위의 대리권과 재산의 관리권을 사퇴할 수 있다(제927조 ①항, 가소 제2조 ①항, 라류사건 17호). 정당한 사유란 해외여행 등으로 인한 장기부재·질병·군대입대 등을 들 수 있다. 친권 그 자체의 사퇴나 포기는 허용되지 아니한다.[1] 친권은 권리인 동시에 의무인 성질을 띠고 있기 때문이다. 사퇴허가가 내려지면 미성년자의 재산부분에 대하여 후견이 개시된다.

사퇴의 사유가 소멸하면, 친권자는 다시 법원의 허가를 얻어 사퇴한 권리를 회복할 수 있다(제927조 ②항, 가소 제2조 ①항, 라류사건 17호). 사퇴의 허가나 회복의 허가 재판은 비송사건이므로 법원의 심판형식으로 이루어진다.

:: 참고판례

1991. 1. 1.부터 개정된 민법이 시행되고 … 중략 … 부칙 제9조에 따라 이혼으로 인하여 모가 친권을 상실하고 후견이 개시된 경우라도 개정민법시행일부터는 모의 친권이 부활되어 모가 전혼중의 자의 친권자가 되고 후견인의 임무는 종료된다(대판 1994. 4. 29, 94다1302).

[친권상실 등 심판 청구권자 등]

구 분		(1) 친권상실, 일시정지, 일부제한	(2) 법률행위대리권·재산관리권 상실	(3) 상실한 (1), (2)권리의 회복	(4) 대리권 등 사퇴·회복	근 거
청구권자	미성년자 본인	○	×	○	×	제926조
	자녀의 친족 (제777조)	○	○	○	×	제924조
	검 사	○	○	○	×	제924조
	시·도지사·시장·군수·구청장	○	○	○	×	아동복지법 제8조
	해당 친권자	×	×	○	○	제926조·제927조
청구이유		친권남용·현저한 비행·중대사유	부적당한 관리로 재산을 위태롭게 한 경우	친권남용 등 사유 소멸	장기여행·입원 등	제924~927조
상 대 방		친 권 자	친 권 자	현재 친권 등을 행사하는 자	없 음	가소규 제101조 ①항·②항

---

[1] 김형배, 230면.

가사비송사건으로서의 법률적 성질	마류 7호 사건	마류 7호 사건	마류 7호 사건	라류 17호 사건	가소 제2 조 ①항
조정전치	○(성질상 ×)	○(성질상 ×)	○(성질상 ×)	×	가소 제50조 ①항·제59조 ②항 단서
청구기간	×	×	×	×	
관할 가정법원	친권자의 주소지	친권자의 주소지	상대방주소지	미성년자의 주소지	가소 제44조·제46조
선고의 효과	후견개시· 가족등록관청에 1개월 내 신고	재산관리부분에 한하여 후견개시· 가족등록관청에 신고	친권 등 회복, 신고	재산부분에 대한 후견개시	제928조, 가소 제 9 조, 호 제82조, 제63조
심판대한 불복방법	즉시항고	○	○	×	가소규 제103조
즉시항고권자	상대방, 미성년자의 친족(제777조)	왼편과 동일	왼편과 동일	×	가소규 제103조
즉시항고기간	14일간	14일간	14일간	×	가소 제43조 ⑤항

* 즉시항고기간은 심판의 고지를 받은 날(최후의 1인이 받은 날)부터 기산하여 14일 이내이다.

7. 지정된 친권자가 친권을 행사할 수 없게 된 경우

(1) 지정된 단독친권자(부나 모, 양부나 양모)가 친권상실, 소재불명 등의 사유로 친권을 행사할 수 없는 경우, 어떻게 할 것인가? 생존하고 있는 부나 모, 미성년자, 그 친족은 그 사유를 안 날부터 1개월, 사망(행방불명)한 날부터 6개월 안에 가정법원에 생존하는 부나 모를 친권자로 지정하여 달라고 청구할 수 있다(제909조의 2, ①항). 이러한 청구가 없으면, 가정법원에서는 직권으로 또는 자녀, 검사 등의 청구에 따라 미성년후견인을 선임할 수 있다(동조 ③항 1문).

(2) 임시대행자의 선임

친권자의 친권행사불능시부터 새로운 친권자지정 또는 후견인선임시 사이의 긴급한 필요를 위하여 가정법원은 임시법정대리인 직무대행자[1]를 선임할 수 있다(민법 제927조의 2 ①항, 제909조의 2 ⑤항). 이 대행자에게는 민법 제25조, 제954조가 준용된다.

---

1 임시미성년후견인이 선임된 사례(서울가심 2017. 4. 17, 2017느단50834).

제5장

후 견

제1절 후견제도

1. 개정민법(법률 제10429호; 2013. 7. 1. 시행)

현행민법의 행위능력과 후견제도는 금치산자(재산의 관리를 금지당한 자), 한정치산자(일정한 범위 내에서 재산을 관리하는 자) 등 그 자체가 부정적인 의미를 풍기는 용어를 사용하고 있고, 행위자 본인의 뜻과 장애의 정도를 고려하지 않고 행위능력을 일률적·획일적으로 제한하여 왔다. 이는 사회적 편견을 생기게 하는 한편 보호의 대상을 재산관리에 한정함으로써 오늘날 장애자들에게 다양하고 실질적인 복리증진에 도움을 줄 수 없었다. 개정민법은 인간의 존엄성을 존중하는 차원에서 정신능력이나 판단능력이 없거나 미약한 성년자를 위하여 이른바 성년후견 제도를 도입하였다. 이는 장애자 본인의 자율권을 최대한 존중하면서 그의 재산상 행위뿐만 아니라 그의 신체상의 건강을 위한 치료, 요양 등 복리에 관한 폭넓고 효율적인 보호와 후견을 제공하려고 시도하고 있는 것이다.

2. 후견인의 종류와 호칭(미성년후견·성년후견·한정후견·특정후견·임의후견)

현행민법은 미성년자나 금치산자 또는 한정치산자를 위한 후견인이라고 부르고 있었으나, 개정법에서는 피후견인의 종류에 따라 미성년후견인(제928조), 성년후견인(제929조), 한정후견인(제959조의 2), 특정후견인(제959조의 9 ①항), 임의후견인(제959조의 14)이라는 5가지 용어를 사용하고 있다. 그래서 종전에는 금치산자, 한정치산자라고 부르던 것을 개정법이 시행되면 피성년후견인, 피한정후견인이라는 어색한 용어로 불러야 하고, 나아가 피특정후견인이라는 생소한 용어(제959조의 10)까지 써야 한다. 앞으로 개념의 이해와 용어사용에 익숙하여지려면 한동안 어려움을 겪을 것으로 예상된다.

3. 후견인의 법률적 지위(수임인, 법정대리인)

후견제도는 가족관계와 재산관계의 2가지 측면에서 무능력자를 도와주는 제도이었다.[1] 그러나 개정법은 후견을 받는 사람(피후견인)의 복리, 치료행위, 주거의 자유 등을 보장하기 위한 신상(身上)보호 규정을 신설하였다(제947조, 제947조의 2). 게다가 피후견인의 일시적 후원 또는 특정한 사무에 관한 후원을 위하여 특정후견인제도를 신설하고(제959조의 8 이하 동조의 13까지), 후견계약(제959조의 14~20까지) 제도를 창설하였다. 후견인은 미성년자를 위하여 친권자의 역할을 하고, 피후견인들을 위하여 선량한 관리자의 주의로써 그 맡은 업무를 완수하여야 하므로, 민법은 친권과 위임에 관한 규정을 후견인에게 준용하고 있다(제956조, 제959조; 제681조, 제691조, 제692조, 제918조).

요컨대 후견인은 일반적인 사무처리 능력이 없거나 부족한 사람들(미성년자, 피성년후견인, 피한정후견인 등)을 보호하고 양육·치료·감독하고 그들의 재산을 관리하고 법률행위를 대리하고 동의하는 법정대리인 겸 수임인의 지위에 있다.

4. 후견의 기관(가정법원 등 3인)

후견의 기관에는 후견사무를 주로 집행하는 후견인, 후견인의 사무를 감독하고 필요한 경우 후견인 대신 후견사무를 수행하기도 하는 후견감독인이 있고, 그밖에 가정법원도 중요한 감독 권한을 가지고 있어서 실질적으로는 중요한 후견기관의 하나라고 말할 수 있다.

친족 간의 일은 친족의 자치에 맡기고, 후견인에 대한 감독도 친족회에 맡기

---

1 옛날의 대가족제도하에서는 대가족을 통솔하거나 보호, 감독하는 호주나 가장이 어리거나 병약한 경우에만 그러한 호주(家長)를 위한 후견인을 선임하였고 가족구성원을 위한 후견인제도는 없었으나, 가족제도가 부부와 친자로 구성된 핵가족으로 변화하면서, 후견인은 친권의 연장선상에 있는 제도가 되었다고 한다[我妻 외 2, 民法3(勁草書房, 2004), 195면]. 이것이 미성년자를 위한 후견인이다.

는 것이 관례였다. 그러나 친족단체의 협동체성이 약화되면서, 친족의 자치는 잘 이루어지지 않게 되자, 후견에 대한 국가의 감독이 필요하게 되었다. 그리하여 가 정법원이 후견인에 대한 직접적·적극적인 감독을 하게 된 것이다. 개정법은 친족 회제도를 폐지하고 후견감독인 제도를 도입하였다(제940조의 2~7, 제959조의 5, 제 959조의 10). 가정법원은 피후견인 등의 청구에 따라 또는 직권으로 모든 종류의 후 견감독인을 선임할 수 있다. 가정법원의 역할이 중요하게 되었고 그 권한이 강화 되었다. 친권자에 대한 공법적 규제(교육기본법·아동복지법·근로기준법 등)는 후견 인에 대하여도 그대로 적용된다.

5. 개정민법상 후견제도 개관

(1) 후견인의 종류와 그 다양성

개정민법은 미성년자를 위한 후견규정은 별로 변경하지 않았으나, 질병, 장애, 노령, 그 밖의 사유로 인한 정신적 제약으로 사무를 처리할 능력이 지속적으로 결 여된 사람을 위한 성년후견,[1] 그 능력이 부족한 사람을 위한 한정후견, 일시적 후 원 또는 특정한 사무의 후원을 위한 특정후견, 타인에게 사무를 위탁하는 후견계 약(공정증서로 체결)에 의거한 임의후견제도를 만들어 이용 대상자와 그 범위를 넓 혔다. 성년후견이나 한정후견의 개시심판 청구권자에 후견감독인과 지방자치단체 의 장을 추가하여 후견제도의 내실을 도모하고 있다.

(2) 피후견인의 자치능력의 확대

성년후견을 받는 사람(피성년후견인)의 법률행위 중 일용품의 구입 등 일상생 활에 필요한 행위, 가정법원의 후견개시 심판에서 '취소할 수 없는 행위'로 정한 법률행위는 후견인이 취소할 수 없도록 하였고[2](제10조 ②항, ④항), 한정후견을 받 는 사람의 행위는 가정법원에서 정한 행위(후견인의 동의 사항)를 제외하고는 확정 적으로 유효한 법률행위로 인정되며, 특정후견을 받는 사람의 법률행위에는 아무 런 법률적 제약이 없도록 하였다.

---

1 헌재 2019. 12. 27, 2018헌바130결정 : 성년후견에 관한 민법조항들은 위헌이 아니다(합헌).
2 성년후견인의 권한행사범위도 법원에서 정한 사례가 있다[서울가심 2015. 11. 26, 2015느단6403; 사건본인(피성년후견인)명의의 은행계좌에 대한 인터넷뱅킹개설 권한을 부여할 수 없다].

(3) 피후견인의 재산뿐만 아니라 신상 보호규정 신설

피후견인의 재산을 보호하기 위하여 법률행위의 대리와 취소 등을 주로 규정하던 후견제도와 달리 개정민법은 피후견인의 권리증진과 자치권 강화를 주안점으로 삼고 있다. 개정법은 피후견인의 복리, 치료행위 등을 보장하기 위한 신상보호규정을 신설하였다. 즉, 신상(身上)에 관한 결정권은 본인에게 있다는 자율권을 보장·강조하고, 후견인이 그 임무 수행에 있어 피후견인의 의사를 존중하여야 한다는 의무규정을 신설하는 등 피후견인의 복리를 실질적으로 보장할 수 있도록 하였다(제947조, 제947조의 2 ①항).

(4) 후견인의 숫자와 자격, 동의권·대리권의 범위를 개별적으로 결정

이전의 민법에서는 후견인은 그 종류를 불문하고 무조건 1명으로 규정하고 있었으나(제930조), 개정법에서는 미성년후견인의 숫자는 종전처럼 1명으로 하고, 성년후견인은 여러 가지 사정을 고려하여 여러 명을 둘 수 있게 하고, 자연인뿐만 아니라, 법인도 성년후견인이 될 수 있도록 하였다. 그리고 금치산, 한정치산의 선고가 있으면 그 선고를 받은 자의 직계혈족, 3촌 이내의 방계혈족의 순위(기혼자의 경우는 그 배우자)로 후견인이 된다는 규정 등, 이른바 후견인의 법정순위 규정(제933~935조)을 폐지하고, 가정법원에 재량권을 부여하여 담당판사로 하여금 여러 가지 사정을 종합·고려하여 가장 적절한 성년후견인을 선임할 수 있도록 하였다(개정민법 제936조). 후견인의 법정대리권(재산관리권, 동의권)의 범위를 가정법원에서 개별적으로 정할 수 있게 하였다(제938조).

(5) 후견감독인제도와 후견계약제도 도입

이전의 후견인감독기관이던 친족회를 폐지하고, 그 대신 가정법원이 사안에 따라 후견감독인을 개별적으로 선임할 수 있도록 하였다. 이는 후견인의 임무해태(임무태만), 권한남용을 실질적으로 방지하고 견제할 수 있도록 하기 위한 것이다. 그러나 후견감독인제도를 필수적인 것으로 하지는 않고 임의적인 것으로(선임할 수 있도록) 하였다.

그리고 새로운 제도로 후견계약제도를 도입하였다. 이는 사무처리 능력이 부족한 사람이 타인에게 그 사무처리를 위탁하는 제도이다. 계약의 효력발생시기는 가정법원에서 후견감독인을 선임하는 때로 하여 피후견인의 권익을 보호하는 장치를 마련하였다.

(6) 후견제도의 공시제도 정비(등기)

피성년후견인과 거래하는 제 3 자를 보호하여 거래의 안정을 도모하기 위하여 후견계약 등을 등기하여 공시하도록 하였다(제959조의 19). 새로운 「후견등기에 관한 법률」(2019. 1. 1. 시행 법률 제14976호, 2017. 10. 31. 개정)이 시행되고 있다.

제 2 절   후견의 개시와 후견인 지정·선임

Ⅰ. 후견의 개시

1. 후견개시의 원인

(1) 미성년자를 위한 후견

미성년자를 위한 후견은 다음 2가지 경우에 개시된다(제928조).

⑺ 친권자가 없을 때

1) 부모가 친권을 공동 행사할 경우, 부모 중 어느 한쪽이 사망·실종·친권상실 선고를 받더라도, 남아 있는 다른 한쪽(모나 부)이 친권을 행사하게 되고(제909조 ③항),[1] 재판상 이혼이나 혼인의 취소, 인지(認知)청구의 경우는 가정법원에서 직권으로 친권자를 정한다(제909조 ⑤항). 단독친권자로 정하여진 부모의 어느 한쪽이 사망한 경우 생존하는 부 또는 모, 미성년자, 미성년자의 친족은 그 사실을 안 날부터 1개월, 사망한 날부터 6개월 내에 가정법원에 생존하는 부 또는 모를 친권자로 지정할 것을 청구할 수 있다(제909조의2 ①항). 이전에는 생존하고 있는 부나 모가 당연히 친권자(친권 자동부활)가 되고 후견은 개시되지 아니하였다(예규 제177호 제10조).[2] 당시에도 일부 학설은 후견이 개시된다고 주장하고 있었으나,[3]

---

1 미국의 경우 교통사고로 사망한 모가 아들의 후견인(guardian) 지정유언을 하면서, 제 1 차로 아들의 아버지를, 제 2 차로 아들의 외조모를 후견인으로 지정하였는데, 법정에서 다툼이 벌어져, 아이의 최상의 이익을 위하여 외조부를 아이의 양육권자(custodian)로 지정하는 판결이 선고되었다 [1966년 Iowa 주 최고법원, Painter v. Bannister, … 2년 후 아이의 아버지는 캘리포니아 주(州)법원의 양육권 소송에서 승소판결을 받았다]. Krause, 712면 이하 참조.

2 양수산, 467면; 대판 1965. 7. 27, 65다908(호적부상 생모가 생존하여 있는데도 미성년자의 숙부가 미성년자 소유의 재산을 처분한 경우, 후견은 개시되지 않았고, 그 숙부를 법정후견인으로 볼 수

2011. 5. 19. 개정(법률 제10645호)으로 위와 같이 변경되었고, 이 규정도 2013. 7. 1.
부터 시행되고 있다.

만일 위 기간 안에 친권자 지정청구가 없거나 그 청구가 기각되었을 때는 가
정법원은 직권으로 또는 미성년자의 친족 등의 청구에 따라 미성년후견인을 선임
할 수 있다(제909조의 2 ③항).[1] 입양이 취소되거나 파양된 경우, 또는 보통양자의
양부모가 모두 사망한 경우에도 미성년자나 그 친족이 친생부모를 친권자로 지정
할 것을 청구할 수 있고, 이 경우도 미성년후견인을 선임할 수 있다. 이러한 친권
자 지정청구나 후견인 선임청구를 가정법원에서 검토한 결과, 그것이 미성년자의
복리를 위하여 적절하지 않다고 인정되면 그 청구를 기각할 수 있고, 직권으로 미
성년후견인을 선임하여야 한다.

2) 부모나 보통 양자의 양(養)부모가 모두 사망하거나, 생존하고 있던 단독친
권자가 사망·실종·친권상실, 친권의 일시정지·일부제한, 성년후견·한정후견의
개시심판을 받거나, 심신상실·행방불명[2] 기타 사유로 사실상 친권을 행사할 수
없을 때는 후견이 개시된다.

3) 부모 모두 사망하거나 행방불명된 경우라도 친권대행자(제910조)가 있는
때는 후견이 개시되지 아니한다.

⑷ **친권자가 법률행위대리권과 재산관리권을 행사할 수 없을 때**(제928조) 친권
자가 미성년 자녀의 법률행위대리권과 재산관리권을 상실하는 심판을 받은 경우
(제925조)나 스스로 이들 권리를 사퇴한 경우(제927조)에는 대리권이나 관리권에
한하여 후견이 개시된다. 이러한 후견인의 임무는 미성년자의 재산에 관한 행위에
한정된다(제927조의 2).

(2) 성년후견과 한정후견

사람이 성년후견·한정후견 개시의 심판을 받으면 바로 후견이 개시된다(제9
조, 제12조, 제929조, 제959조의 2). 가정법원은 이러한 후견개시 심판을 할 때 직권

없다); 1994. 4. 29, 94다1302, 신판례체계 938-1면.

3 김주수, 329~330면, 357면.

1 민법 제909조의 2가 이른바 최진실법이라는 법이다. 탤런트 최진실이 남편 조○○과 이혼 후
  2008. 10. 2. 자살하여 그 미성년자녀들의 상속재산을 조○○이 관리하려 하자, 여론이 비등하고
  미성년자들의 외조모가 단독친권자인 조○○을 상대로 친권상실심판청구를 하였던바, 조○○이
  미성년자녀들에 대한 법률행위대리권과 재산관리권을 사퇴하여 사건은 일단락되었다.

2 대판 1956. 8. 11, 56다289(친권자인 모가 미성년자를 버리고 다른 남자와 같이 야간도주, 행방을
  감춘 경우).

으로 성년후견인과 한정후견인을 선임한다(제936조, 제959조의3, ①항). 요컨대 성년후견과 한정후견은 가정법원의 심판으로 개시(제9조, 제12조)되고 종료된다(제11조, 제14조).

(3) 특정후견과 임의후견

가정법원에서 피특정후견인을 후원하거나 대리하기 위하여 특정후견인을 선임할 수 있고(제959조의9 ①항), 또 사무처리 능력이 부족한 사람이 자신의 재산관리나 신상보호에 관한 사무(전부 또는 일부)를 다른 사람에게 위탁하는 후견계약을 공정증서로 체결하면 임의후견이 개시된다(제959조의14 ①항, ②항). 그 후견계약의 효력은 가정법원이 임의후견 감독인을 선임한 때부터 발생한다(동조 ③항).

2. 후견개시의 신고

(1) 후견인은 그 종류 여하를 불문하고 스스로 그 취임일로부터 1개월 안에 시·읍·면사무소에 후견개시신고를 하여야 한다(가등법 제80조, 예규 제179호; 친권자 등이 행방불명된 경우 후견개시 신고방법). 이 신고는 보고적 신고이다.

(2) 유언으로 지정된 미성년후견인은 유언서(가정법원의 검인을 마친 것), 그 등본, 녹음유언을 기재한 서면을 신고서에 첨부하여야 하고, 법원의 선임심판으로 후견인이 된 사람(제932조)은 그 심판서 등본을 신고서에 첨부하여야 한다(가등법 제82조 ①항, ②항).

Ⅱ. 후 견 인

1. 후견인의 숫자

미성년후견인은 1명(자연인)이라야 한다(제930조 ①항). 이는 책임소재를 분명히 하고 후견사무의 신속한 처리를 도모하기 위한 것이다. 1명의 후견인이 여러 사람의 미성년 자녀(피후견인)들을 위하여 일하는 것은 상관이 없다.

그러나 성년후견인은 피성년후견인의 신상(身上)과 재산에 관한 모든 사정을 고려하여 여러 명을 둘 수 있고, 자연인이 아닌 법인도 성년후견인이 될 수 있다(동조 ②항, ③항). 피성년후견인의 실질적인 보호를 실현하기 위한 것이다.

2. 후견인의 종류와 순위

후견인은 제 1 순위가 지정후견인, 제 2 순위는 선임후견인이다.

(1) 지정(指定)후견인

⑺ **지정방법(유언)**　'미성년자를 위하여 최후로 친권을 행사하는 사람(부 또는 모)'은 유언으로 미성년후견인을 지정할 수 있다(제931조 ①항). 그러나 법률행위 대리권과 재산관리권이 없는 친권자는 이러한 유언을 할 수 없다(동조항 단서). 부모 중 어느 한 사람이 재산관리권 등을 상실하거나 사퇴한 경우에도 나머지 한 사람이 후견인지정 유언을 할 수 있다.

⑻ **후견인의 자격**　유언에서는 미성년 자녀와 특별한 관계가 없는 사람을 후견인으로 지정할 수도 있다.[1] 이렇게 지정된 후견인이 지정후견인이다.

⑼ 피성년후견인과 피한정후견인 등 사리판단능력이 없거나 부족한 사람들을 위한 지정후견인은 있을 수 없다. 성년후견이나 한정후견 개시심판을 할 때 가정법원에서 직권으로 후견인을 선임하는 심판을 하기 때문이다.

⑽ 국가나 지방자치단체가 설치·운영하는 '공설(公設)의' 보호시설에 수용되어 있는 미성년자인 고아(孤兒)의 후견인은 그 보호시설의 장(長)이고, 국가 등이 아닌 자가 설치·운영하는 '사설(私設)의' 보호시설에 수용되어 있는 미성년자인 고아의 후견인은, 그 지역을 관할하는 시장·군수·구청장(자치구의 구청장을 말한다)이 지정한다(보호시설에 있는 고아의 후견직무에 관한 법률 제 2 조 ①항, ②항). 이러한 시설에 수용되어 있는 고아 아닌 미성년자의 후견인에 관하여도 같은 규정이 있으나, 법원의 허가를 받아야 한다(보호시설에 있는 미성년자의 후견직무에 관한 법률 제 3 조 ①항, ②항, ③항).

(2) 선임(選任)후견인(모든 후견인 공통)

⑺ **민법상 후견인**

1) **청구권자**　후견인이 없을 때나 기존의 후견인이 사망, 결격 기타 사유(친권상실, 친권 일시정지나 일부제한, 대리권 및 재산관리권 상실 선고)로 임무를 수행할 수 없을 때, 미성년자 본인, 친족, 이해관계인, 검사, 지방자치단체의 장이 미성년

---

[1] 미국의 경우는 미성년자가 14세에 달하면 부모가 선택·지정한 후견인을 거부할 권리가 있고 스스로 후견인 후보자를 지명할 권리가 있다(Hughes & Klein, 19면).

후견인의 선임을 청구할 수 있다(제932조 ①항).

사무처리 능력이 지속적으로 결여된 사람(피성년후견인)이나 그 능력이 부족한 사람(피한정후견인)을 위하여 본인, 배우자, 4촌 이내의 친족, 미성년후견인, 동후견감독인, 한정후견인, 동후견감독인, 특정후견인, 동후견감독인, 검사 또는 지방자치단체의 장의 청구에 따라 가정법원은 성년후견 개시의 심판을 한다(제 9 조, 제936조, 가소 제 2 조 ①항, 라류사건 13호). 한정후견 개시심판을 할 때는 '한정후견인이나 동후견감독인' 대신 성년후견인, 성년후견감독인과 위의 청구권자들의 청구에 따라, 한정후견개시의 심판을 하며(제12조), 특정후견심판의 경우는 본인, 배우자, 4촌 이내의 친족, 미성년후견인, 동후견감독인, 검사 또는 지방자치단체의 장의 청구에 따라 특정후견 심판을 한다(제14조의 2).

성년후견이나 한정후견 개시심판을 할 때 가정법원은 적절한 성년후견인과 한정후견인을 직권으로 선임하고(제936조 ①항, 제959조의 3 ①항) 미성년후견인과 특정후견인은 가정법원에서 직권으로 또는 본인 등의 청구에 따라 선임한다.

이렇게 법원(피후견인의 주소지 또는 보호시설 소재지 가정법원)에서 선임된 후견인이 선임후견인이다. 이해관계인은 미성년자·피성년후견인 등의 채권자나 채무자 등 법률상 이해관계[1]를 가지는 사람이고, 미성년자, 피성년후견인, 피한정후견인 자신도 의사능력이 있는 이상, 후견인선임청구를 할 수 있다(제 9 조, 제12조, 제14조의 2)(개정 전의 법률에 의하면 후견인의 법정순위에 따라 금치산 등 선고가 내려지면 당연히 그러한 선고를 받은 자의 직계혈족, 3촌 이내의 방계혈족의 순위로 후견인이 되었고, 기혼자의 경우는 배우자가 최우선 순위로 후견인이 되었다; 제933조, 제935조).

2) 의견청취　법원에서는 후견인 선임을 할 때 '후견인이 될 사람'의 의견을 들어야 한다(가소규 제65조 ①항). 후견인 변경의 경우는 변경대상인 후견인을 절차에 참가하게 하여야 한다(동조 ②항).

---

1 여기의 이해관계인은 반드시 법률상 이해관계인뿐만 아니라, 사실상 이해관계인(고아를 보호하고 있는 일반사찰의 비구니 등)도 후견인선임을 청구할 수 있다고 해석한다[가사비송재판실무편람(법원행정처, 2008), 76면].

[후견인의 종류와 그 선임방법·선임청구권자·선임자]

후견인 종류	선 임 방 법			선임청구권자 (또는 후견인 지정자, 선임자)	후견인의 숫자	비 고
	유 언	법원의 직권	당사자 청구			
미성년후견인	○ (지정후견인)	×	×	최후의 친권자 (대리권 등이 있는 사람)=지정자	1명(자연인)	제931조
	지정후견인, 미성년후견인 부존재	○	○	미성년자본인, 친족, 이해관계인, 검사, 지방자치단체의 장 =선임청구권자	〃	제932조 ①항
	친권, 대리권 등 상실선고	○		가정법원=선임자	〃	제932조 ②항
	대리권 등 사퇴		○	대리권과 재산관리권을 사퇴한 친권자 =선임청구권자	〃	제932조 ③항
성년후견인	성년후견개시 심판시	○		가정법원=선임자	2명 이상 (법인도 가능)	제929조, 제930조 ②항, ③항, 제936조 ①항
	기존후견인의 사망, 결격 등 부재	○	○	피성년후견인(장애 자) 본인, 친족, 이해관계인, 검사, 지자체의 장 =선임청구권자	〃	제936조 ②항
	후견인 추가 필요 시	○	○	〃	〃	제936조 ③항
한정후견인	한정후견개시 심판시	○		가정법원=선임자	〃	제959조의2, 제959조의3 ①항
	후견인 부재, 추가 후견인 필요	○	○	장애자 본인, 친족, 이해관계인, 검사, 지자체의 장	〃	제959조의3 ②항
특정후견인	한정후견의 경우와 동일	○	○	피특정후견인 본인, 친족, 이해관계인, 검사, 지자체의 장	〃	제959조의9
임의후견인	본인이 위탁		후견계약	본인이 대리권을 수여		제959조의14

* 여기서 친족은 배우자와 4촌 이내의 친족을 의미하고 이해관계인은 각종 후견인들과 후견감독인들이다(제9조).

* 성년후견의 경우, 법정 후견인순위, 당연후견인제도(제933~935조)는 폐지됨.

3) **후견인의 자격심사** 가정법원에서는 후견인을 선임할 때 그 자격유무를 심사한다. 피후견인의 친족이 아닌 사람 중에서도 후견인을 선임할 수 있다. 따라

서 친족이 아닌 사람도 '지정후견인 또는 선임후견인이 될 수 있음'을 주의하여야 한다.[1] 나아가 개정법은 자연인이 아닌 법인도 성년(한정, 특정 포함)후견인이 될 수 있도록 하였다. 이는 피후견인의 실질적인 보호를 도모하기 위한 것이다(제930조 ③항).

가정법원에서는 후견인 선임심판을 하면서,

a) 미성년자에게 지정후견인(유언에 따른 후견인)이 지정되어 있더라도, 미성년자의 복리를 위하여 필요하면 생존하는 부 또는 모, 미성년자의 청구에 의하여 후견을 종료시키고 생존하는 부나 모를 친권자로 지정할 수 있다(제931조 ②항). 예컨대 이혼하면서 단독친권자로 지정된 사람이 사망하면서 미성년 자녀들을 위한 후견인지정 유언을 한 경우에 대비한 규정이다.

b) 성년후견인·한정후견인·특정후견인을 선임할 때는 후견 받을 사람 본인의 의사를 존중하여야 하며(제 9 조 ②항, 제936조 ④항, 제959조의3 ②항, 제959조의9 ②항),[2] 그 밖에 피후견인의 건강, 생활관계, 재산상황, 후견인이 될 사람의 직업과 경험, 피후견인과의 이해관계의 유무(법인이 후견인이 될 때에는 사업의 종류와 내용, 법인이나 그 대표자와 피후견인 사이의 이해관계의 유무를 말한다) 등의 사정도 고려하여야 한다. 이미 선임된 후견인이 있더라도 필요하다고 인정하면 직권으로 또는 이해관계인, 후견인 등의 청구에 따라 추가로 성년·한정·특정 후견인을 선임할 수 있다(제936조 ③항).

c) 가정법원은 후견인을 선임한 때에는 후견인에 대하여 피후견인의 요양·감호·재산의 관리 기타 후견사무에 필요하다고 인정되는 사항을 지시할 수 있다(가소규 제65조 ③항). 성년후견인의 임무 수행이 피후견인의 복리 배려의무, 본인의사 존중의무에 부합하지 않는다고 판단한 경우 직권으로 또는 피후견인 등의 청구에 따라 재산 상황조사, 재산관리 등 필요한 처분을 명하는 방법으로 개입할 수 있다(제954조).

---

1 친족이 후견인으로 지정 또는 선임될 경우는 고령자 학대 등 인권문제, 본인의사 무시 문제, 재산 횡령 등 직권남용문제가 발생할 우려가 있으므로, 후견인에 대한 교육이 필요하고 후견감독인을 둘 필요가 있다(김은효, 전게논문, 233면).

2 실제로 사무처리 능력이 지속적으로 결여된 사람[개정 전 법률의 표현대로 한다면 심신상실의 상태(常態)에 있는 자]의 의사(意思)를 알아낼 방법이 있을지 의문이다. 정신장애자의 최선의 이익이 무엇일까를 항상 생각할 수 있는, 사명감을 가진 후견인을 선임하여야 할 것이다.

㈏ 아동복지법(2019. 7. 16. 법률 제16248호)상 후견인

아동복지법 제19조(아동의 후견인의 선임 청구 등)

① 시·도지사, 시장·군수·구청장, 아동복지전담기관의 장, 아동복지시시설의 장 및 학교의 장은 친권자 또는 후견인이 없는 아동을 발견한 경우 그 복지를 위하여 필요하다고 인정할 때에는 법원에 후견인의 선임을 청구하여야 한다.

② ①항에서 열거된 사람들 또는 검사는, 후견인이 아동을 학대하는 등 현저한 비행을 저지른 경우 후견인 변경을 법원에 청구하여야 한다.

③ ①항에 따른 후견인의 선임과 ②항에 따른 후견인의 변경 청구를 할 때에는 해당 아동의 의견을 존중하여야 한다.

제20조(아동의 후견인 선임)

① 법원은 제19조 ①항 및 ②항에 따른 청구에 따라 후견인을 선임하거나 변경할 경우「민법」제932조 및 제935조(법정후견인 순위; 2013. 7. 1. 폐지)에도 불구하고 해당 아동의 후견에 적합한 사람을 후견인으로 선임할 수 있다.

② 법원은 후견인이 없는 아동에 대하여 ①항에 따라 후견인을 선임하기 전까지 시·도지사, 시장·군수·구청장 및 아동복지전담기관의 장으로 하여금 임시로 그 아동의 후견인 역할을 하게 할 수 있다.[1] 이 경우 해당 아동의 의견을 존중하여야 한다.

3. 후견인의 결격·사임·해임·변경

(1) 후견인·후견감독인의 결격사유

이는 5종류의 후견인(미성년·성년·한정·특정·임의 후견인)에게 모두 적용된다(제937조, 제940조의 5, 제940조의 7, 제959조의 9 ②항, 제959조의 9 ②항, 제959조의 10 ②항, 제959조의 16 ③항).

㈎ 후견인은 의사능력·행위(계산)능력을 갖추고 미성년자 등 피후견인의 보호와 복리를 위한 일을 감당할 수 있어야 한다. 그리고 피후견인과 이해관계가 대립되는 사람은 후견인이 될 수 없다고 해석된다. 결격자를 열거하면,

① 미혼의 미성년자(혼인한 미성년자는 후견인이 될 수 있으므로 제외).

---

1 세월호 유가족인 미성년자녀의 재산이 안전하게 보전될 수 있도록 그에게 지급된 배·보상금, 국민성금, 보험금 등 합계 15억 원에 대하여 임시미성년후견인이 금융기관과 특정금전신탁을 체결하여 관리하도록 허가하는 심판사례(서울가심 2017. 4. 17, 2017느단50834; 권한초과행위 허가).

② 피성년후견인, 피한정후견인, 피특정후견인, 피임의후견인.

③ 회생절차개시결정 또는 파산선고를 받은 자.

④ 자격정지 이상의 형의 선고를 받고 그 형기(刑期) 중에 있는 사람.

⑤ 법원에서 해임된 법정대리인.

⑥ 법원에서 해임된 성년후견인, 한정후견인, 특정후견인, 임의후견인과 그 감독인.

⑦ 행방이 불분명한 사람.

⑧ 피후견인을 상대로 소송을 하였거나 하고 있는 자 또는 그 배우자와 직계혈족(제937조 1~8호), 그 소송에서 원고이건 피고이건 묻지 않는다. 피후견인이 아닌 그 배우자나 직계혈족을 상대로 소송하는 경우는 결격사유가 아니다. 그러나 사실상 이러한 자를 후견인으로 선임하는 것은 위법은 아니지만, 부적절할 것이다. 소송행위에는 예컨대, '배우자가 성년후견개시 심판청구를 한 것'은 포함되지 아니함은 당연하다.

⑨ 외국인은 후견인이 될 수 없도록 한 가족등록예규 제184호는 같은 예규 제321호로 대체·폐지되어, 외국인도 후견인이 될 수 있다.

⑩ 후견인의 가족(제779조)은 그 후견인의 후견감독인이 될 수 없다(제940조의 5, 제940조의 7). 이 ⑩번 항은 후견감독인에게만 적용된다.

(나) 이러한 결격자를 후견인으로 지정하는 유언이나 심판은 무효이고, 일단 후견인으로 취임한 후 위와 같은 결격사유가 발생하면 그 사람은 당연히 후견인의 지위를 잃는다.[1]

(2) 후견인의 사임

후견인은 정당한 사유(예컨대 노령, 질병, 장기해외여행 등)가 있으면 법원의 허가심판을 받아 사임할 수 있다(제939조, 가소 제2조 ①항, 라류사건 19호). 이 경우 그 후견인은 사임청구와 동시에 가정법원에 새로운 후견인의 선임을 청구하여야 한다(제939조 후단). 장애자 등 제한능력자를 위한 후견사무는 중단 없이 계속되어야 하기 때문이다.

(3) 후견인의 변경(후견인의 해임 등)

가정법원은 피후견인의 복리를 위하여 후견인을 변경할 필요(후견인에게 현저한 비행, 임무에 관한 부정행위, 기타 후견임무를 감당할 수 없는 사유가 있는 경우; 개정 전

---

1 일민 제847조 참조.

민법 조항)가 있다고 인정하거나 본인의사 존중의무, 복리배려의무에 위반하면 직권으로 또는 피후견인, 친족, 후견감독인, 검사, 지방자치단체의 장의 청구에 따라 후견인을 변경할 수 있다(제940조 ②항, 가소 제 2 조 ①항, 라류사건 18호). 이 경우 법원은 법정후견인 순위에 관한 구민법 규정(제932~935조)이 삭제되었으므로, 이에 구애받지 않고, 4촌 이내의 친족이나 기타 적합한 사람[1]을 후견인으로 정할 수 있다. 후견제도의 중요성을 인식하고, 피후견인의 보호에 관한 국가의 관여를 강화하기 위한 것이다.

후견인 해임심판은 고지로써 효력이 생기는 것이므로, 그 뒤 위 해임심판이 적법하게 취소되어 실효되지 않았더라도(위 해임심판에 대하여 항고심에서 취소결정이 있었다고 해도 재항고되어 계속 중이라면 위 해임심판의 효력은 아직 상실된 것이 아니다), 해당 해임심판의 고지로 인하여 청구인은 일단 후견인의 지위를 상실한다.[2]

제 3 절   미성년후견인의 일반적인 임무(권리와 의무)

Ⅰ. 후견인이 취임 당시 할 일

1. 재산조사와 재산목록작성, 후견감독인 참여

(1) 후견인은 취임 후 지체 없이 미성년자 등 피후견인의 재산을 조사하여 2개월[3] 안에 재산목록을 작성하여야 한다. 그러나 정당한 사유가 있는 때는 가정법원의 허가를 받아 그 기간을 연장할 수 있다(제941조 ①항 단서, 라류 20호 사건).

(2) 후견감독인이 있는 경우 ①항의 재산조사와 목록작성은 후견감독인의 참여가 없으면 효력이 없다(동조 ②항).

---

1 김상용, '개정민법(친족·상속법)해설', 법조(2005. 9.), 155면[이혼율과 재혼율이 높아지는 것에 대비하여 사실상 자녀를 양육하는 사람(예컨대 계모, 계부 등)을 후견인으로 직권 지정할 수 있도록 개정한 것이다]; 서울가판 2009. 12. 23, 2008드단85003(양부모와 미성년 양자 사이의 파양을 명하면서 동시에 양모(養母)를 미성년자(＝양자)의 후견인으로 선임); 서울가심 2006. 8. 28, 2006느단199(미성년자인 사건본인의 어머니가 사망하고, 아버지도 친권상실선고를 받았다. 할머니가 법정후견인이 되었으나, 실제로 외할아버지가 사건본인을 양육하여 왔다. 그 할머니가 후견인 변경에 동의하지 않더라도, 법원은 직권으로 후견인을 외할아버지로 변경하는 심판).
2 대판 1982. 1. 26, 81므45.
3 1996년도 사법시험객관식 시험문제; 재산목록작성기간이 2개월인지 3개월인지 묻는 문제출제.

(3) 긴급한 필요

재산조사와 목록작성 전에는 긴급한 필요가 있는 경우가 아니면 후견인은 피후견인의 재산에 관한 권한을 행사하지 못한다(제943조 본문). 긴급한 필요는 재산목록의 작성 전에 이를 하지 않으면 피후견인의 신상(身上) 또는 재산에 관하여 후일 회복하기 어려운 불이익을 가져오게 할 경우, 예컨대 소멸시효의 중단, 채권자대위, 채무자 재산의 압류, 가옥의 긴급 수리 등이다. 이러한 긴급한 필요가 없는데도 후견인이 재산에 관한 행위를 하면 무권대리 행위가 되지만 선의의 제 3 자에게는 이로써 대항하지 못한다(제943조 단서). 이는 재산목록의 작성이 끝날 때까지 후견인의 권한 행사를 제한하는 규정이다. 친권자인 생모가 화재로 사망하자, 미성년자들의 후견인인 외조모가 생모의 예금을 인출하여 미성년자(피후견인)들 명의로 가계금전신탁을 한 사건에서 친족회가 그 행위를 추인한 사례가 있다.[1]

2. 채권·채무의 제시

후견인과 피후견인 사이에 채권·채무의 관계가 있고 후견감독인이 있는 경우에는 후견인은 재산목록의 작성을 완료하기 전에 그 내용을 후견감독인에게 제시하여야 한다(제942조 ①항). 후견인이 피후견인에 대한 채권이 있음을 알고도 ①항에 따른 제시를 게을리한 경우에는 그 채권을 포기한 것으로 본다(동조 ②항).

3. 취임 후의 사정(피후견인의 상속 등)

후견인이 취임한 후에도 피후견인이 상속 등으로 재산을 포괄적으로 취득한 경우에는 위 제941조 내지 제943조의 규정이 준용되므로, 후견인은 재산목록을 작성하여 위에서 본 것처럼 관리하여야 한다(제944조).

Ⅱ. 미성년자후견

1. 미성년자의 신분에 관한 권리·의무

(1) 미성년자의 보호·교양

㈎ 친권자와 동일　　후견인은 친권자를 대신하는 사람이므로 친권자와 동일

---

1 대판 1997. 11. 28, 97도1368.

한 권리·의무가 있다(제945조). 즉, 후견인은 ① 미성년자를 보호·교양할 권리와 의무(제945조·제913조), ② 거소지정권(제914조), ③ 징계권(제915조), ④ 영업허락권(제8조), ⑤ 인도청구권을 행사할 수 있다.

(나) **후견감독인의 동의** 후견인이, 친권자가 정한 교육방법, 양육방법 또는 거소를 변경하거나 미성년자를 감화기관이나 교정기관에 위탁하는 경우, 친권자가 허락한 영업을 취소하거나 제한하는 경우에는 후견감독인의 동의를 받아야 한다(제945조 단서).

(다) **비 용** 후견인은 미성년자를 보호·교양하기 위하여 비용을 들일 수 있으나, 이 비용은 후견인이 스스로 부담하는 것은 아니고 미성년자 자신의 재산이나 그 부양의무자가 부담하여야 한다.

(라) **주의의무의 정도** 후견인은 미성년 자녀를 보호·교육하면서 항상 선량한 관리자로서의 주의의무를 다하여야 한다(제956조·제681조).

(2) 신분상 행위의 대리권·동의권

후견인은 피후견인의 법정대리인이 된다(제938조 ①항). 후견인이 미성년자(피후견인)의 신분상 행위에 대하여 대리권과 동의권을 가지는 경우는 아래와 같다.

(가) **대리권을 가지는 경우** 혼인적령미달자의 혼인취소(제817조), 인지(認知)청구(제863조), 13세 미만자 입양의 대신 승낙(대낙)(제869조), 미성년자가 양친이 될 수 없는데 이 규정을 어기고 양친이 된 경우의 입양취소(제885조), 미성년자가 동의권자의 동의 없이 입양된 경우의 입양취소(제886조·제871조), 상속의 승인과 포기[1](제950조 ①항 6호, 제1019조·제1020조; 이 때는 후견감독인의 동의 필요), 그 밖에 가사소송법상 법정대리인으로서 신분관계의 소송을 대리로 제기할 수 있다.

(나) **동의권을 행사하는 경우**

1) 미성년자의 약혼(제801조)·혼인(제808조 ①항), 13세 이상 미성년자의 입양(제869조 ②항) 입양특례법(제9조 ②항)상의 18세 미만 아동의 입양 등에 대하여 동의할 수 있다. 만 18세(=미성년자)의 사람이 약혼·혼인하거나 13세의 미성년자가 남의 양자로 입양될 때 그들에게 의사(판단)능력이 있으므로 후견인은 그들의 신분행위에 동의를 하는 것이다(동의≠대리).

---

1 상속의 한정승인과 포기는 상속개시 있음을 안 날부터 3개월 안에 하여야 하는데, 상속인이 제한능력자(미성년자 등)인 경우 미성년자 등은 이를 알 수 없고, 그 친권자나 후견인이 상속개시를 안 날부터 기산(起算)한다(제1020조; 2013. 7 .1.부터 시행).

2) 후견인이 미성년자의 임의인지(任意認知), 협의이혼에 대한 동의권이 없는 이유는 미성년자에게 인지능력이 있고, 미성년자도 혼인하면 성년자로 간주되기 때문이다.

2. 미성년자의 재산에 관한 권리·의무

(1) 후견인의 법정대리인으로서의 권한

후견인은 피후견인의 법정대리인이 되어(제938조 ①항), 피후견인(미성년자 등)의 재산을 관리하고 그 재산에 관한 법률행위를 대리한다(제949조 ①항). 피후견인의 재산을 매도하는 법률행위나 소송행위를 대리하는 경우 후견인은 항상 피후견인(본인) 명의로 하여야 한다.[1] 예컨대, 매도인(원고) 홍○○는 미성년자이므로 그 법정대리인 후견인 홍길동 식으로 하여야 한다는 의미이다. 대리의 성격상 당연하다.

(개) 동 의 권　　미성년자가 의사능력을 가지고 있을 때는 후견인이 동의를 하여 유효한 법률행위를 하게 할 수도 있다(제5~7조).

(나) 재산관리권에는 재산의 처분권도 포함된다. 그러나 중요한 행위에 대하여는 후견감독인의 동의를 받아야 한다(제950조 ①항 1~6호).

(다) 선량한 관리자의 주의의무　　후견인은 수임인(受任人)처럼 선량한 관리자의 주의의무를 다하여 미성년자의 재산을 관리하여야 한다(제956조·제681조). 이에 비하여 친권자는 자기의 재산에 관한 행위와 동일한 주의를 하면 된다(제922조). 후견인은 피후견인의 재산에서 재산관리 등 후견사무 수행에 필요한 비용을 받을 수 있으나(제955조의2) 그 재산으로부터 수익할 권한은 없다.

(라) 재산관리권의 배제　　제3자가 미성년자에게 재산을 증여하면서 후견인의 재산관리에 반대하는 의사표시를 한 경우는 후견인이 그 재산을 관리할 수 없다(제956조·제918조). 이는 친권자의 경우와 같다. 관리인이 없으면 가정법원에서 재산관리인을 선임하여 그로하여금 관리하게 한다.

(마) 친권자가 재산관리권·대리권을 행사할 수 없는 경우의 후견인의 임무　　친권자가 법률행위의 대리권과 재산관리권에 한하여 친권을 행사할 수 없는 경우에 미성년자후견인의 임무는 미성년자의 재산에 관한 행위에 한정된다(제946조). 이 경우 미성년자의 신분상 행위(혼인 동의 등)에 관하여는 친권자가 여전히 친권을 행사하게 된다. 친권자가 재산관리권, 법률행위 대리권의 상실선고를 받거나 스스로 이

[1] 대판 1965. 7. 6, 65다919, 920.

권리만 사퇴한 경우(제927조의 2)를 의미한다.

(ㅂ) **보수청구권**

1) 후견인은 보수청구를 할 수 있고, 가정법원은 그 청구에 따라 피후견인의 재산상태 등을 참작하여 피후견인의 재산 중에서 상당한 보수를 후견인에게 수여할 수 있다(제955조, 가소 제 2 조 ①항, 라류사건 18호). 후견인은 미성년 자녀나 정신장애자(피성년후견인) 등을 보호·교육·요양하는 등 그 후견임무수행에 상당한 시간과 노력을 들여야 하기 때문이다.

2) 보수청구의 시기는 원칙적으로 후견임무를 완료한 때이지만, 임무수행 중에도 일정한 경우, 즉 기간으로 보수를 정하거나 후견인의 책임 없는 사유로 후견사무가 종료된 경우는 이를 청구할 수 있다고 해석된다(제686조 2 ③항, 제955조).

3) 후견인이 재직 중 사망한 경우는 그 상속인이 보수를 청구할 수 있다.[1]

(ㅅ) **필요비 청구**   후견인이 후견사무를 처리하는 데 필요한 비용은 피후견인의 재산 중에서 지출된다(제955조의 2). 이 조항은 모든 후견인과 후견감독인에게 적용 또는 준용된다.

(2) 후견인의 권한에 대한 제한

(ㄱ) **대리권의 제한**   후견인은 미성년자 등 피후견인의 행위를 목적으로 하는 채무를 부담하는 경우는 본인(피후견인)의 동의를 얻으면 되고(제949조 ②항, 제920조 단서), 후견감독인의 동의를 얻을 필요는 없다. 친권자와 마찬가지로 후견인도 미성년자의 근로계약이나 임금청구를 대리할 수 없지만(근기 제 9 조, 제67조 ①항), 근로계약이 미성년자에게 불리하면 이를 해지할 수 있다(동법 제67조 ②항). 미성년자는 임금청구를 미성년자 스스로 독자적으로 할 수 있다(동법 제68조).

(ㄴ) **중요(重要)한 행위에 대한 제한**   후견인이 피후견인에 갈음하여 다음의 여러 가지 행위를 하거나 미성년자의 다음의 행위에 동의하는 경우는 후견감독인이 있으면[2] 그의 동의를 받아야 한다(제950조 ①항·②항).

1) **영업에 관한 행위**   영리를 목적으로 하는 계속적이고 독립적인 업무를 경영하는 것이다.

---

1 일본 대심원 1928. 2. 6.
2 후견감독인선임은 필수적인 것이 아니다(임의후견의 경우는 필수적임)(제940조의 4, 제959조의 5, 제959조의 10, 각 ①항). 법원의 후견감독만으로는 피후견인에 대한 지속적인 보호와 즉각적인 개입요구를 충족시키지 못할 경우, 가정법원은 직권 또는 청구권자의 청구에 따라 후견감독인을 선임할 수 있다[김성우, 성년후견실무(박영사, 2018), 61~62면 참조].

　　2) 금전을 빌리는 행위

　　3) 의무만을 부담하는 행위　　보증이나 연대보증을 서는 행위, 어음발행 등.

　　4) 부동산 또는 중요한 재산에 관한 권리의 득실변경을 목적으로 하는 행위　　중요
한 재산에는 저작권·특허권·상표권 등이 포함되고, '권리의 득실변경행위'에는 매
매·증여뿐만 아니라, 소비대차·근저당설정 등 행위도 포함된다.

　　5) 소송행위　　민사소송·가사소송의 원고의 법정대리인으로 관여하는 것을
의미한다. 피고로 응소하거나, 증인·감정인으로 법정에 출석하여 진술하는 등은
여기에 포함되지 아니한다. 형사소송·비송사건은 여기에 해당되지 아니한다.

　　6) 상속의 승인, 한정승인 또는 포기 및 상속재산의 분할에 관한 협의

　　7) 미성년자 등 피후견인에 대한 제 3 자의 권리를 후견인이 양수하는 경우(제951조 ①
항, ②항)　　후견인과 피후견인의 이해가 충돌될 우려가 있기 때문이다. 동의 없
이 양수하면 피후견인이나 후견감독인이 이를 취소할 수 있다(동조 ③항).

　　8) 이해상반행위의 경우　　후견인과 피후견인의 이해상반행위(공동상속인인 미
성년자의 상속지분을 포기[1]), 또는 여러 사람의 피후견인들 사이의 이해상반행위를
하는 경우, 후견인은 후견감독인의 동의만으로는 부족하고, 가정법원에 특별대리
인 선임신청을 하여야 할 것이다.[2] 이를 위반하고 한 행위는 무권대리행위로서 본
인(피후견인)의 추인이 없는 이상, 무효가 된다.[3]

　　9) 동의에 갈음하는 재판청구　　후견감독인의 동의가 필요한 행위에 대하여 후
견감독인이 피후견인의 이익이 침해될 우려가 있음에도 동의를 하지 아니하는 경
우에는 후견인은 가정법원에 <u>후견감독인의 동의를 갈음하는 허가를 청구할 수 있
다</u>(제950조 ②항). 가사소송법은 이러한 청구제도를 라류 21)의 4호로 신설하였다.

　　(다) 후견감독인의 동의 없는 후견인의 행위의 효력

　　1) 민법 규정을 위반하여 후견인이 후견감독인의 동의 없이 행위를 한 경우는

---

1 1962. 11. 28, 등기예규 제42호 : 미성년자와 후견인이 공동으로 재산상속인이 되어 있는데, 미성년
　자가 그 상속권을 포기하려고 하는 경우는 민법 제921조 ①항의 규정을 유추하여 후견인은 가정
　법원에 미성년자를 위한 특별대리인 선임을 청구하여야 한다[대법원예규집 ― 등기편 ― (법원행정
　처, 1998), 165면].

2 일 최판 1978. 2. 24, 집 32-1, 98면(상속포기의 경우 후견인의 권한이 제한된다); 일민 제860조,
　제851조 4호.

3 대판 1981. 3. 24, 81다18, 공보 제656호, 13848(구민법 시행 당시 친족회에서 선임한 후견감독인
　이 피후견인을 대리하여 후견인과 이해상반행위를 대리하도록 하였다). 현행법하에서는 친족회의
　소집절차의 복잡성 등을 고려할 때, 특별대리인 선임절차로 후견인의 이해상반행위를 처리하는
　것이 간편할 것이다.

피후견인 또는 후견감독인이 이를 취소할 수 있다(제950조 ③항).[1] 취소의 의사표시는 소송을 걸어서 재판상으로만 하여야 하는 것은 아니고, 재판외의 의사표시로도 할 수 있다.[2] 이 취소권은 이른바 행사상 일신전속권이므로, 채권자대위권의 목적이 될 수 없다.[3] 취소권의 행사기간은 제척기간으로서 취소권자가 추인할 수 있는 날로부터 3년, 행위시로부터 10년 안에 행사하여야 한다(제146조).

2) 후견인이 후견감독인의 동의 없이 대리행위를 한 경우, 상대방이나 제 3 자는 후견감독인에 대하여 추인 여부를 최고(催告 : 독촉)할 수 있고(제952조·제15조), 제 3 자가 선의·무과실로 '후견감독인의 동의를 얻은 것'으로 믿었고 그 믿은 데에 정당한 이유가 있으면 표현대리(제126조)가 성립될 수 있다.

3) 후견감독인의 동의 없이 후견인이 소송행위를 대리한 경우는 무효가 된다.[4] 소송계속 중 후견감독인의 추인을 받으면 소급하여 유효하게 된다(민소 제60조). 후견감독인의 동의를 사후에 하는 것(추인)은 상고심에서도 할 수 있다.[5] 사실심의 변론종결시까지 그 동의가 보정되지 아니하였다면 그 제소 등 일련의 소송행위는 그에 필요한 수권(授權)이 흠결된 법정대리인에 의한 것으로서 절차적 안정이 요구되는 소송행위의 성격상 민법 제950조 ③항(… 취소할 수 있다)의 규정에 불구하고 무효이다.

:: 참고판례

① 친권을 상실한 생모가 미성년자의 후견인의 지위에서 미성년자의 부동산지분에 관한 권리의 득실·변경행위를 함에 있어 친족회의 동의(구민법)를 얻지 못한 경우, 미성년자가 성년에 달한 후 3년 이내에 그 권리의 득실·변경합의를 취소한 것은 적법하다(대판 1989. 10. 10, 89다카1601).

② 친족회가 추인할 수 있는 날의 의미 : 친족회가 취소권을 가지는 경우 민법 제

---

1 대판 1993. 7. 27, 92다52795; 1995. 11. 10, 94다22682, 22699; 1988. 11. 8, 87다카991; 1992. 4. 24, 92다4673; 1992. 10. 13, 92다46669.
2 대판 1993. 7. 27, 92다52795; 1965. 4. 20, 65다296, 총람 민 제950조 3(친족회의 동의를 얻지 아니하고, 법정후견인의 동의만 얻은 행위는 친족회와 피후견인만이 이를 취소할 수 있다. 그 법정후견인이 피후견인을 상속하여 피후견인의 지위에 있다 할지라도, 그가 피후견인의 행위를 취소함은 신의성실의 원칙에 위반되어 이를 취소할 수 없다. 그 법정후견인은 앞에서는 동의하고 뒤에 가서는 취소하여 금반언의 원칙에도 어긋나기 때문이다).
3 대판 1996. 5. 31, 94다35985.
4 대판 1962. 6. 21, 4294민상1570, 총람 민 제905조 4(친족회의 동의를 얻지 아니한 후견인은 그 소송능력이 없다).
5 대판 2001. 7. 27, 2001다5937.

146조가 규정한 친족회의 취소권행사에 관한 제척기간의 기산점인 추인할 수 있는 날(그 날부터 3년 안에 취소가능)이라 함은 친족회원이 중요 재산의 매매사실을 안 날이 아니고, 동인이 매매사실을 들은 후, 지체없이 친족회소집절차를 밟았더라면 친족회소집이 가능한 날이라고 보아야 하며, 또한 친족회가 실제로 소집된 날로 볼 것도 아니다(대판 1979. 11. 27, 79다396).

3. 친권의 대행

(1) 미성년후견인은 미성년자를 갈음하여 미성년자의 자녀(예컨대 손자)에 대한 친권을 행사한다(제948조 ①항). 이는 친권자의 경우와 마찬가지다. 이 경우 후견인의 임무에 관한 규정이 준용된다(제948조 ②항).

(2) 그러므로 후견인이 친권대행을 개시할 때는 손자 등 피후견인의 재산을 조사하여 목록을 작성하고 채권과 채무를 제시하여야 하고(제941조·제942조), 재산에 대한 중요한 행위를 할 때는 후견감독인의 동의를 얻어야 한다.

(3) 이러한 대행자도 위임계약상 수임인처럼 선량한 관리자의 주의의무를 다하여 임무를 수행하여야 한다(제956조·제681조).

제 4 절   성년후견제도

I. 개   관

1. 성년후견제도의 기초이념

민법 일부개정법률안이 국회를 통과하여 2011. 3. 7. 법률 제10429호로 공포되었고, 2013. 7. 1.부터 시행되었다. 이 개정민법은 민법총칙편의 제한능력자제도와 친족편의 후견제도에 일대 변혁을 단행한 것이다.

성년후견제도의 이념은 아래와 같은 5가지로 요약할 수 있다.[1]

---

1 제65회 대한변호사회 연수회 연수자료, 김은효, '민법개정 일반 및 성년후견제', 2012, 동 자료집 228면 이하.

(1) 자기결정권 내지 자율권(Autonomy) 존중

모든 국민은 인간으로서의 존엄과 가치를 가지며, 행복을 추구할 권리를 가지고 있고(헌법 제10조), 그의 모든 자유와 권리는 존중받아야 한다(헌법 제37조). 따라서 개인은 공권력의 간섭을 받지 않고 스스로 자신의 사무를 결정할 수 있는 권리, 즉 자율권을 가진다. 비록 정신능력이 없거나 부족한 사람들도 본인이 원하는 바에 따른 자기결정권을 가지고 있으므로, 후견인은 그 자율권을 존중하여야 한다. 장애인들도 자신의 삶을 스스로 선택하고 조정하여 자신의 삶 전부를 관리하고 통제(control)할 수 있다는 자립생활(Independent Living)개념의 기초가 자율권이다.

(2) 정상화(Normalization)

시설중심의 장애인 복지제도를 비판하면서, 장애인들을 특별한 집단으로 취급, 사회로부터 격리시킬 것이 아니라, 장애인도 사회의 구성원으로서 일반인과 같이 어울려 정상적인 생활을 할 수 있도록 하자는 것이 정상화 이념이다.[1]

(3) 잔존능력의 활용

정신능력, 판단능력(사무처리능력)이 부족한 사람이라도 잔존능력이 있는 경우는 이를 알아내어 활용하는 것이 타당하며 이를 최대한 존중하여야 한다. 판단능력이나 정신능력은 서서히 단계적으로 줄어드는 것이 일반적이기 때문이다.

(4) 필요성의 원칙

고령화에 따른 판단능력 쇠퇴는 개인별로 차이가 많고 다양하므로, 장애자의 의사결정능력과 본인보호제도의 취지상, 후견임무는 개별적인 장애자 본인에게 최소한도로 필요한 범위 내로 한정되어야 한다. 이 필요성의 원칙은 자율권 존중의 일환이다.

(5) 보충성의 원칙

장애자들은 그 가족, 친구, 이웃 또는 단체나 공무원(특히 사회복지관련) 등의 도움으로 살아갈 수 있다. 이러한 도움은 성년후견제도에 우선하며 이러한 도움이 없을 경우 보충적으로 성년후견제도가 필요한 것이다. 성년자로서 고령과 행위무능력에 대비하여 미리 대리권을 수여하는 임의대리인 제도 같은 것[2]도 성년후견

---

1 1959년 덴마크(Denmark) 지적장애인 부모들의 운동에서 제창되었다고 한다.
2 독일민법(제168조)이 인정하는 '고령에 대비한 대리권(Altersvorsorge-Vollmacht)'제도에 의하면, 위임자의 사망 또는 행위무능력상태의 발생으로 인하여 대리인의 대리권이 소멸되지 않는다.

제도에 우선한다. 성년후견인이 선임되었다고 하여 이러한 가족이나 대리인의 도움이 중단되어야 한다는 말은 아니다.

2. 제도의 도입배경

성년장애인의 인권옹호선언으로는 유엔의 지적장애인 권리선언(1971) 등이[1] 있고, 이러한 선언들은 장애인을 위한 세계적 규모의 운동을 전개하게 하여 그들의 인권강화에 크게 기여하여 왔다. 유엔총회에서 2006. 12. 13. 채택된 장애인권리협약(CRPD)[2]에 우리나라도 2007. 3. 20.경 서명하여 2009. 1. 10.부터 국내에 그 협약이 발효되었다. 장애인복지 분야는 시혜나 동정의 차원이 아니라, 이제는 권리의 차원에서 접근하려는 경향과 인식이 생기고 있다.

우리나라는 급속한 경제성장과 고령화 사회의[3] 도래로 인하여 치매나 중풍 등으로 요양보호를 받아야 할 노인들이 증가하고 있다. 그래서 19세기형 행위무능력제도로는 21세기형의 고령화 사회에 대응할 수 없고, 앞에서 본 성년후견제도의 이념을 살리기 위하여 불가피하게 이 제도를 도입하게 된 것이다.

3. 복지정책의 전환과 후견인의 역할

최근 세계선진국들의 복지행정의 정책기조는 근본적인 전환을 시도하고 있고, 그것은 성년후견제도의 이념들과 함께 재정적인 이유에서 나온 것이다. 그 전환은 ① 시설수용 → 재가(在家)복지, ② 행정조치 → 평등 계약, ③ 가족간호 → 사회간호의 전환이다. 이러한 전환은 예컨대, 치매노인의 부양이나 간호는 가족차원에서 해결하기는 너무나 벅찬 것이기 때문이다. 앞으로 성년후견인은 고령자 등의 재산관리 등을 위한 법률행위 이외에 신상보호업무(요양간호, 치료, 심신상태나 생활상황 배

---

1 그 밖에 유엔의 장애인권리선언(1975), 국제장애인행동계획(1981), 정신장애인 및 정신보건수발개선을 위한 제원칙(1991), 비와코새천년행동계획안[2002년 일본 오츠에서 개최된 유엔 아시아 태평양 경제사회이사회(UNESCAP) 회의에서 채택된 제 2 차 아태장애인 10년(2002~2012) 행동계획] 등이 있다.
2 Convention on the Rights of Persons with Disabilities의 약자; 이 협약은 그 전문(前文)에서 "모든 인간의 권리는 보편적이고, 분할할 수 없는 그리고 상호의존적이며 밀접한 관계가 있다"는 '행동에 관한 비엔나선언과 프로그램'의 원칙을 인용하면서 50개의 조항을 규정하고 있다.
3 우리나라는 2000년에 이미 고령화 사회로 진입한 이래 2009년 고령사회, 2026년 초고령사회(65세 이상 인구가 전체인구 중 20% 이상 차지)가 될 것으로 예상하고 있다. 또 요양보호를 받아야 할 노인의 숫자는 2003년 약 60만 명(65세 이상 노인 중 약 14.8%), 2010년 약 80만 명, 2020년에는 약 114만 명으로 급격히 증가할 것으로 예상 된다(김은효, 전게논문, 227면; 생명보험협회).

려)를 중요하게 수행하여야 하므로, 이러한 영역에 관한 전문가(사회복지사 등)의 양성과 그 기능의 중요성이 강조될 것으로 보인다.

4. 성년후견제도의 기본구조

개정민법상 성년후견은 법정후견제도와 임의후견제도로 나눌 수 있다. 앞의 것은 가정법원에서 직권으로 또는 이해당사자의 청구에 따라 도움이 필요한 사람들에게 성년후견인, 한정후견인, 특정후견인을 선임하여 적절한 도움을 주는 것이고, 뒤의 것은 개인이 장래의 상황에 대비하여 적절한 후견인을 선임하는 계약을 맺고 도움이 필요한 상황의 발생과 동시에 가정법원의 후견감독인 선임과 동시에 후견이 개시되도록 하는 것이다. 프랑스식 내지 일본식 성년후견제도, 즉 여러 가지 유형의 보호제도를 채택한 것이다.

미성년자후견은 종전과 달라진 것이 별로 없고, 금치산자·한정치산자제도는 완전히 새로운 제도로 대체된 것이다. 그리고 후견계약제도를 창설하여 장애인들의 필요와 수요를 충족시키려고 시도하고 있다.

이를 표로 나타내면 아래와 같다.

명칭(종류)	보호의 범위	성질과 근거	비고(개정민법조문)
성년후견	포괄적·계속적	법률(법정후견)	제9조, 제929조, 제936조
한정후견			제12조, 제959조의2, 3
특정후견	일회적·특정적		제14조의2, 제959조의8, 9
임의후견	계약내용에 따라 결정	계약(임의후견)	제959조의14; 후견계약

Ⅱ. 성년후견인의 종류별 검토

1. 성년후견

(1) 후견의 개시와 종료

㈎ 가정법원의 심판으로 성년후견은 개시(제9조) 또는 종료된다(제11조).

㈏ **성년후견의 원인**　질병, 장애, 노령, 그 밖의 사유로 인한 정신적 제약으로 사무를 처리할 능력이 지속적으로 결여된 상태가 성년후견 개시의 이유이다[현행법의 표현 '심신상실의 상태(常態)'를 우리말로 쉽게 표현한 것과 '자'(者)를 사람으로 고

친 것은 매우 잘한 일]. 여기서 사무는 매매 등 법률행위나 소송행위 등 모든 법적인 사무뿐만 아니라, 사람을 병원이나 요양원에 입원시켜 치료를 받게 하는 등의 신상감호 행위도 포함된다.

⒟ **절차의 개시방법** 가정법원에서 직권으로 성년후견개시 결정을 할 수는 없고, 당사자 본인이나 그 친족, 그 밖의 이해관계인, 검사와 지방자치단체의 장의 청구에 따라 후견개시결정을 한다(라류 가사비송사건 1호). 당사자 본인도 일시적이나마 판단능력이 회복된 경우, 후견개시청구를 할 수 있다. 가정법원은 후견개시심판을 할 때 장애자 본인의 의사를 고려하여야 한다(제 9 조 ②항).

청구권자에 후견감독인과 지방자치단체의 장이 추가된 것은 장애자에 대한 전문적인 보호와 감독을 할 수 있도록 하기 위한 것이다.

⒠ **여러 명의 성년후견인이 있을 경우** 가정법원은 직권으로 여러 명의 후견인들이 공동으로 또는 사무를 분장(分掌)하여 그 권한을 행사하도록 정할 수 있고, 이를 변경하거나 취소할 수 있다(제949조의 2 ①항, ②항). 여러 명의 후견인이 공동으로 권한을 행사하여야 하는 경우, 그 중 일부 후견인이 피후견인의 이익이 침해될 우려가 있음에도 대리나 동의 등에 협력하지 아니할 경우, 가정법원은 피성년후견인 등의 청구에 따라 그 성년후견인의 의사표시를 갈음하는 재판을 할 수 있다(동조 ③항).

(2) 후견감독인

⒢ 개정법은 종래의 친족회가 후견감독기관으로서 유명무실하여 이를 폐지하고, 후견감독인제도를 도입하였다. 그러나 이는 필수적인 기관이 아니고 임의기관이다[1](제940조의 2 이하). 즉, 가정법원이 후견인에 대한 감독이 필요하다고 인정할 때 직권으로 또는 당사자들의 청구에 따라 재량으로 후견감독인을 선임(심판)할 수 있게 하였다. 그 이유는 후견감독인에게는 보수가 지급되고 그 선임절차에는 비용이 들 뿐만 아니라, 전문적인 직업후견인에 의하여 성년후견제도가 정착되면 가정법원의 보조적 감독만으로 충분할 것으로 예상되기 때문이다.[2]

⒣ **후견감독인의 선임과 임무(모든 후견인에 공통)** 미성년자후견인을 지정할 수 있는 사람, 즉 친권자(재산관리권 등을 가진 부모)는 유언으로 미성년후견감독인

---

1 임의후견의 경우는 그 후견감독인의 선임이 후견계약의 효력발생요건(민 제959조의 14 ③항)이므로, 후견감독인의 선임이 필수적이라고 할 수 있다[김성우, 전게서, 61면 주125) 참조].
2 김은효, 전게논문, 234면.

을 지정할 수 있다(제940조의 2). 이러한 지정후견감독인이 없는 경우 가정법원은 필요하다고 인정하면 직권으로 또는 미성년자, 친족, 후견인, 검사, 지방자치단체의 장의 청구에 의하여 후견감독인을 선임할 수 있다(제940조의 3 ①항 등). 이미 있던 후견감독인이 사망, 결격 그 밖의 사유로 없게 된 경우도 마찬가지이다(동조 ②항).

후견감독인의 결격사유로는 후견인의 결격사유 이외(제940조의 7, 제937조)에 제779조에 따른 후견인의 가족도 결격자로 추가되어 있다. 즉 후견인의 가족[제779조(가족의 범위) 소정의 가족]은 그 후견인에 대한 후견감독인이 될 수 없다(제940조의 5). 적절하고 공정한 제 3 자에 의한 감독이 이루어질 수 있도록 하기 위한 것이다.

성년후견, 한정후견, 특정후견, 임의후견의 경우도 그 후견감독인 선임은 위와 동일하게 가정법원이 직권으로 또는 장애자 본인, 배우자, 친족 등의 청구에 의하여 선임할 수 있다.

⒟ **후견감독인의 직무**　후견감독인은 후견인의 사무를 감독(종전 친족회의 권한)하며, 후견인이 없는 경우 지체 없이 가정법원에 후견인의 선임을 청구하여야 하며(제940조의 6 ①항), 피후견인의 신상이나 재산에 대하여 급박한 사정이 있는 경우 그의 보호를 위하여 후견인 대신 필요한 행위나 처분을 할 수 있다(동조 ②항). 그리고 후견인과 피후견인 사이에 이해가 상반되는 행위에 관하여는 후견감독인이 피후견인을 대리한다(동조 ③항).

성년후견감독인이 선임되어 있지 아니한 경우에도, 가정법원의 감독권한은 여전히 존속하므로(제954조), 관계인은 가정법원에 직권에 의한 감독을 촉구함으로써 성년후견인을 견제할 수 있다.

(3) 성년후견인의 임무

⒤ **성년후견인 임무수행의 근본기준**　성년후견인이 정신장애자 등 피성년후견인의 재산관리와 신상보호 등 임무를 수행할 때는 장애자 등의 복리를 우선적 기준으로 삼으면서 그의 복리에 부합하는 방법으로 사무를 처리하여야 하고(제947조, 제959조의 6, 12), 그 복리에 반(反)하지 아니하면 그의 의사(意思)를 존중하여야 한다(제947조, 제959조의 6, 12). 후견인은 자신의 이익보다는 피후견인의 이익이 항상 우선되어야 한다는 사명감[1]을 가져야 한다. 수임인의 선량한 관리자의 주의의무[2]

---

1 따라서 후견인은 피후견인의 재산과 신상에 관한 비밀을 유지하여야 한다(김성우, 117면).
2 친권자가 그 자녀의 재산을 관리할 때는 자기의 재산에 관한 행위와 동일한 주의로 하여야 하는 것(제922조)과 다르다. 후견인은 피후견인의 감독의무자로서 민법 제755조 소정의 손해배상책임

에 관한 규정(제681조)이 후견인에 준용된다.

(나) **재산관리권과 법정대리권의 범위와 그 변경**   성년후견인은 피후견인을 위하여 기본적으로 포괄적인 재산관리권과 법정대리권(신상결정권 포함)을 가지지만(제938조 ①항), 그 법정대리권의 범위는 가정법원에서 정할 수 있도록 하고, 피성년후견인의 신상에 관하여 결정할 수 있는 권한의 범위 역시 가정법원에서 정할 수 있도록 하여 이를 탄력적으로 조절할 수 있게 하였다(동조 ②항, ③항). 이처럼 정한 권한의 범위가 적절하지 아니하게 된 경우, 본인 등 이해관계인의 청구에 따라 가정법원은 그 범위를 변경할 수 있다(동조 ④항).

후견인이 취임할 때 또는 피후견인이 포괄적으로 재산을 취득하는 경우(상속 등) 재산조사, 재산목록작성, 채권·채무의 제시 등을 하여야 함은 미성년자후견의 경우와 동일하다(제941~944조). 즉, 후견인은 취임 후 2개월 안에 후견감독인 참여 하에 재산을 조사하여 목록을 작성하여야 한다(후견감독인 참여 없으면, 무효). 재산 목록작성을 하려면 예컨대 부동산의 경우는 등기부등본, 예금이나 적금, 보험 등의 경우는 통장·증서, 주식이나 그 밖의 유가증권의 경우는 잔고조회 통지서·고객대장 등, 부채의 경우에는 차용증서·잔고증명서 등의 목록을 작성하여야 할 것이다.[1]

(다) **신상보호의 임무**

1) **신상(身上)의 의미**   신상이라 함은, 생명·신체·건강·프라이버시 등과 같은 지극히 개인적이고 사적인 영역을 나타내는 말로서 재산적 법률행위와는 전혀 다른 성질을 가진 것이다. 여기서는 인간의 존엄과 자기결정권이 지배하는 부분이다.[2]

2) 피성년후견인은 자신의 신상에 관하여 그의 상태가 허락하는 범위에서 단독으로 결정한다(제947조의2 ①항). 장애자의 자율권을 존중하고 이를 보호하기 위한 것이다. 후견인은 피후견인을 위한 방문 개호 서비스, 재활치료 등을 위한 데이케어(day-care)서비스 등이 필요한지 세밀하게 점검하여 이러한 서비스신청을 대행하여야 한다.[3]

을 질 것인가? 다수설은 이를 긍정하나 일부 부정설도 있다(상세는 김성우, 117면, 주197 참조).
1 김은효, 전게논문, 235면.
2 입법과정에서는 후견인이 정신장애자를 위하여 비재산적·비법률적 영역까지 포괄적으로 지원할 수 있는 근거를 마련하기 위하여 불확정 개념인 "신상"을 사용하였다고 한다(김은효, 전게논문, 235면).
3 김성우, 133면.

3) 가정법원의 허가(정신병원 입원 등 격리, 치료행위, 건물매도)

a) 성년후견인이 피성년후견인을 치료 등의 목적으로 정신병원이나 그 밖의 장소에 격리[1]하려는 경우에는 가정법원의 허가를 받아야 한다(제947조의 2 ②항). 이에 위반하면 형법상 감금죄(형법 제276조 ①항; 5년 이하 징역 또는 700만 원 이하의 벌금형)가 성립된다.

정신보건법(법률 제13323호)에 따르면, 정신질환자의 경우 정신건강의학과전문의의 진단과 동법 제21조 소정의 보호의무자(민법상 부양의무자 혹은 후견인, 시장·군수·구청장)의 동의만으로 입원이 허용되고(동법 제24조[2]) 가정법원의 허가를 받을 필요는 없었다. 새로 제정된 정신건강복지법에 따르면, 시장 등 지자체의 장이 동의권자에서 삭제되고, 진단할 전문의 부분이 개정되었다. 나아가 전문의의 진단도 입원적합성 심사위원회의 심사를 받도록 하였다. 이와 별도로 가정법원의 허가를 받아야 할 것인가? 견해의 대립이 있으나 허가를 받아야 할 것이다(제947조의 2, ②항).[3]

b) 장애자(피성년후견인)의 신체를 침해하는 의료행위(수술 등)에 대하여 그 자신이 동의할 수 없는 경우에는 후견인이 그를 대신하여 동의할 수 있다. 이 경우 의료행위의 직접적인 결과로 환자가 사망하거나 상당한 장애를 입을 위험이 있을 때[4]는 가정법원의 허가를 받아야 한다. 다만 허가절차로 의료행위가 지체되어 환자의 생명에 위험을 초래하거나 심신상의 중대한 장애를 초래할 때에는 사후(事後)에 허가를 청구할 수 있다(제947조의 2 ③, ④항).

c) 후견인이 피성년후견인을 대리하여 피성년후견인이 거주하고 있는 건물 또는 대지에 대하여 매도·임대·전세권설정·저당권설정·임대차의 해지·전세권의 소멸 그 밖에 이에 준하는 행위를 하는 경우에는 가정법원의 허가를 받아야 한다(동조 ⑤항). 장애자의 생활의 터전에 관련된 주거문제이기 때문이다.

---

1 격리상태에서 성년후견이 개시된 경우, 그 후견인은 격리부분에 대하여 다시 가정법원의 허가를 받아야 할 것이다(김성우, 108면).

2 헌재결 2016. 9. 29, 2014헌가9(전원재판부) : 동법 제24조가 신체의 자유를 침해하므로 헌법에 불합치한다는 결정을 내림에 따라 「정신건강 증진 및 정신질환자 복지서비스 지원에 관한 법률」("정신건강복지법"이라고 약칭)이 새로 제정되어 2017. 5. 30.부터 시행되고 있다.

3 박인환, 주 176, 183; 김성우, 107면, 주181).

4 장애인의 불임시술, 연명치료의 중단, 장기이식 수술 등의 경우 장애인 본인의 뜻이 가장 중요하게 고려되고 존중되어야 한다. 그러나 장애인은 문자 그대로 정신적인 판단능력이 부족하거나 없는 사람이므로, 그의 자율에 오로지 일임할 수는 없고, 그 후견인의 권한과 책임하에서 운영되어야 할 것이다. 미국식의 보건의료대리인제도(Durable Power of Attorney for Health Care)는 한 가지 대안이 될 수 있을 것이다.

㈜ **신분상 행위의 대리권과 동의권(법정대리인으로서의 권한)**

1) **대 리 권**   혼인취소(제817조), 인지청구(제863조), 후견인의 동의 없는 입양취소(제887조), 상속의 승인·포기(제1019조), 기타 가사소송법의 규정에 따라 법정대리인으로서 피성년후견인의 신분관계의 소를 제기할 수 있다(가소 제23조·제28조·제31조). 제한능력자(장애인 등)가 상속인인 경우 상속의 승인과 포기의 고려기간 3개월은 친권자 또는 후견인이 상속개시 사실을 안 날부터 기산(起算)한다(제1020조).

2) **동 의 권**   피성년후견인이 약혼(제802조)·혼인(제808조 ③항)·협의이혼(제835조)(혼인한 미성년자는 성년자로서, 피한정후견인은 능력자로서 각각 후견인의 동의 없이 협의이혼할 수 있음을 주의)·인지(제856조)·입양(제873조)·협의상 파양(제898조·제902조. 양자가 피성년후견인이면 협의파양을 할 수 없다) 등을 하는 경우 성년후견인이 동의한다. 친양자의 경우는 협의파양을 할 수 없으므로 후견인의 동의도 있을 수 없다는 것을 주의하여야 한다(제908조의5 ②항). 후견인은 피성년후견인의 의사능력이 회복되지 아니한 동안, 그의 행위에 동의를 할 수는 없을 것이다.

㈝ **정신장애인의 재산상 법률행위**   의사능력이 있는 피성년후견인의 법률행위는 후견인의 동의 존부를 불문하고 항상 취소할 수 있음(제10조 ①항)을 주의하여야 한다.[1] 그러나 가정법원은 이러한 행위 중 취소할 수 없는 법률행위의 범위를 정할 수 있고(동조 ②항), 일용품의 구입 등 일상생활에 필요하고 그 대가가 과도하지 아니한 행위는 취소할 수 없다(동조 ③항).

2. 한정후견

(1) 후견의 개시와 종료

㈎ 일정한 청구권자의 청구에 따라 가정법원의 심판으로 한정후견은 개시(제12조) 또는 종료된다(제14조).

㈏ **한정후견의 원인**   질병, 장애, 노령, 그 밖의 사유로 인한 정신적 제약으로 사무를 처리할 능력이 부족한 것이 한정후견의 원인이다(제12조 ①항).

㈐ **절차의 개시방법, 한정후견인 그리고 한정후견감독인**   가정법원에서 직권으로 한정후견개시 심판을 할 수는 없다는 점, 그 밖에 한정후견인과 그 감독인은

---

1 이영준, 한국민법론[총칙편](박영사, 2004), 761~62면; 고상용, 민법총칙[제 3 판], 137면; 김증한 (김학동 증보), 민법총칙 제 9 판(박영사, 2001), 129면; 이은영, 민법총칙[제 4 판], 179면 등 통설.

성년후견의 경우와 대체로 동일하다(라류사건 1호). 후견개시 심판을 할 때 장애자 본인의 의사를 고려하여야 하는 점도 같다(제 9 조 ②항, 제12조 ②항).

(2) 한정후견인의 임무

㈎ **피한정후견인의 재산관리**   가정법원은 피한정후견인이 한정후견인의 동의를 받아야 하는 행위의 범위를 정할 수 있다(제13조 ①항). 그리고 후견개시심판 청구권자의 청구에 따라 이러한 동의가 필요한 행위의 범위를 변경할 수도 있다(동조 ②항). 그래서 한정후견인은 가정법원에서 정한 '동의가 필요한 범위의 법률행위'에 관하여 동의를 하는 방법으로 피후견인의 재산관리를 도와준다. 한정후견인이 동의를 하여야 하는 행위에 대하여 동의를 하지 아니할 때는 피한정후견인은 가정법원에 그러한 동의를 갈음하는 허가를 청구할 수 있다(제13조 ③항). 이 점도 성년후견의 경우와 같다.

한편 가정법원은 개별적인 법률행위를 특정할 필요 없이 도움이 필요한 사무의 범위를 정하여 한정후견인을 법정대리인으로 선임할 수도 있다(예컨대, 부동산거래, 금융거래 등).[1]

후견인의 동의가 필요한 법률행위를 피후견인이 동의 없이 한 경우는 이를 취소할 수 있다(제13조 ④항). 그러나 일용품의 구입 등 일상생활에 필요하고 그 대가가 과도하지 아니한 행위는 취소할 수 없다(동조항 단서).

가정법원에서 후견인의 동의가 필요한 법률행위로 결정한 것 이외의 행위를 피한정후견인이 한 경우 그것은 확정적으로 유효한 법률행위가 되어 취소할 수 없다.

:: **참고판례**

한정치산자(지금은 **피한정후견인**)의 후견인의 임무와 친족회의 동의 : 한정치산자의 후견인이 친족회의 동의 없이 한정치산자의 부동산을 처분한 경우, 이를 취소할 수 있고 민법 제146조에 의하여 '추인할 수 있는 날'로부터 3년, 법률행위의 날로부터 10년 안에 취소권을 행사할 수 있다. 한정치산자가 스스로 취소하려면 한정치산선고가 취소되어 능력자로 복귀한 날로부터 3년 내에 그 취소권을 행사하여야 한다(대판 1997. 6. 27, 97다3828).

---

1 김은효, 전게논문, 236면; 한정후견인의 대리권의 범위 부분을 변경하는 결정을 할 수도 있다(서울가결 2018. 1. 17, 2017브30016; 사건본인이 한국국적을 상실한 이후에도 주로 대한민국에서 거주하여왔고, 국내에 재산을 소유하고 금융거래를 하여 왔다면, 국제사법 제48조 ②항 3호에 의하여 대한민국법원이 국제재판관할권을 가지고, 대한민국 민법이 준거법으로 적용된다).

(나) **피한정후견인의 신상보호**　　이는 성년후견의 경우와 동일하다(제959조의 6, 제947조의 2). 후견인은 피후견인의 법정대리인이지만(제938조 ①항), 가정법원은 한정후견인에게 대리권을 수여하는 심판을 할 수 있다(제959조의 4, ①항). 개정민법이 총칙편(제 1 편)에서 한정후견인의 동의가 필요한 법률행위(동의사항)를 결정하거나 변경하는 권한을 가정법원에 주었는데, 친족편(제 4 편)에서 다시 대리권 수여 심판의 권한을 다시 규정한 것은 한정후견인의 피후견인(장애인)에 대한 신상보호를 위한 여러 가지 경우를 대비한 조치라고 해석할 수 있을 것이다.

[후견인의 피후견인(미성년자·피성년후견인)의 행위에 대한 동의권·대리권]

	동의의 대상	동의권 행사자	대리의 대상	대리권 행사자
1	약혼(18세; 제801조)	미성년후견인	혼인취소(연령위반, 동의결여; 제817조), 인지청구	성년후견인
2	혼인(제808조; 미성년자, 피성년후견인)	후견인(미성년·성년)	협의이혼취소(제838조)	법정대리인
3	입양승낙[13세 미만자가 양자로 입양(제869조), 또는 파양 협의(제899조)]	미성년후견인이 법원의 허가 얻어 대신 승낙·파양협의제도는 폐지됨	입양취소(후견인이 피후견인을 양자로 가정법원의 허가없이 한 경우; 제872조 2013. 7. 1. 폐지)	후견감독인
4	입양동의(미성년자가 양자로 입양될 때; 제871조)	미성년후견인 (가정법원의 허가 필요)	입양취소(후견인 동의 없이 입양; 제873조)	성년후견인 (독자 권한도 있음)
5	인지(認知)(정신장애인인 아버지가 인지; 제856조)	성년후견인	파양(재판상 파양; 제906조, 제902조)	성년후견인
6	협의상 이혼 (제835조, 제808조 ②항)	〃	가사소송(혼인무효 등; 가소 제23조, 제28조, 제31조)	후견인 (대리 또는 독자적 권한)
7	협의상 파양(제902조; 양친이 피성년후견인)	〃	상속의 승인과 포기(제1020조)	친권자 또는 성년후견인

* 법정대리인으로 표시된 부분은 친권자, 직계존속 등이나 후견인을 의미한다. 후견인은 친권자 등이 없을 경우 그 자리에 대신 들어가서 친권자의 역할을 하는 사람이다.

3. 특정후견

(1) 특정후견제도의 개념과 특징

가정법원은 질병·장애·노령, 그 밖의 사유로 인한 정신적 제약으로 일시적 후원 또는 특정한 사무에 관한 후원이 필요한 사람을 위하여, 본인 등의 청구에 따라 특정후견의 심판을 한다(제14조의 2 ①항). 이러한 후견심판은 본인의 의사에 반(反)하여 할 수 없고(동조 ②항), 이러한 심판을 할 경우는 특정후견의 기간 또는 사무의 범위를 정하여야 한다(동조 ③항).

특정후견은 문자 그대로 일시적·일회적인 또는 개별적·특정적인 사무에 관한 후견이므로, 정신장애자(피특정후견인) 본인의 행위능력에는 아무런 영향이나 제약이 없다.[1] 그러므로 어떤 경우는 후견인과 본인의 법률행위가 동시에 성립하는 경우도 발생할 수 있다. 이런 경우는 민법의 일반원리(채권관계의 상대성, 물권법상 우선주의, 의사능력 등)에 따라 해결할 수 있을 것이다.[2] 이는 정신적 제약이 다소 미약하거나 아니면 일상생활에서는 가족의 보호를 받으며 무난하게 살아가면서도 특정한 문제나 사안의 해결을 위하여 일시적, 개별적으로 특정후견인의 선임을 법원에 청구하여 문제를 해결할 수 있는 제도이다.

(2) 심판절차

㈎ **당사자의 청구**   이 특정후견은 어디까지나 피후견인 본인 등의 청구에 따라 가정법원이 본인의 재산이나 신상에 관한 필요한 처분을 할 수 있는 제도인바, 그 처분의 한 가지 방법으로 특정후견인을 선임할 수 있는 것이다(제959조의8·9). 즉, 가정법원은 특정후견 심판에서 피특정후견인의 재산과 신상에 관련된 특정한 법률문제(예: 중요한 재산상 법률행위, 중대한 치료행위의 결정 등)의 해결을 위하여 관계인에게 특정행위를 명하거나 부작위를 명하는 등의 방법으로 사무처리에 필요한 처분을 할 수 있다. 또 필요한 처분의 방법으로 피특정후견인을 후원하거나 대리하기 위한 특정후견인을 선임할 수 있다(동조의9). 피특정후견인의 사무처리의 필요에 따라 가정법원은 특정후견인에게 기간이나 범위를 정하여 특정사안에 대한 대리권을 수여하는 심판을 할 수 있다(제959조의11 ①항). 이 경우 가정법원은 후견인의 대리권행사에 가정법원 혹은 후견감독인의 동의를 받도록 명령할 수 있다(동조 ②항).

㈏ **특정후견인의 임무**   특정후견인은 피특정후견인을 후원하는 임무를 수행하며, 그의 뜻을 존중하고 복리를 배려할 의무가 있다(제959조의12, 제947조). 특정후견인이 피후견인 자신의 행위를 목적으로 하는 채무를 부담하는 법률행위를 대

---

1 법원의 특정명령을 통한 일시적인 후견제도는 2007년 시행된 영국의 정신능력법이나 프랑스의 개정민법에 나타난 새로운 형태의 후견제도라고 한다(김은효, 전게논문, 237면).
2 김은효, 전게논문, 238면.

리하는 때는 피후견인 본인의 동의를 얻어야 한다(제959조의 12, 제920조 단서).

(다) **특정후견감독인의 선임**   특정후견인이 선임된 경우, 가정법원은 필요하다고 인정하는 때는 직권으로 또는 피후견인 본인, 친족 등의 청구에 의하여 특정후견감독인을 선임할 수 있다(제959조의 10 ①항). 이 감독인에게는 위임에 관한 규정과 앞에서 본 다른 후견감독인에 관한 규정이 준용된다.

4. 후견계약(이른바 임의후견제도)

(1) 후견계약에 의한 임의후견

(가) **후견계약의 의미**   임의후견계약은 가정법원에 의한 임의후견감독인의 선임을 정지조건으로 하는 위임계약이다(제959조의 14, ③항). 즉, 위임자(피임의후견인으로서 보호를 받을 사람)가 수임자(임의후견인이 될 사람)에 대하여 자기의 질병·장애·노령, 그 밖의 사유로 인한 정신적 제약으로 사무를 처리할 능력이 부족한 상황에 있거나 부족하게 될 상황에 대비하여 자신의 재산관리 및 신상보호(생활이나 요양간호 등)에 관한 사무의 전부나 일부를 위탁하고 그 위탁사무에 관하여 대리권을 수여하는 위임계약이다(제959조의 14 ①항).

(나) **후견계약의 성립**   후견계약은 본인과 임의후견인이 될 사람 사이의 계약으로 성립하는바, 이 계약은 요식행위로서 반드시 공정증서로 체결하여야 한다(동조 ②항). 공정증서로 작성하게 한 이유는 계약 당시 위임자에게 의사능력이 있었다는 것, 그리고 그의 진의에 근거하여 진정하게 계약이 성립되었다는 사실의 증명을 쉽게 하고, 계약서의 분실이나 그 내용을 함부로 고치지 못하게 하려는 데 있다. 임의후견을 활성화하려면 간편하고 누구나 쉽게 이해하고 만들 수 있는 후견계약 문서 양식의 표준화가 필요할 것이다.[1]

(다) **후견계약의 효력발생**   원칙적으로 후견계약에 정한 바에 따르지만, 가정법원에 의한 임의후견감독인의 선임시부터 후견계약은 효력이 발생한다(동조 ③항).

(라) **후견계약(임의후견)의 내용**   임의후견의 내용은 당사자들이 정한 바에 따른다. 후견인은 위임계약에 따른 선량한 관리자의 주의의무를 다하여 임무를 수행하여야 하며(제681조), 가정법원·임의후견인·임의후견감독인 등은 후견계약을 이행·운영할 때 본인의 의사를 최대한 존중하여야 한다(동조 ④항). 본인이 후견인에게 대리권을 부여할 대상이 되는 사항은 신상감호나 재산관리에 관한 법률행위,

---

1 김은효, 전게논문, 239면.

이에 관련된 등기나 공탁 신청, 장애자 인정신청 등의 공법상 행위 등이다.

(마) **후견계약의 철회와 해지**   임의후견감독인의 선임 전에는 본인 또는 임의후견인은 언제든지 공증인의 인증을 받은 서면으로 후견계약의 의사표시를 철회할 수 있다(제959조의18 ①항). 그러나 후견감독인 선임 이후에는 본인이나 후견인은 정당한 사유가 있는 때에만 가정법원의 허가를 받아 후견계약을 종료할 수 있다(동조 ②항). 여기서 정당한 사유는 후견계약의 존속과 그에 따른 후견사무의 계속을 더 이상 곤란하게 하는 중대한 사정의 변경, 즉 당사자 사이의 신뢰관계의 파괴나 소멸을 의미한다.

임의후견감독인이 선임된 후, 후견인이 현저한 비행을 하거나 그 밖에 그 임무에 적합하지 아니한 사유가 발생한 경우 가정법원은 후견감독인, 본인, 친족, 검사, 지방자치단체의 장의 청구에 따라 임의후견인을 해임할 수 있다(제959조의 17 ②항). 이때는 후견계약도 해지된다고 해석할 것이다.

(바) **해지의 효과**   후견계약이 해지되면 본인과 후견인의 권리와 의무는 장래에 향하여 소멸된다. 본인의 이익과 거래의 안전을 위하여 임의후견인의 대리권의 소멸은 등기하지 아니하면 선의의 제3자에게 대항할 수 없다(제959조의 19).

(2) 임의후견감독인

(가) **선임하는 경우**   임의후견계약이 등기되어 있고[1] 본인이 사무를 처리할 능력이 부족한 상태에 있다고 인정할 때에는, 본인, 배우자, 4촌 이내의 친족, 임의후견인, 검사 또는 지방자치단체의 장의 청구에 따라 가정법원에서 임의후견인을 선임한다(제959조의 15 ①항). 본인에게 의사능력이 있는 경우 가정법원은, 본인 아닌 친족 등의 청구로 후견감독인을 선임할 경우 본인의 동의를 받아야 한다(동조 ②항). 이미 선임된 후견감독인이 사망, 실종 등 사유로 없게 된 경우 가정법원은 직권으로 또는 본인, 친족 등의 청구에 따라 임의후견인을 선임한다(동조 ③항). 가정법원은 필요하다고 인정하면 직권으로 또는 본인 등의 청구에 따라 후견감독인을 추가로 선임할 수 있다(동조 ④항). 후견인의 가족은 임의후견감독인이 될 수 없음은 다른 후견감독인의 경우와 같다(동조 ⑤항).

(나) **선임하지 아니하는 경우**   임의후견인이 결격자에 해당하는 경우(제937조),

---

1 이 조문과 제959조의 19(임의후견인의 대리권소멸 등기), 제959조의 20 ①항(후견계약의 등기)의 취지에 따라 후견등기에 관한 법률이 공포되었음은 전술.

그 밖에 현저한 비행을 하거나 후견계약에서 정한 임무에 적합하지 아니한 사유가 있는 사람인 경우 가정법원은 임의후견감독인을 선임하지 아니한다(제959조의17 ①항).

(다) **임의후견감독인의 임무** 후견감독인은 임의후견인의 후견사무를 감독하며 그 사무에 관하여 가정법원에 정기적으로 보고하여야 한다(제959조의16 ①항) 게다가 가정법원은 필요하다고 인정하면 임의후견감독인에게 감독사무에 관한 보고를 하라고 요구할 수 있고, 임의후견사무 또는 본인의 재산상황에 대한 조사를 명령하거나 그 밖에 감독인의 직무에 관하여 필요한 처분을 명할 수 있다(동조 ②항). 후견감독인은 본인에게 급박한 사정이 있는 경우 그의 보호를 위하여 필요한 행위나 처분을 할 수 있고, 이해상반행위에서 본인을 대리한다는 것은 다른 후견감독인의 경우와 동일하다. 위임에 관한 규정과 보수와 비용에 관한 규정이 임의후견감독인에게도 준용된다(동조 ③항).

(3) 임의후견과 법정후견(성년후견·한정후견·특정후견)과의 관계 ─ 법정후견의 보충성

이미 임의후견이 등기되어 있는 경우, 가정법원은 본인의 이익을 위하여 특별히 필요한 때에만 임의후견인 또는 그 후견감독인의 청구에 따라 법정후견심판을 할 수 있다. 이 경우 후견계약은 본인이 성년후견이나 한정후견개시 심판을 받은 때 종료된다(제959조의20 ①항). 임의후견 상태에 있을 때보다 본인의 정신적 장애가 심하여진 경우 생길 수 있는 일이다. 거꾸로 본인이 이미 피성년후견인이나 피한정후견인 또는 피특정후견인인 경우, 가정법원이 임의후견감독인을 선임하려면 이전의 성년후견 등의 종료심판을 하여야 하고, 본인의 이익을 위하여 성년후견 등 조치의 계속이 특별히 필요하다고 인정하면 임의후견감독인을 선임하지 아니한다(동조 ②항).

제 5 절 후견의 종료

I. 후견종료사유

1. 절대적 종료 : 후견의 필요성이 소멸

피후견인의 사망·미성년자의 혼인·성년도달, 피후견인에 대한 성년후견 등 종료심판, 친권자의 친권회복 예컨대, 행방불명인 친권자의 출현, 친권자에 대한 성년후견 등 종료심판, 친권·대리권·재산관리권 상실선고의 취소, 대리권·재산관리권 사퇴의 회복 등으로 후견은 종료된다. 피후견인의 입양·인지·친권자의 변경 등으로 새로운 친권자가 결정된 경우 등도 후견종료사유이다.

2. 상대적 종료 : 후견의 필요성은 계속

후견인의 사망·실종·결격사유 발생·해임·사임 등으로 후견은 종료되나, 다른 후견인이 선임되어야 한다.

3. 피후견인에 대한 통지

후견의 종료사유는 상대방에게 통지하거나 상대방이 안 때가 아니면 그 종료로써 그에게 대항할 수 없다(제959조·제692조). 예컨대 피후견인이 성년자가 되었는데도 이를 후견인에게 통지하지 아니하여, 후견인은 이를 모르고 후견사무를 계속한 경우 그것으로 인한 보수청구를 할 수 있고, 대리행위도 유효하다는 취지이다.

Ⅱ. 후견종료 후의 후견인의 임무

1. 재산계산

후견인의 임무가 종료된 경우 후견인이나 그 상속인은 그 종료시로부터 1개월 이내에 피후견인의 재산에 관한 계산을 하여야 한다(제957조 ①항 본문). 그러나 정당한 사유가 있는 때는 가정법원의 허가를 받아 그 기간을 연장할 수 있다(제957조 ①항 단서, 가소 제 2 조 ①항, 라류사건 24호). 그 계산에는 후견감독인이 있으면 그가 참여하지 아니하면 효력이 없다(동조 ②항). 후견인은 그 재산의 계산이 완료되면, 이를 친권자, 성년이 된 피후견인, 상속인, 후임 후견인 등에게 보고하여야 할 것이다.

2. 이자와 손해배상

후견인과 피후견인 간에 금전채권·채무가 생긴 경우는 계산종료의 날로부터 이자(연 5% : 제379조)를 붙여야 하고(제958조 ①항), 후견인이 자기를 위하여 피후견인의 돈을 소비한 때는 그 소비한 날로부터 이자를 붙여서 반환하여야 하고 피후견인에게 손해를 입힌 경우는 이를 배상하여야 한다(동조 ②항).

3. 후견종료와 긴급처리(위임규정 준용)

후견이 종료된 경우에도 급박한 사정이 있는 때에는 후견인, 그 상속인이나 법정대리인은 피후견인, 그 상속인이나 법정대리인이 그 사무를 처리할 수 있을 때까지 종전 사무의 처리를 계속하여야 한다. 이 경우는 후견의 존속과 동일한 효력이 있다(제959조·제691조). 위임종료시의 대항요건 규정도 후견에 준용됨은 앞에서 보았다(제692조).

4. 후견종료의 신고

후견인은 후견종료 후 1개월 안에 후견종료신고를 하여야 한다(가등법 제83조). 이러한 신고는 피후견인의 등록기준지, 신고인(후견인)의 주소지나 현재지의 시·읍·면사무소에서 한다(동법 제20조).

제 6 절   후견인에 대한 감독기관

개정 전 민법에는 친족회와 가정법원이 후견인의 감독기관이었다. 그러나 개정민법은 친족회를 폐지하고, 그 대신 후견감독인제도를 도입하였다.

1. 후견감독인의 후견사무감독

후견감독인은 후견인에 대하여 언제든지 그의 임무수행에 관한 보고와 재산목록의 제출을 요구할 수 있고, 미성년자 등 피후견인의 재산상황을 조사할 수 있다(제953조). 후견감독인은 또 후견인의 재산조사, 목록작성과 후견사무종료 후의 1개월 이내의 재산에 관한 계산에(제957조 ②항) 참여할 권리(제941조 ②항)가 있다. 후견인과 피후견인 사이의 채권·채무관계가 있을 때 후견인이 그 내용을 후견감독인에게 제시하여야 하고(제942조 ①항, 제944조), 후견인이 '친권자가 이미 정한 교육방법 또는 거소를 변경하는 경우, 미성년자를 감화기관이나 교정기관에 위탁하는 경우,

친권자가 이미 허락한 영업을 취소하거나 제한하는 경우에는 후견감독인의 동의(제 945조 단서)를 받아야 한다. 또 후견감독인은 급박한 사정이 있는 경우 피후견인을 보호하기 위한 필요한 행위나 처분을 할 권리(제940조의6 ②항), 후견인이 피후견인을 대리하여 영업에 관한 행위, 소송행위 등 중요한 행위를 할 때의 동의권과 동의 없는 경우의 취소권(제950조 ①항, ③항), 피후견인에 대한 제3자의 권리를 후견인이 양수하는 경우의 동의권과 동의 없는 경우의 취소권(제951조 ②항) 등을 가지고 있다.

그리고 후견인과 피후견인 사이에 이해가 상반되는 행위에 관하여는 후견감 독인이 피후견인을 대리한다(개정민법 제940조의6 ③항). 후견감독인은 피후견인을 위한 특별대리인(제949조의3, 제921조) 역할도 하는 셈이다.

후견인에 대한 주된 감독기관은 후견감독인이다(가정법원은 일정한 자의 청구가 있을 때 비로소 감독). 특히 후견감독인의 동의를 받아 피후견인의 재산을 처분한 경우 그 대금을 후견인이 어떻게 관리하는지 문제가 된다. 만일 후견감독인과 후 견인의 이해가 일치하는 경우 피후견인의 재산 보호에는 허점이 생길 수 있다. 후 견인이든 후견감독인이든 "제한능력자를 위하여 내가 봉사한다."는 사명감을 가지 고 일을 시작하여야 할 것이다.

2. 가정법원의 후견감독사항

(1) 인사감독권 등

가정법원은 후견기관(후견인과 후견감독인)에 대한 광범위한 인사권(선임·사임· 변경허가권; 제936조·제939조·제940조, 제940조의3·4, 제959조의5·10·15)을 가지고 있고, 이 권한으로써 피후견인을 위한 공정한 후견업무가 이루어질 수 있도록 그 전제조건을 정비한다. 그 밖에 가정법원의 권한으로는 후견인의 재산목록 작성기 간, 후견종료시의 재산계산기간의 연장허가(제941조 ①항, 제957조 ①항, 각 단서), 피성년후견인의 정신병원에의 격리치료에 대한 허가(제947조의2 ②항), 공동성년후 견인들 사이의 권한행사방법결정(제949조의2 ①항, ②항), 성년후견인의 의사표시에 갈음하는 재판(동조 ③항), 후견인과 후견감독인의 보수결정과 필요비결정(제955조, 제955조의2, 제940조의7) 등이 있다.

(2) 후견사무 그 자체에 대한 감독권

가정법원은 직권으로 또는 피후견인, 후견감독인, 민법 제777조에 따른 친족,

그 밖의 이해관계인, 검사, 지방자치단체의 장의 청구에 따라 피후견인의 재산상황을 조사하고, 후견인에게 재산관리 등 후견임무수행에 필요한 처분을 명할 수 있다(제954조, 가소 제 2 조 ①항, 라류사건 22호). 가정법원은 또 후견감독인과 마찬가지로 후견인의 사무를 감독할 권한도 가지고 있다. 후견사무의 적정한 수행을 도모하여 피후견인을 보호하기 위한 것이다.

[친권자와 후견인, 후견감독인의 차이]

구 분	친권자(미성년자)	후견인(피후견인)	후견감독인	근거법령
사람 수(數)	2명	1명(성년후견인 등은 2명 이상 선임 가능)	2명 이상 가능	제909조 ①,②항, 제930조 ①항, 김·김 553면
법 인	×	○(성년·한정·특정후견인)	○	제930조 ③항, 제959조의3 ②항, 제959조의9 ②항
종 류	2가지 (친부모·양부모)	2가지(지정·선정), 선정후견인은 5가지	5가지	제909조 ①항·제931조, 제932조, 제936조
관계발생	출생·입양	유언지정·법원선임	유언, 법원의 선임	〃
관계소멸	사망·실종·친권상실	피후견인 사망, 혼인 등과 능력회복; 후견인 사임, 변경	왼편과 동일	제924조·제690조(유추)
보수·필요비 청구	×	○	○	제955조, 제955조의2
변 경	×(친권상실선고가 있을 뿐임)	○	○	제940조, 제940조의7
결격사유	×	○	○(후견인의 가족)	제937조, 제940조의5
신고의무	자녀의 출생신고·입양신고, 친권자의 지정·변경신고	후견개시·후견인변경·후견종료 신고	연 1회 후견감독사무 보고	가등법 제44조, 제46조, 제61조, 제79~83조
사임 가부	×	○	○	제939조, 제940조의7
대리권·관리권만 사퇴	○	×(대리권·관리권 행사 후견인은 사임 가능)	왼편과 동일	제927조
권한 행사에 후견감독인 동의	×	○		제950조, 제949조의2, ③항
이해상반행위	×; 대리불가(특별대리인이 자녀를 대리)	×; 대리불가(후견감독인이 피후견인을 대리)	○(대리)	제921조, 제949조의3
주의의무의 정도	자기 재산에 관한 행위	선량한 관리자	선량한 관리자	제922조, 제681조, 제940조의7
감독자 유무	×	○(후견감독인·가정법원)	○(가정법원)	제940조, 제950조, 제954조, 제940조의7
부양의무	○	×(부양의무를 대행)	×	제974조
상 속 권	○	×	×	제1000조

제**6**장

부양(扶養)

제 1 절   부양제도

1. 의   미

(1) 개인주의·자유주의 사회에서는 사람이 자신의 재산이나 노력으로 그 생계를 유지하며 살아갈 수 없는 경우(유아·고령·질병 등이나, 실업·노동재해, 교통사고 등)가 발생하고 있다. 자력으로 독립하여 살아갈 수 없는 사람들은 누구인가 다른 사람들의 도움을 받아야 살아갈 수 있다. 여기에 부양제도가 필요하게 된다. 부양은 일정한 범위의 친족이 생활공동체를[1] 구성하여 서로 부조하여야 할 의무와 권리를 가지는 것을 말한다.

(2) 역사적 의미

농업경제를 기반으로 하는 대가족제도 하에서는 부양은 가족제도 속에서 처리되고, 최종적으로는 호주, 즉 가장이 가족들의 부양책임을 지고 있었다.[2] 현재의 가족법은 대가족제도를 뒷받침하던 호주, 가장, 친족회와 같은 제도를 거의 폐지하거나 약화시켰다. 그러나 '친족들은 서로 서로 보살펴 주어야 한다'는 기본적

---

1 가족적 통제가 강하였던 시대에는 그 가족집단의 장, 즉 가장이 가족의 부양책임을 지고 있었다(我妻 외 2, 221면). 오늘날은 친자·부부·형제 등의 관계가 표면에 나타나면서 부양책임자를 그 관계에 응하여 정하고 있다.
2 미국에서도 남편이 아내와 자녀들의 의식주, 의료보험, 교육을 위한 경제적 부양을 하여야 할 법적 책임을 져왔다(Schubert, Introduction to Law and the Legal System, 7th ed., 431~32면).

인 전통이나 생각에는 변함이 없다. 그래서 민법은 직계혈족과 그 배우자, 기타 생계를 같이 하는 친족들 사이에는 서로 부양할 의무가 있다(제974조)고 규정하고 있다. '생계를 같이 할 것'을 요건[1]으로 정한 것은 오늘날 경제생활의 개별화라는 추세를 반영한 것이다. 이처럼 민법은 부양책임을 혈족이나 친족들에게 맡기고 있지만, 그야말로 사고무친(四顧無親)하여 친족마저 없는 사람들도 있다. 노숙자나 소년·소녀가장 등은 국가나 사회가 그 부양책임을 져야 한다. 국민기초생활보장법, 한부모가족지원법 같은 사회보장법이 제정되어 시행되고 있는 것은 바로 그 까닭이다.

2. 부양의무의 종류

(1) 사적(私的) 부양

사적 부양의무는 민법상 친족간의 부양인데 제 1 차적 부양의무와 제 2 차적 부양의무로 나누어진다. 앞의 것은 직계혈족(부모와 미성년자녀) 및 배우자간의 부양의무[제826조, 제974조 1호; 생활(生活)유지의 부양의무]인데 이는 부양권리자가 부양의무자와 같은 정도의 생활을 할 수 있도록 하는 의무이고, 뒤의 것은 그 이외의 동거친족간의 부양의무[제974조 3호, 생계(生計)유지의 부양의무]인데 이는 부양권리자의 생계가 곤궁할 때 부양의무자가 자기의 생활을 희생하지 않고 부양권리자의 생계를 유지할 수 있도록 도와주는 의무이다.[2] 부양의무를 이렇게 2가지로 나누는 것은, 복지국가를 지향하는 오늘날에는 적절하지 않다는 비판도 가해지고 있다.[3]

(2) 공적(公的) 부양

친족 등 자신을 부양하여 줄 사람(부양의무자)도 없고, 스스로 생활을 유지할 능력도 없는 사람들은 국가나 공공단체에서 부양하고 있는바, 이것이 공적 부양(부조) 내지 사회보장제도이다.[4] 이러한 공적 부양은 피부양자를 사적으로 부양하는 사람이 없거나 다른 법률의 부양이 없는 경우 2차적, 보충적으로 이루어진다는 점(국민기초생활보장법 제 3 조 ②항·제 5 조 ①항)이 그 특징이다. 국민연금법 등 각종

---

1 대구지법가정지심 2008. 8. 1, 2008느단801(미망인 며느리는 생계를 같이하지 아니하는 시아버지를 부양할 의무가 없다), 법률신문 2008. 8. 7.자.
2 대결 2013. 8. 30, 2013스96; 2017. 8. 25, 2017스5.
3 이영규, 226면.
4 헌법 제34조, 국민기초생활보장법(2019. 10. 24. 법률 제16367호), 사회보장기본법(2018. 12. 11. 법률 제15885호), 노인복지법(2019. 12. 3. 법률 제16735호), 고용보험법(2020. 2. 28. 법률 제16557호) 등 각종 보험법 등.

보험이나 연금제도 등은 사회보험제도이다.

3. 민법상 부양의 정도와 방법

민법상 부양당사자 사이의 부양의 정도와 방법은 당사자들 사이의 협의(자율적 결정)로 정하고, 그 협의가 이루어지지 아니하는 경우는 법원의 조정이나 심판으로 정하도록 하였다(제976조·제977조).

제 2 절　부양청구권

1. 부양청구권의 발생과 소멸

(1) 발생요건(부양의 필요성과 부양의 능력)

㈎ **부양의 필요성**　　부양청구권자는 자기의 자력(資力)이나 근로로 생활을 유지할 수 없는 경우에만 부양청구를 할 수 있다(제975조). 생활유지 불능 상태의 발생에 관하여 부양청구권자(요부양자)에게 과실이 있었는지 여부는 상관이 없다.[1]

㈏ **부양의 가능성**　　부양의무자는 스스로의 생활능력이 있어야 하고, '요부양자'를 부양할 경제적 능력이 있어야 그 의무를 이행할 책임이 있다(제975조).

(2) 부양의무의 소멸

부양의 필요성이나 가능성 중 어느 하나라도 소멸하면 부양의무는 소멸된다. 그러나 제 1 차적 부양의무는 쉽사리 소멸되지 아니한다. 부양의무자가 극빈상황에 처하게 되어 국민기초생활보장법에 따른 보호를 받아야 할 처지가 된 경우는 예외적으로 그 의무가 소멸된다.

2. 부양청구권의 내용

부양청구권은 경제적으로 생활비의 지급을 그 내용으로 하므로, 재산권의 성질을 가지고 있으나,[2] 필요한 경우는 동거·양육·간호·장례에 이르기까지 매우

1　我妻 外 2, 民法 3 — 親族法·相續法 —(勁草書房, 2004), 224면.
2　김·김, 589면.

포괄적인 부조행위를 의미한다.[1]

3. 부양청구권의 특질(일신전속성)(一身專屬性)

부양청구권은 가족법상의 권리의 일종이고 채권과 유사하다. 그러나 일반 재산권과는 다르고, 일정한 친족관계를 기초로 하여 발생하는 일신전속적·신분적 재산권[2]이다. 그래서 아래와 같은 특색이 있다.

1) 권리자는 부양청구권을 양도하거나 처분할 수 없고, 채권담보[질권(質權) 설정 등]를 위한 담보물로 제공할 수 없다(제979조·제449조·제346조). 부양청구권은 친족관계를 바탕으로 하여 발생하는 권리이므로 이를 친족이 아닌 제 3 자에게 양도하는 것은 곤란하기 때문이다.

2) 부양청구권을 부양권리자의 채권자가 압류할 수 없다(민집 제246조 ①항 1호).

3) 부양청구권은 행사상·귀속상 일신전속권이므로, 상속의 대상이 될 수 없고(제1005조 단서), 채권자대위권에 의한 대위청구나 대위수령도 할 수 없다(제404조 ①항 단서).

4) 파산자의 부양청구권은 압류할 수 없어서, 파산재단에도 속하지 아니하고 [채무자 회생 및 파산에 관한 법률(2016. 12. 27. 법률 제14476호), 제383조 ①항, ②항 2호], 파산자에 대한 부양청구권은 재단에 대한 채권에 속하여(동 법률 제382조), 요부양자가 파산채권자보다 우선하여 변제를 받는다(구파산법 제41조).

5) 권리자는 부양청구권을 장래에 향하여 미리 포기할 수 없다(제979조). 다만 이행기가 도래한 확정된 부양료나 양육비청구권을, 포기·양도·상계[3](자동채권)할 수 있다.

6) 부양의무자는 자기의 채권으로 부양청구권을 상계(相計)할 수 없다(제497조). 예컨대 지난달 아버지께 빌려준 돈으로써 이달의 아버지 부양료채권을 상계할 수 없다는 말이다.

7) 부양청구권이 제 3 자에 의하여 침해되었을 경우 권리자는 제 3 자를 상대로 손해배상을 청구할 수 있다(제750조).

---

1 이은영, 923면.
2 대판 1983. 9. 13, 81므78(채권에 유사한 신분적 재산권).
3 대판 2006. 7. 4, 2006므751.

제 3 절 부양의 당사자

1. 부양당사자의 범위

(1) 개 념

부양의무는 친족인 직계혈족 및 그 배우자 사이, 기타 생계를 같이하는 친족들 사이에 생긴다(제974조). 이러한 친족들은 서로가 서로를 부양할 의무가 있다. 부모가 자녀를 부양할 뿐만 아니라, 자녀도 부모를 부양하여야 한다는 말이다.

(2) 직계혈족 및 그 배우자간의 부양의무

㈎ 제 1 차적 부양의무, 제 2 차적 부양의무   직계혈족은 부계혈족·모계혈족, 자연혈족·법정혈족을 불문한다. 따라서 외조부모와 외손자녀와 같은 모계의 직계혈족, 양친과 양자 같은 법정혈족간에도 서로 부양의무가 있다. 부모와 자녀간의 부양의무 중 미성년자녀에 대한 부양의무는 물론[1]이고, 부모와 성년의 자녀(미혼·기혼 불문), 조부모와 손자·손녀 등 직계혈족 간의 부양의무와 부부간의 부양의무는 제 1 차적 부양의무(생활유지의무)이고, 시부모와 며느리, 장인·장모와 사위, 계부·계모·적모와 자녀 사이 같은 '직계혈족의 배우자' 간의 부양의무 기타 친족간의 부양의무는 제 2 차적 부양의무(생활부조의무)이다.[2]

부모와 미성년자녀 사이의 부양근거법령이 무엇인가에 관하여 학설이 대립하고 있다. 생각건대, 민법 제974조 1호의 직계혈족 사이의 부양의무 규정이 바로 이에 관한 근거규정이라고 널리 해석할 수 있으므로 별로 문제가 없다고 본다(제826조·제833조·제837조 ②항 등도 근거 규정).[3]

---

1 미국의 경우 부모의 혼인·이혼, 별거·동거, 일시별거와 상관없이 부모는 항상 부양의무를 지고 있다. 이를 위반하면 형사상 범죄가 성립되고, 비부양 및 자녀유기로 인한 민사소송을 당한다. 주(州)정부는 재정적 부담을 면하기 위하여 게으름뱅이 부모의 수색과 책임추궁에 열중하고 있다 (Schubert, 432면).
2 中川善之助, 新訂親族法(동경, 靑林書院新社, 1968), 596면; 이희배, 가족법학논집(2001), 539면 (생활유지의 의무는 부양자의 생활정도와 같은 정도로 부양하는 것이고, 생활부조의 의무는 부양자의 생활을 희생함이 없이 요부양자의 생활의 필요를 충족시킬 정도로 부양하는 것이다).
3 엄경천, '부양법, 가족법상 독자성을 찾아서'(가족법연구 제29권 3호, 2015), 483면; 이희배, 가족법학논집(2001), 538면; 이은영, 924면; 대판 1967. 1. 31, 66므40; 1967. 2. 21, 65므5; 1971. 3. 23, 70다3007; 1979. 1. 23, 78다2033; 1979. 5. 8, 79므3 등.

:: 참고판례

① '고령과 지병으로 인하여 자기의 자력 또는 근로에 의하여 생활을 유지할 수
없는' 아버지를 상대로 그 딸(원고)이 가옥명도청구를 한 사건에서, 그 딸인 원고
로서는 아버지를 부양할 의무와 책임이 있다 할 것이고, 이처럼 부양의무 있는 자
(子)가 특별한 사정도 없이 또한 부(父)의 주거에 관하여 별다른 조치를 취하지
아니한 채, 단지 이 사건 주택의 소유권자임을 내세워 고령과 지병으로 고통을
겪고 있는 상태에서 달리 마땅한 거처도 없는 부(父)인 피고에 대하여 이 사건 주
택에서 퇴거하라고 청구하는 것은 부자(父子)간의 인륜을 파괴하는 행위로서 권
리남용에 해당된다고 할 것이고, 한편 원고는 피고 김기영(원고의 남동생)과 생계
를 같이하지는 아니하므로 위 피고에 대하여 부양의무를 부담하는 것은 아니라
고 할 것이지만, 위 피고는 스스로의 어려운 처지에도 불구하고 연로한 부모를
모시면서 그 부양의무를 다하고 있고 피고 김용환 등 부모의 입장에서도 생활을
함에 있어서 피고 김기영과 그 가족의 도움을 받지 않을 수 없는 처지에 있다고
할 것이므로, 이와 같은 상황에서 달리 마땅한 거처도 없는 피고 김기영과 그 가
족에 대하여 이 사건 주택의 명도를 청구하는 행위 또한 인륜에 반하는 행위로서
권리남용에 해당된다고 할 것이다(대판 1998. 6. 12, 96다52670).

② 이혼한 모를 아이의 양육자로 지정하면서 그 모가 전혀 수입이 없어 양육비를
분담할 형편이 못 되는 것이 아닌 이상, '실제로 양육을 담당하는' 청구인(이혼
모)도 아이의 양육비의 일부를 부담하도록 하였다 하여도 그것을 경험칙과 논리
칙에 어긋난 판단이라고 할 수 없다(대판 1992. 1. 21, 91므689).

위 ②번 판례는 자녀에 대한 친권 유무보다는 친자관계의 본질에 미성년자녀
부양의무의 근거를 두고 있는 듯하다.[1]

(나) **혼인외 출생자에 대한 부양의무**   혼인외 출생자의 생모는 그 출생자를 부
양할 의무가 있고, 생부의 인지(認知) 후에는 생부와 생모가 공동으로 부양의무를
진다.[2] 생부가 혼인외 출생자를 인지하면, 인지의 소급효로 인하여 생부는 자녀의
출생시로 소급하여 그 부양의무를 지게 된다(과거의 부양료청구문제가 생긴다).

(다) **미성년자녀의 부양청구**   양육비나 부양료청구는 대개 생모나 생부가 법
정대리인으로서 자녀를 대리하여 부양의무자를 상대로 청구하는 것이지만, 생모

---

1 이영규, 229면.
2 대판 1979. 1. 23, 78다2023, 판례월보 제107호, 17면.

등 법률상 대리인이 없을 경우는 민사소송법 제62조 제 ②항의 규정에 따라 선임된 특별대리인이 청구할 수 있다고 해석하여야 할 것이다.

(3) 부부간의 부양의무

(개) **제1차적 부양의무**　　부부(배우자)는 서로가 서로를 부양할 의무가 있다(제974조·제826조·제833조). 예컨대 아내가 부양료를 청구하여도 남편이 이행하지 아니한 지체 부분만 청구할 수 있다.[1]

(내) **별거 중인 부부**　　별거 중인 부부간에도 원칙적으로 부양청구권이 인정된다(제826조 ①항). 그러나 정당한 이유 없이 동거의무를 이행하지 않고 있는 배우자에게는 부양청구권이 없다(아래 참고판례 참조).

　:: **참고판례**

　　일반적으로 부부는 서로 부양의무가 있고 자활능력이 없는 처에 대하여 남편은 부양책임이 있다 할 것이나, 남편과의 동거의무를 스스로 저버리고 별거하고 있는 처는, 남편의 동거청구가 권리의 남용에 해당하는 등 특별한 사정이 없는 한, 남편에게 부양료의 지급을 청구할 수 없다(대판 1976. 6. 22, 75므17, 18; 1991. 12. 1, 91므245).

(다) **이혼 후의 부부간의 부양의무**　　이혼한 전 배우자 간에는 서로 부양의무가 없다.[2] 입법론으로 이혼 후의 부양의무를 인정하는 제도를 도입하여야 한다는 견해가 있다.[3] 생각건대 재산분할제도를 잘 운영하면 동일한 목적을 달성할 수 있을 것이다.

(4) 친족(제777조)간의 부양의무

(개) **생계를 같이하는 친족(8촌 이내의 혈족, 4촌 이내의 인척)간**　　친족간이라도 항상 서로 부양할 의무가 있는 것은 아니고 생계를 같이 하는 경우에만 서로 부양의

1　대결 2008. 6. 12.자 2005스50.
2　서울가심 2003느단2168; 수원지심 2014느단50062 등 : 심판청구서가 송달된 다음 날부터 혼인 해소 시까지 부양료의 지급을 명하고 있다.
3　이은영, 신판 민법학강의(박영사, 1996), 1073면; 미국에는 2가지 위자료, 즉 영구위자료(permanent alimony)와 재활위자료(rehabilitative alimony)가 있다. 앞의 것은 이혼한 배우자의 사망·재혼시까지 지급되는 것이고 뒤의 것은 일정 기간 지급되는 것이다. 여성의 경제활동능력·자활능력의 향상에 따라 앞의 것은 줄어들고 있다. 법원은 당사자들의 소득·건강·경력과 현재 및 장래의 취업 전망 등 모든 사정을 고려하여 재활위자료의 지급여부·지급방법(일시불·정기분할불 등) 등을 결정한다. 상황이 변동되면 당사자는 변경결정 청구를 할 수 있다(Schubert, 448~49면 참조).

무가 있다(제974조 3호).[1] 경제생활의 개별화라는 사회적 추세에 비추어 당연하다고 평가되고 있다. 동거친족의 경우 그 촌수에 제한은 없고 친족의 범위[민 제777조: 8촌 이내의 혈족(직계혈족, 방계혈족), 4촌 이내의 인척] 내에 속하기만 하면 서로 부양의무가 있다. 성년의 자녀가 아버지를 상대로 유학비용 상당의 부양료를 청구할 수 있는가? 이를 부정한 판례가 있다.[2]

(나) **부양의 정도**   이 경우의 부양의무의 정도는 의무자가 자기의 생활정도와 비슷한 부양을 하라는 것은 아니고, 자신의 생활정도를 낮추거나 희생하지 않고 부양할 수 있을 만한 정도의 부양을 하라는 의미이다.

(다) **형제자매간**   형제자매간에는 동거여부를 불문하고 부양의무를 인정하여야 한다는 견해가 있다.[3] 입법론으로는 경청할 만한 견해라고[4] 생각되나, 현행민법의 해석론으로는 무리이다. 동거하지 아니하는 경우는 형제자매간일지라도 서로 부양의무가 없다고 해석하여야 할 것이다.[5]

(5) 호주나 후견인의 부양의무(소극)

구민법하에서는 호주와 가족(예컨대 가봉자 등 포함) 사이에도 부양의무가 있었으나(구민 제797조·제974조 ②항), 호주제도가 폐지되어 호주의 부양의무는 없어졌다. 후견인은 친권자를 대신하는 사람이어서, 친권자의 부양의무를 대행하는 데 불과하고, 부양비용도 피후견인의 재산에서 충당하고 부양행위에 대한 보수도 청구하는 지위(수임인)에 있으므로 부양의무자라고 말할 수는 없다. 후견인과 피후견인은 서로 간에 사실상의 부양의무자라고 할 것이다.

2. 부양당사자의 순위 등

(1) 순   위

(가) **부양의무자·부양권리자가 여러 사람인 경우**   부양의무자가 여러 사람인 경우, 또는 부양 받을 사람이 여러 사람인데 부양의무자의 자력이 부족하여 그 모

---

1 대결 2013. 8. 30, 2013스96[시부모가 며느리(아들은 사망)를 상대로 부양료청구; 생계를 같이하지 않으면 청구할 수 없다]; 서울가결 2007. 6. 29, 2007브28.
2 대결 2017. 8. 25, 2017스5.
3 박병호, 246면.
4 외국의 입법례를 보면, 스위스민법(제328조), 이태리신민법(제433조), 중국민법(제1114조, 제1115조), 일본민법(제877조), 필리핀신민법(제291조) 등이 있다.
5 동거하지 아니하는 형제자매를 부양당사자에서 제외한 민법의 규정에 대하여 상당한 비판이 제기되고 있다(정광현, 친족법, 104~105면; 김용한, 241면; 이희배, 가족법학논집, 2001, 538면).

두를 부양할 수 없는 경우에는 당사자 간의 협정(協定)[1]으로 부양의무자·부양권리자의 순위를 정하고, 당사자 간의 협정이 없는 때는 당사자의 청구에 따라 가정법원이 그 순위를 정한다(제976조 ①항). 부양의무자·부양권리자의 순위결정 사건에도 조정전치주의가 적용된다(가소 제 2 조 ①항·제50조 ①항, 마류사건 8호). 이 경우 가정법원은 여러 사람을 공동의 부양의무자나 부양권리자로 선정할 수도 있다(제976조 ②항). 부양의무자가 여러 사람일 경우 그들의 부양의무는 연대채무라고 보아야 할 것이다.

(나) **심판 등의 효력 범위** 부양의무자와 부양권리자를 정하는 협정이나 심판사건에는 전원이 참여하여야 하나, 그렇다고 필수적 공동소송(비송)사건이라고까지 말할 수는 없다. 따라서 전원이 참여하지 아니한 경우는 참여자에게만 협정이나 심판의 효력이 미친다고 할 것이다.[2] 그러나 심판이 개시되면 부양권리자나 부양의무자가 여러 사람일 경우 가정법원은 그들을 절차에 참가하게 하여야 한다(가소규 제106조). 그래야 부양의 순위·정도와 방법을 적절하게 정할 수 있기 때문이다.

(2) 부양당사자 등의 변경·취소

부양의무자·부양권리자의 순위, 부양의 정도·방법에 관한 당사자 간의 협정이나 법원의 심판이 내려진 후 사정변경(事情變更)이 생긴 경우 가정법원은 당사자의 청구에 따라 그 협정이나 조정·심판을 취소·변경할 수 있다(제978조, 가소 제 2 조 ①항, 마류 가사비송사건 8호).

(3) 부양협정에 따른 의무이행을 청구하는 경우(법원의 관여)

당사자들 사이에 이미 부양협정을 하였고 그 협정에 따라 부양의무이행을 청구하는 경우, 특별한 사정의 변경이 없는 이상, 법원은 임의로 당사자의 협정내용을 변경·가감하여 부양의무를 조절할 수는 없다.[3]

---

1 협정이라는 용어: 민법은 공유물분할(제269조), 이혼(제834조), 파양(제898조), 이혼시 또는 혼인외 자의 인지의 경우 자녀의 양육이나 친권자지정(제837조·제909조 ④항), 재산분할청구(제839조의2), 상속재산분할(제1013조)에 관하여는 "협의(協議)"라는 용어를 사용하고, 부양의 경우에만 "협정(協定)"이라는 용어를 사용(제976조·제977조)하고 있다. 앞으로 용어를 어느 하나로 통일하여야 할 것이다.
2 이경희, 255면.
3 대판 1992. 3. 31, 90므651, 668.

제 4 절 부양의 정도와 방법

1. 부양의 정도

부양의 정도는 원칙적으로 당사자 간의 협정으로 정하고, 협정이 없는 때는 당사자의 청구에 따라 가정법원이 피부양자의 생활정도, 부양의무자의 자력 기타 제반 사정(예컨대, 친족관계의 종류·원근, 과거의 교제관계, 생활곤궁의 원인 등)을 참작하여 정한다(제977조). 부양의 정도는 의식주에 필요한 비용, 의료비, 최소한의 문화비·오락비·교제비는 물론, 부양받을 사람의 연령·재능·신분·지위 등에 따른 교육을 받는 데 필요한 비용도 부양료에 해당된다.[1] 그러나 혼인비용, 가정교사비용이나 학원비는 원칙적으로 교육비용이 아니므로 부양청구의 대상이 될 수 없다(아래 참고판례 등 참조).[2] 가정법원은 부양의무자에게 부양에 '필요한' 지시를 할 수도 있다(가소규 제107조). 부양 정도의 하한선은 "건강하고 문화적인 최저한도의 생활"이라고 할 것이다.[3]

:: 참고판례

① **장래의 양육비** : 원·피고의 이혼 당시 원고가 자녀들을 양육할 것으로 조건으로 피고가 양육비를 지급하기로 약정한 경우, 피고의 양육비지급의무는 원고의 자녀 양육을 조건으로 하는 것이니, 원고는 그 조건이 이루어지지 아니한 장래의 양육비를 청구하지 못한다(대판 1979. 6. 12, 79다249).

② **혼인비용** : 부모가 자녀의 혼인비용을 부담하는 것은 인륜의 자연일 뿐, 자녀가 부모에게 이를 양육비로 청구할 수 없다(대판 1979. 6. 12, 79다249). 혼인비용은 자연채무일 뿐 양육비가 아니라는 취지이다.

③ 자녀들의 부양료로 남편이 그 봉급의 80%와 700%의 상여금을 막내가 대학을 졸업할 때까지 매월 지급하기로 약정한 경우, 그 약정이 '현저히 형평을 잃은' 불공정한 것이어서 무효이거나 그 이행을 강요함이 형평에 반한다고 할 수 없다(대판 1992. 3. 31, 90므651, 668).

---

1 대판 1986. 6. 10, 86므46(교육비도 부양료에 포함된다).
2 김상용 외 3, 443면.
3 이영규, 231면.

2. 부양의 방법

(1) 동거부양 또는 인수부양(引受扶養)

부양의무자가 피부양자를 모시고 동거하면서 그 생활을 보살피는 방법이 동거 부양이다. 당사자의 의사(意思), 부양의무 발생의 경위, 주거상황과 생활편의 등을 고려하여 동거부양 여부를 정하여야 할 것이다. 동거부양의무의 협의나 이행은 신의성실로써 하여야 할 것이다. 단지 한 지붕 밑에 같이 산다고 하여 그것을 동거부양이라고 말할 수는 없기 때문이다.

(2) 급여부양

급여부양은 부양의무자가 매월 정기적으로 생활비를 금전이나 현물로 지급하는 방법이다. 이러한 부양청구권은 재산상의 금전채권이다.[1] 부양의 성질상 이는 항상 선불(先拂)로 미리 지급하여야 할 것이다.

3. 부양의 정도와 방법의 취소·변경

부양의 정도와 방법을 정하는 협정이나 법원의 심판·조정·재판상화해가 이루어진 후, 사정변경이 생긴 경우 가정법원은 당사자의 청구에 따라 그 협정·심판·조정·화해를 취소·변경할 수 있다(제978조, 가소 제 2 조 ①항, 마류사건 8호). 부양료청구사건은 가사비송사건이므로 부양의무자의 주소지 가정법원에 제기하여야 하고(가소 제46조), 이를 민사법원에 제기하여서는 안 될 것이다.[2]

:: 참고판례

부양권리자와 부양의무자 사이에 부양의 방법과 정도에 관하여 일단 협정이 이루어지면, 당사자 사이에 다시 협의, 또는 법원의 심판에 의하여 위 협정이 변경·취소되지 않는 한, 부양의무자는 그 협정에 따라 의무를 이행하여야 하는 것이고, 법원이 그 협정을 변경·취소하려면 그럴만한 사정 변경이 있어야 하는 것이므로, 부양권리자들이 위 협정의 이행을 청구하는 사건에서 법원이 임의로 협정의 내용을 가감하여 부양의무자의 부양의무를 조절할 수는 없다(대판 1992. 3. 31, 90므651, 668).

1 김·김, 593면.
2 대결 1972. 12. 1, 70스1; 졸저, 3정판 주석가사소송법, 468면(마류사건의 관할을 전속관할이라고 보기는 어렵다. 가소 제22조, 제26조, 제30조 참조); 일 최판 1969. 2. 20, 민집 23-2, 399면(부양료의 분담청구를 지방법원에 제기한 경우 지방법원은 가정법원에 이송하지 않고 각하하였다).

4. 부양의무불이행에 대한 조치

(1) 부양의무이행의 신속성

부양은 피부양자를 구호하는 것이 목적이므로 '신속한 이행'이 중요하다. 이를 위하여 법원은 원칙적으로 '담보 없이' 가압류·가처분을 선고하고 가집행할 수 있음을 명하여야 하고(가소 제63조·제42조), 부양심판의 선고 전에도 임시로 필요한 사전처분을 명할 수 있다(가소 제62조).

(2) 부양의무불이행의 경우

부양의무자가 법원의 심판대로 그 의무를 이행하지 아니할 때 법원은 당사자의 신청에 따라 미리 당사자를 심문하고 의무이행을 권고한 후(이행권고)(가소 제64조 ②항), 일정한 기간 내에 그 의무를 이행할 것을 명령하고(이행명령)(가소 제64조 ①항), 그 명령대로 이행하지 아니할 경우 의무자에게 1,000만 원 이하의 과태료를 부과할 수도 있다(가소 제64조 ①항·제67조). 그 후에도 부양의무를 계속 이행하지 아니할 경우 의무자를 30일 범위내에서 감치(監置: 감옥에 넣는 것)에 처할 수도 있다(가소 제68조 ①항 1호). 참고로 부양의무 불이행으로 인하여 형법상 존속유기죄가 성립되면 부양의무자는 10년 이하의 징역이나 1,500만 원 이하의 벌금형을 선고받을 수도 있다(형 제271조 ②항).

(3) 부양의무의 불이행과 피부양자의 위자료청구 가부(소극)

부양의무의 불이행으로 인하여 요부양자가 회복할 수 없는 정신적 손해를 입었다는 것은 특별사정으로 인한 손해이다. 따라서 피부양자는 그러한 특별사정을 주장하고 증명하여야 부양료 이외에 별도의 위자료청구를 할 수 있다.[1]

---

1 대판 1983. 9. 13, 81므78.

제 5 절 부양료의 구상청구와 부양청구권의 소멸

Ⅰ. 과거(過去)의 부양료청구

1. 부부간의 미성년자녀부양의 경우

(1) 학   설

(가) 부 정 설   부양의무는 정기적(定期的)으로 꼬박꼬박 이행되어야 하는 의무이고, 필요시에 이행되지 아니하면 바로 소멸된다. 그러므로 부양청구는 장래의 것만 청구할 수 있을 뿐이고, 과거의 부양료를 청구할 수는 없다고 한다.[1]

(나) 긍 정 설   부양의 필요가 발생한 때부터 부양의무는 생겼다고 보는 것이 타당하고, 과거의 부양료도 이를 청구할 수 있는 것이 원칙이라고 한다(통설).[2] 피부양자의 부양을 위하여 부담한 채무는 현재에도 존속할 수 있기 때문이라고 설명한다.

(2) 판   례

종래의 판례는 부정설을 택하고 있었다.[3] 예컨대 생모가 혼자서 아이(생부가 인지한 혼인외의 자)를 양육한 후 생부에게 양육비구상청구를 한 사건에서 '이는 생모가 자신의 고유(固有)의 의무를 이행한 데'에 불과하다는 이유로 청구를 배척하였다.[4] 그러나 근래의 판례[5]는 과거의 부양료도 청구할 수 있다고 하면서 종래의 판례[6]를 모두 변경하였다(아래 참고판례 참조).

---

[1] 김안진, 친족상속법(조문사, 1950), 156면(과거의 부양료 중, 이행청구를 받았음에도 이행하지 않고 지체한 이후의 부양료부분만 청구할 수 있다)(종래의 통설), 이희배, 가족법학논집(동림사, 2001), 707면.
[2] 김주수, "과거의 부양료 상환청구," 판례월보 제303호, 9~15면; 최행식, "자의 양육 및 부양과 과거의 부양료," 가족법연구 제8권(1994), 405면 이하 등; 임정평, 285면; 박병호, 가족법(1992), 244면; 양수산, 536면; 최세모, "가사심판상의 부양청구권," 가정법원사건의 제문제(1983), 561면 이하; 이희배, 709면 등.
[3] 대판 1976. 6. 22, 75므17, 18.
[4] 대판 1991. 10. 8, 90므781.
[5] 대결 1994. 5. 13, 92스21(전원합의체); 1994. 6. 2, 93스11; 서울가판 2001. 7. 25, 2000드합6063, 6070(확정), 하판집 2001(Ⅱ), 365면.
[6] 변경된 판례 : 대판 1967. 1. 31, 66므40; 1967. 2. 21, 65므5; 1975. 6. 10, 74므21; 1976. 6. 22, 95므17, 18; 1977. 3. 22, 76므14; 1979. 5. 8, 79므3; 1985. 6. 11, 84다카1536; 1986. 3. 25, 86므17 등.

:: 참고판례

① 어떠한 사정으로 인하여 부모 중 어느 한쪽만이 자녀를 양육하게 된 경우에, 그와 같은 양육이 그 양육자의 일방적이고 이기적인 목적이나 동기에서 비롯한 것이라거나 자녀의 이익을 위하여 도움이 되지 아니하거나 그 양육비를 상대방에게 부담시키는 것이 오히려 형평에 어긋나게 되는 등 특별한 사정이 있는 경우를 제외하고는, 양육하는 일방은 상대방에 대하여 현재 및 장래의 양육비 중 적정금액의 분담을 청구할 수 있음은 물론이고, 부모의 자녀양육의무는 특별한 사정이 없는 한, 자녀의 출생과 동시에 발생하는 것이므로 과거의 양육비에 대하여도 상대방이 분담함이 상당하다고 인정되는 경우에는 그 비용의 상환을 청구할 수 있다[대결 1994. 5. 13, 92스21(전원합의체)].

② 성년에 달한 자녀의 부양에 관한 사항은 가사소송법 제 2 조 ①항 나(2) 8호의 규정에 의한 가사비송사건에 해당한다고 할 것이고, 과거의 부양료의 구상청구도 위 규정에 의한 가사비송사건으로서 청구할 수 있다(대결 1994. 6. 2, 93스11).

③ **부모 사이의 협정**: 미성숙자녀를 부양할 의무가 있는 부모가 이혼하면서 부모 중 일방을 자의 양육자로 지정하고 타방은 이에 대하여 자의 양육비를 지급하기로 협정하였다면, 이는 민법 제837조·제977조의 규정에 의하여 유효하다 할 것이고, 이러한 경우 협정의 범위 내에서는 과거의 양육비라도 청구할 수 있음은 물론이고, 친권자라도 양육권을 간섭하거나 변경할 수 없다(대판 1985. 2. 26, 84므86).

(3) 과거의 자녀부양료의 분담범위를 정하는 기준

부모 중 한쪽이 자녀를 양육하게 된 경위와 그에 소요된 비용의 액수, 그 상대방의 부양의무 인식여부와 그 시기, 부양료가 통상의 생활비인지 아니면 이례적이고 불가피하게 소요된 특별비용(치료비 등)인지 여부와 당사자들의 경제적 능력과 부담의 형평성 등 여러 가지 사정을 고려하여 정하여야 한다(아래 참고판례 참조).

:: 참고판례

① 한 쪽의 양육자가 양육비를 청구하기 이전의 과거의 양육비 모두를 상대방에게 부담시키게 되면 상대방은 예상하지 못하였던 양육비를 일시에 부담하게 되어 지나치고 가혹하며 신의성실의 원칙이나 형평의 원칙에 어긋날 수도 있으므로, 이

와 같은 경우에는 반드시 이행청구 이후의 양육비와 동일한 기준에서 정할 필요
는 없고, 부모 중 한 쪽이 자녀를 양육하게 된 경위와 그에 소요된 비용의 액수,
그 상대방이 부양의무를 인식한 것인지 여부와 그 시기, 그것이 양육에 소요된 통
상의 생활비인지 아니면 이례적이고 불가피하게 소요된 다액의 특별한 비용(치료
비 등)인지 여부와 당사자들의 재산상황이나 경제적 능력과 부담의 형평성 등 여
러 사정을 고려하여 적절하다고 인정되는 분담의 범위를 정할 수 있다[대결
1994. 5. 13, 92스21(전원합의체)].

② 민법 제974조, 제975조에 의하여 부양의무자가 여러 사람일 경우에 그중 부
양의무를 이행한 1인은 다른 부양의무자를 상대로, 이미 지출한 과거의 부양료에
대하여도 상대방이 분담함이 상당하다고 인정되는 범위에서 그 비용의 상환을 청
구할 수 있고, 이 경우 법원이 분담비율이나 분담액을 정함에 있어서는 과거의 양
육에 관하여 부모 쌍방이 기여한 정도, 자(子)의 연령 및 부모의 재산상황이나 자
력(資力) 등 기타 제반 사정을 참작하여 적절하다고 인정되는 분담의 범위를 정
할 수 있다(대결 1994. 6. 2, 93스11).

2. 부부 또는 기타 친족 상호 간의 과거부양료(이행청구 이후분)

(1) 부부간의 상호부양의무(제826조 ①항)는 부부의 일방에게 부양받을 필요가
생겼을 때 당연히 발생한다. 그러나 과거의 부양료에 관하여는 특별한 사정이 없
는 이상, 요부양자가 부양의무자에게 부양의무의 이행을 청구하였는데도 상대방이
그 의무를 이행하지 아니하여 이행지체에 빠진 후의 부양료부분만을 청구할 수 있
을 뿐이고, 상대방이 부양의무의 이행청구를 받기 이전의 과거의 부양료 지급은
청구할 수 없다. 이것이 부양의무의 성질이나 형평의 관념에 합치된다.[1]

(2) 부부 이외의 기타 친족간의 부양의무도 과거분에 대하여는 청구를 할 수
없다고 해석할 것이다.[2]

---

1 대판 1991. 10. 8, 90므781; 동 1991. 11. 26, 91므375, 382; 대결 2008. 6. 12, 2005스50.
2 송덕수, 270~71면(이들 사이의 과거부양료도 청구할 수 있다고 해야 한다).

Ⅱ. 체당(替當)부양료의 구상청구(과거분도 청구가능)

1. 제 3 자 등의 체당(替當)부양료청구

(1) 부양의무가 전혀 없는 사람(제 3 자) 또는 자신의 부양의무를 초과하여 부양한 사람은 법률상 의무 없이 부양의무자 대신 부양사무를 처리한 것이 되므로 사무관리(事務管理)가 성립되고(제739조),[1] 또 부양의무자는 그러한 제 3 자 등의 부양으로 인하여 출연을 면하고 이득을 얻었으므로 부당이득(不當利得)이 성립된다(제741조). 제 3 자 등은 구상청구를 할 수 있다.[2] 이 경우에는 이미 지출한 과거의 부양료도 청구할 수 있게 된다.

(2) 이러한 구상청구사건의 성질이 문제되는바, 가사심판사건(마류 가사비송사건)으로 보아야 할 것이다. 이를 별도의 민사소송사건으로 본다면 양육비를 둘러싼 분쟁을 일거에 통일적으로 해결할 수 없는 불편(장래의 분은 가정법원에서, 과거의 분은 민사법원에서 각각 처리)이 따를 것이기 때문이다.[3] 그러나 판례는 민사사건으로 보고 있다.[4]

2. 부양의무자 상호 간의 구상청구

부양의무자가 부양협의에 참여하지 아니하거나 조정·심판의 당사자로 지정되지 아니하였다면, 그는 현실적인 부양의무가 없다. 그러므로 이러한 자에 대하여는 부양의무의 이행자가 구상청구를 할 수 없다. 그러나 고의로 협의에 응하지 아니하였거나, 협정 또는 심판에서 정하여진 부담을 이행하지 아니한 자에 대하여는 구상청구를 할 수 있다. 양육권 없는 자가 임의로 자녀를 양육한 경우, 그는 상대방에 대하여 구상청구를 할 수 없다.[5]

---

1 여자가 혼인 후 아이를 출산하였지만, 사실은 남편 아닌 다른 남자(예컨대 전남편)와 사이의 아이인데, 남편에게 이를 숨기었고, 남편은 이를 자신의 아이로 알고 친생자로 출생신고하고 양육하였다. 남편이 여자를 상대로 아이의 양육비·교육비 등 손해와 위자료(속인 점)청구를 하였던바, 1991. 1. 1. 이후 민법개정으로 그 아이는 남편의 4촌 이내의 인척(친족 : 배우자의 혈족)이 되었고 게다가 동거하고 있으므로 부양의무도 있다. 따라서 그러한 양육비 등은 기망행위와 간에 인과관계가 있는 손해라고 볼 수 없다고 하면서 청구를 기각하고 위자료청구는 시효로 소멸되었다고 기각한 예가 있다(서울고판 2005. 5. 31, 2004나77713).

2 김·김, 598면; 양수산, 516면; 이경희, 254면; 이영규, 233면; 이은영 930면; 大村, 252면 등.

3 대결 1994. 5. 13, 92스21(전원합의체)의 보충의견; 1994. 6. 2, 93스11; 김·김, 598면.

4 대판 2012. 12. 27, 2011다96932(배우자 상호간의 부양의무에 대하여 제 3 자가 구상청구를 하는 경우, 제 3 자의 구상청구는 민사사건이다).

5 대결 2006. 4. 17,자 2005스18, 19; 그러나 후순위 의무자가 선순위자를 대신하여 부양한 경우, 그는 선순위 의무자를 상대로 구상청구를 할 수 있다(대판 2012. 12. 27, 2011다96932).

Ⅲ. 부양료청구권의 소멸

1. 시효소멸

부양료청구권은 단기소멸시효에 걸린다. 즉 부양권리자가 3년간 그 권리를 행사하지 아니하면 권리는 소멸된다(제163조 1호). 공동부양의무자(부부 등) 상호간의 체당(替當)부양료의 구상청구권이나 제 3 자가 의무 없이 부양을 하여 생긴 구상청구권은 10년의 시효에 걸린다고 해석할 것이다(제162조 ①항). 과거의 부양료청구권은 시효로 소멸되는가? 판례 중 이를 부정한 것[1]이 있으나 의문이다.[2]

2. 소송 중의 당사자의 사망

(1) 부양료지급청구사건의 심리 도중에 상대방이 사망한 경우는 상대방의 상속인들이 상대방 사망시점까지 발생한 부양료의 지급의무를 법정상속분에 따라 상속하고, 그 가사비송절차를 수계한다.[3] 소송 중 청구인이 사망한 경우도 동일하다. 그러나, 과거양육비 청구의 경우는 사정이 달라진다. 과거양육비채무는 당사자 간의 협의나 법원의 심판으로 확정되어야 구체적인 권리가 될 수 있다. 그런데 과거양육비청구 소송 중 상대방(의무자)이 사망한 경우는 그 사망과 동시에 소송이 종료되고 만다는 것이 판례다.[4]

(2) 부양청구권자나 부양의무자가 사망하면 그 시점 이후에는 부양료청구권이나 부양의무가 소멸함은 물론이다. 부양청구권 등은 일신전속적인 권리·의무이므로 상속의 대상이 될 수 없기 때문이다(제1005조 단서).

---

1 서울가판 2008. 5. 16, 2008르543(부양료나 양육비채권은 당사자의 협의나 법원의 심판에 의하여 구체적인 내용과 범위가 확정될 때, 즉 구체적 지급청구권으로 성립될 때까지는 그 권리를 행사할 수 있는 상태에 있다고 볼 수 없으므로 소멸시효가 진행되지 않는다); 대결 2011. 7. 29, 2008스67; 2011. 8. 25, 2008므1338.
2 강해룡, '양육비청구와 소멸시효', 법률신문 2012. 1. 12.자, 제3999호.
3 서울가심 2001. 11. 15, 2000느단6731.
4 서울가결 2018. 1. 22,자 2016브30088(확정); 1심인 서울가심 2016. 7. 28,자 2015느단3435에서는 상대방의 사망에 따라 그 상속인(사건본인도 포함)에게 과거양육비채무가 상속되었다고 판단(5천만 원)하였으나, 항고심(2심)에서는 추상적 지위인 상대방의 의무가 상속될 수 없다고 판단. 소송 종료선언을 하였다. 이 판례에 대한 평석은 박동섭, '가사소송의 종료사유와 종료선언', 판례연구 (서울지방변호사회, 2018), 32집(1), 347~71면.

상속법

제1장

서 론

제1절 상 속

I. 상속의 개시와 상속의 원인

1. 상속의 의의

(1) 자연인(自然人)의 사망과 법률관계의 포괄적 승계

1) 자연인이 사망한 경우 상속이 개시되는데(제997조), 자연인의 사망으로 인하여 그와 일정한 친족관계에 있는 자연인이 그의 생전 법률관계를 포괄적으로 승계하는 것을 상속이라고 한다. 이때 그 법률관계 가운데 재산상 법률관계가 중심적 지위를 차지함은 물론이다.

2) 예를 들면, 자연인 홍길동이 사망하면 그의 재산은 그의 아내와 자녀들에게 내려간다. 이 경우 홍길동을 '피상속인'[1], 그 처와 자녀들을 '상속인'이라고 부르고, 그가 남긴 재산을 '상속재산'이라고 부른다. 상속인은 대개 혈족(혈족)이므로, '재산은 피를 따라 내려간다.'고 말할 수 있다. 이에 따라 상속인이 갖는 권리를 상속권이라고 하는데, 이는 피상속인이 사망하기 전에는 잠재적 권리이고, 피상속인이 사망하여 상속이 개시되는 때에 구체적 권리로서 현실화된다.

---

[1] "피상속인"이라는 용어는 일반인이 이해하기 어려우므로, 앞으로 국회는 알기 쉬운 용어를 개발하여야 할 것이다. 예컨대, 고인(故人), 망인(亡人), 망자(亡者), 선대(先代) 등 여러 가지 용어를 고려할 수 있을 것이다.

3) 자연인이 법인 등에게 재산을 기부(=증여)하거나 유언(유증)으로 기부할 수는 있지만, 법인이 자연인을 상속하거나 법인을 자연인이 상속할 수는 없다.

4) 이와 같이 상속은 법률관계의 포괄적 승계라는 법률효과를 발생케 하는바, 따라서 이는 법률요건이고, 자연인의 사망 및 사망자와 일정한 자 사이의 혈연적 관계의 존재는 그 법률요건사실이다.

(2) 상속의 효과

1) 사람이 생전에 가지고 있던 모든 재산상의 권리·의무는 그의 사망과 동시에 그 상속인들에게 자동적·포괄적으로 승계된다(제1005조).[1] 예를 들면, 망인이 남긴 자동차는 아들에게, 시계는 딸에게 내려가는 식으로 어떤 물건이 개별적으로 승계되는 것이 아니고, 망인이 남긴 모든 재산상 권리와 의무(채무 등)는 무조건 뭉뚱그려 전체로서 모든 상속인들에게 일정비율(이것이 법정상속분)로 승계된다.

2) 예컨대 처가 없는 남자가 사망한 경우, 그의 자녀가 3명이면 그 3명이 모든 상속재산에 대하여 각자 1/3씩(지분) 상속한다는 말이다.

2. 상속의 절차

1) 상속인이 상속을 하기 위하여 관청에 신고하거나, 다른 사람에게 '내가 상속하려고 한다.'는 등의 의사표시를 할 필요는 전혀 없다. 사람의 사망 순간에 관념상·이론상 당연히 그 망인의 재산상의 일체의 권리·의무가 포괄적으로 상속인에게 승계되기 때문이다.

2) 상속의 효과 발생에는 소유권이전등기(제187조), 현실적인 점유이전(제193조),[2] 채무자에 대한 통지(제450조 ①항) 등도 필요하지 않다. 다만 상속세와 취득세의 신고와 납부는 상속개시일이 속하는 달의 말일부터 6개월(외국 거주자는 9개월) 안에 세무서에 신고하고 납부하여야 한다.[3]

---

1 일 최판 1975. 11. 7, 집 29-10, 1525면.
2 대판 1989. 4. 11, 88다카8217: 상속인이 미성년자인 경우에는 그 법정대리인을 통하여 점유권을 승계 받아 점유를 계속할 수 있는 것이며 점유의 계속은 추정된다.
3 「상속세 및 증여세법」(법률 제15522호, 2018. 9. 21. 시행) 제67조 ①항. 예컨대, 홍길동이 3. 3. 사망, 그러면 3. 31.부터 6개월 이내인 9월 말일까지 그 상속인들이 상속세를 신고납부하면, 신고·납부 불성실 가산세(20%)를 면할 수 있다.

3. 상속법의 지위와 기능

1) 상속법은 상속에 관한 법률요건과 법률효과를 규정한 법이다. 그러나 이러한 명칭을 갖는 실정법이 있는 것은 아니고, 민법을 비롯한 여러 법령에 산재하고 있다. 상속법 역시 이에 관련한 실체법과 그 절차를 규율하는 절차법으로 나눌 수 있다. 후자는 가사소송법이 중심을 이룬다.

2) 일반적으로 친족법과 상속법을 가족법이라고 부르고 있다. 그러나 상속은 재산 취득의 한 가지 형태이므로 상속법을 재산법의 일부라고 주장하는 학설도 있다. 상속법은 사망한 사람이 남긴 재산을 둘러싼 법률관계(권리·의무)를 확정함으로써 이에 관한 법질서를 형성·규율하고 분쟁을 미리 방지하며, 거래의 안전에 기여한다.

Ⅱ. 상속과 유사개념의 구별

1. 유증(遺贈)

1) 유증은 재산을 가진 사람이 그 생전에 유언이라는 의사표시로 자신의 전체 재산 또는 특정 재산을 남에게 증여하는 단독적 법률행위이다. 유증을 받은 사람(수유자)은 유증자의 사망으로 그 권리를 취득한다.

2) 상속은 재산의 무상이전이라는 점에서 그 효과가 유증과 같으나, 피상속인의 의사표시가 아니라 그의 사망이라는 하나의 자연적 사실(사건)에서 그러한 법률효과가 발생한다는 점에서 유증과 다르다.

2. 사인증여(死因贈與)

1) 사인증여는 "내가 죽으면 이 재산을 홍길동에게 준다."는 내용의 무상계약(無償契約)이다. 사인증여 역시 증여계약이지만, 증여자의 사망 시에 그 목적하는 효력(재산권의 이전)이 발생한다는 점에서 통상의 증여와 다르다.

2) 이 사인증여는 재산권 이전의 효과가 증여자의 사망 시에 발생하고 무상이라는 점에서 상속과 비슷하나, 상속은 재산권자의 사망이라는 사실에 의하여, 사인증여는 증여자와 수증자 사이의 계약에 의하여 법률효과가 발생한다는 점에서 구

별된다.

3) 사인증여는 이와 같이 법률행위에 의하여, 그리고 재산권 이전의 효과가 증여자의 사망 시에 발생한다는 점에서 유증과 비슷하므로, 이에는 민법 상속편 중 유증에 관한 규정이 준용된다(제562조).

:: 참고판례: 요건흠결의 유언은 사인증여로 인정될 수 있는가?

• 사인증여가 될 수 없다고 부정한 판례: 연세대학교에 200억 원을 기증하겠다는 유언서를 작성하여 도장을 찍지 아니한 채 은행의 비밀금고에 넣어두었다면 자필유언증서에 도장을 찍지 아니하여 유언으로서 무효이고, 수유자의 승낙을 받지도 못하였으므로 사인증여계약도 성립하지 않는다(대판 2006. 9. 8, 2006다25103).

• 사인증여가 될 수 있다고 긍정한 판례: 아버지가 형식에 맞지 않는 유언서(제목; 유증서)를 만들어서 자녀들 중 1명에게 건네주었다면 유언으로서는 무효이지만, 그 서류를 받은 자녀가 이에 동의한 이상 사인증여계약이 유효하게 성립한다(제주지판 2008. 4. 23, 2007가단22957, 27419).[1]

Ⅲ. 상속제도의 존재이유(사유재산제도와 상속)

1) 상속은 사유재산제도(私有財産制度)의 반영이고, 사유재산제도 그 자체와 근거를 같이한다. 만약 사유재산제도를 부정한다면 특정인이 사망한 후 남긴 재산 역시 특정인에게 귀속할 수 없게 되기 때문이다.

2) 초기자연법학파는, 사람의 권리주체로서의 자격은 사망과 동시에 소멸하여 그가 가진 권리 역시 소멸하므로, 그것이 특정인에게 승계된다는 상속이란 개념은 성립할 수 없다고 주장하였다.

3) 사유재산제도를 완전히 부정하는 사회주의자들은 상속제도 그 자체를 부정하였다. 이들은 "상속은 인간을 출발선상에서부터 불평등하게 만들어 사회계층 간의 위화감을 조성하고 사회정의에 어긋난다. 개인의 활동능력에 따른 소유(=富·재산)의 불평등은 참을 수 있을지라도, 누구를 조상으로 두었느냐에 따른 소유(=富·재산)의 불평등은 참을 수 없다"(프랑스의 공상적 사회주의자 S. Simon, 1760~1825)

---

1 대판 1972. 6. 27, 72다535, 536; 1997. 12. 12, 97다40100 등.

고 주장한다.

4) 그러나 사유재산제도가 완전히 폐지될 수 없는 것과 같이 상속제도 역시 폐지될 수 없다. 1918년 상속제도를 폐지하였던 구소련이 1922년 이후 상속제도를 부활시켜 오늘에 이르고 있는 현실이 이를 단적으로 증명하고 있다. 공산주의 국가들도 일정한 범위의 상속은 인정하고 있다.[1]

Ⅳ. 상속제도의 근거에 관한 학설

상속의 근거에 관하여 아래와 같은 여러 가지 학설이 주장되어 왔다.

(1) 의사설(意思說)

피상속인의 의사(意思), 즉 "자식들에게 재산을 물려주고 싶다"는 망인의 뜻에 상속의 근거가 있다. 망인의 유언이 있으면 그 유언에 따르고, 유언이 없으면[2] 법률이 그 망인의 의사를 추정하여 규정한 법정상속인에게 재산의 승계가 이루어진다.[3]

(2) 가족공유설(家族共有說)

상속재산은 실제로 가족들의 협동노력으로 축적된 가족단체의 공유재산(즉 공유가산)이다. 따라서 상속은 그 구성원 중 1인의 사망에 따른 공유자의 지위승계이다.

(3) 지분청산설(持分淸算說)

가족구성원들은 공동생활을 하면서 서로 부양하고 재산의 형성에 기여하고 있다. 그러므로 가족은 재산에 대하여 각자 실질적·잠재적 지분을 가지고 있다. 가족원의 사망을 계기로 이 지분을 청산하는 것이 바로 상속이다.[4]

(4) 사후부양설(死後扶養說 = 생활보장설)

부양의무자는 생전(生前)에는 물론 사후(死後)에도 그 부양의무를 부담하므로

---

1 중국상속법(1985) 제 1 조, 북한상속법(2002. 3. 13. 최고인민회의 상임위원회 정령 2882호, 총 4장 57조로 구성. 자세한 것은 이은정, "북한가족법의 이해" 한국가정법률상담소 발행 가정상담 2019년도 2월호, 8면 이하 참조).
2 미국의 경우 4명 중 3명은 유언 없이 사망하고 있다(intestate)고 한다(Theodore E. Hughes & David Klein, A Family Guide to Wills, Funerals and Probate, 2nd ed., 2001, 7면).
3 라드브르흐(Radbruch)는 "유언의 자유는 죽음을 넘어서 연장되는 소유권의 자유이다"라고 말하여 의사설을 대표하고 있다; 我妻 외 2, 民法(3)(勁草書房, 2004), 239면; 이 설은 유류분권을 인정하는 현행민법과 조화되기 어렵다(김·김, 467면).
4 김주수·김상용, 603면(지분청산설과 생활보장설을 합한 것이 상속의 근거).

그가 남긴 재산으로 그 의무를 이행한다. 이러한 부양의무 또는 부양청구권이 변환된 것이 상속이다. 요컨대 유족의 부양과 생활보장에 상속의 근거가 있다.[1]

(5) 공익설(公益說)

1) 개인이 사망하였다고 하여 그를 둘러싼 종전의 모든 법률관계가 일시에 중단·소멸되면 거래의 안전을 해치게 된다. 이와 같은 거래의 안전을 보장하기 위하여 상속이 존재한다. 또는 무주(無主)의 재산을 방치하는 데에 따른 혼란과 사회적 낭비를 방지하기 위하여 그 귀속을 법률로써 결정하는 것이 바로 상속이다.

2) 실정법이 상속을 인정하고 있으므로 상속제도가 존재한다고 보는 견해(법정상속설)도 이에 속한다고 할 수 있다. 그러나 이는 그 인정 근거가 무엇인지에 대한 법철학적 답변을 결하고 있다.

(6) 유전설(遺傳說)

상속은 혈연의 대가이다. 사람의 유전인자가 후손에게 승계되는 것과 같이 사람의 재산도 그 후손에게 승계된다. 생물학적인 혈연관계의 승계에 따라 재산도 승계되어야 한다는 설이다. 그러나 이는 배우자 등 인척의 상속을 설명할 수 없다.

(7) 사견(私見)

1) 위 학설들은 어느 것이나 상속의 근거, 기능이나 효과 등 상속의 일면을 설명하고 있으나 완전한 설명에는 부족하다. 따라서 어느 하나의 학설보다는 이들을 복합적으로 고려할 필요가 있다(복합설이 통설).

2) 우리 법제도가 상속을 인정하는 것은, 사유재산제도를 헌법적 가치로서 보호하고 있을 뿐 아니라, 재산과 지위를 후손에게 물려주려는 것은 인간의 자연적 본능으로서 이를 보장하는 것이 사회질서 유지와 공공의 복리에 가장 부합하기 때문이라고 할 수 있다. 만약 상속을 부정한다면, 사람들은 열심히 일해서 재산을 축적하려고 하지 않을 것이고, 사망에 임박해서는 그 재산을 무가치한 소비에 탕진하여 사회에 해를 끼치게 될 것이며, 이를 둘러싸고 각종 범죄도 만연하게 될 것이다. 따라서 상속을 인정하는 것이 부정하는 것보다 여러 면에서 이익이다. 때와 장소를 불문하고 인류사회에서 상속이 인정되고 있는 것은 이를 반영한 것이라고 할 수 있다. 사견으로는 이것이 상속제도를 인정하는 법철학적 근거라고 생각된다.

---

1 박병호, 296면.

V. 상속제도의 문제점

1) 사유재산제도에 기초한 상속제도로 인하여 소유의 집중·편재가 생기고, 이에 따른 빈부 격차로 인해 사회적 불평등과 가족(상속인) 간의 반목과 갈등이 발생할 수밖에 없다. 또한, 상속인을 강하게 보호하면 지적재산권과 같은 사회공공재의 자유롭고 폭넓은 이용을 저해하여 사회공동체 전체의 이익을 해할 수도 있다. 이는 상속제도의 부정적 측면이라고 하지 않을 수 없다.

2) 따라서 어떤 형태로든 이를 완화하고 시정하려는 노력이 필요하다. 상속세에 누진세율 제도를 도입하거나 그 세율 구간을 세분화하며,[1] 상속인 간의 형평 조절, 특정 재산권의 공익적 성격을 고려한 보장완화 등은 그 대안이라고 할 수 있을 것이다. 우리 법제 역시 이러한 점에 주목하여 계속적으로 변화해왔음은 주지의 사실이다.

제 2 절 상속의 형태와 현행 상속법의 특징

I. 상속의 형태

1. 신분상속(호주상속·제사상속)·재산상속(상속의 객체)

1) 상속의 대상, 상속의 객체에 따라, 즉 무엇이 상속되느냐에 따라 나누어진 개념이다. 호주 등 신분이 상속되는 경우는 신분상속이고, 재산이 상속되는 경우는 재산상속이다.

2) 어느 시대 어느 사회를 불문하고 상속은 인정되었는데, 그 내용은 모두 다르다. 이는 시대 사정과 그 사회의 문화를 반영하는 것이기 때문이다. 상속에서 문

---

1 상속세및증여세법 제26조(이른바 초과누진세 제도 채택); 과세표준이 1억 원 이하이면 10%, 1억 원 초과 5억 원 이하: 1천만 원+1억 원 초과금액의 20%, 5억 원 초과 10억 원 이하: 9천만 원+5억 원 초과금액의 30%, 10억 원 초과 30억 원 이하: 2억4천만 원+10억 원 초과금액의 40%, 30억 원 초과의 경우: 10억 4천만 원+30억 원 초과금액의 50%의 세율이 적용된다; 배우자 상속공제(30억 원)를 인정받으려면 일정한 기한까지 상속재산을 분할, 등기하여 신고할 것을 요건으로 하고 있는 구상속세 및 증여세법(법률 제6780호로 개정, 2010. 1. 1. 법률 제9916호로 개정되기 전의 것) 제19조 ②항은 헌법에 불합치한다(헌재결 2012. 5. 31, 2009헌바190). 이 결정이 나오기 전에 동 세법이 개정되었다.

제가 되는 사항은, 신분의 상속을 인정할 것인지 여부, 가(家)를 대표하는 지위의 상속을 인정할 것인지 여부, 재산상속의 경우 장자 단독상속을 인정할 것인지 아니면 가족 간 분할상속을 인정할 것인지 여부이다. 신분의 상속은 근대 시민사회에서는 아직 군주제를 유지하고 있는 극히 일부 국가를 제외하고는 왕족이라든지 귀족의 신분 자체를 인정하지 않으며, 그러한 신분을 유지하는 경우에도 이를 과거와 달리 명예나 상징적 지위를 인정하는 데에 그치고 있으므로 이제는 크게 문제되지 않는다. 과거에는 여러 문화권에서 공통적으로 죽은 자의 영혼을 위로하고 내세에서의 평안을 기원하는 한편 남은 자손의 기복(祈福) 및 가계(家系)의 계승·유지를 중시하여 선조(先祖)에 대한 제사 주재권 및 가(家)를 대표하는 지위의 상속을 인정하였고, 재산상속의 경우에도 선조 제사와 가(家)의 계승·유지를 위하여 장자 단독상속을 인정하고 거기에 제사 주재권과 제사 주재를 위한 재산의 상속권까지 부여하는 경우가 많았다.

제사상속과 신분상속이 배제·폐지되고 가족 간에 평등한 재산의 분할상속이 인정된 것은 어느 사회에서나 비교적 최근의 일로서, 이는 사회의 근대화, 합리화, 개인주의의 발전을 반영하는 것이다. 이런 점에서 볼 때 상속제도는 제사상속→신분상속→재산상속의 3단계로 진화해 왔다고 할 수 있다.

3) 과거 우리나라의 전통시대에는 신분상속의 일종으로 제사(祭祀)상속도 인정되었다.[1] 이는 가계(家系)의 승계와 밀접하게 연결되어 있었다. 가계를 계승하는 것은 그 가(家)의 영속성을 유지하기 위한 수단으로서도 매우 중요하다. 가계를 계승하는 것을 입사(立嗣) 또는 승중(承重)이라고 한다. 가계를 계승하는 자는 왕가(王家)나 공가(公家)와 같은 경우 왕위나 귀족의 지위도 이어받는 것이 보통이나, 일반인의 경우에는 제사를 이어받고 제사를 지내는 데 필요한 제구(祭具)와 묘위답(墓位畓)을 물려받는 데에 그쳤다.

현행 우리 민법은 분묘에 속한 1정보(약 9,917㎡ = 3,000평) 이내의 금양임야(禁養林野)[2]와 600평 이내의 묘토(墓土 = 묘위답, 위토)인 농지,[3] 족보와 제구의 소유권은 제사를 주재(主宰)하는 자가 이를 승계한다고 규정하면서도(제1008조의 3), 누가 제사를 주재할 것인지에 대해서는 규정하지 않고 있다.[4] 여기서 말하는 제사

---

1 그러나 일제 강점기에 들어와 조고판 1933. 3. 3.은 제사상속을 '도의상의 지위의 승계'라고 판시하여 이를 법률상의 제도가 아니라고 보았다.

2 금양(禁養)이란 수목의 벌채나 토석의 채취를 금하고 묘소 주변의 수목을 키운다는 뜻이다.

3 묘위답은 당해 농지의 수확물로써 특정한 묘소의 관리비와 제사비용을 충당하는 논밭을 말한다.

주재자는 제사를 상속하는 자가 아니다. 따라서 현행법상 제사의 상속은 존재하지
않으며, 이는 실정법 밖에 존재한다.

제사 주재자에 관하여 판례는, 우선적으로 망인의 공동상속인들 사이의 협의
에 의해 정하되, 협의가 이루어지지 않는 경우에는 제사 주재자의 지위를 유지할
수 없는 특별한 사정이 있지 않은 한 망인의 장남(장남이 이미 사망한 경우에는 장남
의 아들, 즉 장손자)이 제사 주재자가 되고, 공동상속인들 중 아들이 없는 경우에는
망인의 장녀가 제사 주재자가 된다고 한다.[1]

4) 일제강점기 이전의 우리 역사에서 왕위계승법이나 귀족령 등을 만들었다는
흔적은 보이지 않지만,[2] 경국대전 등 국가 기본법전에 이들을 특별 대우하는 규정
이 산발적으로 존재하였으며, 불문법적 관습이나 사회제도로서 광범위하게 그것이
용인되었다. 이에 따라 신분은 그가 종사하는 직무인 직역(職役)과 밀접하게 연결
되었다. 천민은 아니지만 승려나 서얼(庶孼), 재가녀(再嫁女)의 자손 등도 다분히
신분적인 요소에 의한 제한과 사회적 차별을 받았음은 물론이다.

조선의 경우 경국대전이나 그 뒤를 이은 국가 기본법전상 양민(良民), 즉 평민
과 천민의 두 신분만 존재하였고, 양반과 일반 평민 사이에 공식적으로는 아무런
법적 구별이나 차별이 없었다. 그러나 양자 간의 구별과 차별이 사회 관습이나 왕
명 등 개별 법령에 의하여 인정되고 조장되었다. 그리하여 양민(양인)계급은 사대
부층의 양반과 일반 평민, 그 중간층인 중인(中人)의 세 층으로 분화되었다. 그리고
양반계급에게는 뚜렷한 법적 근거도 없이 군역(軍役)이 면제되었고, 이들이 가벼운
범죄를 범한 경우 속전(贖錢)이나 대벌(代罰)이 허용되었다. 그리고 양반계급에 대
한 일반인의 범죄행위에는 형이 가중되었다.

---

4 1990. 1. 13. 개정 전 민법 제996조는 분묘에 속한 1정보 이내의 금양임야와 600평 이내의 묘토인
  농지, 족보와 제구의 소유권은 호주상속인이 이를 승계한다고 규정하였는데, 1990. 1. 13. 민법 개
  정을 통해 호주상속제도를 호주승계제도로 개편하면서 분묘 등의 승계를 현재와 같이 개정하였다.
  그런데 2008. 1. 1.부터 개정 민법에 의해 호주승계제도마저 폐지되었으므로 분묘 등의 승계와 호
  주 지위와는 완전 무관계한 것이 되었다.
1 대판 2008. 11. 20, 2007다27670 전원합의체 판결.
2 일제는 자기네들의 황실전범(皇室典範)과 왕공가궤범(王公家軌範)에 준하여 종래의 조선 왕실 인
  사들을 처우하기 위한 목적으로 '이왕가궤범(李王家軌範)'을 제정하였다. 여기에는 왕위와 공작위
  (公爵位)의 승계 등에 관한 사항을 담고 있다. 그러나 일본의 황실전범 등은 메이지시대 이후에야
  영국 등 서양 각국의 것을 모방하여 제정된 것이다. 전근대사회에서 관리를 품계에 따라 차별하는
  일은 당연하였으나 관리라고 해서 당연히 귀족인 것은 아니다. 다만 관료층은 어느 사회에서나 지
  배적 신분이었다. 귀족의 지위는 세습되는 반면, 관료는 고위 관료라고 해도 그 지위가 세습되지
  는 않는다.

5) 현재 우리나라 법제에서는 귀족제도나 기타 사회적 계급으로서의 신분은 일절 인정되지 않는다. 즉 모든 국민은 법 앞에 평등하고, 누구든지 성별·종교 또는 사회적 신분에 의하여 정치적·경제적·사회적·문화적 생활의 모든 영역에서 차별을 받지 아니하며, 사회적 특수계급은 인정되지 않는다. 또, 어떠한 형태로도 이를 창설할 수 없으며, 훈장 등의 영전은 이를 받은 자에게만 효력이 있고 여기에 어떠한 특권도 따르지 않는다고 헌법이 명시하고 있다(헌법 제11조). 따라서 신분의 상속이란 있을 수 없다.

6) 한편, 호주승계는 실질적인 의미에서 신분상속으로 볼 수 있으나, 2008. 1. 1. 이후 호주제도가 폐지되고 호주승계도 없어졌다. 따라서 현행법상 호주상속이나 호주승계는 존재하지 않는다.

2. 생전상속·사망상속(상속시기)

자연인이 생존 중인데도 상속이 일어나는 경우가 생전상속이다. 개정 전의 민법은 국적상실·입양무효·입양취소 등의 경우 생전호주승계[1]를 규정하고 있었다. 이제는 호주제도가 폐지되었으므로 현행법상 상속에는 사람의 사망으로 인하여 일어나는 사망상속이 있을 뿐이다.

3. 법정상속 · 유언상속(상속인 등을 정하는 방법)

1) 상속인의 범위, 순위 등을 법률로 정하는 것이 법정상속이고, 이를 유언으로 정하는 것이 유언상속이다. 현행 상속법은 유언제도와 유언상속(포괄유증)을 인정하고 있다. 즉 피상속인이 포괄유증을 한 경우 그 수유자는 상속인과 동일한 권리를 취득한다. 포괄유증이 있는 때에는 상속인이 있더라도 수유자가 우선한다. 따라서 유언이 없는 경우에는 법정상속에 의하여 처리할 수밖에 없으나, 유언이 있는 경우에는 유언이 우선하는 유언상속우선(遺言相續優先)의 원칙이 적용된다. 따라서 민법은 무유언상속에 대비하여 상속인의 범위 등을 정하고 있는 것이다.

2) 학자들 중에는 '상속인을 유언으로 지정하는 제도'가 없고 포괄유증 역시 증여에 불과하므로 우리 민법상 상속에는 오로지 법정상속이 있을 뿐이라는 학설

---

1 구민법상 호주상속인이 생전상속을 하는 경우는 호주상속과 동시에 분묘·족보·제구, 그 부속재산만을 승계하였다(구민 제995조·제996조).

도 있고,[1] 유언으로 재산상 권리·의무의 승계를 정할 수 있으니 유언상속도 인정되고 있다는 학설도 있다.[2] 그러나 어느 학설을 취하든 결과에는 아무런 차이가 없다.

3) 피상속인이 유언으로 상속인을 지정하는 '유언상속'은 현행법상 인정되지 않는다. 다만, 그는 유언집행자를 지정하거나 유언으로 상속재산의 분할 방법을 정하거나 일정 기간 분할을 금지할 수도 있는 등 상속에 어느 정도 관여할 수 있다.

4. 단독상속·공동상속, 본위상속·대습상속(상속인의 숫자 등)

1) 상속인의 숫자에 따라 상속인 1명이 모든 재산을 단독으로 승계하면 단독상속이고, 상속인 2명 이상이 공동승계하면 공동상속이다. 민법은 과거 호주승계의 경우 단독상속을 인정(지금은 폐지)하였으나, 재산상속의 경우에는 공동상속(이 경우도 상속인이 1명밖에 없는 경우는 단독상속)을 채택하고 있다.

2) 사람이 나이 순서에 따라 사망하여 보통 그 자녀들이 상속하면 본위상속·본래상속이고, 거꾸로 나이 어린 사람이 먼저 사망하고 연장자가 나중에 사망하여 1세대 아래 세대에 속하는 사람이 대신 상속하는 것이 대습상속이다(예; 할아버지의 재산을 그 전에 이미 사망한 아버지 대신 손자가 상속). 민법은 제1순위 상속인과 제3순위 상속인에 대해서 대습상속을 인정하고 있다.

5. 강제상속·임의상속(상속포기의 자유 존부)

1) 상속포기(相續抛棄)의 자유가 있느냐 여부에 따라 구분되는 개념이다. 과거 호주상속의 경우 상속포기를 할 수 없도록 하여 강제상속제도를 채택하였으나 현재는 호주제도 폐지와 함께 없어졌다.

2) 그러므로 현행법상 강제상속은 없고 임의상속뿐이며, 상속인은 본인의 의사에 의해 재산상속을 포기할 수 있다.

6. 균분(평등)상속·불균분(불평등)상속(상속비율의 평등 여부)

공동상속인들 사이의 재산상속비율이 평등한 것이 균분상속이고, 그렇지 아니

---

1 곽윤직, 개정판 상속법(박영사, 2004), 14면; 윤진수, 271면.
2 김·김, 친족상속법 제9판, 469면.

한 것이 불균분상속이다. 우리 민법은 공동상속인 간에 균분상속의 원칙을 채택하면서도 피상속인의 배우자에게는 상속분을 우대하는 예외를 인정하고 있다.

7. 혈족상속·배우자상속(혈족 여부)

상속인이 사망자의 혈족이냐 아니냐에 따라 혈족상속인과 배우자(혈족 아닌) 상속인으로 나누어진다. 민법은 직계비속·직계존속·형제자매·4촌 이내의 방계혈족을 혈족상속인으로 규정하고 있고, '혈족이 아닌' 상속인으로 배우자(처 또는 남편) 상속인을 인정하고 있다.

Ⅱ. 현행 상속법의 특징

현행상속법은 1990. 1. 13. 개정(법률 제4199호)되어 1991. 1. 1.부터 시행되어 왔다. 그 특색은 균등상속주의·호주상속제도 폐지·남녀차별 철폐 등이다.

1. 적서(嫡庶)의 차별 철폐

혼인중 출생자와 혼인외의 출생자의 상속분 차등은 없다. 즉 혼인외의 출생자도 인지(認知)를 받으면 혼인중 출생자와 동일한 순위의 상속인이 되어 꼭 같은 비율로 재산을 상속한다.[1] 이러한 제도에 대하여 이는 첩(妾)제도·일부다처(一夫多妻)제도를 조장한다는 비난을 할 수 있다. 그러나 태어난 아이에게는 아무런 죄가 없으므로 인도적 견지에서 볼 때 현행법은 타당하다.

2. 남녀의 차별 철폐(여자상속권의 확립, 균분상속)

1977년의 민법 개정 이전에는 남녀 간에 차이가 있어 여자(망인의 배우자도 포함)는 남자의 상속분의 1/2을 상속하였다. 민법 개정으로 1979. 1. 1.부터 남녀 간의 차별은 없어지고, 나아가 처는 50%를 더 받게 되었다.

---

1 일본 민법 제900조 4호 단서(비적출자의 상속분은 적출자의 그것의 1/2이다). 이와 같은 차별규정에 대하여, 일본최고재판소는 합헌이라는 결정을 하고 있었다[최대결 평성 7(1995). 7. 5. 민집 제49권 7호, 1789면]. 2003. 9. 4. 최고재판소 대법정 결정은 드디어 위 조항을 위헌으로 판결. 동년 12월 민법개정으로 위 단서규정(상속분차별)이 폐지되었다(한국가족법학회 2014년 동계학술대회,「고령사회 가족관계의 변화와 가족법의 대응」"日本にぉける超高齡化に對する對応", 床谷文雄, 오사카대학 교수, 102면, 박인환 교수 번역 동 111면.

3. 가족등록부의 이동(異同)(출가외인의 상속분)에 따른 차별 철폐

1) 과거 상속인이 피상속인과 동일한 호적이나 가족등록부에 등재되어 있느냐 없느냐, 즉 출가녀(出嫁女)냐 아니냐에 따라 상속분에 차이가 있었다. 이에 따라 시집 간 딸은 친정의 오빠나 남동생 상속분의 1/4을 상속하였다. 이것이 이른바 출가외 인(出嫁外人)의 전통이고, 이는 부계가산(父系家産)의 보호와 유지를 위한 조치였다.

2) 그러나 민법 개정으로 1991. 1. 1.부터는 출가녀도 아들과 꼭 같이 동등하게 상속하게 되었다(제1009조). 한때 입부혼인제도도 도입하여 여자가 친가의 호주가 될 수 있게 하여 친가의 계속성을 유지할 수 있도록 하기도 하였으나 지금은 폐지 되었다.[1]

4. 호주상속인 여부에 따른 차별 폐지

민법의 개정에 따라 호주상속인에게 50%를 더 얹어주던 상속분 가산(加算)제도 도 1991년부터 호주제도 폐지와 동시에 폐지되었다. 그러므로 장남이 사실상 가계 를 계승하더라도 그의 상속분은 남동생이나 시집간 누이동생의 상속분과 동일하다.

:: 참고판례

구민법 시대(1959. 12. 31.까지)에는 호주가 사망하면 호주의 유산(遺産)을 호주 상속인이 모두 단독 상속하는 것이 당시의 관습이었다[대판 1990. 10. 30, 90다 카23301]. 차남 이하 동생들의 분재청구권은 '혼인하여 분가하여야' 행사할 수 있었다.

5. 남편과 아내의 차별 폐지

과거 배우자의 상속분도 상속인이 남편이냐 아내냐에 따라 차이가 있었다. 1990년의 개정 전에는 처만 50% 가산하여 받아 남편보다 유리하게 우대를 받아왔 으나, 1990년의 개정으로 남편도 처의 재산을 상속하는 경우 다른 상속인보다 50%를 더 받게 되었다. 구체적인 것은 뒤의 상속분에서 설명한다.

---

1 1977~1997년 사이 21년간 합계 516건의 입부혼인이 성립됨(이희배, 가족법학논집, 2001, 371면; 박병호, 가족법논집, 1996, 253면; 1978~1998 사법연감); 입부혼인은 2008. 1. 1.부터 폐지됨.

6. 상속인의 범위 축소

구민법은 망인의 직계비속·배우자·직계존속·형제자매·8촌 이내의 방계혈족 등을 모두 상속인으로 규정하고 있었다(동일호적 여부 불문). 그러나 현행 민법은 종전의 상속인들 중 8촌 이내를 4촌 이내로 제한하여 혈족상속인의 범위를 축소하였다.

7. 기여분 제도 신설

공동상속인들 중 일부의 사람이 망인과 상당기간 동거·간호 그 밖의 방법으로 망인을 특별히 부양하거나 피상속인의 재산의 유지 또는 증가에 특별히 기여한 경우, 그에게 기여한 만큼 재산을 가산하여 인정하여 주는 기여분 제도가 신설되었다(제1008조의 2).

8. 특별연고자에 대한 재산분여제도 신설

상속인이 없는 경우 망인(피상속인)과 생계를 같이하거나 망인을 요양·간호한 사람, 기타 망인과 특별한 연고가 있는 사람에게 상속재산의 전부나 일부를 나누어 줄 수 있는 재산분여제도가 신설되었다(제1057조의 2). 사실혼부부가 오래 동거생활을 하다가 일방이 사망한 경우 또는 양부모를 모셔온 사실상의 양자 등이 특별연고자에 해당될 것이다.

9. 유류분 제도 신설

1) 피상속인이 상속재산을 '상속인 아닌' 어떤 사람 또는 특정상속인에게 모두 증여한다고 유언한 경우, 나머지 상속인들은 상당한 기대를 하고 있었을 터인데도 한 푼도 받지 못하게 된다. 이 경우, 유언자의 유언은 그 상속인들에게 너무 가혹하므로, 상속인들은 최소한 어느 정도의 재산을 반환하여 달라고 청구할 수 있는 제도가 1977년에 신설되었다(제1112~1118조). 이것이 '유류분 제도'이다.

2) 이는 피상속인에게 유언과 유증의 자유를 인정하면서도 상속인 보호를 위하여 일정 부분 제한하는 것이다.

10. 특별한정승인제도 신설

1) 헌법재판소의 결정(96헌가22 등)과 민법 일부개정(법률 제6591호, 제7765호)에 따라 상속인 구제를 위하여 특별한정승인제도가 신설되었다.

2) 즉 상속인은 민법 제1019조 ①항의 기간 이내에 상속을 승인, 포기할 수 있는데, 상속인이 상속채무가 상속재산(적극재산)을 초과하는 사실을 중대한 과실 없이 ①항의 기간 내에 알지 못하고 단순승인을 한 경우(제1026조 1호 및 2호의 규정에 의하여 단순승인한 것으로 보는 경우를 포함한다)에는 그 사실을 안 날부터 3월 내에 특별히 한정승인을 할 수 있다. 이것이 곧 특별한정승인제도이다.

제 3 절 우리나라 상속법의 약사(略史)와 그 변천

I. 우리나라 상속법의 약사

1. 조선시대 이전

1) 조선시대에 이르기까지 전근대사회에서는 죽은 조상을 제사지내는 것, 즉 봉사(奉祀)가 매우 중요한 의미를 가졌다.[1] 이는 유교문화권에서 특히 현저하다. 죽은 조상을 잘 제사지내야만 죽은 조상의 혼백이 이승을 떠나 저승으로 가서 편안히 쉴 수 있고, 그래야만 후손이 선대의 불만이나 저주를 피하고 복을 받을 수 있다는 독특한 문화가 지배하였기 때문이다.[2]

2) 죽은 영혼에 대한 제사를 누가 지낼 것인지는 가문의 정통성에 관련되고,

---

1 죽은 조상에 대한 제사는 여러 가지가 있지만 가장 일반적인 것은 돌아가신 날 집안에서 지내는 기제사(忌祭祀)와 1년 중 계절이 좋을 때나 명절 때 묘 앞에서 지내는 묘제(墓祭) 또는 시제(時祭)이다. 집안에 사당(祠堂)이나 제각(祭閣), 즉 가묘(家廟)를 설치하고 지내는 제사나 왕실에서 종묘(宗廟)를 세워 지내는 제사도 본질은 기제사에 속한다. 죽은 날이 아닌 명절에 집안에서 지내는 제사는 차례(茶禮)라고 한다.

2 중국과 한국의 전통적인 사상에서는 사람은 혼(魂＝얼)과 백(魄＝넋)을 가지고 태어난다고 생각했다. 혼은 하늘의 기운을 받은 것이고 백은 땅의 기운이 사람 몸에 스민 것으로 보았는데, 사람이 죽으면 혼은 하늘로 올라가고 백은 시신과 함께 땅 속으로 들어갔다가 시신이 썩어 흙으로 변하면 흩어진다고 생각하였다. 혼비백산(魂飛魄散)은 이를 나타내는 말이다. 제사는 하늘에 있는 혼을 불러 위로하는 것이고 성묘는 무덤에 있는 백을 불러 위로하는 것이다.

또 그에 필요한 재산을 물려받는다는 점에서 중요한 의미를 갖는다. 즉 이는 가계(家系)의 계승에 관련된다. 통상적으로 제사를 지내는 사람은 그 가문을 대표하고 정통성을 물려받은 사람으로 평가된다. 유교문화권에서 하늘에 대한 제사는 황제만이 할 수 있다는 전통도 이를 반영한다. 이런 이유로 전통시대에는 가계의 계승과 제사의 상속이 밀접하게 연결되었는데, 가계를 계승하는 것을 입사(立嗣) 또는 승중(承重)이라고 한다. 가계를 계승하는 자는 왕가(王家)나 공가(公家)와 같은 경우 왕위나 귀족의 지위도 이어받는 것이 보통이나, 일반인의 경우에는 제사를 이어받고 제사를 지내는 데 필요한 제구(祭具)와 묘위답(墓位畓)을 물려받는 데에 그친다.

3) 우리나라는 옛날부터 지리적으로 가까운 중국의 영향을 많이 받아왔다. 그래서 일부에서는 일찍부터 중국의 종법제(宗法制)가 도입되기도 하였지만, 그것이 일반적인 것은 아니어서 장자독점상속(長子獨占相續)이나 일인상속주의(一人相續主義)가 보편적인 것은 아니었고, 17세기 이전까지는 제사상속과 재산상속이 서로 별개로 나누어져 있었다. 다만, 제사를 승계하는 자식을 승중자(承重子)라고 하여 그에게는 제사를 지내게 한다는 명목으로 재산과 노비를 더 주고, 그 이외의 자식들인 차남 등 중자(衆子; 지차)에게는 재산을 평등하게 나누어주었다. 17세기 이전 제사는 대체로 남계장남(男系長男)이 이를 승계하고, 장남에게 아들이 없으면 차남이 제사를 승계하였다. 이것이 이른바 형망제급(兄亡弟及: 형이 죽으면 동생이 가계를 이어받는다)의 법이었다.

4) 현재 조선시대 이전의 상속법이 구체적으로 어떠한 모습이었는지를 세세하게 알 수 있는 그 실정법규는 존재하지 않는다. 조선시대의 예에 비추어 볼 때, 그 실정법규가 있었다고 하더라도 오늘날처럼 자세하지 않았고, 또한 사회일반에서 이를 반드시 준수하지도 않았을 것으로 생각된다.

2. 조선시대

1) 상속제도는 문화의 한 부분이므로 시대와 사회에 따라 다르고 변화한다. 조선시대 이전에는 재산상속은 국가가 법으로써 자세히 규율하지 않고 관습과 재산소유자 또는 그 후손들의 의사에 맡겼다.

2) 경국대전 등 조선시대의 법전에도 재산상속 일반에 관한 법규는 없고 단지 노비의 상속에 관한 규정만 있었는데, 경국대전에서는 이에 관하여 제사를 물려받

는 승중자(承重子)에게는 5할을 가산하고 나머지 자녀들은 균분으로 하되 첩자녀들은 차별하여, 양첩(良妾＝양인 출신의 첩) 자녀에게는 적자녀(嫡子女)의 7분의 1, 천첩(賤妾＝천민 출신의 첩) 자녀에게는 적자녀의 10분의 1만을 주도록 하였다. 법전상 남녀 간에 차별이 없었고 그 상속분이 동일한 것이 특징이다.

3) 관행적으로도, 유가적 사회규범이 보급되기 이전인 17세기 이전까지는 전통적인 우리의 관습법(관습)에 따라 남녀나 출가 여부를 불문하고 재산은 균분상속이 보통이었고, 제사도 출가한 딸을 포함하여 자녀들이 번갈아가며 나누어 맡는 윤회봉사(輪回奉祀)나 외손봉사(外孫奉祀＝외손자가 지내는 제사)가 일반적이었다.

그러나 근대법이 제정, 시행되기 이전에는 재산상속의 대부분이 국가의 법이 아닌 관습에 맡겨진 데에 따라,[1] 피상속인의 생전에 피상속인이 자신의 사후 그 배우자와 후손들이 자신의 재산을 구체적으로 어떻게 나누어가질 것인지를 정하는 분재기(分財記)를 작성하는 경우가 많았는데, 이는 오늘날의 상속재산분할이나 유증에 해당한다고 할 수 있다.[2]

4) 그러던 것이, 17세기 이후 유교문화가 지배계층은 물론 서민층에까지 사회 저변에 걸쳐 확대·정착되면서 커다란 변화를 가져왔다. 즉 양란 이후 조선 사회는 이념적으로 소중화사상과 성리학 및 이를 토대로 한 중국적 종법질서가 지배하게 되면서 중국적 종법질서 및 이를 보다 구체화한 <주자가례> 등 예서(禮書)와 보학(譜學) 등이 널리 보급되고 관혼상제에서 형식적 명분주의가 강화되었다.

이에 따라 제사를 상속하여 가계를 승계하는 장남자를 우대하고 출가녀를 재산상속에서 완전히 배제하는 등 차별적인 형태로 상속제도가 변모하였으며, 제사상속과 가계의 승계를 위해 양자제도가 고착화되고 남자 우선, 적자 우선 문화가 정착되었다. 이 과정에서 경국대전이나 그 후의 법전 규정은 사문화되었음은 물론이다.

이 시기의 재산상속은 제사상속과 가계 승계에 종속되었다. 즉 제사를 상속하여 가계를 승계하는 장손이 모든 재산을 단독으로 상속하였는데, 다만 그는 부모의 3년상을 끝낸 후 차남 이하 형제들에게 분재(分財)하거나 형제들이 결혼하여 분가한 후 그들에게 임의로 상속한 재산의 일부를 나누어 주었다. 이 과정에서 장손

---

1 오늘날과 같이 상속인이 될 자, 상속인의 순위, 상속분을 자세하게 법으로 정하게 된 것은 우리나라가 일제에서 독립하고 1960. 1. 1.부터 민법을 제정, 시행하면서부터이다.

2 피상속인이 생전에 분재기를 작성하지 않고 사망한 경우, 그 자손들이 의논하여 분재기를 작성하거나 화의문기(和議文記)를 작성하는 경우도 있었는데 이는 오늘날의 상속재산분할에 해당한다.

이 상속재산을 독점하여 형제들의 분재청구에 응하지 않거나 형제들과 미리 화해한 내용을 이행하지 아니하는 경우 관(官)으로부터나 사회적 제재가 가해지기도 하였으나,[1] 차남 이하 동생들의 분재 요구권이 법적으로 보장되지는 않았다.

3. 일제 강점기

1) 1910. 8. 22. 체결된 이른바 한일병합조합이 1910. 8. 29. 순종 황제의 조칙(詔勅＝칙령)과 함께 공포, 시행되어 대한제국은 소멸하였다. 병합조약이 시행된 후 일본 천황은 '조선에 시행할 법령에 관한 건'이라는 명령(긴급칙령 제324호)을 발하여,[2] 조선에서는 일본국 의회가 제정한 법률을 시행하지 않고 법률로 정할 사항은 조선총독의 명령인 제령(制令)으로 정하며, 일본국 법률의 전부 또는 일부를 조선에 시행할 필요가 있을 때는 천황의 칙령으로 정한다고 하였다.

2) 이와 같이 조선에서 시행할 법령은 일본국 법률로 정하거나 천황의 칙령으로 정한 사항 외에는 조선 총독이 독자적으로 제정할 수 있는데 이를 제령(制令)이라고 했다. 그리고 법률로 정할 사항보다 낮은 등급의 법령은 조선총독부령이라 하여 역시 조선 총독이 발령하였다. 데라우찌 총독은 1910. 8. 29. 제령 제1호로 '조선에서의 법령의 효력에 관한 건'을 공포하여, 이미 시행 중이던 일본국 법령(일본국 법령, 통감부 법령)이나 대한제국 법령은 총독의 명령으로서 존속, 유지되며 그 효력을 당분간 갖도록 하였다. 이에 따라 조선시대나 대한제국 시대에 공포, 시행된 법령이 자동적으로, 전면적으로 효력을 상실하지는 않고 일부가 유지되었다.

3) 조선에서 시행할 민사법에 관하여 총독은 1912. 3. 18. 조선민사령(제령 7호)을 공포하여, 조선에도 일본의 민법, 민법시행법, 상법, 상법시행법, 민사소송법, 인사소송수속법, 비송사건수속법, 공탁법, 경매법 등을 의용(依用)하여[3] 시행하되, 조선인의 행위능력, 친족, 상속에 관한 사항 및 조선인 상호 간의 법률행위에 대해

---

1 鬼頭兵一, 李朝の財産相續法, 소화 11년(1936); 김주수, 주석친족·상속법(제 2 전정판), 법문사, 1992, 536면에서 재인용.
2 당시의 일본국 헌법상 천황의 긴급칙령은 의회가 폐회한 기간에 공공의 안전을 보지하거나 그 재앙을 피하기 위해 긴급한 필요가 있는 경우에 천황이 발하는 것이다(제 8 조).
3 의용(依用)이란 다른 나라의 법령을 자국의 법령으로 사용하되, 그것이 자국에서 효력을 갖는 것은 다른 나라의 법령 자체의 효력에 의한 것이 아니라 그것을 자국에서 효력을 갖도록 하는 권한을 가진 자의 조치(명령 등)에 의한 것이라는 점에서 준용이나 다른 나라 법령 자체의 적용과 구별된다. 결과적으로 의용은 적용이나 준용과 동일한 결과를 가져오긴 하나, 의용의 결과 다른 나라 법령은 자국의 법령(엄격히는, 내용만 동일하고 형식상으로는 별개의 법령)이 된다는 데에 특징이 있다.

서는 구래의 관습에 의하도록 하였다. 이로써 일제강점기 내내 혼인의 경우 신고 시가 아니라 혼례식을 거행한 때에 혼인의 효력이 발생하였다.[1]

이와 같이 일제 강점기 내내 재산상속법은 거의 대부분 조선 후기 이래의 전통 관습법이 그대로 통용되었는데, 종래의 호적제도 대신 갑오개혁 과정에서 제정된 호구조사규칙(1896. 9. 1. 대한제국 칙령 제61호)과 통감부 시대인 1909. 3. 4.에 공포된 민적법(民籍法, 대한제국 법률 제8호) 및 1922. 12. 18. 공포된 조선호적령(조선총독부령 제154호, 1923. 7. 1. 시행)에 의해 민적부와 호적부가 작성, 관리되면서 호주의 법적 지위가 강화·보장되고,[2] 그것이 종래의 장자(호주) 단독상속제와 견고하게 결합하여 장손 우선, 남녀차별, 호주의 절대적 우위가 고착되었다.[3]

4) 이와 같이 친족, 상속에 관한 사항을 대부분 전래의 조선 관습법에 의하도록 함에 따라 일제는 식민통치를 위하여 대한제국과 그 이전 조선의 관습과 제도를 조사하였는데, 이는 통감부 시대부터 시작되었다. 통감부는 산하에 법전조사국을 설치하여 그 업무를 담당케 하였고, 그 조사결과를 병합 후 <관습조사보고서>라는 이름으로 출간하였으며, 병합 후에도 총독부는 '조선민사령' 실시 후 중추원을 설치하여 조선구관제도조사사업이라는 이름으로 민사관습 등을 조사하고 1938년 <조선구관제도조사사업개요>라는 보고서를 출간하였다. 이러한 조사결과는 조선고등법원의 판결에서 법원(法源)으로 이용되었고, 오늘날 우리 법원에서도 이용되고 있다. 그러나 그 조사결과가 실제의 관습이나 관습법을 정확히 나타내는 것은 아니므로 그 이용에 주의를 요한다.

---

1 1933. 3. 18.에 개정된 조선민사령(제령 제30호)에서는 혼인 연령, 재판상이혼, 인지, 상속의 승인과 상속재산의 분리 등에 관하여는 일본 민법을 적용하도록 하였다.

2 조선시대의 호적대장에는 비록 호주가 기재되기는 하였으나, 그 지위나 명칭이 법제화되지도 않았고 법령상 호주에게 그 가(家)의 소속원들인 가족들에 대한 어떠한 지휘·감독권도 인정되지 않았다.

3 조선호적령은 일본의 호적법 내용을 거의 그대로 옮겨온 것인데, 그 당시 일본 민법은 가독(家督 ＝호주)을 중심으로 하는 전통적·가부장적 가족질서와 군사문화를 결합하여, 가정을 호주를 중심으로 한 수직적·일원적 인적 결사체로 파악하고 호주에게 가족들을 지휘·감독할 수 있는 다양한 권한을 부여하였다. 이에 따라 가족이 혼인외의 자를 그 가의 호적에 입적하기 위해서는 호주의 동의를 필요로 하였으며, 호주상속 순위에 있어서도 나이에 관계없이 남자가 여자에 우선하였다. 이러한 일본의 호주제도가 우리나라에 그대로 이식되어 오랫동안 시행되었다.

Ⅱ. 상속법의 변천

1. 의용민법과 신민법

1) 1945. 8. 15. 해방이 되고 1948. 8. 15. 대한민국 정부가 수립됨에 따라 종래의 일본 법제를 대신할 입법 작업이 시작되었다.

2) 해방 후에도 1959. 12. 31.까지는 종전의 일본 민법(소위 의용민법)과 그에 의한 관습법의 상속법이 그대로 시행되고 있었는데, 신민법이 1958. 2. 22. 공포되어 1960. 1. 1.부터 시행(1958. 2. 22. 법률 제471호)되어 일본 법제를 대신하였다.

3) 신민법은 호주상속과 재산상속을 분리하였다. 그리고 호주상속에는 생전상속도 인정하고, 호주상속인은 호주권, 분묘에 속한 1정보 이내의 금양임야, 600평 이내의 묘토인 농지, 족보와 제구의 소유권을 승계하도록 하였다. 호주가 재산상속도 하는 경우는 고유 상속분에 50%를 가산하여 받도록 하였고, 가문의 유지를 위하여 호주상속권은 포기할 수 없도록 하였다.

4) 종래의 관습법상 호주상속의 순위는 호주의 직계비속 남자(호주의 아들이나 손자) → 직계존속 여자(호주의 모·조모) → 호주의 처 → 가족인 직계비속의 처(호주의 며느리나 손주며느리) → 가족인 직계비속 여자(호주의 '시집 안 간' 딸)로 되어 있었다. 그러나 민법은 이를 부부중심, 친자중심으로 전환하기 위하여 호주의 딸의 순위를 제2순위로 올리고, 호주의 처의 순위를 호주의 어머니나 할머니보다 선순위로 올렸다. 그러나 혼인외의 출생자인 아들이 혼인중의 출생자인 딸보다 선순위로 호주상속을 할 수 있도록 하여 남계중심주의를 탈피하지 못하였다.

2. 개정민법

1) 1977년 민법의 일부 개정으로 여자의 상속분을 남자의 것과 동일하게 고쳐서 남녀차별을 없애고, 처의 상속분을 50% 가산하여 호주의 상속분과 같도록 하였으며 유류분 제도를 신설하였다. 그러나 출가녀에 대한 상속분 차별(남자의 1/4)은 그대로 유지하였다.

2) 1990년 민법의 개정으로 호주상속을 호주승계로 명칭을 변경하고, 호주승계권의 포기를 인정하였을 뿐만 아니라(강제상속에서 → 임의상속으로 변경), 이를 상속편에서 친족편으로 옮겨서 호주제도를 상속법의 대상에서 제외하였다. 그리고

분묘 등의 소유권을 호주가 승계하던 것을 제사를 주재하는 사람이 승계하도록 하였다. 아울러 호주의 재산상속분 50% 가산제도를 폐지하였다.

또한, 처에게만 인정하던 대습상속권을 남편에게도 인정하고, 남편의 상속분도 처의 상속분과 같이 '배우자의 상속분'이라고 표현하여 50%를 가산하였으며, 출가녀의 상속분(1/4)을 남자의 상속분(4/4＝1)과 동일하게 개정하여 남녀차별을 완전히 철폐하였다. 이와 함께 상속인의 범위를 8촌 이내의 혈족에서 4촌 이내의 혈족으로 축소하고, 기여분제도와 특별연고자에 대한 재산분여제도를 신설하였다.

3) 그 이후에도 민법 개정을 통해 상속법이 변화되었는바, 그 내용은 다음 표와 같다.

[상속법 변천 표]

구분		의용민법 (관습법)	신민법	개 정 민 법			
				1977	1990	2002	2005
시행기간		1910~ 1959. 12. 31.	1960. 1. 1.~ 1978. 12. 31.	1979. 1. 1.~ 1990. 12. 31.	1991. 1. 1.~ 2002. 1. 13.	2002. 1. 14.~ 2005. 3. 30.	2005. 3. 31.~
상속의 종류	제사상속○	×	×	×	×	×	×
	호주상속○	○	○	○	x(호주승계)	×	×
	재산상속○	○	○	○	○	○	○
상속인의 상속분	호 주		1.5	1.5	×	×	2008. 1. 1. 호주제 폐지
	남 자		1.0	1.0	1.0	1.0	1.0
	여 자		0.5	0.5	1.0	1.0	1.0
	처		0.5 직계존속과 공동상속 시 1.0	0.5 직계존속과 공동상속 시 1.0	1.5 (50%가산)	1.5 (남편도 1.5)	1.5
	출 가 녀		0.25	0.25	0.25	1.0	1.0
제사용 재산의 승계인		호 주	호 주	호 주	제사주재자	–	–
새로 도입한 제도		–	–	유류분	기여분, 특별연고자 재산분여	특별한정승인	친양자 (2008. 1. 1. 시행)

※ 위 표에서 1.0은 기준 상속분이다. 따라서 1.5는 1.0에 50%를 가산한 것이고, 출가녀의 0.25는 기준 상속분 1.0의 1/4라는 의미이다.

제2장

상속법 총론

제1절   상속의 개시(開始)

I. 상속의 개시와 상속개시의 원인(자연사망·인정사망·실종선고·부재선고)

첫째, 자연인(自然人)이 사망하면 그 순간에 당연히 상속이 개시된다. 상속인이 알든 모르든 상속으로 인하여 여러 가지 법률효과가 발생하는 것(권리·의무의 승계, 상속인의 확정, 상속분이나 유류분의 확정 등)이 상속의 개시(開始)이다. "상속은 사망으로 인하여 개시된다"(제997조)는 조항의 의미는 상속개시의 원인(原因)은 자연인의 사망이고, 개시의 시기(時期)는 사망 시라는 말이다. 이 사망에는 자연사망·실종선고(제28조)(실종선고를 받은 사람은 사망한 것으로 간주)·인정사망·「부재선고에 관한 특별조치법」(2009. 12. 29. 법률 제9837호)상의 부재선고(동법 제4조) 등이 모두 포함된다. 「남북주민 사이의 가족관계와 상속 등에 관한 특례법」(법률 제13763호, 2016. 1. 19. 시행)에 특칙(동법 제10~12조)이 마련되어 있다.

둘째, 법인에게는 상속이 있을 수 없다. 법인의 해산으로 인한 법인재산의 청산은 자연인의 사망과 같은 포괄승계가 아니기 때문이다. 다만, 법인도 유증(특정유증이든 포괄유증이든)은 받을 수 있는바, 이에 의하면 실질상으로는 상속의 효과를 볼 수 있다.

셋째, 국적 상실은 상속개시의 원인이 될 수 없다. 국적을 상실하더라도 그 사람이 사망하는 것이 아니기 때문이다. 외국국적을 취득한 사람(한국국적상실자)도 한국인의 재산상속을 받을 수 있다. 그 역의 경우도 같다.

넷째, 상속개시의 중요성과 그 확정의 필요성은 아래와 같다. 사람의 사망시점은 ① 상속인의 자격·범위·순위·능력의 결정, ② 상속의 효력발생과 상속분·유류분 등 계산의 기준시점, ③ 상속에 관한 소권(訴權)과 청구권, 예컨대 상속회복청구권(제999조)·재산분리청구(제1045조)·유류분반환청구(제1117조) 등의 소멸시효기간·제척기간의 기산점이 되고, ④ 상속재산분할·상속포기도 사망시점(상속개시시점)으로 소급하여 효력이 생기며, ⑤ 유언의 효력발생시점(제1073조)도 사망 시가 된다.

1. 자연사망

(1) 사망의 시기

1) 자연사망이란 사람이 죽은 사실이 그의 육체(시신)에 의하여 증명된 경우를 말한다. 사람이 사망한 시기는 언제인가? 이에 관하여 맥박(심장)정지설·호흡정지설·뇌사설(腦死說)[1] 등이 대립하고 있다. 이 중 맥박정지설이 다수설이다.[2] 근래 장기이식의 보급, 뇌사판정문제와 관련하여 어느 시점을 사람의 사망시각으로 결정할 것인가 하는 문제는 법학뿐만 아니라 의학상으로도 많이 논의되고 있다.

2) 가족관계등록부상 사망신고(死亡申告)의 시점(사망신고는 사망사실을 알고 나서 1개월 내에 하여야 함)(가등법 제84조·제85조)은 상속개시 시점이 아니고, '사실상 사망한 때'가 상속개시 시점이다. 또한 호적부나 가족등록부에 기재된 사망시점은 사실상 추정력이 있을 뿐 그때가 사망시점으로 간주되거나 의제되지는 않는다. 이 점을 특히 주의하여야 한다. 사망시점의 확정은 의사의 진단으로 정하여지는 것이 보통이다(동법 제84조 ①항).

3) **사망시점의 인정** 사람이 사망한 때 동거친족 등은 그 사망사실을 안 날로부터 1개월 안에 진단서 등을 첨부하여 사망신고를 하여야 한다(가등법 제84조·제85조). 담당공무원은 사망신고서에 첨부된 사망진단서·사체검안서(사고사의 경우), 공무원이 작성한 사망증명서 등을 보고 망인의 사망일시를 등록부에 기재한다. 특별한 사정이 없는 한 사망신고서에 첨부되어 있는 사망진단서 등에 명기된 "사망 연월일시분"을 '사망의 시점' 내지 '상속개시의 시점'으로 인정할 수 있을 것이다.[3]

---

1 고상룡, 85면; 문국진, "죽음의 판단목적과 판정(6)," 의협신문 1986. 7. 14, 12면; 「장기 등 이식에 관한 법률」 제16조 참조.
2 이영준, 한국민법론[총칙편](박영사, 2004), 741면; 이은영, 민법총칙[제 4 판], 141면 등.
3 太田武男, 相續法槪說, 19면.

524 제3편 상 속 법

따라서 가족등록부에 기재된 사망연월일시는 사망시점을 인정 내지 추정하는 중요한 근거가 된다. 만일 추정시각이나 일시가 어느 정도의 간격으로 표시된 경우는 최후의 시각이나 일시를 사망시각으로 보아야 한다.

4) 재산이 없는 경우　　죽은 사람에게 재산이 없는 경우('0'인 상태 : 이때는 재산상 권리와 의무가 전혀 없다)는 그 사람이 사망하더라도 상속이 개시될 여지가 없다. 그러나 채무(재산상 의무 : '-'인 상태)만 남긴 경우에도 상속은 개시된다. 신분의 승계가 아닌 재산상 권리·의무의 승계가 상속이기 때문이다.

(2) 인정사망

1) 화재·홍수 등 재해발생으로 사람이 사망하였는데 그 사체가 발견되지 아니하여 진단서나 검안서를 작성할 수 없는 경우, 경찰관 등 이를 조사한 관공서의 사망보고서에 의거하여 가족등록부 기준지 시·읍·면의 장은 가족등록부에 사망기재를 한다(가등법 제87조). 이것이 인정사망이고, 이는 사람의 '사망을 추정'하는 효력이 있다. 실종선고처럼 '사망간주'의 효과가 없는 점이 다르다. 이 경우 상속개시의 시점은 사망보고서·등록부에 기록된 사망의 일시이다.

2) 나중에 사체가 발견되는 등으로 정확한 사망시점이 판명된 경우 이해관계인은 가정법원에 사망일시정정허가신청을 할 수 있다.[1]

(3) 사망의 증명

1) 가족등록부의 기재는 증명력(추정적 증명력)이 있다. 그러나 사실상 추정이므로 반증으로 뒤집을 수 있다. 반증으로 사망신고서나 그 첨부서류의 위조나 변조 사실을 증명하여야 한다.

2) 사람의 사망은 그 사망사실이 확정적으로 밝혀져야 하고, 단순히 행방불명되어 생환하지 못하였다는 사실만으로는 사망하였다고 단정할 수 없다.[2] 그러나 이는 사실심법원이 자유로운 심증으로 인정할 수 있고, 반드시 시신이 발견되어야 한다거나 인정사망, 실종선고의 방법으로만 이를 인정할 수 있는 것은 아니다.[3]

---

1 가족관계등록예규 제191호, 제192호 : 사망의 사실을 증명할 서면으로는 동(리)장, 통장 또는 인우인 2명 이상의 증명서 등이 있다.
2 대판 1985. 4. 23, 84다카2123.
3 대판 1989. 1. 31, 87다카2954.

2. 실종선고와 부재선고

(1) 실종선고

1) 부재자(집을 떠나 행방불명·생사불명인 사람)의 생사가 5년 동안 분명하지 아니하거나(보통실종), 전쟁이나 선박, 항공기 등의 사고 후 그 항공기 등에 타고 있던 사람의 생사가 1년간 분명하지 아니한 경우(특별실종), 친족이나 이해관계인이 청구하면 가정법원은 그 사람에 관하여 실종선고를 한다(제27조). 그러면 그 부재자는 실종기간만료일(그 날의 24:00)에 사망한 것으로 간주되고, 그때에 상속이 개시[1]된다.

2) 실종기간이 신민법 시행 전에 만료되었으나 실종선고는 신민법 시행 후에 내려졌다면, 상속순위, 상속분 기타 상속에 관하여는 신민법이 적용된다(부칙 제25조 ②항).[2] 그리고 상속세 부과와 관련하여 세법에서는 실종선고일을 상속개시일로 보고 있다([시행 2019. 1. 1.법률 제16102호, 2018. 12. 31. 일부개정 상속세및증여세법, 제 2 조 ②항).

3) 실종선고를 받으면 사망한 것으로 의제되므로, 실종자가 생존하고 있는 경우 또는 사망시기가 실종기간만료일이 아닌 경우에도 반대증거로써 실종선고를 부정·번복할 수 없고, 반드시 법원에서 실종선고취소의 심판을 받아야 한다(제29조·가소 제44조 1호 나목).[3] 재판으로 실종선고가 내려졌으니 그 효과를 없애려면 역시 재판으로 취소하여야 한다.

:: 참고판례

실종기간이 1955. 6. 3. 만료되었으나 그 실종선고가 신민법 시행(1960. 1. 1.) 후인 1962. 3. 3. 내려졌다면, 이 경우 구민법에 따라 호주상속인인 남자만이 단독 상속하는 것이 아니고, 민법부칙 제25조에 따라 망인의 처와 자녀 등 신민법의 규정에 따른 재산상속인들이 공동으로 상속한다.(대판 2000. 4. 25, 2000다9970 등).

---

1 그러나 상속인 중 직계비속여자가 동일가적(호적) 내에 있는지 여부는 상속개시일인 실종기간 만료일을 기준으로 판단하여야 한다(대판 1995. 12. 22, 95다12736; 서울고판 1995. 2. 8, 94나27764; 2005. 7. 27. 부동산등기과-1031 질의회답).
2 대판 2000. 4. 25, 2000다9970[실종선고로 상속이 개시된 경우가 아닌 때, 예컨대 김○○이 1956. 9. 17. 사망(상속개시)하였고, 그의 장남 김영철의 실종기간 만료일이 1955. 10. 30.인 때는 신민법이 적용될 여지가 없다].
3 대판 1994. 9. 27, 94다21542.

4) 실종선고는 종래의 주소지를 중심으로 사망의제의 효과를 발생시킬 뿐 실
종자에 대한 권리능력을 박탈하는 것은 아니다. 따라서 실종선고를 받은 자가 종
래의 주소지와 다른 장소에서 실제로는 살아 있으면서 다른 사람과 법률관계를 맺
고 있다면 그 법률관계는 유효한 것이며, 실종선고가 취소되어야 권리능력이 회복
되는 것은 아니다. 또한, 실종선고를 받은 자는 실종기간 만료 시에 사망한 것으로
간주되므로 실종기간 만료 시 이후의 법률관계에 대하여는 그 효력이 미치지 아니
한다.

5) 한편, 실종선고를 받은 자가 사실상으로는 생사불명인 상태가 계속 중이라
고 하더라도 법률적으로는 이미 사망한 것으로 간주되므로, 이미 실종선고가 이루
어졌다면 그것이 취소됨이 없이 재차 실종선고를 선고할 수는 없다.[1] 따라서 이미
실종선고가 있는 상태에서 중복하여 이루어진 실종선고는 무효라고 할 것이다.

(2) 부재선고에 관한 특별조치법상의 부재선고

가족관계등록부에 군사분계선 이북지역 거주로 표시된 잔류자에 관하여 가족·
검사의 청구에 따라 법원(잔류자의 등록기준지 관할 가정법원)은 부재선고를 할 수
있다(동 특조법 제 3 조). 부재선고를 받은 사람은 가족등록부에서 말소되고, 상속·
혼인의 법률관계에 관하여는 실종선고를 받은 것으로 보게 된다(동 특조법 제 4 조).
이 경우 부재기간이 따로 없기 때문에 부재선고 심판이 확정된 때를 사망의 시기
로 본다고 해석된다.

:: 참고판례

부재선고를 받은 사람과 생존자 사이의 친생자관계부존재확인 소송의 경우, 이는
상속이나 혼인소송이 아니므로 '부재선고를 받은' 사람을 사망자로 볼 수 없으니
검사를 피고로 삼아서는 아니 되고, '부재선고를 받은' 그 사람을 피고로 삼아야
한다(대판 1981. 7. 28, 80므19).

(3) 실종선고의 취소

1) 실종선고의 취소가 있으면 처음부터 소급하여 실종선고가 없었던 것으로
되어 사망의제의 효력이 소멸한다. 그 결과 사망을 전제로 한 법률관계는 소급하
여 무효로 된다.

---

1 대판 1995. 12. 22, 95다12736.

2) 실종선고를 받은 자는 실종기간만료 시에 사망한 것으로 간주되므로 이러한 의제가 발생하지 아니하는 시점, 즉 실종기간만료 시 이후의 법률관계에 대하여는 그 효력이 미치지 아니한다. 따라서 실종기간만료 시 이후의 법률관계의 주장을 위해서 실종선고의 취소가 요구되지는 않는다.

3) 실종선고가 취소된 경우 실종의 선고를 직접 원인으로 하여 재산을 취득한 자가 선의인 경우에는 그 받은 이익이 현존하는 한도에서 반환할 의무가 있고, 악의자(惡意者)는 그 받은 이익에 이자를 붙여서 반환하여야 하며, 손해가 있으면 이를 배상하여야 한다(제29조 ②항). 이는 부당이득의 특칙을 규정한 것이라고 해석된다.

실종선고를 직접 원인으로 하여 이익을 받은 자란 상속인, 사인증여를 받은 자, 포괄수유자, 생명보험수익자 등을 말한다. 선의란 실종선고가 사실에 반함을 알지 못하고 실종자의 재산을 취득하였다는 것을 의미하며, 알지 못한 데 과실이 있느냐 여부는 묻지 아니한다. 선의인지 여부에 대한 판단은 사망으로 간주되는 시점(실종기간만료 시)이 아니라 실종선고를 직접 원인으로 재산을 취득한 때를 기준으로 한다.

4) 실종선고의 취소 전에 상속인이 선의로 한 행위의 효력에는 영향이 없다(제29조 ①항 단서). 실종선고취소의 효력이 소급하는 데 따른 법률관계의 불안정을 방지하고 거래의 안전을 도모하기 위한 것이다. 그런데 이 규정이 적용되기 위해서는 상속인의 처분행위가 실종선고 후 그 취소 전에 이루어졌어야 한다.

그런데 상속인의 처분행위에는 상대방이 있을 수밖에 없는데, 구체적으로 누가 선의여야 보호 받을 수 있는지, 즉 다시 말하면 어떤 경우에 실종자가 추급권을 행사할 수 있는지가 문제된다. 이에 대해서는, ① 관계 당사자 모두 선의이어야 보호된다는 설, ② 한 단계 거래의 쌍방당사자가 선의이면 보호된다는 설, ③ 제3취득자 어느 한 사람이라도 선의이면 보호된다는 설, ④ 최종단계 거래의 제3취득자가 악의이면 반환청구를 할 수 있다는 설, ⑤ 최종단계의 제3취득자가 선의이면 보호된다는 설, ⑥ 선의·악의는 관계당사자마다 상대적으로 정하여야 한다는 설이 대립한다.[1]

사견으로는 법문에 충실하게 그 재산을 처분한 상속인이 선의로 처분행위를 하였다면 실종자는 누구에게도 추급권을 행사할 수 없고, 그 반대의 경우에는 설

---

[1] 이에 대한 자세한 논의는 박찬주, "실종선고취소의 효과에 대한 새로운 이해", 저스티스 99호 (2007. 8.), 66면 이하를 참조.

사 제3취득자가 선의라도 보호 받을 수 없다고 생각된다.

5) 민법 제29조 ①항 단서는 혼인 등 신분행위에도 적용되는가? 이와 관련해서는 특히 실종자의 상대방 배우자가 재혼한 후 실종선고가 취소된 경우에 재혼이 실효되고 전혼이 부활하는가가 문제된다.

학설은, ① 재혼 당사자가 모두 선의이면 선의자로서 보호를 받기 때문에 비록 실종선고가 취소되더라도 재혼의 효력에는 영향을 미치지 아니하여 재혼은 유효하고 전혼은 부활하지 않으나, 재혼 당사자의 일방 또는 쌍방이 악의이면 전혼은 부활하고, 이 경우 전혼은 이혼사유(제840조 ①항 1호 또는 6호)에 해당하고 중혼은 취소사유가 된다는 설, ② 실종선고가 취소되면 항상 전혼은 부활하며, 다만 재혼 당사자가 모두 선의인 경우에 중혼으로 취소되는 것은 재혼이 아니라 전혼이라는 설, ③ 재혼 당사자가 모두 선의이면 선의자로서 보호를 받기 때문에 비록 실종선고가 취소되더라도 재혼은 유효하고 전혼은 부활하지 않으나, 재혼 당사자의 일방 또는 쌍방이 악의이면 전혼은 부활하고 후혼은 무효라는 설, ④ 민법 제29조 ①항 단서의 적용은 재산상의 행위에만 적용되며 신분상 행위에는 적용될 여지가 없어 재혼은 유효하고 실종선고의 취소로 중혼이 성립하지만, 전후 어느 혼인을 유지할 것인가는 당사자의 협의에 의하거나 혼인해소의 가사소송에 의하여야 한다는 설, ⑤ 실종선고의 취소가 있더라도 재혼 당사자의 선의·악의를 불문하고 전혼은 부활하지 않는다는 설이 대립한다.

사견으로는 혼인 등 신분행위에는 민법 제29조 ①항 단서는 적용되지 않는다고 봄이 타당하다. 신분행위의 중요성으로 볼 때 그 당사자의 선의, 악의 여부에 따라 그 효력을 결정할 수는 없기 때문이다. 따라서 이 경우 그 당사자의 선의, 악의에 관계없이 실종선고가 취소되면 원칙규정에 따라 전혼은 부활하고, 재혼(후혼)은 중혼에 해당하며 취소의 대상이 된다고 보아야 한다.

3. 동시사망의 추정

(1) 동시존재의 원칙

사람이 사망하면 상속이 개시되지만, 그 사망 당시 '재산을 물려받을' 상속인은 권리능력자로서 살아 있어야 한다. 이를 동시존재(同時存在)의 원칙이라고 한다. 즉 상속인과 피상속인은 어느 순간, 피상속인의 임종순간에는 동시에 생존하고 있어야 한다는 원칙이다. 한순간이라도 '무주(無主)의 재산이 생기는 것은 옳지 않다'

는 근대법의 요청에 따른 것이다.[1]

(2) 동시사망자들 사이의 상속

1) 동일한 사고로 여러 사람이 사망한 경우 각 사람의 사망시점이 불분명하고 서로 달라 상속개시의 시기가 문제된다. 이 문제를 해결하기 위하여 민법은 "2인 이상이 동일한 위난으로 사망한 경우에는 동시에 사망한 것으로 추정한다."(제30조)고 규정하고 있다(동시사망추정주의). 이는 '추정규정'이고 실종선고의 경우와 같은 '간주규정'이 아니다. 그러므로 사망한 사람의 사망일시를 명백히 입증하면 동시사망 추정을 깨뜨릴 수 있다.

2) 동시사망자들 사이에는 그들이 부모와 자녀 간이라도 상속은 개시되지 아니한다. 동시존재의 요건을 갖추지 못하기 때문이다. 시아버지가 살아 계시는데, 남편이 처를 남기고 미혼의 외동딸과 함께 동일한 위난으로 사망한 경우, 남편의 상속인은 누구인가? 동시사망의 경우에는 사망자가 상속인(외동딸)이라도 상속개시시에 부존재하는 것으로 취급되므로, 위와 같은 경우 상속인은 망인의 배우자(처)와 직계존속(시아버지)이다. 즉 배우자와 시아버지는 공동상속인이 된다.

3) 유언자와 수유자(受遺者 : 유언으로 재산을 받을 사람)가 동시에 사망한 경우에는 유언(유증)의 효력이 생기지 아니한다고 해석할 것이다(제1089조의 유추해석). 수유자가 유언자보다 먼저 사망한 경우는 유증의 효력이 발생하지 아니하나(제1089조 ①항), 유언 중에 특별히 수유자의 상속인에게 승계시키려는 의사표시를 한 때는 그 뜻에 따라야 한다(제1089조 단서). 이것이 보충유언이다.[2]

(3) 동일한 위난이 아닌 경우

사람들이 동일위난에서 사망한 것이 아니라, 각각 다른 위난으로 사망하였는데 그 사망 시점을 확정할 수 없다면 이 경우에도 역시 민법 제30조 규정을 유추하여 동시에 사망한 것으로 추정하여야 할 것이다. 통설이다.

(4) 동시사망과 대습상속

동시사망의 경우 그들 동시 사망자 상호 간에는 이와 같이 상속이 개시되지 아니하나, 대습상속은 개시된다. 예컨대 아버지와 할아버지가 동일한 사고로 사망

---

1 甲斐 외 2, 145면.
2 미국의 유언법도 거의 동일하다(Hughes & Klein, 전게서, 373면).

한 경우, 아버지는 할아버지의 재산을 상속할 수 없지만, 그 손자는 아버지를 대습하여 할아버지의 재산을 상속할 수 있다.[1]

:: 참고판례

사위가 장인(丈人)의 사망을 원인으로 자기의 이름으로 부동산소유권이전등기를 마쳤는데, 장인(丈人)의 형제자매들이 그 등기의 말소를 청구한 사건에서 "자녀들이 모두 이미 사망한 경우, 손자손녀는 대습상속을 하는 것이라고" 하고, "장인이 딸과 동시에 사망한 경우 그 사위는 딸을 대신하여 장인의 지위를 대습상속한다"고 판시. 장인과 딸 사이에는 동시사망자 간이라서 상호 간에 상속이 일어나지 아니하지만, 딸의 배우자는 대습상속을 할 수 있다. 이에 관한 민법 제1003조 ②항이 헌법에 위반되는 것은 아니다(대판 2001. 3. 9, 99다13157; 대한항공 여객기가 남서태평양 괌 섬에서 추락한 사고와 관련).

Ⅱ. 상속개시의 시기와 장소

1. 상속개시의 시기

(1) 앞에서 이미 살펴본 것처럼 상속개시의 원인 발생 시, 즉 피상속인이 실제로 사망한 때(제997조), 실종선고에 따라 사망 간주된 때(보통실종에서는 실종기간만료 시, 특별실종에서는 위난의 종료 시, 상속세의 경우는 실종선고심판 확정 시)(제28조), 천재·지변 등에 따른 사망의 경우는 공무원이 사망을 추정한 때(가등법 제87조), 부재선고의 경우 그 심판 확정 시에 상속은 개시된다. 이런 시점들이 상속개시의 시점들이다.

(2) 상속인이 사망시점을 알았든 몰랐든, 상속신고나 상속등기와도 관계없이 상속은 개시된다. 상속인이 이를 모르고 있는 사이에 시효가 진행되어 상속회복청구권 등이 소멸된다면 이는 매우 불합리하다. 그래서 민법은 일정한 경우 소멸시효기간이나 제척기간의 계산에 관하여 상속개시일이 아닌 상속인이 '상속의 침해를 안 날', 또는 '상속개시의 사실을 안 날'부터 기산하도록 특칙을 두고 있다(제999조 ②항·제1117조).

---

1 대판 2001. 3. 9, 99다13157.

2. 상속개시의 장소(상속개시지)

(1) 상속은 피상속인의 주소지에서 개시(開始)된다(제998조).

이 상속개시지는 상속에 관한 분쟁사건의 관할법원을 정하는 기준이 된다. 가사소송법 제44조의 6호·7호 (상속·유언), 「채무자 회생 및 파산에 관한 법률」 제3조 ⑧항, ⑨항[1]에 상속사건의 전속관할법원에 관한 특별규정(상속개시지의 법원)이 있다(민소 제22조·제23조에 대한 특칙). 상속개시의 장소는 상속재산의 가액평가의 표준지(標準地)가 되기도 한다. 상속인의 주소지나 피상속인(망인)의 사망지 또는 상속재산 소재지는 상속개시의 장소가 아님을 특히 주의하여야 한다.

(2) 주소가 여러 곳이거나 알 수 없는 경우

1) 주소가 여러 곳일 경우는 민법 제18조 ①항에 따라 그 모두가 주소가 되므로 상속개시지도 복수가 된다.[2] 가사비송사건의 경우 어느 관할권 있는 법원에 먼저 소(신청)가 제기되면 그 법원이 동시에 계속 중인 여러 사건의 우선적 관할법원이 된다(가소 제34조·비송 제3조).[3]

2) 사망자의 주소를 알 수 없거나, 국내에 주소가 없을 때는 거소를 주소로(제19조·제20조), 그것도 알 수 없는 때는 마지막 주소를 상속개시지로 보아야 하며, 마지막 주소가 없거나 그 주소를 알지 못하는 때에는 상속재산 소재지 또는 대법원 소재지를 상속개시지로 보아도 무방할 것이다.

Ⅲ. 상속에 관한 비용

1. 상속비용의 의미

(1) 상속으로 인하여 발생된 비용, 즉 상속재산의 보존·관리비용(제1022조 이하), 한정승인 시의 재산목록 작성비용(제1030조), 상속재산에 관한 조세·공과금·소송비용·감정평가 등 청산비용, 상속채무에 관한 공고·최고·변제의 비용(제1032조

---

1 상속재산에 관한 파산사건은 상속개시지를 관할하는 지방법원본원의 관할에 전속한다. 서울의 경우는 서울 동·서·남·북부의 각 지방법원 관할 사건은 서울중앙지방법원의 관할에 전속한다.
2 최후의 주소지를 상속개시지로 보는 학설도 있다. 김형배, 285면; 스위스민법 제538조 참조.
3 소가 제기되기 전에는 주된 주소지, 주된 상속재산의 소재지를 상속개시 장소로 보아야 할 것이다(일본 가사심판규칙 제99조, 제120조).

이하), 상속재산의 경매비용(제1037조), 유언집행비용(제1107조) 등이 상속비용이다.

상속비용이 의미를 갖는 것은, 상속재산이 아직 상속인의 고유재산과 혼동하기 전에 발생한 것이어서 상속인들의 공동재산인 상속재산에서 이를 충당하여야 할 비용에 한하고, 상속의 단순승인이 있거나 상속재산의 분할이 있은 후에 발생한 비용은 각각의 상속인에게 귀속하므로 상속비용이 문제되지 않는다.

(2) 상속비용 중 상속재산 관리비용은 상속재산의 유지와 보전을 위하여 객관적으로 필요한 비용이다.

1) 숙려기간 중 또는 한정승인·상속포기·상속재산분리의 경우 상속인은 일정기간 상속재산을 관리할 의무가 있는바, 그 관리비용도 상속비용이다.

2) 상속세는 상속으로 발생된 비용이고, 이는 상속인의 개인적 채무가 아니라 상속재산의 부담이라고 해석하여야 할 것이다. 상속재산 그 자체가 과세대상이기 때문이다.[1] 그러나 상속세는 각 상속인에게 부과되는 것으로서 그 상속분에 따르므로, 공동경비로 취급되어야 하는 상속비용으로서 의미를 갖는 경우는 별로 없다.

3) 장례비는 상속과 직접 관계가 없으나 상속인 모두가 부담하는 것이 타당하므로 상속재산에서 지급되어야 할 것이다.[2] 세법에서도 상속재산가액에서 장례비용[3] 등을 공제한 금액을 과세가액으로 보고 상속세를 부과하고 있다(상속세및증여세법 2018. 3. 20. 법률 제15522호, 제13조 ①항·제14조 ①항 2호). 부의금(賻儀金) 중 장례비용에 충당하고 남는 것은 상속인들에게 법정상속분의 비율로 상속된다는 것이 판례이다.[4]

4) 유류분액 계산 시 상속재산에서 공제되어야 할 채무는 상속채무, 즉 피상속인의 채무를 말하므로 상속세나 상속재산의 관리·보존을 위한 소송비용 등 상속비용은 이에 포함되지 아니한다.[5]

---

1 특별한정승인자도 채무초과상태의 상속재산을 상속하므로 취득세의 납세의무를 부담한다(대판 2007. 4. 12, 2005두9291; 헌재결 2006. 2. 23, 2004헌바43). 이 경우 한정승인자는 그 세금을 청산재산에서 공제한 후 나머지 재산으로 상속채무를 청산할 수 있을 것이다.
2 대판 1997. 4. 25, 97다3996; 대판 2003. 11. 14, 2003다30968(장례비용도 피상속인이나 상속인의 사회적 지위와 그 지역의 풍속 등에 비추어 합리적인 금액 범위 내라면 이를 상속비용으로 보아야 하고, 묘지구입비도 장례비용의 일부라고 볼 것이다).
3 상속세및증여세법 시행령([시행 2019. 2. 12.대통령령 제29533호, 2019. 2. 12. 일부개정] 제 9 조 ②항은 장례비의 한도를 1,000만 원으로 정하고, 별도로 봉안시설사용료는 500만 원을 한도로 함. 따라서 장례비는 최고한도 1,500만 원까지 공제받을 수 있다).
4 대판 1992. 8. 19, 92다2998.
5 대판 2015. 5. 14, 2012다21720.

(3) 상속비용이 아닌 것

상속인이 과실(過失)로 지출한 비용, 상속재산 중 개별적 권리의 이전등기비용은 상속비용이 아니므로 해당 상속인이 스스로 부담하여야 한다.[1] 그러나 상속등기의 비용은 원칙적으로 상속비용에 속한다고 할 것이다.

2. '상속재산 중에서 지급한다.'는 말의 의미

1) 상속비용은 상속재산 중에서 지급한다(제998조의 2·제1107조). 이는 상속인의 고유재산이 아니라 상속재산 자체가 이를 부담한다는 의미이다. 상속비용채무는 망인이 남긴 상속채무(相續債務)와 같이 취급하여 상속재산 중에서 지급되어야 할 것이다. 따라서 실질적인 순수한 상속재산은 이를 공제한 후의 것이 될 것이다.

2) 상속포기·한정승인·상속재산분리의 경우 상속재산과 상속인의 고유재산에 혼동이 발생하지 않으므로 상속비용은 포기자 등이 부담하지 않고, 새로 상속인이 된 사람이 이를 부담하거나 상속재산 중에서 지급되어야 한다.[2]

3) 반면에 단순승인이나 상속재산의 분할이 이루어지면 상속재산은 각 상속인에게 귀속되고 그 상속인의 고유재산과 혼동이 일어나므로 이후에 발생한 비용은 상속비용이 아니고, 따라서 이는 각 상속인이 부담하게 된다.

Ⅳ. 상속과 등기(登記)

1. 상속등기

(1) 법률에 의하지 않은 물권변동

1) 어떤 사람이 사망하면서 부동산을 남긴 경우, 그 상속인은 등기를 하지 않더라도 그 부동산의 소유권을 취득한다(제187조). 상속은 '법률행위에 의하지 아니한' 물권변동이기 때문이다. 이렇게 소유권을 취득한 상속인은 제 3 자에게도 이를 주장하고 대항할 수 있다.

2) 그러나 자기 앞으로 상속등기를 하지 아니하면 상속인은 이를 제 3 자에게 처분하지 못한다(제187조 단서).

---

1 일민 제885조 ①항, ①항 단서 참조.
2 甲斐 외 2, 147면.

(2) 단독신청의 원칙

1) 상속등기의 경우 등기의무자(피상속인)는 이미 사망하여 세상에 없기 때문에 등기권리자(상속인) 단독으로 신청(單獨申請)할 수 있다(공동신청주의의 예외, 부동산등기법 제23조 ③항). 이 경우 신청자는 가족관계등록에 관한 정보 등 상속이 있었다는 사실증명 서면을 첨부하여야 한다(부동산등기규칙 제49조). 따라서 제적등본, 가족관계증명서, 기본증명서, 친양자입양관계증명서(발행일부터 3개월 이내의 것) 등을 붙여야 한다.

2) 공동상속의 경우에는 공동상속인들 전원의 이름으로 또는 그 1인의 명의로 신청(그 성질은 단독신청)할 수 있다.[1] 공동상속등기는 공동상속인 각자의 법정상속분을 지분(1/n)으로 하는 공유등기가 된다(제1006조. 예컨대 처 3/7지분, 장남 2/7지분, 장녀 2/7지분 등으로 등기).

3) 상속인 중 일부가 외국인이라서 한국의 가족등록부, 호적부나 제적부, 기타 공부(公簿)에 등재되어 있지 아니한 경우는 그 외국인(상속인)과 피상속인의 관계를 증명할 수 있는 본국(해당 외국) 관공서 발행의 증명서 기타 상속을 증명할 수 있는 서면과 주소를 증명하는 서류를 등기신청서에 첨부하여야 한다.[2]

(3) 공동상속·상속포기와 등기

1) 갑(甲)과 을(乙) 2명이 공동상속한 부동산을 을(乙)이 마음대로 단독 명의의 등기를 하고, 이어서 병(丙)에게 이전등기를 넘겼다면, 갑(甲)은 자기 이름으로 상속등기가 되어 있지 않더라도, 병(丙)에 대하여 갑(甲)의 지분에 관하여 권리를 주장하고 그 말소를 청구할 수 있다.[3]

2) 상속인이 상속포기를 하면 그 포기자는 상속개시의 시점으로 소급하여 '상속인이 아니었던 것'이 된다. 상속포기의 효력은 등기의 유무와 관계없이 누구에

---

1 등기예규 제535호(1984. 7. 4. 제정). 1인 명의로 등기를 신청하는 때에도 공동상속인 전원 명의로 등기를 하여야 하고 일부 상속인만의 지분등기를 신청할 수는 없다(부등 제48조 ④항, 동규칙 제52조 7호).

2 국제사법 제49조 ①항, 부동산등기법 제48조, 제49조 ①항 4호, 등기예규 제906호, 등기선례요지집 제4권 215항; 등기선례 2005. 2. 23, 부등 3402-92 질의회답; 외국인이 등기권리자로서 등기신청을 하려면 부동산등기용등록번호와 주소를 증명하는 서면(주민등록증, 그 등·초본)을 제출하여야 한다(부동산등기법 제48조, 제49조). 이 경우 외국인등록증 또는 출입국관리사무소장이나 시·군·구의 장이 발급한 외국인등록사실증명서를 등기용등록번호 및 주민등록증 대신 제출할 수 있다(출입국관리법 제88조의 2).

3 일 최판 1963. 2. 22, 민집 17-1, 235면; 동 1979. 3. 23, 민집 33-2, 294면.

대하여도 그 효력이 생긴다.[1] 예컨대, 상속인 A의 채권자가 A를 대위하여 A명의로 상속등기나 소유권보존등기를[2] 한 다음, A의 상속지분에 대하여 가압류 등기를 마쳤더라도 A가 이미 그 이전에 상속포기를 하였다면 그 가압류등기는 무효가 된다.[3]

(4) 특정유증(遺贈)과 등기

1) 망인의 유언에 따른 특정유증을 원인으로 등기하는 경우 수유자는 단독으로 등기신청을 할 수 없고, 수유자(등기권리자)와 상속인 등의 유언집행자(등기의무자)가 공동으로 신청(共同申請)[4]하여야 한다. 유언집행자가 여러 사람인 경우는 과반수의 동의를 얻어 신청할 수 있다. 상속인 등이 이를 거부할 경우 수유자는 유언을 원인으로 한 이전등기청구의 소를 제기하여 승소판결을 받아야 한다.

2) 유증을 원인으로 한 부동산소유권이전등기 신청서에 첨부할 서류

• 유증자(망인) : 망인의 아버지의 제적등본, 망인의 제적등본, 말소자(망인) 주민등록초본(주소변동사항 포함), 망인의 가족관계증명서, 기본증명서, 친양자입양관계증명서, 입양관계증명서, 혼인관계증명서, 등기권리증(등기필증)

• 유언집행자 : 인감도장, 인감증명서, 주민등록초본(주소변동사항 포함), 주민등록증 사본, 유언공정증서정본(기타 유언증서 원본)

• 수유자 : 수유자 각자의 가족관계증명서, 기본증명서, 주민등록초본(주소변동사항 포함), 신분증 사본

※ 모든 서류는 각자 3통씩 필요하고, 발행일로부터 3개월 이내의 것이라야 한다. 원칙적으로 부동산 1건당 각 서류 1통씩이 필요하다. 취득세, 등록면허세와 등기신청수수료의 납부영수증을 첨부하여야 하고, 신청자가 법무사 등에게 맡겨서 처리할 경우는 위임장(인감도장 날인, 인감증명서 첨부한 것)도 함께 제출하여야 한다.

3) 甲이 그 소유의 특정부동산을 乙에게 유증(특정유증)하였다. 甲이 사망하면 그 목적물은 일단 상속인(A)에게 귀속되므로 수유자(乙)는 상속인(A)에 대하여 유

---

1 일 최판 1967. 1. 20, 민집 21-1, 16면; 石田喜久夫, "상속과 등기," 신판주석민법(27)(1989), 756면.
2 대결 1964. 4. 3, 63마54 : 고려기간 내의 채권자의 대위권행사에 의한 상속등기를 거부할 이유가 없고 이렇게 상속등기를 하였다고 하여 그것이 단순승인으로 간주되는 것은 아니다. 대법원 등기예규 제55호, 대법원예규집 — 등기편 — (법원행정처, 1998), 323~324면.
3 太田, 전게서, 128면, 주 2.
4 1998. 7. 11. 등기예규 제940호, 제619호, 대법원예규집 — 등기편 — (2001. 11.), 327~1면.

증의 이행을 청구할 수 있을 뿐이다(채권적 효력설, 통설).[1] 수유자는 상속개시 후 수증사실을 안 날로부터 10년(소멸시효기간) 이내에 청구권을 행사하여야 한다(제 162조 ①항).

4) 특정유증을 받은 수유자(乙)는 이전등기를 넘겨받아야 비로소 소유권을 취득하게 된다. 따라서 만일 을(乙)이 이전등기를 넘겨받기 전에 상속인(A)에 대한 채권자 병(丙)이 A를 대위하여 A의 상속지분등기를 하고, 이어서 강제경매를 신청하고 그 등기를 하였다면, 을(乙)은 채권자 병(丙)에게 대항할 수 없다. 을(乙)은 이전등기를 하지 아니하여 소유권을 취득하지 못하였기 때문이다(채권적 권리이전설).[2]

(5) 포괄유증과 등기

1) 포괄유증의 수유자는 상속의 경우와 동일하게 등기 없이도 유언자의 사망으로 당연히 권리를 취득한다. 이는 법률의 규정에 의한 소유권이전이기 때문이다(제187조 본문·제1078조). 유언자의 사망으로 인하여 전 소유자의 인격이 소멸하므로, 그 물건의 소유권을 귀속시킬 주체가 없어지면 낭패가 생긴다. 그래서 상속·포괄유증의 경우는 등기가 필요하지 않다(물권적 권리이전설).[3]

상속인의 채권자가 이러한 포괄수유자가 있는 줄 모르고, 유증목적물의 일부에 대하여 가압류신청·강제집행신청을 한 경우, 포괄수유자는 등기에 관계없이 그 가압류에 대한 이의신청과 가압류말소청구를 할 수 있다.

2) 그러면 이 경우 등기신청은 어떻게 할 것인가? 포괄수유자는 단독으로 등기신청을 할 수 있다고 해석하는 설과, 수유자는 상속인이나 유언집행자와 공동으로 신청하여야 한다고 해석하는 학설 및 실무례가 대립한다.[4] 이론상으로는 전설이 타당하나, 포괄유증의 증명과 등기관이 이를 판단하는 데에 문제가 있으므로 실무상으로는 후설이 타당하다.[5] 그러나 판결을 받은 경우에는 수유자 단독으로

---

1 이경희, 유류분 제도, 107면 등; 대판 2003. 5. 27, 2000다73445(특정수유자는 진정명의회복을 원인으로 한 소유권이전등기청구를 할 수 없다).

2 일 최판 1964. 3. 6, 민집 18-3, 37면.

3 김증한·김학동, 물권법(제9판, 박영사), 135면; 이용훈, "법률의 규정에 의한 부동산물권변동," 사법논집 제8집, 10면 이하; 이영준, 신정2판 한국민법론(물권편), 박영사, 2004, 165; 대판 2003. 5. 27, 2000다73445; 일 최판 1963. 2. 22; 일 대판 1934. 9. 29. 신문 제3808호, 5면[상속인이 상속부동산에 관하여 자기의 단독명의로 상속등기를 하고 제3자에게 양도하여 이전등기를 마친 경우, 포괄수유자는 공동상속인의 1인으로서 등기 없이 자기의 수유분(상속분)에 관하여 위 제3자에게 대항(권리주장)할 수 있다]; 舟僑諄一·德本 鎭, 新版注釋民法(6) 物權(1)(有斐閣, 1997), 481면.

4 곽윤직, 신정판 부동산등기법(박영사, 1993), 169면.

5 상속등기실무(법원행정처, 2012), 272면[유증을 원인으로 한 부동산소유권이전등기는 그것이 판

등기를 신청할 수 있음은 물론이다(부등 제23조 ④항).

　　3) 등기의무자가 등기에 협력하지 아니할 경우 수유자는 그를 상대로 유증을 원인으로 삼아 소유권이전등기청구의 소를 제기할 수밖에 없다.[1] 그러나 포괄수유자는 상속인과 동일한 지위에 있으므로 상속회복청구권의 제척기간 이내에 등기청구의 소를 제기하여야 할 것이다(제1078조·제999조②항).[2] 상속개시 후이면 유증으로 인한 소유권이전등기청구권보전의 가등기신청도 할 수 있다.[3]

　　4) 유증으로 인한 소유권이전등기는 포괄유증이든 특정유증이든 상속등기(망인→상속인→수유자)를 거칠 필요 없이 망인(유증자)→수유자 명의로 직접 이전등기를 신청한다. 상속등기가 이미 마쳐진 경우에는 상속등기를 말소함이 없이 상속인으로부터 수유자 앞으로 직접 유증의 소유권이전등기를 신청할 수 있다. 그리고 유증으로 인한 소유권이전등기 신청이 상속인의 유류분을 침해하는 내용이라 하더라도 등기관은 이를 수리하여야 한다.

(6) 상속재산의 분할과 등기

　　1) 공동상속인들이 협의하여 부동산인 상속재산을 분할하고 그에 따라 특정상속인이 그 법정상속분을 초과하여 취득한 경우(예컨대 어떤 건물에 관하여 법정상속지분이 1/3인데 협의로 전부인 3/3을 취득한 경우), 그 등기를 하여야 그에 따른 물권변동이 발생하는가?

　　우리 민법은 상속재산분할에 관하여 분할의 효력은 상속이 개시된 때에 소급하여 발생한다고 규정하고(제1015조 본문), 다만 이로써 제3자의 권리를 해하지 못한다고 하여 소급효를 제한하고 있다(제1015조 단서). 여기서 말하는 상속재산분할은 그 분할의 방법 여하를 불문하므로 협의에 의한 분할의 경우는 물론 피상속인의 유언에 의한 분할이나 법원의 심판에 의한 분할 어느 것이나 모두 포함된다. 민법의 위와 같은 소급효 규정은, 단순히 분할의 효력이 상속이 개시된 때에 소급하여 발생한다는 것에 그치지 않고, 그 분할에 따른 법률관계가 상속 개시 당초부터 상속에 의하여 발생하는 것으로 의제됨을 의미한다. 따라서 상속인들은 분할한 당해 상속재산을 다른 상속인들로부터 그 상속지분 또는 공유지분의 이전에 의해

결에 의한 경우는 명백하므로 수유자 단독신청이 원칙이다. 그러나 그 이외의 경우는 포괄유증의 유언 사실 그 자체를 인정할 공적(公的)자료가 없는 경우가 많기 때문에 공동신청 원칙이 적용된다].
1 대법원예규집 ― 부동산·기타 등기편 ― 2007, 493면; 대판 2003. 5. 27, 2000다73445.
2 대판 2001. 10. 12, 2000다22942; 상속등기실무(법원행정처, 2012), 254면.
3 대법원등기예규 제940호, 제1024호(대법원예규집 ― 등기편 ―, 1998, 327면).

취득하는 것이 아니라, 그 분할 내용대로 처음부터 피상속인으로부터의 상속에 의해 직접 취득하는 것으로 되며, 이는 성질상 계약인 협의분할의 경우에도 그대로 타당하다.[1]

따라서 상속인은 이를 상속개시 당시 피상속인으로부터 승계(상속)한 것으로 보아야 하고 다른 공동상속인으로부터 양도나 증여받은 것으로 볼 것이 아니다. 대법원도 기본적으로 같은 견해를 취하고 있다.[2·3]

반대로 상속재산분할이 아니라, 특정 상속인이 특정한 상속재산에 대한 자신의 상속분을 다른 상속인에게 양도한 경우에는 민법 제186조에 따라 그 이전등기를 하여야만 물권변동의 효력이 발생한다.

2) 그러므로 분할협의 전에 아직 상속등기를 마치지 않은 때는 당해 상속재산을 분할협의에 의하여 상속, 취득한 상속인은 공동상속인 전원의 상속등기를 거칠 필요 없이 곧바로 자신 앞으로 상속등기를 할 수 있고,[4] 등기원인을 증명하는 서면으로는 상속재산분할협의서를 제출하면 된다. 특정 상속재산을 분할협의에 의하여 2인 이상의 상속인이 공유하기로 한 경우에도 마찬가지다. 상속재산의 협의분할로 소유권이전등기를 할 때는 피상속인이 사망한 날짜를 등기원인일자로 기재하여야 한다.[5] 협의분할의 효력은 상속개시 시로 소급하기 때문이다.

3) 상속재산분할협의 전에 이미 상속등기를 마친 상태에서 분할협의가 이루어진 경우에는, 분할협의의 효력이 소급하므로 그 협의내용대로 경정등기를 신청함이 타당하다.[6] 이 경정등기의 실질은 기존의 상속등기에 대한 말소등기와 협의분

---

1 이에 관한 구체적인 논의는 양경승, "상속재산분할협의의 법적 성질과 효력", 사법논집 66집, 459면 이하를 참조.

2 대판 1984. 3. 27, 83누710: 대판 1992. 10. 27, 92다32463; 대판 1994. 3. 22, 93누19535 판결; 대판 1995. 9. 29, 95다22849, 22856; 대판 2009. 4. 9, 2008다87723; 대판 2011. 6. 30, 2011다24340. 이에 반대하는 견해로는 윤남근, "상속재산분할협의를 원인으로 한 부동산 물권변동의 성립요건과 소유권 관련 청구의 소송상 취급", 저스티스 제150호, 한국법학원(2015) 참조.

3 일본의 경우는 대항요건주의라서 등기하지 아니하면, 초과부분의 취득을 제3자에게 대항할 수 없다고 한다(일 최판 1971. 1. 26, 민집 25-1, 90면).

4 동지: 상속등기실무, 법원행정처(2012), 123면.

5 1982. 4. 13. 등기예규 제438호, 대법원예규집 —등기편—, 311면.

6 1986. 5. 1. 등기선례 제1-322호, 1986. 5. 1. 등기예규 제613호 참조. 한편, 이 경우 경정등기에 관하여 1986. 5. 1.자 등기선례 제1-322호는, 권리를 취득하는 자가 등기권리자, 권리를 잃는 자가 등기의무자로서 경정등기를 신청하여야 한다고 하나, 이 경우에도 협의분할에 의한 상속등기 일반의 경우와 마찬가지로 등기권리자 일방이 신청할 수 있다고 할 것이다. 또 그 경정등기의 원인일자도 협의분할일이 아니라 당초의 상속 개시일로 기재하여야 한다. 그런데 위 등기선례 제1-322호와 상속등기실무, 법원행정처(2012), 184면은 협의분할일로 기재한다고 하는바, 의문이다.

할에 따른 상속등기의 결합이며, 기존의 상속등기에 기한 권리이전이 아니어서 본래의 등기순위가 유지되어야 하므로 주등기가 아닌 부기등기에 의한다.[1]

4) 위와 같이 상속재산분할협의의 효력은 상속 개시 당초로 소급하나, 이로써 제 3 자의 권리를 해하지는 못한다(제1015조 단서). 여기서 보호되는 제 3 자는 상속재산분할협의의 효력이 발생하기 전에 공동상속인과 법률상 이해관계를 맺은 자로서 분할협의의 효력과 배치되는 관계에 있는 사람을 말한다. 민법에 명문의 규정은 없으나, 대법원은 단순히 매매계약 등 채권행위만을 한 사람은 제 3 자에 해당하지 않고 등기 등 대항력까지 갖춘 사람에 한하여 보호되는 제 3 자로 해석한다.[2]

2. 매매계약 등을 한 후 당사자가 사망한 경우(포괄승계인에 의한 등기)

1) 예컨대 갑(甲)이 을(乙)에게 부동산을 매도한 후 이전등기를 하지 않고 있는 동안에 매도인(甲)이 사망하였다. 甲의 상속인이 A인 경우 A와 乙이 공동신청으로 갑·을의 매매를 등기원인으로 하는 '갑 → 을로 이전등기'를 신청할 수 있다(부등 제27조, 동규칙 제49조). 이를 포괄승계인에 의한 등기신청이라고 한다.

2) 만일 매수인 乙이 사망하여 그 아들 B가 상속한 경우에도 갑과 B가 공동으로 갑 → B로의 이전등기를 신청할 수 있다(부등 제27조, 동규칙 제49조).

3) 위의 어느 경우이든 상대방이 등기신청에 협력하지 아니하면 이전등기청구의 소를 제기할 수 있다.

3. 상속재산의 처분과 등기

1) 공동상속인들은 상속재산분할 전이라도 상속인들 전원의 동의로 상속 부동산을 처분할 수 있다. 이 경우 등기는 공동상속인 각자의 공유등기(공동상속등기)를 먼저 한 다음(제187조 단서), 각자의 지분을 매수인에게 이전하는 등기를 하여야 한다.

2) 공동상속인 중 1명이 자신의 지분만을 처분하려고 할 때는, 먼저 혼자서 그 상속재산 전부에 관하여 공동상속인 전원을 위한 상속등기를 신청하고, 이어서 자신의 지분만을 매수인에게 이전하는 등기를 하여야 한다.[3] 이 경우에도 민법 제

---

1 2011. 10. 12. 등기예규 제1421호(경정등기절차에 관한 업무처리지침) 2. 나. (4) 참조.
2 대판 1992. 11. 24, 92다31514.
3 곽윤직, 개정판 상속법(박영사, 2004), 136면.

187조 단서가 적용되기 때문이다.

　　:: 참고판례

　　① 상속인이 자기 명의로 등기하지 아니하고, 상속 부동산을 제3자에게 처분한 경우라도 그 처분행위가 무효가 되는 것은 아니고 일단 제3자 명의로 이전등기가 된 이상, 그것이 진실한 권리상태와 합치되면 그 등기절차에 다소의 흠이 있어도 유효하다(대판 1972. 2. 22, 71다2687, 판례월보 20호, 52면; 1967. 5. 2, 66다2642).

　　② 부동산의 매수인이 이전등기를 넘겨받기 전에 사망한 경우, 그 상속인은 신민법 부칙 제10조 ①항의 규정에 따라 6년 이내(1965년 12월 31일까지)에 이전등기를 넘겨받지 못하면 매매와 상속으로 취득한 그 부동산의 물권을 상실하지만, 매도인에 대한 소유권이전등기청구권(채권)은 상실하지 않고 보유한다(대판 1992. 9. 1, 92다24581 등). 그리고 민법 부칙 제10조 ①항의 6년의 기간은 상속으로 인한 물권의 변동에는 적용되지 아니한다(대판 1972. 2. 8, 71다2581, 민판집 172-4).

제2절　상속능력

Ⅰ. 상속능력과 상속능력자

　1) 상속능력은 '상속인이 될 수 있는' 능력이나 자격이다. 민법에는 상속능력에 관한 특별한 규정이 없다. 상속능력은 재산권(재산상 권리·의무)을 승계할 수 있는 능력이므로 상속능력은 권리능력과 같다(제3조). 그러므로 권리능력자인 자연인(自然人)은 모두 상속능력자이다. 그리고 아직 태어나지 아니한 태아에게도 상속능력이 부여되어 있다(제1000조 ③항).

　2) 그러나 법인에게는 권리능력은 있으나 상속능력은 없다. 법인은 특정유증이든 포괄유증이든 유증을 받을 수 있으므로 수유능력(受遺能力)은 있지만(제1074조, 제1078조) 상속능력은 없다.

　3) 한편, 상속인이 전혀 없는 경우 사망자의 재산은 결국 국가에 귀속하게 되

나(제1058조), 이는 상속의 효력에 의한 것이 아니라 민법이 규정한 다른 법원리(무주 상속재산의 국가 귀속)에 따른 것이다. 그리고 국가에 귀속하는 경우 채무는 여기서 제외되어, 사망자의 채권자나 수유자는 국가에게 채무 변제를 요구할 수 없다(제1059조).

Ⅱ. 동시존재(同時存在)의 원칙

1) 상속능력은 상속개시시점에 존재하여야 한다. 상속은 사람이 사망할 때(상속개시시)에 그 망인(피상속인)의 권리·의무가 상속인에게 승계되는 것이기 때문이다. 망인과 상속인 사이에 권리·의무의 단절을 피하기 위하여 이들이 짧은 시간 동안(임종직전)이라도 동시에 권리능력자로서 생존하고 있어야 한다. 이를 '동시존재의 원칙' 또는 '인격 계속의 원칙'이라고 한다.[1]

2) 따라서 동시사망자들 사이에는 상속이 일어날 수 없음은 앞서 이미 설명한 바와 같다. 동시존재의 원칙에 대한 예외는 아래에서 보는 태아의 경우와 대습상속의 경우이다.

Ⅲ. 태아의 상속능력

(1) 상속을 받으려면 위와 같이 상속인이 존재하여야 하고, 민사적 법률관계에서 사람은 모체에서 태아가 전부 노출한 때에 출생한 것으로 보는 것이 통설·판례이므로, 원칙적으로 상속인은 상속개시 당시에 이미 출생하여 생존하고 있어야 한다(동시존재의 원칙). 따라서 아직 모체의 태중에 있는 태아는 출생한 것이 아니므로 권리능력이 없고, 상속도 받을 수 없음이 원칙이다.

(2) 그런데 민법은 이에 대한 예외로서 "태아는 상속순위에 관하여는 이미 출생한 것으로 본다"고 규정하고 있다(제1000조 ③항). 또한 민법 제762조에서는 불법행위에 기한 손해배상청구권의 행사에 관하여도 태아에게 권리능력을 인정하고 있다.

민법에서 이처럼 출생하지 아니한 태아에게도 예외적으로 상속능력을 인정하는 이유는, 만일 동시존재의 원칙을 엄격히 적용하여, 상속개시 당시 이미 모체의 태중에 있어 곧 태어나리라고 예상되는 태아를 '권리능력이 없다'는 이유로 상속에

---

1 김상용 외 3, 466면.

서 제외할 경우 장차 출생할 태아에게 너무 가혹하여 부당하기 때문이다.

(3) 학설과 판례

'이미 출생한 것으로 본다'는 말의 의미에 관하여는 아래와 같이 학설과 판례의 대립이 있다.

● 정지조건설(停止條件說)·인격소급설(人格遡及說)

태아가 살아서 출생하는 것을 정지조건으로 하여 그는 상속개시 시에 상속능력이 있고 상속을 받는다. 따라서 태아인 상태에서는 상속능력이 없고, 정지조건이 성취된 시점인 살아서 출생한 때에야 비로소 권리능력을 취득하며, 다만 이 권리능력(상속능력) 취득시점이 상속개시의 시점으로 소급한다. 즉 상속개시 당시 그 아이가 이미 출생한 것으로 본다.[1] 현행법상 태아의 재산을 관리하고 태아를 대리하는 법정대리인 제도가 없기 때문이다. 이는 민법 제762조가 규정하는 손해배상청구권의 행사에 관하여도 같다.

● 해제조건설(解除條件說)·제한적 인격설(制限的 人格說)

태아는 태아인 상태에서도 상속능력이 있다. 따라서 살아서 태어나면 당연히 상속의 효력이 유지되고, 만일 죽어서 태어난 때(사산의 경우)는 상속개시 시점으로 소급하여 상속능력을 상실한다(다수설).[2] 즉 태아의 사산(死産)은 상속능력이나 불법행위에 따른 손해배상청구 능력 취득의 해제조건이 된다. 그리고 태아가 출생하기 전에는 태아의 생모에게 태아의 법정대리인 지위를 인정하면 된다.

● 판 례

1) 판례는 '태아의 출생을 정지조건으로 상속능력이 부여된다.'고 하여 정지조건설을 채택하고 있다.[3] 태아상태인 동안에는 태아의 재산을 관리하고[4] 태아를 대리하는 제도가 없기 때문이라고 한다.

2) 태아가 살아서 출생하면 출생시점을 상속·불법행위의 시점까지 소급하여

---

1 김주수, 16면; 이영준, 737면; 김준호, 민법강의(2000년판), 63면; 이은영, 신판민법학강의, 박영사, 1995, 197면 등.
2 곽윤직, 39면; 김증한·김학동, 103면; 김용한, 297면 등; 태아의 출생 시까지 상속재산의 분할을 정지시켜 두고, 법정대리인(모)의 권한도 태아의 권리의 보존에 한정시켜야 한다고 한다.
3 대판 1967. 9. 26, 67다1684: 1976. 9. 14, 76다1365.
4 독일민법 제1912조, 제1913조, 제1960조 등은 태아의 재산관리제도를 규정하고 있다. 앞으로 입법에 참고하면 좋을 것이다(김용한, 297면 등).

그때에 태아가 이미 출생해 있었던 것과 같이 법률상 보아 준다는 의미로 해석하여야 하므로, 태아가 그 모체와 같이 사망하여 출생의 기회를 갖지 못한 때에는 태아의 손해배상청구권이나 상속권은 논할 여지가 없다.[1]

  3) 유복자(遺腹子)는 아버지의 사망 당시에 소급하여 상속권을 가지는 것이 우리나라의 관습이다.[2]

  4) 헌법재판소는 민법 제762조가 합헌이라고 본다.[3] 이는 민법 제1000조 ③항에도 유추할 수 있다.

  5) 태아에게는 상속포기와 승인의 능력도 있는가? 상속능력이 있는 이상 이를 포기하거나 승인할 능력도 인정함이 상당해 보이고, 이를 긍정한 판례가 있으나,[4] 이 역시 정지조건설에 따라 살아서 출생한 후에야 비로소 포기·승인을 할 수 있고, 그 기간은 출생 후부터 민법 제1019조, 제1020조에 의해 기산함이 옳다고 생각한다.

(4) 구체적인 적용 사례

  1) 배우자와 태아 그리고 사망자의 직계존속이 공동상속하는 경우, 정지조건설에 따르면 일단 배우자와 직계존속이 상속하고, 태아가 살아서 출생하면 그에게 상속을 회복시킨다. 예컨대 남편이 5,000만 원을 남기고 사망하였는데 그 모와 처(임신)가 상속할 경우, 정지조건설에 따르면 배우자인 처가 3,000만 원, 시모는 2,000만 원을 상속한다. 나중에 태아가 살아서 출생하면 시모가 2,000만 원을 태아에게 반환하여야 한다. 태아가 출생하면 시모는 상속순위에서 후순위(제 2 순위)가 되어 애초부터 상속권이 없기 때문이다.

  2) 해제조건설에 따르면, 위 사례에서 처음부터 처(3,000만 원)와 태아(2,000만 원)만이 상속한다. 만일 태아가 사산(死産)된 경우에는 태아의 상속분 2,000만 원을 시모에게 반환하여야 한다. 태아가 사산된 경우에는 결과적으로 태아는 상속능력을 취득하지 못하고 시모와 며느리가 공동상속을 하게 된다.

  3) 태아의 출산 직후(아이가 울면서 태어난 직후) 그 아버지가 사망하고 다시 아

---

1 대판 1976. 9. 14, 76다1365.
2 대판 1949. 4. 9, 4281민상197.
3 헌재 2008. 7. 31, 2004헌바81.
4 인천지방법원 2000. 9. 28, 2000느단710 심판[태아(李명 미상)가 그 친권자 부모를 법정대리인으로 표시하여 상속포기신고를 한 것을 수리함] → 해제조건설에 따른 듯함: 대판 1982. 2. 9, 81다534(태아인 동안에는 법정대리인도 있을 수 없다)와는 상반된다.

이가 사망한 경우에는 그 아이와 처(아이의 생모)가 일단 순간적이지만 망인의 재산을 공동상속하고 그 후 아이가 사망한 것이 되므로, 처는 다시 아이를 상속하여 결과적으로 그가 남편의 재산을 단독상속하는 것과 같게 된다.

[홍길동이 5,000만 원을 남기고 사망 시 태아의 상속 여부]

구 분		정지조건설(상속금액)	해제조건설(상속금액)
생모(홍의 처)		3,000만 원	3,000만 원
태 아		0	2,000만 원
시 모(홍의 모)		2,000만 원	0
태아의 출산·사산(死産)에 따른 변동	출 산	시모(0) → 태아(2,000만 원)	×
	사 산	×	태아(0) → 시모(2,000만 원)

(5) 태아와 대습상속

1) 대습상속에 있어서도 민법 제1000조 ③항이 적용된다. 따라서 태아는 대습상속을 받을 수 있고, 대습상속의 피상속인이 사망 시 그는 이미 출생한 것으로 보게 된다.

2) 예컨대, 할아버지 사망 당시 아버지는 이미 죽었으나 손자가 태아상태인 경우, 그 손자는 나중에 살아서 출생하면 아버지(상속결격자) 대신 할아버지의 재산을 대습상속할 수 있다.

(6) 태아의 수증능력(受贈能力)(소극)·수유능력(受遺能力)(적극)

1) 태아에게는 위와 같이 일반적으로 권리능력이 인정되지 아니하고, 특별한 경우에 한하여 제한된 권리능력이 인정될 뿐이다.[1]

2) 증여에 관하여 태아에게는 수증능력이 인정되지 아니하고, 태아인 동안에는 그의 법정대리인도 있을 수 없으므로 법정대리인에 의한 수증행위도 불가능하다.[2] 증여는 계약이므로 태아가 법률행위를 할 수 없음은 당연하고, 특별규정이 없으므로 그 법정대리도 허용되지 않기 때문이다. 이는 계약인 사인증여에 관하여도 동일하다.

---

1 태아보호의 입법주의에 개별주의와 일반주의가 있다. 앞의 것은 특히 중요한 법률관계를 열거하여 그에 관하여만 태아가 출생한 것으로 보는 주의(독민 제1923조, 프민 제723조, 제906조, 우리나라 민법)이고 뒤의 것은 모든 법률관계에서 일반적으로 출생한 것으로 보는 주의(로마법, 스민 제31조 ②항)이다. 이영준, 735면.
2 대판 1982. 2. 9, 81다534.

3) 그러나 태아는 타인의 유언(유증)에 따라 재산을 받을 수 있는 능력, 즉 수유능력은 있다(제1064조·제1000조 ③항). 예컨대 어떤 사람이 아직 태어나지 아니한 태아를 지칭하면서 "이 태아에게 내 재산의 절반 또는 어디에 있는 ○○ 토지 중 3분의 1을 주노라"고 유언할 수 있고, 태아는 이를 받을 수 있다.

4) 결국 태아는 불법행위[1]로 인한 손해배상청구능력·상속능력·수유능력을 가지고 있는 셈이다(제752조·제762조·제1000조 ③항·제1064조).

(7) 태아의 인지청구 등 소송능력(소극), 등기신청능력(소극)

1) 생부는 태아를 인지할 수 있지만(제858조·가등법 제56조), 태아는 태아인 동안에는 생부를 상대로 인지청구를 할 수 없다.[2] 일반적으로 권리능력이 없는 태아에게는 인지청구 등 소(訴)를 제기할 당사자능력과 소송능력이 없다고 할 것이다.

2) 태아는 또 상속능력은 있지만 상속등기를 신청할 능력은 없다.[3] 상속등기의 신청 역시 등기관청에 대한 법률행위이기 때문이다.

[태아의 능력]

인정되는 능력(O)	부인되는 능력(×)	비고(근거)	
		인 정	부 인
①상속(대습상속)능력	① 등기(상속등기)신청능력	제1000조 ③항	등기예규 제284호
②손해배상청구(불법행위)	② 소송능력(태아 상태)	제762조	
③ 수유(受遺)능력	③ 수증(受贈)능력	제1064조·제1000조 ③항	
④ 인지(認知)를 받을 능력	④ 인지(認知)청구능력	제858조·제860조	제863조

* 엄밀하게 말하면 태아인 상태에서는 ④의 인지를 받을 능력이 있을 뿐이고, 나머지 ①, ②, ③의 능력은 '태아가 살아서 출생할 것을 조건'으로 인정되는 능력들이다(정지조건설).

(8) 사후포태의 경우

1) 아버지의 사망 후에 그 아버지가 생존 중에 추출, 보관된 정자를 모체 등에 이식하여 출생한 자, 즉 이른바 사후포태자에게도 상속권을 인정하여야 한다는 논의가 있고, 이를 인정하는 외국의 입법례도 있다.

---

1 여기의 불법행위에는 직계존속의 생명침해에 대한 위자료청구권(제752조)과 모체에 대한 위법한 약물투여로 인하여 태아가 기형아가 된 경우처럼 태아 자신이 입은 불법행위로 인한 손해배상청구도 포함된다(대판 1968. 3. 5, 67다2869).

2 이영준, 737면(민법이 태아보호에 관하여 열거주의를 취하고 있기 때문이다); 고상룡, 83면; 곽윤직, 116면; 김상용, 142면; 김준호, 85면; 김증한·김학동, 102면 등(이와 반대로 인지청구능력을 인정하는 견해는 이은영, 134면).

3 1976. 9. 14. 제정 대법원등기예규 제284호; 대판 1976. 9. 14, 76다1365 참조.

2) 사후포태자에게도 상속권을 인정하여야 하는지는 위에서 본 바와 같으나, 아버지가 사망한 후에야 포태가 된 경우는 상속 개시 당시 태아가 존재하는 것이 아니므로 민법 제1000조 ③항이 적용될 여지는 없다고 할 것이다.

제 3 절 상속결격

Ⅰ. 개 념

1) 본래는 상속인이 될 수 있는 자라도 일정한 사유가 있는 때는 상속능력이 부정된다. 이렇게 상속인 자격을 상실한 사람을 상속결격자라고 부른다. 상속결격은 가족공동체를 침해하거나 부정한 방법으로 상속재산을 얻으려고 도의(道義)에 어긋나는 행위를 하거나 하려고 한 사람의 상속인 자격을 박탈하는 제도이다(제1004조).[1]

2) 상속결격은 혈족이나 인척 간의 가족공동체라고 할 수 있는 윤리적·경제적 결합관계를 파괴하는 사람(비행을 저지른 사람)에게는 그 공동체관계로부터의 배제라는 제재를 가하여야 한다는 데 그 인정근거가 있다. 이와 달리, 재산 취득질서를 파괴한 자에 대한 제재라는 견해가 있으나, 상속과 직접 관계가 없는 사람에게 가해행위를 한 경우에도 상속결격이 발생하므로 이는 타당하지 않다. 다만, 가해자가 피상속인의 유언이나 그 철회의 자유를 침해한 경우에는 그러한 취지도 고려될 수 있을 것이다.

3) 상속인에게 법정 결격사유가 발생하면 그 상속인은 법률상 당연히(특별한 재판절차나 선언을 기다리지 않고) 상속인 자격을 상실한다(당연주의).[2]

---

1 제정로마법시대에 황제가 수유자의 결격을 선언하던 제도(indignus)에서 유래되었고[中川·泉, 상속법[제 4 판], 78면; 독민 제2340조는 취소주의(결격자에 대한 상속취소의 소)], '상속결격자가 상속으로 취득한 재산'을 국가에서 몰수하던 제도(ereptrium)의 전통을 승계한 것이라고 한다[中川 淳, 相續法逐條解說(上), 87면]. 그리고 게르만법에는 「피 묻은 손은 상속재산을 받을 수 없다」(Die blutige Hand nimmt kein Erbe)는 법언(法諺)이 있다; 미국의 경우 대륙법(civil law)을 따르고 있는 루이지애나주를 제외한 모든 주에서 '부모는 유언으로 자녀(배우자 제외)의 상속권을 박탈(disinherit)할 자유를 가지고 있다'는 보통법(common law)의 원칙을 채택·유지하고 있다. 이는 문명국가들 중에서는 유독 미국과 캐나다만 가지고 있는 비전형적인 제도이다. 이는 미국문화의 극단적인 개인주의에 근거한 것이라고 평가된다(Krause, 882~883면; Hughes & Klein, 11면).
2 프민(제540조), 오스트리아(민법 제727조), 스민(제540~541조) 등.

Ⅱ. 상속결격의 사유

1. 피상속인 등의 생명침해행위

(1) 고의로 직계존속·피상속인·그 배우자 또는 선순위나 동순위[1] 상속인을 살해[2]하거나 살해하려 한 사람(제1004조 1호)

㈎ 고 의 범

1) '고의(故意)'로 살해한 경우, 즉 고의범에 한정된다. 따라서 과실로 인하여 사람을 사망하게 한 경우(과실치사[3])는 제외된다. 고의의 내용으로는 '살해'에 대한 인식만 있으면 족하고, 그 '살해로 인하여 상속에서 더 유리하게 하려고 한다.'는 점까지 인식할 필요는 없으며(판례와 다수설[4]), 이러한 행위로 인하여 가해자가 실제로 유리하게 상속받았는지 여부는 상관이 없다.

2) 행위자는 '피해자가 피상속인·상속의 선순위자라는 사실' 등을 알고 있어야 한다는 견해도 있다.[5] 그러나 일정한 혈연관계나 친족관계 등에 있는 사람을 고의로 살해한 경우, 도덕적인 면에서 그를 친족공동체에서 배제하여 그로 하여금 친족관계에 바탕한 상속을 받게 할 수는 없다는 관념, 즉 상속인의 패륜성·범죄성에 상속인 자격 박탈의 근거가 있으므로, 피해자가 피상속인·상속의 선순위자라는 사실까지 인식할 필요가 없다는 다수설이 타당하다. 법문에서 상속과 직접 관계가 없는 직계존속이나 그의 배우자를 살해한 경우도 결격사유로 규정한 취지에 비추어 보아서도 당연하다.

㈏ 가해자·피해자는 누구인가?

1) 가해자는 이미 상속인이 되었거나 장차 상속인이 될 사람이다.

2) 피해자는 가해자의 직계존속, 피상속인, 직계존속과 피상속인의 배우자,

---

1 같은 순위의 상속인을 살해하거나 하려고 한 사람은 호주승계에서는 결격자가 아니었다(호주제도 는 폐지됨).

2 일본 민법(제891조)은 "사망하기에 이르게 하거나 또는 이르게 하려고 한"이라고 표현하고 있다.

3 음주운전하던 남편이 자동차사고를 내어 동승중인 아내를 사망하게 한 경우 남편은 보험금수익자 (상속인)로서의 권리와 아내의 재산에 대한 상속권리를 상실하지 않는다(테네시 법원의 판결), Brashier, 앞의 책, 30면.

4 대판 1992. 5. 22, 92다2127(전원합의체판결); 곽윤직, 개정판 상속법, 41면; 박병호, 309면; 이와 반대로 일본의 다수설은 '상속법상 유리한 결과를 얻으려고 하는 고의'가 필요하다고 한다(中川淳, 88~89면).

5 김주수, 535면.

자신과 선순위·동순위의 상속인이다. 그러므로 상속과 관계없는 직계존속이나 그 배우자를 살해한 경우도 결격사유가 된다. 예컨대 조부모나 외조부모를 살해한 사람은 조부모나 외조부모는 물론 자기 부모의 재산도 상속할 수 없다. 또, 부모를 살해한 자는 조부모나 외조부모의 재산을 상속할 수 없다.

이와 달리, 여기서 말하는 직계존속은 가해자의 직계존속이 아니라 피상속인의 직계존속이라는 견해가 있다.[1] 그러나 민법의 조문 형식상으로 보나 앞서 본 상속결격제도의 입법취지상 이는 무리한 해석이다.

배우자에는 사실혼 배우자도 포함되는가? 부정하여야 할 것이다. 배우자에 관하여도 피상속인의 배우자에 한한다는 견해가 있으나, 위와 같은 이유로 동의하기 어렵다.

3) 태아 살해　태아도 상속능력이 있고 가해자의 선순위 또는 동순위 상속인이 될 수 있으며, 상속인이 될 태아를 살해한 것, 즉 고의 낙태는 살인에 준하는 것으로 볼 수 있으므로 재산상속의 결격사유가 된다(통설·판례[2]). 따라서 남편의 사망 당시 태아를 임신하고 있던 아내가 고의로 태아를 낙태하였다면, 그 아내는 같은 순위의 상속인인 태아를 살해한 자로서 상속인자격을 잃게 된다. 이와 달리, 낙태는 결격사유로 볼 수 없다는 반대설도 있다.[3]

⒟ 살해의 의미

1) 여기서의 '살해'는 살인죄의 기수·예비·음모·모의를 포함하고, 정범·종범·교사범[4]은 물론 촉탁·승낙에 의한 살인, 위계 등에 의한 살인(형법 제252~255조)도 포함한다. 살해하려고만 하였으면 족하므로, 피해자가 죽지 않고 살아난 미수의 경우에도 결격이 된다.

2) 자살교사·자살방조(형법 제252조 ②)도 살해에 해당되는가?　부정설[5]과 긍정설[6]이 대립하고 있으나, 긍정설이 타당하다.

3) 살해는 위법한 것이라야 한다. 따라서 정당행위·정당방위·긴급피난(형법 제

---

1 윤진수 298면; 양창수, "상속결격제도의 일반", 서울대법학 제37권 2호(1996) 참조.
2 대판 1992. 5. 22, 92다2127. 반대설은 윤진수 299면.
3 윤진수 299면.
4 미국 시카고의 변호사인 남편의 동성연애자가 아내를 살해한 사건에서 남편이 기소되지는 않았지만, 아마도 남편이 그 살해를 교사한 듯하다고 하여 남편의 상속권(아내의 200만불 재산)을 부인한 사례도 있다(RALPH C. BRASHIER, 29면).
5 이경희, 320면; 윤진수 298면.
6 김주수, 535면; 김형배, 306면; 배경숙·최금숙. 468면; 中川·泉, 80면; 中川淳, 86면; 伊藤 眞, 160면 등.

21~22조) 등 위법성이 조각(阻却)되는 경우에는 그 살해가 적법한 것이 되므로 결격사유가 될 수 없다.

4) 유죄의 확정판결이 필요한가?(소극)　　가해자가 반드시 유죄의 확정판결이나 형벌을 받을 필요는 없다.[1] 살인죄로 기소유예처분이나 선고유예·집행유예·면소·공소기각의 판결을 받더라도 그는 결격자가 된다. 다만 무죄판결을 받으면 상속인자격을 상실하지 아니한다.

(2) 고의로 직계존속, 피상속인과 그 배우자에게 상해를 가하여 사망에 이르게 한 경우(제1004조 2호)

1) 상해치사의 경우이다. 고의로 가해자의 직계존속, 피상속인, 직계존속과 피상속인의 배우자를 상해치사한 경우 살해한 것이나 다름이 없다고 보아 결격을 인정하는 것이다.

2) 위 1호(살인)의 경우와 달리 선순위나 동순위의 상속인을 상해치사한 경우는 결격사유가 되지 아니한다.

3) 이 경우에도 가해자에게 고의가 있어야 하므로 과실치사는 제외된다. 단순한 폭행·상해의 경우도 같다. 그러므로 단순히 피상속인에게 행패를 부리는 등의 행동을 하여 패륜아라고 불리는 정도로는 결격되지 아니한다.[2]

4) 상해의 행위가 상속 개시 전에 있었다면 치사의 결과는 그 이후에 발생하여도 이에 해당한다. 이설이 없다.

(3) 상속개시 후의 범죄행위

1) 피상속인이 사망하여 이미 상속이 개시된 후 상속인이 피상속인 이외의 직계존속 등을 살해하거나 상해치사하게 한 경우도 상속결격사유가 된다고 해석하여야 할 것이다.

2) 그러나 이는 살해나 상해치사가 피상속인의 사망과 시기적으로 근접하여 아직 상속재산의 분리나 처분 등이 이미 이루어지기 전이어야 하고, 그보다 더 늦은 시기로서 상속재산의 분리나 처분 등이 이루어진 상태라면 가해자로부터 상속재산을 찾아오는 것이 무의미하므로 적용되지 않는다고 할 것이다.

---

1 일민 제891조 1호 참조("형에 처하여 진 자"라고 규정하고 있는바, 이 처형을 일종의 법정정지조건과 같은 것이라고 해석한다. 즉 처형이 있으면 살해의 시점으로 소급하여 결격의 효과가 발생한다; 일 대판 1914. 12. 1, 민록 1019면).

2 김상용 외 3, 471면.

2. 피상속인의 유언에 대한 방해나 부정행위(不正行爲)

(1) 사기나 강박으로 피상속인의 상속에 관한 유언 또는 유언의 철회를 방해한 경우(제1004조 3호)

1) 상속에 관한 유언이란 상속에 직접·간접으로 영향을 미치는 유언을 의미한다. 상속재산이나 상속인의 범위에 영향을 미치는 유증(제1074조 이하), 인지에 관한 유언(제859조 ②항), 재단법인 설립의 유언(제47조 ②항) 등이 그 보기다.

상속재산분할방법의 지정, 상속재산분할금지기간의 설정, 유언집행자의 지정에 관한 유언도 상속에 일정한 영향을 미칠 수 있으므로 이에 포함된다. 그러나 미성년자 후견인지정의 유언(제931조)이나 그 후견감독인의 지정(제940조의2)은 상속에 영향이 없으므로 이에 해당하지 않는다. 그리고 피상속인이 철회하려는 유언은 유효한 것이어야 한다.

2) 행위자의 고의는 사기와 강박 사실에 대한 고의와 특정한 유언행위와 그 철회를 방해하여 자기가 유리하게 상속받으려는 고의, 즉 2중의 고의가 있어야 한다는 것이 다수설이다(2중고의 필요설).[1]

그러나 유언을 방해하거나 그 철회를 방해하는 행위는 대개 상속재산을 탐내어 스스로 차지하려는 의도에서 비롯된 경우가 많으므로, 사기, 강박의 고의와 방해 행위의 인식만으로 족하다고 보아야 할 것이다.[2] 한편, 제1004조 제3, 4, 5호의 경우 그로써 자신에게 유리한 결과가 발생할 것을 인식하는 것이 필요하며, 방해자 본인이 아닌 다른 자의 이익을 위하여 행동한 경우에는 이에 해당하지 않는다는 견해도 다수설과 유사하나, 앞서 본 바와 같이 타당치 않다.

3) 상속결격이 되려면 이러한 방해행위로 인하여 피상속인이 '유언행위' 또는 '유언철회 행위'를 하지 못한 결과가 발생하여야 한다. 따라서 미수에 그친 경우에는 결격되지 아니한다.

(2) 사기 또는 강박으로 피상속인의 상속에 관한 유언을 하게 한 경우(제1004조 4호)

1) 앞서 본 바와 같이 반드시 그 유언이 가해자 본인에게 유리한 것일 필요는

---

1 일본의 다수설[山中康雄(中川編 註釋上), 75면; 幾代通, '相續缺格' 家族法大系 Ⅵ, 73면; 加藤永一, 신판주석민법(26) 상속(1)(유비각, 1992), 302면; 中川 淳, 相續法逐條解說(上), 90~91면].

2 객관적으로 유언자의 유언행위를 방해하고 있는 경우 그 행위자는 책망 받아 마땅하므로 그에게 2중고의(특히 유리하게 상속받으려는 고의까지)를 요구할 필요는 없을 것이다(中川·泉, 84면, 주 10).

없다고 할 것이다. 그 보호법익은 피상속인의 유언 자유의 보호에 있기 때문이다. 즉 이 경우 상속결격을 인정하는 이유는 유언을 포함한 상속법질서를 해친 자에 대한 제재이기 때문이다. 반대설이 타당치 않음은 앞서 본 바와 같다.

2) 사기나 강박을 당하여 유언한 경우, 그 유언자는 이를 이유로 또는 임의로 유언을 취소할 수도 있는바(제110조·제1108조), 사기나 강박으로 유언을 한 유언자가 이를 취소한 후 사망한 경우에도 가해자는 상속결격이 된다.

3) 사기나 강박은 유언의 내용에 직접 관련된 것이어야 한다. 이와 관련하여, 부작위(불고지 또는 은폐)에 의한 기망이 문제되는데, 유언자가 그 내용을 알았더라면 유언을 하지 않았을 것이거나 그러한 내용의 유언을 하지 않았을 경우가 이에 해당하는지가 문제된다. 결국 이는 상당인과관계에 의해 판단할 수밖에 없을 것이다. 독일에서 문제된 것으로, 배우자가 타인과 부정행위를 한 것을 다른 배우자에게 감추었는데, 이를 모른 다른 배우자가 부정행위를 한 배우자에게 유리한 유언을 한 경우, 부정행위가 일회적인 것인 때에는 이에 해당하지 않으나 지속적인 것인 때에는 이에 해당한다는 판례가 있다.

(3) 피상속인의 상속에 관한 유언서를 위조·변조·파기 또는 은닉한 경우 (제1004조 5호)

1) 여기서 말하는 유언서에는 자필유언증서는 물론 녹음, 공정증서, 비밀증서, 구수증서를 모두 포함한다는 데에 이설이 없다. 따라서 녹음테이프도 이에 해당한다.

2) 위조 등의 의미는 다음과 같다.
- 위조 : 상속인이 피상속인의 의사에 기하지 않고 피상속인의 이름으로 유언서를 작성하는 행위. 무효인 유언서를 유효한 것으로 보이게끔 한 행위도 이에 해당한다(독일 판례).
- 변조 : 이미 작성되어 있는 유언서에 권한 없이 가제(加除)·정정(訂正) 기타 방법으로 유언서를 변경하는 행위
- 파기 : 유언서의 효력을 소멸케 하거나 이를 못 쓰게 하는 모든 행위. 예컨대 유언서를 찢어버리든지 녹음테이프를 훼손하는 등의 행위
- 은닉 : 유언서를 숨겨서 그것을 찾지 못하게 방해하는 행위[1]

---

1 제주지판 2008. 7. 2, 2007가단16556(은닉은 유언서의 소재를 불명하게 하여 그 발견을 방해하는 일체의 행위를 의미한다. 그러나 유언서의 존재 또는 소재를 적극적으로 고지하지 아니하는 것만으로는 부족하고, 소재를 불명하게 한다는 점에 대한 고의 또는 그러한 고의가 있었음을 추단하게 하는 객관적 정황이 있어야 한다. 공정증서유언증서의 개봉을 하지 아니하였거나, 이를 공동상속인들에게 적극적으로 고지하지 아니한 것만으로는 은닉이라고 할 수 없다).

:: 참고판례

상속인의 결격사유의 하나로 규정하고 있는 민법 제1004조 5호 소정의 '상속에 관한 유언서를 은닉한 자'라 함은 유언서의 소재를 불명하게 하여 그 발견을 방해하는 일체의 행위를 한 자를 의미하는 것이므로, 단지 공동상속인들 사이에 그 내용이 널리 알려진 유언서에 관하여 피상속인이 사망한 지 6개월이 경과한 시점에서 비로소 그 존재를 주장하였다고 하여 이를 두고 유언서의 은닉에 해당한다고 볼 수 없다(대판 1998. 6. 12, 97다38510).

3) 이상의 행위는 모두 기수에 한한다. 위와 같은 위조 등 행위는 모두 고의로 하여야 한다. 행위자에게 2중의 고의가 있어야 한다는 것이 다수설이나,[1] 앞에서 본 이유로 2중고의설에는 찬성할 수 없다.

4) 상속개시 후에 유언서를 위조·변조한 경우에도 앞서 살해나 상해치사의 경우와 같이 결격사유가 되는 것으로 보아야 한다.[2]

(4) 기타의 사유(상속인의 가출이나 불륜행위 등)

1) 민법에 규정되어 있는 상속결격사유는 제한적 열거라고 해석된다.

2) 따라서 위에서 열거되지 아니한 사유, 예컨대 상속인(배우자)의 가출이나 불륜행위 등은 상속결격사유가 될 수 없다.[3] 사실상 오래 전에 가출하여 이혼한 것과 다름없는 배우자나 자녀를 돌보지 않은 부모라도 상속이 개시되면 나타나 상속권을 주장하는 사례가 더러 있으나 어쩔 수 없는 일이다.

(5) 상속의 폐제, 상속권의 박탈

1) 상속결격의 사유 외에 상속인이나 상속인이 될 자에게 중대한 비행이 있는 경우 피상속인은 법원에 상속권 박탈을 청구할 수 있는, 이른바 상속권의 폐제(廢除)에 관한 규정이 우리 민법에는 없다. 입법례에 따라서는 일본과 같이 이를 인정하는 경우도 있다.[4]

2) 상속법은 그 본질상 재산법이라기보다는 신분법이므로 명문의 규정 없이 피상속인이 임의로 이를 개변(改變)할 수 없는 만큼 현재로서는 이를 허용할 수 없

---

1 일 최판 1997. 1. 28, 집 51-1, 184면.
2 일 대판 1914. 12. 1; 甲斐 외 2, 156면.
3 대한법률구조공단, 생활법률(1998), 374~375면; 일 대판 1945. 12. 5, 민법판례총람(상속), 148면.
4 일본 민법 제892조, 제893조, 제894조는 우리 법무부 산하 가족법개정특별위원회가 2011. 6. 민법 개정을 통해 추진하려던 것과 같은 내용을 규정하고 있다.

다고 할 것이다. 다만, 법무부 산하 가족법개정특별위원회는 2011. 6. 상속인이나 상속인이 될 자가 피상속인이나 그 배우자, 직계존속에게 범죄행위, 학대, 그밖에 심히 부당한 대우를 하거나 부양의무를 중대하게 위반한 경우, 피상속인은 가정법원에 상속권 상실선고를 청구하거나 공정증서로써 유언집행자에게 이를 청구하도록 유언할 수 있도록 하는 한편, 이를 용서할 수도 있다는 규정의 신설을 추진하였으나 입법에는 실패하였다.

3) 피상속인은 임의로 상속인의 상속권이나 유류분권을 박탈할 수 있는가? 위와 같은 이유로 이 역시 허용할 수 없다. 입법례에 따라서는 독일과 같이 이를 인정하는 경우도 있다.

Ⅲ. 상속결격의 효과

1. 상속에서의 배제

상속결격사유가 있으면 해당 상속인은 상속인 자격을 당연히 상실하여 상속을 받을 수 없다. 즉 그는 처음부터 상속인 지위에 없는 것으로 간주된다. 이에 따라 동순위의 상속인은 그 법정상속분이 늘어나고, 동순위의 상속인이 없는 때는 다음 순위자가 법정상속을 받게 된다. 다만, 상속결격자에게 대습상속인이 있는 때는 예외가 있다.

(1) 특별한 절차의 요부

위와 같은 비행(非行)을 한 상속인은 특별한 절차를 밟을 필요 없이 당연히 상속인 자격을 잃게 된다. 이해관계인의 청구나 의사표시 또는 재판절차, 예컨대 "상속인 홍길동은 상속인 자격을 상실한 자임을 확인한다"는 등의 확인판결·심판·결정 등은 필요하지 않다.[1]

(2) 결격의 시점

1) 상속개시 전(前)에 결격사유가 발생하면 그 후 상속이 개시되더라도 그 상속인은 상속을 할 수 없다. 따라서 결격자를 제외하고 나머지 상속인들만이(상속인이 1명이면 단독으로) 상속한다.

---

1 독민 제2340~2342조(유산취득취소의 소를 제기하여야 한다).

2) 상속개시 후에 결격사유(유언서 위조 등)가 생긴 경우는 일단 상속을 받았다고 하더라도 결격의 효과가 소급하므로, 그 상속은 상속개시 시점으로 소급하여 무효가 된다. 따라서 그가 취득한 상속재산은 다른 상속인들에 대한 관계에서 부당이득이 된다. 그러나 이 경우 상속결격자는 참칭상속인에 해당하므로 다른 상속인들은 상속회복청구에 의하여 구제를 받아야 할 것이다.

(3) 결격자가 상속재산을 제3자에게 처분한 경우

1) 이 경우 제3자는 보호를 받을 수 없다. 상속과 그에 기한 양도가 모두 무권리자에 의한 것이므로 처음부터 모두 당연무효라서 제3자는 아무런 권리도 취득하지 못하기 때문이다.[1] 이 경우 선의의 제3자 보호규정이 없으므로 제3자가 선의·무과실이라도 마찬가지다. 다만, 상속재산이 동산인 경우 제3자는 선의취득 제도에 의해 보호받을 수는 있다.

2) 이 경우 진정한 상속인(결격자 외의 상속인)은 결격자와 제3자를 상대로 상속회복의 청구를 할 수 있다.

2. 상속결격의 효과가 미치는 범위

(1) 결격의 범위

1) 상속결격의 사유가 있더라도, 그 결격은 특정 상속관계(상속사건)에 한정하여 상속자격이 박탈되고, 일반적인 상속능력이 부인되어 모든 상속관계에서 상속자격이 박탈되는 것은 아니다. 즉 상속결격의 효과는 상대적(相對的)이다. 그 범위는 피해자의 범위에 의하여 정해진다고 보아야 할 것이다. 즉 피해자가 가해자의 직계존속, 피상속인, 직계존속과 피상속인의 배우자, 가해자 자신과 선순위·동순위의 상속인인 때에만 상속결격이 발생하고, 피해자가 가해자의 친족이라도 이에 속하지 않은 경우에는 상속결격이 발생하지 않는다.

2) 따라서 직계비속인 자기의 자녀를 살해한 사람은 그 자녀(피상속인)의 재산을 상속할 수는 없으나 자기 아버지의 재산을 상속할 수는 있다. 아버지를 살해한 사람은 아버지의 재산을 상속할 수는 없으나 자기 자녀의 재산을 상속할 수는 있다는 견해가 있으나,[2] 피해자인 아버지는 직계존속에 해당하여 상속결격

---

1 대판 1964. 7. 14, 64다135; 김상용 외 3, 471, 473면.
2 中川·泉, 88.

이 발생하므로 이 경우 가해자는 자신의 자녀 재산도 상속할 수 없다고 보아야한다.[1]

아버지를 살해한 사람은 어머니의 재산도 상속할 수 없다. 어머니의 재산에 대하여 아버지도 가해자와 동순위의 상속인이어서 피해자(아버지)가 동순위의 상속인에 해당하기 때문이다.

3) 상속결격자는 수증결격자가 되므로(제1004조·제1064조), 특정유증이든 포괄유증이든 유증도 받을 수 없다.[2] 이에 대하여는 반대설이 있다.[3]

(2) 대습상속과 결격

1) 비행자(非行者), 즉 가해자 본인만 상속결격자가 되는 데 그치고, 그 배우자나 비속 등에게는 그 효과가 미치지 아니하므로 그 처자의 대습상속에는 지장이 없다(제1001조·제1003조). 예컨대 홍길동이 1억 원을 남기고, 딸 홍효순(D), 아들 홍불효와 며느리(W), 손녀(GD)를 둔 채 사망하였다. 아들 홍불효가 아버지의 유언서를 위조하였다면, 아들은 상속에서 제외되고, 딸 홍효순(D)이 자신의 상속분(2분의 1)인 5,000만 원을 본위상속하고, 며느리(W)와 손녀(GD)가 합하여 홍불효의 상속분인 5,000만 원(W, 3,000만 원, GD 2,000만 원)을 대습상속한다.

2) 직계존속인 아버지를 살해한 자(대습자)는 그 아버지를 대신하여 조부모의 재산을 상속할 수 없다고 해석할 것이다.[4] 대습자 자신이 상속결격자이기 때문이다.

(3) 상속결격자를 용서할 수 있는가?

1) 이에는 학설 대립이 있다.

• 소극설·부정설(다수설)　　상속결격제도는 공익적 성격이 강하므로 상속결격의 효과는 법률상 당연히 발생하고 피상속인의 의사(意思)와는 관계가 없다. 그러므로 피상속인이 임의로 결격자를 용서하여 상속결격을 취소시키거나 상속자격을 회복시키지 못한다.[5] 결격자 용서(상속자격회복)에 관하여 민법에 아무런 규정이

---

1 동지: 김·김, 661면.

2 김·김, 661면; 배경숙·최금숙, 471면; 김상용 외 3, 472면.

3 곽윤직, 개정판 상속법, 44면[피상속인이 상속결격자에게 유증한 경우, 그 '수유자'는 결격되지 아니한다].

4 곽윤직, 44면; 中川·泉, 88, 148면(그러한 손자는 아버지뿐만 아니라 할아버지에 대하여도 결격자); 甲斐 외 2, 156면.

5 정광현, 332면; 김·김, 662면; 김용한, 325면; 배경숙·최금숙, 472면; 김상용 외 3, 472면 등.

없는 것도 이런 이유 때문이다. 또한, 피상속인이 살해된 경우에는 그가 존재하지 않으므로 용서를 할 수도 없다.

· **적극설·긍정설(소수설)**   상속결격은 상속인과 피상속인 간의 협동관계 또는 가족공동체관계 파기를 그 근거로 하는 것이다. 따라서 피상속인의 용서로 그 관계의 회복이 가능하다면 용서하여 결격의 효과를 소멸시킬 수 있다.[1]

· **절충설**   피상속인은 상속인의 비행사실을 알면서도 그에게 유효하게 생전증여나 사인증여, 유증을 할 수 있고, 그러한 증여나 유증에는 결격의 효과가 미치지 아니한다. 이로써 실질적으로 용서는 가능하다.[2]

2) 생각건대, 상속결격은 피상속인이 임의로 처분할 수 있는, 전적으로 사적 법익으로서의 성질만 갖는 것이 아니다. 이는 사회공동체 질서유지를 위한 것으로서 법질서 전체에 영향을 미치는 것이기 때문이다. 따라서 명문의 규정이 없이 이를 허용할 수는 없다. 다만, 가해행위 후에 피상속인이 가해자에게 생전증여나 사인증여는 유효하게 할 수 있는바(유증은 앞서 본 바와 같이 허용되지 않는다),[3] 이로써 피상속인은 상속인을 실질상 용서하는 효과를 얻을 수는 있을 것인바, 그것까지 막을 수는 없다고 하겠다.

---

[1] 박병호, 312면; 이근식·한봉희, 239면; 김용제·정범석 233~234면; 이경희, 323면; 中川·泉, 89~90면 등. 일본의 다수설이고, 독민 제2343조, 스민 제540조 ②항은 명문으로 용서를 인정한다. 다만 이 견해도 피해자가 된 선순위 또는 동순위 상속인의 용서는 허용하지 않는 것이 옳다고 한다.

[2] 곽윤직, 45면; 김용한, 280면 등.

[3] 대판 2015. 7. 17, 2014스206, 207 결정은 "민법 제1008조는 공동상속인 중에 피상속인으로부터 재산의 증여 또는 유증을 받은 특별수익자가 있는 경우, 공동상속인들 사이의 공평을 기하기 위하여 그 수증재산을 상속분의 선급으로 다루어 구체적인 상속분을 산정함에 있어 이를 참작하도록 하려는 데 그 취지가 있는 것이므로, 상속결격사유가 발생한 이후에 결격된 자가 피상속인으로부터 직접 증여를 받은 경우, 그 수익은 상속인의 지위에서 받은 것이 아니어서 원칙적으로 상속분의 선급으로 볼 수 없다. 따라서 결격된 자의 위와 같은 수익은 특별한 사정이 없는 한 특별수익에 해당하지 않는다고 봄이 상당하다"고 판시하였는바, 이는 유증이 아닌 증여이므로 유효한 것으로 본 것으로 해석된다. 또한 그것을 상속분의 선급으로 보지 않은 것도 유의미하다.

제 4 절   상속회복청구권

I. 상속회복청구권의 의의

1. 상속회복청구권의 개념과 법규정

(1) 개   념

1) 상속회복청구권(相續回復請求權)은 참칭상속인(僭稱相續人)[1]에 의하여 진정한 상속인의 상속권이 침해된 경우, 진정한 상속인이 참칭상속인을 상대로 침해된 상속재산의 반환을 청구할 수 있는 권리이다(제999조).

2) '참칭(僭稱)'이란 말은 본래, 자기의 신분을 속이고 다른 신분, 특히 상위의 신분을 칭하면서 행세하는 것을 말하는데, 참칭상속인이란 진정한 재산상속인이 아니면서 상속인인 것처럼 보이는 외관(外觀; 가족관계등록부 기재 등)을 갖추고 진정상속인의 상속자로서의 권리를 부인하거나 이와 배치·대립되는 결과를 초래함으로써 진정상속인의 상속권을 불법적으로 침해하고 있는 사람을 가리킨다. 이때 침해의 방법은 상속재산의 전부·일부를 점유하여 이를 지배하는 것이다.

3) 참칭상속인의 예로는 후순위상속인, 상속결격자, 무효인 혼인의 배우자, '허위의 기재로 호적(가족등록부)상 자녀로 올라가 있는 사람' 등을 들 수 있다.

4) 상속회복청구권의 존재이유와 개념에 대해서는 다양한 견해가 있지만, 현재 우리의 통설·판례에 의하면, 이는 상속인이 상속의 효과에 따라 개별 상속재산에 대하여 갖고 있는 소유권이나 채권 등에 의하여 그 권리를 침해하는 모든 사람에 대하여 침해된 권리의 회복을 청구하는 것이 아니라, 상속인으로 오인될 만한 외관을 가진 참칭상속인에 의하여 진정상속인의 상속인 지위가 부정당하고 그 상속재산에 대한 권리가 침해당한 경우에 그 참칭상속인을 상대로 침해된 권리의 회복을 청구하는 특수한 권리이다. 따라서 상속회복청구권은 그 권리 행사의 상대방이 일반의 모든 사람이 아니라 참칭상속인으로 제한되고, 다툼의 대상이 사실상 진정상속인과 참칭상속인 중 누가 진정한 상속인인가를 소로써 판가름한다는 특징을 갖는다. 이 같은 특징으로부터 그 권리행사에 시간적 제한이 뒤따른다.

---

1 부진정상속인 또는 표현(表現)상속인이라고도 한다.

(2) 민법의 규정

1) 민법은 "상속권이 참칭상속권자로 인하여 침해된 때에는 상속권자 또는 그 법정대리인은 상속회복의 소를 제기할 수 있다"고 하고(제999조 ①항), 이러한 "상속회복청구권은 그 침해를 안 날부터 3년, 상속권의 침해행위가 있은 날부터 10년을 경과하면 소멸된다."(동조 ②항: 2002. 1. 14. 개정)"고 규정하고 있다. 뒤에서 보는 바와 같이 이 기간은 제척기간이라는 것이 통설, 판례이다.

2) 종래에는 호주(戶主)상속회복에 관하여 이를 규정하고(제982조),[1] 재산상속에 이를 준용하였는데, 호주상속이 폐지되어 현재는 재산상속에만 남게 되었다.

3) '남북 주민 사이의 가족관계와 상속 등에 관한 특례법' 제11조 ①항도 "남북이산으로 인하여 피상속인인 남한주민으로부터 상속을 받지 못한 북한주민(북한주민이었던 사람을 포함한다) 또는 그 법정대리인은 민법 제999조 ①항에 따라 상속회복청구를 할 수 있다. 이 경우 다른 공동상속인이 이미 분할, 그 밖의 처분을 한 경우에는 그 상속분에 상당한 가액으로 지급할 것을 청구할 수 있다"고 규정하고 있다.

4) 민법 시행 전 상속회복청구권은 상속권의 침해사실을 안 때로부터 6년, 상속이 개시된 때로부터 20년이 경과되면 소멸하는 것이 관습이었다.[2]

2. 존재이유와 그 연혁

(1) 연 혁

1) 상속회복청구권은 연혁상으로는 로마법상의 상속청구의 소(hereditatis petitio)제도가 독일보통법을 거쳐 독일 민법(제2018~2031조)에 정착되고, 그것이 일본(일민 제884조)을 거쳐 우리 민법에 계수(繼受)된 것이라고 이해된다.[3]

2) 로마법상의 hereditatis petitio는 소권(訴權), 즉 대물소권(對物訴權)으로서 소유권반환의 소권과 유사한데, 소유물반환 소권이 개별적 소권인데 반해 hereditatis

---

1 일본에서는 명치민법상의 가독(家督)상속(한국의 호주상속)을 중심으로 참칭상속인의 지위를 부인하여 상속권을 소멸시키고 진정상속인의 상속권을 회복·확립하는 실체법상의 형성권이 상속회복청구권이라는 설(형성권설)이 있었다[近藤, 상속법론(상), 428면; 中川 淳, 相續法逐條解說(상), 32면.
2 대판 1981. 1. 27, 80다1392.
3 곽경직, "상속회복청구권론," 상속법의 제문제(재판자료 제78집), 287면은 독일 민법의 규정과 우리 민법의 규정은 서로 차이가 많아서 연혁에 관한 다수설(족보의 진실성)에 의문을 제기하고 있다; 현승종·조규창, 로마법(1996), 1126~1133면; 山中康雄, "상속회복청구권," 家族法大系 Ⅵ, 相續(1)(1960), 24~27면 참조.

petitio는 모든 상속재산을 포함하는 하나의 포괄적인 청구권이라는 점에서 다르다.[1]

3) 로마법상의 hereditatis petitio는 소유권반환 소권과 같은 개별적 청구권에 의해서는 상속인이 충분히 보호될 수 없다는 우려에 기초한다. 즉 상속인은 피상속인이 행사할 수 있었던 일체의 재산권을 승계하고, 이에 기하여 개개의 상속재산별로 소유물반환 소권 등을 행사할 수 있지만, 이는 개별적 권리이므로 상속인의 지위에 기초한 상속권이라는 포괄적 권리 자체를 보호하는 데는 불충분하다는 것이다.

이에 따라 hereditatis petitio에 의해 진정상속인이 그 권리를 행사하는 때에는 자신이 상속인의 지위에 있다는 사실과 상속재산이 피상속인의 재산이었던 사실, 현재 이를 점유·지배하는 자가 상속인이라고 주장하면서 자신의 상속권을 침해하고 있는 사실을 주장·증명하면 족하고, 개개의 상속재산에 관하여 피상속인이나 원고 자신의 권원을 별도로 주장·증명할 필요는 없다는 점에서 소유물반환 소권 등에 비해 편리한 점이 있다.

4) 로마법상 진정상속인은 hereditatis petitio의 권리를 행사할 수 있음은 물론이고, 이와 아울러 개개의 상속재산별로 소유물반환 소권 등도 경합적으로 행사할 수 있다. 그러나 진정상속인이 어느 한 쪽의 권리를 이미 행사하여 그 판결이 확정된 때는 다른 쪽 권리를 행사할 수는 없다. 따라서 hereditatis petitio에 의해 진정상속인이 특별히 큰 이익을 얻을 수 있었을 것 같지는 않아 보인다.

5) 독일 민법상의 상속회복청구권(Erbschftsanspruch)은 로마법상의 herditais petitio에 유래하는데, 그 기본적 구도는 로마법의 그것과 같이 진정상속인이 참칭상속인에 대해 포괄적 청구로서 상속재산의 전부 또는 개개 상속재산의 반환을 청구할 수 있는 권리로서 물권적 청구권 등과는 독립된 청구권으로 이해되고 있다. 그러나 상속인이 개별 상속재산에 대하여 물권적 청구권 등을 행사하는 경우에도 상속회복청구권에 관한 규정이 적용되므로(독민 제2029조) 사실상 양자의 경합적 행사는 불가하다고 할 수 있다.

그런데 독일 민법에서는 이와 별도로, 상속인이 유산재판소에 상속권에 관한 증명서, 즉 상속증서(Erbschein)의 발급을 요청할 수 있고(독일 민법 제2354조 이하), 이 증서를 교부받은 상속인은 사법적·공법적 법률관계에서 정당한 상속권자로 취

---

1 로마법상의 hereditatis petitio에 대한 설명은 이화숙, "상속회복청구권 제척기간의 경과와 참칭상속인의 지위", 저스티스 제32권 2호(통권 52호, 1999), 103면 이하를 참조.

급되고, 등기관청에도 이를 주장하여 등기 시 자신의 상속권을 증명하는 근거로 삼을 수 있다. 상속증서에 기재된 상속인은 상속권자로 추정되며, 그의 전득자는 동산을 선의취득할 수 있고, 부동산의 경우에도 선의의 전득자는 등기의 공신력과 상속증서의 추정력에 의해 보호된다. 그러나 진정한 상속인은 상속증서에 상속인으로 기재된 자를 상대로 확인의 소를 제기할 수 있다.

6) 독일 민법에서는 우리와 달리, 상속회복청구권을 그 회복청구의 내용에 따라 물권적 청구권(원물의 반환청구 시) 또는 채권적 청구권(대체물이나 가액의 반환청구 시)의 성질을 갖는 것으로 보고, 채권적 성질을 갖는 경우 피고는 부당이득법리에 따른 의무를 진다. 이에 따라 상대방은 받은 이익이 소멸하였음을 주장할 수 있고(독민 제818조 ③항), 상속재산에 투여한 비용의 상환과 그이 기한 유치권도 행사할 수 있다(독민 제2022조).

한편, 독일 민법은 소유권에 기한 물권적 청구권에 대해서도 30년의 소멸시효를 인정하는데, 상속회복청구권에 대해서도 이를 소멸시효로 하고 그 기간을 30년으로 규정하고 있다. 다만, 상속회복청구권이 존속하는 동안은 상속재산 점유자는 취득시효를 주장할 수 없다(독민 제2026조).

7) 또한 독일 민법상 참칭상속인으로부터 상속재산을 양수한 제3자는 상속인에 대한 관계에서 상속재산점유자와 동일한 지위를 갖고(독민 제2030조), 그와 동일한 책임을 지며, 제3자가 선의인 경우에는 등기의 공신력(독민 제892조)이나 동산의 선의취득(독민 제932조)에 의해 보호된다.

8) 일본 민법은 상속회복청구권에 대하여 "상속회복청구권은 상속인 또는 법정대리인이 상속권을 침해당한 사실을 안 때부터 5년간 행사하지 않은 때는 시효에 의해 소멸한다. 상속개시가 있은 때부터 20년이 경과한 때도 같다"고만 하여(일본 민법 제884조), 우리 민법과 같이 매우 간단하게 규정하고 있다. 다만, 이를 제척기간이 아닌 소멸시효기간으로 하고, 그 기간도 우리보다 훨씬 길게 하고 있는 점이 다르다.

(2) 상속회복청구권의 존재이유

1) 우리 민법상 상속회복청구권은 로마법이나 독일 민법과는 많이 다르며 일본의 그것과 유사하다. 따라서 이를 이해하는 데에는 우리 민법의 독자적 해석이 필요하다고 하겠다.

2) 참칭상속인이든 누구든 타인의 권리를 침해한 경우 그 법익을 침해당한 타인은 상속재산의 소유권 또는 준소유권에 기하여 침해자에게 당해 재산의 반환청구나 손해배상청구, 부당이득의 반환청구 등 여러 가지 권리를 행사할 수 있다. 그런데 민법이 이와 구별되는 별개의 제도인 상속회복청구권을 규정하고 그 권리행사기간을 제한하는 이유는, 그 가해자가 상속인으로서의 외관을 가진 사람이어서 그 자신은 물론 이로부터 권리를 승계·설정 받은 제3자 등도 침해자가 진정한 상속인인 것으로 믿고 법률관계를 형성할 수 있으며, 피해자인 진정상속인 역시 그러한 때문에 굳이 이를 문제 삼지 않을 수도 있기 때문에 이러한 사정을 고려하여 이에 따른 법률관계, 즉 상속권을 둘러싼 분쟁을 신속히 확정함으로써 널리 가족관계의 회복과 안정을 꾀하는 동시에 상속재산에 관한 법률관계를 안정시켜 거래의 안전을 도모하기 위한 것이라고 할 수 있다.[1]

3) 따라서 상속회복청구권은 진정한 상속인의 권리구제보다는 오히려 상속재산에 관한 법률관계의 신속한 안정과 거래안전에 중점이 있다고 볼 수 있다. 뒤에서 보는 바와 같이 공동상속인 간에도 이를 적용하는 우리 판례의 태도 역시 이에 입각한 것이라고 할 수 있다.

4) 민법상 상속회복청구권의 연원이 어떠하든 오늘날 이는 진정한 상속인과 참칭상속인 사이에 진정한 상속권을 둘러싸고 분쟁이 발생한 경우에 그 분쟁을 해결하는 특별한 방법으로 이를 규정한 것으로 이해하여야 한다. 그렇지 않다면 민법이 다른 구제수단이 가능함에도 굳이 이를 규정한 의미가 없게 된다. 그 구체적인 의미는 뒤에서 보는 이 권리의 법적 성질과 같다.

5) 그 결과 민법의 규정은 진정한 상속인을 보호하기 위한 기능은 거의 없고, 오히려 진정상속인으로 오인될 만한 외관을 가진 참칭상속인을 보호하는 기능을 하게 되는데 이는 어쩔 수 없다. 다만, 이러한 점을 고려하여 참칭상속인의 인정범위와 그 기준을 엄격히 함으로써 진정상속인과 참칭상속인의 이해관계를 적정하게 조절할 필요가 있다.

---

1 鈴木祿彌, 相續法講義, 199면(상속회복청구권이라는 특별한 권리가 존재하는 것은 아니고, 상속인이 승계한 개별적 권리에 대한 짧은 기간제한을 붙여, 가능한 한 속히 권리관계를 안정시키는 제도에 불과한 것이 상속회복이다).

3. 유사개념과 구별

(1) 물권적 청구권과의 관계

1) 상속인은 피상속인의 재산상 권리를 당연히 포괄승계[당연상속주의(當然相續主義)]하므로 소유권 등 물권도 승계한다. 그러므로 상속인은 참칭상속인에 대하여 개개의 상속재산에 관하여 소유권자로서 소유물반환청구권(제213조) 등 물권적 청구권을 행사하여 상속재산을 회복할 수 있다. 따라서 이러한 견지에서 보면 상속회복청구권이 굳이 필요 없다. 다만, 상속회복청구권은 원고가 상속인의 지위에 있다는 것을 기초로 그에 기한 권리를 보호하는 것이므로 개개의 상속재산에 관하여 피상속인이나 원고 자신의 권원을 별도로 주장·증명할 필요는 없다는 점에서 물권적 청구권과 다르다.

2) 이와 같이 상속회복청구권은 물권적 청구권에 비해서 유리한 점이 있으나 제척기간의 제한이 있다는 점에서는 매우 불리하다. 물권적 청구권은 제척기간은 물론 소멸시효도 없기 때문이다.

이러한 점을 고려할 때 물권적 청구권 등 다른 권리와 별도로 민법이 상속회복청구권을 인정하는 이유가 무엇인지에 대하여는, ① 상속에는 '포괄적 성격'이 있으므로 민법 제213조에 의한 물권적 청구권의 행사와 달리 상속재산을 일일이 열거하지 않고 침해자에 대하여 일괄하여 포괄적 회복청구를 할 수 있는 이점이 있는바 이를 위해 이를 인정한 것이라는 견해,[1] ② 상속인의 입증책임을 경감하여, '자신이 진정한 상속인이고, 목적물이 상속개시 당시 피상속인의 점유하에 있었다'는 사실만 입증하면 권리를 회복할 수 있도록 하기 위한 것이라는 견해,[2] ③ 단기의 제척기간을 설정함으로써 상속재산을 둘러싼 권리관계를 속히 안정시켜 거래의 안전을 도모하기 위한 것이라는 견해[3]가 대립한다.

3) 대법원은 이 문제에 관하여, "진정상속인이 소유권이나 지분권의 귀속을 주장하면서 등기의 이전이나 말소를 청구하는 것이 '상속'을 원인으로 하는 것이

---

1 김주수, 501면; 배경숙·최금숙, 434면; 我妻 외 2, 민법3(친족법·상속법)(勁草書房, 2004), 320면 [상속으로 취득한 재산은 여러 가지 종류의 것이 포함되어 있고 그 내용도 복잡하여 상속인은 이를 조사하기 곤란하므로, 진정상속인은 이를 일괄하여(내용을 구체적으로 명시하지 않고), 그 회복을 청구할 수 있게 한 것이다]; 일대심연합부판결 1919. 3. 28, 민록 25, 507면.
2 독민 제2018조; 스민 제598조; 이민 제533조 등; 我妻 외 2, 320면(물건에 대한 피상속인의 권원, title, 즉 소유권, 임차권 기타 실질적 권리를 증명할 필요는 없다).
3 김형배, 299면; 이경희, 304면; 鈴木, 199면.

명백한 이상, 그것은 그 청구원인 여하에 불구하고 이는 상속회복청구의 소라고 해석함이 상당하므로, 이 경우에도 민법 제992조 ②항 소정의 단기제척기간이 적용된다"고 판시하였다.[1]

대법원의 이러한 견해에 의하면 상속회복청구권의 성립요건에 해당하는 경우 진정상속인은 물권적 청구권을 행사하여 상속재산을 회복하는 것이 불가능하다. 즉 상속인은 상속회복청구권을 다른 권리와 선택적·경합적으로 행사할 수 있는 것이 아니라 상속회복청구권을 배타적으로 행사하여야만 하게 되어 제척기간 제한의 불이익을 입게 된다.

4) 물론 상속재산에 대하여 타인의 침해가 있더라도 상속회복청구권의 성립요건에 해당하지 않는 경우에는 진정상속인이 물권적 청구권을 행사할 수 있다. 그리고 이때는 당연히 물권적 청구권만이 성립한다.

(2) 부당이득반환청구권 등과의 관계

1) 상속인은 개개의 상속재산에 관하여 소유권 또는 준소유권을 취득하므로 그에 기하여 상속재산의 침해자를 상대로 부당이득반환청구권이나 불법행위에 기한 손해배상청구권을 행사할 수 있고, 그 행사를 통하여 상속회복청구권 행사에 의한 것과 동일한 효과를 얻을 수 있다. 그리고 부당이득반환청구권이나 손해배상청구권은 제척기간이 아닌 소멸시효기간이 적용되고, 경우에 따라서는 그 기간이 상속회복청구권의 제척기간보다 길므로 상속인에게 유리하다.

2) 사실 민법이 규정하는 상속회복청구권은 특수한 부당이득반환청구권 내지 손해배상청구권에 해당한다고 볼 수도 있다. 그러나 위와 같은 상속회복청구권의 존재의의나 대법원의 견해에 따르면, 상속회복청구권이 성립하는 경우 상속인에게 상속회복청구권의 행사와 부당이득반환청구권이나 손해배상청구권의 선택적 행사를 허용할 수 없다. 따라서 양자는 경합할 수 없게 된다.

(3) 유류분반환청구권과의 관계

1) 유류분반환청구권은 피상속인이 적법하게 자신의 의사에 기하여 생전증여나 유증 등 재산을 처분한 바람에 상속인들이 그 법정상속분 중 일정 부분마저도 못 받게 되는 결과가 초래되었을 때, 증여나 유증을 받은 사람에게 상속인들이 그 부족한 부분의 반환을 청구할 수 있는 특수한 권리이다.

---

1 대판 1978. 12. 13, 78다1811; 1990. 6. 26, 88다카20095.

2) 반면, 상속회복청구권은 '상속인이 아닌 사람'이 상속인인 것처럼 행세하며 불법적으로 상속재산을 침해한 경우에 진정상속인이 그 침해된 상속재산의 반환을 청구할 수 있는 권리이다.

3) 따라서 양자는 별개의 권리로서 전혀 상관성이 없으므로 양자의 법률요건을 동시에 충족할 수 없고, 이에 따라 경합의 문제도 발생하지 않는다. 즉 상속인은 상속회복청구권과 유류분반환청구권을 별개로 행사하게 된다.

(4) 상속재산분할청구권과의 관계

1) 상속재산분할청구는 상속에 의하여 상속재산을 공유하는 진정한 공동상속인들이 협의 또는 재판에 의하여 각자의 상속분에 따라 상속재산을 나누어 달라고 청구하는 권리이다(제1013조 이하).

2) 따라서 상속재산분할청구는 공동상속인에 의한 상속권의 침해를 전제로 하지 않는다. 이러한 점에서 상속재산분할청구권과 상속회복청구권은 그 요건과 목적 등이 완전히 다르다.[1]

(5) 점유소권과의 관계

1) 점유자가 점유의 침탈을 당한 때에는 그 물건의 반환 및 손해의 배상을 청구할 수 있는 등으로 점유자는 민법에 의해 점유소권 등 여러 가지 권리를 갖는다(제204조 내지 제206조). 한편 점유자의 권리는 점유라는 사실상태만을 기준으로 하므로, 그 점유의 권원인 본권의 유무나 종류는 따지지 않는다.

2) 한편, 민법은 물건에 대한 점유가 없는 상태를 방지하기 위하여 상속에 의한 점유권의 이전을 인정한다(제193조). 따라서 상속인은 상속재산을 현실적으로 점유하지 않더라도 상속에 의하여 당연히 그 점유권을 취득하게 된다.

3) 상속인이 상속재산에 대하여 점유권을 행사할 수 있는 이상 점유의 회수, 점유의 보유, 점유의 보전에 관한 권리도 행사할 수 있는데, 타인이 상속재산에 대한 점유를 침해한 경우, 이와 동시에 그로 인하여 상속인에게 상속회복청구권이 성립한다면 상속인은 상속회복청구권의 행사와 점유소권 등을 경합적·선택적으로 행사할 수 있는가?

생각건대, 상속회복청구권은 진정상속인이 본권인 상속권 즉 상속재산에 대한 소유권이나 준소유권 등 본권을 가지고 있음을 전제로 이를 보호하기 위한 것인

---

1 泉久雄, 註釋民法 제24권, 90면; 星野英一, 家族法大系 Ⅵ, 354면.

데, 점유자의 권리는 점유라는 사실상태만을 기준으로 이를 보호하는 것이므로 양
자는 그 요건과 보호법익 등이 다르고, 점유권은 그 점유의 권원인 본권의 유무나
종류를 따질 필요가 없는바, 이는 점유자가 상속에 의하여 점유권을 취득한 때에
도 마찬가지라고 할 것이다. 따라서 상속인은 상속회복청구권의 행사와 점유소권
등을 경합적·선택적으로 행사할 수 있고, 점유소권 등을 행사하는 경우에는 상속
회복청구권의 제척기간이 적용되지 않는다고 할 것이다.

II. 상속회복청구권의 법적 성질

1. 학 설

상속회복청구권의 성질은 물권적 청구권 등 다른 권리와의 관계, 상속회복청
구권 행사의 제척기간의 적용 여부와 관련하여 여러 가지로 논의되고 있다.

(1) 확인청구권설과 이행청구권설

㈎ 상속자격 확정설(확인청구권설)[1]

1) 상속회복청구권은 개개의 상속재산에 대한 청구권이 아니라 진정상속인의
상속권, 즉 상속인 자격 유무의 확정을 청구하는 권리이고, 그 청구는 소송법상 확
인의 소이다. 이에 따른 판결의 기판력도 상속인 자격의 유무 확인에만 미친다. 따
라서 상속인이 상속재산을 반환받으려면 다시 물권적 청구 등의 소를 제기하여야
하며, 이 경우 개별적 상속재산에 대한 반환청구는 상속회복청구와는 별개의 것으
로서 제척기간의 적용을 받지 않고 소를 제기할 수 있다고 주장한다.[2]

2) 상속회복청구권은 진정상속인과 참칭상속인 사이의 재산상 분쟁을 해결하
기 위하여 인정된 특별한 소권으로서, 원고는 자신이 정당한 상속인이라는 것만

1 박영식, "상속회복청구권의 성질," 민사판례연구 III, 114면 이하; 동, "상속회복청구권과 물권적 청
  구권," 민사재판의 제문제 제 2 집, 1980, 149면; 이상경, "상속회복청구권론(상)," 인권과 정의,
  1996. 8, 134, 143면; 일본의 加藤(一), 민법연습 V, 183면 : 당사자의 의사에 의하여 상속권의 유
  무를 일반적으로 확정하여 달라고 청구할 수도 있다고 한다[中川 淳, 상속법축조해설(상), 33면].
2 이 설에 대한 비판으로는 상속권 또는 상속인의 지위의 존부 다툼은 '신분관계의 존부확인을 구
  하는' 가사소송이나 일반 민사소송 상의 확인의 소를 제기하여 해결할 수 있어서 민법에 특별한
  명문의 규정을 둘 필요는 없고, 이러한 확인의 소에 한하여 3년 또는 10년의 기간경과로 청구권
  이 소멸된다는 것도 이해할 수 없다고 한다[곽윤직, 개정판 상속법, 161~162면; 川島武宜, 상속
  회복청구권의 성질, 家族法判例百選, 別冊ジュリスト 12호, 144, 145; 泉久雄, "상속회복청구권
  의 성질," ジュリスト增刊(1978), 378면].

주장·증명하면 되고 소권의 배후에 있는 실체적 권리가 청구권인지 형성권인지
등은 상속회복청구권의 성질과는 무관하며, 민법 제999조는 이 소권의 행사기간을
정한 것으로, 이 소권이 제척기간의 경과로 인하여 소멸하더라도 상속재산에 대한
개별적 청구권은 소멸하지 아니한다는 이른바 소권설(訴權說)[1]도 이 갈래에 속한
다고 할 수 있다.

(나) 이행청구권설

민법이 규정한 상속회복청구권은 상속인 자격의 확인을 구할 수 있는 권리가
아니라 상속재산의 반환(이행)을 청구할 수 있는 것이 그 본질이라는 견해이다.

(2) 독립권리설과 집합권리설

(가) 독립권리설[2]

1) 상속회복청구권은 상속권을 기초로 발생하는 권리로서 상속재산에 대한 소
유물반환청구권 등 개별적·물권적 청구권과는 본질적으로 다른 독립된 포괄적 권
리이다. 즉 상속권의 침해는 상속재산에 대한 포괄승계자인 상속인의 법적 지위
그 자체에 대한 침해인바, 상속회복청구권은 이를 포괄적으로 회복시키는 것을 목
적으로 하는 독립된 권리이다.

2) 따라서 이 소송에서는 원고가 상속인이고 계쟁물은 상속재산으로서 원칙적
으로 개별 상속재산을 특정할 필요가 없으며, 현재 계쟁물이 참칭상속인의 점유·
지배하에 있다는 사실만 주장·입증하면 되고, 개개의 상속재산에 대한 피상속인
의 권원을 주장·입증할 필요도 없다.[3]

(나) 집합권리설

1) 상속회복청구권은 단일·독립한 청구권이 아니라 개개의 상속재산에 대한
개별적(個別的)·물권적 청구권 등의 집합(集合)에 불과하다고 본다. 따라서 원칙적
으로 상속회복청구권에는 이들 개별적·물권적 청구권 등이 모두 포함되고, 양자의
경합이 허용되지 않는다.

1 이경희, 가족법(법원사, 1999), 393면; 鈴木, 相續法講義, 199면(상속회복청구권이라는 권리가
  존재하는 것은 아니고, 상속인이 승계한 개별적 권리에 대한 단기의 기간제한을 붙여 가능한 한
  조속히 권리관계를 안정시키려는 제도가 바로 상속회복청구권이라고 해설).
2 박병호, 가족법논집(진원, 1996), 293면; 동 "상속회복청구관견," 곽윤직교수화갑기념 민법학논총
  (1985), 832면; 정범석, "상속회복청구의 문제점," 법조 제18권(1969. 7.), 13면; 김용한, 285면; 신
  영호, "상속회복청구권의 법적성질," 가족법연구 10호(1996), 463면 이하; 川島武宜, 민법(3), 149
  면; 有地, 판례연습(친족상속), 175면 등.
3 정범석, "상속회복청구권의 문제점," 법조 제18권(1969. 7.), 22면; 곽윤직, 개정판 상속법, 163면 이하.

2) 재산상속은 상속을 원인으로 한 개별적 권리·의무의 포괄승계이고, 상속권의 침해는 포괄적 권리의 침해이자 개별적 권리의 침해인데, 민법은 이 경우 모두 그 침해의 회복을 상속회복청구권에 의하도록 강제하였다.

(3) 청구권경합설과 법조경합설

(가) 청구권경합설

1) 상속회복청구권과 개개의 상속재산에 대한 개별적·물권적 청구권은 상호 독립한 별개의 권리로서 그 청구권이 경합하므로 상속인은 이를 선택적으로 행사할 수 있다. 따라서 개별적·물권적 청구권을 행사할 때는 민법 제992조가 적용되지 않고 제척기간의 제한도 없다.

2) 이 설은 독립권리설을 취하는 견해에서 주로 주장하나, 독립권리설을 취하는 입장에서도 법조경합설을 취하는 입장이 있다.

(나) 법조경합설[1]

1) 이 설은 집합권리설을 취하는 견해에서 주로 주장한다.

2) 상속회복청구권은 단일·독립한 청구권이 아니라 개개의 상속재산에 대한 개별적·물권적 청구권 등의 집합(集合)으로서, 민법은 이 경우 모두 그 침해의 회복을 상속회복청구권에 의하도록 강제하였으므로 이와 별도로 개별적·물권적 청구권 등을 허용할 필요가 없다. 따라서 상속회복청구권이 성립하면 개별적·물권적 청구권을 주장하더라도 그 소의 청구원인이 무엇인지에 관계없이 법조경합에 의하여 민법 제992조만이 적용되고 제척기간의 제한을 받는다.

2. 판 례

1) 판례는 종래 청구권경합설과 법조경합설을 오가다가[2] 현재는 법조경합설을 취하고 있다.[3]

---

1 신성택, "상속회복청구권에 관하여," 사법논집(제10집), 284~285면; 김재진, "상속회복청구권에 관하여," 가정법원사건의 제문제(재판자료 제18집), 593면; 오창수, "상속회복청구권과 제척기간," 판례월보 제259호, 22면; 일본의 다수설(柚木, 상속, 76면; 山畠, 주해, 25면; 有泉, 親相, 46면 등)과 판례(일 대판 1911. 7. 10, 민록 17, 468면; 대심원연합부판 1919. 3. 28, 민록 25, 507면 등). 집합권리설에 대한 비판으로는 '소유권이나 소유권에 근거한 물권적 청구권은 소멸시효나 제척기간의 경과로 인하여 소멸되지 아니하는 것'이 물권법의 대원칙인데, 유독 진정상속인과 참칭상속인간의 권리다툼에서는 소멸된다는 예외를 인정하는 근거가 없다고 한다(곽윤직, 개정판 상속법, 164면).
2 청구권경합설 대판 1977. 11. 22, 77다1744; 법조경합설 대판 1978. 12. 13, 78다1811.
3 대판 1981. 1. 27, 79다854(전원합의체); 1991. 12. 24, 90다5740(전원합의체) 등.

2) 대법원의 견해에 따르면, 진정한 상속인이 개개의 상속재산에 대한 반환청구나 등기말소청구를 하는 경우라도 그 청구가 '상속권'의 침해를 청구원인으로 주장하고 있는 이상 그러한 청구는 모두 상속회복청구의 소에 해당하고, 민법 제999조 소정의 제척기간이 적용되게 된다.[1,2]

:: 참고판례

① 일부의 상속재산에 대한 상속회복청구 소송에서의 '제척기간 준수'의 효력은 다른 상속재산에 대한 상속회복청구의 소송에 그 기간준수의 효력이 생기지 아니한다(대법원 1981. 6. 9. 선고 80므84,85,86,87 판결).

② 청구인들이 인지심판의 확정에 의하여 피상속인의 부동산을 피청구인들과 공동상속하였음을 원인으로 하여 그 상속분에 따른 지분권을 취득하였음을 전제로 그 지분권에 기하여 위 상속재산을 처분한 대금의 반환청구를 하고 있음이 명백하므로 이는 상속회복청구의 소라 아니할 수 없고, 또 상속회복청구의 소라고 인정되는 이상 그것이 개개의 재산에 대한 구체적인 권리를 행사하는 경우와 일반적인 상속인의 지위회복이나 상속재산 전체에 관한 상속인 간의 분할을 의미하는 일반상속회복청구의 경우를 나누어 제척기간의 기산점을 달리 볼 수는 없다(대법원 1982. 9. 28, 선고 80므20 판결).

3. 사 견

1) 법문에서 "침해된 때는 … 상속회복의 소를 제기할 수 있다"고 규정한 이상 이 권리는 상속인의 권리가 침해된 경우에만 발생하고, 그 침해를 회복하기 위해서는 단순히 원고가 상속인의 자격이 있다는 확인만으로는 충분하지 않고 이행청구가 불가피하므로 상속자격 확정설(확인청구권설)은 취할 수 없다.

2) 한편, 독립권리설은 우선 개별 상속재산을 특정할 필요 없이 상속재산을 포괄하여 침해회복을 청구할 수 있다고 하나, 이는 소송목적이 특정되었다고 보기

---

1 대판 1981. 1. 13, 80사26; 1981. 1. 27, 79다854(전원합의체); 1991. 12. 24, 90다5740(전원합의체) 등.
2 일본의 판례는 초기에 분명치 않은 태도를 보인 적이 있으나, 현재는 집합권리설 등 학설을 뒷받침하기 위한 여타의 아무런 실체법적·소송법적 규정이 없으므로, 결국 상속회복청구권이라는 별개의 실체가 있는 것은 아니고, 개별적 청구권의 집합 또는 개별적 청구권에 대한 단순한 제한규정으로 파악하고, 그 적용범위를 축소함으로써 부당한 결과를 줄이려고 노력하는 방향으로 가닥을 잡은 것으로 이해된다[곽경직, "상속회복청구권론," 相續法의 諸問題(재판자료 제78집, 1998), 287면]; 일 대판 1911. 7. 10, 민록 17, 468면; 대연판 1919. 3. 28.

도 어렵고 장차 강제집행을 할 수도 없어서 원칙적으로 부당하다.

3) 그리고 청구권경합설과 법조경합설 중에서는 민법의 규정 취지와 입법목적 등을 감안하면 법조경합설이 타당하다. 청구권경합설을 취하게 되면 제척기간이 경과한 후 상속인은 개별적·물권적 청구권 등을 행사할 수 있게 될 터인데, 그렇게 되면 민법이 제척기간의 제한이 있는 상속회복청구권을 규정한 의미가 없어져버리게 된다. 따라서 청구권경합설은 부당하고 우리 민법의 해석론상 취할 수 없다.

이에 따라 원고는 상속권이 참칭상속인에 의해 침해된 특수한 경우, 물권적 청구권 등 개별적 권리를 행사할 수는 없고 상속회복청구의 소에 의하여야 하며, 이를 행사할 때는 개개의 상속재산을 특정하여 그 회복(반환)을 청구하여야 하고, 이 경우 당연히 제척기간이 적용된다고 할 것이다. 민법이 이와 같이 특수한 침해 회복방법을 규정한 이유는, 앞서 본 바와 같이 진정한 상속인과 상속인의 외관을 가진 부진정 상속인 사이에 상속재산을 둘러싸고 분쟁이 발생한 경우, 이를 소에 의해서만 해결하도록 하고, 동시에 제척기간이라는 단기의 권리행사기간을 설정함으로써 상속재산의 권리관계를 속히 안정시켜 가족관계의 화목과 거래의 안정을 도모하려는 데 있다.[1]

4) 민법 제999조를 이와 같이 새기지 않는다면 민법이 이 규정을 따로 규정한 이유를 합당하게 설명할 수 없을 것이다. 다만, 우리 민법은 다른 입법례에 비추어 제척기간을 지나치게 짧게 하고 있어 상속인에게 불리하므로[2] 이는 입법적 개선을 요한다고 할 것이다.

Ⅲ. 상속회복청구의 당사자

1. 상속회복청구권자(원고)

(1) 진정상속인

1) 상속회복청구권자는 진정상속인이다(제999조 ①항).[3] 보다 구체적으로는 참

---

1 鈴木祿彌, 相續法講義, 199면(상속회복청구권이라는 특별한 권리가 존재하는 것은 아니고, 상속인이 승계한 개별적 권리에 대한 짧은 기간제한을 붙여, 가능한 한 속히 권리관계를 안정시키는 제도에 불과한 것이 상속회복이다). 일본 민법에서는 이를 제척기간이 아닌 소멸시효기간으로 규정하고 있다.
2 일본 민법(제884조)은 5년~20년, 독일 민법은 30년 등으로 정하고 있는데, 한국 민법은 3년~10년으로 규정.
3 일 최판 1957. 9. 19, 집 11-9, 1574면(我妻 외 2, 민법3, 322면); 진정상속인이 아니면 원고가 될 수 없다.

칭상속인에 의하여 상속재산을 침해당한 진정상속인이다. 실제 상속을 받은 상속인이 아닌 사람은 피상속인의 친족이나 이해관계인이라도 이러한 청구권을 행사할 수 없다.

2) 상속회복청구권은 각각의 진정상속인별로 개별적으로 성립한다. 물론 이를 행사할 때 수인의 공동상속인이 동시에 행사하는 것도 무방하다. 상속회복청구권에 기하여 법원에 소를 제기한 경우 그것이 상속회복청구의 소이다.

3) 상속재산의 협의분할에서 누락된 상속인이라도 법률상 진정한 상속인인 이상 청구권자이다.

4) 상속회복청구의 소에 해당하려면 원고가 진정상속인이라며 상속권을 주장하여야 하므로, 원고가 망인의 유증이나 상속인들과의 합의에 의하여 피고 회사가 발행한 주식을 취득하였다고 주장하면서 상속인의 소유로 등재된 주식이 원고의 소유임의 확인을 구하거나 피고 회사를 상대로 주주명부상의 명의개서를 구하는 경우, 이는 상속회복청구의 소가 아니다.[1]

(2) 상속개시 후 인지된 자

1) 상속개시 후 임의인지(유언인지)·인지판결(강제인지)을 받은 사람도 원고가 될 수 있다. 상속재산의 분할·처분 전이면 분할협의 또는 분할심판에 참가하면 되고, 만일 이미 재산의 분할·처분이 이루어진 후라면 상속분 상당 가액의 금전지급을 청구할 수 있다(제1014조, 가소규 제 2 조 ①항). 이 금전지급청구도 상속회복청구권의 행사라는 것이 판례이다.[2·3]

2) 인지를 요하지 아니하는 모자관계에는 인지의 소급효 제한에 관한 민법 제860조 단서("인지는 그 자의 출생 시에 소급하여 효력이 생긴다. 그러나 제 3 자의 취득한 권리를 해하지 못한다")가 적용 또는 유추 적용되지 아니한다. 또, 가액지급청구권을 규정한 민법 제1014조가 있다고 하여 모의 다른 공동상속인이 이미 행한 상속재산 분할 또는 처분의 효력을 부인할 수 없다고 말할 수도 없다. 따라서 모의 재산을 공동상속한 일부 상속인이 누락된 경우(모의 혼인외 출생자 등), 그는 다른 상속인과 그 전득자가 상속재산에 대하여 이미 부동산 소유권이전등기를 마쳤다면

---

1 대판 2010. 2. 25, 2008다96963, 96970.
2 대판 1982. 9. 28, 80므20; 2007. 7. 26, 2006므2757, 2764.
3 이에 대한 반대견해로는 박병호, 323면(피인지자의 상속분상당 가액지급청구는 상속재산분할청구이지, 상속회복청구는 아니다).

원물반환으로서 그 등기의 말소를 청구할 수도 있다.[1]

(3) 상속분의 양수인(적극)

상속인에게서 상속분을 양수한 포괄승계인도 상속회복청구를 할 수 있다(제1011조 참조). 양수인은 상속인의 지위를 포괄적으로 승계하기 때문이다(통설).

(4) 상속재산의 특정승계인(소극)

1) 상속재산의 특정승계인(예컨대 상속재산 중 토지 등 개개의 재산을 매수한 사람)은 상속인이 아니므로 그 자신이 상속회복청구권을 취득하거나 행사할 수 없음은 당연하다.

2) 문제는 특정승계인이 양도인인 상속인을 대위하여 상속회복청구권을 행사할 수 있는지가 문제된다. 이에 대해서는 아래에서 보는 바와 같이 부정설이 있다. 이를 부정할 경우 특정승계인은 자신이 양수한 권리 자체나 양도인인 상속인이 가진 소유권 등의 권리를 대위하여 물권적 청구권 등을 행사할 수 있다고 할 것인데, 이 경우가 오히려 특정승계인에게 유리하다.

3) 사견으로는, 상속회복청구권은 위와 같이 진정한 상속인과 상속인의 외관을 가진 참칭상속인 사이의 상속재산에 관한 분쟁을 소에 의하여 단기에 해결하여 상속재산의 권리관계를 속히 안정시키고 가족관계의 화목을 도모하는 것을 목적으로 하므로, 상대방이 참칭상속인이라면 그 회복을 구하는 원고가 진정상속인이든 그 특정승계인이든 구별할 이유가 없다고 생각된다. 이를 부정하면, 제척기간의 제한을 피하고자 하는 상속인은 상속재산을 타인에게 양도하여 그로 하여금 상속회복청구권이 아닌 물권적 청구권 등을 행사하도록 할 위험이 있고, 이로써 참칭상속인의 법익이 침해되게 될 것이다.

(5) 상속인의 상속인[상속회복청구권의 상속성(相續性)]

(가) 부정설(다수설)[2]

상속회복청구권은 일신전속권이므로 진정상속인만 행사할 수 있고 진정상속인의 채권자는 이를 대위행사할 수는 없다. 또한 상속인이 이 권리를 행사하지 않

---

1 대판 2018. 6. 19, 2018다1049. 이 판례에 대한 평석과 비판으로는 김세준, "상속재산분할과 이를 위한 재판의 확정", 「상속법학」 5호(한국상속법학회, 2019), 41면 이하 참조.
2 김주수, 506면; 배경숙·최금숙, 443면; 곽윤직, 상속법(1997), 285면; 곽경직, 앞의 논문, 297면(진정상속인을 보호하는 취지에서 다수설에 합류).

고 사망하면 그 청구권은 소멸될 뿐 상속되지 아니한다. 그 대신 진정상속인의 상속인은 자신의 상속권에 기하여 상속회복청구권을 행사할 수는 있고,[1] 이때 제척기간은 이전 상속인의 상속권이 침해된 날부터 기산하여야 한다.

(나) 긍정설(소수설)[2]

상속회복청구권은 순전한 재산권이고, 행사상 일신전속권일 뿐 귀속상의 일신전속권은 아니므로 당연히 상속된다.

(다) 사 견

1) 상속인은 상속을 승인하거나 포기하는 선택권을 가지고 있고, 이 권리는 상속인에게 상속된다(제1021조 참조). 이를 유추하고, 또 앞서 본 바와 같이 특정승계인에 의한 상속회복청구권의 대위행사를 허용함이 타당한 점을 고려하면, 상속회복청구권도 상속의 대상이 된다고 보는 것이 타당하다(부정설 지지를 개설하여 긍정설에 찬동한다).

2) 이 경우 제척기간은 제1021조("상속인이 승인이나 포기를 하지 아니하고 제1019조 ①항의 기간 내에 사망한 때에는 그의 상속인이 그 자기의 상속개시 있음을 안 날로부터 제1019조 ①항의 기간을 기산한다")를 유추하여야 할 것인가? 제척기간을 둔 이유에 비추어 이전 상속인이 이를 알고도 회복청구를 하지 않은 데에 따른 불이익을 그 상속인도 승계함이 타당하므로, 이전 상속인의 상속권이 침해된 날부터 기산함이 타당하다고 할 것이다.

(6) 포괄수유자

포괄유증을 받은 자도 이에 해당한다는 것이 판례이다.[3] 즉 포괄유증을 받은 자가 법정상속인들을 상대로 자신만이 상속재산에 대한 권리자임을 내세워 상속등기의 말소를 청구한 경우, 민법 제999조의 상속회복청구권에 관한 규정이 적용되어 제척기간의 제한을 받는다. 포괄유증을 받은 자는 상속인과 같이 취급되므로(제1078조) 타당한 해석이다.

---

1 일 대판 1918. 4. 9, 민록, 653면; 최판 1964. 2. 27, 집 18-2, 383면(부정설을 취하면서도 제척기간은 최초의 상속개시 시점부터 기산하여야 한다고 판시). 我妻榮·唄孝一, 相續法(判例コンメンタール)(日本評論社, 1966), 20면.

2 김용한, 286면; 이경희, 393면; 일본의 판례(최판 1964. 2. 27, 집 18-2, 383면)와 다수설[신판주석민법(26) 상속(1)(유비각, 1992), 130면; 中川善之助, 身分法의 總則的課題 중 「身分權의 時效」, 35면 이하].

3 대판 2001.10.12, 2000다22942.

(7) 실종선고가 취소된 경우의 실종자(소극)

1) 이 경우에도 민법 제999조를 유추 적용하여야 한다는 견해가 있다. 아마도 실종선고의 취소가 있으면 실종선고에 기한 종전의 상속인이 참칭상속인과 유사한 지위에 놓인다는 점을 고려한 것으로 이해된다.

2) 그러나 민법이 실종선고의 취소에 관하여는 별도의 특별규정을 두고 있고 (특히 실종선고 후 그 취소 전에 선의로 한 행위의 효력에 영향을 미치지 아니하고, 실종선고의 취소가 있으면 실종선고를 직접원인으로 하여 재산을 취득한 자가 선의인 경우에는 그 받은 이익이 현존하는 한도에서 반환할 의무가 있고, 악의인 경우에는 그 받은 이익에 이자를 붙여서 반환하고 손해가 있으면 이를 배상하여야 한다고 규정하나, 상속회복청구권에는 이와 같은 규정이 없다), 실종선고의 취소와 참칭상속인에 의한 상속재산의 침해는 그 분쟁의 경위가 다르고 각각의 입법취지가 다르므로 이를 부정함이 타당하다고 생각된다.

2. 상대방(피고)

(1) 참칭상속인

㈎ 개   념

1) 참칭상속인은 진정한 재산상속인인 것처럼 믿게 하는 외관(外觀)을 갖추고, 상속인인 것처럼 행세하거나 주장하면서 상속재산의 전부·일부를 점유하거나 그 명의로 등기 또는 등록하는 등으로 이를 지배함으로써 진정상속인의 상속권, 즉 소유권이나 준소유권의 행사를 침해·방해하고 있는 사람이다.

2) 외관은 호적부(제적부 포함)나 가족관계등록부 등 공법적 효력이 인정되는 공부상으로 적법한 상속인으로 기재되어 있는 경우를 말한다. 이는 객관적으로 판단하여야 하므로, 상대방이 스스로 진정상속인이라고 믿었다 해도 객관적인 외관이 형성되어 있지 않은 경우에는 참칭상속인이 아니다. 족보나 주민등록은 공법상 혈연이나 인척관계를 형성하거나 이를 증명하는 효력이 없으므로 그 기재는 외관에 해당한다고 보기 어렵다.

3) 상속재산의 침해에 대한 참칭상속인의 선의·악의, 고의·과실의 유무는 묻지 않고 모두 이에 해당한다.

(나) 참칭상속인에 해당하는 경우

1) 후순위상속인, 상속결격자, 상속을 포기한 자,[1] 무효혼인의 배우자, 근거 없이 호적(가족등록부)상 피상속인의 자녀로 등재된 사람은 참칭상속인의 외관을 가진 자에 해당한다.

2) 법률상 당연무효로 되는 경우의 이중 호적에 등재된 진정상속인 아닌 사람 이 재산상속인으로 끼어든 경우에도 그 기재상 상속인으로 평가될 수 있는 한 그 역시 참칭상속인에 해당한다.[2]

(다) 참칭상속인에 해당하지 않는 경우

1) 상속회복청구의 소는 진정상속인과 참칭상속인이 주장하는 그 피상속인이 동일인임을 전제로 하므로, 원고가 주장하는 피상속인과 피고가 주장하는 피상속 인이 다른 경우에는 상속회복청구의 소라고 할 수 없다.[3]

2) 스스로 상속인이라고 주장만 하고(즉 상속권만 다투고), 상속인으로서의 외 관을 갖지 않은 자는 참칭상속인에 해당한다고 볼 수 없다.

3) 상속인의 외관을 가지려면 그 외관상 진정한 상속인이라는 평가가 가능하 여야 하므로, 무효인 사후(死後)양자(현재는 폐지)나 정식으로 입양되지 아니한 사 실상 양자는 양자로 행세하더라도 객관적 외관이 없으므로 참칭상속인이라 할 수 없다.[4] 이는 피상속인의 호적상의 기재, 즉 그 기재에 의한 피상속인과의 신분관 계 자체에 의하더라도 피고가 법정상속인에 해당하지 않는 경우에도 같다.[5]

4) 사망자의 상속인이 아닌 자가 위조된 제적등본이나 호적등본 등에 상속인 인 것처럼 허위 기재된 것을 기초로 하여 상속등기가 이루어진 경우, 그 기재는 외 관상 참칭상속인으로 보이게는 하지만 법적 효력이 없어 이러한 경우의 상속인 외 관을 가진 자까지 보호함은 부당하므로 그를 참칭상속인에 해당한다고 볼 수 없 다. 판례도 같은 취지다.[6]

5) 참칭상속인이 되려면 상속인임을 신뢰케 하는 외관을 갖추어 상속인이라고 참칭하면서 상속재산의 전부 또는 일부를 점유·지배함으로써 진정한 상속인의 상

---

1 대판 1987. 7. 21, 선고 86다카2952.
2 대판 1981. 1. 27, 79다854(전원합의체).
3 대판 1994. 4. 15, 94다798; 1995. 4. 14, 93다5840.
4 대판 1987. 7. 21, 86다카2952.
5 대판 1992. 5. 22, 선고 92다7955; 1994. 11. 18, 92다33701 등.
6 대판 1993. 11. 23, 93다34848.

속권을 침해하여야 하므로, 상속재산의 점유 등 상속권침해 행위를 하지 아니하는 사람은 참칭상속인이 아니다.[1]

따라서 상속재산인 토지를 임의로 타에 매도한 자에 불과하고 그 토지에 관하여 피고 자신이 상속인이라고 참칭하면서 그 명의로 등기를 마치거나 점유를 한 바 없다면 그는 참칭상속인에 해당한다고 볼 수 없다. 또한, 소외인이 원고들과 공동으로 부동산을 상속하였을 뿐인데도 자신이 단독상속인이라고 주장하면서 부동산 전체에 관하여 피고 명의의 소유권이전등기 말소를 청구한 일이 있다고 하더라도, 그것만으로는 그 소외인이 원고들의 상속권을 침해하였다고는 볼 수 없다.[2] 원고의 법익을 직접 침해한 것이 아니기 때문이다.

6) 참칭상속인으로서 소유권이전등기에 의하여 이를 지배하는지 여부는 권리관계를 외부에 공시하는 등기부나 토지대장(최초의 사정명의자의 경우)의 기재에 의하여 판단하여야 하므로, 등기부상 등기원인이 상속이 아닌 매매나 증여로 기재된 이상 그 등기명의자가 재산상속인임을 신뢰케 하는 외관을 갖추었다고 볼 수 없고, 그 사람은 참칭상속인에 해당되지 않는다.[3]

피고가 참칭상속인임을 이유로 피고 명의 소유권이전등기의 말소를 구하는 것이 아니라, 피고가 농지개혁법에 의하여 농지를 분배받은 일이 없음에도 이를 분배받아 상환을 완료한 것처럼 문서를 위조하여 피고 명의의 소유권이전등기를 마쳤다며 원고가 그 말소를 구하는 때도 같다.[4] 등기원인이 상속이 아니라 분배농지의 상환완료이기 때문이다.

7) 참칭상속인이란 상속인인 것으로 신뢰케 하는 외관을 갖추고 있거나 상속인이라고 참칭하여 상속재산의 전부 또는 일부를 점유·지배하는 자를 가리키므로, 공동상속인 중 한 사람이나 상속을 유효하게 포기한 공동상속인 중 한 사람 명의의 상속등기가 있더라도, 그 등기가 명의인의 의사에 기하지 않고 제 3 자에 의하여 등기명의인의 의사와 무관하게 이루어진 것일 때에는 위 등기명의인을 상속회복청구의 소에서 말하는 참칭상속인이라고 할 수 없다.[5]

---

1 대판 1992. 5. 22, 92다7955; 1998. 3. 27, 96다37398.
2 대판 1994. 11. 18, 92다33701.
3 대판 1982. 1. 26, 81다851, 852; 1993. 9. 14, 93다12268; 1997. 1. 21, 96다4688; 2008. 6. 26, 2007다7898.
4 대판 1994. 11. 18, 92다33701.
5 대판 2012. 5. 24, 2010다33392.

8) 공동상속인 중 1인이 '부동산 소유권이전등기에 관한 특별조치법'에 의하여 피상속인으로부터 상속재산을 매수하여 사실상 소유하고 있다는 내용의 보증서 및 군수의 확인서를 발급받아 소유권보존등기를 마쳤는데 공동상속인 중 1인이 그 등기가 원인무효임을 이유로 말소를 청구한 경우, 이는 위 소유권보존등기가 원인무효임을 전제로 그 말소를 구하는 것일 뿐 피고가 상속을 원인으로 등기를 한 것이 아니고, 원고 청구의 인정 여부에 따라 원고와 피고의 상속 여부나 상속분에 어떠한 영향을 끼치는 것도 아니므로 이를 상속회복청구의 소라고 볼 수 없고, 따라서 제척기간의 적용도 없다.[1]

그러나 공동상속인 중 1인이 상속등기에 갈음하여(보증서의 내용이 '상속'으로 되어 있는 경우가 대부분일 것이다) '부동산소유권 이전등기 등에 관한 특별조치법'에 따라 그 명의의 소유권이전등기를 마친 경우에 그 이전등기가 무효라는 이유로 다른 공동상속인이 그 등기의 말소를 청구하는 소는 상속회복청구의 소에 해당한다.[2]

9) 동일한 부동산에 관하여 등기명의인을 달리하여 중복된 소유권보존등기가 마쳐진 경우, 먼저 이루어진 소유권보존등기가 원인무효로 되지 않는 한 뒤에 이루어진 소유권보존등기는 그것이 실체관계에 부합하는지 여부를 가릴 것 없이 1부동산 1등기용지주의의 법리에 비추어 무효이므로, 원고가 선행 보존등기로부터 소유권이전등기를 한 소유자의 상속인으로서, 후행 보존등기나 그에 기하여 순차로 이루어진 소유권이전등기 등의 후속등기가 모두 무효라는 이유로 등기의 말소를 구하는 소는, 후행 보존등기로부터 이루어진 소유권이전등기가 권한 없는 자에 의해 혼인외 자로 출생신고가 이루어져 호적부에 등재되었다가 나중에 호적정정으로 말소된 사람(참칭상속인)에 의한 것이어서 무효이고 따라서 그 후속등기도 무효임을 이유로 하는 것이 아니라 후행 보존등기 자체가 무효임을 이유로 하는 것이므로, 상속회복청구의 소에 해당하지 않는다.[3]

(2) 공동상속인

1) 과거 공동상속인에 대하여는 참칭상속인이 아니라 진정한 상속인이라는 이유로 상속회복청구권의 행사를 인정하지 않았다.

2) 그러나 공동상속인들 사이에도 상속권의 침해나 상속회복의 문제가 생길

---

1 대판 2012. 11. 29, 2011다103175.
2 대판 1984. 2. 14, 83다600, 83다카2056; 1993. 4. 13, 93다3318; 2010. 1. 14, 2009다41199.
3 대판 2011. 7. 14, 2010다107064.

수 있다. 상속재산분할이 부당하게 이루어진 경우, 즉 진정상속인 중 일부가 다른 상속인을 배제하고 재산을 분배하였거나, 자신의 법정상속분을 초과하게 분할하여 점유·지배하고 있는 경우 등이다.

이 경우 상대방인 공동상속인이 법정상속분이나 법령상 허용된 범위를 넘어 상속재산을 점유·지배하고 있다면 이 역시 공동상속인인 원고의 권리를 침해한 것이 되고, 상대방 공동상속인은 진정한 상속인임에 틀림없지만 그 무효인 상속재산의 부분에 있어서는 상속권이 없으므로 실질상 참칭상속인에 해당한다고 볼 수 있기 때문이다. 또한, 상속재산을 둘러싼 공동상속인들 사이의 분쟁 역시 가족관계에 있는 상속인 간의 상속재산 분쟁이므로 상속인의 권리구제에 제척기간의 제한을 적용함이 타당하다.

이에 따라 현재는 공동상속인에 대하여도 상속회복청구권의 행사를 인정하는 것이 통설이자,[1,2] 판례이다.[3] 따라서 공동상속인들 중 일부의 사람이 자기만이 상속권자라고 주장하거나 자신의 상속분을 초과하여 상속재산에 관한 이전등기를 하거나 이를 점유하여 다른 상속인의 권리를 침해하고 있는 경우, 그는 실질상 참칭상속인에 해당하므로 피해자는 상속회복청구권에 의하여 구제를 청구하여야 하며, 이때도 제척기간의 제한이 있다.

3) 공동상속인 중 1명 또는 여러 명이 상속재산을 점유·관리하고 있는 경우 진정상속인은 상속재산관리참가(제265조)·상속재산분할청구(제1013조 이하)를 할 수 있다. 상속인이 아닌 사람이 상속재산을 점유·관리하고 있지 않으면서 상속재산분할청구를 하거나 분할에 참가하고 있다면, 그것만으로는 진정상속인의 상속권을 침해하는 것이 아니므로 진정상속인은 이러한 사람을 상대로 상속회복청구가 아닌 혼인무효나 친자관계부존재확인의 소 등 별도의 소로 그의 지위를 다투거나 분할청구절차 내에서 선결문제로 주장할 수 있다.[4]

---

1 김주수, 주석친족상속법(법문사, 1993), 556면; 我妻 榮, 有泉 亨, 民法 III, 345면; 山中康雄, 家族法大系 VI, 37면.

2 일본의 다수설도 공동상속인들을 상대로 한 상속회복청구를 긍정하고 있다(中川·泉, 48면). 판례도 같다(대판고결 1962. 11. 17, 집 15-8, 599면; 동경고결 1967. 4. 12, 가재월보 19-11, 83면; 반면에 최판 1978. 12. 20, 집 32-9, 1674면은 공동상속인 중 1인이 다른 공동상속인의 지분에 속함을 알고 있을 때 또는 그 부분에 관하여 자기에게 상속에 따른 지분이 있다고 믿을 만한 합리적인 이유가 없는데도 다른 상속인의 상속권을 부정하고 그 부분을 점유·관리하고 있는 경우에는 상속회복에 관한 조항(단기소멸시효)이 적용될 수 없다고 판시하였다).

3 대판 1981. 1. 27, 79다854(전원합의체); 1991. 12. 24, 90다5740(전원합의체); 1992. 10. 9, 92다11046; 헌법재판소 2006. 2. 3, 2003헌바38, 61 등.

4 김형배, 289면; 일 대판 1938. 4. 12, 집 17, 675면.

4) 공동상속인 중 1인이 협의분할에 의한 상속을 원인으로 하여 상속부동산에 관한 소유권이전등기를 마친 경우에, 그 협의분할이 다른 공동상속인의 동의 없이 이루어진 것으로 무효라는 이유로 다른 공동상속인이 그 등기의 말소를 청구하는 소 역시 상속회복청구의 소에 해당한다.[1]

5) 그러나 공동상속인들 중 일부가 문서를 위조하여 피상속인으로부터 직접 토지 등을 매수한 것처럼 꾸며서 소유권이전등기를 한 경우에 그 말소를 구하는 소는 상속회복의 소가 아니고 제척기간이 적용되지 아니한다.[2] 등기명의자가 상속을 주장한 바 없기 때문이다.

(3) 승계인·전득자(轉得者) 등

참칭상속인으로부터 상속재산을 양수한 제 3 자(전득자)나[3] 참칭상속인의 포괄승계인(상속인)도 상속재산을 점유·지배하고 있는 이상 피고가 될 수 있고,[4] 이러한 자에 대한 소에도 제척기간이 적용되어야 한다. 참칭상속인에 대하여는 제척기간이 적용되는데, 그로부터 상속재산을 양수하여 더욱 보호를 받아야 할 제 3 자를 제외함은 부당하기 때문이다. 판례도 같다.[5]

:: 참고판례

① 상속회복청구의 소의 단기제척기간이 참칭상속인에게만 적용되고 참칭상속인으로부터 재산을 양수한 제 3 자에게는 적용되지 아니한다면, 거래관계의 조기(早期)안정을 의도하는 단기제척기간제도가 무의미하게 될 뿐만 아니라, 참칭상속인에 대한 관계에서는 제척기간의 경과로 참칭상속인이 상속재산상의 정당한 권원을 취득하였다고 보면서, 같은 재산상속인에게서 전득한 제 3 자는 진정상속인의 물권적 청구를 감수하여야 한다는 이론적 모순이 생기게 된다. 그러므로 제 3 자

---

1 대판 2011. 3. 10, 2007다17482; 2014. 1. 23, 선고 2013다68948.

2 대판 1982. 1. 26, 81다851, 852.

3 우리나라의 판례와 달리, 일 대판 1916. 2. 8, 민록 22, 267면은 家督相續(한국의 호주상속과 유사)에 관하여 제 3 자의 피고적격을 부정하였음.

4 김주수, 510면; 김형배, 299면 등 다수설; 소수설[박병호, 323면은 진정한 상속인을 보호하기 위하여 참칭상속인의 범위를 좁히는 것이 바람직한바, 호적상 상속인으로 등재된 사람(외관상 상속인)에게서 재산을 전득한 제 3 자만이 상속회복청구의 피고가 될 수 있고, 그 이외의 제 3 자는 진정상속인으로부터 물권적 청구(단기제척기간 원용 불가)를 당하더라도 도리가 없다. 단기제척기간 원용 가능]; 일 대판 1935. 4. 17, 집 14, 1009면.

5 대판 1977. 11. 22, 77다1744; 1981. 1. 27, 79다854(전원합의체); 1989. 1. 17, 87다카2311; 1991. 12. 24, 90다5740(전원합의체); 2012. 11. 29, 2011다103175; 일본의 다수설(柚木, 상속, 78면, 98면; 川島, 민법, 151면, 中川·泉, 상속, 46면 등).

도 상속회복청구의 소의 상대방이 된다(대판 1981. 1. 27, 79다854(전원합의체).

② 망 박○○의 친척이 진정한 상속권자가 아니면서 스스로 망 박○○의 상속권
자라고 주장하였더라도, 그가 상속권만 다투고 상속재산을 점유하는 등으로 상
속권을 침해하는 행위를 하지 않고 있다면, 그러한 사람은 참칭상속인이라고 할
수 없다(대판 1991. 2. 22, 90다카19470; 1992. 5. 22, 92다7955).

③ 무허가건물을 양수한 사람이 무허가건물대장에 건물주로 등재되어 있다고 하
여 그에 의해 진정한 상속인의 상속권이 침해되었다고 할 수는 없다. 그러한 등재
로 명의자가 소유권을 취득하는 것도 아니고 권리자로 추정되는 것도 아니기 때
문이다.

※ 피고가 제척기간도과의 항변을 하였던바, 원심에서는 원고들의 이와 같은 청
구가 상속회복청구의 소에 해당함을 전제로 다만 그 제척기간이 경과하지 아니하
였다 하여 피고의 본안전 항변을 배척하였다. 대법원은 이 사건이 상속회복청구
사건에 해당되지 아니하므로 3년~10년의 제척기간이 적용되지 아니한다고 판단
한 것이다. 지방자치단체의 조례가 무허가건물대장에 등재된 건물에 대하여 공익
사업에 따른 철거 시 철거보상금을 지급하도록 규정하고 있고, 종전에도 관할 동사
무소가 무허가건물에 관하여 무허가건물대장상 건물주 명의의 등록 말소를 명하
는 확정판결에 따라 업무를 처리한 경우, 무허가건물대장상 건물주 명의의 말소
를 구하는 청구가 소의 이익이 있다고 본 판례(대판 1998. 6. 26, 97다48937)와
일견 상반된 것으로 보인다.

④ 피상속인의 생전에 공동상속인 중 1인이 피상속인으로부터 토지를 매수한 사
실이 없음에도 불구하고 매매를 이유로 '임야소유권이전등기 등에 관한 특별조치
법'에 따라 이전등기를 마친 경우, 다른 공동상속인은 그 등기무효를 주장하여
등기말소를 청구할 수 있고, 이 경우 그 소는 상속회복의 소가 아니므로 단기제
척기간의 적용을 받지 않는다(대판 1982. 1. 26, 81다851, 852). ※ 피고가 상속
을 원인으로 등기한 것이 아니라 매매를 원인으로 하였기 때문에 상속권 분쟁이
아니다.

Ⅳ. 상속회복청구권의 행사

1. 원고의 청구

(1) 청구의 내용

1) 진정상속인(원고)은 참칭상속인(피고)를 상대로 상속재산의 반환이나 침해의 회복을 청구할 수 있다. 반환청구 등의 구체적 형식은 물건의 인도청구, 주식의 명의개서나 주권인도청구, 등기의 말소 또는 이전청구 등이며, 이행청구의 형식을 취하여야 한다.

2) 원고 자신이 진정한 상속인임을 전제로, 그 상속으로 인하여 취득한 소유권 또는 지분권 등 재산권이 자신에게 귀속함을 주장하면서 참칭상속인 또는 참칭상속인으로부터 상속재산에 관한 권리를 취득하거나 새로운 이해관계를 맺었다고 판단되는 제 3 자를 상대로 상속재산에 관한 등기의 말소 또는 진정명의 회복을 위한 등기의 이전, 인도 등을 청구하는 것이라면, 원고가 주장하는 청구원인이 물권적 청구권이건 부당이득반환청구권이건 유류분반환청구권이건 무엇이든 상관없이 상속회복청구의 소에 해당하고, 민법 제999조가 적용된다.

(2) 행사의 방법

1) 상속회복청구는 반드시 재판상 청구, 즉 소(訴)의 제기로써 하여야 한다(제999조 ①항 참조). 재판 외에서도 청구할 수 있다는 학설이 있으나,[1] 재판 외의 권리행사는 제척기간의 진행을 중단시키지 못한다는 것이 판례이다.[2] 따라서 재판 외에서 상속회복청구를 한 경우에는 상대방의 임의이행을 촉구하는 효력밖에 없다.

2) 이 소는 이행청구의 소이므로 회복의 대상인 개개의 상속재산을 특정하여야 한다. 이를 특정하지 않고 포괄적으로 청구를 할 수 있는 경우는 예외적으로 특별히 그것만으로도 소송목적이 특정되고 집행에 문제가 없는 경우에 한한다고 할 것이다.[3]

소 제기 시 개개의 상속재산을 특정하지 않은 경우는 소송목적을 특정하지 않아 소가 부적법하게 되므로 재판장의 보정명령을 받게 될 것이고, 이를 따르지 않

---

[1] 김·김, 638면 등.
[2] 대판 1993. 2. 26. 92다3083.
[3] 일 대판(연합부), 1919. 3. 28, 민록 25, 507면; 我妻, 民法大意[제 2 판]下, 702면 참조.

는 경우 소장 각하명령을 받을 수 있다(민소 제249조 이하). 이는 소송요건에 해당하므로 특별한 사정이 없는 한 적어도 변론종결시점까지 이를 특정하지 않으면 법원은 소를 각하하여야 한다.

3) 위와 같이 상속회복청구의 소에서 원고는 진정상속인이고 그 상대방인 피고는 참칭상속인이 될 것이나, 이는 당사자적격은 아니므로 이들이 그러한 지위에 있지 않은 경우에는 청구를 기각할 사유에 불과할 뿐 소를 각하할 사유에는 해당하지 않는다. 민법 제999조가 소를 제기할 자나 제기당할 자를 제한한 것도 아니고, 그 소송목적과 당사자의 관계상 반드시 이를 상속인의 지위에 있는 자로 당사자의 자격을 제한하여야 할 이유도 없기 때문이다.

4) 공동상속인들은 각자가 또는 공동으로 이 소를 제기할 수 있다. 그러나 그들 사이에 합일확정의 필요는 없으므로 공동으로 소를 제기하더라도 이른바 필수적 공동소송은 아니다.[1] 피고도 복수가 될 수 있고, 이들 사이에도 통상공동소송 관계가 성립한다.

(3) 대상재산(代償財産) 등도 회복의 대상이 될 수 있는가?

1) 참칭상속인이 상속재산의 처분대가로 취득한 재산도 회복청구의 대상이 된다는 것이 여러 나라의 입법례이다. 우리 법에도 이를 유추 적용함이 타당하다. 민법에서도 원물에 한한다고 규정하고 있지 않으며, 유류분반환청구나 부당이득반환청구, 사해행위취소와 원상회복청구는 물론 손해배상청구에서도 이는 당연한 법리이기 때문이다. 그런데 우리의 하급심 판례 중에는 상속재산의 변형물(주식)은 회복청구의 대상이 될 수 없다고 부정한 것이 있다.[2]

2) 대법원은 제사용 재산의 승계, 묘토인 농지의 승계에 대해서도 이를 인정한다. 그 이유로는, 민법 제1008조의 3의 규정은 제사용 재산을 재산상속인 중에서 제사를 주재하는 자가 승계하도록 하는 규정이므로 제사주재자와 재산상속인이 다른 경우에는 제사주재자가 제사용 재산을 승계하는 것이 아니라 재산상속인들이 이를 일반상속재산으로 공동상속하는 것으로 해석되는 점 등에 비추어 보면, 구 민법 제996조(현행 민법 제1008조의 3)의 규정에 의한 승계는 상속과는 완전히 별개의 제도라고 볼 것이 아니라 본질적으로 상속에 속하는 것으로서 일가의 제사를

---

1 於保, 注釋相續法(上)(中泉善之助 책임편집), 38면; 中川 淳, 36~37면.
2 서울고판 2014. 2. 6, 2013나2003420 판결(에버랜드의 주식은 상속개시 당시 존재하지 않았고, 그 주식이 다른 상속재산의 변형물이라 회복청구의 대상이 될 수 없다).

계속할 수 있게 하기 위하여 상속에 있어서의 한 특례를 규정한 것으로 보는 것이 상당하다는 것을 든다.[1]

(4) 입증책임과 그 정도

1) 원고는 목적물에 대한 피상속인의 권원(소유권·임차권 등의 발생근거)을 입증할 필요는 없고, 자기가 진정한 상속인이라는 사실, 목적물이 상속개시 당시 피상속인의 재산이었던 사실, 피고가 참칭상속인으로서 현재 이를 점유·지배하고 있다는 사실만 입증하면 된다.[2]

2) 상대방인 피고는 원고의 상속인 지위를 부인하거나 목적물이 상속개시 당시 피상속인의 재산임을 부인할 수 있고, 아니면 이러한 사실을 인정하고 나서 상속개시 후 자신이 목적물을 정당하게 취득하였음을 항변으로 주장할 수도 있다. 그러나 목적물에 대하여 피상속인이 실체적 권리를 갖고 있지 않았다는 사실(권리발생의 무효, 사후적 소멸 등)은 방어방법이 될 수 없다고 할 것이다. 이는 분쟁(상속회복청구 소송)의 대상(누가 진정한 상속인이냐에 기초한 재산의 반환)이 아니어서 소송목적에 속하지 않아 청구의 당부에 영향을 미칠 수 없기 때문이다. 따라서 피상속인이 당해 상속재산에 대하여 실체적 권리를 가지지 않았던 경우에도 원고는 그 권리를 회복할 수 있다.

(5) 행사기간

1) 원고는 상속권의 침해를 안 날로부터 3년 이내 또는 침해행위가 있었던 날로부터 10년 이내에 상속회복청구권을 행사하여야 한다(제999조 ②항). 이는 제척기간이며, 어느 쪽이든 먼저 도래하는 때에 제척기간이 도과한다. '남북 주민 사이의 가족관계와 상속 등에 관한 특례법' 제11조는 민법 제999조 ②항과 같은 규정을 두고 있지 않은바, 대법원은 이에 대해서도 민법 제999조 ②항이 적용되는 것으로 본다.[3]

2) 이 기간에 대해서는 뒤에서 자세히 설명하기로 한다.

2. 법원의 심리와 상속회복청구권 행사의 효과

(1) 관   할

1) 이 소는 가사사건이 아니고 민사소송사건이다. 즉 이는 가정법원의 관할이

---

1 대판 2006. 7. 4, 2005다45452.
2 김상용 외 3, 498면.
3 대판 2016. 10. 19, 2014다46648(전원합의체).

아니다.[1,2] 따라서 민사소송법에 따른 관할이 그대로 적용되므로 상대방의 보통 재판적 또는 상속개시 당시의 피상속인의 보통재판적이 있는 곳의 지방법원에 제 기할 수 있다(민소 제 2 조·제22조).

2) 상속개시 후의 인지 또는 인지재판의 확정에 의하여 공동상속인이 된 자가 상속재산의 분할을 청구할 경우에 다른 공동상속인이 이미 분할 기타 처분을 한 때에는 그 상속분에 상당한 가액의 지급을 청구할 권리가 있는바, 이 가액청구권 의 행사 역시 앞서 본 바와 같이 상속회복청구권의 일종인데, 상속재산의 분할을 가사사건으로 청구하던 중 가액청구로 청구를 변경한 경우에는 가정법원의 가사심 판에 의하여 이루어지게 된다.[3]

(2) 법원의 심리와 판결

1) 이 소송은 보통의 민사소송절차에 따라 처리된다.

2) 원고가 주장하는 청구원인이 무엇이든 상관없이 민법 제999조가 적용되므 로 법원은 제척기간을 준수하였는지를 먼저 직권으로 심사하여 이를 도과한 경우 에는 판결로써 소를 각하하여야 한다. 물권적 청구권이나 부당이득반환청구권에 기초하여 상속재산의 반환을 청구하는 경우나 전득자에 대하여 청구하는 경우에도 상대방이 참칭상속인인 한 제척기간이 적용됨은 앞서 본 바와 같다.[4] 즉 이 경우 법원은 원고가 구한 청구원인에 관계없이 법령의 해석·적용권에 의하여 그 청구 원인을 이와 같이 해석하여 심판하여야 한다.

물론 상대방인 피고도 본안전항변으로 이를 주장할 수 있다. 다만 제척기간 경과 주장이 신의칙에 어긋날 때는 상대방인 피고의 본안전항변이 허용되지 않을 수도 있다. 상대방이 스스로 진정한 상속인이 아님을 알고서도 침해행위를 한 때 가 이에 해당한다는 견해가 있으나,[5] 그것만으로 이를 인정하기에는 무리라고 생 각된다.

3) 제척기간 경과 여부는 각각의 원고와 피고, 개개의 상속재산별로 개별적으 로 심사하여야 한다.[6] 따라서 참칭상속인에게서 근저당권을 설정 받은 제 3 자에

---

1 대판 1980. 4. 22, 79다2141.
2 남북특조법 제 5 조 ②항의 특칙 : 북한주민의 상속회복청구는 가정법원 합의부의 전속관할.
3 대판 1993. 8. 24, 93다12 참조.
4 대판 1977. 11. 22, 77다1744.
5 윤진수, 344면 참조.
6 대판 2006. 9. 8, 2006다26694 참조.

대한 청구는 각하당하고, 참칭상속인에 대한 청구는 인용될 수도 있다.

제 3 자를 상대로 제척기간 내에 상속회복청구의 소를 제기한 경우, 그 제 3 자에 대하여는 민법 제999조에서 정하는 상속회복청구권의 기간이 준수되었고, 따라서 진정상속인이 참칭상속인에 대하여 그 기간 내에 상속회복청구권을 행사한 일이 없다고 하더라도 그것이 제 3 자에 대한 권리행사에 장애가 될 수는 없다.[1]

4) 원고의 청구가 이유 있는 경우 법원은 이를 인용하게 될 것인데, 피고로 하여금 원고에게 특정한 상속재산에 대하여 인도를 명하거나 주식의 명의개서나 주권의 인도를 명하거나 등기의 말소 또는 원고 앞으로 진정명의회복을 원인으로 이전등기를 명하거나 금전의 지급을 명하는 등으로 의무이행을 명하여야 한다.

(3) 행사의 효과

(가) 확정판결의 효력

1) 일반 이행청구의 소의 경우와 같다. 원고 승소판결이 확정되면 피고(참칭상속인)는 그 판결대로 진정상속인에게 상속재산을 반환(인도·등기말소 등)하여야 한다.

2) 확정판결의 기판력은 소송목적이 된 개별적 상속재산에만 미치고 청구취지에 기재되지 않은 것에는 미치지 않음은 당연하다.[2] 물론 제척기간이 경과하지 않았다면 원고는 그 누락된 상속재산에 대하여 다시 청구할 수 있다.

3) 확정판결의 기판력은 소송목적이 된 개별적 상속재산에 대한 이행청구권의 존부에만 미치고 상속권의 존부에는 미치지 않는다. 이는 공격방어방법에 불과하기 때문이다.

(나) 참칭상속인의 반환 범위

1) 피고가 원물을 반환하여야 하는 경우에는 별 문제가 없다. 즉 피고는 그 원물을 반환하여야 한다.

2) 피고가 원물을 반환하여야 할 경우에 과실을 수취할 수 있는가? 이 경우 민법 제201조가 적용되어 피고가 선의(善意)인 경우에는 과실을 수취할 수 있으나, 그가 악의인 경우에는 수취한 과실(사용이득 포함)을 반환하여야 하며, 소비하였거나 과실로 인하여 훼손 또는 수취하지 못한 경우에는 그 대가를 보상하여야 한다는 것이 다수설이다.[3]

---

1 대판 2009. 10. 15, 2009다42321.
2 대판 1980. 4. 22, 79다2141.
3 일 대판 1905. 9. 19, 민록, 1210면; 변호사 등 법률전문가에게 문의하여 비로소 권리가 없음을 알

3) 또한 원물이 존재하지 않아 그 가액을 반환하여야 할 경우에도 민법 제748조가 적용되어, 피고가 선의인 경우에는 그가 받은 현존이익(現存利益)의 한도에서 반환할 수 있고, 악의인 경우에는 받은 이익과 이자를 가산하여 반환하여야 하며, 손해가 있으면 그 손해도 배상하여야 한다는 것이 다수설이다.

4) 그러나 선의·악의를 불문하고 참칭상속인은 상속재산의 전부와 그로부터 얻은 과실(果實)을 모두 반환하여야 한다고 생각한다.[1] 상속회복청구는 물권적 청구권이나 부당이득반환청구권 등과 구별되는 별개의 권리로서, 위와 같이 물권적 청구권이나 부당이득반환청구권 등과 달리 단기의 제척기간이 적용되므로 그러한 제한이 없는 물권적 청구권 등의 행사의 경우와 같이 보아 민법 제201조 내지 203조와 748조가 유추 적용된다고 보아야 할 이유가 없고, 민법에도 명문의 규정이 없기 때문이다.

5) 다만, 피고는 상속재산에 관하여 지출한 필요비나 유익비의 상환을 부당이득의 법리에 의하여 청구할 수는 있다고 할 것이다. 그가 상속회복청구권을 행사하는 자에게 적극적으로 주장할 수 있는 법리는 부당이득의 법리밖에는 없기 때문이다.

6) 참칭상속인은 시효취득을 주장할 수 있는가? 상속회복청구권의 행사에 제척기간의 제한이 있으므로 참칭상속인은 시효취득을 주장할 수 없다고 보는 것이 균형에 맞다는 견해가 있고, 이를 제한하는 입법례도 있다.[2]

생각건대, 부동산의 경우 시효취득기간은 어느 경우에나 10년 이상이므로(제245조) 상속권 침해 후 10년이라는 장기의 제척기간과 모순되지 않으므로 이를 인정하더라도 진정상속인이 희생되는 일이 없다. 그러나 동산의 경우 시효취득기간이 5년 내지 10년으로서(제246조), 상속권 침해 후 10년이라는 장기의 제척기간과 모순이 발생할 수 있고, 이를 인정하면 진정상속인이 희생되는 일이 발생한다. 그러나 시효취득제도는 점유나 등기에 의하여 장기간 진정한 권리자로서의 외관을 형성한 자를 보호하는 일방 그 권리행사를 방치한 자에게 불이익을 가하는 장치이고, 진정상속인이 자신의 권리를 장기간 행사하지 않고 방치한 경우 그 사유가 무엇이든 이는 그의 잘못이므로, 특별히 진정상속인에 한하여 상대방의 시효취득을

게 된 경우는 그날부터 기산하여야 한다.
1 동지: 박병호, 324면; 中川·泉, 49면, 주 8.
2 독민 제2026조는 상속회복청구권(Erbanspruch)이 소멸시효(30년)에 걸릴 때까지는 상속재산점유자에게 취득시효(선의자는 10년)의 원용을 허용하지 아니한다고 규정하고 있다.

배제하고 두텁게 보호하여야 할 이유를 발견하기 어렵다. 따라서 참칭상속인에게도 시효취득을 인정함이 타당하다고 생각한다.

7) 그러나 참칭상속인은 동산의 선의취득을 주장할 수는 없다고 보아야 한다.[1] 그는 타인의 처분행위를 거친 것이 아니라 상속을 가장하여 상속재산을 취득한 것이고, 이를 인정하면 상속회복청구권을 인정한 민법규정에 정면으로 반하여 이율배반이 되기 때문이다.

㈐ 전득자 등 제 3 자의 반환 범위

1) 참칭상속인으로부터 상속재산을 양수하거나 저당권 등을 설정 받은 전득자 등 제 3 자의 반환 범위도 원칙적으로 참칭상속인의 그것과 같다고 할 것이다.

2) 그러나 전득자 등 제 3 자는 동산이나 어음·주식·무기명채권 등 유가증권을 선의취득할 수 있다(제249조, 어음법 제16조, 수표법 제21조 등). 그는 상속을 가장한 침해자가 아니라 참칭상속인이 진정한 권리자라고 믿고 전득한 것이기 때문이다.

반면에 부동산이나 그밖에 등기·등록을 권리취득의 성립요건으로 하는 재산을 양수한 제 3 자는 참칭상속인의 상속등기를 믿었더라도 보호 받을 수 없다. 등기나 등록에 공신력(公信力)이 없기 때문이다.[2]

3) 전득자 등 제 3 자에게도 시효취득을 인정함이 타당하다. 이때 참칭상속인은 자신의 점유와 전득자 자신의 점유를 함께 주장할 수도 있다.

4) 한편, '상속재산분할의 소급효로 제 3 자의 권리를 해칠 수 없다'는 민법 제1015조 단서 규정을 유추 적용하여 동산·부동산을 불문하고, 양수인(제 3 자)은 보호받을 수 있다는 학설[3]이 있으나, 상속재산분할은 진정한 상속인들 간의 행위로서 적법한 행위이므로, 그들이 이미 행한 상속재산 처분행위와 배치되는 내용의 상속재산분할의 소급효를 제한하여 제 3 자를 보호하여야 하는 것이 당연하지만, 참칭상속인이 상속재산을 반환하여야 하는 것은 그가 진정한 권리 취득자가 아닌 때문이므로 양자를 같은 차원에서 볼 수는 없다. 따라서 위 학설에 동의하기 어렵다.

㈑ 채무변제의 수령

1) 피상속인의 채무자가 참칭상속인이나 그 전득자에게 채무를 변제한 경우에는 채권의 준점유자에 대한 변제로 인정되어 유효하게 될 경우가 많을 것이다(제

---

1 동지: 윤진수, 317면.
2 일 대판 1901. 3. 22, 민록 7-3, 69면; 1914. 12. 1, 민록 20, 1019면; 1916. 2. 8, 민록 22, 267면; 1927. 4. 22, 집 6, 260면 참조.
3 김주수, 518면(입법조치가 따라야 한다고 한다).

470조 참조).

2) 따라서 이 경우 진정상속인은 '변제받은' 참칭상속인이나 그 전득자를 상대로 변제물이나 그 대가의 반환을 청구하여야 할 것이다.

V. 상속회복청구권의 소멸

1. 상속회복청구권의 포기

1) 상속인은 상속개시 후 상속회복청구권을 포기(抛棄)할 수 있다. 상속개시 전에 미리 포기하는 것은 무효라고 할 것이다. 아직 포기할 권리가 구체적으로 발생하지 않았기 때문이다. 이는 상속권이나 유류분청구권의 포기도 상속개시 전에는 할 수 없는 것과 같다(통설).[1]

2) 이는 상대방 없는 단독행위이지만, 상대방인 참칭상속인에게도 할 수 있다. 포기의 방법에는 아무런 형식도 요구되지 아니하므로 문서나 구두로 자유롭게 포기할 수 있다.

3) 위 포기에 의하여 이 권리는 절대적으로 소멸한다.

2. 제척기간의 경과

(1) 기간의 성질

1) 민법은 "상속회복청구권은 … 경과하면 소멸된다"고 규정하고 있는바(제999조 ②항), 이 기간의 성질이 제척기간이자 제소기간임은 앞서 본 바와 같다.

2) 이 기간의 경과 여부는 법원의 직권조사사항이므로, 당사자의 주장·원용과 관계없이 기간 경과 후 제기된 소는 각하되어야 한다.[2] 물론 상대방인 피고도 본안전항변으로 이를 주장할 수 있다. 제척기간 경과 여부는 각각의 원고와 피고별로 개별적으로 심사하여야 한다.[3]

3) 이 기간은 불변기간이 아니므로 추완이 허용되지 않는다.

---

1 상속회복청구권은 하나의 재산권이므로 상속개시 전후를 불문하고 이를 포기할 수 있다는 설(中川·泉, 66면)도 있다.
2 대판 1993. 2. 26, 92다3083.
3 김·김, 642; 대판 2006. 9. 8, 2006다26694 참조.

(2) 기산점(起算點)

㈎ 상속권의 침해를 안 날부터 3년

1) '상속권의 침해를 안다'는 것은 상속개시사실과 자신이 상속인인 사실을 알고, 나아가 참칭상속인이 상속재산을 침해한 사실을 안 것을 말하고, 피고가 공동상속인인 때는 원고도 공동상속인의 한 사람인데 상속에서 제외되거나 법정상속분이 부당하게 침해되었다는 사실을 안 것을 말한다.[1]

2) 진정상속인은 이때부터 계산하여 3년 안에 권리를 행사하여야 하고, 그 기간이 지나도 권리를 행사하지 아니하면 청구권은 소멸된다.[2] 물론 이때 초일불산입의 원칙"(제157조 본문)이 적용된다.

3) 공동상속인 중 1인이 나머지 공동상속인들을 상대로 제기한 상속재산분할심판 사건에서 공동상속인 일부의 소송대리권이 흠결된 채로 소송대리인 사이에 재판상 화해나 조정이 성립하여 화해조서 또는 조정조서가 작성되고, 그 조서에 기하여 공동상속인 중 1인 명의로 상속재산협의분할을 원인으로 한 소유권이전등기가 이루어진 경우, 위와 같은 화해나 조정은 무효라 할 것이나, 그 조서에 확정판결과 같은 효력이 있는 이상 그 조서가 준재심에 의해 취소되기 전에는 당사자들로서는 위 화해나 조정의 무효를 확신할 수 없는 상태에 있다고 할 것이고, 그후 소송대리권의 흠결 여부가 다투어진 끝에 준재심에 의해 화해조서나 조정조서가 취소되었다면, 나머지 공동상속인들은 그 준재심의 재판이 확정된 때에 비로소 공동상속인 중 1인에 의해 자신들의 상속권이 침해된 사실을 알게 되었다고 봄이 상당하므로, 상속회복청구권의 제척기간은 그때부터 기산된다.[3]

4) **인지판결(심판)로 상속인이 된 사람**   상속개시 이후 인지판결로 공동상속인의 자격을 취득한 사람이 '침해사실을 안 날'이라 함은 인지재판 확정일이라고 해석되고(이날 원고는 상속권 침해를 안 것으로 추정), 이 경우에는 그때부터 3년의 제척기간이 기산된다.[4]

생부가 사망한 경우 그 사망사실을 안 날로부터 2년 이내에 검사를 상대로 인지청구를 할 수 있으므로(제864조), 상속개시 후 10년이나 지나서 인지재판이 확

---

1 윤진수, 317면.
2 대판 1981. 2. 10, 79다2052.
3 대판 2007. 10. 25, 2007다36223.
4 대판 1977. 2. 22, 76므55; 1978. 2. 14, 77므21; 1978. 12. 13, 78다1811; 1980. 4. 22, 79다2141; 1981. 2. 10, 79다2052.

정되는 경우는 매우 드물 것이라고 추측되지만, 그렇게 늦게 인지판결을 받은 사람도 소급적으로 상속인 자격을 취득하므로, 그는 그때부터 기산하여 3년 내에 공동상속인 등 참칭상속인을 상대로 상속회복청구를 할 수 있다. 그러나 상속침해의 날로부터 10년이 경과되면 청구권이 소멸하므로 이 기간이 먼저 종료할 경우가 많을 것이다.

(나) **상속권의 침해행위 시로부터 10년**

1) 상속권 침해행위는 상속개시 후에 발생하게 되는데, 상속권의 침해행위가 있는 경우 그 침해행위 시부터 10년이 경과되면 상속인이 침해사실을 알았느냐 여부와 상관없이 제척기간이 경과한다.

2) 구민법은 침해행위 시부터 10년이 아니라 상속개시 후 10년으로 규정하고 있었는데, 피상속인이 사망한 지 10년이 지난 후 침해행위가 있었던 경우에도 이 규정에 따라 상속회복청구권이 소멸된다는 것이 종전 판례였다.[1] 이 판례대로 하면, 상속개시 후 10년이 경과된 후 비로소 상속권을 침해하면 그 침해행위가 이루어지는 순간 바로 침해자는 법의 보호를 받는 기이한 결과에 이르게 된다고 비판받아 왔다.

이에 헌법재판소는 '상속이 개시된 날부터 10년'의 제척기간에 관한 규정(종래의 제999조 ②항)은 위헌이라고 판시하였다.[2] 이에 따라 이 규정은 상속권의 침해행위가 있는 날부터 10년을 경과하면 소멸된다'고 개정되었고, 이 개정 법률이 2002. 1. 14.부터 시행되고 있다.

3) **구민법 시행 당시의 상속회복청구권의 제척기간**   민법이 시행(1960)되기 전에는 '상속회복청구권은 상속이 개시된 날부터 20년이 경과하면 소멸한다'는 관습이 인정되었으나, 대법원은 이는 관습법으로서의 효력이 없다고 판시하였다.[3]

4) 남북가족특례법 제11조 ①항의 해석상, 남북이산으로 인하여 피상속인인 남한주민으로부터 상속을 받지 못한 북한주민이었던 사람은 남한의 참칭상속인에 의하여 상속권이 침해되어 10년이 경과한 경우에도, 민법상 상속회복청구권의 제

---

1 대판 1981. 1. 27, 79다854; 1989. 1. 17, 87다카2311; 1991. 12. 24, 90다5740; 1992. 9. 1, 92다22923; 1994. 10. 21, 94다18249; 상속개시 후 10년이 경과한 후 상속권침해가 있었고, 그로부터 3년 내에 상속회복청구의 소가 제기된 사안에서, 상속개시 후 10년의 제척기간이 지났다는 이유로 소를 각하한 것이다. 대법원 전원합의체의 소수의견은 침해행위가 있은 날로부터 기산하여야 한다고 주장하고 있었다.

2 헌재결 2001. 7. 19, 99헌바9, 26, 84, 2000헌가3, 2001헌가23(병합).

3 대판 2003. 7. 24, 2001다48781(전원합의체).

척기간이 연장되어 남한에 입국한 때부터 3년 내에 상속회복청구를 할 수 있다.[1]

(3) 입증책임

1) 제척기간 경과 여부는 법원의 직권조사사항이지만 그 입증책임은 상대방인 피고가 져야 한다.[2] 권리소멸사실이기 때문이다.

2) 호적이나 가족관계등록부에 참칭상속인의 이름이 상속인인 양 기재되어 있다고 하여 그것만으로 진정상속인이 침해사실을 알았다고 단정할 수는 없다.

(4) 상속재산이나 청구의 일부에 대한 제척기간의 준수

1) 제척기간의 경과 여부는 소송목적인 각각의 상속재산별로 심사·판단하여야 한다. 따라서 그 일부에 대하여 이전에 제소(提訴)하여 그때는 제척기간을 지켰다고 하더라도, 그로써 다른 상속재산에 대한 이후의 소송에까지 제척기간 준수의 효력이 미치는 것은 아니다.[3]

2) 청구를 변경한 때는 그 변경한 때를 기준으로 제척기간의 경과 여부를 판단하여야 하므로(민소 제265조, 제262조 ②항), 청구를 변경하여 지연손해금청구를 추가한 경우에도 그 부분은 청구변경 시를 기준으로 판단하여야 한다. 다만, 상속개시 후의 피인지자가 제척기간 내에 채권의 일부만 청구하고, 나중에 감정(鑑定) 등을 거쳐 기간 경과 후에 청구액을 확장할 뜻을 표시한 후 나중에 이를 확장한 경우에는 소 제기 시에 기간을 준수한 것으로 보아야 한다.[4]

:: 참고판례

공동상속인들이 이미 상속재산인 주식을 매각하여 취득한 대금 중 원고의 상속분에 해당하는 돈의 지급을 청구하고 또 지연손해금을 청구하는 경우, 지연손해금 청구채권은 기본채권인 피인지자들의 상속회복청구권의 확장으로 보아야 할 것이니, 여기에도 민법 제992조 ②항 소정의 제척기간이 적용된다(대판 1981. 2. 10, 79다2052).

---

1 대판 2016. 10. 19, 2014다46648(전원합의체).
2 대판 1962. 6. 21, 62다196.
3 대판 1980. 4. 22, 79다2141; 1981. 6. 9, 80므84, 85, 86, 87.
4 대판 2007. 7. 26, 2006므2757, 2764.

(5) 기간경과 등에 의한 권리소멸의 효과

1) 제척기간이 경과한 경우 권리자는 더 이상 소를 제기하여 그 권리를 행사할 수 없게 되므로 사실상 그 권리는 소멸하게 된다. 이에 관하여 대법원은, 제척기간이 경과하여 상속회복청구권이 소멸되면 상속재산을 둘러싼 진정상속인과 참칭상속인의 법률관계는 그로써 절대적으로 확정되므로, 진정상속인은 상속인으로서의 지위를 모두 상실하고, 그 반사적 효과로서 참칭상속인은 상속개시의 시점으로 소급하여 상속인의 지위를 취득하여 그는 상속개시시점부터 상속재산에 대한 소유권을 확정적으로 취득하며, 그가 한 행위(제 3 자에 대한 매도행위)는 모두 유효하게 된다고 본다.[1]

2) 다만 대법원은, 소외인이 아무런 근거 없이 망인의 호적에 호주상속인으로 등재된 상태에서 호주상속회복청구권의 제척기간이 경과함으로써 그가 참칭호주상속인으로서 호주상속인으로서의 지위를 취득하게 되었다고 하더라도, 민법 시행 후에는 호주상속과 재산상속은 별개이므로 호주상속인으로서의 지위를 취득하였다고 하더라도 그와 같은 사정만으로 그가 재산상속인으로서의 지위를 함께 취득한다고 볼 수는 없다고 한다.[2]

3) 그러나 제척기간의 경과로 진정상속인의 권리가 절대적으로 소멸한다는 견해에는 찬동하기 어렵다. 제척기간의 경과로 진정상속인은 단지 소로써 이를 행사할 수 없게 될 뿐 그 권리 자체를 상실하는 것은 아니라고 보아야 하기 때문이다. 따라서 상대방이 이를 임의로 반환한 경우 진정상속인은 이를 부당이득한 것이 되지 않는다고 할 것이다.

4) 또한 대법원은, 제척기간이 경과하면 진정상속인은 상속인으로서의 지위를 모두 상실하고, 그 반사적 효과로서 참칭상속인은 상속개시의 시점으로 소급하여 상속인의 지위를 취득한다고 보나, 이 역시 동의하기 어렵다. 이 권리에 따른 소송은 단지 개개의 상속재산에 대한 진정상속인과 참칭상속인 간의 분쟁에 관하여 진정상속인이 인도청구권 등을 갖는지 여부만을 심판할 뿐이며, 따라서 그 기판력도 인도청구권 등의 유무에만 미칠 뿐 공격방어방법에 불과한 '누가 진정한 상속인인지'나 '누가 당해 상속재산의 소유자(상속인)인지'에 대해서는 미치지 않는다.

---

1 대판 1998. 3. 27, 96다37398; 1994. 3. 25, 93다57155 등.
2 대판 1998. 3. 27, 96다37398.

따라서 그 이전 단계인, 즉 소가 제기되지 않은 채 제척기간이 경과하였다고 하여 참칭상속인이 상속인의 지위를 취득하거나 상속재산에 대한 소유권 등을 취득하는 것은 아니므로, 참칭상속인은 진정상속인을 상대로 상속재산의 반환이나 등기의 말소, 부당이득반환청구 등을 할 수는 없다고 할 것이다.[1]

5) 제척기간 도과의 경우 보통 소급효가 아닌 장래효만 있다는 이유로 제척기간 경과 시 진정상속인은 권리 상실과 참칭상속인의 권리 취득에 관한 효과 소급설에 대하여 반대의견이 있으나, 별 의미는 없다고 생각된다. 어차피 진정상속인은 제척기간이 경과하기 전의 법률관계에 대해서도 소로써 권리를 행사할 수 없고, 그 기간 중 상속재산에 대한 권리관계도 그에 따르도록 함이 간명하기 때문이다.

(4) 취득시효와의 관계

1) 참칭상속인이나 전득자가 상속재산을 시효취득하면 그 반사효과로서 진정상속인은 당해 상속재산에 대한 권리를 상실한다.

2) 참칭상속인과 전득자에 대한 시효취득의 허부는 앞서 이미 설명한 바와 같다.

---

1 동지: 윤진수, 320면. 이러한 효과를 얻기 위하여 권리행사시간을 제척기간이 아닌 소멸시효기간으로 해석하여야 한다는 견해도 있으나, 이를 제척기간으로 본다고 하여 이러한 결론이 불가능한 것은 아니다.

제**3**장

상 속 인

제1절 총 설

I. 상속인의 종류

1) 세계 여러 나라의 상속법은 상속인을 정하면서 대개 피상속인의 혈족을 상속인으로 정하고 있고, 이에 더하여 피상속인의 배우자를 상속인으로 인정하여 그 상속권을 인정하고 있다.

2) 우리 민법도 다른 나라의 현대 상속법과 같이 혈족상속인과 배우자상속인의 2가지 종류의 상속인을 규정하고 있다. 혈족상속인에는 자연혈족과 법정혈족(예: 양자), 직계혈족과 방계혈족이 모두 포함된다.

II. 상속인의 순위

1. 혈 족

1) 혈족을 상속인으로 정하는 경우, 혈족이 한 사람뿐이라면 문제가 없지만, 혈족이 여러 사람일 경우 그 수많은 혈족 중에서 누구를 상속인으로 정할 것인가가 문제된다. 그래서 혈족의 원근(遠近)과 친소(親疎)에 따라 몇 개의 집단으로 나누어 그 집단에 선후의 차례를 매겨서 상속인으로 정하고 있다. 이 순위를 상속순위

라고 한다.[1] 예컨대, 피상속인에게 자식과 형제자매가 있는 경우, 이들 모두는 그의 혈족이지만 자식(1촌)이 형제자매(2촌)보다 가까운 혈족이므로 그들이 형제자매보다 상속순위에서 우선한다.

2) 선순위자(예컨대 제 1 순위 상속인)가 있으면 후순위자(예컨대 제 2 순위 이하의 상속인)는 상속에서 제외된다. 같은 순위의 사람이 복수일 때는 그들이 공동으로 상속한다(제1000조 2호). 그러므로 실제로는 최우선순위에 있는 상속인만이 재산을 상속한다.

3) 우리 민법은 제1000조(혈족상속인의 상속순위), 제1003조(배우자의 상속순위)에서 상속인의 순위를 아래와 같이 정하고 있다.

제 1 순위: 피상속인의 직계비속·피상속인의 배우자

제 2 순위: 피상속인의 직계존속·피상속인의 배우자

제 3 순위: 피상속인의 형제자매

제 4 순위: 피상속인의 4촌 이내의 방계혈족[2]

2. 피상속인의 배우자

피상속인, 즉 망인에게 배우자가 있는 경우 그는 피상속인의 직계비속이나 직계존속과 동순위로 공동상속인이 되고, 피상속인의 직계비속이나 직계존속이 없을 때는 배우자 단독으로 망인의 재산을 상속한다.

3. 국　가

상속순위를 불문하고 상속인에 해당하는 사람이 아무도 없을 경우 망인의 재산은 국고(국가)에 귀속된다(제1058조). 그러나 국가가 상속인이 되는 것이 아니고, 무주의 재산이 법령에 의해 국가에 귀속되는 것이다.

4. 대습상속

1) 상속인이 피상속인의 재산을 상속하려면 앞서 본 바와 같이 동시존재의 원칙에 따라 피상속인의 사망 시 상속인이 생존하고 상속자격을 갖고 있어야 한다.

---

1 곽윤직, 개정판 상속법, 45면.

2 특별연고자가 이 조항으로 인하여 재산분여청구권을 침해당하는 것은 아니다(헌재 2018. 5. 31, 2015헌바78); 이 조항이 4촌 이내의 방계혈족의 재산권 및 사적 자치권을 침해하지 않는다(헌재 2020. 2. 27, 2018헌가11).

따라서 상속순위에 있는 자라도 이미 사망한 경우 그는 상속을 받을 수 없다. 그가 상속결격이 된 때에도 같다.

2) 민법은 피상속인의 직계비속이나 형제자매가 피상속인보다 먼저 사망하거나 상속결격되어 상속권을 상실한 경우, 그 상속권 상실자의 직계비속과 배우자가 그를 대신하여 상속케 하는 이른바 대습상속(代襲相續)제도를 인정하고 있다(제1001조·제1003조). 이는 상속권 상실자의 자녀와 배우자의 생존권 보호를 위한 것이다.

Ⅲ. 상속인의 법적 지위

1. 상속개시 전의 지위

1) 상속인이 될 수 있는 자라도 피상속인이 사망한 때에야 비로소 상속인이 되고, 이에 따라 피상속인의 재산을 상속하게 되므로 피상속인의 사망 전에는 현실적으로 아무런 권리가 없다.

2) 그러면 피상속인이 사망하기 전 상속인, 즉 추정상속인의 지위는 어떠한가? 예컨대 홍길동이 아직 살아 있는 경우, 그 처자(妻子)의 지위는 단순한 희망이나 기대를 내용으로 하는 사실상의 지위에 불과하다는 학설, 일종의 기대권적 지위라고 하는 학설이 있다.

3) 판례는, 추정상속인은 장래 상속이 개시되면 피상속인의 권리와 의무를 포괄적으로 승계할 것이라는 기대권(期待權)을 가질 뿐이고, 그 전 단계에서는 당연히 피상속인의 재산에 대한 권리를 가지는 것은 아니라고 한다.[1] 따라서 상속개시 전 상속인의 지위는 확인소송의 대상이 될 정도로 강력한 것은 아니므로 확인청구를 할 소의 이익은 없다.[2]

4) 또, 피상속인의 생존 시 추정상속인이 피상속인의 재산 처분행위에 간여할 권리는 전혀 없다, 다만, 피상속인의 사망 후 상속이 개시된 후에 피상속인의 재산 처분행위를 문제삼아 유류분반환청구를 할 수 있을 뿐이다.

---

1 일 최판 1955. 12. 26, 집 9-4, 3083면(원심판결은 아래 2의 판결임).
2 일 福岡高判 1952. 6. 11, 하민집 3-6, 800면 : 상속인의 지위는 기대권적 성질을 가지는 것이고 확인의 이익이 있으므로 확인소송의 대상이 될 수 있다고 판단하였다. 그러나 이 판결은 위 1의 판결로 파기되었다.

2. 상속개시 후의 지위

1) 일단 상속이 개시되면 상속인은 상속개시와 동시에 법률상 당연히 상속재산을 포괄적으로 승계한다(제1005조).

2) 그러므로 참칭상속인이 상속재산을 점유하든지 하여 상속인의 권리를 침해할 때는 진정상속인은 그를 상대로 상속회복청구를 할 수 있고(제999조), 피상속인으로부터 증여나 유증을 받은 사람을 상대로 유류분반환청구를 할 수 있다(제1115조).

제 2 절 혈족상속인

1) 혈족이란 자기와 피를 나눈 사람을 말한다. 이는 부모 자식과 같이 위 아래로 피를 받거나 주는 직계혈족과, 형제자매나 그들의 자녀와 같이 공동선조로부터 함께 피를 나눠 받은 방계혈족이 있다.

2) 혈족상속인에는 ① 직계비속, ② 직계존속, ③ 형제자매, ④ 4촌 이내의 방계혈족의 4가지 종류가 있다. 배우자도 제 1 순위 상속인이지만, 배우자는 피상속인과 피를 나눈 사이가 아니므로 혈족은 아니다.

3) 혈족 가운데 같은 순위의 상속인이 여러 사람일 때는 최근친(最近親, 촌수가 가장 가까운 친족)이 선순위가 되고(촌수주의, 寸數主義), 같은 촌수의 상속인이 여러 사람일 때는 그들은 공동상속인이 된다(제1000조 ②항).

I. 직계비속

1) 사람이 사망한 경우 제 1 순위 상속인은 그 망인의 자녀들, 즉 직계비속이다(제1000조 ①항 1호). 이는 대를 잇는다는 인간의 본능과 오랜 관습에 의한 것인데, 이로써 피상속인의 유업을 승계하고 그 재산에 의해 비속의 생존을 도모하기 위한 배려라고 할 수 있다.

2) 이는 세계 여러 나라의 상속법이 모두 동일하다(독민 제1924조, 프민 제731조, 스민 제457조, 일민 제887조 ①항). 다만 일본 민법은 '자(子)'라고 표현하고 있으나 여자인 자식을 포함한다고 해석되고 있다.

1. 직계비속의 의미

(1) 자연혈족

1) 직계비속은 직계혈족인데 이는 자연혈족(自然血族 : 친생자)과 법정혈족(法定血族 : 양자)이 있다. 자연혈족은 피상속인으로부터 피를 물려받은 사람을 말한다. 자연혈족인 직계비속에는 망인의 자녀·손주[1]·증손주 등은 물론이고, 외손주·외증손주 등이 모두 포함된다. 또, 부계혈족·모계혈족을 묻지 않고 모두 상속인이 된다.

2) 피상속인의 직계비속인 이상 호적이나 가족관계등록부에의 기재 여부, 대한민국 국적의 유무나[2] 그 국적의 이동(異同), 피상속인이 상속인에게 친권·양육권을 행사하는지 여부,[3] 상속인의 성별(남·여), 연령, 장남·차남 여부, 호주승계 여부,[4] 혼인중(婚姻中)의 자녀인지 혼인외(婚姻外)의 자녀(인지된 자녀)인지 여부, 부모의 혼인이 유효인지 무효인지 여부, 적·서(嫡庶)의 구별, 기혼·미혼, 분가·출가 여부,[5] 동거·별거 여부 등과는 아무런 상관이 없다.

3) 망인을 기준으로 촌수가 같은 비속들은 모두 같은 순위의 공동상속인이 되고, 그들의 상속분은 모두 평등하다.[6] 이를 균분상속주의(均分相續主義)라고 한다.

:: 참고판례

피상속인의 사망 전후를 불문하고 외국으로 귀화하여 외국국적을 취득한 직계비속도 섭외사법 제26조(현 국제사법 제49조), 민법 제1000조의 규정에 의하여 민법 제1004조 소정의 결격사유만 없다면 당연히 재산상속인이 된다(1967. 1. 16, 등기예규 제99호).

---

1 국립국어원에서 2011, 손주(손자와 손녀를 포함하여 이르는 말)를 표준어로 지정함.

2 외국으로 귀화한 직계비속이라도 부모의 재산상속인이 된다[1967. 1. 16. 대법원등기예규 제99호, 대법원예규집 — 등기편 — (법원행정처, 1998), 316면].

3 中川善之助, 泉久雄, 新版注釋民法(26), 相續(1)(有斐閣, 1992), 222면(阿部浩二 敎授 집필 부분).

4 1960. 1. 1.~1990. 12. 31.까지는 호주승계를 하는 자녀는 재산상속에서도 그 고유상속분에 50%를 가산한 상속분을 상속하였다. 1991. 1. 1. 이후 호주상속인 가급(加給)제도는 폐지되고, 2008. 1. 1. 이후 호주제도는 폐지되었다.

5 대판 1976. 3. 9, 75다1792, 판례월보 제70호, 16면; 구민법 시대에도 직계비속은 피상속인과 동일 가적(家籍=호적) 내에 있어야 할 필요가 없었다; 1983. 9. 27, 83다카745 : 출계한 아들도 공동상속인이다; 혼인외의 자녀는 그 생모(生母) 사망의 경우 항상 제1순위 상속인이 되지만, 생부(生父) 사망의 경우는 임의인지(제855조)·강제인지(제863조)·유언인지(제859조 ②항)가 있어야 인지의 소급효(제890조)를 내세워 상속권을 주장할 수 있다.

6 대판 1990. 2. 27, 88다카33619(전원합의체), 공보 1990, 753면.

(2) 법정혈족

1) 법정혈족(法定血族)은 입양에 의하여 혈족이 된 사람을 말하며, 법정혈족인 직계비속은 양자(養子)와 양녀를 의미한다. 그러므로 양자녀와 그의 직계비속(입양 전의 출생자 포함)도 당연히 여기의 제 1 순위 상속인에 포함된다. 따라서 친자와 양자는 동순위의 공동상속인이 된다.

2) 보통양자는 양부모와 생가(친생)부모 모두에 대하여 상속권을 가진다.[1] 그러나 친양자의 경우는 생가부모와의 관계가 단절되므로(제908조의3 ②항), 생가부모 사망 시 생가부모의 재산을 상속할 수 없다고 해석된다.[2]

3) 양자가 입양 당시 이미 출산한 자녀는 상속권이나 대습상속권이 없다는 학설도 있다.[3] 이는 일본민법의 규정과 판례에 따른 것으로 보인다. 즉 피상속인의 자의 대습자는 피상속인의 직계비속이 아니면 안 된다는 일본 민법의 규정(일민 제887조 ②항 단서)과 판례[4]에 따른 것이다. 그러나 우리나라 민법의 규정체제는 이와 다르므로 위 견해에 찬동할 수 없다.

4) 할아버지가 손자를 양자로 삼은 경우, 할아버지 사망 시 그 손자에게는 양자로서의 자격과 아버지를 대습하는 상속자격의 중복이 생긴다는 학설이 있다.[5] 그러나 이는 좀 이해하기 곤란하다. 왜냐하면 손자를 아들(양자)로 삼는 것 그 자체가 공서양속위반으로 무효라고 보아야 하기 있기 때문이다.

5) 1960년에 시행된 민법 제867조는 양자에 관한 부분에 사후양자 관련 규정을 두었는데, ① 호주가 사망한 경우에는 그 직계비속이 없는 때에 한하여 그 배우자, 직계존속, 친족회의 순위로 사후양자를 선정할 수 있고, 폐가 또는 무후가를 부흥하기 위하여 전호주의 사후양자를 선정하는 경우에는 전호주의 직계존속, 친족회의 순위로 이를 선정하며, 이 규정은 배우자 또는 직계존속의 사후양자를 선정하는 경우에 준용한다고 하였다. 그런데 이 규정은 1990. 1. 13.의 민법 개정으로 삭제되고 사후양자제도는 1991. 1. 1. 이후 폐지되었다.[6]

---

1 1961. 4. 4. 등기예규 제27호, 대법원예규집 — 등기편 — (법원행정처, 1998), 316면.
2 서구의 완전양자와 일본의 특별양자(일민 제817조의9)도 생가부모의 재산을 상속할 수 없다; 윤진수 대표편집, 제 1 권 친족상속법, 908면; 我妻 외 2, 169면.
3 김용한, 301면; 伊藤 眞, 158면.
4 일 대판 1932. 5. 11, 집 11, 1062.
5 김주수, 522면; 김·김, 제 9 판, 505면.
6 현행 민법 제867조는 이와 무관한 내용으로서 민법 개정을 통하여 2012. 2. 10.에 신설된 것이다.

사후양자의 상속권에 관하여는 원칙적으로 호주상속만이 인정되었고, 양부의 재산은 이미 그가 사망한 때에 그 배우자 등에게 상속이 되었으며 사후양자 입양 신고는 소급효가 없다는 이유로 재산상속은 부정되었다.¹ 따라서 사후양자는 그 양모(양부의 사망 후 일시적으로 호주상속을 한 자)의 재산을 상속할 수는 있으나 1991. 1. 1 이전에도 양부의 재산을 상속할 수는 없다. 다만, 호주의 사망 시 호주 상속을 할 사람이 전혀 없는 경우에는 사후양자 입양 신고 시에 사후양자가 사망한 호주로부터 직접 호주권과 재산을 상속한다.

6) 현재는 폐지된 유언양자, 서양자는 모두 직계비속으로서 일반의 양자와 마찬가지로 재산상속권이 있다.

:: 참고판례

　망인의 사망 당시 동일가적 내에 있는 동인의 처와 아들 외에 출계(出系 : 다른 집에 입양되는 것)한 아들이나 그 배우자, 직계비속이 생존하고 있었다면 그들 역시 재산상속인이 된다(대판 1983. 9. 27, 83다카745).

(3) 적모·서자관계 등

1) 구민법 시행 당시(1990년 12월 31일까지)는 적모·서자관계, 계모·계자관계도 법정혈족관계였다. 그러나 1990년의 민법 개정으로 인하여 1991. 1. 1. 이후는 적모와 서자녀 사이, 계모와 전처소생 자녀(계자) 사이는 1촌의 인척이 되었다. 따라서 1991. 1. 1. 이후에 이들 중 일방이 사망한 경우 그들 사이는 혈족이 아니므로 서로 간에 상속이 불가능하다.²

2) 이에 따라 가봉자(加捧子: 처가 혼인할 때 데려 온 전남편 소생 자녀)는 현재의 남편인 계부(繼父)의 재산을 상속할 수 없고, 전처의 자녀는 현재의 처인 계모(繼母)의 재산을 상속할 수 없다.

:: 참고판례

　혼인외의 출생자가 사망(1991. 1. 1. 이전 사망한 것으로 추정됨; 저자 추가)한 경우 적모와 생모는 같은 순위로 그 망자(亡子)의 재산을 공동상속한다[부산고판

---

1 대판 1980. 7. 22, 79다1009; 1981. 10. 13, 81다카303
2 입법자가 계모·자 관계를 폐지하여 계모가 사망한 경우 전처의 자를 상속권자에서 제외한 것은 위헌이 아니다(헌재 2009. 11. 26, 2007헌마1424).

1992. 1. 16, 91나1882(상고기각으로 확정)].

2. 직계비속의 상속순위

(1) 원 칙

직계비속은 제 1 순위 상속인이고, 직계비속이 여러 사람 있을 때는 최근친(最近親: 촌수가 가장 가까운 비속)만 선순위자로 상속한다(제1000조 ②항 전단). 예컨대 망인에게 자녀와 손주, 외손주가 있을 때는 자녀만 상속하고 손주와 외손주는 상속할 수 없다. 촌수가 같은 비속이 여러 사람일 경우에는 공동으로 상속한다(동조항 후단).

(2) 여자의 상속과 그 순위(출가외인의 전통 소멸)

1) 출가외인(出嫁外人)의 전통은 완전히 사라졌다. 민법 제정 이전의 관습법에서는 남의 집에 시집간(출가한) 여자는 친가의 재산상속권이 부정되었다.

2) 민법 제정 후에도 개정 전의 민법에서는 여자의 상속순위를 남자와 같은 순위로 하면서도 그 상속분에 차별을 두고 있었다. 즉 1960년부터 개정 민법 시행 전(1978년 12월 31일)까지는 여자의 상속분은 남자의 상속분의 1/2이었고, 동일 가적(家籍＝호적) 내에 없는 여자(즉 시집간 여자)의 상속분은 남자의 상속분의 1/4이었다. 1977년의 개정으로 1979년부터 남자와 여자(동일 호적내의 남녀)의 상속분을 평등하게 하였고, 1990년의 개정으로 1991. 1. 1.부터는 출가외인(호적이 다른 여자)의 상속분도 남자의 것과 꼭 같도록 개정하여 남녀 간의 상속순위와 상속분의 차별을 완전히 철폐하였다.

(3) 부모의 이혼·재혼 등과 자녀의 상속

1) 종래 호적법 시행 당시 여자가 이혼하여 친가에 복적하였다가, 다시 다른 남자와 재혼하여 그 남자의 가적(호적)에 입적한 후 사망한 경우에도 그 여자의 자녀는 망모(亡母)의 재산을 상속한다.[1] 종전의 민법에서 '동일 가적 내에 없는 여자'(소위 출가외인)라는 말은 그러한 여자가 상속인으로서 상속을 받을 경우에 해당하는 말이지, 그 여자 자신이 '사망하여 재산을 남기는 피상속인'이 되는 경우는 여기에 포함되지 않기 때문이다.

---

1 대판 1957. 5. 4, 4290민상64; 1979. 11. 27, 79다1332, 1333.

2) 부모의 이혼 여부, 부모의 자녀에 대한 친권·양육권의 유무는 자녀의 부모 재산 상속권에 아무런 영향을 미치지 못한다.

:: 참고판례

> 아내와 딸 1명을 둔 남자호주가 1925년 사망 → 아내가 호주상속·재산상속 → 아내 1926년 개가 → 딸이 호주상속·재산상속 → 딸이 출가(절가) 후 1956년 사망 → 딸의 직계비속 4명이 딸의 재산(딸이 이미 상속한 재산 포함)을 공동상속한다 (대판 1974. 1. 15, 73다941; 당시의 관습, 등기예규 제225호).

(4) 혼인외의 출생자

1) 혼인외의 자녀도 자녀임에는 틀림이 없지만 부(父)에 대한 관계에서는 인지를 받아야만 비로소 그의 자녀로 인정된다. 따라서 인지를 받기 전에는 혼인외 자녀는 부(父)의 재산을 상속할 수 없다.

2) 그러나 혼인외의 출생자와 생모 간에는 인지나 입양으로 인하여 모자관계가 발생하는 것이 아니라 출산사실 그 자체로 모자관계가 발생하므로, 생모 사망 시 그 자녀는 당연히 모의 제1순위 상속인이 된다.[1]

3) 혼인외의 출생자를 입양하여 양자로 만든 경우, 이러한 양자는 부모 사망 시 제1순위 상속인으로서 당연히 상속을 하게 된다.

3. 직계비속의 대습상속

1) 피상속인보다 그 직계비속이나 피상속인의 형제자매가 먼저 사망하거나 상속결격이 된 경우는 대습상속이 인정된다(제1003조). 따라서 먼저 죽은 직계비속의 배우자와 그 사람의 직계비속은 먼저 죽거나 상속결격이 된 직계비속이 받을 상속분을 대습상속하게 된다. 이때 대습상속인들끼리의 상속분은 피대습상속인인 직계비속의 재산을 상속할 때와 같다.[2]

2) 장남과 차남이 있었는데 장남에게는 처와 자녀 2명('갑'과 '을')이 있고, 차남에게는 처가 없고 아들 1명('병')이 있다고 가정하자. 이 장남과 차남이 모두 할아버지보다 먼저 사망하였고 그 후 할아버지가 사망한 경우, 손자 3명과 며느리 1명

---

1 대판 1966. 4. 26, 66다214; 1967. 10. 4, 67다1791.
2 대판 1962. 4. 26, 4294민상676; 1969. 3. 18, 65도1013(손녀들이 아들 대신 조부의 유산을 대습상속한다); 등기예규 제136호, 대법원예규집 ― 등기편 ―, 321면.

의 대습상속이 문제된다. 이에 관하여 본위상속설(다수설), 대습상속설(소수설·판례)이 대립하고 있다. 자세한 것은 제 4 절 대습상속 부분에서 설명한다.

4. 직계비속이 상속포기를 한 경우

제 1 순위 상속인들 중 촌수가 같은 직계비속들이 모두 상속포기를 한 경우는 그 다음 촌수의 직계비속들이 고유의 상속인으로 본위상속을 한다. 예컨대, 조부가 사망하였는데 부가 상속포기를 하면 다음 단계의 직계비속인 손자녀가 대습상속이 아닌 본위상속을 한다. 상속포기는 대습상속의 원인이 아니기 때문이다.

5. 태   아

태아는 상속순위에 관하여는 이미 출생한 것으로 본다(제1000조 ③항). 정지조건설을 취하는 판례에 따르면 태아는 살아서 출생하는 것을 정지조건으로 직계비속이 되고, 이에 따라 제 1 순위 상속인이 된다.

:: 참고판례

유복자(遺腹子 : 아버지 사망 시 모의 태중에 있다가 사망 후에 태어난 아이)는 부(父)의 사망 시에 소급하여 상속권을 가지는 것이 관습이다(대판 1949. 4. 9, 4281민상197).

6. 생사불명자

1) 생사불명자라도 사망이 확인되거나 실종선고가 이루어지기 전에는 생존한 것으로 간주되므로 당연히 상속권이 있다.

2) 북한(미수복지구)이나 외국에 있는 생사불명자도 상속인이다.[1] 이러한 자를 위하여 상속등기신청을 하려면 그 제적등본이나 호적등본으로써 주민등록표 등본 (부동산등기규칙 제46조 ①항 6호)을 대신할 수 있다.[2]

7. 관습(구민법)상의 상속

1) 호주인 남편의 재산을 상속한 여호주(처)가 사망하였는데 그 (호주)상속인

---

1 대판 1982. 12. 28, 81다452, 453; 등기예규 제465호.
2 등기예규 제172조 3호, 1985. 7. 6, 등기 제328호, 등기선례요지집 제122호, 42면.

이 없는 경우, 그 유산은 여호주의 혈족이 아니라, 본래의 호주가(戶主家)에서 태어난 출가녀에게 돌아가는 것이 재래의 관습이다.[1]

2) 여호주가 1958. 10. 2. 호주상속과 동시에 재산상속을 한 다음 신민법 시행후인 1964년에 사망하고, 그 여호주의 외아들이 먼저 사망(1948. 6. 16. 사망)하였으나 그 딸(손녀)들이 있는 경우, 그 손녀들은 여호주의 재산을 외아들 대신 대습상속하고 여호주의 딸들과 공동상속한다.[2]

3) 호주 아닌 가족이 사망한 경우 그 재산은 망인의 배우자(남편이나 아내)에게 상속되는 것이 아니라, 동일 호적 내에 있는 직계비속인 자녀들에게 균등하게 상속되는 것이 우리나라의 관습이다.[3] 여기서 동일 호적이란 그 직계비속이 여자(딸)인 경우 망인과 동일호적 내에 있어야 한다는 의미이고, 그 비속이 남자(아들)인 경우는 피상속인과 동일호적 내에 있든 없든 불문하고 상속권이 있다는 의미이다.[4]

4) 호주가 아닌 가족인 차남의 유산은 그 직계비속인 장녀(유일한 비속)가 상속하나, 만일 장녀가 출가한 때(出嫁時)에는 이를 유처(遺妻)가 상속한다.[5]

5) 처가 호주상속과 동시에 사망한 남편의 유산을 상속한 다음 개가(改嫁＝재혼)를 하면, 여식(女息＝딸)이 소급하여 아버지의 호주상속과 유산상속을 하는 것이 관습이다.[6] 호주 또는 일가(一家)의 재산이 다른 가계로 유출되는 것을 방지하기 위한 조치였다.

8. 승려의 재산상속인

처자식이 없는 승려의 재산은 관습상 그 상좌승(上座僧)이 승계한다.[7]

Ⅱ. 직계존속

1) 제 2 순위 상속인은 피상속인의 직계존속이다. 직계존속은 직접 피를 주고

---

1 대판 1972. 2. 29, 71다2307, 판례월보 21호, 7면; 1978. 11. 28, 78다1308; 1990. 10. 30, 90다카 23301.
2 대판 1992. 10. 27, 92다24684.
3 대판 1960. 4. 21, 59다55; 1967. 2. 28, 66다492; 1990. 2. 27, 88다카33619; 1990. 4. 11. 등기예규 제698호, 대법원예규 ─ 등기편 ─, 313면.
4 1972. 11. 28. 등기예규 제211호, 대법원예규집 ─ 등기편 ─, 320면.
5 1947. 5. 12. 등기예규 제 2 호, 대법원예규집 ─ 등기편 ─, 320면.
6 대판 1974. 1. 15, 73다941.
7 대판 1966. 4. 6, 66다208; 등기예규 제83호, 대법원예규집 ─ 등기편 ─, 313면.

받은 직계 혈족 중에서 자기보다 윗대 조상인 부모나 조부모, 증조부모, 외조부모 등을 말한다. 이와 같은 제 2 순위 상속인은 제 1 순위 상속인이 사망이나 상속결격, 상속포기로 전혀 없게 된 때에 비로소 상속인이 된다.

2) 직계존속이 여럿인 때도 촌수가 가까운 사람, 예컨대 부모가 조부모보다 먼저 상속한다. 현행 민법이 망인의 직계존속을 망인의 형제자매보다 선순위 상속인으로 정한 것[1]은 동방예의지국의 전통, 유교적 윤리관에 근거한 것이라고 생각된다.[2]

1. 직계존속의 요건

1) 직계존속인 이상, 가족관계등록부에의 기재 여부, 직계존속이 대한민국 국적을 가진 여부나 그 이동(異同), 직계존속이 피상속인과 동거나 별거하는지 여부, 직계존속의 이혼이나 재혼 여부, 부계나 모계인 여부, 성별(남자·여자), 연령, 친생부모인지[3] 양부모인지[4] 여부 등을 묻지 않는다. 따라서 망인의 부모, 조부모, 증조부모, 외조부모, 외증조부모 등은 모두 망인의 재산 상속권이 있다.

2) 보통 양자가 사망한 경우에는 양부모, 양부의 부모, 양모의 부모 등도 마찬가지로 상속권이 있고, 생부모와 그 직계존속도 마찬가지다. 따라서 보통양자에게 직계비속이 없는 경우 양부모와 친생부모 4명이 평등하게 공동상속한다. 그러나 친양자의 경우에는 생가부모와 그 직계존속은 아예 상속에서 제외되고 양부모와 그의 직계존속만이 상속권이 있다.

3) 망인의 부(父)는 이미 사망하고 모(母)가 비록 개가하여 다른 사람의 호적에 올라 있다 하더라도(또는 망인의 부모가 생존 중에 이혼하여 별거 중이더라도), 망인과 모 사이에 직계혈족(존속)관계가 소멸하지 않으므로 그 모는 망인의 형제자매에 앞서 재산상속인이 된다.[5] 여자인 존속의 상속분을 1/2 또는 1/4(호적이 다른 경우)로 차별하던 것은 1991년부터 폐지되어 남자와 평등하게 되었다.

4) 앞서 본 바와 같이 직계존속이 현실로 상속을 받으려면, 제 1 순위 상속인 (망인의 직계비속과 배우자)이 없거나 그러한 사람들이 모두 사망 또는 상속결격자

---

1 부모 등 직계존속을 형제자매보다 선순위의 상속인으로 규정한 것은 일본 민법(제889조 ①항 1호)이 유일한 것이고, 외국 입법례나 우리나라의 관습에도 없는 것이다.
2 동지: 곽윤직, 51면.
3 다만, 특별양자인 친양자가 사망한 경우는 친가(생가)부모가 상속인이 될 수 없다(제908조의3 ②항).
4 대결 1995. 1. 20, 94마535.
5 1984. 4. 10. 등기예규 제518호, 대법원예규집 ― 등기편 ―, 318면.

가 되거나 상속포기를 한 경우라야 한다. 제1순위 상속인이 단 1명이라도 있으면 그가 단독상속을 하고 결국 제2순위 상속인은 상속을 못하게 된다. 촌수가 다른 직계존속이 있는 경우 망인과 촌수가 더 가까운 직계존속만이 상속권이 있다.

5) 이혼한 배우자는 전 배우자의 재산을 상속할 수는 없지만, 그 전혼 중 출생한 자녀의 재산을 직계존속으로서 상속할 수 있음은 물론이다.

6) 생부와 혼인외의 자 사이에서는 인지가 확정되기 전에는 부자관계가 성립하지 않으므로 생부는 그 자를 상속하지 못하며 그 반대의 경우도 동일하다. 그러나 생모와 그 모의 혼인외의 자 사이에서는 인지 여부에 관계없이 모자관계가 성립하므로 생모는 그 자를 상속하며 그 반대의 경우도 같다.

:: 참고판례

1960년 신민법 시행 후 양자가 직계비속 없이 사망한 경우, 그가 미혼인 경우는 제2순위 상속권자인 직계존속이 상속하고, 그에게 처(유처 : 遺妻)가 있는 경우는 직계존속과 처가 같은 순위로 상속인이 되는바, 이 경우 양자를 상속할 직계존속에 대하여 아무런 제한을 두고 있지 않으므로 양자의 상속인에는 양부모뿐만 아니라 친부모도 포함된다고 보아야 한다(대법원 1995. 1. 20, 94마535 결정).

2. 적모와 계부·계모는 직계존속인가?(소극)

1) 적모와 그 남편의 혼인외의 출생자, 전처의 자녀와 계모 사이는 민법 개정으로 1991. 1. 1. 이후부터는 법정혈족이 아닌 인척관계로 변경되어 서로 간에 상속권이 없다. 따라서 남편의 혼인외 출생자나 전처의 자녀가 사망하더라도 적모나 계모는 직계존속이라는 자격으로 그러한 망자(亡子)의 재산을 상속할 수 없다.

2) 처가 혼인외에서 자를 출생한 경우 그 모와 자는 혈족이므로 그 모는 자녀의 직계존속으로 상속인이 되지만, 남편과 혼인외 자(처의 재혼 전 그 처와 전 남편 사이의 출생자 포함) 사이는 그들의 동거 여부를 불문하고 종래부터 혈족이 아니므로 서로 상속권이 없다.

:: 참고판례

1991. 1. 1. 이전에는 적모와 혼인외 자 사이에 법정 혈족관계가 성립하므로 그 혼인외 자가 사망한 경우 적모와 생모 모두가 촌수가 같은 직계존속으로서 공동

상속인이 되고, 그 상속분은 평등하다(부산고법 1992. 1. 16, 91나1882 판결, 상
고기각으로 확정).

3. 직계존속의 대습상속 가부(소극)

1) 직계존속은 대습상속인이 될 수 없고, 피대습인이 될 수도 없다(제1001조·
제1003조).[1] 예컨대 자녀가 없는 부부 중 처가 먼저 사망한 후 자가 사망하였다면,
부(夫)가 자(子)의 재산을 단독상속할 뿐이고, 처의 부모가 생존하고 있더라도 처
의 부모는 대습상속인이 되어 대습상속을 할 수는 없다.

한편 망인의 직계존속은 제 2 순위 상속인이 되기는 하지만, 그 직계존속이 제
2 순위 상속인으로서 망인을 상속할 수 있는 경우에 그가 먼저 사망한 등으로 현
실상 상속을 할 수 없게 되었더라도, 그의 직계비속과 배우자가 대습상속을 하는
것은 민법상 인정되지 않는다. 즉 직계존속은 피대습인이 될 수 없다. 망인의 직계
존속의 직계비속과 배우자는 결국 망인의 형제자매나 직계존속이 되는 경우가 대
부분일 것이므로 이를 굳이 인정할 필요도 없을 것이다.

2) 양자가 사망하였으나 그 직계비속이 없는 경우 양부모와 친생부모 4명이
공동상속한다. 그 중 1명만 살아 있고 나머지 3명이 사망하고 없으면 그 1명이 단
독상속한다. 양조부모가 생존하고 있더라도 결과는 동일하다. 다만, 친양자의 사망
의 경우에는 생가부모는 상속에서 제외되고 양부모만이 상속한다. 양부모가 모두
사망하고 양조모가 생존해 있으면 그 양조모가 상속하나, 이는 대습상속이 아니고
본위상속이다.

3) 미혼의 손자·손녀가 사망하였는데 조부모와 외조부모만 생존하고 있는 경
우, 이들 조부모들이 평등하게 상속한다. 이 경우에도 대습상속이 아니고 고유의
상속권에 따른 본위상속이다.

4. 구관습법

1) 1960년 민법 시행 이전의 관습법에 의하면, 호주가 사망하였는데 호주를 상
속할 남자가 없는 경우 사후양자(남자상속인)가 선정될 때까지 그 가적 내에 있는
망 호주의 조모 → 모 → 처 → 딸의 순서로 일시 그 호주상속 및 재산상속을 한다.[2]

---

1 동지: 我妻 외 2, 252~253면.
2 대판 1969. 2. 4, 68다1587, 등기예규 제132호, 대법원예규집 — 등기편 —, 321면; 1979. 6. 26, 79다

2) 위의 경우, 그 후 망 호주의 사후양자가 선정되지 않은 상태에서 망인의 모가 사망하더라도, 망 호주가 미혼인 채로 사망한 경우와는 달리 망 호주의 자매들은 호주상속 및 재산상속을 할 여지가 없다. 만일 이 경우 망인의 사망 당시 그의 처와 딸마저 그 가에 남아 있지 않았다면, 그 가는 절가(絕家)되고 그 유산은 그 가의 가족인 자매들(아직 출가하지 않은 망인의 자매들)에게 균등하게 승계되어 귀속되었다고 볼 것이며, 일단 그 자매들에게 귀속된 재산은 그 후 그 자매들이 사망하더라도 이미 절가된 망 호주 가의 출가녀에게 다시 귀속되는 것이 아니라 그 자매들의 자녀들에게 균분으로 상속된다.[1]

3) 호주가 자녀 없이 사망하고 모와 처가 있으면 망 호주의 모가 상속인이 되는 것이 구관습이다.[2]

5. 망인의 직계존속이 상속한 후에 나타난 '혼인외 출생자'

1) 혼인외의 출생자(홍길동)가 그 생부 사망 후 인지판결로 친생자로 인정된 경우, 그 전에 망인의 재산을 상속하였던 생부의 직계존속이나 형제자매들은 이러한 아이(홍길동)의 출현과 함께 이미 취득한 상속권을 소급하여 잃게 된다(제860조).[3]

2) 이 경우 직계존속이나 형제자매들은 민법 제860조 단서의 제3자가 아니므로 이에 의해 보호받지 못한다.[4] 또 이들은 홍길동과 공동상속인도 아니므로 민법 제1014조(분할 후의 인지)가 적용될 수도 없다. 따라서 그들은 홍길동에게 상속재산을 모두 반환하여야 한다. 다만, 이 경우 직계존속이나 형제자매들은 참칭상속인에 해당하므로 홍길동은 그들을 상대로 상속회복청구권을 행사하여야 한다.

3) 결과적으로 상속권이 없게 된 홍길동의 조부모가 생부의 손해배상청구권을 승계취득하였음을 전제로 인지판결 이전에 생부에 대한 가해자들과 손해배상문제에 관한 합의를 하였다 하여도, 이는 상속권 없는 자가 한 상속재산에 관한 약정이어서 적법한 상속권자인 홍길동에게 아무런 효력을 미칠 수 없다.[5]

720; 1989. 9. 26, 87므13; 1991. 11. 26, 91다32350; 1992. 5. 22, 92다7955; 2000. 4. 25, 2000다9970.
1 대판 1992. 3. 10, 91다24311.
2 대판 1965. 4. 27, 65다252; 등기예규 제72호, 대법원예규집 ─ 등기편 ─, 315면.
3 대판 1974. 2. 26, 72다1739.
4 대판 1993. 3. 12, 92다48512.
5 대판 1993. 3. 12, 92다48512.

Ⅲ. 형제자매

1. 제 3 순위 상속인

1) 망인의 형제자매들은 제 3 순위 상속인이다. 이들은 제 1 순위, 제 2 순위 상속인이 상속을 받지 못하게 된 경우 현실로 상속을 받게 된다.

2) 형제자매들의 성별, 연령을 불문하고 이들은 모두 같은 순위의 상속인이 된다. 동일 가족관계등록부 내에 있지 아니한 형제자매도 같다.[1]

3) 형제자매들은 망인과 부모가 서로 같은 형제자매뿐만 아니고, 부나 모가 서로 다른 형제자매[2][즉, 부계 형제자매＝동성이복(同姓異腹), 모계 형제자매＝이성동복(異姓同腹) 형제자매]도 포함한다.[3]

:: 참고판례

① 전남편(前夫)의 딸인 유동인은 이 사건 부동산을 남기고 상속인 없이 1969. 6. 3. 사망하였고, 후남편(後夫)의 딸 여운정의 유일한 딸 유연자는 여운정을 대습 상속하였다고 주장하면서 이 사건 부동산의 이전등기말소청구를 하였는바, '피상속인의 형제자매'라고 함은 피상속인의 부계(父系)혈족만을 의미하므로, 아버지는 다르고 어머니만 같은 이성동복 자매관계에 있는 자(여운정 또는 유연자)는 유동인의 상속인이 될 수 없다(대판 1975. 1. 14, 74다1503).

② 이희순이라는 여자가 소외 김건섭을 출산하고, 다시 다른 남자(이몽룡)와 재혼하여 이명주, 이명순을 출산하였다. 김건섭은 ○○생명보험주식회사와 연금보험계약을 체결하면서 본인 사망 시의 보험수익자를 그 상속인으로 정하였다. 그 후 김건섭은 상속인 없이 사망하였다. 김건섭과 이명주·이명순은 어머니(이희순)만 서로 같이 하는 이성동복(異姓同腹) 형제자매이다. 개정 민법(1991. 1. 1. 시행 개정법률 제4199호)은 부계·모계 혈족을 구분하지 않고 있고, 상속분의 차이를 없앤 점 등에 비추어볼 때, 민법 제1000조에서 말하는 제 3 순위 상속인인 형제자매에는 부계(父系) 형제자매뿐만 아니고, 모계(母系) 형제자매, 즉 이성동복 형제

---

1 대판 1969. 5. 27, 68다2457, 공보불게재, 판례총람(2기판), 민법 제1000조, 546면.
2 부모 쌍방이 모두 같은 형제자매를 전혈(全血 : whole blood)형제자매, 부나 모의 어느 한쪽만을 같이하는 형제자매를 반혈(半血 : half blood)형제자매라고 부르기도 한다(곽윤직, 52면; Harry D. Krause, Family Law, 65면 참조). 이 용어는 영미나 서구(西歐)에서 사용하는 용어이다.
3 종전 판례(대판 1975. 1. 14, 74다1503)를 변경하여 이를 긍정하고 있다; 대판 1997. 11. 28, 96다 5421, 38933.

자매도 포함한다. 따라서 이명주·이명순은 김건섭의 형제자매로서 상속인이다(대판 1997. 11. 28, 96다5421, 38933). 이로써 ① 판결(74다1503)을 사실상 변경.

2. 법정혈족과 자연혈족의 관계

1) 법정혈족과 자연혈족에 의한 형제자매라도 형제자매간이다.

2) 따라서 어떤 사람이 고아를 양자로 맞이하여 가족관계등록부에 올렸는데 나중에 친생자를 출산하였다면, 양자와 친생자는 형제자매로서 서로 간에 상속인 자격이 있다.

3. 형제자매와 대습상속

망인(A)의 형제자매 2명(B, C) 중 한 사람(B)이 망인보다 먼저 사망하거나 상속결격이 된 때에는 그 망 형제자매(B)의 직계비속(망인의 조카나 질녀)과 배우자가 대습상속인으로서 망인의 재산에 대한 B의 법정상속분을 대습상속한다(제1001조·제1003조·1010조). B에게 배우자나 직계비속이 아무도 없다면, 생존하고 있는 C가 망인(A)의 재산을 단독으로 본위상속한다.

:: 참고판례

민법 시행 전의 구관습에 의하면, 호주가 미혼자로 사망한 경우 형망제급(兄亡弟及: 형이 죽으면 아우가 그 지위를 승계함)의 원칙에 따라 망인의 남동생이 호주상속과 재산상속을 하고, 또 호주가 상속할 남자(아들이나 손자, 남동생) 없이 사망한 경우에는 호주의 모, 처, 딸이 존비의 순서에 따라 사망호주의 사후양자가 선정될 때까지 일시 호주상속 및 재산상속을 하게 된다(대판 1981. 12. 22, 80다2755).

Ⅳ. 4촌 이내의 방계혈족

1) 방계혈족은 나의 형제자매와 부계 방계혈족(아버지의 2촌, 3촌, 4촌 …), 모계 방계혈족(어머니의 2촌, 3촌, 4촌 …)으로 구성된다.

2) 방계혈족은 망인과 4촌 이내에 있는 자만이 망인의 상속인이 된다. 1991. 1. 1. 이전의 민법은 8촌 이내의 방계혈족을 상속인으로 규정하였으나, 1991년 개정으로 이를 4촌 이내로 축소하였다.

1. 4촌 이내 방계혈족은 누구인가?

1) 방계혈족은 위아래로 직접 피를 주고받지 않고 공동선조를 통하여 피를 같이한 혈족이다. 예컨대, 나의 형제자매, 아버지의 형제자매(백부, 숙부, 고모), 할아버지의 형제자매(백조부, 종조부, 대고모), 어머니의 형제자매(외숙, 이모), 할머니의 형제자매(이모할머니 등)와 이들 형제자매의 직계비속인 나의 4촌(친4촌, 고종4촌, 외종4촌, 이종4촌), 나의 5촌(5촌 당숙이나 5촌 조카) 등이 이에 해당한다.

2) 망인의 5촌 이상 방계혈족은 상속순위와 관계없이 전혀 상속권이 없다. 즉 망인에게 제 1 순위부터 제 3 순위까지의 상속인이 전혀 없는 경우에도 5촌 이상의 방계혈족은 상속에서 전면 배제된다.

3) 4촌 이내의 방계혈족의 배우자는 나와 그 촌수는 그 방계혈족의 촌수와 같으나(제771조), 나의 혈족이 아니라 인척이므로(결혼에 의하여 맺어진 친족) 서로 상속권이 없다.

2. 순위우선의 원칙

1) 제 4 순위 상속인인 방계혈족은 제 1~3 순위 상속인이 모두 사망하거나 상속결격이 되거나 상속포기를 하여 현실로 상속을 할 자가 없게 되었을 때 비로소 현실로 상속을 받는다.

2) 4촌 이내의 방계혈족이 복수이고 이들 사이에 촌수가 다른 경우, 촌수가 가장 가까운 혈족이 선순위로 상속한다(제1000조 ②항 전단). 예컨대, 망인에게 백부와 외4촌 형제자매가 있을 경우, 백부는 3촌이므로 백부가 망인의 재산을 상속하게 되고 외4촌 형제자매는 제외된다. 촌수가 서로 같으면 이들이 공동상속한다(제1000조 ②항 후단).

3. 대습상속의 가부

1) 4촌 이내의 방계혈족은 피대습인이 될 수도 없고, 대습상속인이 될 수도 없다. 즉 이들에게는 대습상속이 전혀 문제되지 않는다.

2) 예컨대, 망인에게 숙부 1명, 고모 2명, 이모 1명이 있었는데, 망인의 사망 당시 망인의 숙부와 이모가 먼저 사망하여 안 계시는 경우, 숙부의 자녀들(종형제자매)이나 숙모, 이모의 자녀(이종형제자매)나 이모부가 대습상속할 수 없고, 망인 사망 당시 생존하고 계시던 고모 2명이 모두 상속한다.

3) 촌수를 같이하는 4촌 이내의 방계혈족 중 일부가 먼저 사망한 등으로 상속을 받지 못하게 되는 경우, 나머지 방계혈족들만이 처음부터 공동상속인으로 취급되어 평등하게 상속한다. 즉 본위상속을 한다.

제 3 절   배우자(配偶者)

Ⅰ. 배우자상속제도의 변천

1) 우리나라를 비롯한 세계 여러 나라의 민법에서는 배우자상속을 인정하고 있다.

2) 그 근거에 관하여 학자들은 ① 부양주의(扶養主義)(대가족제도하에서 상속재산으로 배우자를 부양하기 위한 것)에서 ② 용익주의(用益主義)[대가족제도가 붕괴되어 사람보다는 재산으로 유처(遺妻)의 생활을 보장하자. 혈족에게 승계될 상속재산의 일부를 처에게 할애하자는 견해]로, 다시 ③ 분할주의(分割主義)(핵가족제도에서 가족의 핵은 부부이다. 혈족과 마찬가지로 배우자도 고유의 권리로 상속재산을 분할·승계할 수 있다)로 발전하여 왔다고 설명하고 있다.

Ⅱ. 배우자상속권의 인정 근거

1. 지분청산

생존배우자는 '혼인중 형성된 재산'에 대하여 잠재적 지분(潛在的 持分)을 가지고 있다. 배우자 일방의 사망을 계기로 이를 청산하는 것이 곧 배우자의 상속이다. 배우자가 이혼하여 혼인이 종료·해소될 때는 재산분할청구권이 인정되는 것과 마찬가지로, 배우자 일방의 사망으로 인하여 혼인이 종료되는 경우에도 상속으로 이를 청산하여야 한다는 것이다.

2. 생활보장

생존배우자의 부양이나 생활보장을 위해 상속권을 인정해야 한다. 배우자가 살아있었다면 계속 서로 부양하고 살아갈 터인데, 배우자의 일방이 사망하였다고 하여 부양이 곧 중단되어서는 곤란하므로 사망한 배우자가 남긴 재산으로 생존배우자의 부양은 계속되어야 한다. 상속은 그러한 의미에서 혼인의 사후효과(事後效果)라고 말할 수 있다.

3. 망인의 의사(意思)

망인의 직계혈족은 물론 형제자매 등 방계혈족에 대해서도 상속이 인정되는 것은 망인과 그들의 관계에 비추어 그들이 망인의 재산을 갖는 것이 망인의 의사에도 부합하고 인간의 정리나 사회질서에도 부합한다는 사고에 기초한 것인바, 배우자 역시 그러한 위치에 있다고 보는 것이 타당하다.

Ⅲ. 민법상 배우자의 상속권

1. 민법 규정

1) 망인의 배우자(남편이나 아내)는 망인의 직계비속과 공동상속하지만, 직계비속이 없고 망인의 직계존속이 살아계시면 그 존속과 공동상속한다.[1] 그러한 존·비속이 모두 없을 때는 배우자가 단독상속한다(제1003조). 따라서 망인의 배우자는 망인의 형제자매보다 우선하여 망인의 재산을 상속한다.

2) 망인의 배우자인 이상 그 배우자가 남편이냐 아내냐에 따라 상속분에 차이가 없고, 망인의 직계비속이나 직계존속과 공동상속할 경우에는 그들보다 50%를 더 받는다.[2] 예컨대, 홍길동이 그 처와 자녀 2명을 남겨둔 채 7,000만 원을 남기고 사망한 경우, 그 처는 3,000만 원[= 7,000 × 1.5/(1.5 + 1.0 + 1.0)]을 상속하고 자녀는 2,000만 원[= 7,000 × 1.0/(1.5 + 1.0 + 1.0)]씩 상속하는데, 거꾸로 홍길동의 처가 동일한 금액을 남기고 사망한 경우에 홍길동도 배우자로서 3,000만 원을 상속한다.

:: 참고판례

① 가옥명도소송 도중에 남편이 사망하여 처 박춘매와 아들 김재호가 공동상속

---

1 구민법 제1002조에서는 처가 사망하여 남편이 상속할 경우는 직계비속과 공동상속하고, 직계비속이 없을 경우는 남편이 단독 상속하도록 규정함으로써 남편 사망의 경우 처의 상속권(남편의 직계존속과 공동상속)과는 차별하고 있었는데, 1991. 1. 1. 이후 이러한 차별은 없어졌다.

2 미국의 1990년 통일상속법(Uniform Probate Code)에 의하면 배우자의 혼인기간에 따라 상속분에 차등을 두고 있다(1년 미만: 사회보장급부 정도의 소액, 1년 이상 2년 미만: 상속재산의 3%, 2~3년: 6%, 3~4년: 9%, 5~15년 이상: 50%), Harry D. Krause 외 3, Family Law(2003), 116면.

한 것이 사실인데도, 그 아들 김재호만이 소송을 승계하여 소송절차를 진행한 것
(원심은 항소를 기각)은 소송당사자의 소송능력을 간과한 것으로 위법하다(대판
1962. 5. 17, 61다1255).

② 구 관습상 호주 아닌 남자가 처와 딸만을 남겨두고 사망한 경우 처만이 재산
상속을 한다(대판 1981. 6. 23, 80다2621; 1982. 12. 28, 81다카545; 대결 1983.
9. 27, 83마414, 415).

2. 법률상 배우자

(1) 개   념

1) 배우자가 상속을 받으려면 상속개시 당시 피상속인(망인)의 법률상의 배우자
라야 한다. 즉 법률상 유효한 혼인신고(가등법 제71조 이하)를 마친 배우자여야 한다.[1]

2) 법률상의 혼인관계가 계속되고 있는 이상, 부부가 일방의 사망 당시 별거(別
居)나 사실상(事實上) 이혼(離婚) 상태에 있었거나, 일방이 타인과 사실상 재혼(再婚)하
여 동거하고 있는 경우에도[2] 법률상 배우자로서 상속하는 데는 아무 지장이 없다.

(2) 이혼소송 중에 있는 배우자

이혼소송 중에 있는 배우자라도 아직 법률상 혼인관계가 계속되고 있으므로
배우자로서 상속권이 있다.

:: 참고판례

① 이혼소송의 계속 중에 원고가 사망하면 이혼청구권은 상속의 대상이 아니어서
소송수계를 할 수 없으므로 이혼소송은 그로써 종료하고, 생존 배우자(피고)는
그가 유책배우자라 할지라도 상속권이 있다(대판 1982. 10. 12, 81므53).

② 원고가 이혼소송의 변론종결 후에 사망하고 그 후 이혼판결이 선고되어 확정된
경우, 판결확정과 기판력의 표준시는 변론종결시이므로 1심 내지 항소심의 변론종
결일에 혼인은 해소되어 피고인 생존배우자는 상속개시 당시 법률상 배우자가 아
니어서 그에게는 원고에 대한 상속권이 없다(서울고판 1967. 11. 24, 67나1259).

---

1 미국의 판례 중에는 "혼인예식 진행 중 혼인당사자가 혼인서약 후 곧 신랑이 쓰러져 사망한 경우,
  주례(목사)가 성혼선언 전일지라도 그 신부에게 배우자상속권이 있다"고 한 예가 있다(Brashier,
  Inheritance Law and the Evolving Family, Temple University Press, 2004, 9~10면.
2 대판 1969. 7. 8, 69다427 참조.

(3) 중혼배우자

1) 망인이 복수의 사람과 중혼상태에서 사망한 경우 그 중혼배우자 모두가 법률상 배우자로서 상속권이 있다.[1]

2) 이때 그들의 상속분은 어떻게 되는가? 전후 혼인의 각 배우자가 균등하게 각 1.5씩(50%를 가산) 받는가, 아니면 1.5를 나누어서 0.75씩 받는가? 이에 대해서는 뒤의 상속분 부분에서 설명한다.

:: 참고판례

甲에 대한 실종선고가 내려지면 사망한 것으로 간주되나, 그러한 판결이 선고되기 이전에 甲의 처인 乙이 '甲과의 혼인이 해소되지 아니한 상태에서' 다시 丙과 혼인하여 중혼상태에 빠져 있었다. 甲과의 혼인이 아직 취소되지 아니한 이상, 甲이 사망한 경우 乙은 배우자로서 甲의 재산을 상속할 자격이 있다[춘천지판 1991. 12. 11, 91가단486(확정)].

3. 사실혼 배우자

1) '혼인신고를 하지 아니한' 사실혼의 배우자는 망인과 동거하고 있었더라도 상속권이 없다(통설).[2] 즉 혼인신고를 하지 않은 사람은 망인과 아무리 오래 동거하고 있어도 법률상 배우자가 될 수 없기 때문이다.

2) 사실혼 부부에게도 상속권을 인정하는 것이 좋다는 견해,[3] 입법조치가 필요하다는 견해[4]도 있으나, 이는 채택하기 곤란하다. 법률혼주의와 일부일처주의를 취하고 있는 현행법을 무시할 수 없기 때문이다.[5] 과거 축첩이 인정된 관계로 엄청난 사회적 문제가 야기되었음을 상기해 보더라도 이는 인정하기 어렵다.

3) 근로기준법, 주택임대차보호법, 각종 연금법이 사회정책적 견지에서 예외적으로 사실혼 부부에게 일정한 권리의 승계를 인정하는 특례가 있으나, 이는 민

---

1 대판 1996. 12. 23, 95다48308; 1987. 10. 13, 86구1565(중혼이 취소되지 아니한 이상, 배우자는 상속권을 가진다).
2 김용한, 신친족상속법요론(박영사, 2002), 161면 등; 미국의 경우[Ralph C. Brashier, Inheritance Law(Temple University Press, 2004), 41면]와 일본의 경우(甲斐 외 2, 151면 : 내연관계에 있는 자는 상속권이 없다)도 동일하다.
3 정광현, 신친족상속법요론(1961), 154면.
4 김주수, 240면.
5 동지: 곽윤직, 55면.

법상의 상속과는 관계가 없다.

　4) 망인에게 상속인이 전혀 없는 경우, 사실혼 배우자 등 특별연고자는 재산분여청구를 할 수 있다(제1057조의 2). 그러나 이 분여(分與)는 상속이 아니다. 또한, 사실혼 배우자는 민법 제1008조의 2에 의한 기여분도 주장할 수 없다. 기여분은 상속인에게만 인정되는 제도이기 때문이다.

4. 혼인무효의 경우

　1) 혼인무효의 소(제815조, 가소 제 2 조 ①항 1호 가목 1)과 22조 이하)는 확인의 소라는 견해(통설)에 따르면 무효판결을 기다릴 것 없이 무효인 혼인은 처음부터 당연히 절대적으로 무효이다.

　2) 그러므로 무효인 혼인의 배우자 일방이 사망한 경우, 생존배우자는 상속권이 없다. 혼인무효소송 중 당사자인 원고가 사망하여도 소송은 당연히 종료되지 아니하고, 4촌 이내의 친족이 승계할 수 있다(가소 제16조 ①항, 제23조).

5. 혼인취소의 경우

　1) 혼인취소 판결이 선고되어도, 그 혼인은 장래에 향하여 종료·소멸할 뿐이고 취소의 효과가 과거로 소급하지 않는다(소급효가 없다; 제824조).

　2) 부부 일방이 사망한 후에 혼인취소의 판결이 선고된 경우는 그 사망 시에 혼인이 소멸한 것으로 보아, 생존배우자의 상속권이 없어진다는 학설이 있다.[1] 그러나 중혼취소와 관련하여 혼인취소의 효과는 소급하지 아니하고, 중혼상태에서 배우자 일방이 사망하면 중혼배우자라도(중혼이 취소되지 아니한 이상) 상속권이 있으며, 그 후 중혼의 취소판결을 받더라도 그 취소의 효과는 소급하지 아니한다는 것이 다수학설과 판례이다.[2] 이 견해가 타당하다.

6. 배우자와 대습상속

　1) 생존배우자는 사망한 배우자 대신 상속할 수 있는 대습상속권이 있다. 동시에 배우자는 피대습인이 된다. 즉 남편이나 아내가 먼저 사망하고 그 사망한 배우자의 직계존속이나 형제자매가 나중에 사망한 경우, 그 생존배우자(아내나 남편)는

---

1 곽윤직 57면; 김주수, 525면.
2 박병호, 가족법, 332면; 대판 1996. 12. 23, 95다48308.

‘먼저 사망한 배우자’의 직계비속과 같은 순위로 공동상속인이 되고, 그 상속인이 없을 때는 단독상속할 수 있다(제1003조 ②항, 제1001조, 제1010조). 대습상속분은 피대습자인 사망한 배우자의 법정상속분과 같다.

　2) 여기서 생존배우자는 배우자의 사망 후에도 시가(媤家)나 처가와의 인척관계를 유지하는 경우, 즉 재혼하지 않은 자를 말하므로, 남편의 사망 후 재혼한 처는 망부(亡夫) 대신 대습상속인이 될 수 없고,[1] 남편도 아내 사망 후 재혼하면 대습상속을 할 수 없다.

[상속인표]

구 분		제1순위 (직계비속)	제2순위 (직계존속)	제3순위 (형제자매)	제4순위 (방계혈족)		배 우 자	비 고
					3촌	4촌		
개념·예시		아들·딸, 손자·손녀, 외손자· 외손녀 등	부모, 조부모, 외조부모, 양부모, 양조부모 등	형제자매, 이복형제자매, 동복형제자매 등	숙부, 고모, 외숙, 이모 등	종형제, 고종4촌, 이종4촌 등	남편 또는 아내 (혼인신고를 마친 사람)	제1000조 ①항
자연혈족· 법정혈족(양자)		○	○	○	○	○	×	
혼인외의 자		○ (인지 필요)	×	○				
호적·국적, 동거·별거, 연령·성별여부 상관존부		×	×	×	×	×	×	
부계·모계여부 상관존부		×	×	×	×	×		
여러 명인 경우	최근친	○	○	×	○	○	×	제1000조 ②항
	공동 상속	○	○	○	○	○	○ (직계비속, 또는 직계존속과)	제1000조 ②항
대습상속		○	×	○	×	×	○	제1001조
입양 당시 데리고 온 양자의 자녀		○						

---

1 1990. 1. 9. 등기예규 제694호, 대법원예규집 ― 등기편 ― (법원행정처, 1998), 321면. 인척관계는 혼인의 취소 또는 이혼으로 인하여 종료하며, 배우자 일방이 사망한 경우 생존배우자가 재혼하지 않은 때는 유지되나 그가 재혼한 때에는 소멸한다(민법 제775조).

제 4 절 대습상속(代襲相續)

Ⅰ. 대습상속의 의의

1. 의 미

(1) 대습상속의 개념

1) 망인의 직계비속인 아들, 딸이나 망인의 형제자매가 상속개시 전, 즉 망인의 사망 전에 먼저 사망(死亡)하였거나 상속결격(相續缺格)이 된 경우, 그 먼저 사망한 직계비속이나 형제자매는 동시존재의 원칙을 충족시키지 못하므로 상속을 할 수 없다. 이때 그 먼저 사망하였거나 상속결격이 된 사람의 직계비속이나 배우자가 이에 갈음하여 먼저 사망하였거나 상속결격이 된 사람 대신 나중에 사망한 사람의 재산을 상속하는 것이 대습상속이다(제1001조·제1003조 ②항). 대습(代襲)이란 아무개를 대신하여 그 지위를 이어받는다는 뜻이다.

2) 상속인 중 망인의 직계존속이나 4촌 이내의 방계혈족이 먼저 사망·결격된 때는 대습상속이 인정되지 아니한다.

3) 이때 먼저 사망하였거나 상속결격이 된 사람을 피대습자라고 하고, 그 사람 대신 상속하는 자를 대습자 또는 대습상속인이라고 한다.

4) 대습상속인은 피대습자가 생존해 있었거나 상속결격이 아니었더라면 받았을 법정상속분을 그 사람 대신 상속한다. 따라서 대습상속인이 여러 명인 경우 피대습자의 상속분을 각 대습상속인들의 상속분에 따라 나누어 상속하게 된다. 따라서 대습상속으로 인해 피대습자의 공동상속인이 손해를 입는 일은 없다.

(2) 유언과 대습상속

망인이 유언으로 대습상속인을 지정하거나 대습상속을 금지할 수는 없다. 이는 유언사항이 아니기 때문이다. 이러한 유언은 무효이다.

2. 유사개념 : 본위상속(본래상속)과 대습상속

1) 본위(本位)상속 또는 본래상속은 피상속인 사망 시 상속인이 생존하여 망인의 재산을 직접 상속하는 것이고, 대습상속은 상속인이 피상속인보다 먼저 사망하

거나 상속결격이 된 경우에 그 상속인과 일정한 관계에 있는 사람이 상속인 대신 간접적으로 상속하는 점에서 서로 다르다.

2) 그러나 본위상속과 대습상속의 효과는 동일하다.

3. 존재이유

1) 피상속인보다 먼저 사망한 직계비속이나 형제자매가 있고, 이들에게 직계 비속이나 배우자가 있는 경우 이들을 상속에서 제외하는 것은 너무 불공평하고 가혹하다. 이들 역시 생존한 상속인들과 같이 본래 상속에 대한 기대가 있었고, 그 재산으로 이들을 부양하거나 보호할 필요가 있기 때문이다.

2) 그래서 이러한 대습자의 상속기대권(相續期待權)을 보호함으로써 공평(公平)의 이념을 실현하고, 나아가 그들의 생활보장을 확보하기 위한 것이 대습상속제도이다.

4. 연혁(沿革)

1) 서양의 대습상속제도의 기원(起源)은 로마(Rome)법에 있다. 독일, 프랑스 등 대륙법계에서 이 제도를 이어받았고(영미법도 거의 동일),[1] 우리 민법도 이를 계수(繼受)한 것이다.

2) 우리나라의 옛 관습에도 가(家)를 유지하기 위해 적손승조(嫡孫承祖: 아버지가 할아버지보다 먼저 사망한 경우 장손이 직접 조부의 가계를 계승하는 것)의 사상과 전통이 있었다.

:: 참고판례

구 관습상 아들이 이미 사망하였을 때는 그의 손자·손녀들이 조부의 유산(遺産)을 대습상속하였다(대판 1955. 3. 31, 4288민상77; 1969. 3. 18, 65도1013).

5. 대습상속의 법적 성질

1) 대습상속인은 피대습자의 권리를 승계 또는 대위(代位)하는 것인가(승계설), 아니면 자기 고유(固有)의 권리로 직접 피상속인을 상속하는가(고유권설)?

---

1 American Jurisprudence, vol. 16(1948), 807면; 新版注釋民法(26), 相續(1), 有斐閣, 1988, 232면에서 재인용.

2) 후자로 해석하는 것이 국내의 통설이다.[1] 피대습자는 이미 사망·결격으로 인하여 권리능력과 상속인자격을 상실하였으므로 상속권이 없다. 그러므로 피대습자에게 '없는 권리'를 대습상속인이 그에게서 승계할 수는 없다. 그러므로 대습상속권은 피대습자의 지위나 권리를 승계하는 것이 아니고, 법률의 규정에 따라 대습상속인에게 부여된 고유(固有)의 권리, 즉 고유의 상속권이라고 봄이 타당하다.

II. 대습상속의 요건

1. 피대습자

1) 망인의 직계비속(直系卑屬)이나 형제자매(兄弟姉妹)가 피상속인인 망인보다 먼저 사망하거나 상속결격되었어야 한다. 즉 피대습자는 망인의 직계비속이나 형제자매에 한한다.

2) 상속인들 중 제 1 순위 상속인인 망인의 배우자, 제 2 순위 상속인인 직계존속, 제 4 순위 상속인인 4촌 이내의 방계혈족이 먼저 사망하거나 결격되어도 대습상속은 인정되지 아니한다.[2]

3) 태아는 피대습자가 될 수 없다. 태아인 상태에서 사망(낙태, 유산)한 경우, 살아서 출생함으로써 권리능력을 취득한다는 정지조건을 충족할 수 없고, 그러한 태아에게 직계비속이나 배우자가 있을 수는 없기 때문이다.

2. 대습의 원인

대습상속의 원인은 상속개시 전 피대습자의 '사망' 또는 '상속결격' 2가지뿐이다.

(1) 상속개시(相續開始) 전의 사망(死亡)

(가) 피상속인이 '사망(死亡)하기 전(前)'에 그의 상속인이 될 직계비속(直系卑屬)이나 형제자매가 먼저 사망한 것을 의미한다. 따라서 조부가 사망한 후 곧 아버지가 사망한 경우는 손주가 아버지를 대습상속하는 것이 아니고, 조부 → 아버지 → 손자녀로 2회의 본위상속이 발생한다.

---

1 곽윤직, 60면; 김·김, 652면; 배경숙·최금숙, 459면; 이경희, 318면.
2 대판 1999. 7. 9, 98다64318.

㈏ 동시사망(同時死亡)의 경우

1) 망인과 피대습자가 동시에 사망한 경우(사망추정도 포함)에도 대습상속이 가능한가?

2) 동시사망의 경우에도 대습상속이 가능하다고 해석함이 타당하다. 예컨대, 부자(父子)가 동시에 사망한 경우 그 아들은 아버지를 상속하지 못하나, 그 아들의 자녀, 즉 손주는 아들을 대습하여 할아버지를 상속한다고 해석함이 온당하다.[1] 왜냐하면, 만일 피상속인과 상속인이 동일한 사고에서 사망하였는데, 어느 쪽이 먼저 사망하였는지 밝혀지면 상속인의 직계비속 등이 상속인을 거쳐 본위상속을 하거나 아니면 대습상속을 하게 된다. 그러므로 마침 그것이 동시사망이라고 하여 대습상속을 부인하는 것은 그 결과에 있어 매우 부당하기 때문이다.

:: 참고판례

  망인의 딸이 망인과 동시에 사망한 경우, 망인의 형제자매보다는 그 딸의 배우자
  가 우선하여 대습상속한다(대판 2001. 3. 9, 99다13157).

㈐ 실종선고 등의 경우

1) 실종선고(失踪宣告)·인정사망·부재선고 등 상속개시의 원인이 되는 것은 모두 '사망'에 포함된다. 즉 이 경우에도 대습상속이 발생한다.

2) 아버지가 장기간 행방불명인데, 할아버지가 최근에 돌아가셨다. 이 경우 손자는 대습상속을 할 수 있는가? 부재자라도 본위상속을 하는 데 문제가 없으므로, 아버지만이 상속권이 있고 손자는 상속할 수 없다. 다만, 손자는 아버지에 대하여 실종선고 심판청구를 하여, 그 심판이 내려져서 사망으로 간주되는 시점(실종기간 만료시점)이 할아버지의 사망시점 이전으로 판명되면 대습상속을 하게 된다.[2]

---

1 동지: 곽윤직, 61면; 김·김, 652면; 일본 민법 제887조 ②항; 대판 2001. 3. 9, 99다13157; 서울지판 1998. 4. 3, 97가합91172, 법률신문 1998. 4. 27.자, 11면: 곽 비행기추락사고의 경우 상속인이 될 직계비속이 피상속인과 동시에 사망한 경우도 "상속개시 전의 사망"에 포함되는 것으로 해석함이 타당하다. 따라서 망인의 직계비속의 배우자인 피고는 특별한 사정이 없는 한 망인을 대습상속한다; 대판 2001. 2. 9, 2000다51797(동지).
2 대판 1982. 9. 14, 82다144, 판례총람, 민 제28조, 3면(상속인이 될 자의 실종기간이 피상속인의 사망 이전에 만료된 경우 실종선고를 받은 자는 피상속인의 사망 이전에 사망한 것으로 간주되므로 그 재산상속인이 될 수 없다).

(2) 상속결격(相續缺格)

㈎ 입법례와 민법

1) 상속결격은 일정한 사유에 의해 사후적으로 상속권이 박탈되는 것이다. 이는 대체로 상속을 허용함이 도의상 어긋나는 경우이다.

2) 상속결격의 경우 그 결격자뿐만 아니라 그의 자녀의 상속권도 박탈하는 나라(프랑스)가 있다. 상속권이 없는 자를 대위(대습)하는 꼴이니 정의에 어긋난다는 논리에 따른 것이다. 그러나 우리 민법은 상속결격의 경우라도 그 결격자의 자식과 배우자에게 대습상속을 인정하고 있다.

3) 생각건대, 아버지가 할아버지를 살해하여 할아버지의 재산에 대한 상속이 개시된 경우(아버지는 결격), 그 아버지의 아들인 손자와 처인 며느리는 할아버지의 재산을 상속할 수 있다는 것이 과연 옳은 것인지 의문이다. 법이론상으로나 인간의 감정으로 볼 때 이를 부정하는 프랑스의 제도가 타당하다고 생각된다. 입법적 개선이 요구된다.

㈏ 결격의 시점(時點)

결격은 상속개시 전의 결격은 물론 상속개시 후의 결격도 포함된다. 상속개시 후에 결격이 생긴 경우에도 상속권상실의 효과는 상속개시의 시점으로 소급하기 때문이다. 그러므로 민법 제1001조의 '상속개시 전'이라는 말은 사망의 경우에만 해당된다.[1]

(3) 상속포기와 한정승인의 경우(소극)

1) 상속포기는 대습상속의 원인(사유)이 아니라고 하는 부정설이 다수설이다.[2] 상속포기는 상속개시 이전(以前)에는 할 수 없고 자기를 위한 상속개시 사실을 알고 난 이후(以後)에야 할 수 있으므로, 상속포기는 대습상속의 사유가 될 수 없다. 따라서 제 1 순위 상속인들이 모두 상속포기를 한 경우, 그 포기한 상속인들의 직계비속은 대습상속을 하는 것이 아니라 다음 순위의 상속인자격으로 본위상속을 한다.[3] 대습상속의 본래 취지가 자기의 직계존속이나 배우자가 살아있었더라면 자기도 상속할 수 있었으리라는 강한 기대를 보호하는 데 있는데, 상속포기의 경

---

1 동지: 박병호, 가족법, 334면; 곽윤직, 62면.
2 김·김, 653면; 일본의 통설[中川淳, 상속법축조해설(상), 69면].
3 대판 1995. 4. 7, 94다11835; 1995. 9. 26, 95다27769.

우에는 그러한 기대가 사라졌으므로 포기는 대습상속의 원인이 아니라고 설명하는 견해도 있다.[1]

2) 이와 달리, 상속포기를 대습원인으로 보아야 한다고 주장하는 견해가 있다. 상속포기를 대습원인에서 제외할 경우 포기자 자신뿐만 아니라 그의 직계비속과 배우자의 대습상속가능성도 빼앗는 결과가 되어 부당하다든지,[2] 상속포기자 자신의 이익을 포기하는 것은 허용할 수 있지만, 포기자의 직계비속이나 배우자가 대습상속할 기회마저 박탈하여 결과적으로 이들의 상속까지 강제적으로 포기시키는 결과가 되기 때문에 부당하다고 하면서 민법을 개정하여야 한다고 주장하는 견해[3]가 있다.

그러나 대습상속은 사망이나 결격으로 인해 상속을 받을 수 없게 된 사람의 직계비속이나 배우자를 경제적으로 보호하기 위해 인정되는 것인데, 그러한 사유가 아닌 상속포기에 의하여 스스로 상속을 거부한 자의 직계비속이나 배우자까지 보호할 필요는 별로 없으므로 사견으로는 부정함이 타당하다고 생각한다. 또한 상속포기는 피상속인의 채무가 초과한 상태일 때 하는 것이 대부분이므로 이 경우에 대습상속을 인정해도 무의미하다.

3) 상속인이 한정승인을 한 경우도 상속포기와 동일하게 대습상속의 원인이 아니라고 할 것이다.

:: 참고판례

① 피상속인의 처와 자녀들 3명이 상속을 포기하면, 그 손자녀 5명이 머릿수로 평등하게 상속세와 방위세를 5분의 1씩 상속하여 부담하게 된다(서울고판 1994. 1. 4, 93나29626).

② 피상속인이 채무 6,500만 원을 남기고 그 처와 함께 동시에 사망하였는데, 그 제 1 순위 상속인인 자녀들이 모두 상속을 포기하였다. 장남에게만 자녀 2명이 있고, 할머니(=피상속인의 모)가 생존하고 있었다면, 피상속인의 직계비속인 손자녀 2명이 본위상속인으로서 할머니에 우선하여 위 채무 6,500만 원을 균분상속한다(대판 1995. 9. 26, 95다27769).

---

1 김·김, 653면; 일본민법 제915조 참조.
2 박병호, 가족법, 334면; 곽윤직, 63면(독민 제1953조 ②) 참조.
3 이경희, 318면.

3. 대습상속인

대습상속인은 피대습자의 직계비속이거나 배우자여야 한다(제1001조, 제1003조).

(1) 직계비속

1) 본래 상속을 받았어야 할 사람(망인의 직계비속이나 형제자매)인 피대습자의 직계비속을 의미한다.

2) 대습상속인이 될 직계비속이 촌수가 다른 경우에는 촌수가 앞선 직계비속이 우선하여 대습상속을 한다. 예컨대, 조부 사망 전에 부가 사망하였고, 손자녀와 증손자녀가 있는 경우 손자녀가 1차적으로 대습상속을 한다.

3) 동시존재(同時存在)의 원칙은 대습상속에서도 적용된다. 따라서 상속개시 당시 대습상속인은 이미 출생하여 생존하고 있어야 대습상속권을 가진다.[1] 그러나 반드시 피대습자의 사망이나 결격 당시 대습상속인이 출생하였을 필요는 없다. 예를 들면, 아들이 아버지의 유언서를 위조한 것은 5년 전(2000. 11. 10.)이고 그가 사망한 것은 그 다음해인 2001. 5. 14.이며 손자는 2002년도에 출생, 아버지가 2005. 2. 1. 사망하였다면 그 손자는 대습상속할 수 있다.

4) **상속결격사유 발생 후 출생하거나 입양(入養)된 비속(=친생자나 양자)**   자녀의 출생시점이 결격의 전후이냐에 따라 그 출생자를 차별하는 것은 부당하므로 상속결격 후 출생하거나 입양된 양자도 대습상속할 수 있다고 해석된다.[2]

5) 양자가 입양 전·후에 자녀를 출산하였거나 그 양자가 다시 입양한 자녀(양손자)도 양자의 직계비속이므로 그들은 양부모를 대습상속할 수 있다.[3] 양자는 입양 당시부터 혼인중 출생자와 동일한 것으로 보기 때문이다(제772조 ①항, 제908조의3 ①항). 그러나 상속개시 전에 파양된 경우(협의파양이든 재판상 파양이든)는 양친과의 법정혈족관계가 종료되기 때문에 양자나 그의 비속은 대습상속권을 가질 수 없다.

:: **참고판례**

① 구 관습법상 형망제급(兄亡弟及 : 형이 죽으면 그 재산을 동생이 상속)의 원칙이 있었으나, 이 원칙은 형들이 미혼 중에 죽었을 때의 원칙이고, 형의 자식이 있는 경우에는 그 자식이 형을 대신하여 조부의 재산을 대습상속한다(대판 1978. 8. 22, 78다1107).

② 구 조선호적령(1922. 12. 8. 총독부령 제15호) 시행 이후 호주인 망인이 처와 혼인식을 거행하고 사실상 동거하고 있었다 하더라도, 사망 당시까지 위 호적령에 따른 혼인신고를 하지 아니한 경우는 미혼자로 보아야 하고, 이러한 상태에서 그가 사망한 경우는 상속에 관한 구관습에 따라 차제(次弟=망인의 바로 아래 동생)가 호주상속과 동시에 망인의 재산을 모두 상속한다(대판 2000. 6. 9, 99다54349).

(2) 태　아

1) 태아도 대습상속을 할 수 있다. 태아의 상속순위에 관한 민법규정(제1000조 ③항)은 대습상속의 경우에도 유추적용하여야 하기 때문이다. 다만, 대습상속 개시 후에 그 태아가 살아서 출생하여야만 하고 죽어서 태어난 경우에는 대습상속을 할 수 없다.

2) 대습원인 발생 당시(피대습자의 사망이나 결격 당시)의 태아는 물론이요 상속결격 후 임신으로 태아가 된 경우에도 대습상속할 수 있다(일민 제886조 참조).

(3) 중간 직계비속의 상속권

자녀가 상속개시 전에 모두 사망·결격되어 상속권을 잃고 손자·손녀만 있을 때, 손자녀들의 상속순위와 상속분은 어떻게 되는가? 구체적인 예를 들어 설명한다. 장남과 차남을 앞세운 할아버지가 6,000만 원의 유산을 남기고 돌아가셨다. 장남에게는 처와 자녀 2명(아들 A와 딸 B)이 있고, 차남에게는 아들 1명(C)이 있다고 가정하자. 망인의 손자·손녀는 3명이 있는 셈이다.

㈎ **본위(本位)상속설**(비대습상속설, 다수설)[1]　　A, B, C는 직접 할아버지의 상속인이 되어 머릿수로 평등하게 유산의 1/3씩, 즉 2,000만 원씩을 상속한다. 즉 본위상속을 한다.

---

1 김·김, 655면; 박병호, 334면 등 다수설; 일본의 통설[中川 淳, 상속법축조해설(상), 59면].

(나) **대습상속설(소수설)**[1]   손자·손녀는 각자 그들의 부모 대신 상속하며, 따라서 상속분이 서로 다르다. 장남의 아들과 딸은 그들의 어머니와 함께 장남의 상속분인 3,000만 원을 3/7 : 2/7 : 2/7의 비율로 상속하고, 차남의 아들(C)은 혼자서 차남의 상속분인 3,000만 원(=6,000 × 1/2)을 단독상속한다. 만일 자녀들 중 1명만(위 사례에서 차남)이 살아있었다면, 사망자(장남)의 처와 자녀들은 대습상속하는데, 자녀들 중 남은 1명(위 사례에서 차남)이 사망하는 순간에 모든 손자·손녀들의 상속이 본위상속으로 변화된다는 것은 이론상 일관성이 없다. 그리고 본위상속설에 따르면, 사망한 자녀의 생존배우자(장남의 처)는 상속에서 제외되는바, 이는 부당하다.

(다) **판례(대습상속설을 채택)**   대법원은 피상속인의 자녀가 모두 이미 사망한 경우, 피상속인의 손자·손녀 또는 사망한 자녀의 배우자는 대습상속을 하는 것이지 본위상속을 하는 것은 아니라고 본다.[2] 현행법의 해석상 대습상속설이 온당하므로 이 설을 지지한다.

(4) 배우자의 대습상속

1) 망인의 직계비속의 배우자, 망인의 형제자매의 배우자는 대습상속권이 있다. 대습상속이 개시된 경우 피대습자(망인의 직계비속 또는 형제자매)의 배우자는 그 직계비속(예컨대 손자녀)들과 같은 순위의 공동상속인이 되고, 그러한 비속이 없으면 단독으로 대습상속한다(제1003조 ②항, 제1001조).

2) 여기서 배우자는 상속개시 당시 이미 혼인신고가 되어 있는 법률상 정당한 배우자라야 한다. 그러한 배우자인 이상 남편이든 아내이든 모두 대습상속할 권리가 있다.[3] 그러므로 사실상 처나 내연의 처는 대습상속할 수 없다.

3) 대습상속의 원인 중 상속결격과 관련하여, 상속인이 결격자가 된 후에 그와 혼인한 배우자도 대습상속권을 가지도록 허용한다면, 결격자 스스로 상속하는 결과가 되므로 결격 당시의 배우자에 한정할 필요가 있다는 학설이 있고,[4] 이에 대하여 민법이 부부별산제를 채택하고 있으므로(제830조), 이론상으로는 결격자 스스로 상속한다고 해석하기는 곤란하다고 반대하는 견해가 대립한다.[5] 현행법의 해석으로는 상속결격으로 인하여 상속권을 잃은 사람이 그 후에 혼인한 경우, 그러

---

1 곽윤직, 상속법(1997), 102면.
2 대판 2001. 3. 9, 99다13157은 대습상속설을 지지하고 있다(1962년에 개정된 일민 제887조 ②항 참조).
3 1991. 1. 1. 이전의 민법에서는 처에게만 대습상속을 인정하였다.
4 곽윤직, 64면.
5 김·김, 654면.

한 배우자도 나중에 발생한 상속에 대하여 대습상속을 할 수 있다고 해석된다. 그러나 앞서 직계비속의 대습상속에서와 같이 입법적 개선이 필요하다.

4) 배우자의 사망 후 남아 있는 생존배우자가 상속개시 전에 재혼하면 죽은 배우자의 직계존속이나 형제자매 등과의 인척관계가 소멸하므로(제775조 ②항), 이러한 사람은 대습상속권이 없다.[1] 여기의 재혼 역시 법률상 재혼(혼인신고를 마친 재혼)을 의미한다.

그런데 유처(遺妻)나 유부(遺夫)가 대습상속을 한 후 재혼한다면 대습상속제도의 실익은 없어지며, 혼인기간이 매우 짧거나 사실상 재혼한 배우자가 제한없이 대습상속을 할 수 있다는 데에도 문제가 있다. 그러나 현행법상으로는 어쩔 수 없으므로 입법적 개선을 요한다.

(4) 대습자가 상속결격인 경우

1) 대습상속인이 되려면 상속인의 자격을 잃어서는 안 된다. 대습자가 피대습자에 대한 관계에서 상속결격자이면 그는 대습상속을 할 수 없다. 예를 들면, 손자가 그 아버지를 살해하여 상속결격자가 되었는데 나중에 할아버지가 사망한 경우, 이 손자는 아버지를 대습하여 할아버지의 재산을 상속할 수 없다.

2) 대습자가 피대습자(결격자)의 유산(遺産)에 대하여 상속포기나 한정승인을 하였더라도 대습상속은 할 수 있다. 상속포기나 한정승인은 상속결격 사유가 아니기 때문이다.

Ⅲ. 재대습상속

대습상속인에게 다시 대습원인이 발생한 경우 또다시 그의 직계비속이나 배우자가 대습상속을 한다(통설). 이를 재대습상속이라고 한다. 예컨대, 아들이 죽고 없는데 손자마저 이미 사망한 경우, 손자의 처와 자식(증손자)이 할아버지의 재산을 대습상속한다.[2]

---

1 1990. 1. 9. 등기예규 제28호, 제694호, 대법원예규집―등기편―(1998), 321면, 공보 제865호(1990. 2. 1), 197면.
2 일본 민법은 우리나라 민법과는 달리 명문으로 재대습상속을 인정하되(제887조 ③항), 형제자매의 대습상속의 경우는 조카나 질녀(1대)에 한정하여 대습상속을 인정하고, 더 이상 재대습은 인정하지 아니한다. 伊藤 眞, 親族・相續, 弘文堂, 2001, 159면.

:: 참고판례

구 관습상, 형망제급(兄亡弟及)의 원칙은 망 호주와 그 장손 및 차손 사이에도 적용되므로 미혼인 장손이 이미 사망하여 없는 경우 차손(次孫)이 조부의 재산을 상속한다(대판 2000. 6. 9, 2000다8359).

※ 호주(戶主)인 할아버지 송원구는 1945. 1. 30. 사망하였는데, 그 장남인 송○강과 차남 송○각 중 장남이 할아버지보다 먼저 1931. 12. 22. 사망하고 장손인 송렬은 미혼인 채로 1926. 8. 13. 사망하였으며, 차손(송렬의 남동생)인 송후연이 1932. 8. 9. 출생하였다. 이 경우 차손인 송후연이 형 송렬과 아버지 송○강을 대습하여 조부인 송원구의 호주지위와 재산을 상속한다는 것이 위 판례의 내용이다.

Ⅳ. 대습상속의 효과

1) 대습자는 피대습자의 순위로 올라가서 피대습자가 생존하였거나 상속결격이 아니었을 경우 본래 상속하였을 법정상속분을 상속한다(제1010조·제1003조 ②항).

2) 이때 상속개시 당시 망인에게 피대습자 외의 다른 상속인이 있을 경우 대습자는 그들과 공동상속인이 된다.

3) 예컨대 장남과 차남이 먼저 사망하고 할아버지가 나중에 사망한 경우, 장남에게 처와 자녀가 1명 있다면 그 처와 자녀가 장남의 상속분(1/2)을 대습상속하고, 차남의 자녀가 2명이면 그들은 차남의 상속분(1/2)을 대습상속한다.

:: 참고판례

① 구 관습에 의하면, 호주 아닌 가족이 사망한 경우(호주의 아들이 먼저 사망하였을 때) 대습상속을 하는 비속들은 '사망한 존속'의 상속분만을 균등하게 대습상속한다(대판 1955. 3. 31, 4288민상77; 1962. 4. 26, 4292민상676; 1969. 3. 18, 65도1013).

② 장남이 이미 사망한 경우 장손이 조부를 대습상속하는 것이 구 관습이다(대판 1967. 12. 29, 67다2386).

③ 상속부동산의 등기부상 상속등기에 대습상속인들의 이름이 누락된 경우에도, 그 대습상속인들이 상속을 포기하였거나 상속인의 권리를 상실하였다는 특별한 사정이 없는 이상, 그 부동산에 관한 대습상속인들의 권리를 부정할 수 없다. 그

러므로 등기부에 나타난 사람들만의 공유로 추정하고 그들끼리만 공유물분할절차를 취한 것은 위법하다(대판 1978. 1. 7, 77다1977).

[대습상속인 표]

피대습자(먼저 사망한 자)		제1순위 상속인들 (피상속인의 직계비속)= ①: 아들·딸·양자·양녀	제3순위 상속인들 (피상속인의 형제자매)= ③: 친형제자매·이복·동복형제자매· 양자·양녀인 형제자매
대습사유	사 망	○	○
	상속결격	○	○
	상속포기	×	×
대습상속인	①·③의 직계비속	손자·손녀·외손자·외손녀· 양손자·양손녀 기타 증손자	조카·질녀·생질·생질녀 등
	①·③의 배우자	며느리·사위· 손서(孫婿)·손부(孫婦) 등	형수·제수·자형·매부(妹夫)· 질서(姪婿)·질부(姪婦) 등
대습상속분		①의 상속분	③의 상속분
근 거		민법 제1001조	민법 제1003조 ②항

* 이미 사망한 직계비속(피대습자)과 생존하는 직계비속(대습상속인)은 1대(一代) 이상 차이가 날 수 있다. 예컨대 아버지와 아들이 먼저 사망하고 그 아들의 아들이 생존하고 있었는데 할아버지가 사망하여 상속이 개시된 경우, 피대습자인 아버지와 대습상속인인 아들의 아들은 2대가 되고 피상속인인 할아버지가 볼 때는 3대(증손자)가 된다.

* 배우자는 직계비속들과 공동(共同)상속하고, 비속이 없을 때는 단독(單獨)상속한다.

제 5 절   인공수정자 등의 상속법상 지위

1) 인공수정자 등의 법적 지위는 앞서 친족법 부분에서 설명한 바와 같다.

2) 인공수정자와 그 부모 사이에 친생자관계가 존재하는 경우 양자 간에는 상속이 가능하게 된다.

3) 다만, 냉동정자를 보관하던 중 남편이 사망한 후에 그 정자를 이용하여 수정하여 출생한 인공수정자에 대해서도 상속을 인정할 수 있는지 문제된다. 앞서 본 바와 같이 이 경우에도 그 부모 사이에 친생자관계는 인정하여야 마땅하다고 할 것이다. 그러나 이와 같이 아버지의 사망 후 인공수정에 의해 출생한 자에게도 상속을 허용할 수 있는지는 그를 민법 제1000조 ③항에 의한 태아와 같이 취급하여 상속을 인정할 수 있는지에 달려 있다고 할 수 있다.

4) 그러나 제1000조 ③항에 의한 태아는 아버지 사망 당시 생모가 그를 임신하였어야만 하므로, 아버지의 사망 후 인공수정에 의해 비로소 생모가 임신하여 출생한 자에게는 원칙적으로 민법 제1000조 ③항을 적용할 수 없다고 할 것이다.[1] 다만, 그 인공수정에 의한 생모의 임신이 아버지의 명시적·묵시적 의사(동의)에 기한 경우에는 이를 태아와 같이 취급하여도 무방하다고 생각된다. 그러한 자 역시 아버지의 자식임이 분명하며, 피상속인인 아버지의 뜻도 이에 부합하기 때문이다.

---

1 일본 최고재판소 2006. 9. 4, 평성 16년(受) 1748호 판결은 친권에 관하여는 일본 민법상 사후수정자와 부 사이에 친생자관계를 예정한 바 없어 이를 인정할 수 없을 뿐 아니라, 부가 사후수정자의 친권자가 될 여지가 없고, 부양에 관하여는 사후수정자가 부로부터 감호, 양육, 부양을 받을 수 없으며, 상속에 관하여는 사후수정자는 부의 상속인은 물론 대습상속도 불가하므로 부 사후에 검사를 상대로 한 인지청구는 허용될 수 없다고 하여 이를 부정하였다.

제**4**장

상속의 효과

제1절 상속재산의 포괄승계

Ⅰ. 원 칙

1) 상속법의 일반 원칙은 '사람이 사망하면 그 망인의 재산은 그 자손들이 포괄적으로 승계한다'는 것이다. 민법도 이 원칙(로마법의 원칙)을 선언하고 있다.

2) 현행 민법은 망인이 가진 지위의 승계는 그 재산권의 승계만 인정하고, 신분이나 제사, 가의 대표자 자격의 승계는 인정하지 않는다.

Ⅱ. 상속재산의 범위

1) 상속인은 상속개시 시점(時點)부터 피상속인의 모든 재산에 관한 권리·의무를 포괄적으로 승계한다(제1005조 본문)[1]. 재산상의 권리·의무는 물론이고, 아직 권리·의무로서 구체적으로 발생하지 아니한 재산법상의 법률관계나 법적 지위, 예컨대, 계약상 청약(請約)을 받고 있는 지위, 매도인으로서 담보책임을 지는 지위, 선의·악의자의 지위, 점유와 같은 사실관계 등도 모두 승계한다. 이런 점에서 상

---

1 헌재결 2004. 10. 28, 2003헌가13(민법 제1005조는 위헌이 아니다. 상속채무만을 승계하는 상속인들을 위하여 상속포기나 한정승인제도를 두고 있기 때문), 시민과 변호사, 2004. 12월호, 126면(양삼승 변호사 헌법상담); 대판 2005. 7. 22, 2003다43681.

속은 구체적인 권리·의무의 승계라기보다는 '재산상 법률관계에 관한 피상속인의 지위의 승계'라고 보아야 할 것이다.

2) 상속의 효력 발생에는 당사자(피상속인, 상속인)의 의사표시도 필요 없고, 상속인이 알았든 몰랐든, 부동산 등기(登記)나 동산의 인도(引渡), 채권양도의 대항요건 같은 것도 필요 없이 모든 재산상의 지위와 의무가 그대로 상속인에게 승계된다. 이는 이른바 '법률의 규정에 의한' 권리의 이전·변동이다(제187조). 다만, 피상속인의 일신에 전속(專屬)한 것은 상속되지 아니한다(제1005조 단서).

1. 재산상 권리

(1) 물 권

㈎ 소유권(所有權)

1) 물건에 대한 소유권은 모두 상속된다. 상속으로 인한 부동산 소유권의 취득에 등기는 필요하지 않고, 동산의 경우도 인도(引渡)가 필요 없다(제187조·제188조·제193조).

2) 농지(農地)   농지는 경자유전(耕者有田)의 원칙('자기의 농업경영에 토지를 이용할 자'만이 농지를 소유할 수 있다는 원칙 : 농지법 제 6 조 ①항)에 따라 농업인(개인)이나 농업법인이 아니면 원칙적으로 농지를 소유할 수 없다.

그러나 상속(유증 포함)의 경우에는 농민이 아니라도(농지취득자격증명도 등기도 필요 없다) 농지를 상속하여 소유할 수 있다(농지법 제 6 조 ②항 4호). 다만, 상속에 의하여 농지를 취득하였으나 그 면적이 1만㎡를 초과하고 그 초과 부분을 농업경영에 이용하지 않거나 '이용하지 아니한다'고 시장 등이 인정한 때는 그 사유가 발생한 날로부터 1년 이내에 그 초과 부분의 농지(1만㎡를 초과한 부분)를 처분하여야 한다(농지법 제10조 ①항 6호·제 7 조 ①항).

∷ 참고판례

① 농지개혁법의 법의(法意)에 비추어 민법상의 재산(혹은 호주)상속인이라 하여도 농가(농지경작으로 생계를 유지하는 사람)가 아닌 사람은 농지개혁사업에 따른 농지수분배권(農地受分配權 = 농지를 분배받을 수 있는 권리)을 상속할 수 없다(대판 1968. 6. 18, 67다573; 1972. 6. 27, 72다700; 1974. 2. 12, 73다509). 이 경우, 망인의 집에 있는 가주나 동거가족으로서 농경으로 생계를 유지하는 재

산상속인(농민)이 있으면 그가 이를 상속한다(대판 1991. 8. 13, 91다17368).

② 농지개혁법(제15조)에 의하여 국가로부터 분배받은 토지는 그 농가의 가산(家産)이고, 이는 일반재산과 성질을 달리하는 것이다. 그러므로 그 가(家＝同一戶籍)에 있는 사람에게만 상속된다. 따라서 망인의 딸이라도 가적(=호적)을 달리하는 사람(=출가외인)은 망인의 재산상속인일지라도 분배농지를 상속할 수 없다(대판 1955. 2. 17, 4287민상112).

(ㄴ) **제한물권** 전세권이나 임차권 등 용익(用益)물권이나 저당권 등 담보(擔保)물권도 등기나 인도 없이 당연히 상속된다. 예컨대 홍길동이 허풍선에게 금 1,000만 원을 빌려주고 그 부동산을 담보로 잡아서 저당권을 설정하여 둔 후 사망하면, 그 1,000만 원의 대여금채권과 담보권(저당권)은 함께 홍길동의 상속인에게 승계된다.

(ㄷ) **점유권(占有權)**

1) 점유권도 당연히 상속인에게 이전된다(제193조). 상속인이 현실적으로 점유를 이전받았는지는 불문한다. 이는 점유권의 공백을 배제하려는 법적 고려에 따른 것이다.

2) 상속인이 승계한 점유권의 성질과 관련하여, 상속은 점유변경의 새 권원이 될 수 없으므로 선대(先代, 망인)의 점유가 타주점유인 이상, 상속인의 점유도 타주점유(他主占有 : 임차인 등의 점유와 같이 소유의 의사가 없는 점유)로서의 성질이 그대로 유지된다. 따라서 상속인의 점유가 자주점유(自主占有)로 되려면 상속인이 소유자에 대하여 소유의 의사를 표시하거나, 새로운 권원을 근거로 다시 소유의 의사로 점유를 시작하여야 한다.[1]

3) **점유권의 상속분** 점유권을 여러 사람이 공동상속하더라도 상속분에 관한 규정(제1009조 이하)이 적용되지 아니한다. 즉 이 경우 전원에게 지분점유권이 아닌 완전한 점유권이 인정된다.[2]

:: **참고판례**

시효취득 : 망인(피상속인) 명의로 부동산소유권이전등기가 10년 이상 경료되어 있는 이상, 상속인은 '부동산의 소유자로 등기한 자'에 해당하므로, 선대의 점유

---

1 대판 1972. 6. 27, 72다535, 536; 1997. 12. 12, 97다40100 등.
2 대판 1962. 10. 11, 62다460.

와 자신의 점유를 합산하여 주장할 수 있고, 그 합산 기간이 10년을 넘으면 취득 시효완성으로 그 부동산의 소유권을 취득한다(대판 1989. 12. 26, 89다카6140).

(2) 형성권과 무체재산권(無體財産權)

(가) **형성권의 상속**　　법률행위의 취소권·추인권·해제권·해지권·예약완결권과 상계권·항변권·환매권·채권자취소권 등 형성권도 상속된다. 민법 제140조는 법률행위의 취소권자로 승계인을 들고 있는바, 상속인도 이에 포함된다. 즉 형성권은 그 형성권을 파생시키는 주된 법률관계 또는 법률상 지위와 함께 일체로서 상속된다. 예컨대 매매계약이 체결된 상태에서 계약당사자들이 사망한 경우, 매도인·매수인의 지위는 상속되고, 이에 따라 매매계약의 해제권이나 취소권도 당연히 그 상속인에게 승계된다.

(나) **지적재산권(무체재산권)의 상속**　　특허권·상표권·실용신안권·의장권 등 공업소유권(산업재산권)과 저작권·광업권·어업권 등도 당연히 상속된다(광업법 제10조, 제39조 등). 다만, 공동광업권자의 지위는 조합계약을 한 것으로 간주되며(광업법 제17조 ⑤항·제39조 2호), 이는 조합계약의 성질상 일신전속적인 권리·의무관계이므로(민 제717조 1호) 상속되지 아니한다.[1] 다만, 조합계약에서 조합원의 지위를 상속인에게 승계하기로 약정한 경우는 상속된다. 이는 임의규정이기 때문이다.

(다) **허가권 등**　　공법상 허가를 받은 지위는 그 허가를 받은 자에게만 효력이 있으므로 개별 법령에 특별히 상속에 의한 승계를 인정하지 않는 한 당연히 그 지위가 상속인에게 승계되지는 않는다. 다만, 그 허가가 주유소영업이나 공중접객업 등과 같이 대물적 허가인 경우 이를 인정하는 경우가 대부분이고, 그러한 규정이 없는 경우에도 이를 유추하여 승계를 인정할 수 있다. 그러나 총포 등의 소지 허가, 운전면허, 위험물처리 자격 등 대인적 허가는 그러하지 않는다.

(3) 채　권

1) 채권도 원칙적으로 모두 상속재산에 포함된다. 다만 일신전속적인 것은 예외이다. 채권의 상속에는 채권양도 행위나 대항요건(양도인의 채권양도통지 또는 채무자의 승낙; 제450조)을 갖출 필요가 없다. 채권자대위권도 상속됨은 물론이다.

2) 양도금지특약이 붙은 채권(제449조 ②항 본문)은 반드시 일신전속적인 권리

---

1 대판 1981. 7. 28, 81다145. 조합원이 사망하면 그 조합원은 당연히 탈퇴된다(민법 제717조 1호). 따라서 상속인이 조합원이 되려면 남은 조합원들과 별도의 합의(계약)를 하여야 한다.

라고 할 수 없으므로 상속의 대상이 된다.¹ 상속은 양도가 아니고, 채권의 양도금
지 특약은 선의의 제 3 자에게 대항할 수 없을 뿐이기 때문이다(동조항 단서).²

　　㈎ **주택임차권**　　상속인이 망인(피상속인)의 임차권을 상속하는 것은 당연하
다. 임차권은 재산적 가치가 있는 채권이기 때문이다. 주택임대차보호법은 민법에
대한 특별규정을 두어 거주자의 생활안정과 보호를 도모하고 있다.

　　1) 임차인이 상속인 **없이** 사망한 경우　　그 주택에서 사실혼의 배우자가 '사망한'
임차인과 공동생활을 하였고 그 망인에게 상속인이 없는 경우, 사실혼의 배우자가
단독으로 임차인의 권리·의무를 승계한다(주택임대차보호법 제 9 조 ①항). 그러나
사실혼의 배우자는 임차인 사망 후 1개월(＝제척기간) 이내에 임대인에게 승계에
반대한다는 의사를 표시할 수 있다(동조 ③항).

　　2) 사망한 임차인에게 상속인이 있으나 그들은 임차인과 동거하지 않고 사실
혼 배우자만이 동거한 경우에는 사실혼 배우자와 망인의 2촌 이내 친족이 망인의
권리·의무를 공동으로 승계한다(동조 ②항). 이 경우에도 승계권자는 임대인에게
반대의사표시를 하여 승계를 거부할 수 있다. 이때 사실혼 배우자와 망인의 2촌
이내 친족 간 상속분(귀속비율)은 어찌 되는가? 사견으로는 사실혼 배우자를 법률
혼 배우자와 같이 볼 수는 없으므로 각자 균분하여 승계한다고 보아야 할 것이다.

　　3) 임차인이 상속인과 **동거 중** 사망한 경우　　임차인의 상속인들 중 일부는 임차
인과 동거하고 일부는 동거하지 아니하는 경우에는 동거 여부와 관계없이 모든 상
속인들이 임차권을 공동상속한다.

　　4) 임차권을 승계한 사람은 임대차에서 생긴 권리·의무를 모두 승계한다(동법
제 9 조 ④항).

　　5) 상가건물의 임대차에는 위와 같은 규정이 없으므로 일반원칙에 따라 상속
인들이 그 임차인 지위를 상속한다.

　　㈏ **토지 임대차의 경우**　　토지 임대차에서 임대인이나 임차인이 사망한 경우
그 상속인은 임대인이나 임차인으로서의 지위를 모두 승계한다.³

　　㈐ **손해배상청구권**

　　1) 보통의 손해배상청구권은 당연히 상속된다. 민법은 약혼·혼인·입양 등 신

---

1 我妻 외 2, 민법 3, 267면.
2 서민, "채권의 양도," 주석민법[채권총칙(2)], 한국사법행정학회, 2000, 540면.
3 대판 1966. 9. 20, 66다1238.

분행위의 무효·취소 및 이혼·파양으로 인한 정신적 손해(위자료)에 대하여는 그 양도나 승계를 하지 못하도록 금지하는 특별규정을 두고 있다(제806조 ③항, 제825조, 제897조). 그러나 당사자 간에 이미 그 배상에 관한 합의가 성립하였거나 소를 제기한 후 사망한 경우에는 그 청구권이 상속된다(제806조 ③항 단서).

2) 생명침해 등 불법행위로 인한 손해배상청구권(제750조)

a) 재산상(財産上) 손해배상청구권(기대수입상실 손해배상청구권 등)   소수설(부정설)은, 즉사의 경우 사자(死者)가 손해배상청구권을 취득할 시간이 없기 때문에 상속할 대상이 없으며, 그 유족이 고유의 손해배상청구권을 취득(제751조·제752조)하므로 피해자의 손해배상청구권을 상속할 수 없다고 주장한다.[1]

그러나 통설과 판례(긍정설)는 이를 인정한다.[2] 시간적 간격설(時間的 間隔說)(다수설)은, 즉사라 하더라도 피해자가 치명상을 입은 때와 사망한 때 사이에 이론상 또는 실제상 시간적 간격이 있으며, 치명상을 입었을 때 피해자가 손해배상청구권을 취득하고 그의 사망으로 그 청구권이 상속인에게 승계된다고 설명하고[3], 인격승계설(人格承繼說)은 상속인은 '피상속인의 인격 또는 법률상의 지위'를 승계하므로, 피상속인의 생명침해로 인한 손해배상청구권도 상속인이 원시적으로 취득한다고 설명한다. 전설이 논리적으로 타당하다.

b) 정신상(精神上) 손해배상청구권(위자료청구권=제751조·제752조)   소수설은 이 역시 위와 같은 이유로 부정하면서 피해자가 생전에 위자료청구의 의사표시를 한 경우에만 상속된다고 한다.[4]

그러나 판례와 다수설은 피해자가 이를 포기·면제하였다고 볼 수 있는 특별한 사정이 없는 이상 그 생전에 청구의 의사표시를 한 유무에 관계없이 당연히 상속인에게 상속된다고 한다.[5] 이것이 타당하다.[6]

한편, 피해자의 상속인인 유족은 그들 고유의 위자료 청구권도 가지므로(제

---

1 김주수, 545면; 김·김, 제9판, 533면; 이경희, 335면; 이은영, 채권각론, 760면.
2 대판 1966. 2. 28, 65다2523.
3 정광현, 351면; 김용한, 305면; 이근식·한봉희, 241면; 곽윤직, 75면 등; 대판 1969. 4. 15, 69다268; 1971. 3. 9, 70다3031.
4 김주수, 547~548면[생명침해로 인한 손해배상청구권을 피해자가 생전에 취득한다는 것은 불가능하고, 따라서 피해자(피상속인)가 취득하지 아니한 권리를 그 상속인이 상속으로 승계할 수는 없다].
5 대판 1966. 10. 18, 66다1335; 1967. 5. 23, 66다1025; 1967. 5. 23, 67다657; 1970. 2. 24, 69다2160(일본의 판례도 동일 : 최판 1967. 11. 1, 집 21-9, 2249면); 곽윤직, 75면.
6 대판 1969. 4. 15, 69다268.

752조)¹ 이를 상속한 위자료청구권과 함께 행사할 수도 있다(예컨대, 상속받은 위자료 3,000만 원과 자신이 입은 정신적 고통에 대한 위자료 1,000만 원 합계 4,000만 원을 청구할 수 있다).

:: 참고판례

① 피해자가 즉사한 경우라도, 치명상을 입은 때와 사망 사이에는 이론상 시간적 간격이 인정될 수 있고, 그 치명상을 입은 그 순간에 심신상실상태에 있었다 하여도 그 침해된 정신적 이익을 비재산적 손해의 내용으로 할 수 있다(대판 1971. 3. 9, 70다3031).

② 원고 2가 원고 1의 외조부이나, 양인은 같은 호적에 있으며 함께 생활하고 있다는 것이므로 원고 1이 본건 교통사고로 노동력의 6할의 감퇴를 볼 정도의 부상을 입었다면, 그 외조부인 원고 2가 정신상 고통을 받을 것임은 경험칙상 당연하며, 민법 제752조는 위자료 청구권이 있는 사람과 피해법익을 예시적으로 규정한 것에 불과하다(대법원 1967. 12. 26, 67다2460).

⑷ 재산분할청구권

1) 부부의 이혼에 따른 재산분할청구권은 부부라는 신분관계를 기초로 하는 '신분적 요소'와 혼인중 부부 쌍방의 협력에 의하여 형성된 재산을 각자의 기여도에 따라 분할하는 절차라는 '재산적 요소(청산적 요소)'를 갖고 있는 것으로 이해되는 것이 일반이다. 그런데 신분적 요소는 재산의 형성과정에 영향을 미치고 재산분할청구권 인정근거가 될 뿐, 부부가 이혼이 된 때에 이를 현실적 권리로서 주장·청구할 수는 없다. 즉 재산분할을 현실적으로 청구하면 청산적 요소만 남고 신분적 요소는 재산분할에 아무런 영향도 미치지 않는다.

2) 한편, 강학상 재산분할청구권은 '부양을 갈음하는 의미'와 '공동재산의 청산이라는 의미'를 갖는 것으로 이해되는데, 부부가 이혼한 후에는 상대방에 대한 부양의무가 없으므로 이 역시 재산분할청구권 인정근거가 될 뿐, 현실적으로 재산분할을 하는 때에 그것이 재산분할에 직접적 고려사항이 되거나 그 분할액에 영향을 줄 수는 없다. 그리고 재산분할청구권은 이혼하는 때에 비로소 형성되어 2년의 제

---

1 민법 제752조에 열거된 친족(피해자의 직계존속·직계비속 및 배우자)이 아닌 사람도 동조에 의한 위자료청구를 할 수 있다(대판 1963. 10. 31, 63다558; 1967. 6. 27, 66다1592; 1967. 9. 5, 67다1307; 1967. 12. 26, 67다2460; 1969. 7. 22, 69다684 : 사실혼의 배우자 등).

척기간이 경과하면 소멸한다.

3) 재산분할청구권은 행사상의 일신전속권이라는 것이 통설이다. 따라서 이혼한 배우자가 이혼 후 상대방에게 위 권리를 행사한 때 이후부터는 상속성이 인정되고,[1] 반대로 이를 행사하지 않은 상태에서 사망한 때는 상속되지 않는다. 반면에 이혼 후 일방이 사망한 경우, 생존한 상대방은 그 사망한 이혼 배우자의 상속인들을 상대로 재산분할청구를 할 수 있다는 것이 통설이자 하급심 판례이다.[2] 즉 재산분할청구에 응할 채무는 무조건 상속된다.[3]

4) 이혼과 재산분할청구의 병합소송 중에 당사자 일방이 사망한 경우, 그 소송은 그로써 종료하고, 재산분할청구는 이혼을 전제로 한 것이므로 이혼이 이루어지지 않은 이상 재산분할청구권이 발생하지 않아 그 상속성도 인정될 수 없다.[4]

:: 참고판례

재판상 이혼청구권은 부부의 일신전속의 권리이므로, 이혼소송 계속 중 배우자의 일방이 사망한 경우에는 상속인이 그 소송절차를 수계할 수 없음은 물론이고, 또 그러한 경우에 검사가 이를 수계할 특별한 규정도 없으므로 그 소송은 청구인의 사망과 동시에 종료한다(대판 1982. 10. 12, 81므53).

(마) 생명보험금청구권 또는 생명보험수익자의 지위

1) 생명보험의 경우 보험금청구권은 피보험자의 사망을 원인으로 발생하므로 상속과 비슷하나, 어느 경우에나 다음과 같이 이는 상속재산이 아니다.

2) 피상속인이 보험계약자(겸 피보험자)로서, 보험수익자를 상속인으로 지정한 경우(예컨대, 수익자를 홍길동이라고 특정(特定)하여 지정하거나 막연하게 '상속인'이라고만 지정한 경우 포함 : 타인을 위한 보험계약)   보험수익자가 상속인인 경우, 그가 취득한 보험금청구권은 보험계약의 효력에 따른 것이므로, 그것은 처음부터 그의 고유재산이 되고 상속재산에 속하지 아니한다.[5] 따라서 상속인이 상속포기나 한정승인을 하

1 서울가심 2010. 7. 13, 2009느합289(항고심에서 강제조정 확정). 대판 2009. 2. 9, 2008스105(사실혼 배우자가 사실혼 해소의 의사를 표시한 후 상대방을 상대로 재산분할심판청구를 하였는데 소송 도중 상대방이 사망한 경우 상속인들이 그 채무를 승계하고 소송절차도 수계하여야 한다).
2 서울가심 2010. 7. 13, 2009느합289.
3 서울가판 2002. 7. 25, 2002즈합205(확정)는 이와 달리, 이혼 후 상대 배우자가 사망하기 전에 생존 배우자와 재산분할협의를 하였거나 재산분할청구를 하지 않으면 생존 배우자는 사망한 배우자의 상속인들에게 재산분할청구를 할 수 없다고 판시하였으나 이는 부당하다.
4 대판 1994. 10. 28, 94므246, 253.
5 대판 2001. 12. 24, 2001다65755, 법률신문 2002. 1. 21.자(제3044호), 8면; 대구지법 경주지판 1999.

였어도 보험금청구를 할 수 있고, 그러한 보험금은 상속재산에 포함되지 아니한다
(통설).[1]

　　3) 피상속인이 '상속인이 아닌' 제3자를 보험수익자로 지정한 경우(타인을 위한 보험
계약)　　지정된 보험수익자가 보험사고 발생 전에 먼저 사망한 경우에 계약자는
다시 수익자를 지정할 수 있고, 이 지정권을 행사하지 않은 채 계약자가 사망한 경
우에는 그 수익자(제3자)의 상속인을 보험수익자로 한다(상법 제733조 ③항·일본
상법 제676조). 그러므로 이 경우의 보험금청구권도 고유재산이지 상속재산이 아
니다.[2]

　　4) 보험계약자(피상속인)가 자기(自己)를 보험수익자로 지정한 경우(자기를 위한 보험
계약)　　이 경우 계약자가 사망하면 그 사람의 상속인이 보험수익자의 지위를 상
속하고, 보험금청구권은 상속재산에 속한다는 것이 다수설이다.[3] 이에 대하여 상
법 제733조 ④항을 유추하여 상속인을 수익자로 지정하고 있는 것으로 추정하
여 상속인이 그 고유의 권리로서 원시적으로 생명보험금청구권을 취득한다고 해
석함이 타당하다는 학설이 있고,[4] 판례는 이를 따른다.[5] 이 설이 타당하다고 생
각된다.

　　5) 생명보험이든 양로보험이든 피상속인이 이미 수령하여 가지고 있는 보험금
이 상속재산에 속함은 당연하다(통설).

　　6) 상속세법에서는 보험금을 상속재산으로 간주하여 상속세를 부과하고 있다
(상속세 및 증여세법 제8조).

　　7) 특별수익 여부　　공동상속인들 사이에서 상속재산분할을 할 경우에 이러한
보험금을 수령한 상속인은 특별수익을 한 것으로 인정하고 처리하여야 할 것이다.
특별수익은 상속인들 사이의 내부적 공평을 도모하려는 제도이기 때문이다.

---

　7. 22, 98가합4217; 일 최판 1965. 2. 2, 집 19-1, 1면(생명보험금은 상속인이 원시취득한다고 판시).
1　일본의 통설과 판례도 동일(일 대판 1936. 5. 31; 최판 1965. 2. 2; 1994. 7. 18; 2002. 11. 5, 집
　　56-8, 2069면 등 : 보험금청구권은 보험계약의 효력발생과 동시에 상속인의 고유재산이 되고,
　　상속인이 복수라면 상속분 비율로 각 고유재산이 된다); 甁瀷 외 2, 161면.
2　대판 2001. 12. 28, 2000다31502.
3　김주수, 550면; 김용한, 306면; 이경희, 336면.
4　곽윤직, 81면; 상법 제733조 ④항 : 보험계약자가 ②항과 ③항의 지정권을 행사하기 전에 보험사고가
　　생긴 경우에는 피보험자 또는 보험수익자의 상속인을 보험수익자로 한다(신설 1991. 12. 31).
5　대판 2004. 7. 9, 2003다29463. 동지: 2001. 9. 7, 2000다21833; 2001. 12. 24, 2001다65755; 2001. 12.
　　28, 2000다31502; 2002. 2. 8, 2000다64502; 2009. 5. 21, 2008다13104(전원합의체 : 산재보험급여, 예
　　컨대 유족급여는 수급권자 자신의 고유한 권리이지 상속재산은 아니다).

㈏ 퇴직수당·유족연금청구권 기타

1) 퇴직금 또는 퇴직수당, 유족급여

사망퇴직금의 성질에 관하여 공로보상설, 사회보장(유족의 생활보장)설, 미지급(후불)임금설이 대립하고 있는데, 앞의 두 학설에 따른다면 사망퇴직금은 유족고유의 권리로 보게 되고, 후자의 학설에 따르면 상속재산에 포함된다. 근로자가 생존 중에 퇴직하여 이미 수령한 퇴직금은 당연히 상속재산이 된다. 여기서 문제되는 것은 근로계약의 존속 중에 근로자가 사망한 경우이다.

a) 사기업(私企業)의 경우   유족보상금의 수령권자의 범위나 순위는 단체협약이나 취업규칙, 회사의 내규 등에 정하여져 있다. 그리고 보통은 민법과 달리 근로기준법 제82조, 동법 시행령 제48~50조가 그 기준이 되는 경우가 많다.

이러한 경우 그 규정은 '미지급임금을 근로자의 유족에게 직접 지급한다'는 내용으로서 사용자와 근로자 사이에 '제3자를 위한 계약'을 한 것이라고 해석할 수 있다. 그러므로 수령권자(수급권자)는 그 고유의 권리로 사망퇴직금이나 유족보상금을 수령하고,[1] 이러한 퇴직금 등은 상속재산이 아니다.[2] 그러나 상속세법은 사망퇴직금 등을 원칙적으로 상속재산으로 보아 상속세를 부과하고 있다(상속세 및 증여세법 제10조).

b) 공무원의 유족연금 기타 공법상의 유족급여   수령권자인 유족의 범위와 순위를 법률(국민연금법·공무원연금법·군인연금법 등 각종 연금법, 산업재해보상보험법 등)에서 정하고 있다. 이에 따라 유족 등 수령권자는 법률의 규정에 따라 그 고유의 권리로서 이를 취득하므로 이는 상속재산이 아니다.[3] 이러한 각종 유족급여가 공동상속인 사이의 특별수익이 될 수 있음은 별개의 문제이다. 한편, 상속세법은 이러한 연금에 대하여는 세금을 부과하지 아니한다.

2) 부의금·조위금·향전(香奠)

부의금 등은 사망자에 대한 증여가 아니라 그 유족에 대한 것이므로 상속재산이 아니다. 부의금은 상호부조의 정신에 따라 유족의 슬픔을 위로하고 상주의 장례비용 기타 경비에 충당하라고(즉 상주의 경제적 부담을 덜어주기 위하여) 상주(喪

---

1 일 최판 1980. 11. 27, 집 34-6, 815면(사망퇴직금은 수급권자가 이를 원시취득하는 것이지 상속으로 취득하는 것은 아니다).

2 김주수, 551면; 곽윤직, 83면; 김상용 외 3, 478면 등; 일 최판 1980. 11. 27.

3 대판 2009. 5. 21, 2008다13104(전원합의체)(예컨대 처가 산재보험법에 따라 유족급여를 받았더라도, 처가 아닌 다른 공동상속인들의 손해배상채권은 소멸되지 않는다).

主)에게 증여되는 금품이다. 상주가 이를 장례비용에 충당하고 남는 것이 있다면 이는 법정상속분대로 상속인들에게 증여된 것이라고 봄이 상당하다.[1]

2. 분묘 등과 유해, 제사용(祭祀用) 재산

(1) 법률규정

1) 분묘에 속하는 1정보(3,000평 = 9,917.4㎡) 이내의 금양임야(禁養林野)와 600평(1,983.48㎡ = 2반보) 이내의 묘토인 농지, 족보 그리고 제구(祭具)는 제사를 주재하는 자가 승계한다(제1008조의 3).

2) 분묘와 묘토, 족보, 제구 등 제사에 사용하는 재산을 통상 제사용 재산이라고 한다. 망인의 유해(遺骸)도 이에 해당한다. 제사용 재산은 재산성보다는 제사라는 의례나 종교적 목적성이 강하므로, 이에 대해서는 그 성질상 상속법의 원리가 아닌 다른 법리가 적용된다.

(가) 금양임야(禁養林野)

1) 금양임야는 조상의 분묘를 수호하기 위하여 벌목(伐木)을 금지하고 나무를 기르는 임야로 종산(宗山)이라고도 한다. 이는 금송배양(禁松培養)임야의 준말이다. 그러나 반드시 공부상 지목이 임야여야 하는 것은 아니다.[2]

2) 금양임야 내에 설치된 분묘의 기수(基數)는 몇 개이든 상관이 없다. 그것이 일단의 묘지로서 금양임야이면 1정보 이내에서는 위 법리가 적용된다. 그러나 금양임야에 해당하려면 최소한 1기의 분묘는 설치되어 있어야 하며, 선조의 분묘를 수호하기 위하여 벌목을 금지하고 나무를 기르는 등으로 관리하는 것이어야 하고, 단순히 묘소가 설치된 것만으로 이에 해당한다고 할 수는 없다.[3]

금양임야는 복수로도 존재할 수 있다고 볼 것이다. 즉 일단의 묘지로서 장소적으로 독립되어 있다면 각각 금양임야에 해당할 수 있다.

3) 금양임야 내의 분묘는 당연히 제사용 재산에 포함된다.[4] 분묘란 그 내부에 사람의 유골(유해), 유발 등 시신을 매장하여 사자(死者; 그 사자가 누구인지 불분명하여도 상관이 없다)를 안장한 장소를 말하는 것이고, 장래 묘소를 설치하려고 할

---

1 대판 1966. 9. 20, 65다2319; 1992. 8. 19, 92다2998.
2 박병호, 가족법논총, 269면; 서울지법서부지판 1993. 5. 14, 92가합13523; 서울고판 1984. 11. 6, 84나1086 참조.
3 대판 2004. 1. 16, 2001다79037.
4 박병호, 앞의 책, 271~273면, 282면.

뿐 아직은 그 내부에 시신이 없는 것은 분묘라고 할 수 없다.[1] 비석·묘비·상석 등 그 시설물도 분묘의 종물로서 분묘에 포함된다.[2]

4) 금양임야 중 1정보를 초과하는 부분은 제사용 재산이 아니므로 상속재산이 되고 상속재산분할의 대상이 된다. 그러나 현실상 어느 부분을 그 대상으로 할 것인지는 현실적으로 매우 어려운 문제이다.

:: 참고판례

판시 임야는 원·피고들의 피상속인인 망 소외인의 명의로 등기되어 있으며 그 지상에는 원고의 증조부와 조부, 망 소외인 등의 분묘가 있는 사실, 위 임야의 면적은 8,331㎡에 이르는데 일대가 이미 개발되어 임야의 양측은 도로에 면해 있고 주변에는 인가와 공장이 들어섰으며 망 소외인 등의 분묘는 도로와의 경계 부분에 있는 사실, 한편 원·피고 등은 1991년 무렵 관할 군청의 지원에 따라 원래 식재되어 있던 나무들을 베고 잣나무를 심기도 하였던 사실, 원고는 종손이지만 망 소외인의 생존 시에도 가정불화 등을 이유로 선대의 제사 및 망 소외인의 부양을 소홀히 하여 피고들과 분쟁을 일으켜 왔으며 막내아들인 피고 2가 망 소외인의 임종 시까지 그를 모시고 살다가 현재도 망 소외인의 영정을 보관하고 있는데, 원고는 망 소외인의 사후 몇 달도 되지 않아 자신의 단독소유권을 주장하며 이 사건 소를 제기한 사실을 인정할 수 있다. 이와 같은 판시 임야의 현황과 관리상태에 비추어 볼 때 위 임야의 일부에 선조들의 분묘가 존재한다고 할지라도, 위 임야가 전체적으로 선조의 분묘를 수호하기 위하여 벌목을 금지하고 나무를 기르는 임야로서 민법 제1008조의 3이 정한 금양임야라고 인정하기 어렵다(대판 2004. 1. 16, 2001다79037).

(나) 묘　토

1) 묘토(墓土)인 농지는 옛날부터 위토(位土) 또는 제위답(祭位畓), 문중답(門中畓)라고 부르던 것이다. 묘토는 그 수익으로 분묘의 수호관리와 제사비용(祭需用; 제수용)을 충당하는 논, 밭, 과수원 등의 농지이다.[3]

2) 이는 종중과 매우 밀접한 관계가 있다. 과거 전통시대에는 조상 중에 높은 벼슬을 하였거나 학문과 절의(節義) 등으로 사회적 존경을 받는 조상을 높이 받들

---

1 대판 1990. 2. 13, 89도2061; 1991. 10. 25, 91다18040.
2 대판 1993. 8. 27, 93도648.
3 대판 1993. 9. 24, 93다24568; 1996. 3. 22, 93누19269.

고 그 묘소와 제사를 성대하게 치르는 전통이 있었는데, 이에는 상당한 재력이 소요되었다. 그래서 지속적으로 그 비용을 마련하기 위하여 종중의 유력 후손이나 종중원들이 돈이나 재물을 갹출하여 농지를 마련하고, 이를 타인으로 하여금 경작케 하여 그 수확물로 묘소의 수리나 제례비용에 충당하였다.[1] 이로 인해 그 농지와 분묘의 관계가 명확하였으며, 그 농지의 소유 명의는 종손이나 종중에서 선정한 일정 범위의 사람들에게 신탁되었다. 이로부터 명의신탁의 법리가 태동하였음은 주지하는 바와 같다.

묘토는 이와 같이 특정한 분묘의 수호와 그 제사비용 마련을 위하여 소유, 관리되는 농지를 말하므로, 단순히 후손이 농사를 지으면서 농업 수확의 일부를 조상 분묘의 수호와 제사비용에 충당하더라도 이는 묘토가 아니다. 이에 따라 농지개혁법은 1기당 2반보(600평) 이내의 묘토인 농지에 대해서는 동법상의 강제매수와 분배의 대상에서 제외하는 특례를 인정하였는데, 이러한 특례는 그 법 시행 당시 이미 위토로 사용되고 있는 것에 한하였으며(동법 제6조 7호), 이를 위해 위토대장을 마련하고 일정기간 내에 신고하도록 하였다.

3) 묘토의 범위는 제사의 주재자를 기준으로 하는 것이 아니라, 봉사(奉祀)의 대상이 되는 분묘를 기준으로 1기당 600평 이내이다.[2]

:: 참고판례

어느 토지가 특정 묘의 위토로 되는 경위는 그 특정 묘와 관계있는 종중이 토지의 소유권을 취득하여 위토 설정을 하는 경우도 있지만, 후손 중의 어느 개인이 그 소유의 토지를 특정 선조 묘의 위토로 설정하는 경우 등이 있을 수 있으므로, 위토라는 사실만으로 종중 소유의 토지라고 볼 수는 없고, 또한 위토라고 하여 반드시 묘주의 소유라고 단정할 수도 없다(대판 1997. 10. 16, 95다57029 전합).

⑷ 족보, 제구 등

족보(族譜)는 조상 대대의 역사와 계통을 기록한 책이고, 제구(祭具)는 제사를 올리는 데 필요한 일체의 기구로서, 신주(위패), 병풍, 제상, 제기(祭器) 등은 물론

---

1 전통시대에는 농지가 가장 큰 재산이었고, 선조의 제사를 위해서는 밥과 떡, 나물 등 농산물에 의한 제수 마련이 필수적이었기 때문에 농지를 구입하여 그 수익으로 비용을 염출하였다.
2 대판 1994. 4. 26, 92누19330; 1994. 4. 26, 94누1777(분묘 7기의 수호를 위하여 제공된 위토에 관하여 이는 분묘 1기당 600평에 미달하므로, 토지초과이득세의 과세대상이 아니다).

이고, 사당(祠堂), 가묘(家廟) 또는 영당(影堂)도 제구에 포함된다.[1]

㈃ 분묘와 유해

1) 민법 제1008조의3의 취지상 금양임야 내에 설치되지 아니한 분묘와 망인의 유해(遺骸)도 분묘와 함께 제사를 주재하는 사람에게 승계되어 그의 소유가 된다고 할 것이다.[2]

2) 이는 그 유해가 분묘에 매장된 후는 물론 그 이전에도 동일하다.

3) 분묘가 금양임야 내에 설치되지 아니한 경우, 그 분묘의 기지 소유자와 분묘 자체의 소유자가 달라져 복잡한 법률관계가 발생할 수 있다.

:: 참고판례

사람의 유체·유골은 매장·관리·제사·공양의 대상이 될 수 있는 유체물로서, 분묘에 안치되어 있는 선조의 유체·유골은 민법 제1008조의3 소정의 제사용 재산인 분묘와 함께 그 제사주재자에게 승계되고, 피상속인 자신의 유체·유골 역시위 제사용 재산에 준하여 그 제사주재자에게 승계된다(대판 2008. 11. 20, 2007다27670 전합).

(2) 제사용 재산의 권리관계

1) 제사용 재산은 상속의 대상이 되는 상속재산이 아니고 특별재산으로 취급된다. 즉 이에 대해서는 상속법이 적용되지 않고 특칙이 적용된다. 그러므로 상속인이 여러 사람인 경우라도 그들의 공유에 속하지 아니하므로 이를 분할할 수 없고,[3] 상속분·유류분 산정에서 계산되지 아니한다.

2) 상속인이 제사용 재산을 승계한 경우 일반 상속재산에 대한 그 자신의 상속분이 감소되지 아니하며, 또 '제사를 지낸다'고 하여 특별한 상속분이 따로 주어지는 것도 아니다. 한정승인이나 상속재산분리의 경우 상속채권자에게 변제할 책임재산에 포함되지 아니한다. 이를 승계하는 제사주재자가 이것을 특별수익한 것으로 볼 수도 없고, 이러한 재산의 승계로 인하여 상속채무를 단순승인한 것으로 간주되지도 않는다.

---

1 이영춘, 차례와 제사(대원사, 1994), 152~160면; 박병호, 가족법논총, 277면.
2 대판 2008. 11. 20, 2007다27670.
3 대판 2012. 9. 13, 2011스145; 전주지법군산지원 2001. 4. 12, 98느10 심판. 我妻榮 著, 遠藤 浩, 良永和隆 補訂, 民法 第7版(勁草書房, 2004), 110면.

3) 제사용 재산 중 족보나 제구에 대하여는 압류가 금지되고(민집 제195조 8호·9호), 일정 범위의 금양임야, 묘토, 족보와 제구인 제사용 재산은 총액 2억 원(금양임야, 묘토)과 1천만 원(족보와 제구) 한도에서 상속세의 부과 시 상속세 부과대상에서 제외된다(상속세 및 증여세법 제12조 3호, 동 시행령 제8조 ③항).

4) 상속인이 상속포기나 한정승인을 하였더라도, 그가 제사의 주재자라면 제사용 재산을 승계할 수 있다. 제사용 재산은 상속재산이 아니기 때문이다.[1]

5) 승계자가 제사용 재산을 승계한 후 제사를 지내지 아니하거나 제사용 재산을 임의로 타에 처분하더라도 현행법으로는 이를 막을 방도가 없다. 제사용 재산의 처분을 금지하거나 제한하는 법규정이 없고, 원칙적으로 그 처분을 신의칙위반행위나 반사회질서행위로 보기도 어렵기 때문이다.

다만, 양자가 제사용 재산을 승계한 후 파양된 경우 그 재산은 다시 제사를 주재하는 자에게 반환할 의무가 있다고 보아야 할 것이다. 그러므로 제사용 재산의 생전승계도 인정되어야 한다.[2]

6) 위와 같이 제사용 재산에 대한 권리 승계는 이전 소유자의 상속인들에게 공동상속시키지 아니하고 그들 중 제사를 승계하여 주재하는 자로 하여금 승계하도록 하는 데 입법취지가 있으므로, 제사용 재산의 소유자가 사망한 후 상속인이 아닌 자가 제사를 주재하게 되어 상속인과 제사를 주재하는 자가 다르게 된 경우에는 그 제사용 재산은 상속인들의 일반상속재산으로 돌아가 그들이 공동상속하고 제사를 승계하여 주재하는 자가 이를 승계할 수는 없다.[3]

:: 참고판례

민법 제1008조의 3은 분묘에 속한 1정보 이내의 금양임야와 600평 이내의 묘토인 농지, 족보와 제구의 소유권은 제사를 주재하는 자가 이를 승계한다고 규정하고 있고, 상속세법 제8조의 2 ②항 2호에서는 상속세과세가액에 산입하지 아니하는 재산으로서 '민법 제1008조의 3에 규정하는 재산'을 들고 있는바, 위 규정은 일가의 제사를 계속하게 하기 위한 제사용 재산을 승계할 경우에는 이를 일반상속재산과 구별되는 특별재산이라고 보아 상속세과세가액에서 제외하기 위한 것으로서, 금양임야 등을 소유하던 피상속인이 사망한 후 상속인들이 수인이 있을

---

1 박병호, 가족법논총, 282면; 김주수, 5면.
2 곽윤직, 71면.
3 대판 1994. 10. 14, 94누4059.

경우 금양임야 등의 승계권을 그 금양임야로써 수호하는 분묘의 제사를 주재하는 상속인에게 귀속시키기 위한 규정이라고 보아야 할 것이고, 금양임야 등의 소유자가 사망한 후 그 외 상속과 그 금양임야로써 수호하는 분묘의 제사를 주재하는 자가 다를 경우에는 그 금양임야 등은 상속인들의 일반상속재산으로 돌아간다고 보아야 할 것이며, 상속인이 아닌 제사를 주재하는 자에게 그 승계권이 귀속된다고 할 수는 없다(대판 1994. 10. 14, 94누4059).

(3) 제사용 재산의 승계자는 누구인가?

1) 제사의 주재자(主宰者)가 제사용 재산을 승계하는데, 민법은 누가 제사를 주재하는지에 대해서는 규정하지 않고 있다. 따라서 이는 관습법과 조리에 의하여 해결하는 수밖에 없다.

2) 1960. 1. 1. 시행된 우리 민법은 원래 이들 제사용 재산의 소유권은 호주상속인이 승계한다고 규정하였다. 그러다가 1990. 1. 13. 민법을 개정하면서 호주상속을 호주승계로 바꾸면서 제사용 재산의 소유권은 제사를 주재하는 자가 승계하는 것으로 변경하였다.

3) 1990. 1. 13. 민법 개정 전 대법원은, 공동상속인 중 종손이 있다면 그에게 제사를 주재하는 자의 지위를 유지할 수 없는 특별한 사정이 있는 경우를 제외하고는 통상 종손이 제사주재자가 된다고 판시하여 왔다.[1] 일반적으로 종손이란, '장자계(長子系)의 남자손(男子孫)으로서 적장자(嫡長子)'를 지칭하는바, 종래 우리의 관습은 상속인들 간의 협의와 무관하게 우선적으로 적장자가 제사상속인이 되고 적장자가 없는 경우에는 적손(嫡孫: 적장자의 장남), 중자(仲子: 둘째아들), 서자(庶子), 중손(衆孫: 맏손자 아래의 손자), 서손(庶孫: 서자의 아들)의 순서로 제사상속인이 되었다.

4) 대법원은 호주제도 폐지에 즈음하여 상속인들 간의 협의와 무관하게 적장자가 우선적으로 제사를 승계해야 한다는 종래의 관습은 더 이상 관습 내지 관습법으로서의 효력을 유지할 수 없게 되었다고 보고, 우리 민법이 사적 자치의 원칙을 그 기본원리로 하고 있고, 그동안 상속인들 사이의 평등을 지향하는 방향으로 민법이 개정되어 왔으며, 통상 하나의 법률관계에서 여러 이해당사자들의 견해가

---

1 대판 1993. 8. 27, 93도648; 1997. 11. 25, 97누7820; 1997. 11. 28, 96누18069; 2004. 1. 16, 2001다79037; 2008. 11. 20, 2007다27670 전합.

대립될 경우에는 일단 협의에 의하는 것이 가장 조리에 부합한다고 볼 수 있으므로, 공동상속인들이 있는 경우에는 그 공동상속인들 사이의 협의에 의해 제사주재자를 정해야 하며, 상속인들 사이에 협의가 이루어지지 않는 경우에는, 제사주재자의 지위를 유지할 수 없는 특별한 사정이 있지 않은 한 망인의 장남, 장남이 이미 사망한 경우에는 장남의 아들, 즉 장손자가 제사주재자가 되고, 공동상속인으로서 딸만 있고 아들이 없는 경우에는 망인의 장녀가 제사주재자가 된다고 봄이 상당하다고 판시하였다.[1]

5) 제사의 주재자는 반드시 상속인이라야 하는가? 제사의 주재자는 원칙적으로 상속인들 또는 가족들 간의 협의로써 정할 수 있으므로 상속인에 한정된다고 볼 수는 없다. 그러나 상속인이 아닌 사람이 제사의 주재자가 된 경우, 위와 같이 그는 피상속인이 갖고 있던 제사용 재산의 소유권을 승계할 수 없다. 이에 반대하는 학설이 있으나,[2] 수긍하기 어렵다.

(4) 분묘철거 등 소송의 원고와 피고는 누구인가?

1) 유체(遺體)나 유골(遺骨)은 분묘와 함께 제사주재자에게 귀속되므로 특별한 사정이 없는 한 제사주재자가 원고로서 이를 침해하는 자를 상대로 분묘나 비석 등의 철거 소송이나 분묘 굴이청구(墳墓掘移請求)를 할 수 있고, 이러한 소송의 피고도 제사주재자라고 할 것이다. 그리고 1990년 민법 개정 전에는 호주승계인이 된다.[3]

2) 분묘기지에 대한 인도청구, 그에 대한 시효취득을 원인으로 한 소유권이전등기청구나 관습상의 분묘기지권 확인청구의 당사자도 이와 같이 볼 것이다.

:: 참고판례

임야의 소유권에 터 잡아 분묘의 철거를 청구하려면 분묘의 설치를 누가 하였건 그 분묘의 관리처분권을 가진 자를 상대로 하여야 하고, 종손이 있는 경우라면 그가 제사를 주재하는 자의 지위를 유지할 수 없는 특별한 사정이 있는 경우를 제외하고는 일반적으로 선조의 분묘를 수호·관리하는 권리는 그 종손에게 있다고 봄이 상당하므로, 종손이 아닌 자가 제사주재자로서 분묘에 대한 관리처분권

---

1 대판 2008. 11. 20, 2007다27670 전합.
2 곽윤직, 70면; 김주수, 559면.
3 대판 1959. 10. 8, 4291민상627; 1997. 9. 5, 95다51182.

을 가지고 있다고 하기 위해서는 우선 종손에게 제사주재자의 지위를 유지할 수 없는 특별한 사정이 있음이 인정되어야 한다(대판 1959. 10. 8, 4291민상627; 1997. 9. 5, 95다51182).

3. 재산상 의무

(1) 일반 채무(가분채무)

1) 채무 기타 재산상 의무(손해배상채무 포함)는 모두 상속된다. 작위·부작위채무이든, 사법상·공법상 채무(조세채무 등)이든 모두 상속된다. 적극재산을 남기지 않고 순전히 채무만 남긴 경우도 마찬가지이다.

2) 그러나 채무의 이행이 망인(피상속인)의 인격이나 특수한 기능과 결합된 것, 예컨대 예술가나 기술자의 작품완성채무(작위채무), 특정 영업자의 부작위채무 등은 일신전속적(一身專屬的)인 것이어서 상속되지 아니한다(제1005조 단서).

:: 참고판례

손해배상채무는 불법행위·채무불이행 등 그 원인사실 여하를 막론하고 그 성질이 재산적 채무이다. 이는 일신전속적인 의무가 아니므로 상속인에게 당연히 승계된다(대판 1959. 11. 26, 4292민상178).

3) 상속 대상 채무가 금전채무와 같이 가분인 경우 상속에 의하여 각 상속인은 상속분에 따라 이를 상속하고, 이에 따라 이는 분할채무가 된다.[1] 일본 판례도 같은 입장이다.[2] 부동산에 대한 소유권이전등기의무 역시 특별한 사정이 없는 한 각 상속인들이 법정상속분에 따라 분할상속한다.[3]

:: 참고판례

금전채무와 같이 급부의 내용이 가분인 채무가 공동상속된 경우, 이는 상속개시와 동시에 당연히 법정상속분에 따라 공동상속인에게 분할되어 귀속되는 것이므로, 상속재산 분할의 대상이 될 여지가 없다고 할 것이다(대법원 1997. 6. 24. 선고 97다8809 판결).

---

1 대판 1997. 6. 24, 97다8809.
2 대심원 소화 5.12.4. 결정, 민집 제 9 권, 1118면; 최고재 소화 29.4.8. 판결, 민집 제 8 권, 819면; 최고재 소화 34.6.19. 판결, 민집 제13권 6호, 757면.
3 대판 1993. 7. 13, 92다17501; 2001. 9. 25, 99다19698.

4) 남편이 그의 자녀들과 공동으로 처의 재산상속인이 되었다 하더라도, 그가 공동상속재산에 관하여 원고 명의로 소유권이전등기를 하여 주기로 원고와 약정하고 이를 자신의 단독 명의로 소유권보존등기를 하였다면, 그가 다른 공동상속인들의 상속지분에 관한 소유권이전등기의무를 전부 승계하여 단독으로 그 전부에 관한 소유권이전등기를 이행하기로 하는 특약을 한 것으로 봄이 상당하다는 것이 판례이다.[1]

5) 한편 대법원은, 피상속인이 타인에게 특정 부동산을 매도한 후 사망하고 그 상속인 중 1인이 협의분할에 의하여 그 부동산을 상속·취득한 경우, 그 상속인만이 매수인에게 소유권이전등기의무를 지고 다른 상속인들은 소유권이전등기의무가 없다고 하는 등으로,[2] 상속채무가 특정한 적극재산과 관련이 있고 그 적극재산에 대하여 공동상속인들의 협의분할이 이루어진 경우 특이한 해석을 하고 있는바, 이에 대해서는 상속재산의 협의분할에서 설명한다.

(2) 불가분채무

1) 불가분 급부를 목적으로 하는 다수당사자의 채무를 불가분채무라고 하는바, 여기에는 ① 급부의 목적물이 성질상 불가분인 것, ② 성질상으로는 가분이지만 당사자의 의사표시로 분할 급부를 허용하지 않기 때문에 급부가 불가분인 것이 있다.

판례상 인정되고 있는 불가분채무는 수인이 타인의 재산을 공동사용한 데에 따른 부당이득반환의무, 공유자의 전세금반환채무 또는 임대보증금반환채무, 불법건축물에 대한 공유자의 철거의무, 산업재해보상보험에 있어 공동사업자의 보험료채무, 공동당사자의 변호사보수금채무 등이 있다. 당초 피상속인이 불가분채무를 지고 있었다면, 상속인이 복수이고 그 채무가 가분 급부가 가능하더라도 공동상속인들은 불가분채무를 진다고 봄이 타당하다.

2) 그런데 대법원은 공동상속인들의 건물 철거의무는 그 성질상 불가분채무라고 보면서도, 각자 그 상속지분의 한도에서 건물 전체에 대한 철거의무를 부담하므로, 토지 소유자가 공동상속인 일부만을 상대로 하여 건물 전체의 철거를 구하는 것은 적법하다고 본다.[3] 결국 이는 실체법적으로는 불가분채무라고 보면서

---

1 대판 1987. 2. 10, 86다카1942.
2 대판 1991. 8. 27, 90다8237.
3 대판 1980. 6. 24, 80다756 등.

소송법적으로는 가분채무라고 보는 것이나 다름없다.[1] 공동상속인 일부만을 상대로 하여 건물 전체의 철거를 구하는 판결을 받더라도, 이것만으로는 건물의 철거집행을 할 수 없기 때문이다.

(3) 연대채무

1) 연대채무를 복수의 상속인이 상속한 경우 각 상속분에 따라 분할채무가 되는가? 당초부터 그 채무가 성질상 연대채무였다면 불가분채무를 상속한 경우와 같이 그 채무가 가분 급부가 가능하더라도 공동상속인들은 연대채무를 진다고 봄이 타당하다. 상속인은 피상속인과 동일한 의무를 진다고 할 것인데, 피상속인이 연대채무를 부담하였음에도 상속을 이유로 분할채무로 바뀐다면 합리적인 이유 없이 채권자에게 불리하기 때문이다.

2) 그러나 이 경우 가분채무인 연대채무자의 1인에 대하여 상속이 개시된 때는 피상속인의 사망에 의하여 당연히 분할되어 공동상속인에게 그 상속분에 응하여 승계되고, 각 공동상속인은 그가 승계한 범위에서 본래의 연대채무자와 연대한다는 반대설도 유력하며, 일본의 판례는 이러한 입장을 취하고 있다.[2]

(4) 보증채무

보증계약이나 연대보증계약은 무상·편무계약(片務契約 : 당사자 중 어느 한쪽만 채무를 지는 계약)이다. 보증계약은 보증인과 채무자, 보증인과 채권자 사이의 정의관계(情誼關係) 또는 특별한 신뢰관계(信賴關係)를 기초로 성립되는 일이 많다. 이와 같이 특별한 신뢰관계를 기초로 하는 무상계약이라는 점을 강조한다면, 보증인의 사망으로 보증채무는 소멸되어야 하는 것이라고 말할 수 있다. 그러나 일률적으로 단정할 수는 없다.

⑺ 확정채무의 보증

1) 보증 당시 구체적으로 액수나 범위가 한정되어 있는 확정채무를 보증하거나 연대보증한 경우, 그 보증인이 사망하면 그의 보증채무는 상속된다.[3]

---

1 공동소송인들이 연대채권채무자의 관계에 있거나 불가분채권채무자의 관계에 있는 경우, 주채무자와 보증인의 관계에 있는 경우, 수인이 공동으로 연대보증을 하거나 단순보증을 한 경우에도 그 소송물인 권리·의무가 실체법상 이들에게 공유, 합유, 총유와 달리 공동으로 귀속되지는 않으므로 필수적 공동소송인이 되지는 않는다는 것이 통설이다.
2 대심원 소화 5.12.4. 결정; 최고재 소화 34.6.19. 판결.
3 대판 1999. 6. 22, 99다19322, 19339(신용보증의 한도액이 정하여져 있는 경우는 상속인에게 상속됨).

2) 예컨대, 아버지(망인)가 장남의 차용금 3,000만 원의 채무를 보증한 경우 망인의 보증채무는 상속인(장남 포함)들에게 상속된다. 아버지가 장남이 아닌 제3자의 채무를 보증한 경우도 그 보증채무가 상속됨은 마찬가지이다.[1]

(나) 계속적 채무의 보증

1) 당좌대월·어음할인·물건이나 서비스의 계속적 공급계약·임대차·위임·고용 등 계속적 계약관계에서 생기는 증감·변동하는 채무, 즉 불확정한 채무를 보증하는 계속적 보증이나 포괄적 신용보증 등 근(根)보증의 경우, 보증책임의 한도액과 보증기간이 일정하지 않다. 이러한 보증의 경우 당사자들 사이의 상호신뢰관계는 특히 강하고, 부담도 매우 무겁다. 민법은 이에 관하여 아무런 특별규정을 두지 않고 있다.[2]

2) 보증계약에 해지의 사유를 약정한 때에는 계약자유의 원칙상 유효하고, 이에 따른 해지권 행사에 의하여 보증계약은 해지되는바,[3] 상속인도 이를 행사할 수 있음은 물론이다.

3) 해지권 유보 약정이 없는 경우 보증인이 일방적으로 해지권을 행사할 수 있느냐가 문제인바, 종래 학설은 신의칙이나 사정변경의 원칙을 기초로 계속적 보증의 특성에 따른 보증인 보호를 위하여 보증인의 해지권이 일본을 중심으로 전개되어 왔다. 이에 따르면, ① 보증기간이나 보증한도액의 정함이 없는 경우, 상당한 기간이 경과한 때에는 보증인이 이를 해지할 수 있고, 그 해지의 효과는 해지의 의사표시가 도달한 때로부터 상당한 예고기간이 경과한 때에 발생한다는 이른바 임의해지권(통상해지권), ② 보증기간의 유무에 관계없이 보증계약 체결 후 특별한 사정변경이 있는 경우, 상당한 기간의 경과 여부를 불문하고 보증인은 즉시 보증계약을 해지할 수 있고, 그 해지의 효력 역시 즉시 발생한다는 이른바 특별해지권이 그것이다.[4]

---

1 대판 2002. 5. 14, 2000다62476[보증인들의 부동산을 가압류한 것은 보증채무의 소멸시효 중단으로 볼 수 있다. 그러나 그것을 ○○상호신용금고에 대한 상사채무(주채무)에 대한 시효중단으로 볼 수 없다. 주채무가 시효기간(5년) 경과로 소멸되었으므로 보증채무도 그 부종성에 따라 소멸되었다].

2 '보증인보호를 위한 특별법'은 민법상 보증에 대한 특례를 규정하고 있다. 즉, 보증의 방식, 보증채무 최고액의 특정, 보증인에 대한 통지의무, 보증기간 등에 대한 특칙(동법 제3조 내지 제7조) 등이 그것이다. 그러나 보증채무의 상속에 대해서는 아무런 규정을 두고 있지 않다.

3 대판 2001. 5. 15, 2000다30035.

4 이에 관한 자세한 논의는 양경승, "계속적 보증채무의 확정과 보증인의 책임", 사법논집 제50집(2011), 383-446면을 참조.

4) 이에 관하여 우리 대법원은, ① 장래의 입원치료비 보증과 같은 계속적 보증의 경우 사회통념상 그 보증계약을 유지시킬 이유가 없다면, 해지로 인하여 상대방에게 신의칙상 묵과할 수 없는 손해를 입게 하는 등 특단의 사정이 없는 한 일방적으로 해지할 수 있다[1], ② 기간의 정함이 없는 계속적 보증계약에서 주채무자에 대한 신뢰가 깨지는 등 보증인으로서 보증계약을 해지할 만한 상당한 이유가 있는 경우 이를 그대로 유지, 존속케 하는 것은 사회통념상 바람직한 것이 못된다,[2] ③ 회사의 임원이나 직원의 지위에 있기 때문에 회사의 요구로 부득이 계속적 거래로 인한 회사의 채무에 대하여 보증인이 된 자가 그 후 퇴사하여 임직원의 지위를 떠난 때는 보증계약 성립 당시의 사정에 현저한 변경이 생긴 경우에 해당하므로 사정변경을 이유로 해지할 수 있으며, 보증한도액과 보증기간의 정함이 있더라도 동일하다,[3] ④ 계속적 보증에 있어서 보증계약 체결 후 당초 예기치 못한 사정변경이 생겨 계속하여 보증책임을 지우는 것이 당사자의 의사해석 내지 신의칙에 비추어 상당하지 못하다고 인정되는 경우, 상대방인 채권자에게 신의칙상 묵과할 수 없는 손해를 입게 하는 등의 특별한 사정이 없는 한 보증인이 이를 해지할 수 있다[4]고 판시한다. 따라서 이러한 사유가 있으면 그 보증인의 상속인도 해지권을 행사할 수 있다.

5) 그러나 계속적 채무의 보증에 위와 같은 해지 사유가 있더라도, 그 해지 이전에 주채무가 이미 확정된 경우에는 보증계약을 해지할 여지가 없다.[5]

⑷ 신원보증채무

1) 신원보증계약은 신원보증인의 사망으로 종료된다(신원보증법 제 7 조). 신원보증은 보증인과 피보증인 사이의 개인적 신뢰를 기초로 성립하는 일신전속적인 보증이고, 보증책임의 범위가 불확정한 계속적 보증채무이기 때문에 이와 같은 특칙을 둔 것이다. 위 법규정이 시행되기 전에 이루어진 신원보증에서도 그 성질상 신원보증인의 지위는 상속되지 아니한다고 볼 것이다.[6]

2) 그러나 신원보증인의 생존 중에 이미 발생한 신원보증채무(예컨대 공무원으

1 대판 1978. 3. 28, 77다2298.
2 대판 1986. 9. 9, 86다카792; 2002. 2. 26, 2000다48265.
3 대판 1990. 2. 27, 89다카1381; 1998. 6. 26, 98다11826; 2002. 5. 31, 2002다1673.
4 대판 1996. 12. 10, 96다27858.
5 대판 2002. 5. 31, 2002다1673.
6 我妻 외 2, 268면; 일 대판 1943. 9. 10, 집 22, 948면.

로 임용된다고 신원보증하였는데, 그 공무원이 공금 1,000만 원을 횡령한 경우)는 상속인에게 상속된다.[1]

(5) 조세·벌금·추징금 등

1) 상속인은 피상속인의 세법상의 지위를 그대로 승계한다. 이에 따라 상속인 또는 상속인의 존부가 분명하지 아니한 경우의 상속재산관리인(제1053조)은 피상속인에게 부과되거나 그 피상속인이 납부할 국세 및 체납처분비를 '상속으로 받은 재산'의 한도, 즉 각 상속분에 따라 납부할 의무를 진다(국세기본법 제24조 ①항).[2] 이 경우에 상속인이 여러 명일 때에는 각 상속인은 자신의 책임범위에서 연대하여 납부할 의무를 진다(국세기본법 제24조 ③항).[3]

위 '상속으로 받은 재산'은 '상속받은 자산총액 - (상속받은 부채총액 + 상속으로 인하여 부과되거나 납부할 상속세)'의 계산식에 따른 가액으로 하고, 위 계산식에서의 자산총액과 부채총액의 가액은 상속세 및 증여세법 제60조 내지 제66조의 규정을 준용하여 평가한다(국세기본법 시행령 제11조).

상속재산의 협의분할로 공동상속인 중의 1인이 실질적으로 상속재산을 단독상속한 경우, 그 1인은 법정상속분의 한도에서만 피상속인의 납세의무를 승계하는 것이 아니라 피상속인의 납세의무 모두를 승계한다(국세기본법 제24조 ③항, 민법 제1013조).

2) 또한, 체납처분을 집행한 후 체납자가 사망한 경우에도 그 재산(피상속인의 재산)에 대하여 한 체납처분은 속행하여야 하고, 체납자가 사망한 후 체납자 명의의 재산에 대하여 한 압류는 상속인에 대하여 한 것으로 본다(국세징수법 제37조).

3) 그러나 벌금이나 과료, 추징금은 재산형벌(財産刑罰)의 일종이므로 자기책임의 원칙상 상속의 대상이 될 수 없다. 다만, 형사피고인이 확정판결을 받은 후 사망한 경우, 그에 대한 몰수 또는 조세·전매 기타 공과(公課)에 관한 법령에 의하여 재판한 벌금, 추징금은 상속재산에 대하여 집행할 수 있다(형소 제478조).

---

1 대판 1965. 11. 9, 65다1787; 1967. 4. 18, 66다2240; 1972. 2. 29, 71다2747.
2 대판 1983. 6. 14, 83누175.
3 공동상속인들의 상속세 연대납부의무는 상속인들 고유의 상속세 납세의무가 확정됨에 따라 법률상 당연히 확정되고, 따라서 상속인들 고유의 상속세 납세의무가 확정되면 과세관청은 연대납부의무의 확정을 위한 별도의 절차를 거침이 없이 연대납부의무자에 대하여 곧바로 징수절차를 개시할 수 있다(대판 1990. 7. 10, 89누8279 등).

(6) 장례비, 장제비 채무

1) 장례비·장제비는 피상속인이 사망한 뒤에야 비로소 발생하는 것이므로 그와 관련하여 채무가 발생한 경우에도 이는 상속채무가 아니고 상속인들의 고유채무이다. 상속세를 계산할 때는 이러한 장례비 명목의 돈으로 최하 500만 원, 최고 1,000만 원까지를 상속재산가액에서 공제하여 준다(상속세 및 증여세법 제14조 ①항 2호, 동 시행령 제9조 ②항).

2) 장례비·장제비는 상속재산의 관리 및 청산에 필요한 비용, 즉 상속비용의 일부에 포함된다. 따라서 상속재산이 있으면 우선 여기에서 이를 지출, 변제함이 옳다. 판례도 같은 입장이다.[1]

3) 상속재산으로 변제하지 못한 장례비·장제비는 공평의 원칙에 따라 각 상속인들이 법정상속분의 비율에 따라 부담한다고 볼 것이다.[2] 그러나 상속인들이 장례비·장제비와 관련하여 채무를 부담할 때 그 채권자(예컨대, 관이나 음식, 옷, 묘지용품 등의 공급자)와 어떠한 형태로 법률행위를 하였느냐에 따라 상속인 중 1인이 채무자가 될 수도 있고, 그 전원이 채무자가 될 수도 있으므로 이를 일률적으로 말할 수는 없다. 다만, 어느 경우에나 특별한 사정이 없는 한 그 채무는 상속인들 내부관계에서는 법정상속분의 비율에 따라 분담한다고 보아야 할 것이다.

∷ 참고판례

> 상속에 관한 비용은 상속재산 중에서 지급하는 것이고, 상속에 관한 비용이라 함은 상속재산의 관리 및 청산에 필요한 비용을 의미한다고 할 것인바, 장례비용은 피상속인이나 상속인의 사회적 지위와 그 지역의 풍속 등에 비추어 합리적인 금액 범위 내라면 이를 상속비용으로 보는 것이 옳고, 묘지 구입비는 장례비용의 일부라고 볼 것이며, 상속재산의 관리·보존을 위한 소송비용도 상속에 관한 비용에 포함된다(대판 1997. 4. 25, 97다3996; 2003. 11. 14, 2003다30968).

---

1 대판 1997. 4. 25, 97다3996; 2003. 11. 14, 2003다30968.
2 서울가심 2010. 11. 2, 2008느합86, 87(장례비용은 가장 선순위 상속인들이 각 법정상속분의 비율에 따라 부담하여야 한다. 상속포기자도 장례비를 상속분에 따라 분담하여야 한다).

4. 법률상 지위나 계약상 지위

(1) 주주권(株主權) 등

(가) 주 주 권

1) 주식양도자유의 원칙상(상법 제335조), 회사의 정관으로도 주식양도를 금지하거나 제한할 수 없다. 이에 따라 주식회사의 주주권(주식)은 당연히 상속의 대상이 된다.

2) 합자회사의 유한책임사원의 지위도 상속인에게 상속되어 그가 사원이 된다(상법 제283조). 합명회사, 유한책임회사, 유한회사의 사원의 지분은 정관의 규정에 따라 상속인에게 승계된다(상법 제219조, 제287조의 26, 제556조).

(나) 골프회원권·헬스클럽회원권 등

1) 회원규약에 회원권 양도의 자유가 보장되어 있다면 이들 회원권의 상속도 인정된다. 회원규약에 양도가 금지되어 있다면 상속도 금지된다. 회원의 사망은 회원의 탈퇴사유가 될 뿐이기 때문이다.

2) '체육시설의 설치·이용에 관한 법률' 소정의 체육시설업자가 사망한 때에는 그 상속인은 그 체육시설업의 등록 또는 신고에 따른 권리·의무(동법 제17조에 따라 회원을 모집한 경우에는 그 체육시설업자와 회원 간에 약정한 사항을 포함한다)를 승계한다(동법 제27조 ①항).

(2) 대리인과 무권대리(無權代理) 당사자 지위의 상속

(가) 본인이나 대리인의 사망과 대리권

1) 민법상 대리권은 본인이나 대리인의 사망으로 소멸한다(제127조). 그러므로 대리인의 지위나 본인의 지위는 원칙적으로 상속되지 아니한다. 그러나 본인·대리인 사망 당시까지 이미 발생한 본인 또는 대리인의 권리·의무는 당연히 상속된다.

2) 상인이 그 영업에 관하여 수여한 대리권은 본인의 사망으로 인하여 소멸하지 아니한다(상법 제50조).

3) 민사소송법상 소송대리권은 본인의 사망으로 인하여 소멸하지 아니하고(민소 제95조 1호), 그 위임관계는 상속인에게 승계되어 그 소송대리인은 상속인들의 소송대리인으로 계속하여 소송을 수행할 수 있으며, 그에 따른 판결은 상속인들 전원에 대하여 효력이 있다.[1]

---

1 대결 1992. 11. 5, 91마342; 대판 1995. 9. 26, 94다54160; 2010. 12. 23, 2007다22859.

4) 무권대리행위의 효과는 '본인이 추인할' 때까지는 본인에게 귀속되지 아니하며 추인(追認 : 사후에 이를 정당한 대리행위로 인정)을 하느냐 마느냐는 본인의 자유이다. 즉, 본인은 추인권과 추인거절권을 가지고 있다. 한편 상대방은 최고권(제131조)·철회권(제134조)·이행청구나 손해배상청구권(제135조)을 가진다.

(ᄂ) 무권대리인이 본인을 상속한 경우

1) 예컨대, 이몽룡의 아들인 이갑돌이 스스로 "내가 이몽룡"이라고 사칭하여 아버지의 부동산을 매각한 후 이몽룡이 사망하여 이갑돌이 상속한 경우, 그 무권대리인은 본인(피상속인)이 갖고 있던 추인권과 추인거절권을 상속한다. 이때 그 상속인은 추인을 거절할 수 있는가? 이 경우 대리인과 본인의 지위는 상속으로 인하여 동일인에게 귀속되어 혼동·융합되었다고 보아야 한다. 무권대리인은 본인(피상속인)으로부터 추인을 받아줄 의무를 부담하기 때문이다. 이와 같이 보지 않는다고 하더라도, 신의칙 또는 금반언의 원칙상 무권대리인은 추인을 거절할 수 없다고 보아야 한다.[1]

2) 그러나 본인이 이미 무권대리행위의 추인을 거절한 후 사망하고 무권대리인이 상속한 경우에는 그 상속인이 추인거절의 효과를 주장하더라도 신의칙에 어긋나지 아니한다.[2] 이미 그로부터 추인거절의 효력이 발생하였기 때문이다.

3) 무권대리인 이외에 다른 공동상속인이 있을 경우, 무권대리행위는 그 대리인의 상속분 범위에서만 혼동으로 유효하게 된다. 다른 공동상속인들은 무권대리행위를 추인하거나 추인거절을 할 수 있다(다수설).[3] 그러나 추인권은 상속인들 전원에게 불가분적으로 귀속되므로, 다른 공동상속인 전원의 추인이 없는 이상 무권대리인의 상속분 부분의 계약도 당연히 유효가 되는 것은 아니다.

예를 들어 설명한다. 상속인 5명 중 장남 1명이 상속부동산인 건물을 통째로 매각한 경우, 다른 상속인 4명이 모두 사후에 이를 인정(추인)하거나, 4명 전원이 협의하여 그 건물을 장남의 소유로 귀속시키면, 상대방은 유효하게 목적물을 취득할 수 있다. 공동상속인 중 1명이라도 추인을 거절하면 무권대리행위는 무효가 된다. 이때 무권대리인(장남)은 계약해제나 손해배상의 책임(제135조의 책임)을 져야

---

1 곽윤직, 민법총칙, 497면; 김용한, 368면; 이경희, 339면; 일 대판 1942. 2. 25, 집 21, 164면; 일 최판 1965. 6. 18.
2 일 최판 1998. 7. 17, 집 52-2, 1296면.
3 김형배, 317면 등; 이 경우 다른 공동상속인들이 모두 추인하는데도 무권대리인 혼자서 추인을 거절하는 것은 신의칙상 허용되지 아니한다(일 최판 1993. 1. 21, 집 47-1, 265면).

한다. 공동상속인이 추인을 하지 않고 있는 동안에 계약의 상대방은 계약을 철회하고, 무권대리인에 대하여 민법 제135조의 책임을 추궁할 수 있다.

⒟ **본인이 무권대리인을 상속한 경우**

1) 아버지가 아들의 부동산을 무단히 매각하고 그 후 아버지가 사망한 경우, 상속으로 인하여 무권대리행위가 당연히 유효한 행위가 되지는 않는다.[1] 이 경우 혼동을 인정할 이유가 없기 때문이다.

2) 이 경우 아들은 본인(本人)의 처지에서 아버지(피상속인)가 한 무권대리행위의 추인을 거절할 수 있고, 이는 신의칙에 반하지 아니한다.[2] 피상속인인 무권대리인은 상속인인 본인으로부터 추인을 받아줄 의무를 지나, 상속인인 본인은 추인에 응할 의무는 없기 때문이다. 그렇게 보더라도 선의·무과실의 상대방은 민법 제135조에 의하여 상속인에게 무권대리인의 책임으로서 본래의 채무 이행을 구할 수 있으므로 그에게 크게 불리하거나 부당하지 않다. 반대로 상속인인 본인은 추인을 거절할 수 없다는 소수설도 있다.[3]

3) 본인(상속인)이 추인을 거절한 경우, 그 상속인(단독·공동상속인 포함)은 선의·무과실의 상대방에 대하여 민법 제135조의 무권대리인(피상속인인 아버지)의 책임(이행 또는 손해배상책임)은 상속한다.

:: **참고판례**

채권자가 채무자 소유의 부동산에 대하여 강제경매신청을 하여 자녀들 명의로 이를 경락받았다면 그 소유자는 경락인인 자녀들이므로, 채권자가 그 후 채무자와 채권액의 일부를 지급받고 자녀들 명의의 소유권이전등기를 말소하여 주기로 합의하였다 하더라도, 이는 일종의 타인 권리의 처분행위에 해당하여 비록 양자 사이에서 위 합의는 유효하고 채권자는 자녀들로부터 위 부동산을 취득하여 채무자에게 그 소유권이전등기를 마쳐주어야 할 의무를 부담하지만, 자녀들은 원래 부동산의 소유자로서 타인의 권리에 대한 계약을 체결한 채무자에 대하여 그 이행에 관한 아무런 의무가 없고 이행을 거절할 수 있는 자유가 있었으므로, 채권자의 사망으로 인하여 자녀들이 상속지분에 따라 채권자의 의무를 상속하게 되었다고 하더라도 그들은 신의칙에 반하는 것으로 인정할 만한 특별한 사정이 없는 한

---

1 일 최판 1962. 4. 20.
2 대판 2001. 9. 25, 99다19698 참조.
3 곽윤직, 497면; 김용한, 318면.

원칙적으로 위 합의에 따른 의무의 이행을 거절할 수 있다(대판 2001. 9. 25, 99
다19698).

(3) 명의신탁계약상의 지위

1) 일반적인 신탁관계도 승계된다고 본다. 예컨대, 부동산 명의신탁의 수탁자
의 지위는 수탁자가 사망하여도 당연히 소멸되는 것이 아니라, 수탁자의 상속인에
게 승계된다.[1] 신탁자의 지위 역시 같다.

2) '부동산 실권리자명의 등기에 관한 법률' 제 8 조는 일정한 경우 명의신탁이
조세포탈, 강제집행의 면탈 또는 법령상 제한의 회피를 목적으로 하지 아니하는
경우에는 그 명의신탁약정과 그 약정에 기하여 행하여진 물권변동을 무효로 보는
위 법률 제 4 조 등을 적용하지 아니한다고 규정하고 있으므로, 이러한 경우에 위
법률 시행 이후 명의신탁을 받은 사람이 사망하면 그 명의신탁관계는 재산상속인
과의 사이에 그대로 존속한다.[2]

3) '부동산 실권리자명의 등기에 관한 법률'에 의하여 무효가 되는 부동산 명
의신탁의 경우, 그 무효에 따른 법률관계와 권리·의무는 당연히 상속의 대상이 된
다. 다만, 무효인 명의신탁관계는 상속되지 않으므로 그에 기하여 명의신탁을 해지
하는 등의 권리행사는 당연히 불가하다.

4) '부동산 실권리자명의 등기에 관한 법률'은 부동산의 명의신탁에만 적용되
므로 다른 재산권에 대한 명의신탁은 유효하고, 그 법률관계는 상속인에게 승계된
다. 다만, '금융실명거래 및 비밀보장에 관한 법률'은 금융자산(금융회사 등이 취
급하는 예금·적금·부금·계금·예탁금·출자금·신탁재산·주식·채권·수익증권·출자지분·어음·
수표·채무증서 등)에 대한 금융거래(금융자산의 수입·매매·환매·중개·할인·발행·상
환·환급·수탁·등록·교환하거나 그 이자, 할인액 또는 배당을 지급하는 것 등) 시 실명
을 사용하도록 하여 명의신탁을 금지하고 이를 위반한 경우 처벌하는바, 이에 위
반한 금융거래가 무효가 되는 것은 아니지만 예금계약 등 그 금융거래의 실질적
당사자가 누구인지에 따라 그 귀속주체가 갈린다.[3]

---

1 대판 1965. 2. 16, 64다1576; 1967. 11. 21, 67다1844; 1969. 2. 18, 68다2094; 1981. 6. 23, 80다2809.
2 대판 2013. 1. 24, 2011다99498 등.
3 금융거래상의 명의신탁과 관련하여서도 신탁자와 수탁자 지위의 상속이 발생한다. 이에 따라 신탁
  자는 수탁자의 상속인을 상대로 주주지위확인청구나 주권인도청구의 소를 제기할 수 있다. 명의
  신탁에 의한 예금거래의 경우, 신탁자는 곧바로 금융기관을 상대로 예금반환청구를 할 수 있지만,
  수탁자의 상속인이 이미 예금을 반환받은 경우 그 반환을 청구하거나 상속인을 상대로 당해 예금

:: 참고판례

'금융실명거래 및 비밀보장에 관한 법률'에 따라 실명확인 절차를 거쳐 예금계약을 체결하고 그 실명확인 사실이 예금계약서 등에 명확히 기재되어 있는 경우에는, 일반적으로 그 예금계약서에 예금주로 기재된 예금명의자나 그를 대리한 행위자 및 금융기관의 의사는 예금명의자를 예금계약의 당사자로 보려는 것이라고 해석하는 것이 경험법칙에 합당하고, 예금계약의 당사자에 관한 법률관계를 명확히 할 수 있어 합리적이다. 그리고 이와 같은 예금계약 당사자의 해석에 관한 법리는, 예금명의자 본인이 금융기관에 출석하여 예금계약을 체결한 경우나 예금명의자의 위임에 의하여 자금 출연자 등의 제3자(이하 '출연자 등'이라 한다)가 대리인으로서 예금계약을 체결한 경우 모두 마찬가지로 적용된다고 보아야 한다. 따라서 본인인 예금명의자의 의사에 따라 예금명의자의 실명확인 절차가 이루어지고 예금명의자를 예금주로 하여 예금계약서를 작성하였음에도 불구하고 예금명의자가 아닌 출연자 등을 예금계약의 당사자라고 볼 수 있으려면, 금융기관과 출연자 등의 사이에서 실명확인 절차를 거쳐 서면으로 이루어진 예금명의자와의 예금계약을 부정하여 예금명의자의 예금반환청구권을 배제하고 출연자 등과 예금계약을 체결하여 출연자 등에게 예금반환청구권을 귀속시키겠다는 명확한 의사의 합치가 있는 극히 예외적인 경우로 제한되어야 한다. 그리고 이러한 의사의 합치는 '금융실명거래 및 비밀보장에 관한 법률'에 따라 실명확인 절차를 거쳐 작성된 예금계약서 등의 증명력을 번복하기에 충분할 정도의 명확한 증명력을 가진 구체적이고 객관적인 증거에 의하여 매우 엄격하게 인정하여야 한다(대판 2009. 3. 19, 2008다45828 전합).

(4) 소송상 지위 등

1) 소송당사자가 사망하면 원칙적으로 상속인이 그 소송목적인 권리·의무 등 법률관계를 상속·승계하여 당연히 새로운 당사자가 된다.

다만, 그 소송목적인 권리·의무 등 법률관계가 일신전속적인 것인 경우, 예컨대 공동광업권관계 소송에서 공동광업권자가 사망한 경우,[1] 학교법인의 이사 및

반환채권이 신탁자에게 귀속함의 확인을 청구할 수도 있다.

[1] 대판 1981. 7. 28, 81다145(공동광업권자 중 1인이 사망한 때에는 공동광업권의 조합관계로부터 당연히 탈퇴되고, 특히 조합계약에서 사망한 공동광업권자의 지위를 그 상속인이 승계하기로 약정한 바가 없는 이상 사망한 공동광업권자의 지위는 일신전속적인 권리의무관계로서 상속인에게

이사장의 자격으로 그 법인 이사회결의 무효확인청구의 소를 제기하여 수행하던
자가 사망한 경우[1] 등에는 소송절차가 중단되지 않고 곧바로 소송이 종료된다. 상
속인이 전혀 없거나 상속인 전원이 상속포기를 한 경우, 상속으로 인하여 혼동이
발생하는 경우에도 동일하다.

2) 소송목적인 법률관계가 상속·승계의 대상이 되는 경우에는 당사자의 사망
으로 소송절차는 중단된다(민소 제233조 ①항 전단). 다만, 소송대리인이 있으면 소
송절차는 중단되지 아니하고(민소 제238조), 위와 같이 그 소송대리인은 상속인들
의 소송대리인으로서 계속하여 소송을 수행할 수 있다.

그러나 경매절차는 재산을 환가하여 채권자의 만족을 얻기 위한 권리실행절
차에 불과하므로, 강제경매나 저당권실행을 위한 경매절차에는 소송절차의 중단,
수계에 관한 규정이 적용될 수 없다는 것이 대법원의 견해이다.[2] 신속성과 기밀성
을 요하고 당사자대립구조를 전제로 하지 않는 가압류절차나 가처분절차에도 소송
절차의 중단, 수계에 관한 규정은 적용되지 않는다고 보아야 할 것이다.

3) 상속인이 그 소송목적인 권리·의무 등 법률관계를 상속·승계하여 새로운
당사자가 된 때에는 법원에 소송절차의 수계신청(受繼申請)을 하여야 한다(민소 제
233조 ①항 후단). 이 수계신청은 수소법원에 누가 새로운 당사자인지를 밝히고 종
전 소송절차의 효력을 승계, 계속하여 소송을 수행할 뜻을 표시하는 소송법적 행
위(소송행위)에 불과하고, 그 수계신청이 있은 때에야 비로소 상속인이 새로운 당
사자가 되는 것은 아니다.[3]

4) 가사소송에서도 소송의 승계가 허용된다(가소 제16조). 그러나 이혼·파양
소송 등은 상속·승계되지 않으므로 당사자의 사망으로 인하여 종료된다.

:: 참고판례(소송수계와 청구취지의 변경)

소송수계신청을 하면서 청구취지정정신청서(상속분에 맞추어 각 상속인이 또는
각 상속인에게 얼마씩 청구하는 식으로 정정)를 제출하지 아니한 경우에는 법원
에서 그 수계인들에게 상속분에 따른 금전의 지급을 명할 수도 있다(대판 1970.

승계되지 아니하고, 따라서 동 망인이 제소한 공동광업권관계소송은 그의 사망으로 당연히 종료
된다).
1 대결 1981. 7. 16, 80마370.
2 대결 1964. 3. 24,자 63마55 결정; 1969. 11. 28, 69마845결정; 대판 1970. 11. 24, 70다1894 등.
3 대판 2010. 12. 23, 2007다22866 참조.

9. 17, 70다1415). ※ 망인의 청구금액 전액에 대하여 상속인들이 그 한도에서 각 상속분에 따른 청구를 하였다고 볼 수 있기 때문이다.

(5) 매매계약상 지위와 그 권리·의무

1) 일반적으로 매매계약상의 매도인·매수인의 지위, 그 지위에 따른 매도인의 담보책임, 소유권이전등기의무 등은 그 권리와 함께 상속된다. 토지거래허가구역 내 토지를 매매한 경우 그 허가를 받는 데 협력할 의무도 이에 포함된다.[1]

2) 그러나 상속인이 될 원고가 피상속인 생존 시 부동산을 증여받아 소유권이전등기를 마쳤다면, 타인이 피상속인으로부터 화해계약에 의하여 그 부동산의 소유권을 취득하기로 하였고, 그 뒤 피상속인이 사망하여 원고가 그 공동상속인이 되었더라도 이미 소유권이전등기가 된 위 재산에 관하여 피상속인이 부담하고 있었던 법률상 의무를 원고가 부담하는 것이 아니므로 타인은 위 화해계약을 내세워 원고에게 대항할 수 없다.[2]

:: 참고판례

귀속재산의 임차권은 일신전속권이라 상속될 수 없으나, 귀속재산의 매수자로서의 지위(대금을 완납하면 소유권을 취득한다는 기대권)는 상속된다(대판 1956. 12. 15, 4289민상461).

(6) 상속의 승인·포기권 등

1) 특정신분을 전제로 하지만 재산적인 성질을 갖는 권리, 예컨대, 상속회복청구권(제999조), 유류분반환청구권(제1112조), 공동상속인의 1인이 상속재산분할 전에 자신의 상속분을 양도한 경우의 다른 상속인의 환수(양수)권(제1011조) 등은 상속성이 있다.

2) 그런데 상속인이 승인이나 포기를 하지 아니하고 민법 제1019조 ①항의 기간 내에 사망한 때에는 그의 상속인(제2 상속인이라 부른다)이 자신의 상속개시 사실을 안 날로부터 3개월 안에 다시 승인·포기를 할 수 있다(제1021조, 1019조). 이

---

1 대판 1992. 10. 27, 92다34414; 1993. 3. 9, 92다56575.
2 대판 1971. 6. 22, 71다817 판결. 이 경우 피상속인이 원고에게 부동산을 증여한 행위가 신의칙에 반하거나 공서양속에 반할 수는 있으나, 이는 별개의 문제이다. 또한 원고가 타인에게 화해계약 불이행으로 인한 손해배상채무를 상속하는 것은 당연하다.

경우 제 2 상속인의 권리는 그가 상속한 권리를 행사하는 것이 아니라, 그 자신의 고유한 권리로서 승인이나 포기를 한다고 해석하여야 한다.[1]

5. 상속되지 아니하는 것(一身專屬權; 일신전속권)

피상속인의 일신에 전속하는 권리·의무, 즉 일신전속권은 그 성질상 상속인에게 승계되지 아니한다(제1005조 단서). 일신전속권은 통상 귀속상의 일신전속권과 행사상의 일신전속권으로 나뉘는데, 후자는 상속의 대상이 될 수 있다.[2]

(1) 귀속상의 일신전속권

1) 귀속상의 일신전속권은 피상속인의 일신에만 속하고 타인에게는 속할 수 없어 양도나 상속의 대상이 되지 않는 것으로서, 인격권(생명·신체·정신의 자유 등 인격적 이익의 향수를 내용으로 하는 권리), 친족법상의 권리·의무(예컨대 친권, 이혼청구권 등 배우자의 권리, 후견인의 권리, 부부간의 동거청구권·부양청구권 등)가 이에 속한다.

2) 재판상 이혼청구권은 부부의 일신전속권으로서, 이혼소송 중 부부의 일방이 사망한 경우 이혼소송은 종료되므로, 상속인이 이혼청구권을 상속할 수 없다.[3]

(가) 사단법인의 사원권

1) 민법상 사단법인의 사원권(사원의 지위)은 상속인에게 양도·상속되지 아니한다(제56조). 민법상 사단법인은 비영리법인이고, 그 사원권에는 공익권(共益權)(그 관리·운영에 참가하는 권리)이 강하고 사원 자신의 이익 향수를 내용으로 하는 자익권(自益權)은 보잘것없기 때문이다. 다만 위 규정은 임의규정이므로 법인의 정관에 다르게 정한 것이 있으면 양도·상속이 가능하다.[4]

2) 법인격 없는 사단의 사원권도 이에 준한다고 할 것이다.

---

1 상속인이 한정승인 또는 포기신고를 한 후 그 수리 전에 사망한 경우 ① 사망과 관계없이 수리 여부를 심판한다는 견해, ② 민법 제1021조에 비추어 사망으로 그 절차가 종료되고 그 상속인이 별개로 한정승인이나 포기신고를 하여야 한다는 견해, ③ 신고인의 상속인으로 하여금 절차를 수계하도록 하여 수리 여부를 심판한다는 견해가 있으나, 상속인이 승인 또는 포기를 하기 전에 사망한 경우와 이 경우는 차이가 있다고 할 수 있다.
2 민법 제404조(채권자대위권)의 일신전속권은 행사상의 일신전속권, 민법 제1005조의 일신전속권은 귀속상의 일신전속권이라고 논의되고 있으나 반드시 이에 한정되지 않는다.
3 대판 1994. 10. 28, 94므246·253.
4 대판 1992. 4. 14, 91다26850.

(나) 민법상 조합원의 지위

1) 조합원의 사망은 조합 탈퇴사유(非任意脫退事由)이므로(제717조 1호), 조합원이 사망하면 그는 당연히 조합에서 탈퇴하게 되고, 그의 상속인은 탈퇴에 따른 지분반환청구권을 상속할 뿐 조합원의 지위를 승계할 수 없다.[1] 따라서 민법상 조합원의 지위는 상속인에게 상속되지 아니한다.

2) 그러나 조합규약에 조합원의 상속인이 사망조합원의 지위를 승계하는 것으로 특약(特約)한 경우에는 상속인이 승계할 수 있고, 그 특약은 유효하다.[2]

(다) 합자회사의 무한책임사원 등

1) 합자회사의 무한책임사원, 합명회사의 사원의 지위는 상속성이 없다(상법 제218조 3호·제269조). 이들 회사는 인적 구성원의 개성이 매우 강하기 때문이다.

2) 주식회사의 이사나 감사의 지위[3]도 상속의 대상이 아니다. 주식회사의 이사나 감사는 주주총회에서 선임되고 그 임기도 3년으로 법정되어 있으며(상법 제409조, 제410조) 이사, 감사와 주식회사의 관계는 민법상 위임관계(제690조)이기 때문이다.

(라) 부양청구권·생활보호수급권(生活保護受給權)

1) 부양청구권은 부양의무자와 특별한 신분관계가 있음을 전제로 하는 일신전속권이다. 그러므로 권리자가 사망하면 부양청구권은 소멸하고 상속의 대상이 될 수 없다.[4] 국민기초생활보장법에 의한 수급권도 같다(동법 제36조).

2) 그러나 부양청구권을 가진 권리자가 부양청구의 의사표시를 한 후 사망한 경우, 그 불이행된 부양료청구권이나 이에 대응하는 부양의무는 상속의 대상이 된다[5]고 해석할 것이다.

3) 부양의 의무 있는 자가 수인인 경우에 부양을 할 자의 순위에 관하여 당사자 간에 협정이 없는 때에는 법원은 당사자의 청구에 의하여 이를 정하며, 이 경우 법원은 수인의 부양의무자 또는 권리자를 선정할 수 있으므로(제976조, 가소 제 2 조 ①항, 마류가사비송사건 8호, 제34조 이하), 부양의무자가 사망한 경우 그 부양의무가 당연히 상속된다고 말할 수는 없다.

---

1 대판 1981. 7. 28, 81다1451.
2 대판 1987. 6. 23, 86다카2951.
3 대판 1962. 11. 29, 62다524.
4 일 최판 1967. 5. 24, 집 21-5, 1043면.
5 일 대판 명치 37. 7. 18, 민록 10집, 1075면 참조.

㉤ 고용계약상 근로자의 지위

고용계약상 근로자의 지위와 이에 따른 근로제공의무는 상속될 수 없다(제657조). 반면에 사용자의 지위는 상속된다.

㉥ 정기증여(定期贈與)·위임(委任)·종신정기금 등

1) 이들 계약은 당사자 일방의 사망으로 인하여 종료한다(제560조·제690조·제691조·제725조·제729조·제561조). 따라서 위임자·수임자의 임무나 지위는 상속되지 아니한다.

2) 그러나 피상속인 사망 전에 이미 발생한 권리나 의무는 상속된다.

(2) 행사상 일신전속권

행사상의 일신전속권은 그 권리를 행사할 것인지 행사하지 않을 것인지를 권리자의 의사에 맡겨야 할 권리를 말한다.

㉮ 신분법상 원인으로 인한 위자료청구권

1) 약혼의 해제로 인한 위자료청구권은 그 양도·승계가 금지되므로 상속성이 없다(제806조 ③항). 다만, 당사자 간에 배상에 관한 계약이나 합의가 성립되었거나 피상속인이 사망하기 전에 이미 소를 제기한 경우에는 상속된다(동조항 단서).

2) 약혼·혼인·입양 등의 부당파기·무효·취소 및 이혼·파양 등 신분법상 원인으로 인한 위자료청구권도 그 양도·승계가 금지되므로, 상속성이 없다(제825조, 제843조, 제897조, 제908조).

㉯ 이혼에 따른 재산분할청구권

1) 이는 행사상 일신전속권이다. 따라서 이혼한 배우자가 이혼 후 상대방에게 이를 행사한 때 이후부터는 상속성이 인정되고,[1] 반대로 이를 행사하지 않은 상태에서 사망한 때는 상속되지 않는다. 한편 이혼 후 일방이 사망한 경우, 상대방은 그 사망한 이혼 배우자의 상속인들을 상대로 재산분할청구를 할 수 있다는 것이 통설이자 하급심 판례이다.[2] 즉 재산분할청구에 응할 채무는 상속된다.[3]

2) 이혼과 재산분할청구의 병합소송 중에 당사자 일방이 사망한 경우, 그 소송은 그로써 종료하고, 재산분할청구는 이혼을 전제로 한 것이므로 이혼이 이루어

[1] 서울가심 2010. 7. 13, 2009느합289. 대판 2009. 2. 9, 2008스105(사실혼 배우자가 사실혼 해소의 의사를 표시한 후 상대방을 상대로 재산분할심판청구를 하였는데 소송 도중 상대방이 사망한 경우 상속인들이 그 채무를 승계하고 소송절차도 수계하여야 한다).
[2] 서울가심 2010. 7. 13, 2009느합289.
[3] 서울가판 2002. 7. 25, 2002즈합205(확정)는 이와 다른 판단을 하였으나 부당하다.

지지 않은 이상 재산분할청구권이 발생하지 않아 그 상속성도 인정될 수 없다.[1]

3) 위 경우 이혼에 따른 위자료청구권도 재산분할청구권과 같다.[2]

제 2 절 공동상속

I. 서 론

1. 의 미

여러 명의 상속인들이 1명(피상속인)의 재산을 공동으로 상속·승계하는 것이 공동상속이다. 공동상속인들은 각자의 상속분에 따라 피상속인의 재산을 승계하지만(제1007조), 이를 분할할 때까지는 상속재산을 공유(共有) 또는 준공유하게 된다(제1006조).

2. 공동상속인의 상호관계

민법은 상속인이 수인(數人)인 때에는 상속재산은 그 공유로 한다(제1006조)고 규정하고 있다. 여기서 '공유'의 의미가 무엇인지 문제된다.

(1) 학 설

㈎ 합유설[3]

1) 공동상속인들은 혈연관계로 결합된 조합체이고, 그 조합체가 소유하는 상속재산 속에는 물권·채권·채무·사원권·공업소유권 등이 모두 포함되므로 그 소유의 형태는 합유와 유사하고, 이는 '분할과 청산'이라는 공동목적을 위한 재단적(財團的) 조합체의 합유재산이라고 주장한다.

2) 이에 따라 공동상속인들은 개개의 상속재산을 공유하는 것이 아니고, 상속재산 전체 위에 상속분에 따른 권리·의무를 가진다고 설명한다. 공동상속인은 '전체 상속재산'에 대하여 가지는 상속지분을 처분할 수 있지만(제1011조), '개개의 재

---

1 대판 1994. 10. 28, 94므246 , 253.
2 대판 1993. 5. 27, 92므143.
3 정광현, 신친족상속법요론(1962), 357면; 이근식·한봉희, 신친족상속법, 243면; 박병호, 349면; 中川·泉, 222면.

산'에 대한 상속지분을 처분할 수는 없다. 채권(가분채권 포함)·채무는 분할 전까지는 공동상속인에게 불가분(不可分)적으로(나눌 수 없게) 합유적·연대적으로 귀속하게 된다. 상속채무자에 대한 청구도 상속인 전원이 공동으로 하여야 한다고 설명한다.

3) 일본 민법 제898조는 공유(共有)에 속한다고 규정하고 있으나, 다수의 학자들은 이를 합유(合有)로 해석한다.

(나) **공유설(다수설)**[1]

1) 상속재산에 대한 공동상속인들의 공유는 본래 의미의 공유이다. 따라서 공동상속인들은 각자 '전체 상속재산'은 물론 개개의 상속재산에 대한 지분(持分)을 가지고 있다.

2) 공동상속인들은 그 지분의 양도·담보제공(저당설정)·용익물권 설정은 자유로이 할 수 있지만(제1011조 전단·제1015조 단서), 상속재산 전부를 처분·변경하려면 공동상속인들 전원의 동의가 필요하다.

3) 개개의 채권·채무가 불가분의 것이면 공유관계가 성립되지만, 가분적인 것이면 상속과 동시에 당연히 공동상속인들 사이에 분할되어 분할채권·분할채무가 된다. 상속재산분할의 소급효와 제 3 자의 권리보호 규정(제1015조)은 공유설의 근거가 된다.[2] 1인의 상속채권자가 자신의 상속분을 초과하여 이행을 청구하고 상속채무자에게서 변제를 받은 경우 채권의 준점유자에 대한 변제가 되므로 이는 유효하고, 채무자는 보호받을 수 있다.

(2) 판 례

판례는 공유설을 취하고 있다.

:: **참고판례**

① 가분채권·가분채무는 상속개시와 동시에 각 공동상속인의 상속분에 따라 당연히 분할된다(대판 1962. 5. 3, 4294민상1105; 1997. 6. 24, 97다8809).

② 공동상속인들은 그 공동상속재산에 관하여 저마다의 지분권을 갖고 있으므로, 공동상속인들을 상대로 피상속인이 이행하여야 할 부동산소유권이전등기

절차이행을 청구하는 소는 필요적 공동소송이 아니다(대판 1964. 12. 29, 64다 1054).

③ 공유자의 1인은 다른 공유자와 협의(공유지분 과반수의 결의)를 하지 않고는 상속재산의 일부라 하더라도 자의적·배타적으로 사용·수익할 수는 없으므로, 원·피고와 소외인들의 공동상속재산인 이 사건 건물에 관한 피고의 배타적 사용은 공유지분 과반수의 결의에 의한 것이 아닌 한 부적법하여 인도청구를 면할 수 없다(대판 1982. 12. 28, 81다454 등).

(3) 공유·준공유에 기한 공동상속인들의 지위

(가) 적극재산

1) 적극재산은 공동상속인들이 각 상속분에 따른 지분을 갖고 공유 또는 준공유한다.

2) 가분채권은 상속개시와 동시에 당연히 공동상속인들에게 상속분의 비율에 따라 분할·승계된다. 따라서 가분채권을 공동상속한 경우 협의분할은 가능하나, 분할청구의 대상이 될 수는 없다.[1]

3) 불가분채권은 상속재산분할 시까지 공동상속인들 전원에게 불가분적으로 귀속된다. 그러므로 공동상속인들 각자는 공동으로 또는 단독으로 모든 상속인(채권자)들을 위하여 전액의 이행청구를 할 수 있으며(제409조), 수령한 급부는 공동으로 분배하여야 한다. 예를 들면 매수인의 지위를 공동상속한 상속인들 중 1명은 상속인들 모두를 위하여 매도인에 대하여 목적물의 인도청구를 할 수 있다.

(나) 소극재산(채무)

1) 가분채무는 앞서 본 바와 같이 공동상속인들이 공유 또는 준공유한다. 이에 따라 상속개시와 동시에 당연히 공동상속인들에게 상속분의 비율에 따라 분할·승계된다. 다수당사자의 채권채무관계에서 분할의 원칙상(제408조), 각 공동상속인들은 상속분의 비율로 채권·채무를 승계·부담하게 된다.[2]

2) 불가분채무(연대채무 등)는 각 공동상속인에게 불가분적으로 귀속되고, 공동상속인 각자는 그 채무 전부를 이행할 책임을 진다(제411~414조). 채권자는 공동상속인 중 한 사람이나 모든 사람에 대하여 동시 또는 순차로 채무 전부의 이행을

---

1 다만, 현금의 형태로 되어 있는 금전은 상속재산분할의 대상이 되고, 분할절차를 거쳐야 한다(일 최판 1992. 4. 10). 그러므로 분할 전에는 상속분에 해당하는 금전(현금)의 지급을 청구할 수 없다.
2 일 최판 1955. 5. 31, 집 9-6, 793면; 동 1959. 6. 19, 집 13-6, 757면.

청구할 수 있다. 부동산 인도채무가 이에 해당된다.[1]

3) 공유물의 철거나 반환청구소송은 필수적 공동소송이 아니다.[2] 따라서 공유자(상속인) 1명에 대한 철거청구를 하여 승소판결을 받을 수도 있다. 이러한 판결은 그 상속인 1명에 대하여 그 상속분의 한도 내에서 철거를 명한 것으로 볼 수 있다.[3] 공동상속인들의 건물 철거의무는 성질상 불가분채무에 속하는 것이므로, 각 상속인들은 각자가 건물 전체에 관하여 그 상속지분의 한도 내에서 철거의무를 진다. 이 경우 집행관은 공동상속인 전원에 대한 철거의무를 명하는 판결이 선고되어 확정되기 전까지는 바로 건물 전체의 철거집행을 할 수는 없다.

4) 소유권이전등기의무도 가분채무이다.

:: 참고판례

① 공유자가 공유물에 대한 관계에서 법률상 원인 없이 이득을 하고 그로 인하여 제3자에게 손해를 입힌 경우, 그로 인한 공유자의 이득상환의무는 불가분채무라고 보아야 한다(대판 1980. 7. 22, 80다649).

② 원래 연대채무는 상속으로 인하여 당연히 분할되고, 공동상속인들은 각자의 상속분에 따라 승계한 범위의 채무를 부담부분으로 하여 본래의 연대채무자와 연대하여 채무를 지게 된다(일 최판 1959. 6. 19, 집 13-6, 757면). 예컨대 300만 원의 주채무에 관하여 '갑'·'을'이 연대채무를 지고 있던 중, '갑'이 사망하였고, 그 상속인으로는 a, b, c 3명의 자녀가 있을 경우 a, b, c는 각자 100만 원의 범위를 부담부분으로 하여 '을'과 연대하여 채무를 지게 된다.

③ 금전채무를 분할한 결과 공동상속인이 각자 분할채무를 부담하기로 합의할 수 있지만(이는 민법 제1013조에서 말하는 상속재산협의분할에 해당하지 아니한다), 그것은 대내관계에서 부담부분으로 분할한다는 의미이고, 공동상속인 중 1인이 법정상속분을 초과하여 채무를 부담하기로 약정(면책적 채무인수로 일부 상속인은 채무를 면함)하려면 채권자의 승낙(제454조)이 필요하다(대판 1997. 6. 24, 97다8809).

④ 공동상속재산에 대한 소유권이전등기를 명할 때는 공동상속인들의 상속지분이 각각 다르므로, 이를 밝혀야 한다(대판 1968. 6. 18, 67다995).

---

1 일 최판 1935. 11. 22.
2 대판 1969. 7. 22, 69다609; 1980. 6. 24, 80다756.
3 대판 1968. 7. 31, 68다1102.

(다) 소송상의 지위

1) 이 역시 공동상속인들이 공동으로 소송을 승계한다. 이 경우 상속인 중 일부만이 소송수계를 하고 소송절차를 진행한 것은 위법하다.[1] 일부만이 소송수계를 하면 수계하지 않은 자는 부당하게 소송관여가 배제된 것이고, 수계절차를 밟지 않은 사람에 대해서는 판결 선고에 불구하고 여전히 소송 중단의 효력이 유지되며 사건은 해당 법원에 계속되게 된다.[2]

2) 공동상속재산에 대한 상속인들 각자의 지분권(상속재산 전체에 대한 상속분권)이 소송의 대상이 된 경우 각 상속인만이 단독으로 소송당사자가 될 수 있고, 기판력도 그 사람에게만 미친다.[3] 만일 이들이 공동으로 제소한다면 이는 '통상의 공동소송'이 된다(민소 제65조·제66조).

3) 그러나 공유관계(공동상속관계) 그 자체의 확인이나 이에 근거한 물권적 청구권(인도·반환청구, 등기이전·등기말소, 소유권확인·방해배제청구 등)을 행사하려면 공동상속인 전원이 소송당사자가 되어야 하고, 이는 필수적 공동소송이다.[4]

4) 상속재산분할청구와 기여분 심판청구는 모두 필수적 공동비송사건이다(가소규 제110조).

3. 상 속 분

(1) 상속분의 의의

1) 상속분은 복수의 상속인, 즉 여러 사람이 피상속인의 재산을 공동으로 상속하는 때에 그 상속재산에 대하여 가지는 분수적 비율을 말한다. 상속재산 전체를 1로 보면, 공동상속인들은 이를 비율적으로 나눈 지분에 따라 상속권을 갖게 된다.

2) 상속분은 여러 가지 기준에 따라 법정상속분, 구체적 상속분 등으로 그 개념을 다르게 파악할 수 있다.

(2) 법정상속분

1) 법정상속분은 공동상속인들에게 법률이 규정한 지분비율을 말한다.

2) 민법은 각 공동상속인들의 신분적 지위에 따라 그 지분비율, 즉 법정상속

---

1 대판 1962. 5. 17, 61다1255.
2 대판 1994. 11. 4, 93다31993.
3 대판 1965. 5. 18, 65다279; 일 최판 1965. 5. 20.
4 대판 1957. 5. 2, 4289민상379; 일 대판 1916. 6. 13, 민록 22, 1200면.

분율을 달리 정하고 있다.

3) 동순위 상속인들의 법정상속분은 원칙적으로 균등하나, 피상속인의 배우자의 상속분은 직계비속이나 직계존속의 그것의 5할을 가산하여 인정된다(제1009조).

(3) 구체적 상속분

1) 구체적 상속분은 일정한 사유로 인해 법정상속분이 증감·변동하여 해당 상속인이 법정상속분과 달리 현실적으로 상속재산에 대하여 갖는 지분비율을 말한다.

2) 민법은 구체적 상속분을 세 경우에 규정하고 있는데, ① 상속인이 피상속인으로부터 생전증여나 유증을 받은 경우, 그 가액을 법정상속분에 따른 상속가액과 비교하여 그 부족한 한도(구체적 상속분가액)에서 구체적 상속분이 있다고 규정하고 있고(제1008조), ② 상당한 기간 동거·간호 그 밖의 방법으로 피상속인을 특별히 부양하거나 피상속인의 재산의 유지 또는 증가에 특별히 기여한 자가 있을 때에는 그의 법정상속분에 기여분을 가산한 액을 그 자의 구체적 상속분으로 한다고 규정하고 있으며(제1008조의 2), ③ 피상속인이 유언으로 상속인 중 일부나 제 3 자에게 상속재산 전부나 그 중 일정 비율을 증여하는 포괄유증을 규정하고 있다. 민법은 포괄유증을 받은 자는 상속인과 동일한 권리의무가 있다고 하므로(제1078조), 포괄유증을 받은 자가 상속인이라면 그는 결국 법정상속분과는 다른 비율에 따라 상속을 받게 된다.

(4) 순상속분

1) 이는 학설상 인정되는 상속분이다. 학설이나 구체적인 경우에 따라 그 정확한 내용이 다르다. 순상속분은 유류분반환청구에서 논의되는 것이 보통이다.

2) 이는 ① 상속개시 당시 피상속인 명의로 남아있는 잔존 상속재산에 대하여 상속인이 갖는 지분비율을 말하는 경우도 있고, ② 위 ①에서 해당 상속인이 법정상속분에 따라 분담하는 상속채무를 공제한 것을 말하는 경우도 있으며, ③ 위 ②에 생전증여나 유증을 받은 특별수익액을 더한 것을 말하는 경우도 있다.

II. 공동상속재산의 관리

상속인들은 공동상속재산을 분할하여 이를 각자의 단독소유나 법정상속분 비율과 다르게 공유로 만들기 전에도 이를 관리하여야 한다.

1. 공동상속인에 의한 관리

(1) 보존행위

상속재산의 현상을 유지하기 위한 보존행위(保存行爲)는 공동상속인 각자가 단독으로 할 수 있다(제265조 단서). 건물의 수리, 소멸시효중단을 위한 청구나 제소, 채무의 변제, 상속지분확인청구 등뿐만 아니라, 물건의 불법점유자를 상대로 한 반환청구나 인도청구, 방해배제, 불법등기의 말소나 이전청구 등을 할 수 있다.

(2) 이용·개량행위

1) 이용행위와 개량행위는 민법 제265조 본문의 '공유물의 관리'에 관한 사항에 해당하므로, 공유자의 지분의 과반수로써 결정한다(제265조). 예컨대 상속토지를 임대하는 행위는 관리행위이다.

2) 공동상속인은 상속재산 전부나 개별 재산을 그 상속지분의 비율로 사용하고 수익할 수 있다(제263조). 그러나 배타적 사용·수익은 불가능하므로, 그로 인해 다른 공유자의 이해에 관계되는 때에는 공유자의 지분의 과반수로써 결정하여야 한다(제265조).

3) 공유물의 관리비용은 공유자가 각자 지분의 비율로 부담하여야 한다(제266조 ①항). 상속재산의 관리비용은 상속비용이므로 상속재산 중에서 지급되어야 할 것이다(제998조의 2).

4) 각 상속인은 선량한 관리자의 주의의무를 다하여야 하는 것이 아니라, 상속인 자신의 '고유재산(固有財産)'에 대하여 하는 것과 동일한 주의의무로 상속재산을 관리하면 된다(제1022조).

:: 참고판례

예컨대 홍길동의 생존 시부터 그의 차남이 홍길동의 주택에 거주(사용대차)하면서 홍길동을 봉양하여 온 경우, 홍길동이 사망하자 나머지 공동상속인들이 다수결로 차남의 사용·수익을 정지시키거나 부당이득반환청구를 할 수 있는가? 이경우 공동상속인들 사이에 목적물의 사용·수익에 관하여 협의를 할 수 없으면, 각 상속인들은 상속재산의 분할을 청구할 수 있을 뿐 차남을 상대로 퇴거청구나 부당이득반환청구를 할 수는 없다(일 최판 1996. 12. 17).[1]

---

[1] 상속재산분할로 건물의 소유관계가 최종적으로 확정될 때까지는 피상속인 및 다른 공동상속인들

(3) 처분행위

1) 공동상속재산을 처분하려면 상속인 전원의 동의를 얻어야 하고 단독으로 처분할 수는 없다(제264조). 이를 변경하는 때에도 같다.

2) 다만, 공동상속인들은 각자 상속재산 전체 또는 개개의 상속재산에 대한 자신의 상속지분을 단독으로 처분할 수 있다(제1011조 전단·제1015조 단서).

이 경우 등기는 공동상속인 각자의 상속분을 지분으로 하는 상속(공유)등기를 먼저 한 다음(제187조 단서), 각자의 지분을 매수인에게 이전하는 등기를 하여야 한다. 다만, 상속재산 전체에 대한 자신의 지분권(상속분)을 포괄적으로 양도한 때(제1011조)는 등기를 요하지 아니한다. 각 상속인들은 혼자서 그 상속재산 전부에 관하여 보존행위로서 공동상속인 전원의 이름으로 상속등기를 신청할 수 있다.[1]

2. 재산관리인 등에 의한 관리

1) 공동상속재산은 상속재산관리인이 관리하기도 한다. 법원은 이해관계인 또는 검사의 청구에 의하여 상속재산의 보존에 필요한 처분을 명할 수 있다(제1023조 ①항).

2) 법원은 부재자 재산관리인에 준하여 상속재산의 관리인을 선임할 수 있다. 이 경우 민법 제24조 내지 제26조의 규정이 준용된다(제1023조 ②항). 법원에서 공동상속재산의 관리인을 선임할 경우에는 반드시 그 공동상속인들 중에서 선임하여야 하고, 상속인이 아닌 다른 사람을 관리인으로 선임하는 결정을 하면 위법하다.[2]

상속재산관리인의 소송법상 지위는 상속인의 법정대리인으로서 소송에 관여할 뿐, 소송당사자적격은 없다. 소송당사자는 상속인이다. 그러나 상속인부존재 시 상속재산관리인은 당사자적격자가 된다.

3) 공동상속인들은 전원의 동의나 과반수의 결의로 제 3 자에게 상속재산의 관리를 위탁할 수도 있다.

과 현재의 거주자(차남) 사이에, 피상속인 사후에도 계속 차남을 거주하게 하는 사용대차의 합의가 있었던 것으로 볼 수 있다는 이유다.

1 부동산등기법 제23조 ③항.
2 대결 1979. 12. 27, 76그2.

제 3 절 법정상속분(法定相續分)

Ⅰ. 서 론

1. 개 념

1) 2인 이상의 상속인들이 공동으로 피상속인의 재산을 상속하는 경우에 각 상속인이 물려받을 재산의 몫(비율이나 가액)이 상속분이다. 상속인이 1명뿐이라면 그가 혼자서 모든 재산을 상속하므로(전 재산을 단독상속), 상속분이라는 것이 없다. 그래서 상속분은 언제나 공동상속에서만 문제된다. 요컨대 상속분은 공동상속인들이 상속재산상의 권리·의무를 승계하는 비율이다(제1007조).

2) 때로는 상속재산분할 전 공동상속인들의 지위를 상속분이라고 말하기도 한다(제1011조＝상속인 중 한 명이 상속재산에 대한 그의 상속분을 양도하였다고 할 때의 상속분). 이 경우 상속분은 상속재산 전체에 대하여 각 공동상속인이 가지는 포괄적 권리 내지 법률상 지위를 의미한다.

3) 상속분에는 추상적(抽象的) 상속분과 구체적(具體的) 상속분이 있다. 공동상속인의 숫자에 따라 "3분의 1이다, 5분의 1이다" 하면서 나눈 지분이 추상적 상속분이다. 그리고 구체적으로 계산하여 나온 상속금액을 구체적 상속분[1]이라고 한다. 예컨대 피상속인이 남긴 재산이 7,000만 원인 경우, 그 배우자와 자녀 2명이 있을 때 배우자는 3,000만 원, 자녀는 각각 2,000만 원씩 상속하는바, 이 각 금액이 구체적 상속분이다.

2. 상속분의 결정

1) 민법 제1009조(법정상속분)는 공동상속의 경우 상속인 각자가 취득하게 될 상속분('상속재산 전체에 대한 분수적 비율')을 규정하고 있다. 이처럼 법률의 규정에 정하여져 있는 상속분을 법정상속분(法定相續分)이라고 부른다.

2) 반대로, 피상속인이 유언으로 정한 상속분을 지정상속분(指定相續分)이라고

---

1 공동상속인들 사이의 구체적 상속분의 가액 또는 비율의 확인을 청구하는 소(訴)는 확인의 이익이 없으므로 부적법한 소라고 한다(일 최판 2000. 2. 24, 집 54-2, 523면, 判夕 제1025호, 125면). 상속재산할사건이나 유류분반환청구사건에서 분할액수나 유류분의 확정 등을 위한 전제문제로서 심리·판단되어야 할 사항일 뿐이다.

한다. 그러나 우리 법률상 지정상속분은 인정되지 않는다.

(1) 피상속인의 상속분 지정의 가부

1) 피상속인은 유언으로 공동상속인들의 법정상속분을 지정·변경할 수 있는가? 예컨대, 홍길동이 사망하면서 "장남에게는 전 재산의 1/2를 주고, 차남 이하 나머지 자녀들에게는 머릿수대로 나누어 주노라"고 유언할 수 있는가?

이에 대해서는 긍정설(다수설)[1]과 부정설(소수설)[2]이 대립하고 있다. 부정설은, 민법에 명문의 규정이 없으므로, 피상속인은 단지 상속인 중 일부의 사람 또는 제3자에게 유증(유언으로 증여)만을 할 수 있고(제1074조 이하), 이는 실질적으로 피상속인이 상속분을 지정한 것과 같은 결과가 된다고 본다.

2) 민법(제1078조)에 따르면 피상속인이 유언으로 '상속인 중 일부'나 '제3자'에게 자신의 재산을 증여할 수 있다. 예컨대 "나의 재산 중 몇 분의 몇을 ○○○에게 주노라"고 유언할 수 있고 이것이 포괄유증이다. 이때 유증을 받는 사람이 상속인이라면 이는 결과적으로 상속분지정과 유사하다.

피상속인의 이러한 행위는 유언의 방식(제1065~1072조)으로만 할 수 있고 생전행위로는 할 수 없다. 포괄유증을 받은 자, 즉 포괄수유자는 상속인과 동일한 권리·의무가 있으므로 포괄유증은 상속인을 지정하는 것과 유사한 결과를 발생시킨다.[3]

3) 따라서 우리 민법상 피상속인은 법정상속분을 배제한 채 임의로 상속분을 지정할 수는 없으므로, 지정상속분은 인정되지 않는다. 그리고 피상속인의 유증과 증여행위는 법정 상속인의 유류분반환청구권에 의하여 제약을 받는다(제1112~ 1118조).

(2) 실질상 상속분 지정 행위인 유증의 효력

1) 수유자가 법정 상속인인 경우, 그는 유증을 받은 만큼 자신의 법정상속분에 추가하여 실질상 상속을 받은 셈이 된다.

2) 피상속인의 유증은 피상속인(유언자)의 사망 시에 효력이 생긴다(제1073조). 이 효력은 법정상속분에 우선하는 효력이 있다(유언상속우선주의). 다만, 유류분반환청구권에 의하여 제약을 받는다.

---

1 김주수, 565면; 박병호, 355~359면 등. 독민(제1937조)·스민(제483조)·일민(제902조 ①항)은 피상속인은 상속인지정과 함께 상속분지정의 유언도 할 수 있다고 규정하고 있다. 일민 제902조(지정상속분)는 지정상속분이라는 용어를 사용하고 있다.
2 곽윤직, 87면.
3 박병호, 356면.

Ⅱ. 법정상속분의 내용

1. 혈족상속인의 상속분(균분 평등상속의 원칙)

1) 상속재산의 분배에 관하여 피상속인의 유언이 없을 때, 상속인의 상속분은 민법의 규정에 따라 정하여진다. 민법은 상속인과 피상속인 사이의 관계(예컨대 혈족의 원근·친소, 부계·모계 등)를 고려하지 않고 상속분을 획일적으로 정하고 있다. 즉, "동 순위의 상속인이 수인(數人)인 때에는 그 상속분은 균분(均分)으로 한다"고 한 것이다(제1009조 ①항). 순위가 같은 상속인이 여러 사람일 때 그들의 상속분은 모두 평등하다는 의미이다.

2) 선순위 상속인과 후순위 상속인 사이의 평등이란 있을 수 없다. 왜냐하면 선순위자만 상속할 수 있고, 후순위자는 상속에서 제외되어 아예 상속을 받을 수 없기 때문이다.

(1) 제 1 순위 상속인(피상속인의 직계비속)이 여러 사람인 경우

㈎ 원 칙

제 1 순위 상속인은 피상속인의 직계비속과 배우자이다. 직계비속은 최근친이 우선한다.

㈏ 여자의 상속분

1) 과거 1960. 1. 1.~1978. 12. 31. 사이 여자(처를 포함)의 상속분은 남자의 상속분의 1/2이었고, 동일 가적(家籍＝호적) 내에 없는 여자(즉, 시집간 여자＝출가외인)의 상속분은 남자의 상속분의 1/4이었다.

2) 1977년의 민법 개정으로 1979. 1. 1.부터는 남자와 동일 호적 내의 여자의 상속분이 평등하게 되었고, 1990년의 민법 개정으로 1991. 1. 1.부터는 호적을 달리하는 여자인 출가외인(혼인한 딸)의 상속분(1/4)도 남자의 것과 꼭 같도록 되어 남녀 간의 차별이 완전히 철폐되었다.

:: 참고판례

> 민법 제1009조에 따라 여자의 상속분을 따질 때 동일 가적 내에 있는지 여부를 정함에는 호적부의 기재내용에 의하여 할 것이므로, 호적기재상 동일 호적에 있는 자는 설사 그가 딴 사람과 사실혼관계를 맺어 그 가를 떠나 있었다 하여도 여전히 동일 가적에 있다고 할 것이다(대판 1976. 9. 28, 75다1829).

(대) **혼인외 출생자(소위 서자)의 상속분**

1) 혼인외 출생자도 피상속인의 친생자임은 물론이다.

2) 우리 민법은 재산상속에 있어서는 처음부터 혼인외 출생자와 혼인중 출생자 사이에 차별을 두지 않았다. 다만, 호주상속과 호주승계에만 차별이 있었다. 그러다가 2005년 민법 개정으로 호주제도 자체를 폐지하면서 이에 관한 혼인외 출생자와 혼인중 출생자 사이의 차별도 사실상 없어졌다.

3) 혼인외 출생자와 혼인중 출생자를 차별하는 것은 혼인의 순결성에 어긋나고, 일부다처제나 첩 제도를 조장한다는 비판을 면하기 어렵다. 즉 이는 인도주의(人道主義)에 반한다(학설).[1]

(라) **장남 이외의 아들의 상속분**   장남과 그 이외의 아들 사이에는 어떠한 차별도 없다. 즉 이들은 모두 꼭 같은 비율로 재산을 상속한다.

(2) 제 2 순위 상속인인 직계존속이 여러 사람인 경우

1) 동순위 직계존속 상호 간 법정상속분은 동일하다.

2) 보통입양의 경우 친가와 양가의 직계존속 모두 동등한 상속분을 갖는다. 따라서 조부모와 외조부모가 모두 있는 경우, 친생부모와 양부모가 모두 생존한 경우 그들의 상속분은 평등하다. 예컨대 망인이 4,000만 원을 남겼는데, 상속인으로 양부모와 친생부모가 생존해 있으면 그들 4인은 모두 1인당 1,000만 원씩 상속한다. 반면에 친양자의 경우, 생가(친생) 부모는 생가를 떠난 그 양자의 재산을 상속할 수 없다(제908조의 3).

(3) 제 3 순위 상속인들인 형제자매와 제 4 순위 상속인들인 3, 4촌의 혈족들이 여러 사람인 경우

그 상속분은 모두 평등하다.

---

1 영국의 개정가족법(Family Law Reform Act 1969, Section 14), 스웨덴의 1969년법, 독일의 혼인외출생자법(1969), 프랑스의 1972년법에서 모두 평등상속권을 인정하고 있다. 미국의 경우 혼인외 출생자에 대한 Common Law의 차별대우는 20세기에도 계속 유지되어 왔다. 1960년대까지도 대부분의 주(州)에서 혼외자는 아버지에 대한 상속권이 없었다. 1968년에 이르러 연방대법원은 헌법의 평등보호와 적법절차조항을 적용하여 혼외자법의 전면적인 개정에 착수하였다. 그 이후 선고된 30건 이상의 판례에서 대법원은 혼외자에 대한 모든 형태의 법률적 차별을 무효로 만들었다(Krause, 301면). 다만, 일본 민법(제900조 4호 단서)은 혼인외 출생자의 상속분은 '혼인중 출생자'의 상속분의 1/2로 정하고 있다. 이 조항이 합헌이라는 판례도 있다(최고재결 1995. 7. 5, 집 49-7, 1789면). 최근 일본의 최고법원에서도 상속분의 차별을 위헌이라고 선언하고 민법이 개정되었다.

:: 참고판례

① 민법 시행 전에는 '호주 아닌 가족'이 사망한 경우, 그 유산은 '동일 호적' 내에 있는 직계비속이 평등하게 상속함이 우리나라의 관습이다(대판 1955. 3. 31, 54다77).
② 구 관습상, 호주가 사망하면 그 장남이 호주상속을 함과 동시에 일단 전 호주의 유산 전부를 승계한 다음, 그 약 1/2은 자기가 취득하고, 나머지 약 1/2은 차남 이하의 중자(衆子)들의 인원수에 응하여 평등하게 분배하여야 한다(대판 1969. 11. 25, 67므25). 이 분재청구권은 분가 시에 발생하고 그때부터 10년이 지나면 시효로 소멸한다(대판 2007. 1. 25, 2005다26284).

2. 배우자의 상속분(50% 가산)

(1) 현행 규정

1) 부부 일방이 사망한 경우, 망인에게 직계 존·비속이 없고, 제 3, 4 순위 상속인인 혈족만이 있을 경우 생존배우자가 상속재산을 혼자서 상속한다(제1003조 ①항). 이러한 단독상속의 경우에는 상속분이 문제되지 아니한다.

2) 부부 일방이 사망한 경우, 생존한 배우자는 망인에게 직계비속이 있는 때는 그 직계비속과, 망인에게 직계비속은 없고 직계존속만이 있는 때는 그 직계존속과 공동상속인이 된다. 이 경우, 생존한 배우자는 그가 남편이든 아내이든 직계비속과 공동으로 상속하는 때에는 직계비속의 상속분의 5할을 가산하고, 직계존속과 공동으로 상속하는 때에는 직계존속의 상속분의 5할을 가산한다(제1009조 ②항).

3) 따라서 생존한 배우자는 그가 남편이든 아내이든 그들의 상속분은 완전히 평등하다.

(2) 처의 상속분의 변천

1) 1960~1978. 12. 31. 사이에는 남편의 직계비속과 공동상속하는 경우 남자의 상속분의 1/2이고, 남편의 직계존속과 공동으로 상속하는 경우 남자의 상속분과 같았다(구민 제1009조 ③항).

2) 1977년의 민법 개정으로 1979. 1. 1.부터 처의 상속분은 직계비속과 공동상속하는 경우이든 직계존속과 공동으로 상속하는 경우이든 모두 동일 가적 내 존·비속의 상속분의 50%를 가산한다.

(3) 중혼배우자의 상속분

1) 중혼은 무효가 아니고 취소 사유에 불과하다.

2) 이때 그들의 상속분은 어떻게 되는가? 전후 혼인의 각 배우자가 균등하게 각 1.5씩(50%를 가산) 받는가, 아니면 '배우자 1인의 상속분인 1.5'를 나누어서 0.75 씩 받는가?

이에 대한 대법원 판례는 후자의 견해를 취하고 있다.[1]

만약 0.75씩 받는다면 전혼 배우자는 일방 배우자의 중혼으로 인하여 아무런 잘못 없이 법정상속분의 절반을 상실하는 결과가 되어서 부당하다. 따라서 판례는 부당하다. 이는 후혼 배우자가 선의로 중혼을 한 경우에도 동일하다.

3) 따라서 상속개시 당시까지 중혼이 취소되지 아니한 이상 각각의 혼인은 유효하므로, 중혼관계에 있는 부부 일방이 사망한 경우, 생존한 배우자 2명은 사망한 배우자에게 직계존속이나 직계비속이 없을 경우에는 각각 0.5씩, 사망한 배우자에게 직계존속이나 직계비속이 있을 경우에는 각 1.5씩 공동상속한다고 보아야 한다.

[처와 남편·호주의 상속분 변천]

구 분	직계비속과 공동상속하는 처	직계존속과 공동상속하는 처	남 자	남 편	호 주
1960~1978	0.5	1	1	1	
1979~1990	1.5	1.5	1	1	1.5
1991~현재				1.5	1.0

* 1979년 1월 1일 이후 남녀구분 없이 1.00이었고, 처는 50% 가산하여 1.5가 되었다. 남편은 1991. 1. 1. 이후 비로소 1.5가 되었다. 그 이전(1978년까지)에는 여자는 처이든 아니든 무조건 0.5였다. 유일한 예외로 며느리가 시가존속과 공동상속하는 경우만 1.0이었다. 호주제는 2008년부터 폐지되었다.

3. 대습상속인의 상속분(=피대습자의 상속분)

1) 대습상속인의 상속분은 이미 '사망하거나 결격된 사람', 즉 피대습자의 상속분에 따른다. 그러므로 피대습자가 상속하였더라면 받았을 상속분을 대신 상속한다(제1010조 ①항). 예컨대, 손자는 '이미 돌아가신' 아버지의 상속분대로 할아버지의 재산을 상속한다는 말이다.

---

1 대판 1996. 12. 23, 95다48308(상고심에서는 이는 쟁점이 아니었고, 항소심의 판단이 그대로 확정되었다).

2) 대습상속인이 여러 사람인 경우는 피대습자의 상속분을 각 대습자가 자신의 상속분 비율(민법 제1009조 혈족상속인과 배우자상속인의 상속분)로 다시 상속한다(제1010조 ②항).[1]

예컨대, 망인이 4,000만 원을 남겼고 상속인이 될 사람으로는 그 모와 배우자만이 있었는데, 배우자가 망인보다 먼저 사망하였고 그 배우자에게 혼인외 자 2명이 있었다면, 그 모는 5분의 2인 1,600만 원을, 배우자는 5분의 3인 2,400만 원을 상속하므로, 대습상속자인 혼인외 자 2명은 위 2,400만 원을 균등하게 나눈 각각 1,200만 원씩을 상속한다.

:: 참고판례

직계비속은 이미 사망한 존속의 상속분만을 평등하게 대습상속한다(대판 1962. 4. 26, 61다676).

4. 구체적 상속분의 계산

상속분의 계산을 하여 보면 아래와 같다.

상속인 각자의 취득분 = 상속개시 당시의 잔존 재산가액 × (각 상속인 자신의 상속비율/상속인 전원의 상속비율의 합계)

〈사례 1〉

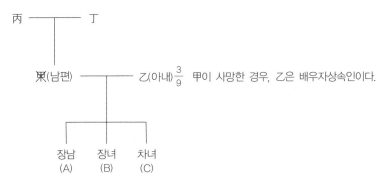

1) A, B, C(자녀들)는 혈족상속인으로 순위가 같으므로 그 상속분은 1 : 1 : 1이고, 乙(배우자)의 상속분은 1.5(50% 가산된 비율)이다. 乙(처)과 자녀들의 상속분을

---

1 대판 1962. 4. 26, 61다676.

표시하면 1.5 : 1 : 1 : 1이 되고, 이를 분수로 표시하면 3/9 : 2/9 : 2/9 : 2/9가 된다. 처(乙)의 상속분은 1.5/4.5 = 1.5/(1.5 + 1 + 1 + 1) = 3/9 = 1/3이고, A, B, C(자녀들)는 각각 1/4.5 = 2/9씩 상속한다. A가 장남이라서 호주승계(폐지됨)를 하더라도, 그의 상속분은 그 동생들의 상속분과 동일하다. A 또는 C가 전처의 소생이거나 사실상 처의 출생자, 혼인외의 출생자라도 마찬가지이다.

    2) 甲에게 자녀 A, B, C가 없고 그 부모 丙과 丁, 처(乙)가 있을 뿐인데 甲이 사망한 경우 처 乙의 상속분을 살펴보자. 처는 시부모와 공동상속하는데 그 비율은 1.5 : 1 : 1이다. 처는 3/7, 시부모는 2/7씩을 각각 상속한다. 시아버지는 이미 돌아가셨고, 시어머니만 생존하고 계시는 경우는 처와 시모가 공동상속하고 그 비율은 1.5 : 1.0, 즉 3/5 : 2/5의 비율로 상속한다. 갑에게 양(養)부모가 계신다면 그들도 丙·丁과 같은 비율로 공동상속한다. 갑이 친양자였다면 양(養)부모만이 상속권자이고, 생가부모는 상속권이 없다.

    3) 위 사례에서 甲이 채무 없이 현금 9,000만 원을 상속재산으로 남기었다면, 실제로 상속인들은 얼마를 받게 될까? 처와 자녀 3명이 있는 위 ㈎의 경우라면 처는 1/3이니 3,000만 원을, 자녀 3명은 각자 2,000만 원씩 상속한다. ㈏의 경우라면 처는 9,000만 원의 3/7(38,571,428원)을 상속하고 甲의 부모가 9,000만 원의 2/7씩(25,714,285원)을 상속한다. 甲의 어머니와 甲의 처가 상속하는 경우는 처가 9,000만 원의 3/5, 즉 5,400만 원을 상속하고, 시모는 9,000만 원의 2/5, 즉 3,600만 원을 상속한다.

    4) 갑에게 부모(丙, 丁)도 없고, 조부모, 외조부모도 없고, A, B, C 등 자녀도 없고 손주, 외손주 등도 없는 경우는 처(乙)가 단독으로 상속한다.

〈사례 2〉 대습상속

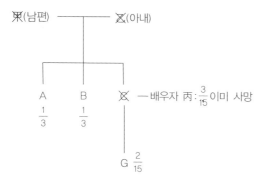

甲이 사망한 경우, 乙은 배우자상속인이 되고, A, B, C(자녀들)는 혈족상속인으로서 순위가 같으므로 그 상속분은 동일하다(1/3).

乙과 C가 甲보다 먼저 사망하고 그 자녀 G가 있다.

A, B는 1/3씩 취득, C대신 그 처 丙과 자 G가 대습상속 : 1/3

$$丙 : 1/3 \times (1.5/2.5) = 1/3 \times 3/5 = 3/15$$
$$G : 1/3 \times (1/2.5) = 1/3 \times 2/5 = 2/15$$

〈사례 3〉

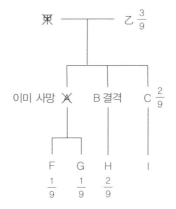

甲·乙 부부에게 자녀 A(아들)·B(딸)가 있었고 A·B중 A의 자녀는 2명, B의 자녀는 1명인데, 乙과 A·B가 甲보다 먼저 1999. 12. 30. 사망하고 없었다(며느리와 사위는 모두 재혼하였다고 가정). 나중에 甲이 2001. 12. 1. 사망한 경우 손자와 외손자는 어떻게 상속할 것인가? 甲이 9,000만 원을 남겼다고 가정하자.

• 본위상속설 : 손자와 외손자를 모두 합하여 머릿수로 평등하게 상속하므로 손자녀들은 1/3씩, 즉 각자 3,000만 원씩 상속한다.

• 대습상속설(판례) : 피대습자의 상속분을 그대로 상속하므로, A의 자녀 2명은 A의 상속분 4,500만 원(＝9,000만 원 × 1/2)을 2명이 나누어 상속하므로 1/4씩, 즉 2,250만 원을 상속하고, B의 자녀는 1명이라서 B의 상속분 1/2, 즉 4,500만 원을 그대로 상속한다.

〈사례 4〉

　　피상속인에게 2명의 자녀(아들S와 딸 D)가 있었다. 1명의 자녀(S)에게는 2명의 손자(F·G)가 있고, 다른 1명(D)의 자녀에게는 1명의 손자(P)가 있었다. 자녀(S·D)가 먼저 사망(며느리와 사위는 모두 재혼하지 않고 살고 있었다고 가정).

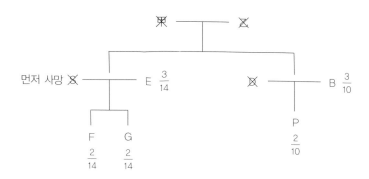

　　• 본위상속설 : 손자와 외손자가 같은 순위로 상속하고, 그들의 상속분도 동일하다. 그리고 사위(B)나 며느리(E)는 상속에서 제외된다.

　　• 대습상속설 : 손자녀와 외손자녀는 그들의 직계존속과 공동으로 상속한다.

　　　　E(며느리) : $1/2 \times [1.5/(1.5+1.0+1.0)] = 1/2 \times 3/7 = 3/14$

　　　　F(손자) : $1/2 \times [1.0/(1.5+1.0+1.0)] = 1/2 \times 2/7 = 2/14$

　　　　G(손자) : $1/2 \times [1.0/(1.5+1.0+1.0)] = 1/2 \times 2/7 = 2/14$

　　　　B(사위) : $1/2 \times [1.5/(1.5+1.0)] = 1/2 \times 3/5 = 3/10$

　　　　P(외손자) : $1/2 \times [1/(1.5+1.0)] = 1/2 \times 2/5 = 2/10$

　　예컨대, 위 사례에서 할머니와 자녀들이 이미 사망하고, '혼자 사시던' 할아버지가 1억 4,000만 원을 유산으로 남겼다. 며느리와 손자 등이 어떻게 상속하는가?

　　　　며느리 E : 14,000만 원 × 3/14 = 3,000만 원

　　　　친손자 F : 14,000만 원 × 2/14 = 2,000만 원

　　　　친손자 G : 14,000만 원 × 2/14 = 2,000만 원

　　　　　　　　　　∴ 합계 7,000만 원

　　　　사위 B : 14,000만 원 × 3/10 = 4,200만 원

　　　　외손자 P : 14,000만 원 × 2/10 = 2,800만 원

　　　　　　　　　　∴ 합계 7,000만 원

〈사례 5〉

甲에게 어머니, 처(임신 중), 아들, 입양한 양자, 혼인외의 자, 외손녀 1명이 있는데 갑이 1억 3,000만 원을 남기고 사망한 경우 그 처의 상속분은? 어머니는 상속권이 없고, 태아는 출생한 것으로 보므로 상속권이 있다. 외손녀는 딸의 대습상속인으로 상속권이 있다. 그래서 처와 태아, 자녀 3명과 외손녀의 상속비율을 보면, 1.5 : 1 : 1 : 1 : 1 : 1이 된다. 이를 분수로 표시하면, 3/13 : 2/13 : 2/13 : 2/13 : 2/13 : 2/13이 된다. 그래서 처는 3,000만 원, 나머지 사람들은 각각 2,000만 원씩 상속한다.

Ⅲ. 특별수익자의 상속분

1. 의 의

(1) 개념과 존재이유

1) 공동상속인들 중에서 피상속인으로부터 생전증여(生前贈與) 또는 유증(遺贈)을 받은 사람이 있는 경우에 그 재산이 자기의 법정상속분에 달하지 못한 경우, 그는 그 부족한 부분의 한도에서만 상속분이 있다(제1008조).

2) 이와 같이 공동상속인이 피상속인으로부터 생전증여나 유증을 받은 재산을 특별수익이라고 하고, 이러한 수익자(공동상속인)를 특별수익자라고 한다.

3) 민법이 특별수익자의 구체적 상속분을, 특별수익을 공제한 나머지 부분에 한하여 인정하는 이유는, 특별수익은 그 상속인이 피상속인에게서 이미 상속을 받은 것, 즉 상속분을 선급(先給) 받았다고 볼 수 있어 공동상속인들 간의 형평을 도모하기 위한 것이다.

4) 민법 제1008조는 특별수익이 법정상속분에 미달하는 경우만을 예정하여 규정하고 있고, 특별수익이 법정상속분을 초과하는 경우에 대해서는 규정하지 않고 있다. 1977. 12. 31. 개정 전 민법은 이 경우 반환의무가 없다고 규정하고 있었다(제1008조 단서). 개정민법이 제1008조 단서를 삭제한 이유는 뒤에서 보는 바와 같이 유류분 제도를 도입한 데에 따른 것이다. 이에 따라 초과 특별수익자는 유류분반환청구권자의 청구에 의해 그 초과 특별수익의 일부를 반환하여야 한다.[1]

5) 이와 같이 특별수익자가 그 특별수익에 따라 상속을 덜 받거나 초과 특별

---

1 대판 2006. 9. 28, 2004다46441.

수익을 반환하는 것을 조정의무 또는 정산의무라고 한다. 특별수익의 정산은 상속
재산분할 시와 유류분반환청구권 행사 시에 이루어지게 된다.

(2) 다른 개념과의 관계

㈎ 특별수익과 기여분

1) 특별수익과 기여분은 완전히 별개 독립이다. 특별수익은 상속분의 선급이
므로 이를 받은 상속인으로 하여금 이를 공제한 범위에서만 상속을 받게 하는 것
이고, 기여분은 상속재산의 유지·형성에 기여한 상속인으로 하여금 그 만큼 더 상
속을 받게 하는 것이기 때문이다. 다만, 특별수익과 기여분이 병존하는 때에는 기
여분을 특별수익보다 먼저 결정한다. 그 구체적 계산방법은 기여분 부분을 참조하
기 바란다.

2) 위와 같이 양자는 독립한 것이므로 특별수익액을 계산하는 때에는 기여분
은 고려할 필요가 없다. 한편, 기여분을 계산하는 때에도 특별수익은 생전증여이든
유증이든 그것의 존재가 기여분의 존부나 비율을 결정하는 직접 요인이 되지는 않
는다. 다만, 특별수익을 여러 가지 고려사항의 하나로 참작할 수는 있다.

한편, 기여분은 상속개시 당시 피상속인이 남긴 잔존 상속재산에서 유증액을
공제한 것을 한도로 결정하여야 하므로(제1008조의 2 ③항), 특별수익은 기여분의
한도를 제약하는 요소로서 작용한다.

㈏ 특별수익과 유류분

1) 유류분반환청구권 행사가 있는 경우 유류분액을 산정하기 위해서는 유류분
산정의 기초가 되는 재산액에 그 상속인의 유류분 비율을 곱하여야 하는데, 유류
분 산정의 기초가 되는 재산액에는 증여이든 유증이든 특별수익 전부가 산입된다
(제1113조 ①항, 1118조, 제1008조). 특정 상속인에 대한 특별수익은 본래 모든 상속
인들이 공평하게 상속받아야 할 상속재산에 포함되어야 하기 때문이다.

2) 위와 같이 유류분액이 산정된 후 이를 토대로 유류분의 침해가 있는지 여
부와 그 침해액을 계산하려면, 유류분액에서 유류분반환청구권을 행사하는 그 상
속인이 얻은 특별수익액과 그 상속인의 순상속액(그 상속인이 상속개시 후 실제로 잔
존 상속재산에서 얻는 재산액 − 상속채무분담액)을 공제하여야 한다. 특별수익액은 그
상속인이 확보한 것이므로 그 가액 만큼 부족이 발생하지 않기 때문이다.

3) 이와 같이 특별수익은 유류분반환청구권 행사 시 유류분산정의 기초가 되

는 재산액과 유류분 침해액 계산과정에 각 산입된다.

2. 입 법 례

(1) 프랑스 민법(동법 제858조·제859조)

특별수익을 받지 못한 사람이 상속개시 후 특별수익자의 수익액 만큼 상속재산에서 먼저 받고, 잔액을 상속분대로 나누어 가진다.

(2) 독일 민법(동법 제2050조·제2055조)

이미 받은 특별수익액을 상속재산에 가산하고, 그 다음 이를 상속분대로 계산하여 나온 금액에서 특별수익액을 공제하면 특별수익자의 구체적인 상속액이 된다.

3. 특별수익과 반환(정산)의무자

(1) 특별수익자

⑺ 상속포기자의 경우

1) 특별수익자인 상속인이라도 상속을 포기하면 정산의무가 없다. 그러나 그 경우에도 특별수익이 다른 공동상속인의 유류분을 침해한 때에는 유류분반환청구의 대상이 된다.

2) 상속을 승인한 자나 승인한 것으로 간주되는 자는 정산의무가 있다. 단순승인이든 한정승인이든 불문한다.

3) 또한 상속인의 종류는 묻지 아니하므로, 혈족상속인이든 배우자상속인이든 이에 해당한다.

⑷ 대습상속인의 경우

1) 대습상속인이 특별수익을 한 경우 그 역시 정산의무를 진다.

2) 피대습자가 특별수익한 경우는 어떠한가? 예컨대, 아버지가 생전에 할아버지로부터 거액의 돈을 받고 먼저 사망하고 나중에 할아버지가 사망한 경우, 그 손자는 할아버지의 재산을 대습상속하게 되는데, 이때 손자는 특별수익을 정산하여야 하는가?

이를 무조건 긍정하는 견해[1]와 피대습자의 특별수익으로 인하여 대습상속인이 현실적으로 경제적 이익을 받고 있는 경우에 한하여 이를 정산하여야 한다는

---

1 박병호, 가족법(1992), 362~363면; 이희배, 가족법학논집, 828면.

학설[1]이 대립하고 있다.

　대습상속의 경우에도 공동상속인들 간의 형평을 도모하여야 하고, 이는 대습상속인이 특별수익을 한 경우나 피대습자가 특별수익한 경우나 실질상 다름이 없으며, 대습상속 원인이 발생하지 않았다면 피대습자가 상속한 때 그가 얻은 특별수익은 당연히 정산의 대상이 될 것인데, 우연한 사정으로 피대습자가 상속을 받지 못하고 그 대신 대습상속인이 대습상속을 하였다면 그는 피대습자와 동일한 지위에 놓여야 공평하므로 긍정설(전설)이 타당하다고 생각된다.

　3) 한편, 대습상속인(예컨대 손자)이 특별수익을 얻은 경우 그가 공동상속인자격을 취득한 시점(예컨대 부친의 사망) 이전에 수익한 때는 정산의무가 없고, 그 후에 수익한 때만 정산의무가 있다는 견해가 있다.[2] 판례도 이 입장을 취하고 있다.[3]

　수긍할 만한 점이 있기는 하나, 특별수익자의 정산의무는 공동상속인들 간의 형평을 도모하기 위한 것이고, 대습상속인이 특별수익을 얻은 이상 이로써 다른 공동상속인들은 그 만큼 손해를 입으며, 이는 일반 상속의 경우나 대습상속의 경우나 다를 바가 없으므로 특별수익을 얻은 시기에 관계없이 정산의 대상이 된다고 보아야 한다.[4]

　:: 참고판례

　　민법 제1008조는 공동상속인 중에 피상속인으로부터 재산의 증여 또는 유증을 받은 특별수익자가 있는 경우 공동상속인들 사이의 공평을 기하기 위하여 수증재산을 상속분의 선급으로 다루어 구체적인 상속분을 산정함에 있어 이를 참작하도록 하려는 데 취지가 있는 것인바, 대습상속인이 대습원인의 발생 이전에 피상속인으로부터 증여를 받은 경우 이는 상속인의 지위에서 받은 것이 아니므로 상속분의 선급으로 볼 수 없다. 그렇지 않고 이를 상속분의 선급으로 보게 되면, 피

---

1 김주수, 570면; 김형배, 326면.
2 太田武男, 60면 등 일본의 통설; 곽윤직, 102면; 민법 규정(제1008조)의 문장을 보면, "공동상속인 중에 재산의 증여를 받은 자가 …운운… "하고 규정하고 있으므로 특별수익 당시 공동상속인이라야 한다는 견해이다. 그러므로 아버지 생존시 손자가 할아버지에게서 증여를 받으면 이는 대습상속인 지위를 얻기 전의 수익이므로 이를 반환할 의무가 없고, 아버지 사망 후(상속인 자격 취득 후) 손자가 증여 등을 받으면, 반환의무가 있다는 견해이다.
3 대판 2014. 5. 29, 2012다31802.
4 동지: 김주수, 570면; 동, 주석상속법, 194~195면; 배경숙·최금숙, 477면; 이희배, 가족법학논집, 828면. 프랑스민법 제846조 : 증여 당시에는 추정상속인이 아니었으나, 상속개시 당시에는 상속권자가 된 수증자는 그 증여물을 반환하여야 한다고 규정하고 있다.

대습인이 사망하기 전에 피상속인이 먼저 사망하여 상속이 이루어진 경우에는 특별수익에 해당하지 아니하던 것이 피대습인이 피상속인보다 먼저 사망하였다는 우연한 사정으로 인하여 특별수익으로 되는 불합리한 결과가 발생한다. 따라서 대습상속인의 위와 같은 수익은 특별수익에 해당하지 않는다(대판 2014. 5. 29, 2012다31802 판결).

⒟ 상속인이 아닌 사람, 포괄수유자

1) 상속인이 아닌 사람, 즉 상속인의 직계비속·배우자·직계존속, 후순위 상속인 등 제3자가 증여나 포괄유증을 받은 경우에는 원칙적으로 정산의무를 지지 않는다. 그러나 다른 상속인의 유류분을 침해한 경우에는 그에 따라 반환의무를 진다.

상속인과 가까운 관계에 있는 사람이 증여 또는 유증을 받은 경우에는 그 경위, 해당 재산의 가치와 성질, 수증자와 상속인이 실제 받은 이익 등을 고려하여, 실질적으로 피상속인으로부터 상속인에게 직접 증여 또는 유증된 것과 다르지 않다고 인정되는 경우에는 상속인의 직계비속, 배우자, 직계존속 등에게 이루어진 증여나 유증도 해당 상속인의 특별수익으로 고려할 수 있다.[1]

2) 상속결격사유가 발생한 이후에 결격된 자가 피상속인에게서 직접 증여를 받은 경우, 그 수익은 상속인의 지위에서 받은 것이 아니어서 원칙적으로 상속분의 선급으로 볼 수 없다. 따라서 결격된 자의 수익은 특별한 사정이 없는 한 특별수익에 해당하지 않는다.[2]

3) 상속인으로서 포괄유증을 받은 경우에도 특정유증을 받은 경우와 마찬가지로 정산의무가 있다. 상속인이 아닌 자로서 포괄유증을 받은 자는 본래 상속인이 아니어서 법정상속분이 없으므로 부족분이나 초과분이 있을 수 없는 만큼 정산의무가 없고, 따라서 단지 유류분반환의무만을 진다.

⒠ 입양 등으로 상속인이 된 사람　　특별수익 당시 상속인이 아니었으나 그 수익 후 입양이나 혼인, 선순위 상속인의 상속포기·상속결격 등으로 상속인이 된 경우 정산의무가 있는가? 수익 당시 공동상속인 여부를 기준으로 하여 이를 부정하는 견해가 있으나, 이 제도의 취지에 비추어 이러한 자 역시 정산의무가 있다고 보아야 할 것이다.[3]

---

1 대결 2007. 8. 28, 2006스3.
2 대결 2015. 7. 17, 2014스206, 207.
3 김형배, 326면; 이희배, 829면.

(2) 특별수익의 범위

㈎ 증   여

1) 부자간이나·모자간과 같이 피상속인과 상속인 사이에는 수시로 증여가 이루어지게 되는데, 이러한 증여가 모두 특별수익에 해당한다고 볼 수는 없고, 상속분의 선급이라고 볼 수 있을 정도로 '특별한' 증여만이 이에 해당한다.[1] 이를 판단할 때는 피상속인과 상속인들의 자산·수입·생활수준·가정상황 등을 종합적으로 참작하여야 하고, 공동상속인들 사이의 형평도 고려하여야 한다.[2]

부양료·의료비·생활비, 관례적 선물(생일·입학·졸업·학위취득·혼인 등 축하비용), 용돈 등은 법령상 의무에 기한 것이거나 사회상규에 반하지 않는 의례적인 것이므로 이에 해당하지 않는다.[3] 조위금·부의금·향전 등도 특별수익으로 보기 어렵다.

재산의 양도나 채무의 면제도 그것이 소액으로서 친족 간 부양의무의 이행이거나 정리상 이루어진 경우에는 특별수익으로 보기 어렵다.

부동산을 증여한 경우에 그로부터 발생한 임대료 등의 사용이익이나 주식을 증여하여 그로부터 배당금을 받은 경우와 같이 상속개시 전에 원물로부터 발생한 과실도 특별수익에 포함시켜야 할 것이다. 주식배당금이 특별수익에 포함되는지 문제된 사건에서 하급심은 "공동상속인 중 증여 또는 유증을 받은 자가 있는 경우, 증여목적물의 소유권은 증여받은 상속인에게 있으므로 그에게 과실을 수취할 권리가 있는 점, 생전에 피상속인이 그 목적물을 증여할 때는 그 목적물의 이용으로부터 발생하는 과실을 상속인에게 귀속시키려는 의사가 있다고 추정할 수 있고, 그와 같은 의사는 존중되어야 한다는 점, 또한 이미 소비하고 특별수익자에게 존재하지 않을 수도 있는 과실까지 특별수익에 포함하게 된다면 이는 수증자에게 예상하지 못한 부담으로 작용할 수 있는 점 등을 고려하면, 공동상속인들 간의 형평을 위하여 상속개시 이후에 증여목적물로부터 발생한 과실을 특별수익에 포함시킬 수 있음은 별론으로 하고, 그 과실을 포함하지 않을 경우 상속인 간의 형평을 깨뜨릴 만한 특별한 사정이 없는 한, 상속개시 이전에 발생한 과실을 특별수익에 포함시

---

1 대판 1998. 12. 8, 97므513, 520, 97스12.

2 대판 1998. 12. 8, 97므513·520; 97스12; 2011. 12. 8, 2010다66644; 2014. 11. 25, 2012스156, 157.

3 일반적인 의료비가 아닌 미용 목적의 성형수술비용은 특별수익이라는 학설도 있다(김용한, 325면). 그러나 일률적으로 그렇게 볼 수는 없을 것이다.

키지 않는 것이 타당하다고 할 것이다"고 판시하였으나,[1] 오히려 특별한 사정이 없는 한 이를 특별수익에 포함시키는 것이 타당하다고 할 것이다.

독립자금(경제적 독립생활을 위한 자금) 또는 사업자금, 생계자금, 주택건축자금, 주택구입비 등의 증여는 특별수익으로 볼 수 있다. 혼인비용 중 주택구입 비용이나 전세자금, 지참금 등은 특별수익으로 볼 수 있으나, 결혼식장 임차료와 부대비용, 손님접대비, 손님에 대한 선물비용 등은 의례적 성격이 강하고 그 지출의무가 반드시 상속인에게 있다기보다는 혼주인 피상속인에게 있으므로 원칙적으로 특별수익으로 보기 어렵다.[2]

의무교육이 아닌 고등교육(대학·대학원)을 위한 학비는 특별수익인가? 공동상속인들이 모두 이러한 고등교육을 받은 경우에는 그 학비에 다소의 차이가 나더라도 그 학비를 특별수익으로 볼 수 없다. 그러나 상속인 중 일부의 사람(예컨대 장남)에게만 대학교육이나 외국유학을 시킨 경우, 그 학비는 특별수익이 된다고 해석하여야 할 것이다.

2) 증여의 시기는 상속개시 이전의 것이라면 아무리 오래 전의 것이라도 상관없다. 또, 당사자 쌍방이 손해를 가할 것을 알고서 하였는지 여부도 관계가 없다. 즉 여기에는 민법 제1114조는 적용이 없다.[3]

3) 또한 증여의 종류로는 생전증여이든 사인증여이든 불문한다. 여기서 증여재산이란 '상속개시 전에 이미 증여계약이 이행되어 소유권이나 준소유권이 수증자에게 넘어간 재산'만을 가리키며, 아직 증여계약이 이행되지 않은 경우에는 상속채권이 되는 데에 불과하다. 따라서 미이행 증여계약의 경우에는 상속재산분할 단계에서만이 문제가 된다고 할 것이다.

4) 피상속인이 공동상속인 중 일부에게 재산을 증여한 바 없더라도, 이와 동일시할 수 있는 사정이 있는 때는 이를 증여한 것으로 취급하여야 한다. 따라서 피상속인이 실종선고로 인하여 사망간주되기까지 그의 재산 중 일부를 공동상속인 중의 일부가 타에 매각하여 소비하였고, 그 가액이 자신들의 법정상속분을 초과한

---

1 서울고결 2006. 7. 4, 2005브37(재항고심인 대결 2007. 3. 9, 2006스88 사건에서는 그것이 쟁점이 되지 않은 채 재항고기각으로 확정되었다).

2 피상속인이 자기 이름으로 혼례식 비용을 지출한 것은 특별수익이 아니고, 혼인 당사자인 상속인에게 현금을 지급하여 당사자가 지불한 것은 특별수익이라고 보는 견해도 있으나(곽윤직, 105면), 의문이다.

3 대판 1996. 2. 9, 95다17885.

다면 그들은 추가로 상속할 권리가 없다.[1]

::: 참고판례

유류분 산정의 기초가 되는 재산의 범위에 관한 민법 제1113조 ①항에서의 '증여재산'이란 상속개시 전에 이미 증여계약이 이행되어 소유권이 수증자에게 이전된 재산을 가리키는 것이고, 아직 증여계약이 이행되지 아니하여 소유권이 피상속인에게 남아 있는 상태로 상속이 개시된 재산은 당연히 '피상속인의 상속개시 시에 있어서 가진 재산'에 포함되는 것이므로, 수증자가 공동상속인이든 제3자이든 가리지 아니하고 모두 유류분 산정의 기초가 되는 재산을 구성한다(대판 1996. 8. 20, 96다13682).

⑷ 유증(遺贈)

1) 특정유증이든 포괄유증이든 모든 유증(유언증여)은 특별수익이므로 정산의 대상이 된다.

2) 유증의 목적물은 상속개시 당시 상속재산 중에 포함되어 있으므로, 상속분 조정 시 생전증여처럼 각자의 상속분(분할액)이나 유류분가액 계산을 위한 기초 상속재산에 가산(+)할 필요는 없다. 유증은 상속개시 당시에는 아직 실현된 것이 아니고 상속재산 중에 남아 있기 때문이다. 특히 특정물(예컨대 부동산)의 유증은 '유증을 원인으로' 권리이전청구를 할 수 있는 권리, 즉 채권적 청구권을 취득하는 것에 지나지 않는다.

⑸ 생명보험금 등 보험금

1) 상속인을 보험수익자로 하여 피상속인이 보험계약을 체결하고 보험료를 지급한 경우, 그것이 교육보험처럼 피상속인이 지출할 비용 마련을 위한 것이 아닌 한 특별수익에 해당한다.

2) 이때 특별수익의 가액을 무엇으로 볼 것인지에 대해서 ① 보험료 총액설, ② 보험금 총액설, ③ 보험해지가액설[계약자(피상속인)가 사망 당시 보험계약을 해지하였더라면 받았을 해약반환금을 특별수익액으로 보아야 한다는 견해],[2] ④ 보험금액수정설[(반환대상금액) = 지급된 보험금의 총합계액 × (피상속인이 부담한 보험료 합계액/피상속인의 사망 시까지 불입된 보험료의 총 합계액)][3]이 대립한다.

---

1 대판 1973. 5. 8, 71다1554.
2 김주수, 571~572면; 이경희, 348면; 김상용 외 3, 483면; 배경숙·최금숙, 483면.
3 곽윤직, 107면.

보험수익자인 상속인이 실질적으로 얻을 이익을 고려하면 ④설(보험금액수정설)이 가장 타당성이 있다. 이 경우 피상속인 사망 당시 아직 보험만기가 도래하지 않은 때에는 피상속인의 사망 시부터 보험만기까지 상속인이 납부할 보험료를 기준으로 가액을 계산하여야 할 것이다. 상속세도 이 금액을 기초로 부과된다(상속세 및 증여세법 제 8 조, 동법 시행령 제 4 조).

예컨대, 만기 시 수령할 보험금이 5,000만 원, 만기 시까지 납부할 총 보험료가 500만 원이며, 피상속인 사망 시까지의 불입 보험료 합계액이 470만 원이고, 그 중 10만 원은 상속인이 부담하였다고 가정하는 경우 ④설에 의해 계산하면, 다음과 같다.

특별수익액으로 평가할 액=5,000만 원 × (470만 원 − 10만 원)/500만 원 = 4,600만 원

㈒ **사망퇴직금·유족연금**   공동상속인 중 일부만이 이러한 돈을 받은 경우, 그것이 고유의 상속재산은 아니지만, 상속인들 간의 공평을 도모하려면 이 역시 특별수익에 해당하는 것으로 해석하여야 한다.

(3) 특별수익의 대상과 평가

㈎ **대   상**

1) 특별수익으로 정산되는 것은 현물(現物) 또는 원물(元物)이 아니라, 계산상의 가액(금전의 액수)이다(가액반환주의, 價額返還主義). 이는 법정상속분의 미달 또는 초과를 계산하기 위해 부득이하다.

2) 평가의 기준시점이나 평가방법에 관하여는 민법에 특별한 규정이 없다.

㈏ **평가시점**

1) 여기에는 ① 상속개시시설(통설[1]과 판례)로서, 상속재산의 평가는 상속개시시를 기준으로 하여야 하므로 특별수익의 평가도 상속개시시를 기준으로 함이 타당하며, 다만 공동상속인 간에 대상(代償)분할의 방법으로 상속재산을 분할할 경우(특정재산을 1명이나 여러 명의 상속인의 단독소유로 하고 그의 상속분과 그 특정재산의 가액과의 차액을 현금으로 정산)에는 그 분할시를 기준으로 재산을 재평가하여 그 평가액으로 정산하여야 한다는 견해, ② 상속재산분할시설(소수설[2])로서, 상속개시시와 상속재산분할시의 재산평가액에 차이가 생길 수 있기 때문에 현실적으로 상속

---

1 김주수, 572면 등; 甲斐 외 2, 168면.
2 박병호, 364~365면.

재산을 분할할 당시의 가액으로 재산을 평가하여 정산하여야 공평하다는 견해, ③ 증여이행시설(독민 제2055조 ②항)[1]로서, 증여는 이행되어야 그 소유권이 수증자에게 귀속되므로 그 이행시를 기준으로 평가하여야 한다는 견해가 대립한다.

2) 판례는 ①설을 취하고 있다.[2]

3) 생각건대, 특별수익의 정산은 상속개시 당시 공동상속인들 사이의 공평을 기하기 위한 것이므로 그때 그 특별수익재산이 수익자에게 이득을 주는 정도를 고려해야 하는 만큼, 원칙적으로 상속개시시의 가액으로 평가하되, 상속재산분할시까지 시간적 간격이 있거나 대상분할을 하는 때에는 그때를 기준으로 정산함이 타당하다.

:: 참고판례

공동상속인 중에 피상속인으로부터 재산의 증여 또는 유증 등의 특별수익을 받은 자가 있는 경우에는 이러한 특별수익을 고려하여 상속인별로 고유의 법정상속분을 수정하여 구체적인 상속분을 산정하게 되는데, 이러한 구체적 상속분을 산정함에 있어서는 상속개시시를 기준으로 상속재산과 특별수익재산을 평가하여 이를 기초로 하여야 할 것이고, 다만 법원이 실제로 상속재산분할을 함에 있어 분할의 대상이 된 상속재산 중 특정의 재산을 1인 및 수인의 상속인의 소유로 하고 그의 상속분과 그 특정의 재산의 가액과의 차액을 현금으로 정산할 것을 명하는 방법(소위 대상분할의 방법)을 취하는 경우에는, 분할의 대상이 되는 재산을 그 분할시를 기준으로 하여 재평가하여 그 평가액에 의하여 정산을 하여야 한다(대결 1997. 3. 21, 96스62).

(대) 평가방법

1) 원칙적으로 상속개시 시점에서 증여 당시 그대로(원상태로) 특별수익재산이 존재하는 것으로 보고 평가하여야 한다. 그러나 천재·지변 기타 불가항력으로 그 재산이 멸실·감손된 경우에는 잔존부분만을 평가하여야 한다(다수설). 다만, 그 동안의 사용이익은 별도로 계산하여야 할 것이다.

2) 특별수익자의 책임 있는 행위(고의와 과실을 포함)로 특별수익재산이 멸실·소실·파괴·저가 매각(2억 원짜리의 물건을 실제 1억 5천만 원에 매각)된 경우에는 수익 당시 그대로를 기준으로 평가하여야 한다.

---

1 곽윤직, 108면.
2 대결 1997. 3. 21, 96스62; 甲斐 외 2, 168면.

3) 특별수익자가 건물을 수선·증축한 경우와 같이 개량한 때는 그로 인한 가치증가액은 공제하여야 할 것이다. 건물 등이 오래되어 자연히 낡아서 망가진 경우 원래의 상태로 남아 있는 것으로 간주하여 상속개시시의 가치로 평가하여야 한다는 견해가 있으나,[1] 상속개시 당시의 상태로 평가하고 여기에 그 동안의 사용이익을 가산함이 공평하다고 볼 것이다.

4) 금전이 증여된 경우, 증여시와 증여자의 사망시(상속개시시) 사이에 상당한 화폐가치의 변동이 있다면 이를 상속개시 당시의 시가로 환산하여 평가하여야 한다.[2] 그 방법으로는 증여받은 금액을 디플레이터(deflator)로 나누어 산정한다.

5) 특별수익은 상속재산의 분할 과정에서 우선 평가, 계산된다. 특별수익의 액수에 따라서 이를 받은 상속인의 구체적 상속분(제1008조)이 정해질 수 있기 때문이다. 상속재산의 분할은 상속인들의 협의에 의한 분할(제1013조 ①항)과 가정법원의 심판에 의한 분할(제1013조 ②항, 가소 제 2 조 ①항 2호 나목 마류 가사비송사건)을 모두 포함한다. 상속인들의 협의에 의하여 상속재산을 분할하는 때에는 그 재량의 여지가 매우 많으므로 실제보다 더 크거나 작게 특별수익을 평가하여도 별 문제가 없다. 가정법원의 심판에 의하여 상속재산을 분할하는 경우에는 특별수익을 고려하여 법원이 분할 내용을 결정하게 된다.

㈑ **상속채무**   특별수익자가 있는 경우에도 상속채무(相續債務)는 공동상속인들이 본래의 법정상속분의 비율에 따라 승계·분담하게 된다.[3] 즉 상속재산에서 채무를 공제하지 않고, 적극재산 전액을 기준으로 특별수익을 정산하여야 한다. 상속채무를 공제한 가액을 기준으로 특별수익액을 계산한다면, 초과특별수익자는 상속채무를 전혀 부담하지 않게 되어 부당하기 때문이다.

:: **참고판례**

공동상속인 중에 특별수익자가 있는 경우의 구체적인 상속분의 산정을 위해서는, 피상속인이 상속개시 당시에 가지고 있던 재산의 가액에 생전 증여의 가액을 가산한 후, 이 가액에 각 공동상속인별로 법정상속분율을 곱하여 산출된 상속분의 가액으로부터 특별수익자의 수증재산인 증여 또는 유증의 가액을 공제하는 계산

---

[1] 김주수, 573면; 곽윤직, 109면; 이경희, 349면.
[2] 일 최판 1976. 3. 18, 집 30-2, 111면; 甲斐 외 2, 169면.
[3] 대판 1995. 3. 10, 94다16571; 일 대판 1921. 10. 10, 민록 27, 1807면[적극재산이 전혀 없고 소극재산(채무)만 남긴 경우도 동일].

방법에 의하여야 할 것이고, 여기서 이러한 계산의 기초가 되는 '피상속인이 상속개시 당시에 가지고 있던 재산의 가액'은 상속재산 가운데 적극재산의 전액을 가리키는 것으로 보아야 옳다(대판 1995. 3. 10, 94다16571).

4. 특별수익의 정산

(1) 특별수익의 정산이 필요한 경우

특별수익자의 특별수익이 문제되는 경우는 상속재산을 분할하는 때와 유류분반환청구가 있는 때이다. 따라서 공동상속인들 사이에 특별수익의 처리에 관하여 이를 문제삼지 않기로 합의가 이루어지거나, 상속재산의 분할청구나 유류분반환청구가 없는 때는 문제가 되지 않고, 그러한 청구가 있는 때에만 정산을 하게 된다.

㈎ 상속재산의 분할청구가 있는 경우

1) 상속재산의 분할청구는 상속인이 다른 상속인들에 대하여 그 분할의 협의를 구하는 방법으로도 할 수 있고(제1013조 ①항), 가정법원에 비송사건으로 그 분할의 심판청구를 하는 방법으로도 할 수 있다(제1013조 ②항, 가소 제 2 조 ①항 2호 나목 마루 10호). 심판청구 이전의 조정신청(가소 제50조)도 심판청구의 일종이다.

2) 상속재산의 분할청구가 있으면 어느 상속인이 특별수익을 한 여부와 그 액수를 평가하여 이를 반영한 다음 그 특별수익자에게 귀속시킬 상속재산가액을 정하게 된다. 협의분할이든 가정법원의 조정이나 심판에 의한 분할이든 기여분청구처럼 상속재산의 분할청구 외에 별도의 '특별수익 정산청구'를 할 필요는 없다.

3) 협의분할이나 가정법원의 조정에 의한 분할의 경우에는 특별수익의 존부와 그 액수를 상속인들의 협의로써 자유로이 결정·평가하게 되고, 심판에 의한 분할의 경우에는 가정법원이 직권으로 심리한다(가소 제34조, 비송사건절차법 제11조). 이해관계가 있는 자는 재판장의 허가를 받아 심판절차에 참가할 수 있다(가소 제37조).

상속인이나 이해관계인은 심판절차에서 어떤 상속인이 특별수익한 사실과 그 액수를 주장·진술할 수 있다.

4) 협의분할이나 조정에 의한 분할의 경우와 마찬가지로 심판에 의한 분할의 경우에도 특별수익 여부와 그 액수는 심판의 이유 중에만 표시될 뿐 주문에 표시되지는 않는다.

(나) 유류분반환청구가 있는 때

1) 어느 상속인이 다른 상속인이나 제3자를 상대로 유류분반환청구를 한 경우에는 먼저 유류분가액을 산정하여야 하는데, 이때 어느 상속인이 특별수익을 한 경우 이는 그 기초재산가액에 산입하여야 한다.[1] 특별수익은 상속인 모두에게 돌아가야 하는 상속재산이므로, 어느 상속인이 상속재산분할절차에 의하지 않고 특별수익을 하였다면 이를 유류분가액 산정을 위한 기초재산가액, 즉 피상속인이 상속개시 당시 남긴 상속재산의 총액에 당연히 포함시켜야 하기 때문이다.

2) 유류분반환청구는 가사소송 사항이 아니므로 이는 민사소송 사항에 속하고, 민사법원이 관할·판단한다. 여기에는 변론주의가 적용되므로 유류분반환청구권자인 원고와 그 상대방인 피고는 특별수익의 존부와 그 액수에 관하여 주장·증명하여야 한다.

3) 한편, 위와 같이 유류분가액을 산정한 다음에는 유류분의 침해가 있는지 여부를 판단하기 위하여 유류분가액에서 원고인 유류분권리자의 특별수익과 순상속액(실제 상속으로 얻는 금액에서 법정상속분에 따른 상속채무분담액을 공제한 것)을 각 공제하여 과부족이 있는지 여부에 따라 이를 판단하게 된다. 따라서 이를 위해서도 법원은 특별수익의 존부와 그 액수를 심리·평가하여야 한다.

(2) 특별수익이 상속분에 부족한 경우

1) 특별수익을 계산한 결과 그것이 특별수익자(상속인)의 법정상속분에 미달하는 경우, 그는 부족한 부분만 상속을 받을 수 있다(제1008조).

2) 그러나 상속인들의 협의에 의하여 상속재산을 분할하는 때에는 이에 따르지 않아도 무방하다.

(3) 특별수익이 상속분을 초과하는 경우

(가) 상속의 가부

1) 특별수익이 이미 자신의 법정상속분을 초과하는 경우 그 특별수익자는 상속개시 당시의 상속재산에서 상속을 받을 수 없다. 이것이 민법 제1008조의 취지이다.

---

1 통설과 판례에 따른 유류분침해액 산정 공식은 다음과 같다. 유류분 침해액 = 유류분 산정의 기초가 되는 재산액(A) × 그 상속인의 유류분 비율(B) − 그 상속인의 특별수익액(C) − 그 상속인의 순상속액(D)
  A = 사망 당시의 적극적 잔존재산 + 산입될 생전증여 − 상속채무액 C = 그 상속인의 수증액 + 수유액
  D = 그 상속인이 상속분에 따라 사망 당시에 잔존재산에서 얻는 재산액 − 상속채무분담액

2) 그러나 상속인들의 협의로 상속재산을 분할하는 때에는 이에 따르지 않을 수도 있다.

⑷ **상속분 초과액의 반환의무**

1) 1977. 12. 31. 개정 전 민법은 반환의무가 없다고 규정하고 있었다(제1008조 단서). 그런데 위 개정민법은 유류분 제도를 도입하면서 위 제1008조 단서를 삭제하였다.

2) 이에 대한 학설은, ① 반환긍정설,[1] ② 반환부정설[2] 이 대립한다. ①설은, 초과특별수익자는 상속을 포기하여 반환의무를 면하고 그것으로 만족할 수도 있다고 한다. 판례는 '특별수익으로 인해 다른 공동상속인의 유류분을 침해하는 경우'에만 그 한도에서 반환할 의무가 있다고 본다.[3]

3) 생각건대, 1977. 12. 31. 개정 민법이 유류분 제도를 도입하면서 종전의 제1008조 단서를 삭제한 만큼 판례의 태도가 옳다. 그리고 뒤에서 보는 바와 같이 초과특별수익자가 상속을 포기하더라도 유류분반환의무를 면할 수는 없으므로 ①설은 이 점에서도 타당하지 못하다.

4) 그러나 상속인들의 협의에 의하여 상속재산을 분할하는 때에는 이에 따르지 않고 초과 수익액을 반환하기로 합의할 수 있음은 물론이다.

(4) **특별수익자가 있는 경우 상속분의 산정방법**

1) 특별수익자의 특별수익이 문제되는 경우는 위와 같이 상속재산을 분할하는 때와 유류분반환청구가 있어 유류분액과 유류분 침해액을 계산하는 때인데, 유류분반환청구에 관한 문제는 뒤의 해당되는 부분에서 논의하기로 하고 여기서는 상속재산을 분할하는 경우만을 상정하여 설명한다.

2) 위와 같이 각 상속인은 법률이 정한 법정상속분을 가지고, 그에 따라 피상속인이 남긴 잔존 상속재산에 대하여 상속권을 주장·행사할 수 있으며, 이는 잔존 상속재산을 분할하는 때도 마찬가지다.

상속인이 증여나 유증을 받은 경우에는 비록 그것이 상속 그 자체는 아니지만 피상속인의 재산으로부터 받은 것이므로 실질상으로 보면 그 상속인은 이미 그에

1 김주수, 543면.
2 박병호, 365~366면; 곽윤직, 109면; 이경희, 349면; 배경숙, 479면; 윤진수, "초과특별수익이 있는 경우 구체적 상속분의 산정방법," 서울대학교법학 제38권, 100면; 독일민법 제2056조.
3 대판 2006. 9. 28, 2004다46441.

해당하는 만큼의 상속을 받은 셈이 되므로, 피상속인이 사망 당시 남긴 재산, 즉 상속개시 당시의 잔존 상속재산을 분할하는 때는 이와 같이 수정된 각 상속인의 구체적 상속분에 의하여 이를 분할하여야 한다(제1008조 참조).

⑺ 초과 특별수익자가 없는 경우

특별수익을 고려한 각 상속인의 구체적 상속분에 의하여 잔존 상속재산을 분할, 정산하여야 할 경우 그 상속분의 산정방법은 다음의 공식과 같다.

법정 상속분액 = (상속개시 당시의 잔존 상속재산+생전증여)[1] × 법정상속분율
구체적 상속분액 = 법정 상속분액 − (생전증여액 또는 유증액)

[사례]

남편이 배우자(甲)와 자녀 乙·丙·丁에게 부동산 6,000만 원, 예금 2,000만 원을 남기고 사망하였다. 남편은 아래와 같이 처분하였다.

甲(처) : 1,000만 원을 주노라 유언하였다.

乙 : 혼인 당시 갑이 500만 원 상당의 전답을 사주었다.

丙 : 혼인지참금으로 500만 원을 지급하였다.

丁에게는 유증도 증여도 하지 아니하였다.

• 명목상의 상속재산 총액 : 부동산 6,000만 원+예금 2,000만 원+乙 증여금 500만 원+ 丙증여금 500만 원 = 9,000만 원
• 위 명목상의 상속재산 총액에 대한 각 상속인의 법정 상속분액

갑 : 9,000만 원 × 3/9 = 3,000만 원

을 : 9,000만 원 × 2/9 = 2,000만 원

병 : 9,000만 원 × 2/9 = 2,000만 원

정 : 9,000만 원 × 2/9 = 2,000만 원

• 위 법정 상속분액에 특별수익을 고려한 각 상속인의 구체적 상속분액

갑 : 9,000만 원 × 3/9 − 갑 유증액 1,000만 원[2] = 2,000만 원

을 : 9,000만 원 × 2/9 − 을 증여금 500만 원 = 1,500만 원

병 : 9,000만 원 × 2/9 − 병 증여금 500만 원 = 1,500만 원

정 : 9,000만 원 × 2/9 − 0 = 2,000만 원

---

1 잔존 상속재산에 이미 이행된 생전증여액을 합산하여야, 증여가 없었더라면 원래 각 상속인들이 받을 수 있는 상속분액이 도출된다. 그러나 특정 상속인에 대한 유증액은 상속개시 당시의 잔존 상속재산에 들어 있으므로 별도로 가산할 필요가 없다.

2 유증은 상속재산분할절차에 의하지 않고 유언집행자가 잔존 상속재산에서 이행하여야 하므로 생전증여처럼 이미 받은 것으로 의제하여 공제한다.

• 각 상속인들은 위 각 구체적 상속분액비율에 따라 잔존 상속재산을 분할하게 된다. 이때 유증액은 유언집행자가 잔존 상속재산에서 상속재산분할절차에 의하지 않고 이행하여야 하고 이에 따라 분할할 재산에 속하지 않으므로, 잔존 상속재산에서 이를 공제한 나머지만이 분할의 대상이 된다.

• 잔존 상속재산 중 분할할 재산액: 부동산 6,000만 원 + 예금 2,000만 원 − 갑 유증액 1,000만 원 = 7,000만 원

• 위 7,000만 원을 각 상속인들은 구체적 상속분액비율로 분할하여 상속한다.

갑 : 7,000만 원 × 갑2000/(갑2000 + 을1500 + 병1500 + 정2000) = 2,000만 원

을 : 7,000만 원 × 을1500/(갑2000 + 을1500 + 병1500 + 정2000) = 1,500만 원

병 : 7,000만 원 × 병1500/(갑2000 + 을1500 + 병1500 + 정2000) = 1,500만 원

정 : 7,000만 원 × 정2000/(갑2000 + 을1500 + 병1500 + 정2000) = 2,000만 원

• 잔존 상속재산의 분할 후 각 상속인들의 최종 취득액

갑 : 잔존 상속재산 중 분할상속액 2,000만 원 + 유증액 1,000만 원 = 3,000만 원

을 : 잔존 상속재산 중 분할상속액 1,500만 원 + 증여액 500만 원 = 2,000만 원

병 : 잔존 상속재산 중 분할상속액 1,500만 원 + 증여액 500만 원 = 2,000만 원

정 : 잔존 상속재산 중 분할상속액 2,000만 원 = 2,000만 원

• 위와 같이 잔존 상속재산의 분할 후 각 상속인들의 최종 취득액은 위 명목상의 상속재산 총액에 대한 상속인들의 법정 상속분액과 동일하게 되어 상속의 공평이 실현되었다.

⒝ 초과 특별수익자가 있는 경우

[사례]

앞서의 사례에서 정도 4,000만 원의 유증을 받았다고 가정한다.

1) 이 경우에도 법정 상속분액과 구체적 상속분액의 계산 방식은 동일하다. 따라서 각 법정 상속분액은 위와 같다. 다만, 정은 자신의 법정상속분액인 2,000만 원을 초과하는 4,000만 원을 유증받아 그 특별수익이 2,000만 원 초과하는바, 이 경우 정은 공동상속인들인 갑, 을, 병이 유류분반환청구권을 행사하지 않는 한 그들에게 초과수익 2,000만 원을 반환할 의무가 없다. 그러나 그는 구체적 상속분이 0이 되므로 잔존 상속재산의 분할에서 상속을 받을 수 없다(제1008조).

2) 그런데 정의 초과수익으로 인하여 나머지 상속인들은 자신의 구체적 상속분에 미달하는 액을 잔존 상속재산의 분할절차에서 받게 되고, 결국 잔존 상속재산의 분할 후 나머지 상속인들의 최종 취득액 역시 명목상의 상속재산 총액에 대

한 그들의 법정 상속분액에 미달하게 된다. 이는 초과 수익자인 정이 초과수익을 반환하지 않는 데 따른 것으로서, 이는 결국 나머지 상속인들이 분담하여 그 손실을 감수하여야 한다. 이때 그들의 손실분담액을 산정하는 방법에는 ① 초과 수익자의 구체적 상속분을 0으로 하고 각 상속인들의 구체적 상속분비율에 따라 잔존 상속재산을 분할하는 방법, ② 위 ①의 방법에 따라 각 상속인들의 구체적 상속분액을 계산한 다음, 여기에서 초과수익을 각 상속인들의 법정상속분비율에 따라 계산한 금액을 공제하여 그 잔여액의 비율로 잔존 상속재산을 분할하는 방법이 있는데, 상속재산의 분할은 각 상속인들의 구체적 상속분비율에 따름이 타당하므로 위 ① 방법이 타당하다.

3) 위 ①과 ②의 방법에 따라 잔존 상속재산을 분할하면 다음과 같이 그 결과과 다르게 된다.

◆ 위 ①의 방법에 따라 잔존 상속재산을 분할하는 경우
• 명목상의 상속재산 총액: 9,000만 원(앞 사례와 동일)
• 법정 상속분액에 특별수익을 고려한 각 상속인의 구체적 상속분액
갑 : 9,000만 원 × 3/9 − 갑 유증액 1,000만 원 = 2,000만 원
을 : 9,000만 원 × 2/9 − 을 증여금 500만 원 = 1,500만 원
병 : 9,000만 원 × 2/9 − 병 증여금 500만 원 = 1,500만 원
정 : 9,000만 원 × 2/9 − 정 유증액 4,000만 원 = −2,000만 원

• 각 상속인들은 위 각 구체적 상속분액비율에 따라 잔존 상속재산을 분할하게 된다. 이때 초과 수익자는 구체적 상속분액비율이 0이 된다. 잔존 상속재산 중 분할할 재산액 3,000만 원(부동산 6,000만 원 + 예금 2,000만 원 − 갑 유증액 1,000만 원 − 정 유증액 4,000만 원)을 각 상속인들은 구체적 상속분액비율로 분할하여 상속한다.
갑 : 3,000만 원 × 갑2000/(갑2000 + 을1500 + 병1500 + 정0) = 1,200만 원
을 : 3,000만 원 × 을1500/(갑2000 + 을1500 + 병1500 + 정0) = 900만 원
병 : 3,000만 원 × 병1500/(갑2000 + 을1500 + 병1500 + 정0) = 900만 원
정 : 3,000만 원 × 정0/(갑2000 + 을1500 + 병1500 + 정0) = 0원

• 잔존 상속재산의 분할 후 각 상속인들의 최종 취득액
갑 : 잔존 상속재산 중 분할상속액 1,200만 원 + 유증액 1,000만 원 = 2,200만 원
을 : 잔존 상속재산 중 분할상속액 900만 원 + 증여액 500만 원 = 1,400만 원
병 : 잔존 상속재산 중 분할상속액 900만 원 + 증여액 500만 원 = 1,400만 원
정 : 잔존 상속재산 중 분할상속액 0원 + 유증액 4,000만 원 = 4,000만 원

◆ 위 ②의 방법에 따라 잔존 상속재산을 분할하는 경우

• 명목상의 상속재산 총액 : 9,000만 원(앞 사례와 동일)

• 법정 상속분액에 특별수익을 고려한 각 상속인의 구체적 상속분액

갑 : 9,000만 원 × 3/9 − 갑 유증액 1,000만 원 = 2,000만 원

을 : 9,000만 원 × 2/9 − 을 증여금 500만 원 = 1,500만 원

병 : 9,000만 원 × 2/9 − 병 증여금 500만 원 = 1,500만 원

정 : 9,000만 원 × 2/9 − 정 유증액 4,000만 원 = −2,000만 원

• 위 초과수익액 2,000만 원을 정을 제외한 나머지 상속인들이 각 법정상속분 비율에 따라 분담하게 한 후 이를 각 상속인의 구체적 상속분액에서 공제하면 (이때 초과 수익자 정은 상속인이 아닌 것으로 보아 제외한다),

갑 : 2,000만 원 × 3/7 = 857.14만 원. 2,000만 원 − 857.14만 원 = 1,142.86만 원

을 : 2,000만 원 × 2/7 = 571.42만 원. 1,500만 원 − 571.42만 원 = 928.58만 원

병 : 2,000만 원 × 2/7 = 571.42만 원. 1,500만 원 − 571.42만 원 = 928.58만 원

• 잔존 상속재산 중 유증액을 공제한 나머지 3,000만 원(부동산 6,000만 원 + 예금 2,000만 원 − 갑 유증액 1,000만 원 − 정 유증액 4,000만 원)을 위와 같이 수정된 각 상속인의 구체적 상속분액비율로 분할하면(정은 초과 수익자로서 구체적 상속분이 0이므로 분할에 참여할 수 없다),

갑 : 3,000만 원 × 갑1142.86/(갑1142.86 + 을928.58 + 병928.58) = 1,845만 원

을 : 3,000만 원 × 을928.58/(갑1142.86 + 을928.58 + 병928.58) = 577.5만 원

병 : 3,000만 원 × 병928.58/(갑1142.86 + 을928.58 + 병928.58) = 577.5만 원

• 잔존 상속재산의 분할 후 각 상속인들의 최종 취득액

갑 : 잔존 상속재산 중 분할상속액 1,845만 원 + 유증액 1,000만 원 = 2,845만 원

을 : 잔존 상속재산 중 분할상속액 577.5만 원 + 증여액 500만 원 = 1,077.5만 원

병 : 잔존 상속재산 중 분할상속액 577.5만 원 + 증여액 500만 원 = 1,077.5만 원

정 : 잔존 상속재산 중 분할상속액 0원 + 유증액 4,000만 원 = 4,000만 원

Ⅳ. 기여분 : 기여상속인(寄與相續人)의 상속분

1. 의   미

(1) 개   념

1) 공동상속인들 중에서 상당한 기간 피상속인과 동거하거나 그를 간호하거나

그 밖의 방법으로 피상속인을 특별히 부양하거나 피상속인의 재산을 유지 또는 증가하는 데에 특별히 기여한 자가 있는 경우, 그러한 특별부양·기여분을 해당 상속인의 법정상속분에 더하여 상속하도록 하는 것이 기여분이다(제1008조의 2).

이는 일본 민법을 본받아 1990. 1. 13. 민법 개정으로 도입된 것으로, 1991. 1. 1.부터 시행되고 있다.

2) 기여분은 이와 같이 피상속인이 남긴 재산으로부터 기여자인 상속인이 추가적인 상속을 받게 되는 것이므로 법정상속분의 수정요소(修正要素)로 작용한다.

3) 기여분이 인정될 경우에는 상속개시 당시 잔존 상속재산가액에서 기여분을 공제한 것만을 공동상속인들에게 분배할 상속재산으로 본다.

따라서 그 액수에 법정상속분을 곱하여 계산한 것이 각 상속인의 법정상속분액이 되고, 기여자는 기여분을 제한 나머지 잔존 상속재산에 그 본래의 법정상속분을 곱한 액수에 기여분을 더한 액수가 그의 최종 상속분액이 된다. 다시 말하자면, 기여분이 인정될 경우 이는 기여자가 생성한 재산으로 보아 피상속인이 남긴 상속재산에서 제외하여 이를 기여자에게 귀속시키고, 이에 따라 그 부분은 다른 공동상속인들에게 분배할 상속재산에 포함되지 않게 된다.

(2) 이 제도의 존재이유(공평의 이념)

1) 기여분제도는 특별수익자의 정산의무와 같이 공동상속인들 사이의 실질적 공평(公平)을 도모하려는 것이 그 목적이다.[1] 즉 상속재산의 유지·증가에 기여한 상속인이 있을 경우, 그에게 법정상속분 그대로를 상속케 하는 것은 공평에 맞지 않는다. 그의 기여에 의하여, 피상속인이 그 명의로 취득·보유한 상속재산은 실질적으로는 상속재산이 아니라 기여자의 것이기 때문이다.

2) 그러나 기여자가 그 재산에 대하여 곧바로 자신의 소유권을 주장하는 것은 용이하지 않고, 또 어느 정도가 그의 기여에 의해 유지·증가한 것인지를 결정하는 것도 쉬운 일은 아니다.

이에 따라 상속재산분할의 기회에 이를 고려하여 기여자에게 법정상속분보다 더 많은 상속재산을 취득시킬 필요가 있으므로 민법은 상속재산분할의 기회에 이를 신청하도록 명문화하고(제1008조의 2 ④항), 기여분청구를 상속재산분할청구와 함께 가사비송사건으로 처리하도록 하였다(가소 제 2 조 ①항 마류 9호 가사비송사건).

---

1 독민(제2057조 a호), 영국의 1975년 상속법, 일본 민법(1980년, 제904조의 2)등도 기여분을 두고 있다.

(3) 유사개념과의 구별

㈎ 기여분과 특별수익

1) 기여분과 특별수익은 독립한 제도이므로 그것이 모두 존재하는 경우 각각 따로따로 이를 계산하여야 한다.

2) 이때는 상속개시 당시의 잔존 상속재산가액에 생전증여액을 가산한 후 기여액을 공제한 것을 상속재산으로 하여 법정상속분에 따라 각 상속인의 법정상속분을 산정한 다음, 기여자에게는 여기에 기여분을 가산한 액으로 그 자의 구체적 상속분으로 하는 동시적용설이 통설이다.[1] 즉 기여분은 특별수익과 별개로 상속개시 당시의 잔존 상속재산가액에서 공제하여 각 상속인의 법정상속분액을 산정한다. 기여분은 실질적으로는 기여자의 재산이지 피상속인이 남긴 상속재산에 포함되지 않기 때문이다.

3) 기여분은 눈에 확연히 드러나는 것이 아니어서 그 존부가 불분명할 뿐 아니라 그 비율이나 가액도 상속인들의 협의나 가정법원의 심판으로 결정하기 전에는 불확정적인 반면, 특별수익은 비교적 분명하게 드러나 있다는 점에서 차이가 있다. 그러나 특별수익 역시 일률적으로 그것을 특별수익이라고 판단하기 어려운 면이 있고, 그 가액도 계산이 필요하므로 이러한 차이는 상대적이라고 볼 수도 있다.

4) 피상속인이 기여에 대한 보상조로 이미 그 상속인에게 증여를 한 경우(즉 기여자 측에서 보면 특별수익을 한 경우)에는 그 증여가액을 고려하지 아니한 나머지 재산을 가지고 각자의 법정상속분을 산정한 다음, 그 증여액이 당해 상속인의 기여에 대한 충분한 보상이 되는 경우에는 특별수익의 반환의무를 면제하고, 그것이 기여분에 미달하는 경우에는 그 부족액만을 다시 기여분으로 청구하거나 협의로써 기여분으로 정할 수도 있다.

㈏ 기여분과 유류분

1) 기여분은 특별수익과 같이 공동상속인들 사이의 공평을 도모하기 위한 것이고, 유류분은 피상속인의 증여와 유증의 자유를 제한하여 상속인에게 일정비율

---

1 다른 견해로는, ① 민법 제1008조에 의한 상속분수정을 먼저 행한 후 그에 따라 산출된 상속분을 기초로 기여분에 기한 상속분을 산정한다는 민법 제1008조 우선적용설, ② 민법 제1008조의 2에 의한 상속분수정을 먼저 행한 후 그에 따라 산출된 상속분을 기초로 특별수익자의 상속분을 산정한다는 민법 제1008조의 2 우선적용설, ③ 민법 제1008조와 제1008조의 2는 각각 별개의 상속분 산정에 관한 규정이고 그 취지도 다르므로 각각 별도로 계산한 뒤, 두 규정에 의한 상속분의 조정을 꾀하여야 한다는 개별조정설 등이 있다.

의 법정상속분을 확보할 수 있게 보장하는 상속인 보호제도로서 서로 다르다.

2) 기여분은 원래 기여자에게 돌아갈 고유의 상속분이므로 유류분에 우선하는 개념이다. 즉 기여분을 받을 상속인이 있는 경우, 피상속인이 사망 당시 남긴 재산에서 이를 공제한 나머지만이 공동상속인들에게 분배할 상속재산이 되므로, 기여분 상속인이나 다른 상속인이나 모두 위와 같이 분배할 상속재산을 토대로 하여 유류분권을 행사하여야 한다.

다시 말하자면, 유류분가액 산정 시 기여분은 그 기초재산가액에 산입되어서는 안 된다. 따라서 기여분과 유류분은 서로 관계가 없다는 표현이 더 정확하다. 그러나 유류분가액 산정 시 기여분을 그 기초재산가액에 산입하는지 여부에 관하여 학설이 일치되어 있지 않고, 판례는 현재 산입설을 취하고 있는바,[1] 이는 유류분에 관한 부분에서 논의하는 것이 좋으므로 그곳에서 논하기로 한다.

3) 기여분은 피상속인이 특정 상속인에게 증여와 유증을 한 것에서 비롯된 것이 아니므로, 그것이 다른 상속인의 유류분권을 침해할 수는 없다. 따라서 공동상속인들의 협의로 거액의 기여분이 정해진다고 하더라도(예컨대 기여분이 전체 상속재산의 80~90%로 정하여 지는 경우) 그 기여분은 유효하고 이로써 다른 상속인의 유류분권을 침해하는 것이 아니며,[2] 기여분은 유류분반환청구의 대상이 되지 아니한다.

4) 기여자도 기여분의 청구와 별도로 유류분권을 행사할 수 있다. 그러나 기여자가 다른 상속인이나 제3자를 상대로 유류분반환청구권을 행사하는 경우 기여분은 유류분권 행사의 기준인 법정상속분, 즉 유류분의 기초인 법정상속분에 산입되지 않는다. 예컨대, 상속인으로 자녀 두 명만이 있는 경우 이들의 법정상속분은 각 2분의 1이고, 따라서 그 유류분은 법정상속분의 각 2분의 1인 4분의 1인데, 형에게 20%(5분의 1)의 기여분이 인정되더라도 형의 유류분은 여전히 4분의 1이다.

유류분권은 법정상속분 중 일정 부분을 피상속인의 유증이나 증여로부터 보호하려는 것인데, 기여분은 상속재산 중 실질적으로 기여자의 재산을 그에게 귀속시키는 것일 뿐 그의 법정상속분 자체를 증가시키는 것은 아니기 때문이다. 이에 대해서는 이론이 없다.

---

1 대판 1994. 10. 14, 94다8334; 2015. 10. 29, 2013다60753.
2 공동상속인들이 상속재산분할협의를 한 결과 기여분의 가액이 유류분을 침해한 결과가 되었다고 하더라도, 침해당한 상속인은 유류분반환청구권을 포기한 것으로 보아야 할 것이다(김상용 외 3, 485면).

5) 기여분은 당사자의 협의나 가정법원의 심판으로 결정되므로, 그것이 정해지기 전에는 그 기여상속인은 이를 주장할 수 없고, 따라서 기여자가 피상속인으로부터 증여나 유증을 받아 유류분반환청구소송에서 그가 피고가 된 경우 기여상속인은 자신의 기여분을 공제하여 달라고 항변할 수 없다는 것이 판례이다.[1] 그러나 이 역시 부당한바, 그 구체적인 이유는 뒤의 유류분 부분에서 논하기로 한다.

:: 참고판례

공동상속인 중 피상속인의 재산의 유지 또는 증가에 관하여 특별히 기여하거나 피상속인을 특별히 부양한 자가 있는 경우, 그 기여분의 산정은 공동상속인들의 협의에 의하여 정하도록 되어 있고, 협의가 되지 않거나 협의할 수 없는 때에는 기여자의 신청에 의하여 가정법원이 심판으로 이를 정하도록 되어 있으므로, 이와 같은 방법으로 기여분이 결정되기 전에는 유류분반환청구소송에서 피고가 된 기여상속인은 상속재산 중 자신의 기여분을 공제할 것을 항변으로 주장할 수 없다 (대판 1994. 10. 14, 94다8334).

⑷ 기여분과 유증

1) 피상속인은 자유로이 재산을 처분할 수 있고, 기여분 때문에 이를 제약받지는 아니한다. 민법은, 기여분은 상속개시 당시 잔존 상속재산의 가액에서 유증의 가액을 공제한 액을 넘지 못한다고 규정하고 있다(제1008조의 2 ③항).

따라서 예컨대, 홍길동이 5,000만 원의 상속재산을 남기면서(그 중 장남의 기여분을 3,000만 원이라고 가정), "허풍선에게 3,000만 원을 주노라"고 유언하였다. 이 경우 장남의 기여분은 최대한 2,000만 원까지만 인정된다. 기여분이 유언의 자유를 제한할 수 없으므로, 망인의 유증이 기여분에 우선하기 때문이다.

2) 피상속인이 유언으로 기여분을 지정한 경우, 예컨대 망인이 생전에 "상속인 갑의 기여분을 전 재산의 3분의 1로 하라," "상속인 을에게는 기여분을 주지 말라"는 등의 유언을 하였다면, 그 유언은 모두 무효이다.[2] 기여분은 유언사항이 아니

---

1 당초 대법원은 당사자의 협의나 가정법원의 심판으로 기여분이 정해지기 전에는 기여상속인은 이를 주장할 수 없다고 판시하였으나(대판 1994. 10. 14, 94다8334), 나중에는 그것이 정해진 여부에 관계없이 기여상속인은 유류분반환청구소송에서 이로써 대항할 수 없다고 판시하였다(대판 2015. 10. 29, 2013다60753).
2 동지: 我妻 榮 著, 遠藤浩, 良永和隆 補訂, 民法 第 7 版, 116면. 이 기여분에 관한 유언은 피상속인이 상속인 기타 제 3 자에게 재산을 증여하는 유언(제1008조의 2 ③항)과는 성질이 다르다.

고, 상속인들의 협의나 가정법원의 조정·심판으로 정하여야 하기 때문이다.

이런 유언 역시 피상속인의 의사표시로서 유증의 경우와 같이 기여분에 우선하여야 한다는 소수설이 있지만, 기여분의 비율 지정을 가리켜 유증이라고 볼 수는 없으므로 타당치 않다. 다만, 그러한 의사표시가 유증으로 해석되는 경우에는 별 문제이다.

3) 민법 제1008조의 2 ③항은 "기여분은 상속이 개시된 때의 피상속인의 재산가액에서 유증의 가액을 공제한 액을 넘지 못한다."라고 규정하고 있는바, 특정유증 외에 포괄유증도 이에 해당되는가에 관하여 학설의 대립이 있다.

포괄유증을 받은 자는 상속인과 동일한 권리의무가 있으므로(제1078조), 포괄유증을 받은 자는 본래의 공동상속인과 동일하게 기여자의 기여분을 인정하여 이를 상속재산에서 공제함이 타당하고, 따라서 기여상속인에게 포괄유증을 주장할 수 없다고 보아야 한다.[1] 이는, 포괄유증을 받은 자가 본래의 상속인이 아닌 제3자라도 마찬가지라고 할 것이다.

2. 이론적 근거

1) 기여분의 이론적 근거에 대해서는, ① 기여자와 피상속인 사이의 실질적 공유재산이 바로 상속재산으로서, 기여자는 공유물에 대한 분할청구로서 기여분청구를 할 수 있다는 공유설(물권적 구성설), ② 기여자의 노력에 의해 형성된 피상속인 명의의 상속재산은 피상속인이 부당이득한 것으로서 기여자에게 반환해야 한다는 부당이득설, ③ 기여자의 노력에 의해 피상속인 명의의 상속재산이 형성된 만큼 기여자에게 법정상속분보다 더 많은 상속분을 인정함이 상속법의 법리에 합치하다는 상속분 변경설, ④ 기여자가 근로자로서 기여한 데에 대하여 피상속인이 지급하여야 할 미지급 임금이라는 설이 있다.[2]

2) 이상의 여러 견해는 모두 나름대로 근거가 있으므로 이를 종합적으로 이해함이 타당하나, 법리상으로는 위 ③설이 가장 타당하다.

---

1 동지: 오병철, "기여분과 유류분의 관계에 관한 연구", 가족법연구 제31권 1호(2017), 45면.
2 [新版注釋民法(27) 相續(2)(有斐閣, 1988), 有地亨 執筆部分, 253~254면].

3. 기여분의 요건

(1) 기여분의 주체

㈎ 공동상속인

1) 기여분의 주체, 즉 기여행위의 주체는 원칙적으로 공동상속인이라야 한다. 기여자는 공동상속인이면 되고, 그 숫자에는 제한이 없다. 따라서 여러 사람이 기여자가 될 수도 있다.

2) 상속인이 아닌 자는 기여분의 주체가 될 수 없으므로 기여행위를 하였더라도 이를 인정할 수 없다. 예컨대, 망인의 아들이 있는데 망인의 형제자매(후순위 상속인)가 실제로 기여를 하였더라도 기여분을 청구할 수 없다.[1]

또한, 사실혼 배우자(사실상의 처나 남편)·사실상의 양자·피상속인의 계모나 적모·상속권 없는 방계혈족(피상속인의 5촌 이상의 방계혈족)·피상속인의 호주 등도 마찬가지다. 따라서 이들은 기여분은 주장할 수 없고 부당이득반환청구나 공유관계에 기한 주장을 하는 수밖에 없다.

3) 상속을 포기하거나 상속분을 양도한 자(제1011조), 상속결격자는 상속권을 주장할 수 없으므로, 이에 기초한 기여분도 받을 수 없다.

㈏ 포괄수유자 등

1) 포괄유증을 받은 자는 상속인과 동일한 권리의무가 있는데(제1078조), 공동상속인이 아닌 포괄수유자도 이와 같다.

2) 공동상속인이 아닌 포괄수유자도 기여분을 주장할 수 있는가? 부정하여야 한다. 기여분은 본래 상속인의 지위를 갖는 자가 법정상속분 외에 상속재산의 형성·유지에 기여한 경우 이를 보호하기 위한 것이기 때문이다.[2]

3) 상속분을 양수한 자(제1011조)는 그 양도인이 주장할 수 있는 상속에 관한 권리를 행사할 수 있다고 보아야 할 것이므로, 그는 기여분도 주장할 수 있다.

㈐ 전전(轉傳)상속인과 대습상속인

1) 기여분을 주장할 수 있는 상속인이 이를 행사하지 않은 채 사망한 경우, 그의 상속인(＝전전상속인)이 이를 상속하여 행사할 수 있다.

2) 기여분은 일신전속적인 권리가 아니므로, 대습상속인은 피대습자의 기여분

---

1 동지: 곽윤직, 117면.
2 동지: 「상속재산분할 및 유류분 재판실무편람」(2019), 29면.

청구권을 대습상속하여 행사할 수 있다고 해석된다. 또한 대습상속인은 대습자(예컨대 손자) 자신의 기여와 피대습자(예컨대 아버지)의 기여를 함께 주장하여 청구할 수 있다(다수설).

3) 기여행위의 시점과 상관없이, 상속재산분할 당시 대습상속인이 상속인 자격을 취득하였으면 그 대습상속인은 기여분을 청구할 수 있다.

4) 상속결격을 원인으로 한 대습상속의 경우에도 기여분은 대습상속인에게 상속되는가(대습상속인은 피대습자의 기여를 주장할 수 있는가)? 긍정설과 부정설이 대립하고 있다. 상속인들 간의 공평을 도모하려는 제도의 취지상 긍정설이 타당하다.[1]

㈃ 상속인의 배우자 등 가족

1) 상속인의 처나 자녀가 피상속인(예컨대 시아버지나 할아버지)의 사업 또는 그 재산의 유지·증가에 크게 기여한 경우, 그 남편이나 부모인 상속인이 이를 주장할 수 있는가?

2) 학설이 대립하는데, 상속인의 자녀의 경우에는 소극설이 있을 뿐이다.[2] 그들이 상속인이 아닌 이상 원칙적으로는 인정할 수 없고,[3] 그 기여가 상속인 본인의 기여로 볼 수 있을 경우에는 인정할 수 있다. 기여분이 인정되지 않을 때는 그 기여자는 부당이득이나 공유관계를 주장할 수 있다.

(2) 재산의 유지·증가에 대한 특별한 기여행위가 있을 것

1) 자기의 부양의무나 협조의무를 넘어서 특별히 기여한 경우라야 한다. 즉 그 사람의 공로를 특별히 인정하여 주지 아니하면 상속인 사이에 불공평이 생길 정도의 기여라야 한다.

2) 특별한 기여는 보통의 기여와 구별된다. 그러므로 자녀에 대하여 양육비나 보통의 간호비를 지급한 것은 특별기여로 볼 수 없다.

3) 정신적 협력이나 단순한 조언도 기여라고 보기 어렵다.

4) 기여는 상속개시 이전에 이루어졌어야 한다. 그 이후에는 설사 그것이 재산의 유지에 기여한 바가 있더라도 여기서 말하는 기여라고 볼 수는 없다.

한편 기여분제도가 시행된 1991. 1. 1. 이후에 상속이 개시된 경우, 그 이전에 이루어진 기여도 당연히 고려되어야 한다. 다만, 1991. 1. 1. 이전에 개시된 상속의

---

1 송덕수, 329면.
2 이경희, 351면.
3 대판 2001. 3. 9, 99다13157.

경우에는 기여분을 인정할 수 없다.[1]

㈎ **무상(無償)의 노무제공(勞務提供)**　　일반적인 배우자의 가사노동, 가족생활상 불가피한 생활비용 부담은 특별한 기여로 볼 수 없다. 일상적인 가사노동은 부부 간의 동거·부양·협조의무의 범위에 속하기 때문이다. 그러나 이를 초과하여 피상속인과 함께 생업인 농업·상업 기타 사업에 종사하고 맞벌이를 한 경우 등에는 기여분이 인정될 수 있다.

:: 참고판례

① 독일에 살고 있는 자녀들을 대신하여 20년간 피상속인을 뒷바라지 한 양자(조카)에게 기여분 25%를 인정한 예(서울가심 2015. 11. 9, 2013느합000), 부모가 100세에 이르러 사망할 때까지 50년간 부양한 자식에게 기여분 50%를 인정한 사례[2]가 있다(서울가심 2011. 4. 26, 2010느합0000).

② 남편은 첩과 동거하면서 무관심으로 일관한 반면 처가 음식점 경영에 전념하여 남편 명의의 재산이 크게 증가한 경우, 처의 기여분을 20% 인정(서울가심 1995. 9. 7, 94느2926)

③ 50년 이상 부부로 동거하면서 시아버지(다리에 장애)와 시어머니(정신분열 증세)를 18년간 부양하였고, 남편과 함께 농업에 종사하면서 노력하였으며, 친정 언니의 도움으로 전답 등 상속재산 마련에 기여한 처에게 기여분 40%를 인정(전주지법군산지원 2001. 4. 12, 98느10 미공간).

㈏ **사업자금 공여·재산출연(財産出捐)**　　이로 인하여 피상속인의 재산의 유지나 증가에 공헌하였다면 특별한 기여로 볼 수 있다.

:: 참고판례

아버지의 사업이 부진하여 부도 직전의 위기에 처했을 때, 자녀가 자신의 부동산을 처분하여 아버지의 채무를 변제하여 부도를 면하게 하고, 타인 명의의 저당권설정등기를 말소하여 그 재산을 보존한 경우 기여분 20%를 인정(서울고법 1995. 6. 8, 94브22).

---

1 대결 1995. 2. 15, 94스13, 14.
2 서울가정법원판례검색 방법; 서울가정법원 홈페이지 → 우리법원주요판결 → 검색 앞의 빈칸에 '기여분' 타자 → 검색 누름.

(다) 피상속인의 특별한 부양

1) 상속인이 피상속인인 부모를 특별히 부양하였다면 특별한 기여로 볼 수 있다. 민법은 이를 좀 더 구체적으로 '상당한 기간 동거·간호 그 밖의 방법으로 피상속인을 특별히 부양할 것'을 요건으로 표시하고 있다(제1008조의2 ①항).

2) 반드시 동거를 하여야 특별부양이 되는 것은 아니지만, 여기의 간호나 부양은 친족 간의 부양의무(제974조)를 넘는 정도의 특별한 것이라야 한다.

따라서 친족 간의 협조의무(제826조)나 부양의무(제974조)의 이행으로 부양한 경우에는 특별한 기여로 볼 수 없다.[1] 그러나 이로써 상속재산이 증가하였다면 어느 정도의 기여분을 인정하는 것이 바람직하다.

3) 위의 '간호'는 상속인이 직접 피상속인을 간호하였기 때문에 직업적 간호인(간병인)에게 지급하였어야 할 요양비나 간병비 등의 지출을 면하게 함으로써 상속재산이 감소되지 않게 한 경우를 의미한다. 공동상속인 중 1명이 다른 형제자매와 상의하지 않고 부모를 부양한 경우에는 부양료의 구상이 문제될 뿐이다. 그러므로 형제자매와 부양 협의를 하고 이에 따라 자신의 가옥을 매각하고, 직장도 포기한 채 부모를 부양·요양·간호하였다면 당연히 기여로 인정된다.[2]

:: 참고판례

① 교통사고를 당한 남편(공무원)을 아내가 간병한 경우, 이는 부부간의 부양의무 이행의 일환일 뿐이므로 이를 특별기여로 볼 수 없다(대결 1996. 7. 10, 95스 30, 31: 이 사안에서는 아내가 기여를 주장하는 부동산보다 더 많은 부동산을 취득하여 그 명의로 등기를 마친 점 등을 고려하였다).

② 20년간 피상속인을 부양하였고, 후반의 10년간은 피상속인이 치매증상을 보이는데도 계속 부양한 사안에서, 친족 간의 부양의무를 넘는 특별한 부양으로 보아 10% 남짓을 기여분으로 인정하였다(서울가심 1998. 9. 24, 97느8349, 8350).

③ 딸이 결혼한 이후 친정 부모의 사망 시까지 30년 정도 동거하였다는 사정만으로는 특별한 기여로 볼 수 없다(서울가판 1996. 7. 24, 95드74936·74943).

④ 4녀 중 둘째 딸이 성년이 된 후 부양의무의 존부(存否)나 순위에 구애되지 않고 스스로 13년간이나 부와 동거하면서 생계유지의 수준을 넘어 자신과 같은 생

---

1 이경희, 351면.
2 동지: 배경숙 외1, 485면.

활 수준 정도의 부양을 한 경우 12% 남짓(12억여 원 중 1억 5천만 원)을 기여분
으로 인정하였다(대판 1998. 12. 8, 97므513, 520, 97스12).

(3) 기여행위로 인하여 상속재산이 유지·증가되었을 것

1) 기여행위와 재산의 유지·증가 사이에 인과관계가 있어야 한다. 아무리 기
여를 많이 하여도 재산이 증가하지 아니한 경우는 특별한 기여로 볼 수 없다.

2) 그런데 민법은 일본 민법과 달리, 특정 상속인이 '상당한 기간 동거·간호
그 밖의 방법으로 피상속인을 특별히 부양하거나 피상속인의 재산의 유지 또는 증
가에 특별히 기여한 자가 있을 때에는…'라고 하여 동거·간호, 특별한 부양을 한
자를 피상속인의 재산의 유지 또는 증가에 특별히 기여한 자와 같이 취급하고 있
는바,[1] 문리적으로만 해석하면, 상당한 기간 동거·간호 그 밖의 방법으로 피상속
인을 특별히 부양한 경우 그로 인하여 피상속인의 재산이 유지 또는 증가되지 않
았더라도 이를 후자와 같이 취급하여야 한다.

우리 민법이 왜 일본 민법과 약간 다르게 규정하였는지는 정확히 알 수 없지
만,[2] 특정 상속인이 상당한 기간 동거·간호 그 밖의 방법으로 피상속인을 특별히
부양한 경우, 이로써 피상속인의 재산의 유지 또는 증가에 직접적으로나 간접적으
로 기여를 하였다고 볼 수 있고, 설사 이로써 재산의 유지 또는 증가를 가져오지
않았더라도 이와 같이 피상속인을 상당한 기간 동거·간호 그 밖의 방법으로 특별
히 부양한 상속인에게는 다른 상속인보다 더 후한 대우를 함이 마땅하므로, 이 경
우 너무 기여행위와 재산의 유지·증가 사이에 인과관계를 엄격하게 요구할 것은
아니라고 할 것이다. 이는 효도와 경로사상을 앙양하고 장려하기 위한 조치라고
생각된다.

---

1 일본 민법 제904조의 2는 "공동상속인 중에 피상속인의 사업에 관한 노무의 제공 또는 재산상의 급
  부, 피상속인의 요양간호 그 밖의 방법에 의하여 피상속인의 재산의 유지 또는 증가에 있어서 특
  별한 기여를 한 자가 있는 때에는…"이라고 규정하고 있다.
2 이 개정 내용은 2005년 민법 개정에 따른 것인데, 이에 관하여 헌법재판소와 대법원은 "개정 민법
  상 기여분 규정은 개정 전 민법상의 '특별한 부양'이라는 요건을 '피상속인의 재산의 유지 또는 증
  가에 특별히 기여한 자'로부터 분리하고, '특별한 부양'의 행위 태양을 '상당한 기간 동거·간호 그
  밖의 방법으로 피상속인을 특별히 부양한 것'으로 구체화하였다고 평가된다. 그 개정 취지는 개정
  전 민법이 1991년 시행되어 균분상속이 실현되는 반면 실질적 형평의 침해를 방지하기 위해 기여
  분 제도가 신설되었는데, 기여분 제도의 시행결과 기존 기여분 규정만으로는 노친부양을 유도하
  기에 부족하다고 판단되었고 상당한 기간 동거하면서 피상속인을 부양한 자에게도 기여분이 인정
  될 수 있도록 하려는 것이다"라고 본다(헌재결 2011. 11. 24, 2010헌바2; 대결 2019. 11. 21, 2014
  스44, 45 전합).

3) 그러나 특정 상속인이 상당한 기간 동거·간호 그 밖의 방법으로 피상속인을 특별히 부양한 경우에 이를 이유로 기여분을 인정하기 위해서는 공동상속인들 사이의 공평을 위하여 상속분을 조정하여야 할 필요가 있을 만큼 피상속인을 특별히 부양하였다는 사실이 인정되어야 한다. 민법 제1008조의 2가 정한 기여분 제도가 공동상속인 중에 피상속인을 특별히 부양하였거나 피상속인의 재산 유지·증가에 특별히 기여하였을 경우 기여분을 인정하는 이유는 위와 같은 사유를 상속분 산정에서 고려함으로써 공동상속인들 사이의 실질적 공평을 도모하려는 것이기 때문이다.[1] 그리고 이러한 법리는 기여분청구를 한 상속인이 누구인지와 상관이 없으므로, 기여분청구를 한 상속인이 망인의 배우자인 때도 마찬가지다.[2]

(4) 기여에 대한 보상이 없었을 것

1) 기여에 대한 반대급부가 있는 경우에는 기여라 할 수 없다. 그러므로 기여는 무상으로 하는 것이 원칙이고, 고용계약이나 조합계약에 따라 기여한 경우는 대가를 받기 때문에 "특별한 기여"라고 할 수 없다. 예컨대, 자녀가 부모의 사업장에서 종업원으로 근무하면서 상당한 급여를 받은 경우나 동업자로서 손익을 분배받은 경우에는 고용계약이나 조합의 법리에 의해서 정산되어야 하고 이를 가리켜 기여분의 원인인 특별한 기여라고 볼 수는 없다.

2) 피상속인이 기여에 대한 대가로 이미 생전증여나 유증을 한 경우에는 이를 반대급부로 볼 수 있다. 이 경우, 그 증여액을 공제한 액을 기여액으로 볼 수 있다. 그러나 경우에 따라서는 피상속인이 기여에 대한 대가로 이미 생전증여나 유증을 한 것을 그 상속인에 대한 특별수익으로 보아야 할 경우도 있을 수 있는바, 이때는 기여분과 특별수익을 따로따로 산정하여야 한다. 이 경우 그 계산법은 뒤에서 보는 바와 같다.

1 대결 2019. 11. 21, 2014스44, 45(전합).
2 대결 2019. 11. 21, 2014스44, 45(전합)은 "민법은 배우자에게 더 높은 정도의 동거·부양의무를 부담시키고 있다. 대신 배우자가 피상속인과 혼인이 유지되는 동안 동거·부양의무를 부담하는 측면은 공동상속인의 상속분의 5할을 가산하여 정하는 배우자의 법정상속분에 일부 포함되어 있으므로, 배우자의 통상적인 부양을 그와 같이 가산된 법정상속분을 다시 수정할 사유로 볼 수 없다. 그런데도 장기간 동거·간호하였다는 점을 이유로 배우자에게만 기여분을 인정한다면 제 1 차 부양의무로서 부부 사이의 상호부양의무를 정하고 있는 민법 규정과 부합하지 않게 된다"고 판시하였다.

4. 기여분의 결정

(1) 기여분 결정이 필요한 시기

1) 기여분은 공동상속인들의 협의 또는 가정법원의 조정·심판으로 결정된다.

2) 상속개시 후 상속인들 사이에 상속재산분할협의가 있거나 가정법원에 대하여 상속재산분할청구 또는 그 조정신청을 하여 상속재산을 분할하는 때에는 기여분을 결정할 필요가 있다. 그래야만 이를 고려하여 상속재산을 분할할 수 있기 때문이다.

3) 이에 따라 민법은 상속재산분할협의가 있거나 가정법원에 대하여 상속재산분할청구 또는 그 조정신청을 하는 때에 기여분청구를 할 수 있도록 하고 있다(제1008조의 2 ④항, 제1013조 ②항, 제1014조).

이와 관련하여, 기여분은 상속재산분할의 전제로서의 성격을 갖는 것이므로 상속재산분할의 청구나 조정신청이 있는 경우에 한하여 기여분결정청구를 할 수 있고, 다만 예외적으로 상속재산분할 후에 피인지자나 재판의 확정에 의하여 공동상속인이 된 자의 상속분에 상당한 가액의 지급청구가 있는 경우에는 기여분의 결정청구를 할 수 있다고 해석되며, 상속재산분할청구 없이 기여분청구만 하는 것은 부적법하므로 각하하여야 한다는 것이 판례이다.[1] 또, 유류분반환청구는 상속재산분할청구라고 볼 수 없으니, 유류분청구가 있다는 사유만으로는 기여분청구가 허용되지 아니한다고 본다.[2]

민법 제1008조의 2 ④항은 일본 민법의 관련 규정을 모범으로 한 것인데, 일본의 경우 과거 기여분을 상속재산분할의 과정에서 고려하던 연혁적 고려에 바탕하여 그와 같이 규정한 것이라고 볼 수 있다. 그러나 반드시 제1008조의 2 ④항을 판례와 같이 제한적 강행규정으로 해석하여야 할 이유가 없으므로, 상속재산분할청구에 앞서 기여분청구를 먼저 할 수도 있고, 상속재산분할청구와 동시 또는 그 청구 이후에 할 수도 있다고 새겨야 한다. 다만, 상속재산분할이 이미 이루어진 이후에는 기여분을 반영할 수 없으므로, 이때는 기여분청구를 할 수 없다고 보아야 한다.[3]

---

1 대결 1999. 8. 24, 99스28.
2 대결 1999. 8. 24, 99스28.
3 동지: 오병철, "기여분과 유류분의 관계", 가족법연구 제31권 1호(2017), 68면.

(2) 협의로 정하는 방법

(개) 시 기

1) 공동상속인들은 상속개시 후 언제든지 누구나(기여자 아닌 상속인도) 기여분 산정을 제의할 수 있고, 상속인 전원의 협의로 기여분을 정할 수 있다(제1008조의 2 ①항). 그러나 상속개시 전에는 기여분 협의나 청구를 할 수 없다.

2) 상속재산분할 후에도 기여분 주장을 할 수 있는가? 부정설이 다수설이다. 상속재산의 분할은 반드시 법정상속분대로 분할하여야 하는 것이 아니고, 협의분할의 경우 기여분·특별수익 등을 모두 고려하여 상속인들 사이에 합의로 자유로이 그 내용을 정할 수 있으며, 재판상분할 역시 이에 준하기 때문이다. 협의분할에 의하여 상속재산을 분할한 경우에 기여자가 기여분을 주장하지 않은 때에는 이를 묵시적으로 포기한 것으로 볼 수도 있다.

(내) 기여분의 산정 방법

1) 기여분은 상속재산 중 일정 비율을 산정한 후 이에 따른 금전가액으로 정할 수도 있고, 현물(동산, 부동산 등)로 정할 수도 있으며, 그 액수도 상속인들이 자유로이 정할 수 있다.

2) 피상속인은 기여분의 존부나 그 비율을 유언으로 정할 수 없다. 다만, 기여분 결정 시 이를 고려사항으로 참작할 수는 있다.

(대) 협의의 변경

일단 상속인들 사이에 기여분에 관한 협의가 성립된 후에는 상속재산협의분할과 마찬가지로 상속인 전원의 동의가 없으면 이를 변경할 수 없고, 이에 반하여 가정법원에 기여분심판청구를 하더라도 각하된다.

(3) 가정법원에 대한 심판청구

(개) 원 칙

1) 공동상속인들 사이에 기여분에 관한 협의가 성립되지 않거나 협의할 수 없는 경우 기여자는 가정법원에 기여분을 정해줄 것을 구하는 심판을 청구할 수 있다(제1008조의 2 ②항, 가소 제 2 조 ①항 마류 가사비송사건 9호). 이는 상속재산분할이 이루어지기 전이면 시기의 제한 없이 상속개시 후 언제든지 신청할 수 있다.

그리고 이는 마류 가사비송사건이며, 가정법원은 결정에 유사한 심판으로 재판한다. 당사자가 기여분을 정해줄 것을 구하는 심판청구를 하지 않으면 가정법원은 따로 그에 관하여 심판을 할 수는 없고, 단지 상속재산분할심판에서 이를 참작 요소로 고려할 수 있을 뿐이다.

2) 어떤 재산이 상속재산에 해당하는지 여부와 상속인의 자격 유무 등은 상속 재산분할심판의 전제가 되는 소유권 귀속에 관한 사항으로서 민사소송에서 심판할 수 있으나, 상속인들 중 일부가 다른 상속인들을 상대로 민사소송으로써 기여분 등 구체적 상속분의 결정과 그에 따른 공유지분의 확인을 구하는 것은 가정법원의 전속관할에 속하는 가사사건으로서 허용되지 않는다.[1]

3) 기여분심판청구는 기여분 협의제의와 같이 상속개시 후 상속재산분할청구 나 그 조정신청이 있을 때에 할 수 있다(제1008조의 2 ④항·제1013조). 상속재산분 할 후에 인지되거나 인지재판확정으로 공동상속인이 되어 현물분할에 갈음하여 가 액지급청구를 하는 경우에도 이 청구를 할 수 있다(제1008조의 2 ④항·제1014조).[2]

상속재산분할청구 없이 기여분청구만 하는 것은 부적법하다는 것이 판례이나, 그것이 부당하다는 점은 앞서 지적한 바와 같다.

4) 기여분청구는 위와 같이 가정법원이 가사소송법과 비송사건절차법에 따라 심판으로 재판하는바(가소 제34조, 제39조), 가사소송법과 비송사건절차법은 가사심 판의 기판력 유무에 대하여는 아무런 규정을 두지 않고 있고, 통설은 이 경우 기판 력을 인정하지는 않으나 확정판결의 경우보다는 약한 정도의 기속력을 인정한다.[3] 따라서 기여분심판이 확정된 뒤에는 특별한 사정이 없는 한 이에 반하는 청구나 주장을 할 수 없다고 보아야 한다.

---

1 서울중앙지판 2004. 11. 24, 2002가합39253; 대판 2007. 8. 24, 2006다40980 참조.
2 민법 제1014조에 의한 피인지자 등의 청구권은 피인지자 등이 재판의 확정 등에 의하여 공동상속 인으로 된 때에 이미 다른 공동상속인이 상속재산을 분할 기타 처분을 한 경우에 한정되고, 피인 지자 등이 공동상속인으로 된 이후에 다른 공동상속인이 상속재산을 처분한 경우에는 민법 제999 조의 상속회복의 문제일 뿐 민법 제1014조의 상속분에 상당한 가액의 지급청구를 할 사안에 해당 하지 않는다. 그런데 민법 제1014조의 상속분에 상당한 가액의 지급청구의 본질을 상속재산분할 의 일종으로 본다면 마류 가사비송사건이 되어야 하는데, 통설과 판례(대판 1981. 2. 10, 79다2052 등)는 이를 상속회복청구권의 일종으로 보아 민사소송사항으로 본다. 따라서 이 경우 기여분심판 청구는 가액의 지급청구와 별도로 신청하여야 한다.
3 가사소송법 제34조는 가사비송절차에 관하여 동법에 특별한 규정이 있는 경우를 제외하고는 비송 사건절차법 제 1 편의 규정을 준용하는바, 비송사건절차법 제 1 편 제19조 ①항은 "법원은 재판을 한 후에 그 재판이 위법 또는 부당하다고 인정한 때에는 이를 취소 또는 변경할 수 있다"고 하고 ③항은 "즉시항고로써 불복을 할 수 있는 재판은 이를 취소 또는 변경할 수 없다"고 하므로 기여 분심판을 한 경우 그 재판을 한 가정법원 스스로 이를 취소·변경할 수 없고, 즉시항고기간의 경 과 등으로 이는 확정되어 형식적 확정력이 발생한다. 다만, 기판력에 대해서는 명문으로 인정되지 는 않으나, 현저히 부당한 사유가 발견되지 않는 한 그 형성력의 효과나 신의칙상 먼저의 심판에 반하는 심판을 할 수 없다는 것이 통설이다.

㈏ 심판청구권자와 상대방

1) 기여자인 상속인·대습상속인이 청구권자이다. 상속재산분할의 청구에 앞서 기여분만의 청구를 할 수도 있고, 이에 반하는 판례가 부당함은 앞서 설명한 바와 같다.

상속재산분할의 심판청구가 있는 경우 가정법원은 당사자에게 기여분의 결정을 청구할 수 있는 기간을 1개월 이상 정하여 고지할 수 있고, 그 기간을 경과하여 청구된 기여분청구는 각하할 수 있다(가소규 제113조).

2) 상속인 중 1명 또는 몇 명(기여자)이 나머지 상속인 전원을 상대방으로 삼아 심판을 청구하여야 하므로, 이는 필수적 공동비송사건이다(제1008조의2 ②항, 가소 제47조, 가소규 제110조).

3) 기여분결정 사건의 심판 진행 중에 당사자 일방이 사망한 경우 가사소송에 준하여 그 상속인이 이를 수계하여야 한다(가소 제12조, 제16조 참조). 기여분신청권은 일신전속권이 아니어서 상속성이 있기 때문이다.

㈐ 조정전치주의

기여분을 정하는 심판에서는 조정전치주의가 적용된다(가소 제50조). 기여분에 관하여 조정이 성립되지 아니하면 심판으로 재판한다.

㈑ 병합심리

1) 동일한 상속재산에 관하여 여러 개의 기여분청구가 제기된 경우 또는 기여분청구와 상속재산분할청구가 동시에 존재하는 경우에는 이를 모두 병합하여 한꺼번에 심판하여야 한다(가소규 제112조). 심판 상호 간의 저촉을 피하기 위한 것이다. 따라서 기여분청구와 상속재산분할청구가 동시에 존재하는 경우에는 기여분을 정하는 주문을 따로 내야 한다.[1]

2) 그러나 위 병합심리 규정에 위반한 심판이라도 당연무효라고 할 수는 없을 것이다.

3) 상속재산분할청구사건이 항고심에 계속 중일 때도 기여분청구를 할 수 있는지, 그 청구를 항고심에 하여야 하는지 아니면 원심법원에 하여야 하는지 견해가 대립한다. 가사소송법이 양자를 필요적 병합사건으로 규정한 취지를 감안하면,

---

1 이 경우 그 주문은 "1. 피상속인의 상속재산에 대한 청구인의 기여분을 25%로 정한다. 2. 피상속인의 상속재산 중 별지 제1목록 기재 부동산은 청구인의 소유로, 별지 제2목록 기재 부동산과 자동차는 상대방 甲의 소유로, 별지 제3목록 기재 동산은 상대방 乙의 소유로 각 분할한다"와 같이 할 수 있다.

이를 긍정하는 것이 타당하며, 절차의 신속과 통일을 위하여 항고심에서 병합심리함이 타당하다.

　㈐ 기여분의 결정과 증여재산, 상속채무, 유증

　1) 기여분결정 심판사건에서 가정법원은 당사자의 주장에 구애받지 않고 후견적 재량에 따라 청구인이 주장하는 부양 또는 재산적 기여가 법정상속분을 수정하여야 할 정도에 이르는지 여부 및 그 정도를 판단한다.

　기여분의 산정방법은 피상속인의 직업·기능·가족구성·건강상태·연령·학력·자산상태, 기여의 시기·방법·정도, 상속재산의 액 기타 여러 가지의 사정을 참작하여 산정하여야 한다(제1008조의 2 ②항).

　배우자가 장기간 피상속인과 동거하면서 피상속인을 간호한 경우에는 배우자의 동거·간호가 부부 사이의 제 1 차 부양의무 이행을 넘어서 ‘특별한 부양’에 이르는지 여부와 더불어 동거·간호의 시기와 방법 및 정도뿐 아니라 동거·간호에 따른 부양비용의 부담 주체, 상속재산의 규모와 배우자에 대한 특별수익액, 다른 공동상속인의 숫자와 배우자의 법정상속분 등 일체의 사정을 종합적으로 고려하여 공동상속인들 사이의 실질적 공평을 도모하기 위하여 배우자의 상속분을 조정할 필요성이 인정되는지 여부를 가려서 기여분 인정 여부와 그 정도를 판단하여야 한다.[1]

　2) 공동상속인 중 기여자와 생전증여에 의하여 재산을 취득한 특별수익자가 병존하는 경우, 각각 이를 동시에 독립적으로 계산하여야 한다는 점은 앞서 말한 바와 같다. 이는 1인의 상속인이 기여자이면서 동시에 생전증여를 받은 특별수익자인 때에도 같다.

　그런데 이 경우 기여자의 기여분을 산정할 때 생전증여에 의하여 재산을 취득한 특별수익자의 증여재산을 기여분을 결정할 기초재산에 포함하여야 하는가? 이를 논하는 학자가 없으나, 민법 제1008조의 2 ③항이 기여분은 상속개시 당시의 재산가액에서 유증액을 공제한 액을 넘지 못한다고 규정하고 있으므로, 기여분을 결정할 때 생전증여에 의하여 재산을 취득한 특별수익자의 증여재산은 기여분을 결정할 기초재산에 포함하지 않는 것이 옳다. 즉 민법은, 기여분의 결정은 상속개시 당시의 잔존 재산가액을 기준으로 하도록 하고 있는바, 이는 이미 상속인 중 일부에게 증여되어 상속개시 당시 피상속인의 명의로 남아있지 않은 재산은 기여분을 결정할 때 고려하지 않도록 한 취지라고 해석된다. 상속개시 당시 피상속인의

───────────────

1 대결 2019. 11. 21, 2014스44, 45(전합).

명의로 남아있는 재산 중에서도 아직 이행되지 않은 유증액을 기여분 결정에서 고려하지 않도록 한 것과의 균형상으로 보아도 이는 이와 같이 해석된다. 생전증여나 유증이나 모두 피상속인이 그의 의사에 기하여 재산을 처분한 것이고, 이는 다같이 기여분에 우선하여 평등하게 존중되어야 하기 때문이다.[1]

한편, 이와 같이 상속개시 당시 피상속인의 명의로 남아있는 상속재산을 기준으로 기여분을 결정한 후 민법 제1008조에 따라 특별수익자의 구체적 상속분을 결정할 때는, 상속개시 당시 피상속인의 명의로 남아있는 잔존 상속재산에 모든 특별수익자의 생전증여액을 가산하고(유증액은 잔존 상속재산에 이미 포함되어 있으므로 다시 가산할 필요가 없다) 다시 기여분액을 공제한 다음 여기에 당해 특별수익자의 법정상속분을 곱하여 그가 상속받아야 할 법정상속액을 산정한 후, 이것과 해당 특별수익자의 생전증여액을 비교하여 부족한 한도(법정상속액 − 생전증여액)에서 그의 구체적 상속분을 결정하여야 할 것이다.[2]

3) 민법은 기여분 산정 시 상속채무를 공제하거나 고려하여야 하는지에 대해서 명시적인 규정을 두고 있지 않다. 학설로는, ① 공동상속인 중에 기여자가 있는 경우 상속 적극재산에서 상속채무를 공제한 액을 기초로 기여분을 산정, 공제한 후 구체적 상속분을 산정하여야 한다는 견해와 ② 상속채무는 상속인 간 분할의 대상이 되지 않으며 민법에 규정도 없으므로, 이로써 상속채권자에게 대항할 수 없고, 기여분 산정 시에는 상속채무를 제외한 상속 적극재산만을 가지고 결정하여야 하며, 상속채무는 기여자를 포함하여 모든 상속인이 법정상속분에 따라 분담하여야 한다는 견해가 대립한다.

후자의 견해가 다수설이며, 판례도 금전채무와 같이 급부의 내용이 가분인 채무가 공동상속된 경우, 이는 상속개시와 동시에 당연히 법정상속분에 따라 공동상속인에게 분할되어 귀속되고 상속재산분할의 대상이 될 여지가 없다고 보는 등으로 상속채무의 분할을 부정한다.[3]

기여분 산정 시 상속채무를 상속 적극재산에서 공제하지 않으면 기여자 이외

---

1 다만, 이 경우 생전증여로 인해 가여자의 유류분을 침해하는 문제가 생길 수는 있으나 이는 기여분과는 관계가 없다. 즉 기여자는 일반 상속인의 지위에서 생전증여에 의해 자신의 법정상속분이 침해되었음을 이유로 유류분반환청구를 할 수는 있으나, 기여자의 자격으로 이를 청구할 수는 없다.
2 대판 1995. 3. 10, 94다16571 참조.
3 대판 1995. 3. 10, 94다16571; 대판 1997. 6. 24, 97다8809; 서울고판 2006. 10. 24, 2004르1714, 1721; 일본 최재판 2019. 8. 27, 平成30년(受)1583 등 참조.

의 공동상속인들이 취득한 적극재산의 액보다 그들이 부담하는 채무액이 더 많은 결과가 발생하여 그들에게 큰 곤란을 줄 수 있는 반면, 상속채무를 공제한 후 기여분을 산정하면 기여상속인보다 상속채권자와 다른 공동상속인들을 우선하는 결과를 초래한다.[1]

따라서 현재의 해석론으로는, 기여분의 산정 시 원칙적으로 상속채무를 공제하지 않되, 기여분액을 정할 때 상속채무를 '피상속인의 자산상태'의 하나로서 고려요소로 참작할 수 있다고 볼 수 있다. 기여자는 법정상속분에 따라서만 상속채무를 분담하며, 기여분비율이 법정상속분에 가산되지는 않는다.

4) 기여분은 상속개시 당시 잔존 상속재산 가액에서 유증의 가액을 공제한 금액을 초과할 수 없다(제1008조의 2 ③항). 즉 기여분액은 잔존 상속재산 가액에서 유증의 가액을 공제한 것보다 같거나 작아야 하며, 이로써 수유자는 기여자로 인해 손해를 입을 일은 없게 되므로, 유증이 기여분에 우선한다.

그러므로 유증이 있는 경우에는 기여분에 앞서 수유자에게 유증액 전액을 보류한 후 그 나머지가 있는 때에야 기여자에게 기여분이 인정, 지급될 수 있으며, 이는 수유자가 공동상속인이라도 마찬가지다.[2] 다만, 이 경우 유증으로 인해 유류분 침해 문제가 생길 수는 있으나 이는 기여분과는 관계가 없다. 즉 기여자는 일반 상속인의 지위에서 유증에 의해 자신의 법정상속분이 침해되었음을 이유로 유류분반환청구를 할 수는 있으나, 기여자의 자격으로 청구할 수는 없고, 유류분비율의 계산에서 기여분은 유류분반환청구권자의 법정상속분에 산입되지 않는다.

5) 가정법원이 기여분 심판을 할 때는 다른 공동상속인들의 유류분도 참작하여 결정하여야 할 것이라는 학설이 있다.[3] 그러나 기본적으로는 기여분이 유류분에 우선하므로, 타당하지 않다.

---

[1] 우리 민법은 상속채무에 관하여 제1005조에서 "상속인은 상속개시된 때로부터 피상속인의 재산에 관한 포괄적 권리의무를 승계한다."라는 규정만을 두고 있는데, 실무에서는 상속채무를 상속재산 분할대상에서 제외하고 적극재산만을 분할대상으로 하고 있다. 이에 따라 상속인들이 적극재산을 분할, 처분한 후 상속채무를 변제하지 않을 경우 채권자는 피해를 입게 되는바, 그 문제점과 이에 대한 입법적 개선 의견으로는 오병철, "기여분과 유류분의 관계에 관한 연구", 가족법연구 제31권 1호(2017), 64면 이하를 참조.

[2] 공동상속인이 수유자인 경우, 그가 특정유증을 받은 때에는 기여상속인에게 우선하나, 그가 포괄유증을 받은 때에는 기여상속인과의 형평상 우선권을 주장할 수 없다고 보아야 함은 앞서 지적한 바와 같다.

[3] 김주수, 583면; 박병호, 374면.

(바) **심판의 내용**

1) 기여분을 인정하는 경우 그 심판의 주문은 "청구인의 기여분을 5,000만 원으로 정한다", "청구인의 기여분을 상속재산(상속재산 당시의 가액 1억 원)에 대한 5분의 1로 정한다" 또는 "피상속인의 상속재산(상속재산 당시의 가액 3억 원)에 대한 청구인의 기여분을 20%로 정한다"와 같이 하는 것이 보통이다.

상속재산 중 특정물로 기여분을 정하는 것은 상속재산의 분할 형식을 취하는 것이므로 상속재산분할의 전제로 기여분을 정하는 심판의 방식으로는 부적절하지만, 상속인들 사이에 이런 협의가 된 경우에는 유효하다는 것이 통설이다.

2) 가사비송사건은 일반적으로 직권주의가 적용되고 법원은 당사자의 청구나 신청에 구속되지 않지만, 기여분 결정 시 당사자가 신청한 청구취지(예컨대, 20%)를 초과하여 이를 인정(30%)할 수는 없다(가소규 제93조 ②항 본문).

(사) **심판에 대한 불복**

1) 기여분을 결정한 심판에 대하여 당사자나 이해관계인은 즉시항고를 할 수 있다(가소 제43조 ①항, 가소규 제116조 ①항). 항고기간은 심판서 송달일로부터 14일이다(가소 제43조 ⑤항).

2) 항고법원의 결정에 대하여 재판에 영향을 미친 헌법, 법률, 명령 또는 규칙위반이 있음을 이유로 하는 경우에는 대법원에 재항고할 수 있다(가소 제43조 ④항).

(아) **기여분의 효과**

1) 위와 같이 기여분은 상속재산분할절차에서 결정되고 그 절차를 통해 기여자에게 부여되며, 이는 상속개시 당시의 잔존 상속재산에서 결정·부여되는바, 기여분이 인정되면, 상속개시 당시 피상속인의 잔존 상속재산에서 기여분을 공제한 것을 잔존 상속재산으로 보고, 이를 기준으로 각자의 법정상속분비율에 따라 법정상속분액을 계산한 다음, 여기서 각 상속인의 특별수익(증여 또는 유증)을 공제하여 각 상속인의 구체적 상속분을 결정한다(제1008조, 제1008조의2 ①항).

2) 각 상속인이 피상속인의 재산에서 받을 수 있는 액이 각자의 구체적 상속분이 되는바, 이를 계산하는 때에는 앞서 특별수익에서 본 바와 같이 상속인 중 특별수익(증여 또는 유증)을 받은 사람이 있는 때는 이를 잔존 상속재산에 가산하여야 한다. 그러나 기여분은 실질적으로 상속재산이 아니어서 기여자를 제외한 다른 상속인들은 이로부터 상속을 받을 수 없으므로 잔존 상속재산에서 기여분을 공제하도록 한 것이다.

3) 기여분은 위와 같이 잔존 상속재산에서 공제된 다음 상속재산분할절차에서 그 전부가 기여자에게 단독으로 부여된다. 따라서 기여자의 구체적 상속분은 다른 상속인들과 같이 배분한 그의 법정상속분액에 기여분액을 더한 것이 된다.

그러나 이는 기여자가 피상속인의 재산에서 최종적으로 얻을 수 있는 금액을 의미하고, 기여자의 법정상속분액에 기여분액을 더한 것을 가지고 잔존 상속재산에서 기여분을 공제한 것에 대한 분할절차에 기여자가 가입할 수 있는 것은 아니다. 위와 같이 기여분은 이미 법정상속분액과 구체적 상속분액을 계산할 때 잔존 상속재산에서 공제되어 기여자에게 전액이 부여되므로, 이미 기여분이 공제된 잔존 상속재산에 대한 분할과정에서도 이중으로 기여분에 따른 상속을 받을 수는 없기 때문이다. 민법 제1008조의 2 ①항에서 '기여자의 법정상속분액에 기여분을 합산한 액을 기여자의 (구체적) 상속분으로 한다'고 규정한 것은 이러한 의미로 해석하여야 할 것이다.

(4) 기여자가 있는 경우의 상속재산분할

㈎ 기여자만 있는 경우 잔존 상속재산의 분할

[사례]

공동상속인으로 자녀인 갑, 을이 있고, 피상속인의 잔존 상속재산가액이 1억 원이며, 갑의 기여분이 2,000만 원으로 정해졌다.

- 명목상의 상속재산 총액: 잔존 상속재산 1억 원 − 기여분 2,000만 원 = 8,000만 원
- 이를 기준으로 갑, 을의 법정상속분액을 계산하면,

갑: 8,000만 원 × 1/2 = 4,000만 원

을: 8,000만 원 × 1/2 = 4,000만 원

- 갑, 을은 특별수익(증여나 유증)을 받은 바 없으므로 위 법정상속분액이 곧 이들의 구체적 상속분이 된다.
- 잔존 상속재산 1억 원에서 기여분을 공제한 후 이를 갑, 을에게 구체적 상속분비율로 분할하면,[1]

갑: 8,000만 원 × (4000/4000 + 4000) = 4,000만 원

을: 8,000만 원 × (4000/4000 + 4000) = 4,000만 원

---

1 위와 같이 기여분은 이미 잔존 상속재산에서 공제되었고, 이는 그 전액이 기여자에게 부여되며 다른 상속인들은 이를 분할할 수 없으므로 잔존 상속재산을 분할할 때도 잔존 상속재산에서 이를 공제하고 계산하여야 한다.

- 분할 후 갑, 을의 최종 취득액

갑: 법정상속분액 4,000만 원 + 기여분 2,000만 원 = 6,000만 원

을: 법정상속분액 4,000만 원 = 4,000만 원

⑷ **기여자와 특별수익자가 병존하는 경우 잔존 상속재산의 분할**

[사례]

공동상속인으로 자녀인 갑, 을이 있고, 피상속인의 잔존 상속재산가액이 1억 원이며, 갑의 기여분이 2,000만 원으로 정해졌다. 한편, 을은 이미 생전증여로 피상속인으로부터 1,000만 원을 받았다.

- 명목상의 상속재산 총액: 잔존 상속재산 1억 원 + 을 증여액 1,000만 원 − 기여분 2,000만 원 = 9,000만 원
- 이를 기준으로 갑, 을의 법정상속분액을 계산하고, 특별수익을 고려하여 갑, 을의 구체적 상속분을 구하면,

갑: 9,000만 원 × 1/2 = 4,500만 원

을: 9,000만 원 × 1/2 − 증여액 1,000만 원 = 3,500만 원

- 잔존 상속재산 1억 원에서 기여분을 공제한 후 잔액 8,000만 원을 갑, 을에게 구체적 상속분비율로 분할하면,

갑: 8,000만 원 × (4500/4500+3500) = 4,500만 원

을: 8,000만 원 × (3500/4500+3500) = 3,500만 원

- 분할 후 갑, 을의 최종 취득액

갑: 법정상속분액 4,500만 원 + 기여분 2,000만 원 = 6,500만 원

을: 법정상속분액 3,500만 원 + 증여액 1,000만 원 = 4,500만 원

⑸ **기여자와 초과 특별수익자가 병존하는 경우 잔존 상속재산의 분할**

[사례]

공동상속인으로 자녀인 갑, 을이 있고, 피상속인의 잔존 상속재산가액이 5,000만 원이며, 갑의 기여분이 2,000만 원으로 정해졌다. 한편, 을은 이미 생전증여로 피상속인으로부터 3,600만 원을 받았고, 피상속인은 제 3 자인 A에게 1,200만 원을 유증하였다.

- 명목상의 상속재산 총액: 잔존 상속재산 5,000만 원 + 을 증여액 3,600만 원 − 기여분 2,000만 원 = 6,600만 원
- 이를 기준으로 갑, 을의 법정상속분액을 계산하고, 특별수익을 고려하여 갑, 을의 구체적 상속분을 구하면,

갑: 6,600만 원 × 1/2 = 3,300만 원

을: 6,600만 원 × 1/2 − 증여액 3,600만 원 = −300만 원

- 잔존 상속재산 5,000만 원에서 기여분과 유증액을 공제한 후 잔액 1,800만 원 (잔존 상속재산 5,000만 원 − 갑 기여분 2,000만 원 − A 유증액 1,200만 원)을 갑, 을에게 구체적 상속분비율로 분할하면(을은 증여액이 그의 법정상속분액을 초과하므로 상속을 받을 수 없다),[1]

갑: 1,800만 원 × (3300/3300 + 0) = 1,800만 원

을: 1,800만 원 × (0/3300 + 0) = 0원

- 분할 후 갑, 을의 최종 취득액

갑: 법정상속분액 1,800만 원 + 기여분 2,000만 원 = 3,800만 원

을: 법정상속분액 0원 + 증여액 3,600만 원 = 3,600만 원

5. 기여분의 양도·상속과 포기

(1) 기여분의 양도·상속

1) 구체적으로 그 액수가 '결정되기 전의' 기여분은 상속할 수는 있지만, 양도할 수는 없다.[2] 기여분을 양수한 제 3 자가 공동상속인들 사이에 끼어들어 기여분을 주장하는 것은 도의상 허용될 수 없기 때문이다.

2) 구체적으로 그 액수가 결정된 기여분은 법정상속분과 같이 양도·상속에 의하여 승계될 수 있다. 그러나 기여분을 제외하고 법정상속분만 양도할 수는 없고, 상속분을 양도하면 기여분도 함께 양도된 것으로 간주하여야 한다. 기여분은 법정상속분과 일체 불가분의 것으로 볼 수 있기 때문이다.

(2) 기여분의 포기

1) 상속개시 전에는 상속포기를 할 수 없으므로 기여분도 포기할 수 없고, 사전 포기는 무효이다.

2) 상속개시 후에는 상속재산분할의 종료 시점까지 언제든지 기여자는 공동상속인 전원에 대한 의사표시로 기여분을 포기할 수 있다(제1019조 ①항 유추). 포기의 방식은 제한이 없고, 일단 포기한 사람은 기여분을 청구할 수 없다.

---

1 이 경우에는 상속인이 갑과 을 둘뿐이므로 을의 초과수익액 300만 원을 갑이 모두 감수하여야 한다. 만약, 을 외의 다른 상속인이 갑 말고 더 있다면 앞서 본 바와 같이 위 300만 원을 그들 사이에서 구체적 상속분비율대로 분담하여야 한다.

2 김주수, 583면; 곽윤직, 124면; 이경희, 353면; 반대 : 박병호, 373면.

3) 상속재산의 협의분할이 이루어진 경우, 특별한 사정(자기의 기여분의 유보)이 없는 이상 기여자는 기여분을 포기한 것으로 보아야 할 것이다.

V. 상속분의 양도와 환수(還收)

1. 상속분의 양도

(1) 개   념

1) 상속개시 후 상속재산을 분할할 때까지 공동상속인들은 상속재산을 공유 또는 준공유하게 되는데, 상속재산의 분할 전이라도 상속인들은 각각의 개별 상속재산에 대한 자신의 상속지분을 자유로이 처분할 수 있다(제263조).

2) 그런데 상속인들은 각각의 개별 상속재산에 대한 상속지분, 즉 공유지분을 처분하는 것과 함께 상속재산 전체에 대한 자기의 상속분도 포괄적으로 타에 양도할 수 있다(제1011조). 여기서 말하는 상속분의 양도는 이를 말하는데, 실제로 이와 같은 상속분 양도가 행해지는 일은 별로 없다.

3) 이와 같이 상속인이 상속재산 전체에 대한 자기의 상속분을 타인에게 양도한 경우, 그 양수인은 그 양도인과 동일하게 상속재산 전체에 대한 공유 또는 준공유자로서의 지위를 취득하게 된다. 그런데 양수인이 만약 공동상속인이 아니라면 상속인들은 피상속인이 남긴 유산을 보존할 수 없게 되어 피상속인의 유업(遺業)을 계속할 수 없게 된다.

이에 민법은 이와 같이 어느 상속인이 상속재산 전체에 대한 자기의 상속분을 타인에게 양도한 경우 공동상속인으로 하여금 그 양수인으로부터 이를 환수할 수 있는 기회를 보장하고 있는바(제1011조), 위 상속분의 양도는 이런 의미에서만 특별한 의미를 갖는다고 할 수 있다.[1]

---

[1] 개별 상속재산에 대한 상속지분, 즉 개별적 공유지분의 처분이나 상속재산 전체에 대한 상속지분(공유지분)의 처분이나 그 본질은 동일하다. 후자는 전자를 양적으로 모은 것으로 볼 수 있기 때문이다. 그런데 현실적으로 후자의 경우 공유지분의 양적 합계를 처분한 것이라기보다는 상속인으로서 갖고 있는 권리 일체를 양도한다는 의식이 강하고, 이는 마치 상속인 지위의 이전과 유사하므로 민법은 재산권 이전의 특칙으로 상속분 양도를 인정하고, 상속재산의 유지를 위한 한 방법으로 이러한 상속분 양도의 경우 공동상속인들에게 환수권을 부여한 것이다.

(2) 상속분 양도의 요건

(가) 상속재산 전체에 대한 상속분의 양도

1) 각각의 개별 상속재산에 대한 상속지분의 양도는 공유지분 일반의 양도와 동일하고 특별히 문제될 것이 전혀 없으며, 이러한 양도에 대해서는 다른 공동상속인은 환수권을 행사할 수 없다. 상속분의 양도는 상속재산분할 전에 이루어져야 함은 당연하다. 상속재산분할 후라면 상속재산은 상속인의 단독 소유물이 되어 더 이상 상속분이라는 것이 있을 수 없기 때문이다.

2) 공동상속인의 환수권 행사의 대상인 상속분 양도는 다른 공동상속인에게 양도한 경우뿐만 아니라 상속인 아닌 제3자에게 양도한 경우를 포함한다.

3) 상속분 양도인은 양도사실을 다른 공동상속인에게 통지할 의무가 없으며, 그 통지 여부는 양도의 효력에 영향이 없다. 다른 공동상속인은 환수권을 행사할 수 있고, 여기에는 제척기간이 있으므로, 입법론으로는 양도통지제도를 도입함이 타당하다.

4) 양도방식에는 제한이 없으므로 구술이나 서면에 의한 양도 모두 유효하다. 상속분의 일부 양도, 즉 상속재산 전체에 대한 상속분이 5분의 3이라면 5분의 1을 양도하는 것도 가능한지 여부에 대해서 긍정설[1]과 부정설[2]이 대립하나, 상속분은 재산권으로서 당연히 양도성이 있고 법령상 아무런 제한이 없으므로 긍정설이 타당하다.

(나) 채권양도의 통지

1) 상속재산에 지명채권이 포함된 경우, 상속분 양도로써 채무자에게 대항하기 위해서는 양도통지를 하여야 하는가?

2) 이 점에 관하여 민법에는 아무런 규정이 없다. 학설은 적극설과 소극설이 대립한다.[3] 민법이 이와 같은 특별한 재산권 이전의 방법을 규정한 이유는 통상의 채권양도와는 다른 법리를 적용하려는 것으로 해석되므로, 양도통지가 없어도 지명채권은 양수인에게 유효하게 이전되고, 다른 공동상속인이 환수권을 행사한 경우에도 동일하게 그에게 권리가 이전된다고 보아야 할 것이다.

---

1 김용한, 363면; 이근식·한봉희, 신친족상속법, 247면; 곽윤직, 125면(입법론으로는 금지하여야 한다고 함).
2 김·김, 715면; 박병호, 375면.
3 김·김, 716면; 이경희, 354면은 적극설, 곽윤직, 126면은 소극설을 지지하고 있다.

(대) 등기나 인도의 요부

1) 상속재산에 부동산이 포함된 경우, 상속분 양도만으로 곧바로 그 부동산상의 물권이 양수인에게 이전하는가, 아니면 민법 제186조가 적용되어 등기를 요하는가?

2) 이 점에 관하여도 민법에는 아무런 규정이 없다. 위와 같은 이유로, 민법은 통상의 물권양도와는 다른 법리를 적용하려는 것으로 해석되므로, 등기가 없어도 민법 제187조에 의해 부동산 물권은 양수인에게 유효하게 이전된다고 보아야 할 것이다.

3) 이러한 법리는 동산의 경우 점유의 이전을 요하지 않고, 부동산 등기에 준하여 등록으로써 권리가 이전되는 자동차, 선박, 항공기, 중기 등의 경우에도 등록이 없이도 양수인에게 그 권리가 이전된다고 보아야 할 것이다.

(라) 상속채무의 양도

1) 위 상속분의 양도는 상속재산 전체에 대한 지분권의 양도이므로 소극재산, 즉 상속채무를 포함한다.

2) 그러나 상속채권자의 동의나 승낙이 없는 이상 이로써 그에게 대항할 수 없고, 양도인은 여전히 상속채무를 면할 수 없다. 그러나 상속채무의 양도가 무효는 아니므로, 양도인은 양수인에 대한 관계에서는 채무를 면하나, 양도인과 양수인은 채권자에 대한 관계에서 상속채무를 병존적·중첩적으로 부담한다고 보아야 할 것이다.[1] 다만, 채권자는 양도인에 대하여 면책적 양도를 승낙할 수 있다.

(마) 양수인의 지위

1) 상속분의 양도가 있으면 그 양수인은 양도인과 동일하게 상속재산 전체에 대하여 공유자 또는 준공유자로서의 지위를 취득한다. 따라서 양수인은 양수한 상속분에 따라 상속재산의 공동관리와 사용·수익, 상속재산의 분할청구를 할 수 있다.

2) 상속분은 재산적 지분권에 불과하므로 상속인이 상속분을 양도하더라도 공동상속인으로서의 지위를 상실하는 것은 아니다. 따라서 양도인은 상속채무를 부담한다.

3) 양수인이 상속인이 될 수 없는 것은 당연하다. 그러나 위와 같이 양수인은 양도인인 상속인이 상속인 지위에서 취득하거나 부담하는 재산상 의무를 일괄하여 승계하므로, 양도인이 특별수익을 한 경우에는 그에 따른 정산을 하여야 하며, 양

---

1 동지: 김주수, 585면; 곽윤직, 126면; 이경희, 354면; 김상용 외 3, 486면.

도인이 가진 기여분과 유류분반환청구권도 주장할 수 있다. 일본에서는 통설이다.

2. 상속분의 양수(환수)

(1) 개 념

1) 공동상속인이 상속재산 전체에 대한 지분권인 상속분을 임의로 양도하게 되면, 가산(家産)이 분산되고 새로운 양수인과 나머지 공동상속인들 사이에 분쟁이 생길 우려가 있다. 이에 따라 공동상속인이 그 상속분을 공동상속인 아닌 제 3 자에게 양도한 경우, 다른 공동상속인이 그 가액 등을 상환하고 그 상속분을 도로 찾아올 수 있는 권리가 인정되는바(제1011조 ①항), 이것이 곧 상속분의 양수이다.

2) 민법은 이를 상속분의 양수라고 표현하고 있으나 상속분의 환수(還收)라고 표현하는 것이 더 정확하다고 할 수 있다.

3) 상속분 양수인의 의사와 관계없이 상속인의 환수권 행사를 인정하고 있는 이 제도는 가(家) 중심적인 가산(家産)유지를 위한 제도라고 할 수 있다. 오늘날과 같은 개인주의 사회에서 특별히 가산이라는 것이 없는 마당에 과연 이 제도의 실용성이 있는지 의심스러우므로, 입법론으로는 공동상속인들 사이에서만 우선매수청구권을 인정하는 제도를 도입하는 것이 좋을 것이다.[1] 그리고 이 제도를 존치한다면, 상속재산 전체에 대한 지분권의 양도는 물론 개별 상속재산에 대한 지분권의 양도도 그 대상에 포함시켜야만 본래의 목적을 달성할 수 있다.

(2) 요 건

1) 상속재산 전체에 대한 지분권의 양도가 있어야 한다. 특정 부동산에 대한 지분의 양도와 같이 개별 상속재산에 대한 지분권의 양도는 이에 해당하지 않는다.[2]

2) 위와 같이 상속재산 전체에 대한 지분권의 양도가 있다면, 그 일부 지분의 양도가 있는 경우에도 환수의 대상이 된다고 보아야 할 것이다.

3) 양수인은 공동상속인이 아닌 제 3 자라야 한다. 양수인이 공동상속인 중 일부라면 굳이 그에 대한 환수권을 행사를 허용할 필요가 없기 때문이다.

4) 상속분의 양도는 상속재산분할 전에 이루어진 것이라야 한다. 상속재산분

---

1 곽윤직, 220면; 이경희, 355면.
2 대판 2006. 3. 24, 2006다2179; 일 최판 1982. 7. 13, 判時 제908호, 41면.

할 후라면 상속재산은 상속인의 단독 소유물이 되어 더 이상 상속분이라는 것이
있을 수 없고 그 양도는 자유이므로, 다른 상속인이 관여할 수 없기 때문이다.

(3) 양수권[환수권 또는 환매(還買)권]의 행사

1) 공동상속인의 1인 또는 전원은 상속분의 양수인이나 전득자에 대하여 일방
적인 의사표시로 "내가 도로 사겠다."고 말할 수 있고, 그렇게 의사표시를 하면 쌍
방 간에 양도계약이 성립하여 양수인이나 전득자는 이를 반환할 의무가 생긴다.
그러므로 양수권(환수권)은 형성권(形成權)이다.[1]

2) 환수권을 행사하려면 상속분의 가액과 양수인 등이 이미 지출한 양수비용
을 물어주어야 한다. 상속분의 가액은 양도가액이 아니라 환수 당시의 시가를 의
미한다.

3) 상속분의 시가와 양도비용을 현실적으로 상환하지 아니하면 환수의 효력이
생기지 아니한다. 양수인이 이들 가액의 수령을 거절하더라도 환수권자는 이를 법
원에 공탁할 수 있다. 가액에 다툼이 있으면 양수인이나 전득자는 환수권자에게
그 부족분의 지급을 청구할 수 있다.

4) 공동상속관계에서 타인인 제3자를 배제하여 상속재산을 보전하려는 것이
이 제도의 취지이므로, 양수한 상속분의 일부만의 환수(일부환매)는 허용되지 아니
한다고 해석할 것이다.

5) 이 환수권은 가족법상의 질서유지를 위한 것이므로 공동상속인 본인만이
행사할 수 있고, 공동상속인의 채권자가 이를 대위행사할 수는 없다고 보아야 한
다.[2] 그러나 공동상속인이 이를 행사하지 않은 채 사망한 경우 그 상속인은 이를
승계하여 행사할 수 있다고 본다. 대습상속인도 같다.

(4) 환수권의 행사기간

환수권 행사의 기간은 상속분의 양도사실을 안 날로부터 3개월, 양도일로부터
1년 이내에 행사하여야 하고 그 기간이 지나면 권리가 소멸한다(제1011조 ②항).[3]
따라서 이 기간은 제척기간이라고 해석된다. 불안정한 법률상태를 오래 방치하는
것은 바람직하지 않기 때문이다. 재판상 행사와 재판외 행사가 모두 가능하다.

---

1 김·김, 718면; 이경희, 355면; 소성규, 352면.
2 일본 1939. 12. 8. 법조회 결의 참조.
3 일민 제905조 ②항은 양도통지제도를 두고 있고, 통지를 받은 날부터 1개월 안에 환수의 의사표
  시를 하도록 규정하고 있다.

(5) 양수(환수)의 효과

1) 환수권은 형성권이고, 따라서 일방적 의사표시로 효력이 생기므로, 제 3 자에게 양도되었던 상속분은 다시 공동상속인에게 귀속된다고 보아야 한다. 따라서 이때도 채권양도의 통지나 승낙, 점유의 이전, 등기·등록은 필요 없다고 새겨야 할 것이다.

2) 환수된 권리(상속분)는 양도인에게는 귀속될 수 없다. 이는 환수권의 본질상 당연하다고 할 것이다.

3) 공동상속인 중 일부만이 환수권을 행사한 경우 그들에게만 환수한 상속분이 귀속되는가, 아니면 양도인을 제외한 나머지 공동상속인 전원에게 각 상속분에 따라 귀속되는가? 공동상속인 전원에게 귀속된다는 견해가 다수설인 것으로 보이나,[1] 법적 근거가 없고, 굳이 적극적으로 원치도 않는 공동상속인에게 귀속시킬 필요나 이유가 없으며, 이를 긍정할 경우 공동상속인들 사이에 번거로운 구상권 행사 등 상환절차가 뒤따라야 하므로 부정설이 타당하다.[2]

제 4 절 상속의 승인과 포기

I. 서 론

1. 개 념

(1) 당연상속주의

1) 상속은 자연인의 사망으로 개시되고, 상속개시로 인하여 망인(피상속인)의 일체의 재산상 권리·의무가 상속인에게 당연히 포괄적으로 승계된다(제1005조). 적극재산뿐만 아니라 소극재산(예컨대 거액의 채무)도 상속되어 상속인에게 승계된다. 이것이 당연상속주의(當然相續主義)이다.

2) 그러므로 상속 적극재산이 상속 소극재산(상속채무)에 미달하는 경우 상속은 상속인에게 예상치 못한 손해와 타격을 줄 수 있다.

---

1 김·김, 718면; 박병호, 376면; 김상용 외 3, 486면.
2 동지: 곽윤직, 128면; 이은영, 개정판 민법 Ⅱ(박영사, 2000), 786면.

(2) 당연상속주의의 수정(한정승인과 포기)

1) 민법은 상속이 상속인에게 미치는 효과를 조정하기 위하여 상속인에게 승인과 포기 중 어느 것을 선택할 자유를 인정하고 있다(제1019조).

2) 상속의 승인은 "상속의 효과를 상속인이 거부(부인)하지 않고 승인한다"는 의사표시이다. 그 효과를 전면적으로 승인하는 것이 단순승인이고, 상속으로 얻은 재산의 한도에서만 피상속인의 채무와 유증을 갚겠노라고 승인하는 것이 한정승인이다.

3) 반면에 상속의 포기(抛棄)는 상속개시로 말미암아 당연히 발생하는 상속의 효과를 상속인이 거부하는 의사표시다. 이로써 그 상속인에게는 상속개시시점으로 소급하여 상속의 효력이 발생하지 않게 된다. 즉 상속을 포기하면 포기자는 처음부터 상속인이 아닌 것으로 된다. 고려기간 경과 후의 상속포기는 구체적인 상속지분권의 포기를 의미하므로, 여기에서 말하는 포기와는 구별된다.

2. 존재이유

(1) 가족제도와 상속포기의 자유

1) "가(家)"제도가 유지되어 오던 시대에 상속은 일가(一家)의 존속과 가산(家産)의 유지를 위한 중요한 제도였다. 부채자환(父債子還)(아버지의 빚은 아들이 갚는다)은 미풍양속이고 효도의 일종이라고 생각하여 온 것이 동양(東洋)사상이었다. 따라서 상속인이 상속을 거부하는 상속포기란 허용되지 않았고, 상속이 강제되었다. 특히 호주상속은 포기할 수 없었고, 상속포기의 자유는 허용되지 않았다.[1]

2) 그러나 서양사상과 문물, 법률제도가 수입되면서 개인주의 사상이 점차 발달하고 자본주의 제도가 정착되면서 "가"제도는 붕괴되고 개인이 원하지 아니하는 재산상의 권리나 의무는 승계하지 않겠다는 상속인의 자유가 강조되었다. 이는 불법행위나 채무불이행에서 개인책임주의가 인정되는 것과 궤를 같이한다.

3) 이에 따라 피상속인에게 유언의 자유가 인정되는 것과 같이 상속인에게는 포기의 자유가 인정되었다.[2] 여기에 이 제도의 존재이유가 있다. 그러므로 상속의 한정승인과 포기는 우리의 관습이나 문화의 소산이 아니고 서양의 법제도에서 계

---

1 관습조사보고서 문 173, 361면 : 제사상속인이나 재산상속인이 상속을 거절할 수 있는 관습은 없다고 한다.
2 1804년의 프랑스 민법(제779조)은 상속포기의 자유를 선언하고 있다.

수된 것이다.[1]

(2) 상속채무의 승계와 상속포기

1) 상속의 한정승인과 포기는 상속채권자에게 미치는 영향이 크다. 이 경우 그 상속인은 자신의 고유재산으로 상속채무를 변제할 책임을 지지 않기 때문이다.

2) 반면에 상속인의 고유재산이 채무 초과인 경우에는 그에 대한 상속을 차단하는 것이 오히려 상속채권자에게 유리하다. 그러나 뒤에서 보는 바와 같이 상속채권자가 상속인으로 하여금 상속의 한정승인과 포기를 하도록 강제할 방법은 없다. 이에 따라 민법은 이러한 경우 상속채권자의 이익을 위하여 상속채권자와 수유자에게 일정한 기간 내에 법원에 상속재산의 분리를 청구할 수 있도록 하고 있다(제1045조).

3) 한편, 공동상속인 중 1명 또는 몇 명에게 상속재산을 집중·귀속시켜 상속재산을 정리하려고 하는 경우에도 상속포기제도가 이용되기도 한다.

(3) 거래의 안전과 상속포기의 자유

1) 거래의 안전과 관련하여 생각할 때 상속의 한정승인과 포기는 비판의 여지가 있다. 상속인은 피상속인의 보호와 교양을 받았고, 그 재산에 의해서 직간접적으로 많은 도움을 받았는데, 상속이 자신에게 유리하면 상속을 승인하고, 불리하면 상속을 포기하는 이러한 태도(감탄고토, 甘呑苦吐 : 달면 삼키고 쓰면 뱉는다)는 너무나 이기적이며, 사전에 상속인에게 상속재산이 이전된 경우 더욱 그러하다.

2) 그러나 상속채권자는 피상속인의 재산과 신용을 토대로 그와 거래를 하는 것이지 상속인의 재산과 신용까지 고려하여 거래를 하는 것은 아니므로, 상속의 한정승인과 포기가 반드시 상속채권자의 기대나 신뢰에 반한다고 할 수 없고, 피상속인이 상속인에게 상속재산을 부당하게 이전한 경우 상속채권자는 채권자취소권을 행사하여 구제받을 수 있으므로 상속의 한정승인과 포기가 상속채권자의 정당한 법익을 침해한다고 할 수도 없다.

---

[1] 한정승인제도는 유스티니아누스(Justinianus) 칙법(勅法)에서 인정된 '재산목록의 이익'(benificium inventari) 제도에 기원을 두고 있고, 이것이 독일·프랑스를 거쳐 일본법으로, 다시 한국 민법으로 계수된 것이다[新版注釋 民法(27), 相續(2)(有斐閣, 1989), 496면 참조].

3. 민법 등에 의한 승인과 포기제도

(1) 민법규정

1) 현행 민법상 상속인은 상속개시사실을 안 날로부터 3개월 내에 단순승인이
나 한정승인 또는 포기를 할 수 있다(제1019조 ①항).

2) 위 기간 내에 한정승인 또는 포기를 하지 않으면 원칙적으로 단순승인을
한 것으로 간주된다.

3) 우리 민법은 이와 같이 당연상속주의를 원칙으로 하고 한정승인과 포기를
예외적으로 인정하는바, 입법론상 한정승인(限定承認)을 원칙으로 하고 상속인이
원하면 단순승인을 할 수 있도록 하는 것이 좋다는 의견도 있다. 그러나 이렇게 하
면 상속을 단순승인하는 사람은 거의 없을 것이고, 상속인과 피상속인은 가족으로
서 그 재산관계에서도 어느 정도 일체성을 갖고 있으며, 상속채무는 상속인이 변
제하는 것이 사회도의에도 부합하므로, 우리 민법의 태도가 더 우수하다고 할 수
있다.[1]

(2) 「채무자 회생 및 파산에 관한 법률」상의 한정승인

1) 채무자가 상속을 받은 후 파산선고를 받고, 그 후 단순승인이나 상속포기를
하여도 그것은 파산재단(破産財團)에 대하여는 한정승인의 효력만이 생긴다(동법 제
385조, 제386조 ①항). 그러나 파산관재인은 파산채무자의 상속포기사실을 안 후 3개
월 안에 법원에 신고하여 상속포기의 효력을 인정할 수 있다(동법 제386조 ②항).[2]

2) 한편, 상속재산에 파산선고가 내려지면 모든 상속재산을 파산재단으로 하
고, 민법 제1026조 3호에 의하여 상속인이 단순승인한 것으로 보는 경우(상속인이
한정승인 또는 포기를 한 후에 상속재산을 은닉하거나 부정소비하거나 고의로 재산목록
에 기입하지 아니한 때)를 제외하고는 상속인이 한정승인을 한 것으로 본다(동법 제
389조 ①항, ③항).

---

1 ① 대륙법계는 피상속인의 채권·채무를 포함한 상속재산 전체가 상속인에게 법률상 당연히 포괄
 적으로 승계되는 제도가 상속이고 이것이 일본을 거쳐 우리나라에 도입되었다.
 ② 영미법계에서는 상속재산이 먼저 개인대표자(personal representative)라는 명칭의 유언집행자
 (이전에는 'Executor'라고 불림)에게 승계되고, 그가 상속채무 등을 청산한 후에 잔여재산이 있으
 면 이를 상속인이나 수유자에게 분할하여 인도한다. 상속인은 상속채무에 대한 책임을 지지 않고,
 상속재산을 인도받기 전에는 이를 처분할 수도 없다(김형배, 280면).
2 파산신청 또는 파산선고 후 파산채무자(피상속인)가 사망하여 상속이 개시되면 상속재산에 대하여 파
 산절차가 속행된다(동법 제308조).

3) 상속재산에 대한 파산에 관하여는 뒤의 한정승인 부분에서 자세히 설명한다.

4. 승인과 포기의 법적 성질

(1) 원 칙

1) 상속의 승인·포기는 상속인의 '상대방 없는' 일방적 의사표시(意思表示)로서 단독적 법률행위(法律行爲)이다. 따라서 이로부터 일정한 법률효과가 발생한다. 또한 상속의 승인·포기는 상속인 각자가 단독으로 할 수 있다.[1]

2) 상속의 승인·포기는 상속재산과 상속채권자에게 법률효과를 발생하지만, 이는 어디까지나 가족법상 인정되는 제도로서, 순전한 재산상의 법률행위가 아니고 신분상의 법률행위로서의 성격이 강하다. 이에 따라 이는 채권자대위나 채권자취소의 대상이 되지 않는다는 것이 통설, 판례이다.

3) 상속의 단순승인은 불요식행위이므로 그 존재를 외부에서 인식하기가 어렵다. 이에 따라 민법은 이에 관하여 간주제도를 인정한다.

4) 반면에 한정승인과 포기는 일정한 기간 내에 가정법원에 대한 신고로써 하여야 하는 요식행위이다.

(2) 주체(主體)와 능력

㈎ 상속인 본인

1) 상속인만이 승인이나 포기를 할 수 있다. 따라서 이는 행사상 일신전속권이다. 그러므로 이는 채권자대위권(제404조)·채권자(사해행위)취소권(제406조)의 행사대상이 될 수 없다.[2] 이는 피상속인의 채권자이든 상속인의 채권자이든 마찬가지다.

2) 승인 또는 포기를 하려면 보통의 재산법상의 의사능력과 행위능력을 가지고 있어야 한다.[3]

3) 상속인인 이상 그의 대한민국 국적 유무는 불문한다. 대습상속인도 이에 포함된다.

---

1 일민 제923조 참조.

2 대판 2011. 6. 9, 2011다29307(상속포기는 제406조 ①항에서 정하는 '재산권에 관한 법률행위'에 해당하지 아니한다); 일 최판 1974. 9. 20, 집 28-6, 1202면(상속포기는 적극재산의 감소를 초래하는 행위가 아니고, 재산의 증가를 막는 행위에 불과하고, 채권자취소를 허용하면 채권자가 상속인에게 상속의 승인을 강제하는 결과가 되기 때문이다).

3 中川·泉, 상속법[제4판], 363면.

(나) 법정대리인

1) 상속인이 제한능력자(미성년자·피한정후견인·피성년후견인)인 경우에는 법정대리인(친권자나 후견인)이 그 상속인을 대리하여 승인이나 포기를 할 수 있다(제1020조).

2) 법정대리인의 동의를 얻더라도 제한능력자 본인은 자기 이름으로 승인이나 포기를 할 수 없다. 미성년자는 법정대리인의 동의를 얻어 법률행위를 할 수 있으나 상속의 승인·포기는 단순한 재산상 법률행위가 아니므로 민법 제 5 조 ①항을 적용할 수 없고, 피성년후견인은 원칙적으로 행위능력이 전혀 없으며 가정법원이 취소할 수 없는 법률행위의 범위를 정한 경우에만 그 행위를 할 수 있으므로 그 역시 상속의 승인·포기를 할 수 없다.

게다가, 상속의 한정승인과 포기는 가정법원에 대한 소송행위로써 하여야 하는데, 여기에는 비송사건절차법이 준용되고(가소 제34조), 비송사건절차법은 비송사건의 경우 당사자가 소송능력자일 것을 요구하고 있지는 않으나(동법 제 6 조 ①항 참조), 마류 비송사건은 쟁송성이 강하므로 소송무능력자가 단독으로 절차를 진행할 수 없고,[1] 민사소송법 제55조를 유추적용하여야 할 것이다.[2]

3) 법정대리인이 승인·포기를 대리하는 경우 그것이 이해상반행위가 되는 때[제921조·제950조. 예컨대, 부(父)가 사망하여 모가 여러 명의 미성년자를 대리하면서 어떤 아이의 상속을 포기하는 경우[3]]에는 법정대리인의 대리권이 제한되므로, 특별대리인을 선임하여 승인 등을 하게 하여야 한다.[4] 후견인이 피후견인을 대리하여 승인·포기를 하거나 미성년자의 승인·포기에 동의를 할 때는 후견감독인이 있으면 그의 동의를 받아야 한다(제950조 ①항 6호).

4) 부재자재산관리인은 상속인(부재자)을 대리하여 법원의 허가를 얻어 승인이나 포기를 할 수 있다.[5]

---

1 민법 제1020조도 이러한 취지에서, 상속인이 제한능력자인 경우 고려기간은 그의 친권자 또는 후견인이 상속이 개시된 것을 안 날부터 기산한다고 규정하고 있다.
2 동지: 가사비송재판실무편람(2008), 7, 81면.
3 상속인인 자녀가 미성년자이고, 그 숫자가 1명이든 여러 명이든 모가 법정대리인으로서 자녀를 대신하여 자녀의 상속을 포기시키면 모가 단독상속하거나 모의 상속분이 증가한다. 따라서 모자간에 이해가 상반된다. 그러나 친권자가 자녀와 공동상속인이 아닌 경우는 이해상반행위가 되지 아니하므로 특별대리인을 선임할 필요가 없을 것이다(실무편람, 81면).
4 中川·泉, 364면.
5 개정증보 법원실무제요 — 가사 — , 665면.

(다) 임의대리인

상속인의 임의대리인(예컨대 변호사 등)도 상속인을 대리하여 승인과 포기를 할 수 있다(가소 제36조, 가소규 제75조).[1]

(라) 태아의 경우

1) 태아는 상속순위에 관하여는 이미 출생한 것으로 보나(제1000조 ③항), 태아는 살아서 출생할 것을 정지조건으로 소급하여 권리능력을 취득하므로,[2] 태아인 동안에는 당사자능력이 없고, 상속도 할 수 없으며, 법정대리인도 있을 수 없다.[3]

2) 따라서 태아인 동안에는 상속의 승인·포기를 할 수 없고, 태아가 살아서 출생한 때에야 이를 할 수 있다.

(3) 승인과 포기의 시기(時期)

(가) 시기와 종기

1) 상속의 승인과 포기는 상속개시 후 고려기간('상속개시 있음을 안' 날로부터 3개월) 안에 하여야 하고, 상속개시 전이나 고려기간 경과 후에는 할 수 없다.

2) 상속개시 전이나 고려기간 경과 후에 승인·포기를 하거나 상속포기약정을 하면 그것은 무효이다.[4] 고려기간 경과 후의 한정승인이나 포기신고는 부적법하므로 각하된다.[5]

3) 상속인이 가정법원에 한정승인이나 포기신고를 한 후 그 수리심판의 고지 전에 사망한 경우에도, 승인이나 포기의 의사표시는 유효하다. 따라서 가정법원은 사망자의 상속인으로 하여금 비송사건을 수계하도록 하여야 한다.[6] 그러나 이때도 한정승인이나 상속포기의 효력은 신고서 접수 시가 아니고 심판고지 시에 발생한다.[7]

4) 관청에서 발행한 사망증명서의 사망일자 기재에 착오가 있어서 고려기간 만료날짜를 오인하여 포기신고를 늦게 한 경우에도 기간 경과를 이유로 이를 각하

---

1 대결 1965. 5. 31, 64스10.
2 대판 1976. 9. 14, 76다1365.
3 대판 1982. 2. 9, 81다534.
4 대판 1994. 10. 14, 94다8334; 1998. 7. 24, 98다9021; 독일 민법은 상속포기계약을 인정하고 있다.
5 대결 2002. 1. 15, 2001스38 재항고기각, 신문 2002. 1. 21(3044호), 2면.
6 실무편람, 83면(할아버지 2009. 5. 1. 사망 → 아버지 2009. 7. 1. 사망 → 손자 순으로 상속; 이 경우 아버지가 법원에 한정승인신고 등을 한 경우); 법원에서 강제수계를 시킬 수도 있다[민사실무제요 (Ⅱ), 530면].
7 실무편람, 84면.

한 예가 있다.[1] 사망증명서의 사망일자 기재는 법적 효력이 없으므로, 그 기재 내용
에 관계없이 실제로 상속인이 '상속개시 있음을 안' 날부터 기산하여야 할 것이다.

　　5) 고려기간 내에 공동상속인들이 상속재산을 협의로 분할하면, 그것은 상속
재산의 처분행위에 해당되므로(제1026조 1호), 단순승인으로 간주된다. 따라서 이
러한 분할(승인) 후에는 승인을 취소할 수도 없고, 고려기간 내에 한정승인이나 상
속포기신고를 하여 가정법원에서 수리되었다고 하여도 이는 효력이 생기지 아니한
다.[2] 그러나 특별한정승인의 요건을 충족한 때에는 그 신고를 할 수 있다.[3]

　　:: 참고판례

　　　상속개시 전에 '상속을 포기하기로' 약정한 다음 정작 상속이 개시되자 상속권을
　　　주장하더라도 신의성실의 원칙에 위반되지 않는다(대판 1998. 7. 24, 98다9021
　　　참조).

　　㈏ 태아의 경우

　　태아인 때에 상속개시가 있었던 경우에는 태아의 출생 후 법정대리인이 태아
를 위한 상속개시 있음을 안 때부터 고려기간 안에 상속포기나 한정승인 신고를
할 수 있다(제1020조 참조).

　　(4) 승인과 포기의 방법

　　㈐ 조건이나 기한의 가부

　　1) 상속의 승인이나 포기는 조건이나 기한을 붙일 수 없고, 포괄적·확정적·무
조건적으로 하여야 한다. 그리고 일단 승인·포기를 한 후에는 이를 함부로 취소·
변경할 수 없다(제1024조).

　　2) 그러므로 상속재산 중 일부(적극재산)는 승인하고 일부(소극재산 : 채무)는
포기한다는 식의 선택적인 승인·포기("감탄고토"식)는 허용되지 아니한다. 다만,
'적극재산의 범위에서 채무를 승인한다. 또는 채무는 모두 승계하되 변제책임을 적
극재산에 한정한다.'는 의미의 한정승인은 유효하다.

　　㈑ 요식행위(要式性: 요식성)

　　1) 상속의 단순승인에는 신고 등 특별한 방식이 필요하지 않다. 상대방이 없으

---

[1] 일 大阪高決 1952. 12. 13, 家月 5-4, 107면.
[2] 대판 1983. 6. 28, 82도2421.
[3] 대판 2006. 1. 26, 2003다29562.

므로 특정인에게 이러한 의사표시를 할 것이 요구되지도 않는다. 다만, 상속채권자에게 채무를 갚겠다고 의사표시를 하였거나 다른 상속인들에게 상속재산을 나누어 갖겠다는 의사를 표시하였다면 이는 단순승인으로 해석할 수 있다.

2) 반면에 상속의 한정승인과 포기는 반드시 가정법원에 대한 신고로써 하여야 한다(제1030조·제1041조). 즉 이는 요식행위(要式行爲)이며, 라류 가사비송사건에 속한다. 한정승인과 포기는 상속채권자나 후순위상속인 등 이해관계인에게 중대한 영향을 미치기 때문에 이를 확실히 하기 위한 것이다.

3) 상속의 한정승인신고서에는 상속재산목록을 첨부하여야 하는 반면, 상속의 포기신고서에는 상속재산목록을 첨부할 필요가 없다.[1]

(5) 승인·포기와 유언 등

1) 피상속인이 상속의 승인이나 포기에 관하여 유언(遺言)을 하여도 이는 무효이고, 상속인을 구속하지 않는다.

2) 상속인들끼리 또는 상속인과 제3자 간에 승인·포기의 약정(約定)을 하여도 이는 무효이다. 상속개시 전후를 불문한다. 요컨대 상속의 승인과 포기권의 행사를 제한·금지하는 모든 법률행위는 무효이다.[2] 다만, 상속개시 후에 그러한 약정이 이루어진 것이라면 단순승인의 의사표시로 해석될 여지는 있다.

3) 상속의 승인이나 포기권은 상속된다(제1021조). 그러나 전전상속인은 고유한 승인이나 포기권도 가지므로, 전전상속인은 승계한 포기·승인권을 행사하든지, 아니면 자기 고유의 상속포기·승인권을 선택하여 행사할 수 있다.

Ⅱ. 상속의 승인과 포기의 기간

1. 고려기간(考慮期間) 또는 숙려기간(熟慮期間)

(1) 고려기간의 개념

1) 상속의 승인과 포기는 상속인이 '상속개시 있음을 안' 날로부터 3개월 내에 하여야 한다(제1019조 ①항 본문). 이 3개월의 기간을 고려기간 또는 숙려기간이라

---

1 대판 1995. 11. 14, 95다27554 : 상속포기서에 재산목록을 붙이지 아니하였더라도 모든 상속재산에 대한 포기의 효과가 생긴다.
2 太田武男, 앞의 책, 94면.

고 한다.

2) 상속이 개시된 경우 상속인이 승인·포기 여부에 관하여 생각할 여유를 주어야 한다. 그래서 민법은 상속인에게 승인이나 포기에 앞서 '상속재산을 조사'할 수 있도록 하고(제1019조 ②항), 한편 이해관계인이나 검사의 청구에 따라 가정법원은 위 고려기간의 연장을 허가할 수 있도록 하였다(동조 ①항 후단, 가소 제 2 조 ①항, 라류 가사비송사건 30호).

연장허가청구를 각하당한 경우 청구인은 심판 고지일부터 14일 안에 즉시항고를 할 수 있다(가소규 제27조·제31조·가소 제43조 ⑤항).

3) 위 고려기간 내에 상속인이 승인도 포기도 하지 아니한 채 기간이 지나가 버리면 그 상속인은 상속을 단순승인한 것으로 간주된다(제1026조 2호).

4) 이상의 효과는 각 상속인별로 독립하여 발생함은 물론이다.

(2) 고려기간의 존재이유

위 고려기간을 상당히 짧게 정한 이유는 상속인을 보호함과 동시에 상속채권자 등 제 3 자의 권리를 조속히 안정시켜 상속관계의 조기 확정을 도모하기 위한 것이다. 상속의 포기·승인의 효과는 제 3 자에게도 미치기 때문이다.

(3) 고려기간의 법적 성질(제척기간)

1) 이 기간의 성질은 제척(除斥)기간이다(통설). 따라서 이 기간을 놓치면 포기나 승인신고를 할 수 없다. 상속인이 법원에 기간연장허가청구를 하면 그 기간이 연장되는 수가 있지만, 그 연장청구도 3개월 이내에 하여야 한다.

2) 위 기간은 제척기간일 뿐 불변기간은 아니므로, 당사자가 책임질 수 없는 사유로 인하여 기간을 지키지 못하였더라도 청구권은 소멸되고 추후에 보완신고나 청구를 할 수 없다.[1]

2. 고려기간의 기산점(起算點)

(1) 통설과 판례[2]

1) '상속개시 있음을 안 날'부터 고려기간(3개월)이 진행된다. 상속개시일이 바로 고려기간의 기산일은 아니다.

---

1 대결 2003. 8. 11, 2003스32.
2 太田武男, 앞의 책, 95면[이를 상속개시 각지시설(相續開始 覺知時說)이라고 부른다].

2) 이는 상속인이 '상속개시의 원인 되는 사실(피상속인의 사망이나 사망으로 의제되는 사유)'의 발생을 알고, 이로써 '자기가 상속인이 되었다'는 사실을 안 날부터 계산하여야 하고,[1] 상속재산이나 상속채무의 존재 혹은 상속포기제도를 알아야 할 필요는 없다(판례).[2]

:: 참고판례

사실의 오인 또는 법률의 무지로 인하여 상속인이 실제로 상속개시 사실(상속인이 된 사실)을 알지 못한 이상, 고려기간은 진행되지 아니한다(대결 1988. 8. 25, 88스10~13).

(2) 소 수 설

1) 소수설(少數說)은 상속인 스스로 "상속재산이 없다"고 믿고 있는 동안에 상속을 승인할 것이냐 포기할 것이냐를 선택·고려한다는 것은 있을 수 없는 일이요 무의미하다고 본다.

2) 소극재산의 상속은 상속채권자를 보호하는 것이고, 적극재산의 상속은 상속인을 보호하는 것이다. 상속인이 피상속인의 소극재산(채무)이 없는 줄로 알고 있었지만, 나중에 거액의 상속채무가 나타나 상속인이 고유재산으로 이를 변제하여야 한다면 이는 매우 가혹하다. 그러므로 적극재산 또는 소극재산의 존재를 안 때로부터 고려기간을 기산하여야 한다.

3) 즉 상속인이 피상속인의 사망사실, 자신이 상속인이라는 사실을 알고, 거기에 더하여 적어도 적극재산의 일부 또는 소극재산의 존재를 안 때부터 고려기간을 기산하여야 한다.

4) 그러나 소수설에 의할 경우 지나치게 상속인에게 유리하다. 상속인이 피상속인의 사망사실과 자신이 상속인이라는 사실을 알았다면 당연히 상속재산의 유무와 그 규모를 조사, 파악하여야 한다. 이러한 의무를 상속인에게 부과하는 것은 법질

---

1 대판 1969. 4. 22, 69다232; 2005. 7. 22, 2003다43681[대습상속의 경우 손자·손녀는 상속개시의 원인사실(예컨대 조부의 사망)을 알았다고 하여 그때 바로 그들 스스로 '상속인이 된 사실까지' 알았다고 할 수 없다]; 서울고판 2005. 7. 15, 2005나7971(선순위 상속인들만 법무사의 조언에 따라 상속포기신고를 하고, 미성년자들인 후순위 상속인들은 신고하지 않고 있던 중, 나중에 상속채권자들이 제기한 소송관련서류를 받아본 경우는 그 때 비로소 상속인이 된 사실을 알았다고 봄이 상당하다). 신문 제3415호, 19면.
2 대판 1974. 11. 26, 74다163; 대결 1984. 8. 23, 84스17~25; 1986. 4. 22, 86스10; 1988. 8. 25, 88스10~13; 1991. 6. 11, 91스1.

서 전체와 조화할지언정 상속인에게 부당한 의무를 부과한 것이라고 볼 수 없다.

따라서 고려기간은 당연히 이 기간의 종료일부터 기산되어야 하므로, 피상속인의 사망사실과 자신이 상속인이라는 사실을 알았으면 그때부터 기산되어야 하고, 적극재산의 일부 또는 소극재산의 존재를 알 필요는 없다고 보아야 한다. 다만, 구체적인 경우와 사정에 따라 이를 완화할 여지는 있을 것이다.[1]

(3) 헌법재판소의 2차례 결정과 2차 민법 개정

(개) 헌법불합치결정　　헌법재판소는 아래와 같이 선언하였다. 상속인이 그의 귀책사유 없이 '상속채무가 적극재산을 초과하는' 사실을 알지 못하여 상속개시 있음을 안 날로부터 3개월 내에 한정승인 또는 포기를 하지 못한 경우에도 단순승인을 한 것으로 보는 민법 제1026조 2호는 기본권 제한의 입법한계를 일탈한 것으로 재산권을 보장한 헌법 제23조 ①항, 사적(私的) 자치권을 보장한 헌법 제10조 ①항에 위반된다. 따라서 위 법률조항은 헌법에 불합치된다.[2]

(나) 특별한정승인제도의 신설

1) 헌법재판소의 결정에 따라 개정된 민법(2002. 1. 14. 법률 제6591호, 시행 2002. 1. 14.)은 특별한정승인제도를 신설하였다. 이에 의하면, 상속인은 '상속채무가 상속재산을 초과하는' 사실을 중대한 과실 없이 상속개시일로부터 3개월의 기간 내에 알지 못하고 단순승인(제1026조 1호, 2호의 규정에 의하여 신고기간을 도과하여 단순승인으로 간주되는 경우 포함)을 한 경우 또는 상속재산을 처분한 경우에는 채무초과사실을 안 날로부터 3개월 내에 한정승인을 할 수 있다(제1019조 ③항).

이는 종래의 통설과 판례의 태도를 유지하되, 상속채무가 상속 적극재산을 초과하는 사실을 자신의 귀책사유(중대한 과실) 없이 고려기간 내에 알지 못한 상속인을 예외적으로 구제하는 절충안이라고 할 수 있다.

2) '중대한 과실 없이 상속채무초과 사실을 알지 못하였다'는 점에 대한 입증책임은 상속인에게 있고,[3] 채무초과사실을 안 날로부터 3개월의 기간 역시 제척기

---

1 일 최판 1984. 4. 27, 집 38-6, 698면[숙려기간의 기산점은 원칙적으로 상속개시사실과 자기가 상속인이 되었다는 사실을 안 때이지만, 상속재산이 거의 없다고 오신하고, 그 오신에 상당한 이유가 있는 때는 상속재산의 존재를 인식한 때(또는 인식하여야 하는 때)라고 판시]; 大阪高決 1979. 3. 22, 家月 31-10, 61면; 학자들은 이를 상속재산 존부·상황 각지시설(相續財産存否·狀況覺知時說)이라고 부르고 있다(太田, 전게서).

2 헌재결 1998. 8. 27, 96헌가22, 97헌가2·3·9, 96헌바81, 98헌바24·25(병합), 헌공 29호, 법률신문 1998. 9. 7, 판례월보 1998. 10, 64면; 헌재결 2004. 1. 29, 2002헌가22 등.

3 대판 2003. 9. 26, 2003다30517; 대결 2006. 2. 13, 2004스74(형식적 요건을 구비한 이상, 상속채무

간이다.

3) 그런데 2002. 1. 14. 개정 민법은 부칙 ③항에서 "1998년 5월 27일부터 이 법 시행 전까지 상속개시가 있음을 안 자 중 상속채무가 상속재산을 초과하는 사실을 중대한 과실 없이 제1019조 ①항의 기간 내에 알지 못하다가 이 법 시행 전에 그 사실을 알고도 한정승인신고를 하지 아니한 자는 이 법 시행일부터 3월내에 제1019조 ③항의 개정규정에 의한 한정승인을 할 수 있다. 다만, 당해 기간 내에 한정승인을 하지 아니한 경우에는 단순승인을 한 것으로 본다"고 규정하였는데, 이 규정에 대하여 1998. 5. 27.을 기준일로 삼아 특별한정승인신고 가능 여부를 결정할 합리적이 이유가 없다는 이유로 헌법불합치결정(헌재결 2004. 1. 29, 2002헌가 22 등)이 내려져서 2005. 12. 29. 다시 민법 개정이 이루어졌다. 그 부칙 ②항은 "이 법의 한정승인에 관한 특례대상에 해당하는 자가 이 법 시행 전에 한정승인 신고를 하여 법원에 계속 중이거나 수리된 경우 그 신고 또는 법원의 수리결정은 효력이 있다"고 규정하였다.

4) 한정승인 관련 민법 조항이 최후로 개정된 이후, 즉 2005. 12. 29. 이후 채무초과사실을 안 자는 그 안 날로부터 3개월 이내에 한정승인신고를 할 수 있다.[1] 종전에 이미 상속포기신고를 한 사람은 한정승인신고로 이를 변경하거나, 새로 한정승인신고를 하여야 상속채무를 면할 수 있다.[2]

(다) 헌재결정의 적용범위

1) 헌법재판소가 1998. 8. 27, 96헌가22 등 사건에서 2002. 1. 4. 법률 제6591호로 개정되기 전 민법 제1026조 2호에 대하여 내린 헌법불합치결정의 효력은 그 결정의 취지나 위헌심판에서의 구체적 규범 통제의 실효성보장 등을 고려할 때 적어도 헌법불합치결정을 하게 된 바로 그 사건뿐만 아니라, 헌법불합치결정 당시에 '민법 제1026조 2호의 위헌 여부가 쟁점이 되어' 법원에 계속 중인 사건에 대하여

가 상속재산을 초과하였다거나 상속인이 중대한 과실 없이 이를 알지 못하였다는 등의 실체적 요건에 대하여는 이를 구비하지 아니하였음이 명백한 경우 외에는 가정법원이 이를 문제삼아 한정승인신고를 불수리할 수 없다); 대판 2010. 6. 10, 2010다7904(피상속인이 피고로서 소멸시효완성의 항변을 하여 1, 2심에서 승소하였다. 원고의 상고에 따라 상고심 계속 중 피고가 사망하여 상속인들이 소송을 수계한 사례에서 상고심판결은 시효항변이 권리남용이라고 파기환송함. 수계일부터 환송판결 선고일 사이에 상속인들이 피상속인의 채무초과사실을 알지 못한 것을 중대한 과실이라고 할 수 없다).

1 대판 2002. 2. 8, 98다44499; 2005. 4. 14, 2004다56912; 2006. 1. 12, 2003다28880.
2 법률신문 2002. 1. 21, 제3044호, 2면; 졸고, "개정민법과 상속의 한정승인·포기," 법조(2002년 4월호), 5면 이하.

도 미친다(소급효).

2) 민사소송 계속 중에 법원에 개정 전 민법 제1026조 2호에 대한 위헌심판제청신청을 하였다가 헌법재판소의 헌법불합치결정이 내려지자 그 신청을 취하한 사람에게도 헌법불합치결정의 소급효가 미치는 경우에 해당한다. 그러므로 그는 개정민법의 경과규정을 적용받아 개정민법 시행일부터 3개월 내(즉, 2002. 4. 14.까지)에 한정승인신고를 할 수 있다.[1]

※ 개정민법(2002. 1. 14, 법률 제6591호, 2005. 12. 29, 법률 제7765호)에 따른 특별한정승인신고의 가능 여부를 표로 정리하면 다음과 같다.

상속개시(사망) 시점	한정신고의 가부	특별한정승인신고기간	비고(근거)
1998. 5. 27. 이전	×	×	부칙 ④항 (개정민법 제7765호)
1998. 5. 27.~ 2002. 1. 13.	○	개정민법(법률 제6591호) 시행일부터 3개월 이내 (2002. 4. 13.까지)	부칙 ③항 (개정민법 제6591호)
2002. 1. 14. 이후	○	상속채무초과 사실을 안 날부터 3개월	대판 2005. 4. 14, 2004다56912; 민 제1019조 ③항
1998. 5. 27.~ 2005. 12. 28.	○	개정민법(법률 제7765호) 시행일부터 3개월 이내 (2006. 3. 28.까지)	부칙 ④항 1호(제7765호)
2005. 12. 29. 이후	○	상속채무초과 사실을 안 날부터 3개월	부칙 ④항 2호(제7765호), 민 제1019조 ③항

3. 고려기간의 기산(起算)점에 관한 특례

(1) 실종선고의 경우

1) 실종선고가 있는 경우, 보통실종의 경우는 5년, 특별실종의 경우는 1년의 기간이 만료된 때에 실종자가 사망한 것으로 간주된다(제28조).

2) 실종선고가 있는 경우에는, 상속인이 실종선고심판 확정사실, 이로 인하여 자신이 상속인이 된 사실을 안 날로부터 고려기간(3개월)을 기산하여야 한다.

3) '상속세 및 증여세법'은 실종선고일을 상속개시일로 규정하고 있다(동법 제2조 2호).

---

1 대판 2002. 4. 2, 99다3358.

(2) 공동상속과 순위가 서로 다른 상속인의 경우

1) 상속인이 여러 사람인 경우에는 각 상속인이 독립하여 승인과 포기를 할 수 있으므로, 각 상속인별로 독립하여 고려기간을 기산(起算)하여야 한다.[1]

2) 후순위 상속인은 선순위 상속인이 상속포기의 신고를 하지 아니한 경우라도 선순위 상속인보다 먼저 또는 동시에 상속포기의 신고를 할 수 있다.[2]

3) 선순의 상속인들의 상속포기 관련 소송이 진행 중인 경우에는 후순위 상속인들의 고려기간(제척기간)은 진행되지 아니한다.[3] 선순위 상속인의 상속포기의 효력이 아직 발생하지 않았으므로 후순위 상속인에 대하여 상속이 개시된 것으로 볼 수 없기 때문이다.

:: 참고판례

① 피상속인의 제매(弟妹 : 남동생과 여동생)가 법률을 오해하여, 피상속인의 배우자가 데리고 온 자녀(가봉자)가 자기보다 선순위 상속인이라고 믿었기 때문에 피상속인 사망을 안 때로부터 3개월이 지난 후에 상속포기신고를 하였다. 1심은 기간경과를 이유로 각하하였고, 항고심은 착오사실을 깨달은 때로부터 민법 소정의 고려기간을 기산하여야 한다고 판시(일 仙台高決 1984. 11. 9, 家月 37-6, 56면).

② 제 1 순위 상속인이 상속포기를 한 경우, 제 2 순위 상속인의 상속포기의 숙려기간은 그 사실을 안 때로부터 진행하고, 상속개시일로부터 "7년여 후"의 상속포기도 유효하다(일 神戸地判 1987. 11. 17, 判夕 제663호, 149면).

(3) 상속인이 제한능력자인 경우

1) 상속인이 제한능력자인 경우에는 법정대리인(그의 친권자 또는 후견인[4])이 '제한능력자를 위한 상속이 개시된 사실'을 안 날로부터 고려기간을 기산한다(제1020조).

2) 법정대리인이 없는 미성년자의 경우에는 그가 성년이 된 때부터 이를 기산하여야 할 것이고, 기타 제한능력자에게 법정대리인이 없거나 결격, 대리권·재산관리권 사퇴[5]의 경우 또는 고려기간 중에 선택권을 행사하지 않고 법정대리인이

---

1 일 최판 1976. 7. 1, 家月, 29-2, 91면.
2 상속포기의 신고에 관한 예규(재특 2003-1).
3 대판 2012. 10. 11, 2012다59367, 법률신문 2012. 10. 29.자, 5면.
4 후견인의 경우는 그 취임시점과 상속사실을 안 시점 중 나중의 것을 기준으로 한다는 견해가 있다 (실무편람, 85면).
5 岡垣, 상속관계(1965), 125면(친권자의 대리상속포기가 이해상반행위에 해당되므로, 특별대리인이

사망한 경우에는 새로운 대리인이 선임된 때까지 고려기간의 진행은 정지되고, 새로 선임된 법정대리인이나 특별대리인이 그 제한능력자의 상속사실을 안 날부터 3개월을 기산하여야 한다.[1]

3) 상속인이 태아인 경우에는 그 태아가 출생한 후 생모 등 법정대리인이 그 태아를 위한 상속이 개시되었음을 안 날로부터 3개월의 기간을 계산한다.

(4) 상속인이 고려기간 중에 사망한 경우

1) 고려기간 중에 상속인이 사망한 경우에는 상속인의 상속인, 즉 전전상속인이 선 상속인의 승인·포기권을 승계취득하나, 고려기간은 '자기의 상속개시 있음을 안 날'로부터 기산한다(제1021조).

2) 예컨대 고려기간 중에 아버지가 사망한 경우,[2] 손자는 할아버지에 대한 아버지의 상속권에 따른 선택권과 아버지에 대한 자신의 고유 선택권을 같은 고려기간 내에 함께 행사할 수 있다. 손자는 할아버지에 대한 상속을 포기하고, 아버지에 대한 상속만을 승인할 수도 있다. 그러나 아버지로부터의 상속을 먼저 포기하면, 할아버지로부터의 상속만을 승인하지는 못한다. 이로써 전전상속권을 상실하기 때문이다(상속포기자는 상속인이 될 수 없다).[3]

3) 아버지가 고려기간을 놓쳐서 단순승인을 한 것으로 간주(제1026조 2호)된 후에 아버지가 사망한 경우, 그 손자는 조부에 대한 부(父)의 상속은 한정승인하거나 포기할 수 없으나, 아버지에 대한 자기의 상속을 포기하거나 한정승인할 수는 있다.

4. 고려기간의 연장과 추완신고

1) 이해관계인[4](예컨대 상속인이나 그 법정대리인) 또는 검사는 가정법원에 고려기간의 연장을 청구할 수 있다(제1019조 ①항 단서, 가소 제 2 조 ①항, 라류 가사비송사건 30호). 상속재산이 많고 복잡한 경우는 그 조사에 시간이 필요하기 때문에

선임된 경우에는 그 특별대리인이 안 날부터 기산한다).
[1] 독일 민법 제1944조 ②항; 中川·泉, 369면; 鈴木, 상속법강의(1996), 37면; 川井健, 신판주석민법 (27)상속(2)(1989), 488면.
[2] 이는 대습상속이 아니므로 학자들은 이를 재전상속(再轉相續)이라고 부르고 있다(中川·泉, 368면).
[3] 일 최판 1988. 6. 21, 家月 41-9, 101면; 伊藤 眞, 213면.
[4] 상속채권자는 이해관계가 있지만, 상속인의 상속승인이나 상속포기에까지 관여할 권한은 없다. 따라서 상속채권자가 고려기간 연장청구를 할 수는 없다(김주수, 611면).

이를 둔 것이다.[1]

2) 이 연장청구도 고려기간(3개월) 내에 하여야 한다.[2] 이를 경과한 경우 제척기간이 지났으므로 각하된다.

3) 천재(天災), 지변(地變) 기타 불가항력으로 한정승인 또는 포기신고나 고려기간 연장청구를 하지 못한 경우, 민사소송법 제173조를 유추하여 그 사유가 소멸한 후 2주일 내에 이를 할 수 있는가? 긍정설도 있으나,[3] 판례는 부정적이다.[4] 고려기간이나 그 연장청구기간은 모두 불변기간이 아니라고 생각되므로 판례를 지지한다.

4) 상속인이 승인이나 포기를 하지 않고 있는 사이에 상속채권자로부터 변제청구를 받았을 때는 이를 거절할 수 있다(제1033조 유추적용). 만일 상속인이 이를 거절하지 않고 일부 채권자에게 변제하면, 이는 상속재산의 처분에 해당하여 단순승인으로 간주될 수 있다(제1026조 1호 참조).

5. 고려기간 경과 후의 상속포기나 한정승인

1) 고려기간 경과 후의 상속포기 또는 한정승인신고는 무효이므로 가정법원은 이를 각하하여야 한다(이 각하에 대하여는 항고가능, 가소규 제27조).

2) 그러나 가정법원이 심리를 한 결과, 그 신고를 수리한 경우에는 이해관계인은 즉시항고할 수 없다(가소 제43조 ①항, 가소규 제27조, 제31조 참조).[5] 관련 법령에 즉시항고 관련 규정이 없고, 신고를 수리하는 심판이 있는 경우 그 실체법적 유무효는 관련 민사소송에서 결정되어야 하기 때문이다.[6]

---

1 상속인이나 그 후견인은 1998. 8. 3.부터 피상속인(심신상실자, 실종자 포함)의 예금 기타 금융거래나 잔고 등을 알려달라고 금융감독원(소비자보호센터; 전화 02-3771-5114)에 신청할 수 있게 되었다. 제적등본, 신분증, 가족관계증명서, 사망진단서, 법원의 심판문 등을 첨부하여야 하고 대리인이 신청할 경우는 위임장(인감도장 날인), 인감증명서 등을 첨부한다[2009년 한국인의 '법과 생활'(법무부, 2009. 2. 16. 발행), 315면].

2 연장허가의 주문은 "청구인이 피상속인 망 ○○○의 재산상속에 관하여 상속의 승인 또는 포기를 하는 기간을 2020. 8. 31.까지로 연장한다"와 같이 한다.

3 김·김, 제15판, 748면(가소 제12조, 비송 제10조, 민소 제173조를 근거로 제시); 中川淳, 축조해설(중), 12면; 谷口知平, 신판주석민법(27), 436면(법원의 사무 정지, 기타 불가항력의 경우는 기간 진행은 정지된다).

4 대결 2003. 8. 11, 2003스32.

5 가사비송재판실무편람(2008), 84면; 대결 2006. 2. 13, 2004두3335(특별한정승인 요건의 구비여부가 불분명한 경우에도 가정법원은 이를 불수리할 수 있다); 일 동경고결 1960. 2. 29, 민시보, 11-2, 77면; 大阪高決, 1963. 10. 1, 家月, 15-11, 109면.

6 대판 2002. 11. 8, 2002다21882; 일 최판 1954. 12. 24, 집 8-12, 2310면.

3) 공동상속재산 전부를 상속인 중 1명에게 집중·상속시킬 방편으로 나머지 상속인들이 법정기간 경과 후 상속포기신고를 한 경우, 이는 공유재산(상속재산)에 대한 지분권의 포기 또는 상속재산협의분할로 해석할 여지가 있다.[1] 즉 이 경우 본래 의미의 상속포기의 효과는 생기지 아니하지만, 공유재산(상속재산)에 대한 지분권의 포기 등으로 볼 수 있다.

4) 천재(天災), 지변(地變) 기타 불가항력으로 고려기간 내에 한정승인 또는 포기신고를 하지 못하였더라도, 고려기간은 불변기간이 아니어서 추완이 허용되지 않음은 앞서 본 바와 같다.

6. 고려기간 내의 민사소송절차의 수계

1) 상속인은 상속포기의 고려기간 내에는 소송절차를 수계하지 못한다(민소 제233조 ②항). 수계 후 상속포기를 할 경우 수계가 무의미해지기 때문이다.

2) 그러나 이에 위반하여 고려기간 내에 소송절차를 수계하고, 수소법원도 이를 간과한 채 판결을 선고하였다면 이를 무효의 판결이라고 할 수는 없다. 다만, 공동상속인 중 일부만 수계신청을 하여 그들만이 판결을 선고 받았다면 나머지 상속인 부분의 사건은 원심법원에 계속되고 있다고 보아야 한다.[2]

:: 참고판례

　　상속개시 후 1개월 내에 소송수계를 하여 소송절차를 진행한 경우, 그 소송의 진행 중 상속포기 신고 없이 고려기간이 경과한 때는 그 전까지의 소송행위에 관한 하자(瑕疵)는 치유되었다고 볼 것이다(대판 1964. 5. 26, 63다974).

7. 고려기간 중의 상속재산의 관리

(1) 상속인의 재산관리

㈎ 원 칙

1) 고려기간 동안 상속재산의 귀속은 불확정적이고 부동적(浮動的)인 상태에 있다. 이러한 상태에 있는 상속재산의 관리의무자는 상속인이다.

2) 상속인은 고려기간 동안 상속재산을 '조사할 권리'가 있고(제1019조 ②항)

---

1 대판 1991. 12. 24, 90누5986.
2 대판 1994. 11. 4, 93다31933.

또 그 고유재산(固有財産)에 대한 것과 동일한 주의로 이를 '관리'하여야 한다(제
1022조). 단순승인·포기의 시점까지 이 관리의무와 주의의무는 존속된다.

(나) **관리기간**

1) 관리기간은 상속개시의 시점부터 단순승인의 시점까지(법정단순승인의 경우
는 고려기간까지)이고, 상속포기의 경우는 '포기하지 아니한' 상속인 또는 새로운 상
속인이 그 상속재산을 인수할 때까지이다(제1044조).

2) 한정승인의 경우에는 상속채권자를 위한 청산절차가 끝날 때까지(제1031조),
공동상속의 경우에는 법원의 관리인 선임 시까지(제1040조), 단순승인 후 재산분리
명령이 있는 경우는 그 명령이 내려질 때까지(제1048조) 관리를 계속하여야 한다.

(다) **관리행위**　　상속인이 상속재산을 처분하면 이는 단순승인으로 간주되므
로, 여기서 말하는 관리행위는 재산의 보존행위(保存行爲)에 그쳐야 한다. 물건의
수선이나 보수(補修), 부패하기 쉬운 물건이나 보존비용이 많이 드는 물건을 매각
하여 그 대금을 통장에 넣어서 보관하는 행위, 처분능력이나 처분 권한 없는 사람
이 할 수 있는 기간(제619조) 내의 임대차·매매계약 등의 해제·해지·취소·상계·
면제 등의 의사표시를 수령하는 행위 등이 관리행위에 속한다.

(라) **상속채무의 변제거절권**　　상속인은 관리기간 중(승인·포기 전) 상속채권자
나 수유자의 변제청구를 거절할 수 있다(한정승인의 경우의 변제거절권, 제1033조 참
조). 일부 변제는 단순승인으로 간주될 수 있다.

(마) **공동상속의 경우의 상속재산관리**　　공동상속의 경우 상속재산은 공동소유에
속하므로, 그 상속재산의 보존행위는 상속인들 각자가 할 수 있으나(제265조 단서),
기타의 관리행위(이용행위·개량행위)는 각 상속인들의 법정상속분에 따른 다수결로
결정하여야 한다(동조 본문). 그러나 특별수익자, 기여자 등이 있어서 상속분을 쉽게 확
정할 수 없는 경우에는 상속인들의 머릿수에 의한 다수결로 결정하여야 할 것이다.[1]

(2) 법원에서 선임된 관리인의 재산관리

1) 가정법원은 이해관계인이나 검사의 청구에 따라 언제든지 상속재산관리인
의 선임을 포함하여 상속재산의 보존에 필요한 처분을 명할 수 있다(제1023조 ①항,
가소 제2조 ①항, 라류 가사비송사건 31호).

상속이 개시되었는데 유언집행자나 파산관재인이 없는 경우, 상속인이 상속재

---

1 곽윤직, 개정판 상속법(박영사, 2004), 132면.

산의 관리권을 가지는 것은 당연하다. 그러나 상속인이 부적절한 관리를 하고 있다가 포기나 한정승인을 해버리면 이해관계인에게 손해를 입힐 우려가 있기에 위와 같이 가정법원의 관여권을 인정한 것이다.

2) 여기의 '이해관계인'은 상속채권자, 공동상속인, 상속포기로 인하여 상속인이 될 사람 등 널리 법률상 이해관계가 있는 사람이다.

3) '필요한 처분'에는 재산의 환가(換價)나 경매명령도 있지만, 가장 중요한 것은 상속재산관리인 선임이다. 이러한 재산관리인에게는 부재자재산관리인에 관한 규정이 준용된다(제1023조 ②항·제24~26조, 가소규 제78조·제41~52조). 이러한 관리인이 선임되면, 그 관리인이 상속재산을 관리하므로 본래의 상속인은 관리권을 상실한다고 해석할 것이다.

Ⅲ. 상속의 승인·포기의 철회·취소 및 무효

1. 상속의 승인이나 포기의 철회(소극)

1) 일단 상속의 승인이나 포기를 한 사람은 이른바 고려기간(제1019조 ①항의 기간 3개월) 내라도 이를 임의로 취소(의미는 "철회")하지 못 한다(제1024조 ①항).[1] 민법이 용어상으로는 "취소"라고 규정하고 있지만, 동조 ②항과의 관계에서 철회라고 보아야 한다. 상속의 승인이나 포기권은 일종의 형성권이므로, 이를 행사하여 그 의사표시가 효력을 발생한 후에는 당연히 그 효과가 장래에 향하여 존속하기 때문이다.

2) 다만, 가정법원에서 한정승인이나 포기를 수리하는 심판이 이루어지기 이전이면 그 신고를 취하(取下)(그 의미는 철회)할 수는 있다(실무처리).[2] 이 경우 한정승인이나 포기의 효력이 발생하지 않음은 물론이다.

:: 참고판례

상속포기를 하려면 법정방식에 따른 절차를 밟아야 하는 것이고, 법정승인사유가 발생한 후에는 승인을 취소할 수 없다(대판 1976. 4. 27, 75다2322).

---

1 일 大阪高決 1953. 9. 16, 家月 5-10, 31면(신고접수 후 수리심판이 내려질 때까지 사이의 철회도 허용되지 아니한다).

2 김·김, 754면; 김주수 외 3, 주석상속법(상)(한국사법행정학회, 1996), 462면; 中川淳, 축조해설 (중), 164면; 일본 법조회결의 1960. 6. 20[신고서의 제출 후 그 수리 전(판사의 신고수리 날인 전)이면 신고인은 신고를 철회할 수 있다].

2. 상속의 승인이나 포기의 취소(가능)

(1) 취소원인

미성년자·피한정후견인·피성년후견인(제한능력자)이 친권자·후견인의 동의를 얻지 않고 단독으로 승인·포기를 한 때(제5조·제10조·제13조), 상속인(행위능력자)이 착오·사기[1]·강박으로 승인·포기를 한 때(제109조·제110조)는 그 승인이나 포기를 취소할 수 있다(제1024조 ②항 참조).

(2) 취소의 방법과 상대방

1) 한정승인이나 포기를 취소하고자 하는 경우, 취소권자는 가정법원에 그 취소의 신고를 하여야 한다. 신고서에는 신고인 또는 대리인의 인감증명서를 첨부하여야 한다(가소규 제76조 ③항).

2) 한정승인이나 포기의 취소의 상대방은 당초의 상속포기 등의 신고를 접수한 가정법원이다.[2] 가정법원은 취소이유가 정당하면 취소신고의 수리심판을 한다(가소규 제76조 ①항, 라류사건 32호).

3) 단순승인의 취소는 단순승인과 마찬가지로 상대방이 없고 요식행위가 아니므로, 적절한 방법으로 그 취소의 의사표시를 하면 충분하다.

(3) 취소의 효과

1) 상속의 승인·포기를 취소하면 처음부터 승인·포기를 하지 않은 것으로 된다.

2) 이 취소의 소급효는 절대적이어서 선의의 제3자에게도 대항할 수 있다(다수설).[3] 다만, 상속의 승인·포기는 순수한 재산법상의 행위라 착오나 사기 등을 이유로 취소한 경우 선의의 제3자에게 대항할 수 없다는 소수설이 있다.[4]

그러나 상속의 승인·포기를 순수한 재산법상의 행위로 볼 수는 없으므로 다

---

1 서울가결 2007. 4. 25, 2007브14(채무가 많다는 말에 속아서 상속포기신고를 한 후 상속채무초과가 아님을 확인하고 상속포기를 취소); 일 동경고결 1952. 7. 22, 家月 4-8, 95면[유산(遺産)총액도 모른 채, '자립할 수 있을 만큼의 재산'을 나누어 주겠다는 장남의 약속을 믿고 여동생은 상속포기신고, 그 후 장남이 약속을 지키지 아니한 사안에서 사기에 의한 상속포기의 취소를 인정].
2 대판 1989. 9. 12, 88다카28044 : 구민법 당시 적모가 서자대리로 서자의 재산상속포기를 하려면 친족회의 동의를 얻어야 하는데 이를 얻지 아니하여 취소하려는 경우에 관한 것이다. 현행민법하에서는 적모와 서자 사이는 인척관계이고, 법정혈족관계가 아니므로 이러한 것을 이유로 상속포기의 취소문제는 생기지 아니한다.
3 김형배, 351면; 박병호, 396면.
4 곽윤직, 개정판 상속법, 175면; 김·김, 755면.

수설이 타당하다.

(4) 취소권의 소멸(취소권의 행사기간)

1) 추인할 수 있는 날(성년자가 된 후, 착오·사기를 알고 강박을 벗어난 날)로부터 3개월, 승인 또는 포기의 날(한정승인이나 포기의 경우에는 그 수리심판일)로부터 1년 이내에 취소권을 행사하여야 한다(제1024조 ②항 단서).

2) 민법에는 "시효(時效)"라는 용어를 사용하고 있지만, 이 기간의 성질은 제척기간이므로 그 기간이 지나면 취소권은 소멸한다. 취소권은 형성권이므로, 그 권리행사기간 진행의 중단이라는 것은 있을 수 없기 때문이다.

(5) 취소 후의 승인이나 포기

1) 상속의 승인이나 포기를 취소한 후(취소심판문의 교부·송달 후), 상속인은 다시 상속을 승인하거나 포기를 할 수 있다고 해석할 것이다.

2) 그러나 이로써 당초의 고려기간 진행에 영향을 줄 수는 없다고 보아야 한다.

3. 상속의 승인이나 포기의 무효

(1) 무효의 인정 여부

1) 민법 총칙상 일정한 사유가 있는 경우 법률행위는 무효가 될 수 있다.

2) 민법에는 명문의 규정이 없으나, 상속의 승인이나 포기도 법률행위이므로 민법 총칙편의 규정에 의한 무효사유가 있는 경우 무효를 주장할 수 있다고 해석하여야 할 것이다.

(2) 무효사유

1) ① 의사무능력자에 의해 승인·포기가 이루어진 경우, 승인·포기의 신고서가 위조된 경우 기타 본인의 진의(眞意)에 기한 것이 아님이 명백한 경우,[1] ② 신고기간의 경과 등 법정방식 위반이 명백한 경우, ③ 무권대리인 등 상속인 아닌 사람에 의한 신고(추인이 없는 이상), ④ 한정승인신고에 재산목록이 첨부되지 않고 그 보정에 불응하는 경우 또는 재산의 일부를 일부러 누락시킨 경우 그 신고는 무효이다(청구각하 심판).[2]

---

1 대판 1972. 11. 14, 72므6.
2 그러나 그 신고에 대하여 각하 심판이 되지 않고 수리 심판이 이루어진 경우 그 심판은 유효하다.

2) 고려기간 경과 후나 법정단순승인으로 인정될 사실이 있는 상태(상속권 확정 후)에서의 한정승인이나 상속포기는 무효이다. 요컨대, 상속포기나 한정승인의 실체적 요건이 흠결되면 무효이다.

:: 참고판례

피상속인의 무남독녀(無男獨女)인 상속인이 '적지 아니한' 상속재산에 대하여 그가 단순히 '출가외인이라는 이유만으로', 역시 출가외인인 그 고모들을 위하여 그 재산상속권을 포기하였다는 것은 경험칙상 이를 수긍할 수 없으므로 관계인이 상속포기서를 위조하여 제출하였다고 봄이 타당하다(대판 1972. 11. 14, 72므6).

(3) 무효확인 소송의 가부 등

1) 상속의 승인이나 포기가 무효인 경우 그 확인을 구하는 소를 제기할 수 있는가?

2) 이를 긍정하는 견해에서는, 첫째, 한정승인이나 포기의 수리심판이 권리관계를 종국적으로 확정하는 작용을 하는 것은 아니고, 실체적 권리관계는 소송에 의하여서만 종국적으로 확정되어야 한다는 점,[1] 둘째, 수리심판에 대하여 불복신청의 방법이 없다는 점을 이유로 든다. 이에 반해 이러한 소를 인정할 수 없다는 견해는, 무효확인판결에 대세적 효력이 없기 때문에 구체적인 재산상 소송의 전제문제나 선결문제로 무효주장을 할 수 있을 뿐 무효확인의 소를 인정할 실익은 없다고 본다.[2]

3) 앞서 본 바와 같이 가정법원이 한정승인이나 포기신고를 심리한 결과 그 신고를 수리한 경우, 그 수리심판의 실체법적 유·무효는 관련 민사소송에서 결정되어야 하므로 이해관계인은 즉시항고를 할 수 없다고 보는 것이 판례인바,[3] 이러한 견지에서 보면, 상속의 승인이나 포기가 무효인 경우 이해관계인은 물론 상속인도 민사소송으로써 그 무효확인을 구할 소의 이익을 쉽게 인정하기는 어렵다고 하겠다. 이 역시 관련 소송에서 직접 주장하면 되기 때문이다.

4) 다만, 그 무효확인소송이 분쟁을 해결하는 유효적절한 수단이 되는 경우에는 그 소의 이익을 인정할 수 있다. 대법원은 이를 인정한 바 있다.[4,5]

---

1 서울고판 2005. 7. 15, 2005나7971(확정), 법률신문 제3415호, 19면.
2 김·김, 756면.
3 대판 2002. 11. 8, 2002다21882; 일 최판 1954. 12. 24, 집 8-12, 2310면.
4 대판 1966. 12. 27, 66므26; 1972. 11. 14, 72므6.
5 이 문제를 둘러싸고 일본에서도 판례와 학설이 대립하고 있다. 일본최고재판소는 이를 당연히 긍정하는 태도를 취하여 왔다(최고 1954. 2. 26, 민집 8-2, 569면; 동 1954. 12. 21, 민집 8-12, 2222면;

이 경우 피고는 이를 다투는 공동상속인, 기타 이해관계인이 되어야 할 것이다. 상속포기신고의 무효확인청구를 하면서 검사를 피고로 삼아서 하는 것은 법률에 근거가 없다는 이유로 부적법하다는 것이 판례이다.[1]

4. 하자(瑕疵) 있는 승인·포기의 추인

1) 무효인 승인·포기 또는 사기나 강박, 착오 등으로 취소의 사유가 있는 승인·포기도 추인으로 하자를 치유할 수 있다.[2]

2) 추인은 추인 일반의 법리가 적용되어야 함은 물론이다. 따라서 무효인 경우에는 그 전환만이 인정될 수 있다.

3) 한정승인이나 포기신고를 접수하여 처리하는 가정법원에서는 보정명령 등으로 추완(追完)하게 하여 하자(瑕疵)있는 신고를 유효한 것으로 추인하도록 할 수 있을 것이다.

Ⅳ. 상속의 단순승인

1. 개념과 성질

(1) 개 념

1) 단순승인은 상속인이 피상속인이 남긴 상속재산에 속하는 권리·의무(＝遺産; 유산) 일체를 무조건적·무제한적·확정적으로 승계하겠다는 단독적 의사표시이다.

2) 상속인이 단순승인을 하면, 그 상속인은 피상속인의 권리·의무를 무제한으

동 1954. 12. 24, 민집 8-12, 2310면; 東京高判 1945. 5. 7, 高民集 7-3, 356면; 福島家白河支審 1963. 3. 7, 家月 15-6, 88면); 鈴木, 강의, 28면.

그러다가 그 후에는 부정하는 판례가 나왔다. '확인의 대상이 되어야 할' 법률관계가 구체화되어 있지 않다는 이유로 독립된 확인의 소를 부정하고 있다. 즉, 상속포기의 결과 기대에 어긋나게 상속세가 거액이 되었다고 하면서 상속포기무효확인을 청구한 사건에서 "그 상속포기가 무효로 됨으로 인하여 어떠한 구체적인 권리나 법률관계의 존재, 또는 부존재의 확인을 구하는 취지인지가 명백하지 않고, 적법한 소의 대상을 흠결하여 피고가 청구의 인낙을 하더라도, 인낙의 효력이 생기지 아니한다"고 판시하고 있다(일본 최판 1955. 9. 30, 민집 9-10, 1491면).

그러나 이에 대하여 학설은 상속인의 법률상의 지위도 일종의 기본적 또는 포괄적 법률관계로서 그 자체 확인의 대상이 될 수 있다. 그러므로 확인의 이익만 있으면 법에 특별규정이 없더라도, 전반적으로 확인의 소는 허용되어야 한다고 비판하고 있다[中田淳一, (判批), 民商法雜誌 34-2, 129면 이하]; 中川·泉, 370면(민사소송으로 상속포기나 한정승인신고의 무효확인을 구하는 것은 지장이 없다).

1 대판 1966. 12. 27, 66므26.

2 김·김, 756면.

로 승계한다(제1025조). 한정승인은 상속으로 얻은 적극재산의 한도에서만 피상속인의 채무를 변제하겠다고 승인하는 점에서 단순승인과 다르다.

3) 앞서 본 바와 같이 민법은 단순승인을 상속의 원칙적·본래적 형태로 본다.

(2) 성 질

1) 단순승인을 하면 피상속인의 '상속(相續)재산'과 상속인의 '고유(固有)재산'이 완전히 융합되어 모두 상속인의 고유재산이 된다.

2) 이로써 상속인과 피상속인 사이의 채권과 채무는 서로 혼동(混同)에 의하여 소멸하므로(제507조), 상속인은 상속채무 등을 그 고유재산으로써도 변제할 무한책임을 지게 된다.

(3) 단순승인의 방법과 기간

(가) 단순승인의 방법

여기에는 아무런 형식이 없으므로, 문서 또는 말로 할 수 있고, 나아가 묵시적·명시적인 의사표시로도 할 수 있다. 가정법원에 신고하는 등 적극적인 행위를 할 필요도 없다.

(나) 시 기

1) 단순승인도 위와 같이 상속개시 후 고려기간 내에 하여야 한다(제1019조).

2) 그러나 상속인이 아무런 의사표시(포기·승인·한정승인 중 하나를 선택)를 하지 않고 있는 동안에 고려기간이 경과하면 단순승인을 한 것으로 간주된다(제1026조 2호).

2. 법정단순승인(제1026조)

1) 민법은 아래와 같은 사유가 있는 경우, 해당 상속인이 단순승인을 한 것으로 간주한다. 이를 법정단순승인이라고 한다.

2) 이는, 상속인이 ① 상속재산의 처분행위(處分行爲)를 한 때(제1026조 1호), ② 고려기간 내에 한정승인이나 포기를 하지 않고 그 기간을 넘긴 때(동조 2호), ③ 한정승인이나 포기를 한 후 상속재산의 은닉이나 부정소비 또는 고의로 재산목록에 기입하지 아니하는 등(동조 3호) 배신행위(背信行爲)를 한 때이다.

(1) 상속재산의 처분행위

(가) 처분행위

1) 이에 해당하려면, 상속인이 상속개시사실과 그것이 상속재산이라는 것을 알고

재산 처분행위를 하여야 한다.

2) 처분행위가 아닌 '관리행위'나 '보존행위'는 승인으로 간주되지 아니한다. 단기 임대차계약의 체결(제619조), 국유나 시유(市有) 하천부지 점용료(占用料)의 납부, 망인의 재산세 기타 세금의 납부, 상속인의 고유재산으로 상속채무를 갚아나가다가, 그 채무가 다액인 것으로 밝혀져 한정승인신고를 한 경우 등은 재산보존행위의 일종이므로 단순승인으로 간주되지 아니한다.

3) 처분행위는 상속인이 아직 상속의 한정승인·포기의 신고를 하기 전에 한 것에 한정된다. 일단 상속인이 승인이나 포기를 하여 버리면 더 이상 법정단순승인 문제는 생기지 않기 때문이다.

4) 판례에 나타난 것을 보면 상속등기, 주권반환청구, 보험금수령, 장례비용의 지출 등은 보존행위일 뿐이고, 처분행위(법정단순승인)는 아니다.

5) 상속인 본인뿐만 아니라 그 법정대리인이 처분한 경우도 처분행위에 포함된다. 공동상속인은 단독으로 한정승인을 할 수 있으므로(제1029조), 공동상속인 중 1인이 상속재산을 처분한 경우에는 그 사람만이 법정단순승인을 한 것이 되고, 나머지 상속인들은 이에 영향을 받지 않으므로 그들은 한정승인이나 포기를 할 수 있다.

:: 참고판례

① 상속등기(소극) : 상속인이 스스로 고려기간 내에 상속등기를 한 경우는 단순승인으로 인정될 수도 있다. 그러나 상속인의 채권자가 상속인을 대위하여 상속등기(相續登記)를 하였다는 것만 가지고는 상속재산의 처분행위로 볼 수 없고 이를 단순승인이라고 할 수 없다(대결 1964. 4. 3, 63마54). 이러한 대위등기 후라도 상속인은 상속개시 후 3개월 이내이면 상속포기나 한정승인을 할 수 있다. 그리고 등기소에서는 채권자의 대위권행사에 의한 상속등기를 거부할 이유가 없다. 또 포기신고 후 협의분할에 의한 상속을 원인으로 소유권이전등기를 한 것도 은닉이나 부정소비에 해당하지 아니한다. 그러므로 상속포기는 유효하다[서울북부지판 1996. 7. 4, 95가합13955 항소(화해); 대판 1983. 6. 28, 82도2427].

② 주권·공유물의 반환청구(소극) : 상속인이 상속주권반환청구의 소를 제기한 것은 법정단순승인 사유인 '상속재산의 처분행위'에 해당하지 아니하고(대판 1996. 10. 15, 96다23283), 공유물반환청구는 공유물의 보존행위일 뿐이다(대판 1966. 4. 19, 65다2033; 1968. 9. 17, 68다1142·1143).

③ 보험금 수령과 소비(소극) : 피상속인이 자기를 피보험자로 하고, 상속인을 보험수익자로 하여 보험계약을 체결한 후 보험료를 납부하여 오던 중 사망하여(보험사고가 발생하여) 상속인이 보험금을 수령하여 이를 소비한 경우는 상속재산의 처분행위에 해당하지 아니한다. 그 보험금은 상속인의 고유재산(固有財産)이지, 상속재산은 아니기 때문이다(대구경주지판 1999. 9. 7, 98가합4217).

④ 한정승인이나 포기 후의 상속재산 처분은 처분행위인가, 은닉인가?(소극) : 일단 유효한 한정승인이나 포기를 한 후 상속재산을 처분한 경우는 민법 제1026조 소정의 은닉이나 처분행위에 해당하지 아니한다. 이미 이루어진 한정승인이나 포기는 유효하다(서울고판 1968. 9. 27, 67나2494).

⑤ 장례비의 지출(소극) : 상속재산으로 망인(피상속인)의 장례비를 지출한 것은 '처분행위'(단순승인), 또는 '상속재산의 은닉', '고의의 재산목록 불기입'이라고 볼 수 없다(대판 2003. 11. 14, 2003다30968; 일 동경항판 1936. 9. 21, 신문 제4059호, 13면).

⑥ 이미 교환가치를 상실할 정도로 낡은 바지와 저고리를 일꾼에게 준 것은 일반적으로 경제적 가치 있는 물건의 처분은 아니고, 제1026조 1호(법정단순승인)에 해당하지 아니한다(일 동경고결 1962. 7. 19, 동고민시보, 13-7, 117면).

⑦ 채권양도(적극) : 상속포기 신고 전에 상속인들이 상속채권을 양도한 경우는 처분행위이고 이는 단순승인으로 보아야 한다. 그러므로 그 후에 포기하면 그 포기는 효력이 없다(서울고판 1998. 4. 24, 97나60953). 상속채권의 양도와 양도통지 전에 다른 채권자가 채권을 가압류하여 그 가압류결정 정본이 제 3 채무자에게 송달되었더라도 마찬가지이다(대판 1983. 6. 28, 82도2421; 1996. 10. 15, 96다23283). 상속재산의 처분은 단순승인으로 간주되므로, 이 승인사유가 생긴 후(재산 처분 후) 상속포기신고를 하여 그것이 수리되어도 포기의 효력은 생기지 아니한다(대구지판 1987. 12. 30, 86나777).

⑧ 상속재산의 협의분할(적극) : 공동재산상속인들이 협의하여 상속재산을 분할한 때는 '상속재산에 대한 처분행위'를 한 때에 해당되어 이는 단순승인을 한 것이 되므로, 이와 같은 상속승인이 있은 후에는 고려기간 내라 할지라도 이를 취소할 수 없다(제1024조 ①항 참조). 그 기간 내에 가정법원에 상속포기를 하여 수리되었다 하여도 포기의 효력이 생기지 아니한다(대판 1983. 6. 28, 82도2421).

(나) 법률행위와 사실행위

1) 처분행위에는 법률행위뿐만 아니라 사실행위도 포함되고, 상속재산의 전부
나 일부를 매각·처분하여도 이에 해당한다. 고의로 상속재산을 손괴하는 행위는
처분행위에 해당되나, 과실로 물건을 손괴하는 행위는 처분행위가 아니다.

제한능력자가 처분행위를 한 경우에는 무효나 취소 대상이 되는 경우가 많을 것인
데, 무효나 취소가 되지 않은 때라도 능력자가 한 것과는 다르게 평가하여야 할 것이다.

2) 상속채권의 추심[1]·수령, 상속채무 변제[2]를 위한 상속재산의 양도(또는 대
물변제)도 처분행위에 해당된다. 채권자를 해치지 아니하는 범위에서 재산의 무상
사용을 허락하는 것은 처분행위라고 할 수 없다.[3] 또한, 단순히 상속채무의 일부
를 변제한 것은 상속재산의 처분행위에 해당되지 않는다.

(다) 처분의 시기

1) 상속인이 상속개시 사실, 즉 피상속인의 사망사실을 안 후, 한정승인이나
포기를 하기 이전에 상속재산을 처분하여야 한다. 그러므로 피상속인의 사망 후
상속인이 한정승인이나 포기신고를 하였더라도 그 고지 전에 상속재산을 처분하면
이는 단순승인으로 간주된다.[4]

2) 상속채무를 갚기 위하여 상속재산을 처분하였다가, 그 채무가 거액임을 뒤늦
게 알고 한정승인신고를 한 경우 단순승인에 해당하는가? 원칙적으로는 단순승인에 해
당하나, 특별한정승인의 요건을 갖춘 경우에는 단순승인에 해당되지 않을 수도 있다.[5]

(라) 처분행위가 무효이거나 취소할 수 있는 경우

상속인이 일단 상속재산을 처분할 생각으로 처분행위를 한 이상, 나중에 그것
이 무효이거나 취소할 수 있는 것으로 밝혀지더라도, 그것은 법정단순승인이 된다.

(2) 고려기간의 경과

1) 상속개시일로부터 3개월 동안은 상속상태(상속인에게 상속재산이 귀속될지
여부)가 부동적(浮動的)이다. 상속인이 상속포기를 할지 한정승인이나 승인을 할지

---

1 대판 2010. 4. 29, 2009다84936(피상속인의 손해배상채권을 추심하여 변제받는 행위는 상속재산의
처분행위에 해당된다. 그 이후의 상속포기신고는 효력이 없다).

2 망인의 법무사회퇴회지급금을 상속인이 수령하여 법무사사무소 직원들의 봉급을 지급한 행위는 처분
행위이다. 따라서 그 후의 상속포기신고는 무효이다(서울중앙지판 2004. 4. 7, 2003나52400 : 확정).

3 김형배, 351면.

4 대판 2016. 12. 29, 2013다73520.

5 가사비송재판실무편람(2008), 89~90면.

알 수 없기 때문이다. 고려기간 내에 상속인이 한정승인·포기 기타 아무런 조치도 취하지 않고 그냥 지나가 버리면 이는 단순승인을 한 것으로 간주된다(제1026조 2호).

2) 상속인이 상속개시 사실과 자신이 상속인임을 모른 채 고려기간이 경과한 때에는 단순승인으로 간주되지 아니한다고 보아야 한다.[1]

(3) 배신행위(부정행위)

(가) 원   칙

1) 민법은 상속인이 한정승인 또는 포기를 한 후에 상속재산을 은닉하거나 부정소비하거나 고의로 재산목록에 기입하지 아니한 때는 이를 배신행위(부정행위)로 평가하여 단순승인으로 간주하고, 그러한 행위자에게 상속채무에 대한 무한책임(無限責任)을 지우고 있다(제1026조 3호).

2) 다만, 상속인인 아들(甲)이 상속포기를 하고 그 손자(乙)가 상속을 승인한 경우와 같이, 차순위 상속인이 상속을 단순승인한 때에는 위 사유는 상속의 단순승인으로 간주되지 않는다(제1027조).

이 경우에는 손자의 제 2 의 상속이 유효하게 되고, 채권자는 손자에게 권리행사를 할 수 있기 때문이다. 손자는 그의 아버지에게 부정행위로 인한 재산의 반환이나 손해배상을 청구할 수 있다.

(나) 상속재산의 은닉, 부정소비

1) 상속재산의 은닉은 상속채권자 등이 상속재산을 발견하기 어렵도록 하는 일체의 행위를 말한다. 등기나 등록을 타인 명의로 해 두거나 물건을 감추는 것 등이 이에 해당한다. 판례는, 제 3 자로부터 받은 매매대금을 인출하여 소비하기 쉽고 채권추심이 어려운 현금으로 보유한 경우도 이에 해당한다고 본다.[2]

2) 부정(不正)소비는 정당한 이유 없이 상속재산을 소비하여 본래의 재산적 가치를 상실시키는 행위이다.[3] 공동상속인들이 협의분할로 1명의 상속인 명의로 등기를 하는 행위도 부정(不正)행위이다.[4]

---

1 김형배, 358면; 대결 2002. 11. 8, 2002스70.
2 대판 2010. 4. 29, 2009다101367.
3 대판 2004. 12. 9, 2004다52095[이미 상당한 금액의 근저당권이 설정된 상속부동산(지목이 하천 및 제방)이므로 강제집행의 실익이 없는 것이라면, 그것에 관한 상속재산협의분할로 1인의 상속인 앞으로 소유권이전등기를 넘겼다 하더라도, 그것은 부정소비에 해당되지 아니한다 : 한정승인 신고는 계속 유효].
4 대전지판 2003. 7. 9, 2003가합206(항소), 법률신문 제3210호, 11면.

∷ 참고판례[부정행위 해당 여부]

① 상속인이 '벌레 먹은' 현미를 처분하고 그 고유의 현미로 충당한 행위(일 대판 1942. 3. 20, 집 40-2, 450면)(소극; 부정소비가 아니다)

② 일반 관습에 따라 망인이 임종 시까지 사용하던 옷이나 침구 등을 남에게 주거나 불태워 없애는 것은 부정소비가 아니다.

③ 상속재산 중에 임차권이 있어서 그 차임을 상속재산으로 지급하는 것(임차권의 보존행위) 등은 모두 부정소비가 아니라는 것이 다수설이다(곽윤직, 179면). 일본의 학설은 반대설이 많다. 즉 상속인이 한정승인신고 후 임차토지를 사용하고 그 임료를 상속재산으로 지급한 것은 부정소비에 해당된다고 한다(伊藤 眞, 216면 참조).

④ 부정소비한 금액의 많고 적음에는 관계가 없으나 고의로 소비하여야 한다(일대판 1928. 7. 3, 신문 제2881호, 6면).

⑤ 주식회사 유달공사의 대표이사가 '유달파크멘션'의 건축공사를 진행하던 중 사망하였고, 그 상속인들은 상속포기신고를 하였다. 그 후 건축주 명의를 다른 회사(대신주택 유한회사) 명의로 변경하는 데 상속인들이 동의한 사실만으로는 그것이 상속재산의 은닉이나 부정소비에 해당한다고 볼 수 없고, 이는 법정단순승인 사유가 아니다[광주지판 1992. 3. 26, 91가합1280(확정) 참조]. 주식회사 유달공사는 시공회사에 불과하기 때문이다.

⑥ 상속인이 상속재산을 처분하여 그 대금으로 우선변제권자에게 귀속시킨 경우라면 그러한 행위는 상속재산의 부정소비에 해당한다고 할 수 없다(대판 2004. 3. 12, 2003다63586).[1]

㈐ 고의의 재산목록 불기입

1) 한정승인신고를 하려면 신고서에 재산목록을 첨부하여야 한다. 그러나 상속포기의 경우에는 이러한 목록을 붙일 필요가 없으므로 이와 같은 문제는 생기지 아니한다. 상속인이 재산목록에 기입하여야 할 상속재산임을 알고도 고의로 이를

---

[1] 사안의 내용 : 망인이 농업기반공사로부터 농지를 매수하여 20년 동안의 연부 균등분할대금 2천여만 원 중 1회분만 납입하고 사망하였다. 농업기반공사는 매매대금담보를 위한 근저당설정을 하여 두었다. 망인 사망 후 그 상속인은 상속포기신고를 하였다. 이 사건농지의 임의경매가 진행 중인 당시, 새로운 원매자가 나타나 그가 미지급대금과 연체이자, 경매신청비용 등을 모두 직접 농업기반공사에 지급하고 상속인은 상속을 원인으로 이전등기를 마치고, 이어서 원매자에게로 이전등기를 넘겨준 경우 … 상속인은 이 사건 농지의 대금을 1푼도 받은 것이 없다.

누락시키면 이는 단순승인이 된다.[1]

2) '고의로 재산목록에 기입하지 아니한 때'라 함은 한정승인을 할 때 상속재산을 은닉하여 상속채권자를 해칠 의사로써 상속재산을 재산목록에 기입하지 않는 것을 뜻한다.[2]

3) 상속인에게 너무 가혹하다고 생각되는 정도의, 소액의 재산을 재산목록에 기입하지 아니한 것도 이에 해당하는가? 이런 것은 여기에 해당되지 아니한다는 학설이 있다.[3]

생각건대, 피상속인의 거액의 채무를 상속인이 떠맡지 않게 하려고 한정승인 제도를 두고 있는 이상, 상속재산액수의 다소(多少)를 불문하고 고의의 재산목록 불기입은 단순승인으로 보아야 할 것이다. 그리고 재산의 다소라는 개념도 너무 상대적이고 애매하기 때문에 위와 같은 예외를 인정할 수 없다고 본다. 다만, 그것이 사회통념상 재산가치가 거의 없는 것으로 평가되는 경우에는 예외로 한다.

㈃ **법정대리인이 부정행위를 한 경우**

상속인이 제한능력자인 경우, 그 법정대리인이 부정행위를 한 때도 법정단순승인이 된다.

3. 단순승인의 효과

1) 상속인이 단순승인을 하거나 '법률상 단순승인을 한 것'으로 간주되면, 상속의 효과가 발생한다. 즉 피상속인의 재산상의 권리·의무는 일체 상속인에게 승계된다. 피상속인이 남긴 상속재산과 상속인의 고유재산은 혼동(混同)되고, 상속채무에 대하여 상속인은 그 고유재산으로 무한변제책임을 지게 된다.

2) 그러므로 승인 후에는 상속인의 상속재산 관리의무도 소멸되고, 상속인은 상속재산을 자유로이 처분할 수도 있다.

3) 단순승인의 효과가 확정되면, 그 후에 한정승인이나 포기의 신고가 가정법원에 접수되더라도 그것은 무효이다.

4) 법정 단순승인사유가 발생한 경우에도 그 효력은 일반 단순승인과 같다.[4]

---

1 부산지판 2002. 5. 31, 2001가합5145(확정)(상가아파트의 소유권과 8,000만 원 상당의 추심금채권을 한정승인신고서의 재산목록에 기입하지 아니한 경우 이는 단순승인이 된다).
2 대판 2010. 4. 29, 2009다84936.
3 곽윤직, 182면.
4 대구지판 1987. 12. 30, 86나777(확정 : 처분행위 후의 상속포기신고는 효력이 없다).

따라서 법정 단순승인이 이루어진 후 이를 임의로 취소(철회)할 수 없음은 당연하다(제1024조 ①항 참조).[1]

V. 한정승인

1. 의 미

(1) 당연상속주의(當然相續主義)의 예외

1) 당연상속주의의 원칙상 피상속인의 사망으로 상속이 개시되면 피상속인의 적극재산·소극재산(채무)은 모두 상속인에게 승계된다. 그런데 피상속인의 채무와 유증에 대한 상속인의 변제책임을 제한하여, 상속인의 고유재산으로는 변제하지 않고 '상속으로 얻은' 적극재산의 한도에서만 변제하도록 하는 것이 한정승인이다(제1028조).

2) 단순승인의 경우에는 상속인이 피상속인의 권리·의무를 포괄승계하여 '상속재산'과 '고유재산'의 혼동(混同)이 일어나지만, 한정승인에서는 이러한 혼동이 일어나지 아니한다.

(2) 거래의 안전과 개인주의 법사상

1) '사람이 사망하면 그 사람의 모든 채무는 그로써 소멸한다.'고 하면, 그것은 피상속인의 채권자, 즉 상속채권자에게 예상치 못한 피해를 주게 되고 거래의 안전을 해치게 된다. 그래서 피상속인의 채무에 대하여 상속인이 무한책임을 지고 자기의 고유재산으로도 변제하는 것은 거래안전을 위하여 바람직하고, 이는 사유재산제도를 유지하는 근간이 된다.

2) 그러나 개인주의, 자유주의 사상을 관철한다면 누구든지 자신에게 잘못이 없으면 책임지는 일은 없다. 부모와 자식 사이에도 마찬가지로서, 피상속인이 부담한 채무를 상속인이 제한 없이 책임지도록 한다면 개인 책임주의에 반하는 결과가 된다.

3) 상속인이 적극재산은 상속·승계하면서 피상속인이 남긴 채무는 책임지지 않는다면 불공정하다. 이에 따라 상속채무가 적극재산을 초과하는 경우 상속인으로 하여금 그 선택에 따라 적극재산의 한도에서만 상속채무의 변제책임을 지도록

---

1 대판 1976. 4. 27, 75다2322.

함으로써 거래의 안전과 개인 책임주의를 조화하려는 것이 한정승인 제도라고 할
수 있다.

(3) 한정승인제도의 존재이유(한정승인의 합리성, 타당성)

1) 상속인이 '예상치 못한 거액의 상속채무(특히 보증채무 등)를 무조건 자동승
계'하여 그의 고유재산으로 갚아야 한다면 이는 명백히 불합리하다. 이런 불합리를
조정하는 것이 한정승인이다.

2) 상속채권자는 원래 피상속인의 재산과 신용을 믿고 거래하여 온 사람이므
로, 그 자손(상속인)의 재산은 기대하지 않는 것이 일반적인 거래실정이다. 이는 상
속인의 고유채권자도 같다. 그 역시 상속인의 재산과 신용상태만 고려하여 거래할
뿐, 상속인이 장차 피상속인의 채무를 승계하여 채무 초과상태에 이를 것까지 고
려하여 상속인과 거래하지는 않는다. 그러한 의미에서 한정승인 제도는 상속채권
자와 상속인 및 상속인의 고유채권자의 이해관계를 조절하여 그들의 이익을 보호
하는바, 그것이 부당하다고는 할 수 없다.

3) 상속의 한정승인 제도는 멀리는 로마법 시대 유스티니아누스 법전에 연원
을 두고 있는데, 우리의 법제는 프랑스 민법에서 유래한 것으로 알려져 있다. 그러
나 우리의 한정승인은 단순승인이나 상속의 포기에 비해 절차가 매우 복잡하고,
자칫 한정승인 후 청산과정에서의 잘못으로 한정승인자가 상속채권자 등에게 손해
배상책임을 질 수도 있다.[1]

(4) 다른 제도와의 차이

1) 위와 같이 한정승인은 상속인으로 하여금 자신이 상속한 적극재산의 범위
에서만 상속채무와 유증을 받은 자에 대한 변제책임을 지게 하는 것인데, 이와 같
은 목적은 다른 제도로써도 어느 정도 가능하다.

2) 상속의 포기는 상속인이 적극재산과 소극재산 모두의 상속·승계를 부인하
는 것으로서, 그로써 상속인은 처음부터 상속을 받지 않는 것이 되어 상속채무에
대하여 변제책임을 전혀 지지 않는다(제1042조·제1043조). 가정법원에 포기신고를
하는 것 외에는 절차도 매우 간편하다. 그러나 적극재산도 상속하지 않는다는 점
에서 한정승인과 뚜렷하게 구별된다.

---

1 법리상으로 따지면 그 책임은 매우 가혹한 정도이다. 그러나 법률전문가라도 주의의무를 다하는
  것이 쉽지 않다고 할 수 있다.

3) 상속재산의 분리 : 한정승인의 결과 그 한정상속인은 자신의 고유재산으로는 상속채무에 대한 변제책임을 지지 않으므로, 그에 따라 한정상속인의 채권자도 상속재산에 대해서는 책임을 추궁할 수 없게 되어 피상속인이 남긴 상속재산과 한정상속인의 고유재산은 분리되고 혼동이 발생하지 않는다. 그런데 한정승인은 상속인이 원하여 그의 의사에 따라 이루어지는 것임에 반해 상속재산의 분리는 상속인이 아닌 상속채권자 등의 의사에 기해 같은 결과가 발생한다. 즉 상속채권자나 유증받은 자(수유자) 또는 상속인의 채권자는 상속이 개시된 날로부터 3월내에 상속재산과 상속인의 고유재산의 분리를 가정법원에 청구할 수 있고, 이에 따른 가정법원의 재산분리명령이 있는 때에는 상속재산과 상속인의 고유재산은 혼동되지 않으며, 피상속인에 대한 상속인의 재산상 권리·의무도 소멸하지 않은 채 그대로 존속한다(제1045조·제1050조).

한편, 법원이 재산의 분리를 명한 때에는 그 청구자는 일반상속채권자(해당 상속재산상의 담보권자 등이 아닌 자)와 유증받은 자에 대하여 재산분리의 명령이 있는 사실과 일정한 기간 내에 그 채권 또는 수증을 신고할 것을 공고하여야 하며, 상속인은 상속재산(적극재산)으로써만 신고한 상속채권자, 수유자 등에게 각 채권액 또는 수증액의 비율로 변제하여야 한다. 이는 한정상속인의 청산절차와 유사하다. 다만, 한정상속은 등기부 등에 공시할 방법이 없으나, 상속재산의 분리는 등기·등록의 대상인 재산에 대해서는 이를 등기하지 아니하면 제 3 자에게 대항할 수 없고(제1049조), 상속채권자와 수유자는 상속재산으로써 전액의 변제를 받을 수 없는 경우 상속인의 고유재산으로부터도(다만, 상속인의 채권자가 우선한다) 그 변제를 받을 수 있는 점에서 한정승인과 다르다(제1052조).

이와 같이 한정승인과 상속재산의 분리는 그 취지가 상속재산과 상속인의 고유재산의 분리라는 점에서 동일하므로, 한정승인 후에는 상속재산의 분리를 별도로 신청할 필요가 없고, 상속재산의 분리가 이미 있은 후 한정승인신고가 있는 경우 상속재산의 분리절차는 중지되어야 한다는 것이 통설이다.

4) 상속재산에 대한 파산 : 한정승인에 의한 상속재산과 상속인의 고유재산 분리의 효과는 상속재산에 대한 파산을 통해서도 달성할 수 있다. 즉 상속채권자, 수유자, 상속인, 상속재산관리인 및 유언집행자는 상속재산에 대하여 파산의 사유, 즉 상속재산 중 소극재산이 적극재산을 초과하는 경우 파산신청을 할 수 있고, 상속재산관리인, 유언집행자 또는 한정승인이나 재산분리가 있는 경우의 상속인은

위와 같은 사유를 발견한 때에는 지체 없이 파산신청을 하여야 한다('채무자 회생 및 파산에 관한 법률' 제299조).

상속재산에 대하여 파산절차가 개시되면 민법 제1026조 3호에 의하여 상속인이 단순승인한 것으로 보는 경우 외에는 상속인이 한정승인을 한 것으로 보고(위 법률 제389조 ③항), 파산선고 전의 피상속인에 대한 채권의 채권자만이 파산채권자로서 상속재산에 대한 청산절차에 참여할 수 있게 되므로(위 법률 제438조) 상속인의 채권자는 그 절차에 참여할 수 없다. 한편, 상속재산에 대하여 파산선고가 있으면 그 절차는 전문가인 파산관재인이 주재하고, 한정승인에 따른 청산절차와 달리 일반채권자들 사이에 절대적 평등이 실현된다.

2. 한정승인의 요건과 방법

(1) 한정승인의 기간 등

1) 상속인은 상속개시 있음을 안 날로부터 3월내에 한정승인을 할 수 있다(제1019조 ①항). 상속인이 제한능력자인 경우 위 기간은 그의 친권자 또는 후견인이 상속이 개시된 것을 안 날부터 기산한다(제1020조). 상속인이 승인이나 포기를 하지 아니하고 제1019조 ①항의 기간 내에 사망한 때에는 그의 상속인이 자기의 상속개시 있음을 안 날로부터 제1019조 ①항의 기간을 기산한다(제1021조).

위 기간은 이해관계인 또는 검사의 청구에 의하여 가정법원이 연장할 수 있다(제1019조 ①항 후문). 상속인은 한정승인이나 포기를 하기 전에 상속재산을 조사할 수 있다(제1019조 ②항). 상속의 승인이나 포기는 각각의 상속인별로 따로 할 수 있고(제1029조), 위 기간도 각각 독립하여 진행한다.

2) 상속인이 상속채무가 상속재산을 초과하는 사실을 중대한 과실 없이 위 기간 내에 알지 못하고 단순승인을 한 경우(민법 제1026조 1호 및 2호에 의하여 단순승인한 것으로 보는 경우를 포함)에는 상속채무가 상속재산을 초과하는 사실을 안 날부터 3개월 내에 한정승인을 할 수 있다(제1019조 ③항). 이는 2002. 1. 14. 개정 민법에서 신설된 것으로서 특별한정승인이라고 한다. 상속채무가 상속재산을 초과하는 사실을 중대한 과실 없이 위 기간 내에 알지 못하였다는 사실은 특별한정승인을 하고자 하는 상속인이 주장, 입증하여야 한다.

3) 위 기간 내라면, 이미 상속재산이나 고유재산에 대하여 상속채권자나 고유채권자 등에 의한 강제집행이 개시되거나 그것이 종료된 이후라도 상관없이 한정

승인을 할 수 있다.

4) 상속인들이 상속재산에 대하여 상속을 원인으로 한 소유권이전등기나 등록을 하는 것은 상속재산의 처분에 해당하지 않으므로 단순승인으로 의제되지 않으며, 설사 상속인들이 상속재산을 처분하였더라도 민법 제1019조 ③항 소정의 사유가 있는 때는 한정승인신고를 할 수 있다.[1]

(2) 한정승인의 신고와 심판

한정승인은 상대방 없는 상속인의 일방적 의사표시(단독행위)이지만, 반드시 일정한 방식(方式)으로 하여야 하는 요식행위이다.

㈎ 가정법원에 대한 신고

1) 상속인이 한정승인을 하고자 하는 때에는 상속재산목록을 작성·첨부하여 상속 개시지(피상속인의 최후 주소지. 그가 외국인인 경우에는 대법원 소재지) 관할 가정법원에 한정승인의 신고(申告)를 하여야 한다(제1030조 ①항·가소 제36조·제44조). 이는 곧 심판청구에 해당한다. 신고는 서면 또는 구술로 할 수 있고, 구술신청의 경우에는 가정법원의 법원사무관등이 조서를 작성한다(가소 제36조 ④, ⑤항).

특별한정승인의 경우에는 중대한 과실 없이 상속채무 초과사실을 알지 못하였다는 취지를 신고서에 기재하여야 한다. 한정승인신고 사건은 가사비송사건이다 (가소 제2조 ①항 2호 가목 라류사건 32호).

2) 한정승인을 할 수 있는 사람은 당연히 상속인이어야 하고, 또 소송능력(행위능력)도 있어야 한다. 따라서 상속인이 미성년자이거나 피성년후견인인 경우에는 이들은 한정승인을 할 수 없고 그 법정대리인이 대리하여 신고하여야 할 것이다 (제1020조; 2003. 9. 2. 대법원 재판예규 제907호 '상속포기의 신고에 관한 예규' 참조). 변호사는 물론 변호사 아닌 자도 상속인의 임의대리인으로서 신고를 할 수 있다(가소규 제75조 참조). 부재자를 위하여 상속이 개시된 경우 부재자재산관리인은 그 대리인으로서 가정법원의 허가를 얻어 한정승인을 할 수 있다는 견해도 있으나, 한정승인은 순수한 재산적 법률행위라고 볼 수 없으므로 수긍하기 어렵다.

3) 태아는 상속순위에 관하여는 이미 출생한 것으로 보지만(제1000조 ③항), 태아인 동안에는 권리능력이나 당사자능력, 행위능력이 없고, 살아서 출생한 때에

---

[1] 상속인들이 상속재산협의분할을 하였더라도, 민법 제1019조 ③항에 의하여 특별한정승인신고를 할 수 있다(대판 2006. 1. 26, 2003다29562).

야 비로소 권리능력을 취득하므로 태아인 동안에는 상속을 받을 능력도 없다(대판 1982. 2. 9, 81다534). 따라서 태아를 위해서는 한정승인 자체가 필요 없고 가능하지도 않다.

4) 또한, 선순위상속인이 상속포기를 한 것이 아니라 단순히 한정승인만을 한 때는 그가 상속인 지위를 상실하지 않으므로 후순위상속인은 한정승인을 할 수 없으며, 선순위상속인과 후순위상속인이 동시에 한정승인을 한 경우에도 후순위상속인의 그것은 상속인 자격이 없는 사람이 한 것으로서 부적법하다. 그러나 후순위상속인은 선순위상속인이 상속포기나 한정승인을 하기 전이라도 그보다 먼저 또는 선순위 상속인과 동시에 유효하게 한정승인을 할 수 있으므로(재특 2003-1, 상속포기의 신고에 관한 예규 참조) 선순위상속인에 대하여 상속포기가 유효하게 되면 후순위상속인의 한정승인은 그때 유효하게 된다.

⑷ 한정승인신고서의 기재사항 등

1) 한정승인신고서에는 가사소송법 제36조의 기재사항(1. 당사자의 등록기준지, 주소, 성명, 생년월일, 대리인이 청구할 때에는 대리인의 주소와 성명 2. 청구 취지와 청구 원인 3. 청구 연월일 4. 가정법원의 표시)을 기재하여야 한다(가소규 제75조). 그 이외에 ① 피상속인(＝망인)의 성명과 최후주소, ② 피상속인과 상속인의 관계, ③ 신고하는 상속인이 상속개시 있음을 안 날, ④ 상속의 한정승인을 하는 뜻을 기재하여야 한다.

2) 한정승인신고서에는 상속인이나 그 대리인(법정대리인 또는 변호사 등 임의대리인)이 기명날인 또는 서명하여야 하고,[1] 반드시 신고자 본인 또는 대리인의 인감증명서를 첨부하여야 한다(가소규 제75조 ②항).

⑸ 상속재산목록

1) 상속포기신고서에는 재산목록을 첨부할 필요가 없으나, 한정승인신고서에는 상속재산목록을 첨부하여야 한다. 이를 첨부하지 않은 경우 방식에 어긋난 한정승인신고에 해당하므로 가정법원은 보정을 명할 수 있고, 불응 시 신청을 각하하게 된다. 그러나 가정법원이 이를 간과한 채 상속재산목록이 첨부되지 않은 신고를 수리하는 심판을 하였더라도 이는 유효하다.

---

[1] 비송사건의 경우에는 단독사건이건 합의사건이건 소송능력만 있으면 아무나 소송대리인이 될 수 있으므로 한정승인의 신고는 변호사 아닌 자라도 대리하여 할 수 있다(가소 제34조, 비송사건절차법 제 6 조 ①항).

2) 상속재산목록에는 해당 상속인이 알고 있는 범위에서 적극재산·소극재산을 불문하고 상속재산 전부를 망라하여 세밀하게 기재하여야 한다.[1] 만일 고의로 일부재산을 목록에 기입하지 않고 누락하면 단순승인으로 간주된다(제1026조 3호).[2]

고의로 누락한 것이 아닌 경우에는 신고 이후에도 이를 보충할 수 있고, 심판서가 고지된 후 누락이나 잘못을 발견한 경우에는 심판경정신청을 하여 경정결정을 받을 수 있다(편람, 88면 참조).[3] 민법 제1019조 ③항의 규정에 의하여 특별한정승인을 하는 경우에 상속재산 중 이미 처분한 재산이 있는 때에는 그 내역과 가액도 함께 목록에 기재하여야 한다(제1030조 ②항).

3) 상속재산목록의 기재에는 구속력이 없다. 따라서 거기에 기재된 재산이라고 하여 반드시 상속재산이 되는 것은 아니고, 거기에 누락된 재산이라고 하여 상속재산에서 제외되는 것도 아니다.

⒭ 심 판

1) 가정법원은 신고자가 상속인인지, 특별한정승인을 포함하여 신고기간이 준수되었는지, 재산목록을 첨부하였는지, 대리인이 신고한 경우 대리권이 있는지 등 형식적 요건만을 심리하며, 상속재산이 있는지 여부나 소극재산이 적극재산을 초과하는지 여부 등 그 실질적 내용의 타당 여부는 심사하지 않는다. 심판은 신청인 및 사건관계인을 심문하지 않고도 할 수 있다(가소 제45조).

2) 가정법원은 신고가 적법한 경우 이를 수리하는 심판을 하여야 한다(가소 제39조 ①항 본문). 신고의 요건을 갖추지 못하여 신고가 부적법한 때에는 신청을 각하한다. 특별한정승인요건을 갖추지 못한 경우에는 신청을 기각하여야 한다는 견해도 있으나, 기각이나 각하 어느 쪽이라도 무방하다고 할 것이다.

3) 가정법원이 신고에 따른 심판을 하는 때에는 인용이든 각하든 심판서를 작성하여야 한다(가소규 제75조 ③항).[4] 이 심판은 결정과 같은 성질을 가지며, 확인적·공

---

1 소액의 채권, 추심가능성이 적은 채권이라도 알고 있는 것은 모두 기재하여야 한다(편람, 88면).
2 법정단순승인 사유인 민법 제1026조 제3호 소정의 '고의로 재산목록에 기입하지 아니한 때'라는 것은 상속재산을 은닉하여 상속채권자를 사해할 의사로써 상속재산을 재산목록에 기입하지 않는 것을 의미한다(대판 2003. 11. 14, 2003다30968; 2004. 3. 12, 2003다58768 참조). 따라서 단순히 과실로 누락하거나 사실과 다르게 기재한 때는 단순승인 간주의 불이익을 받지 않는다.
3 그러나 경정결정을 받지 않았다고 하여 상속재산이 원래의 목록 기재 내용대로 확정되는 것은 아니다. 다만, 법원의 경정결정을 받으면 한정승인자가 고의로 목록을 부정하게 작성한 것이 아니었다고 추정 받을 수 있을 것이다.
4 심판서의 주문 형식: 「청구인이 피상속인 망 ○○○의 재산상속인으로서 별지 상속재산목록을 첨부하여서 한 2019. 12. 15.자 한정승인신고를 수리한다」.

증적 효력을 갖는다. 따라서 이는 당사자에게 고지된 때에 효력을 발생한다(가소 제40조). 명문의 규정은 없지만, 그 성질상 한정승인심판의 효력은 상속 개시시로 소급한다고 할 것이다. 상속재산분리와 달리 한정승인은 등기부 등에 공시되지 않는다.

4) 가정법원의 한정승인신고 수리의 심판은 일단 한정승인의 요건을 구비한 것으로 인정한다는 것일 뿐 그 효력을 확정하는 것이 아니고, 한정승인의 효력이 있는지 여부의 최종적인 판단은 실체법에 따라 민사소송(상속채권자가 상속인을 상대로 제기한 이행소송 등)에서 결정된다.[1] 그러나 별소로 그 심판의 무효확인을 구하는 소도 적법하다고 할 것이다.[2]

5) 심판신청(한정승인신고)을 각하하거나 기각한 때는 신청인이 즉시항고할 수 있으나(가소 제43조 ①항·가소규 제27조 참조), 신청을 인용하여 수리하는 심판을 한 때는 신청인은 물론 상속채권자 등 이해관계인도 불복할 수 없다. 수리심판을 한 경우 그 당부는 위와 같이 상속인을 상대로 한 상속채권자 등의 채무 이행청구의 소송 등에서 판단되어야 하기 때문이다.

6) 상속인이 한정승인신고를 한 후 심판 전에 사망한 경우, ① 이를 수리하여 심판을 하여야 한다는 견해, ② 민법 제1021조(상속인이 승인이나 포기를 하지 아니하고 제1019조 ①항의 기간 내에 사망한 때에는 그의 상속인이 자기의 상속개시 있음을 안 날로부터 제1019조 ①항의 기간을 기산한다)에 비추어 당연히 신고는 실효하고, 그 상속인이 다시 별개로 상속포기나 한정승인 등을 하여야 한다는 견해, ③ 신고인의 상속인이 절차를 수계하여야 한다는 견해가 대립하는바, 한정승인신고를 한 상속인이 사망하였다면 다시 그 재산(신고자가 자신의 피상속인으로부터 상속한 재산)은 신고자의 상속인에게 상속되므로 ②설이 타당하다.

7) 상속의 승인은 민법 제1019조 ①항의 기간 내에도 취소하지 못하는바(제1024조 ①항), 한정승인 역시 같다.[3] 다만, 한정승인에 관하여 착오, 사기, 강박 등

---

1 대판 2002. 11. 8, 2002다21882.

2 대판 1966. 12. 27, 66므26은, 상속포기신고 무효확인사건은 인사소송사건으로서, 검사를 당사자로 하는 소송은 인사소송법 등 법률에 특별히 규정하고 있는 경우에만 허용되는데, 상속포기의 무효확인을 구하는 소송에서 검사를 상대로 할 수 있는 규정이 없으니 검사를 상대로 제기한 위 소는 부적법하다고 판시하였다. 그러나 대판 1972. 11. 14, 72므6 사건에서는 상속포기무효확인의 소를 적법한 것으로 보고 본안에 대하여 판단하였다. 한정승인무효확인의 소에 대하여 소의 이익이 없다는 이유로 각하한 하급심 판결(부산고판 2003. 5. 23, 2002나8001)이 있는데, 이는 위 대법원 판례의 취지에 맞지 않다.

3 그러나 심판이 이루어지기 전에는 자유로이 취하할 수 있다. 또한 적법한 신고기간 내라면 상속포기와 한정승인 상호 간 변경도 가능하다.

민법 총칙상의 취소사유가 있는 때에는 한정승인의 취소가 가능하나, 이는 추인할 수 있는 날로부터 3년, 승인한 날로부터 10년 내에 하여야 한다(제1024조 ②항). 3년은 소멸시효기간이고 10년은 제척기간이다.

한정승인을 취소하는 때에도 가정법원에 신고하여야 하고(대판 1989. 9. 12, 88다카28044), 가정법원은 이 역시 심판으로써 수리하거나 각하·기각하여야 한다.[1] 이에 대하여도 각하나 기각 심판에 대해서만 즉시항고가 가능하며, 취소신고를 수리한 심판의 효력 역시 한정승인심판의 그것과 같다.

그 취소의 신고 역시 한정승인신고와 대동소이하다. 즉 당초의 심판을 한 가정법원에 신고인 또는 대리인이 기명날인 또는 서명한 서면으로 신고하여야 하고, 신고서에는 가사소송규칙 제75조 ①항 1호 및 2호의 사항 외에 ① 상속의 한정승인이 수리된 일자, ② 상속의 한정승인을 취소하는 원인, ③ 추인할 수 있게 된 날, ④ 상속의 한정승인을 취소하는 뜻을 기재하여야 한다(가소규 제76조).

:: 참고판례

① 한정승인신고서가 일부 미비된 것이라도, 그것이 전혀 신고서라고 볼 수 없는 것이 아닌 이상 이를 수리한 후 미비점(인감증명서 누락 등)을 추완·보정시키는 등 될 수 있는 대로 유효하게 해석하여야 한다(대결 1978. 1. 31, 76스3; 1978. 1. 31, 76스10).

② 한정승인신고수리의 심판은, 한정승인신고가 형식적 요건을 구비한 이상 일단 그 요건을 구비한 것으로 인정한다는 것일 뿐, 실체적 요건(예 : 상속인이 중대한 과실 없이 상속채무가 상속재산을 초과한다는 사실을 알지 못하였다는 등)은 그것이 구비되지 아니하였음이 명백한 경우 이외에는 이를 문제삼아 한정승인신고를 불수리할 수 없다. 한정승인의 효력 유무에 관한 최종판단은 실체법에 따라 민사소송에서 결정된다(대결 2006. 2. 13, 2004스74; 대판 2002. 11. 8, 2002다21882).

(3) 공동상속인들의 한정승인

1) 공동상속인들은 공동으로만 한정승인을 할 수 있는 것은 아니고, 공동으로 또는 1명의 상속인이 단독으로 자신의 상속분에 응하여 한정승인을 할 수 있다(제

---

1 취소신고를 수리하는 심판서의 주문 형식 : 「청구인이 2009. 5. 15. 이 법원에 신고하여 한 피상속인 망 ○○○에 대한 한정상속승인신고의 취소신고를 수리한다」.

1029조).[1] 그러므로 여러 명의 상속인 중에서 일부만이 한정승인을 한 경우, 한정 승인자는 물적(物的) 유한책임을 지고, 단순승인자(법정단순승인 포함)는 인적(人的) 무한책임을 지게 된다.

2) 상속인이 여러 명인 경우 가정법원은 각 상속인 기타 이해관계인의 청구에 의하여 공동상속인 중에서 상속재산관리인을 선임할 수 있고, 법원이 선임한 관리인은 공동상속인을 대표하여 상속재산의 관리와 채무의 변제에 관한 모든 행위를 할 권리·의무가 있다(제1040조 ①, ②항).[2] 상속재산관리인의 선임이 의무적인 것은 아니나 상속인별로 단순승인과 한정승인이 갈린 때는 이를 선임함이 바람직하므로, 상속인이 신청하지 않은 경우 상속채권자는 이해관계인으로서 그 선임을 청구하여야 할 것이다.

3) 공동상속인 중 일부는 한정승인을 하고 일부는 단순승인을 한 경우에는 상속재산 전부에 관하여 청산절차를 밟아야 한다. 예컨대, 동순위인 상속인 A, B, C, D 중 A는 단순승인을 하였고, B는 승인 전에 상속재산 처분행위를 하였으며, C, D는 한정승인을 하였다. 그러면 A, B는 단순승인자로 고유재산을 포함하여 무한책임을 지고, C, D는 한정승인자로서 유한책임을 진다. 상속재산 전부의 청산절차를 진행한 결과 최종적으로 상속채무 100만 원이 남았을 경우 공동상속인들이 상속분대로 나누면 25만 원씩 변제책임을 져야 한다. 그러나 C, D는 한정승인자로서 각기 25만 원에 대하여 책임지지 않고, A, B가 각각 50만 원의 상속채무를 승계하여 고유재산으로써 책임을 지게 되며, B가 처분한 상속재산의 구상관계는 A, B 사이에서 처리되어야 한다.[3]

(4) 상속재산(적극재산)이 없는 경우의 한정승인신고 가부(적극)

1) 상속재산이 있는지 여부, 적극재산이 있는지 여부, 소극재산이 적극재산을 초과하는지 여부는 상속의 한정승인에 아무런 영향이 없다. 한정승인은 단순히 상속인이 상속한 적극재산의 한도에서 상속채무와 유증을 변제하겠다는 것에 불과하

---

1 반면 일본 민법 제923조는 상속인들이 공동으로만 한정승인을 할 수 있다고 규정하고 있고, 중국 민법 제1154조 ②항은 1인의 한정승인신청이 있으면 공동상속인 전원에게 한정승인신청의 효력이 있다고 규정하고 있다. 일부 상속인만이 한정승인을 할 경우 절차가 복잡해지는 것을 피하기 위한 것이다.

2 이 경우 다른 공동상속인의 상속재산에 관한 관리처분권은 상실된다고 볼 것이다. 동지: 가사 실무제요Ⅱ, 392면.

3 곽윤직, 187면 등. 학계의 통설이다.

기 때문이다.

2) 따라서 피상속인이 적극재산은 하나도 남기지 않은 채 소극재산인 채무만 고스란히 남긴 경우나, 적극재산과 소극재산을 포함하여 아무런 재산도 남기지 않은 경우는 물론 상속인이 상속재산이 있는지 여부나 그 내역을 모르는 때에도 한정승인을 할 수 있다. 물론 이러한 경우 상속인은 상속포기를 할 수도 있다.

3) 소극재산만 있거나 상속인이 상속재산이 있는지 여부나 그 내역을 모르는 때에는 그 재산목록에 적극재산을 0으로, 상속채무는 0000만 원으로 기재하거나 각각의 상속재산 내역을 '모름'으로 기재하여 신고할 수 있다.[1]

3. 한정승인의 효과

(1) 물적 유한책임(채무와 책임의 분리)

1) 상속인이 한정승인신고를 하여 수리하는 심판을 받으면 상속재산(적극재산)의 한도에서 상속채무와 유증을 변제하면 되고(제1028조), 단순승인의 경우처럼 상속인 자신의 고유재산(固有財産)으로 이를 변제할 책임은 없다. 상속인은 한정승인에 불구하고 상속채무를 전부 승계하나, 그 책임의 범위가 자신이 상속한 적극재산에 한정된다. 즉 이른바 물적 유한책임(物的 有限責任)을 진다는 의미이다.[2]

2) 한정승인에 불구하고 상속채무 그 자체는 감축·소멸되지 아니하고 적극재산과 함께 그대로 상속인에게 상속·승계된다. 따라서 상속채권자는 한정승인자에게 채무 전액을 청구할 수 있고, 한정승인자가 이를 임의로 변제하면 그것은 채무의 변제로서 유효하여 비채변제(非債辨濟)가 되지 아니한다.[3] 즉 한정승인자는 그러한 변제를 한 후 부당이득반환청구를 할 수 없다는 말이다.

3) 한정승인의 효력은 상속채무를 보증한 보증인·물상보증인·연대보증인 등

---

1 가사비송재판실무편람(법원행정처, 2008), 89면(서울가정법원의 실무는 재산목록에 적극재산만 기재하거나 적극재산이 전혀 없다고 기재하거나 '적극재산 없음, 소극재산 모름'이라고 기재한 경우에도 한정승인신고를 수리하고 있다); 일본의 실무도 같다. 谷口知平·加納實·澤井種雄 편, 大阪家庭裁判所가사부결의록, 1960, 172면; 新版注釋民法(27)相續(2)(有斐閣コンメンタール, 1988), 515면.
2 대판 2003. 11. 14, 2003다30968.
3 파산이나 회생절차에서 면책을 받은 경우에도 채권은 소멸하지 않으나, 이 경우에는 채무자의 재산에 대해 강제집행을 전혀 할 수 없어 자연채무가 되므로 그 이행을 구하는 소는 소의 이익이 없어 소 각하 판결을 하여야 한다. 반면에 한정승인의 경우 상속인의 고유재산에 대해서만 집행을 할 수 없을 뿐 상속재산에 대해서는 집행을 할 수 있어 전면적인 자연채무가 되지는 않으며, 상속재산에 대한 강제집행을 위해 한정상속인을 상대로 한 집행권원이 필요하므로 그 이행을 구하는 소는 소의 이익이 있고 소 각하 판결을 할 수 없다.

에게 미치지 않으므로 이들의 채무와 책임에는 아무런 영향이 없다.[1] 한정승인을 한 상속인 자신이 보증인·물상보증인·연대보증인인 때에도 같다.

4) 이와 같이 한정승인은 상속의 효력은 그대로 발생하고 그 상속인의 책임만 제한될 뿐이므로, 선순위 상속인이 한정승인을 하더라도 차(次)순위 상속인에게 상속채무가 승계되지 아니한다. 따라서 이 경우에는 선순위 상속인(아들)이 상속포기를 하면 차순위 상속인(손자)이 상속인 자리에 올라감으로써 초래되는 문제가 생기지 않는다.

5) 한정승인을 하더라도 피상속인이 부동산의 매매 등으로 인하여 부담하게 된 소유권이전등기의무와 같은 특정채무는 상속인의 고유재산에 의해서는 변제될 수 없으므로 한정승인에 의해 영향을 받지 아니한다. 이에 대해서는 반론이 있으므로 뒤에서 상론한다.

6) 상속채권자는 한정승인에 상관없이 한정승인자를 상대로 상속채무의 이행을 구하는 소를 제기할 수 있음은 물론이다. 한정승인이 있더라도 상속채권자가 상속재산에 대하여 강제집행을 하거나 배당에 참여하기 위해서는 한정승인자를 포함한 상속인들에 대한 집행권원이 필요하기 때문이다.[2] 물론 상속채권자는 집행권원을 얻지 않고 아래에서 보는 청산절차에 참가하여 한정승인자에게 배당·변제를 요구하여도 무방하다.

7) 한정승인자에 대하여 상속채무의 이행을 구하는 소송에서 수소법원이 한정승인을 유효한 것으로 인정한 경우에는 인용금액 전부에 대한 이행판결을 선고하되, 그 이행은 상속재산의 범위로 제한된다는 뜻을 표시하여야 한다는 것이 통설이자 판례이다.[3] 상속재산이 전혀 없거나 적극재산이 더 많은 사실이 밝혀진 경우에도 같다. 이 경우 청구 금액 전부에 대한 채무의 존재를 인정하더라도 책임 제한을 이유로 원고의 나머지 청구를 기각하고 원고에게 소송비용도 일부 부담하게 하는 것이 대부분의 실무 관행이다.

---

1 일 대판 1924. 5. 19, 집 3, 215면.

2 상속채권자가 이미 피상속인에 대한 집행권원을 받은 때에는 한정상속인에 대한 승계집행문을 부여받아 집행할 수 있다.

3 수소법원은 이행소송에서 이행을 청구할 권리와 이에 대응하는 이행의무의 존부 및 그 양적·질적 범위만을 판단할 뿐 책임의 유무나 그 범위는 심판대상이 아니고, 이는 장차의 강제집행절차에서 확정되어야 할 사항이긴 하나, 가집행선고부 판결이나 확정판결로부터 집행력이 발생하고 이에 따라 수소법원은 집행문을 부여하는 만큼, 집행제한 사유가 있는 경우 이를 심판대상으로 유추하여 미리 판단하도록 함이 당사자의 분쟁해결에 유용하고 소송경제에도 부합한다고 할 것이다.

상속채권자가 한정승인자에게 상속채무 전액의 이행을 구한 경우 피고인 한
정승인자는 한정승인을 한 사실을 일종의 권리행사 장애사유로서 항변하여야 하
고, 법원이 이를 직권으로 판단할 수는 없다. 이에 대하여 원고인 상속채권자나 수
유자는 단순승인의 효력이 발생하였다는 등으로 한정승인이 무효임을 재항변할 수
있다.

이때 판결문에는 상속재산목록을 첨부하지 않는 것이 관행인바, 어떤 재산이
상속재산에 해당하는지 여부는 그 이행소송의 심판사항이 아니며, 이는 장래의 강
제집행 단계에서 확정될 문제이기 때문이다. 한편, 한정승인자에 대하여 상속재산
의 범위에서 상속채무를 이행하라는 판결이 선고되고 이에 기하여 수소법원이 집
행문을 부여할 때에는 집행문에도 그 뜻을 기재하는 것이 실무관행이다. 집행문에
책임재산제한의 표시가 누락된 경우 한정승인자는 집행문 부여에 대한 이의(민집
제34조)로써 다툴 수 있다.[1]

한정승인이 있는 때는 집행대상 책임재산이 상속재산으로 한정되므로 집행기
관은 집행개시를 결정할 때 목적물이 상속재산에 속하는가 여부를 직권으로 조사
해야 한다. 집행권원에 책임재산이 상속재산으로 한정되어 있음에도 이에 위반하
여 상속채권자가 한정상속인의 고유재산에 대하여 집행을 한 경우, 한정승인자는
집행문부여에 대한 이의를 하거나 경매개시결정에 대한 이의, 집행에 대한 이의,
추심명령·전부명령에 대한 즉시항고 등으로써 다툴 수 있고,[2] 집행채권자인 상속
채권자를 상대로 제 3 자이의의 소를 제기할 수도 있다.[3] 이미 경매절차가 종결되
거나 채권압류 및 전부명령이 확정되어 강제집행절차가 종료된 후에는 상속채권자

---

1 책임재산의 제한이 없는 상태의 이행판결이 선고된 후 비로소 한정승인이 이루어진 경우 수소법
  원이 상속재산에 한하여 집행을 허가하는 내용의 집행문을 부여할 수 있는가? 이를 긍정하는 듯한
  견해도 있다[법원실무제요 민사집행 I (2014)1, 212면]. 그러나 집행문은 법원사무관등이 집행권
  원을 기준으로 그 요건을 기계적·형식적으로 심사해 부여하여야 하고, 가정법원에서 한정승인수
  리심판이 이루어진 것만으로 곧 완전한 한정승인의 효력이 발생하는 것은 아니며, 이는 이행소송
  이나 청구이의소송, 제 3 자이의소송 과정에서 변론을 거쳐 심리되어야 하는 것임에 비추어 불가
  하다고 생각된다. 따라서 한정승인자는 청구이의로써 그 집행력을 제한하는 판결을 받거나, 고유
  재산에 대한 집행이 개시된 이후에는 제 3 자이의의 소를 제기하여 강제집행을 저지하여야 하고,
  비송절차로서 형식적 요건에 대한 심사절차에 불과한 집행문부여에 대한 이의(민사집행법 제34
  조)나 집행에 대한 이의(민사집행법 제16조), 경매개시결정에 대한 이의(민사집행법 제86조), 채
  권압류명령에 대한 즉시항고(민사집행법 제229조)로써 다툴 수는 없다고 할 것이다. 참고로, 부산
  지방법원 2016. 7. 1.자 2016카기442 집행문부여에 대한 이의 사건에서는 위 실무제요에 따른 처
  리를 하였는데, 즉시항고가 없어 확정되었다.
2 특별한 불복의 방법이 없는 때는 민사집행법 제16조에 의한 이의신청을 할 수 있다.
3 대결 2005. 12. 19, 2005그128.

를 상대로 부당이득의 반환을 구할 수 있다.

8) 피상속인에 대한 채권에 관하여 상속채권자와 상속인 사이의 전소에서 상속인의 한정승인항변이 인정되어 상속재산의 한도에서 지급을 명하는 판결이 확정된 경우, 상속채권자가 새로운 소에 의하여 위 판결의 기초가 된 전소 사실심 변론종결시 이전에 존재한 법정단순승인 등 한정승인과 양립할 수 없는 사실을 주장하며 같은 채권에 관하여 책임범위에 관한 제한 없는 판결을 구할 수는 없다.[1] 이에 대해서도 기판력이 미치기 때문이다.

그러나 이행책임을 상속재산에 한정하는 이행판결이 확정된 후에 한정승인자에 대하여 민법 제1026조 3호 소정의 단순승인을 한 것으로 간주되는 사정, 즉 한정승인 실효의 사유가 발생한 경우에는 기판력이 발생하지 않으므로, 상속채권자는 책임의 제한 없이 상속채무 전액의 이행을 구하는 소를 다시 제기할 수 있다고 할 것이다.

9) 상속채권자가 제기한 이행의 소의 사실심 변론종결 후에야 채무자가 한정승인을 한 경우에는 이를 이유로 청구이의의 소를 제기할 수 있음은 물론이다.[2] 이 경우 고유재산에 대한 강제집행절차가 개시된 후라면 한정승인자는 제 3 자이의의 소도 제기할 수 있으나, 제 3 자이의의 소는 해당 소송의 대상이 된 구체적 집행행위만을 제거할 뿐이어서 청구이의의 소에 비해 근원적인 해결수단이 되기에는 미흡하다.

채무자가 한정승인을 하고도 이전 소송의 사실심 변론종결시까지 그 사실을 주장하지 아니하여 책임의 범위에 관한 유보가 없는 판결이 선고되어 확정되었다고 하더라도, 채무자는 그 후 위 한정승인 사실을 내세워 청구이의의 소를 제기할 수 있다는 것이 판례이다.[3] 대법원은 그 이유를, 한정승인에 의한 책임의 제한은 상속채무의 존재 및 범위의 확정과는 관계없이 다만 판결의 집행 대상을 상속재산의 한도로 한정함으로써 판결의 집행력을 제한할 뿐으로, 채권자가 피상속인의 금전채무를 상속한 상속인을 상대로 그 상속채무의 이행을 구하여 제기한 소의 소송에서 채무자가 한정승인 사실을 주장하지 않으면 책임의 범위는 현실적인 심판대상으로 등장하지 아니하여 주문에서는 물론 이유에서도 판단되지 않기 때문이라고

---

1 대판 2012. 5. 9, 2012다3197.
2 대판 2004. 12. 10, 2004다54725 판결 등.
3 대판 2006. 10. 13, 2006다23138; 2009. 5. 28, 2008다79876.

하나, 한정승인을 한 사실은 앞서 본 바와 같이 소송상 공격방어방법(일종의 권리행사 장애사유)에 불과하므로 소송법의 법리상으로는 문제가 있다.[1]

(2) 상속재산과 고유재산의 분리

1) 한정승인이 이루어지면 상속재산은 분리되어 특별재산으로 취급되며, 상속인의 고유재산과 혼합되지 아니한다. 즉 상속재산의 분리명령이 없더라도 사실상 그와 동일한 효과가 발생하는 것이다. 그 결과 한정상속인은 상속채권자에 대한 관계에서 상속재산과 고유재산에 대하여 절연되어 제 3 자와 같은 지위에 서게 된다.

이에 따라 한정승인을 한 때는 상속으로 인한 권리·의무의 혼동이 생기지 아니하므로 상속인의 피상속인에 대한 채권이나 채무는 그대로 존속한다(제1031조). 이로써 한정상속인도 피상속인에 대한 '채권'으로써 상속재산에서 배당·변제를 받게 되고, 그의 피상속인에 대한 채무는 상속재산(적극재산)에 포함된다.

2) 한정승인에 따라 상속채권자는 상속인의 고유재산에 대하여 강제집행을 할 수 없다. 따라서 상속채권자가 상속인의 고유재산에 대하여 강제집행을 할 경우 한정상속인은 앞서 본 바와 같이 제 3 자 이의의 소 또는 경매개시결정에 대한 이의, 집행에 대한 이의, 추심명령·전부명령에 대한 즉시항고 등으로써 다툴 수 있고, 강제집행절차가 종료된 후에는 부당이득반환청구를 할 수 있다.[2,3] 또한 한정상속인의 채권자는 그 권리를 대위행사할 수 있다.

3) 상속채권자가 상속재산으로부터 채권의 만족을 받지 못한 상태에서는 그 재산이 한정상속인의 재산이 될 수 없으므로 한정승인자의 고유채권자도 상속재산에 대하여 강제집행을 할 수 없으며, 배당요구 또한 같다. 상속채권자가 한정승인자의 고유재산에 대하여 강제집행을 할 수 없는 이상, 상속재산 역시 한정승인자의 고유채권자에 대한 책임재산이 될 수 없다고 보아야 하기 때문이다.[4] 따라서 한정승인자의 고유채권자는 상속채권자가 상속재산으로부터 채권의 만족을 받지 못한 상태에서 상속재산에 대한 경매절차의 배당에 참여하여 배당을 받을 수 없

---

1 반면에, 상속에 의한 채무의 승계 자체만이 문제되어 그에 관한 확정판결의 주문에 당연히 기판력이 미치게 되는 상속포기의 경우, 전소에서 상속포기 사실을 주장하지 않았다면 그에 관하여 기판력이 미친다는 것이 대법원 판례이다(대판 2009. 5. 28, 2008다79876).
2 대결 2005. 12. 19, 2005그128.
3 한정승인신고 전에 고유재산에 대한 강제집행이 있은 때에도 마찬가지로 해석하여야 할 것이다.
4 이는 학계의 통설이라고 할 수 있다.

고, 그 채권이 한정상속인에 대한 조세채권이라고 하더라도 우선변제권이 있는 당해세가 아니라면 마찬가지다.[1]

이에 위반한 집행에 대하여 한정승인자나 상속채권자는 경매개시결정에 대한 이의나 집행에 관한 이의, 배당이의, 즉시항고 등으로써 이를 저지할 수 있고,[2] 제3자이의의 소도 제기할 수 있을 것이다.[3] 그러나 한정승인자의 고유채권자가 상속재산에 대하여 저당권 등 우선변제권을 가진 때에는 그 저당권이 한정상속인의 상속재산 처분행위에 의하여 취득한 것이라도 강제집행을 할 수 있다는 것이 판례이다.[4]

(3) 한정승인자의 상속재산 처분권

1) 한정승인을 하였더라도 위와 같이 이를 공시할 방법은 없다. 부동산 등기부에도 공시되지 않는다. 설사 공시를 하였다고 하더라도 그 결과가 달라지지 않는다.[5]

2) 한정승인을 한 후라도 상속인의 상속재산 처분권이 박탈되거나 제한되지는 않는다. 책임이 제한될 뿐이다. 따라서 한정승인자의 상속재산 처분행위는 유효하고 제3자는 그 처분행위에 의하여 권리를 취득할 수 있다. 다만, 한정승인자가 상속재산을 처분한 경우 그는 단순승인을 한 것으로 간주될 수 있다.

판례도 이와 같다. 즉 민법은 한정승인을 한 상속인에 관하여 그가 상속재산을 은닉하거나 부정소비한 경우 단순승인을 한 것으로 간주하는 것(제1026조 3호)

---

1 대판 2016. 5. 24, 2015다250574.
2 한정승인자의 고유채권자가 상속재산에 대하여 강제집행을 하였는데, 이에 대하여 한정승인자나 상속채권자 등의 이의 제기가 없었던 경우 그가 그 절차에서 배당·변제를 받는 것이 부당이득에 해당하는가? 한정승인에 따른 재산 분리의 효과에 의해 상속재산은 한정승인자의 고유채권자의 책임재산에 속하지 않으므로 민법 제1038조 ②항을 유추할 것도 없이 부당이득이 성립한다고 할 것이다. 다만, 고유채권자가 상속재산에 대하여 강제집행을 한 것이 아니라 배당에 참가한 때는 상속채권자 등이 배당을 받을 수 있었던 때에만 부당이득이 성립할 수 있다. 동지: 김형석, "한정승인의 효과로서 발생하는 재산분리의 의미", 가족법연구 제22권 3호(2008).
3 박종훈, "한정승인과 상속채권자의 우선변제권", 판례연구 제22집(부산지방법원, 2011)은 제3자이의의 소에 의할 것이라고 하나, 반드시 이에 한정할 것은 아니라 할 것이다. 집행 대상 재산이 집행채무자의 소유에 속하는지 여부는 집행법원이 형식적으로 판단할 수 있기 때문이다. 한편, 한정승인자 역시 청산절차가 종료하기 전까지는 상속재산에 대한 권리를 주장할 수 없어 이에 대하여 제3자의 지위에 서므로 그 역시 제3자이의의 소를 제기할 수 있는바, 이는 신탁에서 수탁자의 채권자가 신탁재산에 대하여 집행을 하는 경우 수탁자 역시 제3자이의의 소를 제기할 수 있는 것과 같다.
4 대판 2016. 5. 24, 2015다250574(임의경매에 따른 배당절차의 순위에서 한정승인자의 고유채권자가 상속채권자에 우선한다).
5 한정승인에 대해서는 민법 제1049조와 같은 규정이 없기 때문이다. 다만, 이에 불구하고 부당하게 자신의 채권을 회수한 상속채권자는 악의가 되어 다른 상속채권자에게 구상의무를 질 수는 있다.

외에는 상속재산의 처분행위 자체를 직접적으로 제한하는 규정을 두고 있지 않기 때문에, 한정승인으로 발생하는 책임제한 효과로 인하여 한정승인자의 상속재산 처분행위가 당연히 제한된다고 할 수는 없고, 따라서 한정승인자로부터 상속재산에 관하여 저당권 등의 담보권을 취득한 사람도 그 저당권을 주장할 수 있다. 이 경우 그 저당권 취득자와 상속채권자 사이의 우열관계는 민법상의 일반원칙에 따라야 하고, 상속채권자가 한정승인의 사유만으로 우선적 지위를 주장할 수는 없다.[1]

그러므로 상속채권자가 상속재산을 보존하기 위해서는 가압류 또는 가처분을 하거나 상속재산의 분리 또는 상속재산에 대한 파산을 신청하거나 3취득자를 상대로 사해행위취소의 소를 제기하여야 할 것이다.

3) 이와 같이 한정승인신고 후 한정승인자가 상속재산을 처분한 경우 그 자체만으로 곧바로 한정승인의 효력이 상실되는 것은 아니나, 그 처분이 상속채권의 변제를 위한 것이라는 등으로 정당한 사유가 없으면 민법 제1026조 3호 소정의 상속재산을 은닉하거나 부정소비한 경우에 해당하여 단순승인을 한 것으로 간주되어 한정승인의 효력이 상실된다고 보아야 할 것이다.[2] 따라서 이후 한정승인자는 한정승인의 효력을 주장할 수 없고 고유재산에 의해서도 상속채무를 변제하여야 한다. 그러나 그가 이미 한 상속재산 처분행위의 효력까지 부정되는 것은 아니다.

---

1 대판 2010. 3. 18, 2007다77781(전합). 이에 대해서는 상속채권자와 3취득자 및 상속인의 채권자 사이의 이해관계 충돌을 어떻게 조화할 것인지를 둘러싸고 이론 대립이 있을 수밖에 없다. 2007다77781 전원합의체 판결의 경우 1심과 2심의 결론이 갈렸다.

2 동지: 박종훈, "한정승인과 상속채권자의 우선변제권", 판례연구 제22집(부산지방법원, 2011). 민법 제1026조 1호 소정의 상속재산 처분행위는 한정승인이나 포기 전의 처분행위만을 말한다(대판 2004. 3. 12, 2003다63586). 이에 대하여, 상속채권자는 한정승인에 의하여 상속재산에 대하여 우선적 지위를 가지고 그 한도에서 상속인의 채권자들과 경쟁을 할 필요 없이 고유재산의 채무초과 위험으로부터 보호를 받을 수 있었는데, 이제 상속인이 한정승인 후 아직 청산이 종료하지 않은 상태에서 상속재산을 부당히 은닉·감축했다는 이유로 제재를 받음으로써 단순승인의 효과가 발생하고, 그 결과 상속채권자가 상속재산에 대한 우선적 지위를 상실함으로써 상속인의 무자력 위험을 부담하게 된다는 결론은 상속채권자에게 불리하므로, 한정승인을 한 후에 상속인이 상속재산을 처분하더라도 한정승인의 효력은 유지되고, 이에 따라 상속채권자는 상속재산에 대하여 집행할 수 있음은 물론 상속인의 고유재산에 대하여도 집행할 수 있으나 상속인의 고유채권자는 상속재산에 대하여 집행할 수 없다는 견해가 있다(김형석, "한정승인의 효과로서 발생하는 재산분리의 의미", 가족법연구 제22권 3호(2008). 같은 취지의 일본 학설도 있다). 그러나 단순승인으로 의제되어 상속인의 고유재산이 책임재산에 편입될 경우 상속인의 고유채권자도 상속재산에 집행할 수 있게 되는데 그것이 고유채권자에게 반드시 불리할지 단정할 수 없고, 한정승인자가 배신행위를 했다는 이유만으로 명문의 규정에 반해 상속채권자를 상속인의 고유채권자보다 그렇게까지 강하게 보호해야 할 이유가 있는지 수긍하기 어렵다. 또, 상속인의 고유채권자는 재산 분리를 신청하여 이러한 결과를 막을 수도 있다.

(4) 한정승인과 상속세·취득세 등

1) 한정승인을 신고한 경우에도 상속세나 취득세는 부과된다. 왜냐하면 한정승인은 상속인의 책임을 제한할 뿐 상속의 효력에 의한 피상속인의 재산을 상속에 의해 승계취득하는 효력까지 부정하는 것은 아니기 때문이다.

2) 다만, 상속세의 과세대상은 상속재산(적극재산)에서 상속채무(소극재산)를 공제한 잔액이다.[1·2]

4. 한정승인 후의 상속재산의 관리와 청산절차

(1) 상속재산의 관리

1) 한정승인을 한 상속인은 '자신의 고유재산'에 대한 것과 동일한 주의의무로써 상속재산의 관리를 계속하여야 한다(제1022조·제1031조). 상속인이 복수인데 그 전부 또는 일부가 한정승인을 한 경우에 상속인 또는 이해관계인의 청구가 있는 때에는 가정법원은 공동상속인 중에서 상속재산관리인을 선임하여야 한다(제1040조 ①항).[3] 그러나 이는 의무적인 것은 아니므로 관리인선임을 하지 않고 공동상속인이 공동으로 관리하여도 상관없다.

2) 가정법원에서 선임된 상속재산관리인은 공동상속인을 대표하여 상속재산의 관리와 채무의 변제에 관한 모든 행위를 할 권한과 의무가 있다(제1040조 ②항). 관리인의 이러한 권한과 의무는 민법 제1040조 ②항의 규정에 의하여 인정되는 것이므로 상속재산관리인은 상속인의 법정대리인이다.[4] 관리인은 자기의 고유재산에 대한 것과 동일한 주의로 상속재산을 관리하여야 한다(제1040조 ③항·제1022조).

3) 상속인이 한정승인 또는 포기를 한 후에 상속재산을 은닉하거나 부정소비한 때는 단순승인을 한 것으로 본다(제1026조 3호). '상속재산의 부정소비'라 함은 정당한 이유 없이 상속재산을 써서 없앰으로써 그 재산적 가치를 상실시키는 행위를 의미하며, 처분행위를 포함한다.[5] 상속재산에 대하여 상속등기나 등록을 한 것

---

1 부산고판 2005. 5. 13, 2003누3369(확정) 참조.
2 헌재결 2005. 3. 31, 2003헌바55; 동 2006. 2. 23, 2004헌바43.
3 공동상속인 아닌 다른 사람을 선임하는 결정은 위법하다(대결 1979. 12. 27, 76그2).
4 상속재산관리인은 상속재산에 관한 소송에서 제3자소송담당자로서 당사자적격도 갖는다(대판 1987. 3. 24, 85다카1151; 2002. 10. 25, 2000다21802; 2007. 6. 28, 2005다55879 등).
5 대판 2004. 3. 12, 2003다63586; 2004. 12. 9, 2004다52095.

만으로는 처분행위에 해당하지 않지만,[1] 상속인들이 협의분할에 의해 특정한 상속재산을 한정승인을 하지 않은 상속인 명의로 소유권이전등기를 한 경우 처분행위에 해당한다.[2]

4) 상속재산에 대하여 상속채권자, 유증을 받은 자, 상속인, 상속재산관리인 및 유언집행자는 파산신청을 할 수 있는데, 상속재산관리인, 유언집행자 또는 한정승인이나 재산분리가 있는 경우의 상속인이 상속재산으로 상속채권자, 수유자에 대한 채무를 완제할 수 없는 것을 발견한 때에는 지체 없이 파산신청을 하여야 한다(채무자회생법 제299조). 그러나 이를 하지 않았더라도 어떤 불이익이 가해지지는 않아 실제 별로 이행되지 않고 있다.[3]

(2) 한정승인 후 상속재산의 청산

1) 한정승인이 있는 경우 한정상속인이 상속재산을 환가하여 그로써 상속채무와 유증에 따른 채무를 배당·변제하고 그 나머지를 자신이 갖는 것을 상속재산의 청산이라고 한다. 이는 상속재산 중 소극재산이 적극재산을 초과하는지 여부와 상관없이 한정승인을 한 상속인의 의무사항이다.

2) 그러나 상속채권자 등 다수의 이해관계인에게 중요한 의미를 갖는 환가와 배당·변제를 법률 문외한인 한정상속인에게 맡기는 것이 타당한지는 의문이다. 청산에는 상당한 비용이 들고 절차가 복잡하여(한정승인을 하지 않은 공동상속인이 있는 때에는 더욱 그러하다) 법률전문가가 아닌 자가 쉽게 하기 어려운 탓인지 실제로 한정상속인이 스스로 법에 따른 청산절차를 취하는 경우는 거의 없고(이에 따른 제재나 불이익도 없다), 상속채권자가 스스로 상속재산에 대하여 집행을 하는 것이 대부분이다. 그러므로 변호사 등 어느 정도의 전문지식을 가진 사람을 상속재산관리인으로 선임하여 그로 하여금 절차를 진행토록 하는 등으로 입법적 개선이 필요하다고 하겠다.[4]

---

1 대결 1964. 4. 3, 63마54; 상속등기는 상속 포기 등을 위한 고려기간은 물론 한정승인에 따른 공고기간 만료 전이라도 할 수 있고, 상속채권자, 상속인의 채권자도 대위 등기를 신청할 수 있다.
2 대판 2004. 12. 9, 2004다52095.
3 이 경우 민법 제1038조가 적용되지는 않는다. 채무불이행이나 불법행위를 구성할 여지는 있다.
4 비교법적으로 한정승인의 청산절차는 ① 신고한 상속채권자에게 그 채권신고순으로 변제해 나가는 소위 순차변제방식을 취하는 프랑스, ② 상속재산이 채무초과의 경우에는 파산절차로 이행하는 독일 및 스위스, ③ 상속채권자들에게 채권액을 신고하도록 하여 총 채권액을 확정한 후에 상속재산을 각 상속채권자의 비율로 배당·변제하도록 하는 방식이 있다. 독일의 경우 우리와 같이 상속재산의 파산과 별도로 상속인으로 하여금 상속법원에 상속재산의 관리를 신청할 수 있고, 그 경우 상

⑺ 채권자와 수유자에 대한 공고와 최고(催告)

1) 상속인은 한정승인을 한 날(정확히는 한정승인심판서가 송달된 날)로부터 5일 이내에(제1032조 ①항), 상속재산관리인으로 선임된 상속인의 경우에는 그 선임을 안 날로부터 5일 이내에(제1040조 ③항) 아래와 같은 공고와 최고를 하여야 한다. 즉 일반 상속채권자와 유증 받은 사람에 대하여 한정승인을 한 사실 및 2개월 이상 의 기간을 정하여 그 기간 내에 채권·수증을 신고할 것과, 그 기간 내에 신고를 하 지 아니하면 청산에서 제외된다는 뜻을 공고하여야 한다(제1032조·제88조 ①, ②항).

2) 공고방법은 법원의 등기사항 공고와 같은 방법으로 하는바, 일간신문에 1 회 이상 공고하여야 한다(제88조 ③항, 비송사건절차법 제65조의 2). 공고는 한정승인 자 개인이 사적(私的)으로 신문사에 광고료를 내고 한정승인심판서의 내용과 상속 재산목록을 기재하는 방법으로 하여야 한다.

3) 한정승인자가 이미 알고 있는 채권자 등은 청산에서 제외하지 못하며(제 1034조 ①항), 그러한 사람들에 대하여는 개별적으로 신고를 최고하여야 한다(제 1032조 ②항·제89조).[1]

4) 이 절차에는 법인의 청산절차에 관한 규정이 준용된다. 따라서 공고는 법 인청산의 경우와 같이 법원의 등기사항 공고와 동일한 방법으로 하여야 하므로(제 1032조 ②항·제88조 ③항), 한정승인자는 원칙적으로 그 상속지 관할 지방법원장이 선정한 신문에 1회 이상 위 공고사항을 공고하여야 하나(비송사건절차법 제65조의 2·3), 선정한 신문이 없는 경우에는 신문상의 공고에 갈음하여 등기소와 그 상속지 관할 시·군·구에 게시함으로써 공고할 수 있다(비송사건절차법 제65조의 4).

5) 이러한 공고와 최고는 한정상속인의 의무이긴 하나, 이를 게을리 하였다고 하여 한정승인이 무효가 되는 것은 아니다. 다만, 이로 인하여 손해를 입은 채권자 등은 한정상속인에게 그 배상을 청구할 수 있다. 또한 공고기간 내에 신고를 하지 않더라도 상속채권자와 수유자의 채권이 실효하는 것은 아니지만, 변제 순위가 밀 려서 끝내 변제를 받지 못하게 되는 일이 생길 수 있다.

속재산관리인이 선임되어 그만이 상속재산을 관리·처분할 수 있으며, 상속인은 상속채무에 대하여 고유재산으로써 책임을 지지 않도록 하고 있는바, 입법에 있어 참고할 만하다. 자세한 내용은 김형 석, "한정승인의 효과로서 발생하는 재산분리의 의미", 가족법연구 제22권 3호(2008) 참조.

[1] 상속채권자임에 의문이 있는 경우나 그 채권의 종류, 액수 등 채권의 내용이 불분명하여 진정한 상속채권자인지 불확실한 경우에는 개별적으로 신고를 최고하지 않았더라도 한정상속인이 책임을 질 일은 없을 것이다.

6) 상속채권자에 대한 개별적 신고의 최고는 채무 승인에 해당하여 그에 따른 시효중단의 효력이 있다고 볼 것이다. 그러나 공고에 의해서는 채무 승인의 효력이 없음은 당연하고, 상속채권자 등이 그 채권을 신고하는 것은 단순히 이행을 최고하는 효력만이 있다고 할 것이다.

(나) **상속재산의 환가**

1) 청산절차에서 한정승인자가 변제를 하기 위하여 상속재산의 전부나 일부를 매각할 필요가 있을 때는 민사집행법에 따라 경매하여야 한다(제1037조). 이 경우 상속인은 법원에 '청산을 위한 경매신청'을 하면 된다(민집 제274조 ①항). 이는 유치권에 의한 경매와 같은 성질의 것으로서, 이른바 형식적 의미의 경매라고 한다.[1] 그 취지는 파산관재인의 경매(채무자회생법 제496조 참조) 등과 같이 환가의 공정을 위한 것이라고 할 수 있다.

법원이 상속재산을 경매하려면 그 재산이 해당 상속인의 소유임을 형식상 확인할 수 있어야 하고, 매수인 앞으로의 이전이 필요하므로 이 경우에도 경매를 위해서는 부동산이나 선박, 자동차 등은 미리 상속인 앞으로 소유권이전등기나 등록을 하여야 할 것이다. 그리고 집행법원은 다른 경우와 마찬가지로 경매개시결정을 하여야 하는데, 형식적 경매에서는 실체법상 경매신청권이 부여되는 것일 뿐 채권자를 위한 강제집행절차가 아니어서 상속인의 처분행위나 제3자의 권리취득을 제한할 이유가 없는 만큼 압류를 할 필요가 없고, 설사 압류를 하였더라도 압류에 따른 처분금지적 효력은 없다고 할 것이다. 이에 대해서는 반대의 견해가 있다.

한편 반대의 견해가 있지만, 청산을 위한 형식적 경매 역시 해당 목적물을 환가하여 그로부터 변제를 받을 수 있는 모든 채권자에게 일괄하여 변제할 것을 목적으로 하므로 소멸주의가 타당하다.[2] 따라서 집행법원이 따로 매각조건을 정하

---

1 민법 제1037조는 상속재산의 전부나 일부를 '매각'할 필요가 있는 때에는 민사집행법에 의하여 '경매'하여야 한다고만 규정하고 있는바, 이에 따라 민사집행법 제3편에 의해 부동산과 선박, 자동차, 유체동산에 대해서는 경매신청을 하여야 함이 분명하다. 그러나 채권이나 이에 유사한 기타 재산권에 대한 강제집행은 본래 민사집행법상 경매의 방법에 의하지 않는 것이고, 이를 강제집행의 방법에 의해 추심명령이나 전부명령, 양도명령 등의 방법으로 환가하기는 부적절하다. 따라서 이들 재산권은 한정상속인이 스스로 추심하거나 사설 감정인 등의 감정을 거치는 등 적정한 방법으로 환가하여도 무방하므로 이들 재산권은 '경매'의 대상이 아니라고 해석함이 타당하다.

2 대법원은 유치권에 의한 경매에 관하여, 민사집행법에서 경매의 대부분을 차지하는 강제경매와 담보권 실행을 위한 경매에서 소멸주의를 원칙으로 하고 있을 뿐만 아니라, 이를 전제로 하여 배당요구의 종기결정이나 채권신고의 최고, 배당요구, 배당절차 등에 관하여 상세히 규정하고 있는 점, 인수주의를 원칙으로 진행하면 매수인의 법적 지위가 매우 불안정한 상태에 놓이게 되는 점 등을 고려하면, 유치권에 의한 경매도 강제경매나 담보권 실행을 위한 경매와 마찬가지로 목적부동산 위의

지 않은 이상, 해당 목적물상의 담보물권 및 선순위 저당권에 뒤지는 용익물권 등도 매각의 결과 소멸되고 매수인은 그러한 부담이 없는 온전한 목적물을 취득한다고 할 것이다.

2) 상속재산에 대한 소유권이전등기청구권이나 인도청구권과 같은 특정물채권은 앞서 본 바와 같이 그 성질상 상속인의 고유재산에 의해서는 이행·변제될 수 없고 오로지 상속재산에 의해서만 이행·변제될 수 있으므로, 이러한 상속재산은 청산을 위한 목적으로 환가하거나 경매를 신청해서는 안 될 것이다. 그러나 그 상속채권자가 사전에 가처분을 하지 않은 경우 상속인의 환가·처분을 막을 수 없는 바, 이는 그 채권자의 손해로 돌아가게 될 것이다.

3) 위 경매는 임의적인 것이 아니라 의무적인 것이라고 할 것이나, 한정상속인이 이에 위반하여 경매에 의하지 않고 임의로 상속재산을 환가하더라도 그것이 무효가 되거나 상속채권자가 이의를 제기할 수는 없다고 할 것이고,[1] 다만 임의적 환가가 경매에 의한 환가보다 현저히 저렴하여 상속채권자가 손해를 입은 경우 그 배상을 청구할 수 있을 뿐이라고 해석된다.

4) 위와 같이 환가된 상속재산(금전)이 상속채권자와 수증자(수유자)를 위한 변제의 책임재산이 된다. 특별한정승인신고를 한 자가 그 신고 전에 이미 처분한 상속재산이 있는 경우 그 가액도 변제자산에 포함된다. 그러나 특별한정승인을 하기 전에 한정상속인이 상속채권자나 수유자에 대하여 변제한 가액은 이미 처분한 재산의 가액에서 제외한다(제1034조 ②항). 이는 상속채무 초과사실을 알지 못하고 있는 동안에 선의로 변제한 금액이기 때문이다. 이에 따라 그 변제를 받은 상속채권자나 수유자는 청산절차에 의하지 않고 그 채권을 회수하는 결과가 된다.

5) 한정상속인이 위와 같이 청산을 위하여 상속재산의 경매를 신청한 경우, 집행법원은 집행비용을 공제한 나머지 돈을 신청인인 한정상속인에게 전액 교부하여야 하고(집행비용은 상속재산의 부담이 되어 채권 변제를 위한 책임재산에서 당연히 제외된다),[2] 저당권과 같은 우선변제권이 없는 일반상속채권자는 아래와 같이 한정

부담을 소멸시키는 것을 법정매각조건으로 하여 실시되고, 다만 집행법원은 부동산 위의 이해관계를 살펴 위와 같은 법정매각조건과는 달리 매각조건 변경결정을 통하여 목적부동산 위의 부담을 소멸시키지 않고 매수인으로 하여금 인수하도록 정할 수 있다고 한다(대결 2011. 6. 15, 2010마1059).

1 한정승인자는 신고한 상속채권자와 수유자 전원의 승낙이 있는 경우 경매에 의하지 않고 이들에게 상속재산으로 대물변제를 하는 것이 허용되는지 논의가 있는바, 부정설도 있으나[박광천, "상속의 한정승인", 재판자료 제78집(1998)], 긍정하여도 무방하다고 생각된다.

2 한정상속인에 대한 환가액 교부는 배당표를 작성하고 배당기일을 열어서 하여도 좋고 다른 방법

상속인으로부터 배당·변제를 받아야 하며 집행법원에 배당을 요구할 수 없다.[1] 형식적 경매는 채권자들에 대한 변제를 위한 강제집행절차가 아니라 오로지 환가를 위한 것이기 때문이다.[2]

그러나 저당권과 같은 우선변제권이 있는 상속채권자에 대해서는 이들의 배당요구가 없더라도 집행법원이 직접 이들에 대해 배당을 실시하고, 나머지가 있으면 이를 한정승인자에게 교부하여도 무방하다고 할 것이다. 우선변제권이 있는 자로서 배당요구를 한 자도 마찬가지다. 어차피 이들은 민법 제1034조 ①항 단서와 제1039조 단서가 규정하는 바와 같이 청산절차에서도 우선변제권이 있기 때문이다.

⒟ **공고기간 만료 전의 변제거절권**

1) 한정승인자는 위와 같이 2개월 이상으로 정한 공고기간 만료 전에는 상속채권의 변제를 거절할 수 있다(제1033조). 공고기간 만료 전까지는 상속채권의 신고가 가능하고, 이들 모두에 대해서 각 채권액의 비율에 따라 평등하게 배당·변제하여야 하기 때문이다(채권자 평등의 원칙).

2) 한정승인자가 공고기간 만료 전이라는 이유로 상속채권의 변제를 거절하더라도 이행지체의 책임까지 면한다고 볼 수는 없으므로, 이미 이행기가 도래한 경우 그에 따른 이행지체책임으로서 지연손해금지급의무를 면할 수는 없다고 할 것이다.

3) 한정승인자가 공고기간 만료 전에 다른 채권자에게 변제를 하더라도 그 변제는 유효하나, 이로 인해 다른 채권자에게 손해를 입힌 경우 손해배상책임을 지며, 이를 알면서도 부당하게 변제 받은 상속채권자는 손해를 입은 자에게 구상의무를 진다(제1038조 ②항).

⒠ **변제순서**

1) 한정승인을 한 상속인은 신고한 채권자와 자신이 알고 있는 채권자에게 그 각 채권액의 비율로 배당·변제하여야 한다(제1034조 ②항). 이를 위해 한정상속인은 배당표 등을 만들어야 할 필요가 있을 것이다.

2) 특정물채권이라도 청산절차 실시 당시 이미 금전채권으로 변환된 때에는 당연히 금전채권으로 취급되어야 한다. 다만, 유증 받은 자는 상속채권자에 우선하지 못한다는 민법 규정을 감안하면, 금전이 아닌 특정물을 유증 받은 자라도 변환

에 의하여도 무방하다.

1 대판 2013. 9. 12, 2012다33709.
2 반면 유치권에 의한 경매에서는 우선채권자뿐만 아니라 일반채권자의 배당요구도 허용된다(대판 2011. 6. 15, 2010마1059).

된 금전채권에 관하여 일반상속채권자와 같은 순위로 배당·변제를 받을 수는 없다고 해석하여야 할 것이다.

3) 우선변제권이 있는 채권자(질권자·저당권자·전세권자, 주택이나 상가건물의 임차인, 임금채권자 등)는 위 규정에 의하지 않고 우선변제를 받는다(제1034조 ①항 단서).[1] 우선변제권 있는 상속채권자가 채권의 전액을 우선변제 받지 못한 경우 그 잔액에 관하여는 위 배당·변제에 참가할 수 있다.

4) 특별한정승인자가 한정승인신고 전에 상속채권자나 수유자에게 변제한 경우 그 채권자와 수유자는 다시 변제 받을 수 없음은 물론이다. 먼저 변제를 받은 이들은 다른 상속채권자 등에 비해 평등배당의 원칙에 반하여 이익을 얻을 수 있음은 앞서 본 바와 같다.

5) 한정승인자는 변제기에 이르지 아니한 채권에 대하여도 청산절차에서 변제하여야 한다(제1035조 ①항). 조건부채권이나 존속기간이 불확실한 채권은 법원에서 선임한 감정인의 평가에 따라 그 가액을 산출한 다음 이를 배당·변제하여야 한다(제1035조 ②항).[2] 즉 이 경우 한정승인자는 변제기가 도래하지 않았다거나 조건이 성취되지 않았다는 등의 이유로 변제를 거부할 수 없고, 그 채권자 역시 미리 변제 받는 것을 거부할 수 없다는 뜻이다. 민법이 이와 같은 채권도 미리 변제토록 한 것은 한정승인에 따른 법률관계를 조속히 종결하기 위한 것이다.

그렇다고 하여 이 경우 조건이 성취된 것으로 의제되는 것이 아님은 물론이다. 다만, 이행기 미도래의 채권은 의무적으로 변제하여야 하므로 그로써 한정승인자가 일종의 기한의 이익을 포기한 것으로 보아야 할 것이다. 따라서 채권자는 변제 수령일부터 당초의 변제기까지의 중간이자를 공제하지 아니한 채권 전액에 관하여 변제를 받을 수 있다고 봄이 타당하다(제153조 ②항 단서 참조).

6) 위와 같이 상속채권자에 대한 변제 후 잔여재산이 있을 때에야 비로소 수유자에게 변제할 수 있다(제1036조). 거액의 채무를 부담하고 있는 피상속인이 그

---

[1] 우선변제권이 있는 채권자는 민법 제1036조, 1040조에도 불구하고 우선한다.

[2] 감정인의 선임은 라류 가사비송사건으로서(가사소송법 제 2 조 ①항 2호 가 33), 감정인 선임을 청구할 수 있는 자는 원칙적으로 한정승인자이다. 한정승인자는 상속개시지 관할 가정법원에 감정인 선임을 청구하고 법원은 재량으로 감정인을 선임하며, 청구를 인용한 심판에 대하여는 불복할 수 없다(가사소송법 제43조 ①항, 동 규칙 제27조). 감정인은 법원이 선임하지만 선임한 감정인에게 감정을 의뢰하고 그 감정결과를 보고받는 자는 감정을 의뢰한 한정승인자이지 가정법원이 아니다. 감정인선임심판에 소요된 절차비용과 감정인의 감정에 소요된 비용은 모두 상속재산의 부담으로 된다(가소규 제82조).

래도 누군가에게 유증을 한 때는 상속채권자를 우선 고려하고 나서 나중에 그 뜻
을 받들어서 수유자에게도 배당하는 것이 타당하고, 채무가 많은 상태에서의 유증
은 상속채권자를 사해(詐害)할 우려가 있기 때문이다. 수유자가 여러 사람일 경우
에 피상속인이 특정인에 대한 우선권을 정한 때는 그에 따라 그들 상호관계에서는
우선권을 주어도 무방하다고 생각된다.

7) 위와 같이 변제를 하고도 다시 잔여재산이 있을 경우, 신고도 하지 아니하
고 한정승인자도 그 존재를 알지 못하였던 상속채권자와 수유자에게 변제한다(제
1039조).[1] 그러나 저당권자 등 우선변제권자는 이에 불구하고 우선적으로 변제를
받는다(제1039조 단서). 잔여재산이 없다는 사실은 책임을 면하려는 한정승인자가
주장, 입증하여야 할 것이다. 그러고도 남은 것이 있으면 이는 한정승인자를 포함
한 상속인들에게 귀속된다.

㈐ 상속채권자의 권리행사

1) 한정승인은 상속인의 책임을 상속재산에 한정하여 한정승인자의 고유재산
에 대한 상속채권자의 책임 추궁을 막는 것일 뿐이고, 그 외에는 상속채권자의 권
리에 영향을 미칠 수 없다. 따라서 상속채권자는 한정승인자에게 변제를 청구하거
나 이행의 소를 제기하거나 가압류 등의 보전처분을 할 권리를 제한당하지 않는
다.[2] 이는 한정승인자에 의해 위와 같이 청산절차가 개시된 이후에도 마찬가지다.
다만 한정승인자는 고유재산에 의해서는 책임을 지지 않고, 청산절차에 들어간 경
우 그 절차 내에서는 청산공고에서 정한 기간 만료 전까지 잠정적으로 상속재산에
의한 변제를 거절할 수 있을 뿐이다.

2) 한정승인이 있더라도 집행권원을 가진 상속채권자는 한정승인자의 청산절
차에 참여하지 않고 상속재산에 대하여 유효하게 강제집행을 할 수 있다.[3] 그 상

---

[1] 신고기간 내에 신고하지 아니한 상속채권자로서 우선변제권이 없는 채권자가 권리를 행사하려면
신고기간 만료 후부터 잔여재산이 혼동에 의하여 한정상속인의 고유재산으로 되어 식별할 수 없
게 되거나 한정승인자가 처분을 할 때까지 이를 신고하거나 한정상속인이 그러한 상속채권자 등
이 있음을 알아야 하고, 그 이후에 신고하거나 한정상속인이 알게 된 때는 그 책임이 없다는 견해
가 있으나, 이는 아무런 법적 근거가 없고 한정승인제도의 취지에도 반한다고 할 것이다.
[2] 대판 2010. 6. 24, 2010다14599 참조. 이를 제한하는 법령 규정이 없고, 이론상으로 보아도 그러하
다. 한정승인의 본령은 상속채무에 대하여 상속인이 고유재산에 의한 책임을 지지 않는다는 데에
있기 때문이다. 한정승인에 의한 청산절차가 배타적이라거나 그 절차 진행 중에는 상속재산에 대
한 상속채권자의 권리행사를 금지하는 법률 규정이 없다. 실무상으로도 청산절차보다는 상속채권
자 스스로의 권리행사에 의한 채권 회수가 대부분이다.
[3] 대판 2010. 3. 18, 2007다77781; 2016. 5. 24, 2015다250574 참조.

속채권자가 이미 청산절차에서 채권신고를 하였더라도 상관없다. 상속채권자가 위와 같이 스스로 강제집행을 개시한 경우 그는 해당 강제집행절차에서 채권을 배당·변제 받아 회수하게 된다.

그리고 이 경우 강제집행 일반의 예에 따라 다른 채권자들도 배당요구를 하는 등으로 배당절차에 참가할 수 있다. 이때 상속채권자 중 집행권원을 갖지 못하거나 가압류 등을 하지 않아 배당에 참여할 수 없거나 스스로 배당절차에 참가하지 아니하여 당해 강제집행절차에서 배당·변제를 받는 기회를 상실하더라도 이는 어쩔 수 없다. 강제집행의 본래 법리상 이는 당연한 결과이기 때문이다.

이에 대하여, 한정승인자는 민법 제1032조 ①항의 기간 이내에는 변제를 거절할 수 있고, 청산절차에서 상속채권자는 평등하게 배당·변제를 받게 되므로 상속채권자는 강제집행을 할 수 없고, 한정승인자는 경매개시결정에 대한 이의나 집행에 대한 이의로써 다툴 수 있다는 견해가 있으나, 민법 제1033조의 변제거절권은 한정승인자에 의한 청산절차를 전제로, 채권신고가 만료되기 전 특정 채권자에 대한 변제로 인해 늦게 신고한 다른 상속채권자에게 손해를 주지 않도록 하려는 것이고, 청산절차 외의 절차를 통한 채권 회수를 금지하는 규정이 없으므로 동의하기 어렵다.[1] 즉 청산절차에서는 일반상속채권자들 간에 평등의 원칙이 적용되나, 강제집행절차에서는 반드시 그렇지 않게 되는 것이다. 한정승인이 있다고 하여 상속재산에 대한 파산의 경우와 같이 채권자들이 모두 청산절차에 편입되어 그 절차에서만 채권을 회수하게 된다거나 그들 사이에 절대적 평등의 원칙이 강제되어야 할 이유가 없기 때문이다. 한정승인이 있다고 하여 항상 소극재산이 적극재산을 초과한다고 할 수도 없음은 물론이다. 따라서 상속채권자 일부가 다른 상속채권자의 개별적 강제집행을 막고 절대적 평등에 의한 변제를 받으려면 상속재산에 대하여 파산을 신청하는 수밖에는 없다.[2]

같은 이유에서, 청산절차상의 공고기간 만료 전이라도 상속채권자의 강제집행이 금지될 이유가 없다. 이 경우 잠정적인 금지나 정지를 긍정하는 견해가 있으

---

1 상속채권자가 스스로 강제집행을 하여 배당·변제를 받은 경우, 그는 자신의 권리에 의하여 집행을 하고 변제를 받은 것이므로 한정승인자나 다른 상속채권자가 그에게 부당이득을 이유로 변제금의 반환을 구할 수 없는 것 또한 당연하다.
2 상속재산에 대하여 파산원인이 있는 경우 '채무자 회생 및 파산에 관한 법률'은 상속채권자 등에게 파산신청권을 주는 한편 한정상속인이나 상속재산관리인 등에게는 그 신청의무를 부과하고 있다(동법 제299조).

나,¹ 그럴 이유를 찾을 수 없다.

이와 같이 한정승인자의 청산절차에 불구하고 상속채권자의 강제집행이 가능하므로 경우에 따라서는 양자가 경합하게 되는바, 한정승인자에 의한 형식적 경매절차 진행 중 당해 목적물에 대하여 강제경매 또는 담보권 실행을 위한 경매절차가 개시된 경우 집행법원은 형식적 경매절차를 정지하고 채권자 또는 담보권자를 위하여 후행 절차를 계속하여 진행하여야 하며, 강제경매 또는 담보권 실행을 위한 경매가 취소되면 형식적 경매절차를 계속하여 진행하여야 한다(민집 제274조 ②항·③항). 강제경매 또는 담보권 실행을 위한 경매절차가 먼저 이루어진 경우에도 이와 같다고 할 것이다.² 이상의 논의는 수유자에게도 모두 그대로 타당하다.

3) 상속재산의 저당권자, 근저당권자, 질권자와 같이 상속재산으로부터 우선변제를 받을 수 있는 자도 청산절차에 관계없이 임의경매 등의 강제집행절차를 신청할 수 있다.³ 이러한 권리자가 타인의 강제집행절차에서 배당을 받거나 스스로 배당요구를 할 수도 있음은 물론이다. 저당권자 등 외에 주택이나 상가의 임차인, 임금채권자, 당해세 조세채권자 등도 이에 포함된다. 민법 제1034조 ①항 단서와 제1039조 단서는 이와 같은 취지를 포함하는 것으로 해석할 것이다. 이 경우 다른 상속채권자들도 배당요구를 하는 등으로 배당절차에 참가할 수 있다.⁴

---

1 이와 관련하여 일본의 하급심 판례 중에는 이 경우 한정승인자가 한정승인 사실과 공고기간이 만료하지 않은 사실을 증명하는 서류를 제출하면 집행법원은 위 서류가 우리 민사집행법 제49조 4호 소정의 서류에 준하는 것으로 보아 공고기간 만료일까지 집행을 정지하여야 한다고 판시한 예가 있으나(동경지방재판소 평성 3. 6. 28. 판결, 판례시보 1414; 오사카고등재판소 소화 60. 1. 31. 판결, 판례시보 1155), 강제집행을 한다고 하여 곧바로 그 집행채권자에게 변제(배당)가 이루어지는 것도 아니고, 상속채권자 스스로 강제집행을 하는 경우 그는 집행법원의 배당절차를 통해 배당·변제를 받게 되는 것이지 청산절차에서 한정승인자로부터 변제를 받는 것이 아니어서 한정승인에 따른 청산절차가 적용되지 않으므로 수긍하기 어렵다. 다른 이유로 그 강제집행을 정지하는 것은 별개의 문제다.
2 따라서 이미 강제경매 또는 담보권 실행을 위한 경매절차가 개시된 경우 한정승인자는 형식적 경매를 신청할 필요 없이 선행 강제집행절차 등에 의해 청산이 이루어지도록 하고(채권의 압류와 추심·전부명령 등 경매 이외의 강제집행절차가 진행 중인 때에도 이와 같다고 할 것이다), 강제경매나 담보권 실행 등 상속채권자에 의한 강제집행의 대상이 아닌 상속재산에 대해서만 환가와 배당·변제를 진행함이 바람직하다. 그러나 이와 같이 하더라도 상속채권자가 강제집행을 통해 회수한 채권의 내역을 파악하는 것이 어려운 등 문제가 발생할 소지가 다분하므로 차라리 청산절차를 개시하지 않거나 이를 중지하고 강제집행절차에 맡기는 것이 옳다. 이런 면에서 보더라도 민법이 한정승인자로 하여금 스스로 일정 기간 내에 청산절차를 취하도록 한 것은 매우 부적절하다.
3 대결 2009. 10. 5, 2009마1302; 대판 2010. 6. 24, 2010다14599 참조.
4 대판 2010. 6. 24, 2010다14599; 그러나 한정승인자를 포함한 공동상속인들은 상속채무를 상속·승계한 자로서 채무자에 해당하므로, 설사 이들이 공유자의 지위에 있더라도 민사집행법 제121조 2호에 의해 이들은 매각허가를 받을 수 없다(대결 2009. 10. 5, 2009마1302).

위와 같이 우선변제를 받을 수 있는 상속채권자는 청산절차에 의한 경매절차에서도 당연히 우선변제를 받거나 스스로 배당요구를 하여 우선변제를 받을 수 있다.

4) 위와 같이 한정승인자는 한정승인에 불구하고 상속재산에 관하여 타인 앞으로 저당권 등의 담보권을 설정할 수 있는바, 이 경우 그 저당권자는 일반상속채권자에 우선하며, 그 저당권자에 앞선 저당권자 등 복수의 저당권자 상호 간에는 등기순위에 의해 순위가 결정된다.[1]

5) 또, 한정승인 후라도 상속채권자는 피상속인에 대한 자신의 채권으로 피상속인에 대한 자신의 채무를 상계할 수 있다고 할 것이다.[2] 상속채권자의 강제집행이나 담보권 행사가 허용되는 이상 상계권 행사만이 금지될 이유가 없고, 한정승인으로 인해 상속채권자 상호 간에 무조건적·절대적 평등의 원칙이 강제되어야 할 이유도 없기 때문이다.

㈒ 특정물채권자 등의 권리행사

1) 한정승인의 효과는 해당 상속인의 책임이 상속재산의 범위로 한정될 뿐이고, 그 상속채무 자체가 축소되거나 성질이 변하는 것은 아니다. 그러므로 피상속인이 부동산을 매도하고 매수인에게 그 이전등기를 넘겨주지 아니한 채 사망하였는데 그 상속인이 한정승인을 한 경우, 그 상속인은 매도인인 피상속인의 지위를 상속·승계하므로 매수인에 대하여 소유권이전등기의무를 부담하고 그 등기의무가 소멸되지 아니한다.[3] 특정물채권과 같은 채권은 그 성질상 상속인의 고유재산에 의하여 이행·변제될 수 없고, 한정승인에 의하여 특정물채권이 금전채권으로 변하는 것은 아니어서 처음부터 상속인의 고유재산에 의한 이행·변제를 전제로 한 상속인의 고유재산으로의 책임 확장이나 상속인 보호가 문제될 여지가 없기 때문이다.

---

1 대판 2010. 3. 18, 2007다77781.
2 '채무자회생법'도 파산채권자가 파산선고 당시 채무자에게 채무를 부담하는 경우 원칙적으로 파산절차에 의하지 않고 상계하는 것을 허용한다(동법 제416, 422조).
3 대법원은 소유권이전등기의무의 대상물을 특정 상속인이 협의분할에 의하여 취득한 경우 "피상속인이 타인에게 그 소유 부동산에 관하여 매매 또는 대물변제약정을 원인으로 한 소유권이전등기의무가 있었던 경우, 그 부동산의 상속인은 피상속인의 매수인에 대한 소유권이전등기의무를 단독으로 승계한다"(대판 1993. 7. 13, 92다17501)고 하여 특정물채무의 상속에 관하여 특이한 법리를 제시하고 있다. 한편, 피상속인 생존 시에 부동산을 증여받아 소유권이전등기를 필한 자는 피상속인이 사망하여 그 상속인이 되었더라도 이미 소유권이전등기가 된 위 재산에 관하여 피상속인이 부담하고 있던 법률상 의무를 부담하지는 않는다(대판 1971. 6. 22, 71다817 판결).

이는, 수유자가 부동산의 소유권을 증여 받은 경우와 같이 특정물을 유증 받은 경우,[1] 상속채무의 내용이 물건의 인도의무, 등기 말소의무, 주택 등의 임대인으로서 사용·수익을 제공할 의무,[2] 작위나 부작위의무 등인 경우에도 마찬가지라고 할 것이다.

2) 상속채권자가 피상속인에 대하여 부동산 소유권이전등기청구권과 같은 특정물채권을 가진 경우 금전채권을 가진 상속채권자와 그 채권이 경합하지 않으므로 이들은 한정승인자를 포함한 상속인들에게 각각 자신의 채권에 대한 이행을 독립적으로 청구할 수 있다. 상속재산에 대한 가처분도 유효하게 할 수 있음은 물론이다. 다만, 소유권이전등기청구권자라도 그것이 매매 등 채권적 원인에 기한 것이고 금전채권자인 다른 상속채권자가 가압류를 먼저 한 때는 가압류의 처분금지적 효력 때문에 가압류권자에게 대항할 수 없다.[3]

3) 같은 이유에서, 특정물채권자가 한정승인자를 상대로 그 이행을 청구한 경우 한정승인자는 한정승인으로써 대항할 수 없다고 할 것이다. 다른 금전채권자 등의 상속채권자도 이에 대해서 이의를 제기할 수 없다. 상속채권자 상호 간에는 평등의 원칙이 적용되기는 하나, 구체적 실현에 있어서는 사실상 선집행자 우선의 원칙이 적용되기 때문이다.

그러므로 부동산 매수인인 상속채권자가 소유권이전등기청구의 소를 제기하였는데 상속인이 한정승인 항변을 한 경우에도 법원은 '상속재산의 한도에서'라는 제한 없이 무조건적으로 상속인에게 소유권이전등기절차의 이행을 명하여야 한다.[4] 다른 상속채권자나 수유자가 이를 차단하기 위해서는 상속재산에 대하여 파산신청을 하는 수밖에 없다.

4) 이와 달리, 이들 채권 역시 조건부 채권이나 존속기간 불확정의 채권에 준

---

1 이 경우 수유자는 민법 제1036조에 불구하고 상속채권자에 우선하여 그 채권을 이행·변제 받을 수도 있게 된다.

2 임차인은 임대인의 상속인에게 임차권을 주장할 수 있다(대판 1966. 9. 20, 66다1238). 일본 최고재판소 1970. 5. 22, 소화 45년(才)64호 판결도 같다. 학설은 공동임대인의 의무를 불가분채무로 본다.

3 가압류, 가처분명령의 기입등기가 이루어져 그 집행이 된 이후에는 가압류·가처분채무자는 그 채권자에 대한 관계에서 당해 부동산에 관하여 처분권을 상실하므로 그 이후에 권리를 취득한 제 3 자는 채권자에게 대항할 수 없게 됨은 물론이지만, 그 이전에 매매 등 권리 취득의 원인행위를 하였더라도 가압류 등의 등기 이후에야 그 권리 취득의 등기를 하는 경우에는 이로써 가압류채권자 등에게 대항할 수 없다(대판 1961. 6. 15, 4293민상74; 1982. 10. 12, 82다129). 자세한 논의는 양경승, "보전명령의 집행과 제 3 자에 대한 효력", 사법논집 제27집(1996) 참조.

4 동지: 인천지방법원 2013. 7. 11, 2010가단125290(항소심에서 화해권고로 확정).

하여 감정인의 평가를 거쳐 금전으로 평가한 다음 변제하거나, 채무이행에 갈음하는 손해배상채권으로 전환된 것으로 간주하여 다른 상속채권자들과 함께 금전으로 배당·변제하여야 한다는 견해가 있으나, 이는 한정승인과 상속재산의 파산을 구별하지 않은 것으로서 수긍하기 어렵다.

즉 이에 대해서는 ① 금전채권과 마찬가지로 '상속재산의 한도에서'라는 제한을 붙여 소유권이전등기절차의 이행을 명하여야 한다는 견해, ② 특정물채권 역시 전부 금전채권으로 전환시켜 안분변제를 하여야 하므로 청구를 기각하여야 한다는 견해, ③ 특정물채권의 이행청구를 무조건 기각할 것이 아니라 상속채무 전부를 만족시키지 못하는 경우에만 기각하여야 한다는 견해가 있다. 위 ①설을 취한 판례로는 광주지방법원 목포지원 2013. 6. 26. 선고 2011가단17104 판결이 있고, 위 ②설을 취한 판례로는 울산지방법원 2006. 10. 20. 선고 2005가단4818 판결(항소심에서도 그대로 인용되고 대법원에서 확정)이 있으며, 위 ③설을 취한 판례로는 일본 대심원 1934. 1. 30, 소화 8 年(オ)2593 판결; 대심원 1939. 12. 21, 소화13년(オ)2385 판결이 있다.[1]

그런데 위 ①설은 실제로는 무조건적으로 소유권이전등기절차 이행을 명하는 것과 같다. 어차피 이는 상속인의 고유재산에 의해서는 이행·변제가 불가능하기 때문이다. 위 ③설을 취한 일본 대심원 판결은 그 이유로, 상속채권자는 자신의 권리에 관하여 등기를 하지 않으면 제 3 자에게 물권변동을 대항할 수 없으므로 그 부동산은 다른 상속채권자에 대한 관계에서 상속재산에 속한다거나, 이러한 청구권자는 다른 상속채권자에 대한 관계에서 대등한 채권자에 불과하여 우선적으로 이전등기를 구할 수 없다거나, 한정승인이 있는 때에는 상속채권자와 수유자는 상속 당시의 상속재산에 대해서만 변제를 받을 수 있을 뿐이므로, 상속재산 중 어떤 것에 대하여 상속개시 전에 이미 채권이 발생하였더라도 상속개시 당시 아직 대항요건을 구비하지 않았다면 설사 후일에 대항요건을 구비하더라도 다른 상속채권자와 수유자에게 그 권리의 득실로써 대항할 수 없고, 따라서 위 채권에 대해서는 우선권을 인정하기 어려우며 다른 일반 채권과 함께 채권액의 비율에 따라 상속재산에서 변제받을 수밖에 없다는 것을 들고 있다.

---

1 소화13년(オ)2385 판결은 저당권부 금전채권자가 금전 지급과 저당권설정등기청구의 소를 제기한 경우이다. 원심은 금전 지급청구는 상속재산의 한도에서 이행을 명하고, 저당권설정등기청구는 무조건으로 이행을 명하였으나 대심원은 원심판결을 파기하였다.

일본 민법이 부동산 물권변동에 관하여 의사주의를 취하면서 등기를 대항요
건으로 하고 있어서 문제가 생긴다. 상속인을 상대로 등기청구를 하는 데 있어서
까지 대항요건이 문제될 여지는 없다. 등기의 대항요건주의와 상속재산의 파산 법
리를 청산절차나 등기청구 소송에까지 무리하게 끌어들인 잘못된 결론이라고 하지
않을 수 없다.[1]

5) 따라서 민법에는 규정이 없지만, 민법 제1034조가 적용되어 채권액 비율에
의한 배당·변제의 대상이 되는 상속채권자의 채권은 금전채권에 한하고, 금전채권
이 아닌 특정물채권이나 작위, 부작위를 내용으로 하는 채권은 청산절차에 의하지
않고 별도로 이행·변제하여야 할 것이다.[2] 그러나 한정승인자가 특정물채권 등을
반드시 이행·변제하여야 하는 것은 아니고 채권 일반의 경우와 같이 그 이행·변
제 여부는 그의 자유이며, 불응 시 해당 채권자는 집행권원을 얻어 스스로 강제집
행을 하는 수밖에 없다.[3]

---

1 자세한 논의는 이주현, "한정승인과 특정물에 관한 채권", 사법논집 제63집(2017)을 참조. 한편,
'채무자 회생 및 파산에 관한 법률' 제66조는 부동산이나 선박에 관하여 회생절차개시 전에 생긴
등기원인으로 회생절차개시 후에 한 등기 및 가등기는 회생절차와의 관계에 있어서는 그 효력을
주장하지 못하며(다만, 등기권리자가 회생절차개시의 사실을 알지 못하고 한 본등기는 그러하지
아니하다), 이는 권리의 설정·이전 또는 변경에 관한 등록 또는 가등록에 관하여 준용한다고 규
정하고 있는 반면 파산의 경우에는 이런 규정이 없는바, 파산의 경우에는 위 법률 제329조(파산선
고를 받은 채무자가 파산선고 후 파산재단에 속하는 재산에 관하여 한 법률행위는 파산채권자에
게 대항할 수 없다)와 제330조(파산선고 후에 파산재단에 속하는 재산에 관하여 채무자의 법률행
위에 의하지 아니하고 권리를 취득한 경우에도 그 취득은 파산채권자에게 대항할 수 없다)에 의
하여 그 효력이 부정된다.
2 동지: 이주현, "한정승인과 특정물에 관한 채권", 사법논집 제63집(2017).
3 따라서 한정상속인이 소유권이전등기의무의 목적물인 부동산에 관하여 채권자에게 이전등기를 하
지 않고 이를 임의로 처분한 경우, 그 채권자의 가처분이 없었던 이상 처분행위(매매 등)는 유효
하고 환가금은 상속채권자 일반에 대한 청산자금으로 사용되게 된다. 이때 그 소유권이전등기채
권자의 등기청구권은 이행불능으로 인해 손해배상채권으로 전환되었으므로 그 역시 청산절차에
참여할 수 있다.
  한편, '채무자 회생 및 파산에 관한 법률' 제426조는 채권의 목적이 금전이 아니거나 그 액이 불확
정한 때 또는 외국의 통화로 정하여진 때, 정기금채권의 금액 또는 존속기간이 확정되지 아니한
때에는 파산선고시의 평가액을 파산채권액으로 한다고 규정하므로 상속재산에 대한 파산절차에서
는 특정물채권도 금전으로 평가하여 배당하게 될 것이나, 이는 파산절차에서는 환취권이나 별제
권을 갖지 않는 모든 파산채권자를 평등하게 취급하는 데 따른 것이다. 한편, 동법은 쌍무계약에
관하여 채무자 및 그 상대방이 모두 파산선고 당시 아직 이행을 완료하지 아니한 때에는 파산관
재인은 계약을 해제 또는 해지하거나 채무자의 채무를 이행하고 상대방의 채무이행을 청구할 수
있다(제335조 ①항), 제335조 ①항의 규정에 의하여 파산관재인이 채무를 이행하는 경우에 상대
방이 가지는 청구권은 재단채권으로 한다(제473조 7호)고 규정하고 있으므로 파산절차라고 하여
소유권이전등기청구권 등 특정물채권을 항상 금전으로 평가하여 배당하게 된다거나 다른 채권자
와 평등하게 안분배당하게 된다고 말할 수는 없다.

(3) 한정상속인의 손해배상의무

1) 한정 상속인이 청산절차를 위한 공고나 최고를 게을리 하는 등 법령의 절차를 위반하여 특정 상속채권자나 수유자에게 부당하게 변제하여 다른 채권자 등에게 손해를 입힌 경우 그는 손해를 배상하여야 한다(제1038조 ①항 전문). 상속채무 초과사실을 알지 못한 데 과실이 있는 한정승인자가 특정채권자에게 변제한 경우에도 마찬가지이다(동조항 후문).

여기서 그 책임의 법적 성질이 문제되는바, 한정 상속인의 고의 또는 과실을 책임요소로 하는 채무불이행책임이나 불법행위책임이라고 할 것이지 무과실의 법정책임으로 볼 것은 아니다.[1]

2) 한정 상속인의 위와 같은 잘못으로 피해를 입은 상속채권자나 수유자는 부당하게 변제받은 사람(한정승인 이전에 이미 상속채무 초과사실을 알고서도 부당하게 변제를 받은 자 포함)을 상대로 구상권을 행사할 수 있다(제1038조 ②항). 이 구상권은 부당이득반환청구권 또는 법정채권에 해당한다고 할 것이다.

3) 위 손해배상청구권과 구상권은 모두 '손해와 가해자를 안' 날로부터 3년 안에 행사하여야 하고 이를 놓치면 시효로 소멸한다. 또한, 손해가 발생한 날 또는 부당변제의 날로부터 10년이 지나면 제척기간의 경과로 인하여 소멸한다(제1038조 ③항·제766조 ②항).

(4) 상속재산 및 상속인의 파산과 한정승인

1) 앞서 본 바와 같이 '채무자회생법' 제299조는 상속재산에 대하여 상속채권자, 유증을 받은 자, 상속인, 상속재산관리인 및 유언집행자는 파산신청을 할 수 있고(①항), 상속재산관리인, 유언집행자 또는 한정승인이나 재산분리가 있는 경우의 상속인은 상속재산으로 상속채권자 및 유증을 받은 자에 대한 채무를 완제할 수 없는 것을 발견한 때에는 지체 없이 파산신청을 하여야 한다(②항).

파산선고 전에 채무자를 위하여 상속개시가 있는 경우, 파산채무자가 파산선고 후에 단순승인을 하더라도 파산재단에 대하여는 한정승인의 효력만을 가진다(위 법률 제385조).[2] 또한, 이 경우 파산채무자가 파산선고 후에 한 상속포기도 파

---

1 한정상속인은 공고나 최고, 변제 등에 있어 주의의무만 있을 뿐 상속채권자나 수유자에게 어떤 급부의무를 진 것은 아니므로 채무불이행책임보다는 고의 또는 과실로 주의의무에 위배하여 타인에게 위법하게 손해를 가한 때에 성립하는 불법행위책임이 더 타당하다고 생각된다.
2 이는 상속채무가 상속인의 파산재단에 섞여 파산채권자인 고유채권자가 손해를 입지 않도록 하기

산재단에 대하여는 한정승인의 효력을 가지나, 파산관재인은 이에 불구하고 상속
포기의 효력을 인정할 수 있다. 이 경우 파산관재인은 상속포기가 있은 것을 안 날
부터 3월 이내에 그 뜻을 파산법원에 신고하여야 한다(위 법률 제386조).

    2) 상속재산에 대하여 파산이 개시되면 상속재산과 상속인의 고유재산이 분리
될 뿐 아니라 파산법원의 감독하에 법률전문가인 파산관재인에 의하여 절차가 진
행되고, 상속채권자 등의 강제집행이 금지되며, 상속채권자들은 민법상의 한정승
인절차가 아닌 그 절차에서 평등하게 배당·변제를 받게 된다. 그러나 상속인의 채
권자는 그 파산재단에 대하여 파산채권자로서 그 권리를 행사할 수 없다(위 법률
제438조).

    상속재산에 대한 파산선고와 별도로 상속인도 파산선고를 받을 수 있다. 상속
재산에 대한 파산선고가 없는 상태에서 상속인만이 파산선고를 받은 경우에는 상
속재산의 분리가 있는 때에도 상속채권자 및 유증을 받은 자는 상속인이 한정승인
을 하지 않은 한 그 채권의 전액에 관하여 파산재단에 대하여 파산채권자로서 그
권리를 행사할 수 있다(위 법률 제434조 내지 제436조).[1]

    상속재산 및 상속인에 대하여 각각 파산선고가 있는 경우, 상속채권자 및 유
증을 받은 자는 그 채권의 전액에 관하여 각각의 파산재단에 대하여 파산채권자로
서 그 권리를 행사할 수 있다(위 법률 제435조).

    3) 상속재산에 대한 파산신청은 민법 제1045조에 의하여 상속재산의 분리를
청구할 수 있는 기간, 즉 상속개시일로부터 3월내에 한하여 할 수 있다. 이 경우
그 사이에 한정승인 또는 재산분리가 있은 때에는 상속채권자 및 유증을 받은 자
에 대한 변제가 아직 종료하지 아니한 동안에도 파산신청을 할 수 있다(위 법률 제
300조).[2] 채무자인 피상속인에 대하여 파산신청 또는 파산선고가 있은 후에 채무
자가 사망하여 상속이 개시된 때에는 파산절차는 상속재산에 대하여 속행되므로

위한 것이다. 이에 따라 상속채권자와 유증을 받은 자는 상속인의 고유재산에 대하여는 권리를 행
    사할 수 없다(위 법률 제436조).
1 상속인이 파산선고를 받은 후에 한정승인을 하거나 재산분리가 있는 때에는 상속재산 역시 파산
    재단에 속하므로(위 법률 제382조 참조) 그 상속재산의 처분도 파산관재인이 하여야 한다(위 법
    률 제503조). 한정승인 또는 재산분리가 있은 후에 상속인이 파산선고를 받은 때에도 또한 같다.
    파산관재인이 상속재산의 처분을 종료한 때에는 잔여재산에 대하여 파산재단의 재산목록 및 대차
    대조표를 보충하여야 한다(위 법률 제503조 ②항).
2 이 경우 한정승인이나 상속재산의 분리에 의하여 청산절차가 진행되어 이미 상속채권자와 수유자
    일부가 배당·변제를 받은 경우 그것이 소급하여 실효된다고 볼 수는 없고, 잔여재산과 잔여 상속
    채권자 및 수유자에 대한 부분만 파산절차로 이행한다고 새겨야 할 것이다.

(위 법률 제308조) 따로 파산신청을 할 필요가 없다.

4) 상속인·상속재산관리인 또는 유언집행자가 파산신청을 하는 때에는 파산의 원인인 사실을 소명하여야 하는바(위 법률 제299조 ③항), 그 파산원인은 상속재산으로 상속채권자 및 유증을 받은 자에 대한 채무를 완제할 수 없는 때이다(위 법률 제307조). 그러나 파산원인이 있다고 하여 당연히 파산절차가 개시되는 것은 아니고, 일정한 자의 신청이 있어야만 한다.

5) 상속재산에 대하여 파산선고가 있으면 상속인과 그 법정대리인 및 지배인을 구인하며(위 법률 제320조), 상속인과 그 대리인, 상속재산관리인 및 유언집행자는 파산관재인·감사위원 또는 채권자집회의 요청에 의하여 파산에 관하여 필요한 설명을 하여야 한다(위 법률 제321조). 사기파산 및 과태파산죄에 관하여는 상속인 및 그 법정대리인과 지배인에 관하여 적용한다(위 법률 제652조). 또한, 상속재산의 파산폐지신청은 상속인이 하며, 상속인이 복수인 경우 전원의 합의가 있어야 한다(위 법률 제539조 ②항).

따라서 상속재산에 대한 파산에 있어 파산채무자가 누구인지를 둘러싸고 상속인설, 피상속인설, 상속재산설, 절충설이 대립하나, 법령상으로는 상속인이 파산채무자로 취급된다고 할 수 있다. 물론 그렇더라도 뒤에서 보는 바와 같이 피상속인의 파산 전 행위에 대한 부인권 행사가 부정되는 것은 아니다.

6) 상속재산에 대하여 파산선고가 있는 때에는 이에 속하는 모든 재산을 파산재단으로 하고, 피상속인이 상속인에 대하여 가지는 권리와 상속인이 피상속인에 대하여 가지는 권리는 소멸하지 아니하며, 상속인은 한정승인을 한 것으로 본다. 다만, 민법 제1026조 3호에 의하여 상속인이 단순승인한 것으로 보는 때에는 그러하지 아니하다(위 법률 제389조). 상속재산에 대하여 파산선고가 있는 때에는 상속인은 그 피상속인에 대한 채권 및 피상속인의 채무소멸을 위하여 한 출연에 관하여 상속채권자와 동일한 권리를 가진다(위 법률 제437조).

상속인이 상속재산의 전부 또는 일부를 처분한 후 상속재산에 대하여 파산선고가 있는 때에는 상속인이 반대급부에 관하여 가지는 권리는 파산재단에 속한다. 이 경우 상속인이 이미 반대급부를 받은 때에는 이를 파산재단에 반환하여야 하고, 그 반대급부를 받은 때에 상속인이 파산의 원인인 사실 또는 파산신청이 있은 것을 알지 못한 때에는 그 이익이 현존하는 한도에서 반환하면 된다(위 법률 제390조).

7) 상속재산에 대한 파산선고와 한정승인, 상속재산의 분리는 별개의 제도이므

로 경합할 수 있다. 상속재산에 대한 파산선고는 한정승인 또는 재산분리에 영향을 미치지 아니하나, 파산취소 또는 파산폐지의 결정이 확정되거나 파산종결의 결정이 있을 때까지 한정승인 또는 재산분리의 절차를 중지한다(위 법률 제346조). 파산절차가 법원의 감독과 법률전문가에 의해 주재되어 보다 공정을 꾀할 수 있기 때문이다.

Ⅵ. 상속의 포기

1. 의　미

(1) 당연상속주의와 포기

상속이 개시되면 망인(피상속인)의 재산상 권리·의무는 모두 포괄적으로 상속인에게 승계된다(당연상속주의). 채무초과 상태의 피상속인이 사망한 경우는 그 채무가 모두 상속인에게 자동 승계된다. 이러한 상속채무를 면할 수 있는 유일한 길이 바로 상속포기이다.

(2) 개념과 그 법률적 성질

상속포기는 상속인이 모든 상속재산(상속의 이익과 불이익)의 승계를 전면적으로 부인하는 의사표시이다. 상속인은 그 자유의사로 자기를 위하여 개시된 상속의 효력을 포기·부인할 수 있다. 상속을 포기하면 상속개시 당시로 소급하여 상속은 전면적·확정적으로 소멸된다. 포기는 상속인이 처음부터 상속인이 아니었던 것과 같은 효력을 생기게 하는 상대방 없는 단독행위(單獨行爲)이다. 이처럼 상속포기는 상속의 효과를 전면적으로 거부하는 행위라 단순하여야 하므로 거기에 조건이나 기한을 붙일 수 없고 일부포기도 할 수 없다.

(3) 포기권자와 행위능력

㈎ 포기권자(상속인)

1) 포기권자는 상속순위에 해당하는 상속인이라야 한다. 상속포기 여부는 상속인 본인의 뜻에 달려 있으므로 상속포기는 상속인의 일신전속권이다. 모든 상속인이 채무를 면하려면 망인의 4촌 이내의 혈족에 해당하는 모든 상속인들이 상속포기를 하여야 한다.

2) 후순위 상속인　후순위 상속인은 선순위 상속인보다 먼저, 또는 동시에 상

속포기신고를 할 수 있다.[1] 상속자격의 중복이 생기는 경우(동생이 형의 양자로 입양된 경우)는 중복상속인이 1회 상속포기를 하면 그의 상속권은 동시에 종국적으로 소멸된다고 할 것이다.[2]

(나) 제한능력자의 상속포기

1) 제한능력자는 의사능력이 있더라도(법정대리인의 동의를 얻더라도) 단독으로 포기할 수 없다. 그 법정대리인이 포기신고를 대리하여야 한다.[3]

2) 공동상속인으로서 포기할 경우   제한능력자와 그 법정대리인을 포함한 공동상속인 전원이 함께 상속포기를 하는 경우는 특별대리인(제921조)을 선임할 필요는 없으나, 제한능력자만이 상속포기를 하는 경우는 특별대리인을 선임하여야 한다.[4]

(4) 상속포기와 착오

상속인이 '채무초과상태'로 잘못 알고 착오로 포기하였는데 그 후에 상속재산이 발견된 경우, 그 포기를 취소할 수 있는가?[5] 현행법상 상속포기가 법정방식에 위반된 경우는 무효가 될 것이고, 사기·강박·착오로 포기한 경우는 가정법원에 그 취소를 청구할 수 있음은 이미 보아온 바와 같다(제1024조 ②항·가소규 제76조). 상속포기는 사법상(私法上)·재산법상 법률행위이기 때문이다.

2. 상속포기의 방법

(1) 상속포기 신고

고려기간(상속개시를 안 날로부터 3개월) 내에 상속개시지의 가정법원에 포기신고

---

1 상속포기의 신고에 관한 예규(재특 2003-1)제정 2003. 9. 2. [재판예규 제907호, 시행 2003. 9. 15.] 제 3 조; 인천지결 2003. 4. 29,자 2003브1, 하집 2003-1, 94면.
2 甲斐 외 2, 207면.
3 대법원재판예규 제907호, 제 2 조 ①항.
4 위 예규 제907호, 제 2 조 ②항.
5 일본의 학설과 판례 : 상속포기에 법률행위의 착오에 관한 민법 제109조가 적용될 것인가? 적용되지 아니한다는 소극설(我妻·有泉[遠藤補訂], 新版民法3, 16면)과 재산효과를 동반하는 신분행위에는 적용된다(취소할 수 있다)는 적극설(遠藤 외, 民法注解財産法 I, 427면)이 대립하고 있다. 판례도 나누어져 있는데, 근래 이를 긍정하는 판례가 나왔다. "특정의 사람에게 상속재산을 승계시키기 위하여 상속포기를 한 경우, 그러한 동기가 상속포기절차에서 표시되고, 이를 접수한 법원은 물론이고, '위 상속포기의 결과 반사적 이익을 받을' 이해관계자도 이를 알 수 있는 객관적 상황이 나타나 있을 때는, 위 동기의 착오는 '법률행위의 내용의 중요부분의 착오'가 된다(일 동경고판 1988. 4. 25, 민집 41-1, 52면; 사법판례 Remarks1-136, 野村의 해설)." 그와 같은 동기가 완성되지 아니할 경우 포기자는 착오를 이유로 상속포기를 취소할 수 있다는 취지다(일 최판 1965. 5. 27; 서울가결 2007. 4. 25.자 2007브14).

를 하여야 한다(제1041조·가소 제36조·제44조 6호, 라류사건 32호). 고려기간의 기산점이 상속개시의 날이 아니고 '상속개시로 상속인이 된 사실을 안 날'임을 주의하여야 한다.

(카) **요식행위**   포기는 상대방 없는 단독행위이지만 반드시 신고로써 하여야 하는 요식행위(要式行爲)이다. 이 포기신고는 신고로 효력이 생기므로 '창설적 신고'이다. 그러나 가족등록부상 신고는 아님을 주의하여야 한다.

(나) **포기신고의 형식**   포기신고서에 신고인 또는 대리인이 일정사항을 기재하고 포기의 의사표시를 기재하고 기명날인(날인은 인감도장으로 할 것)한 후, 상속인마다 각자의 인감증명서를 첨부하여야 한다(재산목록은 불필요). 공동상속의 경우라도 각 상속인은 단독으로 자유롭게 포기할 수 있다. 외국에 거주하는 상속인은 상속포기신고서에 서명(signature) 또는 날인하고 그것이 본인의 것임을 증명하는 재외공관의 확인서나 또는 이에 관한 공정증서로 인감증명서에 대신할 수 있다.[1]

(2) 특정상속인을 위한 포기(소위 상대적 포기)가 가능한가?(소극)

공동상속인들(예컨대 4명의 형제자매) 중 1명(막내)이 특정상속인(둘째 형님)을 위하여 자신의 상속분을 포기할 수는 없다(제1043조). 상속분의 양도(제1011조)나, 상속재산의 협의분할(제1013조)로 그러한 효과를 꾀할 수 있고, 일단 상속포기를 하면 포기자의 상속분이 특정의 상속인에게 귀속되는 것은 아니기 때문이다(제1043조).[2]

(3) 상속개시 전의 포기(무효)

상속개시 전의 포기는 부적법하여 무효이다.[3] 상속개시(상속상태의 확정) 전에는 상속인의 이익이나 의사를 반영하려고 하는 포기제도의 취지를 살릴 수 없고, 단독상속을 하려고 상속 전에 일부 상속인에게 포기를 강요하는 일이 생길 수 있기 때문이다.

(4) 가정법원의 조치(포기심판)

상속포기심판사건은 이른바 라류 가사비송사건[4]이므로, 조정의 대상이 될 수

---

1 등기예규 2000. 4. 10. 개정, 제992호, 부동산등기규칙 제61조 ③항(외국인 및 재외국민의 국내부동산 처분 등에 따른 등기신청 절차), 대법원예규집 — 등기편 — (1998), 173-1 참조(외국인의 경우는 상속포기신청서를 작성하고 서명하되, '본인이 그 서명을 직접 하였다'는 취지의 본국 관공서의 증명이나 이에 관한 공정증서로 대신한다).

2 대결 2012. 4. 16, 2011스191, 192(여러 명의 상속인 중 1명이 나머지 상속인들의 상속포기로 단독상속하게 된 경우, 그 단독상속인은 포기자들로부터 상속지분을 유증이나 증여받은 것으로 볼 수 없다).

3 대판 1994. 10. 14, 94다8334; 1998. 7. 24, 98다9021.

4 이러한 포기수리심판의 성질에 관하여 일본에서는 재판설·비재판설이 대립하고 있으나[中川淳, 축조해설(중), 169면], 국내에서는 별로 논의되지 않고 있다. 일본의 판례는 한정승인 신고수리심판은 한

없다. 가정법원에서는 포기신고서를 접수하면 일반적인 요건을 심리하여 심판형식으로 재판한다. 신고가 정당하면 상속포기 심판서를 만들어서, 이를 송달하여 고지한다(가소규 제75조 ③항).[1] 포기를 수리(受理)하는 인용심판에 대하여는 불복할 수 없고,[2] 이를 각하 또는 기각하는 심판에 대하여는 신고인이 14일 안에 즉시항고를 할 수 있다(가소 제43조, 가소규 제27조).

3. 포기의 효과

(1) 포기의 소급효

상속을 포기한 때는 상속개시의 시점으로 소급하여 그 효력이 생긴다(제1042조). 포기한 사람은 상속개시의 당초 시점부터 상속인이 아니었던 것이 된다.[3] 포기심판이 내려진 후에는 포기를 취소(그 의미는 철회)할 수 없다(제1024조 ①항).

(가) **포기와 대습상속(소극)**   공동상속인 중 일부의 사람이 포기하면 그 포기자의 직계비속이 대습상속하는가?(소극) 대습상속의 원인으로는 "사망"과 "결격"이 있을 뿐이고, 포기는 명문의 규정이 없다. 사망과 결격의 경우는 상속개시 전에 이미 발생한 사유이고 그러한 자가 잠시라도 상속인이 된다는 것은 불가능하다. 그러나 포기의 경우는 상속개시 후 이미 현실화된 상속인의 지위를 그의 의사로 거부하는 것이므로(포기의 효과만 상속개시시로 소급할 뿐) 서로 다르다. 그러므로 포기자의 비속은 본위상속을 하는 것이지 대습상속은 할 수 없다고 해석된다.[4] 다시 말하면 상속포기는 대습상속의 원인이 될 수 없다. 만일 3인의 공동상속인 중 1인이 상속포기를 하면 그 포기자의 상속분은 나머지 2인의 상속인에게 귀속될 뿐이

정승인의 의사표시를 법원이 공증(公證)하는데 그치는 것이고 재판은 아니라고 한다(일 대판 1934. 1. 16, 집 13, 20; 경도지판 1959. 6. 16, 하집 10-6, 1267; 동경고판 1952. 11. 25, 집 5-12, 586면).

1 일 최판 1954. 12. 21(상속포기신고는 본인의 진의에 따른 것임을 인정한 다음 수리할 것이고, 신고서 그 자체로 그 취지를 인정할 수 있는 이상, 반드시 본인신문 등을 할 필요는 없다); 일본가사심판규칙 제114조(포기의 이유가 정당한지 여부까지는 심리의 대상이 아니다); 甲斐道太郞 외 2, 신민법개설(3)(有斐閣, 2002), 205면(포기가 단독상속의 수단으로 사용되고 있더라도, 포기신고를 각하할 수는 없다).

2 일 동경고결 1954. 5. 7, 집 7-3, 356면; 大阪高決 1963. 10. 1, 家月 15-11, 109면.

3 일민 제939조는 "상속의 포기를 한 자는 그 상속에 관하여는 처음부터 상속인이 아니었던 자로 본다"고 규정하고 있음에 비하여 우리나라 민법 제1042조는 "상속의 포기는 상속개시된 때에 소급하여 그 효력이 있다"고 규정하고 있다. "상속포기" 그 자체의 효과에 관한 규정 중 어느 쪽이 더욱 분명한지는 금방 알 수 있다. 대판 2006. 6. 29, 2004두3335(포기자는 망인의 양도소득세를 승계, 납부할 의무가 없다).

4 김 · 김, 776면; 대판 1995. 9. 26, 95다27769 등 다수설과 판례.

다(포기자의 비속에게 내려가지 않는다).

(나) 단독상속인 또는 공동상속인 전원이 상속포기를 한 경우

1) 이때는 상속개시 당시에 소급하여 포기자가 상속인자격을 상실하는 고로, 그 다음 순위의 상속인들이 상속인이 된다(제1000조·제1001조·제1003조). 차(次)순위 상속인의 상속은 대습상속이 아니라 본위상속이다.

2) 포기자 상속분의 귀속 문제는 생기지 아니한다. 예컨대 제 1, 2 순위 상속인인 망인의 처와 자녀, 직계존속이 모두 포기하면, 제 3 순위 상속인인 망인의 형제자매가 망인의 지위를 그대로 상속한다. 특정 상속인을 위하여 자기의 상속분을 포기하는 것은 인정되지 않는다. 상속분의 양도로 이 목적을 달성할 수 있다.[1]

3) **입 법 론**　공동상속인이나 후순위 상속인들의 불의의 손해를 막기 위하여 공동상속인 중 1인이 포기하는 경우는 미리 다른 공동상속인이나 후순위 상속인들과 협의하거나 그들에게 통지하여야 한다는 조항을 신설하는 입법을 하여야 할 것이다.

(2) 포기자의 상속분의 귀속

(가) 공동상속인 중 어느 상속인이 상속을 포기한 때에 그 포기자의 상속분('+', '−' 포함)은 포기자의 직계비속에게 내려가지 않고(대습상속되지 않고), '다른 상속인'의 상속분의 비율로 다른 상속인들에게 귀속된다(제1043조). 따라서 다른 상속인의 상속분이 증가한다. 이는 공유자 중 1명이 지분을 포기하거나 상속인 없이 사망한 경우 그 지분이 다른 공유자에게 각 지분의 비율로 귀속되는 것(제267조)과 같은 법리이다.[2]

(나) 여기서 '다른 상속인'이 누구인가? 혈족상속인 이외에 배우자가 포함되는가? 혈족상속인만을 의미한다는 소수설이 있으나,[3] 통설은 배우자를 포함시키고 있다.

예컨대, 홍길동이 1,000만 원(또는 채무 1,000만 원)을 남기고 사망. 상속인으로는 처와 아들 1명, 딸 1명이 있다. 그 중 아들이 상속을 포기하면 아들은 처음부터 상속인이 아닌 것이 된다. 결국 상속인으로 처와 딸만 남는다. 처와 딸의 상속비율은 1.5 : 1.0이고, 처는 3/5, 딸은 2/5를 상속. 아들의 포기분을 포함하여 전 상속재산 중 처는 600만 원 딸은 400만 원을 상속하게 된다. 채무 1,000만 원을 남긴 경우도 동일하다.

---

1 김·김, 778면.
2 대판 1974. 7. 26, 74다731(구민법 시행당시 상속포기는 불가능하나, 공동상속토지의 지분포기는 가능).
3 김용한, 390면; 한봉희, 267~68면; 참고 일민 제939조(1962. 개정) : 처는 그 자녀의 숫자에 관계 없이 항상 상속재산의 1/2을 취득하므로, 자녀 중 1명이 포기하면 그 포기분은 다른 자녀에게 돌아간다고 한다(我妻 외 2, 민법 제 7 판, 113면).

요컨대, 상속 포기자를 제외한 나머지 상속인(＝배우자와 자녀 등)의 상속분을 따지면 충분하다. 포기자를 제외하고 나머지 공동상속인들이 그들의 법정상속분에 따라 전체 상속재산(포기자의 포기분 포함)을 상속한다.[1]

(다) 망인이 채무를 남긴 경우(채무초과의 경우)에 상속포기제도가 이용되는 것이 보통이다. 채무를 초과한 적극재산을 남긴 경우 그 상속인들이 이를 포기하는 경우는 상상하기 어렵기 때문이다.

:: 참고판례

홍길동이 사망한 후 사망일자 이후의 매매를 원인으로 하여 홍길동 명의의 임야가 차남 1명(공동상속인 중 1명) 명의로 소유이전등기가 넘어갔다. 이 사실만으로, 차남은 다른 공동상속인들로부터 각자의 상속분을 포기 받아서 자기 단독으로 등기한 것이라고 확정할 수는 없다(대판 1966. 4. 26, 66다428, 민판집 103-512).

(3) 포기 후의 상속재산의 관리

상속포기로 인하여 상속인은 그 상속과는 아무 관계가 없는 사람, 처음부터 상속인이 아닌 사람이 되어버린다. 그리하여 상속재산에 대한 관리의무도 소멸하고 만다(제1022조). 그러나 새로 상속인이 될 사람(공동상속인 또는 차순위 상속인)이 재산을 인수하여 관리를 시작할 때까지 포기자는 이를 계속하여 관리할 의무가 있다(제1044조 ①항). 관리상의 주의의무의 정도는 포기자 자신의 고유(固有)재산에 대한 것과 동일한 주의로 관리하여야 한다(제1044조 ②항). 상속포기 전에도 상속인은 동일한 주의로 관리할 의무가 있고, 가정법원은 상속재산의 보전을 위하여 필요한 처분을 할 수 있다(제1044조 ②항·제1022조·제1023조).

(4) 상속포기는 사해행위(채권자취소의 대상)인가?(소극) ─상속포기와 혼동 (混同) 여부

(가) 상속포기는 사해행위에 해당되지 아니한다(다수설). 따라서 채권자는 상속인의 상속포기를 취소할 수 없다. 상속의 포기와 승인은 채권자에게 영향을 미치는 바가 크고 재산행위적 성격이 강한 것이므로 이는 사해행위가 될 수 있다는 견

---

1 곽윤직, 196면; 中川 淳, 축조(중), 174면; 예컨대 3명의 상속인 중 1명이 포기한 경우라면 나머지 2명이 전체 상속재산을 1/2씩 상속한다. 대판 2015. 5. 14, 2013다48852(피상속인의 배우자와 자녀 중 자녀 전부가 상속을 포기하면, 피상속인의 손자녀가 배우자와 공동으로 상속인이 된다).

해(소수설)가 있고, 상속포기는 간접적으로는 재산상 이익에 영향을 미치는 재산행위이지만, 채무자의 자유의사에 맡겨져 있는 일신전속적 권리행사라는 것, 기존 재산의 감소를 생기게 하는 행위는 아니라는 것 등을 이유로 사해행위에는 해당될 수 없다는 견해(다수설)로 나누어져 있다. 판례는 다수설을 채택하여 왔다.[1]

(나) **상속포기와 혼동**　어머니가 자동차 운전 중 교통사고를 내어 미혼의 아들을 사망하게 한 경우, 그 어머니(가해자)가 상속포기신고를 하고, 그 아버지가 보험회사를 상대로 책임보험금 8,000만 원을 청구한 사안에서 대법원은 이러한 상속포기는 권리남용·신의칙위반 또는 사해행위가 아니며, 손해배상청구권과 보험금청구권은 포기 또는 혼동(混同)으로 인하여 소멸되지 않고 다른 상속인에게 귀속된다고 하면서 아버지의 청구를 인용하고 있다.[2]

(5) 재상속(再相續)과 상속포기

1) 재상속은 고려기간 중에 상속인이 또 사망하여 상속이 개시된 경우이다. 예컨대 할아버지 사망 후 3개월 이내에 아버지가 또 사망한 경우를 말한다. 제 1 상속과 제 2 상속을 한꺼번에 승인하거나 포기하는 것, 제 1 상속을 포기하고 제 2 상속을 승인하는 것은 긍정할 수 있다.

2) 그러나 제 1 상속을 승인하고 제 2 상속을 포기하는 것은 이론상 가능하나 실익이 없고 무의미하다는 견해가 있다.[3] 제 2 상속으로 인하여 제 1 상속에 관한 승인·포기의 선택권을 잃기 때문에 제 1 상속을 승인하고 제 2 상속을 포기할 수는 없다는 견해도 있다.[4] 판례는 제 2 상속인이 제 1 상속을 포기한 후에 제 2 상속에 관하여 포기를 하더라도, 먼저의 제 1 상속의 상속포기의 효력이 소급적으로 무효가 되는 것은 아니라고 한다.[5] 제 2 상속인의 포기·승인의 자유는 여전히 보장되어야 하리라고 본다.

---

1 대판 2011. 6. 9, 2011다29307; 서울중앙지판 2008. 10. 10, 2007가단433075; 일최판 1974. 9. 20, 집 28-6, 1202면(상속포기와 같은 신분행위를 사해행위라고 하여 그 취소를 인정하면 상속인에 대하여 상속승인을 강제하는 결과가 되어 부당하다); 상속등기실무, 157면.

2 대판 2005. 1. 14, 2003다38573·38580(이 판례에 대한 평석은 최정미 변호사, "책임보험과 혼동 문제," 판례연구, 법률신문 제3348호, 15 참조; 가해자가 피해자의 상속인이 되어 피해자의 자신에 대한 손해배상청구권과 자신의 손해배상의무가 혼동으로 소멸하였더라도, 적법하게 상속을 포기하면 위 손해배상청구권과 이를 전제로 하는 보험자에 대한 직접청구권은 소멸하지 않는다).

3 高木, 口述相續法, 156면.

4 中川高男, 親族·相續法講義(改訂版), 372면.

5 일 최판 1988. 6. 21, 월보 41-9, 101면; 私法判例 Remarks 1-140.

(6) 사실상의 상속포기(상속재산협의분할과 관련)

상속포기의 고려기간 경과 후에 상속인 중 일부가 상속포기 또는 포기신고를 하는 경우가 더러 있다. 이는 공동상속인들 사이에 의사의 합치(합의)에 따라 상속인 중 1인에게 재산을 집중(集中)시킬 목적으로 상속재산분할협의를 한 것으로 볼 수 있다(이 책 제3편 제4장 제6절 상속재산분할 부분 참조).[1] 분할협의과정에서 상속재산에 대한 지분권의 포기나 양도를 할 수 있고 이러한 상속포기는 유효하다. 이러한 포기는 단순한 권리포기이므로 요식행위(법원에 대한 신고)도 아니고, 따라서 상속채무를 면하려는 본래의 상속포기와는 성질이 다른 것이다.[2] 원래 사실상의 상속포기는 세금을 줄이려고 이용되었으나, 세법이 개정되어 지금은 일부포기를 하더라도 상속세의 총액은 같아져서 별로 실익이 없다(상속세 및 증여세법 제3조의2 ①~③항).

(7) 강행규정

상속포기의 효과에 관한 규정은 강행규정이고, 당사자들끼리 약정하여 이와 다른 효과를 부여할 수는 없다. 유언으로 상속포기의 자유나 그 효과를 제한할 수 없다.

(8) 상속포기와 등기

이에 관하여는 제2장 중 '상속과 등기' 부분을 참고하면 된다. 상속포기의 효력은 절대적이고, 등기[3]의 유무와 상관없이 누구에 대하여서도 발생한다. 상속포기를 등기하는 제도도 없고 법원에 대한 신고로써 공시(公示)를 대신한다.[4]

(9) 2중 자격자의 상속포기

동생이 형의 양자로 들어간 후, 형이 사망하고 동생이 상속할 경우, 동생은 제1순위 상속인으로서 상속을 포기하였다. 형에게 달리 친족이 없을 경우 동생은 제3순위 상속인(형제자매)으로서 다시 형의 재산에 대하여 승인이나 포기를 할 수 있는

---

1 대판 1991. 12. 24, 90누5958.
2 대판 1983. 6. 28, 82도2421(협의분할은 단순승인이 되므로, 협의분할 후 상속포기신고를 하더라도 포기의 효력이 생기지 않는다); 일 경도지판 1970. 10. 5; 大阪高判 1974. 8. 5.
3 일 최판 1967. 1. 20, 집 21-1, 16면(상속포기를 한 상속인 甲의 채권자가 상속재산인 미등기부동산에 관하여 포기자도 공동상속한 것으로 하여, 대위에 의한 소유권보존등기를 한 다음, 甲의 지분을 가압류한 사안에서 그 가압류등기를 무효라고 판단함).
4 공동상속인 중 상속포기자는 다른 공동상속인을 위한 상속등기를 신청할 수 없다(등기선례 제2~246호, 1987. 9. 16. 제정). 이 경우 다른 상속인이 상속등기를 신청하려면, 가정법원에서 받은 상속포기신고의 수리심판 정본을 다른 서류와 함께 제출하여야 한다(상속등기실무, 법원행정처, 2012, 156면).

가? 한 번 포기한 사람의 상속권은 종국적으로 소멸된다고 해석함이 타당할 것이다.[1]

[단순승인·한정승인·상속포기의 대비표]

구 분		단순승인	한정승인	상속포기	근 거
주 체		상속인(제1순위가 승인하면 그 이하는 해당 없음)	상속인(선 순위자가 한정승인하면 후순위자는 아무 조치도 불가, 선 순위자가 포기하면 그 아래 순위자에게 순차 권리 의무가 내려감)		제1025조, 제1028조, 제1041조
승인과 포기의 방법		고려기간경과, 아무 조치도 아니함	재산목록, 인감증명서 첨부 가정법원에 신고	인감증명서 첨부, 가정법원에 신고	제1026조, 제1028조, 제1030조
채권자대위, 채권자취소의 대상		×	×	×	제404조, 제406조
제한능력자인 상속인		법정대리인	법정대리인이 대리신고		재판예규 제907호
신고기간	고려기간	해당 없음	상속개시를 안 날부터 3개월(특별한정승인의 경우는 중과실 없이 채무초과사실을 모르고 있다가, 이를 안 날부터)		제1019조 ①항, ③항
	연장기간		고려기간 내에 연장청구를 하여야 함		동조 ①항 단서
관할법원		〃	상속개시지의 가정법원		가소 제44조 6호
조건·기한		〃	×		
취 소		〃	사기·강박·착오의 경우(사기를 알고, 강박을 면한 날부터 3개월, 심판일부터 1년 안에 취소청구를 할 수 있다)		제1024조 ②항
철 회		〃	신고수리심판 전에는 ○, 심판 후는 ×		
불복(즉시항고)		〃	기각심판에 대하여서만 ○(14일 안에)		가소 제43조
효과	상속분 변동	×	×	포기자의 몫은 다른 동순위, 차순위 상속인에게 귀속	
	인적 무한책임 (고유재산으로)	○	×	×	제1025조
	물적 유한책임 (상속재산 한도로)	×	○	×(처음부터 상속인이 아닌 것)	제1028조
	권리·의무 혼동(소멸)	○	×	×	제507조

* 유언으로 승인이나 포기를 제한할 수 없다.

---

1 일본 민사국장 회답 갑 제61호, 1958. 1. 10. 및 일부 학설; 甲斐 외 2, 207면.

제 5 절   상속재산의 분리

1. 개   념

(1) 의   미

㈎ **적극재산·소극재산**   상속이 개시되면 상속인은 상속재산을 승계한다. 상속재산 중에는 적극재산(積極財産)만 있는 것이 아니고, 소극재산(消極財産＝債務)도 포함되어 있고 어떤 경우는 소극재산(채무)만 있는 경우도 있다. 적극재산 상속의 경우 상속인의 고유재산이 증가(增加)하므로 별로 문제가 없으나 소극재산(채무)상속의 경우 상속인은 덤터기를 쓰게 되어 상당히 당황하게 된다.

㈏ **상속재산과 고유재산의 분리**   그래서 민법은 상속채권자·수증(유)자·상속인의 채권자 사이의 상속에 따른 이해의 대립을 조정하기 위하여 상속재산(相續財産)과 상속인의 고유재산(固有財産)을 분리(分離)시켜 그것이 상속으로 인하여 혼합(混合)되지 않도록 하고 이를 각각 별도로 청산하는 제도를 마련하고 있다. 그것이 바로 상속재산의 분리다.

(2) 유사개념과 구별

상속재산분할은 상속공유재산을 단독소유로 나누는 절차이므로 이와는 전혀 다른 개념이다.

2. 존재이유

(1) 상속개시로 인하여 상속재산이 상속인의 고유재산과 혼합되면, 채권자들의 이해관계가 좌우된다. 피상속인(예 : 홍길동)이 거액의 빚만 남기고 돌아간 때(상속재산이 채무초과상태)는 상속인의 채권자가 불이익을 입게 되고, 상속인(홍길동의 아들)이 거액의 빚을 지고 있는 때(상속인의 고유재산이 채무초과상태)는 상속채권자(망 홍길동의 채권자)가 불이익을 입게 된다.

(2) 망인의 채권자는 망인의 재산을 믿고 거래한 사람이고, 그 상속인의 채권자는 상속인의 재산을 믿고 거래한 사람이다. 이처럼 피상속인 또는 상속인의 고유재산을 믿고 거래한 각 채권자들이 상속으로 인한 두 가지 재산(상속재산과 상속

인의 고유재산)의 혼합으로 받게 될 불이익을 방지하기 위하여 가정법원의 처분으로 이를 혼동시키지 않고 분리시키는 제도가 상속재산의 분리이다. 상속재산과 고유재산을 별도로 관리하여 이들 채권자들의 이해관계를 서로 조화시켜 침해되지 않도록 하려는 것이 이 제도의 목적이다.

3. 다른 제도와의 관계

(1) 한정승인과의 관계

상속인이 한정승인을 한 경우는 상속재산과 상속인의 고유재산이 당연히 분리되므로 상속재산분리신청을 할 필요는 없다. 다만, 한정승인이 무효이거나 법정단순승인으로 인정되는 경우, 또는 한정승인의 고려기간 중인 경우에는 재산을 분리할 필요가 있다.[1]

(2) 상속포기와의 관계

재산분리청구가 있은 후에 상속인이 상속포기를 하면 분리절차는 무효가 된다. 이 경우 새로 상속인이 된 사람에 대하여 다시 재산분리청구를 할 수 있다.

(3) 상속인의 파산과의 관계(채무자 회생 및 파산에 관한 법률 제385~387조)

상속인(포괄적 수유자 포함)에 대하여 상속개시 후 파산선고가 내려지고 이어서 상속인이 단순승인 또는 상속포기를 하면, 그것은 파산재단에 대하여는 한정승인, 즉 재산분리와 동일한 효과가 발생한다. 즉, 상속인의 고유재산에 대하여는 상속인의 채권자가 우선권이 있고, 상속재산에 대하여는 상속채권자·수유자(受遺者)에게 우선권이 있다. 파산선고가 내려진 후에도 재산분리청구를 할 수 있으나, 파산취소·파산폐지결정 확정 또는 파산종결결정이 있을 때까지 그 분리절차는 중지된다(동법률 제346조).[2]

---

1 대판 2010. 3. 18, 2007다77781(전원합의체) 다수의견 : 한정승인이 이루어진 경우, 상속채권자는 한정승인자에게서 담보권을 취득한 고유채권자에 대하여 우선적 지위를 주장할 수 없다.
2 甲鑊 외 2, 209면 : 일본에서는 2000년도 상속재산분리청구 건수가 전국에 걸쳐 3건이라고 한다. 널리 알려져 있지도 않고 제대로 기능을 발휘하지도 못하고 있다고 한다. 파산법이 오히려 한층 더 정확하고 세밀하게 채무초과의 상속재산에 관한 배당변제절차를 정하고 있기 때문에 민법상 재산분리제도는 그 실용성을 거의 상실하고 있다고 한다.

4. 재산분리의 절차

(1) 청구권자와 상대방

⑺ 청구권자는 상속채권자·수유자(특정유증을 받은 사람), 상속인의 채권자[1]이다(제1045조 ①항).

1) 재산분리의 종류　학자들은 상속채권자나 수유자를 보호하기 위하여(상속재산에서 우선변제를 받도록) 이들이 청구하는 것을 제 1 종의 재산분리, 상속인의 채권자들을 보호하기 위하여(상속인의 고유재산에서 우선변제를 받도록) 이들이 청구하는 것을 제 2 종의 재산분리라고 나누어 부르기도 한다.[2]

2) 채권자의 종류　채권자인 이상, 일반채권자·우선권 있는 채권자, 조건부·기한부채권자, 존속기간 불확정 채권자 등을 불문한다. 다만, 포괄적 유증을 받은 사람은 상속인과 동일한 권리의무가 있으므로(제1078조) 분리청구를 할 수 없다.

3) 본래의 청구권자가 사망한 경우　그 상속인이 권리를 승계하여 분리청구를 할 수 있다. 이는 일신전속적인 것은 아니기 때문이다.

⑴ 상대방에 관하여 민법에는 규정이 없으나, 상속인·상속재산관리인·파산관재인·유언집행자로 삼아야 할 것이다.[3] 다만, 상속재산관리인·유언집행자 등은 처음부터 상속재산과 상속인의 고유재산을 별도로 관리하여야 한다는 견해가 있다.[4]

(2) 청구기간

상속재산분리청구의 기간은 상속개시일로부터 3개월 이내이다(제1045조 ①항). 이는 상속포기 등의 고려기간과 비슷하다. 그러나 상속인이 승인·포기를 하지 아니하고 있는 동안(상속재산과 상속인의 고유재산이 혼합되지 아니한 동안)에는 3개월의 기간이 지난 후라도 분리청구를 할 수 있다(동조 ②항). 이른바 고려기간은 가정법원의 허가로 연장될 수 있기 때문이다(제1019조 ①항 단서). 상속인의 존부가 불분명한 경우에도 이 기간 내에 분리청구를 하여야 한다. 그 기간을 놓치면 분리청구권은 소멸된다. 이 기간은 제척기간이라고 해석된다.

1 상속개시 당시의 채권자뿐만 아니고, 상속개시 후 새로 채권을 취득한 사람도 포함된다(김·김, 783면).
2 김·김, 781-2면: 제1형의 재산분리, 제2형의 재산분리라고 명명; 甲斐 외 2, 209면과 中川 淳, 상속법축조해설(중권, 1990), 189면에서는 제1종의 재산분리, 제2종의 재산분리라고 부르고 있다.
3 김·김, 783면.
4 김상용 외 3, 499면.

(3) 청구방법

청구권자는 가정법원에 재산분리의 심판청구를 하여야 한다. 그 청구서에는
상속인의 전 재산 중에서 고유재산과 상속재산을 구별하고 상속재산만을 분리한다
는 심판을 하여 달라고 청구취지에 기재한다.

(4) 대　　상

상속개시 당시의 망인(피상속인) 소유의 모든 재산이 그 대상이다. 부동산이든
동산이든, 금전이든 채권이든, 원물(元物)이든 과실(果實)이든 상관이 없고, 상속재
산의 훼손으로 인한 손해배상청구권도 그 대상이 된다. 분리대상인 상속재산은
"포괄적인 상속재산"이므로, 특정의 상속재산에 한정한 분리청구는 허용될 수 없
다고 본다.[1]

(5) 심　　판

가정법원은 재산분리청구서를 접수하면, 상속재산의 상태, 상속인의 고유재산
의 상태, 기타의 사정을 종합하여 분리의 필요성[2]을 판단하여 재산분리를 명하는
심판을 한다(가소 제2조 ①항, 라류 가사비송사건 35호). 이 심판에 대하여 청구인
등은 즉시항고를 할 수 있다(가소규 제77조).

(6) 공고와 최고

1) 가정법원에서 재산분리를 명하는 심판이 내려지면, 청구인은 심판 후 5일
이내(심판문을 교부·송달·고지 받은 후 5일 이내)에 일반 상속채권자와 수유자에 대
하여 '재산분리심판이 내려진 사실'과 '2개월 이상의 기간을 정하여 그 기간 내에
채권 또는 유증받은 사실'을 신고할 것을 공고하여야 한다(제1046조 ①항). 이러한
공고에는 채권자나 수유자가 기간 내에 신고하지 아니하면 청산(배당)에서 제외될
것이라고 표시하여야 한다(제1046조 ②항·제88조 ②항). 이러한 공고는 법원의 등기
사항 공고와 동일한 방법으로 한다(제88조 ③항). 또한 청구인은 '알고 있는' 상속채
권자와 수유자에 대하여는 각각 별도로 채권신고를 하라고 최고(催告＝독촉)하여야
하고, 청산에서 이를 제외하지 못한다(제1046조 ③항·제89조). 위 공고절차에는 비

---

1 배경숙·최금숙, 548면.
2 일 新潟家新發田支廳, 1966. 4. 18(재산분리명령이 상속채권의 변제에 아무런 영향을 미치지 못할
　때는 재산분리는 허용되지 않는다; 家裁月報 제18권 11호 68); 甲斐 외 2, 210면.

영리법인의 청산절차 규정이 준용된다(제1046조 ②항).

2) 분리청구권자는 상속재산의 보전을 위하여 가처분신청을 할 수 있고, 가정법원은 재산분리를 명한 때는 상속재산의 관리에 필요한 처분을 명할 수 있으며(제1047조 ①항), 대개 재산관리인을 선임한다(동조 ②항). 관리인의 재산관리에는 부재자의 재산관리에 관한 규정(제24~26조)이 준용되고, 상속인의 상속재산관리에는 위임에 관한 규정(제683~685조, 제688조 ①, ②항)이 준용된다. 상속인이 상속재산관리를 위하여 과실 없이 손해를 입은 경우 '수임인과 달리' 그 배상을 청구할 수 없다(제688조 ③항의 반대해석).

5. 재산분리의 효과

상속재산분리의 심판이 확정되면 상속(相續)재산과 상속인의 고유(固有)재산은 분리되어 2개의 독립재산으로 나누어진다. 두 재산이 혼합되는 것을 막기 위한 것이 이 제도이기 때문이다. 상속재산과 고유재산이 아직 혼합되지 아니한 경우에는 그 상태를 유지하고, 혼합된 경우에는 두 재산을 분리하여야 한다.

(1) 분리심판이 내려지면, 상속채권자·수유자는 상속재산에 관하여 '상속인의 채권자'보다 우선하여 변제를 받을 수 있고, 상속인의 채권자는 상속인의 고유재산으로부터 우선변제를 받을 권리가 있다(제1052조 ②항). 이 우선변제권은 상속재산을 구성하는 개개 재산의 매각·임대·멸실 등으로 상속인이 받게 될 금전이나 기타의 물건에도 미친다.

상속채권자 등은 상속재산만으로는 전액의 변제를 받을 수 없는 경우에 한하여 상속인의 고유재산으로부터 그 변제를 받을 수 있다(제1052조 ①항). 그러나 이 경우 상속인의 고유재산에 관한 한, '상속인의 채권자'보다 우선변제를 받을 수는 없다(동조 ②항).

우선변제를 한 다음 남는 상속재산에 대하여는 '신고하지 아니한' 채권자, 상속인의 채권자가 평등한 지위에서 권리를 주장할 수 있다.

(2) 상속인의 권리·의무의 불소멸(不消滅)과 재산의 관리

상속재산에 대한 상속인의 권리와 의무는 분리심판 후에도 또는 단순승인을 하였더라도 관리인이 선임될 때까지는 소멸되지 않고 그대로 존속한다(제1050조). 상속인은 자기의 고유재산에 대한 것과 동일한 주의의무로 상속재산을 관리하여야 한다(제1048조 ①항). 이 경우 위임에 관한 규정이 준용되는 것은 이미 본 바이다. 가정법원은 상속재산의 관리에 필요한 처분을 명할 수 있다.

(3) 상속재산분리의 등기(登記); 대항요건

재산분리심판이 선고된 경우 그 재산이 부동산이라면, 재산분리등기(＝처분제한의 등기)를 하여야 제 3 자에게 대항할 수 있다(제1049조). 이 등기는 재산분리의 효력요건이 아니라 대항요건에 불과하다는 것을 주의하여야 한다. 부동산등기법에는 이에 관한 구체적 규정이 없어서 입법론상 문제이다.

(4) 상속인의 변제

(가) **변제거절권**　재산의 분리청구를 할 수 있는 기간(상속개시일로부터 3개월)(제1045조), 그 후 가정법원의 분리심판이 내려진 후 채권신고의 최고·공고기간(2개월 이상)(제1046조)이 지날 때까지는 상속인은 상속채권자와 수유자의 변제청구를 거절할 수 있다(제1051조 ①항). 부당한 변제로 인하여 상속채권자 등에게 변제할 수 없게 되어 손해를 입힌 경우 상속인은 이를 배상할 책임이 있다(제1051조 ③항·제1038조).

(나) **상속재산에 의한 변제의 순위**

1) **상속채권자에 대한 변제**

a) 상속인은 기간 내에 신고한 상속채권자, 신고하지 않았더라도 알고 있는 채권자에게, 변제기 미도래의 채권, 조건부채권, 존속기간 불확정의 채권(법원에서 선임한 감정인의 평가에 따라)(제1051조 ③항·제1035조) 등을 각 채권액의 비율로 상속재산으로 변제하여야 한다(제1051조 ②항 본문; 채권자평등의 원칙). 저당권이나 질권 등 담보권을 가진 채권자에게 우선적으로 변제하고 남는 재산이 있으면 이로써 후순위의 일반 채권자들에게 변제하여야 한다(동조 동항 단서).

b) 상속인이 상속재산 중 일부를 매각·임대하거나 타인에 의한 멸실·훼손으로 손해배상청구를 할 수 있게 된 때, 상속채권자들은 이러한 매각대금 등에서도 변제를 받을 수 있다.

c) 상속재산관리인·유언집행자·상속인은 상속재산을 가지고 상속채권자 등에 대한 채무를 완제(完濟)할 수 없음을 발견한 때는 지체 없이 파산신청을 하여야 한다(채무자 회생 및 파산에 관한 법률 제299조 ②항). 상속채권자나 수유자도 상속재산에 대한 파산신청을 할 수 있다(동조 ①항).

2) 수유자(유증 받은 사람)에 대한 변제   상속채권자는 수유자(受遺者) 또는 상속인의 채권자에 우선한다. '빚을 지고 있는' 홍길동(피상속인)이 "김갑동에게 돈 3,000만 원을 주노라"고 유언한 경우를 가정하여 보자. 이때 상속인은 먼저 상속채권자들 전원에게 전액을 변제한 후라야 수유자에게 변제(수유자가 여러 사람이면 그 수유액에 비례하여 변제)할 수 있다(제1051조 ③항·제1036조). 상속인이 채권자에게 변제하고 보니 남는 재산이 없는 경우는 수유자에게 변제할 수 없고, 수유자는 그냥 참는 수밖에 없다. 만일 수유자를 상속채권자와 같은 순위나 우선순위로 정하여 놓으면 망인이 기존의 채권자를 사해(詐害)할 우려가 있기 때문이다.

3) 상속인의 채권자   상속인의 채권자는 상속채권자나 수유자들에 대한 채권 전액이 변제된 후에만 "상속재산"으로부터 변제를 받을 수 있다(재산분리의 취지). 상속인의 채권자는 상속인의 "고유재산"에 관한 한 우선적으로 변제를 받는다. 상속인의 채권자에게 모두 변제를 하고 남는 재산이 있는 경우라야 상속채권자는 부족액의 변제를 받을 수 있다.

4) 상속인은 채권자들에게 변제하려면 부동산 등 상속재산을 매각하여야 할 경우도 생기는데 이 경우는 반드시 민사집행법(제80조 이하)상의 경매절차를 밟아야 한다(제1051조 ③항·제1037조).

(다) 상속인의 고유재산에 의한 변제순위   상속인의 채권자는 상속인의 "고유재산"으로부터 우선적으로 변제를 받는다. 전액변제를 받지 못한 경우는 나아가 "상속재산"에서 변제 받는다(한정승인과 다른 점이다). 상속채권자·수유자는 "상속재산"의 부족으로 전액변제를 받지 못한 경우는 그 부족액에 한하여, 상속인의 채권자보다는 후순위로 상속인(=한정승인이나 상속포기를 하지 아니한 사람)의 "고유재산"에 의한 변제를 청구할 수 있다(제1052조 ①, ②항).

제 6 절 상속재산의 분할

1. 개   념

(1) 공동소유를 단독소유로

1) 공동상속인들은 상속개시와 동시에 상속재산을 포괄적으로 [몇 분의 1(1/n)

씩] 승계하여, 그 재산을 공유(共有)하게 된다. 이러한 공유재산을 현실적으로 나누어 공동상속인들에게 귀속시키는 절차, 일종의 청산절차가 바로 상속재산의 분할(공동소유→단독소유)이다. 상속인이 1인뿐이어서 그가 단독상속한다면 이러한 분할문제가 생길 여지가 없다.

2) 이러한 분할로 인하여 상속재산을 구성[1]하는 대지·건물·주식 등 개개의 재산은 각 상속인에게 확정적인 단독소유로 귀속된다. 예컨대, 부동산은 장남이, 동산과 현금은 장녀가, 주식은 막내가 각각 나누어 가지기로 협의를 하였다면, 장남은 부동산을 처음부터 단독상속으로 소유하는 결과가 된다. 분할제도는 법정상속분의 부정밀성(不精密性)을 보정하는 의미[2]를 가지고 있고, 사유재산제도에 관한 당사자자치의 산물이라고 말할 수 있다.

3) 만일 이러한 절차가 없다면, 각 상속인들(예컨대 장녀와 막내)은 부동산에 대한 지분소유권이전(상속)등기를 마친 후 다시 각자의 법정지분을 공동상속인 중 일부(예컨대 장남)에게 이전하는 절차를 밟아야 하므로 번거롭고 등록세 등 세금도 2중으로 부담하게 된다.

(2) 공유물분할청구(제268조)의 가부(소극)

상속재산의 분할(제1012조 이하)은 피상속인 사후(死後)에라도 공동상속인들이 공평하게 상속재산을 나누어 안정된 생활을 유지할 수 있도록 하는 제도이므로, 공유물분할의 특별규정이라고 해석된다. 그러므로 공동상속인들은 상속재산에 관하여 민사소송으로써 공유물분할청구소송을 제기할 수 없다.[3]

(3) 상속재산분할청구의 성질

상속재산분할심판청구는 가사소송법상 마류 가사비송사건으로서 공동상속인 전원이 가담하여야 하므로 필수적 공동비송사건이다(가소 제47조, 마류사건 10호, 가소규 제110조). 상속인 중 1명이라도 누락되면 부적법하므로 각하된다.[4]

---

1 옛날에는 가산(家産)은 그 가(家)에 영구 보존되어야 하므로, 그것이 분할되거나 분산되어서는 안 된다는 사상이 지배하고 있었다. 이를 무한(無限)가족의 상속원리라고 불렀다[中川·泉, 상속법(제4판), 305면].

2 中川·泉, 307면.

3 대판 2015. 8. 13, 2015다18367; 일 최판 1987. 9. 4, 家月 40-1, 161면.

4 서울고결 2003. 5. 29, 2002브3(未公刊; 저자가 취급한 사건); 대판 1995. 4. 7, 93다54736.

2. 당사자(공동상속인들)

(1) 공동상속인

공동상속인 전원이 분할사건의 당사자가 된다. 분할청구권자는 공동상속인 중 1명 또는 여러 명이고(제1013조), 상대방은 나머지 상속인들 전원이다(규칙 제110조). 예컨대 모와 2남 1녀의 공동상속인들(합계 4명)이 있을 경우 그 중 1명이 청구인이면 나머지 3명은 상대방이 되어야 한다. 공동상속인 중 누락자가 있으면, 법원은 당사자추가결정(가소 제15조)을 하여 절차를 진행하여야 한다. 특별수익자(제1008조)[1]나 기여자(제1008조의 2)라고 하여 제외될 수 없다.[2] 공동상속인들을 확인하는 근거서류로는 제적등본, 가족관계증명서 등이 있다.

(2) 행방(생사·소재)불명자

① 일시적인 소재불명의 경우는 공시송달의 방법으로 절차를 진행할 수 있을 것이고, ② 부재자에 해당되면 부재자재산관리인(제22조)[3]을 선임하여 분할절차에 참가하게 한다. ③ 실종선고의 요건이 구비된 경우는 실종선고를 받은 후 그 상속인을 당사자로 삼아야 한다. 북한에 있는 생사불명의 딸을 상속에서 제외할 수는 없고,[4] '부재선고등에관한특별조치법'에 따라 부재선고절차를 밟으면 사망한 것으로 간주 처리된다.

(3) 포괄수증자

개개의 상속재산에 대한 특정 없이 상속재산의 전부 또는 일정한 비율부분을 유증받은 포괄수유자는 상속인과 동일한 권리의무가 있으므로(제1078조), 분할청구의 당사자가 된다.

(4) 상속분의 양수인(제 3 자)[5]

상속재산 전부에 관한 포괄적 상속분, 즉 상속인의 지위를 양수한 사람은 분

---

1 광주고판 1989. 6. 9, 88르367; 일 법조회결의 1958. 5. 9.
2 상속재산분할에 즈음하여, 특별수익의 유무·가액에 관하여 다툼이 생긴 경우 지방법원에 그 확정을 청구할 수 있는가? 특별수익의 확정을 따로 구하는 소를 제기하는 것은 부적법하다고 하면서 이를 각하한 예가 있다(일 동경지판 1989. 10. 6, 判時 제1344호, 149면). 특별수익이나 기여분 등을 함께 고려하여 상속재산분할심판을 할 수 있다는 취지.
3 일 민사국 제 3 과장회답, 1964. 8. 7, 民三發 659호; 법조회결의 1958. 3. 25.
4 대판 1982. 12. 28, 81다451, 453.
5 일 동경고결 1953. 9. 4, 고재민집 6~10, 603면.

할청구의 당사자가 된다.[1] 따라서 상속분을 양도·포기한 사람, 특정재산의 지분 양수인·수증자는 상속재산분할청구를 할 수 없다. 그러므로 개별재산에 대한 상속 지분을 양도하거나 상속재산분할청구권을 포기한 사람도 여전히 당사자의 지위를 보유한다.

(5) 이 권리는 일신전속권이 아니므로 실제의 소송수행은 재산관리인[2]·후견 인('보호시설에 있는 미성년자의 후견직무에 관한 법률' 제3조)등이 할 수 있고, 상속 인의 채권자도 대위청구(제404조)를 할 수 있다(소극설도 있음; 상속회복청구권을 채 권자가 대위하여 행사할 수 없는 점과 다름).[3]

(6) 태아와 미성년자의 경우

태아의 출생 시까지 기다려서(기다리는 기간은 아무리 길어야 9개월 미만) 상속인 의 수를 명확히 한 다음에 분할하는 것이 타당할 것이다.[4] 기다릴 수 없는 급박한 사정이 있으면 일단 분할을 할 수 있고, 그 이후에 출생한 태아에게는 민법 제 1014조(인지된 자의 상속분 상당 가액지급 청구)를 유추·적용하여야 할 것이다(소위 정지조건설[5]). 다수설인 해제조건설[6]에 따르면 태아의 생모 등 법정대리인이 상속 재산분할협의에 참가할 수 있다고 주장한다.

미성년자의 경우는 그 법정대리인이 분할협의에 참여하고, 법정대리인인 친권 자가 공동상속인인 경우는 미성년자를 위한 특별대리인을 선임하여야 하며, 이러 한 대리인 없이 한 분할협의는 무효이다.[7]

(7) 분할사건 심리 중의 당사자의 사망

상속재산분할사건의 심리 중에 공동상속인 중 1명, 예컨대 망부(亡父)의 처가 사망한 경우는 망 부모(父母) 쌍방의 유산을 대상으로 삼아 분할심판을 하여야 한 다.[8] 또 다른 공동상속인이 사망하면 그의 상속인을 절차에 참가시켜야 한다(필수 적 공동비송사건).

---

1 대판 2006. 3. 24, 2006다2179.
2 일 민사국 제3 과장 회답, 1964. 8. 7, 民三發 659호; 법조회결의 1958. 3. 25.
3 岡垣, 선례 192면; 상속인의 채권자가 직접 권리를 분여받아 이를 취득할 수 있는가에 관하여 적 극설(名古屋高決, 1968. 1. 30)과 소극설(동 1972. 6. 29)이 있다.
4 김·김, 724면; 中川·泉, 320~21면; 近藤, 상속법론 상, 591면; 柚木, 216면 등 다수설.
5 곽윤직, 141면; 김·김, 734면; 김형배, 332, 335면; 島津一郎(中川 감수, 주해상속법, 1951), 136면.
6 박병호, 379면 등.
7 대판 2001. 6. 29, 2001다28299.
8 일 東京高決 1985. 12. 9, 家月 38-12, 65면.

(8) 상속인자격을 상실 또는 취득할 가능성이 있는 경우

㉮ 공부(公簿)상 상속인   상속인에 대하여 친생부인·친자관계부존재확인·인지무효·혼인무효·입양무효 등의 소가 제기되어 소송이 계속 중인 경우 원칙적으로 그 재판이 확정될 때까지 기다려서 분할하여야 할 것이다. 확정판결이 선고되기 전에 분할하는 경우는 그러한 소송의 피고들도 공부상 상속인이므로 그들을 분할협의에 참여시켜야 한다. 그리고 상속인의 결격사유의 존부는 분할심판에서 선결문제로 심리하여 판단할 수 있을 것이다.[1]

㉯ 현재 공부상 상속인이 아닌 사람   앞으로 상속인의 신분을 취득할 가능성이 있는 경우, 예컨대 사후(死後) 인지청구·이혼·파양의 무효·'아버지의 결정(나류 5호)'청구 등이 제기된 경우에는 일단 공부(公簿)상의 상속인들끼리 재산분할을 할 수 있다. 소송결과 새로운 상속인으로 확정된 사람은 상속분 상당 가액청구(제1014조)를 할 수 있을 뿐이다.

3. 분할의 대상(공유 상속재산)

분할의 대상은 상속재산 전부이다. 상속개시시점부터 분할시점까지 상속재산은 공동상속인들의 공유가 된다(제1006조). 이 공유는 과도기적·잠정적인 상태이므로 상속인은 분할금지의 특약이 없으면, 언제든지 자유로이 상속재산분할을 협의하거나 심판청구를 할 수 있다. 상속재산인 이상, 부동산(망인의 명의 또는 일부 상속인 명의로 신탁되어 있던 재산 포함)·동산, 채권[2]·채무를 불문하고 모두 분할의 대상이 된다.

(1) 불가분채권, 가분(可分)채권

불가분채권은 분할의 대상이 된다(이견이 없음). 예금채권과 같은 가분(可分)채권은 상속개시와 동시에 공동상속인들에게 법률상 당연히 상속분대로 분할 승계되므로, 원칙적으로 분할대상으로 삼을 수 없다.[3] 이 점에 관하여 학설이 대립하

---

1 법원실무제요-가사(Ⅱ)-, 635면 이하.
2 서울가심 2005. 5. 19, 2004느합152(항고)(예금채권과 같은 분할채권도 공동상속인들 중 특별수익자가 있는 경우는 상속재산분할 대상에 속한다).
3 대결 2016. 5. 4, 2014스122; 전주지법군산지심 2001. 4. 12, 98느10; 동지 일 최판 1954. 4. 8, 집 8-4, 819면; 東京高決 1962. 4. 13, 家月 14-11, 115면; 상속채무를 상속인들이 분할하였더라도 이로써 채권자에게 대항할 수 없다. 채권자는 이를 무시하고 법정상속분대로 이행청구를 할 수 있다.

고 있다. 공동상속인들 사이에 이를 분할 대상으로 삼기로 하는 합의가 있거나, 이를 분할하는 것이 구체적 형평에 부합되는 경우(예 : 초과특별수익자가 있는 경우 등)에 한하여 분할의 대상이 된다는 절충설이 타당할 것이다.[1] 채권을 분할하는 경우 공동상속인에게 담보책임이 부과됨을 주의하여야 한다(제1016조 이하).

(2) 가분채무(可分債務)

㈎ 금전채무 등은 상속개시와 동시에 당연히 법정상속분에 따라 분할되어 귀속되므로, 상속재산분할의 대상이 될 수 없다.[2] 이는 상속채권자에게 불리하다.

㈏ **가분채무의 분할약정(소극)** 공동상속인(가령, 3인)들 사이의 합의로 그 중 1인이 그 법정상속분을 초과하여 채무전액(금 3,000만 원)을 부담하기로 하는 약정은 면책적(免責的) 채무인수(2명의 상속인들은 채무를 면함)의 성질을 가진 것이고, 위 약정에 따라 다른 공동상속인들이 상속분에 따른 채무의 일부나 전부를 면하려면 채권자의 승낙(제454조)을 받아야 한다. 상속인들은 '채권자의 승낙 없는' 면책적 채무인수약정으로 채권자에게 대항할 수 없다. 여기에는 상속재산분할의 소급효에 관한 민법 제1015조가 적용될 여지가 없다.[3] 따라서 채권자는 분할된 채무(1,000만 원씩)를 상속인 각자에게 청구할 수 있다.

㈐ **불가분채무** 이것이 분할의 대상이 되느냐? 적극설, 소극설이 대립하고 있으나, 채권자의 승낙이 없으면 분할로써 대항할 수 없으므로 소극설이 타당하다(실무[4]).

(3) 과실(果實), 대상(代償)재산

상속부동산의 임료, 지료, 주식의 배당금, 예금의 이자 등 과실(상속개시 전·후 생긴 것)은 분할대상인가? 당사자들 사이의 합의 또는 형평의 견지에서 필요한 경우에는 이를 분할대상으로 삼아야 할 것이다.[5] 상속재산에 대한 공과금, 수리비, 화재보험료 등을 일부 상속인이 부담한 경우 이것도 분할절차에서 청산되어야 할

---

1 송덕수, 350면; 가사비송재판실무편람, 145면(서울가정법원의 실무).
2 대판 1997. 6. 24, 97다8809; 서울가심 2006. 5. 12, 2005느합77(상속채무, 예컨대 임대보증금반환 채무는 분할대상이 될 수 없고, 분할하더라도 채권자에게 대항할 수 없다).
3 대판 1997. 6. 24, 97다8809; 일 東京高決 1962. 4. 13, 家月 14-11, 115면; 我妻, 친족법·상속법 (1952), 418~19, 444면.
4 서울가정법원의 실무(위 편람 145면).
5 대판 2018. 8. 30, 2015다27132, 27149(상속개시 후 발생한 과실은, 법정상속지분에 따라 분할할 것이 아니고, 구체적 상속분에 따라 하여야 한다); 김상훈, 상속법판례연구(세창출판사, 2020), 152~ 57면.

것이다. 상속재산과 관련된 매각대금·화재보험료·수용보상금 등 대상(代償)재산도 분할의 대상이 되어야 한다(통설과 실무). 분할협의 중이나 분할심판 중에 새로 상속재산이 발견되면¹ 이를 추가하여 분할대상으로 삼을 수 있다(가소규 제115조 ①항).

(4) 예외(분할의 대상이 아닌 것)

㈎ 제사(祭祀)재산　　조상의 묘가 설치된 금양임야 기타 제사용 재산(제1008조의3)은 분할의 대상이 될 수 없다(제사주재자의 단독소유로 귀속).²

㈏ 유언으로 재단법인을 설립하려고 출연한 재산("이 재산으로 ○○재단법인을 설립하라"고 유언한 경우)은 '법인이 설립되면' 유언자의 사망 시부터 법인에 귀속되므로 분할대상이 될 수 없다.³

㈐ 국세 등의 납부의무　　피상속인의 국세납부의무(예컨대 400만 원의 소득세)는 민법 소정의 상속분에 따라 계산한 금액(상속인이 장남, 차남 2인이면 각자 금 200만 원씩)범위에 한정되어 승계된다. 이러한 세금채무는 분할대상이 될 수 없다.⁴

㈑ 청구목적 재산에서 철회된 경우　　가정법원은 현실적으로 당사자의 청구목적에 따라 심판대상이 된 상속재산 전부를 동시에 심판하여야 하고(가소규 제115조 ①항), 청구목적물의 철회로 분할의 대상에서 빠진 재산까지 모두 동시에 심판해야 하는 것은 아니다(아래 참고판례 참조).

:: 참고판례

청구인이 당초 자신의 명의로 되어 있던 금 71,905,363원의 예금을 상속재산분할 대상으로 삼았다가, 1998. 5. 27.자 심판변경청구를 하면서 이를 분할대상에서 철회하였다. 그러면 이 예금을 상속재산분할 대상으로 삼지 아니한 것은 정당하다(대결 2000. 11. 14, 99스38, 39).

---

1 금융감독원(소비자보호센터; 02-3771-5114)에서는 상속인이 가족관계증명서 등을 구비하여 조회신청을 하면 피상속인의 예금, ––보험, 가계 당좌거래들을 조사하여 통보하여 준다(2009년 한국인의 '법과 생활', 법무부, 2009. 2. 16. 발행, 315면); 대결 2000. 11. 14, 00스38(당사자가 분할청구를 하여 현실적으로 분할의 대상이 된 재산을 한꺼번에 심판하라는 취지일 뿐이지, 청구하지 아니한 것까지 심판하라는 취지는 아니다).
2 전주지법 군산지원 2001. 4. 12, 98느10 심판[미 공간(公刊)].
3 대판 1984. 9. 11, 83누578; 일 대결 1930. 12. 4, 집 9, 1118면.
4 대판 1983. 6. 14, 83누175; 1982. 8. 24, 81누162.

4. 분할청구의 기간 등

(1) 승인·포기의 고려기간 중

공동상속인 중 1명이나 여러 명이 상속의 승인 또는 포기를 하지 않고 있는 동안에는 상속재산분할을 할 수 없다. 분할대상 재산이 피상속인 명의로 남아 있는 동안에는 언제든지 분할청구를 할 수 있다. 한정승인에 따른 청산절차가 종료되지 아니한 경우에도 상속재산분할청구는 할 수 있다.[1]

(2) 분할의 금지가 없을 것

㈎ 피상속인은 "유언으로" 상속개시의 날로부터 5년 이내의 기간 상속재산의 분할을 금지할 수 있다(제1012조 후단). 유언으로 5년을 초과하는 기간을 정하였다면 그 기간이 5년으로 단축된다. 공동상속인들 사이의 합의로도 재산분할을 5년간 금지시킬 수 있고(제268조 ①항), 다시 5년의 기간 내에서 갱신할 수도 있다(동조 ②항).

㈏ 공동상속인 전원의 동의가 있으면 금지기간 내라도 유효하게 분할할 수 있다. 다만 유언분할금지의 경우는 유언집행자의 뜻을 무시할 수는 없을 것이다.[2] 분할금지 대상에서 제외된 재산을 분할할 수 있음은 물론이다.

:: 참고판례

① 상속재산을 구성하는 특정 부동산(예컨대 ○○번지 대지 100㎡)의 공유지분을 양수한 제3자가 그 공유관계의 해소를 청구하는 경우는 상속재산분할심판이 아니고 공유물분할소송이다(일 최판 1975. 11. 7, 민집 29-10, 1525면).

② 특정 부동산의 지분양수인(제3자)에 대하여 공동상속인은 민법 제1011조에 의한 상속분 양(환)수청구를 할 수 없다(일 최판 1978. 7. 13, 判時 제908호, 41면).

③ 분할심판절차의 진행 도중에 상속인 중 1명이 상속분을 포기·양도하는 의사표시를 한 경우는 포기자의 포기 의사·양수인의 양수 의사를 분명히 확인하여 상속인의 범위와 상속분을 확정한 다음 분할을 하여야 한다(일 高松高決, 1988. 5. 17, 家月 41-6, 45면).

---

1 대결 2014. 7. 25, 2011스226.
2 곽윤직, 138면.

5. 분할의 방법

(1) 유언분할(지정 분할)

피상속인은 유언으로 상속재산의 분할방법을 정할 수 있고(법정상속분대로 분할 지정하여야 함), 제 3 자(상속인은 제 3 자가 될 수 없음)에게 분할방법을 정하라고 위탁할 수 있다(제1012조 전단).

제 3 자는 법정상속분대로 지정하여야 한다. 제 3 자가 지정 등을 하지 아니할 경우 상속인은 지정을 하라고 독촉할 수 있고, 확답을 받지 못한 경우(제 3 자의 수락거절로 보아) 협의분할이나 심판분할을 청구할 수 있다고 해석할 것이다.[1] 이 경우 상속인들은 그 유언대로 재산을 분할하면 된다(아래의 참고판례 참조). 생전행위로 한 분할방법의 지정은 무효이다.[2]

:: 참고판례

"특정 유산(예컨대 ○○아파트 1동)을 홍길동에게 상속하게 하라"는 유언은 상속재산분할방법의 지정 유언이고, 유증으로 볼 특별한 사정이 없는 이상 어떤 행위는 필요하지 않고, 그 유언으로 바로 유산의 일부 분할이 있었던 것과 같이 피상속인(유언자) 사망 시에 바로 해당 재산이 해당 상속인(홍길동)에게 상속으로 승계된다(일 최판 1991. 4. 19, 집 45-4, 477면; 동지 최판 1991. 9. 12, 判夕 제796호, 81면).

(2) 협의분할

㈎ 망인의 유언에 5년간 분할금지나 분할방법지정이 없는 경우 공동상속인들은 상속개시 후 언제든지(고려기간 중이나, 상속개시 후 15년이 지나도 무관) 협의하여 상속재산을 분할할 수 있다(제1013조 ①항). 이것이 협의분할이다. 고려기간 중의 분할이 '처분행위'에 해당되어 단순승인으로 간주될 수 있음은 별개의 문제이다.

1) 분할협의에 참가할 사람   협의분할은 공동상속인들 사이의 일종의 계약이므로, 공동상속인들 전원(全員)이 참여하여야 한다(가소규 제110조). 해제조건설에 따르면 태아도 생모 등 그 법정대리인을 내세워 상속재산 분할협의에 참가할 수

---

1 곽윤직, 140면; 김·김, 722면(민법 제131조를 유추하여 상속인에게 최고권을 인정하여야 할 것).
2 대판 2001. 6. 29, 2001다28299 판례공보 2001. 8. 15, 1744.

있다고 주장한다(판례는 다르다).

2) 협의분할의 무효와 재분할   상속재산의 협의분할은 공동상속인 전원의 동의가 있어야 유효하다. 만일, 공동상속인 전원의 동의가 없이, 일부 상속인이 제외되어 누락되었거나 그 의사를 무시하거나, 또는 그 의사표시에 대리권의 흠결 등 하자가 있다든지, 또는 무자격 상속인이 참가하여 한 협의분할은 모두 무효이다.[1] 이 경우 진정상속인은 협의분할무효확인 및 재분할을 청구할 수 있다(가소 제 2 조, 마류사건 10호)(상속회복청구를 할 것이 아님을 주의하여야 한다).

3) 고려기간 중의 분할협의요청(일종의 계약의 청약)에 다른 상속인들이 응할 의무는 없다.

(나) 미성년자 등과 친권자·후견인이 공동상속인으로 재산분할을 하는 경우는 '미성년자 등을 위한 특별대리인'(제921조)을 선임하여야 한다. 이는 이해상반행위가 될 수 있고 어떤 경우는 쌍방대리가 되기 때문이다.[2] 그리고 후견인은 후견감독인의 동의를 얻어야 할 것이다(제950조 ①항 6호).[3]

(다) 분할협의약정에서 정한 채무 등 조건불이행의 경우 해제 가부(소극)

1) 민법 제543조에 의한 해제(소극)   협의의 조건이 성취·이행되지 아니한 경우 그 분할협의를 해제할 수 있는가? 일단 협의가 성립된 경우에 공동상속인 중 1사람이 다른 공동상속인에게 부담하기로 정한 채무를 이행하지 아니하더라도, 다른 상속인은 민법 제543조에 의하여 그 분할협의를 해제할 수 없다.[4] 협의분할은 협의의 성립과 동시에 종료되고, 상속인들 사이의 채권·채무관계만 남게 되며, 해제를 인정하면 상속재산의 재분할을 하여야 하는 등 법적 안정성을 현저히 해치기 때문이다. 그러나 합의해제를 할 수는 있다.[5]

2) 공동상속인 전원의 합의해제(적극)   공동상속인 전원의 합의가 이루어진다면, 이미 한 재산분할협의도 해제할 수 있다.[6] 법적 안정성을 해칠 우려가 없기 때문이다.

---

1 대판 1987. 3. 10, 85므80; 1995. 4. 7, 93다54736; 1995. 9. 15, 94다23067.
2 대판 2001. 6. 29, 2001다28299; 1981. 12. 23. 등기 제589호, 대법원등기예규 제86-1호; 한정치산자(피한정후견인)와 후견인이 공동상속인인 경우도 마찬가지이다(2005. 12. 28, 부동산등기과-2353 질의회답).
3 조고판 1942. 9. 25, 집 29, 160(화해계약을 대리하는 경우); 김주수, 주석민법[친족(3), 2002], 520면.
4 일 최판 1989. 2. 9, 집 43-2, 1, 月報 41-5, 31면.
5 일 최판 1990. 2. 9, 집 44-6, 995면; 공동상속인들이 법정상속지분대로 승소판결을 받았더라도, 상속인 전원의 합의로 원고들 중 1인의 단독소유로 분할협의를 할 수 있고 등기신청을 할 수 있다(선례 변경, 2005. 8. 19, 부동산등기과-1225 질의회답).
6 대판 2004. 7. 8, 2002다73203[공동상속인 전원의 합의로써, 이전의 협의를 기초로 새로 이해관계

(라) 분할방법이나 기준(증여의 수단)

1) 회람(回覽)으로도 가능   상속재산분할협의는 상속인 전원이 모여서 의논하여야 하지만, 1명이 만든 원안을 회람하여 다른 상속인들 전원이 승낙하는 방법으로 할 수도 있다. 협의분할은 요식행위는 아니므로, 구두(口頭)나 문서로 합의할 수 있다. 그러나 이러한 합의를 근거로 상속재산 중 부동산의 등기 등을 신청하려면 합의를 증명하는 서면(문서)이 필요하므로 상속재산 분할협의서를 만들지 않을 수 없다.

2) 인감증명서

a) 실제로 분할협의를 하여 부동산등기신청 등을 할 경우 상속인들은 전원(全員)의 인감도장을 찍어 분할협의서를 만들고 인감증명서를 첨부하여야 한다.[1] 이러한 서류가 있어야 권리이전의 등기·등록·명의개서 등을 신청할 수 있기 때문이다.

b) 재외(在外)국민 또는 외국인이 상속재산협의분할을 할 때의 인감증명은 인감증명법상의 인감증명서 또는 그 협의분할서상의 '서명 또는 날인'이 본인의 것임을 증명하는 재외공관장(대사·공사 등) 또는 외국관공서의 확인(증명)서 혹은 이에 관한 공정증서를 제출하여야 한다.[2]

3) 상속재산분할은 증여인가?   상속재산의 분할은 현물(現物)분할이든 가액(價額)분할이든 상관이 없고 반드시 법정상속분대로 분할하여야 하는 것도 아니다. 따라서 예컨대, 어떤 상속인들(A, B, C)의 몫은 모두 "0"으로, 나머지 상속인(D)의 몫은 "100%"로 합의하여 정할 수도 있다. 이 경우 D는 자기의 고유상속분을 초과하여 재산을 취득하지만 판례는 이를 증여로 인정하지 않고 상속개시 당시 바로 피상속인으로부터 직접 승계한 것이라고 보고 있다(제1015조).[3]

(마) 고려기간 경과 후의 상속포기   고려기간이 경과된 후, 상속인 중 1명이 상

를 가지게 된 제 3 자(등기·인도를 마친 사람)에게 대항할 수 없다], 신문 2004. 7. 15, 제3283호, 11면 참조; 갑과 을의 공유로 협의를 하여 등기를 마친 후에도 갑의 단독소유로 하기로 하는 재협의를 하였다면 소유권경정등기를 신청할 수 있다. 이 경우 말소되는 을의 지분에 이해관계가 있는 제 3 자가 있을 때는 그 제 3 자의 승낙서를 첨부하여야 한다(2005. 9. 26, 부동산등기과-1550 질의회답); 일 최판 1990. 9. 27(가족법판례백선, 96사건).

1 부동산등기규칙(2018. 8. 31, 대규 2801호), 제60조 ①항 6호; 제62조(등기신청일로부터 3개월 이내에 발행된 인감증명서라야 한다); 대결 2004. 9. 3, 2004마599(협의분할에 의한 상속등기를 신청하면서 그 첨부서류로 확정판결정본을 제출하였더라도, 등기관은 그 확정판결문에서 공동상속인 전원의 의사 합치가 있었는지, 상속분을 제대로 확정한 것인지를 심사하여 판단할 수 있다).

2 등기선례요지집 Ⅲ, 395면; 김태민·김태인, 부동산등기신청실무(2000), 331면; 부동산등기규칙(대규 제2801호), 제61조 ③항, 인감증명법(2017. 12. 3. 법률 제14286호) 제 3 조 ②항, 「법인 및 재외국민의 부동산등기용등록번호 부여에 관한 규칙」(대법원규칙 2864호) 참조.

3 대판 1985. 10. 8, 85누70.

속재산 전부를 취득하도록 나머지 상속인들이 모두 상속포기를 한 경우, 그 포기
가 민법 제1019조 ①항 소정 기간 3개월을 지난 후 신고된 것이라서 본래의 상속
포기로서의 효력이 없더라도, 상속인들 사이에 상속재산의 협의분할이 이루어진
것으로 보아야 한다.[1]

㈐ 분할협의의 취소

1) 분할협의의 의사표시에 사기·강박·착오 등 하자(瑕疵)(흠)가 있는 경우, 해
당 상속인은 취소할 수 있고 취소되면 분할은 없었던 것이 된다.[2]

:: **참고판례**

> 법률행위의 내용의 중요한 부분에 착오가 있는 경우(이를 요소의 착오라고도 함)
> 이를 취소할 수 있다(제109조). 시가 2,500만 원의 유산을 1,293만~1,559만 원
> 정도로 오신하여 분할협의를 하였다면 이는 요소의 착오가 있으므로, 협의무효를
> 주장할 수 있다(일 東京高決, 1984. 9. 19, 判夕 제544호, 131; 그러나 착오자에
> 게 중대한 과실이 있어 무효청구가 기각됨).

2) **제3자 보호의 문제**   협의분할의 무효나 취소의 경우, 이미 분할로 재산을
취득한 제3자의 보호가 문제된다. 동산의 경우는 선의취득(제249조)으로 보호될
수 있고, 부동산의 경우는 취득지분에 한하여 유효하므로,[3] 분할에서 제외된 상속
인은 자기의 지분 부분에 대하여 물권적 청구권으로 무효(등기말소 등)를 주장할
수 있을 것이다. 이 무효청구의 성질은 상속회복청구로 보아야 할 것이다.[4]

(3) 조정이나 심판으로 하는 분할

㈎ **분할청구**   공동상속인들 사이에 분할협의가 이루어지지 아니하거나 협의
할 수 없는 때 상속인들은 상대방의 주소지 가정법원(임의관할)[5]에 상속재산분할
의 심판청구를 할 수 있다(제1013조 ②항·제269조·가소 제46조). 이 경우 상속인들
은 우선 조정신청을 하여야 한다(가소 제50조). 공동상속인들 사이의 기여분청구를

---

1 대판 1989. 9. 12, 88누9305; 1991. 12. 24, 90누5986.
2 대판 1987. 3. 10, 85므80.
3 대판 1965. 8. 24, 65다1086; 대법원판결요지집, 민사·상사편 I-1(법원행정처, 1994), 517면(공동
  상속인 중 1명이 상속부동산 전부를 처분한 경우, 그 1명의 지분 부분 양도는 적법하므로, 그 부
  동산 전부에 대한 등기의 말소를 명한 것은 위법하다).
4 김·김, 732; 대판 2011. 3. 10, 2007다17482; 2014. 11. 23, 2013다68948.
5 성질상 합의관할이나 변론관할은 생길 수 없다(법원실무제요 — 가사, 법원행정처, 2010, 49면).

포함한 상속재산분할청구 사건이야말로 형제자매들 사이의 사건이라 그 성질상 조정으로 처리하는 것이 가장 적절한 사건이라고 말할 수 있다. 끝내 조정이 성립되지 아니하면 그 사건은 심판절차로 옮겨간다.

:: 참고판례

상속재산분할과 기여분 결정 등 사건은 가사소송법상의 이른바 마류 가사비송사건(마류사건 10호, 9호)이고 심문절차로 진행된다. 따라서 재판장은 이러한 사건의 심문기일에 심문을 마친 후 반드시 심판이나 결정을 언제 선언(고지)할지 그 날짜를 미리 지정하거나 그 날짜를 당사자에게 미리 통보하여야 하는 것은 아니다(대결 2000. 11. 14, 99스38, 39). 이러한 사건은 가사비송사건이므로 가사소송법에 따라 가정법원이 심판이나 조정으로 처리하여야 하고, 일반법원이 판결절차로 처리할 수 없다(일 최판 1987. 9. 4, 判時 제1251호, 101).

(나) 격지(隔地)조정(가소규 제119조) '먼 곳에 살고 있는' 상속인을 위하여 격지조정제도가 생겼다. 원격지에 거주하는 상속인이 상속재산분할안의 내용을 잘 알고, 이것을 명확하게 수락한다는 의사표시를 한 때에 비로소 협의가 성립된다.[1]

(다) 비송사건심판제도의 위헌 여부(소극) 이러한 비송사건에는 비송사건절차법 제 1 편 총칙의 규정이 준용되어 변론주의가 적용되지 않고, 비공개(非公開)로 심리하며, 엄격한 증명으로 사실인정을 하여야 하는 것도 아니다. 재판의 형식은 결정과 같은 '심판'으로 하고, 이러한 심판에 대하여는 대법원규칙에서 정하는 경우에 한하여 즉시항고를 할 수 있다(가소 제43조). 이러한 비송사건심판절차를 헌법위반이라고 할 수는 없을 것이다(아래 참고판례 참조).

:: 참고판례

가사소송법의 규정[가소 제 2 조 ①항, 나(2), 마류사건 10호]과 이에 따른 가사비송사건의 심판은 헌법상 '재판을 받을 권리', 재판공개의 원칙(헌법 제27조 ①항·③항)에 위반되는 것은 아니고, 가정법원은 상속재산분할에 관한 처분의 전제가 되는 상속권·상속재산 등의 권리관계의 존부(存否)를 위 심판 중에서 심판할 수 있다(일 최판 1966. 3. 2, 집 20-3, 360면).

---

1 일 포화지판 1983. 1. 28, 月報 36-3, 164면(원안이 정확하게 전달되지 않고, 당사자의 일방이 합당한 액수의 재산을 받을 것으로 생각하여 다른 일방에게 일임하여 인감도장 등을 교부하였던바, 그 기대에 어긋나는 내용의 협의서가 작성된 경우는 협의 불성립).

㈔ 상속재산의 평가시점과 평가방법

1) 구체적 상속분 산정을 위한 상속재산가액 평가시점은 상속개시시점이지만,[1] 상속재산분할을 위한 상속재산가액(시가)의 평가기준시점은 공평의 이념 실현을 위하여 분할 시 또는 분할심판 시를 기준으로 삼아야 한다.[2] 상속개시 시와 상속재산의 분할 시 사이에 상당한 시간이 흐른 경우, 또는 부동산가격의 폭등현상도 발생할 수 있기 때문이다. 화폐가치의 변동도 고려하여 그 비율로 수정하여야 한다. 상속재산의 범위와 가액의 확정·평가와 그 평가방법은 상속인 전원의 동의로 정할 수 있고, 심판의 경우는 감정사, 기타 객관성이 담보되는 방법을 가정법원에서 재량으로 선택할 수 있다.[3]

2) 현물분할·가액(환가)분할·경매분할·대상(代償)분할 등　상속인들이나 가정법원은 그 합의 또는 재량으로 현물분할이나 가액(환가)분할을 할 수 있고, 가액분할을 위하여 물건의 매각이나 경매를 명할 수도 있다(제1013조 ②항).[4] 새로운 공유로 하는 분할[5]·대상(代償)분할 또는 정산(精算)분할(가소규 제115조 ②항)도 할 수 있다. 대상분할은 공동상속인 중 1인(예컨대 장남)이 상속재산(예컨대 주택)을 취득하고 나머지 상속인(예컨대 차남)에게는 그 상속분에 해당하는 돈을 정산하여 지급하는 방법이다.

:: 참고판례

경매분할청구를 하는 사건의 경우 망인이 제 3 자에게 상속부동산을 증여하기로 계약하였더라도 아직 증여에 따른 소유권이전등기를 넘겨주지 아니한 상태이면 그 부동산은 분할대상이 된다(대판 1991. 7. 12, 90므576).

---

1 대결 1997. 3. 21, 96스62(상속개시 시를 기준으로 삼는 것이 원칙, 대상분할의 경우는 분할 시를 기준으로 삼아 평가하여야 한다).
2 곽윤직, 개정판 상속법, 147면(상속개시 시와 분할 시 사이의 가액의 변동을 조정할 수 있도록 함이 공평); 김·김, 736면; 김형배, 332면; 소성규, 355면; 中川·泉, 313면; 太田武男, 121면; 谷口知平, '상속재산의 평가', 家族法大系 Ⅵ, 303면 이하; 서울가판 1985. 8. 19, 83드6029; 日 大阪高決, 1983. 6. 2, 判夕 제506호, 186; 원칙적으로 ① 법정상속분 = 분할의 기준, 기여분, 특별수익 등을 고려하여 이를 재조정한 상속분 = ② 구체적 상속분이다. 구체적 상속분 × 분할 시의 상속재산가액 = ③ 최종적 상속지분이 된다. 결국 ③을 기준으로 분할이 이루어진다(가사비송재판실무편람, 146면).
3 일 大阪高決 1983. 7. 11, 家月 36-9, 69면.
4 대판 1985. 2. 26, 84다카1194.
5 川井 健, 신판주석민법(27)(1989, 有斐閣), 393면; 불분할계약도 분할의 일종이다(中川 편, 注釋 上, 204면).

(마) 분할심판사건 심리 중의 분할청구의 철회(소극)　공동상속인 중 1명이 상속재산분할청구를 한 이상, 상대방(다른 상속인)이 그 분할청구를 철회하거나 포기할 수는 없다.[1]

(4) 분할비용

당사자들 사이의 합의나 유언으로 이를 정할 수 있고, 그 외는 가정법원이 심판으로 분할비용을 정할 수 있을 것이다.

6. 상속재산분할의 효과

(1) 분할의 소급효[소위 선언(宣言)주의]

(가) 상속재산이 분할되면 상속개시 당시로 소급하여 그 효력이 생긴다(제1015조 본문).

1) 상속재산분할로 각 공동상속인에게 귀속되는 재산은 그것이 고유의 상속분을 초과하는 것이라도 상속개시 당시에 상속인이 피상속인으로부터 '직접 승계받은 것'으로 인정된다. 공동상속인 상호 간에 상속분의 이전이 생기는 것[이전주의(移轉主義)[2]]이 아니고, 상속개시 당시에 이미 그 재산이 상속에 의하여 상속인의 단독소유였던 것으로 취급된다. 이를 선언주의(宣言主義)라고 한다.[3]

2) 그러나 민법은 제3자의 권리를 해하지 못한다고 규정하여(제1015조 단서), 분할의 소급효를 제한함으로써 거래의 안전을 도모하고 있다(후술).[4]

(나) 피상속인(망인)이 이미 제3자에게 상속부동산을 매도하였으나 이전등기를 넘겨주지 아니하고 사망하였는데, 상속인들이 협의분할을 하여 1인 명의로 상속등기를 마쳤다면 매수인은 그 등기명의자(단독소유자) 1인만을 상대로 이전등기를 청구할 수 있고, 나머지 상속인들을 상대로 청구할 수 없다. 왜냐하면 그들은 이전등기절차를 이행할 의무가 없기 때문이다.[5]

(다) 분할의 소급효는 현물분할의 경우에만 인정되고, 상속재산에 갈음하여 대

1 서울가심 1994. 4. 21, 92느7359.
2 보통의 공유물분할(제268조)은 분할시점부터 효력이 생기므로[이전주의(移轉主義)] 소급효가 없다는 점을 주의하여야 한다(이는 로마법의 원칙인데 독일민법, 스위스민법이 계승하고 있다).
3 대판 1961. 11. 23, 4293민상825; 1972. 1. 31, 71다2504; 1985. 10. 8, 85누70; 1987. 11. 24, 87누692; 1988. 2. 23, 87누1022; 1989. 9. 12, 88다카5836; 1992. 10. 27, 92다32463; 선언주의는 게르만법의 전통인데 프랑스민법, 일본민법(제909조)이 채택하고 있다.
4 김형배, 337면; 소성규, 355면; 엄영진, 552면.
5 대판 1989. 9. 12, 88다카5836; 1990. 11. 13, 88다카24523, 24530; 1991. 8. 27, 90다8237.

금을 받는 가액(환가)분할, 대상(代償)분할 등의 경우에는 인정되지 아니한다.¹

(2) 상속개시 후 나타난 혼인외의 자(피인지자)의 청구

(개) 사람의 사망 후 그 망인을 피고로 한 인지판결이 확정되면, 그 인지의 효력은 인지청구인의 출생 시에 소급하여 생긴다(제860조). 따라서 인지된 혼인외의 출생자는 상속개시 당시부터 상속인이 되어 재산을 상속한 것이 된다[친자관계존재확인판결, '아버지를 정하는 소'의 판결을 받은 사람도 동일](제1015조). 이처럼 '상속개시 후에 인지(유언인지)·재판확정 등으로 공동상속인이 된' 사람은 인지판결확정 후에도 아직 상속재산이 분할되지 아니하였다면 당연히 상속재산분할을 청구할 수 있고 분할절차가 진행 중이면 그 절차에 참가할 수 있다.²

(내) 상속재산이 분할·처분된 이후이면 다른 공동상속인을 상대로 그 상속재산에 대한 자기의 상속분에 상당하는 가액(돈)을 달라고 청구할 수 있다(제1014조).

1) 이것도 일종의 상속회복청구권의 행사이므로, 그 제척기간(3~10년)(제999조 ②항) 내에 행사하여야 한다. 그리고 이러한 사건은 가정법원의 관할에 속하지 않고, 일반법원의 관할에 속한다.³

2) 여기서 가액은 공동상속인들이 실제로 처분한 가액, 또는 처분당시의 시가가 아니라, 가액지급청구 사건의 사실심(제 2 심) 변론종결 당시의 시가를 말한다.⁴

3) 이러한 피인지자는 인지(認知) 이전의 공동상속인들의 처분의 효력을 부인하지 못하는 대신, 그 상속분 상당가액의 지급을 청구할 수 있게 함으로써 상속재산의 새로운 분할에 갈음하게 하는 권리를 인정하여, 피인지자의 이익과 기존의 권리관계를 합리적으로 조정하는 데 그 목적이 있다. 따라서 공동상속인들로부터 상속재산을 양수한 제 3 자의 권리는 보호된다.

4) 부당이득반환규정 적용(소극)   반환할 가액의 범위에 관하여 부당이득반환에 관한 민법의 규정을 유추·적용할 수 없다. 다른 공동상속인들이 상속재산을 분할·처분할 당시 피인지자의 존재를 알았는지의 여부에 따라 그 반환 범위가 달라

---

1 김형배, 337면; 이화숙, 주석상속법(상), 436면; 일 高松高決 1961. 1. 8, 家月 14-7, 62면[상속개시 후 공유상태에서 분할 시까지 발생한 과실(수익)까지 당연히 분할되는 것은 아니다].
2 서울가심 2004. 9. 16, 2000느합61, 2002느합133, 법률신문 2004. 11. 15.자 제3314호, 10면.
3 박병호, 387면(가정법원의 관할로 보아야 한다는 견해).
4 대판 1981. 2. 10, 79다2052; 1982. 9. 28, 80므20; 1993. 8. 24, 93다12, 공보 제954호, 2591면; 2002. 11. 26, 2002므1398; 비상장주식가액의 평가방법으로 상속세 및 증여세법 시행령 제54조 소정의 평가방법 이외에 자산가치평가법에 따라 산정한 예(서울가심 2004. 9. 16, 2000느합61, 2002느합133)가 있다.

지는 것은 아니다. 참칭상속인이 상속권의 침해당시 이미 침해사실을 알고 있었더라도, 피인지자(진정상속인)는 인지심판확정일에야 침해사실을 안 것으로 해석하여야 한다.

　　5) 상속재산의 처분에 따르는 조세부담은 상속에 따르는 비용은 아니다. 다른 공동상속인들이 이미 상속재산의 분할이나 처분에 따라 부담한 조세를 '피인지자에게 지급할' 가액에서 공제할 수 없고, 피인지자에게 그 조세액의 상환청구를 할 수도 없다. 이는 피인지자의 가액지급청구제도는 '상속재산이 분할되지 아니한 상태'를 가정하여 피인지자에게 그 상속분에 상당한 가액의 지급을 보장하여 주려는 것이기 때문이다.[1]

(3) 제 3 자의 권리와의 관계

　　상속재산분할의 소급효는 제 3 자의 권리를 침해하지 못한다(제1015조 단서). 제 3 자의 선의·악의는 묻지 아니하나,[2] 제 3 자는 상속개시 이후 유산(遺産)분할 이전에 개개의 재산(가분채권 제외)에 대한 상속인의 지분권리를 취득하고 권리이전의 요건(제186조·제187조 등)[등기·등록·인도(引渡)]과 대항요건(제450조)(채권양도 통지 또는 승낙)을 갖춘 사람을 말한다. 예컨대 특정(개개) 상속재산의 지분양수인,[3] 압류채권자(상속인 중의 1인의 채권자), 또는 저당권자 등 등기를 마친 사람들이다. 아래에서는 "제 3 자"에 해당하지 아니하는 사람들은 누구인지 살펴본다.

　　㈎ **상속분의 양수인**(소극)　　상속분 양수인은 직접 상속재산분할을 청구할 수 있으므로 여기에서 말하는 제 3 자에 해당되지 아니한다.

　　㈏ **후순위 상속인**(소극)　　인지를 받은 자(피인지자)보다 후순위상속인이 취득한 상속권은 민법 제860조 단서, 제1015조 단서의 제 3 자가 취득한 권리에 포함시킬 수 없다(다음 참고판례 참조).[4]

　　㈐ **제 3 자와 공동상속인의 관계**　　공동상속인 중 1인으로부터 특정 상속재산

---

1 대판 1993. 8. 24, 93다12; 그러나 상속재산의 취득에 수반되어 이미 납부한 세금 등은 상속비용(제1014조)에 해당하므로, 상속분 상당의 가액에서 공제함이 상당하다(서울가심 2004. 9. 16, 2000느합61, 2002느합133, 신문 제3314호, 10).

2 곽윤직, 153면; 이화숙, 주석상속법(상), 437면.

3 일 大阪高判 1959. 12. 18, 하민 10-12, 2653면; 廣島高判 1970. 1. 28, 判時 598, 72면(분할 후 미등기 사이에 지분을 취득한 제 3 자에 대하여 분할의 효과를 주장하거나 대항할 수 없다); 최판 1963. 2. 22, 집 17-1, 235면(자기의 지분초과부분을 제 3 자에게 양도하여도 그 초과부분은 효력이 없다).

4 대판 1974. 2. 26, 72다1739.

의 지분을 양수한 제 3 자는 그 재산의 공유자가 되므로, 민법 중 공유의 규정(제 263조 이하)에 따라 공유물분할소송을 제기할 수 있을 뿐이고, 상속재산분할심판청구를 할 수는 없다.[1]

:: 참고판례

망 한태웅(피상속인)의 지위를 망인의 형·누이인 한○운·한○정이 상속하였다고 주장하면서 피고를 상대로 배상청구를 하여 승소의 확정판결을 받았다. 그 후 망인의 자식(원고)이 나타나 망인을 상대로 인지청구를 하여 새로운 상속인으로 등장한 경우, 그는 망인의 제 1 순위 상속인으로서 위 손해배상청구권을 상속하므로 그가 망인의 형·누이보다 우선한다(대판 1974. 2. 26, 72다1739). 이러한 형제자매는 제 3 자에 해당하지 아니하므로 만일 손해배상을 받았다면 원고에게 이를 반환하여야 한다.

(라) **상속재산의 매수인**　　부동산의 이전등기를 넘겨받지 못한 매수인은 "협의분할로 등기한 사람"에게 대항할 수 없다. 협의분할도 일종의 계약이기 때문이다.

1) **상속개시 전의 매수인**　　상속개시 전 피상속인(홍길동)에게서 부동산을 매수하였으나 아직 등기를 넘겨받지 못한 매수인은 상속재산의 협의분할을 무효라고 주장할 수도 없다. 이러한 제 3 자(매수인)는 민법 제1015조 단서의 제 3 자로 볼 수 없다(등기미필의 상태).[2]

2) **상속개시 후의 매수인**　　상속개시 후 제 3 자가 공동상속인 중 1인[예컨대 장남(甲)]으로부터 상속토지를 매수한 후 그 등기를 넘겨받지 못하고 있는 동안에 공동상속인들의 협의분할이 이루어진 결과 다른 상속인[예컨대 차남(乙)]명의로 이전등기가 되었다. 이 경우 매수인은 분할무효를 주장할 수 없다(차남에게 대항할 수 없다)[매도인(甲)을 상대로 계약해제나 손해배상청구를 할 수 있을 뿐이다].[3] 이 경우 매수인과 차남은 동일한 부동산(그 중 장남의 지분)의 2중 매수인과 거의 같은 처지에 있다고 말할 수 있다.[4]

1　일 최판 1975. 11. 7, 집 29-10, 1525면.
2　대판 1991. 8. 27, 90다8237; 1992. 3. 27, 91누7729; 1992. 10. 27, 92다32463.
3　대판 1992. 11. 24, 92다31514.
4　일 최판 1971. 1. 26, 집 25-1, 90면[분할로 권리를 취득한 공동상속인이라도 등기를 넘겨받지 아니하고는 동일부동산의 권리를 취득(등기필)한 제 3 자에 대하여 법정상속분과 다른 권리취득으로 대항할 수 없다]. 의사주의를 취하고 있는 일본에서는 법정상속분대로 분할받은 공동상속인은 등기 없이 제 3 자에게 대항할 수 있는가에 대하여 여전히 학설이 대립할 여지가 있다[中川 淳, 상속

3) 상속인이 협의분할로 취득한 경우　상속인 중 1인이 공동상속인 A로부터 고유상속분을 초과하는 권리를 협의분할·심판·판결·포기·양도·조정 등으로 취득하였다 하더라도, 그 이전등기를 마치지 아니하면 그 후 동일한 권리를 A에게서 취득한 제 3 자에게 주장하고 대항할 수 없다는 것이 판례이다(A가 배임죄 등의 형사책임을 지는 것은 별도).[1]

(4) 공동상속인의 담보책임

(가) 매도인과 동일한 담보책임　상속인은 '다른 공동상속인들이 분할로 취득한' 재산에 대하여 그 상속분에 응하여 매도인과 동일한 담보책임을 진다(제1016조·제580조 이하).[2] 하자(흠) 있는 물건을 분할 받은 사람은 손해배상의 청구뿐만 아니라, 분할계약의 전부·일부의 해제권도 행사할 수 있다. 담보책임의 존속기간은 흠 있다는 것을 안 날로부터 6개월(제582조)간이고, 악의자는 이러한 청구를 할 수 없다.

(나) 채무자의 자력(資力) 담보책임　예컨대, 홍길동이 돌아가시면서 대여금채권 5,000만 원(채무자 허풍선)과 전세보증금 반환청구채권 5,000만 원과 대지 1억 원 상당을 남기었다. 처와 자녀 3명 중 차남이 위 대여금 5,000만 원을 분할 받았다고 가정하자.

1) '채권을 분할 받은' 상속인(차남)이 채무자(위 허풍선)의 무자력으로 인하여 그 채권(5천만 원)을 회수할 수 없을 경우 다른 공동상속인들은 각자의 상속분에 따라서 '분할당시'의 채무자의 자력을 담보한다(제1017조 ①항).

2) 다만, 분할당시 변제기 미도래의 채권이나 정지조건부 채권은 '변제를 청구할 수 있는 때'의 채무자의 자력을 담보한다(동조 ②항). 그러므로 분할당시나 변제 청구할 수 있는 당시에 채무자에게 자력이 있었다면, 그 후 무자력이 되더라도 다른 공동상속인들이 담보책임을 지지 아니한다. 자력이 있을 당시에 상속인이 속히 청구하여 받았어야 한다는 의미이다.

법축조해설(상), 341면].

1 일 최판 1971. 1. 26, 집 25-1, 90면; 수원지판 2002. 11. 21, 2000가단6300(상속인이 상속지분양도인 또는 상속포기자를 상대로 상속지분등기의 말소 내지 이전을 명하는 확정판결을 받았다고 할지라도, 그 등기를 넘겨받지 않고 있는 사이에 제 3 자가 그 지분을 넘겨받았다면 그 제 3 자에게 대항할 수 없다; 확정).

2 이 점은 일반 공유물의 이전주의와 같다. 민법의 선언주의는 실질적으로 볼 때 이전주의와 다를 바가 없다[中川 編, 注釋 上, 205면; 川井 健, 신판 주석민법(27), 392면].

826 제3편 상 속 법

(다) **공동상속인 간의 담보분담책임**   채무자의 자력담보책임을 지고 있는 공동상속인 중에 돈(상환의 자력)이 없는 사람이 있는 경우 그 무자력 상속인의 부담부분은 구상권자와 '돈이 있는' 다른 공동상속인들이 상속분에 따라 분담한다(제1018조). 그러나 구상권자의 과실로 인하여 상환을 받지 못한 때 그 손해는 구상권자 자신이 부담하여야 하고, 다른 상속인에게 분담하라고 청구할 수 없다(동조 단서).

(5) 법원의 분할심판에 불응하는 경우의 조치(기판력과 관련)

가정법원에서 경매분할을 명하는 심판을 하여 확정되었는데도 청구인이 경매신청을 하지 아니할 경우 다른 상속인들은 상속재산을 분할할 방법이 없는가? 공동상속인은 청구인에게 권리행사(경매신청 등)를 촉구하고 끝내 이에 불응할 경우, 다시 집행권원을 얻기 위하여 상속재산분할심판청구를 할 수 있다고 해석하여야 할 것이다. 마류 가사비송사건(10호)인 상속재산분할심판청구 사건의 심판은 확정되어도 기판력이 없기 때문이다.

7. 상속재산의 분할협의와 사해행위 또는 반사회질서행위의 성립 여부

(1) 사해행위의 성립 여부(긍정)

상속재산의 분할협의는 잠정적 공유상태에 있는 상속재산의 전부 또는 일부를 각 상속인의 단독소유로 하거나 새로운 공유관계로 이행시킴으로써 상속재산의 귀속을 확정시키는 것이고 그 성질상 재산권을 목적으로 하는 법률행위이므로 사해행위취소권 행사의 대상이 될 수 있다(아래 참고판례 참조).

:: **참고판례**

채무초과상태에 있는 채무자가 상속재산의 분할협의를 하면서 상속재산에 관한 권리를 포기함으로써 결과적으로 일반 채권자에 대한 공동담보가 감소되었다 하더라도, 그 재산분할결과가 채무자의 구체적 상속분에 상당하는 정도에 미달하는 과소한 것이라고 인정되어야 사해행위로서 취소되는 것이고, 그 경우에도 사해행위로서 취소되는 범위는 그 채무자의 구체적 상속분에 미달하는 부분에 한정되어야 한다(대판 2001. 2. 9, 2000다51797; 2013. 6. 13, 2013다2788). 이때 지정상속분이나 기여분, 특별수익 등의 존부 등 구체적 상속분이 법정상속분과 다르다는 사정은 상속인(채무자)이 주장·입증하여야 할 것이다.

(2) 반사회질서행위(제103조)의 성립 여부(긍정)

공동상속인 중 1명이 상속부동산을 제 3 자에게 매도한 후 그 이전등기 전에, 공동상속인들이 협의분할을 하여 그 부동산을 다른 상속인의 단독소유로 합의하였다. 이 경우 이미 매도사실을 알고도 당초 매도인의 배임행위(협의분할)를 유인·교사한 결과 그러한 합의를 한 것이라면 당초 매도인의 상속분에 관한 합의부분은 민법 제103조 소정의 반사회질서의 법률행위에 해당하여 무효가 된다.[1] 위의 매수인인 제 3 자는 당초 매도인의 상속지분에 관한 부분의 이전등기를 청구할 수 있다.

8. 상속재산의 분할과 증여세, 협의분할에 따른 경정등기

(1) 상속재산의 협의분할로 인하여 공동상속인 중 1인이 고유상속분(固有相續分)을 초과하여 재산을 취득하게 되더라도, 이는 상속개시 당시에 소급하여 피상속인으로부터 바로 승계받은 것으로 보아야 하고, 공동상속인 상호 간에 상속분의 이전(移轉)이나 증여(贈與)가 생기는 것이 아니다. 그러므로 이러한 초과부분에 대하여 증여세를 부과할 수는 없다.[2]

(2) 상속개시 후 10년이 지난 후 협의분할한 경우

상속개시 후 채권자대위에 의한 상속등기(법정상속지분대로 등기)가 이루어진 상태를 방치하여 두었다가 10년이 지난 후 위 등기내용과 다른 협의분할을 하여 그 분할등기를 하였다고 하여도 이는 증여세부과대상이 될 수 없다.[3]

(3) 채권자대위권에 의한 상속등기는 대개 상속인들의 법정상속분대로(예컨대 1/3 또는 1/6 등) 이루어진다. 상속인들 사이의 협의분할로 인하여 그 비율이 달라질 수 있고, 단독소유가 되기도 한다. 이 경우의 경정등기절차에 관하여는 앞의 2장 상속법 총론 중 상속과 등기부분을 참조하기 바란다.

---

1 대판 1996. 4. 26, 95다54426, 54433.
2 대판 1985. 10. 8, 85누70; 1986. 7. 8, 86누14; 1987. 11. 24, 87누692; 1989. 9. 12, 88다카5836; 1990. 11. 13, 88다24523, 24530; 1992. 10. 27, 92다32463(명의수탁자의 지위도 협의분할로 단독상속할 수 있음); 1993. 9. 14, 93누10217; 1994. 3. 22, 93누19535; 2001. 11. 27, 2000두9731, 법률신문 제3031호(2001. 12. 3), 10면 등.
3 대판 1994. 3. 22, 93누19535.

[상속재산의 협의분할과 심판분할의 대비표]

구 분		협의분할	심판분할	비 고
청 구 인	공동상속인·대습상속인·행방(생사)불명 상속인(부재자)의 재산관리인·특별수익자	○	○	제1013조
	포괄수유자	○	○	제1018조
	상속분 양수인	○	○	
	상속인의 채권자	○	○	
	상속개시 후의 피인지자 — 분할·처분 전	○	○	
	상속개시 후의 피인지자 — 분할·처분 후	×	×	상속분상당 가액청구만 가능(제1014조)
	개개재산에 대한 상속지분 양수인	×	×	
	태아 — 정지조건설(판례)	×	×	
	태아 — 해제조건설(학설)	○	○	
상 대 방		청구인을 제외한 모든 상속인들	왼편과 동일	필수적 공동비송(가소규 제110조)
청구기간		상속개시 후 고려기간 경과 후 언제든지	왼편과 동일	고려기간 중 분할=단순승인
관할법원		×	상속개시지의 가정법원	가소 제44조 6호
분할대상	대상이 되는 것	모든 상속재산	왼편과 동일	
	대상이 될 수 없는 것	제사재산·금전채권·금전채무·재단법인설립재산·납세의무	왼편과 동일	
분할방법	현물분할, 환가분할, 새로운 공유로 만드는 법, 정산(대상)분할	○	○	가소규 제115조 ②항
평가의 기준 시점		분 할 시	사실심(제2심)의 변론종결시	
인감증명서		○	×	
분할무효		일부상속인 누락·동의누락·무자격자 참가	×	
분할취소		사기·강박·착오	×	
소 급 효		○	○	
제3자	보호 받는 사람	개개의 재산에 대한 상속인의 지분권리를 취득(등기·등록 마친)한 사람	왼편과 동일	
	보호 받지 못하는 사람	후순위 상속인 부동산 등의 매수인 중 등기·등록을 넘겨받지 못한 사람	왼편과 동일	
사해행위·반사회질서행위의 성부		○	×	

제 7 절 상속인의 부존재

I. 서 론

1) 사람이 사망하면 그 망인의 재산은 당연히 그 상속인에게 승계된다(당연상속주의). 이러한 상속인이 없거나 분명하지 아니한 경우를 상속인의 부존재라고 한다.

2) 민법은 상속인의 존부(存否＝존재여부)불명의 경우 상속재산관리인을 선임하여 재산을 관리하게 하면서, 한편으로는 상속인을 찾아내고, 다른 한편으로는 상속재산으로 상속채권자 등에게 변제를 하여 청산한다. 끝내 상속인이 나타나지 아니할 때는 특별연고자의 청구에 따라 그에게 재산을 분여(分與)하고, 최종적으로 남는 것은 국가에 귀속시키고 있다(민법 제 5 편 제 1 장 제 6 절).

3) 민법 시행 전의 관습에 따르면 호주나 가족이 사망하고 상속인이 없으면 근친자에게 그 유산(遺産)의 권리가 귀속되었다.[1]

II. 의 의

1. 상속인의 부존재(不存在)의 의미

상속인의 부존재는 '상속인의 존부(存否)가 분명하지 아니한 때'이다(제1053조 ①항). 예컨대 '홍길동'이 사망한 경우, 그의 상속인이 될 자녀나 손자녀(＝직계비속), 배우자, 직계존속, 형제자매나 그의 배우자·직계비속, 3촌, 4촌 이내의 방계혈족 중 어느 누구도 생사(生死)가 불명인 경우를 말한다.[2] 신원(身元)불명자가 사망한 경우, 가족등록부상 상속인이 없는 경우, 상속인들이 모두 상속을 포기하여 상속자격을 잃은 경우 등이 상속인의 부존재에 해당한다.

---

1 대판 1964. 12. 29, 64다1205, 대법원판결요지집 — 민사·상사편 — I-2, 1605면(민법 제1000조, 12번 판례).
2 공동상속인들 중 재외국민이 상속등기를 기피하려고 필요한 서류의 발급신청에 협력하지 아니하여 현주소를 알 수 없을 때의 처리방법은 대법원등기예규 제992호 참조(말소자주민등록표등본, 현 주소를 알 수 없다는 소명자료, 재외국민등록부등본교부신청서와 동 신청서를 거부한 외교부 공문).

2. 상속인의 부존재에 해당되지 아니하는 경우

아래와 같은 경우는 '상속인의 부존재'에 해당되지 아니한다.

(개) 공동상속의 경우 공동상속인 중 1명이라도 생존하고 있는 것이 분명한 때   이 때는 그 1명의 상속인이 다른 상속인들을 찾거나 상속재산을 관리하고 청산한다.

(내) 상속인의 존재사실은 명백하나(예; 이북에 잔류), 그 행방이 불명인 경우   이 때는 부재자의 재산관리규정(제22~26조) 또는 실종선고의 규정(제27~29조)에 따라 처리한다.[1]

3. 상속인의 부존재는 아니지만 이와 같은 절차를 밟아야 할 것인지 문제되는 경우

(1) 최종순위 상속인의 부존재·결격·상속포기 사실이 명백하거나, 최종순위자가 피상속인과 동시사망한 것으로 추정되는 경우는 모두 상속인의 부존재에 해당된다.

(2) 이혼무효의 소, 파양무효의 소, 아버지를 정하는 소, 인지청구의 소 등이 제기되어 소송이 계속 중인 경우는 상속인 미확정의 상태가 된다. 이 경우 어떻게 할 것인가?

1) 이 경우 상속재산의 청산절차를 밟는 것은 타당하지 않고 상속재산관리인 선임절차를 밟되, 공고절차를 늦추는 것이 타당할 것이라는 학설.[2]

2) 판결의 확정을 기다려야 하며, 그동안의 재산관리는 민법 제1023조(상속재산보존에 필요한 처분)를 유추 적용함이 타당할 것이라는 학설.[3]

3) 판결 확정 전에 청산절차가 종료되어서는 안 되며, 가정법원은 상속재산의 보존에 필요한 처분이나 조치(제1053조 ①, ②항·제24조 ②항)를 취하여야 할 것이라는 학설[4]이 대립하고 있다. 마지막의 학설을 지지한다.

(3) 참칭상속인(예컨대, 무효인 유언에 의한 포괄수유자)이 상속하고 있는 경우

상속채권자나 수유자 등 이해관계인이 상속재산관리인 선임을 청구하고(제

---

1 대판 1982. 12. 28, 81다452,453; 곽윤직, 204면; 김·김, 790면; 송덕수, 399면; 신영호, 김상훈, 432면.
2 김·김, 790면.
3 박병호, 414면.
4 곽윤직, 339면.

1053조 ①항), 이렇게 선임된 관리인은 참칭상속인을 상대로 상속회복청구권을 행사하여 상속재산의 반환을 받은 다음, 이를 관리하고 청산하여야 할 것이다.

상속회복청구권은 상속인이나 그 법정대리인만 행사할 수 있는 일종의 일신전속권이므로 위 견해에 반대하면서 상속인 부존재 절차를 밟아야 한다는 학설이 있다.[1]

(4) 포괄수유자만 있는 경우

1) 전 재산을 유증받은 포괄수유자만 있는 경우 그는 상속인과 동일한 권리·의무가 있으므로(제1070조), 상속인 부존재절차를 밟을 필요는 없고, 재산의 일부만 유증받은 경우는 상속인 부존재절차를 밟아야 한다는 견해가 있고,[2] 이에 대하여 전 재산 유증의 경우이든 일부재산의 유증의 경우이든 수유자만 있을 경우는 항상 상속인부존재절차를 밟아야 한다는 견해[3]가 있다.

2) 수유자도 상속재산관리인 선임을 청구할 수 있으며(제1053조 ①항·제1054조), 수유자는 상속채권자에게 변제한 후가 아니면 변제를 받을 수 없다(제1056조 ②항·제1036조)는 규정의 취지를 종합하면 후자의 견해가 타당할 것이다.

Ⅲ. 상속재산의 관리·청산과 상속인의 수색

1. 상속재산의 관리

상속이 개시되었는데도 상속인이 없는 경우는 상속인이 나타날 때까지 상속재산을 관리하는 것이 중요하다.

(1) 관리인 선임

1) 가정법원은 '부재자재산관리인 선임'과 같은 절차로 상속재산관리인을 선임하고 지체없이 이를 공고하여야 한다(제1053조 ①항·가소 제 2 조 ①항, 라류사건 37호). 상속재산이 없으면 이 심판을 취소한다. 이 공고는 제 1 차 공고이다.

2) 이 관리인은 부재자를 위한 재산관리인과 동일한 권리·의무를 가지고 있으므로, 일종의 법정대리인이고 부재자를 위한 재산관리에 관한 규정이 준용된다(동조 ②항).

---

1 김·김, 789면.
2 김·김, 789면; 신영호, 김상훈, 432면; 윤진수, 497면.
3 곽윤직, 205면; 송덕수, 399-400면.

3) 관리인은 앞으로 나타날 상속인(＝본인) 또는 포괄수유자의 법정대리인이고, 상속인의 부존재가 확정되는 경우는 국가(또는 국고)의 대리인의 지위를 가진다고 할 것이다. 왜냐하면 특별연고자의 재산분여청구 기간이 만료될 때까지 상속인이 나타나지 아니한다면 상속재산(특별연고자라도 있으면 그 연고자에게 분여되고 그래도 남는 것이 있는 경우)은 국가에 귀속되기 때문이다. 상속인이 존재하지 아니하는 경우에는 상속재산이 국가에 귀속될 뿐(제1058조)이고, 망인의 다른 근친자에게 귀속되지 아니한다.[1]

(개) **관리인 선임청구권자**　　망인의 친족(제777조), 이해관계인과 검사이다(제1053조 ①항). 이해관계인은 상속채권자, 수증자, 수유자, 상속채무자, 상속재산상의 담보권자, 망인의 채무를 대신 갚아준 보증인(구상권이 있는 사람), 특별연고자 등 상속재산에 관하여 법률상 이해관계를 가지고 있는 사람들이다. 상속재산관리인은 반드시 망인의 상속인일 필요는 없다.[2] 상속인 부존재의 경우 관리인을 선임하는 것이므로 상속인을 관리인으로 선임할 수 없음은 당연하다.

(내) **사임·개임**　　일단 선임된 관리인은 정당한 이유가 있으면 사임할 수 있고, 법원은 이해관계인 등의 청구에 따라 관리인을 개임(改任)할 수 있다(제23조).

(대) **임무·주의의무·보수청구권 등**　　상속재산관리인은 선량한 관리자의 주의로 직무를 수행하여야 하고, 가정법원에서 명령하는 처분을 수행하여야 하고, 담보를 제공하여야 하는 경우도 있다(제26조). 이해관계인의 청구가 있으면 언제든지 재산목록을 제시하여야 하고 재산 상황을 보고하여야 한다(제1054조).

관리인은 보수지급청구권을 가지고 있다. 상속재산관리인의 보수는 가사소송규칙 제 4 조 ①항에서 규정하고 있는 '기타 심판절차의 비용'에 포함된다고 해석함이 상당하다. 이러한 보수를 지급하기 위한 비용의 예납명령은 관리인 선임청구인에게 할 수 있다(민소 제116조·민소규 제19조 ①항). 상속재산관리인의 보수는 종국적으로는 상속재산에서 부담하게 된다(제1053조 ②항·제26조 ②항·가소규 제78조·제52조 ①항).

---

1 대판 1990. 11. 13, 90다카26867.
2 대판 1977. 1. 11, 76다184, 185; 공동상속의 경우는 공동상속인 중 1사람을 상속재산관리인으로 선임하여야 한다는 판례(대결 1979. 12. 27, 76그2)와 비교된다.

:: 참고판례

관리인 보수 예납명령에 대하여 별도로 독립하여 특별항고 등 불복을 할 수는 없다. 예납명령에 대하여는 불예납을 이유로 하여 선임심판청구인에게 불이익한 심판 등이 이루어질 경우 그 심판에 대한 불복절차에서 예납명령의 당부를 다툴 수 있을 뿐이다(대결 2001. 8. 22, 2000으2).

(라) **상속재산관리인의 지위**   상속인이 분명하지 아니한 상속재산에 관한 소송의 정당한 당사자는 누구인가? 법원에서 선임된 상속재산관리인이 정당한 당사자(원·피고)이고 그 적격자이다. 한편 재산상속인이라고 주장하는 사람이 있다면 상속재산관리인은 그 상속인의 법정대리인이므로 그 사람의 추상적인 소송수행권도 관리인이 행사할 수 있다.[1]

:: 참고판례

망인의 3촌이라는 사람, 약혼자라는 사람 등이 서로 망인의 유산상속인이라고 주장하여 정당한 상속인이 누구인지 알 수 없어서 퇴직금이 지급되지 아니하는 경우, 민법 제1053조에 따라 상속재산관리인의 선임을 신청하여 그 절차에서 선임된 관리인이 법정대리인으로서 소송을 제기하여야 할 것이다(대결 1967. 3. 28, 67마155). 이러한 관리인은 그 지위에서 소송을 제기하고 수행할 수 있으므로 상속재산의 소유권 확인청구 소송에서 관리인은 망인의 상속인이 되어야 하는 것은 아니다(대판 1977. 1. 11, 76다184, 185).

(2) 선임의 공고(제 1 차 공고)

가정법원은 상속재산관리인을 선임하면 지체 없이 '상속재산관리인 선임공고'를 하여야 한다(제1053조). 공고방법(가정법원게시판·관보·신문 게재), 공고내용은 가사소송규칙(제26조·제79조)에 규정되어 있다. 이 공고는 상속인의 부존재를 널리 알림으로써 상속채권자 등 이해관계인이 필요한 조치를 취할 수 있도록 하는 통고이며, 동시에 진정한 상속인이 있다면 스스로 자기의 권리를 주장할 수 있도록, 다시 말하면 상속인 수색의 의미도 들어있다.

---

1 대판 1976. 12. 28, 76다797.

(3) 상속인의 출현

1) 진정한 상속인이 나타나서 상속을 승인하면 상속재산관리인의 임무는 그때 종료된다(제1055조 ①항). 관리인은 지체 없이 상속인과 관리의 계산을 하여야 한다(동조 ②항). 만일 상속인이 상속포기를 한다면 상속인 부존재 상태는 계속된다. 종전의 관리인이 그 권한 내에서 한 행위는 그대로 유효하다.

2) 상속인이 나타나지 아니하면 관리는 계속되고, 관리인 선임공고 후 3개월이 지나면 다음 단계로 절차가 진행된다.

2. 상속재산의 청산

(1) 청산공고(제2차 공고)

㈎ 상속재산관리인은 '관리인 선임공고를 한 날로부터 3개월 이내에 상속인이 나타나지 아니하면' 지체 없이 상속채권자와 수유자(受遺者)에 대하여 2개월 이상의 기간을 정하여 그 기간 내에 채권이나 수증(受贈)을 신고할 것을 공고하여야 한다(제1056조 ①항). 이 공고에는, 만일 정한 기간(2개월 이상) 내에 권리를 신고하지 아니하면 청산으로부터 그 채권이 제외된다는 것을 표시하여야 한다(제1056조 ②항·제88조 ②항).

공고의 방법은 법인설립 시의 등기사항의 공고와 같이 신문에 1회 이상 공고하고(비송 제65조의2), 관리인 선임공고와 같은 방법으로 하여야 한다. 관리인선임공고를 신문에 냈다면 이 채권신고의 공고도 동일한 신문에 게재하여야 할 것이다. 관리인이 알고 있는 채권자·수유자에게는 각각 그 신고를 하라고 최고(＝독촉)하여야 하고, 이러한 '알고 있는 채권자' 등이 신고하지 아니하여도 청산에서 제외할 수 없다(제89조·제1056조).

㈏ 청산공고의 의미　　위와 같은 공고는 "상속재산의 청산에 착수한다."는 것을 알리는 의미가 있고, 다른 한편으로는 상속인을 수색하는 2번째 공고의 의미가 있다.

(2) 청산방법

㈎ 관리인은 한정승인의 경우의 청산에 관한 민법 제1033∼1039조의 규정을 준용하여 채권자들(신고한 사람과 알고 있는 사람)에게 채권액의 비율로 배당하여 변제한다(제1056조 ②항·제1034조). 예를 들면 상속재산은 3,000만 원. 채권자는 2

명, 이들의 채권금액은 1인(甲)은 1억 원이고 또 1인(乙)은 5,000만 원. 이 경우 관리인은 갑과 을의 채권액의 비율로, 즉 2:1로 갑에게 2,000만 원, 을에게 1,000만 원을 배당할 수밖에 없다.

(나) 공고기간(채권신고 기간) 내에는 변제청구를 하여도 이를 거절할 수 있다. 관리인은 변제기 미도래의 채권도 변제할 수 있고, 조건부 채권, 존속기간 불확정의 채권은 감정인의 평가에 따라 변제한다.

(다) 변제의 순서는 상속채권자에게 먼저 변제한 후에 수유자에게 변제할 수 있다. 빚을 지고 있는 사람이 돌아가시면서 "○○○에게 금 000원을 주노라"고 유언할 수도 있다. 이는 그러한 유언을 한 경우에도 남긴 빚부터 먼저 갚는 것이 순서이기 때문이다.

(라) 관리인은 청산과정에서 변제를 위하여 상속재산의 전부나 일부를 매각할 필요가 있을 때는 민사집행법에 따라 법원에 '청산을 위한 경매'를 신청하여야 한다(제1056조 ②항·제1037조·민집 제274조 ①항). 위와 같은 절차로 변제를 완료하고도 상속재산이 남아 있을 경우는 아래의 절차가 진행된다.

(3) 상속인의 출현

채권자에 대한 공고를 거쳐 청산절차를 완료할 때까지 상속인이 나타나면 앞에서 본 상속재산관리 중에 상속인이 나타난 경우와 같이 처리한다.

3. 상속인의 최종 수색(제3차 공고)

(1) 청산절차를 완료하였는데도 상속재산이 남아 있는 경우

관리인은 제1·2차 공고기간(3개월 + 2개월 이상, 합계 5개월 이상)이 경과하여 청산절차를 마치고 나서도 상속재산이 남아 있고 상속인의 존부를 알 수 없는 경우, 법원에 상속인수색공고심판청구를 하여야 한다. 이 공고는 관리인의 청구에 따라 가정법원이 1년 이상의 기간을 정하여 '상속인이 있으면 그 기간 내에 그 권리를 주장할 것'을 공고하는 것이다(제1057조: 개정 2005. 3. 31. 법률 제7427호, 가소 제2조 ①항, 라류사건 38호: 2년 이상이던 것을 1년으로 단축개정[1]). 이러한 공고는 가정법원의 심판으로 하고 공고의 방법은 1차 공고와 같다. 앞에서 본 청산절차에 따라 청산하고 보니, 남는 재산이 전혀 없을 경우는 특별연고자에 대한 재산분여

---

1 일본 민법 제958조는 이 기간을 6개월 이상으로 정하고 있다.

나 잔여재산의 국가귀속 문제가 생길 여지가 전혀 없으므로, 이와 같은 상속인 최종수색공고를 할 필요는 없다고 해석할 것이다.[1]

(2) 상속인의 출현

위 공고기간 1년 이상 이내에 상속인이 나타나 상속승인을 하면, 관리인은 현존재산을 그에게 인도하면 된다. 관리인이 청산을 위하여 그동안 상속재산을 처분한 것은 그대로 유효하다. 위 1년의 기간 내에 상속인이 끝내 나타나지 아니하면 "상속인의 부존재"가 확정된다. 그 다음에는 특별연고자에 대한 상속재산분여와 잔여재산의 국가귀속 절차가 진행된다.

[상속인의 부존재의 경우의 공고절차와 그 기간]

구 분	제1차 공고 (상속재산관리인 선임공고)	제2차 공고 (청산공고, 또는 채권신고 공고)	제3차 공고 (상속인 수색공고 또는 권리주장최고 공고)
공 고 자	가정법원	관 리 인	가정법원
기산점 (언제부터)	관리인 선임 후 지체 없이	관리인 선임공고 후 3개월 지나도 상속인이 나타나지 아니하면 지체 없이	제2차 공고기간이 지나서… 청구인의 청구를 받고나서 공고
종기 (언제까지)	×	공고일로부터 2개월 이상	공고일로부터 1년 이상
공고내용	청구인·피상속인· 상속재산관리인의 성명·주소, 피상속인의 출생과 사망장소 및 그 일자	상속채권자·수유자에게 그 채권과 수증을 신고하라고 공고	상속인이 있으면 그 권리를 주장하라고 공고
공고방법	가정법원게시판 게시 및 관보 게재(일반), 신문에도 게재(특별한 경우)	일간신문에 게재	1차 공고와 동일
비 고	제1053조	제1056조	제1057조

4. 구민법 시대의 판례

(1) 남자호주가 사망한 경우

구 관습법상 호주가 직계비속 남자 없이 사망한 경우 그 망 호주의 모, 처, 가(家)를 같이 하는 직계비속 여자의 순으로 호주상속과 재산상속을 하게 된다.[2]

---

1 곽윤직, 209면.
2 대결 1991. 12. 10, 91스9.

(2) 사후(死後)양자가 입양된 경우

여호주가 호주상속과 재산상속을 하는 경우 나중에 사후양자가 입양되면 일단 '여호주에게 상속되었던' 호주 및 재산이 다시 사후양자에게 상속되는 것이다. 이 경우 여호주는 단순히 상속재산을 보관만 하는 것은 아니고, 자신의 소유로 상속하는 것이다. 이때 상속인의 존부불명의 경우는 아니므로 상속재산관리인을 선임할 것은 아니다.[1] 그 가(家)에 상속인이 없어서 재산이 근친자나 리(里)·동(洞)의 소유로 귀속된 후에 '무후가(無後家) 부흥을 위한 사후양자'가 선정된 경우는 그 사후양자는 소급하여 전 호주의 유산(遺産)을 상속할 권리가 없다.[2]

(3) 여호주가 사망한 경우

구관습법상 여호주가 사망하고, 상속인 없이 절가(絕家)된 경우의 유산은 그 절가가 된 가(家)의 가족이 이를 승계하고 가족이 없을 때에는 출가녀(出嫁女)가 이를 승계하고, 출가녀도 없을 때에는 그 가(家)의 친족인 근친자, 즉 여호주의 망부(亡夫) 측의 본족(本族)에 속하는 근친자에게 권리가 귀속되고, 그런 자도 없을 때에는 여호주가 거주하던 리(里)·동(洞)에 권리가 귀속된다.[3]

5. 신민법 시행(1960. 1. 1.) 이후의 판례

민법 제5편 제2장에는 재산상속에 관한 규정이 있으며, 거기에 열거되어 있는 재산상속인이 없을 때는 민법 제1058조에 의하여 '상속재산이 국가에 귀속한다.'고 보아야지, 다른 근친자에게 귀속된다고 할 수 없다.[4]

---

1 대결 1991. 12. 10, 91스9.
2 대판 1981. 6. 23, 80다2769; 1969. 10. 14, 68다1544.
3 대판 1979. 2. 27, 78다1979, 1980, 카드 12066; 1962. 3. 22, 4294민상833; 1964. 12. 29, 64다1205; 1965. 4. 6, 65다139, 140; 1966. 3. 22, 66다41; 1968. 8. 30, 68다1212; 1977. 6. 7, 77다577; 1980. 7. 8, 80다796.
4 대판 1990. 11. 13, 90다카26867.

제 8 절 특별연고자의 상속재산분여청구

Ⅰ. 서 론

1. 개 념

상속인 수색공고기간(제1057조 : 1년 이상)이 지나도 상속권을 주장하는 사람이 없을 경우, 피상속인이 남긴 상속재산을 국가로 귀속시키기에 앞서 피상속인과 생계를 같이하고 있던 친족 기타 망인과 특별한 연고가 있는 사람에게 그 전부나 일부를 분여할 수 있다. 이것이 특별연고자의 상속재산분여청구이다.

2. 존재이유와 그 법적 성질

(1) 종래 상속인이 없을 경우 상속재산이 국가에 귀속되는 사례가 적지 않았다. 1990년의 개정 민법은 이러한 재산을 국가로 바로 귀속시키지 않고 특별연고자에게 분여하는 제도를 신설하였다(제1057조의 2). 이 제도는 피상속인의 뜻과 국민의 법감정에도 부합되고, 피상속인이 유언을 남기지 아니한 경우 그 의사(意思)를 추측하여 유증을 보충하는 취지에서 특별연고자의 기대권을 보호하여 주는 역할을 한다.

(2) 특별연고자의 상속재산분여청구권의 성질

특별연고자가 가정법원에 재산분여청구를 한 경우, 청구인에게 특별한 결격사유가 없을 때는 법원에서도 재산분여심판을 하지 않을 수 없다. 그러므로 그 한도 내에서 특별연고자에게는 일종의 추상적 "기대권"이 있다고 보아야 할 것이다. 이를 기대권설이라도 한다.[1] 이러한 연고권자의 청구는 가정법원의 판단을 촉구하는 의미를 가지는 데 불과하고 이들에게 상속재산에 대한 구체적인 "청구권"을 인정한 것은 아니다.[2] 그 외에 은혜설[3], 한정적 기대권설[4]이 있다.

---

[1] 김·김, 795면; 한봉희, 개정가족법론, 대왕사, 1990, 69면; 이희배, 재산상속의 법률지식, 청림출판사, 1992, 286면; 배경숙·최금숙, 553면; 송덕수, 402면; 高橋朋子 외 2, 337면 등.
[2] 我妻 외 2, 민법3, 369면.
[3] 곽윤직, 211면 : 상속권과 같은 당연한 권리가 아니라, 가정법원의 심판으로 발생하는 은혜적 지위에 불과하다.
[4] 정상현(2002), 183-85면; 김성숙(1991) 282면[사실혼의 배우자나 사실상 양자가 분여청구를 하면, 일종의 법적 기대권으로서의 사권(私權)이 있다].

3. 유사개념과 구별(기여분)

상속인 중에서 상속재산의 형성·유지·증가에 특별히 기여한 사람이 기여분을 청구하는 것은 공동상속인들 사이의 공평을 기하기 위한 것이고 특별연고자 재산분여제도는 상속인이 아닌 사람이 피상속인을 모시고 살았다든지 기타 특별한 연고가 있는 경우 그 사람에게 상속재산을 분여하는 것이라 서로 다름을 주의하여야 한다.

Ⅱ. 특별연고자에 대한 재산분여의 요건

1. 재산분여청구권자

민법은 재산분여청구권자로 피상속인과 생계를 같이하고 있던 사람, 요양·간호를 한 사람, 기타 특별한 연고가 있던 사람을 규정하고 있다(제1057조의 2). 피상속인에게 상속인(처나 자녀 등)이 있는 경우는 그 상속인들과 별거하고 있더라도 특별연고자가 있을 수 없다. 피상속인에게 처와 첩이 있는 경우 첩은 사실혼의 배우자와는 달리 불륜관계 또는 부정한 관계를 맺고 있는 사람이기 때문에 연고자가될 수 없다. 여기의 연고는 추상적인 친족관계의 원근(遠近)이 아니라, 구체적·실질적인 친소(親疏)가 판단기준이 되어야 할 것이다.

(1) 생계(生計)를 같이하고 있던 사람(민법상 상속권이 인정되지 아니하는 사람)

사실혼의 배우자,[1] 사실상의 양자, 기타 가족처럼 오랜 세월 동안 친밀하게 공동으로 생계를 같이하여 온 사람을 의미한다. 이러한 사람들은 피상속인과 반드시 혈연관계가 없더라도 상관없고, 생계를 같이하게 된 동기·연유나 형태는 묻지 아니한다. 그러므로 망인의 당숙이나 당질 등 5촌 이상의 방계혈족, 인지되지 아니한 혼외자, 적모서자, 계모자, 가봉자 등이 생계를 같이한 경우는 특별연고자가 될 수 있다. 실제로 어떠한 사람이 특별연고자인가는 구체적 사안에 따라, 가정법원의

---

1 미국법원에서는 상속인이나 수유자가 있더라도 사실혼의 배우자에게 재산의 일부나 전부의 권리를 부여할 수 있고, 그 근거로 추정적 신탁이론[constructive trust(의제신탁 : 재정적 기여의 경우), 또는 resulting trust(복지신탁 : 취득자금제공의 경우)]을 채택하고 있다. 사실혼의 배우자(처)가 자기 돈으로 부동산을 남편 명의로 매수한 경우, 남편이 사망하면 처의 청구에 따라 소유권자를 처로 변경하여 준다(Brashier, 48~9면).

재량에 따라 정하여 진다. 같이 살던 사람에게 재산분여청구권을 인정하고 있는 것은 피상속인의 유지(遺志)에도 부합하고, 그 '상속재산을 생존의 기초로 삼고 있는' 연고자의 기대와 보호에도 부합하기 때문이다.

(2) 요양·간호(療養·看護)를 한 사람

생계를 같이하지 않더라도, 특별히 피상속인을 전심전력 요양하거나 간호하던 가정부·간호사·간병인 등은 보수를 받았다고 하더라도 연고자가 될 수 있다. 요양이나 간호의 동기는 묻지 아니한다.

(3) 기타 피상속인과 특별한 연고(特別緣故)가 있던 사람

피상속인의 아저씨, 친구나 그 아들 등 피상속인의 특별한 비호를 받아온 사람 등을 지칭한다. 그러나 피상속인으로부터 팁을 받아오던 애인 등은 연고자가 될 수 없다.[1] 망인의 의뢰에 따라 망인과 그 선조의 제사를 지낼 사람, 유산을 관리하던 사람, 망인의 장례를 치른 사람 등도 포함될 수 있다는 학설도 있고,[2] 사후연고(死後緣故)로 인하여 장례를 치르거나 유산을 관리하는 사람은 특별연고자가 될 수 없다는 학설도 있다.[3] 가정법원 판사의 건전한 판단에 따라서 정하여질 수밖에 없다.

(4) 연고자는 자연인이라야 하는가?

연고자는 자연인(自然人)에 한정되지 않고, 지방자치단체·학교법인·종교법인·사회복지법인 등 법인·권리능력 없는 사단·양로원·요양소·고아원·동창회 등 단체도 특별연고자가 될 수 있다.

(5) 분여청구권자의 생존과 그 상속

특별연고자와 피상속인 사이에도 동시존재의 원칙은 적용되는가? 특별연고자는 상속개시 당시 출생하여 있어야 하는가? 이를 긍정하는 외국판례가 많이 있으나,[4] 다수학설과 일부판례[5]는 반대하고 있다. 연고자가 분여청구를 하지 않고 사

1 我妻 외 2, 369면.
2 金鍾權, 가사소송법, 303면.
3 곽윤직, 211면; 박병호, 419면; 일본의 다수설(高橋朋子 외 2, 전게서 335면 참조); 일 東京家審 1966. 5. 13(특별연고는 반드시 피상속인 사망 당시 존재하여야 하는 것은 아니고, 과거에 존재하던 것도 상관없다).
4 日 熊本家審 1972. 10. 27.
5 我妻 외 2, 369면; 일 大阪家審 1964. 7. 22, 家月 16-12, 41면(특별연고자의 자녀도 특별연고자가

망한 경우에는, 그 지위는 상속인에게 승계되지 아니하나,[1] 분여청구를 한 후에 사망한 경우에는 그 권리는 일종의 기대권으로 상속인에게 상속된다고 보아야 할 것이다.

2. 재산분여청구와 그 청구기간

(1) 특별연고자는 민법 제1057조[2] 소정의 기간, 즉 상속인수색 공고기간(1년 이상)의 만료일부터 2개월 이내에 상속개시지의 가정법원(가소 제44조 6호)에 재산 분여청구를 하여야 한다(제1057조의 2 ②항). 연고자의 청구도 없는데 법원에서 직권으로 분여심판을 할 수는 없다.

(2) 이 2개월의 기간은 제척기간이라고 해석된다(다수설).[3]

(3) 가정법원에서는 이러한 사건을 가사비송사건(가소 제 2 조 ①항, 라류사건 39호)으로 접수하여 심판의 형식으로 재판한다. 청구인은 피상속인과 자기 사이의 특별연고관계를 소명하여야 한다. 분여심판에 대하여 특별연고자는 즉시항고를 할 수 있고(가소규 제83조), 즉시항고기간은 심판을 고지받은 날부터 14일간이다.

3. 재산분여의 상당성

(1) 분여의 상당성

청구인이 특별연고자에 해당되는 경우라도 가정법원은 그의 청구가 상당하다고 인정하는 경우에 비로소 재산분여심판을 하게 된다. 이러한 상당성의 판정기준은 가정법원 판사의 자유재량에 속하는 문제이다. 특별연고관계의 존부와 내용, 친소(親疎)의 정도, 연고자의 성별·연령·직업·교육정도, 상속재산의 종류·액수·내용·소재(所在) 기타 일체의 사정을 종합·참작하여 결정한다.

(2) 분여대상재산의 범위

㈎ 상속인 없는 공유자의 지분   분여대상재산은 관리인이 상속채권자 등에게

될 수 있다; 동시존재의 원칙은 적용되지 않음).

1 일 名古屋高決 1996. 7. 12, 家月 48-11, 64면; 高橋朋子 외 2, 전게서, 337면.

2 종전의 민법은 ①항의 청구를 '제1056조의 기간만료 후 2월 이내'에 하여야 한다고 규정하고 있었던바, 학자들은 이를 제1057조의 명백한 오기라고 해석하고 있었다. 개정민법(2005. 3. 31. 공포, 법률 제7427호)이 이를 바로잡았다.

3 일 大阪家審 1964. 7. 22, 家月 16-12, 41면(상속개시 후 50여년이 지나서 재산분여청구를 한 것은 상당기간 내의 청구라고 볼 수 없다).

청산을 한 후 남아 있는 상속재산이다. 공유자 1명이 사망하였으나 그 상속인이 없는 경우, 그 망인의 공유지분은 민법 제267조에 따라 다른 공유자에게 각 지분의 비율로 귀속되어야 할 것인가, 아니면 민법 제1057조의 2에 따라 망인의 특별연고자에게 분여되어야 할 것인가? 특별연고자에게 우선 분여하고 남는 재산이 있을 때 비로소 다른 공유자에게 귀속된다고 해석할 것이다.[1] 특별연고자를 공유자에 우선시키는 것이 타당하다고 생각된다.

    (나) **임 차 권**   주택임대차보호법은 '상속인 없는 보증금'에 관한 특칙을 두고 있다(동법 제 9 조). 즉, 부부공동생활을 하던 사실상의 처가 임차인(피상속인인 남편)의 권리와 의무를 승계한다. 이는 분여가 아니라 법률의 규정에 의한 특별승계라고 할 것이다.

    (다) **특허권 등**   특허권·상표권·실용신안권·디자인권 등은 상속개시 당시 상속인이 없을 경우 권리가 소멸되므로, 분여의 대상이 될 수 없다(특허법 제124조, 상표법 제64조, 실용신안법 제28조, 디자인보호법 제111조, 저작권법 제68조). 다만, 저작재산권은 국가에 귀속되기 전에는 분여의 대상이 될 수 있으나, 상속인이 없어서 국가에 귀속되면 소멸된다(저작권법 2019. 4. 19. 법률 제15823호, 제49조).

Ⅲ. 재산분여의 효과

1. 상속재산의 전부 또는 일부의 분여

    가정법원에서는 재산분여청구가 정당하다고 인정되면 청구인에게 상속재산의 전부나 일부를 분여한다는 심판을 하게 된다. 현물분여를 하기도 하고 이를 환가하여 그 대금분여를 할 수도 있다. 재산의 전부분여, 일부분여 여부는 '상당성'에 비추어 가정법원에서 자유로운 판단으로 결정한다. 분여심판확정 시점이 상속재산에 대한 권리의 이전시기라고 할 것이다.[2]

2. 상속채무의 승계여부(소극), 상속세 납부의무(적극)

    특별연고자는 상속인이 아니므로, 상속채무 등 의무는 승계하지 아니한다. 그

---

1 김진우, '공유자의 1인이 상속인 없이 사망한 경우의 지분 귀속에 관하여' 법조, 2007.11(통권 614호), 36면 이하; 일 최판 1989. 11. 24, 집 43-10, 1220면; 久貴忠彦, 주48), 924~27면.
2 곽윤직, 213면.

러나 무상으로 재산을 분여받으므로, 상속세 납세의무를 져야 한다(상속세 및 증여
세법 제 2 조 1. 다).

3. 원시취득

특별연고자에 대한 분여는 재산의 원시취득이라고 할 것이다. 그러므로 상속
채권자나 수증자·수유자는 이러한 연고자에 대하여 변제청구 등 아무런 청구를
할 수 없다.

제 9 절 상속재산의 국가귀속

1. 잔여재산의 국가귀속

(1) 특별연고자에 대하여 상속재산을 분여(제1057조의 2)한 후에 남는 재산이
나, 아예 분여청구가 없는 상속재산은 국가에 귀속된다(제1058조 ①항). 이 경우 상
속재산관리인은 지체 없이 관할 국가기관에 대하여 관리의 계산을 하여야 한다(동
조 ②항·제1055조 ②항). 그러한 의미에서 실질상 국가가 최종(最終)의 상속인이다.
상속재산 중 공유지분이 있을 때는 민법 제267조가 제1058조의 특칙이므로 공유
자 사망 시 그의 상속인이 없으면 그 지분은 다른 공유자에게 귀속되므로 국가에
귀속되지 아니한다.[1]

관리인이 재산을 국가에 귀속시키는 절차는 「국가에 귀속하는 상속재산 이전
에 관한 법률」(2009. 10. 21. 법률 제9806호)에 따라 피상속인의 주소지 관할 세무서
장에게 지체 없이 그 상속재산의 '관리를 이전'(인도)하여야 한다. 망인의 주소가
외국인 경우는 그 외국주재 한국영사나 영사의 직무를 행하는 사람에게 이전하여
야 한다(동법 제 1 조, 제 2 조).

(2) 상속재산 전부에 대한 인계가 완료될 때까지 관리인의 대리권은 그 인계
될 재산에 관하여 존속된다고 할 것이다.[2]

---

1 김진우, "공유자의 1인이 상속인 없이 사망한 경우의 지분귀속에 관하여-특별연고자의 상속재산
  분여청구가 있는 경우를 중심으로-" 법조 56-1, 2007, 60면 이하.
2 일 최판 1975. 10. 24, 집 29-9, 1483면.

2. 원시취득이냐? 포괄승계냐?

(1) 잔여재산의 국가귀속은 상속이나 승계가 아니고, 법률의 규정(제1058조 ① 항)에 의한 원시취득이므로(다수설)[1] 국가는 적극재산만 취득하고 채무 등을 승계 하지 아니한다. 따라서 재산의 국가귀속 후에는, '상속재산에서 변제받지 못한' 상 속채권자나 수유자(受遺者)는 국가에 대하여 그 변제를 청구할 수 없다(제1059조).

(2) 잔여 상속재산의 국가 귀속으로 인하여 상속채권자 등의 권리가 소멸하는 것은 아니므로, 이들은 망인(피상속인)의 보증인 등에 대하여는 따로 변제를 청구 할 수 있다.[2]

3. 국가귀속의 시기

특별연고자의 청구기간만료 시 또는 특별연고자의 재산분여청구에 대한 각하 ·기각 심판이나 상속재산의 일부에 대한 분여심판의 확정 시(심판확정시설)가 아니 라, 관리인이 실제로 잔여 상속재산을 국고에 인계한 때(국고인도시설: 다수설과 판 례)를 상속재산의 국가귀속시점이라고 해석하여야 할 것이다.[3]

---

1 김·김, 793면; 박병호, 가족법(재판, 1994), 422면: 이에 대하여 포괄승계라고 보아야 한다는 이 설이 있다(곽윤직, 개정판 상속법, 214~15면; 송덕수, 403~04면; 윤진수, 499면; 정상현, '상속인 의 부존재와 상속재산의 처리', 인권과 정의, 326, 2003, 154면).

2 김·김, 793면.

3 김·김, 793면; 高橋朋子 외 2, 338면; 일 최판 1975. 10. 24, 집 29-9, 1483면; 상속개시의 시로 보 는 학설도 있다(곽윤직, 216면). 참고판례: 대판 1997. 11. 28, 97다23860(부동산소유자가 행방불 명된 경우, 국가가 그의 사망 및 상속인 부존재에 대한 입증 없이 단순히 국유재산법 제 8 조에 따 른 무주부동산의 공고절차만을 거쳐 그 부동산을 국가의 소유로 할 수는 없다); 2011. 12. 13, 2011 도8873(인도시설).

제5장

유 언

제 1 절 서 론

Ⅰ. 유언의 의미

일반적으로 유언은 사람이 임종(臨終) 시에 남기는 최후의 말이지만, 법률상 유언은 사람이 자기 사후(死後)의 법률관계, 특히 재산관계를 생전에 미리 정하여 두는 최종적 의사표시이다.

유언은 사유재산제도에 근거한 '재산처분자유'의 한 가지 표현형태이다. 재산 처분의 자유에는 '생전처분의 자유'와 '사후처분의 자유'가 포함되어 있는바, 그중 사후처분 방법의 하나가 바로 유언이다. 다만, 일정한 형식이 요구되는 요식성과 유언사항의 법정(法定)이라는 특색과 제한이 있을 뿐이다.

Ⅱ. 유언제도의 약사(略史)와 유언의 기능

1. 조선시대의 유언

1) 조선시대에는 호주(戶主)상속·제사(祭祀)상속·재산(財産)상속 등 3가지 상속 제도가 시행되고 있었다. 적출(嫡出) 장자가 단독으로 위와 같은 3가지 상속을 하여 다른 자녀(衆子)에게 재산을 나누어주는 것(分財; 분재)이 관행이었다. 이러한 관행

때문에 유언의 자유는 매우 제한되어 있었지만, 유언상속과 법정상속이 모두 인정되고 있었다.

2) 자녀들을 데리고 있는 사람이 첩의 자식이나 외손자 등 제3자에게 거의 전 재산을 증여하는 유언을 난명(亂命)이라고 불렀는데, 그 효력이 부인되었다고 한다.[1]

2. 서양의 유언제도

서양의 유언제도를 보면 기원전 451년경에 편찬된 고대 로마의 '12표법'(lex duodecim tabularum) 중에 이미 유언에 관한 규정들이 발견되고 있고, 기원전 200년경에는 일반인도 유언을 하는 관행(유언상속이 원칙)이 있었다고 한다. 독일이나 프랑스에 유언이 시작된 것은 12세기 말경부터 13세기까지 사이라고 한다. 영국의 상속은 유언상속이 원칙이고, 1938년의 법[2] 개정 전까지는 상속인의 유류분도 인정되지 않았다. 유언이 없거나 무효인 경우[3]에는 법정상속이 적용될 뿐이다. 미국의 유언법[4]은 영국의 그것과 대동소이하다.

우리나라 민법상 유언제도는 프랑스 민법을 계수한 일본 민법을 도입한 것이다.

3. 유언의 기능

오늘날 경제성장과 관련하여 상속재산을 둘러싸고 자녀 등 상속인들 사이에 분쟁이 생길 우려가 높고 실제로 분쟁이 생기고 있다. 이런 분쟁을 미리 막기 위하여 가장 합리적이고 필요한 제도가 바로 유언이다.[5]

---

1 윤진수, 558면(법정상속에 크게 어긋나는 유언); 한국민족문화대백과사전 '유언' 부분; 유언내용이 지극히 불공정하거나 가산을 오로지 외부로 유출시키는 등의 유언을 난명이라고 함; 국어사전; 정신이 흐린 상태에서 두서없이 남기는 유언을 난명이라고 하고, 맑은 정신으로 하는 유언은 치명(治命)이라고 한다; 김·김, 800면: 신분에 관한 법규에 위배된 유언을 난명이라고 하여 그 효력이 부인됨.
2 2013년 개정된 '상속과 수탁자의 권한 법률(Inheritance and Trustees' Powers Bill[HL]에 따르면, 생존배우자에게 분배할 법정유산을 25만 파운드에서 45만 파운드로 인상하는 등 가족부양료청구 액수를 상향조정하였다(자료제공, 이진기 교수).
3 이를 영미나 독일·프랑스 등에서는 무유언상속(無遺言相續)(intestaterbfolge, intestate)이라고 한다 (中川·泉, 21면). 미국에서는 4명 중 3명이 유언 없이 사망하고 있다는 통계보고가 나와 있다 (Hughes& Klein 7, 176면).
4 미국의 통일상속법(Uniform Probate Code)은 상속재산총액이 소액인 경우, 즉 약 25,000불 정도의 법정 '가족부양료(family protection allowances)', 장례비 기타 비용의 합계액을 초과하지 아니할 경우는 약식검인절차를 규정하고 있다(Hughes & Klein, 224~25면).
5 미국의 경우 유언의 3가지 기능은 ① 유언자(부모) 사망시 그 미성년자녀를 위한 후견인 지명, ② 유언자의 재산에 대한 상속인·상속액과 상속부대조건의 특정, ③ 유언의 문언(文言)대로 재산을

Ⅲ. 유언의 법률적 성질

유언은 유언자가 그의 사망 시에 그 효력을 발생시킬 목적으로 일정한 방식에 따라 생전에 행하는 '상대방 없는' 단독행위(법률행위)이다. 따라서 유언이 법률행위로 성립하는 것은 일반적인 단독행위와 같이 유언의 의사표시행위가 완료되었을 때이고, 그 효력은 유언자의 사망과 동시에 발생한다.

1. 유언은 상대방 없는 단독행위(單獨行爲=單獨의 意思表示)

(1) 유언의 법률적 성질

유언은 상대방 없는 단독행위이므로 수유자 등은 상대방이 아니고, 따라서 그에게 의사표시가 '도달'될 필요는 없으며(제111조), 그의 '승낙이나 동의'도 필요하지 않다.

(2) 일방적 의사표시

유언은 유언자의 일방적인 의사표시이고 수유자(특정인)가 그 이익(효과)을 받게 될 뿐이다. 다만, 수유자는 유증을 포기하여 그 효력을 받기를 거절할 수 있다(제1074조).

(3) 유언의 성립시기와 효력발생시기

유언의 성립시기는 유언자의 생전 의사표시(유언)행위가 완료되었을 때이고, 그 효력발생시점은 유언자가 사망(死亡)한 때이다. 사람의 사망으로 효력이 발생하는 점에서 사인증여(死因贈與)(증여자의 사망으로 증여효력이 발생)와 비슷하다.

(4) 사인증여와 구별

사인증여는 증여자가 생전에 '재산의 무상수여'를 약속하고 수증자가 이를 승낙하여야 성립하는 계약(契約), 즉 당사자 쌍방(雙方)의 의사합치(합의)가 있어야 성립하는 계약이라는 점[1]에서 단독행위인 유언과 구별된다. 사인증여에는 유증에

분배할 유언집행자의 지명이다(Hughes & Klein, 7면).

1 서울중앙지판 2005. 7. 5, 2003가합86119, 89828(유언자가 유언장을 만들어 은행대여금고에 보관시켜 둔 채 사망한 경우는 청약의 의사표시만 있고, 그것이 발신되지 않아서 상대방에게 도달되지 아니하여 사인증여계약은 성립되지 않았다고 인정); 공유재산제를 채택하고 있는 미국 주(州)의 거주자는 그 배우자를 수증자로 지명하려면 그 배우자에게 반드시 통지하여야 한다(Hughes & Klein, 36면); 독일에서는 상속계약을 인정(독민 제2274조)하고 있으나, 우리나라 민법은 사인증여 외에는 상속계약

관한 규정이 준용되나(제562조), 유증의 방식에 관한 규정은 준용되지 아니한다.

[유언과 사인증여 등의 비교표]

구 분		유 언	사인증여	증 여
당 사 자		① 유언자	① 증여자 ② 수증자	① 증여자 ② 수증자
법률적 성질		단독행위	계 약	계 약
의사합치 요부		×	○	○
방식요부		○	×	×
성립시점		유 언 시	계 약 시	계 약 시
효력발생 시점		사 망 시	사 망 시	성 립 시
유증규정 적(준)용 여부	방식 규정	○	×	×
	효력 규정	○	×(판례)	×

2. 유언은 요식행위(要式行爲)

(1) 법정방식

일반적인 법률행위의 방식이 자유로운 것에 비하여 유언은 엄격한 법정방식에 따라야 하는 요식행위이다. 따라서 민법(제1065조 이하)에서 정한 방식에 위반된 유언은 무효이다(제1060조). 사인증여계약은 계약자유의 원칙에 따라 방식이 필요하지 않다는 점에서 다르다.

(2) 유언규정과 사인증여

유언의 방식에 관한 규정(제1065~1072조)은 '유언이 단독행위임을 전제로 하는' 것이므로, 사인증여(계약)에는 적용되지 아니한다.[1]

(3) 요식성의 존재이유

이 요식성은 유언자의 사후(死後) 그 사람의 진정한 의사(意思＝眞意)를 확보하기 위한 것이다. 유언서의 작성은 생전에 이루어지지만, 그 효력은 유언자의 사후에 발생하므로 유언을 둘러싸고 분쟁이 생길 여지가 많기 때문이다(자세한 것은 제 2 절에서 설명).

을 인정하지 않는다. 민법의 태도에 긍정적인 견해로는 현소혜, "유언방식의 개선방향에 관한 연구", 2009, 가족법연구 23-2, 13~14면.
1 대판 1996. 4. 12, 94다37714, 37721; 2001. 9. 14, 2000다66430, 66447; 일 대결 1926. 12. 9, 집 5, 829면; 최판 1957. 5. 21, 집 11-5, 732면.

3. 대리유언

(1) 유언자 본인의 일신전속적 행위

유언은 유언자 본인의 신분을 기초로 하는 일신전속적 신분행위(身分行爲)의 하나이고, 유언자 본인(本人)의 진정한 최종의사(最終意思)가 절대적으로 존중되어야 하는 행위이다. 그러므로 유언을 하려면 반드시 유언자 본인(本人)이 독립하여 의사표시를 하여야 하고 할 수 있어야 한다. 따라서 대리유언(代理遺言)이나 대리유언 철회도 허용되지 아니한다.

(2) 법정대리인의 대리나 동의 필요 여부(소극)

㈎ 제한능력자, 즉 '17세 이상의 미성년자'·피성년후견인·피한정후견인이라도 의사능력이 있는 이상 유언능력자로서 독립하여 유언을 할 수 있다. 제한능력자의 유언에 법정대리인(친권자나 후견인 등)의 동의는 필요하지 않다. 법정대리인의 동의 없는 제한능력자 단독의 유언이라도 당연히 유효하고 이를 취소할 수 없다. 의사무능력자의 유언은 무효이지, 이를 취소할 수 있는 것이 아니다.

㈏ 유언의 성립 시에 유언능력자이면, 그 후에 유언무능력자가 되더라도 그 유언의 효력에는 아무런 영향이 없다.

㈐ 유언은 신분행위이고, 유언의 내용은 재산에 관한 것과 신분에 관한 것이 포함되어 있어서, 재산행위에 관한 민법 총칙의 규정이 유언에는 적용되지 않는다(제1062조).

4. 유언철회의 자유

(1) 유언자는 생존 중(유언의 효력이 발생하기 전) 언제든지, 아무런 이유도 없이 자신의 유언의 전부나 일부를 철회(撤回)할 수 있다(제1108~111조). 이는 유언의 자유를 관철시켜 유언자의 최종의사를 존중하고, 확보하기 위한 것이다. 이는 일반 법률행위와는 현저히 다른 성질의 것으로서, 유언에만 있는 독특한 특징이다.

(2) 그러므로 서로 다른 내용의 유언 또는 사인증여가 여러 개 있다면, 최종의 것, 마지막의 것이 유효하다. 사인증여계약을 한 후 유증을 한다든지, 유증 후 사인증여계약을 한 경우 그것이 서로 저촉되는 한도 내에서 먼저의 것, 즉 선행행위(先行行爲)는 철회된 것으로 본다.

5. 사인행위(死因行爲) 또는 사후행위(死後行爲), 조건부 유언의 가부

(1) 유언(=사인행위·사후행위)

㈎ 유언은 유언자가 사망(死亡)한 때로부터 비로소 효력이 발생하므로 유언은 이른바 사인행위·사후행위이다. 유언자의 사망 전에는 효력이 없으므로 '유언에 나타난' 수익자는 아무런 권리나 이익도 취득할 수 없다. 이 점에서 생전행위(生前行爲)인 생전증여와 다르다.

㈏ 유언자가 유언 후 유증의 목적물을 타인에게 매각하거나, 담보로 제공(예컨대 저당설정)하여도 수유자는 그 매매 등 처분에 대하여 무효확인, 저당권설정등기 말소청구 등의 소를 제기할 수 없다. 유언의 내용이 유언자의 생전행위로 이미 실현된 경우 그 유언은 무효가 된다.

(2) 조건부 유언

㈎ 민법은 정지조건부 유언의 경우 그 조건이 유언자의 사망 후 성취된 때는 조건성취 시로부터 유언의 효력이 생긴다(제1073조 ②항)고 규정하여 조건부 유언을 인정하고 있다. 따라서 유언자는 해제조건부 유언도 할 수 있다.

㈏ 신분행위에는 조건을 붙일 수 없으므로, 신분행위에 관한 유언(예컨대, 유언인지 : 認知)에는 조건을 붙일 수 없다.

6. 유언의 범위[유언사항(遺言事項)]

(1) 유언법정주의(遺言法定主義)

사람은 '법률에 정하여진 일정한 사항과 방식', 즉 법정사항(法定事項 : 이는 법적인 권리·의무와 관련 있는 사항)에 대하여서만, 그리고 법정방식으로만 유언할 수 있다. 이처럼 유언사항이나 유언방식을 법으로 규정하는 것을 유언법정주의라고 한다. 유언내용은 공서양속(公序良俗)(제103조)에 위반되지 아니하는 것이라야 함은 물론이다.

(2) 유언사항

유언사항은 다음과 같다. 이 유언사항은 반드시 유언으로만 할 수 있는 것과 생전행위로도 할 수 있는 것으로 나눌 수 있다.

(가) **법정유언사항**

1) **가족관계에 관한 사항**　　친생부인(제850조), 인지(認知)(제859조 ②항), 미성년후견인과 동 후견감독인의 지정(제931조, 제940조의 2)

2) **상속재산의 처분에 관한 사항**　　유증(제1074조 이하), 재단법인의 설립을 위한 재산출연(기부)행위(제47조 ②항).

3) **상속재산의 분할과 유언집행에 관한 사항**　　상속재산의 분할방법의 지정·그 지정의 위탁(제1012조 전단), 분할의 금지(제1012조 후단), 유언집행자의 지정·그 지정의 위탁(제1093조)이다.[1]

(나) **효력발생시기와 관련한 분류**　　미성년후견인의 지정, 그리고 상속재산분할과 유언집행에 관한 사항은 유언으로만 할 수 있다고 해석되고,[2] 그 나머지, 즉 친생부인·인지(認知)와 유증(遺贈) 등은 생전행위로도 할 수 있고, 유언으로도 할 수 있다. 이를 표로 나타내면 아래와 같다.

[유언으로 할 수 있는 행위]

구　분	유언으로만 할 수 있는 것	유언과 생전행위로 할 수 있는 것
신분상 행위	① 미성년자후견인 지정, 동 후견감독인 지정 (제931조 ①항, 제940조의2)	① 친생부인(제846조, 제850조) ② 인지(認知)(제855조, 제859조 ②항)
재산상 행위	① 상속재산의 분할방법의 지정·지정의 위탁, 분할금지(제1012조) ② 유언집행자의 지정·지정의 위탁(제1093조) ③ 유족보상수급권자 지정(근기법시행령 제48조, 산재보험법 제65조, 선원법시행령 제30조), ④ 저작권등록자 지정(저작권법 제53조)	① 재단법인설립을 위한 재산출연(기부)(제47조), ② 신탁(신탁법 제3조 ①항) ③ 유증(제1074조 이하)(제554조의 증여, 제562조의 사인증여)

* 재산을 무상으로 증여하는 방법은 2가지인데, ① 계약으로 하면 생전증여·사인증여, ② 단독행위인 유언으로 하면 유증(遺贈)이다. 증여를 위한 행위(계약 또는 단독행위)는 모두 생전에 이루어지지만, 그 중 유언과 사인증여는 행위자의 사망 시부터 효력이 발생하는 점이 다르다.

---

[1] 민법 이외의 특별법에 따른 유언: 신탁의 설정(신탁법, 법률 제15022호, 제3조 ①항 2호); 상속에 관한 준거법의 지정(국제사법, 제13759호, 제49조 ②항); 저작등록권자 지정(저작권법, 제15823호, 제53조 ②항); 유족보상을 받을 유족순위의 변경(근로기준법시행령 대령 제29010호, 제48조 ③항; 산재보험법, 법 제15665호 제65조 ④항; 선원법시행령 대령 제29163호, 제30조 ②항); 시신의 해부(시체해부 및 보존에 관한 법률, 법 제14885호 제4조 ①항 1호); 장기 등의 기증, 기증자등록 동의(장기 등 이식에 관한 법률, 법 제16256호, 제12조 ①항 1호, 제14조 ②항 1호); 시신의 인도(형의 집행 및 수용자의 처우에 관한 법률, 법 제15259호, 제128조 ④항; 군에서의 형의 집행 및 군수용자의 처우에 관한 법률, 법 제15166호, 제113조 ④항); 영결식에 관한 유언(군예식령, 대령 28266호 제135조).

[2] 박병호, 229면; 대판 1975. 3. 25, 74다1998; 1976. 1. 13, 74다2002; 유언으로 하지 않고 생전행위로 상속재산분할방법을 지정한 것은 효력이 없으므로, 상속인들이 거기에 구속되지 않는다(대판 2001. 6. 29, 2001다28299).

(3) 유언사항이 아닌 것을 유언한 경우(무효)

㈎ 법정사항이 아닌 것에 대하여 유언한 경우, 예컨대 "자식들은 ○성씨와 혼인하지 말라," "절대로 남의 보증은 서지 말라," "어머니께 효도하고, 형제끼리 잘 지내라" 기타 도덕적 내용, 이른바 유훈(遺訓), 유지(遺志)나, 가사정리 등에 관한 사항의 유언은 유언자의 자유이다.[1] 그러나 이러한 유언은 윤리적·도덕적 효력이 있을 뿐 법적 효력은 없다.

㈏ 아래와 같은 유언은 모두 무효이다   사후양자나 호주승계인의 지정(1990. 12. 31.까지 유효)·친족회원의 지정(2013. 6. 30.까지 유효)·대락입양·입양동의·미성년자의 혼인에 대한 동의·기여분[2]·상속순위·입양무효의 소·친생자관계존부확인의 소 등에 관한 유언은 모두 무효이다. 상속채무의 청산유언 또는 그 유언에 따라 제 3 자가 재산을 처분한 것은 무효이다.

㈐ 조상의 제사주재자(제1008조의 3)를 지정하는 유언을 할 수 있는가? 유언을 한다면 그 유언에 의한 지정을 상속인들이 존중하여야 하지만, 그 자체가 유언사항은 아니라고 해석된다.[3] 장례방법 등 장례의 집행절차, 묘비 등 묘표(墓標)의 건립, 납골(納骨)의 지시 등에 대한 유언도 유언으로서의 효력은 없다.[4]

㈑ 사람들이 자기의 죽음과 관련하여 임종 시 불필요한 연명치료를 받지 않겠다는 문서(사전의료의향서)를 미리 작성하여 놓을 수는 있다.[5] 이는 본래 의미의 유언은 아니다.

Ⅳ. 유언의 자유와 제한

1. 유언의 자유

유언의 자유는 상속법상 근대 개인주의적 법 원리인 계약자유·소유권절대의

---

1 미국의 경우는 지시서(letter of instruction)라는 문서에 장례절차·사체처리·재산목록 기타 무엇이든지 기록할 수 있고, 법적 형식을 따를 필요도 없다(Hughes & Klein, 85면).
2 我妻 외 2, 民法(제 7 판, 2004), 116면.
3 太田, 143면.
4 장기등 이식에 관한 법률(2019. 7. 16. 법률 제16256호), 제 2 조 ②항, 제12조; 생명윤리 및 안전에 관한 법률(2013. 3. 23. 법률 제11690호) 제 3 조, 제16조 참조; 미국의 경우 소극적 안락사에 관련된 유언, 소위 생전유언(Living Will)이 일정한 요건 하에 인정되고 있다. '죽을 권리의 법'(Right-to-die law)에 따르면 환자는 더 이상의 치료받기를 거부하는 유언을 할 수 있다(Hughes & Klein, 72~73면).
5 「호스피스·완화의료 및 임종과정에 있는 환자의 연명의료결정에 관한 법률」(약칭, 연명의료결정법; 2018. 12. 11, 법률 제15912호) 제12조 참조.

원칙 등 사적자치(私的自治)의 하나의 표현이다. 유언은 재산에 대한 생전처분의 자유와 사후처분의 자유를 접목(接木)시킨 것(유언의 성립은 생전에 이루어지나, 그 효력발생은 유언자의 사망 이후부터 발생)이라고 말할 수 있다. 유언의 자유에는 유언능력자가 언제든지 자유로이 유언할 수 있고 자유로 이를 변경·철회할 수 있는 자유가 포함된다.[1] 그러므로 미리 "나는 유언하지 않겠다."든지, 유언 후 "유언을 철회하지 않겠다."는 의사표시는 유언자유의 원칙상 모두 무효이다.

2. 유언자유의 한계

유언의 자유는 어디까지인가? 민법에 따르면 유언으로 상속인 지정이나 상속분의 변경을 할 수 없고, 또 상속인자격을 박탈하는 유언[2]도 할 수 없다. 다만 유증(＝유언으로 재산을 증여)의 자유, 즉 유산처분의 자유를 인정하고 있다(유류분에 의한 제한이 있음). 이는 프랑스 민법에 가까운 입법이라고 평가되고 있다.

V. 유언능력

유언은 단독행위이지만, 하나의 법률행위(法律行爲)이다. 따라서 이러한 유언을 단독으로 유효하게 할 수 있는 능력이 바로 유언능력이다. 유언은 사람(그 중에서도 자연인)의 최종의 의사표시이므로 가급적 이를 존중하여 그 효력을 인정하려는 것이고, 또 사후(死後)의 문제에 관한 것이므로 유언자(행위자)의 보호를 생각할 필요는 없다. 따라서 민법은 미성년자 등 제한능력자에 관한 규정(제5조·제10조·제13조)은 유언에는 적용되지 아니한다고 하고(제1062조), 만 17세에 달한 자는 유언할 수 있다고 규정하고 있다(제1061조). 유언은 유언자 본인의 최종 진의가 가장 중요하므로 법정대리인이 유언자 대신 유언할 수 없고, 실제로 대리유언을 하더라도 무효이다. 자연인이 아닌 법인(法人)은 유언할 수 없다.

1. 의사능력

1) 유언도 의사표시이고 법률행위이므로, 유언자에게 의사능력(意思能力)만은

---

1 유언의 자유는 헌법상 기본권의 하나이다(헌재 1998. 8. 27, 96헌가22 결정 등).
2 미국의 경우는 개인주의·자유주의사상을 철저히 존중·관철시킨 결과 피상속인의 재산처분자유의 일환으로 유언으로 자녀 등의 상속자격을 박탈(disinherit)시킬 수 있다(Krause, 882면).

반드시 있어야 한다. 이 의사능력이 곧 유언능력이다. 다만, 법률은 대개 의사능력자 중 유언할 수 있는 연령(유언연령)을 제한하고 있다.[1]

2) 민법은 유언연령을 만 17세로 정하고 있으므로, 17세 이상이면 누구나 단독으로 유언할 수 있다(제1061조). 따라서 17세 미만의 사람이 유언하거나, 17세 이상의 사람이라도 의사능력이 없는 사람(유언무능력자; '보통사람이라면 그 나이에 의당 가지리라고 생각되는' 정도의 육체적·정신적 능력이 없는 사람)이 유언하였다면 그러한 유언은 무효이다. 거꾸로 피성년후견인이라도 의사능력이 있다고 인정되면 단독으로 유효한 유언을 할 수 있다.

2. 유언능력자

1) '만 17세 이상의 미성년자'·피한정후견인·피성년후견인은 법정대리인(친권자나 후견인 등)의 동의를 받지 않고 모든 유언과 유언의 철회를 할 수 있고, 단독으로 유언하여도 그 이유(동의여부)로 취소하지 못한다. 특히 피한정후견인은 아무런 제한 없이 유언 등의 신분행위를 할 수 있다. 제한능력자에 관한 규정은 유언에는 적용되지 아니하기(제1062조) 때문이다.

2) 피성년후견인은 의사능력이 회복된 때에만 단독으로 유언할 수 있다(제1063조 ①항). 다만, 의사(醫師)가[2] "심신회복의 상태"를 유언서에 부기(附記)하고 서명날인하여야 하고(동조 ②항), 녹음유언의 경우는 의사(醫師)가 기명날인 대신 구술로 녹음한다. 위급상황에서 이루어지는 구수증서유언의 경우는 의사의 참여나 기명날인도 필요하지 않다.

:: 참고판례

자필증서유언을 한 사람이 그 건강이 불완전하기는 하나, 의사의 문진(問診)에 대답하고 잡지를 읽고 있을 정도라면 유언능력이 있다(일 廣島高判 1985. 5. 31, 判夕 제561호, 149면). 유언자가 전신쇠약, 언어 불명료, 소리 질러 물어도 응답하지 아니하는 상태에서 작성된 공정증서유언은 유언능력을 흠결한 유언이므로 무효이다(일 동경고판 1982. 5. 31, 判時 제1049호, 41면).

---

1 로마법은 남자 14세, 여자 12세, 미국 조지아주법은 남녀 모두 14세, 독민·프민·미국 루이지애나주법은 만 16세, 미국의 콜롬비아특별행정구 등 49개 주법은 18세, 일민(제961조)은 만 15세로 규정하고 있다(Hughes 외 1, 14~15면).
2 일민 제973조는 2명 이상의 의사(醫師)의 참여를 요건으로 정하고 있다.

3. 유언능력의 존재시기

유언능력은 유언(의사표시) 당시에 있으면 족하고, 그 후 유언능력을 상실하여도 이미 한 유언의 효력에는 영향이 없다. 거꾸로 유언무능력자(예컨대 16세의 아이)가 유언한 후에 능력자가 되거나, 유언 후 그 유언을 추인하였다 하더라도, 그러한 유언은 당초부터 무효이므로 유효한 유언이 될 수 없다. 유언의 추인(追認)이란 있을 수 없다.

4. 수유(受遺)능력 : 유언증여, 즉 유증을 받을 수 있는 능력

유언은 상대방 없는 단독행위이므로, 유언으로 증여를 받을 수유자 등 상대방에게는 의사능력이 필요하지 않다. 단지 필요한 것은 권리능력이다. 따라서 의사무능력자·17세 미만자·태아·법인도 수유능력이 있다(제1064조). 그러나 상속결격자는 수유능력도 없다(제1064조·제1004조). 수유자가 상속개시 전에 사망하거나 실종선고를 받으면, 그에 대한 유언은 무효가 된다(제1089조 ①항).

5. 공동유언(共同遺言)이 가능한가?(소극)

현행법의 유언자유의 원칙상 공동유언(2명 이상의 사람이 1개의 증서로 유언)은 불가능하다. 어느 일방이 사망한 경우 그 해석을 둘러싸고 문제가 생길 여지가 있고, 이를 인정한다면 유언자 각자가 자유로이 유언을 정정·철회하지 못하는 단점이 생긴다. 유언이란 원래 유언자의 최종의사를 기초로 자유롭게 단독으로, 게다가 명확하게 할 필요가 있다. 그러므로 공동유언은 무효이고, 여러 나라에서 금지되고 있다.[1]

---

1 현소혜, "유언방식의 개선 방향에 관한 연구" 가족법연구 23~2(2009), 12면에서는 공동유언과 구별되는 '합동유언'이라는 용어를 소개, 해설하고 있다.; 일본 민법 제975조 등; 일 최판 1981. 9. 11. 집 35-6, 1013면(동일한 증서에 두 사람의 유언이 기재되어 있고, 그중 1명의 성명을 기재하지 아니한 방식위배가 있더라도 이는 공동유언으로서 금지된다).

제 2 절 유언의 성립과 그 철회

제 1 항 유언의 성립(유언의 방식)

Ⅰ. 총 설

1. 요식성(要式性)

사람이 유효하게 유언을 하려면, 반드시 일정한 방식에 따라서 하여야 한다. 이를 유언의 요식성(要式性)이라고 한다. 세계 여러 나라의 민법과 같이 우리나라의 민법도 "유언은 본법의 정한 방식에 의하지 아니하면 효력이 생기지 아니한다"(제1060조)고 규정하여 유언에 일정한 방식을 요구하고, 이 방식에 따르지 아니한 유언을 무효로 하고 있다.[1]

(1) 요식성의 존재이유

(가) **유언의 존재확보** 유언 시와 그 효력발생 시(유언자의 사망 시) 사이에 상당한 시간적 간격이 생기는 것이 보통이다. 오랜 세월이 흐른 후에 망인이 실제로 유언을 한 일이 있는지 없는지 알 수 없는 경우가 생기게 된다. 이러한 것을 분명히 하기 위하여 요식성이 요구되고 있다.

(나) **유언자의 진의(眞意)확보** 만일 유언이 존재한다면, 그 유언이 진정 유언자의 것인지, 유언자의 진의가 무엇인지 등 유언내용을 명백하게 하여 사후분쟁(死後紛爭)의 소지를 없애기 위한 것이다.

(다) **신중한 결정** 유산(遺産)의 처분방법의 하나인 유언은 상속인 그 밖의 이해관계인에게 중대한 영향을 미치는 것이므로 유언자가 이를 경솔하게 하지 말고 신중하게 하도록 하기 위한 것이다.

(라) **유언의 위조방지** 유언의 요식성은 유언의 위조·변조를 방지하기 위한 목적도 있다.

---

1 대판 1999. 9. 3, 98다17800(방식에 어긋난 유언은, 유언자의 진정한 의사에 합치되더라도 무효).

(2) 요식성의 정도

1) 유언의 요식성을 너무 엄격하게 요구하면, 유언을 하는 것 그 자체가 매우 곤란하게 되고, 방식의 흠결로 인하여 유언이 무효가 되는 경우가 많아진다. 이는 유언자의 진의확보와 유언자유의 보장을 어느 선에서 조화시킬 것인가 하는 문제이다.

2) 민법시행 전의 관습에 의한 유언은 민법이 규정한 방식에 적합하지 아니한 경우라도 유언자가 민법시행일로부터 유언의 효력발생 시까지 그 의사표시를 할 수 없는 상태에 있는 때에는 효력을 잃지 않는다(민법부칙 제26조).

:: 참고판례

① 법률상 유언이 아닌 것을 유언이라고 시인하였다 하여 그것이 곧 유언이 될 수는 없고, 이와 같은 진술은 권리자백에 속하는 것이라서 민사소송법상의 사실의 자백이 될 수는 없다(대판 1971. 1. 26, 70다2662; '유언장'이라는 표제를 붙인 서면이라도 그 요식성에 흠결이 있다면 유언으로서 효력이 생기지 않고 이는 서면으로 부동산을 어떤 재단에 증여하는 의사표시를 한 증여계약서라고 인정하고 있다; 동지 대판 2001. 9. 14, 2000다66430, 66447).

2. 유언방식의 종류와 필수적인 검인절차

민법은 유언의 방식을 자세히 규정하고 있다. 이를 '법정요식주의'라고 한다. 유언자는 각자의 사정과 형편에 따라 민법상 5가지 방식의 유언 중 어느 하나를 선택하여 유언할 수 있다. 유언의 자유를 보장·실현하기 위한 것이다.

(1) 유언의 방식

㈎ **보통방식과 특별방식**   민법이 정한 유언에는 자필증서유언·녹음유언·공정증서유언·비밀증서유언·구수증서유언의 5가지 방식이 있다(제1065조). 앞의 4가지는 보통방식(普通方式)의 유언이고, 마지막의 구수증서유언은 특별방식(特別方式)의 유언이다.[1] 위 5가지 유언 중 '검인이 필요 없는' 것은 공정증서유언과 구수

---

1 대판 1977. 1. 18, 76므15 : 구수증서유언의 경우 유언요건을 완화하여 해석하여야 한다; 구민법시행당시의 유언의 방식과 수증자의 자격에 관하여는 대법원등기예규 제100호(1967. 1. 18) 참조 : 관습에 의하면 유언에 일정한 방식이 없고, 자필 또는 대필(代筆)의 서면으로 또는 구술로 유언할 수 있고, 유언의 내용이 유언자의 진의(眞意)라는 것이 입증되면 유효하고, 수증자가 될 수 있는 자에도 제한은 없었다[대법원예규집 ― 등기편 ― (법원행정처, 1998), 327면].

증서유언이다(제1091조 ②항). 구수증서유언의 성립과정에 이미 검인이 필요하므로 (제1070조 ②항), 구수증서유언의 집행과정에는 또 검인이 필요하지는 않다(제1091 조 ②항)는 의미로 해석하여야 할 것이다.

특별방식의 유언은 보통방식의 유언이 불가능한 경우에만 보충적으로 인정된다. 따라서 보통방식의 유언이 가능한데도 특별방식의 유언을 한 경우는 무효이지만, 특별방식의 유언을 할 수 있는 경우인데 보통방식의 유언(예컨대 자필증서유언)을 하였다면, 그것은 유효하다.[1]

(내) **행위지법**　　외국에 살고 있는 한국인이 유언할 경우 그 방식은 본국법(한국 민법)의 방식에 따라 할 수 있고, 그 행위지법인 외국법에 따라 할 수도 있다(국제사법 제50조 ①항, ③항 3호). 부동산에 관한 유언을 하려면 부동산소재지의 법에 따라 할 수도 있다(동조 ③항 4호).

(2) 검인절차

유언의 증서나 녹음을 보관한 자 또는 이를 발견한 자는 유언자의 사망 후 지체 없이 이를 가정법원에 제출하여 그 검인을 청구하여야 한다(제1091조). 유언검인심판청구는 가사소송법상 라류 가사비송사건 40호의 사건이다(가소 제 2 조 ①항).

(가) 유언검인은 유언의 집행 전에 유언증서의 형식, 형태[유언서의 용지·장수·사용된 필기도구·기재된 내용·서명의 형식·날인된 도장의 종류나 모양·작성날짜(일부)] 등 유언의 방식에 관한 모든 사실을 조사·확인하여 유언서 자체의 상태를 확정하기 위한 것이다(가소규 제86조 ③항).

(나) 검인은 유언증서의 위조·변조를 방지하고, 유언자의 진의를 확보하기 위하여 유언서의 보전을 확실히 하는 일종의 검증절차(증거보전절차)이다.

(다) 이 검인을 2가지로 분류하여 유언의 검인과 유언서의 검인으로 나누어서 유언의 검인은 구수유언의 검인으로서 증인 등이 급박한 사유의 종료일로부터 7일 이내에 가정법원에 신청하여 하는 검인(제1070조 ②항, 가소규 제85조)이고, 유언서의 검인은 유언집행 전의 준비절차로서 하는 검인이라고 하는 학설이 있다.[2] 생각건대, 유언검인을 유언의 성립요건(成立要件)으로서의 검인(특별방식의 유언)과 유언의 집행요건(執行要件)으로서의 검인(보통방식의 유언)으로 구분하는 것이 타당하리

---

1 일 東京高判 1933. 12. 28, 신문 제3662호, 5면; 東京高判 1935. 1. 30, 신문 제3829호, 17면; 久貴
　忠彦, 新版注釋民法(28) 相續(3), 有斐閣 ユンメンタ―ル, 1988, 79면.
2 박병호, 가족법논집(도서출판 진원, 1996), 473면.

라고 생각된다.

(라) 따라서 검인은 유언자의 진의 여부나 유언의 적법·유효 여부·효력 유무를 심사하고 판단하는 것은 아니다. 그러므로 '검인청구의 대상'인 유언서가 민법에서 정한 방식을 따르지 아니한 것이라도 그 검인신청을 각하할 것은 아니고, 가사소송규칙 제87조에 따라 조서를 작성하여야 한다.[1]

(3) 유언의 검인과 유언의 효력과의 관계

(가) 상속인 등 이해관계인은 '검인을 거친' 유언에 대하여서도 그 무효확인청구를 할 수 있고, 법원은 그러한 유언무효확인소송에서 자유로이 그 유언의 진부(眞否)와 효력 유무를 판단할 수 있다. 검인을 거쳤다고 하여 그 유언이 항상 유효하게 성립되었다고 말할 수는 없고 본안소송에서 유언이 무효라고 확인되기도 한다.[2]

(나) 적법한 유언은 검인·개봉의 절차를 거치지 않더라도 유언자의 사망과 동시에 바로 효력이 생기므로 그대로 집행할 수 있다. 검인·개봉절차의 유무로 유언의 효력이 좌우되지 아니한다.[3] 그래서 검인은 실효성이 없어서 그다지 존재가치가 없는 제도라는 비판도 가해지고 있다.[4]

(다) 구수증서유언의 경우 특별한 사정이 없는 이상, 유언이 있은 날에 급박한 사유가 종료되었다고 할 것이니, 유언의 날부터 7일(＝검인신청기간) 이내에 법원에 검인신청을 하여야 할 것이고, 그 기간 경과 후의 검인신청은 부적법하므로 무효이고 각하되어야 한다.[5]

(4) 검인에 대한 불복절차

(가) 신청기간이 지난 후 검인신청을 하였더라도, 일단 검인심판이 내려진 이상, 그 심판의 효력을 다투려면 즉시항고를 하는 방법밖에는 불복의 길이 없다.[6] 즉시항고의 기간은 심판을 고지 받은 날로부터 14일(불변기간) 이내이다(가소규 제85조 ②항·가소 제43조 ⑤항·가소규 제31조·제94조 ③항·민소 제414조).

(나) 유언검인청구를 받아들인 심판에 대하여는 이해관계인이 즉시항고를 할

---

1 대결 1980. 11. 19, 80스23.
2 일 東京高判 1957. 11. 15, 집 8-11, 2102면; 일 대결 1916. 6. 1, 민록 22, 2102면.
3 대판 1998. 6. 12, 97다38510.
4 成毛鐵二, 遺言, 일본 가제출판, 245면.
5 대결 1986. 10. 11, 86스18; 1989. 12. 13, 89스11; 1994. 11. 3, 94스16.
6 대판 1977. 11. 8, 76므15; 이 판례에 대한 평석은 박병호, "遺言無效確認," 가족법논집, 468면 이하.

수 있고, 검인청구를 기각한 심판에 대하여는 민법 제1070조 ②항에 규정된 사람, 즉 유언의 증인과 이해관계인이 즉시항고를 할 수 있다(가소규 제85조 ②항).

(다) 유언검인심판의 유효 여부를 다투는 방법(즉시항고)과 유언 그 자체의 유효 여부를 다투는 방법(유언무효확인청구)은 서로 다른 것이다.

:: 참고판례

사망한 여(女)호주의 '구수증서유언'의 검인에 대하여 그 시동생[=여호주의 망부 (亡夫)의 남동생]은 1960. 1. 1. 이후 여호주의 상속인이 될 수 없고, 수증자나 유언집행자도 아니라면 그는 이해관계인이 될 수 없으므로, 검인에 대하여 즉시항고를 제기하여도 그 항고는 부적법하다(대결 1990. 2. 12, 89스19).

3. 증인의 자격

자필증서유언에는 증인이 필요 없다. 그 밖의 4가지 유언에는 항상 증인 2명[1] 이 참여하여 기명날인하여야 한다. 다만 녹음유언에는 증인의 참여를 규정하면서도 그 숫자에 관하여는 규정이 없다(후술). 이는 유언이 유효하게 이루어지도록 하고, 유언내용의 진실성을 증명·확보하기 위한 것이다. 여기서 증인은 '유언이 유언자의 진의에서 나온 사실'을 증명하는 사람이다.

(1) 법정결격자

(가) 비밀증서·녹음·구수증서유언의 증인이 될 수 없는 사람

1) 미성년자(제1072조 ①항 1호)는 절대적 증인결격자이다. 법정대리인의 동의를 얻더라도 유언의 증인이 될 수 없다. 혼인하여 성년자로 간주된 사람, 또는 성년 되기 전에 이혼한 사람(미성년자들)은 증인이 될 수 있다.[2]

2) 피성년후견인·피한정후견인(동조항 2호)도 절대적 결격자이다. 의사능력을 회복하고 있거나(유언능력은 있음), 후견인의 동의를 얻어도 증인이 될 수 없다.

3) 유언으로 이익을 받을 사람, 그의 배우자와 직계혈족(동조항 3호)(=상대적 결격자) 유언자의 상속인, 유증을 받게 될 수유자[3] 등과 그 배우자, 직계혈족은 증인이 될

---

1 미국의 경우 버몬트(Vermont)주만 3인 이상의 증인을 요구하고 있고 나머지는 모두 2명 이상을 요건으로 하고 있다(Hughes & Klein, 14~15면).
2 久貴忠彦, 신판주석민법(28)(1988), 122면.
3 일 仙台高秋田支決 1991. 8. 30(유언자의 추정상속인이며 수유자인 차녀가 사실상 참여하여 주도적으로 유언서 작성 ─ 무효).

수 없다. 그러므로 후순위상속인·'유언으로 이익을 잃게 될 사람'·유언집행자 등은 증인결격자가 아니라 증인이 될 수 있다.[1] 예컨대 '갑'에게 자식 '을'과 동생 '병'이 있는데, '갑'은 동생 '병'을 증인으로 참여시켜 '을'에 관한 유언을 할 수 있고, 그 후 '을'이 사망하여도 '갑'의 유언은 유효하다.

㈑ 공정증서유언의 증인이 될 수 없는 사람

1) 공증인법 제33조 ③항에 의한 공증참여인 결격자(제1072조 ②항)   미성년자(동조 ③항 1호), 시각장애인이거나 문자를 해득하지 못하는 사람(동조항 2호; 2009.2. 공증인법 개정 시 추가됨[2]), 서명할 수 없는 사람(동조항 3호), 촉탁사항에 관하여 이해관계가 있는 사람(동조항 4호)·촉탁사항에 관하여 대리인·보조인이거나 이었던 사람(동조항 5호), 공증인의 친족[3]·피고용인(예컨대 공증변호사사무실의 사무장 등)·동거인(동조항 6호)·공증인의 보조자(동조항 7호)는 공증참여인결격자로서 유언증인결격자들이다. 위의 열거는 한정적·제한적 열거이므로[4] 여기에 열거되지 아니한 사람, 유언집행자나 파산선고를 받은 자는 증인으로 참여할 수 있다.

2) 예 외   그러나 공증촉탁인이 어떤 사람을 공증에 참여시킬 것을 청구한 경우는 예외적으로 참여인자격(증인자격)이 생긴다(공증인법 제33조 ③항 단서·제29조 ②항). 유언자가 유언공증 시 자신의 친족을 공증에 참여할 것을 청구하였다면, 그러한 친족은 유언자와 친족관계에 있다 하더라도, 그는 공증참여인 결격자가 아니므로 증인자격도 생긴다.[5] 다만, 앞에서 본 민법 제1072조 ①항에 규정된 사람들은 유언자의 참여청구를 받았더라도 증인자격이 없다고 할 것이다.

3) 시각장애인(盲人)의 증인자격   시각장애인은 공정증서유언에 참여할 증인으로서 적격을 가진다.[6]

---

1 대판 1999. 11. 26, 97다57733.

2 개정경위와 문제점에 대하여는 남상우, '공정증서유언의 증인에 관한 고찰', 가족법연구 25-2(통권 41호, 2011), 278-79면.

3 대판 2004. 11. 11, 2004다35533, 신문 2004. 11. 18.자(제3315호), 5면(유언자의 처남이 공증유언에 증인으로 참여한 경우, 그 처남은 민법 제1072조 ②항 소정의 증인결격자에 해당하므로, 그 공정증서유언은 무효이다; 유언자와 증인이 모두 사망하여 유언자의 증인에 대한 참여청구사실을 증명할 수 없었던 사건).

4 증인결격자 열거조항은 제한적 열거로 해석된다(일 東京地判 1984. 4. 27, 判夕 제531호, 166면: 유언자에 대한 한정치산선고(한정후견) 사건을 수임하여 수행하고 있는 변호사는 그 유언자의 공증유언에 증인으로 참여할 수 있다). 따라서 파산선고를 받은 자, '유언자를 상대로 소송을 하였거나 하고 있는 사람'(후견인결격에 관한 제937조 대비)도 증인적격자들이다[이준현, 로고스 친족상속법(박문각, 2005], 255면.

5 대판 1992. 3. 10, 91다45509(삼촌이 조카의 공증유언에 참여).

6 일 최판 1980. 12. 4, 집 34-7, 835면.

(2) 사실상 결격자(=의사무능력자)

성년후견이나 한정후견 개시선고를 받지 아니한 사람 가운데 의사능력이나 청취능력이 없다든지, 문자해독능력, 필기능력이 없는 문맹이어서 기명날인이나 서명도 할 수 없는 사람은 증인이 될 수 없다. 자필증서유언의 경우는 증인이 필요 없으므로, 증인결격문제는 생기지 아니한다.

(3) 결격자가 참여한 유언

유언에 증인결격자가 증인으로 참여하여 유언한 경우 그 유언 전체가 무효가 된다.

[후견인결격, 유언증인결격, 유언집행자결격 비교]

구 분	후견인자격	증인자격	유언집행자자격
근거법률(민법) 조항	제937조 1호~8호	제1072조 ①항 1~3호	제1098조
①-1 미성년자	×	×	×
①-2 성년의제자 (제826조의2)	○	○	○
②-1 피성년후견인·피한정후견인	×	×; 2호	×
②-2 피특정후견인·피임의후견인	×	○(해석상)	×
③-1 파산선고를 받은 자	×	○(해석상)	×
③-2 회생절차개시결정을 받은 자	×	○(해석상)	×(유추)
④ 자격정지 이상의 형의 선고를 받고 그 형기(刑期) 중에 있는 자	×	○(해석상)	×(해석상)
⑤ 법원에서 해임된 법정대리인	×	○(해석상)	×(해석상)
⑥ 법원에서 해임된 성년후견인·한정후견인· 특정후견인·임의후견인과 그 감독인	×	○(해석상)	×(해석상)
⑦ 행방이 불분명한 사람	×	×	×
⑧ 피후견인·유언자에 대하여 소송을 하였거나 하고 있는 자 또는 그 배우자와 직계혈족	×	×(해석상)	×(해석상)
⑨ 외국인	○	○	○
⑩ 유언으로 이익을 받을 사람, 그의 배우자와 직계혈족	○(해석상)	×; 3호	○(해석상)
⑪ 유언집행자, 유언에 참여한 증인	○(해석상)	○(해석상)	○(해석상)

* ×: 결격, ○: 적격 , "해석상": 법에 명문의 규정이 없으나, 법의 해석에 따라 결격여부를 판단한 경우.

* 국제교류의 활성화로 다문화가정이 증가하고 있어, 후견의 직무성질에 근거하여 외국인의 후견인으로서의 결격을 규정한 「외국인의 후견인자격여부」 예규(가족관계등록예규 제84호, 2007. 12. 10)는 현실을 더 이상 반영하지 못하므로 폐지되었다(외국인의 후견인자격여부 가족관계등록예규 제321호 2010. 6. 8. 개정).

Ⅱ. 자필증서유언

1. 개 념

(1) 정 의

자필증서유언은 유언자가 스스로 유언의 전문(全文)·연월일·주소·성명을 자서(自書)(직접 자필로 쓴다는 의미)하고 날인(＝이것이 절대적 요건)함으로써 성립되는 유언(제1066조 ①항)이다.[1]

(2) 장 단 점

㈎ 이 방식은 보통방식의 유언 중 하나이고 가장 간단하고 편리하며 유언의 존재와 내용을 비밀로 할 수 있는 것이 장점이다. 문자를 아는 사람이면 누구나 혼자서 어디서나, 공증인·증인의 참여도 없이 쉽게 유언서를 작성할 수 있으며, 비용도 들지 않기 때문이다. 비밀증서유언도 내용을 비밀로 할 수 있지만, 유언서를 작성하려면 증인이 필요하므로(제1069조), 이 점은 비밀로 할 수 없어서 자필증서유언과 다르다.

㈏ 단점으로는 문맹자나 법률지식이 없는 사람은 이 방식을 사용할 수 없고, 유언서를 만들었더라도 내용불명·방식불비로 무효가 될 우려도 있다. 또한 공증인 등 책임 있는 사람이 보관하지 아니하므로, 유언서의 분실·멸실, 위조·변조, 은닉·파기 등의 우려가 많다. 유언자의 사후(死後)에 그 진위를 증명할 사람이 없어서 그 진실성과 효력에 관한 다툼이 일어날 우려가 있다.

㈐ 이러한 유언의 집행에는 가정법원의 검인이 요구된다(제1091조).

2. 요 건

자필증서유언 방식의 요건은 ① 유언서의 전문과 연월일·주소·성명의 자서 ② 성명 밑의 날인뿐이다(제1066조). 이를 차례로 나누어 설명한다.

(1) 유언서 전문의 자서(自書)

㈎ 유언서 전문(全文)(유언서 본문)을 유언자가 스스로 직접 써야 한다. 타인에

---

1 자서와 별도로 날인을 요구하고 있는 민법조항이 위헌이라고 할 수 없다(대판 2006. 9. 8, 2006다 25103, 25110; 2007. 10. 25, 2006다12848; 2009. 5. 14, 2009다9768); 미국에도 애리조나 등 27개 주에서 자필증서유언(Holographic Wills)을 인정하고 있다(Hughes 외 1, 14~5면).

게 구수하여 대서(代書)나 대필(代筆: 구술필기)시킨 것은 무효이다. 증인이 필요 없는 반면, 자서(自書)가 절대적 요건이다. '증인 없이' 유언자 단독으로 유언할 수 있는 유일한 방식이다.

(나) 자서가 요건이므로 타자기, 워드프로세서(word processor), 점자기(點子機) 등을 사용하여 만든 것, 유언을 녹음한 테이프 등은 자필증서라고 할 수 없다(무효). 필적을 통하여 위조·변조를 방지하기 위한 것이 자필증서이고, 자필이 아닌 기계를 이용한 것은 진실로 본인이 작성한 것인지를 확인할 수 없고 가제(加除)변경의 위험도 많기 때문이다. 그러므로 전자복사기를 사용하여 만든 복사본(複寫本)도 자서가 아니므로 무효이다.[1] 유언서 중 가장 중요한 부분인 부동산목록을 타자로 쳐서 인쇄한 경우는 자필증서유언으로는 무효라고 판결한 사례가 있다.[2]

(다) 타인의 도움을 받아 글을 쓴 경우(타인의 손에 의지하여 작성한 것)는 자서로 보고, 유효하다고 보아야 할 때가 있을 것이다.[3]

(라) 유언서의 일부만 자서한 경우는 원칙적으로 전부무효로 보아야 한다. 다만, 타인이 쓴 부분이 부수적인 것, 첨가적인 것, 극히 사소한 부분이어서 그 부분을 제외하더라도 유언의 취지가 충분히 표현되어 있다면 유효로 보아야 한다.[4]

(마) 용 어 유언서에 사용하는 용어는 외국어[5]·속기문·약자·약어·약부(略符)라도 상관없다. 유언서는 1장으로 완결하여야 하는 것은 아니고 여러 장으로 만들어도 무관하고, 간인(間印)·계인(契印)[6]이나 편철이 필요한 것은 아니다. 서식에는 아무런 제한이 없고(특정인 앞으로 쓴 편지형식도 가능), 유언서는 반드시 종이

---

1 대판 1998. 6. 12, 97다38510; 제주지판 2008. 4. 23, 2007가단22957, 27419(유언장의 원본에 날인하여야 하고, 원본이 아닌 복사본에 날인한 경우는 무효), 그러한 복사본이라고 하더라도, 사인증여계약으로서 효력이 생기기도 한다.
2 일 동경고판 1984. 3. 22, 判時 제1115호, 103면.
3 김·김, 7면; 곽윤직, 376면; 이경희, 416면; 김상용 외 3, 516면; 中川善之助·泉久雄, 相續法(제 4 판, 2000), 515면; 일 대판 1931. 7. 10, 집 10, 736면(유언서의 작성연월일에 관한 것 : 자서로 인정); 일 최판 1987. 10. 8, 집 41-7, 1471면[처가 남편(뇌동맥경화증으로 손이 떨리고 시력감퇴로 자서능력이 없었음)의 자서를 도와준 것 : 자서가 아니어서 무효라고 인정]; 일 동경지판 1984. 6. 18, 判時 제1150호, 207면(손을 잡아준 것이 유언자의 필기를 용이하게 하는 정도에 그치고, 필적 감정으로 유언자의 필적과 동일한 것으로 인정된 경우는 자서이므로 유효하다).
4 박병호, 432면; 이경희, 416면; 김형배, 380면.
5 유언서 전체가 영문으로 작성된 것도 유효하다(일 최판 1974. 12. 24, 집 28-10, 2152면).
6 中川·泉, 516면; 일 최판 1961. 6. 22, 집 15-6, 1622면[유언서가 여러 장이더라도 그 여러 장이 1통의 유언서로 작성된 것이라고 확인되면, 그 일부에 일부(日附)·서명·날인이 적법하게 되어 있는 한, 그 유언서는 유효하다]; 1962. 5. 29, 家月 14-10, 111면(유언서가 여러 장으로 된 경우 그 간에 반드시 계인이나 편철을 하여야 하는 것은 아니다).

라야 하는 것도 아니고 종이의 종류도 불문한다.[1]

(ㅂ) **증인의 참여가 필요한가?(소극)**   자필증서 유언의 경우는 증인의 참여가 요구되지 아니한다. 이 점은 다른 모든 유언과 다른 특이한 점이다. 비밀증서유언으로서 무효인 경우 자필증서유언의 요건을 갖추면 자필증서유언으로 인정된다.

:: **참고판례**

> 공증사무실에서 유언장에 인증을 받았으나, 증인 2명의 참여가 없고, 자서(自書)된 것도 아니라면, 그 유언장은 방식이 결여된 것이므로 공정증서유언·자필증서유언 어느 것으로도 효력이 발생할 수 없다(대판 1994. 12. 22, 94다13695).

(2) 유언서 작성연월일(年月日)의 자서

(개) 연월일은 반드시 유언자가 자서하여야 한다. 유언성립의 일시는 유언능력의 유무(제1061조), 유언방식의 결정(제1070조), 상호 저촉되는 2개 이상의 유언들의 선후·우열결정(제1109조) 등의 판단기준시가 되어 매우 중요하므로 모든 유언에 날짜를 반드시 기재하여야 하고 이는 절대적으로 필요하다. 그러므로 연월일의 기재가 없거나, 년만 기재하고 월이나 일의 기재가 없는 유언서 또는 자서한 것이 아니라 일부인(日附印 : 날짜 스탬프)을 찍은 것은 모두 무효이다(통설).[2]

(내) 그러나 제 몇 회 생일, 회갑일(환갑날), 은혼식(銀婚式)일, 제○회 모친 제삿날(祭日), 막내의 혼례식날 등으로 기재하여도(언제 작성되었는지를 명백히 알 수 있으므로) 유효하다. 2개 이상의 일시 기재가 있으면 후일의 일자에 작성된 것을 최종의사에 의한 유언으로 해석한다. 동일한 일시의 유언서가 2통 있는 경우는 서로 저촉하는 부분은 철회된 것으로 본다(제1109조). 서기(西紀) 몇 년으로 기재할 것을 단기(檀紀) 몇 년으로 기재하여도 이는 유효하다.[3]

(대) 유언서의 작성을 밤중에 시작하여 자정을 넘긴다든지, 유언자의 건강상태 등으로 인하여 유언서의 본문을 작성한 후 그 다음날 일자를 기록하면서 전의 날

---

1 카본(carbon)지에 쓴 유서도 유효(일 최판 1993. 10. 19, 家月 46-4, 57면).
2 일 대결 1916. 6. 1, 민록 22, 1127면(○년 ○월만 기재); 동 1918. 4. 18, 집 24, 722면; 최판 1979. 5. 31, 집 33-4, 445면, 判時 제930호, 64면[○년 ○월 길일(吉日) 기재]; 中川·泉, 517면; 연월일의 기재유무에 따라 유언내용상 의문이 생길 여지가 없는 경우라도 그 유언은 무효라고 해석된다 [我妻＝立石·體系コン, 558면; 久貴·新版注釋(28)(1988), 84~85면; 靑山·家族 Ⅱ, 357면 등].
3 일 大阪高判 1985. 12. 11, 判時 제1185호, 115면[유언자가 연호를 기재하면서 정화(正和)로 기재한 것은 소화(昭和)의 명백한 오기이므로 유효하다].

짜를 기록하든¹ 다음 날짜를 기록하든 모두 유효하다고 할 것이다.² 다만 유언서의 전문은 금년(2005년)에 작성하였으나, 일시는 1년이 지난 후(2006년)에 자서하면서 이를 2005년으로 기록하였다면 이는 무효라고 할 것이다. 유언서 작성날짜를 1일 정도 착각하여 기재한 경우 그 착오가 확인된다면, 그 유언은 유효하다.³

(라) 날짜를 기재하는 위치나 장소에 관하여는 특별한 규정이 없으므로, 유언서를 넣은 봉투(전·후면)에 자서하여도 상관없다.⁴ 봉투와 유언서가 명확하게 일체(一體)를 이루고 있는 경우라야 함은 물론이다.

(3) 주소(住所)·성명(姓名)의 자서와 날인

(가) 주소는 반드시 주민등록상의 주소가 아니라도 상관없고 유언자의 생활근거지를 기재하면 된다. 주소를 쓴 자리가 유언전문과 성명이 기재된 지편(紙片 : 종잇조각)이 아니고, 유언서의 봉투(유언서의 전문을 담은 것으로 유언서의 일부임)에 주소를 기재한 것도 유효하지만,⁵ 주소의 기재 그 자체가 없는 유언은 무효이다.⁶

(나) 성명의 자서를 요구하는 이유는 유언자의 동일성을 확인하고, 유언자의 진의에 따라 유언내용이 기재된 것임을 그 필적을 보고 명확하게 알 수 있도록 하기 위한 것이다.

1) 성명은 호적부상의 성명⁷뿐만 아니라, 아호(雅號)·예명·자(字)·필명(筆名 : pen name)·통칭(通稱)⁸이라도 유언자의 동일성(유언자가 누구인가)을 알 수 있을 정도의 것이면 유효하고, 성(姓) 또는 명(名)만 기재하여도 유효하다.⁹ 서명 대신에 "부(父)"라고만 기재한 경우도 유효한 유언이 될 수 있다는 설도 있다.¹⁰

1 일 대판 1931. 7. 10, 민사판례집, 736면.
2 中川·泉, 518면.
3 일 동경고판 1993. 3. 23, 判タ 제854호, 265면(유언서의 일시를 기재하면서 유언서의 작성일로부터 근 2년이나 소급한 날짜를 기재한 것은 단순한 오기라고 볼 수 없고, 일시의 기재가 없는 유언서와 동시(同視)하여야 한다고 하면서 무효라고 판시); 中川善之助 외 1, 518~19면.
4 일 동경고판 1981. 9. 19, 집 32-9~12, 865면.
5 대판 1998. 6. 12, 97다38510.
6 서울가심 2004. 7. 8, 2003느합26, 122(항고 중); 2011. 9. 27, 2009느합000, 2011느합00; 헌재결 2008. 12. 26, 2007헌바128(주소와 날인을 유언의 유효요건으로 정한 규정은 합헌이다; 다수의견).
7 반드시 호적상 성명을 기재하여야 하는 것은 아니다[일 大判 1915. 7. 3, 민록 21, 1176면; 神戸地判 1972. 9. 4, 判時 제679호, 9면; 久貴, 注釋民法(26), 71면 이하].
8 일 大阪高判 1985. 12. 11, 判時 제1185호, 115면[호적상 이름은 정웅(正雄)인데 통칭 정웅(政雄)이라고 기재한 경우 그 유언서는 유효하다].
9 일 대판 1915. 7. 3, 민록 제21집, 1176면.
10 김형배, 380면; 생각건대 부(父)라는 기재는 성명의 어느 것에도 해당될 수 없으므로 무효라고 보아야 할 것이다; 유언서의 말미에 '위의 사람' 또는 '너의 아버지' 등 친족관계를 표시하는 경우

2) 동명이인(同名異人)으로 혼동될 우려가 있을 경우는 주소·직위·칭호·아명(雅名)·주민등록번호 등을 부기할 필요가 있다.[1] 이러한 부기를 누락한 경우 그 유서를 무효라고 보기는 곤란할 것이다.

3) 성명의 자서(自書)에 대신하여 성명을 기호로 새긴 도장(stamp) 또는 화압(花押; 手決, 서명)을 찍은 것은 무효라고 보아야 할 것이다.[2]

4) 성명기재의 장소로는 유언서의 앞부분이나 말미 또는 봉투에 기재하여도 유효하다. 기재하는 문자는 한자·영어문자·약자·로마자 등도 상관없다.

㈐ 날인은 도장을 찍는 것을 의미한다.

1) 유언자 본인뿐만 아니라 다른 사람이 날인하여도 상관없다. 유언자의 부탁으로 병상 곁에 있던 다른 사람이나 상속인이 그 면전에서(또는 유언자가 없는 곳에서) 날인한 경우, 이는 유언자 자신이 날인한 것과 동일시할 수 있다.[3]

2) 도장은 반드시 인감도장(＝실인)이라야 하는 것은 아니고 막도장도 유효하고, 또 인장(印章) 대신 무인(拇印; 손가락으로 찍는 손도장)을 찍어도 유효하다고 해석된다.[4]

3) 날인장소는 유언서 그 자체에 하는 것이 보통이지만, 유언서를 넣은 봉투의 봉한 곳에 하더라도 유효하고, 요건흠결은 아니다.[5]

㈑ 날인이 없는 유언서는 무효이다. 이를 유효로 인정함이 옳다는 학설이 있다.[6] 서양에서는 사인(signature)만으로 통용된다(아래 참고판례). 그래서 성명의 자서만으로 유언자의 동일성, 유언자의 진의를 충분히 확인할 수 있다. 따라서 날인이 없다고 이를 무효로 한다면 이는 오히려 지나친 방식의 엄격성으로 말미암아

라도 유언서의 본문 중에 성명의 표시가 되어 있다면 유효한 유언서가 된다[靑山, 註釋(下), 40면; 久貴, 注釋(26), 72면; 中川 淳, 相續法逐條解說(下卷), 58면].

1 일 대판 1915. 7. 3, 민록 제21집, 1176면; 이 판례에 대한 비판으로 법조문에는 단순히 '성명'이라고만 규정하고 있으므로 여기에 요건을 가중하는 것은 적당하지 않고, 따라서 이러한 부기를 하지 않더라도 유언을 무효라고 할 수 없다고 해석하고 있다[靑山, 註釋 下, 40면; 久貴, 注釋(26), 71면 등].

2 배경숙·최금숙, 560면; 近藤, 判例 遺言法, 47면.

3 일 대판 1931. 7. 10, 집 10, 736면; 동경지판 1986. 9. 26, 月報 39-4, 61면.

4 대판 1998. 6. 12, 97다38510; 1998. 5. 29, 97다38503, 月報 제337호, 125면; 일 대판 1926. 11. 30, 집 5, 822면; 일 최판 1989. 2. 16, 집 43-2, 45면, 月報 47-5, 47면; 1989. 6. 20, 判時 제1318호, 47면; 1989. 6. 23, 判時 제1318호, 47면; 浦和地判 1983. 8. 29, 判タ 제510호, 139면 : 고혈압으로 넘어진 93세의 노인이 유서를 작성(전문자서)하고 무인한 경우 이는 자필증서로 유효.

5 일 최판 1994. 6. 24, 月報 47-3, 60면; 유언서 원본이 아닌 복사본에 날인한 것은 무효(동지; 제주지판 2008. 4. 23, 2007가단22957, 27419).

6 곽윤직, 230면; 이경희, 416면.

유언의 자유에 대한 제약이 될 우려가 있기 때문이라고 설명한다. 그러나 현행법의 명문 규정을 무시할 수는 없으므로 날인이 없는 유서를 유효하다고 해석하기는 곤란하다고 생각된다.[1]

㈐ 날인의 진부에 관하여 다툼이 있는 경우　이는 자필증서 성립의 중요한 요건이므로 이에 대한 증거조사와 판단을 하여야 한다. 이를 누락한 판결은 이유 불비로 파기될 수밖에 없다.[2]

:: 참고판례

일본에 살고 있던 러시아 여자가 1년 9개월 전에 일본으로 귀화하여(약 40년간 일본에 거주) 영문(英文)의 자필유언증서에 서명은 하였으나 날인은 하지 아니한 사안에서 그 유언서를 유효하다고 판결하고 있다(일 최판 1974. 12. 24, 민집 28-10, 2152면).

㈐ 요건의 완화

1) 유언서가 여러 장으로 되어 있어도 1통의 유언서로 작성된 경우 그 날짜의 기재와 서명·날인은 1장에만 되어 있으면 된다.[3]

2) 타인의 부축을 받아 쓴 유언은 자필증서유언(제1066조)으로 유효한가?　유언자가 증서작성 당시 자서능력을 가지고 있고, 그 보조자는 유언자의 손을 종이에 바르게 대도록 인도하는 데 그치고, 유언자의 손놀림이 유언자가 바라는 대로 맡겨져 있고 보조는 단지 필기를 용이하게 하는 데 도움을 준 정도에 그치는 등 부축한 사람(他人)의 의사(意思)가 운필(運筆)에 개입한 흔적이 없는 것이 필적상으로 판정될 수 있어야 유효하다.[4] 남의 부축을 받아서 쓴 유언서는 원칙적으로 무효이고, 예외적으로 유효라고 해석될 경우도 있다는 의미이다.

---

1 대판 1999. 9. 3, 98다17800; 2004. 11. 11, 2004다35533; 2006. 3. 9, 2005다57899; 서울중앙지판 2005. 7. 5, 2003가합86119, 89828[수유자(受遺者)인 연세대학교가 독립당사자로 참가한 사건, 유언서에 날인이 없는 유언은 무효]; 대판 2006. 9. 8, 2006다25103, 25110; 헌재결(전원부) 2008. 3. 27, 2006헌바82(자서와 별도로 날인을 요구하는 민법 제1066조 ①항은 위헌이 아니다. 유언의 자유를 과도하게 제한하는 규정이 아니기 때문); 中川·泉, 520, 526면 주 26) 말미 부분.
2 일 최판 1962. 5. 24, 家月 14-10, 108면.
3 일 최판 1961. 6. 22, 집 15-6, 1622면.
4 일 최판 1987. 10. 8, 집 41-7, 1471면.

[자필유언증서의 작성방법]

기재사항		자서(自書) 요부		타인의 도움		기재·날인장소	
		필기·직접 날인	타자기 등	대필·대서·대신 날인	손 잡아줌	유 언 서	봉 투
유언서의 전문	전 부	○	×	×	○	○	
	일 부	×	×	×	○	×	×
작성 연월일	전 부	○	×	×	○	○	○
	일 부	×	×	×	×	×	×
주 소		○	×	×	○	○	○
성 명		○	×	×	○	○	○
날 인	인감도장 (=실인)	○	–	○	–	○	○
	막 도 장	○	–	○	–	○	○
	무 인	○	–	×	○	○	○
	스 탬 프	×	–	×	×	×	×

* ○표로 된 것은 유효하고 ×표로 된 것은 모두 무효임.

3. 유언내용의 변경

(1) 변경방법

자필증서에 문자의 삽입·삭제·변경·증보 등 이른바 가제정정(加除訂正)을 할 때는 유언자가 이를 자서하고 날인하면 된다(제1066조 ②항). 날인하는 도장은 성명 아래에 찍은 도장과 동일한 도장으로 날인하고, 날인 장소는 가제정정을 한 곳에 하면 된다.

(2) 명백한 오기의 정정

유언증서의 기재 자체에 의하더라도 명백한 오기를 정정하면서 위 방식을 지키지 않고 위반(예컨대 정정부분에 날인하지 아니한 경우)하더라도 그 유언증서는 유효하다고 한 판례가 있다.[1] 자필증서 중 부적법한 정정임이 명백하므로 오기의 정정이라고 말할 수 없는 경우이고 그 정정은 무효라고 하면서도, 그 유언서 자체는 유효하다고 한 예도 있다.[2]

---

1 대판 1998. 6. 12, 97다38510; 1998. 5. 29, 97다38503; 일 최판 1981. 12. 18, 집 35-9, 1337면.
2 일 大阪地判 1982. 10. 25, 判タ 제510호, 139면.

(3) 유언철회와 구별

민법 제1108조 이하의 유언철회의 규정은 2개 이상의 유언이 존재하는 경우에 관한 것이고, 유언내용의 변경은 1개의 유언서 내용을 정정·변경하는 경우(제1066조 ②항)라서 서로 다르다.

4. 검인(檢認)

자필유언증서의 보관자나 발견자는 유언자의 사망 후 지체 없이 가정법원에 이를 제출하여 검인청구를 하여야 한다(제1091조 ①항). 유언의 집행단계에서는 반드시 검인절차를 거쳐야 한다. '지체 없이'란 상속인이 유언서를 발견한 후(또는 보관자의 경우는 유언자 사망 후) '곧바로'의 뜻이라고 본다.

Ⅲ. 녹음유언

1. 개   념

유언자가 직접 녹음기에 유언의 취지·성명·연월일을 구술하고, 참여한 증인(숫자에 제한이 없음)이 '유언자 본인의 유언이 틀림없다'는 것(유언의 정확함)과 증인 자신의 성명을 구술함으로써 성립하는 유언이다(제1067조).

2. 장단점[문명의 이기(利器)를 사용하는 유언방식]

이 유언의 장점은 유언자의 육성(肉聲)을 사후(死後)에도 보존할 수 있고, 녹음기만 있으면 누구나 간편하게 유언할 수 있다는 것이고, 단점은 녹음된 것이 자칫하면 지워져버릴 우려가 있다는 점이다.

3. 요   건

(1) 녹음이란 음향기기에 유언의 취지를 기록하는 것이므로, 테이프레코더, 카세트테이프, 비디오테이프, 컴퓨터에 의한 디지털 녹음, 휴대전화 등 무엇이든 가능하다.[1]

---

1 곽윤직, 232면; 이경희, 417면; 김상용 외 3, 517면; 서울중앙지판 2019. 4. 9, 2018가단5007729(미공간, 1개의 기기를 끝까지 사용하지 않고, 먼저 휴대폰에 유언자의 유언을 녹음한 후, 이를 카세트테이프로 옮긴 다음(카세트에는 유언자의 육성을 다시 녹음하지 않고), 증인 2명의 증언을 카세트테이프에 녹음한 경우 이는 유언의 엄격성에 비추어 무효라고 판결; 당사자가 항소하지 아니하

(2) 유언자가 유언의 취지·성명·연월일을 구술하고, 참여한 증인이 유언의 정확함과 그 성명을 구술하여야 한다(제1067조).

(3) 민법에 참여증인의 숫자에 관하여 명백히 규정하지 아니하여, 증인은 1명 이상이면 된다는 견해(다수설)[1]와 다른 유언과 비교할 때 증인의 수는 2명 이상이어야 한다는 견해[2]가 대립하고 있다. 어떻든 1명의 증인도 참여하지 않고 녹음한 유언은 무효이다(다수설 지지).

4. 피성년후견인의 녹음유언

피성년후견인이 녹음유언을 할 때는 그의 의사능력(意思能力)이 회복되어 있는 상태에서만 하여야 하고, 참여한 의사(醫師)가 유언자의 심신회복상태를 확인하고 구술로 이를 녹음하여야 할 것이다(제1063조 ②항).[3] 유언서라는 문서가 있으면 거기에 의사가 부기하고 서명·날인할 터인데, 이 경우는 문서가 없으니 녹음으로 대신하는 셈이다.

Ⅳ. 공정증서유언

1. 개념과 장단점

공정증서유언은 유언자가 공증인 앞에서 하는 유언이다(제1068조). 이 방식은 가장 엄격한 방식의 유언으로서 가장 안전하고 확실한 유언이다. 이러한 공증유언은 유언자 스스로 유언서를 작성할 필요가 없으므로, 문자를 모르는 사람(문맹자, 文盲者)도 이용할 수 있다. 유언증서를 공증사무소에서 20년간 보관하고 있으므로,[4] 유언서의 위조·변조·멸실·분실 등의 우려가 없어 유언의 존재·내용의 명확성이 가장 확실히 보장된다. 따라서 사후(死後) 다툼이 생길 여지는 없으며, 검인 없이 곧 집행할 수 있다는 등 장점이 있다. 반면에 절차가 번잡하고 비용이 들고 유언내용이 타인에게 누설될 우려가 있어 비밀유지에 어려움이 있다. 근래에는 공증유언 사례가 상당히 증가하고 있다.

여 확정).
1 곽윤직, 232면; 김상용 외 3, 517면; 윤진수, 479면.
2 이경희, 530면; 곽윤직, 232면(입법론으로 증인을 2명 이상으로 개정하여야 한다고 함).
3 김·김, 809면; 곽윤직, 224면; 박병호, 433면; 이경희, 530면; 양수산, 727~28면.
4 「공증서류의 보존에 관한 규칙」(2010. 2. 7. 법무부령 제691호) 제5조 ①항 2호.

2. 요건(제1068조)[1]

(1) 2명 이상의 증인 참여

2명 이상의 증인이 유언에 참여하여야 한다. 만일 1명의 증인 또는 증인결격자가 참여하였거나, 증인의 참여가 없이 유언서를 만들었다면, 그러한 유서는 공정증서유언으로서 효력이 생길 수 없고 무효가 된다.[2]

(2) 유언자가 공증인의 면전(面前)에서 유언의 취지를 구수(口授)할 것

유언자가 공증인 앞에서 말을 하여야 하고, 거동으로 표시하여서는 안 된다. 유언자가 식물인간이라든지, 기타 사유로 손짓 발짓, 고개만 끄덕끄덕하는 것만 가지고는 구수로 볼 수 없다.[3]

문서를 미리 작성하여 가지고 와서 유언자가 구수하는 것(또는 공증인에게 보여 낭독시키는 것)은 상관없다. 공증인이 그 서면으로 공정증서 원본을 작성한 후 유언자에게 읽어준 다음 유언자로부터 확답을 듣고 나서 공정증서를 작성하는 것은 유효하다.[4] 유언의 구수 시(최초)부터 유언을 마칠 때(필기·낭독)까지 증인 2명이 참여하여야 하고 그 때에 참여하지 아니하였다면 그 유언은 무효가 된다.[5]

(3) 공증인이 유언자의 구술(유언의 취지)을 필기하고, 이를 유언자와 증인 앞에서 낭독(朗讀)할 것

(가) 주체(主體)   필기나 낭독은, 공증인[6]이 하거나 그 보조자(사무원 등)가 하

---

1 공정증서유언의 요건에 관한 판례는 안종혁, "유언공증," 변호사(서울지방변호사회 편, 2003), 112면 이하 참조.

2 대판 1994. 12. 22, 94다13695; 일 大阪控民 1917. 5. 24, 신문 제1285호, 23면(증인 중 1인이 유언의 일부가 필기된 후 참여한 경우: 무효); 일 최판 1977. 6. 14, 家月 30-1, 69면(증인 중 1인이 유언의 필기가 끝난 후 참여하였고, 공증인이 필기내용을 낭독하자 유언자는 고개만 끄덕였을 뿐인 경우: 무효).

3 대판 1980. 12. 23, 80므18['뇌혈전증으로 병원에서 치료받고 있는' 유언자가 불완전한 의식상태와 언어장애 때문에 말을 하지 못하고 고개만 끄덕거리면서 반응할 수 있을 뿐인 상태(의학상 가면성 정신상태)하에서 공증인이 유언내용의 취지를 유언자에게 말하여 주고 "그렇소?"하고 물으면 유언자는 말을 하지 않고 고개만 끄덕 끄덕거리면서 공증인의 사무원이 그 내용을 필기하고 이를 공증인이 낭독하는 방법으로 유언서가 작성되었다면 이는 유언자가 구수한 것이라고 할 수 없으므로 무효이다]. 동지 : 1993. 6. 8, 92다8750; 1996. 4. 23, 95다34514; 2002. 10. 25, 2000다21802 등 참조.

4 김·김, 811면; 배경숙 외 1, 563면; 대판 2008. 2. 28, 2005다75019, 75026.

5 일 橫浜地判 1981. 5. 25, 判時 제1018호, 109면.

6 공증인법 제 8 조, 재외공관공증법 제 2 조(공증인의 직무는 검사, 지방법원등기소장, 총영사, 영사,

여도 무방하다.

(나) **필 기**   유언자가 말하는 그대로 기재할 필요는 없고 유언의 취지를 요약·기재할 수도 있다. 필기를 반드시 공증인의 면전에서 할 필요는 없고 필기의 방법은 PC, Word-processor, 속기(速記) 등을 사용할 수도 있다. 구술과 필기의 순서는 어느 것이 먼저이든 무관하다(예컨대 유언자가 미리 유언서 문안을 작성하여 가지고 와서 이를 구술하여도 유효하다[1]).

(다) **낭 독**   낭독은 말 그대로 소리 내어 읽는 것이고 필기한 내용의 전부를 공증인이 유언자와 증인에게 읽어 주어야 한다.

(라) 공정증서는 한국어로 작성하여야 하고(공증인법 제26조 ①항), 촉탁인이 요구하면 외국어를 병기할 수 있다(동항 단서). 이 경우 한국어와 외국어의 내용이 상이할 경우 한국어가 우선한다(동조 ②항). 유언자가 한국어를 말할 수 없는 경우는 통역인을 참가시켜 한국어로 통역하게 하여 필기하여야 한다(동법 제28조).

(4) 유언자와 증인이 공증인의 필기가 정확함을 승인[2]한 후 각자 서명 또는 기명날인할 것(제1068조). 공증인이 낭독한 후 유언자의 발언이 없었고, 유언자 구수 시 증인 중 1인이 참여하지 않았다면 그 유언은 무효이다.[3]

(가) 공정증서유언에 참여할 증인은 아무런 이해관계 없는 사람이라야 하고 공증사무실의 직원은 증인자격이 없다.[4] 이 점은 특히 주의하여야 한다. 증인이 찍는 도장은 반드시 인감도장(實印; 실인)일 필요는 없다.[5] 서명은 본인이 하는 것이지만, 기명날인은 반드시 본인이 할 필요는 없다고 본다. 유언자 자신이 서명이나 기명할 수 없는 경우도 있기 때문이다.[6]

(나) 공증인은 그가 작성한 유언증서를 모든 참석자(통역인 포함)에게 읽어 주거나 열람하게 하여 촉탁인 또는 그 대리인의 이의가 없음을 확인하고 그 취지를 증

부영사가 수행한다).

1 일 최판 1968. 12. 20, 집 22-13, 3017면(구수 → 필기 → 낭독의 순서가 바뀌어도 그 공정증서유언 은 유효하다. 다시 말하면 사전에 유언서를 먼저 작성하고 공증인이 낭독하자 유언자는 그 내용의 정확함을 승인하고 서명날인한 경우).

2 미국의 경우 증인은 유언서의 의미를 이해하여야 하나, 단지 유언자의 서명만을 증명하면 된다 (Hughes 외 1, 25면).

3 일 동경지판 1980. 3. 24, 判時 제980호, 92면.

4 일 최판 1980. 12. 4(시각장애인도 증인적격자이다).

5 일 동경고판 1988. 1. 28, 금융법무사정 제1207호, 31면.

6 일 최판 1962. 6. 8, 집 16-7, 1293면(위암이 악화된 유언자가 서명할 수 없는 경우 공증인이 그 사유를 부기하고 대신 서명할 수 있다)(일민 제969조 4호 단서 참고).

서에 적어야 하고, 그 후 공증인과 참석자는 각자 그 증서에 서명날인하여야 한다 (공증인법 제38조 ①~③항).

(5) 증서작성 도중 유언자가 사망한 경우

유언자가 기명날인을 마친 후 사망하였고, 그 후의 절차가 그 장소에서 완결되었다면 유언은 유효하다고 해석하여야 할 것이다. 유언자의 유언은 그것으로 완결되었다고 보아야 하기 때문이다.[1]

(6) 출장공증

유언자는 공증인사무실에서 유언하는 것이 보통(공증인법 제17조 ③항)이지만, 병원이나 유언자의 자택 등에 출장공증을 하여 달라고 요청할 수도 있다(동법조항 단서).

(7) 공정증서유언에는 공정력(公正力)[적법성추정력, 무하자(無瑕疵)추정력]이 있으므로, 나중에 집행 시 별도의 검인절차를 밟을 필요는 없다(제1091조 ②항).

(8) 보존기간 등

위와 같이 작성된 공정증서유언서의 원본(原本)은 공증인사무소에 20년간 보존되고,[2] 그 정본(正本)이나 등본(謄本)은 유언자 등 촉탁인·그 승계인·이해관계인(등본만 가능)의 청구에 따라 교부된다(공증인법 제46조 ①항·제50조 ①항). 공증인이 실수로 요건불비의 유언공정증서를 작성하여 주어 손해를 입힌 경우, 국가와 공증인은 연대하여 손해배상책임을 져야 한다.[3]

(9) 공정증서유언방식 개선 문제

고령화 사회에 대응하여 시각·청각·언어 장애자 등이 유언하거나 유언의 증인이 되려면 통역인의 수화(手話)·필담(筆談) 등으로 공정증서유언을 할 수 있도록 하여야 할 것이다.

(10) 재외국민

해외에 거주하고 있는 한국인은 그 외국주재 한국 총영사·영사·부영사 앞에

---

1 곽윤직, 234면; 김·김, 812면.
2 공증서류의 보존에 관한 규칙 제 5 조 ①항 2호 '다'목; 미국의 경우는 구(區)검인법원의 유언보관소(will depository)나 은행의 비밀(대여)금고(safety deposit box)에 유언서를 보관하고 있다고 한다(Hughes 외 1, 25~26면).
3 서울중앙지판 2006. 11. 3, 2005가합117970, 법률신문 제3505호.

서 공정증서유언을 할 수 있다.[1]

V. 비밀증서유언

1. 개념과 장단점

유언서의 존재를 명확하게 하여 두되, 그 유언내용은 자기의 생전(사망으로 유언의 효력이 발생할 때까지)에는 비밀로 하여두려고 하는 경우 비밀증서제도가 사용된다. 이 증서는 유언의 성립·효력에 관하여 다툼이 일어나기 쉽고, 공증인사무소에서 보관하지 아니하므로 멸실·분실·훼손의 우려가 있을 뿐만 아니라, 반드시 가정법원의 검인절차를 거쳐야 한다. 그래서 그다지 이용되지 않고 있는 것이 실정이다. 이러한 유언서를 공적으로 보관하는 제도를 만들어야 할 것이다.[2]

2. 요건(제1069조)

(1) 유언자가 유언의 취지·자신의 성명을 기입한 증서를 만들어 엄봉(嚴封)·날인할 것

(개) 유언증서 자체의 전문·작성연월일·주소를 자서(自書)할 필요는 없고, 문맹자(文盲者)도 다른 사람에게 필기하여 달라고 부탁하여 유언서를 만들 수 있다. 연월일 등을 기재할 필요가 없는 것은 이어서 확정일자인을 받아야 하기 때문이다.

(내) 엄봉이란 봉투에 넣어서 단단히 붙인다는 말이고, 날인은 유언자가 봉한 곳에 도장을 찍는 것이다. 엄봉은 유언자 자신이 하여야 하고, 날인은 본인이 할 필요는 없다는 설도 있다.[3] 생각건대, 엄봉이든 날인이든 유언자 자신이 직접 또는 남에게 시켜서 할 수 있다고 해석하는 것이 타당할 것이다.

(2) 엄봉 날인한 증서를 2인 이상의 증인의 면전에 제출하여 자신의 유언서임을 표시할 것

1명의 증인에게 증서를 제출하여서는 무효이고, 표시방법은 말로 하든 문자로 하든 상관이 없다. 유언자가 말을 할 수 없는 경우는 증인 앞에서 '이 증서는 나의 유언서이다'는 취지와 유언자의 성명·주소를 봉서에 자서(또는 기록)하여도 '표시'

---

1 공증인법 제 8 조, 재외공관공증법 제 2 조, 제 3 조.
2 배경숙 외 1, 564면.
3 배경숙 외 1, 564면.

가 된다.

(3) 봉서표면에 유언서의 제출 연월일을 기재하고, 유언자와 증인들이 각자 서명 또는 기명날인할 것. 그러므로 이는 유언서의 작성 연월일과는 서로 다르다. 피성년후견인이 유언하는 경우는 참여한 의사가 심신회복상태를 부기하고 서명날인하여야 한다(제1063조 ②항).

(4) 확정일자인(確定日字印)

유언증서의 표면에 기재된 날부터 5일 이내에 공증인·법무법인·공증인가합동법률사무소·지방법원·동 지원(가정·행정법원 제외)·등기소(상업등기소 제외)(관할권유무 불문)에 제출하여 봉인상에 확정일자인(stamp)을 받을 것[제1069조 ②항, 민법 부칙 제 3 조, 대법원행정예규 제340호(사문서의 일자확정 업무처리에 관한 예규) 제 2 조, 제 3 조]. 확정일자인을 받으려면 수수료를 납부하여야 한다.[1]

3. 다른 유언서로 전환

비밀증서의 요건이 일부 누락되면 무효이지만, 자필증서유언의 요건을 갖추고 있다면 자필증서유언으로 본다(제1071조 : 무효행위의 전환). 그러나 최소한 연월일은 기재되어 있어야 하고 그것마저 누락되어 있으면 자필증서로도 무효이다.

Ⅵ. 구수증서유언(특별방식의 유언)

1. 개념과 장단점

질병 기타 급박한 사정으로 인하여 위의 '보통유언'들을 할 수 없는 경우에 인정되는 '특별방식'의 유언이 구수증서유언이다. 이 유언은 민법상 4가지 보통방식의 유언과 실질적으로 다른 특별방식의 유언이므로 유언요건을 완화하여 해석하여야 한다.[2] 이 방식은 보통방식보다는 간단한 것이 특징 겸 장점이나, 가정법원의 검인절차를 거쳐야 하는 번거로움이 따르는 것이 단점이다.[3]

---

1 대법원규칙 제1400호(1995. 11. 20. 개정) 제 2 조; 수수료는 1건당 600원이고, 4매를 초과하는 경우는 초과매수 4매당 100원이 추가된다.
2 대판 1977. 11. 8, 76므15.
3 미국의 경우 구술유언(Oral wills)을 인정하는 주는 조지아 주 등 19개주와 콜롬비아 특별행정구가 있는바, 유증의 금액(200불에서 10,000불까지)·목적물·시기, 유언자 등에 대한 요건이 다양하

2. 요 건

(1) 질병 기타 급박(急迫)한 사유가 있을 것

㈎ 급박한 사유가 발생할 경우 보충적으로만 인정되는 특별유언방식이다. 그러므로 급박한 사유가 없는데도 구수증서로 유언하면 그것은 무효가 된다.[1]

㈏ 질병으로 위독한 상태는 사망이 가까운 상태이고, 위독의 판단은 반드시 의사의 진단이 있어야 하는 것은 아니다.

㈐ 기타 급박한 사유는 재해나 교통사고 등으로 부상한 경우, 전염병으로 교통이 차단된 곳에 있거나, 조난선박·항공기 중에 있는 경우, 공사장·광산사고, 등산 중 조난 등 '보통의 유언이나 기명날인을 할 수 없는' 경우를 의미한다. 이와 같은 위난의 경우에는 특별한 유언방식이 필요한 것이다.

(2) 유언자가 2명 이상의 증인이 참여한 가운데 그 중 1명에게 유언의 취지를 구수할 것

1명의 증인만이 참여한 경우는 무효이다. 유언자가 고개만 끄덕이거나 "음," "어"라고 말한 것만으로는 구수한 것으로 볼 수 없다.[2]

(3) 증인의 필기·낭독과 서명·기명날인

㈎ 구수 받은 증인이 이를 필기하여 유언자와 다른 증인에게 낭독하여 주어 유언자와 증인이 그 정확함을 승인한 후 각자 서명 또는 기명날인하여야 한다. "필기"는 증인이 들은 내용을 문장으로 정리하는 것이고, 이를 타자로도 할 수 있으나, 다른 증인의 참여하에 하여야 할 것이다.

㈏ 유언자는 급박한 상황에 있으므로 그의 승인은 기대할 수 없는 경우가 많고, 그의 서명이나 날인도 필요하지 않다.[3] 참여증인이 서명(또는 기명) 날인하였으면 그 정확성은 승인되었다고 보아야 할 것이다. 증인의 기명날인 당시 반드시 유언자의 면전에서 하여야 하는 것은 아니고, 유언자가 없는 곳(예컨대 유언집행자

다(Hughes 외 1, 14~15면).

1 대판 1999. 9. 3, 98다17800[자필증서 등 보통방식의 유언을 할 수 있는데도, 특별방식(구수증서)의 유언을 하였다면 무효].

2 대판 2006. 3. 9, 2005다57899.

3 대판 1977. 11. 8, 76므15(이는 특별방식의 유언이므로, 유언요건을 완화하여 해석하여야 한다); 中川·泉, 542면.

로 지정된 사람의 법률사무소)에서 하더라도 유언의 효력에는 지장이 없다.[1]

(대) 증인이 5명이나 참여하였지만 정작 필기된 유언서에는 그 중 1명의 이름 앞에만 "증인"이라는 표시가 되어 있는 경우 유언서 전체의 체제와 증인의 증언으로 그 유효를 인정한 사례가 있다.[2]

(래) 필기가 정확함을 승인한 직후 유언자가 사망하여 나머지 사람들만 그 자리에서 기명날인한 경우 그 유언이 유효한가? 긍정하여야 할 것이다.

(매) 유언날짜의 기재는 구수증서 유언의 유효요건이 아니다.[3] 곧 검인절차가 뒤따르기 때문이다.

(4) 증인 등이 급박한 사유 종료 후 7일 이내에 가정법원에 검인신청을 하여 검인심판을 받을 것

(개) 증인이나 이해관계인(상속인·수유자·유언집행자 등)이 상속개시지나 유언자의 주소지 가정법원(전속관할법원)에 검인신청을 하면, 가정법원에서는 유언검인심판을 한다(가소 제2조 ①항 나, 라류사건 40호, 가소 제39조). 검인심판절차 비용은 상속재산에서 부담한다(가소규 제90조).

(내) **검인신청 기간** 급박한 사유의 종료일로부터 7일 이내에 검인신청을 하여야 하고[4] 그렇게 하지 아니한 구수증서유언은 외형상 명백하게 무효가 된다.[5]

:: 참고판례

유언검인에 대하여 즉시항고를 할 수 있는 사람 : 상속인 기타 이해관계인, 즉 검인에 의하여 직접 그 권리가 침해되었다고 객관적으로 인정되는 사람이다. 사망한 여호주의 남편(사망)의 동생은 여호주의 상속인이 될 수 없다. 그가 제기한 항고는 부적법하다(대결 1990. 1. 9, 89스19).

---

1 일 최판 1972. 3. 17, 민집 26-2, 249면.
2 대판 1977. 11. 8, 76므15(검인심판에 대한 불복방법은 즉시항고뿐이다); 평석 박병호, 가족법논집, 468면 이하 참조.
3 일 최판 1972. 3. 17, 집 26-2, 249면(유언서의 작성날짜 기재에 잘못이 있더라도 유효하다).
4 일본 민법 제976조 ②항은 유언의 날로부터 20일 이내에 확인심판을 청구하여야 한다고 규정.
5 대판 1992. 7. 14, 91다39719; "D" 회사의 대표이사 박노성은 그 부사장인 한ㅇㅇ과 비서 이ㅇㅇ을 참석하게 한 뒤 1980. 1. 27. 병원에서 비서로 하여금 '이 사건 토지를 원고의 단독소유로 한다'는 등의 유언을 받아쓰게 하여 유언서를 작성하였고, …중략… 정서된 유언서는 1981. 4. 2. 대구합동법률사무소에서 '그 사본이 원본과 상위 없다'는 내용의 인증을 받았다. 위 유언은 민법 제1070조 ①항에 정한 구수증서에 의한 유언이라고 할 것이고 구수증서에 의한 유언은 … 중략 … 7일 이내에 법원에 신청하여 검인을 받지 아니하면 그 효력이 없다 할 것인데 기간 내에 법원의 검인을 받았다고 인정할 증거가 없어 위 유언은 그 효력을 인정할 수 없다.

구수증서유언의 경우 특별한 사정이 없는 이상, 유언이 있은 날에 급박한 사유는 끝난 것으로 보아야 하므로, 유언한 날로부터 7일 이내에 검인신청을 하여야 하고, 그 기간을 경과한 후의 검인신청은 부적법한 것으로 각하된다.[1] 구수증서유언은 급박한 사정이 있는 경우 간이방식으로 하는 유언절차이므로, 작성연월일의 기재는 요건이 아니다.[2] 유언 후 검인절차가 따르기 때문이다. 그리고 검인을 받는 데 지장이 없으면 속히 소정기간(7일) 내에 법원의 검인을 받아야 한다. 유언자의 사망 시에 또 검인을 받을 필요는 없다.

(5) 피성년후견인의 경우

피성년후견인이 이와 같은 구수증서유언을 하는 경우 그 의사능력이 회복되어 있어야 한다(제1063조 ①항). 그러나 의사(醫師)가 "심신상태 회복"을 유언서에 부기하고 서명날인하는 것도 필요하지 않다(제1070조 ③항·제1063조 ②항 적용배제). 왜냐하면 사실상 의사의 참여가 불가능하기 때문이다. 이 경우는 참여증인이 유언자의 정신상태, 의사능력을 확인할 의무가 있다고 해석하여야 할 것이다.

(6) 입 법 론

민법이 규정하는 구수증서유언의 방식은 구수 → 필기 → 낭독 → 서명 등으로 구성되어 있다. 그러나 정말로 위급한 경우는 이러한 절차의 시행 그 자체가 불가능하다. 그러므로 유언자의 구술로 의사표시는 끝나는 것이고, 그 후 '문서로 작성하는 것'은 증인의 의무로 하는 특별한 유언방식을 개발할 필요가 있다.[3]

Ⅶ. 외국에 거주하는 한국인의 유언방식

개정된 국제사법(2001. 4. 7. 법률 제6465호)에 의하면 외국인 또는 외국거주 한국인은 유언당시 또는 사망당시의 ① 국적을 가지는 국가의 법(본국법; 한국 민법), ② 상거소지(상시 거주하는 곳)법, ③ 유언당시 행위지법,[4] ④ 부동산소재지법(부동

---

1 대결 1986. 10. 11, 86스18; 1989. 12. 13, 89스11; 1992. 7. 14, 91다39719; 1994. 11. 3, 94스16.
2 中川善之助, 개정민법대요(하)(1963), 287면.
3 곽윤직, 239면.
4 서울동부지판 2004. 5. 14, 2001가합5720, 신문 제3285호, 14면(대한민국 국민이 탄자니아공화국에서 만든 유언장이 본국법인 한국 민법뿐만 아니라, 행위지법인 탄자니아 법 소정의 방식도 갖추지 못하여 유언으로서의 효력이 없는 경우, 증서진부확인의 소로써 그 진부확인을 구할 소의 이익이 없다).

산에 관한 유언)으로 유언할 수 있다(동법 제50조 ③항).

[각종 유언방식 비교표]

구 분	작성자	자 서	검 인	확정일자	증인의 수	서명·기명날인
자필증서 (보통방식)	유 언 자	○	○ (지체 없이)	×	×	○
녹음(보통)	유언자· 증인	× (구술녹음)	○ (위와 동일)	×	1인	× (증인도 녹음)
공정증서 (보통)	공 증 인	× (구수작성)	×	×	2인	○(유언자· 증인·공증인 각자)
비밀증서 (보통)	유언자 등	○(엄봉)	○ (위와 동일)	○(제출일부터 5일)	2인 이상	○(유언자· 증인)
구수방식 (특별방식)	증 인	×(필기)	○ (유언 후 7일)	×	2인 이상	○(증인)

* 지체 없이 검인하여야 한다고 할 경우, '유서발견 후 지체 없이'라는 의미임.

* 모든 유언에 필요한 사항: 유언의 내용(취지)·연월일(구수증서는 제외)·유언자의 주소·성명을 반드시 기록(자서 또는 녹음)하여야 한다.

* 참여한 증인이 자신의 성명을 기록하고 날인(또는 녹음)하여야 한다.

* 피성년후견인이 유언할 경우 의사(醫師)가 심신회복의 상태를 유언서에 부기(附記)하고 서명·날인하여야 하는 것은 자필증서·녹음·비밀증서 등 3가지 유언뿐이다.

[장애인이 할 수 있는 유언방식]

구 분	자필증서	녹 음	공정증서	비밀증서	비 고
자서· 서명불능자	×	○	×	×	
자서불능· 서명가능자	×	○	○	○	
시각장애인	○	○	○	○	점자(點字)로
언어장애인	○	×	×	○	수화(手話)로
청각장애인	○	○	○	○	
피성년후견인	○	○	○	○	제1063조에 따라 의사의 참여하에 가능

제 2 항 유언의 철회(撤回)

Ⅰ. 개   념

1. 유언의 철회 자유와 철회의 법적 성질

민법은 유언철회의 자유를 보장하고 있다(제1108조 ①항). 유언자는 완전히 유효한 유언을 한 후라도 생전[유언의 효력발생(사망) 전]에 언제든지 이를 철회할 수 있다. 철회는 유언자의 일신전속권(一身專屬權)이므로 유언자 자신만이 단독으로 철회할 수 있고 철회의 대리는 허용되지 아니하고, 철회에 누구의 동의도 받을 필요가 없다.

2. 철회와 취소의 차이

철회는 의사표시의 효과가 확정적으로 발생하기 전에 표의자 자신이 "그 의사표시가 처음부터 없었던 것"으로 하는 의사표시이고, 취소는 의사표시에 사기·강박·착오·제한능력 등 사유가 있을 때 의사표시를 행위 시에 소급하여 소멸하게 하는 의사표시이다.

3. 의사표시의 철회의 자유와 유언철회의 존재이유

(1) 의사표시의 철회는 자유이다. 철회는 의사표시의 효과가 발생하기 전에 하여야 하는데 그것은 제 3 자를 해칠 우려가 있기 때문이다. 유언의 경우는 유언서 작성 시와 유언자 사망 시(유언의 효력발생시) 사이에 긴 세월이 흐른다든지, 사정변경이 생긴 경우[1] 최초의 유언에 구속받는 것은 유언의 본래의 목적에 어긋나고 가혹하다. 그래서 철회의 자유는 특히 유언에서 강조되고 있다. 유언자의 최종의사를 존중하려는 데 유언제도의 존재이유가 있기 때문이다.

(2) 그래서 유언자는 생전에는 언제든지 아무런 원인이나 특별한 사유도 없이 자유로이 이전의 유언을 전부 또는 일부 철회할 수 있다. 그리고 유언자는 유언철회권을 포기할 수도 없다(제1108조 ①, ②항). 철회권을 포기하거나 '철회하지 않겠

---

1 Hughes & Klein, 26면(사망사고는 언제 어디서나 발생할 수 있으므로, 유언은 가급적 일찍이 하여 두는 것이 중요하다. 그러나 자산의 증가, 수유자의 사망, 유언자의 이혼이나 입양, 유언집행자나 후견인의 변경 필요 등에 따라 유언의 철회나 수정이 불가피하게 된다).

다'는 의사표시나 그러한 내용의 계약도 모두 무효이다.

4. 유언철회의 특질

유언철회와 유언취소의 차이점을 표로 나타내본다.

구 분	유언의 철회	유언(법률행위)의 취소
1. 원인이나 이유	×	○(착오·사기·강박)
2. 누가 할 수 있는가?	유언자 자신만	유언자(표의자), 그 대리인·승계인
3. 일신전속권	○	×
4. 대리나 동의 필요	×	×
5. 일부철회·일부취소	○	×
6. 기간제한(제척기간)유무	×(생존 중)	○ (추인가능일―3년, 법률행위일―10년)
7. 권리포기가능성	×(제1108조 ②항)	○(직접포기 또는 추인형식으로) (제143조)
8. 요식성	○(유언으로)	×
9. 단독행위	○(생전행위로)	○

* 제한능력을 이유로 한 유언의 취소는 인정되지 아니한다. 만 17세 이상이면 유언할 수 있고(제1061조), 17세 미만자의 유언은 무효이기 때문이다(일민 제962조 참조).

II. 철회의 방법

철회의 종류로는 임의철회와 법정철회가 있다.

1. 임의철회(任意撤回)(철회의 유언)

유언자는 생전에는 언제든지 새로운 유언으로써 이전 유언의 전부나 일부를 철회할 수 있다(제1108조 ②항). 예컨대 甲에게 특정 부동산을 준다는 유언을 철회한다고 할 수 있다. 이는 임의철회이고 법정철회와는 다르다.

(1) 철회유언도 유언

유언을 철회하려면 유언으로 하여야 하지만 종전의 유언(철회대상 유언)과 동일방식으로 할 필요는 없다. 공정증서유언을 자필증서유언으로 철회할 수 있고, 거꾸로 자필증서유언을 공정증서유언으로 철회할 수도 있다. 철회유언의 방식에 흠결이 있으면 유언의 효력, 나아가 철회의 효력도 생기지 아니한다.

(2) 전부철회 · 일부철회 가능

일부의 유언을 철회하려고 하면 새로운 유언을 할 수도 있고, 제 1 유언의 정정형식으로 할 수도 있다.[1]

(3) 유언증서의 멸실 · 분실과 철회

유언증서가 멸실되거나 분실되어도 그 유언이 실효되는 것은 아니고,[2] 상속인 기타 이해관계인은 유언증서의 내용을 증명하여 유언의 유효를 주장할 수 있다. 유언이 철회되면 유언증서가 있어도 그 유언의 효력은 소멸된다.

2. 법정철회(法定撤回)

아래와 같은 사정이 있으면 임의적인 철회가 없더라도, 철회의 효과는 인정된다. 이것이 법정철회이다.[3]

(1) 전후 2개 이상의 유언의 내용이 객관적으로 저촉되는 경우(제1109조)

㈎ 2개의 유언 중 저촉되는 종전유언은 철회된 것으로 본다. 예컨대, "乙에게 주노라"고 유언한 후, "丙에게 주노라"고 하는 경우와 같다. 유언자의 철회의사의 존부, 종전 유언내용의 망각 여부, 2개유언의 저촉의 인식 여부는 불문한다.

㈏ **후유언 우선의 원칙** 유언은 유언자의 최종의사를 존중하는 것이므로 전후 2개의 유언이 있는 경우에는 나중의 유언(사망시점에 가까운 유언)을 우선시키는 것이 유언의 성질상 당연하다. 이를 후유언 우선(後遺言優先)의 원칙이라고 한다. 만일 그것이 같은 날짜에 작성된 경우는 사실관계를 확인하여 뒤에 만들어진 유언이 우선한다.

㈐ 전후 유언이 서로 저촉되는 경우라도 유언자가 전유언을 철회하지 아니할 뜻을 명시한 경우는 철회의 의제는 있을 수 없다고 해설하는 학설이 있다.[4] 그러

---

1 미국에서는 일부정정유언을 Codicil이라고 하고, 주(州)법에 따라 증인참여 등 형식을 갖추어야 한다(Hughes & Klein, 27면). 유언정정을 너무 많이 하여 검인절차를 복잡하게 하는 경우도 있다.
2 대판 1996. 9. 20, 96다21119.
3 미국의 많은 주(州)법이 자동철회(법정철회)로 인정하는 것은 유언자가 배우자에게 전 재산을 유증한 후 이혼하였고, 유언수정 전에 사망. 이때는 "이혼 후에까지도 배우자에게 재산을 준다."는 내용이 유언에 특별히 명시되어 있지 않으면 유증은 철회된 것으로 보고 있다(Hughes & Klein, 27면).
4 김상용 외 3, 529면; 제 1 의 유언에서는 부동산을 갑에게 유증하고 그 후의 제 2 유언에서는 동일

나 이는 민법의 규정(제1109조; 강행규정)에 정면으로 배치되므로 채용할 수 없다고 본다.[1]

(2) 유언 후 그것과 저촉되는 생전행위(生前行爲)를 한 때(제1109조)

생전행위에 저촉되는 이전(以前) 유언은 철회된 것으로 본다.[2] 이 생전행위를 유언으로 할 필요는 없다. 생전행위 후 다시 이전유언을 철회하면 생전행위도 무효로 되느냐? 생전행위가 이미 효력을 발생한 경우는 무효가 될 수 없을 것이다.

(가) 유언자가 유언 후 '유증의 목적물'을 제3자에게 매각하는 경우 등이 그 보기이다. 생전처분은 유상이든 무상이든 상관없다. 여기서 말하는 '저촉'이라 함은 전(前)의 유언을 실효시키지 않고서는 그 후의 생전행위를 유효하게 할 수 없음을 가리키되 법률상 또는 사실상 (물리적)집행불능만을 뜻하는 것은 아니다. 후의 행위가 전의 유언과 양립될 수 없는 취지로 행하여졌음이 명백하면 족하다.

(나) 일부저촉의 경우

1) 유언자가 갑(甲)에게 어떤 대지를 준다는 유언을 한 후, 동일한 부동산을 을(乙)에게 10년 후 양도하는 계약을 체결한 경우, 그 기한도래 전에 유언자가 사망하였다. 이 경우의 법률관계는? 유언자의 사망과 동시에 그 부동산은 갑에게 귀속되고, 기한도래와 함께 유증은 철회되어 을에게 귀속된다. 이처럼 새로운 생전처분이 기한부나 조건부인 경우는 기한부나 조건부의 행위와 저촉되는 범위 내에서 이전의 유언은 철회된 것으로 본다.

2) 위의 경우 유증목적물상에 을(乙)을 위하여 지상권이나 저당권을 설정하여 준 경우는 그러한 권리가 설정된 부동산의 유증으로 유효하게 남아 있게 된다.[3]

(다) 생전행위가 아닌 행위

1) 유언자가 유증의 목적물인 특정채권의 변제를 받은 경우, 그 채권이 금전채

부동산을 을에게 유증함과 동시에 '이전의 유언을 철회하지 아니한다.'는 뜻을 유언 중에 명시하고 있다면, 이는 갑·을 2명에게 유증하는 취지, 즉 갑·을의 공유로 하는 취지라고 해석하여야 한다는 학설이 있다[中川편, 주석상속법(下)(1955), 183(藥師寺)]; 中川·加藤, 신판주석민법(28)(有斐閣コンメンタール, 1988), 380면.

1 송덕수, 420면.
2 일 대판 1943. 3. 19, 집 22, 185면[유부남이 '사망할 때까지 첩과 동거를 계속한다.'는 조건으로 여자(첩)에게 돈 1만엔을 준다는 공정증서유증은 공서양속위반이므로 무효라고 하고 그 후 사정이 달라져 공증유서를 소각한 다음 … 5천엔을 주었다. ─ 이전의 것은 철회된 것으로 본다고 판결].
3 中川淳, 축조(하), 372; 藥師寺, 註釋(下), 186면; 山本, 注釋(26), 314면 등(유언자의 사망 전에 저당권이 실행되어 부동산소유권이 제3자에게 넘어간 경우, 당초의 유증은 전부무효가 된다).

권·특정물채권 여부를 불문하고, 변제받은 물건이 상속재산 중에 들어있을 때는 종전의 유언은 계속 유효하다.

2) 포괄적 유증(예컨대 전 재산의 1/3을 준다는 유언)을 한 후 유언자가 유증 속에 포함된 개개의 물건을 처분하여도, 이는 저촉되는 생전행위가 아니므로 유언의 철회 문제는 생기지 아니한다.

:: 참고판례

① 전후행위의 저촉 여부와 그 범위를 결정할 때는 전후 사정을 합리적으로 살펴 유언자의 의사가 유언의 일부라도 철회하려는 의사인지 아니면 그 전부를 불가분적으로 철회하려는 의사인지를 '실질적으로 집행이 불가능하게 된' 유언 부분과 관련시켜 신중하게 판단하여야 한다. 망인이 유언증서 작성 후 재혼하였다거나, "H"회사 발행주식 4,410주를 생전 처분한 사실만으로는 "D"회사 발행주식 전부를 분배하겠노라고 한 유언부분을 철회한 것이라고 볼 수 없다. 이러한 생전처분은 철회권을 가진 유언자 자신이 할 때 비로소 철회로 간주되는 것이고, '유언자 아닌 타인'이 유언자의 명의를 이용하여 임의로 유언의 목적인 특정재산의 처분행위를 한 경우는 유언철회의 효력은 생기지 아니한다(대판 1998. 5. 29, 97다38503; 1998. 6. 12, 97다38510).

② 재단법인설립 : '재단법인 육영회(育英會)를 설립하라'고 유언한 후, 그 유언자가 생전에 이미 동종의 육영회라는 재단법인의 설립절차를 밟고 있었는데, 주무관청의 설립허가가 아직 나지 아니한 상태에서 유언자가 사망한 사안. 생전처분인 기부행위에 기하여 재단법인 설립행위가 주무관청의 허가에 의하여 그 재단이 설립되고, 그 효과가 생긴 것을 필요로 하고, 단지 생전처분인 기부행위에 근거하여 재단설립절차가 진행되고 있는 것만으로는 그 법률효과가 생긴 것은 아니므로, 유언과 저촉하는 문제(유언의 철회)는 생길 여지가 없다(일 최판 1968. 12. 24, 집 22-13, 3270면).

(3) 유언자가 고의로 유언증서 또는 유증의 목적물을 파훼(破毀)한 때(제1110조)
파훼된 부분은 철회된 것으로 본다.

㈎ **파훼의 종류**　유언서 소각·절단·도말(塗抹) 등은 '유형적 파훼'이고, 유언서를 말소시켜 내용을 알 수 없게 하는 것은 '무형적 파훼'의 일종이다. 유언자

나 증인의 서명이 말소된 경우는 원래의 문자를 읽을 수 있더라도 파훼로 보아야 할 것이다.[1]

(나) **공정증서 정본의 파훼**   유언자가 공정증서 정본을 파훼하면 철회로 간주되는가? 공정증서 유언의 원본은 공증사무소에 보관되어 있으므로 정본의 파기만으로 철회로 볼 수 없다는 부정설과,[2] 철회로 보아야 한다는 긍정설[3]이 대립하고 있다. 후자의 학설을 지지한다. 비밀증서유언의 봉인을 파훼한 경우는 그것이 자필증서유언의 방식을 구비하고 있다면 자필증서유언으로서의 효력을 가지는 것으로 보아야 한다.

(다) **고의(故意)**   유언자가 스스로 고의로 유언서를 파훼하여야 한다. 그러므로 제 3 자(유언자가 시킨 것이 아닌 경우)가 파훼한 경우나, 과실이나 불가항력으로 파훼된 경우는 법정철회로 볼 수 없다. 다만 그러한 파훼로 인하여 유언의 내용을 식별할 수 없는 상태가 된 경우는 그 부분에 관한 유언의 효력은 생기지 아니한다. 고의의 내용은 유언자가 유언서 또는 유증의 목적물임을 인식하고 이를 파훼할 의사를 말하는 것이고, 유언철회의 고의까지 있어야 하는 것은 아니다.

(라) **유언증서의 멸실·분실**   이해관계인은 '유언자가 고의로 파훼한 것이 아니라는 것'과 원래의 유언내용을 증명하여 유언의 유효를 주장할 수 있다. 유언증서의 멸실 또는 분실만으로는 유언의 효력이 소멸되지 않기 때문이다.[4] 다만 실제로 그 입증은 매우 곤란할 것이다.

(마) **일부조항의 파훼**   일부조항만 파훼한 경우는 나머지 조항은 유효하다. 그러나 나머지 조항이 파훼부분과 불가분의 관계에 있는 것이라서 잔존부분만으로는 유언내용이 불법·불능·불명이 되는 경우에는 유언 전체가 무효가 된다.

(바) **유증의 목적물 파훼**   유언자가 유증의 목적물을 파훼한 때(=유언철회)란 물리적으로 목적물을 멸실·훼손하는 경우와 경제적 가치를 상실케 하는 경우도 포함된다.

---

1 김상용 외 3, 530면.
2 곽윤직, 242면; 김·김, 819면; 我妻＝有泉, 民法 Ⅲ, 391면; 本多芳郎, "신민법과 유언," 民商 제 22-6, 13면[공정증서유언을 철회하려면 자필증서유언의 방식으로 이를 파기할 수 있다고 한다: 我妻 외 2, 민법3 ― 친족법·상속법 ― (勁草書房, 2004), 387면].
3 中川·泉, 637면; 일 대판 1943. 3. 19, 집 22, 185면(유언자가 스스로 보관하고 있던 유언공정증서를 소각하고, 수유자로부터 공정증서정본의 보관증을 반환받아 그것도 함께 소각한 경우 이를 철회로 본 것이다).
4 대판 1996. 9. 20, 96다21119.

Ⅲ. 철회의 효과

유언이 철회되면 유언은 처음부터 없었던 것과 같아진다. 유언자가 사망하여도 당초의 유언은 아무런 효력이 생기지 아니한다. 철회의 효력발생시점은 유언자의 사망 시로 보는 학설[1]과, 철회 시로 보는 학설이 대립하고 있다. 철회 그 자체는 유언이 아니므로 철회와 동시에 철회의 효과가 발생한다는 후설이 타당하다.[2]

Ⅳ. 철회의 철회와 철회의 취소

1. 철회를 철회한 경우

(개) **부활주의** 철회한 유언을 다시 철회한다면 당초의 유언이 부활한다는 부활주의[3]가 있고 독일 민법(제2257조·제2258조 ②항)이 이를 택하고 있다. 프랑스 민법에는 명문의 규정은 없으나 부활주의가 학설과 판례이다.

(내) **비부활주의** 일본 민법은 비부활주의를 채택(일민 제1025조 본문)하고 있다. 유언자가 제 1 유언을 철회하느라고 제 2 유언을 하고 나서 그것을 다시 철회한 때에는 '제 1 유언을 부활시킬 목적으로' 제 2 유언을 철회한 것인지 분명하지 않고 유언자의 진의가 불명하게 될 우려가 있기 때문에 이 주의를 택하고 있다고 해설하고 있다.[4]

(대) **우리나라 민법** 우리 민법은 이에 관하여 아무런 규정을 두지 않고 있다. 철회도 하나의 유언인 만큼 철회의 철회도 하나의 유언이다. 중요한 것은 유언자의 최종진의가 무엇이냐 하는 것이므로 그 진의에 따라 결정할 문제다.

(래) **철회의 효력발생시점** 철회의 효력발생시점은 철회 시라는 설, 유언자의 사망 시라는 설이 대립하고 있음은 앞에서 본 바와 같다. 사망 시설에 따르면 유언자가 사망할 때까지 철회의 효력은 생기지 않기 때문에 그 철회를 다시 철회할 수도 있을 것이다.

---

1 이경희, 554면.
2 송덕수, 422면(생전행위로 철회한 경우는 행위시로 본다); 中川淳, 축조(하), 359면; 藥師寺, 註釋 (하), 180면; 山本, 注釋(26), 306면 등 일본의 통설.
3 김·김, 820면; 박병호, 443면; 곽윤직, 244면; 배경숙 외 1, 568면 등.
4 일 최판 1997. 11. 13, 집 51-10, 4144면(유언자의 의사가 당초 유언의 부활을 희망하는 것이 명백한 경우에는 유언의 효력이 부활한다고 판시).

2. 철회의 취소

유언의 철회가 착오·사기·강박으로 이루어진 경우는 그 내용이 신분에 관한 것일 때는 인지취소(제861조)나 입양취소(제884조 3호)의 규정이 적용되어야 할 것이고, 재산에 관한 것(제 1 의 유언에 저촉되는 생전처분)일 때는 민법 총칙상의 일반원칙에 따라 취소할 수 있다. 제한능력은 유언의 취소사유가 될 수 없다. 미성년자도 17세에 달하면 유언할 수 있기 때문이다.

V. 유언철회의 규정이 사인증여의 취소에 준용되는가?

다수설은 사인증여도 사인처분이고 처분자(증여자)의 최종의사가 존중되어야 하는 점에서 유언과 유사성이 인정되므로, 유언철회의 규정을 준용하는 것이 타당하다고 한다. 사인증여의 취소에 대하여 민법 제1108조(유언의 철회)의 규정이 그 방식에 관한 부분을 제외하고 준용되어야 한다.[1] 따라서 증여자는 언제라도 자유로이(그 방식의 제한 없이) 그 사인증여의 전부나 일부를 철회할 수 있다.

제 3 절 유언의 효력

I. 서 론

1. 민법은 '유언의 효력'이라는 제목 아래 제1073조에서 제1090조까지의 18개 조문을 규정하고 있다. 그러나 제1073조를 제외한 나머지 조문은 모두 유증에 관한 규정들이다. 그러므로 유언의 효력으로는 민법 제1073조 부분과 유언의 무효와 취소를 설명하기로 한다.

2. 유언을 해석할 때에는 문자에 구애받지 말고 가능한 한, 유언자의 진의(眞意)를 탐구하여 유언의 효력을 유지시키도록 노력하여야 할 것이다.[2]

---

1 일 최판 1972. 5. 25, 집 26-4, 805면.
2 일 최판 1983. 3. 18, 判時 제1075호, 115면.

Ⅱ. 유언의 효력발생시기(=유언자의 사망 시)

1. 유언의 성립시점과 효력발생시점

유언서가 작성된 때 유언은 성립되지만, 유언의 효력발생시기는 유언자의 사망 시이다(제1073조 ①항). 이에 대한 예외로 정지조건부 유언이 있다.

2. 조건부 유언

(1) 유언은 단독행위·신분행위임에도 조건·기한을 붙일 수 있다는 것이 특이하다.

정지조건부 유언의 경우는 유언자의 사망 후 조건성취 시부터 효력이 생긴다(제1073조 ②항). 예컨대 정지조건부 유언으로 재산을 증여 받을 수유자는 유언자 사망 시 정지조건부 권리를 취득하고(목적물에 대한 보존행위로서 재산의 분리를 청구하거나, 유증의무자에 대하여 담보책임을 주장할 수도 있다), 조건성취 시에 완전한 권리를 취득한다.

(2) 정지조건부 유언(예컨대 ○○시험에 합격하면 ○○○만 원을 준다고 유언)의 경우 유언자 사망 이전에 이미 조건이 성취되어 있으면, 그러한 유언은 무조건의 유언, 조건 없는 유언이 된다. 그리고 유언자의 사망 이전에 이미 조건이 성취될 수 없는 것으로 확정되면 그 유언은 무효가 된다(제153조 ③항).

(3) 해제조건부 유언의 경우 유언자의 사망 시에 일단 유언의 효력이 발생하고 조건성취 시에 효력이 소멸된다. 유언자의 사망 이전에 조건이 성취되어 있으면 그 유언은 무효의 유언이고, 조건불성취로 확정되어 있으면 그 유언은 '조건 없는' 유언이 된다.

(4) 유언자가 조건성취의 효과에 소급효를 준 경우(조건성취 전, 유언자의 사망 시로 효과를 소급)는 이를 인정할 수 있을 것이나, 유언자의 사망 시 이전까지 소급하는 것은 인정되지 아니한다(제147조 ③항).

3. 기한부(期限附) 유언

(1) 시기부(始期附) 유언은 장래의 어느 시점, 즉 기한이 도래할 때 유언의 효력이 생기고 그때 수유자는 이행청구를 할 수 있다.

(2) 종기부 유언의 경우(예컨대 "이 유언은 서기 ○○○○년 12월 31일까지 유효하다"고 유언한 경우)는 유언자 사망 시부터 효력이 발생하여 종기가 도래하면 효력을

상실한다(제152조 ②항). 그 종기가 '유언자의 사망 전에' 도래한 때는 그 유언은 아무런 효력을 발생하지 아니한다.

(3) 유언자가 상속재산분할금지의 유언을 하면서 '사망 후 5년까지 분할하지 말라'고 유언(이른바 종기부, 終期附유언)할 수 있으나, 5년을 넘는 종기를 붙이는 유언은 허용되지 아니한다(제1012조 후단).

4. 유언자의 사망 시 효력이 생기지 아니하는 유언

(1) 재단법인 설립행위

유언자는 "이 재산으로 ○○재단을 설립하라"고 유언할 수 있다. 그러나 유언집행자가 주무관청의 설립인가나 설립허가를 얻어 설립등기를 한 때 법인이 설립된다. 법인에 내놓은 출연재산은 유언자의 사망 시로 소급하여 그 사망 시부터 법인에 귀속한 것으로 의제(擬制)된다.

(2) 친생부인(親生否認)

"○○○는 내 아이가 아니다. 또는 ○○○는 나의 친생자임을 부인한다"는 유언의 경우, 유언집행자가 유언자 사망 후 친생부인의 소를 제기하여 승소의 확정판결을 받아야 그 확정 시에 자녀는 가족관계등록부상 부(父)와의 관계가 단절되고, 모(母)의 혼인외의 출생자가 된다.

(3) 인지(認知)유언

유언인지(예컨대, "○○○은 나의 자식임을 인정한다"는 유언)의 경우, 유언집행자는 취임일로부터 1개월 이내에 인지신고(이는 보고적 신고)를 하여야 한다. 인지유언서의 등본, 녹음유언녹취록 등 서면을 첨부하여 신고한다(가등법 제59조). 유언에 의한 인지의 효력은 유언자의 사망 시에 생기지만, 자녀의 출생 시에 소급하여 생긴다(제860조)는 것이 다수설이다.[1] 자녀의 출생 시에 유언자의 친생자신분을 취득한다는 의미이다.

Ⅲ. 유언의 무효와 취소

유언자는 그 생존 중 언제든지 유언을 철회하여 그 유언을 실효(失效)시킬 수

---

1 호적상 인지신고시에 인지의 효력이 생긴다는 학설이 있다(정광현, 425면).

있다. 그러므로 유언의 무효나 취소가 문제되는 것은 항상 유언자의 사망 후이다. 유언의 무효에 관하여 민법에는 특별한 규정이 없다.

1. 유언무효

(1) 방식을 갖추지 아니한 유언

일단 유언서가 작성되어 있으나, 그 방식의 일부에 흠이 있거나 누락된 경우 그 유언은 무효이다.

1) 유언자가 유언장이라는 문서에서 "이 사건 부동산을 원고 재단에 증여한다."고 한 사안에서 법원은 유언자가 부동산을 증여하는 계약의 의사표시를 한 것으로 보았다. 그러나 그 유언장은 유언의 요식성에 흠결이 있어서 유언으로서는 무효인 것이다. 이를 소송 중에 피고가 "망인이 사망 후에 고아사업에 쓰도록 유언한 것은 사실이라고" 시인하였다고 하여, 그것이 유언이 될 수는 없다.[1]

2) 공정증서 유언서의 작성과정에 '그 유언에 깊은 이해관계를 가진 타인'이 과도하게 개입하여 유언서가 만들어진 경우 이는 유언자가 유언의 취지를 구수(口授)한 것으로 인정될 수 없고 이는 무효라고 한 사례도 있다.[2]

3) 방식을 전혀 갖추지 아니하였거나 구두로 한 유언은 유언의 불성립으로 보아야 할 것이다.

(2) 유언무능력자의 유언·수증(수유)결격자에 대한 유언(무효)

17세 미만자·의사무능력자의 유언, 수증결격자에 대한 유언은 모두 무효이다(제1061조·제1063조).[3] 공정증서유언이라도 그 유언증서 작성 당시 유언자에게 '정신능력(행위의 결과를 식별할 능력)'이 없을 경우 그 유언은 무효이다.[4]

(3) 유언이 강행법규나 '선량한 풍속' 기타 사회질서(제103조)에 위반되는 사항(법률상 허용되지 아니하는 것) 또는 법정유언사항 아닌 사항을 그 내용으로 할 때

금제품(예컨대 마약·음란문서 등)의 유증, 첩 관계의 계속을 조건으로 한 유증[5]

---

1 대판 1971. 1. 26, 70다2662(공보불게재).
2 일 橫浜地判 1989. 9. 7, 判時 제1341호, 122면.
3 결격사실을 알고도 피상속인(유언자)이 그에게 증여한 것은 유효하므로(대결 2015. 7. 17,자 2014 스206, 207), 유증도 결격사실을 알고 한 경우는 유효하다고 해석할 것이다.
4 일 大阪地判 1986. 4. 24, 判時 제1250호, 81면.
5 일 대판 1943. 3. 19, 집 22, 185면.

은 무효이다. 그러나 "나의 전 재산을 ○○○에게 주노라"고 한 유증이 당연히 무효는 아니다. 불륜관계에 있는 사람에게 한 유증이라고 하여 그것이 무효는 아니라는 외국의 판례도 있다.[1]

(4) 의사흠결(意思欠缺)의 유언

㈎ 진의(眞意) 아닌 의사표시로 한 유언은 언제나 유효하다. 통정허위표시의 규정은 유언에는 적용될 여지가 없다. 왜냐하면 유언은 상대방 없는 단독행위이기 때문이다.

㈏ **착오로 한 유언의 효력**　중요한 부분에 착오를 일으켜 한 유언은 무효라고 해설하는 학설도 있다.[2] 그러나 법률상 유언의 방식이 엄격하므로 '착오로 유언을 한다'는 것은 실제로 있을 수 없고 상상하기 곤란하다. 다만, 예금 300만 원밖에 없는 사람이 "3,000만 원을 홍길동에게 주노라"고 유언서에 기재한 경우(표시상의 착오)는 착오의 문제로 삼지 말고, 유언의 해석 문제로 처리할 수 있을 것이다.[3]

(5) 검인절차를 거친 유언

검인절차를 거친 유언에 대하여도 유언무효소송을 제기할 수 있다. 유언, 특히 구수증서유언의 성립과정에 검인절차를 밟지 아니한 경우 그 유언은 무효이다.

2. 유언의 취소

(1) 제한능력

제한능력(미성년·한정후견·성년후견)을 이유로 유언을 취소할 수는 없다. 다만 착오(동기의 착오 포함)[4]·사기·강박을 이유로 유언을 취소할 수 있으나, 실제로는 그러한 경우가 매우 드물 것이다. 왜냐하면 유언서 그 자체만으로 착오나 사기 유무를 판단하여야 하기 때문이다.

(2) 유언인지

사기나 강박으로 인한 인지는 사기를 안 날이나 강박을 면한 날로부터 6개월

---

1 일 최판 1986. 11. 20, 집 40-7, 1167면(첩관계의 계속유지를 목적으로 한 것이 아니고, 오로지 그 생계지원을 위한 유증이고, 그 유증으로 인하여 배우자나 자녀의 생활기반에 위협을 주는 것이 아닌 경우, 그 유증을 공서양속 위반이라고 할 수 없다).
2 이경희, 430; 김상용 외 3, 525면.
3 伊藤 眞, 241면.
4 독민 제2078조 ②항.

이내에 취소할 수 있다(제861조). 다만 그러한 인지라도 그것이 진실에 부합하는 경우는 취소할 수 없다고 보아야 할 것이다.[1] 이는 유언인지의 경우도 마찬가지다. 착오로 자기의 자식인줄 알고 유언인지를 한 후 사망한 경우, 그 상속인이나 유언집행자, 이해관계인은 유언인지 무효의 소를 제기할 수 있다고 할 것이다.[2]

(3) 취소권의 승계

유언의 취소권은 유언자의 사후 그 상속인, 포괄수유자에게 승계되고, 유언집행자에게도 인정된다고 해석된다. 포괄수유자는 상속인과 동일한 권리와 의무가 있으므로 유언의 취소권도 승계한다.

(4) 유언자 본인의 유언취소

유언자 본인은 생존 중이면 언제든지 이유 없이 유언을 철회하거나, 유언과 다른 생전처분을 할 수 있으므로, 유언자에게 취소권을 인정하는 것은 무의미하다. 유언은 유언자의 사망 시에 비로소 효력이 발생하는 것이므로, 일단 유효하게 성립된 의사표시(유언)의 효력을 소급적으로 부정하는 취소의 문제는 유언자 본인의 생전에는 생길 수 없다.

(5) 추   인

㈎ 사기를 당하여 유언한 사람이 그 유언을 추인하였더라도, 그 유언을 철회하거나 취소할 수도 있다. 유언의 추인은 유언취소권의 포기에 해당하는바, 유언자의 생존 중이면 아직 유언의 효력이 발생하지 않았기 때문에 이러한 취소권을 포기할 수도 없다.

㈏ 유언자가 하자 있는 유언을 추인하지 않고 사망한 경우는 그 상속인 등이 이를 취소할 수 있다(부담부유증의 취소는 아래 제4절에서 살펴본다).

㈐ 유언자가 추인을 하고 사망한 경우 그 추인의 의사가 유언 중에 명시되어 있으면 유언서의 정정이나 변경으로 볼 수 있을 것이다. 이 경우 상속인은 그 후 취소할 수 없다고 보아야 할 것이다.

---

1 박병호, 167면; 김상용 외 3, 526면.
2 일민 제786조, 中川·泉, 전게, 561면 참고.

제 4 절 유증(遺贈)

Ⅰ. 개념과 성질, 종류

1. 개 념

유증은 유언으로 재산을 남에게 증여(＝無償讓渡; 무상양도)하는 단독행위이다. 예컨대 "나의 재산 중 300만 원을 홍길동에게 주노라"는 유언이 그 보기이다.

실제로 유언의 대부분은 유증에 관한 것이라, 유언의 자유는 곧 유증의 자유를 의미한다. 유증은 유언자의 자유이므로 유증에 관한 규정은 임의규정인 경우가 많다(제1076조·제1079조·제1083~1085조·제1087조·제1090조). 다만 그 방식만은 엄격하게 법에 정하여져 있다. 이러한 유증의 자유는 무제한적인 자유는 아니고, 나중에 유류분권으로 제한받을 수 있다.

2. 성질(유사개념과 구별)

(1) 증여(贈與)와 유증(遺贈)의 구분(=無償讓渡; 무상양도)

증여나 유증이나 모두 재산의 무상양도인 점에서 서로 같으나, 보통 증여는 생전행위(生前行爲)이고, 게다가 증여자·수증자 간의 "계약(契約)"인데(당사자의 합의로 곧 효력이 생기므로 이행의무도 그때 생김) 비하여, 유증은 사인행위(死因行爲) 또는 사후행위(死後行爲)(유언자의 사망을 원인으로 그 사후에 효력이 생기고 이행의무도 사망 시에 생김)이고 유언자의 "단독행위(單獨行爲)"이다. 그러므로 유증의 의사표시가 반드시 수증자에게 도달될 필요도 없다. 유언자는 바로 유증자이고, 지정된 유증의 이익을 받을 사람은 수증자로 불려지지만, 수증자는 유증의 목적일 뿐이고, 의사표시의 상대방은 아니다. 유언은 상대방 없는 단독행위이기 때문이다.

:: 참고판례

증여자와 수증자 사이의 관계가 피상속인과 상속인의 관계[예컨대 부자(父子)관계]에 있다고 하여도 그들 사이의 증여를 항상 유증이나 사인증여라고 볼 수는 없다(대판 1991. 8. 13, 90다6729). 생전증여도 가능하기 때문이다.

(2) 사인증여(死因贈與)와 유증의 구분

㈎ 사인증여나 유증은 증여자·유언자의 사망으로 인하여 효력이 발생하는 사인행위(死因行爲) 또는 사후행위(死後行爲)로서 재산의 무상양도인 점이 서로 같으나, 앞의 것은 증여자·수증자 사이의 "계약"이고 뒤의 것은 유언자의 "단독행위"라는 점이 서로 다르다.

㈏ 그래서 사인증여에는 유증에 관한 규정이 준용된다(제562조). 그러나 유증에 관한 규정 중 능력(제1061~1063조), 방식(제1065조 이하), 승인과 포기(제1074~1077조)에 관한 규정은 '유증이 단독행위임을 전제로 한' 규정이어서 사인증여계약에는 준용되지 아니한다.

㈐ 포괄적 유증을 받은 사람은 상속인과 동일한 권리의무가 있다는 규정(제1078조)(포괄유증의 효력규정)이 포괄적 사인증여에도 적용될 것인가? 판례는 이를 부정하고 있다.

:: **참고판례**

사인증여는 무상·편무(片務, 증여자만 의무를 부담 : 저자 주)·낙성(諾成, 승낙으로 성립 : 저자 주)·불요식(不要式)의 증여계약(贈與契約)의 일종이고, 유증은 엄격한 방식을 요구하는 유언(단독행위)이며, 요식(要式)행위이다. 방식을 위배한 포괄적 유증은 대부분 포괄적 사인증여로 보여질 것인데, 만일 포괄유증의 "효과"에 관한 민법 제1078조가 포괄적 사인증여에도 준용된다고 하면, 양자의 효과는 동일하게 된다. 그렇게 되면 결과적으로 포괄적 유증을 엄격한 요식행위로 규정한 민법 조항들은 무의미하게 된다. 그러므로 민법 제1078조(포괄유증의 효력)는 포괄적 사인증여에는 준용되지 아니한다고 해석하여야 한다(대판 1996. 4. 12, 94다37714, 37721).

㈑ 유언에 의한 재단법인 설립은 유증이 아니지만, 유증과 매우 비슷하므로 이 경우 유증에 관한 규정이 준용되고 출연(기부)재산은 유언의 효력이 발생한 때로부터 법인에 귀속되는 것으로 보고 있다(제47조 ②항·제48조 ②항). 그러나 제3자에 대한 관계에서는 법인의 성립 이외에 등기를 마쳐야 대항할 수 있다.[1]

---

1 대판 1979. 12. 11, 78다481, 482(전원합의체 판결 중 다수의견).

(3) 용어(用語) 문제[수증자(受贈者)·수유자(受遺者)]

민법에는 증여를 받는 사람을 수증자(제556조), 유증을 받는 사람도 수증자(제1076조), 포괄적 수증자(제1078조 제목)라고 표현하고 있다. 학자들 중에는 생전증여 또는 사인증여를 받은 사람을 '수증자'(受贈者)(제556조), 유증받은 사람을 '수유자'(受遺者)로 구분하여 사용하자고 주장하시는 분들이 계신다.[1] 용어의 정확성을 기하기 위하여 타당한 주장이라고 생각된다.

(4) 유증과 사인증여·생전증여의 공통점과 차이점

구 분		유 증	사인증여	생전증여
행 위 자	유 언 자	○		
	증여자·수증자		○	○
법률적 성질	단독행위	○	×	×
	계 약	×	○	○
사인(사후)행위		○	○	×(생전행위)
효력발생시		유언자 사망 시	증여자 사망 시	계약 시(행위자 생존)
채무(의무)만 증여		×(무효)	×(무효)	×(무효)
채무면제		○(유효)	○	○
자기소유 목적물 (제3자의 소유물)		○(유효)	○(×)	○(×)
수증(수유) 결격자에게, 또는 결격자와 증여 등		○	○	○
유증규정 적용		○	○(준용), ×(방식규정)	×
해제·철회의 가부(방식)		○(유언)	○(방식 자유)	○(구두증여는 해제가능 : 방식 자유)
미성년자의 철회·취소		×	×	×

※ 유언자가 결격사실을 알고도 증여나 유증을 한 것은 유효하다(대결 2015. 7. 17.자 2014스206, 207).

(5) 철 회

(가) 유언철회의 자유가 보장되어 있으므로, 유증자는 언제든지 임의로 그 유증의 전부나 일부를 철회할 수 있다(제1108조). 다만 철회의 방식은 유언으로 하여야

---

1 박병호, 445면; 이경희, 303면; 최병조, "포괄적유증의 효과," 민사판례연구[Ⅸ], 190면; 국세기본법 제24조 ①항, 상속세 및 증여세법 제19조 ①항, 제21조 ①항 등은 수유자(受遺者)라는 용어를 사용하고 있고 일본 민법(제994조 ①항 등)에서도 사용하고 있다. 송덕수, 426면(수유자는 일본민법상 용어라고 설명하고 있다. 그러나 수유자는 우리말 사전에 나오는 우리말이므로 그렇게 단정할 수 없다).

한다. 그리고 일정한 경우는 철회된 것으로 간주된다(법정철회)(제1119~1110조). 사인증여의 철회도 언제든지 할 수 있고 철회방식도 자유롭다(계약자유의 원칙).

㈏ 사인증여 후 유증을 한다든지, 유증 후 사인증여를 한 경우 그것이 서로 저촉되는 한도 내에서 먼저의 것, 즉 선행행위(先行行爲)는 철회된 것으로 본다(제1109조).

예컨대 "이 자동차는 홍길동에게 주노라"고 유언한 후 그 자동차를 이갑돌에게 증여하는 계약(사인증여 계약)을 하였다면 먼저의 유언은 철회된 것으로 간주된다.

(6) 유증의 목적물 : 타인의 소유물

㈎ 유증자의 일신(一身)에 전속(專屬)하는 것을 제외하고, 유증자의 재산은 모두 유증의 목적물이 될 수 있다. 그러므로 채권·물권·지적재산권 등은 물론이고, 채무를 면제하는 것도 그 목적물이 될 수 있다.

㈏ 유증자는 원칙적으로 자신의 소유물을 증여할 수 있다. 그러나 예외적으로 유증자의 '소유에 속하지 아니하는 물건'이라도 유증할 의사를 명백히 표시한 경우 그 유증은 유효하다. 이 경우 상속인 등 유증의무자는 그 물건의 소유권을 취득하여 수유자에게 이전할 의무를 지게 된다. 다만 그 물건을 취득할 수 없거나 취득하는 데 많은 비용이 들 때는 가액으로 변상할 수 있다(제1087조 ②항). 돌아가신 분의 뜻을 가급적 실현하라는 의미이다.

(7) 유증은 무상

무상으로 재산이나 재산상 이익을 주는 행위가 유증이다. 그러므로 수증자에게 채무나 의무만 부담시키는 유언은 유증이 아니고 그러한 유증은 무효이다. 그러나 이익에 부담을 지워서 주는 것(소위 부담부유증)은 유효하다(제1088조).

(8) 유증자가 수유자를 직접 결정

유증자는 수유자를 직접 결정하여야 한다. 그러므로 유증의무자나 유언집행자에게 수유자 결정을 하라고 위탁하는 유언은 무효이다. 대리유언이 무효인 것과 마찬가지이다. 유증자가 재산을 ○○○에게 준다는 유언을 하면서 그 재산을 받을 사람을 정하지 아니하면 이는 무효이다(누구에게 주라는 말인지 알 수 없기 때문이다).

3. 유증의 종류

(1) 유증은 단순유증·부담부유증으로, 또 포괄적 유증·특정유증으로 나눌 수

있다. 중요한 것은 후자의 구분이다. "나의 재산의 전부 또는 1/3을 ○○○에게 주
노라"고 유언하는 것이 앞의 예이고, "집과 대지는 김○○에게, 나의 자동차는 막
내아들 ○○○에게 주노라"고 유언하는 것이 뒤의 예이다.

　　포괄유증은 상속재산("+"재산과 "-"재산)의 전부나 일정비율의 유증이므로
그 수유자는 채무도 승계하게 되지만, 특정유증은 상속재산 중 지정된 특정재산
("+"재산)의 유증이므로, 수유자는 채무를 승계하지 아니한다. 이 2가지 유증의 구
별기준에 관하여는 다음의 참고판례를 보면 알 수 있다.

　　:: 참고판례

　　① '유산을 매각하여 채무를 갚은 다음 잔액을 자식들에게 나누어 주라'는 유언
　　처분도 포괄유증이라고 해석된다(일 대판 1930. 6. 16, 민집, 550면).
　　② '유언공정증서 등에 유증할 재산을 개별적으로 표시하였다'는 것, 또는 '유증
　　목록에 유언자명의의 일부 재산이 누락되었다'는 것만으로 이를 바로 특정유증이
　　라고 단정할 수는 없고, 상속재산이 모두 얼마나 되는지를 심리하여 그 문서에
　　표시된 재산 이외에는 달리 재산이 없다든지, 제반사정에 비추어 이를 포괄적 유
　　증으로 볼 수 있다. 그러한 심리를 하지 않고 막연히 특정유증이라고 판단한 것
　　은 잘못이다(대판 1978. 12. 13, 78다1816; 2003. 5. 27, 2000다73445; 서울고판
　　2004. 9. 16, 2004나9796, 신문 2004. 11. 18.자, 11면).

　　(2) 포괄적 수증(수유)자는 마치 상속인과 비슷하다. 그래서 민법은 '포괄적 수
증자는 상속인과 동일한 권리의무가 있다'고 규정하고 있다(제1078조).

　　(개) 포괄적 수증자는 적극재산뿐만 아니라 소극재산(채무)도 유증받는다. 유언자
의 일신에 전속하는 것을 제외하고 유언자의 유산이 포괄적으로 당연히 수유자에
게 귀속된다.

　　(내) 이러한 포괄유증으로 인하여 망인의 자녀 중 딸 1명에게 아무런 재산(적극
재산과 소극재산)도 내려가지 아니하는 경우 그 딸은 유류분제도가 없었던 당시, 망
인의 생전채무를 변제할 책임이 없다.[1] 예컨대 유언자가 "상속인 갑에게 재산의
50%, 병(제 3 자)에게 재산의 50%를 증여한다"고 하고 상속인 을에게는 아무런 말
이 없었을 경우, 유산은 갑 : 을 : 병=50% : 0% : 50%의 비율로 승계된다(을은 채무
를 변제할 책임이 없다).

---

1 대판 1980. 2. 26, 79다2078.

아래에서 포괄적 유증(包括的 遺贈)과 상속(相續)의 차이점을 표로 나타내 본다.

순위	구 분	포괄유증	상 속	비고(근거)
①	법인 등의 수증(상속)능력	○	×	
②	대습상속·대습유증	× (단, 보충수유자 지정가능)	○	수유자가 먼저 사망하면 포괄·특정유증은 모두 무효(제1089조 ①항, 제1090조).
③	유류분권	×	○	
④	조건·기한·부담	○	×	
⑤	1명의 권리포기분의 다른 수유자·상속인에게 귀속여부	×	○	수유분이 증가(×), 상속분은 증가(○)
⑥	전원이 그 권리를 포기한 경우	포기분→ 상속인에게	포기분→ 수유자[1]	
⑦	철 회	○	×	
⑧	상속분의 환수(양수)권	×	○	제1011조
⑨	농지취득자격증명 필요	○	×	농지법(법률 제16652호) 제6조 ②항 4호, 제8조 ①항 1호
⑩	불법행위로 인한 위자료청구권을 그 목적물로 할 수 있는지	○(유증불가설이 있음)	○	
⑪	권리이전 등기신청 시 권리자·의무자의 공동신청	○(수유자·유언집행자 공동)	×(상속인 1인신청 가능)	부동산등기법 제22조, 대법원 등기예규 제1482호
⑫	권리취득에 등기 필요여부	×	×	제187조

* 보충수유자는 정지조건부 포괄수유자이다(만일 홍길동이 죽으면 그 아들에게 주노라).
* 〈포괄적 유증과 상속의 공통점〉 포괄적 수유자와 상속인은 유증의무자가 되고, 가정법원에 포기와 한정승인신고를 하여야 상속채권자 등에 대하여 물적 유한책임을 진다(제1074조·제1019조)는 점, 상속재산의 분할청구·분리청구를 할 수 있으며, 망인의 적극재산과 소극재산을 포괄승계한다는 점, 동시존재의 원칙, 상속결격이나 수유결격, 상속회복청구권 및 그 제척기간 규정, 상속세금에 관한 규정이 모두 적용된다는 점은 동일하다.

---

1 中川·泉, 599면; 鈴木, 相續法講義(개정판), 130면: 상속인과 포괄수유자가 있는데 상속인들이 모두 상속을 포기하면 상속인부존재의 경우가 되는바, 이 경우 포괄수유자가 전재산을 취득한다고 주장한다.

[포괄적 유증과 특정유증의 비교표]

순위	구 분		포괄적 유증	특정 유증
①	목 적 물	상속재산의 전부·일정비율(1/n)	○	×
		자동차·가옥 등 특정재산	×	○
②	종 류		1개	2개
③	상속채무 승계		○	×
④	고유재산에 의한 상속채무 변제책임		○	×
⑤	수유자는 유증의무자가 되는가?		○	×
⑥	승인·포기=상속의 승인·포기와 같은가?		○	×
⑦	유증 일부의 승인·포기 가부		○	×
⑧	상속재산분할참가·상속회복청구·제척기간[1]		○	×
⑨	유증의 효과	물권적(목적물이 유언자 사망과 동시에 등기 없이 승계 이전)	○	×
		채권적(등기나 등록 필요)	×	○

* 특정유증은 특정물유증과 불특정물유증의 2가지로 나누어지고, 후자는 "돈 100만 원 또는 쌀 1가마니를 홍길동에게 주노라"하는 유언이 그 보기이다. 이러한 불특정물유증의 경우는 어떤 돈 100만 원, 어떠한 쌀 1가마니인가가 특정되지 아니한 이상, 수유자는 그것만으로는 유증을 청구할 권리를 취득할 수 없다. 그러므로 이러한 유증은 채권적 효력밖에 없다.

* 특정재산 이외에는 달리 상속재산이 없는데, 그 특정재산을 유증하는 것은 포괄유증이다.

* 미성년자나 피한정후견인이 단독으로 유증을 승인할 수 있으나, 포기는 단독으로 할 수 없다. 유증결격이나 부담부유증에 관한 규정은 포괄유증이든 특정유증이든 동일하게 적용된다. 승인과 포기의 효력이 상속개시시로 소급하는 점, 승인과 포기를 취소할 수 없는 점은 포괄유증이든 특정유증이든 동일하다.

* 채무면제의 유증은 그 효과가 물권적이라는 데 이론이 없다.

※ 포괄수유자는 상속회복청구의 제척기간 내에 등기청구 등 권리행사를 하여야 한다(대판 2001. 10. 12, 2000다22942 참조).

---

1 대판 2001. 10. 12, 2000다22942[원심은 상속개시일인 1972. 7. 29.부터 제척기간인 10년이 이미 경과한 뒤인 1997. 7. 6.에야 제기된 사건이라면서 제척기간(민법 제999조 유추적용) 경과를 이유로 각하함. 그러나 대법원은 헌재의 결정(2001. 7. 19, 99헌바9, 26, 84, 2000헌바11, 2000헌가3, 2001헌가23 병합)에 따라 제982조 ②항 중 "상속이 개시된 날로부터 10년" 부분은 헌법에 위반된다는 결정이 내려졌고, 동 결정의 효력은 위헌제청을 한 해당사건, 위헌결정이 있기 전에 법원에 위헌여부심판제청신청을 한 경우뿐만 아니라 … 위 법률의 조항이 재판의 전제가 되어 법원에 계속 중인 사건과 위헌결정 이후에 위와 같은 이유로 제소된 일반 사건에도 미치는 것이므로(대판 1993. 1. 15, 92다12377; 1994. 2. 22, 93다58295; 1996. 3. 12, 95타40755; 2000. 2. 25, 99다54332 등 참조), 원심이 위헌결정으로 그 효력을 상실한 민법 제999조 ②항을 적용하여 이 사건 소를 각하한 것은 위법이라고 하면서 파기환송하고 있다].

2 일본 민법은 물권변동에서 의사(意思)주의를 택하고 있어서, 특정의 동산·부동산·채권을 증여한 특정유증의 효력도 물권적으로 이전된다는 것이 다수설(甲斐 외 2, 230면; 中川·泉, 580면 등: 등기·인도·양도통지 등 불필요)과 판례(일 대결 1914. 8. 3, 민록 641면; 동 1916. 1. 8; 동 1940. 2. 13 판결, 집 7-16, 4면)이다. 우리나라 민법은 형식(形式)주의를 채택하고 있으므로 일본과는

(3) 유증은 재산의 처분행위이므로, 거기에 조건·기한·부담(이른바 부관, 附款)을 붙일 수 있다. 민법은 조건부유증과 부담부유증을 명문으로 인정하고 있고, 기한부 유증도 유효하다.

(개) **부담부(負擔附)유증**(민법에는 '부담 있는' 유증이라고 표현)(제1088조)

1) 수유자에게 유증만 하는 것이 아니라, 일정한 채무를 부담시키는 유증이 바로 부담부유증이다. 예를 들면, "나는 홍길동에게 5,000만 원 또는 특정의 부동산을 주노라. 수유자 홍길동은 나의 묘비를 세워 달라"든지 또는 "갑에게 나의 부동산을 주노라. 갑은 나의 아내에게 생존하는 동안 매월 500만 원씩 지급하라"는 유언 등이 바로 그것이다.[1]

2) 부담부유증의 부담으로 이익을 받게 되는 사람은 상속인에 한정되는 것은 아니고, 제3자라도 상관없다. 이러한 부담은 포괄유증이든 특정유증이든 붙일 수 있다.

3) 이러한 부담은 증여의 대가(반대급부)가 아니고, 나중에 수유자가 그 부담을 이행하거나 불이행하는 것이 정지조건이나 해제조건이 되는 것도 아니다. 부담의 불이행은 유증취소사유가 될 수 있을 뿐이다.

(내) **정지조건부(停止條件附)유증**(민법에는 '정지조건 있는 유증'이라고 표현)(제1089조 ②항)

1) 이러한 유증은 조건이 성취된 때부터 그 효력이 생긴다(제1073조). 예컨대 "이몽룡이 ○○시험에 합격하거든 돈 100만 원을 그에게 주어라"고 유언한 경우 이몽룡이 시험에 합격한 때부터 그 유언은 효력이 생긴다.

2) 조건성취 전에 수유자(이몽룡)가 사망하면, 유증은 무효가 된다(제1089조). 그러나 유증자가 유언에 다른 의사표시(예컨대 "이몽룡이 합격하지 못하면 성춘향에게 주어라")를 한 경우는 그 의사에 따라야 한다(제1090조 단서).

(대) **해제조건부(解除條件附)유증의 경우**("허풍선에게 이 대지를 주노라. 만일 허풍선이 담배 피우기를 시작하면, 그 대지를 돌려받아라."는 등) 조건성취 전에 수유자(허풍선)가 사망하면 유증은 유효하고 그 수유자의 상속인이 그 지위를 승계한다.

(래) **단순(單純)유증** 위와 같은 조건·기한·부담이 없는 유증이 단순유증이다.

다르다.

1 서울고판 2004. 9. 16, 2004나9796, 신문 2004. 11. 18.자, 11면(72세의 남자가 52세의 여자와 재혼한 지 8개월 만에 그 소유부동산을 여자에게 증여하여 등기까지 넘겨준 것은 부담부증여로 봄이 상당하고 이를 명의신탁이라고 보기는 어렵다).

Ⅱ. 유언자·수유자와 유증의무자

1. 수유자(수증자)

유언자는 유증을 하는 사람이고, 유언으로 유증의 이익을 얻게 되는 권리자가 수유자(受遺者)이다. 누가 수유자가 될 수 있는가? 권리능력자이면 누구나 수유자가 될 수 있다. 자연인은 유언자의 상속인이든 친족이든 제 3 자이든 상관이 없고, 법인은 물론이고, 권리능력 없는 사단이나 재단, 기타 단체나 시설 등도 대표자나 재산관리인이 정하여져 있는 등으로 권리능력이 있으면 수유자가 될 수 있다. 이 점이 "자연인만 재산을 받을 수 있는" 상속의 경우와 다른 점이다.

(1) 자연인(동시존재의 원칙)

자연인이 수유자가 되려면 유언자 사망 당시(유언의 효력발생 시)에 생존하고 있어야 한다. 상속에서와 같은 동시존재(同時存在)의 원칙이 여기에도 그대로 적용된다. 그러므로 유언자의 사망 전에 수유자가 먼저 사망하면 그 유증은 무효가 된다(제1089조 ①항)(대습유증은 없다). 그리고 유언자와 수증자가 동시에 사망(동시사망으로 추정되는 경우 포함)하면 그 유증은 무효라고 해석하여야 할 것이다.[1] 그런데 유언 중에 특히 수증자의 상속인에게 승계를 인정하는 의사표시(또는 사망자에 대한 유증을 유효로 한다는 의사표시)를 한 때는 수유자의 상속인이 수유자가 된다(제1089조 ②항·제1090조 단서). 이것을 보충유증(補充遺贈)이라고 한다. 유언자 사망 후 수증자가 이어서 사망한 경우는 수증자의 상속인이 유증을 상속한다.

(2) 태아(胎兒)

㈎ 상속의 경우와 마찬가지로 태아는 유증에 관하여 이미 출생한 것으로 간주된다(제1064조·제1000조 ③항). 아이의 출생시점과 유언자의 사망시점이 앞이냐 뒤이냐에 따라 태어난 아이가 불이익을 받지 않도록 하기 위하여 '권리능력 없는' 태아에게도 특별히 유증 받을 능력을 인정한 것이다. 따라서 태아는 상속능력(相續能力)뿐만 아니라 수유능력(受遺能力)도 가지고 있다. 예컨대 "지금 성춘향(주소, 성명, 생년월일 특정)이 임신 중인 아이에게 이 집을 주노라"고 유언할 수 있기 때문이다.

---

1 中川·泉, 568면; 일민 제994조 ①항 참조.

(내) 여기서 태아는 "유언자 사망 당시 이미 임신되어 있는 태아"를 의미한다. 그러므로 유언자 사망 시까지 임신되지 아니한 태아는 수유능력이 없다.

(대) 그런데 태아는 생전증여로 재산을 받을 수 있는 수증(受贈)능력은 없다. 증여는 계약이기 때문이다.

(3) 법 인

(개) 유언자 사망 시(유증의 효력발생 시)에 법인이 존재하고 있어야 한다. 그러므로 유언자의 사망 이전에 이미 해산된 법인은 수유능력이 없다. '설립중(設立中)의 법인이나 회사'는 자연인 중 태아의 경우에 준하여 수증능력이 있다. 따라서 유언자 사망 후 비로소 설립행위(정관작성 또는 기부행위)를 시작한 법인(공익법인 또는 영리회사)은 수유능력이 없으므로, 이에 대한 유증은 무효라고 보아야 할 것이다.[1]

(내) 수유자는 유증으로 이익을 받을 사람이므로, 수유자는 유언자와는 별도로 존재하여야 한다. 따라서 무상증여 자체로 비로소 법인격체가 생기는 경우 즉, 유언에 의한 재단법인설립행위는 유증이 아니다. 다만 유증과 매우 비슷하므로 유증에 관한 규정이 준용되며(제47조), 출연재산은 유언의 효력이 발생한 때로부터 법인에 귀속한 것으로 본다고 규정되어 있다(제48조 ②항).

(4) 수유결격자와 유증의 승인·포기

(개) 유증의 경우도 포괄유증이든 특정유증이든 상속결격의 규정이 준용(제1064조·제1004조)되므로, 상속결격자(친족)나 이와 비슷한 배신자(타인)는 수유(受遺)능력을 상실하여 수유자가 될 수 없고 유증을 받을 수 없다. '수유결격자가 된다.'는 의미는 유언자가 ○○○에게 주노라는 유언을 하였는데 수유자가 그 유언서를 위조·변조하는 등의 비행을 저지른 경우 결격자가 된다는 의미이다. 그러므로 결격사유가 이미 발생한 후에 유언자가 그러한 사정을 알면서도 이러한 결격자에게 유증한 경우는 그 결격을 용서한 것으로 볼 수 있고 수유자는 유증을 받을 수 있다.[2] 유언자의 유언의 자유를 막을 수는 없기 때문이다.

(내) 수유자는 유증의 승인과 포기의 자유를 가지고 있으므로, 결과적으로 그 의사에 반하여 유증받기를 강요당하지 아니한다(제1074조). 아무리 공짜라고 하더라도 남으로부터 재산받기를 싫어하는 사람도 있을 수 있기 때문이다. 상속인 등

---

1 中川·泉, 569면.
2 곽윤직, 45면; 송덕수, 426면; 대결 2015. 7. 17.자 2014스206,207; 中川·泉, 570면.

유증의무자는 수유자에게 상당한 기간을 정하여 승인 또는 포기의 확답을 하라고 독촉(최고)할 수 있다(제1077조).

2. 유증의무자

1) '망인(유언자)의 유언에 따라 그 유언대로 재산을 넘겨주어야 할 의무'를 지는 사람이 유증의무자이다. 이러한 재산이전의무는 유언자의 사망 후에 비로소 집행(이행)되기 때문에 유언자 자신은 그 의무자가 될 수 없다. 유증의무자의 순위는 다음과 같다.

2) 유언집행자(제1101조)가 제 1 순위 유증의무자이고, 유언집행자가 없을 때는 상속인이 제 2 순위 의무자이다. 포괄적 수유자(제1078조)가 있을 경우에는 그도 상속인과 같은 지위에서 유증의무자가 된다. 상속인도 없는 경우는 상속재산관리인(제1056조)이 마지막 순위의 유증의무자가 된다. 특정유증의 수유자(예컨대 자동차 1대를 유증받은 사람)는 유증의무자가 될 수 없다.

Ⅲ. 포괄적 유증과 유증의 효력

1. 개 념

상속재산의 전부나 일정 비율의 유증이 포괄적 유증이고, 이러한 유증을 받는 사람이 포괄적 수유자이다. 이러한 포괄적 수유자는 상속인과 동일한 권리·의무가 있다(제1078조). 따라서 '유증 받은 만큼의' 상속분을 가지는 새로운 상속인이 1명 더 늘어나게 된다. 이는 유언에 의한 상속인(또는 상속분)의 지정과 매우 비슷한 기능을 수행한다. 예컨대 상속인 甲·乙·丙 3인이 있는데 피상속인이 "A에게 나의 재산의 1/3을 주노라"(포괄적 유증)고 한 경우 A와 갑·을·병은 공동상속인처럼 상속재산을 공유하게 되고 그 상속분배 비율은, A가 1/3을 가지고 나머지 2/3를 갑·을·병이 나누어, 즉 2/3 × 1/3 = 2/9씩을 가진다. 그러므로 A : 갑 : 을 : 병 = 3/9 : 2/9 : 2/9 : 2/9가 된다.

2. 포괄적 유증의 효력발생 시점(유증목적물의 소유권이전시기)

(가) 포괄적 수유자는 상속인과 동일한 권리의무가 있다(제1078조).

1) 유언자 사망과 동시에 유증의 효력이 발생하므로, 그때 포괄수유자는 상속인과 마찬가지로 유증사실을 알든 모르든 유증목적인 상속재산[적극재산·소극재산(채무) 불문]을 법률상 당연히 승계·취득한다(제1005조). 이는 상속의 경우와 완전히 동일하다.[1]

2) 부동산·동산·채권·주식 등의 승계는 등기(登記)·인도(引渡)·양도통지(讓渡通知) 등을 구비하지 아니하여도 유언자의 사망 시에 그 권리가 수증자에게 당연히 이전된다(물권적 효력설)(제187조).[2] 상속으로 인한 등기는 등기권리자 단독으로 이를 신청할 수 있는 것과 같이, 포괄유증으로 인한 물권변동의 등기도 수유자 단독으로 할 수 있다는 소수설이 있다.[3] 다수설과 실무는 아래의 특정유증의 경우와 같이 공동신청설[4]을 채택하고 있다.

3) 특정유증을 원인으로 한 소유권이전등기는 수증자를 등기권리자로 하고, 상속인 기타 유언집행자를 등기의무자로 하여 공동신청으로 하여야 한다(부동산등기법 제23조 ①항). 수증(유)자가 유언집행자로 지정되거나 그가 상속인인 경우 또는 유언이 공정증서유언인 경우[5]도 마찬가지이다. 등기의 원인은 "○년 ○월 ○일 유증"으로 기재하되, 그 연월일은 유증자의 사망일자를 기재한다. 유증자 → 수증자 명의로 직접 이전하는 취지로 기재한다.[6]

4) 소유권에 기초한 등기청구권은 시효로 소멸하지 아니하므로, 소멸시효의 대상이 될 수 없다.[7] 포괄수유자는 유언자의 사망과 동시에 등기 없이 소유권을 취득하였으므로, 등기청구권만 시효로 소멸될 수는 없다. 다만 제3자가 목적물을 점유하여 시효취득하는 바람에 그 반사적 효과로 소유권을 상실하는 경우가 생길

---

1 점유와 그 하자(瑕疵)도 승계한다(일 최판 1965. 5. 18, 집 16-5, 1073면).
2 이용훈, "법률의 규정에 의한 부동산물권변동," 사법논집 제 8 집(법원행정처, 1977), 10면; 김증한 저·김학동 보정, 물권법 제 9 판(박영사, 1997), 134면: 일본의 통설(中川·泉, 579면; 中川 淳, 하, 204면 등); 일 高松高 1957. 12. 11, 하집 8-12, 2336면(전 재산을 유증한 사안).
3 이용훈, 전게논문, 10면; 김영현, 부동산등기법(2001), 68면(공동신청에 대한 예외); 신언숙, 주해 개정부동산등기법, 1993, 268면; 대결 2013.1.25.자 2012마1206(유증목적 부동산이 미등기인 경우, 포괄수유자는 단독으로 보존등기신청을 할 수 있다).
4 곽윤직, 부동산등기법, 1993, 169면; 이경희, 주석상속법(하), 1996, 301면; 유영선, "유증과 등기" (사법논집, 29집), 549면; 阿部 撤, 신판주석민법(28), 1988, 206면 등; 대법원등기예규 제1482호.
5 등기선례요지집, 제 6 권, 114면(2001. 2. 19, 등기 3402-122 질의회답에서는 포괄유증이나 특정유증을 구분하지 않고 유증을 원인으로 하는 소유권이전등기는 공동신청으로 하여야 한다고 한다); 상속등기실무(법원행정처, 2012), 272면(유증의 경우는 상속, 판결과 같은 공적 근거자료가 없다).
6 대법원등기예규 제940호(1998. 7. 11. 제정, 개정 2001. 6. 28. 등기예규 제1024호).
7 대판 2001. 2. 9, 2000다60708; 부동산등기법(사법연수원, 2005), 157면.

수 있을 것이다[특정수유자의 등기청구권은 10년의 시효에 걸리고 포괄수유자의 그것은 상속회복청구권의 제척기간에 걸린다(제999조 ②항)].

5) 채 무　포괄수유자는 채무도 승계하므로, 그가 유증의 포기·한정승인을 하지 아니하는 이상, 그는 상속채무에 대하여 무한책임을 지고 그 고유재산으로 변제하여야 한다(유언자가 이러한 채무부담을 면제·경감하는 의사표시를 하면 그것은 유효하다[1]).

(내) 게다가 유언자가 특정유증을 하면, 포괄적 수유자는 그 특정수유자에 대한 유증의무자가 된다. 그러한 의미에서 특정유증은 포괄유증에 우선한다. 포괄수유자는 상속인과 같은 권리의무가 있다는 규정(제1078조)(포괄유증의 효력)은 포괄적 '사인증여'계약에는 준용되지 아니한다.[2]

(대) 조건부·기한부 유증(상속과 다른 점)은 그 조건성취 시·기한도래 시에 효력이 생긴다. 조건부유증에서 조건성취 전에 수유자가 사망하거나, 유언자 사망 전에 수유자가 먼저 사망하면 유증의 효력이 생기지 아니한다(대습상속과 달리 대습수유는 인정되지 아니함). 조건성취 전이나 기한도래 전에 상속인들 사이에 상속재산분할이 이루어지고, 그 분할 후에 조건성취나 기한도래가 된 경우는 제1014조(분할후의 피인지자 등의 청구권)를 유추적용하여 상속인에 대하여 가액지급만을 청구할 수 있다.

(래) 유증의 효력이 생기지 아니하거나 수증자가 유증받기를 포기한 경우는 그 목적재산이 상속인에게 귀속된다. 그러나 유언자가 유언으로 다른 의사표시를 한 경우는 그 의사에 따라야 한다(제1090조). 이것이 보충유증이다.

[참　고] 유언에 의한 재단법인 설립 시의 출연(기부)재산의 소유권귀속시기
유언으로 재단법인을 설립하는 때에는 출연재산은 유언의 효력이 발생한 때로부터 법인에 귀속한 것으로 본다(제48조 ②항). 판례의 다수설은 제48조 제 ②항이 민법 제187조의 "기타의 법률의 규정"에 포함된다는 이유로 유언자의 사망 시(유언의 효력발생 시)에 등기나 인도 없이 출연자와 재단법인 사이에서는 재산이 당연히 법인에 귀속된다고 해석하고, 다만 제 3 자에 대한 관계에서는 출연행위는 법률행위이므로 출연재산의 법인 귀속에는 부동산의 경우 등기를 필요로 한다고 해석한다. 반면에 소수설은 등기 없이 재산의 소유권이 제 3 자에 대한

1 小山, 주해상속법[中川(善) 감수], 345면; 阿部(徹), 주석민법(26), 162면, 中川淳(하), 204면.
2 대판 1996. 4. 12, 94다37714, 37721.

관계에서도 법인에 귀속한다고 해석한다.[1·2]

3. 포괄수유자와 다른 상속인과의 관계

포괄수유자와 상속인 간 또는 포괄수유자와 다른 포괄수유자 간에는 공동상속인 상호 간의 경우와 마찬가지로 상속재산의 공유관계가 생긴다(제1006조·제1007조). 이들은 상속재산협의분할에 참가하게 되고 그 분할 시까지 공유상태는 계속된다(제1013조). 따라서 포괄유증은 형식적으로는 유증이지만, 실질적으로는 상속인의 지정(指定)과 동일하다. 그래서 포괄유증에는 유증에 관한 규정이 아니라 상속에 관한 규정이 적용된다(제1078조). 포괄유증으로 모든 재산을 일부의 상속인(a, b, c 중 a, b)과 제3자에게 증여하였다면, 나머지 상속인(c)은 전혀 상속재산을 받을 수 없게 된다(나중의 유류분청구는 별도)(다음 참고판례 참조).

:: 참고판례

만일 피상속인이 전 재산을 포괄적으로 다른 사람에게 유증하였다면, 그 피상속인에게 직계비속인 '시집간 딸'이 있다 하더라도, 그 딸은 유류분제도가 없는 이상, 그가 상속한 상속재산(적극재산 및 소극재산)이 없는 것이므로, 그 망인의 생전채무를 변제할 의무가 없다(대판 1980. 2. 26, 79다2078, 원심 서울고판 1979. 10. 25, 79나993, 판례월보 제120호, 24 참조[3]).

4. 유류분권리자와 포괄유증

(1) 공동상속인 중 일부의 상속인이 피상속인으로부터 증여나 유증을 받아 그것이 상속분을 초과한다 하더라도, 그것으로 인하여 다른 공동상속인의 유류분을

---

1 김증한, 물권법, 276면; 대판 1979. 12. 11, 78다481, 482(전원합의체의 다수의견); 대판 1993. 9. 14, 93다8054(제3자에 대한 관계에서는 출연(=기부)행위가 법률행위이므로 출연재산을 법인에 귀속시키려면, 법인의 설립등기 이외에 부동산의 이전등기가 필요하다. 이러한 등기를 마치기 전에 유언자의 상속인 중 1명에게서 부동산의 지분을 취득하여 이전등기를 마친 선의의 제3자에 대항할 수 없다.
2 김증한, 물권법, 276면; 대판 1993. 9. 14, 93다8054(제3자에 대한 관계에서는 출연재산을 법인에 귀속시키려면, 법인의 성립 이외에 부동산의 이전등기가 필요하다. 이러한 등기를 마치기 전에 유언자의 상속인 중 1명에게서 부동산의 지분을 취득하여 이전등기를 마친 선의의 제3자에 대항할 수 없다).
3 이 판례에 대한 평석은 최병조, "포괄유증의 효과," 민사판례연구[IX](박영사, 1987), 187면; 현소혜, "유언의 해석", 서울대학교 대학원 참조.

침해하지 아니하는 이상, 그 초과부분을 반환할 필요는 없다.[1] 이는 피상속인의 유언의 자유를 보장하여야 하기 때문이다.

(2) 포괄수유자는 '상속인과 달라' 유류분이 없다. 그러므로 예컨대, 홍길동이 "나의 전 재산의 1/2을 허풍선에게 주노라"고 유언한 후 또 "나의 재산 중 건물 1동 (이 건물의 시가가 전 재산의 4/5에 해당한다고 가정)을 성춘향에게 주노라"고 특정유 증한 경우, 허풍선은 자신의 유류분(유류분이란 것이 없지만 가정하여)인 1/4(=5/20) 에 부족한 부분(1/20지분)을 성춘향을 상대로 반환청구할 수 없다. 그러한 의미에 서 특정유증이 포괄유증에 우선한다고 해설하는 것이 국내와 일본의 통설이다. 그 러나 이러한 통설에는 의문이다. 어느 유언이 우선하느냐 하는 문제는 전후 유언 의 저촉문제로 해결할 수 있는 것이고, 포괄수유자에게 유류분이 없다는 것을 설 명하면서 굳이 어느 유언이 우선한다고 말할 수는 없다고 할 것이다(앞의 예에서 성춘향에게 건물을 준다고 유언한 후, 허풍선에게 전 재산의 1/2를 주노라고 유언하였다 면 나중의 포괄유증이 우선할 수 있다).

다만 1개의 유언을 동시에 하면서 "제 3 자인 A에게는 나의 재산의 1/3을 주 고, B에게는 나의 자동차를 주어라. 그리고 나머지는 상속인들에게 주노라"고 한 경우라면, A는 포괄수유자로서 상속인과 같은 지위에 놓이게 되므로, 특정수유자 인 B에 대하여는 유증의무자가 되고 B가 우선할 수 있다.

5. 포괄유증의 승인과 포기

수유자는 유증의 승인과 포기의 자유를 가지고 있다. 그 결과 수유자는 그 의 사에 반하여 유증을 받기를 강요당하지 아니한다.

(1) 특정유증의 승인·포기에 관한 규정(제1074~1077조는 특정유증에만 적용됨) 은 따로 있고, 포괄적 유증의 승인·포기에는 상속의 승인·포기에 관한 규정(제 1019~1044조)이 그대로 적용된다.

(2) 그러므로 포괄적 수유자는 상속인과 마찬가지로, 유증이 있음을 안 날로 부터 3개월 이내에 한정승인이나 포기를 가정법원에 신고[2]하지 아니하면 채무초 과라도 무한책임을 지게 된다(덤터기를 쓰게 된다). 다만, 중대한 과실 없이 채무초

---

[1] 광주고판 1989. 6. 9, 88르367, 하판집, 1989, 제 2 권, 607면.
[2] 단순히 상속인에 대한 유증포기의 의사표시만으로는 포기의 효력은 생기지 않는다(일 熊本地八代 支判 1959. 12. 8, 하집 10-12, 2576면).

과사실을 알지 못한 사람은 다시 그 사실을 안 날로부터 3개월 이내에 한정승인을 할 수 있다(개정 민법 제1019조 ③항). 이는 입법론상 문제가 있다. 특히 상속인이 아닌 제 3 자가 유증받은 경우는 문제가 아닐 수 없다. 포기·승인은 함부로 철회할 수 없고, 사기 등을 이유로 취소할 수 있음은 상속포기 등의 경우와 동일하다.

(3) 수증자가 수증(재산을 받기)을 포기하면 그 유증의 목적재산은 상속인들에게 상속분의 비율대로 귀속된다(제1090조). 이는 상속인 중 1인이 상속을 포기한 경우와 완전히 동일하다.

(4) 특정유증을 받은 사람은 유언자의 사망 후 '언제든지' 유증을 승인·포기할 수 있고(제1074조 ①항), 그 효력은 유언자의 사망 시로 소급한다(제1074조 ②항). 승인이나 포기의 방법으로 가정법원에 신고할 필요도 없다. 유언자의 사망 전에 승인·포기를 할 수 없고 사망 전 승인·포기는 무효이다. 포괄유증의 경우는 일부의 승인이나 포기를 할 수 없지만 특정유증의 경우는 그것도 할 수 있다.[1]

Ⅳ. 특정유증(特定遺贈)

상속재산 중 특정재산(예컨대, 집이나 토지, 자동차 등), 구체적인 재산을 증여하는 유증이 특정유증이다. 다시 그 대상물이 특정물(特定物)(가옥 등)이냐 불특정물(＝種類物; 종류물)(예 : 현금·쌀·콩 등)이냐에 따라 특정물유증과 불특정물유증으로 나눌 수 있다. 특정유증의 수증자는 증여계약의 수증자와 동일한 지위에 서게 된다.

1. 특정유증의 승인과 포기

유증은 유언자의 단독행위이므로 수유자가 이를 알든 모르든 그의 의사와 관계없이 유언자의 사망과 동시에 당연히 그 효력이 생긴다(제1073조 ①항). 그러나 수유자에게 유증을 받기를 강제할 수는 없다. 그래서 승인과 포기의 자유가 보장되고 있다.

(1) 승인·포기의 자유

특정유증은 포괄유증과 성질이 다르다. 특정수유자는 유언자의 사망 후 언제든지 유증을 승인하거나 포기할 수 있다(제1074조 ①항). 유증의 승인·포기에 관한

---

1 김·김, 839면(특정유증의 내용이 가분인 경우); 박병호, 451면; 김상용 외 3, 537면.

민법 제1074조 이하의 규정들은 특정유증에만 적용된다.

(개) **시 기** 유언자의 사망 전에 승인·포기를 할 수 없다. 상속개시 후의 승인·포기의 효력은 유언자 사망 시로 소급한다. 수유자가 승인이나 포기를 하기도 전에 유언자보다 먼저 사망하면 유증의 효력은 생기지 않는다(제1089조).

(내) **방 법** 특정유증의 승인이나 포기의 방법에는 아무런 제한이 없다. 상속인 등 유증의무자나 유언집행자에 대한 명시적·묵시적 의사표시로 하고, 서면이나 구두(口頭)로 할 수 있다. 포괄적 유증의 포기처럼 가정법원에 신고할 필요는 없다. 유증의무자의 1인에 대한 승인·포기나 그 취소는 다른 유증의무자에 대하여도 절대적 효력을 가진다.

(대) **수유자가 제한능력자인 경우** 수유자가 제한능력자인 경우는 제한능력자의 행위능력에 관한 규정(제 5 조·제10조·제13조)이 적용된다. 그러므로 미성년자는 특정유증의 승인은 자유로이 할 수 있으나, 포기는 임의로 할 수 없다. 법정대리인이 제한능력자를 대신하여 유증을 포기할 수 있고, 파산관재인도 수증자 대신 특정유증을 승인하거나 포기할 수 있다.

(래) **포기할 수 없는 유증(채무 면제)** 포기는 자유이지만 채무를 면제하는 유증의 경우는 수유자가 이를 포기할 수 없다. 채무면제 그 자체가 채권자의 단독행위이고 단독의 의사표시로 완결되기 때문이다. 유언으로 "○○○(수유자)에게서 받을 대여금채권 금 1,000만 원은 이를 면제하노라"고 유언하는 것이 채무면제의 유증이다.

(매) **채권자취소권의 대상** 특정유증의 승인 또는 포기는 채권자취소의 대상이 될 수 있다.[1]

(배) **승인·포기의 효력**

1) **승인과 포기의 취소 여부(소극)** 특정유증을 승인·포기한 후에는 수유자는 임의로 이를 취소할 수 없다(제1075조 ①항). 이때의 취소는 '철회'의 의미이고, 이는 유증의무자 기타 이해관계인의 신뢰보호와 예측할 수 없는 손해를 막기 위한 것이다.

2) **민법 총칙상의 취소 여부(적극)** 착오·사기·강박으로 특정유증을 승인·포기하거나 제한능력자가 단독으로 승인·포기한 경우와 같이 의사표시에 하자가 있는 경우는 민법 총칙의 일반원리에 따라 이를 취소할 수 있음을 주의하여야 한다(상속의 승인·포기의 취소와 동일하다). 후견인이 후견감독인의 동의를 얻지 않고 피

---

1 中川 淳, 상속법축조해설(하), 200면.

후견인을 대리하여 유증을 포기한 경우에도 이를 취소할 수 있을 것이다. 이 취소권은 추인할 수 있는 날로부터 3개월, 승인이나 포기의 날로부터 1년 내에 행사하여야 한다(제1075조 ②항·제1024조 ②항). 이 3개월 또는 1년의 기간은 시효기간이라고 해석된다. 취소권자는 제한능력자, 하자 있는 의사표시를 한 사람, 그 대리인 또는 승계인(제140조)이다.

3) 포기된 유증의 목적물은 원래의 상속인에게 귀속된다(제1090조). 유언자가 유언에 이와 다른 별도의 의사표시를 한 때는 그 의사에 따라야 함(동조 단서)은 물론이다.

4) 유증의 승인·포기의 무효   진의 아닌 의사표시(제107조), 통정허위표시(제108조), 중대한 착오(제109조)로 유증을 승인하거나 포기하면 무효가 될 것이다.[1]

(2) 수유자의 상속인의 승인과 포기(제1076조)

㈎ 수유자가 승인·포기를 하지 아니하고 사망한 경우는 수유자의 상속인이 이를 승계한다. 그 상속인들은 각자의 상속분의 한도 내에서 승인·포기를 할 수 있다(제1076조 본문). 그러나 유언자는 수증자의 상속인에 의한 승인이나 포기를 금지시키는 유언을 할 수 있다(동조 단서).

㈏ 수유자의 상속인이 여러 사람인 경우 승인·포기는 전원이 공동으로 하여야 하는 것은 아니고, 일부의 상속인이 그 수유분을 포기할 수 있고, 그때의 포기분은 승인한 다른 공동상속인에게 상속분대로 귀속된다(제1090조)고 해석하여야 할 것이다.

(3) 유증의무자의 최고(독촉)권

수유자가 장기간 승인·포기를 하지 아니하고 있으면 유증의무자의 지위는 불안정하게 된다. 그래서 상속인 등 유증의무자나 기타 이해관계인은 상당한 기간을 정하여 그 기간 내에 승인·포기의 확답을 하라고 수유자나 그 상속인에게 최고(=독촉)할 수 있다(제1077조 ①항). 만일 그 기간 내에 아무런 확답을 하지 아니한 때는 유증을 승인한 것으로 본다(제1077조 ②항).

㈎ 최고권자와 그 상대방   유증의무자인 상속인·포괄수유자·유언집행자 또는 상속채권자·부담부유증의 수익자, 기타 승인·포기에 이해관계를 가지는 사람

---

1 中川 淳, 전게(하), 202면; 일 최판 1967. 6. 22, 집 21-6, 1479면[공유지분권포기의 의사표시에 허위표시의 규정(제108조)을 유추적용하고 있다].

이 최고권자로서 독촉할 수 있고, 최고(독촉)의 상대방은 수유자 또는 그 상속인이다.

(내) **최고의 시기와 방법**   수유자나 그 상속인이 승인·포기를 하지 않고 있는 동안에는 언제든지 최고할 수 있다. 최고는 상대방(수유자)에게 도달되어야 효력이 발생하고(제111조), 수유자가 제한능력자인 경우는 그 법정대리인이 최고의 사실을 알지 못하였다면 최고로써 수유자에게 대항할 수 없다(제112조).

이 최고를 할 때는 반드시 '상당한 기간'을 정하여 "… 언제까지 확답하여 달라"고 독촉하여야 한다. 그 기간이 상당하지 않고 짧더라도 상당기간이 지나면 최고의 효력은 생긴다고 해석할 것이다.

(대) **확답의 상대방**   최고에 대한 확답은 반드시 수증의무자들 모두나 1인에게 하여야 유효하다. 그 법정대리인이나 다른 사람에게 하면 효력이 생기지 아니한다.[1]

(래) **확답의 효과**   최고에 대하여 수유자나 그 상속인이 기간 내에 확답을 하면 유증의 승인·포기가 확정된다. 최고기간 내에 아무런 확답이 없이 지나가면, 유증을 승인한 것으로 의제(간주)된다. 이 효력은 모든 이해관계인에 대하여 생긴다.

일단 승인이나 포기를 하면 의사표시의 하자나 제한능력을 이유로 하는 취소의 경우 이외에는 철회할 수 없음은 상속의 경우와 마찬가지다.

(매) **포기의 효과**   수유자가 유증을 포기하면 유증목적재산이 유언자의 상속인에게 귀속되고(제1090조) 이는 유언무효의 경우와 같다. 수유자의 포기로 인하여 다른 포괄적 수유자의 수증분이 증가하지 아니함은 이미 설명하였다(유언자가 다른 의사표시를 한 경우는 예외).

2. 특정물유증의 효력

특정수유자는 증여계약의 수증자와 동일한 지위에 선다. "갑이 을에게 이 자동차를 증여한다. 다만 그 효력은 갑의 사망 시에 생긴다"는 계약이 사인증여계약이다. 이 점에서 특정물유증은 사인증여계약과 매우 유사하다.

(1) 유증 이행청구권(유증목적물의 소유권이전시기)과 그 행사기간

(가) 특정유증의 경우, 목적물의 소유권은 언제 수유자에게 이전되는가? 특정적 유증의 효력은 채권적(債權的)이다. 그러므로 목적재산은 상속재산으로서 일단 상

---

1 김상용 외 3, 538면.

속인에게 포괄승계되고, 수유자는 상속인(수증의무자)에게 유증의 이행을 청구할 수 있을 뿐이다.[1] 이 청구권은 상속개시의 시점부터 10년이 지나면 시효로 소멸된다(제162조 ①항).

(나) 부동산 기타 특허권 등이면 이전등기(또는 이전등록)를 청구하고, 동산의 경우는 인도청구권을 행사하여 그 등기·등록·인도를 받은 때 비로소 물건의 소유권이 수유자에게 넘어가게 된다. 우리 민법이 물권변동에서 성립요건주의 내지 형식주의의 원칙(제186조·제188조)을 택하고 있기 때문이다. 수유자는 유증자사망과 동시에 특정재산의 이전청구권을 취득하고 그 때부터 10년간 이를 행사하여 이전등기를 받아야 비로소 소유권을 취득한다.[2]

(다) 민법에 "유증의무자"(제1077조, 제1080∼제1082조, 제1085조, 제1087조 등) 또는 "유증의 이행을 청구할 수 있는 때"(제1079조) 등의 문구가 규정되어 있는 점, 우리 민법이 물권변동에서 형식주의를 취하고 있는 점, 한정승인의 경우 상속채권자는 특정적 수유자보다 우선적으로 변제를 받을 수 있는 점(제1036조), 유증포기의 자유가 있고 유증이 유류분권리자로부터 반환 당하는 경우도 있다는 점 등이 특정유증의 효력이 채권적이라는 이론의 근거가 된다.[3]

(라) 채권을 유증한 경우

1) 지명채권(예컨대, 甲이 乙에 대하여 청구할 수 있는 대여금 100만 원 채권 등)을 유증의 목적으로 삼은 경우는 수증의무자(甲의 상속인 등 유언집행자)와 수유자 사이의 양도계약으로 채권은 이전되나, 양도인(상속인)의 통지나 채무자(乙)의 승낙이 있어야 제3자에게 대항할 수 있다(제3자에 우선하여 이를 받을 수 있다).

2) 증권적 채권(예컨대 약속어음)을 유증한 경우는 양도계약과 증권(약속어음) 그 자체의 배서와 교부가 있어야 권리가 이전된다.

3) 채무면제와 같은 유증은 의사표시만으로 바로 효력이 생긴다. 그래서 "나는 ○○○에 대한 대여금채권 금 500만 원을 면제하노라"는 유언은 물권적(物權的) 효력이 생긴다. 유언 이외의 별다른 절차가 필요하지 않기 때문이다.

---

1 대판 2003. 5. 27, 2000다73445; 2010. 12. 23, 2007다22866. 수증자는 유증받은 특정부동산에 관하여 직접 진정명의 회복을 원인으로 한 소유권이전등기청구를 할 수 없다: 유언만으로 바로 소유권을 취득할 수는 없다는 취지.
2 일본 민법은 이른바 의사주의를 택하고 있으므로 우리나라와 다르다.
3 김·김, 831면; 박병호, 450면; 김형배, 390면.

(2) 과실(果實)취득권

갑(甲)이 "나의 가옥을 홍길동에게 주노라"고 유언한 경우를 살펴보자.

(개) 특정물의 수증자(홍길동)는 유언자(甲)의 사망 시(정지조건의 성취 시, 시기부 유증의 경우는 시기도래 시)로부터 유증의 이행(가옥명도, 이전등기 등)을 청구할 수 있고 그때부터 목적물의 '과실(임대료 등)'을 취득할 권리가 있다(제1079조 본문). 이 규정은 소유권변동의 형식주의와는 다른 특칙이다. 과실에는 법정과실(이자·임료 등)과 천연과실(곡식이나 과일 등)이 모두 포함된다. 유언자가 이와 다른 의사표시를 할 수 있음은 물론이다. 갑이 "다만, 내가 죽은 후 3년이 되는 날 홍길동에게 소유권을 넘겨주고 과실도 취득하게 하라"고 유언하는 것이 그 보기이다.

(내) 유증의무자의 비용상환청구권

1) 상속인 등 유증의무자가 유언자의 사망 후 수유자에게 목적물을 인도할 때까지 과실수취를 위하여 필요비(예컨대 가옥수리비 등)를 지출한 때는 과실가액의 한도 내에서 수유자에게 그 상환을 청구할 수 있다(제1080조). 점유자가 과실을 취득한 경우 통상의 필요비를 청구할 수 없는 것과 그 취지가 같다.

2) 유증의무자가 목적물에 관하여 비용을 지출한 때는 유치권자의 비용상환청구의 규정에 따라 그 비용을 받기 전에는 물건의 인도를 거부하는 동시이행항변을 할 수 있다. 그리고 상속인은 필요비의 경우는 그 금액을, 유익비의 경우는 그 가액의 증가가 현존하는 경우에 한하여 수유자의 선택에 따라 그 지출금액 또는 현존가액만을 상환하라고 청구할 수 있다(제325조·제1081조). 이 경우 가정법원은 수유자의 청구에 따라 상당한 상환기간을 허용할 수 있다. 이러한 비용은 유언자의 사망(상속개시) 후 생긴 것에 한정되고, 그 전의 것은 상속재산의 부담이 된다.

(3) 상속재산에 속하지 아니한 권리(제 3 자의 소유물)의 유증

(개) 특정유증의 목적물(예컨대, 가옥)이 원래 유언자의 소유였으나, 유언자의 사망 당시에는 이미 매각 등으로 상속재산에 속하지 아니한 때는 유언의 효력이 생기지 아니한다(제1087조 ①항 본문). 이 경우는 유언이 철회된 것으로 볼 수 있다. 특정적 유증의 목적물이 처음부터 유언자의 소유가 아닌 경우 그 유증은 효력이 없다. 금전이나 기타 불특정물의 유증의 경우는 '그 물건이 유언자 소유가 아니라도' 그 유증은 항상 유효하다. 예컨대 갑이 '금 100만 원을 홍길동에게 주노라'는 유언의 경우 현금 100만 원의 소유권이 누구에게 있느냐는 문제되지 아니하

기 때문이다.[1]

(나) 그러나 유언자의 뜻이 "자기의 사망 당시 그 목적물이 상속재산에 속하지 아니하는 경우에도 유언의 효력이 생기게 할 의사인 때"는 유증의무자는 그 권리를 취득하여 수유자에게 이전할 의무가 있고(제1087조 ①항 단서), 그것이 불능(不能)이거나, 과다한 비용이 들 경우는 그 가액으로 변상할 수 있다(제1087조 ②항). 가액은 수유자의 변상청구 시를 기준으로 하여야 한다는 견해[2]와 상속개시 시를 기준으로 한다는 견해로 나누어진다. 상속은 사람의 사망으로 개시되므로 이 기준도 상속개시 시로 보는 것이 옳을 것이다.

(다) 제3자의 권리소멸청구의 가부(소극)   유언자의 사망 당시 이미 유증의 목적물(가옥 등)에 저당권이나 전세권 등이 설정되어 있는 경우 수유자는 이를 그대로 받아야 하고, 유언자의 상속인 등 유증의무자에 대하여 그 제3자의 저당권 등 권리를 소멸시켜달라고 청구할 수 '없다'(제1085조). 상속인 등 유증의무자는 물건에 대한 담보책임이 없기 때문이다. 대법원은 위 제3자의 권리에는 사용대차에 따른 채권도 포함된다고 본다.[3]

(라) 교환계약의 해제와 수유자(제3자)의 등기   교환계약의 당사자로부터 유증을 받아서 계약목적물의 소유권이전등기를 넘겨받은 사람은 나중에 교환계약이 해제되더라도 물건을 넘겨줄 의무가 없다. 그는 계약당사자의 지위를 포괄적으로 승계하지 아니한 이상, 계약당사자가 아닌 제3자에 불과하므로, 그 해제의 효력이 미치지 아니하기 때문이다.[4]

(4) 유증의 물상대위(物上代位)

(가) 유증목적물 예컨대, 가옥·대지 등이 멸실·훼손·'점유의 침해로' 현재 상속재산 중에 없는 경우라도, 그것이 제3자에 대한 손해배상청구권으로 존재하고 있는 경우는 그 청구권을 유증의 목적으로 한 것으로 본다(제1083조). 여기서 멸실은 목적물 자체가 멸실되거나 소유권을 잃은 경우를 말한다. 예컨대, 보험금청구권, 제3자에 대한 손해배상청구권, 토지수용 등으로 인한 수용보상금청구권으로 변경

---

1 송덕수, 429면(금전의 유증은 언제나 유효하다고 하면서, 불특정물의 유증이 항상 유효하다면 이는 유언자와 상속인을 해하게 된다고 해설).
2 김·김, 835면; 이경희, 457면; 新版注釋民法(28) 相續(3)(阿部徹 집필부분)(有斐閣, 1988), 231면; 中川善之助 편, 註釋相續法(下)(有斐閣, 1955), 119면.
3 대판 2018. 7. 26, 2017다289040.
4 대판 1971. 9. 28, 71다1460, 대법원판결요지집, 민사·상사편 I-2, 900 19번 판결, 민판집 167-427.

된 경우는 그러한 청구권이 유증의 목적이 된다. 훼손이란 목적물의 가치를 떨어뜨리는 행위가 대부분이고, 나아가 목적물이 다른 물건과 부합(附合)·혼화(混和)·가공(加工)으로 멸실되어 보상금청구권으로 변경된 경우(제261조)도 포함된다.

(나) 채권을 유증의 목적으로 한 경우(예컨대 ○○자동차 1대의 반환청구권, 또는 금 1,000만 원의 대여금채권) 유언자가 그 변제 받은 물건이 상속재산 중에 있을 때는 그 물건을 유증의 목적으로 한 것(특정물 유증)으로 본다(제1084조 ①항). 위의 경우 유언자가 변제받은 것이 금전인 경우는 상속재산 중에 그 금전에 상당하는 돈이 없는 때에도 그 금액을 유증의 목적으로 한 것으로 본다(동조 ②항). 물상대위 등에 관한 민법 제1083조·제1084조는 임의규정이므로 유언자가 이와 다른 의사표시를 한 때는 그 의사에 따라야 한다(제1086조).

(다) 종류물(쌀이나 설탕 등)의 지급을 목적으로 하는 채권을 유언자가 추심하여 이를 수령한 후 양도하거나 처분한 경우 그 유증은 철회된 것으로 보아야 할 것이다(제1109조). 예컨대 갑이 "을로부터 받을 쌀 3가마니 인도청구권을 주노라"고 유언하여 놓고 그 후 갑이 스스로 을에게서 쌀을 인도받아 이를 처분한 경우는 그 처분(＝생전처분)이 유언과 저촉되기 때문에 유언은 철회된 것으로 본다.

3. 불특정물의 유증의무자의 담보책임[불특정물(=종류물) 유증의 효력]

(1) 하자담보책임

불특정물(예컨대 금전·쌀·밀가루 등 종류물) 유증의 경우 유증의무자는 그 목적물에 관하여 매도인과 같은 담보책임을 지게 된다(제1082조 ①항). 따라서 그 목적물에 하자(瑕疵＝흠)가 있는 때는 상속인 등 유증의무자는 '하자 없는' 완전한 물건으로 넘겨주어야 한다(제1082조 ②항). 수유자는 손해배상과 완전물 급여 중 어느 하나를 선택하여 청구할 수 있는데, 그 중에서 완전(完全)한 물건의 급여를 먼저 청구하여야 한다(제1082조). 일단 물건을 받았으나, 제3의 진정소유자에게 추탈(追奪)당한 경우 수유자는 다시 '완전한 물건을 달라'고 청구할 수 있다.

(2) 수유자의 해제청구(소극)

유언은 유언자의 단독행위이므로 이를 수유자가 해제할 수 없음은 이론상 분명하다. 공짜로 물건을 받는 사람이 그 유언을 물러달라고 할 수 없음은 당연하기 때문이다.

(3) 손해배상(적극)

상속재산 중 다른 물건에도 동일하게 하자가 있는 경우는 담보책임이 없으나, 완전한 물건을 처분한 경우는 손해배상책임이 생긴다고 보아야 할 것이다.[1] 공짜로 남에게 물건을 준다고 하여 그 물건의 담보책임이 없다고 생각하여서는 안 된다.

(4) 특정물유증의 경우(담보책임이 없음)

특정물(예컨대 망인 소유의 소나타 자동차 등)유증의 경우는 이러한 담보책임이 없고 유증의무자는 특정된 그 물건을 현상대로 인도(引渡)하면 된다. 예컨대 찌그러진 자동차라도 그대로 넘겨주면 된다(인도뿐만 아니라 자동차등록원부의 이전등록 포함).

V. 부담부 유증

1. 서   론

(1) 개   념

부담부 유증은 '의무의 이행이 따르는' 유증이다. 예컨대 내가 "너에게 5억 원을 줄 터이니, 내 아들 홍길동이 20세 될 때까지 매월 1일 50만 원씩 주면서 지도하라"고 유언하는 것이 그 보기이다. 이처럼 부담부 유증은 유언자가 유언으로 수유자에게 이익을 주면서 동시에 '유언자 본인이나 제 3 자를 위하여' 일정한 법률상 의무를 부담시키는 유증이다. 민법은 이를 '부담 있는 유증'이라고 표현하고 있다(제1088조).

(2) 조건부 유증과의 구별(법률적 성질)

㈎ 조건부 유증은 조건이 이루어지지 아니하면 유증의 효력이 아예 발생하지 아니함에 비하여, 부담부 유증의 경우는 부담 그 자체가 유증효력의 발생·소멸을 좌우하지는 못하고 유언자의 사망으로 인하여 유증은 효력이 발생한다. 좀더 부연하면, 부담부 유증은 유언을 하면서 일정한 부담(의무)을 지웠을 뿐이지, "어떠한 부담을 이행하면 내가 너에게 금 ○○원을 준다"는 것처럼 하나의 '정지조건을 정한 유언'은 아니므로, 수유자의 부담불이행에 상관없이 그 유증은 효력이 생긴다.

---

1 김·김, 836면; 이경희, 455면.

그리고 '부담의 불이행을 해제조건'으로 한 유언도 아니므로, 부담의무불이행으로 인하여 그 유증이 당연히 실효되는 것도 아니다. 부담의 불이행은 법원에 대한 유증취소청구의 이유가 될 뿐이다.

(나) 부담의 내용은 수유자의 행위(作爲·不作爲)이다. 따라서 수유자의 행위를 내용으로 하지 않는 부관(附款=조건·기한·부담)은 조건은 될 수 있어도 부담은 될 수 없다. 수유자의 행위를 내용으로 하는 부관은 유언자의 의사에 따라 부담으로 할 수도 있고, 조건으로 할 수도 있다.

(다) 부담인지 조건인지의 구별은 유언의 해석 문제이고, 유언자의 뜻이 분명하지 아니할 때는 부담부 유증으로 추정하여야 할 것이다. 유증의 효력을 불확정 상태에 두는 것은 바람직하지 않기 때문이다.[1]

(3) 유증의 종류와 부담

포괄적 유증·특정적 유증의 어느 경우이든 유언자는 부담부 유증을 할 수 있다.

2. 부담의 내용과 부담부 유증의 효력

(1) 부담의 의미

(가) 부담부 유증의 부담은 유증의 대가나 반대급부(反對給付)가 아니다. 부담의 내용은 보통, 수유자가 받는 "경제적 이익"의 일부를 수익자에게 주라는 경우가 많지만, 반드시 금전적 가치(경제적 이익)가 없는 것이라도 무방하고 유증의 목적물과 전혀 관계없는 사항을 부담의 내용으로 삼을 수도 있다.

(나) 그러나 법률상 의무가 될 수 없는 것, 예컨대 "남의 보증을 서지 말라. 근검절약하라"는 등 도덕적 교훈 등은 부담으로서 효력이 없으므로 이런 부담을 지웠더라도 그것은 법적 구속력이 없다. 따라서 그러한 유증은 단순유증이 된다. 부담은 수유자에게 부과된 법률상의 의무이므로 그 내용은 수유자의 행위, 즉 작위(作爲) 또는 부작위(不作爲)를 요구하는 것이라야 한다.[2] 부담부 유증에 따라 수유자는 재산을 취득함과 동시에 부담을 이행할 의무를 지게 된다.

(2) 수 익 자

부담으로 인한 수익자는 유언자 자신(예컨대 나의 묘비를 세워 달라.), 유언자의

---

1 김상용 외 3, 539면.
2 김상용 외 3, 539면.

상속인, 제 3 자 등이라도 상관이 없고 그 제 3 자는 특정인이든, 불특정 다수인이든 상관없다.[1]

(3) 무효인 부담

(개) 사회질서에 반하는 부담 예컨대, "간통하여서라도 아이를 낳아라. 대를 이어야지" 등 범죄행위나 사회질서에 반하는 것을 내용으로 하는 것이나, 가족법상의 행위인 혼인·입양, 이혼·파양 등을 종용하거나 혼인의 동의를 미리 유언하는 것은 무효이다. 이처럼 법률상 또는 사실상 불능인 것을 내용으로 하는 부담 등은 무효이다.

(내) 부담이 무효인 경우, '그 부담이 무효라면 유증을 하지 않았으리라'고 생각되는 경우는 유증 그 자체가 무효가 된다. 그 밖의 경우는 부담만이 무효가 되고, 유증은 단순 유증이 된다고 해석할 것이다.

3. 부담이행의 의무와 청구

(1) 부담이행 의무자

부담이행 의무자는 수유자이고, 수유자의 상속인도 의무를 부담한다. 수유자가 유증의 승인·포기를 하지 않고 사망한 경우(승인하였으나 이행하지 않고 있는 동안에 사망한 경우 포함) 그 상속인이 상속분의 한도 내에서 승인·포기를 할 수 있고, 승인을 한 때는 그 상속분의 한도 내에서 부담을 이행할 의무를 지게 된다.

(2) 부담의 이행청구권자

(개) 상속인과 유언집행자(제1111조) 및 부담이행청구권자로 지정된 사람이 청구권자이다. 상속인이 여러 사람인 경우는 각 상속인이 이행청구를 할 수 있고 반드시 공동으로 하여야 하는 것은 아니다. 상속인 중 1인이 수유(증)자인 경우라도 동일하다.

(내) 수익자는 이행청구를 할 수 없느냐? 민법 제539조(제 3 자를 위한 계약), 제561조(부담부증여)의 규정을 유추적용하여 수익자도 이익향수의 의사표시를 하여 직접 수유자에 대하여 이행청구를 할 수 있다고 해석함이 타당하다.[2] 유언자의 뜻을 실현할 수 있도록 하고, 상속인 기타 유언집행자가 이행청구를 하지 아니할 경

---

1 김상용 외 3, 539면.
2 곽윤직, 262면; 김형배, 393면; 中川·泉, 597면.

우 아무런 대책이 없기 때문이다.[1]

4. 수유자의 책임범위

(1) 이익보다 무거운 부담

부담부 유언도 유언의 일종이므로 유언자의 일방적 의사표시(단독행위)로 이루어진다. 그렇다고 하여 유언자는 수유자에게 '이익보다 더 무거운' 과도한 부담을 일방적으로 지울 수는 없다. 이는 근대법의 원칙이다. 공연히 남에게 덤터기를 씌울 수는 없는 법이다. 예컨대 "내가 너에게 이 자동차(시가 1,000만 원 상당)를 줄 터이니, 너는 내 아들에게 매달 금 500만 원씩을 앞으로 10개월 동안 지급하라"고 유언할 수 없다. 그래서 민법은 부담부 유증의 수유자는 "유증의 목적의 가액을 초과하지 아니하는 한도에서 '부담의무'를 이행할 책임이 있다"고 규정하고 있다(제1088조 ①항).

(2) 부담이 이익보다 무거운 경우의 효력

부담이 유증의 이익보다 큰 경우(부담 > 유증이익), 초과부분만 무효가 되고(앞의 예에서 수유자는 2개월 동안만 500만 원의 부담을 이행할 의무를 지게 되고 그 이상 부분은 무효), 유증 전부가 무효가 되는 것은 아니다. 수유자는 초과부분의 이행을 거절할 수 있고, 이미 이행한 경우는 초과부분의 반환을 청구할 수 있다.

(3) 가액산정 시점

(개) 유증의 목적의 가액과 부담의 가액의 대소(산정)는 어느 시점을 기준으로 정할 것인가? 수유자의 불이익을 막기 위하여 부담의 이행 시를 기준으로 정하여야 할 것이다. 포괄적 유증의 경우는 채무도 승계한다. 그러므로 적극재산−소극재산 = 마이너스로 나올 때, 즉 상속재산이 채무초과일 경우 수유자는 부담을 이행할 의무는 없다.

(내) 한정승인을 하면, 상속채무와 유증은 상속재산의 범위 내에서 변제하면 된다. 먼저 상속채권자에게 변제를 하고, 그 후에 비로소 수유자에게 변제한다(제1036조). 상속채권자에게 먼저 변제하지 아니하면 수유자에게 변제할 수 없다.

---

1 일본의 다수설은 소극설이다 : 신판주석민법(28) 상속(3)(上野雅和 집필부분), 262면; 수익자는 부담부 유증으로 반사적 이익을 향유하는 데 그치고 채권을 취득할 수는 없다고 한다.

(4) 목적물이 감소된 경우

부담부 유증의 경우 유증목적물의 가액이 한정승인이나 재산분리로 인하여 감소된 경우는 수증자는 그 감소된 범위 내에서 부담의무를 면한다(제1088조 ②항). 유류분청구를 당하여 재산이 감소된 경우도 마찬가지라고 해석할 것이다(일민 제1003조 참조).

5. 유증의 포기와 부담

수유자가 유증을 포기하면 유증은 소급적으로 실효되고, 그에 따른 부담도 당연히 실효된다. 그러면 유증의 목적인 재산은 유언자의 상속인에게 귀속된다. 유언자가 그 수증자의 포기분을 다른 수증자에게 주도록 하라는 유언을 한 경우는 상속인에게 돌아가지 아니한다.

6. 부담부 유증의 취소(부담의 불이행 시)

1) 부담부 증여는 쌍무계약이므로 당사자는 서로에 대하여 채무를 이행하라고 청구할 수 있고(제561조), 만일 이행하지 아니하면 서로 계약을 해제할 수 있으나,[1] 부담부 유증은 단독행위이므로 쌍무계약에 관한 규정이 준용될 여지가 없다. 그러므로 수유자가 그 부담을 이행하지 않고 유증의 이행을 청구하더라도 유증의무자는 이를 거절할 수 없다.

2) 수유자가 유언자의 뜻에 어긋나게 부담을 이행하지 아니하여도 그 유증이 당연히 실효되는 것은 아니다. 이 경우 유언자의 유언의 진의를 살리기 위하여 어떠한 조치가 필요하다. 그래서 민법은 부담부 유증의 취소제도를 인정하고 있는 것이다(제1111조).

(1) 요 건

㈎ 수유자가 그 부담을 이행하지 아니할 것　　부담의 일부를 이행하지 아니한 경우, 그 일부의 이행만으로는 유언자의 유증의 목적을 달성할 수 없을 때는 유증 전부를 취소할 수 있을 것이다. 이행하지 아니한 부분이 근소한 경우는 취소할 수 없다.

---

1 대판 2004. 2. 27, 2003다66875(장남이 부모를 모시는 조건으로 부동산을 증여받아 등기를 넘겨받은 후, 부모를 모시지 아니한 사안에서, 비록 증여계약이 이미 이행되어 있다 하더라도, 증여자는 계약을 해제할 수 있다).

⑷ 상속인 기타 유언집행자가 상당한 기간을 정하여 부담의 이행을 최고(=독촉)할 것   예컨대, 언제까지 아이에게 금 ○○○○원을 지급하라고 독촉한다.

(2) 취소의 절차

㈎ 유언자의 상속인이나 유언집행자는 수유자가 위 기간 내에 이행하지 아니할 경우 가정법원에 유언의 취소를 청구할 수 있다(제1111조). 유언집행자는 유언자의 의사(意思)실현을 그 직무로 하는 사람이고, 상속인의 대리인으로 간주되기 때문에 취소청구권을 가진다. 수익자는 취소청구를 할 수 없다. 왜냐하면 수익자는 유증의 당사자도 아니고, 유언취소의 이익도 없기 때문이다.

㈏ 이러한 유언취소사건은 상속개시지의 가정법원의 관할[1]에 속하는 심판사항이고(가소 제44조 7호) 법원의 심판절차에는 수유자를 참여하게 하여야 한다(가소규 제89조 ①항). 유언취소심판에 대하여는 즉시항고를 할 수 있다(동조 ②항).

유언의 취소를 가정법원의 라류 가사비송사건 48호(가소 제 2 조 ①항)로 정하고 있는 이유(비송사건의 심판에는 기판력이 없다)는 아래와 같다.

① 유언이 취소되면 이는 유언자의 뜻과는 정반대의 결과를 가져오게 되고, ② 취소의 소급효로 인하여 수익자도 이익을 받을 수 없게 되며, ③ 부담의 이행 여부에 관하여 당사자 사이에 다툼이 생길 수 있고, ④ 상속인과 수유자가 공모하여 수익자의 이익을 부당하게 침해할 우려가 있기 때문이다.[2]

㈐ 취소의 효과   유언취소의 심판이 확정되면, '취소의 소급효로 인하여' 유증은 처음부터 없었던 것이 된다. 수유자가 받았거나 받을 재산은 유언자의 상속인에게 돌아간다. 그 유증으로 이익을 얻고 있던 수유자와 수익자는 상속인에 대하여 부당이득반환의무를 지게 된다.

그러나 이 취소로 인하여 제 3 자의 권리를 해하지 못한다(제1111조 단서). 수유자가 유증의 목적물(예컨대 자동차)을 제 3 자에게 양도한 경우라면 수유자는 금전으로 반환할 책임을 지지만, 제 3 자는 유효한 권리를 취득하고 만다.

7. 부담부사인증여의 취소

사인증여에는 원칙적으로 유언의 철회에 관한 규정(그 중 방식부분 제외)이 준

---

1 대결 1972. 12. 1, 70스1(라류 가사비송사건의 관할은 전속관할이라 할 수 없다); 졸저, 3정판 주석 가사소송법, 468면.
2 김상용 외 3, 541면.

용된다. 그러나 아래와 같은 예외적인 사례가 있다는 것을 주의하여야 한다. 전체적인 취지는 부담부 유증의 취소와 거의 동일하다(다음의 참고판례 참조).

:: **참고판례**

(1) '부담의 이행기가 증여자의 생전으로 정하여진' 부담부사인증여의 수증자가 부담의 전부 또는 이에 비슷한 정도의 이행을 한 경우에는, 위 증여계약체결의 동기, 부담의 가치와 증여재산의 가치의 상관관계, 계약상의 이해관계자 간의 신분관계 기타 생활관계 등에 비추어 위 계약의 전부나 일부를 취소하는 것도 어쩔 수 없다고 인정될 만한 특별한 사정이 없는 한, 함부로 증여계약을 취소할 수 없다. 즉 민법 제1108조(유언의 철회), 제1109조(유언의 저촉)의 각 규정은 준용되지 아니한다(일 최고재판 1982. 4. 30, 집 36-4, 763면). 예컨대 홍길동이 "나의 동상을 내 생전에 만들어 주면 나의 집과 대지를 허풍선에게 준다"는 사인증여계약을 체결한 후, 허풍선이 홍길동의 동상을 벌써 만들어 주었다면, 홍길동은 함부로 위 사인증여계약을 철회, 취소할 수 없다는 취지이다. 그리고 1심 소송에서 패소한 사람이 2심에서 재판상화해를 하면서 … 원고가 사망하면 토지를 피고와 그 상속인에게 증여한다는 약정을 하였다면, 원고는 위 사인증여(계약)를 마음대로 취소할 수 없다(동 최판 1983. 1. 24, 집 37-1, 21면).

(2) 대법원 2004. 2. 27, 선고 2003다66875 판결 : 장남이 부모를 모시는 조건으로 부동산을 증여받아 등기를 넘겨받은 후 부모를 모시지 아니한 사안에서, 비록 증여계약이 이미 이행되어 있다 하더라도 증여자는 증여계약을 해제할 수 있다.

Ⅵ. 유증의 무효와 취소

유증은 유언에 의한 증여이고 유언은 1개의 의사표시로 이루어지는 단독의 법률행위이다. 그러므로 일반적인 의사표시나 법률행위의 무효·취소에 관한 규정이 적용된다.

1. 유증의 무효

(1) 유증에 특유한 무효원인 3가지가 있다. 즉 ① 유언자의 사망 전에 수증자가 먼저 사망한 경우(제1089조 ①항), ② 정지조건부 유증에서 조건성취 전에 수증

자가 사망한 경우(제1089조 ②항), ③ 유언자 사망 시 유증의 목적재산이 상속재산에 속하지 아니한 경우(제1087조 ①항)가 그것이다.

(2) 그런데 유언자의 분명한 뜻이 "그의 사망 당시 그 목적물이 상속재산에 속하지 않더라도, 그것을 유증의 목적으로 한 것"이라고 인정하여야 할 경우는 유증의무자는 그 목적물의 권리를 취득하여 수유자에게 이전할 의무를 진다(제1087조 ①항 단서). 만일 그 권리를 취득할 수 없거나, 취득에 과다한 비용이 들 경우에는 그 가액을 변상하여 책임을 면할 수 있다(동조 ②항).

(3) 유증이 무효이거나, 수증자가 유증을 포기한 때는 유증의 목적인 재산은 유언자의 상속인에게 귀속된다(제1090조 본문). 그러나 유언자가 유언에 이와 다른 의사표시를 한 경우는 그 의사에 따라야 한다(동조 단서).

2. 유증(부담부 유증)의 취소

유증에 특유한 취소원인 1가지가 인정되어 있다. 즉, 부담부 유증의 경우 수증자가 부담을 이행하지 아니할 때는 상속인은 그 유증을 취소할 수 있다는 것은 앞에서 이미 살펴본 바와 같다.

제 5 절   유언의 집행

Ⅰ. 의   미

1. 개   념

유언의 집행은 유언자의 사망 후(유언의 효력이 발생한 후) 유언의 내용을 실현하는 절차이다. 즉, 유언서에 표시된 유언자의 의사(意思)(뜻)대로 이를 실현하는 행위이다.

이러한 유언집행은 상속인이 할 수 있는 것도 있고 유언집행이 필요 없는 것도 있다. 유언자의 유언대로 집행하면 상속인에게 불리하게 되는 경우, 상속인이 미성년자라서 그에게 유언집행을 맡길 수 없는 경우도 있다. 그래서 공정(公正)한 유언의 집행을 위하여 민법은 엄격한 유언집행(遺言執行)제도를 두고 있다.

2. 집행이 필요한 유언

유언내용을 실현하기 위하여 유언집행자의 집행이 필요한 유언으로는, 친생부인(제850조)(유언집행자가 취임하자마자 곧 소송제기), 인지(認知)(제859조 ②항, 가등법 제59조; 취임일로부터 1개월 이내에 인지신고)가 있고, 특정물(예컨대 나의 ○○자동차)유증, 불특정물(예컨대 쌀 1가마니)유증, 포괄유증[1](예컨대 "○○에게 전 재산의 1/3을 주노라"는 유언), 재단법인설립, 신탁유언 등이 있다. 이러한 재산처분 유언의 집행에는 물건의 보관, 이전등기(수유자·유언집행자 공동신청)나 인도(引渡) 등이 필요하다. 채권이 유증의 목적물인 때는 유언집행자가 채무자에게 양도통지를 하고 채권증서를 수유자에게 넘겨주어야 한다.[2]

3. 집행이 필요 없는 유언

후견인(제931조)·유언집행자(제1097조 ①항)의 지정, 상속재산분할방법의 지정·위탁 또는 분할금지(제1012조)의 유언 등은 유언 자체의 효력발생과 동시에 효력이 생기고 따로 집행할 필요가 없다. 후견개시신고(보고적 신고)는 후견인 스스로 취임일로부터 1개월 이내에 하여야 한다(가등법 제80조 ①항).

Ⅱ. 유언서의 검인과 개봉(유언집행의 준비절차)

1. 유언의 검인

(1) 검인(檢認)은 유언서의 위조·변조를 방지하고 유언자의 진의(眞意)를 확보하기 위하여 유언서의 형식, 기타 그 현상을 있는 그대로 확인하여 그 보존을 확실하게 하는 일종의 검증절차(증거보전절차)이다. 유언의 방식을 설명할 때 검인을 설명하였으므로 여기서는 생략한다.

(2) 검인절차의 진행과 관련하여, 유언증서나 유언녹음을 보관한 사람 또는

---

1 일 廣島高岡山支決 1977. 7. 8, 家月 29-11, 90면(포괄유증의 경우도 유증에 따른 부동산 등기의 무의 이행이 필요하다는 점에서 유언집행이 필요하다); 등기이전을 위하여 유언집행자선임을 인정한 예가 많다(일 동경고결 1969. 9. 8, 집 22-4, 634면). 포괄수유자가 유언집행자 또는 상속인과 공동신청하는 것이 실무처리관례이고, 상속인이 없을 경우는 포괄수유자에게 이전등기를 하려면 유언집행자를 선임하여야 한다[中川 淳, 상속법축조해설(하), 309면].

2 일 대판 1940. 12. 20, 집 제19권, 2283면.

이를 발견한 사람은 유언자의 사망 후(사망사실을 안 후의 의미) 지체 없이 이를 가정법원에 제출하여 그 검인을 청구하여야 한다(제1091조 ①항). 공정증서·구수증서 유언의 경우는 검인절차가 필요 없다(동조 ②항).

(개) 여기서 보관자는 유언자의 부탁을 받은 보관자뿐만 아니라 사실상의 보관자도 포함된다. 보관자가 없을 경우는 발견자(상속인 등)가 이를 법원에 제출하여야 한다.

(내) 만일 보관자나 발견자가 이를 제출하지 않고 숨긴(은닉한) 경우 그는 상속능력(상속인의 경우), 수증능력(제3자의 경우)을 상실하여 상속결격자·수증결격자가 된다(제1004조·제1064조).

(다) 이러한 유언서의 제출지연이나 은닉 또는 임의개봉으로 인하여 손해가 발생한 경우 그러한 행위를 한 자는 손해배상의 의무를 지게 된다.[1]

2. 유언서의 개봉

(1) 검인절차의 일환으로 가정법원에서는 봉인(封印)된 유언서, 즉 풀로 붙인 자리에 도장을 찍은 유언서를 개봉(開封)한다. 이러한 유언서를 개봉할 때는 상속인 그 대리인 기타 이해관계인이 참여하여야 한다(제1092조). 이 참여를 위하여 법원에서는 기일을 정하여 통지하여야 하고(가소규 제86조 ②항), 통지를 하였는데도 이들이 출석하지 아니하면 이러한 사람들의 참여 없이도 검인과 개봉을 할 수 있다고 본다(가소규 제88조).[2]

(2) 유언서의 검인(제1091조)과 개봉(제1092조)은 별개의 조문에 따로 규정되어 있으나 실제로는 검인과 개봉이 연속하여 하나의 절차로 진행된다. 개봉결과 밝혀진 유언서의 내용을 법원사무관은 검인조서에 기재하여 조서를 작성하고(가소규 제87조), 검인기일에 출석하지 아니한 상속인 기타 유언에 관계있는 자에게 검인사실을 고지하여야 한다(가소규 제88조).

3. 관할법원 등

이러한 검인심판사건은 라류 가사비송사건(가소 제2조 ①항, 라류사건 37호)이

---

1 일민 제1004조, 제1005조 참조(유언서의 제출을 게을리한다든지, 검인 없이 유언을 집행한다든지, 봉인된 유언서를 가정법원 아닌 곳에서 임의로 개봉하면 5만엔의 과료처분을 받게 된다).
2 김·김, 847면.

고 상속개시지의 가정법원에서 관할한다. 가정법원에서는 검인과 개봉절차를 진행하는 경우 조서를 작성하여야 하고 불출석한 상속인이나 관계인에게 검인사실을 고지하여야 한다(가소규 제88조). 유언검인과 개봉에 관하여는 가사소송규칙 제85~88조에 자세히 규정되어 있다. 검인과 개봉에 관한 비용은 상속재산의 부담으로 한다(가소규 제90조).

4. 유언서에 대한 이해관계인은 유언서의 보관자나 발견자에 대하여 유언서의 제출이나 검인을 받으라고 청구할 수 있는가? 유언서의 제출이나 검인의 의무는 사법상(私法上)의 의무이므로 이를 긍정하여야 할 것이다.[1]

:: 참고판례

민법 제1091조에서 규정하고 있는 유언증서에 대한 법원의 검인은 유언증서의 형식·태양(態樣)등 유언의 방식에 관한 모든 사실을 조사·확인하고 그 위조·변조를 방지하며, 또한 보존을 확실히 하기 위한 일종의 검증절차 내지는 증거보전절차이다. 이는 유언이 유언자의 진의에 의한 것인지 여부나 적법한지 여부를 심사하는 것이 아님은 물론 직접 유언의 유효여부를 판단하는 심판이 아니고, 또한 민법 제1092조에서 규정하는 유언증서의 개봉절차는 봉인된 유언증서의 검인에는 반드시 개봉이 필요하므로 그에 관한 절차를 규정한 데에 지나지 아니하므로, 적법한 유언은 이러한 검인이나 개봉절차를 거치지 않더라도 유언자의 사망에 의하여 곧바로 그 효력이 생기는 것이며, 검인이나 개봉절차의 유무로 인하여 유언의 효력이 영향을 받지 아니한다(대판 1998. 6. 12, 97다38510; 대결 1980. 11. 19, 80스23).

Ⅲ. 유언집행자

1. 유언집행자의 종류

유언집행자에는 3가지 종류, 즉 ① 유언자의 유언에 따른 지정유언집행자, ② 법률에서 정한 법정유언집행자, ③ 법원에서 선정하는 선임(選任)유언집행자가 있다. 유언집행자의 지위는 일신전속적인 지위이므로 상속되지 아니한다.

---

1 成毛鐵二, 遺言(일본 가제출판), 244면.

2. 유언집행자의 결정과 그 승낙

(1) 지정(指定)유언집행자

유언자는 생전에 유언으로 1명이나 여러 명을 유언집행자로 지정할 수 있고,[1] 그 지정을 제 3 자에게 위탁할 수도 있다(제1093조). 상속인 등 자연인뿐만 아니고 법인(신탁회사, 법무법인 등)도 유언집행자로 지정될 수 있을 것이다[신탁법(법률 제15022호) 제 2 조·제 3 조 ①항 2호].

(개) **지정유언의 방식**　유언집행자의 지정이나 위탁은 반드시 유언으로 하여야 하지만, 집행될 유언과 동일한 방식으로 할 필요는 없다. 예컨대, 공정증서유언으로 유언을 하면서, 유언집행자지정은 빠뜨린 후 나중에 자필증서로 "홍길동을 유언집행자로 지정한다"고 유언할 수 있다.

(나) **제 3 자(수탁자)의 지정**　이러한 '지정을 위탁받은' 제 3 자는 그러한 위탁유언이 있음을 안 후 지체 없이 유언집행자를 지정(자기 스스로를 지정할 수도 있음)하여 상속인에게 통지하여야 하고, 그 위탁을 사퇴할 때도 이를 상속인에게 통지하여야 한다(제1094조).

(대) **취임승낙 통지**　유언집행자는 유언자의 사망 후 지체 없이 이를 승낙하거나 사퇴한다고 상속인에게 통지할 의무가 있다(제1097조 ①항). 승낙이나 거절은 그의 자유인데 일단 취임을 승낙하면 즉시 그 임무를 수행하여야 한다. 승낙의 가부는 가급적이면 속히 결정하여야 한다. 상속인이나 기타 이해관계인에게 불이익을 줄 수 있기 때문이다.

(래) **취임확답 독촉**　상속인이나 이해관계인은 유언집행자에게 그 취임승낙 여부에 대한 확답을 상당한 기간 내에 하여 달라고 독촉(최고)할 수 있다. 그 기간 내에 확답을 받지 못한 경우는 유언집행자가 취임을 승낙한 것으로 본다(제1097조 ③항). 이처럼 취임승낙 여부의 최고(催告)는 이해관계인의 권리이다.

가정법원은 유언집행자의 임무에 관하여 필요한 처분을 명할 수 있다(제1096조 ②항).

(2) 법정(法定)유언집행자(=상속인)

(개) 유언집행자가 없을 때는 상속인이 법정유언집행자가 된다(제1095조).

---

1 김상용 외 3, 542면; 박병호, 463면.

1) 법정유언집행자는 취임하려고 누구에게 통지 등을 할 필요는 없고, 유언집행임무를 지체 없이 개시하여야 한다.

2) 유언에 의한 인지(認知)나 친생부인(親生否認)의 경우와 같이 유언자의 사후(死後) 유언집행자가 소송을 걸어서 처리하여야 할 경우[1] 또는 상속인과 이해상반(利害相反)될 우려가 있는 경우는 가정법원에 유언집행자 선임신청을 하여 선임된 유언집행자를 세우는 것이 타당할 것이다.

(나) 유언집행자가 없을 경우란, 유언자가 유언집행자지정이나 그 위탁을 하지 아니하거나, 지정위탁을 받은 제3자가 위탁을 사퇴한 때[2]만을 의미한다. 그러므로 일단 유언자가 유언집행자를 지정한 이상, 그가 사망하거나 결격 또는 해임된 경우(취임 승낙 여부 불문), 상속인은 민법 제1095조에 의하여 당연히 유언집행자가 될 수는 없다.[3] 이때는 이해관계인이 다시 유언집행자 선임을 청구하여야 한다(제1096조).

(3) 선임(選任)유언집행자

(가) 처음부터 유언집행자가 없거나 유언집행자(지정·법정)가 사망·사퇴·해임·결격(제한능력자·파산선고를 받은 자; 제1098조) 기타 사유로 없게 되었는데 상속인도 없는 때 또는 공동유언집행자에게 결원이 생긴 경우, 결원이 없어도 법원이 유언집행자의 추가선임이 필요하다고 판단한 경우는 이해관계인[4]의 청구로 가정법원은 유언집행자를 선임하여야 한다(제1096조 ①항, 가소 제2조 ①항, 라류사건 43호).[5] 이렇게 선임된 유언집행자가 선임유언집행자이다.

(나) 지정유언집행자가 사망하였더라도 상속인이 1명이라도 있으면 그가 법정유언집행자가 되는가? 유언집행자를 선임할 여지는 없고 상속인이 유언집행자가 된다는 견해도 있으나, 집행의 공정성을 보장하기 위하여 부정설이 타당할 것이다.[6]

---

1 이 경우 이해상반의 우려가 있어서 상속인은 유언집행자가 될 수 없다는 견해도 있다[곽윤직, 상속법, 박영사(1997), 434면].

2 대결 2007. 10. 18, 2007스31. 유언으로 유언집행자 지정을 위탁받은 제3자가, 상속인의 독촉을 받고도 지정통지를 하지 아니한 때는 위탁을 사퇴한 것으로 본다(민 제1094조 ②항).

3 대판 2010. 10. 28, 2009다20840(유언자가 상속인을 불신); 2007. 10. 18, 2007스31; 동 2014. 2. 13, 2011다74277.

4 집행자 선임청구권자 : 상속인, 상속채권자, 수유자, 상속인의 채권자 등 법률상 이해관계인.

5 대결 1995. 12. 4, 95스32; 2007. 10. 18, 2007스31[지정유언집행자가 사망·결격 등으로 그 자격을 상실한 때는 이해관계인이 집행자선임을 청구할 수 있는 것(민 제1096조)이지, 상속인이 당연히 유언집행자가 되는 것(민 제1095조)이 아니다].

6 대결 2007. 10. 18, 2007스31; 부정설에 의하면 수증자는 상속인들(공동유언집행자)이 비협조적인

(대) 가정법원에서 누구를 유언집행자로 선임할 것인가 하는 문제는 민법 제 1098조 소정의 결격사유가 없는 이상, 법원의 자유재량에 속한다.[1] 유언집행자의 선임 또는 해임심판에 대하여는 이해관계인 또는 유언집행자가 즉시항고를 할 수 있다(가소규 제84조).

[유언집행자의 종류와 그 특징]

구 분		지 정	법 정	선 임	비 고
지정 등의 주체	유언자 또는 수탁자(제3 자)	○	×	×	제1093조
	가정법원	×	×	○	제1096조 ①항
지정방법		유 언	법 률	심판(라류 43호)	제1095조·제1096조
유언집행자의 취임 승낙· 사퇴의 통지		○ (상속인에게)	×	○ (법원에, 라류 44호)	제1097조 ①, ②항
이해관계인의 집행자에 대한 승낙여부 확답 최고권		○	×	○	제1097조 ③항(기간 내에 확답 없으면 승낙으로 간주)
선임·해임: 즉시항고의 가부		×	×	○	가소규 제84조

3. 유언집행자의 자격

다음과 같은 사람은 유언집행업무의 중요성에 비추어 유언집행자로서의 자격을 가질 수 없다.

(1) 제한능력자와 파산선고를 받은 자(제1098조)

여기의 제한능력자는 미성년자·피성년후견인과 피한정후견인을 의미한다. 유언집행자로 지정될 당시는 제한능력자나 파산선고를 받은 자도 취임당시 능력자가 되거나 복권되어 있으면 상관이 없다.[2] 유언집행자가 적법하게 취임한 후에 성년후견이나 한정후견 개시의 선고를 받은 때는 당연히 유언집행자의 지위를 잃는다. 미성년자가 혼인으로 성년의제된 경우는 유언집행자로 지정될 자격이 있다.[3] 파산선고를 받은 자는 재산처리능력이 문제되므로 유언집행자가 될 수 없다.[4]

경우 등에 유언집행자 선임을 청구할 수 있고, 상속인 전원이 동의하는 경우는 법원에서 유언집행 자를 선임할 수 있다고 한다(편람, 105~6면 참조).

1 대결 1995. 12. 4, 95스32.

2 김상용 외 3, 544면; 新版注釋民法(28)(泉久雄 집필부분), 303면.

3 中川·泉, 621면; 我妻, 親族法, 94면 주 3; 中川高男, 新版注釋民法(21), 379면

4 「채무자 회생 및 파산에 관한 법률」(약칭; 채무자회생법, 2019. 11. 26.법률 제16652호), 제305조.

(2) 의사(意思)무능력자

성년후견개시선고를 받지는 아니한 정신병자, 백치 같은 사람 등 의사(意思)능력이 없는 사람은 유언집행자가 될 수 없다.[1]

(3) 수증자 등은 유언집행자가 될 수 있는가?(긍정)

유증의 집행은 유언자의 뜻을 실행하는 이행행위(履行行爲)에 불과하므로, 수증자의 집행행위를 자기계약이라고 할 수 없으니 수증자에게도 유언집행자의 적격이 있다(아래 참고판례 참조).[2] 유언의 증인으로 참여한 사람도 유언집행자가 될 수 있다.

:: 참고판례

> 망인은 1991. 3. 11. 공정증서로써 그의 처인 신청인에게 이 사건 부동산을 주노라고 유증하며 신청인을 그 유언집행자로 지정한다는 내용의 유언을 하고 1992. 10. 20. 상속인(처인 신청인, 아들인 2명)을 남기고 사망. 신청인은 위 망인의 유언집행자 겸 수증자로서 위 유언을 근거로 1994. 11. 5. 서울민사지방법원 등기과에 이 사건 부동산에 관하여 위 유증을 원인으로 하여 신청인 명의의 소유권이전등기신청. 이에 동 법원 등기과 등기공무원은 유언집행자제도의 취지에 비추어 "수증인은 유언집행자의 적격이 없다"는 이유로 부동산등기법(제55조 2호)에 의하여 위 등기신청을 각하하였다. 이 각하처분에 대하여 이의신청, 취소되었다(서울지결 1995. 4. 28, 자 94파8391[3]; 확정). 동 결정의 주문; 1. 서울민사지방법원 등기과 등기공무원이 별지목록 기재 부동산에 관한 1994. 11. 5. 접수 제 55959호 소유권이전등기신청에 대하여 동 일자로 각하한 결정을 취소한다. 2. 위 등기공무원은 위 신청에 기하여 같은 부동산에 관하여 신청인 명의로 1992. 12. 20. 유증을 원인으로 한 소유권이전등기의 기입처분을 하라.

(4) 공증인은 촉탁받은 사항에 관하여 이해관계가 있을 때에는 그 직무를 행할 수 없다(공증인법 제21조 3호). 그러므로 공증인이 공정증서유언서를 작성한 경우에는 그 공증유언의 집행자가 될 수는 없다.[4]

1 송덕수, 438면(의사능력의 유무는 개별적 구체적 행위 당시 행위자의 능력유무를 따지는 것이지, '의무능력자'라는 사람이 따로 존재하지는 않는다고 해설).
2 서울지결 1995. 4. 28, 94파8391.
3 동 결정문 검색방법 : 법령정보센터 사이트, 판례를 눌러 검색 앞의 칸에 '유언집행자' 타자 후 검색을 누르면 나타나는 판례 중 36번.
4 긍정설 : 변희찬(1998), 430면.

(5) 단독상속인은 그가 복수의 유언집행자의 한 사람으로 지정된 경우를 제외하고는 유언집행자의 지위를 부여받을 수 없다. 왜냐하면, 단독상속의 경우 특정유증이나 출연행위의 집행은 '유언집행자로 지정받지 아니하더라도' 이를 할 수 있고 상속재산의 관리도 그 고유의 자격으로서 할 수 있기 때문이다. 그리고 유언의 내용이 인지(認知), 친생부인인 경우에는 유언집행자의 직무가 상속인의 이해와 상반되므로 상속인은 유언집행자가 될 수 없다.[1]

(6) 유언집행자의 지정을 위탁받은 제 3 자는 스스로를 집행자로 지정할 수도 있고, 그의 집행자능력을 부정할 필요는 없을 것이다.[2] 유언자나 위탁받은 제 3 자의 지정으로 유언집행자가 된 사람은 유언자의 사망 후 지체 없이 승낙 또는 사퇴의 의사를 상속인에게 통지하여야 한다(제1097조 ①항). 승낙이나 사퇴의 통지가 없는 동안, 상속인이나 이해관계인이 집행자에게 상당한 기간 내에 확답하라고 최고(독촉)할 수 있고 일정기간 내에 확답이 없으면 집행자는 그 취임을 승낙한 것으로 본다(동조 ③항).

4. 유언집행자의 지위(소송상 원고적격 문제)

(1) 유언집행자는 유증의 목적물인 재산의 관리 기타 유언의 집행에 필요한 행위를 할 권리와 의무가 있으므로(제1101조), 유증목적물에 관하여 경료된 유언의 집행에 방해가 되는 다른 등기의 말소를 구하는 소송을 수행하는 경우 유언집행자가 이른바 법정소송담당으로서 원고적격을 가진다.[3]

(2) 유언집행자는 유언의 집행에 필요한 범위 내에서는 상속인과 이해상반되는 사항에 관하여도 중립적인 입장에서 직무를 수행하여야 하므로, 유언집행자가 선임되어 있는 경우 그 유언집행에 필요한 한도에서 상속인의 상속재산에 대한 처분권, 소송수행권은 제한되며,[4] 그 범위 내에서 상속인은 원고적격이 없다. 그리고 유언에 따른 인지·친생부인 또는 유증부동산의 소유권이전등기청구소송의 경우 유언집

---

1 곽윤직, 269면; 송덕수, 438면, 반대견해 김·김, 849면.
2 中川·泉, 622면.
3 대판 1999. 11. 26, 97다57733; 일 최판 1956. 9. 18, 집 10-9, 1160면; 동 1968. 5. 31, 집 22-5, 1137면; 대결 1927. 9. 17, 집 6, 501면(유언무효확인소송에서 원고적격자 — 유언집행자); 동경공판 1914. 11. 5, 신문 제998호, 21면; 일 大阪地判 1917. 3. 6, 신문 제1283호, 26면; 大阪控判, 1917. 5. 24, 신문 제1285호, 23면(유언무효 및 채권(또는 상속재산에 대한 공유지분권)의 존재확인소송에서 유언집행자는 피고적격을 가진다); 유증목적물에 대하여 수유자나 유언집행자는 모두 가처분신청을 할 수 있다(일 최판 1955. 5. 10, 집 9-6, 657면).
4 일민 제1013조(상속인은 유산을 처분할 권리를 잃는다) 참조.

행자에게만 원·피고적격이 있고 상속인 본인에게는 원고나 피고적격이 없다.¹ 상속재산에 속하는 권리의 이전·귀속, 물건의 인도, 또는 채권의 추심에 관한 소송에서 유언집행자는 소송수행권을 가지고 있다. 그리고 상속채권자는 상속인 또는 유언집행자 중 어느 한쪽을 상대로 상속재산으로부터의 변제를 청구할 수 있다.²

(3) "지정 또는 선임에 의한 유언집행자는 상속인의 대리인으로 본다"(제1103조 ①항)(상속인대리인설 채택). 따라서 유언집행자의 행위의 효과는 상속인에게 귀속된다. 유언집행자의 소송수행권과 별도로 상속인 본인의 소송수행권도 언제나 병존하는 것이라고 규정한 것은 아니라고 해석된다.³

5. 유언집행자의 권리와 의무

(1) 위임에 관한 규정 준용

유언집행자의 상속재산관리처분권 또는 상속인과의 법률관계에는 위임에 관한 규정이 준용된다(제1103조·제681~685조·제687조·제691조·제692조). 유언집행자는 유증의 목적인 재산의 관리 기타 유언의 집행에 필요한 행위를 할 권리와 의무가 있다(제1101조).

(가) 유언집행자는 취임을 승낙하려면 상속인이나 법원에 취임의 통지를 하면 된다(취임공고 등은 필요하지 않다)(제1097조). 그리고 그는 취임 후 바로 그 임무를 수행하여야 하고(제1099조), 곧바로 임무를 수행하지 아니하면 임무를 해태한 것으로 간주된다.

(나) 유언집행자의 첫 번째 임무는 지체 없이 상속재산의 목록을 작성하여 상속인에게 교부하여야 하는 일이다(제1100조 ①항).

(다) 유언집행자는 선량한 관리자의 주의의무를 다하여야 한다(제681조). 따라서 그 사무의 처리로 받은 금전·과실 기타 물건을 상속인에게 인도하여야 하고, '상속인을 위하여 자기 명의로 취득한' 권리를 상속인에게 이전할 의무가 있다(제684조). 필

---

1 대판 2001. 3. 27, 2000다26920; 2010. 10. 28, 2009다20840[지정유언집행자가 사망, 결격, 해임 등으로 자격을 상실하였다(이때는 새로 유언집행자를 선임)고 하더라도 민법 제1095조에 의하여 상속인이 유언집행자가 될 수는 없다]; 신판주석민법(28), 348면; 三ケ月章, 民事訴訟法(1959), 218면; 일 대판 1940. 2. 13, 평론 29, 민 606면; 일 최판 1968. 5. 31, 집 22-5, 1137면; 일 대판 1940. 2. 13, 집 7-16, 4면; 일 대판 1903. 2. 25, 민록 9, 190면(상속인이 유증부동산의 상속등기를 한 경우, 유언집행자는 망인의 유언대로 수유자에게 넘겨주기 위하여 상속등기말소청구를 할 수 있다. 그리고 수유자가 이전등기청구를 할 때는 유언집행자만(피고적격자)을 피고로 삼아야 하고, 상속인을 피고로 삼을 수 없다).
2 中川淳, 상속법축조해설(하), 312면.
3 대판 2001. 3. 27, 2000다26920.

요한 경우 상속재산의 매각·환가처분도 할 수 있다. 상속채무의 초과사실을 발견한 때는 곧바로 파산신청을 하여야 한다(채무자 회생 및 파산에 관한 법률 제299조 ②항).

(라) 유언집행자가 집행과정에서 시가(예컨대 약 5억 5,800만 원)에 현저히 미달하는 가격(3억 4,000만 원)으로 상속재산을 싸게 처분한 경우, 그는 상속인들에게 손해배상책임을 져야 한다.[1]

(마) 유언집행자가 유언을 실현하려고 상속부동산을 매각하였는데 유언자의 상속인들이 매수인에게 그 소유권을 이전하는 등기절차에 협력하지 아니할 경우, 유언집행자는 그 자신의 자격을 증명하는 서류(선임심판서 등)와 자신의 인감증명서만으로 소유권이전등기신청을 할 수 있다고 해석할 것이다.[2]

(2) 공동유언집행

(가) 유언집행자가 여러 사람인 경우, 그 임무의 집행은 그 과반수의 찬성으로 결정한다(제1102조 본문). 가부동수(可否同數)로 과반수를 얻을 수 없는 경우에는 이를 해임하여 새로 유언집행자를 선임한다(제1106조·제1096조). 공동유언집행자가 제소·응소할 경우는 필수적 공동소송이 된다.[3]

(나) 2명의 공동유언집행자 중 1명이 나머지 1명의 동의나 승낙 없이 추가유언집행자의 선임을 신청할 수 있고, 이러한 선임신청이 공동유언집행방법에 위배되었다거나 기회균등의 헌법정신에 위배되었다고 볼 수 없다.[4]

(다) 그러나 상속재산의 보존행위는 유언집행자 각자가 단독으로 할 수 있다(제1102조 단서).

(3) 유언집행자의 보수

(가) 유언으로 유언집행자의 보수를 정하지 아니한 경우, 집행자의 청구에 의거하여 가정법원은 상속재산의 상황, 기타 사정을 참작하여 유언집행자(지정·선정 포함)의 보수를 정할 수 있다(제1104조 ①항·가소 제 2 조 ①항 라류사건 45호).[5]

---

1 서울고판 1996. 4. 19, 95나35083; 미국에서는 유언집행자의 부당집행으로 인한 손해담보제도로 보험이 이용되고 있다(Hughes & Klein, 232면).
2 졸고, "유언집행소고," 인권과 정의(1998. 2), 142면; 실제로 유언집행사건을 저자가 그와 같이 처리한 사례가 있다(서울가정법원 1997. 5. 7, 97느262, 263). 이렇게 해석하지 아니하면 일부 상속인의 반대로 인하여 유언집행 그 자체가 불능상태에 빠질 우려가 있기 때문이다.
3 일 高松高判 1956. 7. 5, 하민 7-7, 1764면 : 유언무효확인소송에서 상속인·유언집행자·수유자를 상대로 동일한 판결을 받아야 그 목적을 달성할 수 있는 경우, 그러한 소송은 유사필수적공동소송이다.
4 대결 1987. 9. 29, 86스11; 1987. 9. 29, 87스12.
5 미국의 경우는 집행자의 보수가 각 주에 따라 다양하게 규정되어 있다. 대개 상속가액의 1~5%

(ㄴ) 유언집행자의 보수에 관하여는 수임인(受任人)의 보수에 관한 규정이 준용된다(제1110조 ②항). 시간급으로 보수를 정하지 아니한 이상, 집행사무를 완료한 후가 아니면 보수를 청구할 수 없으나(후급), 귀책사유 없이 사무처리 도중 사무가 종료된 때는 이미 처리한 사무의 비율로 보수를 청구할 수 있다(제1103조 ②항·제686조 ②항·③항).

(4) 유언집행비용

유언의 집행에 관한 비용은 상속비용의 일종이고 상속재산 중에서 이를 지급한다(제998조의 2, 제1107조, 가소규 제90조). 유언증서나 녹음유언의 제출·개봉·검인청구비용(제1091조), 재산목록작성비용(제1100조), 상속재산관리비용(예컨대 상속가옥의 보존비용)(제1101조), 유언집행자의 선임·해임·사퇴에 관한 절차비용, 유언집행자의 보수(유언집행을 위하여 소비한 여비·숙박료 등)(제1104조), 권리이전을 위한 등기·등록비용, 유언집행에 관하여 생긴 소송비용 등이 포함된다. 유언서 작성자의 보수는 유언서의 성립과정에 소요된 비용이므로 집행비용에 포함되지 아니한다(앞의 제 2 장 제 1 절 Ⅲ. 상속에 관한 비용 참조).

6. 유언집행자의 해임·사퇴·임무종료

유언집행자의 임무는 유언집행사무의 완결(＝이는 절대적 종료원인), 유언집행자의 사망·결격사유의 발생·사퇴(제1105조)·해임(제1106조)(＝이들은 상대적 종료원인)으로 종료된다.

(1) 해 임

유언집행자가 그 임무를 게을리 하거나, 기타 정당한 사유가 있을 때는 상속인·이해관계인은 가정법원에 그 해임을 청구할 수 있다(제1106조, 가소 제 2 조 ①항, 라류사건 47호).

:: 참고판례

유언집행자가 유언에 따라 재단법인을 설립하면서 '설립자에 의하여 이사로 지명된' 사람을 이사로 선임하지 아니하고, 재단법인의 목적 등을 유언과는 달리하여 설립허가신청을 하여 허가처분이 내려졌다. 이 경우 '설립될 법인의 이사로 지명

또는 적정한 보상액으로 규정하고 있다(Hughes & Klein, 18, 240~41면).

된' 사람은 그 허가처분을 다툴 법률상 원고적격이 있다. 즉 그는 "유언으로 설립될 재단법인의 이사로 취임할 수 있는 직접적이고 구체적인 법률상 이익이 침해되었다고 주장할 수 있다"(대판 1994. 5. 27, 93누23374).

(2) 사 퇴

(가) 유언집행자는 정당한 사유가 있는 경우에는 가정법원의 허가를 받아 그 임무를 사퇴할 수 있다(제1105조). 유언집행자가 법원의 허가 없이 마음대로 언제든지 사퇴할 수 있는 것은 아니다. 유언집행자로 지정되거나 선정되는 것은 후견인이 되는 것과 마찬가지로 일종의 공적(公的) 임무가 부과되는 의무적 지위의 취득이다. 그러므로 사임하려면 정당한 사유가 있어야 하고, 법원의 허가를 받아야 한다. 정당한 사유로는 질병, 먼 곳으로 이사, 장기해외출장, 매우 바쁜 공직취임 등으로 유언집행사무의 수행이 어려운 경우를 의미한다.

(나) 가정법원은 유언집행자의 사퇴허가를 심판으로써 하며(가소 제2조 ①항, 라류사건 46호), 청구를 기각하는 심판에 대하여는 청구인이 즉시항고를 할 수 있으나(가소규 제27조), 사퇴를 허가한 심판에 대하여는 불복할 수 없다.[1]

따라서 사망·결격·사퇴 기타 사유로 유언집행자가 1명도 없게 된 경우 이해관계인의 청구에 따라 가정법원은 새로운 유언집행자를 선임하여야 한다(제1096조 ①항).

(3) 임무종료

유언집행자의 임무가 종료된 경우에는 위임종료에 관한 규정이 준용된다. 따라서 사무가 종료된 경우 유언집행자는 상속인에게 지체 없이 그 전말(顚末)을 보고하여야 하고(제1103조 ②항·제683조 후단), 그때도 급박한 사정이 있는 때는 유언자의 상속인이나 법정대리인이 상속사무를 처리할 수 있을 때까지 사무를 계속하여 처리하여야 한다. 이 경우는 유언집행사무의 존속과 동일한 효력이 있다(제1103조 ②항·제691조).

그런데 유언집행사무의 종료사유는 이를 상속인에게 통지하거나 상속인이 이를 안 때가 아니면 상속인에게 대항할 수 없다(제1103조 ②항·제962조). 유언집행자는 집행사무 처리의무가 소멸하였다고 상속인에게 주장할 수 없고, 급박한 사정이 없더라도 사무처리 의무를 면할 수 없다는 말이다.[2]

---

1 김상용 외 3, 545면.
2 金曾漢·安二濬, 신채권각론(하)(1965), 529면.

제6장

유류분(遺留分)

I. 서　론

1. 유류분과 유류분권의 의의

(1) 개　념

㈎ 유류분과 유류분권

1) 현대 민법에는 소유권절대(所有權絶對)의 원칙상 누구든지 자기 소유 재산을 마음대로 처분할 수 있는 자유가 보장되어 있다. 이 자유에는 생전처분(生前處分)의 자유뿐만 아니라 사후처분(死後處分)(유언)의 자유까지 포함된다.

2) 그러나 피상속인인 재산 소유자에게 이러한 재산 처분의 자유, 특히 유언의 자유를 무제한 허용하면, 남아 있는 가족(특히 상속인)들의 기대는 무산되고 그 생활기반이 붕괴될 우려가 생길 수 있다.

3) 이에 따라 피상속인의 재산 처분의 자유를 제한하여 상속인에게 그의 법정상속분 중 일정비율의 재산을 확보하여 주기 위한 제도가 유류분이다. 사유재산의 자유처분사상(유언자유의 원칙)과 상속인보호사상(법정상속제도)의 절충의 산물이 바로 유류분이다.[1]

4) 유류분은 개별 상속인의 법정상속분 중 피상속인의 재산 처분에 의하여 침해될 수 없는 일정 비율을 말한다. 상속인이 유류분을 주장할 수 있는 권리를 유류

---

1 김·김, 859면; 中川·泉久雄, 상속법(제4판), 646면.

분권이라고 한다.

(나) 유류분반환청구권

1) 위와 같이 유류분과 이에 기한 유류분권은 상속권에 부수하는 것으로서 모든 상속인이 보유한다. 이는 피상속인이 타인에게 생전증여나 유증을 한 여부에 관계없이 발생한다. 따라서 이는 추상적인 권리에 불과하다고 할 수 있다.

2) 한편, 피상속인이 타인에게 생전증여나 유증을 한 결과 상속인이 유류분에 미달하게 상속을 받거나 재산을 취득하게 된 경우, 그 상속인은 유류분권에 기해 생전증여나 유증을 받은 자를 상대로 유류분에 부족한 부분의 반환을 청구할 수 있는바, 위와 같은 권리가 곧 유류분반환청구권이다. 따라서 유류분반환청구권은 유류분 침해라는 구체적 사정이 발생한 경우에 비로소 유류분권으로부터 파생하여 발생, 현실화되는 권리라고 할 수 있다.

(2) 존재이유

1) 상속인은 상속재산에 대하여 상당한 기대를 하고 있다. 그런데 피상속인이 모든 재산 또는 다액의 재산을 증여(生前處分; 생전처분)하거나 유증(死後處分; 사후처분)하여 상속인에게 돌아갈 재산이 하나도 없거나 거의 없게 될 경우, 상속인의 기대는 무산되고 상속인은 상속재산으로부터 부양이나 보호 등을 받을 수 없게 된다.

2) 피상속인에게서 증여나 유증을 받은 자가 상속인 아닌 제3자인 경우 친족인 상속인보다 타인이 우선하게 되어 인정(人情)에도 반하게 된다. 그리고 증여나 유증을 받은 자가 공동상속인 중 일부인 경우에는 상속인들 간에 불평등과 불공평이 발생하고, 이로 인하여 그들 사이에 질시와 반목이 조성될 우려가 매우 크다.

3) 피상속인이 그의 재산을 증여하거나 유증하는 경우, 위와 같은 사정을 심사숙고하여 하는 경우보다는 일시적 호오(好惡)의 감정이나 애증관계, 비정상적인 내연관계, 특정 상속인에 대한 미움이나 악감정 등에서 비롯된 경우가 많고, 또 그것이 피상속인의 병중이나 사망에 임박하여 이루어진 경우에는 주변사람들의 권유나 회유 등이 개재되어 피상속인이 온전한 정신상태에서 한 것으로 보기 어려운 경우도 많다.

4) 또한 상속재산 속에는 명확하게 구별할 수는 없을지라도, 상속인들의 재산이 섞여 있거나, 상속재산의 형성·유지에 상속인들의 기여·협력이 작용한 경우가 많으므로 이를 모두 피상속인의 재산이라거나 그가 단독으로 형성한 것이라고 보기 어려운 면도 있다. 즉 상속재산에는 상속인들의 잠재적 지분이 포함되어 있다.

5) 이와 같은 여러 사정을 감안하면, 피상속인의 증여나 유증을 일정한 범위에서 제한하고 상속인을 보호할 장치가 필요하다. 여기서 나온 것이 유류분과 유류분권이다.

2. 입 법 례

(1) 로 마 법

1) 로마법에서는 피상속인(가장)이 유언으로 상속인을 지정(heredis institutio)할 수 있었다. 기원전 40년 로마의 호민관인 팔키디우스(Falcidius)가 만든 소위 팔키디아 법(lex Falcidia)은 가장의 재산 처분권을 제한(상속재산의 4분의 3만 유증 가능)하여 가산(家産)의 4분의 1은 반드시 가(家)에 남겨두도록 규정하고, 만일 가장이 이 부분을 초과하는 유증을 하면 그 부분 유언은 당연무효라고 규정하였다.

2) 그 후 그 초과 부분의 유언은 당연무효는 아니고, 상속인이 배륜유언(背倫遺言)의 소, 유류분 보충의 소를 제기하여 이를 회복할 수 있도록 개정하였다.[1]

(2) 영 미 법

1) 영국과 같은 코먼 로(common law) 국가는 사유재산에 대한 개인의 자유처분권을 완전히 보장하므로 유류분 제도가 없다.

2) 예외적으로 영국의 사후(死後) 가족부양법률[2]에 의하면, 사람이 유언 없이, 또는 가족의 부양료도 남기지 않고 상속재산을 유증한 경우, 유언자의 생존 배우자는 법원에 일정한 부양료를 남겨달라고 신청할 권리가 있다.[3]

(3) 대 륙 법

(가) 독일 민법

1) 로마법을 이어받은 독일 민법은 유언상속을 인정하여 피상속인은 새로운

---

1 현승종·조규창, 로마법(1996), 1124면; 최병조, 로마법강의(2004), 500면; 이상훈, "근친상속권 보장에 관한 史的 고찰(가족법의 최신 동향)", 한국가족법학회(2018), 45면; 中川·泉, 17면.
2 2013년 개정된 '상속과 수탁자의 권한 법률(Inheritance and Trustees Powers Bill[HL])'에 따르면, 생존배우자에게 분배할 법정유산을 25만 파운드에서 45만 파운드로 인상하는 등 가족부양료청구액 수를 상향조정하였다(자료제공, 이진기 교수).
3 미국의 루이지애나(Louisiana; 소위 civil law를 인수·채택)주 민법전 : 피상속인의 재산 처분권한은 생전증여이든 유증이든, 유아(遺兒) 1명이면 2/3, 2명이면 1/2, 3명 이상이면 1/3까지로 제한되어 있다(中川·泉久雄, 19면); 미국의 경우는 상속세와 상속채무를 면하기 위하여 가족공유제, 신탁제도, 보험 등이 널리 활용되고 있고 유류분이라는 것이 없다(Hughes & Klein, 33~39면).

상속인을 지정함으로써 본래 상속인의 상속권을 박탈할 수 있도록 하고 있다.

2) 그 대신 독일 민법은 상속권을 잃은 사람을 보호하기 위하여 유류분(의무분) 제도를 두고 있다. 상속권을 잃은 유류분권자는 재산 승계자를 상대로 유류분(법정상속분의 1/2)을 청구할 수 있는 금전채권을 가진다(독민 제2303조·제2317조). 따라서 유류분권은 일종의 채권적 권리이다.

(나) 프랑스 민법

1) 게르만법의 전통을 따른 프랑스 민법은 법정상속만을 인정하고, 유언상속은 인정하지 아니한다. 따라서 피상속인이 임의로 상속권을 박탈하지 못한다.

2) 그러나 상속재산 중 피상속인이 유언으로 자유로이 처분할 수 있는 자유분(自由分)이 미리 법에 정하여져 있다(프민 제913~919조). 자유분을 제외한 나머지가 유류분이다. 유류분을 침해하는 증여·유증이 이루어진 때는 이를 실효시키는 감쇄(減殺)제도가 있다. 감쇄소권(減殺訴權)을 행사하면 이미 이루어진 증여 등은 무효가 된다. 따라서 이는 물권적(物權的) 권리이다.[1]

3) 2018년 개정 전 일본 민법도 위와 같은 법리를 채택하였는데, 우리 민법은 기본적으로 일본 민법을 본받은 것이다.

3. 유류분에 대한 민법 규정과 그 의미

(1) 민법 제정 이전

1) 조선시대에는 유언으로 재산을 받을 사람을 혈족에 한하는 관습이 있었고, 법령이나 관습상 유류분은 인정하지 않았다. 그러나 재산 전부를 혈족이 아닌 남에게 증여하는 유언을 난명(亂命)이라고 하여 이를 무효로 하는 전통과 관습이 있었다고 전해지나 확실하지는 않다.

2) 우리 민법은 제정 당시(1960)에는 이 제도를 두지 않았다가, 1977년에야 다른 나라의 제도를 본받아 이 제도를 도입하였다(제1112~1118조의 7개조 신설).

(2) 피상속인의 재산 처분의 자유

1) 민법상 피상속인은 자신의 모든 재산을 자유로이 처분할 수 있다.[2]

---

1 일본 민법(1977. 12. 31. 법률 제3051호, 1979. 1. 1. 시행, 제1031조 이하)은 프랑스 민법(제920조 이하)을 도입한 것으로 보인다. 최근 개정된 일본민법은 감쇄제도를 없애고 독일민법을 채택하였다.
2 일 최판 1950. 4. 28, 집 4-4, 152면(전 재산을 타인에게 증여하더라도, 그것이 공서양속에 반하여 무효가 되는 것은 아니다).

2) 우리 민법상 피상속인이 마음대로 '처분할 수 있는' 부분(자유분)과 '처분할 수 없는' 부분(유류분)이 미리 법에 정하여져 있지는 않다. 따라서 피상속인은 유류분을 넘어서까지도 처분할 수 있음은 물론이다.

3) 유류분권은 그 권리자가 주장하는 경우에만 현실화되고, 이로써 피상속인의 처분은 사후에 시정되는 데에 그친다. 즉 상속이 개시되더라도 유류분을 침해한 재산 처분(증여·유증)이 당연무효가 되는 것은 아니다.[1]

(3) 상속개시 전 유류분권자의 지위

1) 유류분권과 달리 유류분반환청구권은 유류분을 침해하는 행위가 있어야 비로소 발생한다. 특히 특정유증에 대한 반환청구권은 장래의 상속재산의 변동에 따라 좌우되고 상속개시 시점까지는 매우 불확정한 상태에 있다. 상속개시 시에 이르러 비로소 반환의 필요성이나 그 대상이 확정되고, 이때 반환청구권이 발생한다.

2) 그러므로 상속개시 전의 유류분권리자의 지위(유류분권)는 반환청구를 할 구체적인 권리가 없는 추상적인 것에 지나지 않는다. 이는 상속개시 시점에 이르러서야 구체화된다.

3) 피상속인의 생전처분이 장차 유류분 침해가 될 것이 명백한 사정이 있더라도, 상속개시 이전에는 유류분권리자를 포함한 어느 누구도 이를 제한·저지할 수 없다. 따라서 이에 대하여 처분금지가처분, 가압류나 가등기 등을 할 수 없다.[2]

4. 유사개념과의 구별

(1) 기여분과 유류분의 관계

1) 기여분과 유류분은 서로 관계가 없다. 기여분은 상속인들 중 한 사람이 피상속인을 상당한 기간 동거·간호하는 등으로 특별히 부양하거나 상속재산의 유지 또는 증가에 기여한 경우 그 기여한 바에 따른 부분을 그의 법정상속분에 얹어 주는 것이고, 유류분은 피상속인이 상속재산을 임의처분하여 상속인의 상속재산을

---

1 일본의 학설·판례(최판 1960. 7. 19, 집 14-9, 1779면)도 동일하다[中川淳, 신판주석민법(28), 1988, 444면].

2 곽윤직, 281면; 양수산, 788면; 김능환, "유류분반환청구"(재판자료 제78집, 1988), 13면; 변동열, "유류분 제도," 민사판례연구[XXV], 806면; 中川淳, 전게서, 427면; 피상속인이 증여계약한 부동산에 대하여 유류분권리자가 미리 소유권이전의 가등기(상속개시 후 유류분반환청구로 생길 권리의 가등기)를 하려고 시도하였으나 이는 법률상 불가능하다고 하여 기각됨(일 대심결 1917. 7. 18, 민록 23, 1161면; 일 東京地判 명치 42. 월일미상, 신문 제609호, 9면).

지나치게 감축되게 한 경우에 이를 회복하여 그 상속인들로 하여금 일정한 범위에
서나마 상속을 받게 하려는 것으로서, 그 제도의 취지와 목적이 서로 다르다.

2) 기여분은 피상속인이 주는 것이 아니고 본래 기여자에게 돌아갈 실질적인
그의 고유재산이므로, 기여분이 아무리 많아도(예컨대 상속인들의 협의나 가정법원의
심판으로 기여분이 상속재산 총액 중 70~80%를 차지하는 것으로 결정되더라도), 또 이
로 인하여 다른 상속인의 유류분액이 축소되더라도, 이는 유류분의 침해가 될 수
없다.[1] 이 점에서 기여분은 유류분에 우선한다.

3) 피상속인이 기여자(상속인)의 특별기여를 인정하는 의미에서 거액의 생전
증여나 유증을 하여 유류분이 침해된 경우는 어떻게 되는가? 기여분은 공동상속인
들 간의 협의나 가정법원의 심판에 의해 정하므로, 피상속인의 생전증여나 증여
등은 기여분이 될 수 없고, 이는 원칙적으로 유류분반환청구의 대상이 될 뿐이다.[2]
다만, 기여분의 결정이 공동상속인들 간의 협의로 정하여지고 결과적으로 일부
상속인의 유류분권이 침해된 경우, 유류분권자가 묵시적으로 유류분권을 포기한
것으로 볼 수 있다.

4) 기여자는 최종적으로 그의 법정상속분에 따른 상속분액과 기여분액을 합친
만큼 상속을 받게 된다. 그 결과 그의 구체적 상속분액은 커지게 된다. 그러나 유
류분(비율)은 법정상속분을 기준으로 정해지므로, 기여분이 있다고 해도 기여자의
유류분이 커지지는 않는다. 따라서 기여자가 다른 상속인이나 제 3 자를 상대로 유
류분반환청구를 하는 경우 그의 유류분비율은 기여분(비율)을 고려하지 않고 그의
본래의 법정상속분만을 기준으로 정한다.

5) 기여분에 대해서 유류분반환청구소송에서 이를 고려할 수 있는지를 둘러싸
고는 뒤에서 보는 바와 같이 학설이 대립하고 있다.

(2) 특별수익과 유류분의 관계

1) 공동상속인 중에 피상속인으로부터 재산의 증여 또는 유증을 받은 자(특별
수익자)가 있는 경우, 그는 그 수증재산이 자기의 법정상속분액에 달하지 못한 때

---

1 대판 2002. 4. 26, 2000다8878[공동상속인들의 협(합)의로 기여분이 결정되었다면, 각자의 유류분
   청구권은 포기한 것으로 보는 것이 상당하다].
2 정덕흥, "기여분의 결정과 상속분의 수정," 사법논집 제25집(1994), 74~75면; 변동열, 895면[상속
   재산에 대하여 누구보다 잘 알고 있는 피상속인의 의사(생전증여나 유증＝기여분)는 무시되고, 피
   상속인 사후의 상속인들의 협의나 법원의 결정(＝기여분)이 우선하여 존중된다는 것이 문제라고
   지적하고 있다].

에만 상속을 받을 수 있고, 그 수증재산이 자기의 법정상속분액을 초과한 때에는 상속을 받을 수 없다. 그 수증재산은 실질상 상속분의 선급(先給)에 해당하기 때문이다. 이는 앞서 본 바와 같이 공동상속인들의 공평을 기하기 위한 것이다.

2) 특별수익은 이와 같이 공동상속인들의 공평을 기하기 위한 것이므로, 상속재산의 분할과정에서 당연히 고려의 대상이 된다. 유류분의 계산에서도 이는 상속재산에 당연히 산입된다. 그 역시 실질적으로 피상속인의 재산으로서, 그것을 고려하여야 정당한 유류분액이 산출될 수 있다.

3) 특별수익자가 받은 수증재산(특별수익)이 자기의 법정상속분액을 초과하더라도 원칙적으로 초과 부분을 반환할 의무를 지지 않지만, 그 초과 부분이 매우 커서 다른 상속인의 유류분을 침해할 경우에는 그 침해 한도에서 유류분반환청구의 대상이 된다. 따라서 특별수익자와 유류분권리자 상호 간에는 유류분권리자가 우선한다.

(3) 상속재산분할과 유류분의 관계

1) 상속재산분할은 공동상속인들이 피상속인의 재산을 공동으로 상속한 경우에 그에 따른 공유상태를 해소하여 각 상속인의 단독소유 또는 일부 상속인들의 공유 등으로 변경하는 것이다.

2) 유류분은 상속재산의 분할과 직접 관계가 없다. 유류분은 피상속인이 상속재산을 상속인을 비롯한 타인에게 증여하거나 유증함으로써 상속인의 상속재산을 지나치게 감축시킨 경우에 이를 회복하는 것이므로, 유류분권리자는 상속재산의 분할과 상관없이 유류분반환청구권을 행사할 수 있다. 즉 상속재산분할청구권과 유류분반환청구권은 차원을 달리하는 독립한 제도로서, 상속인은 상속재산분할의 전후를 불문하고 유류분반환청구권을 행사할 수 있고, 또 양자를 별도로 행사할 수 있다. 그러나 실제로 상속재산의 분할 후에 유류분반환청구권을 행사하거나 유류분반환청구권을 행사한 후에 상속재산의 분할을 청구하는 일은 거의 없고, 여기에는 뒤에서 보는 바와 같이 일정한 제한과 곤란도 따른다.

3) 상속재산을 분할하기 위해서는 상속재산과 각 상속인의 상속분을 확정하여야 한다. 이에 따라 상속재산을 분할할 때는 특별수익과 기여분을 고려하게 된다. 그러나 유류분권은 궁극적으로는 그 권리자가 민사소송으로써 청구를 하여야 하고 법원이 직권으로 심판할 수 없으므로 상속재산분할 과정에서는 유류분을 고려하지

않으며, 유류분권리자는 가사 비송절차인 상속재산분할절차에서 원칙적으로 유류
분반환청구권을 행사할 수 없다.

4) 반면에 유류분반환청구소송에서는 특별수익을 고려하게 된다. 특별수익은
가사심판으로만 정할 수 있는 것이 아니기 때문이다.

(4) 상속재산의 분리와 유류분의 관계

1) 상속재산의 분리는 상속채권자 등의 이익을 보호하기 위하여 상속재산과
상속인의 고유재산을 분리하는 것이다.

2) 상속재산의 분리가 있더라도 상속재산의 동일성에 변동이 있는 것은 아니
고, 단지 상속재산이 상속인의 고유재산에 혼합되어 양자를 분별할 수 없게 되는
것을 방지할 뿐이다. 따라서 상속재산의 분리 전후를 불문하고 유류분권리자는 유
류분반환청구권을 행사할 수 있다.

5. 유류분권의 법적 성질

(1) 법적 성질과 상속, 양도의 가부

1) 유류분권은 상속인의 지위, 즉 상속권에 내포·부수하는 권리이다. 그런 면
에서 신분적 권리이지만, 공동상속재산의 분할청구권이나 부부의 이혼에 따른 재
산분할청구권과 같이 재산적 성질도 강하게 띠고 있다.

2) 이런 면에서 그 귀속에 관하여 이를 일신전속적 권리라고 볼 수는 없다. 그
러므로 상속인이 이를 행사하지 않은 채 사망한 경우, 그의 상속인이 이를 전전상
속하여 행사할 수 있음은 물론이다.

3) 위와 같이 유류분권은 상속권에 부수하는 권리이므로, 상속인은 상속권(상
속분)과 분리하여 이 권리만을 타인에게 양도할 수는 없다고 보아야 할 것이다. 상
속분을 양도한 경우 상속인의 재산적 지위가 양도된 것과 같으므로(제1011조) 그
양수인도 유류분권, 즉 유류분반환청구권을 승계한다고 보는 것이 타당하다.

4) 그러나 포괄유증을 받은 자는 비록 상속재산에 대해서는 상속인과 동일한
권리와 의무를 얻지만, 피상속인으로부터 재산권만을 취득한 것일 뿐 상속인의 지
위를 취득하는 것은 아니므로, 그는 유류분반환청구의 상대방이 됨에 그치고 스스
로 유류분권이나 유류분반환청구권을 행사할 수는 없다는 것이 통설이다.

5) 상속인이 특정한 수증자나 수유자를 상대로 유류분권을 이미 행사한 때는

그 권리가 구체화되어 특정한 재산의 반환청구권이 현실화되므로, 이러한 권리는 타에 양도하는 것이 가능하고 그 양수인도 이를 행사할 수 있다.

(2) 채권자대위권의 행사 가부

1) 유류분권리자의 채권자는 유류분반환청구권을 대위행사(제406조)할 수 있는가? 학설이 긍정설[1]과 부정설[2]로 대립하고, 판례는 유류분권은 행사상 일신전속성을 가진다고 보아 부정설을 취한다.[3]

2) 이 권리는 재산성을 갖기는 하지만, 상속인이라는 신분에 따른 것이고 이를 행사할 것인지 여부는 오로지 그 권리자의 처분에 맡겨야 하므로 부정함이 타당하다. 다만, 유류분권리자가 이를 이미 행사하였으나 소의 제기 등 구체적 청구권을 행사하지 않고 있는 때에는 이의 대위는 가능하다고 볼 것이다.

3) 이는 피상속인의 채권자(상속채권자)도 마찬가지라고 할 것이다.

(3) 채권자취소권의 행사 가부

1) 피상속인의 증여나 유증 등 처분행위가 그의 채권자를 해할 경우 사해행위가 성립하므로 피상속인의 채권자인 상속채권자는 피상속인이 생존한 때는 물론 그가 사망한 경우에도 상속인의 유류분권 행사와 관계없이 수증자 등을 상대로 채권자취소권을 행사할 수 있다. 이 경우 상속채권자의 채권자취소권 행사에 의하여 그 수증재산이 상속재산에 회복된 때는 더 이상 유류분반환청구권을 행사할 여지가 없을 것이다.[4] 반대로 유류분권 행사가 먼저 이루어진 경우 그 회복된 범위에서는 채권자취소권도 행사할 필요가 없다.

2) 유류분권리자가 이를 포기하더라도 그의 채권자는 이를 취소할 수 없음은 뒤에서 보는 바와 같다. 이 권리는 신분성이 강하기 때문이다.

3) 위와 같이 상속인은 상속권(상속분)과 분리하여 유류분권을 타인에게 양도할 수 없지만, 이를 일체로서 양도한 경우 상속인의 채권자는 이를 사해행위로 보아 취소할 수 있다고 할 것이다.

---

1 곽윤직, 295면, 김주수·김상용, 870면; 송덕수, 448면; 한봉희·백승흠, 652면; 정구태, 유류분 제
 도의 법적구조에 관한 연구(2010), 99면(긍정설).
2 윤진수, 579면[유언자와 유류분권리자의 의사는 존중되어야 한다는 점을 강조].
3 대판 2010. 5. 27. 2009다93992.
4 상속채권자가 가액반환청구권을 행사할 때는 그 재산이 상속재산으로 회복되지 않을 수도 있다.

Ⅱ. 유류분권의 당사자와 유류분비율

1. 유류분권리자

(1) 제 1 순위 내지 제 3 순위 상속인

1) 제 1~3 순위 상속인들, 즉 피상속인의 직계비속·배우자·직계존속·형제자매[1]만이 유류분권리자이다(제1112조).

2) '상속인들 중 제 4 순위 상속인들(4촌 이내의 방계혈족)은 유류분권리자가 아니다.

3) 제 1·2 순위 상속인들이라도 실제로 상속을 받을 수 있는 경우에만 유류분권을 행사할 수 있다. 따라서 제 1 순위 상속인이 있는 때는 제 2·3 순위 상속인들은 상속을 받을 수 없으므로 유류분권도 행사할 수 없다. 사실혼의 배우자가 유류분권자가 될 수 없음은 상속의 경우와 같다.

4) 유류분 침해행위 이후에 혼인, 입양, 인지 등의 사유로 상속인의 지위를 취득한 자도 유류분권을 취득한다고 보아야 한다.[2]

(2) 대습상속인

대습상속인도 피대습자가 가지는 유류분권의 범위에서 유류분권을 가진다(제1118조·제1001조·제1010조).

(3) 태   아

태아도 살아서 출생하면 상속을 받을 수 있으므로, 살아서 출생한 경우 그는 유류분권리자가 될 수 있다.

(4) 상속포기자와 상속결격자(소극)

1) 이들은 상속권을 상실하였으므로 유류분권리자도 될 수 없다.

2) 상속포기의 경우에는 대습상속이 허용되지 않으나, 상속결격의 경우에는 대습상속이 인정되므로 결격자의 대습상속인(배우자와 직계비속)은 위와 같이 유류분권리자가 될 수 있다(제1118조·제1001조).

---

1 형제자매에게까지 유류분권을 인정(스위스, 중화민국 등)하는 것은 그 범위가 너무 넓다는 의견이 있다(윤진수, 제 2 판 친족상속법강의, 561면; 변동열, 전게논문, 807면). 독일, 프랑스, 일본은 형제자매를 제외하고 있다.

2 일 대판 1944. 7. 31, 판결 민집 23-422.

(5) 포괄수유자

상속인 아닌 제 3 자가 포괄수유를 받은 경우, 그는 상속인과 동일한 권리의무가 있지만(제1078조), 그렇다고 하여 그가 본래부터 상속인이거나 상속인의 지위를 취득하는 것은 아니므로, 상속권에 부수하는 권리인 유류분권까지 취득할 수는 없다.[1]

(6) 승 계 인

1) 앞서 본 바와 같이 유류분권은 상속인뿐만 아니라 그 승계인인 상속인도 행사할 수 있다.[2]

2) 민법 제1011조에 의하여 제 3 자가 상속분을 양수하더라도 그가 상속인이 될 수는 없으므로 상속분의 양수인은 유류분권, 즉 유류분권을 행사할 수 없다고 보는 견해가 있다. 그러나 상속분 양수인이 상속인이 되는 것은 아니지만, 위와 같이 유류분권은 일신전속적 권리가 아닐 뿐 아니라, 상속분 양수인은 양도인인 상속인이 상속인 지위에서 취득한 상속권과 그에 부수하는 유류분권도 일체로서 취득한다고 보아야 하므로 이를 인정함이 타당하다. 일본에서도 긍정설이 통설이다.[3]

2. 유류분비율

(1) 법률규정

1) 상속인이 피상속인의 직계비속이거나 배우자인 경우, 그들 각자의 법정상속분의 1/2이 각자의 유류분, 즉 유류분비율이다(제1112조).

2) 상속인이 피상속인의 직계존속이거나 형제자매인 경우, 그들 각자의 법정상속분의 1/3이 각자의 유류분이다(제1112조).

3) 대습상속인의 유류분은 피대습자의 유류분 그대로이다.

(2) 유류분의 구체적 사례

1) A가 재산 2억 1,000만 원을 남기고 사망하였고, 그 상속인으로는 부모(X, Y)와 처(B)가 있다. 그런데 A는 생전에 자신의 재산을 모두 제 3 자인 홍길동에게 주노라고 유언(포괄유증)하였다. 이 경우 부모와 처의 유류분은 다음과 같다.

---

1 변동열, 전게논문, 808면; 윤진수, 578면.
2 대판 2013. 4. 25, 2012다80200.
3 潮見佳男, 詳解 相續法, 弘文堂(2019), 233면.

- 부모(X, Y): 이들의 각 법정상속분 각 2/7 × 유류분비율 각 1/3 = 각 2/21
- 처(B): 처의 법정상속분 3/7 × 유류분비율 1/2 = 3/14

2) 부모(X, Y)와 처(B)의 유류분액은 위 유류분비율에 기초재산을 곱한 것이 되는데, 그 기초재산이 어떻게 되는지는 뒤에서 보는 바와 같이 경우에 따라 다르다. 위의 사례와 같이 생전증여자가 없고 상속채무가 없다면, 상속개시 당시 잔존재산인 위 2억 1,000만 원에 위 각 유류분비율을 곱한 것이 X, Y와 B의 유류분액이 되므로, X, Y는 각 2,000만 원(2억 1,000만 원 × 각 2/21), B는 4,500만 원(2억 1,000만 원 × 3/14)이 된다. 따라서 수유자인 홍길동은 위 상속개시 당시 잔존재산인 위 2억 1,000만 원에서 유류분액의 합계액 8,500만 원(X, Y 합계 4,000만 원 + B 4,000만 원)을 공제한 나머지 1억 2,500만 원만을 유증으로 받을 권리가 있다.

3. 상대방(반환의무자)

(1) 수증자, 수유자

1) 유류분반환청구의 상대방은 피상속인의 증여·유증으로 직접 이익을 받은 수증자·수유자와 그 포괄승계인이다. 특정승계인에 대해서는 뒤에서 본다.

2) 수유자는 포괄수유자나 특정수유자를 불문한다. 사인증여는 유증에 준하므로 그 역시 수유자와 같이 취급된다.

3) 제 3 자는 물론이고, 공동상속인이 증여나 유증을 받은 경우 그도 위 수증자·수유자에 포함된다.

4) 기여자는 피상속인의 처분에 의한 것이 아니므로 이에 해당하지 않는다.

(2) 상속포기자와 상속결격자

1) 상속인이 증여나 유증을 받아 특별수익을 한 경우, 그가 상속결격자가 되거나 상속포기를 한 때에는 그는 처음부터 상속인이 아닌 것이 되므로 앞서 본 바와 같이 유류분권이 없다.

2) 오히려 이들은 제 3 자의 지위에서 유류분반환청구의 상대방이 된다.

3) 다만, 상속결격자가 유류분청구의 상대방이 된 경우 그는 본래 고유의 유류분을 가지고 있었으므로, 대습상속인을 위하여 유류분권으로써 항변할 수 있다고 보아야 할 것이다.

(3) 양수인, 전득자

1) 수증자나 수유자에게서 증여 또는 유증의 목적물을 양수한 제 3 자(현재의 권리자)가 유류분반환청구의 상대방이 되는지 여부는 유류분권의 성질을 어떻게 보느냐에 달려 있다. 이에 대해서는 뒤에서 논한다.

2) 결론만 말한다면, 형성권설에 의하면 제 3 자의 선악을 묻지 않고 대상이 되고, 반대로 청구권설에 의하면 제 3 자의 선악을 묻지 않고 대상이 되지 않는다.

3) 그러나 양설 모두 예외를 인정한다. 즉, 제 3 자가 악의인 경우에는 그 제 3 자도 상대방이 된다는 것이 통설이자 판례이다.[1] 선의의 제 3 자는 보호하여야 하나 악의의 제 3 자는 보호할 필요가 없다는 이유에서이다.

III. 유류분액의 산정

1) 유류분의 침해가 있는지 여부가 문제되는 구체적인 경우에 유류분의 침해가 있는지 아닌지를 판단하려면, 당해 유류분권리자의 유류분액을 계산한 후 그것과 피상속인이 남긴 현재의 상속재산으로부터 그 상속인이 받을 수 있는 실제의 상속분가액 등을 비교하여 후자가 전자에 미달하는지, 즉 유류분 침해액이 있는지 여부를 살펴보아야 한다.[2] 따라서 유류분액은 유류분권리자의 유류분권 행사의 기준과 한도가 된다.

2) 유류분액을 계산할 때는 기초재산액에 유류분권리자의 유류분비율을 곱하여 산출하여야 하는데, 기초재산액을 무엇으로 할 것인지는 매우 중요하다. 그러나 민법은 이에 대하여 기본적인 규정만을 두고 있어서(제1113조 ①항) 나머지는 학설과 판례에 의하여 해결하는 수밖에 없다.

1. 유류분액 산정의 기초재산

1) 민법은 유류분, 즉 유류분액을 산정(계산)할 때는 상속개시 당시 피상속인이 가진 재산 가액에 생전증여 재산의 가액을 가산하고, 상속채무 전액을 공제한

---

1 김·김 873면; 박병호, 481면; 대판 2002. 4. 26, 2000다8878; 이 학설과 판례에 대하여 반대하는 설(송덕수, 455면)은 일민 제1040조 ①항 단서와 같은 명문 규정이 없기 때문이라고 한다.

2 여기서 말하는 유류분액은 뒤에서 보는 유류분 침해액과는 다른 개념이다. 유류분 침해액은 유류분액 중 피상속인의 증여나 유증으로 인해 유류분권리자가 현실로 상속재산 등에서 받지 못한 차액을 말하며, 그 가액 범위에서 유류분권리자는 반환청구권을 행사하게 된다.

후 여기에 유류분권리자의 유류분비율을 곱하여 산출하도록 규정하고 있다(제1113
조 ①항[1]).

2) 따라서 민법에 의하면,

유류분액 = 기초재산의 가액(상속개시 당시 피상속인이 남긴 상속재산의 가액
+ 증여재산의 가액 − 상속채무) × 유류분권리자의 유류분비율이 된다.

3) 유류분반환청구의 대상이 되는 유증이나 증여는 뒤에서 보는 바와 같이 유
류분액 산정을 위한 기초재산에 포함되는 것에 한정된다.

(1) 상속개시 당시의 상속재산

(개) 적극재산

1) 상속개시 당시 피상속인 명의의 적극재산(積極財産)은 당연히 유류분액 산
정의 기초재산액에 포함된다.

2) 조건부권리나 존속기간이 불확정한 권리, 해제조건부권리도 적극재산에 포
함된다. 이러한 재산은 가정법원에서 선임한 감정인의 평가에 따라 그 가격을 정
한다(제1113조 ②항). 그러나 이 규정은 뒤에서 보는 바와 같이 입법의 오류이다.
유류분반환청구소송은 민사소송에 해당하기 때문이다.

3) 피상속인의 일신전속권(종신정기금 등)과 제사용 재산(1정보 이내의 금양임
야·분묘·600평 이내의 묘토인 농지 등 민법 제1008조의 3 소정의 재산)은 기초재산에
해당되지 아니한다. 선조의 초상이나 편지 등은 예술적 가치나 골동품적 가치가
있다 하더라도, 제사용 재산에 준하여 취급하여야 하므로 유류분액 산정을 위한
기초재산에서 제외되어야 할 것이다.[2]

(나) 채 권

기초재산인 상속재산에는 채권도 포함된다. 피상속인이 상속인에 대하여 가지
는 채권은 상속의 단순승인에 따라 혼동(混同)으로 소멸하는 경우에도 유류분계산
을 할 때는 이를 상속재산에 포함시켜야 한다.[3] 유류분권리자는 그것에 대해서도

---

1 헌재결 2010. 4. 29, 2007헌바144; 동 2013. 11. 26, 2012헌바467(민법 제1113조 ①항 중 "피상속
인의 상속개시 시에 있어서 가진 재산의 가액에 증여재산의 가액을 가산하고" 부분과 제1118조
중 제1008조 준용 부분이 합헌이라고 선언하였다.

2 김상용 외 3인, 객관식문제해설 민법 I(법원사, 1999), 553면; 김대규, 전게논문, 140면; 이경희,
유류분 제도, 106면.

3 高木多喜男, 遺留分制度의 硏究(東京 成文堂, 1982), 189면; 이진만, "유류분의 산정," 민사판례연
구[XIX](1997), 370면; 변동열, "유류분 제도," 민사판례연구[XXV](박영사, 2003), 831면.

상속을 받을 권리가 있기 때문이다.

　㈐ 유증재산과 사인증여 재산

　1) 유증(특정유증과 포괄유증)재산과 사인증여 재산은 상속개시 당시에 아직 이행되지 않았으므로 현존하는 재산에 포함되어 있다. 따라서 이는 상속개시 후에 그것이 이행된 여부와 관계없이 당연히 유류분액 산정을 위한 기초재산에 포함된다.

　2) 예컨대, 망인이 "내가 죽거든 금 1,000만 원을 허풍선에게 주고, 김선달에게는 전 재산의 5분의 1을 주어라"는 유언(유증)을 한 경우, 위 1,000만 원과 잔존재산 중 5분의 1은 상속개시 당시의 재산에 들어 있으므로 기초재산에 포함된다.

　3) 상속개시 당시까지 이행되지 아니한 증여재산도 이와 같다.

　㈑ 제 3 자를 위한 무상의 처분·보험금

　1) 예컨대, 피상속인이 부동산을 매도하면서 그가 사망한 때 그 매매대금을 매수인이 제 3 자에게 지급하기로 약정한 경우, 이는 실제로 피상속인이 제 3 자에게 사인증여한 것과 동일하므로 유류분 산정의 기초재산에 포함하여야 한다.

　2) 피상속인이 상속인이나 제 3 자에게 시가보다 현저히 싸게 매매·교환 등의 유상행위를 한 경우, 그것이 형식상으로는 유상(有償)행위라도 그 대가(對價)가 상당하지 아니하고(예컨대 1억 원짜리 토지를 2천만 원에 매각한 경우), 당사자 쌍방이 상속인들을 해한다는 인식을 한 경우에는 그 차액을 증여로 볼 수 있다. 따라서 이 경우 정당한 대가에서 실거래가를 공제한 차액(위의 예에서는 8천만 원), 즉 실질적 증여액을 유류분 산정의 기초재산에 가산하여야 한다(제1114조 유추).[1] 정당한 이유 없는 채무면제의 경우에도 동일하다.

　3) 상속인이나 제 3 자를 보험수익자로 지정한 생명보험계약을 체결한 후 보험계약자인 피상속인이 사망한 경우, 보험수익자가 받게 되는 생명보험금은 형식적으로는 상속재산이 아니지만 실질적으로는 피상속인이 사인증여한 것이므로 이를 특별수익 또는 증여로 보아 기초재산에 포함시켜야 한다. 피상속인 사망 시의 보험계약 해약반환금도 이와 같이 취급하여야 한다.[2]

1　일본 민법 제1045조 ②항은 당사자 쌍방이 상속인을 해한다는 인식을 한 경우에 한하여 이를 부담부증여로 보아 그 차액을 증여로 본다고 규정하고 있다.

2　김·김, 866면; 이경희, 165면; 김상용 외 3, 557면; 스위스 민법 제476조; 新版注釋民法(28) 相續 (3)(宮井忠夫·千藤洋三 집필부분), 464면.

:: 참고판례

채무면제도 증여로 인정되고, 증여액(면제액)을 계산할 때는 채무의 원금뿐만 아니라, 그 이자의 액수도 당연히 산입하여야 한다(대판 2001. 11. 30, 2001다 6947).

(마) 유족급여·유족보상·사망퇴직금

1) 법령(공무원연금법, 산재보험법 등)에 의하여 배우자 등 상속인에게 그의 특별한 지위에 기초하여 지급되는 유족급여 등은 대개 수령권자의 고유권리로 보아야 할 경우가 많은바, 이때는 상속재산에 속하지 않으므로 이를 유류분 산정의 기초재산으로 가산할 수 없다.[1]

2) 그러나 그것이 사실상 피상속인이 적립한 것의 반환이거나 산재보험상의 손해배상채권과 같이 피상속인의 상속재산에 해당하는 때에는 이와 달리 평가할 수 있다.

:: 참고판례

업무상재해로 인한 근로자(망인)의 일실수입 상당 손해배상채권(예 : 2억 5천만 원)은 모두 그 공동상속인들(예 : 처, 자녀 1명)에게 각자의 상속분대로 공동상속된다(예 : 처 1억 5천만 원, 자 1억 원). 만일 처가 수급권자로서 근로복지공단의 산재보험에서 유족급여(예 : 2억 원)를 받았다면, 이는 처의 상속분 1억 5천만 원을 한도로 공제하여야 하고 보험가입자인 근로자의 전체 손해액 2억 5천만 원에서 공제할 것은 아니다(대판 2009. 5. 21, 2008다13104 전원합의체).

(2) 상속개시 전 이행된 증여재산(가산)

1) 상속개시 당시까지 이행되지 않은 증여재산은 상속개시 당시 피상속인 명의의 잔존 상속재산에 포함되어 있으므로 이는 앞서 본 '상속개시 당시의 재산'에 포함된다.[2]

2) 따라서 여기서 논하는 것은 상속개시 전에 이미 증여계약이 이행되어 그 소유권이 수증자에게 이전된 재산이다.

3) 증여란 무상의 재산권 이전을 말하며, 그 형태는 불문한다. 따라서 전형적

[1] 대판 2000. 9. 26, 98다50340; 2009. 5. 21, 2008다13104.
[2] 대판 1996. 8. 20, 96다13682(수증자가 상속인(공동상속인 중 1명)이든, 제3자이든 동일).

인 증여는 물론, 법인설립을 위한 출연행위, 기부행위, 무상의 채무면제 등도 모두 증여에 포함될 수 있는바, 이에 대한 자세한 논의는 유류분 침해행위에서 하기로 한다.

⑺ 상속개시 1년 전의 증여

1) 상속개시 전에 이미 증여계약이 이행되어 그 소유권이 수증자에게 이전된 재산은 유류분권에 의하여 확보되어야 할 상속재산이므로, 반환청구의 대상이기도 하지만 기초재산에도 포함시켜야 한다.

2) 그러나 오래 전에 이행된 증여를 무한정으로 산입하여 반환청구의 대상으로 삼을 수 있다면, 수증자 등에게 예측할 수 없는 손해를 줄 우려가 있고 거래의 안전을 해치므로 원칙적으로 상속개시 전 1년간의 증여에 의한 것만 포함된다(제1114조 전문).

3) 1년은 증여계약의 '체결 당시'를 기준으로 그 이전 1년간을 의미하는 것이지, 증여계약의 '이행시점을 기준으로 하는 것이 아님'을 주의하여야 한다. 예컨대 홍길동이 사망한 것이 2019. 2. 2.이라면 그로부터 1년 전인 2018. 2. 2. 이후 사망 시 (2019. 2. 2.)까지 1년간 체결된 증여계약을 말한다. 증여계약이 이루어진 것이 2018년이라면 이행된 것이 2019년이라도 그 증여 액수는 여기에 산입할 수 없다.[1]

4) 정지조건부 증여계약이 상속개시 1년 전에 체결되고, 그 조건이 1년 내에 성취된 경우에도 '1년간에 행하여진' 증여가 아니다.[2] 1년은 계약체결 시를 기준으로 삼아야 하기 때문이다.

⑻ 증여계약의 당사자 쌍방이 악의인 경우

1) 유류분권리자에게 손해(損害)를 가할 것을 알고 한 증여는 1년 이전의 것도 산입된다(제1114조 후문). 그러므로 증여자 또는 수증자가 일방이라도 선의(善意)인 경우는 여기에 해당되지 아니한다.

2) "손해를 가할 것을 안다"는 말은 '객관적으로 유류분권리자에게 손해를 입힐 가능성이 있다'는 사실관계를 알면 되고, 적극적으로 유류분권리자를 가해(加害)할 의도·목적·인식·의사(意思) 또는 의도까지는 필요하지 않다.[3] 구체적인 침해액을 알 필요도 없다. 그 증여로 인하여 장차 상속인이 유류분마저도 상속을 받

1 곽윤직, 285면; 김·김, 864면; 박병호, 476면 등 국내 통설이며, 일본도 같다.
2 일 仙台高秋田支判 1961. 9. 25, 하집 12-9, 2373면.
3 곽윤직, 286면; 김·김, 865면; 소성규, 403면; 대판 2012. 5. 24, 2010다50809.

지 못할 가능성이 있다는 사실을 인식하고, 게다가 장래에 피상속인의 재산이 증가할 가망이 없다는 것을 예상하면 그것으로써 족하다.[1]

3) '가해인식' 사실의 입증책임은 유류분청구권자에게 있고,[2] '가해인식' 사실의 인정은 증여당시의 사정에 따라 판단하여야 한다.[3]

⒟ **수증자가 공동상속인인 경우**

1) 공동상속인이 피상속인 생전에 증여받은 것, 즉 특별수익은 1년 이전의 것도 모두 포함된다(제1118조·제1008조).[4] 특별수익의 시기,[5] 가해의 인식 유무를 묻지 아니한다.

2) 그러나 유류분 제도의 시행 이전(1978. 12. 31.까지)에 이미 이행된 증여재산(예 : 이전등기 완료)은 유류분반환청구의 대상이 될 수 없다(개정민법 부칙 ②항, ⑤항).[6]

3) 일본 민법(제1044조 ③항)은 피상속인과 공동상속인이 악의로 생전증여를 한 경우가 아닌 때에는, 공동상속인이 생전에 증여받은 것이라도 상속개시 전 10년간의 것에 한하여 포함시키고 있다.

:: **참고판례**

특별수익으로 인정될 정도의 증여(혼인자금·입양자금·생계자본·학자금 등)는 상속재산을 미리 준 것이므로 공동상속인들 사이의 공평을 기하기 위하여 민법 제1114조의 규정(상속개시 전 1년간의 증여)은 적용되지 않고, 그 수익이나 증여의 시기, 가해의 인식 등을 불문하고 유류분 산정 기초재산에 산입되어야 한다 (대판 1995. 6. 30, 93다11715).

(3) 상속채무(공제)

⒜ **피상속인이 남긴 채무**

1) 피상속인이 남긴 재산 중 적극재산만이 상속재산분할의 대상이 되어 상속

---

1 일본의 통설과 판례 : 일 대판 1936. 6. 17, 집 15, 1246면; 1937. 12. 21.
2 일 대판 1921. 11. 29, 신문 제1951호, 20면.
3 일 대판 1930. 6. 18.
4 이진만, "유류분의 산정," 민사판례연구(XIX), 372면; 헌재결 2010. 4. 29, 2007헌바144; 2013. 12. 26, 2012헌바467(전원재판부); 민법 제1118조, 제1001조, 제1008조, 제1010조는 헌법에 위반되지 아니한다. 공동상속인 중 일부의 사람이 수증한 것은 1년간이라는 제한을 받지 않는다.
5 상속인에 대한 수십 년 전의 증여에 대하여는 신의칙에 따라 반환청구를 할 수 없는 경우도 있을 수 있다(일 최고재 1998. 3. 24, 집 52-2, 433면).
6 대판 2012. 12. 13, 2010마78722.

인이 현실적으로 취득하게 되고, 상속인은 피상속인이 남긴 소극재산을 승계하여 이를 변제할 의무를 지므로, 상속인의 유류분액을 계산하는 때에는 피상속인이 남긴 재산 중 소극재산을 공제한 순재산 중 상속인이 법정상속분에 따라 취득할 가액을 기준으로 그 부족이 있을 때에만 유류분반환청구권을 인정함이 타당하다. 이에 따라 민법은 유류분액 계산 시 기초재산액은 채무의 전액을 공제한 것으로 한다고 규정하고 있다(제1113조 ①항).

2) 위 채무액에는 사법(私法)상의 채무뿐만 아니라 공법(公法)상의 채무인 세금·벌금·과태료 등도 포함된다.

3) 피상속인이 타인 채무를 보증하여 부담하게 된 보증채무는 주채무자가 변제불능상태에 있고, 피상속인이나 상속인이 대위변제를 하더라도 구상할 수 없는 상태인 경우에 한하여 그 해당액을 상속채무에 포함시켜야 한다.[1] 연대채무나 불가분채무도 이와 같이 새겨야 할 것이다.

(나) 상속비용

1) 상속재산에 관한 비용(예컨대 상속인이 납부할 상속세·관리비·소송비용 등)이나 유언집행비용(예컨대 검인신청비용·재산목록작성비용 등), 장례비 등은 어차피 상속재산 중에서 지급되어야 하므로(제998조의 2), 상속채무로 보아 공제할 필요가 없다는 것이 다수설과 판례이다.[2]

2) 상속비용은 상속개시 후에 발생한 것이므로 엄격히는 상속채무가 아니다. 상속비용은 대체로 상속재산에서 지불되거나 상속인들이 지출하는 경우가 많다. 어느 상속인이 상속분보다 많이 부담한 경우에는 다른 공동상속인들에게 구상할 수 있을 것이다. 그러므로 다수설이 타당하다.

3) 이와 달리, 상속비용은 유류분권리자 역시 다른 공동상속인들과 같이 법정상속분에 따라 부담하여야 하므로 상속채무처럼 기초재산 산정 시 적극재산에서 공제함이 타당하고, 그래야 계산도 간이하게 된다는 소수설이 있다.[3]

(다) 미이행된 증여와 유증

1) 미이행된 증여는 상속채무이나, 유증은 상속채무가 아니라 상속인들의 채무가 된다. 한편, 상속재산 역시 미이행된 증여와 유증의 변제를 위한 재산이 되기는 한다.

---

1 일 동경고판 평성8. 11. 7. 판결 판시 1637-31.
2 김주수, 김상용, 868면; 박병호, 477면 등; 창원지판 1992. 9. 25, 90가합9001; 서울고판 2012. 10. 24, 2012나3168, 3175.
3 곽윤직, 286면.

2) 하지만, 증여나 유증이 없었더라면 받게 될 상속분의 일부가 유류분이므로 이미 이행된 증여 역시 기초재산에 포함되어야 하는데, 유류분권 행사 시까지 미이행된 증여와 유증을 적극재산에서 공제하여 기초재산액을 산정하면, 증여나 유증을 많이 할수록 유류분액이 적어지는 모순이 발생하여 유류분을 인정한 의미가 없어지고 형평에도 반한다. 따라서 미이행된 증여와 유증으로 인하여 상속인들이 부담할 채무는 기초재산에서 상속채무로 공제되어서는 안 된다.

㈑ 기초재산이 마이너스가 되는 경우

1) 상속채무가 과다한 결과 적극재산에서 이를 공제한 기초재산이 마이너스가 되는 경우가 있다. 이 경우 ① 결국 유류분 침해가 없어 유류분권리자는 유류분반환청구권을 행사할 수 없다는 견해, ② 적극재산이 마이너스가 된 만큼 피상속인에게는 상속재산 처분의 자유가 인정되지 아니하고 유류분권리자는 유류분을 침해받은 것이 되므로, 수증자나 수유자는 유류분반환청구에 응할 의무가 있다는 견해가 대립한다.

2) 기초재산이 마이너스가 되었다고 하여 피상속인의 재산 처분행위(증여나 유증)를 유류분반환청구의 대상으로 하면 유류분액이 근소한 경우에 비해 수증자나 수유자에게 불공평하다. 따라서 ①설이 타당하다고 생각된다.

(4) 기 여 분

1) 유류분반환을 위한 유류분액 계산에서 기여분을 기초재산에 포함시킬 것인지 여부에 대하여 민법에는 직접적인 규정이 없고, 학설은 대립하고 있다.

㈎ 민법 규정

1) 기여분은 앞서 본 바와 같이 상속재산분할에 즈음하여 공동상속인들 상호간의 구체적 형평성을 기하기 위하여 인정되는 것인데, 민법은 유류분액 계산을 위한 기초재산에 기여분을 포함시키지 않고 있고(제1113조 ①항), 기여분에 관한 민법 규정(제1008조의 2)을 유류분에 준용하지 않고 있다(제1118조).

2) 우리 민법상 유류분 제도의 근간이 된 일본 민법도 우리 민법과 같다. 반면에 독일 민법 제2316조는, 직계비속이 여러 명 있고 그들 중에 특별수익자나 기여분 권리자가 있을 경우, 각자의 유류분은 이를 고려하여 각 상속인에게 귀속될 상속분에 따라 정한다고 규정하고 있다. 이에 따라 유류분을 산정할 때는 잔존 상속재산에 특별수익을 가산하고 기여분의 액수를 공제한 다음 이를 기초로 법정상속

분 비율에 따른 가상적인 상속분액을 산정하고, 기여분 권리자의 경우에는 이렇게 산정된 상속분액에 기여분액을 가산한 다음 거기에 유류분 비율을 곱하여 그의 유류분액을 결정하게 되므로 기여분 권리자의 유류분액이 그렇지 않은 공동상속인의 유류분액보다 커지게 된다.

즉 독일 민법은 기여분도 유류분권의 대상으로서 보호하고, 기여자 아닌 상속인들은 기여분에 대해서는 유류분권을 행사하지 못하게 하고 있다.

(나) 학 설

1) 기여분을 기초재산에 포함시키지 않는 부정설이 우리와 일본의 통설에 가깝다.[1] 그 근거로는, ① 민법에 이를 포함하여야 한다는 명문의 규정이 없고, ② 기여분의 결정은 가사비송사건으로서 상속재산분할에만 부수하여 이루어지므로 상속재산분할이 이루어지기 전에는 가정법원 아닌 민사법원이 현실적으로 유류분반환청구소송에서 기여분을 고려할 방법이 없으며, ③ 기여분은 상속개시 당시의 잔존 상속재산에서 유증액을 공제한 액을 초과할 수 없어 유류분반환의무자인 수증자와 수유자가 우선한다는 것을 든다.

2) 기여분을 기초재산에 포함시켜야 한다고 보는 학설은 아직 소수설인데,[2] 그 근거로, ① 민법의 해석으로도 얼마든지 기여분의 공제가 가능하고, ② 유류분반환청구의 대상이 될 수 있는 유증이나 증여만이 유류분청구의 기초재산이 될 수 있고 유류분반환청구의 대상이 되지 아니하는 상속채무나 기여분은 그 기초재산에 포함되어서는 아니 됨은 당연하며, ③ 기여분의 결정은 상속재산분할절차 등에 앞서 그것만 단독으로도 정할 수 있고, ③ 기여분이 가사심판으로 결정되지 않은 상태라도 유류분반환청구소송에서 민사법원이 이를 선결문제 등으로 고려할 수 있으며, ④ 기여분을 기초재산에 포함시키지 않고, 또 이를 당해 유류분 권리자의 순상속액에서 공제하지 않을 경우 다양한 불합리가 발생한다고 주장한다.

(다) 판 례

1) 우리 대법원은 "기여분의 산정은 공동상속인들의 협의에 의하여 정하도록

---

[1] 시진국, "재판에 의한 상속재산분할", 사법논집 제42집(2006), 713면; 윤진수, "유류분 침해액의 산정방법", 법학 제48권 3호, 서울대학교 법학연구소(2007), 270면; 정구태, "유류분 침해액의 산정방법에 대한 소고", 고려법학 제51호(2008. 10.), 470면; 임채웅, "기여분연구," 민사재판의 제문제, 제19권(2010. 12.) 410면.

[2] 권재문, "유류분과 기여분의 단절에 대한 비판적 고찰", 법조 제719호(2016. 10.); 오병철, "기여분과 유류분의 관계에 관한 연구", 가족법연구 제31권 1호(2017); 최준규, "유류분과 기여분의 관계", 저스티스 제162호(2017. 10.).

되어 있고, 협의가 되지 않거나 협의할 수 없는 때에는 기여자의 신청에 의하여 가정법원이 심판으로 이를 정하도록 되어 있으므로, 위와 같은 방법으로 기여분이 결정되기 전에는 피고가 된 기여상속인은 유류분반환청구소송에서 상속재산 중 자신의 기여분을 공제할 것을 항변으로 주장할 수는 없다"고 하여[1] 공동상속인의 협의 또는 가정법원의 심판으로 기여분이 결정되기 전에는 유류분반환청구소송에서 기여분을 주장할 수 없다고 판시하였다.

그러나 대법원은 다시 "기여분은 상속재산분할의 전제 문제로서의 성격을 가지는 것으로서, 상속인들의 상속분을 일정 부분 보장하기 위하여 피상속인의 재산 처분의 자유를 제한하는 유류분과는 서로 관계가 없다. 따라서 … 공동상속인의 협의 또는 가정법원의 심판으로 기여분이 결정되지 않은 이상 유류분반환청구소송에서 기여분을 주장할 수 없음은 물론이거니와, 설령 공동상속인의 협의 또는 가정법원의 심판으로 기여분이 결정되었다고 하더라도 유류분을 산정함에 있어 기여분을 공제할 수 없고, 기여분으로 유류분에 부족이 생겼다고 하여 기여분에 대하여 반환을 청구할 수도 없다"고 하여[2] 기여분이 결정된 여부에 관계없이 유류분반환청구에 영향을 미칠 수 없다고 판시하였다.

2) 이러한 대법원의 태도에 따라 우리나라 하급심 법원 역시 유류분을 산정함에 있어 기여분을 기초재산에서 공제하지 않고 있고, 기여분 권리자는 피상속인으로부터 증여나 유증을 받은 것이 아니라 노무제공이나 부양 등의 대가로 이익을 받은 것이라고 주장함은 몰라도 유류분반환청구소송의 피고로서 기여분의 공제를 항변할 수 없다고 보고 있다.[3] 이는 일본의 하급심 법원 역시 같다.

㈑ 사 견

1) 민법은, 기여분은 상속개시 당시의 잔존 상속재산에서 유증의 가액을 공제한 액을 넘지 못한다고 규정하고 있으므로, 기여분권리자는 생전증여를 받은 자나 유증을 받은 자에게 이를 주장할 수 없다. 이와 같이 기여분에 관한 권리는 절대적 권리가 아니고 피상속인의 의사(재산 처분행위)에 구속된다.

2) 또한 민법은, 기여분은 상속재산분할에 즈음하여 기여자의 청구로 이를 정해 그 분할에 따른 공동상속인들 사이의 형평을 도모하도록 하고 있는바, 이러한

---

1 대판 1994. 10. 14, 94다8334.
2 대판 2015. 10. 29, 2013다60753.
3 서울고판 2020. 1. 16, 2019나2012938 등.

점과 앞서 본 바와 같이 기여분 권리자가 수증자나 수증자에게 이를 주장할 수 없는 점을 고려하면, 기여분은 기여자 본인만이 공동상속인들 사이에서만 주장할 수 있고, 공동상속인이 아닌 수증자나 수유자에게는 주장할 수 없으며, 기여자 아닌 타인이 이를 주장할 수는 없다.

3) 그러나 기여분은 형식상으로는 피상속인 명의의 재산이지만, 그 실질은 기여자의 재산으로서 다른 공동상속인이 이를 상속할 수 없음은 당연하고, 유류분반환청구권은 본래부터 상속의 대상이 될 수 있었던 재산이 피상속인의 증여나 유증에 의하여 타인에게 유출된 경우에 한하여 인정되어야 하므로, 본래부터 유류분권리자의 상속 대상이 될 수 없었던 기여분액은 유류분액 결정이나 순상속액 결정에 영향을 미치지 않음이 논리적으로 타당하다.

또한 기여자가 유류분반환의무자인 수증자와 수유자에게 우선하여 기여분을 주장할 수 없고, 타인이 기여분을 주장할 수 없지만, 이는 기여분과 그 액수를 결정할 때 그러할 뿐, 기여분이 결정된 후 이를 실질적인 상속재산에서 제외하여 유류분액과 유류분 침해액을 결정하는 것은 차원이 다른 문제이다. 기여분은 기여자만의 상속분에 속하고 다른 상속인의 상속분에는 속하지 않기 때문이다.

4) 기여분이 존재함에도 이를 기초재산에서 공제하지 않으면 유류분액이 증가하여 그 증가된 유류분반환액은 결국 수증자나 수유자가 부담하여야 하는 결과를 초래하고, 또한 잔존 상속재산에서 기여분을 공제하지 않고 이를 기여자 아닌 유류분권리자 역시 상속을 받는 것으로 계산하면 상속 등으로 인하여 얻을 수 있는 유류분권리자의 순상속액이 과대평가되어 자칫 유류분 반환이 불가능한 왜곡된 결과를 초래한다.[1] 이러한 결과는 기여자가 유류분권리자인지 아닌지, 또 그가 유류분반환의무자인지에 관계없이 어느 때나 발생한다. 더구나 기여분과 유류분을 단절시켜 이를 유류분반환에 반영하지 않으면 기여자와 유류분권자의 각 권리행사 선후에 따라 이들의 권리행사 결과가 달라지는 이상한 상황이 전개된다.[2]

5) 기여자가 유류분반환청구소송의 피고인 경우에 그가 그 소송에서 기여분 공제의 항변을 하지 못한다면, 그 판결이 확정된 후 그가 상속재산분할과 함께 기

---

[1] 유류분 반환 후 상속재산분할에서 기여자의 기여분이 인정되면 기여자 아닌 유류분권리자는 그가 잔존 상속재산에서 본래 상속할 수 있는 상속액이 줄어들게 되므로 유류분반환소송 당시 인정된 순상속액보다 그 금액이 줄어들 수 있다.

[2] 그 자세한 사례의 설명은 권재문, "유류분과 기여분의 단절에 대한 비판적 고찰", 법조 제719호(2016. 10.), 497면 이하 및 최준규, "유류분과 기여분의 관계", 저스티스 제162호(2017)를 참조.

여분청구를 하여 구제받을 길은 거의 없다. 증여나 유증에 대하여 유류분권리자가 반환청구권을 행사하여 돌려받은 재산은 유류분권리자에게 귀속하고, 이는 상속재산분할의 대상인 본래의 상속재산으로서의 성질을 갖지 않는다는 것이 판례이므로,[1] 기여자는 그를 상대로 상속재산분할과 기여분청구를 할 수도 없기 때문이다.[2]

이와 같이 기여분을 유류분액과 유류분반환액(유류분 침해액)에 포함시키지 않으면 정의에 반할 뿐만 아니라, 경우에 따라 그 결과가 달라지며 억울한 자를 낳게 된다. 따라서 이를 긍정함이 타당하다.

6) 현행법상 기여분의 결정과 상속재산분할은 가사비송사건으로서 가정법원의 전속관할에 속하나, 그것이 민사소송의 선결문제에 해당하는 때에는 민사법원도 이를 심판할 수 있다고 보아야 할 것이다. 대법원도 이미, 상속재산분할협의가 사해행위가 되는지와 관련하여 채무자의 구체적 상속분을 심리하여 그에 미달하는 경우에만 그 청구를 인용하여야 한다고 판시하였고,[3] 이혼에 따른 재산분할과 관련하여 사해행위가 문제되는 경우, 그 재산분할 사건은 가사비송사건이지만, 그 재산분할이 본래의 재산분할이나 위자료 지급 사유 등을 고려할 때 상당하다고 할 수 없을 정도로 과대한 경우, 그 부분은 사해행위에 해당된다고 판시하였다.[4] 따라서 절차상 문제가 장애요인이 될 수는 없다고 하겠다.

㈐ 절 충 안

1) 유류분반환청구소송에서 기여분이 문제되는 경우는 피상속인으로부터 증여나 유증을 받은 기여자가 상속재산분할절차를 통해 기여분을 인정받지 않은 상태에서 그 소송의 피고가 될 때 자신의 수증이나 수유가 실질상 기여분에 해당한다고 항변하는 경우이다. 따라서 유류분반환청구소송에서 수증자나 수유자가 피고로서 타인의 기여분을 주장하고 이를 기초재산에 포함시켜 원고의 유류분 침해액을 적게 주장하는 일은 거의 없다.

2) 따라서 이러한 경우 기여분 항변을 하는 자의 주장대로 그가 받은 증여나

---

1 일 최재판 1996. 1. 26, 평성 3년(才)1772; 1996. 11. 26, 평성 5 年(才)947.
2 더욱이 유류분권리자가 그 반환청구권을 행사하는 경우 상속개시 당시의 잔존 상속재산은 거의 없거나 마이너스인 경우가 많을 것으로 보이는데, 상속재산분할은 적극재산만을 대상으로 하고, 상속개시 당시 피상속인 명의의 잔존 상속재산이 없을 경우 상속재산분할심판을 청구할 이익이 없다는 실무태도(인천지결 2013. 4. 12, 2012느합60. 이 결정은 서울고결 2013. 11. 8, 2013브49와 대결 2013. 3. 8, 2013스238로 항고와 재항고가 기각되었다)에 비추어 다른 상속인들에 대한 상속재산분할심판청구 역시 불가능하다.
3 대판 2001. 2. 9, 2000다51797.
4 대판 2001. 5. 8, 2000다58804.

유증이 기여에 대한 대가로서 실질상 증여나 유증에 해당하느냐 않느냐가 문제된다. 만약 기여분 항변자의 주장이 사실이라면, 그에 대하여 가사심판으로 기여분결정을 받지 않은 경우라도 기여자가 받은 증여나 유증은 실질상 유상이므로 유류분 침해행위가 될 수 없다.

3) 대법원도, "생전증여를 받은 상속인이 배우자로서 일생 동안 피상속인의 반려가 되어 그와 함께 가정공동체를 형성하고 이를 토대로 서로 헌신하며 가족의 경제적 기반인 재산을 획득·유지하고 자녀들에게 양육과 지원을 계속해 온 경우, 생전증여에는 위와 같은 배우자의 기여나 노력에 대한 보상 내지 평가, 실질적 공동재산의 청산, 배우자 여생에 대한 부양의무 이행 등의 의미도 함께 담겨 있다고 봄이 타당하므로, 그러한 한도에서는 생전증여를 특별수익에서 제외하더라도 자녀인 공동상속인들과의 관계에서 공평을 해친다고 말할 수 없다"고 하여, 유류분반환청구소송의 피고가 기여에 대한 대가로서 피상속인으로부터 생전증여를 받았다고 주장하는 경우, 그것이 실질적으로 기여의 대가인지 아니면 무상의 생전증여인지를 판단하여야 한다고 판시하였다.[1]

이는 실질적으로 볼 때 기여자에게 유류분반환청구소송에서 기여분 공제의 항변을 인정한 것으로 볼 수 있다.[2] 그러므로 이 경우 그 증여나 유증이 실질상 기여의 대가를 초과한 부분에 한하여 반환의 대상으로 판단하여야 할 것이다.

4) 이상과 같이 유류분반환청구소송에서 실질적으로 기여분의 산정과 심판이 가능하고, 또 그 소송에서 이를 주장하는 자는 기여자로서 증여나 유증을 받은 피고임이 대부분인바, 그 주장을 허용함이 타당하다.[3]

(5) 학설에 따른 유류분액의 계산공식

[사례]

홍길동(피상속인)이 적극재산 1억 2,000만 원과 채무 6,000만 원을 남기고 사망하였다. 자녀로는 A, B가 있고, 이들은 3년 전 각 3,000만 원, 2,000만 원을 증여받았다. 그리고 장남인 A의 기여분액은 7,000만 원이다. 나아가 홍길동은 사망하

---

1 대판 2011. 12. 8, 2010다66644.
2 동지: 권재문, "유류분과 기여분의 단절에 대한 비판적 고찰", 법조 제719호(2016. 10.), 501면.
3 기여분은 위와 같이 우리 민법상 기여자만이 주장할 수 있으므로 기여자 아닌 제3자의 기여분 주장은 허용하지 않아도 무방할 것이다. 유류분반환청구소송에서 제3자의 기여분 주장을 인정하여 기초재산에서 이를 공제했음에도 정작 기여자가 상속분할절차에서 이를 주장해 찾아가지 않는다면 수증자나 수유자가 망외의 이익을 얻게 될 것이다.

기 6개월 전에 타인인 C에게 5,000만 원을 증여하였고, 타인인 D법인에게 1억 원을 유증하였다.

(가) 통설, 판례에 의한 경우(기여분을 고려하지 않는 경우)

[유류분액 계산공식]

(상속개시 당시의 잔존 상속재산 + 생전증여액 − 상속채무) × 상속인의 유류분비율

1) 위 견해에 의하면 유류분액 계산을 위한 기초재산에서 기여분을 공제하지 않으므로 각 상속인의 유류분액은 커지게 된다.

2) 이 경우 자녀 A, B의 유류분액을 계산하면 다음과 같다. 따라서 상속인인 자녀 A, B는 C와 D에게 최대 각 4,000만 원의 범위에서 유류분권을 주장할 수 있다.

- 유류분액 계산의 기초재산: 상속개시 당시 잔존재산 1억 2,000만 원 + A의 생전증여액 3,000만 원 + B의 생전증여액 2,000만 원 + C의 생전증여액 5,000만 원 − 상속채무 6,000만 원 = 1억 6,000만 원
- 자녀 A, B의 유류분비율: 법정상속분율 각 1/2 × 1/2 = 각 1/4
- 자녀 A, B의 유류분액: 1억 6,000만 원 × 각 1/4 = 각 4,000만 원

(나) 소수설에 의한 경우(기여분을 고려하는 경우)

[유류분액 계산공식]

(상속개시 당시의 잔존 상속재산 + 생전증여액 − 기여분권리자의 기여분액 − 상속채무) × 상속인의 유류분비율

1) 위 견해에 의하면 유류분액 계산을 위한 기초재산에서 기여분을 공제하므로 각 상속인의 유류분액은 통설, 판례에 의한 경우보다 적어지게 된다.

2) 위 사례에서 자녀 A, B의 유류분액을 계산하면 각 2,250만 원이 되고, 따라서 상속인인 자녀 A, B는 C와 D에게 최대 각 2,250만 원의 범위에서 유류분권을 주장할 수 있다.

- 유류분액 계산의 기초재산: 상속개시 당시 잔존재산 1억 2,000만 원 + A의 생전증여액 3,000만 원 + B의 생전증여액 2,000만 원 + C의 생전증여액 5,000만 원 − A의 기여분액 7,000만 원 − 상속채무 6,000만 원 = 9,000만 원
- 자녀 A, B의 유류분비율: 법정상속분율 각 1/2 × 1/2 = 각 1/4
- 자녀 A, B의 유류분액: 9,000만 원 × 각 1/4 = 각 2,250만 원

2. 기초재산의 평가

(1) 평가기준과 평가방법

1) 유류분액 산정을 위한 기초재산의 범위가 확정되면, 이제는 그 재산의 평가 문제가 뒤따른다. 재산의 평가는 물건의 객관적인 교환가치, 즉 거래가격에 따라 평가하는 것이 원칙이고 또 가장 합리적이다. 그러므로 망인(피상속인)이 임의로 평가방법을 정할 수는 없고, 그러한 방법에 따라 평가하여서는 아니 된다.[1]

2) 기초재산의 평가는 기초재산에 포함되는 모든 재산, 즉 적극재산이건 공제 되어야 할 소극재산이건 모두 거의 예외 없이 금전으로 평가되어야 한다.

(가) **조건부권리나 존속기간이 불확정한 권리** 이들 권리는 가정법원에서 선임 한 감정인의 평가에 따라 그 가격을 정한다(제1113조 ②항). 그런데 유류분사건은 민사사건인데 감정인은 가정법원에서 선임하도록 규정한 것은 입법론상 문제가 있 다. 실무상으로는 민사법원이 감정인을 선임하고 있다.

(나) **농지(農地)** 농지의 평가는 수익(收益)가격, 즉 그 농지에서 얻는 수확물 의 가액으로 하여야 한다는 견해가 있으나,[2] 농업경제시대가 아닌 오늘날은 농지 의 객관적 가치인 거래가격으로 평가하는 것이 타당하다.[3]

(다) **채권과 주식** 채권과 주식은 액면가가 아니라 그 거래가격으로 평가하여 야 한다.

(라) **부담부 증여로 받은 재산** 예컨대 피상속인이 특정 상속인이나 제 3 자에 게 "내가 1억 원을 너에게 준다. 다만 10년간 나의 아내에게 월 50만 원씩 보내라" 는 유언을 한 경우, 특정 상속인이나 제 3 자가 받은 재산의 가치는 증여재산의 가 액에서 부담하는 채무의 가액을 공제하는 방법으로 평가하여야 한다.[4]

(마) **기 타**

1) 여러 개의 부동산이나 동산, 권리가 집합하여 1개의 영업이나 설비를 이루 는 경우에는 이들 물건이나 권리는 개별적으로 평가할 것이 아니라 일체로서 평가 하여야 한다.

2) 저당권이 설정된 부동산이 증여된 경우에는 저당채무액을 공제하여야 한

---

1 김상용 외 3, 553면; 독일 민법 제2311조 ②항.
2 이경희, 전게서, 119면; 高木多喜男, 遺留分制度의 研究(成文堂, 1981), 196면.
3 김능환, "유류분반환청구"(재판자료 제78집, 1998), 34면; 변동열, 844면.
4 일본 민법 제1045조 ①항; 일 대판 1922. 7. 6, 집 455면.

다.[1] 그러나 피담보채권이 상속재산 중에 채무로 이미 계상되어 있을 때는 공제할 필요가 없다.

⒝ 채 무

1) 상속채무 중 금전채무가 아닌 것은 금전으로 평가하여야 한다.

2) 상속채무가 연대채무이거나 불가분채무인 경우, 실제로 상속인들이 그 채무와 관련하여 종국적으로 부담하여야 할 액만을 기준으로 평가하여야 한다. 따라서 다른 연대채무자나 불가분채무자에게 구상이 가능한 부분은 제외함이 옳다.

3) 보증채무의 경우에도 앞서 기초재산에서 본 바와 같이 이와 동일하다.

(2) 평가의 기준시점

⑺ 원 칙

1) 잔존 상속재산이나 증여재산 등의 가액 평가는 상속개시 당시의 가격으로 평가하여야 한다(제1113조 ①항 참조).

2) 증여재산이 금전인 경우에는 증여 당시의 금액을 상속개시 당시의 화폐가치(물가지수)로 환산한 가격으로 평가해야 한다.[2]

⑷ 증여의 목적물이 멸실(滅失)된 경우

1) 천재지변(天災地變) 기타 불가항력으로 증여나 유증의 목적물이 멸실된 경우에는 증여나 유증이 없었더라도 이를 피할 수 없어 상속재산이 될 수 없으므로 유류분 산정에서 이를 제외하여야 할 것이고(만일 멸실로 인하여 보상금이 지급되었다면 그 보상금 자체를 상속개시 시의 시가로 환산하여 산정), 수증자 등의 책임 있는 행위로 인하여 그것이 멸실·훼손·변형된 경우에는 그것이 원상태대로 존재한다고 보고 상속개시 시점의 가액으로 평가하여야 한다.

2) 수증물이 자연히 낡아서 망가진 경우에는 수증 당시대로 상속개시 시점에 현존하는 것으로 보고 평가하여야 한다. 수증자 등이 얻은 재산 가치는 본래의 재산 가치이기 때문이다.

⑸ 원물반환이 불가능한 경우

수증인이 물건을 선의의 제 3 자에게 양도한 등으로 원물반환이 불가능하여 원물 대신 가액반환을 명하는 경우 그 가액은 사실심 변론종결시를 기준으로 산정

---

1 일 대판 1940. 10. 26, 신문 제4639호, 5면.

2 대판 2009. 7. 23, 2006다28126; 일 최판 1976. 3. 18, 집 30-2, 111면; 반대설: 변동열, "유류분 제도," 민사판례연구[XXXV], 845~847면(증여 당시나 상속개시 당시의 액면금액으로 산입함이 타당하다).

하여야 하나,[1] 이는 반환액을 정하기 위한 것으로서, 유류분 침해가 있는지 여부와 그 침해액의 판단을 위한 재산의 평가는 원물반환의 가부에 관계없이 상속개시 당시 원물의 가격으로 평가하여야 한다.

IV. 유류분반환청구권의 행사(유류분의 보전)

유류분권리자는 피상속인의 증여나 유증으로 인하여 피상속인이 남긴 상속개시 당시의 상속재산 등에서 위 유류분액에 미달하는 상속을 받는 등으로 그에 못 미치는 재산을 취득하게 된 때는 그 차액, 즉 유류분 침해액(유류분액에 미달하여 부족한 액) 범위에서 증여재산이나 유증재산의 반환을 청구할 수 있다(제1115조 ①항). 이것이 유류분반환청구권이다.

1. 유류분 침해행위

(1) 의   의

(가) 개   념

1) 유류분의 침해는 피상속인이 무상으로 생전증여나 사인증여, 유증을 하는 바람에, 피상속인이 남긴 잔존 상속재산 등에서 상속인이 실제로 받을 수 있는 상속액이 유류분액에 미달하게 된 상태를 말한다.

2) 유류분 침해행위는 유류분의 침해를 초래한 증여나 유증 등 피상속인의 무상의 재산 처분행위를 말한다.

3) 증여나 유증은 유류분액 계산을 위한 기초재산에 포함되는 것에 한하여 유류분 침해가 될 수 있음은 앞서 본 바와 같다. 일본 민법(제1047조 ①항)은 이를 명정하고 있다.

(나) 피상속인의 처분행위

1) 이러한 침해행위는 피상속인의 행위로 인한 것이라야 하므로 기여분은 이에 해당하지 않는다.

2) 또, 상속인이 일단 상속한 재산을 피상속인의 의사에 따라 제3자에게 증여하였더라도, 이는 일단 상속이 이루어져 그 상속인이 취득한 재산을 스스로 처분한 것이므로 역시 유류분 침해행위가 아니다.[2]

1 대판 1995. 6. 30, 93다11715; 1996. 2. 9, 95다17885, 2005. 6. 23, 2004다51887.
2 日 大判 1902. 6. 27, 民錄 8-6, 156면; 新版 注釋民法(28)相續(3)(有斐閣, 1988), 444면(中川 淳

3) 유류분 침해행위에서는 상속재산분할과 달리 수증자나 수유자가 공동상속이든 비상속인이든 묻지 않는다.

(다) 증여나 유증 등 무상의 처분행위

1) 유류분 침해행위는 피상속인이 무상으로 생전증여를 하거나 유증 또는 이에 준하는 행위를 하였어야 한다. 사인증여는 유증에 관한 규정을 준용하므로 이 역시 침해행위에 해당한다.

2) 유류분 침해행위에 해당하는 증여나 유증은 앞서 유류분액 계산을 위한 기초재산에 포함되는 그것과 같다. 즉 여기서 말하는 증여나 유증은 대가의 지급이 없는 무상의 처분행위를 의미하며, 피상속인의 증여나 유증으로 상대방이 직접 이익을 받았어야 한다.

3) 수증자나 수유자가 무상으로 받은 것이 아니라 부양이나 재산의 형성·유지에 대한 대가로 받은 것이라고 주장하는 때에는 침해행위(무상의 처분행위)를 부인하는 것이다. 따라서 법원은 그 실질을 가려서 그것이 무상인지 유상인지를 판단하여 그 전부나 일부가 대가관계로 이루어진 때에는 그 일부에 한하여만 침해행위로 판단하여야 한다.

4) 수증자나 수유자가 피상속인으로부터 대가 없이 재산을 받았다면, 그것이 생전에 이루어진 것이든 유언으로 인한 것이든, 또한 포괄유증이든 특정유증이든 불문한다. 그러나 상대방이 얻은 재산 전부가 대가 없는 증여에 해당하여야만 하는 것은 아니고, 대가 있는 부분과 대가 없는 부분이 병존하는 때에는 대가 없는 부분에 한하여 증여에 해당하고 그로 인하여 유류분권리자의 권리를 침해하였는지 여부를 판단하여야 한다.

5) 그 실질이 대가 없는 증여이면 형태는 불문한다. 고로 민법상 증여는 물론 법인설립을 위한 출연행위·기부행위·무상의 채무면제·무상의 신탁이익제공·무상의 인적 담보·물적 담보의 제공·대가가 상당하지 아니한 유상행위, 공유지분의 포기[1] 등도 모두 증여에 포함된다. 다만, 일상생활에서 예의상의 증여(축의금·부의금 등)는 여기에 포함되지 아니한다(독민 제2330조·스민 제527조).

6) 상속인이 사망한 남편에 대한 상속분을 자신의 자녀 중 1인에게 양도한 후 그 양도인이 사망하여 자녀들이 다시 상속을 한 경우, 상속분 양도행위도 무상으

집필부분).

1 변동열, 전게논문, 832.

로 행해진 이상 다른 자녀들에 대하여 유류분 침해행위가 될 수 있다.[1]

㈃ **이행 여부**

1) 무상의 증여나 유증이 있는 이상 그것이 이행된 여부는 유류분 침해행위의 성부에 영향이 없다.

2) 다만, 이미 이행된 것에 대해서는 반환청구를 할 수 있고, 이행되지 않은 경우에는 이들의 이행청구에 맞서 거절의 항변으로 대항할 수 있다.

(2) 유류분 침해행위의 효력

1) 증여나 유증 등 유류분 침해행위가 있더라도 그 처분행위가 처음부터 당연 무효가 되는 것이 아니라 그대로 유효하다. 이는 유류분반환청구권의 성질을 형성권으로 보든 청구권으로 보든 동일하다.

망인이 자신의 거의 전 재산을 생전증여한 후 남은 재산을 전부 유증(유언증여)한 경우에도 이는 공서양속(제103조)에 위반되는 것이 아니다.[2] 피상속인이 자신의 재산을 처분하는 것은 우리 사회의 기본질서나 공익에 반하는 것이 아니기 때문이다.

2) 다만, 유류분권리자의 반환청구 의사표시가 있을 때 그 유류분 침해의 한도에서 반환청구의 대상이 되고, 그 법률적 운명이 결정된다.

3) 예컨대, 피상속인이 누군가에게 특정 일시에 갑 건물과 을 토지 및 금전 1억 원을 증여하거나 유증한 경우, 이에 대하여 유류분권리자의 유류분반환청구권 행사가 있으면 유류분 침해의 한도에서 유류분 침해행위인 특정한 증여나 유증의 행위 단위로 그 전부에 대하여 효력이 발생한다고 보아야 하고, 유류분권리자가 임의로 그 증여나 유증의 대상인 특정한 재산에 대하여 선택적으로 이를 행사할 수는 없다고 보아야 할 것이다. 다만, 유류분권리자가 이후 그 일부의 재산이나 일부 지분에 대하여만 현실적으로 반환을 청구하는 것은 처분권주의에 비추어 허용된다. 예컨대, 갑 토지의 4분의 1이 유류분 침해행위인데 6분의 1만 반환을 구하는 것과 같다.

(4) 유류분 침해행위에 대한 유류분권자의 구체적 권리

1) 유류분반환청구권의 성질을 형성권으로 보는 견해에 의하면, 유류분권리자

---

1 일 최재 2018. 10, 19. 판결.
2 일 최판 1950. 4. 28, 집 4-4, 152면; 1954. 12. 24, 집 8-12, 2271면; 1962. 5. 29, 家月 14-10, 111면, 中川 淳, 전게서, 445면.

는 수증자 등을 상대로 그 반환이나 이에 준하는 의사표시를 하면 유류분 침해의 한도에서 증여나 유증의 효력이 소급하여 소멸하고, 재산권은 곧바로 유류분권리자에게 귀속한다고 본다. 그리고 그 재산에 대한 증여 등이 이행된 경우, 소유권이전등기청구나 인도 등의 청구는 물권적 청구권이나 부당이득반환청구권으로써 행사할 수 있다고 본다.

2) 반대로 유류분반환청구권의 성질을 청구권으로 보는 견해에 의하면, 유류분 침해행위가 있는 경우에 유류분권리자는, ① 수증자 등이 이미 이를 이행 받은 때에는 그를 상대로 반환청구를 하고, ② 수증자 등이 아직 이를 이행 받지 않은 때에는 그를 상대로 반환청구를 할 필요는 없으며, 수증자 등이 이행청구를 하거나 유증 등을 주장하는 데에 대하여 유류분 침해를 항변으로 주장하여 이행을 거절할 수 있다.

2. 유류분 침해액

(1) 의   의

1) 위와 같이 모든 상속인에게는 각자의 법정상속분에 따라 유류분권이 인정되나, 이를 현실화하여 수증자나 수유자에게 반환청구 또는 증여나 유증의 이행거절권을 행사하기 위해서는 생전증여나 유증으로 인해 자신의 유류분권이 침해되었어야 한다.

2) 유류분권이 침해되었다는 것은, 당해 유류분권리자가 얻었거나 얻을 수 있는 순상속액과 특별수익액에서 상속채무 중 유류분권리자의 부담액 등을 공제한 것이 유류분액에 미달하는 것을 말한다.

[유류분 침해액의 계산공식]

유류분 침해액 = 유류분액 − 잔여 상속재산 중 유류분권리자의 순상속액 − 유류분권리자의 특별수익액 등 + 상속채무 중 유류분권리자의 부담액

(2) 침해액의 계산

㈎ 잔존 상속재산에서 유류분권리자가 받았거나 받을 상속액

1) 피상속인이 그 재산 중 일부를 생전증여나 유증을 하였더라도 그의 사망 당시 상속재산이 남아 있다면, 그 잔존재산에서 유류분권리자가 받았거나 받을 상속액은 유류분권리자의 순상속액으로서 당연히 그의 유류분액에 충당하여 부족 여

부, 즉 유류분 침해액이 있는지 여부를 판단하여야 한다.

　2) 그런데 만약 공동상속인 가운데 초과 특별수익자가 있는 경우 위와 같이 유류분권리자의 순상속액을 계산할 때, ① 잔존 상속재산을 민법 제1008조에 따른 구체적 상속분의 비율에 따라 배분하여야 하는지, ② 아니면 이를 고려하지 않은 채 본래의 각 법정상속분비율에 따라 배분하여야 하는지 민법에 아무런 규정이 없어 학설이 대립한다. 초과 특별수익자가 아닌 단순 특별수익자가 있는 경우에도 구체적 상속분에 의하는가 아니면 법정상속분에 의하는가에 따라 순상속액이 달라져 유류분 침해액도 달라지게 된다.

　3) 이에 대해서는 앞서 특별수익자의 구체적 상속분을 설명한 때 본 바와 같은바, 법정상속분비율에 따라 배분하면 여러 모로 왜곡이 발생한다. 민법 제1118조는 유류분에 관하여 특별수익에 관한 민법 제1008조를 준용하므로, 유류분권리자의 순상속액을 계산할 때는 민법 제1118조와 제1008조에 따라 구체적 상속분의 비율에 따라 잔존 상속재산을 배분함이 타당하다.[1] 2018년 개정 일본 민법은 이러한 취지를 명시적으로 규정하고 있다(제1046조 ②항 2호).

[사례 1. 단순 특별수익자가 있는 경우]

• 피상속인 갑은 적극재산으로 4,800만 원을 남기고 사망하였는데, 상속인으로는 자녀 을과 병이 있다. 갑은 유언으로 A에게 4,200만 원을 증여하였고, B에게 채무 500만 원을 지고 있다. 을은 갑의 사망 10년 전에 증여를 받았는데 상속개시 당시의 현가는 200만 원이다.

• 을, 병의 유류분액 = (잔존 상속재산 4,800만 원 + 을의 생전증여액 200만 원 − 상속채무 500만 원) × 을, 병의 유류분비율 각 1/4(1/2 × 1/2) = 각 1,125만 원

• 을, 병의 구체적 상속분액
을: (잔존 상속재산 4,800만 원 + 을의 생전증여액 200만 원) × 을의 법정상속분비율 1/2 − 을의 생전증여액 200만 원 = 2,300만 원
병: (잔존 상속재산 4,800만 원 + 을의 생전증여액 200만 원) × 병의 법정상속분비

---

1 동지: 윤진수, "유류분 침해액의 산정방법", 법학 제48권 3호, 서울대학교 법학연구소(2007), 250면 이하; 오병철, "기여분과 유류분의 관계에 관한 연구", 가족법연구 제31권 1호(2017), 59면. 이제까지 이에 대한 대법원 판례는 없고, 하급심은 주로 법정상속분비율에 따랐다. 위 사례는 제48회 사법시험 1차시험 문제로 출제되었는데, 법정상속분비율을 취한 정답안에 대하여 응시자가 이의를 제기하고 행정소송을 제기하였다. 서울행정법원(2006구합44446)은 청구를 기각하였고, 항소와 상고(대법원 2009.9.10, 2008두2675)가 각 기각되었다.

율 1/2 = 2,500만 원

- 잔존 상속재산에 대한 을, 병의 순상속액

을: (잔존 상속재산 4,800만 원 − A의 유증액 4,200만 원)[1] × (2,300/ 2300 + 2,500) = 287.5만 원

병: (잔존 상속재산 4,800만 원 − A의 유증액 4,200만 원) × (2,500/ 2300 + 2,500) = 312.5만 원

- 을, 병의 유류분 침해액

을: 유류분액 1,125만 원 − {순상속액 287.5만 원 + 생전증여 200만 원 − 상속채무분담액 250만 원(채무 500만 원 × 을의 법정상속분비율 1/2)} = 887.5만 원

병: 유류분액 1,125만 원 − {순상속액 312.5만 원 − 상속채무분담액 250만 원(채무 500만 원 × 병의 법정상속분비율 1/2)} = 1062.5만 원

[사례 2. 초과 특별수익자가 있는 경우]

- 피상속인 갑은 적극재산 5,000만 원과 채무 3,000만 원을 남기고 2005. 6 30. 사망하였고, 상속인으로는 자녀 을과 병이 있다. 그런데 갑은 2003. 5. 30. 유류분 침해사실을 모르는 을과 정에게 각각 7,000만 원씩을 증여하기로 한 후 2004. 7. 30. 그 채무를 모두 이행하였다. 또한 갑은 남은 재산 2,000만 원을 사회복지단체 무에게 기증하도록 자필증서에 의한 유언을 했다.

- 을, 병의 유류분액 = (잔존 상속재산 5,000만 원 + 을의 생전증여액 7,000만 원 − 상속채무액 3,000만 원) × 을, 병의 유류분비율 각 1/4(1/2 × 1/2) = 각 2,250만 원

- 을, 병의 구체적 상속분액

을: (잔존 상속재산 5,000만 원 + 을의 생전증여액 7,000만 원) × 을의 법정상속분비율 1/2 − 을의 생전증여액 7,000만 원 = −1,000만 원

병: (잔존 상속재산 5,000만 원 + 을의 생전증여액 7,000만 원) × 병의 법정상속분비율 1/2 = 6,000만 원

- 잔존 상속재산에 대한 을, 병의 순상속액

을: 초과 수익자이므로 0원

---

1 상속채무와 달리 유증채무를 잔존 상속재산에서 공제하는 이유는, 유증채무는 상속채무와 달리 잔존 상속재산에서 유언집행자가 유언의 이행으로서 이행하여야 하기 때문에 실질적으로 상속인들에게 돌아가지 않는다고 보는 데에 따른 것이다. 그러나 유언집행 시 상속채무의 처리를 어떻게 하여야 할 것인지, 상속채권자와 수유자의 우선관계는 어떻게 처리하여야 하는지(한정승인의 경우에는 상속채권자가 수유자에 우선하는 것으로 민법에 규정되어 있다) 등에 관하여 논의의 여지가 있다.

병: (잔존 상속재산 5,000만 원 - 무의 유증액 2,000만 원) × 1/1(6,000/ 6,000) = 3,000만 원

• 을, 병의 유류분 침해액

을: 유류분액 2,250만 원 - {순상속액 0원 + 생전증여 7,000만 원 - 상속채무분담액 1,500만 원(채무 3,000만 원 × 을의 법정상속분비율 1/2)} = -3,250만 원(결국 유류분침해가 없다)

병: 유류분액 2,250만 원 - {순상속액 3,000만 원 - 상속채무분담액 1,500만 원(채무 3,000만 원 × 병의 법정상속분비율 1/2)} = 750만 원[1]

(나) 유류분권리자의 특별수익액

1) 유류분권리자가 생전증여를 받은 경우에는 이미 상속을 선급 받은 것이므로 사실상 그는 이를 상속받은 것이나 다름없다. 따라서 이는 그의 유류분액에 충당하여 공제하여야 한다.

2) 유류분권리자가 유증을 받은 경우에도 그가 이를 이행 받았든 아니든 그는 이를 잔존 상속재산에서 받게 되므로, 역시 이를 그의 유류분액에 충당하여 공제한 후 유류분액의 부족이 있는지 판단하여야 한다.[2]

(다) 기여분

1) 위와 같이 현재 통설과 판례는 유류분액 산정 과정에서 기여분을 상속개시 당시의 잔존 상속재산에서 공제하지 않고 기초재산에 포함시켜 상속인들의 유류분액을 크게 인정하고 있다.

2) 그러나 앞서 본 바와 같이 기여분은 잔존 상속재산에서 공제하여야 하고, 이를 기초재산에 포함시켜서는 안 된다.

3) 한편 기여자의 유류분 침해액을 계산하는 경우, 기여분은 당해 기여자가 잔존 상속재산에서 취득한 것으로 보아 유류분액에서 이를 공제한 후 그의 유류분 침해액을 계산하여야 옳다. 기여분 역시 특별수익처럼 공동상속인들 상호 간의 공

---

1 만약 잔존 상속재산에 대한 을, 병의 순상속액을 구체적 상속분비율에 의하지 않고 법정상속분비율에 의해 계산하면, 을도 3,000만 원 중 1,500만 원을 취득함으로써 병의 취득이 1,500만 원으로 줄어들어 그의 유류분침해액은 2,250만 원이 된다.

2 잔존 상속재산이 수유액에 미달하는 경우, 그 수유액 전부를 공제하여야 하는가, 아니면 실제로 잔존 상속재산에서 이행 받을 수 있는 수유액에 한정하여야 하는가? 이는 유증에서 논의되어야 할 문제인데, 사견을 말한다면 그 부족액은 상속채무와 마찬가지로 공동상속인들이 각 법정상속분에 따라 분담하여 이행하여야 할 것이고, 그 경우 유류분권리자인 공동상속인은 자신이 분담할 몫은 실제로 유증 받은 것이라고 할 수 없으므로 나머지 상속인들이 분담하는 부족액에 한하여 공제함이 옳다고 생각된다.

평을 기하기 위하여 인정되는 것으로서 잔존 상속재산의 범위에서 고려되는 것이므로, 이 역시 다른 공동상속인들 입장에서는 특별수익처럼 기여상속인이 잔존 상속재산에서 상속을 받아 간 것이나 다름없기 때문이다. 독일 민법(제2316조 ①항) 역시 기여분은 기초재산에서 공제되어야 함은 물론 기여상속인의 구체적 상속분액에 이를 합산하도록 하고 있다.[1]

물론 기여분의 본질을, 기여상속인이 형성·유지한 재산으로서 형식상으로는 피상속인의 재산이지만 실질적으로는 기여상속인 본인의 재산으로 본다면 유류분액에서도 이를 공제하지 않음이 타당하다고 할 수 있으나, 이는 기여분에 대한 민법의 입법취지나 공동상속인들의 정서에는 맞지 않는다고 할 것이다.

㈜ 상속채무 중 유류분권리자의 부담액

1) 앞서 본 바와 같이 상속채무는 상속인들 사이에서 분할의 대상이 되지 아니하고 이들이 각 법정상속분에 따라 승계하여 변제할 의무를 부담하며, 이에 따라 유류분액 산정을 위한 기초재산 확정 시 이를 적극재산에서 공제한다. 그런데 이와 같이 상속채무를 기초재산 확정 시 적극재산에서 공제하면 그 상속채무에 해당하는 만큼의 적극재산이 채무 변제를 위한 자산으로 적립되는 셈이 되므로, 유류분 침해액을 계산하는 때에는 이를 각 상속인의 법정상속분에 따라 배분하여 상속인들의 유류분액에 가산하여야 옳다. 이는 각 상속인들에게 돌아가야 할 몫이기 때문이다. 일본의 2018년 개정 민법은 이를 명정하고 있다(제1046조 ②항 3호).

2) 한편, 특별수익이나 기여분은 상속재산 중 적극재산을 분할할 때만 고려되고 상속채무에는 영향이 없으므로, 공동상속인 가운데 기여자나 특별수익자가 있는 경우에도 상속채무의 분담 비율은 법정상속분에 따라야 한다.[2]

3) 공동상속인 중 1인이 자신의 법정상속분 상당의 상속채무 분담액을 초과하여 유류분권리자의 상속채무 분담액까지 변제한 경우에는 유류분권리자를 상대로 별도로 구상권을 행사하여 지급받거나 상계를 하는 등의 방법으로 만족을 얻을 수 있다. 그러나 이를 유류분권리자의 유류분 침해액 산정 시 고려할 것은 아니다.[3]

일본 민법(제1047조 ③항)은 이에 관하여 수유자 또는 수증자가 유류분권리자

---

1 최준규, "독일의 유류분 제도," 가족법연구 제22권 1호(2008), 279면 참조.
2 대판 1995. 3. 10. 선고 94다16571 참조.
3 대판 2013. 3. 14, 2010다42624, 42631.

가 승계·부담하는 채무를 변제 등으로 소멸케 한 때는 소멸한 채무액 한도에서 유류분권리자에게 유류분반환채무를 소멸하게 하는 의사표시를 할 수 있고, 그 경우 양 채무는 소멸한다고 규정하고 있다.

(3) 학설에 따른 유류분 침해액의 계산 사례

[사례]

홍길동(피상속인)은 적극재산 5,000만 원과 채무 1,000만 원을 남기고 사망하였다. 자녀로는 A, B가 있고, A는 8,000만 원, B는 500만 원을 홍길동 생전에 증여받았다. 그리고 장남인 A의 기여분액은 4,000만 원이다. 나아가 홍길동은 사망하기 6개월 전에 타인인 C에게 500만 원을 증여하였고, 타인인 D법인에게 1,000만 원을 유증하였다. B는 A를 상대로 유류분반환청구를 하였다.

⑺ 통설, 판례에 의한 경우(기여분을 고려하지 않는 경우)[1]

[유류분액 계산공식]

(상속개시 당시의 잔존 상속재산 + 생전증여액 − 상속채무) × 상속인의 유류분비율

[유류분 침해액의 계산공식]

유류분 침해액 = 유류분액 − 유류분권리자의 순상속액(잔존 상속재산에서 상속분비율에 따라 상속 받을 수 있는 액) − 유류분권리자의 특별수익액(생전증여액 + 유증액) + 상속채무 중 유류분권리자의 부담액(상속채무 × 법정상속분비율)

1) 위 견해에 의하면 유류분액 계산을 위한 기초재산에서 기여분을 공제하지 않으므로 각 상속인의 유류분액은 다음과 같다.

- 유류분액 계산의 기초재산 : 상속개시 당시 잔존재산 5,000만 원 + A의 생전증여액 8,000만 원 + B의 생전증여액 500만 원 + C의 생전증여액 500만 원 − 상속채무 1,000만 원 = 1억 3,000만 원
- 자녀 A, B의 유류분비율 : 법정상속분율 각 1/2 × 1/2 = 각 1/4
- 자녀 A, B의 유류분액 : 1억 3,000만 원 × 각 1/4 = 각 3,250만 원

2) 상속인인 자녀 A, B는 최대 각 3,250만 원의 범위에서 유류분권을 주장할 수 있는바, 기여분을 A의 순상속액에 포함시키지 않고 B의 유류분 침해액을 계산하면 다음과 같다.

---

[1] 이는 일본 최재판 1996. 11. 26, 평성 5 年(才)947 등도 같다.

◆ 구체적 상속분비율에 의해 잔존 상속재산을 상속(배분)하는 경우

A는 이미 8,000만 원을 생전증여 받았는바, 이는 A, B의 상속재산 분할을 위한 그의 구체적 상속액 6,750만 원을 초과하므로 A는 잔존 상속재산에서는 상속을 받을 수 없다. 따라서 잔존 상속재산에서 유증액을 공제한 나머지는 B만이 상속한다.

• 자녀 A, B의 구체적 상속분액

A: (잔존 상속재산 5,000만 원 + A의 생전증여액 8,000만 원 + B의 생전증여액 500만 원) × A의 법정상속분비율 1/2 − A의 생전증여액 8,000만 원 = −1,250만 원

B: (잔존 상속재산 5,000만 원 + A의 생전증여액 8,000만 원 + B의 생전증여액 500만 원) × B의 법정상속분비율 1/2 − B의 생전증여액 500만 원 = 6,250만 원

• 잔존 상속재산에 대한 자녀 A, B의 순상속액

A: 초과 수익자이므로 0원

B: (잔존 상속재산 5,000만 원 − D법인의 유증액 1,000만 원) × 1/1(6,250/6,250) = 4,000만 원

• 자녀 A, B의 유류분 침해액

A: 유류분액 3,250만 원 − {순상속액 0원 + 생전증여 8,000만 원 − 상속채무분담액 500만 원(채무 1,000만 원 × A의 법정상속분비율 1/2)} = −4,250만 원(결국 유류분침해가 없다)

B: 유류분액 3,250만 원 − {순상속액 4,000만 원 + 생전증여 500만 원 − 상속채무분담액 500만 원(채무 1,000만 원 × B의 법정상속분비율 1/2)} = −750만 원(결국 유류분침해가 없다)

◆ 법정상속분비율에 의해 잔존 상속재산을 상속하는 경우

A는 이미 그의 구체적 상속분액 6,750만 원을 초과하는 8,000만 원을 생전증여 받았으나 이를 고려하지 않고 A와 B가 잔존 상속재산을 법정상속분비율대로 상속받는 것으로 본다.

• 자녀 A, B의 구체적 상속분액

A: (잔존 상속재산 5,000만 원 + A의 생전증여액 8,000만 원 + B의 생전증여액 500만 원) × A의 법정상속분비율 1/2 − A의 생전증여액 8,000만 원 = −1,250만 원

B: (잔존 상속재산 5,000만 원 + A의 생전증여액 8,000만 원 + B의 생전증여액 500만 원) × B의 법정상속분비율 1/2 − B의 생전증여액 500만 원 = 6,250만 원

• 잔존 상속재산에 대한 자녀 A, B의 순상속액

A: (잔존 상속재산 5,000만 원 − D법인의 유증액 1,000만 원) × 1/2 = 2,000만 원

B: (잔존 상속재산 5,000만 원 − D법인의 유증액 1,000만 원) × 1/2 = 2,000만 원

• 자녀 A, B의 유류분 침해액

A: 유류분액 3,250만 원 − {순상속액 2,000만 원 + 생전증여 8,000만 원 − 상속채무분담액 500만 원(채무 1,000만 원 × A의 법정상속분비율 1/2)} = −6,250만 원(결국 유류분침해가 없다)

B: 유류분액 3,250만 원 − {순상속액 2,000만 원 + 생전증여 500만 원 − 상속채무분담액 500만 원(채무 1,000만 원 × B의 법정상속분비율 1/2)} = 1,250만 원

㈏ 소수설에 의한 경우(기여분을 고려하는 경우)

[유류분액 계산공식]

(상속개시 당시의 잔존 상속재산 + 생전증여액 − 기여분 − 상속채무) × 상속인의 유류분비율

[유류분 침해액의 계산공식]

유류분 침해액 = 유류분액 − 유류분권리자의 순상속액(잔존 상속재산에서 상속분비율에 따라 상속 받을 수 있는 액) − 유류분권리자의 특별수익액(생전증여액 + 유증액) − 기여분 + 상속채무 중 유류분권리자의 부담액(상속채무 × 법정상속분비율)

1) 위 견해에 의하면 유류분액 계산을 위한 기초재산에서 기여분을 공제하므로 각 상속인의 유류분액은 다음과 같다.

• 유류분액 계산의 기초재산 : 상속개시 당시 잔존재산 5,000만 원 + A의 생전증여액 8,000만 원 + B의 생전증여액 500만 원 + C의 생전증여액 500만 원 − A의 기여분 4,000만 원 − 상속채무 1,000만 원 = 9,000만 원
• 자녀 A, B의 유류분비율 : 법정상속분율 각 1/2 × 1/2 = 각 1/4
• 자녀 A, B의 유류분액 : 9,000만 원 × 각 1/4 = 각 2,250만 원

2) 상속인인 자녀 A, B는 최대 각 2,250만 원의 범위에서 유류분권을 주장할 수 있는바, 기여분을 A의 순상속액에 포함시켜 B의 유류분 침해액을 계산하면 다음과 같다.

◆ 구체적 상속분비율에 의해 잔존 상속재산을 상속(배분)하는 경우

• 자녀 A, B의 구체적 상속분액

A: (잔존 상속재산 5,000만 원 + A의 생전증여액 8,000만 원 + B의 생전증여액 500만 원) × A의 법정상속분비율 1/2 − A의 생전증여액 8,000만 원 = −1,250만 원

B: (잔존 상속재산 5,000만 원 + A의 생전증여액 8,000만 원 + B의 생전증여액 500만 원) × B의 법정상속분비율 1/2 − B의 생전증여액 500만 원 = 6,250만 원

• A는 이미 8,000만 원을 생전증여 받았는바, 이는 그의 법정상속분액 6,750만 원을 1,250만 원 초과하므로 A는 잔존 상속재산에서는 상속을 받을 수 없다. 따라서 잔존 상속재산에서 기여분과 유증액을 공제한 나머지는 B만이 상속한다.

• 잔존 상속재산 중 분할할 잔존 상속재산에 대한 자녀 A, B의 순상속액

A: (잔존 상속재산 5,000만 원 − A의 기여분 4,000만 원[1] − D법인의 유증액 1,000만 원) × 0/(0 + 6,250) = 0원

B: (잔존 상속재산 5,000만 원 − A의 기여분 4,000만 원 − D법인의 유증액 1,000만 원) × 6,250/(0 + 6,250) = 0원

• 자녀 A, B의 유류분 침해액

A: 유류분액 2,250만 원 − {순상속액 0원 + 생전증여 8,000만 원 + 기여분 4,000만 원 − 상속채무분담액 500만 원(채무 1,000만 원 × A의 법정상속분비율 1/2)} = −9,250만 원(결국 유류분침해가 없다)

B: 유류분액 2,250만 원 − {순상속액 0원 + 생전증여 500만 원 − 상속채무분담액 500만 원(채무 1,000만 원 × B의 법정상속분비율 1/2)} = 2,250만 원

◆ 법정상속분비율에 의해 잔존 상속재산을 상속하는 경우

• 자녀 A, B의 구체적 상속분액

A: (잔존 상속재산 5,000만 원 + A의 생전증여액 8,000만 원 + B의 생전증여액 500만 원) × A의 법정상속분비율 1/2 − A의 생전증여액 8,000만 원 = −1,250만 원

B: (잔존 상속재산 5,000만 원 + A의 생전증여액 8,000만 원 + B의 생전증여액 500만 원) × B의 법정상속분비율 1/2 − B의 생전증여액 500만 원 = 6,250만 원

• A는 이미 8,000만 원을 생전증여 받았는바, 이는 그의 법정상속분액 6,750만 원을 1,250만 원 초과하나, 이를 고려하지 않고 잔존 상속재산에서 기여분과 유증액을 공제한 나머지를 A와 B가 그들의 법정상속분비율대로 상속한다.

• 잔존 상속재산 중 분할할 잔존 상속재산에 대한 자녀 A, B의 순상속액

A: (잔존 상속재산 5,000만 원 − A의 기여분 4,000만 원 − D법인의 유증액 1,000만 원) × 1/2 = 0원

B: (잔존 상속재산 5,000만 원 − A의 기여분 4,000만 원 − D법인의 유증액 1,000만 원) × 1/2 = 0원

• 자녀 A, B의 유류분 침해액

A: 유류분액 2,250만 원 − {순상속액 0원 + 생전증여 8,000만 원 + 기여분

---

[1] 기여분도 잔존 상속재산에 포함되어 있다가 유증채무처럼 기여자에게 귀속되어야 하므로 분배할 대상 재산에서 공제하여야 한다.

4,000만 원 – 상속채무분담액 500만 원(채무 1,000만 원 × A의 법정상속분비
율 1/2)} = –9,250만 원(결국 유류분침해가 없다)

B: 유류분액 2,250만 원 – {순상속액 0원 + 생전증여 500만 원 – 상속채무
분담액 500만 원(채무 1,000만 원 × B의 법정상속분비율 1/2)} = 2,250만 원

3. 유류분반환청구권의 법적 성질

1) 민법은 유류분권리자가 피상속인의 증여 및 유증으로 인하여 그 유류분에
부족이 생긴 때에는 부족한 한도에서 그 재산의 반환을 청구할 수 있다고 규정하
고 있는바(제1115조 ①항), 이 규정만으로는 사해행위취소권처럼 유류분반환청구권
의 행사에 의하여 당해 증여나 유증이 취소되거나 무효가 되는지 아닌지 여부를
알 수 없다.

2) 우리 민법상 유류분반환청구권의 모델이 된 일본 민법은 종래 유류분반환
청구권을 유류분감쇄청구권(遺留分減殺請求權)이라고 규정하였는데, 학설은 형성권
설과 청구권설이 대립하였다.

그런데 2018년에 개정된 일본 민법은 유류분권리자로 하여금 수증자나 수유
자에게 원물반환 대신 유류분 침해액에 상당한 금전의 지불(반환)을 청구할 수 있
는 것으로 하여(제1046조 ①항), 개정 법률은 청구권설을 취한 것이라는 데에 대체
로 학설이 일치되어 있다. 독일 민법 역시 동일하다.[1]

3) 유류분반환청구권은 유류분 침해행위(증여 등)를 취소 또는 무효로 돌려 그
효력을 소멸시키는 형성권이라는 것이 형성권설이고, 이와 달리 유류분반환청구권
은 유류분 침해행위의 효력에는 영향이 없고, 단지 법이 정한 일정한 사유로 인하
여 상대방에게 재산의 급부를 청구할 수 있는 권리라는 것이 청구권설이다.

(1) 형성권설

⑺ 물권적 형성권설[2]

1) 유류분반환청구권의 행사로 인하여 유류분을 침해하는 피상속인의 유증 또
는 증여계약은 소급적으로 실효하고, 이에 따라 수증자 등은 그 재산에 대한 권리
를 잃게 된다.

---

1 최준규, "유류분과 기여분의 관계", 저스티스 제162호(2017. 10.), 266면.
2 우리나라의 다수설이자 2018년 개정 민법 이전 일본의 통설이다. 이는 프랑스 민법 제920~930조
　와 구 일본 민법 제1031~1041조의 '감쇄(減殺)권'의 영향을 받은 것으로 알려져 있다.

2) 따라서 유류분반환청구권의 행사 결과 목적물의 소유권은 등기나 등록, 점유의 이전 등이 없이도 당연히 유류분권자에게 복귀한다. 그 결과 유류분권자는 이미 이행된 부분에 대하여는 소유권 등 물권적 청구권에 기하여 반환을 청구(청구형식은 물건의 인도청구, 소유권이전등기말소청구 등)할 수도 있고 부당이득반환청구권도 행사할 수 있으며, 아직 이행되지 아니한 부분에 대하여는 이행거절권을 행사할 수 있다. 그러므로 유류분반환청구권의 행사와 그 결과 발생한 물권적 청구권 등의 행사는 개념상 구별된다. 한편, 수증자 등은 원물뿐만 아니라 그 원물에서 생긴 과실(果實)도 반환하여야 한다.

3) 수유자 등이 목적물을 제 3 자에게 양도하였더라도 그 양도행위는 무권리자의 처분행위로서 무효이므로, 유류분권리자는 그 양수인이나 전득자인 제 3 자에 대하여 그의 선악을 묻지 않고 반환청구를 할 수 있다. 즉 추급권(追及權)을 행사할 수 있다.[1] 다만, 양수인은 선의취득에 의하여 보호될 수는 있다.

(나) **채권적 형성권설**[2]

1) 유류분반환청구권의 행사로 증여 등의 효력이 소멸하지만, 증여목적물의 권리가 등기나 등록, 점유의 이전 없이 당연히 유류분권리자에게 복귀하는 것은 아니고, 권리자와 의무자 사이에 그에 관한 채권·채무가 발생할 뿐이다.

2) 예컨대, 특정물의 수증자는 반환청구를 당하면 유류분권리자에게 소유권이전의 의무를 지게 된다.

(2) **청구권설**[3]

1) 유류분권리자의 반환청구로 인하여 이미 이루어진 증여나 유증이 당연히 실효되는 것은 아니고, 권리자는 유류분액의 부족분에 한하여 상대방에게 이미 이행된 부분에 대하여는 반환청구를 할 수 있는 채권적 권리를 가지며, 미이행 부분에 대하여는 이행거절권을 행사할 수 있다. 그러므로 유류분반환청구권의 행사는 단일하며, 그 외에 다른 의사표시는 필요 없다.

2) 반환청구권은 수증자 등에 대한 대인적(對人的) 청구권, 즉 일종의 부당이득반환청구권이므로 원칙적으로 물건의 소유권·담보권을 취득한 양수인 등 제 3

---

1 견해에 따라서는 선의의 제 3 자 보호를 위하여 악의의 제 3 자에게만 추급할 수 있다는 입장도 있다.
2 임정평, 424면; 新版注釋民法(28)/中川 淳 집필부분(有斐閣, 1988), 446면; 山崎勉, "遺留分減殺請求權行使의 方法," 判タ 제688호, 395면; 鈴木祿彌, 相續法講義(創文社1996), 171~172면.
3 곽윤직, 469면; 김능환, "유류분반환청구," 재판자료 제78집(1998), 19~22면; 김상용 외 3, 559면; 변동열, "유류분 제도," 민사판례연구[XXV](2003), 813면 이하; 윤진수, 578면; 이경희, 496면 등.

자에 대한 추급력(물권적 효력)은 없다. 다만, 제 3 자가 악의(惡意)인 경우에는 그에게도 반환을 청구할 수 있으나, 제 3 자가 선의이면 그에게는 아무런 청구를 할 수 없고 당초의 수증자 등에 대하여만 청구할 수 있다.

3) 우리 민법이 물권변동에 관하여 형식주의(성립요건주의)를 취하고 있는 사정과 거래의 안전을 고려할 때 형성권설은 부당하다.[1]

(3) 판 례

1) 대법원은 "유류분반환청구권의 행사는 재판상 또는 재판 외에서 상대방에 대한 의사표시의 방법으로 할 수 있고, 이 경우 그 의사표시는 침해를 받은 유증 또는 증여행위를 지정하여 이에 대한 반환청구의 의사를 표시하면 그것으로 족하며, 그로 인하여 생긴 목적물의 이전등기청구권이나 인도청구권 등을 행사하는 것과는 달리 그 목적물을 구체적으로 특정하여야 하는 것은 아니고, 민법 제1117조에 정한 소멸시효의 진행도 그 의사표시로 중단된다"고 함으로써,[2] 이를 형성권설에 가깝게 해석하였다. 그러나 그것만으로는 대법원이 형성권설을 취하였다고 단정하기는 어렵다.

2) 그런데 대법원은 다시 "유류분권리자가 반환의무자를 상대로 유류분반환청구권을 행사하는 경우 그의 유류분을 침해하는 증여 또는 유증은 소급적으로 효력을 상실하므로, 반환의무자는 유류분권리자의 유류분을 침해하는 범위 내에서 그와 같이 실효된 증여 또는 유증의 목적물을 사용·수익할 권리를 상실하게 되고, 유류분권리자의 목적물에 대한 사용·수익권은 상속개시의 시점에 소급하여 반환의무자에 의하여 침해당한 것이 된다"고 하여[3] 명백히 형성권설로 볼 수 있는 판시를 하였다.

3) 그러면서도 대법원은, 유류분권리자는 악의의 제 3 자에게만 추급할 수 있다고 보고,[4] 민법 제1117조 소정의 기간을 소멸시효기간으로 본다.[5]

4) 2018년 개정 전의 일본 민법상 유류분감쇄청구권에 대하여 일본 판례는 유

---

1 곽윤직, 289면; 이경희, 유류분 제도(三知院, 1995), 150면; 이경희, "遺留分返還請求權의 法的性質," 也松金疇洙教授華甲紀念, 現代家族法과 家族政策(삼영사, 1988), 411~412면.

2 대판 1995. 6. 30, 93다11715; 2002. 4. 26, 2000다8878.

3 2013. 3. 14, 2010다42624, 42631; 서울가심 1994. 4. 21, 92느7359; 일 최판 1966. 7. 14, 집 20-6, 1184면; 동 1976. 8. 30, 집 30-7, 768면; 변동열, 전게논문, 812면 참조.

4 대판 2002. 4. 26, 2000다8878.

5 대판 1993. 4. 13, 92다3595; 2002. 4. 26, 2000다8878.

류분권리자가 감쇄청구권을 행사한 경우 증여나 유증은 유류분을 침해하는 한도에서 실효되고, 수증자 등이 취득한 권리는 유류분을 침해하는 한도에서 당연히 감쇄청구를 한 유류분권리자에게 귀속한다고 하여 형성권설을 취하였다.[1]

(4) 사 견

1) 형성권설과 청구권설 모두 나름의 논리와 근거를 갖고 있다. 이 가운데 어느 것이 타당한지를 결정하려면 법률규정과 유류분 제도의 기본취지, 민법의 체계와 다른 유사한 경우의 해석원리, 피상속인의 재산처분과 유언의 자유의 보장 및 거래의 안전 등을 종합적으로 고려하여야 한다.

2) 피상속인의 재산처분과 유언의 자유는 우리 헌법에서 보장하고 있는 재산권(헌법 제23조 ①항)과 행복추구권(헌법 제10조)에서 파생된 일반적인 행동의 자유이고, 이는 헌법상 기본권의 하나이다.[2]

그런데 상속인 보호를 위하여 피상속인의 재산 처분과 유언의 효력을 뒤집는 유류분 제도는 이에 대한 예외를 인정한 것이므로, 가급적 피상속인의 의사를 존중하고 유지(遺旨)를 살리며 거래의 안전을 도모하는 방향으로 제도를 운영하여야 한다. 그래야만 피상속인의 의사와 상속인 및 이해관계인 보호에 조화를 기할 수 있다.[3] 그런 견지에서 유류분권의 행사는 필요최소한의 범위에서만 허용하여야 할 것이다.

3) 민법은 채권자취소에 관하여 "채무자가 채권자를 해함을 알고 재산권을 목적으로 한 법률행위를 한 때에는 채권자는 그 취소 및 원상회복을 법원에 청구할 수 있다 … 취소와 원상회복은 모든 채권자의 이익을 위하여 그 효력이 있다"고 규정한 것(제406조, 제407조)과 달리, 유류분반환청구권에 대해서는 유류분액에 부족이 생긴 경우 그 부족한 한도에서 증여한 재산의 반환을 청구할 수 있다고 규정하고 있다(제1115조 ①항). 한편, 채권자취소에 관하여 통설과 판례는 민법상 명문의 규정이 없음에도 채권자취소권의 행사가 있더라도 사해행위의 효력에는 영향이 없고, 단지 상대방은 그 수익을 반환할 의무만 있는 것으로 해석한다.

이러한 점을 고려하면, 피상속인의 재산처분과 유언의 효력을 유지하되, 상속인의 법정상속분 중 최소한인 유류분을 확보하게 하기 위하여 그 부족한 범위에서

---

1 최재판 1976. 8. 30, 소화50년(才)920; 1995. 1. 26, 평성3年(才)1772 등 다수.
2 헌재 2008. 3. 27, 2006헌바82 결정 등 참조.
3 동지: 대판 2014. 5. 29, 2012다31802.

증여한 재산을 유류분권리자에게 반환, 보충케 하는 것으로 해석함이 타당하다. 따라서 유류분액에 부족이 있더라도 그것만으로 곧 피상속인의 처분행위를 무효로 돌릴 필요는 없고, 그 부족한 범위에서 수증자 등으로 하여금 유류분권리자에게 재산을 반환하게 하면 충분하다.

4) 한편, 민법은 유류분반환청구권을 일정 기간 내에 행사하지 않을 경우 시효로 소멸한다고 규정하고 있는바(제1117조), 만약 유류분반환청구권이 형성권이라면 그 권리의 성질상 제척기간에 걸릴 수는 있어도 소멸시효에 걸릴 수는 없는 만큼 이 역시 유류분반환청구권이 형성권이 아니라 청구권에 해당함을 방증한다. 대법원도 이 권리를 소멸시효에 걸리는 것으로 해석함은 앞서 본 바와 같다.[1]

또한, 유류분반환청구권을 형성권(취소권)으로 이해할 경우 피상속인의 처분행위는 무효가 되어 유류분권리자를 포함한 상속인들에게 그 재산권이 귀속되어 이들은 양수인 등 전득자에게도 소유권에 기한 물권적 청구권을 행사함으로써 추급권을 행사할 수 있게 되는데, 이와 관련하여 선의의 제3자에게 대항할 수 없다는 법 규정이 없는데도 불구하고 양수인이 악의인 때에 한하여 반환을 청구할 수 있다고 보는 것은 형성권설에 맞지 않는다. 청구권설에 의하면, 양수인이나 전득자에 대해서는 그의 선악을 불문하고 추급을 할 수 없으므로 반환청구권이 없으나, 악의의 전득자에 대해서는 예외적으로 반환청구권을 인정하는바, 이는 불법행위로 인한 손해배상청구권의 대용이라고 이해할 수 있을 것이다.

한편, 채권적 형성권설은 피상속인의 처분행위를 무효로 보면서도 재산권이 곧바로 유류분권리자 등에게 복귀하지 않는다고 보나, 이는 무효행위나 처분행위의 취소, 해제 등에 관하여 통설과 판례가 취하고 있는 물권적 효력설과 어울리지 않는다.

5) 피상속인의 처분행위가 기본적으로 반사회질서행위도 아닌데, 이를 무효로 돌리고 추급권을 행사하게 할 정도로 유류분권리자를 강하게 보호할 필요가 있는가? 이를 긍정할 이유를 찾을 수 없다. 따라서 유류분반환청구권을 청구권으로 이해함이 타당하다. 이 경우 유류분반환청구권은 일종의 특수한 부당이득반환청구권이라고 해석할 수 있을 것이다.

---

1 대판 2002. 4. 26, 2000다8878.

4. 유류분반환청구권의 행사방법

(1) 소송 외 행사

(가) 수증자 등에 대한 의사표시

1) 유류분반환청구권은 상대방(수유자·수증자 등)에게 반환을 구하는 의사표시로써 행사한다. 따라서 이는 '상대방 있는' 단독행위이다. 반드시 소(訴)의 제기로만 하여야 하는 것(재판상 청구)은 아니고 소송 외에서의 의사표시(재판 외의 청구)로도 할 수 있다. 물론 당해 소송절차나 다른 소송절차에서도 소장이나 준비서면 등을 통하여 이 의사표시를 할 수 있다.[1] 이러한 의사표시로 민법 제1117조 소정의 소멸시효기간의 진행이 중단된다.[2]

2) 유류분반환청구의 의사표시는 유류분권을 침해하는 행위인 특정한 유증이나 증여행위를 지정하여 그 반환청구의 의사표시를 하면 족하고, 소송 외에서는 청구대상 목적물의 이전등기청구권이나 인도청구권을 행사하는 것처럼 그 목적물까지 구체적으로 특정하여야 하는 것은 아니다.

3) 유류분반환청구권은 위와 같이 반드시 소의 제기로만 하여야 하는 것은 아니지만, 단순히 수증자가 제기한 이행청구소송의 소송절차에서 피상속인의 증여를 부인하거나 다른 이유로 무효라고 다툰다든지, 당해 반환청구의 대상인 부동산의 취득이나 보존등기를 한 것만으로는 반환청구권을 행사한 것으로 볼 수 없다.[3]

(나) 상속재산분할청구

1) 유류분반환청구권은 민사소송으로 행사함이 원칙이고 가정법원에는 청구할 수 없는 것이지만, 특정 상속인에 대한 증여(사인증여 포함)나 유증의 무효를 주장하면서 공동상속인들을 상대로 상속재산분할청구를 한 경우에도 유류분반환청구의 의사표시를 한 것으로 볼 수 있는가?

2) 사인증여가 피상속인의 의사능력 결여 또는 통정허위표시 등으로 무효라고 주장하면서 이를 전제로 망인의 예금통장·인장의 교부와 소비한 금전의 반환을

---

1 대판 2002. 4. 26, 2000다8878(상속재산분할심판절차에서 종전에 하였던 유류분반환 주장을 철회한 것은 유류분반환청구가 가정법원의 관할에 속하지 않는 점을 고려한 데서 비롯된 법원에 대한 의사표시일 뿐 사법상의 유류분반환청구의 의사표시를 취소하거나 철회한 것으로 볼 수는 없다); 일 최판 1966. 7. 14, 집 20-6, 1184면 등.
2 대판 2001. 9. 14, 2000다66430, 66447; 2002. 4. 26, 2000다8878.
3 일 최판 1950. 4. 28, 민집 4-4, 152면.

청구하고, 유류분반환을 전제로 한 의사표시가 없다면 유류분청구의 뜻이 포함된 것이라고 볼 수 없다.[1]

　　3) 위와 같이 상속인이 유증 또는 증여행위가 무효임을 주장하여 법정상속분에 기초한 반환을 주장하는 경우에는 그와 양립할 수 없는 유류분반환청구권을 행사한 것으로 볼 수 없지만, 상속인이 유증 또는 증여행위의 효력을 명확히 다투지 아니하고 수유자 또는 수증자에 대하여 재산분배나 반환을 청구하는 경우에는 유류분반환청구가 전제되었다고 볼 수밖에 없으므로, 비록 유류분반환을 명시적으로 주장하지 않더라도 그 청구 속에는 유류분반환청구권을 행사하는 의사표시가 포함되어 있다고 해석할 수 있다.[2]

(2) 소송에 의한 행사

　　유류분반환청구권을 위와 같이 청구권으로 이해하는 경우 이를 가장 확실하게 행사하는 방법은 그 반환청구의 소를 제기하는 것이다.

(가) 당 사 자

　　1) 유류분권리자나 그 승계인이 원고가 되고, 수증자나 수유자 및 그 포괄승계인이 피고가 된다. 수증자나 수유자가 공동상속인 중 일부인 경우에도 같다. 통설, 판례에 의하면, 악의의 양수인(특정승계인) 등 전득자도 피고가 될 수 있다.

　　2) 여러 명의 유류분권리자가 공동으로 원고가 되고, 그 상대방이 여러 명인 경우 이들이 공동으로 피고가 될 수 있음은 물론이다. 그러나 어느 경우에나 필수적 공동소송관계가 되는 것은 아니다.

(나) 관할법원과 소송절차

　　민법은 유류분반환청구소송에 대하여 아무런 규정을 두지 않았고, 가사소송법 역시 이를 가사소송이나 비송사건의 대상으로 규정하지 않고 있다. 따라서 유류분반환청구소송은 민사소송으로서 민사법원의 관할에 속하고, 민사소송법이 적용되어야 한다는 것이 통설과 판례이다.

(다) 행사방법

　　1) 소로써 유류분반환청구를 할 때는 위와 같이 유류분권을 침해하는 행위인 특정한 유증이나 증여행위를 지정하고, 원물반환을 청구하는 경우에는 청구대상

---

1 대판 2001. 9. 14, 2000다66430, 66447.
2 대판 2012. 5. 24, 2010다50809. 물론 상속재산분할절차에서 유류분반환청구 사건을 심판할 수 있는지는 별개의 문제이다.

목적물을 특정하여 그 지분이전등기나 인도청구를 구체적으로 하여야 한다.[1] 지분이전등기청구 시 등기원인일은 유류분반환청구의 의사표시가 기재된 소장 부본의 송달일로 하면 무방하다.

2) 유류분반환청구소송은 일반 민사소송과 같이 처분권주의와 변론주의가 적용된다. 따라서 원고는 유류분권의 존재와 유류분 침해행위 및 그 범위 등을 주장하고 증명하여야 한다.

㈜ 가사사건과의 병합처리의 가부

1) 가사사건과 민사소송사건의 병합에 관하여는 가사사건이 가정법원의 전속관할에 속하는 때문에, 실질상 민사소송사건의 성질을 갖는 가사소송법 제2조 ①항 1호 다목 소정의 다류 사건이 아니면 가정법원이 가사사건과 민사소송사건을 병합하여 심판할 수 없고, 민사법원 역시 양자를 병합하여 심판할 수 없는 것으로 이해된다.[2]

2) 그러나 가사사건은 가정법원의 전속관할에 속하나, 민사소송사건은 민사법원의 전속관할에 속한다는 규정이 없다는 점을 고려하여 가정법원이 가사사건과 민사소송사건을 병합하여 심판할 수 있다는 하급심 판례도 있다.[3]

이러한 견해에 따른다면, 공동상속인들 사이의 유류분반환청구는 상속재산분할심판청구와 함께 가정법원이 동시에 심판할 수도 있다. 예컨대, 공동상속인들 중 1인의 상속인에게 전 재산이 포괄유증된 경우, 다른 공동상속인은 유류분반환청구를 하지 않고는 상속재산분할청구도 할 수 없기 때문에 이 경우 상속재산분할청구 속에는 묵시적으로 유류분반환청구의 의사표시가 포함되어 있다고 볼 수 있다.[4] 다만, 시효기간의 준수를 분명히 하기 위해서는 유류분반환청구의 취지를 예비적 청구로 분명히 표시함이 바람직하므로, 이런 경우 가정법원은 원고에게 이를 알려주고 석명이나 보정을 하게 하는 방법으로 유류분반환청구도 동시에 청구하도록 하여야 할 것이다.

---

1 대판 2013. 3. 14, 2010다42624, 42631.
2 대판 1972. 11. 14, 72므1; 2006. 1. 13, 2004므1378.
3 서울가심 1994. 4. 21, 92느7359(청구인들이 상속재산분할청구와 함께 유류분청구를 하자, 양자를 병합하여 심리하고 주문은 상속재산분할의 방법으로 하였다); 2002. 9. 13, 2000드단100845(사실혼 해소에 기한 재산분할청구와 명의신탁 해지에 기한 등기청구를 병합심리하였다. 항소심인 서울가심 2004. 4. 22, 2002르2424호는 1심을 지지했고, 상고심인 대법원은 2004므979호로 상고를 기각하여 1심판결이 확정되었다).
4 이경희, 유류분 제도, 154면; 이진태, "유류분의 산정," 민사판례연구[XIX](1997), 382면. 그렇더라도 가사비송사건인 상속재산분할과 민사소송사건인 유류분반환청구를 병합하는 데에는 또 다른 문제가 있다. 이 경우 가사소송법 제14조를 유추하여 소송절차에 의할 수밖에 없을 것이다.

:: 참고판례

유류분반환청구는 원칙적으로 민사소송의 대상이지만, 유증 등으로 인한 유류분
침해자가 상속인이어서 유류분권리자가 그 권리를 행사할 경우 상속인들 사이의
상속재산분할에 영향을 미치게 되므로, 유류분반환청구의 구체적 실현은 가사비
송사건인 상속재산분할절차와 함께 이루어질 수 있다(서울가심 1994. 4. 21, 92
느7359).

5. 반환청구의 순서와 한도, 방법

(1) 유류분반환청구의 순서

반환청구의 대상이 되는 유증과 증여가 여러 개인 경우 반환청구의 순서를 정
할 필요가 있다. 이는 기득권자와 거래의 안전을 보호하기 위한 것이므로 이에 관
한 민법 규정은 강행규정이라고 보아야 한다.

(개) 유증과 증여의 우선순위

1) 유류분권리자는 먼저 유증(사인증여 포함)을 반환 받은 후, 그래도 유류분액
에 부족이 있으면 그 부족한 한도에서 증여의 반환을 청구할 수 있다(제1116조).

즉 제 1 차로 유증이나 사인증여를 받은 수유자를 상대로 반환을 청구하여야
하고, 그래도 부족이 있으면 제 2 차로 생전증여를 받은 수증자를 상대로 청구하여
야 한다. 이는 망인의 생전증여의 뜻을 가급적이면 존중하려는 취지로서, 로마법
이래의 전통이다.[1]

따라서 유류분권리자가 생전증여를 받은 수증자를 상대로 청구할 때는 유증
(사인증여 포함)을 반환 받았거나, 장차 이를 반환 받더라도 유류분액에 부족이 있다
는 사실을 주장·증명하여야 한다. 그러나 실제로 수유자가 반환청구의 상대방이
되는 경우는, 그가 유언의 집행이나 한정승인에 따른 채무청산에 의하여 유증채무
를 상속인들로부터 이행 받은 경우여야 하는바, 상속인들이 그 당시 유류분권을

---

1 유증을 증여에 우선케 하는 이유는, ① 반환대상의 주(主)된 것은 사후처분이고, 생전처분은 종
(從)된 것이라는 점, ② 이미 효력이 발생한 오래된 증여를 대상으로 삼으면 수증자에게 가혹하다
는 점[유증에 대한 반환청구와 달리, 증여에 대한 반환청구는 증여가 이루어진 선후관계(先後關
係)를 고려하여 '가장 나중(최근)에 이루어진' 증여부터 반환하고 그래도 부족한 경우는 그 이전의
증여로 순차 소급하여 반환하도록 하여야 한다는 입법론이 있다(일민 제1035조, 독민 제2329조
③항; 이경희, 165면).], ③ 대개 증여의 경우에는 목적물이 수증자의 수중(手中)에, 유증의 경우에
는 목적물이 상속인의 수중에 보유되고 있는 것이 보통이라는 점 등이다.

주장하지 않고 유증채무를 이행하는 일은 거의 없을 것이다.

2) 피상속인이 반환청구의 순서에 관하여 위와 다른 유언을 하더라도 이는 무효이다. 민법 제1116조는 생전증여의 효력을 가능한 한 유지하려는 강행규정으로 보아야 하기 때문이다.[1]

3) 사인증여는 실질상 유증에 준하는 것이므로(제562조), 생전증여보다 먼저 반환되어야 한다는 것이 통설이다.[2] 생명보험계약상 피보험자 사망 시 제 3 자에게 지급하기로 한 보험금이나 해약환급금, 제 3 자에게 수익권을 부여하는 유언신탁 등도 사인증여에 준하여 취급하여야 함은 앞서 본 바와 같다.

:: 참고판례

유류분반환청구의 목적인 증여나 유증이 병존하고 있는 경우, 유류분권리자는 먼저 '유증 받은 자'를 상대로 유류분 침해액의 반환을 구하여야 하고, 그 후에도 여전히 유류분 침해액이 남아 있는 경우에 한하여 증여를 받은 자에 대하여 그 부족분을 청구할 수 있는 것이며, 사인증여의 경우에는 유증의 규정이 준용될 뿐만 아니라, 그 실제적 기능도 유증과 다르지 아니하므로 유증과 같이 보아야 할 것이다(대판 2001. 11. 30, 2001다6947).

(나) 복수의 수유자, 수증자

1) 수유자나 수증자가 복수일 경우 이들 복수자 상호 간의 내부관계에서는 각자가 받은 목적물의 가액에 비례하여 반환의무를 진다(제1115조 ②항).

2) 복수의 공동상속인이 증여와 유증을 모두 받아 그 받은 재산 등의 가액이 자기 고유의 유류분액을 초과함으로써 수인의 공동상속인이 유류분권리자에게 반환하여야 할 재산과 범위를 정할 때에, 수인의 공동상속인이 받은 재산의 총 가액이 유류분권리자의 유류분 부족액을 초과하는 경우에는 유류분 부족액의 범위 내에서 각자 받은 수유재산을 반환하면 되고, 수증재산까지 반환할 의무는 없다. 즉 이 경우에도 유증이 증여에 우선한다.

3) 위 경우 수인의 공동상속인이 분담하여야 할 액은 각자 증여 또는 유증을 받은 재산 등의 가액이 자기 고유의 유류분액을 초과하는 가액의 비율에 따라 안

---

1 일 高松高決 1978. 9. 6, 家月 31-4, 83면.
2 김주수, 주석친족·상속법(제 2 전정판)(법문사, 1993), 776면; 이경희, 161면 등. 이와 달리, 일본에서는 유증과 사인증여 사이에는 유증이 우선하여 반환되어야 할 것이라는 견해가 있다.

분하여 정하되, 그중 어느 공동상속인의 수유재산 가액이 그의 분담액에 미치지 못하여 분담액에 부족이 발생하는 때에는 그 받은 수유재산의 가액이 자신의 분담액을 초과하는 다른 공동상속인들이 위 분담액 부족분을 위 비율에 따라 다시 안분하여 반환하여야 한다.[1]

(다) 상속인과 제3자 간의 우선순위

상속인인 특별수익자와 제3자인 수증자가 병존하는 때는 이들 사이에 우선순위가 없고, 이들은 동순위로 특별수익자(상속인)의 유류분초과금액과 제3자의 수증액 비율에 따라 각각 반환의무를 진다.

(2) 반환청구의 한도

(가) 원   칙

1) 유류분을 침해하는 증여나 유증이 이루어진 경우, 유류분의 반환청구는 그 권리자의 유류분액에 부족한 한도에서만 행사할 수 있다(제1115조 ①항).

2) 따라서 공동상속인 중 일부가 피상속인으로부터 증여나 유증을 받아 그것이 자신의 법정상속분을 초과하더라도, 이로 인하여 다른 공동상속인의 유류분을 침해하지 아니하는 이상 그 초과 부분을 반환할 의무는 없다.[2]

3) 상속결격자도 고유의 유류분이 있으므로, 그가 피고가 된 경우 그 역시 대습상속인을 보호하기 위하여 이 항변을 할 수 있을 것이다.

(나) 유류분권리자가 여러 사람인 경우

1) 유류분반환청구권은 각기 독립된 권리이다.

2) 그러므로 유류분권리자가 여러 사람인 경우 그들은 각자 따로 따로 권리를 행사할 수 있고, 한 사람의 권리 행사는 다른 권리자에게 영향을 미칠 수 없다.

3) 그리고 이들 상호 간에는 우열이 없으므로, 이들이 동일한 사람을 상대로 하나의 소로써 반환을 청구한 경우에도 원고들의 청구액을 합산하면 그 반환의무자의 반환 한도를 초과하더라도 각각 전액의 지급을 명하여야 할 것이다.

(다) 수증자 등이 여러 사람인 경우

1) 수증자나 수유자가 복수인 경우에는 각각 그들 내부관계에서 각자가 얻은 증여나 유증의 가액의 비율로 반환할 의무가 있다(제1115조 ②항). 따라서 유류분권리자는 이들에게 이 비율을 초과하여 반환청구를 할 수는 없으며, 복수의 수증

1 대판 2013. 3. 14, 2010다42624, 42631.
2 대판 1995. 3. 10, 94다16571; 1995. 6. 30, 93다11715; 1996. 2. 9, 95다17885.

자나 수유자 중 1인만을 상대로 반환청구를 한 경우에도 수증자 등은 위 비율에 의한 범위에서만 지급의무를 진다.

2) 반환의무자가 여러 사람이더라도 그들은 각자가 얻은 증여·유증의 가액의 비율로 반환의무를 질 뿐, 서로 연대책임을 지지는 않는다.

㈐ 수증자 등이 공동상속인인 경우

1) 수증자 등이 공동상속인인 경우, 그들도 각자의 유류분이 있으므로 그 받은 것 전부를 반환할 의무는 없고, 자신의 유류분액을 초과하는 범위에서만 반환의무가 있다.[1]

2) 그러나 수증자 등이 상속인이 아닌 제3자인 경우, 그는 상속인이 아니라서 유류분이라는 것이 없으므로 유류분권리자는 제3자를 상대로 그 받은 것 전부를 한도로 반환을 청구할 수 있다.[2] 일본 민법(제1047조 ①항)은 이를 명정하고 있다.

3) 상속인과 제3자가 수증자 등으로서 병존하는 때는 상속인의 유류분 초과 금액과 제3자의 수증액 등의 비율로 각각 이들에게 반환청구를 할 수 있다.[3]

㈑ 목적물이 복수인 경우

1) 어느 수증자 등 1인이 수개의 재산을 증여나 유증받아 각 그 재산으로 유류분권리자에게 반환하여야 할 분담액을 반환하는 경우, 반환하여야 할 각 재산의 범위는 특별한 사정이 없는 한 민법 제1115조 ②항을 유추적용하여 각 재산의 가액에 비례하여 안분하는 방법으로 정함이 타당하다.[4]

2) 원물반환의 경우에도 이와 같이 새겨야 할 것이다.

(3) 반환청구의 방법(원물반환과 가액반환)

1) 유류분반환청구의 대상은 수증자 등이 받은 원물인가, 그 가액(價額)인가? 이에 관하여 민법에는 직접적인 규정이 없다.

2) 앞서 본 바와 같이 일본 민법은 종전에는 원물반환이 원칙인 것으로 해석되었으나, 2018년 개정법은 이를 가액반환청구로 명시적으로 변경하였다. 따라서 쌍방의 합의가 없는 한 가액반환만이 인정된다.

---

1 대판 1995. 6. 30, 93다11715; 1996. 2. 9, 95다17885; 일 최판 1998. 2. 26, 집 52-1, 274면.
2 대판 1996. 2. 9, 95다17885.
3 대판 1995. 3. 10, 94다16571; 1996. 2. 9, 95다17885.
4 대판 2013. 3. 14, 2010다42624, 42631.

⑺ 학 설

1) 물권적 형성권설에 따르면, 유류분반환청구권의 행사로 인하여 증여 등의 효력은 소급적으로 소멸하므로, 유류분권리자는 곧바로 원물에 대하여 소유권에 기한 추급권(인도청구권)을 행사할 수 있다. 다만, 성질상 또는 사정변경으로 원물 반환이 불가능한 때에는 민법 제202조에 의해 그 가액배상을 청구할 수 있다. 그리고 제 3 자에 대한 수증자의 양도행위도 무효이므로, 권리자는 제 3 자에 대하여도 원물의 반환을 청구(소위 추급)할 수 있다고 본다.

2) 반면에 채권적 형성권설에 따르면, 유류분반환청구권의 행사로 인하여 곧바로 원물에 대한 소유권이 유류분권리자에게 복귀하지 않으므로 유류분권리자는 소유권에 기한 추급권(인도청구권)을 행사할 수는 없고, 부당이득반환청구권에 유사한 권리를 행사할 수 있다. 따라서 민법 제747조 ①항에 따라 원물반환이 원칙이고, 원물반환이 불가능한 때에는 그 가액반환을 청구할 수 있다. 다만, 수증자가 무자력인데 그로부터 전득한 제 3 자가 악의인 경우에는 전득자에게도 원물반환을 청구할 수 있으나, 거래의 안전을 위하여 제 3 자가 선의이면 권리자는 그 제 3 자에게는 아무런 청구를 할 수 없고 당초의 수증자 등에 대하여 그 가액의 반환만을 청구할 수 있다고 본다.

3) 청구권설에서는 채권적 형성권설과 같이, 부당이득반환의 법리에 따라 원칙적으로 원물반환을 청구하고, 원물반환이 불가능한 경우 가액반환을 청구할 수 있다고 본다. 제 3 자에 대해서도 악의의 제 3 자에게만 원물 또는 가액의 반환을 청구할 수 있다고 본다.

⑻ 판 례

1) 형성권설을 취하는 대법원은 민법 제1115조 ①항의 규정을 토대로 증여 또는 유증 대상 재산 그 자체를 반환 대상으로 보고, 다만 원물반환이 불가능한 경우에는 그 가액 상당액을 반환하여야 하며, 그 가액은 사실심 변론종결시를 기준으로 산정하여야 한다고 본다.[1]

2) 원물반환이 가능한 때도 가액반환이 가능한가? 대법원은, 민법 제1115조 ①항이 '부족한 한도에서 그 재산의 반환을 청구할 수 있다'고 규정한 점 등에 비추어 반환의무자는 통상적으로 증여 또는 유증 대상재산 자체를 반환하면 될 것이나, 원물반환이 불가능한 경우에는 가액 상당액을 반환할 수밖에 없고, 또한 원물

---

1 대판 2005. 6. 23, 2004다51887; 2006. 5. 26, 2005다71949.

반환이 가능하더라도 유류분권리자와 반환의무자 사이에 가액으로 반환하기로 협의가 이루어지거나 유류분권리자의 가액반환청구에 대하여 반환의무자가 이를 다투지 않은 경우에는 법원은 가액반환을 명할 수 있지만, 유류분권리자의 가액반환청구에 대하여 반환의무자가 원물반환을 주장하며 가액반환에 반대하는 의사를 표시한 경우에는 반환의무자의 의사에 반하여 가액반환을 명할 수 없다고 한다.[1]

(다) 사   견

1) 앞서 본 바와 같이 유류분반환청구권은 청구권이라고 보아야 하고, 그 본질은 부당이득반환청구권에 유사한 권리라고 봄이 타당하다. 따라서 이는 부당이득반환청구권에 준하여 처리하여야 한다. 부당이득반환청구에서는 원물반환이 원칙이고, 멸실, 훼손, 양도 등으로 원물반환이 불가능할 때는 그 가액을 반환하여야 한다(제747조 ①항).

2) 원고인 유류분권리자는 양자의 법률효과를 임의로 선택하여 청구할 수는 없다. 원물반환청구가 원칙이고, 그것이 불가능하거나 현저히 곤란한 사정이 있는 때에 한하여 예외적으로 가액반환청구가 허용되기 때문이다. 따라서 원고는 원칙적으로 원물반환을 청구하여야 하며, 원물반환이 불가능하거나 현저히 곤란한 때, 즉 수익자의 원물반환의무가 이행불능이거나 공평의 원칙상 이를 허용할 수 없는 때에 예외적으로 가액반환청구를 하여야 한다. 그러므로 원고의 원물반환청구가 부당한 경우 피고인 수유자 등은 이행불능의 항변을 하여야 하고, 원고인 채권자가 스스로 가액반환청구를 하려면 그 사유를 주장, 입증하여야한다.[2]

3) 토지나 건물 기타 물건이나 권리가 반환의 대상인 경우에는 그 일부 지분(예컨대 1/3지분)을 유류분권리자에게 이전하는 방법으로 원물반환이 가능하다. 그러나 그 목적물이 불가분이면 가액반환이 상당하다.

이때 원물반환의 불가능 여부는 너무 엄격하게 볼 필요는 없고, 사회통념이나 권리자와 상대방의 의사, 이해관계를 조절하는 측면에서 완화할 필요가 있다. 유류분반환은 그 권리자에게 침해된 경제적 이익을 돌려주는 데 중점이 있지 원물 그 자체를 돌려주는 데 중점이 있는 것은 아니기 때문이다. 따라서 구체적 사정에 따라 유류분권리자가 목적물의 전부를 반환 받고 그 차액을 수증자에게 돈으로 지급

---

1 대판 2013. 3. 14, 2010다42624, 42631.
2 이에 관한 자세한 논의는 양경승, "청구의 독자성·독립성과 병합청구", 저스티스 제164호(2018. 2.)를 참조.

하거나, 수증자가 전부를 차지하고 차액을 유류분권리자에게 정산하는 것도 가능하다고 할 것이다.

(4) 유류분반환청구권 행사의 범위

㈎ 원물과 과실

1) 수증자 등은 증여받은 원물의 반환뿐만 아니라, 그 수증재산에서 생긴 과실도 반환하여야 하는가? 긍정설[1]과 부정설[2]이 대립하고 있다. 프랑스 민법(제928조), 구 일본 민법(제1036조)[3]과 달리 우리 민법은 이에 관한 규정을 두고 있지 않다.

2) 형성권설에 의하면, 상대방은 원물의 소유권이 없어 과실수취권이 없으므로 과실도 물권적 청구권이나 부당이득반환청구에 따라 반환하여야 한다. 청구권설에 따르면, 반환청구를 받기 전까지는 수증자 등에게 소유권이 있어 과실수취권이 있고 반환청구의 효력은 소급하지 않으므로 상대방은 원물에 대해서만 반환채무를 진다고 보게 된다. 청구권설이 타당하므로 부정함이 옳다.[4]

3) 긍정설을 취하더라도, 선의의 점유자는 과실수취권이 있으므로(제201조 ①항) 부당이득이 성립할 수 없고, 따라서 선의의 수유자 등에 대해서는 과실의 반환을 구할 수 없다.

4) 대법원은 형성권설에 기초하여, 유류분권리자가 반환의무자를 상대로 유류분반환청구권을 행사한 경우 유류분을 침해하는 증여나 유증은 소급적으로 효력을 상실하고, 반환의무자는 유류분을 침해하는 범위에서 그와 같이 실효된 증여나 유증의 목적물을 사용·수익할 권리를 상실하며, 유류분권리자의 목적물에 대한 사용·수익권은 상속개시의 시점에 소급하여 침해당한 것이 되므로, 상대방은 목적물의 사용이익 중 유류분권리자에게 귀속되었어야 할 부분을 부당이득으로 반환할 의무가 있다고 본다.[5]

---

1 김주수, 719면; 박병호, 483면; 김능환, 58면.
2 곽윤직, 297면; 이경희, 유류분 제도, 192면; 변동열, 871면.
3 일민 제1036조[수증자는 반환하여야 할 재산 외에, 또 감쇄(減殺)의 청구가 있었던 날 이후의 과실을 반환하지 않으면 안 된다]; 일본의 통설은 증여뿐만 아니라 유증에도 이 조항이 유추적용되어야 한다고 한다[我妻·唄, 328면; 中川·泉, 677면; 高木, 주석(28), 472면 등].
4 다만, 그 과실도 증여나 유증한 것으로 보아 유류분액 계산을 위한 기초재산에 포함시킬 수 있는 여지가 있으나, 아직 이를 논하는 학설은 없는 듯하다. 형성권설에서도 과실을 기초재산에 포함시키지 않고, 원물에 부종하여 해당 반환 대상인 원물로부터 발생한 과실의 반환청구권을 인정하는 것으로 보인다.
5 대판 2013. 3. 14, 2010다42624, 42631.

그러면서도 민법 제201조 ①항과 제197조 ②항에 의하여, 선의의 점유자는 과실수취권이 있으므로 반환의무자가 악의의 점유자라는 사정이 증명되지 않는 한 반환의무자는 부당이득으로 과실을 반환할 의무가 없으나, 본권에 관한 소(유류분 반환청구의 소)에서 패소로 확정된 경우에는 소가 제기된 때로부터 악의의 점유자로 의제, 간주되므로 목적물의 사용이익 중 유류분권리자에게 귀속되었어야 할 부분을 부당이득으로 반환할 의무가 있다고 한다.[1]

(나) 처분권주의

1) 유류분권리자가 반환의무자를 상대로 유류분반환청구권을 행사하고 이로 인하여 생긴 목적물의 이전등기의무나 인도의무 등의 이행을 소로써 구하는 경우에는 그 대상과 범위를 특정하여야 하고, 법원은 처분권주의의 원칙상 유류분권리자가 특정한 대상과 범위를 넘어서 청구를 인용할 수 없다.[2]

2) 유류분권리자가 반환의무자를 상대로 유증행위나 증여행위를 특정하여 반환청구권을 행사하면 그 유증이나 증여의 목적물 전부에 그 효력이 미친다. 즉 1인의 수증자가 하나의 증여계약으로 갑, 을 건물을 증여받은 경우 그 두 건물 모두에 반환청구권 행사의 효력이 미치고, 상대방은 각 일부 지분을 반환할 의무를 진다. 이 경우 유류분권리자는 갑 건물에 대하여만 원물반환을 구하는 것은 그의 자유이나, 을 건물에 대하여 반환청구할 수 있는 지분을 갑 건물에 모아서 청구할 수는 없다. 상대방 역시 을 건물에 대하여 일정한 지분에 대해서는 권리를 갖고 있기 때문이다. 이와 달리, 반환청구의 목적물이 여러 개인 경우에는 유류분권리자가 그 목적물을 임의로 선택하여 반환하라고 청구할 수 있다는 견해가 있으나,[3] 이에 반하는 취지라면 수긍하기 어렵다.

3) 유류분반환청구권의 행사로 인하여 생기는 원물반환의무 또는 가액반환의무는 이행기한의 정함이 없는 채무이므로, 반환의무자는 그 의무에 대한 이행청구를 받은 때에 비로소 지체책임을 진다.[4]

(다) 유류분반환청구와 신의성실·권리남용

1) 유류분반환청구권의 행사에도 신의성실의 원칙이 적용되고,[5] 청구인과 피

1 대판 2013. 3. 14, 2010다42624, 42631.
2 대판 2013. 3. 14, 2010다42624, 42631.
3 곽윤직, 295면; 변동열, 866면.
4 대판 2013. 3. 14, 2010다42624, 42631.
5 대판 1989. 5. 9, 87다카2407; 부산지법동부지판 1993. 6. 17, 92가합4498(확정)(8년간이나 투병생

상속인의 평소 관계, 기타 여러 가지 사정을 감안할 때 그 청구가 권리남용에 해당할 수도 있다.[1]

2) 판례상 신의칙(금반언의 원칙)에 위반되지 아니한다고 한 사례도 있다.[2]

:: 참고판례

① 양자(養子)인 유류분권리자가 상속개시 10여 년 전 양가(養家)가 궁핍할 때, 그 궁핍에 자기도 절반의 책임이 있는데도 노령의 양부모를 버리고 "양가의 재산은 일체 필요 없다."면서 양가를 떠났다. 그 후 새로 맞이한 사실상의 양자가 양부모를 모시고 열심히 노력하여 양가를 재건하였다. 양부(養父)가 사망하자, 양자가 사실상의 양자를 상대로 유류분반환청구를 한 사안에서 … 이러한 양자는 이름뿐인 양자이고 그의 행위는 '양친자 간의 신의를 파괴하는 불신행위'이자 '피상속인에 대한 배신행위'이며 … 유류분 제도의 취지에도 어긋나는 것일 뿐 아니라 형평의 원칙에도 반한다고 하면서 이를 배척하였다(일 仙台高秋田支判 1961. 9. 25, 하집 12-9, 2373면).

② 88세의 모친이 돌아가시면서 장녀에게 가옥과 토지를 상속시키는 유언을 하였다. 장녀 부부는 약 20년에 걸쳐 모친과 동거하면서 모시고 살았다. 장남 등의 유류분청구는 신의성실의 원칙에 반하여 권리의 남용에 해당한다고 판단하였다(東京高判 1992. 2. 24, 判時 제1418호, 81면).

V. 유류분반환청구권 행사의 효력

1. 증여나 유증의 효력

(가) 증여나 유증의 실효(失效) 여부

1) 형성권설에 의하면, 증여나 유증은 유류분반환청구권의 행사가 있기 전에는 무효가 아니나, 그 이후에는 소급하여 당연히 실효된다.

2) 청구권설에 의하면, 반환청구권을 행사하더라도 증여 등의 효력이 계속하여

활을 하는 어머니를 돌보지 않고 오로지 동생 1인에게만 병간호 등 모든 것을 부담시키다가 모가 사망하자 그 동생이 이미 10년 전에 증여받은 모의 재산에 관하여 유류분반환청구권을 행사하는 것은 신의성실의 원칙에 위반되어 허용될 수 없다); 대판 1993. 9. 28, 93다26007; 서울서부지판 2007. 9. 14, 2006가단82444.

1 일 埼玉辯護士會 편, 遺留分의 法律과 實務(1991), 39면.

2 대판 2006. 5. 26, 2005다71949; 서울지법북부지판 1990. 7. 12, 88가합6584, 3841.

유지되고, 단지 상대방은 유류분에 부족한 한도에서 채권적 반환의무만을 부담한다.

　(나) 재산권의 이전

　1) 형성권설에 의하면, 유류분반환청구권의 행사가 있으면 그와 동시에 자동적으로 증여나 유증의 목적물 중 유류분을 침해하는 범위에서 그 권리가 유류분권리자에게 이전(귀속)된다.

　2) 청구권설에 의하면 수증자나 수유자가 반환청구에 응하여 그 명의로 보유한 재산을 유류분권리자에게 등기나 등록, 인도를 한 때에 그 권리가 이전된다.

2. 반환청구를 받은 수증자 등이 무자력인 경우

　1) 수증자 등이 무자력이라고 하여 반환의무 그 자체가 소멸하는 것은 아니다.

　2) 그러나 수증자 등의 무자력으로 인한 손실 부분(강제집행 단계의 손실)은 유류분권리자(청구인)의 부담으로 돌아간다. 왜냐하면 수증자 등은 각자의 수증재산 한도에서 반환하면 되고, 다른 수증자 등의 부담 부분까지 분담할 이유나 근거가 없기 때문이다.[1] 일본 민법(제1047조 ④항)은 이를 명시적으로 규정하고 있다.

　3) 다만, 위와 같이 복수의 공동상속인이 증여나 유증을 받아 그 받은 재산의 가액 비율에 따라 안분하여 부담할 때, 어느 공동상속인의 재산 가액이 그의 분담액에 미치지 못하여 분담액에 부족이 발생하는 경우 다른 공동상속인들이 위 분담액 부족분을 위 비율에 따라 다시 안분하여 반환하여야 하나, 이는 어느 반환의무자의 무자력으로 인한 것과는 차원이 다른 문제이다.

3. 상대방의 시효취득 항변의 가부

　1) 유류분반환청구를 당한 수증자 등이나 전득자가 해당 물건을 오래 점유하여 이를 시효취득하였다고 항변할 수 있는가?

　2) 시효취득을 긍정하여 이를 우선시키는 학설과 이를 부정하는 설이 대립하고 있다. 일본 판례는, 유류분을 침해하는 증여가 행하여져 피상속인이 사망하기까지 시효기간이 경과한 경우 유류분권리자는 취득시효를 중단시킬 법적 수단이 없으므로, 수증자는 반환청구가 있으면 증여 시부터 반환청구를 받을 때까지 시효기간이 경과하였더라도 이를 용인하여야 한다고 하여 시효취득을 부정한다.[2]

---

1 일본 민법 제1037조 참조; 반대설 곽윤직, 471면.
2 일 대판 1934. 9. 15, 신문 제3801호, 9면; 최판 1999. 6. 24, 집 53-5, 918면 참조.

3) 이를 인정하면 유류분반환청구 제도가 무의미하게 되므로 부인함이 상당하다.[1]

4. 반환된 재산의 귀속

1) 유류분권리자가 반환청구권을 행사하여 돌려받은 재산은 해당 유류분권리자에게 귀속하는가, 아니면 공동상속인 전원의 상속재산으로 복귀하여 그들의 공유 또는 준공유에 속하는가?

2) 유류분반환청구권은 유류분권리자가 각자 자신의 유류분권 침해를 이유로 수증자나 수유자 일방을 상대로 그 침해의 회복을 구하는 것이고, 그 권리행사의 범위는 각자의 유류분권과 그가 얻은 순상속액 등을 감안한 유류분 침해액을 기준으로 정해지므로 다른 상속인들과는 아무런 관계가 없다. 또한 민법도 채권자취소권과 달리 취소와 원상회복이 모든 상속인의 이익을 위하여 효력이 있다는 규정을 두지도 않고 있다.

따라서 유류분권리자가 반환청구권을 행사하여 돌려받은 재산이 공동상속인 전원의 상속재산으로 복귀하여 장차 분할의 대상이 될 수는 없다. 또한, 상속재산분할은 그 재산이 상속개시 당시 피상속인의 명의로 남아있는 것에 한하여 인정된다는 것이 통설이자 판례인바, 이에 따르더라도 이에 대하여 상속재산분할은 곤란하다. 실무상으로도 부동산이나 자동차, 중기의 경우, 수증자나 수유자로부터 유류분권리자 앞으로만 반환등기(소유권 전부 또는 일부 이전등기)가 이루어지고 있고, 가액반환의 경우 유류분권리자에게 금전으로 지급되며, 이들 재산에 대하여 다른 공동상속인들이 상속재산분할을 청구하는 일은 없다.

3) 이에 대하여 일본의 통설과 판례는, 증여나 특정유증에 대하여 유류분권리자가 반환청구권을 행사하여 돌려받은 재산은 유류분권리자에게 귀속하고, 이는 상속재산분할의 대상인 본래의 상속재산으로서의 성질을 갖지 않는 반면, 포괄유증의 경우에는 상속인 전원의 상속재산으로 복귀하고, 공동상속인들은 상속재산분할절차에 의해 이를 분할하여야 한다고 본다.[2]

---

1 이에 대한 반대견해(항변할 수 있다)로는 이경희, 171면; 日 埼玉辯護士會, "遺留分의 法律과 實務"(1991), 42면.

2 일 최재판 1976. 8. 30. 판결, 민집 30-7-768면; 1996. 1. 26, 평성 3년(オ)1772; 1996. 11. 26, 평성 5年(オ)947. 일본은 부동산 물권변동에 관하여 의사주의를 취하므로, 2018년 개정 전의 일본 민법상으로는 유류분권리자가 반환청구권을 행사하면 등기 없이도 곧바로 당해 증여나 유증의 효력은 실효되고, 그 권리는 유류분권리자에게 귀속한다.

4) 그러나 청구권설에 따르면, 증여나 특정유증이든 포괄유증이든 모두 유류분권리자가 반환청구권을 행사하여 돌려받은 재산은 유류분권리자에게 귀속하여 다른 상속인들은 이에 대하여 상속재산분할을 청구하거나 부당이득반환을 청구할 수는 없고, 자신도 수증자나 수유자를 상대로 유류분반환청구권을 행사하는 수밖에는 없다고 볼 것이다. 그리고 반환청구의 대상인 재산의 지분을 돌려받아 이를 유류분권리자와 상대방이 공유하는 때에는 장차 상속재산분할이 아니라 공유물분할의 법리에 따라 분할하여야 한다.

유류분반환청구권은 각 상속인 자신의 침해된 유류분권을 회복하는 개별적 구제제도일 뿐 전체 상속인들의 이익 보호를 위한 제도가 아니다. 이런 이유로 민법에는 제407조와 같은 규정을 두지 않았다고 할 수 있다.

VI. 유류분반환청구권의 소멸

1. 유류분권의 포기

(1) 유류분권의 포기 가능성

1) 유류분권은 상속인이라는 신분적 지위에서 취득하는 권리이지만 이는 재산적 성질이 강하다. 그리고 이 권리는 권리자가 행사하여야만 효력이 발생하고, 유류분권의 존재 자체로 피상속인의 증여나 유증이 무효가 되는 것은 아니다.

2) 따라서 유류분권은 권리자가 포기할 수 있다. 이는 결과적으로 유류분권을 행사하지 않은 것과 동일한 상태를 발생케 하는 것에 불과하다.

3) 뒤에서 보는 바와 같이 유류분권은 일정기간 내에 행사하지 않을 경우 소멸하는바, 이 역시 이 권리를 포기할 수 있다는 근거가 된다. 즉 이 권리는 절대적 권리가 아니며, 이를 포기 또는 불행사하더라도 공익이나 사회질서에 해가 없기 때문이다.

(2) 상속개시 전의 포기

1) 유류분권을 포기할 수 있다고 하더라도 상속개시 전에는 미리 이를 포기할 수 없고, 포기하여도 무효이다(통설). 이를 인정할 경우 법이 유류분 제도를 인정한 기본적 의미가 없어지기 때문이다.

2) 이를 인정할 경우, 피상속인이 압력을 행사하여 사전포기를 강요할 우려도

있고, 민법은 상속의 사전포기 역시 인정하지 않는바,[1] 유류분권은 상속권의 일부에 속하는 점, 상속개시 전의 유류분권은 일종의 기대권에 불과하므로 포기의 구체적 대상이 없다는 점도 이를 부정하는 근거가 된다.

3) 유류분권의 전부는 물론 그 일부나 특정한 상속재산의 처분행위에 대한 반환청구권을 미리 포기하는 것 역시 허용할 수 없다.[2]

(3) 상속개시 후의 포기

1) 상속이 개시되어 유류분권이 구체적 권리가 된 후에는 권리자가 자유로이 포기할 수 있다(통설). 유류분권리자뿐만 아니라 그의 상속인 등 승계인도 이를 포기할 수 있다.

2) 포기의 방법은 반환청구의 상대방인 수증자 등에 대한 명시적·묵시적 의사표시로 할 수 있다. 유류분권을 청구권이 아닌 형성권으로 보는 경우에도 그 권리행사의 의사표시는 수증자 등에 대하여 개별적으로 하여야 하므로, 그 포기의 의사표시 또한 이와 같이 상대방 있는 단독행위로서, 그들에게 하여야 한다.

(4) 유류분권 포기의 효과

1) 유류분권리자가 유류분권을 포기하면 그는 더 이상 이를 행사할 수 없음은 물론이다.

2) 이 경우 그 포기의 결과 차순위 상속인이 상속인이 되는가? 또, 그 결과 다른 공동상속인의 유류분비율이 증가하는가? 예컨대, 배우자만이 상속인인데 그가 유류분권을 포기하면 피상속인의 직계존속이 상속인이 되거나, 상속인 2인 중 1인이 포기하면 나머지 1인의 유류분비율 1/4이 1/2로 변경되는가?

3) 유류분권의 포기는 상속분의 포기를 의미하는 것은 아니므로, 이를 포기하여도 그 포기자가 상속인의 지위를 상실하는 것은 아니어서 그에게는 여전히 법정상속분 범위에서 상속권이 있고, 유류분권은 각 상속인이 개별적으로 취득하고 행사하는 권리이며, 법정상속분처럼 전체를 각 상속인이 나누어 갖는 것이 아니라 각 상속인의 법정상속분을 기준으로 정해질 뿐이므로, 유류분권의 포기는 상속의 순위와 다른 공동상속인의 유류분비율에 영향을 미치지 않는다고 보아야 한다. 이

---

1 대결 1986. 4. 22, 86스10; 1988. 8. 25, 88스10(상속개시 있음을 안 날부터 3개월 내에 상속포기를 할 수 있다).
2 김·김, 전게 862면; 김용한, 424면; 박병호, 473면, 곽윤직, 282면, 임정평, 418면, 이경희, 482면, 양수산, 789면 등; 대판 1994. 10. 14, 94다8334.

것이 통설이다.

민법에는 상속의 포기에 따른 그 포기자의 상속분의 다른 상속인들에의 귀속 (제1043조)과 같이 유류분권의 포기와 그 효과를 인정하는 규정도 없다. 일본 민법 (제1049조 ②항)은 공동상속인 중 1인이 한 유류분 포기는 다른 공동상속인의 유류 분에 영향을 미치지 아니한다고 규정하고 있다.

4) 이에 반하여 이를 긍정하는 일부 견해가 있는바, 이 설에 의하면 유류분권 리자가 '상속 그 자체를 포기'하면 그의 유류분은 상속분과 함께 다른 상속인에게 로 돌아간다고 한다.[1] 그러나 이는 유류분권의 포기가 아니라 상속 포기의 결과이 고, 우리 민법은 유류분비율을 각 상속인의 법정상속분 중 일정 비율로 정하고 있 어 상속 포기의 경우 법정상속분도 소멸하므로 위 견해는 별 의미가 없다고 할 수 있다.

(5) 유류분권 포기는 사해행위에 해당될 수 있는가

1) 유류분반환청구권의 포기는 그 포기자의 채권자를 해하는 사해행위로서 채 권자취소의 대상이 될 수 있는가?

2) 유류분권 포기는 상속포기와 같이 신분적 지위와 연결된 면이 크고 순전한 재산적 권리로 보기 어려우므로, 상속포기처럼 사해행위 취소의 대상이 되지 않는 다고 보는 것이 타당하다.[2] 다만, 상속재산분할협의를 하면서 유류분을 포함한 자 기의 법정상속권을 포기하는 것은 일부 사해행위가 될 수 있다.[3]

2. 행사기간의 경과

(1) 행사기간

1) 민법은, 유류분권리자가 상속의 개시 사실과 반환하여야 할 증여나 유증의 사실을 안 때로부터 1년 내에 행사하지 아니하면 유류분반환청구권은 시효로 소멸 한다고 규정한다(제1117조 전단). 거래의 안전, 권리의 안정을 위하여 1년간의 단기 시효(短期時效)[4]를 정한 것이다.

2) 또한 민법은, 유류분반환청구권은 상속개시일로부터 10년을 경과한 때에도

---

1 김주수, 711면; 김용한, 신판 신친족상속법론(박영사, 2002), 423면.
2 김능환, "유류분반환청구," 상속법의 제문제 ― 법원행정처 ―, 68면.
3 대판 2001. 2. 9, 2000다51797(상속재산에 관한 권리를 포기한 것은 사해행위가 될 수 있다).
4 헌재 2010. 12. 28, 2009헌바20 결정(증여 또는 유증을 한 사실을 안 날로부터 1년이라는 제1117 조의 초단기소멸시효도 합헌이라고 결정하고 있다).

역시 시효로 소멸한다고 규정한다(동조 후단).

3) 우리 민법은 일본 민법(제1048조)을 그대로 본받은 것이다.

4) 판례는 유류분반환청구권과 이 권리의 행사에 기하여 발생하는 소유권이전등기청구권 등을 따로 파악하여 각각 소멸시효가 따로 진행한다고 보고, 뒤의 것은 10년에 걸린다고 본다.[1] 유류분반환청구권은 형성권이고, 소유권이전등기청구권 등은 이 형성권의 행사에 기하여 발생하는 것이라고 본 데에 따른 것이다.

그러나 유류분반환청구권과 이 권리의 행사에 기하여 발생하는 소유권이전등기청구권의 소멸시효가 따로 진행한다고 보는 것은 ① 시효제도를 통한 법적 안정과 상대방 보호에 부합하지 않고, ② 형성권에 관하여 제척기간이 정해져 있는 경우에 그 기간 내에 형성권을 행사하면 그 효과로서 원상회복청구권이나 손해배상청구권이 발생하더라도, 이들 채권에 관하여는 그때부터 다시 소멸시효가 진행하는 것이 아니라 원래의 제척기간 내에 이를 행사하여야 한다는 법리에도 맞지 않으며, ③ 대법원이 취하는 형성권설에 의하면, 유류분반환청구권의 행사 결과 발생하는 소유권이전등기청구권 등은 물권적 청구권으로서 소멸시효에 걸리지 않으므로 이러한 법리에도 부합하지 않는다.

(2) 기간의 법적 성질

1) 다수 학설은 앞의 기간 1년은 소멸시효기간, 뒤의 기간 10년은 제척기간이라고 해석한다(형성권설).[2] 이는 일본의 학설에 영향을 받은 듯싶다.

2) 그러나 판례[3]와 소수설[4]은 1년, 10년 모두를 소멸시효기간으로 본다.

3) 민법이 명문으로 1년, 10년의 구별 없이 모두 "…시효에 의하여 소멸한다"고 규정하고 있고, 앞서 본 바와 같이 유류분반환청구권은 청구권으로 봄이 타당하므로 위 기간은 모두 소멸시효기간으로 보아야 한다.

(3) 소멸시효기간의 기산점

㈎ 유류분반환청구권

1) '상속개시 사실'[5]과 '반환하여야 할 증여·유증을 한 사실'을 안 때로부터 1

---

1 대판 2015. 11. 12, 2011다55092, 55108.
2 고정명, 346면; 김용한, 468면; 김·김, 881면; 박병호, 486면; 이경희, 508면; 임정평, 427면; 일본의 통설.
3 대판 1993. 4. 13, 92다3595.
4 곽윤직, 상속법(1997), 473면; 福島四郎, 相續法, 227면; 谷口, "遺留分," 가족제도전집(법률) V, 193면.
5 대결 1991. 6. 11, 91스1(피상속인의 사망사실뿐만 아니라, '자기가 상속인이 된 사실'까지 알아야

년[1] 이내에 권리를 행사하여야 한다. 여기서 '안 때'의 의미와 관련하여, 위 사실을 단순히 안 때부터이냐, 아니면 그 사실이 '유류분을 침해하는 것이므로 반환청구를 할 수 있다'는 것까지 안 때부터이냐에 대하여 견해의 대립이 있다.

다수의 학설은 거래의 안전과 제 3 자 보호를 위하여 앞의 것으로 해석하나,[2] 판례는 뒤의 것으로 해석하는바,[3] 이는 사해행위취소권의 제척기간에서 채권자가 취소원인을 알았다고 하기 위해서는 채무자가 재산 처분행위를 하였다는 사실을 아는 것만으로는 부족하고, 구체적인 사해행위의 존재를 알고 나아가 채무자에게 사해의 의사가 있었다는 사실까지 알 것을 요한다[4]고 보는 것과 같다. 판례의 태도에 의하면 유류분권리자가 더 두텁게 보호받는다. 권리자가 자신에게 권리가 있음을 인식하여 이를 행사할 수 있을 때부터 권리의 소멸시효가 진행함이 타당하므로 판례의 견해를 지지한다.

2) 판례의 취지에 따르면 "반환하여야 할 증여 또는 유증을 한 사실을 안 때" (제1117조 전단)는 단지 피상속인의 재산증여 사실을 알 뿐만 아니라, 그 증여가 '반환되어야 할 것'임을 안 때를 지칭한다.[5] 요컨대, 그 증여가 유류분을 침해하는 것임을 인식하여야 한다. 위 인식에는 ① 피상속인의 재산 중 상속인을 위하여 남겨야 할 유류분이 있다는 것, ② 위 증여나 유증의 효력이 유지될 경우 유류분이 어느 정도의 범위에서 침해된다는 것을 인식하여야 하고, 그 인식으로 족하다. 따라서 유류분의 정밀한 산정(算定)이나 유류분 침해의 정확한 비율, 이에 따른 유류분을 청구할 수 있는 범위 등에 대한 구체적인 인식이 없더라도 소멸시효의 진행은 개시된다.

3) 증여의 목적물이 제 3 자에게 양도된 경우에도 시효의 기산점은 마찬가지이다.

4) 미성년자가 상속인인 경우에는 그 법정대리인 또는 후견인이 위 사실을 안

한다).

1 헌재결 2010. 12. 28, 2009헌바20(전원재판부): 1년 규정이 유류분권리자의 재산권, 평등권, 재판청구권을 침해하지 아니하므로, 위헌이 아니다.

2 김·김, 756면(제 8 판); 이경희, 648면.

3 대판 2001. 9. 14, 2000다66430, 66447; 1994. 4. 12, 93다52563(재판과정에서 수증자의 증여주장, 그에 부합하는 증언의 존재를 원고가 알았다는 것만으로는 '반환하여야 할 증여'사실을 알았다고 할 수 없다); 2015. 11. 12, 2010다104768; 일 대판 1905. 4. 26, 민록 611면; 대판 1938. 2. 26, 집 275면(상속인이 유언서를 위조된 것이라고 믿고 있는 동안은 반환하여야 할 유증이 있었다는 것을 알고 있다고 볼 수 없다).

4 대판 2008. 11. 13, 2006다1442 등.

5 대판 2001. 9. 14, 2000다66430, 66447.

때부터 기산하여야 할 것이다.

5) 민법 제1117조의 기간(1년 또는 10년)을 법문대로 소멸시효기간으로 해석하는 이상, 권리자는 그 기간 만료 이전에 청구의 의사표시, 가압류나 가처분 등(제168조)을 하여 시효를 중단시키고 나서, 그 후 다시 6개월 또는 가압류가 취소되기 이전에 소를 제기하면 시효중단의 효력이 유지된다(제174조·제175조). 따라서 유류분반환청구의 소는 실제로 위 1년이나 10년이 경과된 후에도 제기할 수 있다. 유류분권리자가 언제 알고 있었느냐에 대한 주장·입증책임은 피고(시효이익의 주장자)에게 있다.[1]

:: 참고판례

① 유류분권리자가 상속의 개시와 반환하여야 할 증여 또는 유증을 한 사실을 안 때로부터 1년내라고 할 때, 이는 증여 등의 사실 및 그것이 반환되어야 할 것임을 안 때라고 해석하여야 하므로, 유류분권리자가 증여 등을 무효라고 믿고 소송상 항쟁하고 있는 경우에는 '증여 등의 사실, 수증자의 증여주장과 그 주장에 부합하는 증언의 존재를 안 것'만으로는 곧바로 '반환할 증여가 있었다'는 것까지 알고 있었다고 단정할 수는 없다(대판 1994. 4. 12, 93다52563; 일 대판 1905. 4. 26, 민록 제11집, 611면).

② 유류분권리자가 증여 등이 (다른 원인으로) 무효라고 믿고 소송상 항쟁하고 있는 경우에는 증여 등의 사실을 안 것만으로 곧바로 반환하여야 할 증여가 있었다는 것까지 알고 있었다고 단정할 수는 없을 것이다. 그러나 민법이 유류분반환청구권에 관하여 특별히 단기소멸시효를 규정한 취지에 비추어 보면 유류분권리자가 소송상 증여 등이 무효라고 주장하기만 하면 그것이 근거 없는 구실에 지나지 아니한 경우에도 시효는 진행하지 않는다 함은 부당하므로, 피상속인의 거의 전 재산이 증여되었고 유류분권리자가 위 사실을 인식하고 있는 경우에는, 무효의 주장에 관하여 일응 사실상 또는 법률상 근거가 있고 그 권리자가 위 무효를 믿고 있었기 때문에 유류분반환청구권을 행사하지 못하였다는 점을 당연히 수긍할 수 있는 특별한 사정이 인정되지 않는 한, 위 증여가 반환될 수 있는 것임을 알고 있었다고 추인함이 상당하다(대판 2001. 9. 14, 2000다66430, 66447 판결).

---

[1] 대판 2015. 11. 12, 2010다104768.

(나) 소유권이전등기청구권 등

1) 유류분반환청구권을 행사함으로써 발생하는 목적물의 소유권이전등기청구권 등은 유류분반환청구권과는 다른 권리이므로, 그 이전등기청구권 등에 대하여는 민법 제1117조 소정의 유류분반환청구권에 대한 소멸시효가 적용될 여지가 없고, 그 권리의 성질과 내용 등에 따라 별도로 소멸시효의 적용 여부와 기간 등을 판단하여야 한다는 것이 판례이다.[1]

2) 이에 따르면 소유권이전등기청구권 등은 이를 행사할 수 있는 때, 즉 그 권리가 발생한 때인 유류분반환청구권의 행사 시부터 시효가 진행한다고 할 것이다. 그러나 이는 앞서 본 바와 같이 부당하다.

(4) 상속개시 이후 '이행되지 아니한' 증여재산의 경우

1) 위 시효기간은 상속개시 이후 이행되지 아니한 증여·유증의 경우에도 적용되는가? 즉 이 경우 유류분권리자는 적극적으로 반환청구를 할 필요나 권리는 없고 수증자 등의 이행청구에 대하여 유류분권으로써 항변할 수 있는바, 이때에도 항변권은 위 기간의 경과로 시효소멸하는가?

2) 위 항변권은 형성권에 준하는 성질상 한 번 행사하면 중단이라는 것을 생각할 수 없고, 상대방이 이행청구를 하지도 않았는데 유류분권리자로 하여금 미리 항변권을 행사하라고 할 수도 없으므로, 이에 대해서는 소멸시효가 적용되지 않는다고 보아야 한다.[2] 다시 말하면, 1년이나 10년이 지났더라도 "유류분 침해가 되므로 유류분만큼은 넘겨줄 수 없다"는 항변을 할 수 있다. 그러한 "이행거절"의 의사표시만으로 유류분권을 행사할 수 있고, 그로써 청구권은 실현되기 때문이다.

3) 반면에 유류분반환청구권을 형성권으로 이해하여, 증여 등이 이행된 여부에 관계없이 그 의사표시가 필요하다고 보고 위 기간을 제척기간으로 보는 견해에 의하면, 수증자 등의 이행청구에 대하여 유류분권자가 방어하는 때에도 위 기간의 적용이 있다고 볼 수 있을 것이다.[3]

---

1 대판 2015. 11. 12, 2011다55092, 55108.
2 동지: 김·김, 880면; 이경희, 171면; 일본의 다수설[近藤英吉, 相續法, 1156면; 谷口知平, "遺留分," 가족제도전집 법률편 V, 193면; 川島, 民法(3), 214면; 鈴木, 講義, 177면 등].
3 스위스민법 제533조 ③항 참조. 반대설(형성권설)은 미이행(未履行)의 증여라도 유언자의 사망 시에 효력이 발생하므로, 역시 법정기간 내에 유류분청구의 의사표시를 하여야 한다고 해석한다(김능환, 전게논문, 65~66면; 中川·泉, 684면, 주 6; 靑山, 改訂家族法論 Ⅱ, 403면).

3. 수증자 등의 시효취득(時效取得)

1) 위와 같이 수증자 등이 시효취득의 항변을 할 수 있는지에 대해서는 견해의 대립이 있으나, 부정함이 타당하다.

2) 이를 인정하는 견해에 의하면, 시효취득의 반사적 결과로서 유류분반환청구권은 소멸하게 된다.

[유류분반환청구권의 요약]

구 분		내 용	비 고
청 구 인		① 제1~3순위 상속인(피상속인의 배우자와 직계비속·직계존속·형제자매), ② 직계비속과 형제자매의 대습상속인, ③ 태아, ④ 이들의 승계인(포괄승계·특정승계 포함)	제1112조
상 대 방		① 수증자·수유자와 그 포괄승계인, ② 유언집행자, ③ 제3자(악의인 경우), ④ 공동상속인 중 증여·유증을 받은 자(고유의 유류분 초과자)	제1115조 ②항
법률적 성질	형성권설	유류분반환청구권을 행사하면 유류분을 침해한 증여·유증은 실효된다. 목적물의 소유권은 당연히 복귀된다(다수설과 판례). 과실(果實)도 반환청구 가능	
	청구권설	반환청구권을 행사하더라도, 이미 이루어진 증여·유증은 그대로 유효하고, 다만 수증자는 유류분권리자에게 일정한 재산의 반환의무를 질 뿐이다. 과실은 반환청구 이후 분만 가능	
청구권의 포기		상속개시 전의 포기는 무효(×), 상속개시 후의 포기는 유효(○)	
반환청구의 순서		① 유증, 사인증여 → ② 증여 (증여나 유증 목적물이 여러 개이면 가액 비율로 반환청구)	제1115조 ②항·제1116조
관할법원		일반 민사법원	
유류분의 비율		제1순위 상속인(직계비속·배우자) : 법정상속분의 1/2, 제2, 3순위상속인들 : 법정상속분의 1/3	제1112조
반환청구의 대상		유류분을 침해한 증여·유증(상속개시 시로부터 소급하여 1년간에 한 증여: 쌍방이 권리자를 해칠 것을 알고 한 것과 공동상속인 간의 증여는 무제한이고, 유증은 기간의 제한이 없음)	제1114조
반환청구의 방법		단독의 의사표시: 재판상, 재판외 가능	
반환청구의 한도		유류분에 부족한 한도에서 청구 가능	제1115조 ①항
반환청구권의 행사기간·소멸		① 상속개시사실과 증여·유증사실을 안 날부터 1년 ② 상속개시의 날로부터 10년(대판 1993. 4. 13, 92다3595는 이것도 소멸시효기간으로 봄) 중 어느 하나의 경과	제1117조 (시효소멸)

부록

친족상속법상 기간·연령 등 일람표

참고문헌

˙ 친족상속법상 기간 · 연령 등 일람표 ˙

(표시된 기간은 '이내'를 의미, '이후'는 특별히 표시, 연령은 만 ○○세 이상임, 조문표시는 민법)

기 간	기 산 점	내용(기간 내에 하여야 할 행위)	비고/근거
5일 이내	한정승인일 (=심판문교부 · 송달일)	승인자는 상속채권자 등에 대하여 한정승인사실과 그 채권 · 수증을 신고하라고 공고(공고기간은 2개월 이상)	제1032조
5일	재산분리명령일 (=명령문 교부 · 송달일)	청구자는 일반상속채권자, 수유자에 대하여 재산분리명령사실과 그 채권 · 수증을 신고하라고 공고(공고기간은 2개월 이상)	제1046조
5일	봉서표면에 기재된 날 (비밀증서유언서의 제출연월일)	비밀증서유언서에 확정일자인을 받아야 한다 (공증인 · 가정법원서기)	제1069조
7일	급박한 사유 종료일 (구수증서유언의 날)	구수증서유언의 검인신청(가정법원)	제1070조
14일	가사판결 · 심판 · 결정 · 명령정본의 교부 · 송달 · 고지일	항소 · 상고, 항고 · 재항고 · 즉시항고, 조정결정 · 화해권고결정에 대한 이의신청	가소 제19조 · 제20조 · 제43조 · 제49조, 민조 제34조 ①항 · ⑤항,
30일	재심사유를 안 날	가사판결 · 조정조서 · 심판 · 결정 · 명령에 대한 재심 · 준 재심청구	민소 제456조 ①항 · 제457조, 가소 제12조
1개월	가사판결 · 심판 · 비송 재판의 확정일	가족관계등록정정신청	가등법 제107조 · 제104조
1개월	출생 · 사망사실을 안 날	출생신고 · 사망신고	〃 제44조 · 제84조
1개월	사실혼존재확인판결 확정일	혼인신고	〃 제72조
1개월	친권자 지정 · 변경일	친권자 지정 및 변경신고	〃 제79조
1개월	후견인 · 후임후견인 취임일	후견개시신고 · 후견인경질신고	〃 제80조 · 제81조
1개월	후견사무종료일	후견종료신고, 후견인의 재산계산, 계산기간 연장청구	민 제957조, 가등법 제83조
1개월	유언집행자의 취임일	유언인지(遺言認知)신고	〃 제59조
2개월	후견인 취임일	후견인의 재산조사와 재산목록작성	민 제941조
2개월	상속인수색공고기간 (1년) 만료일	특별연고자의 상속재산분여청구	제1057조의 2
2개월 이상	공 고 일	한정승인자의 채권자 등에 대한 채권 또는 수증신고의 독촉공고기간	제1032조

2개월 이상	공 고 일	재산분리명령 후 채권자 등에 대한 채권 또는 수증신고의 독촉공고기간	제1046조
2개월 이상	상속재산관리인선임 공고일로부터 3개월 내에 상속인불명	관리인은 지체 없이 채권자 등에게 '2개월 이상의 기간' 내에 권리신고를 하라고 독촉공고	제1056조
3개월	성년에 달한 후, 성년후견개시심판의 취소일	부모·후견인의 동의 없는 미성년자·피성년후견인의 혼인과 피성년후견인이 한 인지(認知) 취소청구	제819조· 제891조 유추
3개월	사기를 안 날, 강박을 면한 날	사기·강박으로 인한 혼인·협의이혼, 입양·협의파양의 취소	제823조· 제838조· 제839조· 제897조· 제904조
3개월	양자가 성년에 달한 후, 성년후견개시심판의 취소일	부모·후견인의 동의 없이 13세 이상 미성년자· 피성년후견인이 입양되거나 피성년후견인이 입양한 경우 그 입양취소청구	제891조
3개월	협의이혼의사확인서의 송달일·교부일	협의이혼신고	제836조, 가등규 제79조 ①항
3개월	상속개시사실을 안 날	상속승인·포기·한정승인 신고(고려기간) 및 그 고려기간의 연장청구(상속인·포괄수유자)	제1019조· 제1030조· 제1078조
3개월	상속채무초과사실을 안 날	특별한정승인(중대한 과실 없이 고려기간 경과)(상속인과 포괄수유자 동일)	제1019조 ③항· 제1078조
3개월	상속개시일	상속재산분리의 청구	제1045조
3개월	상속재산관리인선임 공고일	3개월 내에 상속인의 존부를 알 수 없을 때 관리인은 상속인 없는 상속재산의 청산공고	제1056조
3개월/ 1년	상속분양도사실을 안 날/사유 있는 날	공동상속분 양수(환수)권 행사의 제척기간	제1011조
3개월/ 1년	추인할 수 있는 날/ 승인 또는 포기의 날	무능력·사기·강박 등에 의한 상속·유증의 승인· 포기의 취소신고(가정법원)	제1024조, 제1075조, 가소규 제76조
6개월	친양자 입양사실을 안 날	친양자 입양 취소청구	제908조의 4 ①항
6개월	상속개시일/ 실종공시최고 공고일	상속세신고(6개월 이내)/실종선고의 공시최고 기간(6개월 이후)	상속세 및 증여세법 제67조, 가소규 제54조
6개월	재산의 하자(흠)를 발견한 날	상속재산협의분할로 재산을 취득한 사람이 다른 공동상속인 상대로 하자담보책임 추궁	제1016조· 제582조
6개월	악질 등 중대사유가 있음을 안 날/ 후견종료로 인한 관리계산종료일	악질 등을 이유로 한 혼인·입양취소청구/가정법원의 허가를 얻지 아니한 피후견인입양의 취소청구	제822조· 제892조· 제896조

6개월/ 1년	부모의 동의 없는 성년자 입양, 부부공동입양규정위 반 입양을 안 날/ 입양신고일	입양의 취소 청구	제894조
6개월/ 1년	사기·착오를 안 날, 강박을 면한 날/ 인지신고를 안 날	사기·강박에 의한 인지(認知)의 취소 청구/ 인지에 대한 이의의 소	제861조· 제862조
6개월/ 2년	부정행위를 안 날/ 부정행위의 날	부정(不貞)행위를 이유로 한 이혼청구	제841조
6개월/ 2년	기타 중대한 사유(이혼원인)를 안 날/사유발생일	중대한 사유를 이유로 한 이혼청구	제842조
6개월/ 3년	재판상파양원인을 안 날/파양사유발생일	재판상 파양청구행사	제907조
200일/ 300일	혼인성립일부터 200일 후, 혼인종료일부터 300일 내	기간 내 출생자는 남편의 친생자로 추정됨	제844조
1년간	상속개시시로부터 소급하여 1년간에 이루어진 증여	유류분산정에 산입될 증여의 기간	제1114조
1년 이상	약혼자/ 조난자의 생사불명	약혼해제사유/항공기 등 위난실종선고사유	제804조· 제27조
1년 이상	공 고 일	관리인선임공고 후 3개월과 채권신고의 독촉공고기간(2개월)이 지나도 상속인불명: 가정법원은 '상속인이 있으면 1년 이상 내에 권리신고를 하라'고 공고(상속인수색공고기간)	제1057조, 가소 제2조 ①항, 라류사건 34호
1년/ 5년	취소원인 안 날/ 법률행위의 날	이혼시의 재산분할청구권 보전을 위한 사해행위 취소	제839조의3
1년/ 10년	증여 또는 유증 사실을 안 날/ 상속개시일	유류분반환청구권의 소멸시효기간(판례)	제1117조
2년	부부 일방의 사망을 안 날	사실혼관계 존재확인청구(검사 상대)	대판 1995. 11. 14, 95므694
2년	부·모의 사망을 안 날/ 피고의 사망과 인지신고를 안 날	인지청구/인지에 대한 이의(검사상대)	제864조
2년	친 또는 자의 사망을 안 날	친생자관계존부확인의 소(검사상대)의 제기	제865조
2년	이혼일 (협의이혼신고일, 혼인취소· 이혼판결의 확정일, 사실혼종료일)	재산분할청구	제839조의2

2년	친생자 아님을 안 날, 성년후견개시심판 취소일, 원고 및 피고의 사망을 안 날	친생부인의 소의 제기 (당사자 사망시는 검사 상대)	제847조· 제851조 제848조 ②항
3년 이상	생사불명 (배우자·양친·양자)	재판상 이혼·파양 원인	제840조· 제905조
3년 이상	양친(養親)부부의 혼인기간	친양자의 입양시 양친의 자격	제908조의2 ①항 1호
3년/ 10년	사기를 알거나 강박을 면한 날/ 법률행위 또는 승인의 날	법률행위의 취소권행사, 사기·강박으로 인한 친생자승인의 취소	제146조· 제854조
3년/ 10년	상속권의 침해를 안 날/침해의 날	상속회복청구	제999조
3년/ 10년	인지재판확정일/ 상속권침해일	인지된 상속인의 상속분상당가액 지급청구권행사	제1014조
5년	가사판결확정일 또는 가사판결확정 후 재심사유 발생일	재심의 소 제기(제척)기간	민소 제456조 ③항, 가소 제12조
5년 이내	상속개시일	유언에 의한 상속재산분할금지기간	제1012조
5년 이상	부재자의 생사불명	보통실종선고의 사유	제27조
13세 미만	양자 또는 친양자의 나이	법정대리인의 입양대락	제869조 ②항, 제908조의2 ①항 5호
13세 이상	입양(일반양자, 친양자)승낙 나이	법정대리인의 동의를 받아 입양승낙	제869조 ①항, 제908조의2 ①항 4호
15세 이상	부모의 이혼시 미성년자의 나이	법원의 친권자·양육자지정, 면접교섭권행사 제한 등 심판시 미성년자의 의견청취	가소규 제100조
17세 이상	피성년후견인, 피한정후견인 포함	유언적령	제1061조
18세	남자, 여자 불문	약혼·혼인적령	제800조, 제807조
19세	〃	성년연령·입양능력 취득	제4조, 제866조
18세	적령미달자의 혼인신고일	선거권 행사, 혼인신고가능	공직선거법 제15조 가족등록예규 제140호
19세	부부, 양부모가 성년에 이름	혼인취소(성년 후 3개월경과), 입양취소 청구권 소멸	제819조, 제889조

* 위 도표의 일부를 설명하면, 6개월/1년 ‖ 사기·착오를 안 날/인지신고를 안 날 ‖ 사기 등에 의한 인지의 취소청구/인지에 대한 이의의 소 ‖ 의 의미는 사기 또는 중대한 착오를 안 날 또는 강박을 면한 날로부터 6개월 이내에 사기 등을 이유로 한 인지취소 청구를 할 수 있고(제861조), 인지신고사실을 안 날부터 1년 안에 인지에 대한 이의의 소를 제기할 수 있다(제862조)는 말이다.

˚ 참고문헌 ˚

〈국내문헌〉(가나다 순)

가족법연구, 한국가족법학회 발행

가족법학논총(家族法學論叢), 박병호교수 환갑기념(I), 박영사, 1991

고상용, 민법총칙[제 3 판], 법문사, 2005

고정명, 한국가족법(신정판); 친족상속법, 교문사, 1990

곽윤직, 개정판 상속법, 박영사, 2004

김광정·김창영, 상속증여세 실무(8판), 영화조세통람, 2012

김상용, 가족법연구(3~5)(법문사, 2010, 2014, 2019)

김상용·민법 I(제10판); 객관식 문제해설, 법원사, 2009

김상훈, 상속법판례연구, 세창출판사, 2020

김성우, 성년후견실무, 박영사, 2018

김영준, 한국민법론(총칙편), 박영사, 2003

김용한, 친족상속법(보정판), 박영사, 2003

김주수, 주석 친족상속법, 법문사, 1993

_____, 주석 친족법(Ⅰ)−(Ⅲ), 한국사법행정학회, 1998

김주수·김상룡, 친족상속법(제 15 판), 법문사, 2018(이 책에서는 김·김, 면으로 인용)

김주수·이희배·이화숙·최진섭·윤부찬·김기영, 주석 상속법(상)·(하), 한국사법행정학회,
      1996

김증한·김학동, 민법총칙[제10 판], 박영사, 2013

김형배, 친족·상속, 신조사, 2002

남상우, '공정증서에 의한 유언'에 관한 고찰, 대한공증협회지, 2010

박기현, 김종원 핵심정리 가족법(2009년, 4판), 고시연구사, 2008

박동섭, 친족상속법(4판), 박영사, 2013

_____, 주석가사소송법, 박영사, 2004

_____, 5정판 가사소송 실무(상)(하), 법률문화원, 2013

박병호, 가족법, 한국방송통신대학, 1992

_____, 가족법논집, 도서출판 진원, 1996

박인환 외9, 노인법제연구, 삼우사, 2009

박정기·김연, 가족법, 삼영사, 2013

배경숙 · 최금숙, 친족상속법강의(개정증보), 제일법규, 2006

배인구, "성년후견제도에 관한 실무상 쟁점," 민사실무연구회, 2013

법원도서관, 사법논집, 판례공보, 법고을 LX-DVD(2018년 판), 대법원가족관계등록예규,
　　　　가사소송재판실무편람(2008), 가사비송재판실무편람(2008); 동, 대법원예규 등기편;
　　　　재판자료집 중 가정법원사건의 제문제 제18집 · 제62집; 상속법의 제문제 제78집 등

법원행정처, 개정증보 법원실무제요 가사−[Ⅰ], [Ⅱ],−, 2010 ; 가족관계등록실무[Ⅰ],
　　　　[Ⅱ], 2012;

상속등기실무, 2012

사법연수원, 가족법연구, 2005 ; 상속세및증여세법, 2001

소성규, 법여성학강의, 동방문화사, 2018

송덕수, 친족상속법(제4판), 박영사, 2018

신영호, 김상훈, 가족법강의(3판), 세창출판사, 2018

양경승, 민사법과 민사소송의 구조, 법문사, 2014

양수산, 친족상속법, 한국외국어대학교 출판부, 1998

오양균, 민법2, 고시계사, 2004

유재풍, 개정 국제사법과 국제재판관할, 청주지방변호사회지, 2002, 창간호

유 정, 새 시대 가족법, 형설출판사, 2007

윤진수, 친족상속법강의(제2판), 박영사, 2018

_____, 편집대표, 주해 친족법(제1권, 제2권), 박영사, 2015

_____, 편집대표, 주해 상속법(제1권, 제2권) 박영사, 2019

_____, 민법논고, Ⅳ, Ⅴ, Ⅶ(박영사, 2009, 2011, 2015)

윤진수, 현소혜, 2013년 개정민법해설, 법무부민법개정총서(5),(2013)

이경희, 가족법, 법원사, 2017

_____, 유류분제도, 삼지원, 1995

이영규, 새로운 가족법강의, 대명출판사, 2008

이영준, 한국민법론[총칙편], 박영사, 2004

이은영, 민법총칙[제5판], 박영사, 2009

이진기, 한국독일 민법전 상속편, 박영사, 2019

이현곤, 성년후견제도의 이해와 활용, 법률신문사, 2015

이준현, Logos Civil Law 4, 친족상속법(2020)(15판), 미래가치, 2019

이화숙, 가족, 사회와 가족법, 세창출판사, 2012

이희배, 가족법학논집, 여송이희배교수정년기념, 동림사, 2001

임정평, 가족법, 단국대학교 법률문화비교학회, 2002

지원림, 민법강의(17판), 홍문사, 2020

천종숙, 신한국가족법론, 동민출판사, 1993

청림출판사, 쥬리스트(Jurist)

최공웅, 국제소송(2판), 육법사, 1994

한복룡, 가족법강의(제2판), 충남대학교출판부, 2012

한봉희, 백승흠, 가족법, 삼영사, 2013

한삼인, 김상헌, 친족상속법(2판), 화산미디어, 2018

황재성, 상속세및증여세법, 서울시립대학교, 2001

www.scourt.go.kr(대법원)

www.law.go.kr(법령정보센터)

http://slfamily.scourt.go.kr. 서울가정법원, 우리법원 주요판결 등

〈외국문헌〉

中川善之助·泉久雄, 新版注釋民法(21)(24)-(28), 有斐閣 コンメンタル, 1992

中川善之助·泉久雄, 相續法[第4版], 有斐閣, 2000

村重慶一·梶村太市, 人事訴訟の實務[新版], 新日本法規出版株式會社, 1990

太田武男, 相續法槪說, 日本一粒社, 1997

中川 淳, 相續法逐條解說(상)(중)(하), 日本加除出版株式會社, 1997

伊藤 眞, 親族·相續(補正版), 弘文堂, 2001

大村敦志, 家族法[第2版 補正版], 有斐閣, 2004

甲斐道太郎·乾昭三·椿壽夫, 新民法槪說(3)[改訂版] 親族, 相續, 有斐閣, 2002

我妻 榮 著, 遠藤 浩·良永和隆 補訂, 民法(第7版), 勁草書房, 2004

我妻 榮·有泉 亨·遠藤 浩, 民法(3) 親族法·相續法, 勁草書房, 2004

高橋朋子 외 2, 民法 7 親族·相續, 有斐閣, 2004

Brashier, Ralph C., : INHERITANCE LAW and the Evolving Family, 2004

Fodden, Simon R., : Family Law, Irwin Law, 1999(Essentials of Canadian Law)

Gerry W. Beyer : Wills, Trusts and Estates 7th ed. Wolters Kluwer, 2019

Hughes, Theodore E. & David Klein : A Family Guide to Wills, Funerals & Probate, 2nd ed, Checkmark Books, 2001

Johnson, Daniel: The Consumer's Guide to Understanding and Using the Law, Betterway Books, Cincinnati, Ohio, 1994

Krause, Harry D., Linda D. Elrod, Marsha Garrison, J. Thomas Oldham : FAMILY LAW, THOMSON−west, 2003

Sanford N. Katz : Family Law in America, 2nd ed. Oxford University Press, 2014

Schubert, Frank A.: Introduction to Law and the Legal System, Houghton Mifflin Company, 7th ed, 2000

The American Bar Association : Family Law, 1996

사항색인

1015

박 동 섭

- 서울대학교 법과대학 졸업·동 대학원 졸업(법학석사) 연세대학교 대학원 졸업(법학박사)
- 제11회 사법시험 합격
- 대전지법 판사
- 미국American & International law Academy (DALLAS, Texas) 수료
- 서울·대구고등법원 판사
- 서울가정법원 부장판사
- 서울민사지법 부장판사
- 서울지방변호사회 부회장
- 사법시험법제정특별분과위원회 위원(2000)
- 제44회 사법시험 제3차 시험위원(2002)
- 연세대학교 법과대학 겸임교수
- 서울대학교 법과대학 강사
- 현 변호사(법무법인 새 한양, 전대표)

著書 및 論文

- 유류분청구의 이론과 실무(법률정보센터)
- 이혼과 위자료, 재산분할, 양육비(법률정보센터)
- 생활속의 법률지식(청림출판사)
- 손해배상의 법률지식(청림출판사)
- 이혼소송과 재산분할(가림 M&B)
- 상속과 세금(가림 M&B)
- 실무 가사소송(5정판)(上·下)(법률문화원)
- 친족상속법(4정판)(박영사)
- 주석가사소송법(3정판)(박영사)
- 상속재산분할·기여분·유류분·상속파산 재판실무(법률정보센터, 2019)
- 신원보증에 관한 판례연구(서울대학교 1975년 석사학위 논문)
- 생전유언의 법리와 제도연구(연세대학교 2012년, 박사학위 논문)
- 항소심판결의 주문에 관한 소고(사법논집수록) 등 논문 다수

양 경 승

- 성균관대학교 법과대학 졸업
- 행정고시(제29회) 합격
- 환경부 사무관
- 사법시험(제31회) 합격
- 서울지법 남부지원, 서울민사지방법원, 제주지방법원, 광주고등법원 판사
- 사법연수원 교수
- 창원지방법원 부장판사
- 수원지방법원 부장판사(현)

著書 및 論文

- 민사법과 민사소송의 구조(법문사, 2014)
- 상속재산분할·기여분·유류분·상속파산 재판실무(법률정보센터, 2019)
- 상속재산분할협의의 법적 성질과 효력(사법논집 제66집, 2018)
- 청구의 독자성·독립성과 병합청구 – 원물반환청구권과 가액반환청구권 등의 관계를 중심으로(저스티스 제164호, 2018)
- 청구적격(인권과 정의 제471호, 2018)
- 변론주의와 직권주의의 구별기준 및 상고심의 심리대상(사법논집 제62집, 2017)
- 명의수탁자의 부당이득반환의무(청연논총 제13집, 2016)
- 합유와 조합 법리의 소송법적 적용(사법논집 제60집, 2016) 등 다수

제 5 판
친족상속법

초판발행   2003년 1월 25일
개정판발행   2006년 3월 5일
3정판발행   2009년 9월 10일
제 4 판발행   2013년 7월 15일
제 5 판발행   2020년 5월 25일

지은이   박동섭·양경승
펴낸이   안종만·안상준

편 집   장유나
기획/마케팅   조성호
표지디자인   이미연
제 작   우인도·고철민

펴낸곳   (주) **박영시**
                 서울특별시 종로구 새문안로3길 36, 1601
                 등록 1959. 3. 11. 제300-1959-1호(倫)
전 화   02)733-6771
f a x   02)736-4818
e-mail   pys@pybook.co.kr
homepage   www.pybook.co.kr
ISBN   979-11-303-3614-5   93360

정 가   48,000원